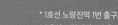

여러분의 합격을 응원하는
해커스공무원의 특별 혜택

FREE 공무원 민법 **동영상강의**

해커스공무원(gosi.Hackers.com) 접속 후 로그인 ▶ 상단의 [무료강좌] 클릭 ▶
좌측의 [교재 무료특강] 클릭

 해커스공무원 온라인 단과강의 **20% 할인쿠폰**

743897BC2539XDL5

해커스공무원(gosi.Hackers.com) 접속 후 로그인 ▶ 상단의 [나의 강의실] 클릭 ▶
좌측의 [쿠폰등록] 클릭 ▶ 위 쿠폰번호 입력 후 이용

* 쿠폰 이용 기한: 2023년 12월 31일까지(등록 후 7일간 사용 가능)
* 쿠폰 이용 관련 문의: 1588-4055

해커스법원직 무제한 수강상품[패스] **5만원 할인쿠폰**

6C49E2CF67227842

해커스공무원(gosi.Hackers.com) 접속 후 로그인 ▶ 상단의 [나의 강의실] 클릭 ▶
좌측의 [쿠폰등록] 클릭 ▶ 위 쿠폰번호 입력 후 이용

* 쿠폰 이용 기한: 2023년 12월 31일까지(등록 후 7일간 사용 가능)

해커스법원직
민법의 맥

OX 문제집 | 1권

해커스공무원

윤동환

약력
서울대학교 졸업(법학사, 경제학사)
고려대학교 법학대학원 수료
현 | 해커스공무원, 해커스변호사, 해커스경찰 민법 강의
전 | 합격의법학원 변호사시험 민법, 민사소송법 전임
전 | 성균관대·경북대·전남대·제주대·인하대 로스쿨 특강
전 | 성균관대·한양대·단국대·전남대·전북대 등 대학 특강 및
　　　모의고사 문제 출제

저서
해커스법원직 민법 기출문제집
해커스법원직 민법
해커스경찰 민법총칙의 맥
민법의 맥, 우리아카데미
민법 기본 사례의 맥, 우리아카데미
주관식용 핵심 민법의 맥, 마체베트
실전답안 민소법 핵심사례의 맥, 우리아카데미
실전답안 민법 핵심사례의 맥, 우리아카데미
핵심 정지문 민사소송법의 맥, 우리아카데미
핵심 정지문 민법의 맥
슬림한 친족, 상속법의 맥, 우리아카데미
최근 1개년 민사법판례의 맥, 우리아카데미
최근 3년간 민사소송법판례의 맥, 우리아카데미
최근 3년간 민법판례의 맥, 우리아카데미
민사 기록의 맥, 우리아카데미
기출중심 민법 사례의 맥, 우리아카데미
윤동환 민소법, 우리아카데미
윤동환 민법 주제별 논리(사례)구조 및 필수 암기(요건·효과), 판례, 우리아카데미

공태용

약력
서울대학교 법과대학 졸업
제41회 사법시험 합격(사법연수원 제31기)
현 | 해커스공무원, 해커스변호사, 해커스경찰 민법, 상법 강의
현 | 법률사무소 예건 대표변호사
현 | 서울중앙지방법원 조정위원
현 | 서울시 계약심의위원장, 용인시 법률고문 등 공공기관 법률고문
현 | JYP엔터테인먼트 사외이사 및 감사위원
현 | 기타 상장회사와 비상장회사 법률고문
전 | 법무법인 광장 변호사(금융팀)
전 | 이화여대로스쿨 법률상담 및 법률구조 자문위원
전 | 합격의법학원 변호사시험 상법 강의

저서
해커스법원직 공태용 상법의 맥 OX 문제집
해커스법원직 공태용 상법의 맥 기출문제집
해커스법원직 공태용 상법의 맥
해커스법원직 민법 기출문제집
해커스법원직 민법
해커스경찰 민법총칙의 맥
핵심 정지문 상법의 맥, 우리아카데미
최근 1개년 민사법판례의 맥, 우리아카데미
민사 기록의 맥, 우리아카데미
최근 3년간 상법 판례의 맥, 우리아카데미
핵심 상법의 맥, 우리아카데미
상법의 맥, 우리아카데미

머리말

견딤이 쓰임을 결정한다.

― 정호승

민법은 고도로 논리적이면서도 방대한 학습 분량으로 인해 초학자들의 진입장벽이 높은 과목입니다. 그런데 법원직 9급공채시험은 1·2교시 각 100분 동안 각 100개의 객관식문제를 풀어야하는 시험으로, **민법문제 25개를 풀기 위해 주어진 시간은 고작 25분 정도입니다.** 어렵게 쌓아올린 민법 실력을 제대로 발휘하기에는 너무도 가혹한 조건이지만 조건을 탓할 수는 없습니다. 시험이 요구하는 것이라면 그것이 무엇이든 합격을 위해서는 그 요건을 충족시켜야 합니다.

촉박한 시간 안에 많은 문제를 실수 없이 풀기 위해서는 시험의 특징을 잘 이해해야 합니다. 법원직 문제는 대부분 판례에서 출제되고 판결의 논거와 결론부분을 틀리게 하여 오선지를 구성하는 경우가 많습니다. 따라서 **판례의 논거와 결론을 정확히 숙지하고 다양한 유형의 오선지를 식별하는 훈련을 반복한다면 실전에서 실수 없이 자신의 민법실력을 온전히 점수로 확인받을 수 있을 것입니다.**

저자는 이미 기본서인 법원직 민법의 맥에 중요빈출지문과 오선지로 출제된 지문을 수록하여 기본강의 단계에서부터 문제풀이에 적응할 수 있도록 하였습니다. 저자의 기본서 법원직 민법의 맥을 통해 기초법리를 체계적으로 정리했다면, 그 다음 단계로는 본서를 통해 다양한 기출지문을 숙지하고 실전연습을 하여야 합니다.

본서는 기획 과정에서부터 판례의 정확한 이해를 요구하는 법원직 시험의 경향을 반영하여 집필되었습니다. 특히 **본서는 여러 개의 논점을 가지고 있는 판례나, 비교되는 쟁점을 가지고 있는 수개의 판례들을 기준으로 기출지문과 예상지문을 배치하여 시험장에서 혼란을 일으킬 수 있는 요소들을 사전에 차단하고자 하였습니다. 빈출지문은 불필요한 중복을 피하기 위해 지문과 해설을 통합하였고, 하나의 판례를 근거로 한 다양한 지문을 모아 한 눈에 쟁점을 파악할 수 있게 하였습니다.** 판결요지 자체가 그대로 출제되는 법원직 시험의 특징을 반영하여 해설이 필요 없는 정지문의 경우 판례번호만 적시함으로써 적절한 분량을 유지하면서도, 혹여 추가적인 해설이 필요하다면 법원직 민법의 맥을 통해 확인할 수 있도록 하였습니다.

높은 경쟁률로 인해 한두 문제 차이로 당락이 갈리는 냉혹한 수험전선에서 성공하기 위해서는 무조건적인 노력만으로는 부족합니다. 본인의 능력을 최고도로 끌어올릴 수 있는 현명한 선택이 필요합니다. 곧 법원 공무원이 되실 독자들에게 본서가 합격의 동반자가 되길 기대합니다.

2022년 3월

윤동환, 공태용

차례

2011년~2021년 10년간 법원직 기출쟁점

제1편 **민법총칙**

목차			기출 연도
서론	민법의 법원	총설	·
		관습법	·
법률 관계	법률관계	요건사실과 증명책임	·
		권리의 경합	·
	신의성실의 원칙		17
권리의 주체	자연인	자연인의 권리능력 총설	·
		태아의 권리능력	·
		자연인의 행위능력 (미성년자에 집중)	20, 19, 16, 15, 14, 13, 11
		부재자 재산관리	·
		실종선고 및 실종선고의 취소	·
	법인	법인	18, 14, 11
		권리능력 없는 사단·재단	20, 19, 13, 12, 11
권리 변동	법률행위의 목적	선량한 풍속 기타 사회질서	21, 17
		불공정한 법률행위	18, 13
	의사표시	비진의 표시	20, 13, 11
		통정한 허위의 의사표시	20, 18, 16, 14, 13, 12, 11
		착오에 의한 의사표시	21, 20, 19, 17, 16, 15, 13, 11
		사기 혹은 강박에 의한 의사표시	20, 16
		의사표시의 효력발생	13
	법률행위의 대리	대리	13, 16, 17, 18, 19, 21
		복대리	16
		표현대리	19, 17, 16, 15, 14, 11
		무권대리	19, 18, 17, 14, 13, 12, 11
	법률행위의 무효와 취소	법률행위의 무효	18, 16
		법률행위의 취소	18, 14
	법률행위의 부관	조건부 법률행위	21, 17, 16
		기한부 법률행위	20, 19, 17, 16
소멸 시효	총설		19, 16, 12
	소멸시효의 요건		21, 20, 18
	소멸시효의 중단과 정지		21, 20, 19, 18, 15, 14, 12
	소멸시효완성의 효과		19, 15, 14

제2편 **물권법**

목차			기출 연도
물권법 서론		물권의 본질	12
	물권의 객체	물건	18
		주물과 종물	18, 15
	물권적 청구권(물권의 효력)		17, 15, 13, 12, 11
물권의 변동	부동산물권의 변동과 등기		20, 19, 18, 17, 16, 15, 14, 11
	법률행위에 의하지 않은 부동산물권변동(제187조)		12, 11
	동산물권의 변동	권리자로부터의 취득	·
		무권리자로부터의 취득: 선의취득	21, 17, 15
	입목등기와 명인방법에 의한 물권변동		·
	물권의 소멸: 혼동		12
기본물권		점유권	21, 17, 16, 15, 12, 11
	소유권	부동산 소유권의 범위	19(구분소유)
		소유권의 취득(취득시효)	21, 19, 18, 16, 15, 14
		소유권에 기한 물권적 청구권	20, 19
		공동소유	21, 19, 17, 16, 15, 13, 11
		명의신탁	20, 18
용익물권		지상권	19, 17, 15, 14, 12
		지역권	·
		전세권	21, 13
담보물권		유치권	21, 20, 17, 15, 14, 12
		질권	15, 14, 12
		저당권	21, 20, 19, 18, 17, 16, 15, 14
		비전형담보물권	12

제3편 **채권총론**

목차			기출 연도
채권의 목적		특정물채권	·
		종류채권	·
		금전채권	·
		이자채권	20
		선택채권	12
채권의 효력	채무불이행	채무불이행의 일반적 요건	·
		이행보조자의 고의·과실	·
		이행지체	21, 17, 15
		이행불능	·
		이행거절	·
		불완전이행	·
	채무불이행의 효과(주로 손해배상)		20, 17, 15, 14, 12, 11
	채권자지체		·
대외적 효력	책임재산의 보전	채권자대위권	21, 20, 18, 17, 16, 15, 14, 13
		채권자취소권	21, 20, 19, 18, 17, 15, 14, 12, 11
	제3자에 의한 채권침해		·
수인의 채권자 및 채무자	분할채권(채무)관계		·
	불가분채권관계		·
	연대채무		·
	부진정연대채무		13
	보증채무		21, 15, 14, 13, 11
	연대보증		14
	계속적 보증		·
채권양도			21, 18, 17, 16, 15, 13, 12, 11
채무인수			20, 15, 12
채권의 소멸	변제	변제일반	20, 16, 14, 13
		변제충당	18, 16, 15, 14, 13
		변제자대위	21, 12
	대물변제		·
	변제공탁		19, 15, 13, 11
	상계		19, 18, 17, 16, 13, 12
	경개		16
	혼동		·

제4편 **채권각론**

	목차	기출 연도
계약 총론	계약의 성립	17
	계약체결상의 과실책임	·
계약의 효력	동시이행의 항변권	19, 14, 13
	위험부담	·
	제3자를 위한 계약	13
	계약의 해제(해지)	20, 18, 16, 15, 14, 11
각종의 계약	증여	15, 11
	매매	19, 17, 13, 12
	교환	·
	소비대차	·
	사용대차	·
	임대차	20, 19, 18, 16, 15, 14, 13, 12, 11
	고용	·
	도급	21, 20, 19, 14
	여행계약	21
	현상광고	·
	위임	·
	임치	·
	조합	21, 15
	종신정기금	·
	화해	·
	사무관리	20, 19, 14, 11
	부당이득	21, 18, 17, 16, 15, 12, 11
	불법행위책임	21, 20, 18, 17, 16, 15, 14, 13, 12

제5편 **친족상속법**

<table>
<thead>
<tr><th colspan="3">목차</th><th>기출 연도</th></tr>
</thead>
<tbody>
<tr><td rowspan="13">친
족
법</td><td colspan="2">총설</td><td>·</td></tr>
<tr><td colspan="2">가족</td><td>·</td></tr>
<tr><td rowspan="6">혼인</td><td>약혼</td><td>14</td></tr>
<tr><td>혼인의 성립</td><td>·</td></tr>
<tr><td>혼인의 무효, 취소</td><td>19, 16</td></tr>
<tr><td>혼인의 효과</td><td>18, 11</td></tr>
<tr><td>이혼(주로 재산분할)</td><td>20, 19, 17, 16, 14, 13, 11</td></tr>
<tr><td>사실혼</td><td>21, 16, 14, 13</td></tr>
<tr><td rowspan="5">부모와 자</td><td>친생자</td><td>20, 19, 15, 13</td></tr>
<tr><td>양자</td><td>16, 13, 12</td></tr>
<tr><td>부양</td><td>19, 18</td></tr>
<tr><td>친권</td><td>20, 12</td></tr>
<tr><td>후견</td><td>16</td></tr>
<tr><td rowspan="7">상
속
법</td><td rowspan="5">상속</td><td>총설</td><td>21, 11</td></tr>
<tr><td>상속인</td><td>15, 14</td></tr>
<tr><td>상속회복청구권</td><td>18, 16, 11</td></tr>
<tr><td>상속재산의 분할</td><td>21, 17, 16, 15, 12, 11</td></tr>
<tr><td>상속의 승인과 포기</td><td>19, 18, 16, 15, 12</td></tr>
<tr><td rowspan="2">유언 및
유류분</td><td>유언</td><td>19, 16, 14, 13, 12</td></tr>
<tr><td>유류분</td><td>19, 17, 16, 15</td></tr>
</tbody>
</table>

gosi.Hackers.com

해커스공무원 학원 · 인강
gosi.Hackers.com

제1편
민법총칙

제1장 | 민법 서론

01

출제예상

관습법이 헌법에 위반될 때에는 법원(法源)이 그 효력을 부인할 수 있다.   ○ | X

> **해설** 관습이 법으로 되기 위해서는 ⅰ) '관행'(반복성)이 존재하고, ⅱ) 관행을 법규범으로 인식하는 '법적 확신'이 있어야 하며, ⅲ) 관행이 '헌법'을 최상위규범으로 하는 전체 법질서에 반하지 아니하는 것으로서 '정당성과 합리성'을 갖출 것을 요한다(대판 2005.7.21. 2002다1178 전합).

02

출제예상

민법 제1조(法源)에서의 '법률'은 국회가 제정한 법률만을 의미한다.   ○ | X

> **해설** 제1조는 "민사에 관하여 법률에 규정이 없으면 관습법에 의하고 관습법이 없으면 조리에 의한다."라고 하여 민법의 법원으로 인정되는 '범위'와 '적용순서'를 정하고 있다. 민법 제1조(法源)에서의 '법률'은 ⑦ 형식적 의미의 민법(민법전)외에 민사에 관한 특별법 등을 말한다(광의의 민법). ⓒ 명령과 대법원규칙도 민법의 법원이다. ⓒ 헌법에 의하여 체결·공포된 조약과 일반적으로 승인된 국제법규는 국내법과 같은 효력을 가지므로(헌법 제6조 제1항), 그것이 민사에 관한 것인 경우에는 민법의 법원이 될 수 있다.

03

출제예상

사실인 관습은 관습법과 구별되며, 사실인 관습의 존재를 당사자가 주장·입증하여야 한다.   ○ | X

> **해설** 관습법과 사실인 관습의 관계
> 사실인 관습이란 '법적 확신을 얻지 못한 관행'으로 '법률행위 해석의 기준'이 된다(제106조). 판례는 "제1조는 관습법의 법원으로서의 보충적 효력을 인정하는 데 반하여, 제106조는 일반적으로 사적 자치가 인정되는 분야에서의 관습의 법률행위의 해석기준이나 의사보충적 효력을 정한 것이다."(대판 1983.6.14. 80다3231)라고 하여 구별하는 입장이다.
>
> 사실인 관습의 증명책임
> 관습법은 법규성이 인정되므로 당사자의 주장·증명을 기다릴 필요없이 법원이 직권으로 이를 확정하여야 한다. 이에 대해 사실인 관습도 일종의 경험칙에 속하는 것이고 경험칙은 일종의 법칙이므로 법관은 그 유무에 대해 당사자의 주장이나 입증에 구애됨이 없이 직권에 의하여 판단할 수 있지만(대판 1976.7.13. 76다983), 관습은 그 존부자체도 명확하지 않을 뿐만 아니라 그 관습이 사회의 법적 확신이나 법적 인식에 의하여 법적 규범으로까지 승인되었는지의 여부를 가리기는 더욱 어려운 일이므로, 법원이 이를 알 수 없는 경우 결국은 당사자가 이를 주장·증명할 필요가 있다(대판 1983.6.14. 80다3231).

임의규정과 다른 관습이 있는 경우에 당사자의 의사가 명확하지 아니한 때에는 그 관습에 의한다.

O | X

> 해설 **제106조(사실인 관습)** 법령 중의 선량한 풍속 기타 사회질서에 관계없는 규정과 다른 관습이 있는 경우에 당사자의 의사가 명확하지 아니한 때에는 그 관습에 의한다.

정답 | **01** ○ **02** × **03** ○ **04** ○

제2장 | 법률관계와 권리의무

제1절 법률관계

제2절 신의성실의 원칙

01

07법원행시, 17법무사

신의성실의 원칙에 반하는 것 또는 권리남용은 강행규정에 위배되는 것이므로 당사자의 주장이 없더라도 법원은 직권으로 판단할 수 있다.   O | X

> 해설 신의성실의 원칙은 **강행법규적 성질**을 가지므로 당사자의 주장이 없더라도 법원이 '**직권**'으로 그 위반여부를 판단할 수 있다(대판 1995.12.22. 94다42129).

02

12법무사

부동산 거래에 있어 거래 상대방이 일정한 사정에 관한 고지를 받았더라면 그 거래를 하지 않았을 것임이 경험칙상 명백한 경우에는 신의성실의 원칙상 사전에 상대방에게 그와 같은 사정을 고지할 의무가 있으며, 그와 같은 고지의무의 대상이 되는 것은 직접적인 법령의 규정뿐 아니라 널리 계약상, 관습상 또는 조리상의 일반원칙에 의하여도 인정될 수 있다.   O | X

> 해설 대판 2007.6.1. 2005다5812
>
> ➡ 관련논점: 일단 고지의무의 대상이 되는 사실이라고 판단되는 경우 이미 알고 있는 자에 대하여는 고지할 의무가 별도로 인정될 여지가 없지만, 상대방에게 스스로 확인할 의무가 인정되거나 거래관행상 상대방이 당연히 알고 있을 것으로 예상되는 예외적인 경우가 아닌 한, 실제 그 대상이 되는 사실을 알지 못하였던 상대방에 대하여는 비록 알 수 있었음에도 알지 못한 과실이 있다 하더라도 그 점을 들어 추후 책임을 일부 제한할 여지가 있음은 별론으로 하고 고지할 의무 자체를 면하게 된다고 할 수는 없다(대판 2007.6.1. 2005다5812).

03

신의칙에 위배된다는 이유로 그 권리행사를 부정하기 위해서는 상대방에게 신의를 공여하였거나 객관적으로 보아 상대방이 신의를 가지는 것이 정당한 상태에 이르러야 하고 이와 같은 상대방의 신의에 반하여 권리를 행사하는 것이 정의관념에 비추어 용인될 수 없는 정도의 상태에 이르러야 한다. O | X

> 해설 대판 2019.7.4. 2014다41681

04

신의성실의 원칙은 법질서 전체를 관통하는 일반 원칙으로서 실정법이나 계약을 형식적이고 엄격하게 적용할 때 생길 수 있는 부당한 결과를 막고 구체적 타당성을 실현하는 작용을 하므로, 사적 자치나 계약자유도 신의칙에 따라 제한될 수 있다. O | X

> 해설 대판 2018.5.17. 2016다35833 전합

05

아파트 분양자는 아파트단지 인근에 공동묘지가 조성되어 있는 사실을 수분양자에게 고지할 신의칙상의 의무를 부담하고, 이를 고지하지 않을 경우 부작위에 의한 기망행위가 성립한다. O | X

> 해설 대판 2007.6.1. 2005다5812

06

임차권의 양도에 있어서 그 임차권의 존속기간, 임대기간 종료 후의 재계약 여부, 임대인의 동의 여부는 그 계약의 중요한 요소를 이루는 것이므로 양도인으로서는 이에 관계되는 모든 사정을 양수인에게 알려주어야 할 신의칙상의 의무가 있다. O | X

> 해설 대판 1996.6.14. 94다41003
>
> ➡ 관련논점: 임차권양도계약이 체결될 당시에 임차건물에 대한 임대차기간의 연장이나 임차권 양도에 대한 임대인의 동의 여부가 확실하지 않은 상태에서 몇 차례에 걸쳐 명도요구를 받고 있었던 임차권 양도인이 그 여부를 확인하여 양수인에게 설명하지 아니한 채 임차권을 양도한 행위는 기망행위에 해당한다(대판 1996.6.14. 94다41003).

정답 | 01 ○ 02 ○ 03 ○ 04 ○ 05 ○ 06 ○

07

권리의 행사와 의무의 이행은 신의에 좇아 성실히 하여야 한다. ○ | X

> **해설** **제2조(신의성실)** ① 권리의 행사와 의무의 이행은 신의에 좇아 성실히 하여야 한다.

08

신의성실의 원칙에 위배된다는 이유로 그 권리의 행사를 부정하기 위해서는 상대방에게 신의를 공여하였다거나, 객관적으로 보아 상대방이 신의를 가짐이 정당한 상태에 있어야 하고, 이러한 상대방의 신의에 반하여 권리를 행사하는 것이 정의관념에 비추어 용인될 수 없는 정도의 상태에 이르러야 한다. ○ | X

> **해설** 대판 1999.3.23. 99다4405; 대판 2003.4.22. 2003다2390,2406 등 참조

09

신의성실의 원칙은 계약법의 영역에 한정되지 않고 모든 법률관계를 규제하는 지배원리이다. ○ | X

> **해설** **신의칙은 비단 계약법의 영역에 한정되지 않고 모든 법률관계를 규제 지배하는 원리로 파악**되며 따라서 신의칙에 반하는 소권의 행사는 허용되지 아니한다(대판 1983.5.24. 82다카1919).

10

계약의 성립에 기초가 되지 아니한 사정이 그 후 변경되어 일방당사자가 계약 당시 의도한 계약목적을 달성할 수 없게 됨으로써 손해를 입게 된 경우라도 특별한 사정이 없는 한 그 계약내용의 효력을 그대로 유지하는 것이 신의칙에 반한다고 볼 수 없다. ○ | X

11

사정변경으로 인한 계약해제는 계약성립 당시 당사자가 예견할 수 없었던 현저한 사정의 변경이 발생하였고 그러한 사정의 변경이 해제권을 취득하는 당사자에게 책임 없는 사유로 생긴 것으로서 계약내용대로의 구속력을 인정한다면 신의칙에 현저히 반하는 결과가 생기는 경우에 계약준수 원칙의 예외로서 인정되는 것이다. ○ | X

> **해설** **10 11** 대판 2007.3.29. 2004다31302

12

사정변경으로 인한 계약해제에서 말하는 사정이라 함은 계약의 기초가 되었던 객관적 사정으로서, 일방 당사자의 주관적 또는 개인적 사정을 의미하는 것은 아니다.　　O | X

> 해설 대판 2007.3.29, 2004다31302

13

권리자가 자신의 권리를 행사할 수 있는 기회가 충분히 있었음에도 불구하고 상당한 기간이 지나도록 그 권리를 행사하지 아니하여 의무자인 상대방으로 하여금 이제는 권리자가 권리를 더 이상 행사하지 아니할 것이라고 신뢰하게 할 만한 상황이 되었는데 권리자가 새삼스레 그 권리를 행사하는 것은 신의성실의 원칙상 허용되지 아니하므로 출생 이후 30년 이상 친자임을 주장하지 않고 다른 사람의 친자로 입적된 데 대하여 아무런 이의 없이 살아오다가 인지청구권을 행사하는 것은 허용되지 않는다.　　O | X

14

자신의 子가 수십년 동안 타인의 친자로 입적된 데 대하여 아무런 이의 없이 지내오다가 그 子가 사망하자 子가 남긴 상속재산에 대한 이해관계를 위해 신분관계를 바로잡을 목적으로 검사를 상대로 인지청구의 소를 제기하는 것은 신의칙상 허용될 수 없다.　　O | X

> 해설 **13 14** 인지청구권은 본인의 일신전속적인 신분관계상의 권리로서 포기할 수도 없으며 포기하였더라도 그 효력이 발생할 수 없는 것이고, 이와 같이 인지청구권의 포기가 허용되지 않는 이상 거기에 실효의 법리가 적용될 여지도 없다. 또한 인지청구권의 행사가 상속재산에 대한 이해관계에서 비롯되었다 하더라도 정당한 신분관계를 확정하기 위해서라면 신의칙에 반하는 것이라 하여 막을 수 없다(대판 2001.11.27. 2001므353).
>
> ➡ 判例는 **상속재산에 대한 이해관계를 위해** 신분관계를 바로잡을 목적으로 검사를 상대로 인지청구의 소를 제기한 사례에서, **인지청구권(제863조)은 포기할 수 없는 권리**라는 이유로 실효의 법리도 적용되지 않는다고 한다.

15

경제상황 등의 변동으로 당사자에게 손해가 생기더라도 합리적인 사람의 입장에서 사정변경을 예견할 수 있었다면 사정변경을 이유로 계약을 해제할 수 없다.　　O | X

16

계속적 계약에서 계약의 체결 시와 이행 시 사이에 간극이 크고, 경제적 상황의 변화로 당사자에게 불이익이 발생했다는 사실만 인정되면 사정변경을 이유로 계약을 해지할 수 있다.　　O | X

정답 | **07** O　**08** O　**09** O　**10** O　**11** O　**12** O　**13** ×　**14** ×　**15** O　**16** O

해설 15 16 계약 성립의 기초가 된 사정이 현저히 변경되고 당사자가 계약의 성립 당시 이를 예견할 수 없었으며, 그로 인하여 계약을 그대로 유지하는 것이 당사자의 이해에 중대한 불균형을 초래하거나 계약을 체결한 목적을 달성할 수 없는 경우에는 계약준수 원칙의 예외로서 사정변경을 이유로 계약을 해제하거나 해지할 수 있다. 여기에서 말하는 사정이란 당사자들에게 계약 성립의 기초가 된 사정을 가리키고, 당사자들이 계약의 기초로 삼지 않은 사정이나 어느 일방당사자가 변경에 따른 불이익이나 위험을 떠안기로 한 사정은 포함되지 않는다. 경제상황 등의 변동으로 당사자에게 손해가 생기더라도 합리적인 사람의 입장에서 사정변경을 예견할 수 있었다면 사정변경을 이유로 계약을 해제할 수 없다. 특히 계속적 계약에서는 계약의 체결시와 이행 시 사이에 간극이 크기 때문에 당사자들이 예상할 수 없었던 사정변경이 발생할 가능성이 높지만, 이러한 경우에도 위 계약을 해지하려면 경제적 상황의 변화로 당사자에게 불이익이 발생했다는 것만으로는 부족하고 위에서 본 요건을 충족하여야 한다(대판 2017.6.8. 2016다249557).

17

14법원행시

계속적 보증의 경우 보증에 이르게 된 경위, 상당기간의 경과, 주채무자에 대한 신뢰의 상실, 주채무자의 자산상태의 변화, 보증인의 지위의 변동 기타 채권자 측의 사정 등 여러 사정을 고려하여 사회통념상 그 보증을 계속 존속시키는 것이 상당하지 않다고 볼 수 있는 경우에는 상대방인 채권자에게 신의칙상 묵과할 수 없는 손해를 입게 하는 등의 특별한 사정이 없는 한 보증인에게 그 해지권이 인정된다. ○ | X

해설 계속적 보증의 경우 보증에 이르게 된 경위, 상당기간의 경과, 주채무자에 대한 신뢰의 상실, 주채무자의 자산상태의 변화, 보증인의 지위의 변동 기타 채권자측의 사정 등 여러 사정을 고려하여 사회통념상 그 보증을 계속 존속시키는 것이 상당하지 않다고 볼 수 있는 경우에는 상대방인 채권자에게 신의칙상 묵과할 수 없는 손해를 입게 하는 등의 특별한 사정이 없는 한 보증인에게 그 해지권이 인정된다고 할 것이나, 기간을 정하지 않은 계속적 보증계약이라고 하여 상당한 기간이 경과하였다는 사정만으로 바로 그 해지권이 발생한다고 할 수 없다(대판 2001.11.27. 99다8353).

18

14법원행시

회사의 이사로 재직하면서 보증 당시 그 채무액과 변제기가 특정되어 있는 회사의 확정채무에 대하여 보증을 하였더라도, 이사직을 사임하였다면 사정변경을 이유로 보증계약을 해지할 수 있다. ○ | X

19

20법무사

회사의 임원이나 직원의 지위에 있기 때문에 회사의 요구로 부득이 회사와 제3자 사이의 계속적 거래로 인한 회사의 채무에 대하여 보증인이 된 자가 그 후 회사로부터 퇴사하여 임원이나 직원의 지위를 떠난 때에는 보증계약 성립 당시의 사정에 현저한 변경이 생긴 경우에 해당하므로 사정변경을 이유로 보증계약을 해지할 수 있다. ○ | X

해설 18 사정변경을 이유로 보증계약을 해지할 수 있는 것은 포괄근보증이나 한정근보증과 같이 채무액이 불확정적이고 계속적인 거래로 인한 채무에 대하여 보증한 경우에 한하고, **회사의 이사로 재직하면서 보증 당시 그 채무가 특정되어 있는 확정채무에 대하여 보증을 한 후 이사직을 사임하였다 하더라도 사정변경을 이유로 보증계약을 해지할 수 없는** 것이다(대판 1994.12.27. 94다46008).

19 회사의 임원이나 직원의 지위에 있기 때문에 회사의 요구로 부득이 회사와 제3자 사이의 계속적 거래로 인한 회사의 채무에 대하여 보증인이 된 자가 그 후 회사로부터 퇴사하여 임원이나 직원의 지위를 떠난 때에는 보증계약성립 당시의 사정에 현저한 변경이 생긴 경우에 해당하므로 사정변경을 이유로 보증계약을 해지할 수 있다고 보아야 하며, 위 계속적 보증계약에서 보증기간을 정하였다고 하더라도 그것이 특히 퇴사 후에도 보증채무를 부담키로 특약한 취지라고 인정되지 않는 한 위와 같은 해지권의 발생에 영향이 없다(대판 1990.2.27. 89다카1381).

20 17법무사

임대차계약에 있어서 차임불증액의 특약이 있더라도 그 약정 후 그 특약을 그대로 유지시키는 것이 신의칙에 반한다고 인정될 정도의 사정변경이 있다고 보여지는 경우에는 형평의 원칙상 임대인에게 차임증액 청구를 인정하여야 한다. O | X

> 해설 대판 1996.11.12. 96다4061

21 출제예상

甲이 주택건설사업을 위한 견본주택 건설을 목적으로 임대인 乙과 토지에 관하여 임대차계약을 체결하면서 임대차계약서에 특약사항으로 위 목적을 명시하였는데, 지방자치단체장으로부터 가설건축물 축조신고 반려통보 등을 받고 위 토지에 견본주택을 건축할 수 없게 되었더라도 甲은 乙을 상대로 임대차계약의 해지 및 임차보증금 반환을 구할 수 없다. O | X

> 해설 계약 성립의 기초가 된 사정이 현저히 변경되고, 당사자가 계약의 성립 당시 이를 예견할 수 없었으며, 그로 인하여 계약을 그대로 유지하는 것이 당사자의 이해에 중대한 불균형을 초래하거나 계약을 체결한 목적을 달성할 수 없는 경우에는 계약준수 원칙의 예외로서 사정변경을 이유로 계약을 해제하거나 해지할 수 있다(대판 2020.12.10. 2020다254846).
>
> 사실관계 甲이 주택건설사업을 위한 견본주택 건설을 목적으로 임대인 乙과 토지에 관하여 임대차계약을 체결하면서 임대차계약서에 특약사항으로 위 목적을 명시하였는데, 지방자치단체장으로부터 가설건축물 축조신고 반려통보 등을 받고 위 토지에 견본주택을 건축할 수 없게 되자, 甲이 乙을 상대로 임대차계약의 해지 및 임차보증금 반환을 구한 사안에서, 위 임대차계약은 甲의 해지통보로 적법하게 해지되었고, 乙이 甲에게 임대차보증금을 반환할 의무가 있다고 한 사례.
>
> 관련판례 A(지방자치단체)는 개발제한구역으로 지정된 그 소유 X토지가 해제되자 이를 공개매각하게 되었고, 위 토지상에 음식점을 건축 운영하려는 B가 1999.10.29. 이를 대금 134,000,000원에 낙찰 받아 그 소유권이전등기를 마쳤다. 그런데 위 공개입찰에서는 '매각재산이 공부와 일치하지 않거나 행정상의 제한이 있더라도 A는 책임을 지지 않는다.'는 내용이 공고되었고, 또 이러한 내용이 B와의 매매계약에도 명시된 바 있었다. 그 후 A는 도시계획정비를 하면서 위 토지를 포함한 34필지에 대해 건축개발을 할 수 없는 공공용지로 정하기로 하고, 주민들의 의견을 수렴하는 절차를 거쳐 2002.4.29. 공공용지로 결정을 하였다.
>
> ➡ 대판 2007.3.29. 2004다31302 判例에 따르면 X토지상의 건축가능 여부는 매수인 B가 X토지를 매수하게 된 주관적인 목적에 불과할 뿐 매매계약의 성립에 있어 기초가 되었다고 보기 어렵다 할 것이므로, 매매계약 후 X토지가 공공용지에 편입됨으로써 매수인이 의도한 건축이 불가능하게 되었다 하더라도 이러한 사정변경은 매매계약을 해제할 만한 사정변경에 해당한다고 할 수 없다고 하였다.

22

대항력 있는 주택임차권을 가진 甲이 임대인 乙의 부탁으로 그 주택에 관하여 저당권을 취득하려는 丙에게 임차권이 없다는 각서를 써주었다. 그 후 경매절차에서 甲이 확정일자부 임차권의 존재를 주장하여 배당요구한다고 하여 신의칙에 반한다고까지는 볼 수 없다. ○ | X

23

주택 경매절차에서 1순위 근저당권자보다 우선하는 주택임차인이 권리신고 및 배당요구를 하였으나 1순위 근저당권자에게 작성해 준 무상거주확인서로 인하여 배당을 받지 못하게 된 경우, 주택임차인은 임차보증금반환채무를 인수하지 않을 것을 신뢰하면서 주택을 낙찰받은 매수인에게 주택임대차보호법상 대항력을 주장할 수 없다. ○ | X

> 해설 **22** 근저당권자가 담보로 제공된 건물에 대한 담보가치를 조사할 당시 대항력을 갖춘 임차인이 그 임대차 사실을 부인하고 임차보증금에 대한 **권리주장을 않겠다는 내용의 확인서를 작성해 준 경우**, 그 후 그 건물에 대한 경매절차에서 이를 번복하여 대항력 있는 임대차의 존재를 주장함과 아울러 근저당권자보다 우선적 지위를 가지는 확정일자 임차인임을 주장하여 **그 임차보증금반환채권에 대한 배당요구를 하는 것은 특별한 사정이 없는 한 금반언 및 신의칙에 위반되어 허용될 수 없다**(대판 1997.6.27, 97다12211).
>
> **23** 주택임차인이 주택에 관하여 개시된 경매절차에서 임차보증금 액수, 주택인도일, 주민등록일(전입신고일), 임대차계약서상 확정일자 등 대항력 및 우선변제권 관련 사항을 밝히고 권리신고 및 배당요구를 한 경우 그 내용은 매각물건명세서에 기재되어 공시되므로, 매수희망자는 보통 이를 기초로 매각기일에서 신고할 매수가격을 정하게 된다. 따라서 주택 경매절차의 매수인이 권리신고 및 배당요구를 한 주택임차인의 배당순위가 1순위 근저당권자보다 우선한다고 신뢰하여 임차보증금 전액이 매각대금에서 배당되어 임차보증금반환채무를 인수하지 않는다는 전제 아래 매수가격을 정하여 낙찰을 받아 주택에 관한 소유권을 취득하였다면, **설령 주택임차인이 1순위 근저당권자에게 무상거주확인서를 작성해 준 사실이 있어 임차보증금을 배당받지 못하게 되었다고 하더라도, 그러한 사정을 들어 주택의 인도를 구하는 매수인에게 주택임대차보호법상 대항력을 주장하는 것은 신의칙에 위반되어 허용될 수 없다**(대판 2017.4.7. 2016다248431).

> 쟁점정리 **묵비 또는 묵인행위와 금반언**
> ⊙ 경매가 무효임을 알고 있는 권리자가 경매를 방치하다가 후에 경매의 무효를 주장하는 것 등은 신의칙에 반한다(대판 1993.12.24, 93다42603). ⓛ 대항력 있는 임차인이나 전세권자가 권리가 없다고 확인을 해준 후 나중에 권리를 주장하는 것 등은 신의칙에 반한다(대판 1997.6.27, 97다12211).

24

법령에 위반되어 무효임을 알고서도 그 법률행위를 한 자가 강행법규 위반을 이유로 무효를 주장한다 하여 신의칙 또는 금반언의 원칙에 반하거나 권리남용에 해당한다고 볼 수는 없다. ○ | X

해설 신의성실의 원칙은 법률관계의 당사자가 상대방의 이익을 배려하여 형평에 어긋나거나, 신뢰를 저버리는 내용 또는 방법으로 권리를 행사하거나 의무를 이행하여서는 아니된다는 추상적 규범으로서, 신의성실의 원칙에 위배된다는 이유로 그 권리의 행사를 부정하기 위해서는 상대방에게 신의를 공여하였다거나, 객관적으로 보아 상대방이 신의를 가짐이 정당한 상태에 있어야 하고, 이러한 상대방의 신의에 반하여 권리를 행사하는 것이 정의관념에 비추어 용인될 수 없는 정도의 상태에 이르러야 할 것인바, 특별한 사정이 없는 한, **법령에 위반되어 무효임을 알고서도 그 법률행위를 한 자가 강행법규 위반을 이유로 무효를 주장한다 하여 신의칙 또는 금반언의 원칙에 반하거나 권리남용에 해당한다고 볼 수는 없다**(대판 2003.4.22. 2003다2390).

25

강행법규에 위반하여 무효인 수익보장약정이 투자신탁회사가 먼저 고객에게 제의하여 체결된 경우, 투자신탁회사 스스로 그 약정의 무효를 주장하는 것은 신의칙에 위반된다.　　　　　　　　○ | ×

해설 강행법규에 위반하여 무효인 수익보장약정이 투자신탁회사가 먼저 고객에게 제의를 함으로써 체결된 것이라고 하더라도, 이러한 경우에 강행법규를 위반한 투자신탁회사 스스로가 그 약정의 무효를 주장함이 신의칙에 위반되는 권리의 행사라는 이유로 그 주장을 배척한다면, 이는 오히려 **강행법규에 의하여 배제하려는 결과를 실현시키는 셈이 되어 입법취지를 완전히 몰각하게 되므로, 달리 특별한 사정이 없는 한 위와 같은 주장이 신의성실의 원칙에 반하는 것이라고 할 수 없다**(대판 1999.3.23. 99다4405).

26

토지거래허가구역내의 토지에 관한 매매계약이 유동적 무효인 상태에서 토지거래허가를 받지 못해 확정적으로 무효가 된 경우 그 확정적 무효로 된 데 귀책사유가 있는 당사자가 계약의 무효를 주장하는 것은 특별한 사정이 없는 한 신의칙에 반하여 허용될 수 없다.　　　　　　　　　　　　　○ | ×

해설 국토이용관리법상 토지거래허가를 받지 않아 거래계약이 유동적 무효의 상태에 있는 경우, 유동적 무효 상태의 계약은 관할 관청의 불허가처분이 있을 때뿐만 아니라 당사자 쌍방이 허가신청협력의무의 이행거절 의사를 명백히 표시한 경우에는 허가 전 거래계약관계, 즉 계약의 유동적 무효 상태가 더 이상 지속된다고 볼 수 없으므로, 계약관계는 확정적으로 무효가 된다고 할 것이고, 그와 같은 법리는 거래계약상 일방의 채무가 이행불능임이 명백하고 나아가 상대방이 거래계약의 존속을 더 이상 바라지 않고 있는 경우에도 마찬가지라고 보아야 하며, **거래계약이 확정적으로 무효가 된 경우에는 거래계약이 확정적으로 무효로 됨에 있어서 귀책사유가 있는 자라고 하더라도 그 계약의 무효를 주장할 수 있다**(대판 1997.7.25. 97다4357).

27

토지소유자가 그 점유자에 대하여 부당이득반환청구권을 장기간 적극적으로 행사하지 아니하였다는 사정만으로는 부당이득반환청구권이 이른바 실효의 원칙에 따라 소멸하였다고 볼 수 없다.　　○ | X

> **해설** 대판 2002.1.8. 2001다60019

28

실권 또는 실효의 법리는 법의 일반원리인 신의성실의 원칙에 바탕을 둔 파생원칙인 것이므로 공법관계 가운데 권리관계는 물론이고 권력관계에도 적용되어야 함을 배제할 수는 없다.　　○ | X

> **해설** **실권 또는 실효의 법리는 법의 일반원리인 신의성실의 원칙에 바탕을 둔 파생원칙인 것이므로 공법관계 가운데 관리관계는 물론이고 권력관계에도 적용되어야 함을 배제할 수는 없다** 하겠으나 그것은 본래 권리행사의 기회가 있음에도 불구하고 권리자가 장기간에 걸쳐 그의 권리를 행사하지 아니하였기 때문에 의무자인 상대방은 이미 그의 권리를 행사하지 아니할 것으로 믿을 만한 정당한 사유가 있게 되거나 행사하지 아니할 것으로 추인케 할 경우에 새삼스럽게 그 권리를 행사하는 것이 신의성실의 원칙에 반하는 결과가 될 때 그 권리행사를 허용하지 않는 것을 의미한다(대판 1998.4.27. 87누915).

29

실효의 원칙은 항소권과 같은 소송법상의 권리에 대하여도 적용될 수 있다.　　○ | X

> **해설** 실효의 원칙의 의의 및 그 원칙의 소송법상 권리에 대해 적용 가부(적극)
> 실효의 원칙이라 함은 권리자가 장기간에 걸쳐 그 권리를 행사하지 아니함에 따라 그 의무자인 상대방이 더 이상 권리자가 권리를 행사하지 아니할 것으로 신뢰할 만한 정당한 기대를 가지게 된 경우에 새삼스럽게 권리자가 그 권리를 행사하는 것은 법질서 전체를 지배하는 신의성실의 원칙에 위반되어 허용되지 아니한다는 것을 의미하고, **항소권과 같은 소송법상의 권리에 대하여도 이러한 원칙은 적용될 수 있다.**
>
> ➡ 부(父)가 사위판결을 받아 소유권을 넘겨간 것을 알고도 4년간 아무런 법적 조치를 위하지 않던 자(子)가 부의 그 부동산 처분 사실을 듣고 항소를 제기한 경우, 자의 항소권이 실효된 것으로 본 원심판결을 파기한 사례(대판 1996.7.30. 94다51840).

30

권리남용을 인정함에 있어 주관적 요건이 필요하다는 판례가 있다.　　　○ | X

> **해설** 상계권의 행사가 신의칙에 반하거나 상계에 관한 권리남용에 해당하기 위한 요건
>
> 일반적으로 당사자 사이에 상계적상이 있는 채권이 병존하고 있는 경우에는 이를 상계할 수 있는 것이 원칙이고, 이러한 상계의 대상이 되는 채권은 상대방과 사이에서 직접 발생한 채권에 한하는 것이 아니라, 제3자로부터 양수 등을 원인으로 하여 취득한 채권도 포함한다 할 것인바, 이러한 상계권자의 지위가 법률상 보호를 받는 것은, 원래 상계제도가 서로 대립하는 채권, 채무를 간이한 방법에 의하여 결제함으로써 양자의 채권채무관계를 원활하고 공평하게 처리함을 목적으로 하고 있고, 상계권을 행사하려고 하는 자에 대하여는 수동채권의 존재가 사실상 자동채권에 대한 담보로서의 기능을 하는 것이어서 그 담보적 기능에 대한 당사자의 합리적 기대가 법적으로 보호받을 만한 가치가 있음에 근거하는 것이므로 당사자가 상계의 대상이 되는 채권이나 채무를 취득하게 된 목적과 경위, 상계권을 행사함에 이른 구체적·개별적 사정에 비추어, 그것이 위와 같은 상계 제도의 목적이나 기능을 일탈하고, 법적으로 보호받을 만한 가치가 없는 경우에는, **그 상계권의 행사는 신의칙에 반하거나 상계에 관한 권리를 남용하는 것으로서 허용되지 않는다고 함이 상당하고, 상계권 행사를 제한하는 위와 같은 근거에 비추어 볼 때 일반적인 권리 남용의 경우에 요구되는 주관적 요건을 필요로 하는 것은 아니다**(대판 2003.4.11. 2002다59481).
>
> ➡ 판례는 상계권 행사 (위 판례) 뿐만 아니라 상표권 행사 (대판 2007.1.25. 2005다67223)가 권리남용에 해당하는지 여부가 문제된 사안에서도 주관적 요건을 반드시 필요로 하는 것은 아니라고 하였다.

31

확정판결에 기한 집행이 현저히 부당하고 상대방에게 그 집행을 수인하도록 하는 것이 정의에 반함이 명백하여 사회생활상 용인할 수 없다고 인정되는 경우에 그 집행은 권리남용으로서 허용되지 않는다.

○ | X

32

확정판결에 기한 집행이 권리남용이 되는 경우에는 집행채무자는 청구이의의 소를 제기하여 그 집행의 배제를 구할 수 있다. 이때 확정판결의 내용이 실체적 권리관계에 배치된다는 점은 확정판결에 기한 집행이 권리남용이라고 주장하며 그 집행의 불허를 구하는 원고가 주장, 증명하여야 할 것이다.　　○ | X

33

확정판결에 기한 강제집행이 권리남용에 해당하여 이러한 강제집행에 대하여 청구이의의 소가 가능하다면 위 판결금 채권을 피보전채권으로 하는 채권자취소권 행사 등 판결금 채권에 기초한 다른 권리의 행사까지 금지된다.

○ | X

31 확정판결의 내용이 실체적 권리관계에 배치되는 경우 그 판결에 의하여 집행할 수 있는 것으로 확정된 권리의 성질과 그 내용, 판결의 성립 경위 및 판결 성립 후 집행에 이르기까지의 사정, 그 집행이 당사자에게 미치는 영향 등 제반 사정을 종합하여 볼 때, **그 확정판결에 기한 집행이 현저히 부당하고 상대방으로 하여금 그 집행을 수인하도록 하는 것이 정의에 반함이 명백하여 사회생활상 용인할 수 없다고 인정되는 경우에는 그 집행은 권리남용으로서 허용되지 않는다**(대판 1997.9.12. 96다4862).

32 확정판결의 내용이 실체적 권리관계에 배치될 여지가 있다는 사유만으로는 그 판결금 채권에 기초한 강제집행이나 권리행사가 당연히 권리남용에 해당한다고 보기 어려우며(대법원 2006. 7. 6. 선고 2004다17436 판결, 대법원 2014. 2. 21. 선고 2013다75717 판결 참조), 확정판결의 내용이 실체적 권리관계에 배치된다는 점은 확정판결에 기한 집행이 **권리남용이라고 주장하며 그 집행의 불허를 구하는 원고가 주장·증명하여야 할 것이다**(대판 2014.5.29. 2013다82043).

33 권리남용 – 실체적 권리관계에 배치되는 확정판결의 집행
소송당사자가 불법한 수단으로 법원과 상대방을 속여 부정한 내용의 확정판결을 취득한 경우('사위판결 또는 편취판결') 그 구제수단으로 ㉠ 소송법적 구제수단인 추후보완상소(민사소송법 제173조) 또는 재심의 소(민사소송법 제451조 1항)와 ㉡ 집행법적 구제수단인 권리남용을 이유로 하는 청구이의의 소(민사집행법 제44조 2항)가 있다. ㉢ 실체법상의 구제수단과 관련하여 判例에 따르면 확정판결에 기한 집행이 권리남용에 해당하여 청구이의의 소에 의하여 집행의 배제를 구할 수 있는 정도의 경우라면 그러한 판결금 채권에 기초한 다른 권리의 행사, 예를 들어 판결금 채권을 피보전채권으로 하여 채권자취소권을 행사하는 것 등도 허용될 수 없다고 한다(대판 2014.2.21. 2013다75717).

[34~36]

[사실관계] A 회사는 토지 소유자인 乙의 동의 없이 그 토지의 상공에 고압송전선이 통과하도록 시설을 설치하여 사용하고 있으며, 甲은 이러한 사실을 알면서 乙로부터 그 토지를 매수하여 소유권이전등기를 경료하고 이를 농지로 이용하고 있다. 甲이 토지를 취득한 때부터 13년이 경과한 시점에 A 회사를 상대로 송전선의 철거를 구하고자 한다.

34 출제예상

甲의 권리행사에 실효의 법리를 적용하기 위해서는 종전 토지 소유인인 乙이 자신의 권리를 행사하지 아니하였다는 사정을 고려하여 판단하여야 한다. ○ | X

35 출제예상

甲의 권리행사가 권리남용에 해당하기 위해서는 그러한 권리행사가 주관적으로 그 목적이 오로지 상대방에게 고통을 주고 손해를 입히려는 데 있을 뿐만 아니라 객관적으로는 사회질서에 위반된 것으로 인정되어야 한다. ○ | X

36 출제예상

甲이 송전선의 철거를 구하는 소송을 제기한 경우, 법원은 A회사의 주장이 없더라도 甲의 청구가 권리남용에 해당하는지 여부를 직권으로 판단할 수 있다. ○ | X

해설 위 문제는 대판 1996.5.14. 94다54283; 대판 1995.8.25. 94다27069 판례를 기초로 한 사례이다.

34 실효의 원칙이라 함은 권리자가 장기간에 걸쳐 그 권리를 행사하지 아니함에 따라 그 의무자인 상대방이 더 이상 권리자가 그 권리를 행사하지 아니할 것으로 신뢰할 만한 정당한 기대를 가지게 되는 경우에 새삼스럽게 권리자가 그 권리를 행사하는 것은 법질서 전체를 지배하는 신의성실의 원칙에 위반되어 허용되지 않는다는 것을 의미하는 것이므로, **종전 토지 소유자가 자신의 권리를 행사하지 않았다는 사정은 그 토지의 소유권을 적법하게 취득한 새로운 권리자에게 실효의 원칙을 적용함에 있어서 고려하여야 할 것은 아니다**(대판 1995.8.25. 94다27069).

35 주관적으로는 그 목적이 오직 상대방에게 고통을 주고 손해를 입히려는 데 있고, 객관적으로는 사회질서에 위반된 것이어서 권리남용에 해당한다(대판 1999.9.7, 99다27613 등).

➡ 즉, 判例는 일관된 입장을 보이고 있지 않으나 기본적으로 주관적 요건(가해의사 ; 상대방에게 고통을 주고 손해를 입히려는 의사)을 고려하여 판단한다(위 99다27613판결 등). 다만 최근에는 "주관적 요건은 권리자의 정당한 이익 결여라는 객관적 사정에 의하여 추인될 수 있다."(대판 1993.5.14, 93다4366 등)라고 판시함으로써 주관적 요건을 완화하는 경향이다.

36 신의성실의 원칙은 강행법규적 성질을 가지므로 당사자의 주장이 없더라도 법원이 직권으로 그 위반 여부를 판단할 수 있다(대판 1995.12.22, 94다42129).

37

14서기보

대리권한 없이 타인의 부동산을 매도한 자가 그 부동산을 상속한 후 소유자의 지위에서 자신의 대리행위가 무권대리로 무효임을 주장하여 등기말소 등을 구하는 것은 금반언의 원칙이나 신의성실의 원칙에 반하여 허용될 수 없다. O | X

해설 A가 아들인 B 소유의 부동산을 B의 대리인인 것처럼 행세하면서 C에게 매도하였고, 이후 B가 사망하여 A가 B를 단독상속하게 된 경우, A가 자신의 매매행위가 무권대리행위여서 무효였다는 이유로 C를 상대로 부동산소유권이전등기의 말소를 구하는 것은 금반언의 원칙이나 신의성실의 원칙에 반하여 허용될 수 없다(대판 1994.9.27, 94다20617)

쟁점정리 '무권대리인이 본인을 상속하는 경우' 判例는 상대방이 선의·무과실인 경우는 무권대리인이 본인의 상속인 지위에서 추인거절권을 행사하는 것은 금반언의 원칙에 반한다고 하였으나(대판 1994.9.27, 94다20617), 상대방이 악의인 경우는 추인거절권을 행사할 수 있다고 한다(대판 1992.4.28, 91다30941).

38

18법원행시

명의수탁자와 제3자 사이의 인락조서에 의해 명의신탁된 토지의 소유권이 제3자에게 이전되었으나 인락조서의 성립이 명의수탁자의 불법행위에 기한 것이고 제3자가 불법행위에 적극 가담하였다면 제3자가 토지의 소유자임을 전제로 명의신탁자에게 토지의 점유·사용으로 인한 부당이득반환청구를 하는 것은 권리남용이라고 할 수는 없다. O | X

정답 | **34** × **35** ○ **36** ○ **37** ○ **38** ×

39

자신이 연대보증하여야 할 것을 타인에게 부탁하여 그 타인이 대신 연대보증인이 된 경우, 자기가 그 연대보증채무를 대위변제하고서 그 타인에 대하여 구상권을 행사하는 것은 신의칙에 반한다.　　○ | X

해설 대판 2000.5.12. 99다38293

40

사용자가 피해자에게 손해배상을 한 경우 피용자에 대하여 구상권을 행사할 수 있고, 이러한 구상권은 신의칙에 의하여 제한할 수 있으나, 피용자가 사용자의 부주의를 이용하여 저지른 고의의 불법행위에 대하여는 신의칙상 피용자의 책임제한 주장을 허용할 수 없다.　　○ | X

해설 이러한 법리는 사용자와 피용자가 명의대여자와 명의차용자의 관계에 있다고 하더라도 마찬가지이다(대판 2009. 11.26. 2009다59350).

41

공매절차에서 점유자의 유치권 신고 사실을 알고 부동산을 매수한 자가 그 점유를 침탈하여 유치권을 소멸시키고 나아가 고의적인 점유이전으로 유치권자의 확정판결에 기한 점유회복조차 곤란하게 하였음에도, 유치권자가 현재까지 점유회복을 하지 못한 사실을 내세워 유치권자를 상대로 적극적으로 유치권부존재확인을 구하는 것은, 권리남용에 해당한다.　　○ | X

해설 대판 2010.4.15. 2009다96953

이미 채무자 소유의 목적물에 저당권 기타 담보물권이 설정되어 있어서 유치권의 성립에 의하여 저당권자 등이 그 채권 만족상의 불이익을 입을 것을 잘 알면서 자기 채권의 우선적 만족을 위하여 위와 같이 취약한 재정적 지위에 있는 채무자와의 사이에 의도적으로 유치권의 성립요건을 충족하는 내용의 거래를 일으키고 그에 기하여 목적물을 점유하게 됨으로써 유치권이 성립하였다면, 유치권자가 그 유치권을 저당권자 등에 대하여 주장하는 것은 다른 특별한 사정이 없는 한 신의칙에 반하는 권리행사로서 허용되지 아니한다. O | X

> **해설** 대판 2011.12.22. 2011다84298

추심명령 또는 전부명령이나 확정일자 있는 증서에 의하여 채권양도를 받은 다수의 다른 채권자들이 제3채무자를 상대로 추심금청구 등의 소송을 제기하여 재판이 진행중인 사실을 알고 있는 전부채권자가 제3채무자로부터 소를 제기하여 다른 채권자들과 같은 기회에 배당받을 것을 권유받았음에도 불구하고 소송을 제기하는 등 아무런 조치를 취하지 않고 있다가, 다른 채권자들이 제기한 소송이 모두 법원의 조정에 갈음하는 결정으로 확정되어 제3채무자가 다른 채권자들에게 전부채권 전액에 상당하는 조정금액을 전부 지급한 후 비로소 자신의 채권의 지급을 구하는 것은 신의성실의 원칙에 위반되지 않는다. O | X

> **해설** 추심명령 또는 전부명령이나 확정일자 있는 증서에 의하여 채권양도를 받은 다수의 다른 채권자들이 제3채무자를 상대로 추심금청구 등의 소송을 제기하여 재판이 진행중인 사실을 알고 있는 전부채권자가 제3채무자로부터 소를 제기하여 다른 채권자들과 같은 기회에 배당받을 것을 권유받았음에도 불구하고 소송을 제기하는 등 아무런 조치를 취하지 않고 있다가, **다른 채권자들이 제기한 소송이 모두 법원의 조정에 갈음하는 결정으로 확정되어 제3채무자가 다른 채권자들에게 전부채권 전액에 상당하는 조정금액을 전부 지급한 후 비로소 자신의 채권의 지급을 구하는 것이라 하더라도,** 전부채권자가 제3채무자의 위 같은 제의에 명시적 또는 묵시적으로 승낙한 바가 없는 이상, 전부채권자가 제3채무자에 대하여 스스로의 전부채권을 포기한다거나 행사하지 않기로 한다는 신의를 준 것이라고 볼 수 없고, 설령 제3채무자가 전부채권자가 그 당시 바로 소를 제기하지 아니함으로써 자신의 채권을 행사하지 않는 것으로 믿었다고 하더라도 그러한 신뢰가 객관적으로 정당한 것으로 평가될 수도 없으며, 전부채권자가 다른 채권자들과 통모하여 위와 같은 결과를 초래하게 하였다는 등의 **특별한 사정이 없는 한 전부채권자의 전부금청구가 정의관념에 비추어 용인될 수 없는 권리의 행사라고 할 수도 없으므로, 전부채권자의 위 전부금청구가 신의성실의 원칙에 위배되지 않는다**(대판 2001.7.13. 2000다5909).

정답 | **39** ○ **40** ○ **41** ○ **42** ○ **43** ○

채권자가 주채무자인 회사의 다른 주주들이나 임원들에 대하여는 회사의 채무에 대하여 연대보증을 요구하지 아니하였고, 오로지 대표이사의 처이고 회사의 감사라는 지위에 있었다는 이유만으로 그 회사의 주주도 아닌 자에게만 연대보증을 요구하여 그가 연대보증을 하게 되었다 하더라도, 그 연대보증계약을 들어 신의성실의 원칙에 위반된다.　　　　　　　　　　　　　　　　　　　　　　　　　　　　　　 O l X

> **해설**　채권자가 주채무자인 회사의 다른 주주들이나 임원들에 대하여는 회사의 채무에 대하여 연대보증을 요구하지 아니하였고, 오로지 대표이사의 처이고 회사의 감사라는 지위에 있었다는 이유만으로 그 회사의 주주도 아닌 자에게만 연대보증을 요구하여 그가 연대보증을 하게 되었다 하더라도, 그 연대보증계약을 들어 신의성실의 원칙 내지 헌법상의 재산권 및 평등의 원칙 또는 경제와 형평의 원칙 등에 위반된다고 볼 수는 없다(대판 2002.4.12. 2000다43352).

제3장 | 권리의 주체

제1절 권리주체 총설

제2절 자연인

01

법률행위가 일상적인 의미만을 이해해서는 알기 어려운 특별한 법률적 의미나 효과가 부여되어 있는 경우, 의사능력이 인정되기 위해서는 일상적 의미뿐만 아니라 법률적인 의미나 효과에 대하여도 이해할 수 있을 것을 요한다. ○ | ×

> 해설 의사능력이란 자신의 행위의 의미나 결과를 정상적인 인식력과 예기력을 바탕으로 합리적으로 판단할 수 있는 정신적 능력 내지는 지능을 말하는바, 특히 **어떤 법률행위가 그 일상적인 의미만을 이해하여서는 알기 어려운 특별한 법률적인 의미나 효과가 부여되어 있는 경우 의사능력이 인정되기 위하여는 그 행위의 일상적인 의미뿐만 아니라 법률적인 의미나 효과에 대하여도 이해할 수 있을 것**을 요한다고 보아야 하고, 의사능력의 유무는 구체적인 법률행위와 관련하여 개별적으로 판단되어야 할 것이다(대판 2002.10.11. 2001다10113).

02

법률행위의 취소에 있어 제한능력자는 그 행위로 인하여 받은 이익이 현존하는 한도에서 상환할 책임이 있다고 규정한 민법 제141조 단서는 의사능력의 흠결을 이유로 법률행위가 무효가 되는 경우에까지 유추적용될 수 없다. ○ | ×

> 해설 **무능력자의 책임을 제한하는 민법 제141조 단서는** 부당이득에 있어 수익자의 반환범위를 정한 민법 제748조의 특칙으로서 무능력자의 보호를 위해 그 선의·악의를 묻지 아니하고 반환범위를 현존 이익에 한정시키려는 데 그 취지가 있으므로, **의사능력의 흠결을 이유로 법률행위가 무효가 되는 경우에도 유추적용되어야 할 것**이나, 법률상 원인 없이 타인의 재산 또는 노무로 인하여 이익을 얻고 그로 인하여 타인에게 손해를 가한 경우에 **그 취득한 것이 금전상의 이득인 때에는 그 금전은 이를 취득한 자가 소비하였는가의 여부를 불문하고 현존하는 것으로 추정**되므로, 위 이익이 현존하지 아니함은 이를 주장하는 자, 즉 **의사무능력자 측에 입증책임이 있다**(대판 2009.1.15. 2008다58367).
>
> ➡ 의사무능력자가 자신이 소유하는 부동산에 근저당권을 설정해 주고 금융기관으로부터 금원을 대출받아 이를 제3자에게 대여한 사안에서, 判例는 "**대출로써 받은 이익이 위 제3자에 대한 대여금채권 또는 부당이득반환채권의 형태로 현존**하므로, 금융기관은 대출거래약정 등의 무효에 따른 원상회복으로서 위 대출금 자체의 반환을 구할 수는 없더라도 **현존 이익인 위 채권의 양도를 구할 수 있다.**"라고 하였으며, "공평의 관념과 신의칙에 비추어 볼 때 의사무능력자의 채권양도 의무와 금융기관의 근저당권설정등기말소 의무는 **동시이행관계**에 있다."라고 판시하였다(同 判例).

정답 | **01** ○   **02** ×

03

A: 사람은 19세로 성년에 이르게 된다(민법 제4조).

丙: 따라서 2000.2.2. 오후 2시에 태어난 사람은 2019.2.2. 오후 2시 현재 미성년자입니다. O | X

> **해설** 연령계산에는 출생일을 산입하므로(제158조), 2000.2.2. 출생한 경우 2.2.부터 기산하여 19년 후인 2019.2.1. 24시에 성년이 된다.

04

母의 교통사고의 충격으로 태아가 조산되고 또 그로 인하여 제대로 성장하지 못하고 사망하였다면 위 불법행위는 한편으로 산모에 대한 불법행위인 동시에 한편으로는 태아 자신에 대한 불법행위라고 볼 수 있으므로 따라서 죽은 아이는 생명침해로 인한 재산상 손해배상청구권이 있다. 그러나 모체와 같이 사망한 태아에게는 손해배상청구권이 인정되지 않는다. O | X

> **해설** 출생전의 가해에 대한 손해배상청구권의 인정 여부: 母에 대한 불법행위로 태아가 영향을 받은 경우, 모체와 같이 사망한 태아에게 손해배상청구권을 인정할 수 있는지 여부(소극)
> 임산부에 대한 교통사고, 의사가 임산부에게 잘못된 처치를 한 경우 이는 동시에 태아에 대한 불법행위가 성립한다. 判例도 "(母의) 교통사고의 충격으로 태아가 조산되고 또 그로 인하여 제대로 성장하지 못하고 사망하였다면 위 불법행위는 한편으로 산모에 대한 불법행위인 동시에 한편으로는 태아 자신에 대한 불법행위라고 볼 수 있으므로 따라서 죽은 아이는 생명침해로 인한 재산상 손해배상청구권이 있다."라고 판시하고 있다(대판 1968.3.5. 67다2869).
> 다만 判例는 "태아가 특정한 권리에 있어서 이미 태어난 것으로 본다는 것은 살아서 출생한 때에 출생시기가 문제의 사건의 시기까지 소급하여 그 때에 태아가 출생한 것과 같이 법률상 보아 준다고 해석하여야 상당하므로 그가 모체와 같이 사망하여 출생의 기회를 못 가진 이상 배상청구권을 논할 여지없다."라고 한다(대판 1976.9.14. 76다1365).
>
> ➡ 사안은 모체와 같이 태아가 사망한 경우이므로 손해배상청구권이 인정될 여지가 없다.

05

제3자를 위한 계약에서 제3자는 계약 성립시에 현존·특정되어야 하므로 태아는 제3자가 될 수 없다. O | X

> **해설** 제3자를 위한 계약에서 제3자는 계약 성립시에 특정 가능성이 있는 한 현존·특정되지 않아도 무방하므로, 태아나 설립 중의 법인 등도 제3자가 될 수 있다(대판 1960.7.21. 59다773). 그러나 수익의 의사표시를 할 때에는 권리능력을 가지고 현존·특정되어야 한다.

06

태아에 대한 생전증여에 있어서도 태아의 수증행위가 필요한바, 상속 또는 유증의 경우를 유추하여 태아의 수증능력을 인정할 수 없다. O | X

> **해설** 判例는 '**생전증여**'와 관련하여 "태아에 대한 증여에 있어서도 태아의 수증행위가 필요한바, 상속 또는 유증의 경우를 '유추'하여 태아의 수증능력을 인정할 수 없다."라고 판시하고 있다(대판 1982.2.9. 81다534).

07

민법은 불법행위로 인한 손해배상(민법 제762조), 재산상속(민법 제1000조 제3항), 유증(민법 제1064조) 등의 경우 태아의 권리능력을 인정하는 개별규정을 두고 있고 생전증여의 경우에도 위 규정들을 유추하여 태아의 권리능력을 인정할 수 있다. ○|X

> **해설** 判例는 "증여에 관하여는 태아의 수증능력이 인정되지 아니하였고, 또 태아인 동안에는 법정대리인이 있을 수 없으므로 법정대리인에 의한 수증행위도 할 수 없다."라고 판시하고 있다(대판 1982.2.9, 81다534).

08

태아는 살아서 출생하는 것을 조건으로 하여 상속개시시에 소급하여 재산을 상속한다. ○|X

> **해설** 제1000조 제3항 참조

09

父는 태아를 인지할 수 있다. 한편 태아는 살아서 출생한 경우 강제인지를 청구할 수 있다. ○|X

> **해설** 父는 태아를 인지할 수 있으나(제858조), 태아에게도 인지청구권이 인정되는지에 대하여는 학설은 대체로 제858조의 반대해석상 허용되지 않는다는 부정설의 입장이다. **다만, 태아가 살아서 출생한 경우 강제인지는 가능하다**(제863조, **제864조**). 따라서 태아 쪽에서 적극적으로 태아의 성장에 필요한 비용을 父에게 청구할 수는 없다.

[10~13]

> **[사실관계]** 甲은 강도 乙을 만나 격투를 벌이던 중 乙이 휘두른 칼에 사망하였다. 甲의 사망 당시 甲의 유족으로는 친모(親母) A, 법률상의 배우자 B, B의 배 속에 태아 C가 있었다. 그 후 태아 C는 살아서 출생하였다. (다툼이 있는 경우 판례에 의함)

10

태아 C가 살아서 출생하였으므로 태아의 권리능력 취득시기에 관한 어느 견해에 따르더라도 B와 C가 甲의 공동상속인이 된다. ○|X

정답| **03** × **04** ○ **05** × **06** ○ **07** × **08** ○ **09** ○ **10** ○

11   출제예상

B와 C는 甲의 재산상 손해배상청구권 및 정신상 손해배상청구권을 상속한다.   ○ | ✕

12   출제예상

A, B, C는 정신적 고통을 입증하지 않고도 당연히 위자료를 乙에게 청구할 수 있다.   ○ | ✕

13   출제예상

만약 C가 아직 출생하지 않은 상태에서 C의 위자료청구권에 대하여 B가 C를 대리하여 乙과 위자료액수
에 관한 합의를 하였다면, 그 합의는 태아의 권리능력 취득시기에 관한 정지조건설에 의하면 무효이다.
                                                                                ○ | ✕

해설 10 태아 C의 상속능력(적극)

제1003조(배우자의 상속순위) ① 피상속인의 배우자는 제1000조 제1항 제1호와 제2호의 규정에 의한 상속인이 있는 경
우에는 그 상속인과 동순위로 공동상속인이 되고 그 상속인이 없는 때에는 단독상속인이 된다.

甲의 법률상 배우자인 B는 상속권자에 해당한다(제1003조 제1항).

태아의 경우 정지조건설에 의할 때에는 태아가 살아서 출생하면 권리능력 취득의 효과가 문제의 사건이 발생한 시기로
소급하게 되고, 해제조건설에 의할 때에는 태아인 동안에도 제한적 범위에서 권리능력가지지만 사산한 경우에는 권리능력
취득의 효과가 소급하여 소멸하게 되는 바, 사안의 경우 **태아 C는 살아서 출생하였으므로 어느 견해에 따르더라도 상속능
력이 인정된다**(제1000조 제3항, 동조 제1항 제1호).

판례는 '정지조건설'을 따르므로, 정지조건설에 의하면 정지조건설에 의하면 C는 태아로 있는 동안 아직 권리능력을 취득
하지 못하므로 그 동안은 甲의 처 B와 모 A가 공동상속인이 되나, C가 살아서 출생하면 甲의 사망시점에 소급하여 상속권
을 취득하므로 B와 C가 공동상속인이 되고 후순위인 A는 상속권이 소급적으로 없게 된다.

➡ 결국 태아 C가 살아서 출생하였다면 B와 C가 甲의 공동상속인이 된다(제1003조 1항).

11 위자료청구권의 상속 여부(적극)

判例는 "정신적 손해에 대한 배상(위자료)청구권은 피해자가 이를 포기하거나 면제했다고 볼 수 있는 **특별한 사정이 없는
한 생전에 청구의 의사를 표시할 필요없이 원칙적으로 상속되는 것**이라고 해석함이 상당하다."고 하여 상속을 긍정한다(대
판 1966.10.18. 66다1335).

12 태아 C의 정신적 손해배상청구 가부(적극)

제752조(생명침해로 인한 위자료) 「타인의 생명을 해한 자는 피해자의 직계존속, 직계비속 및 배우자에 대하여는 재산상
의 손해없는 경우에도 손해배상의 책임이 있다.」 피해자 甲의 직계존속인 A와 배우자 B는 정신적 고통을 입증하지 않고도
제752조에 의하여 당연히 위자료를 乙에게 청구할 수 있다. ⅱ) 태아 C의 경우 태아인 동안에도 태아에게 정신적 고통이
있다고 인정될 수 있는가와 관련하여 判例는 "태아가 피해 당시 정신상 고통에 대한 감수성을 갖추고 있지 않다 하더라도
장래 감수할 것임을 현재 합리적으로 기대할 수 있는 경우에 있어서는 즉시 그 청구를 할 수 있다."라고 하여 이를 긍정하고
있다(대판 1962.3.15. 61다903). 따라서 살아서 출생한 C도 乙에게 위자료청구를 할 수 있다(제762조, 제752조).

13 태아의 권리능력 인정여부 – 손해배상청구, 화해계약

제762조(손해배상청구권에 있어서의 태아의 지위) 태아는 손해배상의 청구권에 관하여는 이미 출생한 것으로 본다.

그러나 태아의 권리능력 취득시기에 관한 **判例의 태도인 정지조건설에 의하면** C는 태아인 동안에는 권리능력을 가지지
못하므로 법정대리의 개념이 성립할 여지가 없다. 따라서 손해배상청구에서 법정대리인이 합의(화해)를 하는 것 등은 허용
되지 않는다.

14

미성년자가 법률행위를 하려면 원칙적으로 법정대리인의 동의를 얻어야 한다. 미성년자가 동의를 얻지 않고 한 행위는 미성년자 또는 그 법정대리인이 취소할 수 있다. ○│X

> **해설** **제5조(미성년자의 능력)** ① 미성년자가 법률행위를 함에는 법정대리인의 동의를 얻어야 한다. 그러나 권리만을 얻거나 의무만을 면하는 행위는 그러하지 아니하다.
> ② **전항의 규정에 위반한 행위는 취소할 수 있다.**
> **제140조(법률행위의 취소권자)** 취소할 수 있는 법률행위는 **제한능력자**, 착오로 인하거나 사기·강박에 의하여 의사표시를 한 자, **그의 대리인** 또는 승계인만이 취소할 수 있다.

15

미성년자가 유효한 법률행위를 하려면 원칙적으로 법정대리인의 동의를 얻어야 하며, 법정대리인의 동의를 얻지 않은 미성년자의 법률행위는 법정대리인만이 취소할 수 있다. ○│X

> **해설** 위 14번 해설 참조

16

법정대리인이 범위를 정하여 처분을 허락한 재산은 미성년자가 임의로 처분할 수 있으나, 미성년자가 아직 법률행위를 하기 전이라면 법정대리인은 위 허락을 취소할 수 있다. ○│X

> **해설** **제6조(처분을 허락한 재산)** 법정대리인이 범위를 정하여 처분을 허락한 재산은 미성년자가 임의로 처분할 수 있다.
> **제7조(동의와 허락의 취소)** 법정대리인은 미성년자가 아직 법률행위를 하기 전에는 전2조의 동의와 허락을 취소할 수 있다.

17

법정대리인이 재산의 범위를 정하여 미성년자에게 처분을 허락하였다면, 법정대리인은 그 재산의 처분에 관하여 스스로 유효한 대리행위를 할 수 없다. ○│X

> **해설** 법정대리인이 범위를 정하여 처분을 허락한 재산은 **미성년자가 임의로 처분할 수 있다**(제6조). 법정대리인의 허락이 있다고 하여 미성년자가 성년자로 되는 것은 아니므로, 법정대리인 스스로 대리행위를 할 수 있다.

정답 | 11 ○ 12 ○ 13 ○ 14 ○ 15 × 16 ○ 17 ×

18

미성년자가 법률행위를 함에 있어서 요구되는 법정대리인의 동의는 언제나 명시적이어야 하는 것은 아니고 묵시적으로도 가능하다. O I X

> **해설** 미성년자의 법률행위에 대한 법정대리인의 동의가 묵시적으로도 가능한지 여부(적극)
> **미성년자가 법률행위를 함에 있어서 요구되는 법정대리인의 동의는 언제나 명시적이어야 하는 것은 아니고 묵시적으로도 가능한 것**이며, 미성년자의 행위가 위와 같이 법정대리인의 묵시적 동의가 인정되거나 처분허락이 있는 재산의 처분 등에 해당하는 경우라면, 미성년자로서는 더 이상 행위무능력을 이유로 그 법률행위를 취소할 수 없다(대판 2007.11.16. 2005다71659).

19

미성년자가 토지매매행위를 부인하고 있는 이상, 미성년자가 그 법정대리인의 동의를 얻었다는 점에 관한 입증책임은 미성년자에게 없고 이를 주장하는 상대방에게 있다. O I X

> **해설** 법정대리인의 동의에 대한 증명책임은 법률행위의 유효를 주장하는 상대방에게 있다(대판 1970.2.24, 69다1568).

20

미성년자의 법률행위에 법정대리인의 동의를 요하도록 하는 것은 강행규정인데, 위 규정에 반하여 이루어진 신용구매계약을 미성년자 스스로 취소하는 것을 신의칙 위반을 이유로 배척한다면, 이는 오히려 위 규정에 의해 배제하려는 결과를 실현시키는 셈이 되어 미성년자 제도의 입법 취지를 몰각시킬 우려가 있으므로, 법정대리인의 동의 없이 신용구매계약을 체결한 미성년자가 사후에 법정대리인의 동의 없음을 사유로 들어 이를 취소하는 것이 신의칙에 위배된 것이라고 할 수 없다. O I X

> **해설** 대판 2007.11.16. 2005다71659,71666,71673 참조 다만 제17조의 속임수를 쓴 경우는 취소권이 배제된다.

21

만18세가 넘은 미성년자가 월 소득 범위 내에서 신용구매계약을 체결한 경우, 스스로 얻고 있던 소득에 대하여는 법정대리인의 묵시적 처분허락이 있었다고 보아야 하므로 제한능력을 이유로 취소할 수 없다.
O I X

22

미성년자가 법률행위를 함에 있어서 요구되는 법정대리인의 동의는 언제나 명시적이어야 하는 것은 아니고 묵시적으로도 가능한 것이며, 미성년자의 행위가 위와 같이 법정대리인의 묵시적 동의가 인정되거나 처분허락이 있는 재산의 처분 등에 해당하는 경우라면, 미성년자로서는 더 이상 행위무능력을 이유로 그 법률행위를 취소할 수 없다. O | X

> **해설** **21 22** 미성년자가 법률행위를 함에 있어서 요구되는 법정대리인의 동의는 언제나 명시적이어야 하는 것은 아니고 묵시적으로도 가능한 것이며, 미성년자의 행위가 위와 같이 법정대리인의 묵시적 동의가 인정되거나 처분허락이 있는 재산의 처분 등에 해당하는 경우라면, 미성년자로서는 더 이상 제한능력을 이유로 그 법률행위를 취소할 수 없다. 그런데 만 18세가 넘은 미성년자가 월 소득의 범위 내에서 신용구매계약을 체결한 본 사안에서, 스스로 얻고 있던 소득에 대하여는 법정대리인의 묵시적 처분허락이 있었다고 보아 위 신용구매계약은 처분허락을 받은 재산범위 내의 처분행위로서 유효하고 취소할 수 없는 것으로 보았다(대판 2007.11.16. 2005다71659,71666,71673).

23

미성년자는 법정대리인으로부터 허락을 얻은 특정한 영업에 관하여는 성년자와 동일한 행위능력이 있으나, 법정대리인은 위 허락을 취소 또는 제한할 수 있다. O | X

24

법정대리인이 미성년자에게 영업의 종류를 특정하여 영업을 허락하였다면, 법정대리인은 허락한 영업과 관련된 행위를 스스로 대리할 수 없다. O | X

> **해설** **23 제8조(영업의 허락)** ① 미성년자가 법정대리인으로부터 허락을 얻은 특정한 영업에 관하여는 성년자와 동일한 행위능력이 있다.
> ② 법정대리인은 전항의 허락을 취소 또는 제한할 수 있다. 그러나 선의의 제삼자에게 대항하지 못한다.
>
> **24** 미성년자가 법정대리인으로부터 허락을 얻은 특정한 영업에 관하여 **성년자와 동일한 행위능력이 있다**(제8조 제1항). 따라서 당해 영업과 관련하여서는 법정대리인의 대리권도 소멸한다.

25

미성년자의 근로계약체결은 법률행위이므로 법정대리인이 근로계약체결을 대리하여야 한다. O | X

> **해설** **친권자나 후견인은 미성년자의 근로계약을 대리할 수 없다**(근로기준법 제67조 제1항). 다만 친권자, 후견인 또는 고용노동부장관은 근로계약이 미성년자에게 불리하다고 인정하는 경우에는 이를 해지할 수 있다(근로기준법 제67조 제2항).

26

불법행위의 피해자가 미성년자인 경우(성적침해를 당한 경우 제외) 피해자인 미성년자나 그 법정대리인이 손해 및 가해자를 안 날로부터 3년간 불법행위로 인한 손해배상청구권을 행사하지 아니하면 그 손해배상청구권은 시효로 인하여 소멸한다. ○ | ×

> **해설** 불법행위의 피해자가 미성년자로 행위능력이 제한된 자인 경우에는 그 **'법정대리인'**이 손해 및 가해자를 알아야 소멸시효가 진행한다(대판 2010.2.11. 2009다79897).
>
> **제766조(손해배상청구권의 소멸시효)** ① 불법행위로 인한 손해배상의 청구권은 피해자나 그 법정대리인이 그 손해 및 가해자를 안 날로부터 3년간 이를 행사하지 아니하면 시효로 인하여 소멸한다.
> ② 불법행위를 한 날로부터 10년을 경과한 때에도 전항과 같다.
> ③ 미성년자가 성폭력, 성추행, 성희롱, 그 밖의 성적(性的) 침해를 당한 경우에 이로 인한 손해배상청구권의 소멸시효는 그가 성년이 될 때까지는 진행되지 아니한다. 〈신설 2020.10.20.〉
> ➡ 제766조 제3항이 신설되었다.

27

미성년자 甲이 불법행위의 피해자인 경우에는 다른 특별한 사정이 없는 한 甲의 법정대리인 乙이 甲의 손해 및 그에 대한 가해자를 알아야 甲의 손해배상청구권의 소멸시효가 진행한다. ○ | ×

> **해설** 불법행위로 인한 손해배상청구권의 기산점
> 민법 제766조 제1항은 '불법행위로 인한 손해배상의 청구권은 피해자나 그 법정대리인이 그 손해 및 가해자를 안 날로부터 3년간 이를 행사하지 아니하면 시효로 인하여 소멸한다'고 규정하고 있는바, 여기서 불법행위의 피해자가 미성년자로 행위능력이 제한된 자인 경우에는 다른 특별한 사정이 없는 한 **그 법정대리인이 손해 및 가해자를 알아야 위 조항의 소멸시효가 진행**한다고 할 것이다(대판 2010.2.11. 2009다79897).

28

법정대리인의 동의 없이 신용구매계약을 체결한 미성년자가 사후에 법정대리인의 동의 없음을 사유로 들어 이를 취소하는 것이 신의칙에 위반된 것이라고 할 수 없다. ○ | ×

> **해설** 판례에 따르면, **미성년자의 법률행위에 법정대리인의 동의를 요하도록 하는 것은 강행규정**이므로 법정대리인의 동의 없이 신용구매계약을 체결한 미성년자가 나중에 법정대리인의 동의 없음을 이유로 취소하는 것은 **금반언**에 반하지 않으므로 허용된다(제5조 2항)(대판 2007.11.16, 2005다71659,71666,71673). 다만 제17조의 속임수를 쓴 경우는 취소권이 배제된다.

[29~33]

> **[사실관계]** 甲은 2002.2.1.생으로 이 사건 당시 만 18세의 미성년자였다. 甲은 법정대리인 A의 동의없이 L신용카드회사와 신용카드 이용계약을 체결하여 신용카드를 발급받았다. 甲은 乙이 운영하는 노트북 대리점에서 10만 원 상당의 외장하드를 3개월 할부로 구입하면서, 이를 위 신용카드로 결제하였다. 한편 甲은 당시 아르바이트 등을 통해 월 60만 원 이상의 소득을 얻고 있었다. 이후 甲은 A의 동의가 없었음을 이유로 L사와의 위 신용카드 이용계약과 乙과의 위 신용구매계약을 각각 취소하였다(다툼이 있는 경우 판례에 의하고, 전원합의체 판결의 경우 다수의견에 의함).

29

甲이 L사와의 신용카드 이용계약의 취소를 구하는 것은 신의칙에 반하므로 인정될 수 없다. ○│×

30

甲과 乙과의 신용구매계약은 A의 묵시적 처분허락을 받은 재산범위 내의 처분이므로 취소할 수 없다. ○│×

31

만일 甲과 L사와의 신용카드 이용계약이 취소되었음에도 L사가 乙에게 甲의 신용카드이용대금을 지급한 경우, L사는 여전히 甲에게 신용카드 이용계약에 따라 신용카드 이용대금을 청구할 수 있다. ○│×

32

만일 甲과 L사와의 신용카드 이용계약이 취소되었음에도 L사가 乙에게 甲의 신용카드이용대금을 지급한 경우, L사는 甲에게 부당이득의 반환을 구할 수 있다. ○│×

33

만일 甲과 L사와의 신용카드 이용계약이 취소되었음에도 L사가 乙에게 甲의 신용카드이용대금을 지급한 경우, L사는 甲에게 부당이득의 반환을 구할 수 있다면, 甲이 반환하여야 할 이익은 乙로부터 구입한 재화, 즉 외장하드이다. ○│×

정답 | 26 × 27 ○ 28 ○ 29 × 30 ○ 31 ○ 32 ○ 33 ○

미성년자의 법률행위에 법정대리인의 동의를 요하도록 하는 것은 강행규정이므로 법정대리인의 동의 없이 신용구매계약을 체결한 미성년자가 나중에 법정대리인의 동의 없음을 이유로 취소하는 것은 금반언에 반하지 않으므로 허용된다(제5조 제2항)(대판 2007.11.16. 2005다71659,71666,71673). 다만 제17조의 속임수를 쓴 경우는 취소권이 배제된다.

30 만 18세가 넘은 미성년자가 월 소득범위 내에서 신용구매계약을 체결한 사안에서, 스스로 얻고 있던 소득에 대하여는 법정대리인의 묵시적 처분허락이 있었다고 보아 위 신용구매계약은 제6조의 처분허락을 받은 재산범위 내의 처분행위에 해당한다(대판 2007.11.16. 2005다71659,71666,71673).

31 제141조(취소의 효과) 취소된 법률행위는 처음부터 무효인 것으로 본다. 다만, 제한능력자는 그 행위로 인하여 받은 이익이 현존하는 한도에서 상환(償還)할 책임이 있다.

➡ 신용카드 이용계약이 취소되었으므로 신용카드 계약은 소급하여 무효로 되었으므로(제141조 본문), 신용카드 이용대금을 청구할 수 없다.

32 33 미성년자가 신용카드발행인과 사이에 신용카드 이용계약을 체결하여 신용카드거래를 하다가 신용카드 이용계약을 취소하는 경우 미성년자는 그 행위로 인하여 받은 이익이 현존하는 한도에서 상환할 책임이 있는바, 신용카드 이용계약이 취소됨에도 불구하고 신용카드회원과 해당 가맹점 사이에 체결된 개별적인 매매계약은 특별한 사정이 없는 한 신용카드 이용계약취소와 무관하게 유효하게 존속한다 할 것이고, 신용카드발행인의 가맹점에 대한 신용카드이용대금의 지급으로써 신용카드회원은 자신의 가맹점에 대한 매매대금 지급채무를 법률상 원인 없이 면제받는 이익을 얻었으며, 이러한 이익은 금전상의 이득으로서 특별한 사정이 없는 한 현존하는 것으로 추정된다(대판 2005.4.15. 2003다60297,60303, 60310,60327).

➡ 즉, 判例는 신용카드이용계약이 제한능력을 이유로 취소되는 경우, **제한능력자가 반환하여야 할 부당이득반환의 대상은** 신용카드가맹점과의 거래계약을 통하여 취득한 물품이 아니라 신용카드사가 가맹점에 대신 지급함으로써 '**면제받은 물품대금 채무 상당액**'이라는 입장이다.

34

미성년자가 신용카드발행인과 사이에 신용카드 이용계약을 체결하여 신용카드거래를 하다가 신용카드 이용계약을 취소하는 경우, 미성년자는 그 행위로 인하여 받은 이익이 현존하는 한도에서 상환할 책임이 있다. 이 경우, 미성년자가 신용카드발행인에게 부당이득으로 반환하여야 할 대상은 미성년자가 가맹점과의 매매계약을 통하여 취득한 물품과 제공받은 용역이다. ○ | X

해설 위 33번 해설 참조

35

이해상반행위란 행위의 객관적 성질상 친권자와 그 자(子) 사이 또는 친권에 복종하는 수인의 자(子) 사이에 이해의 대립이 생길 우려가 있는 행위를 가리키는 것으로, 친권자의 의도나 그 행위의 결과 실제로 이해의 대립이 생겼는지의 여부는 묻지 않는다. ○ | X

36

친권자가 성년이 된 子1을 위해 금전을 차입하면서 미성년자인 子2 소유의 부동산에 저당권을 설정하기 위해서는 子2를 위하여 특별대리인을 선임하여야 한다. ○ | X

37

친권자인 母가 자기 오빠의 제3자에 대한 채무를 담보하기 위하여 미성년인 子를 대리하여 그 子 소유의 부동산에 근저당권을 설정하기 위해서는 자녀의 특별대리인을 선임하여야 한다. ○│X

38

친권자인 母가 미성년인 子의 유일한 재산을 아무런 대가도 받지 않고 그 사실을 알고 있던 子의 숙부에게 증여한 행위는 친권을 남용하는 행위로서 子에게 효력이 미치지 않는다. ○│X

39

친권자가 미성년의 子인 甲의 생활비를 마련하기 위해 금원을 차용하면서 그 담보로 자신과 甲이 공동소유하는 부동산 전체를 담보로 제공한 경우 차용금이 실제로 甲의 생활비로 소요되었다는 사정이 인정되면 甲의 공유지분에 관한 근저당권설정행위가 민법 제921조 제1항 소정의 이해상반행위에 해당하지 않는다. ○│X

> **해설** **35** 친권자와 그 子 사이에 이해가 상반되는 경우에, 친권자는 법원에 그 子 또는 수인의 子 각자의 특별대리인의 선임을 청구하여야 한다(제921조 제1항). 여기서 '이해상반행위'란 친권자에게는 이익이 되고 子에게는 불이익이 되는 경우를 말한다. 判例는 "제921조 제1항의 이해상반행위란 **행위의 객관적 성질상** 친권자와 子 사이에 **이해의 대립이 생길 우려가 있는 행위**를 가리키는 것으로서 친권자의 의도나 그 행위의 결과로 실질적 이해의 대립이 생겼는가의 여부는 묻지 아니하는 것이라"(대판 1991.11.26. 91다32466)고 하여 **형식적 판단설**을 취하고 있다.
>
> **36** 성년인 자(子)와 미성년인 자(子) 사이의 이해상반행위를 부모가 할 때는 특별대리인의 선임을 요하지 않는다(대판 1981.10.13. 81다649).
>
> **37** 미성년자의 친권자인 모가 자기 오빠의 제3자에 대한 채무의 담보로 미성년자 소유의 부동산에 근저당권을 설정하는 행위가, 채무자를 위한 것으로서 미성년자에게는 불이익만을 주는 것이라고 하더라도, 민법 제921조 제1항에 규정된 "법정대리인인 친권자와 그 자 사이에 이해상반되는 행위"라고 볼 수는 없다(대판 1991.11.26. 91다32466).
>
> **38** 친권자인 모가 자의 유일한 재산을 원고의 삼촌인 피고에게 대가 없이 증여하였고, 피고도 그 사정을 알고 있었다면 모의 증여행위는 친권의 남용에 해당하여 무효라고 한다(대판 1997.1.24. 96다43928).
>
> **39** 친권자인 모가 자신이 연대보증한 차용금 채무의 담보로 자신과 자의 공유인 토지 중 자신의 공유지분에 관하여는 공유지분권자로서, 자의 공유지분에 관하여는 그 법정대리인의 자격으로 각각 근저당권설정계약을 체결한 행위는 이해상반행위로서 무효라고 보아야 한다(대판 2002.1.11. 2001다65960).

40

공동상속인인 친권자가 다른 공동상속인인 수인의 미성년자의 법정대리인인 경우, 그 친권자의 대리행위에 의하여 성립된 상속재산분할협의는 공동상속인인 수인의 미성년자 전원에 의한 적법한 추인이 없는 한 무효이다. ○│X

41

공동상속인인 친권자와 미성년인 수인의 자(子) 사이에 상속재산 분할협의를 하게 되는 경우에는 미성년자 각자마다 특별대리인을 선임하여 그 각 특별대리인이 각 미성년자인 자(子)를 대리하여 상속재산분할의 협의를 해야 한다. ○ | X

해설 40 친권자와 그 자간 또는 수인의 자간의 이해상반행위

判例는 "제921조 1항의 이해상반행위란 행위의 객관적 성질상 친권자와 子 사이에 이해의 대립이 생길 우려가 있는 행위를 가리키는 것으로서 친권자의 의도나 그 행위의 결과로 실질적 이해의 대립이 생겼는가의 여부는 묻지 아니하는 것이라"(대판 1991.11.26. 91라32466)고 하여 **형식적 판단설**의 입장인바, "공동상속재산분할협의는 그 행위의 객관적 성질상 상속인 상호간에 이해의 대립이 생길 우려가 있는 행위라고 할 것이므로 공동상속인인 친권자와 미성년 수인의 자 사이에 상속재산분할협의를 하게 되는 경우에는 미성년자 각자마다 특별대리인을 선임하여 그 각 특별대리인이 각 미성년자인 자를 대리하여 상속재산분할의 협의를 하여야 하고 만약 **친권자가 수인의 미성년자의 법정대리인으로서 상속재산분할협의를 한 것이라면 이는 민법 제921조에 위반**된 것으로서 이러한 대리행위에 의하여 성립된 상속재산분할협의는 **피대리자 전원에 의한 추인이 없는 한 무효**"(대판 1993.4.13. 92다54524)라고 판시하고 있다.

41 ⅰ) 상속재산에 대하여 소유의 범위를 정하는 내용의 공동상속재산 분할협의는 그 행위의 객관적 성질상 상속인 상호간 이해의 대립이 생길 우려가 없다고 볼만한 특별한 사정이 없는 한 민법 제921조의 이해 상반되는 행위에 해당한다. 그리고 **피상속인의 사망으로 인하여 1차 상속이 개시되고 그 1차 상속인 중 1인이 다시 사망하여 2차 상속이 개시된 후 1차 상속의 상속인들과 2차 상속의 상속인들이 1차 상속의 상속재산에 관하여 분할협의를 하는 경우에 2차 상속인 중에 수인의 미성년자가 있다면 이들 미성년자 각자마다 특별대리인을 선임하여 각 특별대리인이 각 미성년자를 대리하여 상속재산 분할협의를 하여야 하고**, 만약 2차 상속의 공동상속인인 친권자가 수인의 미성년자 법정대리인으로서 상속재산 분할협의를 한다면 이는 민법 제921조에 위배되는 것이며, ⅱ) **이러한 대리행위에 의하여 성립된 상속재산 분할협의는 피대리자 전원에 의한 추인이 없는 한 전체가 무효이다**(대판 2011.3.10, 2007다17482).

법정대리인인 친권자와 그 자 사이에 이해 상반되는 행위를 하는 경우뿐만 아니라(제921조 제1항), 법정대리인인 친권자가 그 친권에 따르는 수인의 자 사이에 이해 상반되는 행위를 함에도 법원에 그 자 일방의 특별대리인의 선임을 청구하여야 한다(제921조 제2항).

42

법원은 특별대리인 선임 심판 시에 특별대리인에게 미성년자가 하여야 할 법률행위를 무엇이든지 처리할 수 있도록 포괄적으로 권한을 수여하는 심판을 할 수는 없다. ○ | X

해설 특별대리인의 선임

"민법 제921조의 특별대리인 제도는 친권자와 그 친권에 복종하는 자 사이 또는 친권에 복종하는 자들 사이에 서로 이해가 충돌하는 경우에는 친권자에게 친권의 공정한 행사를 기대하기 어려우므로 친권자의 대리권 및 동의권을 제한하여 법원이 선임한 특별대리인으로 하여금 이들 권리를 행사하게 함으로써 친권의 남용을 방지하고 미성년인 자의 이익을 보호하려는 데 그 취지가 있으므로, **특별대리인은 이해가 상반되는 특정의 법률행위에 관하여 개별적으로 선임되어야 한다.** 따라서 특별대리인선임신청서에는 선임되는 특별대리인이 처리할 법률행위를 특정하여 적시하여야 하고 법원도 그 선임 심판시에 특별대리인이 처리할 법률행위를 특정하여 이를 심판의 주문에 표시하는 것이 원칙이며, 특별대리인에게 미성년자가 하여야 할 법률행위를 무엇이든지 처리할 수 있도록 **포괄적으로 권한을 수여하는 심판을 할 수는 없다**"(대판 1996.4.9. 96다1139).

43

피후견인의 신상과 재산에 관한 모든 사정을 고려하여, 성년후견인과 마찬가지로 미성년후견인도 여러 명 둘 수 있다. O | X

> **해설** 미성년자에게 친권자가 없거나, 친권자가 법률행위의 대리권과 재산관리권을 행사할 수 없는 경우에는 미성년후견 인을 두어야 한다(제928조). 미성년후견인의 수는 한 명으로 하고(제930조 제1항), 피후견인의 법정대리인이 된다(제938 조 제1항).

44

미성년자 甲 소유의 부동산에 관해 증여를 원인으로 하여 甲의 친권자 乙 명의의 소유권이전등기가 경료 된 경우에는, 이를 위해 필요한 특별대리인 선임이 있었던 것으로 추정된다. O | X

> **해설** 등기의 추정력 - 절차의 적법추정
> 전 등기명의인이 미성년자이고 당해 부동산을 친권자에게 증여하는 행위가 이해상반행위라면, 일단 친권자에게 이전등기 가 마쳐졌더라도 그 이전등기에 관하여 필요한 절차를 적법하게 거친 것으로 추정된다(대판 2002.2.5. 2001다72029).

45

후견인과 피후견인 미성년자 사이에 이해상반되는 행위를 하는 경우, 후견감독인이 선임된 때에도 후견 인은 특별대리인의 선임을 청구하여야 한다. O | X

> **해설** 미성년자에게 친권자가 없어 후견인이 선임된 경우에도 제921조(이해상반행위)는 준용된다. 다만 후견감독인이 선 임된 경우에는, 그가 피후견인(미성년자)을 대리하여 특별대리인의 역할을 수행할 것이므로 특별대리인을 따로 선임할 필 요는 없다(제940조의6 제3항, 제949조의3).

46

성년후견은 피성년후견인의 정신적 제약으로 사무처리 능력이 지속적으로 결여된 경우에 한하여 개시되 고, 신체적 장애만으로는 성년후견이 개시될 수 없다. O | X

> **해설** 민법 제9조 제1항

정답 | **41** O **42** O **43** × **44** O **45** × **46** O

47

가정법원은 질병, 장애, 노령, 그 밖의 사유로 인한 정신적 제약으로 사무를 처리할 능력이 부족한 사람에 대하여 일정한 자의 청구에 의하여 한정후견개시의 심판을 한다. O | X

> **해설** 민법 제12조

48

본인, 배우자, 4촌 이내의 친족, 미성년후견인, 미성년후견감독인, 한정후견인, 한정후견감독인, 특정후견인, 특정후견감독인, 검사 또는 지방자치단체의 장은 가정법원에 성년후견개시의 심판을 청구할 수 있고, 가정법원은 직권으로 절차를 개시할 수 있다. O | X

> **해설** **제9조(성년후견개시의 심판)** ① 가정법원은 질병, 장애, 노령, 그 밖의 사유로 인한 정신적 제약으로 사무를 처리할 능력이 지속적으로 결여된 사람에 대하여 본인, 배우자, 4촌 이내의 친족, 미성년후견인, 미성년후견감독인, 한정후견인, 한정후견감독인, 특정후견인, 특정후견감독인, 검사 또는 지방자치단체의 장의 **청구에 의하여** 성년후견개시의 심판을 한다.
> ② 가정법원은 성년후견개시의 심판을 할 때 본인의 의사를 고려하여야 한다.
> ➡ 청구에 의하여 성년후견개시의 심판을 할 수 있을 뿐 가정법원이 직권으로 절차를 개시할 수는 없다.

49

피성년후견인의 법률행위는 취소할 수 있으나, 가정법원은 취소할 수 없는 피성년후견인의 법률행위의 범위를 정할 수도 있다. O | X

> **해설** **제10조(피성년후견인의 행위와 취소)** ① 피성년후견인의 법률행위는 취소할 수 있다.
> ② 제1항에도 불구하고 가정법원은 취소할 수 없는 피성년후견인의 법률행위의 범위를 정할 수 있다.
> ③ 가정법원은 본인, 배우자, 4촌 이내의 친족, 성년후견인, 성년후견감독인, 검사 또는 지방자치단체의 장의 청구에 의하여 제2항의 범위를 변경할 수 있다.
> ④ 제1항에도 불구하고 일용품의 구입 등 일상생활에 필요하고 그 대가가 과도하지 아니한 법률행위는 성년후견인이 취소할 수 없다.

50

피성년후견인의 법률행위는 성년후견인의 동의가 있더라도 원칙적으로 언제나 취소할 수 있다. 따라서 성년후견인은 피성년후견인의 법률행위에 대한 동의권을 가지지 않고, 대리권과 취소권을 가질 뿐이다. O | X

> **해설** **피성년후견인의 법률행위는 원칙적으로 언제나 취소할 수 있다**(제10조 제1항). 성년후견인의 동의가 있더라도 피성년후견인과 성년후견인은 취소할 수 있다(제141조). 즉, 피성년후견인의 법률행위는 원칙적으로 언제나 취소할 수 있으므로 **성년후견인은 피성년후견인의 법률행위에 대한 동의권을 가지지 않고, 대리권과 취소권을 가질 뿐이다.**

51

피성년후견인의 법률행위는 피한정후견인의 법률행위와 달리 일상생활에 필요하고 대가가 과도하지 아니한 경우라고 하더라도 성년후견인이 언제나 취소할 수 있다. ○ | X

> **해설** **제10조(피성년후견인의 행위와 취소)** ① 피성년후견인의 법률행위는 취소할 수 있다.
> ④ 제1항에도 불구하고 일용품의 구입 등 일상생활에 필요하고 그 대가가 과도하지 아니아니한 법률행위는 성년후견인이 취소할 수 없다.
> **제13조(피한정후견인의 행위와 동의)** ④ 한정후견인의 동의가 필요한 법률행위를 피한정후견인이 한정후견인의 동의 없이 하였을 때에는 그 법률행위를 취소할 수 있다. 다만, 일용품의 구입 등 일상생활에 필요하고 그 대가가 과도하지 아니한 법률행위에 대하여는 그러하지 아니하다.

52

가정법원은 성년후견개시의 원인이 소멸된 경우 본인의 청구에 의하여 성년후견종료의 심판을 할 수도 있다. ○ | X

> **해설** **제11조(성년후견종료의 심판)** 성년후견개시의 원인이 소멸된 경우에는 가정법원은 본인, 배우자, 4촌 이내의 친족, 성년후견인, 성년후견감독인, 검사 또는 지방자치단체의 장의 청구에 의하여 성년후견종료의 심판을 한다.

53

가정법원은 성년후견개시의 경우와는 달리 한정후견개시의 심판을 할 때에는 본인의 의사를 고려하지 않을 수도 있다. ○ | X

> **해설** **제9조(성년후견개시의 심판)** ② 가정법원은 성년후견개시의 심판을 할 때 본인의 의사를 고려하여야 한다.
> **제12조(한정후견개시의 심판)** ② 한정후견개시의 경우에 제9조 제2항을 준용한다.
> **제14조의2(특정후견의 심판)** ① 가정법원은 질병, 장애, 노령, 그 밖의 사유로 인한 정신적 제약으로 일시적 후원 또는 특정한 사무에 관한 후원이 필요한 사람에 대하여 본인, 배우자, 4촌 이내의 친족, 미성년후견인, 미성년후견감독인, 검사 또는 지방자치단체의 장의 청구에 의하여 특정후견의 심판을 한다.
> ② 특정후견은 본인의 의사에 반하여 할 수 없다.

정답 | **47** × **48** × **49** ○ **50** ○ **51** ○ **52** ○ **53** ×

지방자치단체의 장은 가정법원에 성년후견개시, 성년후견종료 한정후견개시 및 한정후견종료의 심판을 모두 청구할 수 있다.   O | X

> 해설 **제9조(성년후견개시의 심판)** ① 가정법원은 질병, 장애, 노령, 그 밖의 사유로 인한 정신적 제약으로 사무를 처리할 능력이 지속적으로 결여된 사람에 대하여 본인, 배우자, 4촌 이내의 친족, 미성년후견인, 미성년후견감독인, 한정후견인, 한정후견감독인, 특정후견인, 특정후견감독인, 검사 또는 **지방자치단체의 장의 청구에 의하여 성년후견개시의 심판**을 한다.
>
> **제11조(성년후견종료의 심판)** 성년후견개시의 원인이 소멸된 경우에는 가정법원은 본인, 배우자, 4촌 이내의 친족, 성년후견인, 성년후견감독인, 검사 또는 **지방자치단체의 장의 청구에 의하여 성년후견종료의 심판**을 한다.
>
> **제12조(한정후견개시의 심판)** ① 가정법원은 질병, 장애, 노령, 그 밖의 사유로 인한 정신적 제약으로 사무를 처리할 능력이 부족한 사람에 대하여 본인, 배우자, 4촌 이내의 친족, 미성년후견인, 미성년후견감독인, 성년후견인, 성년후견감독인, 특정후견인, 특정후견감독인, 검사 또는 **지방자치단체의 장의 청구에 의하여 한정후견개시의 심판**을 한다.
>
> **제14조(한정후견종료의 심판)** 한정후견개시의 원인이 소멸된 경우에는 가정법원은 본인, 배우자, 4촌 이내의 친족, 한정후견인, 한정후견감독인, 검사 또는 **지방자치단체의 장의 청구에 의하여 한정후견종료의 심판**을 한다.

가정법원은 한정후견인의 청구에 의하여도 피한정후견인이 한정후견인의 동의를 받아야만 할 수 있는 행위의 범위를 변경할 수 있다.   O | X

> 해설 **제13조(피한정후견인의 행위와 동의)** ① 가정법원은 피한정후견인이 한정후견인의 동의를 받아야 하는 행위의 **범위를 정할 수 있다.**
> ② 가정법원은 본인, 배우자, 4촌 이내의 친족, 한정후견인, 한정후견감독인, 검사 또는 지방자치단체의 장의 청구에 의하여 제1항에 따른 한정후견인의 동의를 받아야만 할 수 있는 행위의 범위를 **변경할 수 있다.**

가정법원이 피한정후견인 또는 피특정후견인에 대하여 성년후견개시의 심판을 한 때에는 종전의 한정후견 또는 특정후견은 별도의 심판 없이 종료한다.   O | X

> 해설 **제14조의3(심판 사이의 관계)** ① 가정법원이 피한정후견인 또는 피특정후견인에 대하여 **성년후견개시의 심판을 할 때에는 종전의 한정후견 또는 특정후견의 종료 심판을 한다.**
> ② 가정법원이 피성년후견인 또는 피특정후견인에 대하여 한정후견개시의 심판을 할 때에는 종전의 성년후견 또는 특정후견의 종료 심판을 한다.

57

피한정후견인이 한정후견인의 동의를 필요로 하는 법률행위를 단독으로 행한 후에 한정후견종료의 심판이 내려진 경우, 그 심판의 확정 이전에 본인이 행한 행위는 취소할 수 있다. O|X

> **해설** 한정후견개시의 원인이 소멸된 경우에는 가정법원은 본인, 배우자, 4촌 이내의 친족, 한정후견인, 한정후견감독인, 검사 또는 지방자치단체의 장의 청구에 의하여 한정후견종료의 심판을 한다(제14조). 한정후견종료의 심판도 장래에 향하여 효력을 가진다.
>
> 따라서 피한정후견인이 한정후견인의 동의를 필요로 하는 법률행위를 단독으로 행한 후에 한정후견종료의 심판이 내려진 경우, 그 심판의 확정 이전에 본인이 행한 행위는 취소할 수 있다.

58

특정후견의 심판이 있으면 피특정후견인의 행위능력은 제한된다. O|X

> **해설** **특정후견의 심판이 있어도 피특정후견인의 행위능력은 제한되지 않는다.** 그리고 특정한 법률행위를 위하여 특정후견인이 선임되고 그 범위에서 법정대리권이 부여된 경우(제959조의11 제1항)에도 그 법률행위에 관하여 피특정후견인의 행위능력은 제한되지 않는다. 따라서 그러한 행위를 특정후견인의 동의 없이 직접할 수도 있다.

59

제한능력자의 상대방은 제한능력자가 능력자가 된 후에 그에게 3개월 이상의 기간을 정하여 그 취소할 수 있는 행위를 추인할 것인지 여부의 확답을 촉구할 수 있고, 능력자로 된 사람이 그 기간 내에 확답을 발송하지 아니하면 그 행위를 추인한 것으로 본다. O|X

> **해설** **제15조(제한능력자의 상대방의 확답을 촉구할 권리)** ① 제한능력자의 상대방은 제한능력자가 능력자가 된 후에 그에게 1개월 이상의 기간을 정하여 그 취소할 수 있는 행위를 추인할 것인지 여부의 확답을 촉구할 수 있다. **능력자로 된 사람이 그 기간 내에 확답을 발송하지 아니하면 그 행위를 추인한 것으로 본다.**

60

18세인 미성년자 甲이 법정대리인인 친권자의 동의 없이 乙과 매매계약을 체결하고 2년 후, 乙은 성년자가 된 甲에 대하여 2개월의 기간을 정하여 추인여부의 확답을 최고하였다. 甲이 2개월 이내에 확답을 발하지 않은 경우, 甲은 매매계약을 취소할 수 없다. O|X

> **해설** **제15조(제한능력자의 상대방의 확답을 촉구할 권리)** ① 제한능력자의 상대방은 제한능력자가 능력자가 된 후에 그에게 1개월 이상의 기간을 정하여 그 취소할 수 있는 행위를 추인할 것인지 여부의 확답을 촉구할 수 있다. **능력자로 된 사람이 그 기간 내에 확답을 발송하지 아니하면 그 행위를 추인한 것으로 본다.**
>
> ➡ 따라서 유동적 유효가 확정적 유효로 되었기에 甲은 더 이상 매매계약을 취소할 수가 없다.

정답 | **54** O **55** O **56** × **57** O **58** × **59** × **60** O

61

제한능력자와 계약을 맺은 상대방은 계약 당시에 제한능력자임을 알았다고 하더라도 추인이 있을 때까지 그 의사표시를 철회할 수 있다. ○ | ×

> **해설** **제16조(제한능력자의 상대방의 철회권과 거절권)** ① 제한능력자가 맺은 계약은 추인이 있을 때까지 상대방이 그 의사표시를 철회할 수 있다. 다만, 상대방이 계약 당시에 제한능력자임을 알았을 경우에는 그러하지 아니하다.

62

제한능력으로 인한 의사표시의 취소는 선의의 제3자에게 대항할 수 없다. ○ | ×

> **해설** 제한능력자 제도의 목적
> 민법은 제한능력자가 독자적으로 한 법률행위는 원칙적으로 '**취소**'할 수 있다고 규정하고 있다(제5조 제2항, 제10조 제1항, 제13조 제4항). 즉 유리하다고 생각되면 취소 안 하면 그만이지만, 취소를 하게 되면 소급해서 무효가 되고(제141조), 이것은 모든 사람에 대한 관계에서 무효가 되는 절대적 효력이 있다(제5조 제2항, 제10조 제1항, 제13조 제4항에서는 제107조 이하에서 정한 선의의 제3자 보호규정이 없다). 이 점에서 **제한능력자제도는 거래의 안전을 희생시키는 것을 감수하면서 제한능력자 본인을 보호하는 데 그 목적**을 두고 있다(강행규정성; 대판 2007.11.16. 2005다71659 등)

63

제한능력자가 속임수로써 법정대리인의 동의가 있는 것으로 믿게 하여 법률행위를 한 경우, 그 행위를 취소할 수 없다. ○ | ×

64

미성년자가 법률행위를 할 때 단순히 자신이 성년자라고 말하였을 뿐 그 이상의 적극적인 속임수를 사용하지 않은 경우 법정대리인은 위 법률행위를 취소할 수 없다. ○ | ×

> **해설** **63** **제17조(제한능력자의 속임수)** ① 제한능력자가 속임수로써 자기를 능력자로 믿게 한 경우에는 그 행위를 취소할 수 없다.
> ② 미성년자나 피한정후견인이 속임수로써 법정대리인의 동의가 있는 것으로 믿게 한 경우에도 제1항과 같다.
> ➡ 따라서 피성년후견인의 법률행위는 원칙적으로 취소할 수 있으므로(제10조 제1항), 그가 속임수로써 법정대리인의 동의가 있는 것으로 믿게 하더라도 제17조 제2항은 적용되지 않는다. 그러나 피성년후견인이 속임수로써 능력자로 믿게 한 때에는 제17조 제1항이 적용된다.
> **64** 제한능력자가 속임수로써 자기를 능력자로 믿게 한 경우에는 그 행위를 취소할 수 없다(제17조 제1항). 判例는 속임수의 의미에 대해 '성년자로 군대에 갔다 왔다'고 말하거나, '자기가 사장이라고 말한 것'만 가지고는 속임수(개정 전 민법은 '사술'이라는 표현을 쓰고 있었다)라고 할 수 없고(대판 1955.3.31. 4287민상77; 대판 1971.12.14. 71다2045), 생년월일을 허위로 기재한 인감증명을 제시하는 등의 '**적극적인 사기수단**'을 써야 속임수에 해당한다고 판시하여 **협의설**(적극설)의 입장을 취하고 있다(대판 1971.6.22. 71다940).
> ➡ 지문의 경우 단순히 미성년자 자신이 성년자라고 말하였을 뿐이므로 속임수를 사용하지 않은 것이어서 법정대리인은 위 법률행위를 취소할 수 있다.

65

부재자 재산관리인에 의한 부재자 소유의 부동산 매매행위에 대한 법원의 허가결정은 그 허가를 받은 재산에 대한 장래의 처분행위뿐만 아니라 기왕의 매매를 추인하는 방법으로도 할 수 있다. O | X

> 해설 대판 2000.12.26. 99다19278

66

사망한 것으로 간주된 자가 그 이전에 생사불명의 부재자로서 그 재산관리에 관하여 법원으로부터 재산관리인이 선임되어 있었던 경우라도 그 사망간주시점 이후에 재산관리인에 의하여 경료된 소유권이전등기는 일단 적법하게 경료된 것이라는 등기추정력을 상실한다. O | X

> 해설 사망한 것으로 간주된 자가 그 이전에 생사불명의 부재자로서 그 재산관리에 관하여 법원으로부터 재산관리인이 선임되어 있었다면 재산관리인은 그 부재자의 사망을 확인했다고 하더라도 선임결정이 취소되지 아니하는 한 계속하여 권한을 행사할 수 있다 할 것이므로 **재산관리인에 대한 선임결정이 취소되기 전에 재산관리인의 처분행위에 기하여 경료된 등기는 법원의 처분허가 등 모든 절차를 거쳐 적법하게 경료된 것으로 추정된다**(대판 1991.11.26. 91다1810).

67

부재자로부터 재산처분권까지 위임받은 재산관리인은 그 재산을 처분함에 있어 법원의 허가를 받을 필요가 없다. O | X

> 해설 대판 1973.7.24. 72다2136

68

등록부상 이미 사망한 것으로 기재되어 있는 자에 대하여도 일반적으로 실종선고를 할 수 있다. O | X

> 해설 (구)**호적상 이미 사망한 것으로 기재되어 있는 자**는 그 호적상 사망기재의 추정력을 뒤집을 수 있는 자료가 없는 한 그 **생사가 불분명한 자라고 볼 수 없어 실종선고를 할 수 없다**(대판 1973.7.24. 72다2136).

정답 | **61** × **62** × **63** × **64** × **65** ○ **66** × **67** ○ **68** ×

69

잠수장비를 착용한 채 바다에 입수하였다가 부상하지 아니한 채 행방불명되었다 하더라도, 민법 제27조 제2항의 '사망의 원인이 될 위난'이라고 할 수 없다. ○ | X

70

잠수장비를 착용하고 바다에 입수하여 부상하지 아니한 채 행방불명되었다면 1년의 특별실종기간이 진행된다. ○ | X

> **해설 69 70** 민법 제27조의 문언이나 규정의 체계 및 취지 등에 비추어, 그 제2항에서 정하는 **"사망의 원인이 될 위난"**이라고 함은 화재·홍수·지진·화산 폭발 등과 같이 일반적·객관적으로 사람의 생명에 명백한 위험을 야기하여 **사망의 결과를 발생시킬 가능성이 현저히 높은 외부적 사태 또는 상황을 가리킨다. 甲이 잠수장비를 착용한 채 바다에 입수하였다가 부상하지 아니한 채 행방불명되었다 하더라도, 이는 "사망의 원인이 될 위난"이라고 할 수 없다**는 원심판단이 정당하다(대판 1973.7.24. 72다2136).

71

부재자의 1순위 상속인이 따로 있는 경우 그보다 상속순위가 뒤인 상속인은 특별한 사정이 없는 한 실종선고를 청구할 수 있는 이해관계인에 해당하지 아니한다. ○ | X

72

부재자의 자매로서 제2순위의 상속인에 해당하는 자도 부재자에 대한 실종선고의 여부에 따라 상속지분에 차이가 생기므로 부재자에 대한 실종선고를 청구할 이해관계인이 될 수 있다. ○ | X

73

부재자의 생사가 5년간 분명하지 아니한 때에는 법원은 이해관계인이나 검사의 청구에 의하여 실종선고를 하여야 한다. ○ | X

> **해설 71 72 73** **제27조(실종의 선고)** ① 부재자의 생사가 **5년간** 분명하지 아니한 때에는 법원은 **이해관계인**이나 검사의 청구에 의하여 **실종선고를 하여야** 한다.
> ② 전지에 임한 자, 침몰한 선박 중에 있던 자, 추락한 항공기 중에 있던 자 기타 사망의 원인이 될 위난을 당한 자의 생사가 전쟁종지후 또는 선박의 침몰, 항공기의 추락 기타 위난이 종료한 후 **1년간** 분명하지 아니한 때에도 제1항과 **같다.**
> ➡ 이해관계인의 구체적인 의미와 관련하여 判例는 "부재자에 대하여 실종선고를 청구할 수 있는 이해관계인은 **그 실종선고로 인하여 일정한 권리를 얻고 의무를 면하는 등의 신분상 또는 재산상의 이해관계를 갖는 자에 한**다고 할 것이다. 부재자의 종손자로서, 부재자가 사망할 경우 **제1순위의 상속인이 따로 있어 제2순위의 상속인에 불과한 청구인은** 특별한 사정이 없는 한 위 부재자에 대하여 실종선고를 청구할 수 있는 신분상 또는 경제상의 **이해관계를 가진 자라고 할 수 없다.**"라고 한다(대판 1992.4.14. 92스4,92스5,92스6).

74

실종선고가 있더라도 실종기간 동안 생존하였다는 반증을 제출하면 실종선고를 취소하지 아니하더라도 이미 개시된 상속을 부정할 수 있다. O | X

75

실종선고로 실종기간 만료시를 기준으로 상속이 개시된 후 실종선고 취소사유가 발생하였다면, 실종선고가 취소되지 않더라도 임의로 실종기간이 만료하여 사망한 때로 간주되는 시점과 다른 사망시점을 정하여 이미 개시된 상속을 부정할 수 있다. O | X

> 해설 **74** 민법 제28조는 "실종선고를 받은 자는 민법 제27조 제1항 소정의 생사불명기간이 만료된 때에 사망한 것으로 본다."고 규정하고 있으므로 **실종선고가 취소되지 않는 한 반증을 들어 실종선고의 효과를 다툴 수는 없다**(대판 1995.2.17. 94다52751).
>
> **75** 실종선고를 받은 자는 실종기간이 만료한 때에 사망한 것으로 간주되는 것이므로, 실종선고로 인하여 실종기간 만료시를 기준으로 하여 상속이 개시된 이상 설사 이후 **실종선고가 취소되어야 할 사유가 생겼다고 하더라도 실제로 실종선고가 취소되지 아니하는 한, 임의로 실종기간이 만료하여 사망한 때로 간주되는 시점과는 달리 사망시점을 정하여 이미 개시된 상속을 부정하고 이와 다른 상속관계를 인정할 수는 없다**(대판 1994.9.27. 94다21542).

76

피상속인의 사망 후에 실종선고가 이루어졌으나 피상속인의 사망 이전에 실종기간이 만료된 경우, 실종선고된 자는 재산상속인이 될 수 없다. O | X

> 해설 피상속인의 사망후에 실종선고가 이루어 졌으나 실종기간이 사망 이전에 만료된 경우 실종선고된 자가 상속인이 될 수 있는지 여부와 관련하여 判例는 "피상속인의 사망 이전에 실종기간이 만료된 경우 실종선고를 받은 자는 피상속인의 사망 이전에 사망한 것으로 간주되었으므로 재산상속인이 될 수 없다고 한 원심의 판단은 우리 민법 하에서는 정당하다." 라는 입장이다(대판 1982.9.14. 82다144).

77

부재자 재산관리인으로서 권한초과행위의 허가를 받고 그 선임결정이 취소되기 전에 위 권한에 의하여 이루어진 행위는 부재자에 대한 실종선고기간이 만료된 뒤에 이루어졌다고 하더라도 유효하다. O | X

> 해설 대판 1981.7.28. 80다2668 참조

| 정답 | **69** ○ | **70** × | **71** ○ | **72** × | **73** ○ | **74** × | **75** × | **76** ○ | **77** ○ |

78

부재자의 재산관리인이 부재자의 대리인으로서 소를 제기하여 그 소송계속 중에 부재자에 대한 실종선고가 확정되어 그 소 제기 이전에 부재자가 사망한 것으로 간주되는 경우에는 그 소제기 자체도 소급하여 당사자능력이 없는 사망한 자가 제기한 것으로 된다. ○ | X

79

실종자를 당사자로 한 판결이 확정된 후에 실종선고가 확정되어 그 사망간주의 시점이 소제기 이전으로 소급하는 경우에는 위 판결은 당사자능력이 없는 사망한 사람을 상대로 한 판결에 해당하므로 무효가 된다. ○ | X

해설 **78 79** 실종선고의 효력이 발생하기 전에는 실종기간이 만료된 실종자라 하여도 소송상 당사자능력을 상실하는 것은 아니므로 실종선고 확정 전에는 실종기간이 만료된 실종자를 상대로 하여 제기된 소도 적법하고 실종자를 당사자로 하여 선고된 판결도 유효하며 그 판결이 확정되면 기판력도 발생한다고 할것이고, 이처럼 판결이 유효하게 확정되어 기판력이 발생한 경우에는 그 판결이 해제조건부로 선고되었다는 등의 특별한 사정이 없는 한 그 효력이 유지되어 당사자로서는 그 판결이 재심이나 추완항소 등에 의하여 취소되지 않는 한 그 기판력에 반하는 주장을 할 수 없는 것이 원칙이라 할 것이며, 비록 실종자를 당사자로 한 판결이 확정된 후에 실종선고가 확정되어 그 사망간주의 시점이 소 제기 전으로 소급하는 경우에도 위 판결 자체가 소급하여 당사자능력이 없는 사망한 사람을 상대로 한 판결로서 무효가 된다고는 볼 수 없다(대판 1992.7.14. 92다2455).

정답 | **78** × **79** ×

01

甲 회사와 乙 회사가 기업의 형태·내용이 실질적으로 동일하고, 甲 회사는 乙 회사의 채무를 면탈할 목적으로 설립된 것으로서 甲 회사가 乙 회사의 채권자에 대하여 乙 회사와는 별개의 법인격을 가지는 회사라는 주장을 하는 것이 신의성실의 원칙에 반하거나 법인격을 남용하는 것으로 인정되는 경우라면 乙회사에 대한 판결의 기판력 및 집행력의 범위를 甲회사에까지 확장할 수 있다. ○│×

> **해설** 甲 회사와 乙 회사가 기업의 형태·내용이 실질적으로 동일하고, 甲 회사는 乙 회사의 채무를 면탈할 목적으로 설립된 것으로서 甲 회사가 乙 회사의 채권자에 대하여 乙 회사와는 별개의 법인격을 가지는 회사라는 주장을 하는 것이 신의성실의 원칙에 반하거나 법인격을 남용하는 것으로 인정되는 경우에도, **권리관계의 공권적인 확정 및 그 신속·확실한 실현을 도모하기 위하여 절차의 명확·안정을 중시하는 소송절차 및 강제집행절차에 있어서는 그 절차의 성격상 乙 회사에 대한 판결의 기판력 및 집행력의 범위를 甲 회사에까지 확장하는 것은 허용되지 아니한다**(대판 1995.5.12. 93다44531).

02

법인에 관한 입법주의에는 자유설립주의, 특허주의, 준칙주의, 허가주의, 인가주의, 강제주의 등이 있으나, 우리 민법은 비영리법인의 설립에 대하여 준칙주의를 채택하고 있다. ○│×

03

사적자치의 원칙에는 '단체결성의 자유'도 포함되므로, 민법상 비영리법인의 경우 설립이나 설립 후의 활동이 관련 법령에 저촉되지 아니하면 족하고, 설립 자체에 주무관청의 허가 등이 필요한 것은 아니다. ○│×

> **해설** **02 03** 민법은 제31조에서 "법인은 법률의 규정에 의함이 아니면 성립하지 못한다."라고 규정하여 법인의 자유설립을 부정하고 있고, 제32조에서 "학술, 종교, 자선, 기예, 사교 기타 영리 아닌 사업을 목적으로 하는 사단 또는 재단은 주무관청의 허가를 얻어 이를 법인으로 할 수 있다."라고 규정하여 **비영리법인의 설립에 관하여 허가주의를 채용**하고 있으며, 현행 법령상 비영리법인의 설립허가에 관한 구체적인 기준이 정하여져 있지 아니하므로, **비영리법인의 설립허가를 할 것인지 여부는 주무관청의 정책적 판단에 따른 재량**에 맡겨져 있다" (대판 1996.9.10. 95누18437)

04

사단법인의 정관도 결국 사원들 사이의 약속으로서 계약의 성질을 가지므로, 어느 시점의 사단법인의 사원들이 정관의 규범적인 의미 내용과 다른 해석을 사원총회의 결의라는 방법으로 표명하였다면 그 결의에 의한 해석은 그 사단법인의 구성원인 사원들을 구속한다. ○ | X

> **해설** 사단법인의 정관의 법적 성질(= 자치법규) 및 정관의 규범적인 의미 내용과는 다른 해석이 사원총회의 결의에 의하여 표명된 경우, 그 결의에 의한 해석이 구속력을 갖는지 여부(소극)
>
> 사단법인의 정관은 이를 작성한 사원뿐만 아니라 그 후에 가입한 사원이나 사단법인의 기관 등도 구속하는 점에 비추어 보면 그 법적 성질은 계약이 아니라 **자치법규로 보는 것이 타당**하므로, 이는 어디까지나 **객관적인 기준에 따라 그 규범적인 의미 내용을 확정하는 법규해석의 방법으로 해석되어야** 하는 것이지, 작성자의 주관이나 **해석 당시의 사원의 다수결에 의한 방법으로 자의적으로 해석될 수는 없다** 할 것이어서, 어느 시점의 사단법인의 사원들이 정관의 규범적인 의미 내용과 다른 해석을 사원총회의 결의라는 방법으로 표명하였다 하더라도 그 결의에 의한 해석은 그 사단법인의 구성원인 사원들이나 법원을 구속하는 효력이 없다(대판 2000.11.24. 99다12437).

05

교회가 아직 실체를 갖추지 못하여 비법인사단으로서 성립되기 이전에 그 설립의 주체인 개인이 취득한 권리의무는 그것이 앞으로 성립될 교회를 위한 것이라고 하더라도 그에 관한 별도의 이전행위 없이 바로 비법인사단인 교회에 귀속될 수는 없다. ○ | X

> **해설** 교회가 법인 아닌 사단으로 성립하기 전에 설립의 주체인 개인이 취득한 권리의무가 바로 성립 후의 교회에 귀속되는지 여부(소극) 및 이에 관하여 설립중의 회사의 법리가 유추적용되는지 여부(적극)
>
> 교회가 그 실체를 갖추어 법인 아닌 사단으로 성립한 경우에 교회의 대표자가 교회를 위하여 취득한 권리의무는 교회에 귀속되나, **교회가 아직 실체를 갖추지 못하여 법인 아닌 사단으로 성립하기 전에 설립의 주체인 개인이 취득한 권리의무는 그것이 앞으로 성립할 교회를 위한 것이라 하더라도 바로 법인 아닌 사단인 교회에 귀속될 수는 없고**, 또한 설립중의 회사의 개념과 법적 성격에 비추어, 법인 아닌 사단인 교회가 성립하기 전의 단계에서 설립중의 회사의 법리를 유추적용할 수는 없다(대판 2008.2.28. 2007다37394,37400).

06

민법 제47조 제1항에 의하여 생전처분으로 재단법인을 설립하는 때에 준용되는 민법 제555조는 "증여의 의사가 서면으로 표시되지 아니한 경우에는 각 당사자는 이를 해제할 수 있다."라고 함으로써 서면에 의한 증여(출연)의 해제를 제한하고 있으나, 그 해제는 민법 총칙상의 취소와는 요건과 효과가 다르므로 서면에 의한 출연이더라도 민법 총칙규정에 따라 출연자가 착오에 기한 의사표시라는 이유로 출연의 의사표시를 취소할 수 있고, 상대방 없는 단독행위인 재단법인에 대한 출연행위라고 하여 달리 볼 것은 아니다. ○ | X

> **해설** 대판 1999.7.9. 98다9045

생전처분으로 재단법인을 설립하는 경우에 그 재단법인에 대한 부동산출연행위는 법률행위이므로 재단법인 앞으로 등기를 하지 않는 한 제3자에 대한 관계에서는 물론이고 출연자와 재단법인 사이에서도 부동산 소유권 변동은 발생하지 않는다. ○ | X

> **해설** 재단법인의 설립에 있어서 출연재산의 귀속시기
> 재단법인의 설립함에 있어서 출연재산은 그 법인이 성립된 때로부터 법인에 귀속된다는 민법 제48조의 규정은 출연자와 법인과의 관계를 상대적으로 결정하는 기준에 불과하여 **출연재산이 부동산인 경우에도 출연자와 법인 사이에는 법인의 성립 외에 등기를 필요로 하는 것은 아니지만, 제3자에 대한 관계에 있어서, 출연행위는 법률행위이므로 출연재산의 법인에의 귀속에는 부동산의 권리에 관한 것일 경우 등기를 필요로** 한다(대판 1979.12.11. 78다481,482 전합).

유언으로 재단법인을 설립하는 때에는 출연재산은 유언의 효력이 발생한 때로부터 법인의 재산이 되는 것이므로, 유언으로 재단법인에 출연된 부동산에 관하여 재단법인 앞으로 소유권이전등기가 경료되지 않더라도 그 부동산은 재단법인의 소유가 되고, 따라서 유언자 사망 후 제3자가 유언자의 상속인으로부터 소유권이전등기를 경료받더라도 그 제3자는 소유권을 취득하지 못한다. ○ | X

유언으로 재단법인을 설립하는 경우 재단법인이 출연재산인 부동산에 관하여 소유권이전등기를 마치지 아니하였다면 유언자의 상속인의 한 사람으로부터 부동산의 지분을 취득하여 이전등기를 마친 선의의 제3자에 대하여 대항할 수 없다. ○ | X

> **해설** **08 09** 유언에 의한 재단법인설립의 경우 출연재산의 귀속과 등기
> 유언으로 재단법인을 설립하는 경우에도 제3자에 대한 관계에서는 출연재산이 부동산인 경우는 그 법인에의 귀속에는 법인의 설립 외에 등기를 필요로 하는 것이므로, **재단법인이 그와 같은 등기를 마치지 아니하였다면 유언자의 상속인의 한 사람으로부터 부동산의 지분을 취득하여 이전등기를 마친 선의의 제3자에 대하여 대항할 수 없다**(대판 1993.9.14. 93다8054).
>
> ➡ [판례해설] 이러한 判例는 "악의의 제3자에게는 대항할 수 있다."라는 취지로 해석될 수 있다.

10

설립자가 그 소유의 부동산을 출연하여 재단법인을 설립하는 경우, 설립등기가 경료되었더라도 그 부동산에 관하여 재단법인 명의의 등기가 경료되기 전이라면, 설립자의 채권자가 그 부동산에 관하여 신청한 강제집행에 대하여 재단법인은 제3자이의의 소를 제기할 수 없다.   O | X

> 해설 대판 1979.12.11, 78다481 전합
> ➡ 제3자이의의 소는 소유권자만이 제기할 수 있으므로, 재단법인 명의의 등기가 경료되기 전이라면, 제3자에 해당하는 설립자의 채권자에 대해서는 대항할 수 없다.

11

법인은 그 주된 사무소의 소재지에서 설립등기를 함으로써 성립하고, 법률의 규정에 좇아 정관으로 정한 목적의 범위 내에서 권리와 의무의 주체가 된다.   O | X

> 해설 **제33조(법인설립의 등기)** 법인은 그 주된 사무소의 소재지에서 설립등기를 함으로써 성립한다.
> **제34조(법인의 권리능력)** 법인은 법률의 규정에 좇아 정관으로 정한 목적의 범위 내에서 권리와 의무의 주체가 된다.

12

법인은 법률의 규정에 좇아 정관으로 정한 목적 범위 내에서 권리와 의무의 주체가 되는데, '목적 범위 내'의 행위라 함은 정관에 명시된 목적 자체에 국한되는 것이 아니라, 그 목적을 수행하기 위한 직접 또는 간접으로 필요한 행위를 모두 포함한다. 목적 수행에 필요한지 여부도 행위의 객관적 성질에 따라 추상적으로 판단해야 하므로, 행위자의 주관적·구체적 의사에 따라 판단하면 아니 되고, 문제된 행위가 정관상 목적에 현실적으로 필요한 것인지 여부에 따라 판단하여야 한다.   O | X

> 해설 민법 제34조는 회사에서도 원칙적으로 그대로 적용된다고 해석함이 상당하다. 따라서 회사의 권리능력은 회사의 설립근거가 된 법률과 회사의 정관상의 목적에 의하여 제한되고, 여기서 회사의 목적범위 내의 행위라 함은 정관에 명시적으로 기재된 목적 자체에 한정되는 것은 아니고 그 목적을 수행함에 있어 직접 또는 간접으로 필요한 행위라면 모두 포함되며, **정관에 기재된 목적범위의 수행에 필요한지 여부는 그 행위가 정관에 기재된 목적에 현실적으로 필요한 것인가 하는 기준에 의할 것이 아니라 정관의 기재 자체에 비추어 관찰하여 객관적, 추상적으로 필요하다고 보아야 할 것인지 여부에 따라 결정하여야 한다**(대판 1987.9.8. 86다카1349).

13

법인에게는 자연인과 달리 생명권, 명예권이 인정되지 않으므로, 법인의 명예나 신용이 침해되어도 법인의 구성원이 손해배상을 구하는 것은 별론으로 하고, 법인 자체는 침해행위자에 대하여 손해의 배상을 구할 수 없다. O | X

> 해설 법인의 목적사업 수행에 영향을 미칠 정도로 법인의 사회적 명성, 신용을 훼손하여 법인의 사회적 평가가 침해된 경우에는 그 법인에 대한 불법행위책임이 성립한다(대판 2017.12.22. 2015다247912).
> 민법 제764조에서 말하는 명예라 함은 사람의 품성, 덕행, 명예, 신용 등 세상으로부터 받는 객관적인 평가를 말하는 것이고 특히 법인의 경우에는 그 사회적 명성, 신용을 가리키는 데 다름없는 것으로 명예를 훼손한다는 것은 그 사회적 평가를 침해하는 것을 말하고 이와 같은 법인의 명예가 훼손된 경우에 그 법인은 상대방에 대하여 불법행위로 인한 손해배상과 함께 명예 회복에 적당한 처분을 청구할 수 있고, 종중과 같이 소송상 당사자능력이 있는 비법인사단 역시 마찬가지이다(대판 1997.10.24. 6다17851).

14

법인의 대표자가 대표권의 범위 내에서 한 행위는 설사 대표이사가 회사의 영리목적과 관계없이 자기 또는 제3자의 이익을 도모할 목적으로 그 권한을 남용한 것이라 할지라도 일단 회사의 행위로서 유효하고, 다만 그 행위의 상대방이 대표이사의 진의를 알았거나 알 수 있었을 때에는 회사에 대하여 무효가 된다. O | X

15

대표이사가 대표권의 범위 내에서 한 행위라도 회사의 영리목적과 관계없이 자기 또는 제3자의 이익을 도모할 목적으로 그 권한을 남용한 것이라면 원칙적으로 회사에 대하여 무효이다. O | X

> 해설 **14 15** 대표이사의 대표권한 범위를 벗어난 행위라 하더라도 그것이 회사의 권리능력의 범위 내에 속한 행위이기만 하면 대표권의 제한을 알지 못하는 제3자가 그 행위를 회사의 대표행위라고 믿은 신뢰는 보호되어야 하고, **대표이사가 대표권의 범위 내에서 한 행위는** 설사 대표이사가 회사의 영리목적과 관계없이 자기 또는 제3자의 이익을 도모할 목적으로 그 권한을 남용한 것이라 할지라도 **일단 회사의 행위로서 유효**하고, 다만 그 행위의 상대방이 대표이사의 진의를 알았거나 알 수 있었을 때에는 회사에 대하여 무효가 되는 것이며, 이는 민법상 법인의 대표자가 대표권한을 남용한 경우에도 마찬가지이다(대판 2004.3.26. 2003다34045).

정답 | **10** ○ **11** ○ **12** × **13** × **14** ○ **15** ×

16

민법 제35조에서 말하는 이사 기타 대표자는 법인의 대표기관을 의미하며, 이사에 의하여 선임된 특정 행위에 대한 대리인, 지배인, 사원총회, 감사 등은 대표기관에 해당하지 않는다. ○ | ✕

17

민법 제35조 제1항의 '대표자'에는 그 명칭이나 직위 여하를 불문하고 당해 법인을 실질적으로 운영하면서 사실상 법인을 대표하여 법인의 사무를 집행하는 사람을 포함한다. ○ | ✕

> **해설 16 17** 법인의 불법행위책임의 성립요건
> 법인의 불법행위책임이 성립하려면 i) 대표기관의 행위일 것, ii) 직무관련성이 있을 것, iii) 대표기관의 행위가 불법행위의 일반적 요건을 갖출 것이 요구된다. 여기서 i) 요건과 관련해서, '대표기관'이 문제되는데, 이사(제57조), 임시이사(제63조), 직무대행자(제60조의2), 특별대리인(제64조), 청산인(제82조) 등이 그 대표기관이다. **여기서 '법인의 대표자'에는 그 명칭이나 직위 여하, 또는 대표자로 등기되었는지 여부를 불문하고 당해 법인을 실질적으로 운영하면서 법인을 사실상 대표하여 법인의 사무를 집행하는 사람을 포함**한다(대판 2011.4.28. 2008다15438).

18

법인의 대표자가 직무에 관하여 불법행위를 한 경우에는 민법 제35조 제1항에 의하여, 법인의 피용자가 사무집행에 관하여 불법행위를 한 경우에는 민법 제756조 제1항에 의하여 각기 손해배상책임을 부담한다. ○ | ✕

> **해설** 민법 제35조 제1항과 제756조와의 관계(법조경합)
> 제35조는 법인 자체의 책임인데 반해 제756조는 타인의 행위에 대한 책임이라는 점에서 책임구조를 달리하므로, 법인의 불법행위책임이 성립하는 경우에는 사용자책임은 성립하지 않는다(통설, 대판 1978.3.14. 78다132). 그러나 법인의 대표기관이 아닌 피용자의 사무집행과 관련하여 타인에게 손해를 가한 때에는 제756조가 적용될 수 있다.
> 민법 제35조 제1항은 "법인은 이사 기타 대표자가 그 직무에 관하여 개인에게 가한 손해를 배상할 책임이 있다"고 규정하고 있고, 민법 제756조 제1항은 "타인을 사용하여 어느 사무에 종사하게 한 자는 피용자가 그 사무집행에 관하여 제3자에게 가한 손해를 배상할 책임이 있다"고 규정하고 있다. 따라서 법인에 있어서 그 대표자가 직무에 관하여 불법행위를 한 경우에는 민법 제35조 제1항에 의하여, 법인의 피용자가 사무집행에 관하여 불법행위를 한 경우에는 민법 제756조 제1항에 의하여 각기 손해배상책임을 부담한다(대판 2009.11.26. 2009다57033).

19

민법 제35조 제1항은 "법인은 이사 기타 대표자가 그 직무에 관하여 타인에게 가한 손해를 배상할 책임이 있다"라고 규정하고 있는데, 여기서 '법인의 대표자'란 당해 법인을 실질적으로 운영하면서 법인을 사실상 대표하였는지를 불문하고, 대표자로 등기되어 법인의 사무를 집행하는 사람에 한정된다. ○ | ✕

> **해설** 민법 제35조 제1항은 "법인은 이사 기타 대표자가 그 직무에 관하여 타인에게 가한 손해를 배상할 책임이 있다."라고 정한다. 여기서 '법인의 대표자'에는 그 명칭이나 직위 여하, 또는 대표자로 등기되었는지 여부를 불문하고 당해 법인을 실질적으로 운영하면서 법인을 사실상 대표하여 법인의 사무를 집행하는 사람을 포함한다고 해석함이 상당하다(대판 2011.4.28. 2008다15438).

20

대표권 없는 이사도 법인의 기관에 해당하므로 그가 불법행위를 한 경우에는 법인도 민법 제35조에 따른 불법행위책임을 부담한다. ○|X

> **해설** 민법 제35조에서 말하는 '이사 기타 대표자'는 법인의 대표기관을 의미하는 것이고 **대표권이 없는 이사는 법인의 기관이기는 하지만 대표기관은 아니기 때문에 그들의 행위로 인하여 법인의 불법행위가 성립하지 않는다**(대판 2005.12. 23. 2003다30159).

21

법인 대표자의 직무행위로 타인에게 손해가 발생한 경우에 그러한 직무행위가 법령의 규정에 위배된 것이거나 대표자 개인의 사리를 도모하기 위한 것이었다면 이러한 법률행위는 무효이므로 법인의 불법행위책임이 성립할 수 없다. ○|X

> **해설** 법인이 그 대표자의 불법행위로 인하여 손해배상의무를 지는 것은 그 대표자의 직무에 관한 행위로 인하여 손해가 발생한 것임을 요한다 할 것이나, 그 직무에 관한 것이라는 의미는 행위의 외형상 법인의 **대표자의 직무행위라고 인정할 수 있는 것이라면 설사 그것이 대표자 개인의 사리를 도모하기 위한 것이었거나 혹은 법령의 규정에 위배된 것이었다 하더라도** 위의 직무에 관한 행위에 해당한다고 보아야 한다(대판 2004.2.27. 2003다15280).

22

대표기관의 행위가 직무집행에 관한 것이 아니라는 점에 대하여 상대방이 선의이면 중대한 과실이 있더라도 법인의 불법행위책임이 인정된다. ○|X

> **해설** 직무에 관하여(직무관련성)
> ① **직무관련성의 의미(外形理論)**
> 判例는 행위의 외형을 기준으로 직무관련성 여부를 판단한다. 즉, '직무에 관한 행위'인지 여부는 주관적 구체적으로 판단할 것이 아니라 객관적 추상적으로 판단하여야 하며, 여기에는 외형상 대표기관의 직무집행행위라고 볼 수 있는 행위 및 직무집행행위와 사회관념상의 관련성을 가지는 행위를 포함한다. 구체적으로 判例는 "외형상 법인의 직무행위라고 인정할 수 있는 것이라면, 대표자 개인의 사리를 도모하기 위한 것이었거나 또는 법령의 규정에 위배된 것이었다 하더라도 직무에 관한 행위에 해당한다."라고 한다(대판 2004.2.27. 200315280).
> ② **외형이론의 적용배제요건**
> '직무에 관하여'의 범위를 확장하는 것은 거래의 안전을 도모하기 위한 것이므로, **대표기관의 행위가 실질적으로 직무집행에 관한 것이 아니라는 점**에 대하여 **상대방이 '선의'이고 '중대한 과실'이 없어야** 한다(대판 2003.7.25. 2002다27088).

비법인사단의 대표자의 행위가 대표자 개인의 사리를 도모하기 위한 것이었거나 또는 법령의 규정에 위배된 것이었다고 하더라도 외관상, 객관적으로 직무에 관한 행위라고 인정할 수 있다면 민법 제35조 제1항의 직무에 관한 행위에 해당한다. 그러나 그 대표자의 행위가 직무에 관한 행위에 해당하지 아니함을 피해자 자신이 알았거나 또는 과실로 인하여 알지 못한 경우에는 비법인사단에게 손해배상책임을 물을 수 없다. ○ | X

> 해설 **법인의 대표자의 행위가 직무에 관한 행위에 해당하지 아니함을 피해자 자신이 알았거나 또는 '중대한 과실로 인하여' 알지 못한 경우에는 법인에게 손해배상책임을 물을 수 없다**고 할 것이고, 여기서 중대한 과실이라 함은 거래의 상대방이 조금만 주의를 기울였더라면 대표자의 행위가 그 직무권한 내에서 적법하게 행하여진 것이 아니라는 사정을 알 수 있었음에도 만연히 이를 직무권한 내의 행위라고 믿음으로써 일반인에게 요구되는 주의의무에 현저히 위반하는 것으로 거의 고의에 가까운 정도의 주의를 결여하고, 공평의 관점에서 상대방을 구태여 보호할 필요가 없다고 봄이 상당하다고 인정되는 상태를 말한다(대판 2004.3.26. 2003다34045).
>
> ➡ '과실'에는 경과실과 중과실이 모두 포함되므로 '과실로 인하여' 부분이 틀렸다. 상대방이 '경과실'로 인하여 몰랐을 경우 상대방은 법인에 대하여 불법행위책임을 물을 수는 있지만, 과실상계를 함으로써 양자의 이익을 보호할 수 있을 것이다.

법인의 대표자의 행위가 직무에 관한 행위에 해당하지 아니함을 피해자 자신이 알았거나 또는 중대한 과실로 인하여 알지 못한 경우에는 법인에게 손해배상책임을 물을 수 없다고 할 것이고, 여기서 중대한 과실이라 함은 거래의 상대방이 조금만 주의를 기울였더라면 대표자의 행위가 그 직무권한 내에서 적법하게 행하여진 것이 아니라는 사정을 알 수 있었음에도 만연히 이를 직무권한 내의 행위라고 믿음으로써 일반인에게 요구되는 주의의무에 현저히 위반하는 것으로 거의 고의에 가까운 정도의 주의를 결여하고, 공평의 관점에서 상대방을 구태여 보호할 필요가 없다고 봄이 상당하다고 인정되는 상태를 말한다. ○ | X

> 해설 대판 2004.3.26. 2003다34045

재개발조합의 대표기관의 직무상 불법행위로 조합에게 과다한 채무를 부담하게 함으로써 재개발조합이 손해를 입고 결과적으로 조합원의 경제적 이익이 침해되는 손해와 같은 간접적인 손해는 민법 제35조에서 말하는 손해의 개념에 포함되지 아니하므로 이에 대하여는 위 법 조항에 의하여 손해배상을 청구할 수 없다. ○ | X

> 해설 대판 1999.7.27. 99다19384

법인이 불법행위책임을 지기 위해서는 이사 기타 대표자의 행위가 일반불법행위의 성립요건을 충족하여야 한다. ○ | X

> 해설 고의 또는 과실이 있을 것, 가해행위가 위법할 것, 피해자(타인)가 손해를 입었을 것, 가해와 손해 사이의 인과관계가 있을 것 등의 요건을 충족시켜야 한다(제750조). 특히 손해의 '타인성'과 관련하여 대법원은 대표기관의 임무해태(횡령) 등의 잘못으로 1차적으로 법인이 손해를 입고, 그 결과 사원의 경제적 이익이 침해되는 손해를 '간접적인 손해'라고 하면서, 이때 그 사원은 법인이 배상책임을 부담하는 타인의 범주에 해당하지 않는 것으로 보았다(대판 1999.7.27. 99다19384).

법인은 이사 기타 대표자가 그 직무에 관하여 타인에게 가한 손해를 배상할 책임이 있다. 이사 기타 대표자는 이로 인하여 자기의 손해배상책임을 면하지 못한다. ○ | X

> 해설 제35조 제1항

법인의 목적범위외의 행위로 인하여 타인에게 손해를 가한 때에는 그 사항의 의결에 찬성하거나 그 의결을 집행한 사원, 이사 및 기타 대표자가 연대하여 배상하여야 한다. ○ | X

> 해설 제35조 제2항

법인이 대표기관을 통하여 법률행위를 한 때에는 그 법률행위의 효과는 대표자 개인이 아니라 본인인 법인에게 귀속되지만, 채무불이행으로 인한 손해배상책임은 본인인 법인과 함께 대표기관 개인도 그 책임의 귀속주체가 되는 것이 원칙이다. ○ | X

> 해설 적법한 대표권을 가진 자와 맺은 법률행위의 효과는 대표자 개인이 아니라 본인인 법인에 귀속하고, 마찬가지로 그러한 법률행위상의 의무를 위반하여 발생한 채무불이행으로 인한 손해배상책임도 대표기관 개인이 아닌 법인만이 책임의 귀속주체가 되는 것이 원칙이다(대판 2019.5.30. 2017다53265).

정답 | 23 × 24 ○ 25 ○ 26 ○ 27 ○ 28 ○ 29 ×

30

법인의 대표기관이 법인과 사이에 계약을 체결한 거래상대방인 제3자에 대하여 자연인으로서 민법 제750조에 기한 불법행위책임을 진다고 보기 위해서는, 그 대표기관의 행위가 법인의 내부행위를 벗어나 제3자에 대한 관계에서 사회상규에 반하는 위법한 행위라고 인정될 수 있는 정도에 이르러야 한다. ㅇㅣX

> **해설** 대판 2019.5.30. 2017다53265

31

법인의 불법행위가 성립하는 경우에는 피해자에 대하여 법인과 대표기관이 배상할 책임을 부담하며, 양자의 책임은 부진정연대채무의 관계에 있고, 법인이 배상한 경우에는 대표기관에 대하여 구상권을 행사할 수 없다. ㅇㅣX

> **해설** 법인이 배상책임을 지는 경우에도 대표기관은 자기의 손해배상책임을 면하지 못한다(제35조 제1항 후단). 이 경우 법인의 책임과 기관의 책임은 부진정연대채무의 관계에 있게 된다. 기관은 선량한 관리자의 주의로 그 의무를 행하여야 하므로(제61조), 법인이 피해자에게 손해를 배상한 경우에는 기관 개인에 대하여 구상권을 행사할 수 있다(제65조).
>
> **관련판례** 재단법인 정관에서 일상적 사무를 처리하기 위해 사무총장, 사무국장 등의 명칭으로 상근 임원을 따로 두고 있는 경우, **비상근 또는 업무집행을 직접 담당하지 아니하는 이사도** 단지 이사회에 상정된 의안에 대하여 찬부의 의사표시를 하는 데에 그치지 않고 상근 임원의 전반적인 업무집행을 감시할 의무가 있으므로, **상근 임원의 업무집행이 위법하다고 의심할 만한 사유가 있음에도 불구하고 감시의무를 위반하여 방치한 때에는 이로 말미암아 재단법인이 입은 손해에 대하여 배상책임을 면할 수 없다**(대판 2016.8.18. 2016다200088).

32

법인의 대표자가 그 직무에 관하여 타인에게 손해를 가함으로써 법인에 손해배상책임이 인정되는 경우에, 대표자의 행위가 제3자에 대한 불법행위를 구성한다면 그 대표자도 제3자에 대하여 손해배상책임을 면하지 못하고, 특별한 사정이 없는 한 그 사항의 의결에 찬성한 사원도 대표자의 행위를 방조한 자로서 제3자에 대하여 불법행위책임을 부담한다. ㅇㅣX

> **해설** 법인의 대표자가 그 직무에 관하여 타인에게 손해를 가함으로써 법인에 손해배상책임이 인정되는 경우에, 대표자의 행위가 제3자에 대한 불법행위를 구성한다면 그 대표자도 제3자에 대하여 손해배상책임을 면하지 못하며(민법 제35조 제1항), 또한 **사원도 위 대표자와 공동으로 불법행위를 저질렀거나 이에 가담하였다고 볼 만한 사정이 있으면 제3자에 대하여 위 대표자와 연대하여 손해배상책임을 진다.** 그러나 사원총회, 대의원 총회, 이사회의 의결은 원칙적으로 법인의 내부행위에 불과하므로 특별한 사정이 없는 한 그 사항의 의결에 찬성하였다는 이유만으로 제3자의 채권을 침해한다거나 대표자의 행위에 가공 또는 방조한 자로서 제3자에 대하여 불법행위책임을 부담한다고 할 수는 없다. 이 때 의결에 참여한 사원 등이 대표자와 공동으로 불법행위를 저질렀거나 이에 가담하였다고 볼 수 있는지 여부는, 그 의결에 참여한 법인의 기관이 당해 사항에 관하여 의사결정권한이 있는지 여부 및 대표자의 집행을 견제할 위치에 있는지 여부, 그 사원이 의결과정에서 대표자의 불법적인 집행행위를 적극적으로 요구하거나 유도하였는지 여부 및 그 의결이 대표자의 업무 집행에 구체적으로 미친 영향력의 정도, 침해되는 권리의 내용, 의결 내용, 의결행위의 태양을 비롯한 위법성의 정도를 종합적으로 평가하여 **법인 내부행위를 벗어나 제3자에 대한 관계에서 사회상규에 반하는 위법한 행위라고 인정될 수 있는 정도에 이르러야** 한다 (대판 2009.1.30. 2006다37465).

33

민법상 법인과 그 기관인 이사와의 관계는 위임자와 수임자의 법률관계와 같은 것으로서 이사의 임기가 만료되면 일단 그 위임관계는 종료되는 것이 원칙이나, 그 후임이사 선임시까지 이사가 존재하지 않는다면 기관에 의하여 행위를 할 수밖에 없는 법인으로서는 당장 정상적인 활동을 중단하여야 할 상황에 놓이게 되므로, 사임한 이사라도 임무를 수행함이 부적당하다고 인정할 만한 특별한 사정이 없는 한 후임 이사가 선임될 때까지 이사의 직무를 계속 수행할 수 있다. O | X

> **해설** 대판 1982.3.9. 81다614

34

사단법인의 대표자인 회장은 사임한 경우에도 후임 회장이 선출될 때까지 대표자의 직무를 계속 수행할 수 있으나, 사임한 대표자의 직무수행권은 법인이 정상적인 활동을 중단하게 되는 처지를 피하기 위하여 보충적으로 인정되는 것이다. O | X

> **해설** 대판 2003.3.14. 2001다7599

35

사임한 이사에게 직무수행권을 인정하는 것은 그 사임한 이사가 아니고서는 법인이 정상적인 활동을 중단할 수 밖에 없는 급박한 사정이 있는 경우에 한정되는 것이고, 아직 임기가 만료되지 않거나 사임하지 아니한 다른 이사들로써 정상적인 법인의 활동을 할 수 있는 경우에는 사임한 이사에게 직무를 계속 행사하게 할 필요는 없다. O | X

> **해설** 대판 2014.1.17. 2013마1801

36

이사 중 일부의 임기가 만료되었더라도 아직 임기가 만료되지 아니한 다른 이사들로 정상적인 활동을 할 수 있는 경우에는 임기만료된 이사는 당연히 퇴임하고, 법인의 정상적인 활동이 가능한지는 이사의 임기만료 시 이후의 사정까지 고려하여 판단할 필요가 없다. O | X

> **해설** 대판 2014.1.17. 2013마1801 참조

정답 | 30 ○ 31 × 32 × 33 ○ 34 ○ 35 ○ 36 ○

37

법인과 이사의 법률관계는 위임 유사의 관계이고, 위임계약은 원래 해지의 자유가 인정되어 쌍방 누구나 정당한 이유 없이도 언제든지 해지할 수 있는 것이다. 따라서 법인의 정관에 이사의 해임사유에 관한 규정이 있는 경우라도, 이는 주위적 규정이므로 정관에서 정하지 않은 사유로 이사를 해임할 수 있다.

O | X

> **해설** 법인과 이사의 법률관계는 신뢰를 기초로 한 위임 유사의 관계이고, 위임계약은 원래 해지의 자유가 인정되어 쌍방 누구나 **정당한 이유 없이도 언제든지 해지할 수 있는 것**이어서, 제689조 1항에 따라 법인은 이사의 임기 만료 전에도 이사를 해임할 수 있으나, 불리한 시기에 부득이한 사유 없이 해지한 경우에 한하여 제689조 2항에 따라 상대방에게 그로 인한 손해배상책임을 질 뿐이다(대결 2014.1.17. 2013마1801).
> 다만, **제689조는 임의규정이므로 법인이 정관으로 이사의 해임사유 및 절차 등에 관해 별도의 규정을 두는 것은 가능**하다. 이 경우 그 규정은 법인과 이사와의 관계를 명확히 함은 물론 이사의 신분을 보장하는 의미도 아울러 가지고 있어 **이를 단순히 주의적 규정으로 볼 수는 없고, 따라서 법인으로서는 이사의 중대한 의무위반 또는 정상적인 사무집행 불능 등의 특별한 사정이 없는 이상, 정관에서 정하지 아니한 사유로 이사를 해임할 수는 없다**(대판 2013.11.28. 2011다41741).

38

법인은 언제든지 이사를 해임할 수 있지만, 법인의 정관에 이사의 해임사유에 관한 규정이 있는 경우에는 법인은 이사의 중대한 의무위반 또는 정상적인 사무집행 불능 등의 특별한 사정이 없는 한 정관에서 정하지 아니한 사유로는 이사를 해임할 수 없다.

O | X

> **해설** 대판 2013.11.28. 2011다41741

39

재단법인의 이사는 법인에 대한 일방적인 사임의 의사표시에 의하여 법률관계를 종료시킬 수 있고, 그 의사표시가 수령권한 있는 기관에 도달됨으로써 효력을 발생하는 것이며, 법인의 승낙 등이 있어야만 효력이 있는 것은 아니다.

O | X

> **해설** 법인이 정관에 이사의 사임절차나 사임의 의사표시의 효력발생시기 등에 관하여 특별한 규정을 둔 경우, 사임의사를 표시한 이사가 정관에 따른 사임의 효력이 발생하기 전에 그 사임의사를 철회할 수 있는지 여부(적극)
> 법인과 이사의 법률관계는 신뢰를 기초로 한 위임 유사의 관계이므로, 이사는 민법 제689조 제1항이 규정한 바에 따라 언제든지 사임할 수 있고, **법인의 이사를 사임하는 행위는 상대방 있는 단독행위이므로 그 의사표시가 상대방에게 도달함과 동시에 그 효력을 발생하고, 그 의사표시가 효력을 발생한 후에는 마음대로 이를 철회할 수 없음이 원칙이다.** 그러나 법인이 정관에서 이사의 사임절차나 사임의 의사표시의 효력발생시기 등에 관하여 특별한 규정을 둔 경우에는 그에 따라야 하는바, 위와 같은 경우에는 이사의 사임의 의사표시가 법인의 대표자에게 도달하였다고 하더라도 그와 같은 사정만으로 곧바로 사임의 효력이 발생하는 것은 아니고 정관에서 정한 바에 따라 사임의 효력이 발생하는 것이므로, 이사가 사임의 의사표시를 하였더라도 정관에 따라 사임의 효력이 발생하기 전에는 그 사임의사를 자유롭게 철회할 수 있다(대판 2008.9.25. 2007다17109).

40

이사는 법인의 사무에 관하여 법인을 각자 대표함이 원칙이다.　　　　O | X

> **해설** **제59조(이사의 대표권)** ① **이사는 법인의 사무에 관하여 각자 법인을 대표**한다. 그러나 정관에 규정한 취지에 위반할 수 없고 특히 사단법인은 총회의 의결에 의하여야 한다.
> ② 법인의 대표에 관하여는 대리에 관한 규정을 준용한다.

41

이사의 대표권에 대한 제한은 이를 정관에 기재하지 않으면 그 효력이 없다.　　　O | X

42

이사의 대표권에 대한 제한은 등기하지 아니하면 제3자에게 대항하지 못한다.　　　O | X

> **해설** **41 42** 제41조 및 제60조

43

법인의 정관에 법인대표권의 제한에 관한 규정이 있으나 그와 같은 취지가 등기되어 있지 않다면 법인은 그와 같은 정관의 규정에 대하여 선의냐 악의냐에 관계없이 제3자에 대하여 대항할 수 없다.　　　O | X

> **해설** 대표권 제한
> 이사의 대표권에 대한 제한은 등기하지 아니하면 제3자에게 대항하지 못한다(제60조). **법인의 정관에 법인 대표권의 제한에 관한 규정이 있으나 그와 같은 취지가 등기되어 있지 않다면** 법인은 그와 같은 정관의 규정에 대하여 **선의냐 악의냐에 관계없이 제3자에 대하여 대항할 수 없다**(대판 1992.2.14. 91다24564).
> 민법은 "이사의 대표권에 대한 제한은 정관에 기재하여야 효력이 있다."(제41조)라고 하여 정관의 기재를 효력요건으로 하고 있고, "이사의 대표권제한은 이를 등기하지 않으면 제3자에게 대항하지 못한다."'(제49조 제2항 제9호, 제60조)라고 하여 등기를 대항요건으로 하고 있다. 判例는 제60조의 제3자의 범위와 관련하여 "등기가 되어 있지 않는 한, 악의의 제3자에게도 대항할 수 없다."(대판 1992.2.14. 91다24564)라고 한다.
>
> **비교판례** **비법인사단**의 경우에는 **대표자의 대표권 제한에 관하여 등기할 방법이 없어 민법 제60조의 규정을 준용할 수 없고**, 비법인사단의 대표자가 정관에서 사원총회의 결의를 거쳐야 하도록 규정한 대외적 거래행위에 관하여 이를 거치지 아니한 경우라도, 이와 같은 사원총회 결의사항은 비법인사단의 내부적 의사결정에 불과하다 할 것이므로, 그 **거래 상대방이 그와 같은 대표권 제한 사실을 알았거나 알 수 있었을 경우가 아니라면 그 거래행위는 유효**하다고 봄이 상당하고, 이 경우 거래의 상대방이 대표권 제한 사실을 알았거나 알 수 있었음은 이를 주장하는 비법인사단측이 주장·입증하여야 한다(대판 2003. 7.22. 2002다64780).

44

이사는 정관이나 총회의 결의로 금지하지 않은 이상 타인으로 하여금 포괄적 대리를 하게 할 수 있다.

O | X

> **해설** **제62조(이사의 대리인 선임)** 이사는 정관 또는 총회의 결의로 금지하지 아니한 사항에 한하여 **타인으로 하여금 특정한 행위를 대리**하게 할 수 있다.

45

민법 제64조에서 말하는 법인과 이사의 이익이 상반하는 사항은 법인과 이사가 직접 거래의 상대방이 되는 경우뿐 아니라, 이사의 개인적 이익과 법인의 이익이 충돌하고 이사에게 선량한 관리자로서의 의무 이행을 기대할 수 없는 사항은 모두 포함한다고 할 것이고, 이 사건과 같이 형식상 전혀 별개의 법인 대표를 겸하고 있는자가 양쪽 법인을 대표하여 계약을 체결하는 경우는 쌍방대리로서 특별한 사정이 없는 이상 이사의 개인적 이익과 법인의 이익이 충돌할 염려가 있는 경우에 해당한다.

O | X

> **해설** 대판 2013.11.28. 2010다91831

46

이사가 없거나 결원이 생겨서 이로 인하여 법인에 손해가 생길 염려있는 경우뿐만 아니라 법인과 이사의 이익이 상반하는 사항이 생긴 경우에, 법원은 이해관계인이나 검사의 청구에 의하여 특별대리인을 선임하여야 한다.

O | X

> **해설** **임시이사와 특별대리인**
> ① **이사가 없거나 결원**이 있는 경우에 이로 인하여 **손해가 생길 염려** 있는 때에는 법원은 **이해관계인이나 검사의 청구**에 의하여 임시이사를 선임하여야 한다(제63조).
> ② **법인과 이사의 이익이 상반하는 사항**에 관하여는 이사는 대표권이 없다. 이 경우에는 전조의 규정에 의하여 **특별대리인**을 선임하여야 한다(제64조).

47

민법상의 법인에 대하여 민법 제63조에 의하여 법원이 선임한 임시이사는 원칙적으로 정식이사와 동일한 권한을 가진다.

O | X

> **해설** 대판 2013.6.13. 2012다40332

48

사단법인의 이사장 직무대행자가 개인의 입장에서 사단법인을 상대로 소송을 하는 것은 이익상반사항에 해당한다.　　　　　　　　　　　　　　　　　　　　　　　　　　　　　　　　　　○ | X

> 해설 대판 2003.5.27. 2002다69211

49

법원의 직무집행정지 가처분결정에 의하여 회사를 대표할 권한이 정지된 대표이사가 그 정지기간 중에 체결한 계약은 원칙적으로 무효이나, 그 후 가처분 신청의 취하에 의하여 보전집행이 취소된 경우 집행의 효력은 소급적으로 소멸하므로 대표이사가 앞서 체결한 계약은 유효하게 된다.　　　　　　　○ | X

> 해설 법원의 직무집행정지 가처분결정에 의해 회사를 대표할 권한이 정지된 대표이사가 그 정지기간 중에 체결한 계약은 절대적으로 무효이고, 그 후 가처분신청의 취하에 의하여 보전집행이 취소되었다 하더라도 집행의 효력은 **장래를 향하여 소멸할 뿐 소급적으로 소멸하는 것은 아니라 할 것**이므로, 가처분신청이 취하되었다 하여 무효인 계약이 유효하게 되지는 않는다(대판 2008.5.29. 2008다4537).

50

법원의 가처분명령에 의해 선임된 이사직무대행자는 그 명령에 다른 정함이 있는 경우 외에는 법원의 허가없이 법인의 통상사무에 속하지 아니한 행위를 하지 못하고, 만약 위 직무대행자가 그에 위반한 행위를 한 경우 법인은 선의의 제3자에 대하여 책임을 진다.　　　　　　　　　　　　　　　　　○ | X

> 해설 **직무대행자의 권한**
> 제52조의2의 **직무대행자는 가처분명령에 다른 정함이 있는 경우 외에는 법인의 통상사무에 속하지 아니한 행위를 하지 못**한다. 다만, 법원의 허가를 얻은 경우에는 그러하지 아니하다(제60조의2 제1항). 직무대행자가 제1항의 규정에 위반한 행위를 한 경우에도 법인은 선의의 제3자에 대하여 책임을 진다(제60조의2 제2항).

51

민법상 법인의 이사회 결의에 무효사유가 있는 경우에는 이해관계인은 언제든지 또 어떤 방법에 의하든지 그 무효를 주장할 수 있다.　　　　　　　　　　　　　　　　　　　　　　　　　　　　　　○ | X

> 해설 대판 2003.4.25. 2000다60197

정답 | **44** ×　**45** ○　**46** ×　**47** ○　**48** ○　**49** ×　**50** ○　**51** ○

52

종중원들이 종중 재산의 관리 또는 처분 등을 위하여 종중의 규약에 따른 적법한 소집권자 또는 일반 관례에 따른 종중총회의 소집권자인 종중의 연고항존자에게 필요한 종중의 임시총회 소집을 요구하였음에도 그 소집권자가 정당한 이유 없이 이에 응하지 아니하는 경우에는 차석 또는 발기인(위 총회의 소집을 요구한 발의자들)이 소집권자를 대신하여 그 총회를 소집할 수 있는 것이고, 반드시 민법 제70조를 준용하여 감사가 총회를 소집하거나 종원이 법원의 허가를 얻어 총회를 소집하여야 한다. ○ | X

> 해설 종중원들이 종중 재산의 관리 또는 처분 등을 위하여 종중의 규약에 따른 적법한 소집권자 또는 일반 관례에 따른 종중총회의 소집권자인 종중의 연고항존자에게 필요한 종중의 임시총회 소집을 요구하였음에도 그 소집권자가 정당한 이유 없이 이에 응하지 아니하는 경우에는 **차석 또는 발기인(위 총회의 소집을 요구한 발의자들)이 소집권자를 대신하여 그 총회를 소집할 수 있는 것이고, 반드시 민법 제70조를 준용하여 감사가 총회를 소집하거나 종원이 법원의 허가를 얻어 총회를 소집하여야 하는 것은 아니다**(대판 2011.2.10. 2010다83199,83205).

53

과반수의 이사가 민법 제58조 제2항에 근거하여 이사회를 소집하는 경우 법원의 허가를 받을 필요 없이 이사회를 소집할 수 있다. ○ | X

> 해설 ① 민법 제58조 제1항은 민법상 법인의 사무집행은 이사가 하도록 규정하고 있고, 같은 조 제2항은 이사가 수인인 경우에는 이사의 과반수로써 결정하되 정관에 다른 규정이 있으면 이에 따르도록 규정하고 있다. 그러므로 이사가 수인인 민법상 법인의 정관에 대표권 있는 이사만 이사회를 소집할 수 있다고 규정하고 있다고 하더라도 이는 과반수의 이사가 본래 할 수 있는 이사회 소집에 관한 행위를 대표권 있는 이사로 하여금 하게 한 것에 불과하다. 따라서 **정관에 다른 이사가 요건을 갖추어 이사회 소집을 요구하면 대표권 있는 이사가 이에 응하도록 규정하고 있는데도 대표권 있는 이사가 다른 이사의 정당한 이사회 소집을 거절하였다면, 대표권 있는 이사만 이사회를 소집할 수 있는 규정은 적용될 수 없다. 이 경우 이사는 정관의 이사회 소집권한에 관한 규정 또는 민법에 기초하여 법인의 사무를 집행할 권한에 의하여 이사회를 소집**할 수 있다. ② 민법상 법인의 필수기관이 아닌 이사회는 이사가 사무집행권한에 의해 소집하는 것이므로, 과반수에 미치지 못하는 이사는 특별한 사정이 없는 한 민법 제58조 제2항에 반하여 이사회를 소집할 수 없다. 반면 **과반수에 미치지 못하는 이사가 정관의 특별한 규정에 근거하여 이사회를 소집하거나 과반수의 이사가 민법 제58조 제2항에 근거하여 이사회를 소집하는 경우에는 법원의 허가를 받을 필요 없이 본래적 사무집행권에 기초하여 이사회를 소집할 수 있다.** ③ **법원의 허가를 얻어 임시총회를 소집할 수 있도록 규정한 민법 제70조 제3항은 민법상 법인의 이사회 소집에 유추적용할 수 없다**(대판 2017.12.1. 2017그661).

54

이해관계 있는 이사는 이사회에서 의결권을 행사할 수 없으나 의사정족수 산정의 기초가 되는 이사의 수에는 포함되고, 다만 결의 성립에 필요한 출석이사에는 산입되지 아니한다. ○ | X

> 해설 민법 제74조는 사단법인과 어느 사원과의 관계사항을 의결하는 경우 그 사원은 의결권이 없다고 규정하고 있으므로, 민법 제74조의 유추해석상 민법상 법인의 이사회에서 법인과 어느 이사와의 관계사항을 의결하는 경우에는 그 이사는 의결권이 없다. 이때 **의결권이 없다는 의미는 상법 제368조 제4항, 제371조 제2항의 유추해석상 이해관계 있는 이사는 이사회에서 의결권을 행사할 수는 없으나 의사정족수 산정의 기초가 되는 이사의 수에는 포함되고, 다만 결의 성립에 필요한 출석이사에는 산입되지 아니한다**고 풀이함이 상당하다(대판 2009.4.9. 2008다1521)

55

사단법인의 사원의 지위는 양도 또는 상속할 수 없다고 규정한 민법 제56조의 규정은 강행규정이므로, 비법인사단에서도 사원의 지위는 규약이나 관행에 의하여 양도 또는 상속될 수 없다. O | X

> **해설** **제56조(사원권의 양도, 상속금지)** 사단법인의 사원의 지위는 양도 또는 상속할 수 없다.
>
> ➡ 사단법인의 사원의 지위는 양도 또는 상속할 수 없다고 규정한 민법 제56조의 규정은 강행규정이라고 할 수 없으므로, 비법인사단에서도 사원의 지위는 규약이나 관행에 의하여 양도 또는 상속될 수 있다(대판 1997.9.26. 95다6205).

56

'사원이 없게 된 경우'는 재단법인과 사단법인의 공통된 해산사유에 해당한다. O | X

> **해설** **제77조(해산사유)** ① 법인은 존립기간의 만료, 법인의 목적의 달성 또는 달성의 불능 기타 정관에 정한 해산사유의 발생, 파산 또는 설립허가의 취소로 해산한다.
> ② **사단법인은 사원이 없게 되거나 총회의 결의로도 해산**한다.
>
> ➡ '사원이 없게 된 경우'는 사단법인의 해산사유에 불과하다.

57

법인 해산시 잔여재산의 귀속권리자를 직접 지정하지 아니하고 사원총회나 이사회의 결의에 따라 이를 정하도록 하는 등 간접적으로 그 귀속권리자의 지정방법을 정해 놓은 정관 규정은 무효이다. O | X

> **해설** **제80조(잔여재산의 귀속)** ① 해산한 법인의 재산은 정관으로 지정한 자에게 귀속한다.
> ② 정관으로 귀속권리자를 지정하지 아니하거나 이를 지정하는 방법을 정하지 아니한 때에는 이사 또는 청산인은 주무관청의 허가를 얻어 그 법인의 목적에 유사한 목적을 위하여 그 재산을 처분할 수 있다. 그러나 사단법인에 있어서는 총회의 결의가 있어야 한다.
> ③ 전2항의 규정에 의하여 처분되지 아니한 재산은 국고에 귀속한다.
> 민법 제80조 제1항과 제2항의 각 규정 내용을 대비하여 보면, 법인 해산시 잔여재산의 귀속권리자를 직접 지정하지 아니하고 **사원총회나 이사회의 결의에 따라 이를 정하도록 하는 등 간접적으로 그 귀속권리자의 지정방법을 정해 놓은 정관 규정도 유효**하다(대판 1995.2.10. 94다13473).

58

해산한 법인이 정관에서 해산시 잔여재산이 귀속될 자를 지정하고 있는데, 그 귀속될 자의 대표자가 해산한 법인의 대표청산인인 경우 쌍방대리금지원칙에 따라 잔여재산귀속에 관하여 해산 법인을 대표할 특별대리인이 선임되어야 한다. ○ | X

> 해설 해산한 법인이 해산시 잔여재산이 지정한 자에게 귀속한다는 정관 규정에 따라 구체적으로 확정된 **잔여재산이전의무의 이행으로서 잔여재산인 토지를 그 귀속권리자에게 이전하는 것은 채무의 이행에 불과하므로** 그 귀속권리자의 대표자를 겸하고 있던 해산한 법인의 대표청산인에 의하여 잔여재산 토지에 관한 소유권이전등기가 그 귀속권리자에게 경료되었다고 하더라도 이는 **쌍방대리금지 원칙에 반하지 않는다**(대판 2000.12.8. 98두5279).

59

청산종결등기가 경료된 경우에도 청산사무가 종료되지 않은 경우에는 청산법인으로 존속한다. ○ | X

> 해설 대판 1980.4.8. 79다2036

60

법인이 해산결의를 하고 사실상 청산사무를 종결한 경우에는 해산등기를 하기 전이라도 제3자에게 해산 사실을 대항할 수 있다. ○ | X

> 해설 **제54조(설립등기 이외의 등기의 효력과 등기사항의 공고)** ① 설립등기 이외의 본절의 등기사항은 그 등기후가 아니면 제삼자에게 대항하지 못한다.

61

청산법인이나 청산인이 청산법인의 목적범위외의 행위를 한 때에는 무효이다. ○ | X

> 해설 민법 제80조, 제81조, 제87조와 같은 청산절차에 관한 규정은 모두 제3자의 이해관계에 중대한 영향을 미치기 때문에 소위 강행규정이라고 해석되므로 만일 **그 청산법인이나 그 청산인이 청산법인의 목적범위 외의 행위를 한 때는 무효라 아니할수 없다**(대판 1980.4.8. 79다2036).

62

사단법인의 정관에 그 정관을 변경할 수 없다는 규정이 있다면 총사원의 동의로도 정관을 변경할 수 없다. ○ | ×

> **해설** 사단법인은 자율적 법인이므로 그 법인의 '동일성을 유지하는 범위'에서 원칙적으로 정관변경이 가능하다(가령 비영리의 목적을 영리의 목적으로 변경하는 경우와 같이 동일성을 해치거나 사단법인의 본질에 반하는 정관변경은 허용되지 않는다). 즉 사단법인은 ⅰ) 사원총회에서 총사원의 3분의 2이상의 동의와, ⅱ) 주무관청의 허가를 얻어 정관을 변경할 수 있다(제42조). 특히 **정관에 그 정관을 변경할 수 없다고 규정하고 있더라도 모든 사원의 동의가 있으면 정관을 변경할 수 있다고 본다(통설).**

63
13법원행시

재단법인의 정관변경 허가는 법률행위의 효력을 보충해 주는 것이지 일반적 금지를 해제하는 것이 아니므로 그 법적 성격은 인가라고 보아야 한다. ○ | ×

> **해설** 민법 제45조, 제46조 소정의 재단법인의 정관변경 허가의 법적 성질
> 민법 제45조와 제46조에서 말하는 재단법인의 정관변경 '허가'는 법률상의 표현이 허가로 되어 있기는 하나, 그 성질에 있어 법률행위의 효력을 보충해 주는 것이지 일반적 금지를 해제하는 것이 아니므로, 그 법적 성격은 인가라고 보아야 한다(대판 1996.5.16. 95누4810 전합).

64
14법원행시, 18서기보

재단법인의 기본재산의 변경은 정관의 변경을 초래하기 때문에 주무관청의 허가를 받아야 하는데, 기존의 기본재산을 처분하는 행위는 물론 새로이 기본재산으로 편입하는 행위도 주무관청의 허가가 있어야 유효하다. ○ | ×

> **해설** 대판 1982.9.28. 82다카499

65
17법원행시

재단법인의 기본재산의 처분은 정관변경을 요하는 것이므로 주무관청의 허가가 없으면 그 처분행위는 물권계약으로 무효일 뿐 아니라 채권계약으로서도 무효이다. ○ | ×

> **해설** 대판 1974.6.11. 73다1975

정답 | 58 × 59 ○ 60 × 61 ○ 62 × 63 ○ 64 ○ 65 ○

66

민법상 재단법인이 전세권을 기본재산으로 하는 정관변경을 하면서 주무관청의 허가를 얻은 경우에도 전세권소멸통고에 대해서는 다시 별도로 주무관청의 허가를 받아야 한다. ○ | X

> **해설** **사실관계** 원고들이 피고 비영리법인(설치에 관한 근거법령에 민법 중 재단법인에 관한 규정이 준용되도록 정하고 있음)에 대해 전세권을 설정해 주었다가, 민법상 전세권소멸통고를 하고 전세권설정등기의 말소를 구하였는데, 피고가 전세권이 기본재산으로서 주무관청의 허가 없이 소멸할 수 없다고 항변한 사안에서, 원심은 **피고가 전세권을 기본재산으로 하는 정관변경을 하면서 주무관청의 허가를 얻은 이상 전세권소멸통고에 대해서 다시 별도로 주무관청의 허가를 받을 필요 없다**고 보아, 피고의 항변을 배척하였고, 대법원은 이러한 원심의 판단이 기존 대법원 판례의 취지와 부합하는 것으로 타당하다고 보아 상고기각한 사례(대판 2021.5.7. 2020다289828).

67

명의신탁자가 학교법인의 기본재산으로 등기되어 있는 부동산에 관하여 부동산 실권리자명의 등기에 관한 법률에서 정한 유예기간 내에 실명등기 등을 하지 않아 종전의 명의신탁약정 및 그에 따른 물권변동이 무효가 되었음을 이유로 등기 말소 또는 진정명의회복을 원인으로 한 소유권이전등기절차이행을 구하는 경우, 사립학교법 제28조 제1항에서 정한 관할청 허가가 필요하다. ○ | X

> **해설** 부동산 실권리자명의 등기에 관한 법률 소정의 유예기간 내에 실명등기 등을 하지 아니함으로써 종전의 명의신탁약정 및 그에 따른 등기에 의한 부동산의 물권변동이 무효가 되는 경우 명의신탁자는 명의수탁자를 상대로 원인무효를 이유로 직접 또는 대위하여 등기 말소를 구할 수 있고, 명의신탁자 명의로 소유권을 표상하는 등기가 되어 있었거나 명의신탁자가 법률에 의하여 소유권을 취득한 진정한 소유자라는 사정이 있다면 등기명의를 회복하기 위한 방법으로 진정명의회복을 원인으로 한 소유권이전등기절차이행을 구할 수도 있는바, **명의신탁자가 학교법인의 기본재산으로 등기되어 있는 부동산에 관하여 그와 같은 이유로 등기 말소 또는 진정명의회복을 원인으로 한 소유권이전등기절차이행을 구하는 경우에 이를 사립학교법 제28조 제1항에서 규정하고 있는 학교법인의 기본재산 처분행위가 있는 경우라고 볼 수 없으므로 관할청 허가가 필요하다고 할 수 없다**(대판 2013.8.22. 2013다31403).

민법상 재단법인의 기본재산에 관한 저당권 설정행위는 특별한 사정이 없는 한 정관의 기재사항을 변경하여야 하는 경우에 해당하지 않으므로, 그에 관하여는 주무관청의 허가를 얻을 필요가 없다. 만약 민법상 재단법인의 '정관'에 기본재산은 담보설정 등을 할 수 없으나 주무관청의 허가·승인을 받은 경우에는 이를 할 수 있다는 취지로 정해져 있고, 정관 규정에 따라 주무관청의 허가·승인을 받아 민법상 재단법인의 기본재산에 관하여 근저당권을 설정한 경우, 그와 같이 설정된 근저당권을 실행하여 기본재산을 매각할 때에는 주무관청의 허가를 다시 받을 필요는 없다. O | X

> **해설** ⅰ) 민법 제32조, 제40조 제4호, 제42조 제2항, 제43조, 제45조 제3항, 제1항에 의하면, 재단법인은 정관에 재단법인의 자산에 관한 규정을 두어야 하고, 재단법인의 설립과 정관의 변경에는 주무관청의 허가를 얻어야 한다. 따라서 **주무관청의 허가를 얻은 정관에 기재된 기본재산의 처분행위로 인하여 재단법인의 정관 기재사항을 변경하여야 하는 경우에는, 그에 관하여 주무관청의 허가를 얻어야 한다.** 이는 재단법인의 기본재산에 대하여 강제집행을 실시하는 경우에도 동일하나, 주무관청의 허가는 반드시 사전에 얻어야 하는 것은 아니므로, 재단법인의 정관변경에 대한 주무관청의 허가는, 경매개시요건은 아니고, 경락인의 소유권취득에 관한 요건이다. 그러므로 집행법원으로서는 그 허가를 얻어 제출할 것을 특별매각조건으로 경매절차를 진행하고, 매각허가결정 시까지 이를 제출하지 못하면 매각불허가결정을 하면 된다. ⅱ) **민법상 재단법인의 기본재산에 관한 저당권 설정행위는 특별한 사정이 없는 한 정관의 기재사항을 변경하여야 하는 경우에 해당하지 않으므로, 그에 관하여는 주무관청의 허가를 얻을 필요가 없다**(대결 2018.7.20. 2017마1565).
> 민법상 재단법인의 정관에 기본재산은 담보설정 등을 할 수 없으나 주무관청의 허가·승인을 받은 경우에는 이를 할 수 있다는 취지로 정해져 있고, 정관 규정에 따라 주무관청의 허가·승인을 받아 민법상 재단법인의 기본재산에 관하여 근저당권을 설정한 경우, 그와 같이 설정된 근저당권을 실행하여 기본재산을 매각할 때에는 주무관청의 허가를 다시 받을 필요는 없다(대결 2019.2.28. 2018마800).

쟁점정리 **기본재산의 처분·편입과 정관의 변경**
재단법인을 설립하기 위해 출연한 '기본재산'은 재단법인의 실체를 이루며, 이것은 정관의 필요적 기재사항이다(제43조)[그러나 재단법인의 기본재산이 아닌 재산의 매각은 정관의 변경을 초래하는 것이 아니므로 주무관청의 허가를 필요로 하는 것이 아니다(대판 1967.12.19. 67다1337)]. 따라서 ⅰ) 재단법인의 기본재산을 '처분'하거나(기본재산에 관한 '저당권 설정행위'는 이에 해당하지 않으므로 주무관청의 허가가 필요 없다: 대결 2018.7.20. 2017마1565) ⅱ) 경매절차에 의해 매각하거나(기본재산에 대한 강제집행실시; 주무관청의 허가는 반드시 사전에 얻어야 하는 것은 아니므로, 재단법인의 정관변경에 대한 주무관청의 허가는 경매개시요건은 아니고 경락인의 소유권취득에 관한 요건이다: 대결 2018.7.20. 2017마1565), ⅲ) 기본재산을 수동채권으로 상계하거나(대판 1998.12.11. 97다9970), ⅳ) 추가로 **기본재산에 '편입'시키거나**, ⅴ) **명의신탁해지에 따른 원상회복**(대판 1991.5.28. 90다8558) 등과 같은 기본재산의 증가도 모두 정관의 **변경사항**이 되므로 주무관청의 허가를 얻어야 그 효력이 생기고(제45조 제3항), 그 허가 없이 한 **처분행위는 무효**가 된다(대판 1991.5.28. 90다8558). 그리고 주무관청의 허가 없는 기본재산의 처분을 금하는 법의 취지상 **채권계약으로서도 그 효력이 없다**(대판 1974.6.11. 73다1975).

정답 | **66** × **67** × **68** ○

69

민법상의 조합과 법인격은 없으나 사단성이 인정되는 비법인사단을 구별함에 있어서는 일반적으로 그 단체성의 강약을 기준으로 판단하여야 한다.　　　　　　　　　　　　　　　　　　　　O | X

70

권리능력 없는 사단은 단체성이 강하고 그 구성원은 법률상 주체성 내지 개성을 상실하고 단체가 표면에 나타나는 반면, 민법상 조합은 단체성이 약하여 단체의 구성원이 표면에 나타난다.　　　　　　O | X

> **해설 69 70** 사단으로서의 실체적 요건 구비(사, 다, 변, 주)
> 민법상의 조합과 법인격은 없으나 사단성이 인정되는 비법인사단을 구별함에 있어서는 **일반적으로 그 단체성의 강약을** 기준으로 판단하여야 하는바, 조합은 2인 이상이 상호간에 금전 기타 재산 또는 노무를 출자하여 공동사업을 경영할 것을 약정하는 계약관계에 의하여 성립하므로 어느 정도 단체성에서 오는 제약을 받게 되는 것이지만 구성원의 개인성이 강하게 드러나는 인적 결합체인 데 비하여 비법인사단은 구성원의 개인성과는 별개로 권리·의무의 주체가 될 수 있는 독자적 존재로서의 단체적 조직을 가지는 특성이 있다 하겠는데, ① **어떤 단체가 고유의 목적을 가지고 사단적 성격을 가지는 규약을 만들어 이에 근거하여 의사결정기관 및 집행기관인 대표자를 두는 등의 조직을 갖추고 있고,** ② **기관의 의결이나 업무집행방법이 다수결의 원칙에 의하여 행하여지며,** ③ **구성원의 가입, 탈퇴 등으로 인한 변경에 관계없이 단체 그 자체가 존속되고,** ④ **그 조직에 의하여 대표의 방법, 총회나 이사회 등의 운영, 자본의 구성, 재산의 관리 기타 단체로서의 주요사항이 확정되어 있는 경우에는 비법인사단으로서의 실체를 가진다**고 할 것이다(대판 1999.4.23. 99다4504).

71

부도난 회사의 채권자들이 채권단을 조직하여 대표자를 선임하고 채권회수에 관한 권한을 위임하였더라도, 정관을 제정하거나 사단으로서 실체를 가지기 위한 조직행위가 없었다면 그 채권단을 권리능력 없는 사단으로 볼 수 없다.　　　　　　　　　　　　　　　　　　　　　　　　　　　　　　　　　O | X

72

종중 또는 문중과 같이 특별한 조직행위 없이도 자연적으로 성립하는 예외적인 사단이 아닌 한, 법인 아닌 사단이 성립하려면 사단으로서의 실체를 갖추는 조직행위가 있어야 한다.　　　　　　　　　O | X

> **해설 71 72** 判例는 부도난 회사의 채권자들이 조직한 채권단이 비법인사단으로서의 실체를 갖추지 못했다는 이유로 그 당사자능력을 부인하였다. 즉, 민사소송법 제48조가 비법인의 당사자능력을 인정하는 것은 법인이 아닌 사단이나 재단이라도 사단 또는 재단으로서의 실체를 갖추고 대표자 또는 관리인을 통하여 사회적 활동이나 거래를 하는 경우에는, 그로 인하여 발생하는 분쟁은 그 단체의 이름으로 당사자가 되어 소송을 통하여 해결하게 하고자 함에 있다 할 것이므로 여기서 말하는 **사단이라 함은 일정한 목적을 위하여 조직된 다수인의 결합체로서 대외적으로 사단을 대표할 기관에 관한 정함이 있는 단체**를 말한다(대판 1999.4.23. 99다4504).

73

법인 아닌 사단이나 재단도 대표자 또는 관리인이 있으면 민사소송의 당사자가 될 수 있으므로, 자연부락이 그 부락주민을 구성원으로 하여 고유목적을 가지고 의사결정기관과 집행기관인 대표자를 두어 독자적인 활동을 하는 사회조직체라면 법인 아닌 사단으로서의 권리능력이 있다.　　　　○ | ✕

> **해설** 대판 2008.1.31. 2005다60871

74

법인 아닌 사단은 사단의 실질은 가지고 있으나 아직 권리능력을 취득하지 못한 것이므로, 법인 아닌 사단의 사원은 집합체로서 재산을 소유할 수 없고, 법인 아닌 사단은 대표자가 있더라도 그 사단의 이름으로 소송의 당사자가 될 수 없다.　　　　○ | ✕

> **해설** 권리능력 없는 사단의 사원은 집합체로서 재산을 '총유'하며(민법 제275조), 권리능력 없는 사단도 그 대표자가 있으면 소송상의 당사자능력을 가진다(민사소송법 제52조).

75

대표자가 있는 법인 아닌 사단에 속하는 부동산의 등기에 관하여는 그 사단을 등기권리자 또는 등기의무자로 한다.　　　　○ | ✕

76

권리능력 없는 사단은 부동산등기능력이 있어 그 소유 재산을 사단 명의로 등기할 수 있다.　　　　○ | ✕

> **해설** **75 76** 부동산 등기법 제26조 1항 종중(宗中), 문중(門中), 그 밖에 대표자나 관리인이 있는 법인 아닌 사단(社團)이나 재단(財團)에 속하는 부동산의 등기에 관하여는 그 사단이나 재단을 등기권리자 또는 등기의무자로 한다.

77

적법한 대표자 자격이 없는 비법인 사단의 대표자가 한 소송행위는 후에 대표자 자격을 적법하게 취득한 대표자가 그 소송행위를 추인하더라도 이를 유효하게 할 수는 없다.　　　　○ | ✕

> **해설** 적법한 대표자 자격이 없는 비법인 사단의 대표자가 한 소송행위는 후에 대표자 자격을 적법하게 취득한 대표자가 그 소송행위를 추인하면 행위시에 소급하여 효력을 갖게 되고, 이러한 추인은 상고심에서도 할 수 있다(대판 2009.5.28. 2009다7182).

정답 | **69** ○ **70** ○ **71** ○ **72** ○ **73** ○ **74** ✕ **75** ○ **76** ○ **77** ✕

78

비법인사단에 해산사유가 발생하면 곧바로 당사자능력이 소멸하게 되고, 청산사무가 완료될 때까지 청산의 목적범위 내에서 권리·의무의 주체가 된다고 볼 수는 없다. O | X

> **해설** 사단법인에 있어서는 사원이 없게 된다고 하더라도 이는 해산사유가 될 뿐 막바로 권리능력이 소멸하는 것이 아니므로 법인 아닌 사단에 있어서도 구성원이 없게 되었다 하여 막바로 그 사단이 소멸하여 소송상의 당사자능력을 상실하였다고 할 수는 없고 청산사무가 완료되어야 비로소 그 당사자능력이 소멸하는 것이다(대판 1992.10.9. 92다23087).

79

아파트에 거주하는 부녀를 회원으로 하여 법인 아닌 사단의 실체를 갖추고 있는 아파트 부녀회의 수익금이 아파트 부녀회 회장의 개인 명의의 예금계좌에 입금되어 있는 경우, 위 수익금의 관리 사용권을 승계한 아파트입주자 대표회의가 수익금의 지급을 청구할 상대방은 아파트 부녀회가 아니라 회장 개인이다. O | X

> **해설** 법인 아닌 사단의 실체를 갖춘 아파트 부녀회의 수익금이 아파트 부녀회 회장의 개인 명의의 예금계좌에 입금되어 있는 경우, **위 수익금의 관리·사용권을 승계한 아파트입주자 대표회의가 수익금의 지급을 청구할 상대방은 회장 개인이 아니라 아파트 부녀회**이다(대판 2006.12.21. 2006다52723).

80

사단법인의 하부조직인 지역지부는 단일한 권리주체인 사단법인을 구성하는 부분이나 기관에 불과하므로 사단법인으로부터 독립하여 별개의 권리주체가 될 수 없다. O | X

> **해설** 사단법인의 하부조직의 하나라 하더라도 스스로 단체로서의 실체를 갖추고 독자적인 활동을 하고 있다면 사단법인과는 별개의 독립된 비법인사단으로 볼 수 있다(대판 2009.1.30. 2006다60908).

81

법인 아닌 사단에서 이사의 대표권에 대한 제한이 정관에 기재되어 있는 경우 그 대표권의 제한은 악의의 제3자에 대해서는 대항할 수 있지만, 선의의 제3자에 대해서는 그에게 과실이 있더라도 대항할 수 없다. O | X

> **해설** **비법인사단의 경우에는 대표자의 대표권 제한에 관하여 등기할 방법이 없어 민법 제60조의 규정을 준용할 수 없고**, 비법인사단의 대표자가 정관에서 사원총회의 결의를 거쳐야 하도록 규정한 대외적 거래행위에 관하여 이를 거치지 아니한 경우라도, 이와 같은 사원총회 결의사항은 비법인사단의 내부적 의사결정에 불과하다 할 것이므로, **그 거래 상대방이 그와 같은 대표권 제한 사실을 알았거나 알 수 있었을 경우가 아니라면 그 거래행위는 유효하다고 봄이 상당하고, 이 경우 거래의 상대방이 대표권 제한 사실을 알았거나 알 수 있었음은 이를 주장하는 비법인사단측이 주장·입증**하여야 한다(대판 2003. 7.23. 2002다64780).

관련판례 조합 임원회의의 결의 등을 거치도록 한 조합규약은 조합장의 대표권을 제한하는 규정에 해당하는 것이므로, 거래 상대방이 그와 같은 대표권 제한 및 그 위반 사실을 **알았거나 과실로 인하여 이를 알지 못한 때에는 그 거래행위가 무효로 된다고 봄이 상당**하며, 이 경우 그 거래 상대방이 대표권 제한 및 그 위반 사실을 알았거나 알지 못한 데에 과실이 있다는 사정은 그 거래의 무효를 주장하는 측이 이를 주장·입증하여야 한다(대판 2007.4.19. 전합2004다60072,60089).

82
12법무사

비법인사단의 대표자가 직무에 관하여 타인에게 손해를 가한 때에도 법인의 불법행위책임에 관한 규정이 유추적용된다. ○ | X

해설 주택조합과 같은 **비법인사단의 대표자가 직무에 관하여 타인에게 손해를 가한 경우 그 사단은 민법 제35조 제1항의 유추적용에 의하여 그 손해를 배상할 책임이 있으며**, 비법인사단의 대표자의 행위가 대표자 개인의 사리를 도모하기 위한 것이었거나 혹은 법령의 규정에 위배된 것이었다 하더라도 외관상, 객관적으로 직무에 관한 행위라고 인정할 수 있는 것이라면 민법 제35조 제1항의 직무에 관한 행위에 해당한다(대판 2003.7.25. 2002다27088).

83
11사무관, 19법원행시

비법인사단의 대표자는 비법인사단의 제반업무처리를 포괄적으로 위임할 수 없으므로, 비법인사단 대표자가 행한 타인에 대한 업무의 포괄적 위임과 그에 따른 포괄적 수임인의 대행행위는 비법인사단에 대하여 그 효력이 미친다. ○ | X

해설 비법인사단에 대하여는 사단법인에 관한 민법 규정 가운데서 법인격을 전제로 하는 것을 제외하고는 이를 유추적용하여야 할 것인바, 민법 제62조의 규정에 비추어 보면 비법인사단의 대표자는 정관 또는 총회의 결의로 금지하지 아니한 사항에 한하여 타인으로 하여금 특정한 행위를 대리하게 할 수 있을 뿐 비법인사단의 제반 업무처리를 포괄적으로 위임할 수는 없다 할 것이므로, **비법인사단 대표자가 행한 타인에 대한 업무의 포괄적 위임과 그에 따른 포괄적 수임인의 대행행위는 민법 제62조의 규정에 위반된 것이어서 비법인사단에 대하여는 그 효력이 미치지 아니**한다(대판 1996.9.6. 94다18522).

84
11법무사, 15법원행시, 19서기보

이사가 결원인 경우 임시이사 선임에 관한 민법 제63조는 법인의 조직에 관한 것으로 법인격을 전제로 하는 조항이므로 법인 아닌 사단이나 재단의 경우에는 적용될 수 없다. ○ | X

해설 민법 제63조는 법인의 조직과 활동에 관한 것으로서 법인격을 전제로 하는 조항이 아니고, 법인 아닌 사단이나 재단의 경우에도 이사가 없거나 결원이 생길 수 있으며, 통상의 절차에 따른 새로운 이사의 선임이 극히 곤란하고 종전 이사의 긴급처리권도 인정되지 아니하는 경우에는 사단이나 재단 또는 타인에게 손해가 생길 염려가 있을 수 있으므로, **민법 제63조는 법인 아닌 사단이나 재단에도 유추적용**할 수 있다(대판 2009.11.19. 2008마699 전합).

정답 | **78** × **79** × **80** × **81** × **82** ○ **83** × **84** ×

85

고유 의미의 종중이란 공동선조의 분묘 수호와 제사, 종원 상호 간 친목 등을 목적으로 하는 자연발생적인 관습상 종족집단체로서 특별한 조직행위를 필요로 하는 것이 아니나, 최소한 대표자는 선임되어 있어야 성립한다. ㅇㅣX

86

공동선조의 후손 중 특정 범위 내의 종원만으로 조직체를 구성하여 활동하고 있다면 이는 본래의 의미의 종중으로는 볼 수 없고, 종중 유사의 권리능력 없는 사단도 될 수 없다. ㅇㅣX

> **해설** 85 종중은 공동선조의 후손 중 성년 이상의 남자를 종원으로 하여 구성되는 종족의 자연발생적 집단이므로, 그 성립을 위하여 **특별한 조직행위를 필요로 하는 것이 아니고**, 다만 그 목적인 공동선조의 분묘 수호, 제사 봉행, 종원 상호간의 친목을 규율하기 위하여 규약을 정하는 경우가 있고, 또 대외적인 행위를 할 때에는 대표자를 정할 필요가 있는 것에 지나지 아니하며, **반드시 특별한 명칭의 사용 및 서면화된 종중규약이 있어야 하거나 종중의 대표자가 선임되어 있는 등 조직을 갖추어야 성립하는 것은 아니다.**
>
> 86 고유 의미의 종중이란 공동선조의 분묘 수호와 제사, 종원 상호 간 친목 등을 목적으로 하는 '**자연발생적인 관습상 종족집단체**'로서 특별한 조직행위를 필요로 하는 것이 아니고, 공동선조의 후손은 그 의사와 관계없이 성년이 되면 당연히 그 구성원(종원)이 되는 것이며 그중 일부 종원을 임의로 그 종원에서 배제할 수 없다. 따라서 공동선조의 후손 중 특정 범위 내의 자들만으로 구성된 종중이란 있을 수 없으므로, **만일 공동선조의 후손 중 특정 범위 내의 종원만으로 조직체를 구성하여 활동하고 있다면 이는 본래의 의미의 종중으로는 볼 수 없고, '종중 유사의 권리능력 없는 사단'이 될 수 있을 뿐이다**(대판 2019.2.14. 2018다264628).

87

종중이란 공동선조의 분묘수호와 제사 및 종원 상호간의 친목 등을 목적으로 하여 구성되는 자연발생적인 집단이므로 이미 성립된 종중의 공동선조의 후손 중 한 사람을 공동선조로 하는 종중은 성립될 수 없다. ㅇㅣX

> **해설** 종중은 공동선조의 후손 중 성년 이상의 남자를 종원으로 하여 구성되는 종족의 자연적 집단으로서 그 공동선조를 정함에 따라 상대적으로 대소종중으로 구별되는 것이기 때문에 이미 성립된 종중의 공동선조의 후손 중의 한 사람을 공동선조로 하여 또 하나의 종중이 성립될 수도 있다(대판 1972.9.12. 72다1090).

88

종원 일부만이 참석한 종중회합에서 종중원의 일부를 종원으로 취급하지도 않고 또 일부 종원에 대하여는 영원히 종원으로서의 자격을 박탈하는 것으로 규약을 개정한 것은 종중의 원래의 설립목적과 종중으로서의 본질에 반하는 것으로서 그 규약개정의 한계를 넘어 무효이다. ㅇㅣX

> **해설** 종중의 성격과 법적 성질에 비추어 종중이 그 구성원인 종원이 가지는 고유하고 기본적인 권리의 본질적인 내용을 침해하는 처분을 하는 것은 허용되지 않는다. 종중 규약에 근거하여 종원에 대하여 10년 내지 20년간 종원의 자격(각종 회의에의 참석권·발언권·의결권·피선거권·선거권)을 정지시킨다는 내용의 처분을 한 것은 종원이 가지는 고유하고 기본적인 권리의 본질적인 내용을 침해하므로 그 효력을 인정할 수 없다(대판 2006.10.26. 2004다47024).

89

종중재산을 분배함에 있어 단순히 남녀 성별의 구분에 따라 그 분배 비율, 방법, 내용에 차이를 두는 것은 개인의 존엄과 양성의 평등을 기초로 한 가족생활을 보장하고, 남녀평등을 실현할 것을 요구하는 우리의 전체 법질서에 부합하지 아니한 것으로 정당성과 합리성이 없어 무효라고 할 것이다.　O | X

> **해설** 대판 2010.9.30. 2007다74775

90

공동선조의 후손 중 일부에 의하여 인위적인 조직행위를 거쳐 성립된 종중 유사단체는 사적 임의단체라는 점에서 자연발생적인 종족집단인 고유한 의미의 종중과 그 성질을 달리하므로, 종중 유사단체의 규약에서 공동선조의 후손 중 남성만으로 그 구성원을 한정하고 있다 하더라도 특별한 사정이 없는 한 그 규약이 양성평등 원칙을 정한 헌법 제11조 및 민법 제103조를 위반하여 무효라고 볼 수는 없다.　O | X

91

공동선조의 후손 중 성년 남자만을 종중의 구성원으로 하고 여성은 종중의 구성원이 될 수 없다는 종래의 관습은 전체 법질서에 부합하지 아니하여 정당성과 합리성이 있다고 할 수 없다.　O | X

> **해설** **90** 대판 2011.2.24. 2009다17783 참조
>
> **91** 종중 구성원의 자격을 성년 남자만으로 제한하는 종래 관습법의 효력
> **공동선조의 후손 중 성년 남자만을 종중의 구성원으로 하고 여성은 종중의 구성원이 될 수 없다는 종래의 관습은**, 공동선조의 분묘수호와 봉제사 등 종중의 활동에 참여할 기회를 출생에서 비롯되는 성별만에 의하여 생래적으로 부여하거나 원천적으로 박탈하는 것으로서, 위와 같이 변화된 우리의 **전체 법질서에 부합하지 아니하여 정당성과 합리성이 있다고 할 수 없다.** 따라서 종중 구성원의 자격을 성년 남자만으로 제한하는 종래의 관습법은 이제 더 이상 법적 효력을 가질 수 없게 되었다고 할 것이다. … 민법 **제1조**는 민사에 관하여 법률에 규정이 없으면 관습법에 의하고 관습법이 없으면 조리에 의한다고 규정하고 있는바, **성문법이 아닌 관습법에 의하여 규율되어 왔던 종중에 있어서 그 구성원에 관한 종래 관습은 더 이상 법적 효력을 가질 수 없게 되었으므로, 종중 구성원의 자격은 민법 제1조가 정한 바에 따라 조리에 의하여 보충될 수밖에 없다.** 종중이란 공동선조의 분묘수호와 제사 및 종원 상호간의 친목 등을 목적으로 하여 구성되는 자연발생적인 종족집단이므로, 종중의 이러한 목적과 본질에 비추어 볼 때 **공동선조와 성과 본을 같이 하는 후손은 성별의 구별 없이 성년이 되면 당연히 그 구성원이 된다고 보는 것이 조리에 합당**하다고 할 것이다(대판 2005.7.21. 2002다1178 전합).

정답 | **85** × **86** × **87** × **88** ○ **89** ○ **90** ○ **91** ○

92

종중 총회의 소집통지는 종중의 규약이나 관례가 없는 한 통지 가능한 모든 종원에게 소집통지를 적당한 방법으로 통지를 함으로써 각자가 회의의 토의와 의결에 참여할 수 있는 기회를 주어야 하고, 일부 종원에게 이러한 소집통지를 결여한 채 개최된 종중 총회의 결의는 그 효력이 없으나, 그 결의가 통지 가능한 종원 중 과반수의 찬성을 얻은 것이라고 한다면 효력이 있다. O | X

93

공동 선조의 자손인 성년 여자를 종중원으로 인정한 대법원 전원합의체 판결 이후에는 종중총회 개최를 위하여 남자 종중원들에게만 소집통지를 하고, 여자 종중원들에게 소집통지를 하지 않는 경우 그 종중총회에서의 결의는 효력이 없다. O | X

> **해설** **92** 종중 총회의 소집통지는 종중의 규약이나 관례가 없는 한 통지 가능한 모든 종원에게 적당한 방법으로 통지를 함으로써 각자가 회의의 토의와 의결에 참여할 수 있는 기회를 주어야 하고 일부 종원에게 이러한 소집통지를 결여한 채 개최된 종중 총회의 결의는 그 효력이 없고, 이는 그 결의가 통지 가능한 종원 중 과반수의 찬성을 얻은 것이라고 하여 달리 볼 것은 아니나, 소집통지를 받지 아니한 종원이 다른 방법에 의하여 이를 알게 된 경우에는 그 종원이 종중 총회에 참석하지 않았다고 하더라도 그 종중 총회의 결의를 무효라고 할 수 없다(대판 2006.10.27. 2006다23695).
>
> **93** 종중 총회를 개최함에 있어서는, 특별한 사정이 없는 한 족보 등에 의하여 소집통지 대상이 되는 종중원의 범위를 확정한 후 국내에 거주하고 소재가 분명하여 통지가 가능한 모든 종중원에게 개별적으로 소집통지를 함으로써 각자가 회의와 토의 및 의결에 참가할 수 있는 기회를 주어야 하므로, 일부 종중원에 대한 소집통지 없이 개최된 종중 총회에서의 결의는 그 효력이 없다. 대법원 2005.7.21. 선고 2002다1178 전원합의체 판결 이후에는 **공동 선조의 자손인 성년 여자도 종중원이므로, 종중 총회 당시 남자 종중원들에게만 소집통지를 하고 여자 종중원들에게 소집통지를 하지 않은 경우 그 종중 총회에서의 결의는 효력이 없다**(대판 2010.2.11. 2009다83650).

94

A: 사단법인의 사원총회의 소집은 1주간 전에 그 회의의 목적사항을 기재한 통지를 발송하여야 한다(민법 제71조).

丁: 따라서 총회예정일이 2019.3.15. 오전 10시라면, 늦어도 2019.3.8. 오전 0시까지는 사원들에게 소집통지를 발송하여야 합니다. O | X

> **해설** 사원총회 전일인 3. 14. 24시부터 기산하여 그로부터 1주일이 되는 3월 7일 24시 즉 3월 8일 0시까지 소집통지를 발송하여야 한다("빼기7, 0시"로 외울 것).

95

소집절차에 하자가 있어 그 효력을 인정할 수 없는 종중총회의 결의는 후에 적법하게 소집된 종중총회에서 이를 추인한다고 하여 유효가 된다고 할 수 없다. O | X

> **해설** 소집절차에 하자가 있어 그 효력을 인정할 수 없는 종중총회의 결의라도 **후에 적법하게 소집된 종중총회에서 이를 추인하면 처음부터 유효로 된다**(대판 1996.6.14. 96다2729).

96

적법한 대표자 자격이 없는 비법인 사단의 대표자가 한 소송행위는 후에 대표자 자격을 적법하게 취득한 대표자가 그 소송행위를 추인하면 행위시에 소급하여 효력을 갖게 되고, 이러한 추인은 상고심에서도 할 수 있다. ○│×

> **해설** 대판 2012.4.13. 2011다70169

97

종중총회의 결의방법에 있어 종중규약에 다른 규정이 없는 이상 종원은 서면이나 대리인으로 결의권을 행사할 수 있으므로 일부 종원이 총회에 직접 출석하지 아니하고 다른 출석 종원에 대한 위임장 제출방식에 의하여 종중의 대표자 선임 등에 관한 결의권을 행사하는 것도 허용되지 않는다. ○│×

> **해설** 종중총회의 결의방법에 있어 종중규약에 다른 규정이 없는 이상 종원은 서면이나 대리인으로 결의권을 행사할 수 있으므로 일부 종원이 총회에 직접 출석하지 아니하고 다른 출석 종원에 대한 위임장 제출방식에 의하여 종중의 대표자 선임 등에 관한 결의권을 행사하는 것도 허용된다(대판 2000.2.25. 99다0155).

98

종중총회를 개최함에 있어 종중원들에 대한 소집통지의 방법은 반드시 직접 서면으로 하여야만 하는 것은 아니고 구두 또는 전화로 하여도 되고 다른 종중원이나 세대주를 통하여 하여도 무방하다. ○│×

> **해설** 대판 2000.2.25. 99다0155

정답 | **92** × **93** ○ **94** ○ **95** × **96** ○ **97** × **98** ○

99

종중의 대표 자격이 있는 연고항존자가 직접 종회를 소집하지 아니하였더라도 그가 다른 종중원의 종회 소집에 동의하여 그 종중원으로 하여금 소집케 하였다면 그와 같은 종회 소집을 전혀 권한 없는 자의 소집이라고 볼 수 없다. O | X

> 해설 대판 1996.6.14. 96다2729

100

종중 토지 매각대금의 분배는 정관 기타 규약에 달리 정함이 없는 한 종중총회의 결의에 의하여만 할 수 있고, 이러한 분배결의가 없으면 종원이 종중에 대하여 직접 분배청구를 할 수 없다. O | X

> 해설 종중 토지 매각대금의 분배에 관한 종중총회의 결의가 무효인 경우, 새로운 종중총회의 결의 없이 종원이 곧바로 종중을 상대로 분배금의 지급을 구할 수 있는지 여부(소극)
> 총유물인 종중 토지 매각대금의 분배는 정관 기타 규약에 달리 정함이 없는 한 종중총회의 결의에 의하여만 처분할 수 있고 이러한 분배결의가 없으면 종원이 종중에 대하여 직접 분배청구를 할 수 없다. 따라서 종중 토지 매각대금의 분배에 관한 종중총회의 결의가 무효인 경우, 종원은 그 결의의 무효확인 등을 소구하여 승소판결을 받은 후 새로운 종중총회에서 공정한 내용으로 다시 결의하도록 함으로써 그 권리를 구제받을 수 있을 뿐이고 새로운 종중총회의 결의도 거치지 아니한 채 종전 총회결의가 무효라는 사정만으로 곧바로 종중을 상대로 하여 스스로 공정하다고 주장하는 분배금의 지급을 구할 수는 없다(대판 2010.9.9. 2007다42310,42327).

101

공동선조의 후손 중 일부에 의하여 인위적인 조직행위를 거쳐 성립된 경우에는 사적 임의단체라는 점에서 자연발생적인 종족집단인 고유한 의미의 종중과 그 성질을 달리하므로, 그러한 경우에는 사적 자치의 원칙 내지 결사의 자유에 따라 그 구성원의 자격이나 가입조건을 자유롭게 정할 수 있음이 원칙이다. 따라서 그러한 종중 유사단체의 회칙이나 규약에서 공동선조의 후손 중 남성만으로 그 구성원을 한정하고 있다 하더라도 특별한 사정이 없는 한 이는 사적 자치의 원칙 내지 결사의 자유의 보장범위에 포함되고, 위 사정만으로 그 회칙이나 규약이 양성평등 원칙을 정한 헌법 제11조 및 민법 제103조를 위반하여 무효라고 볼 수는 없다. O | X

> 해설 대판 2011.2.24. 2009다17783

102

종중의 임원은 종중 재산의 관리·처분에 관한 사무를 처리함에 있어 종중 규약 또는 종중총회의 결의에 따라야 할 의무는 있으나 선량한 관리자로서의 주의를 다하여야 할 의무는 없다. O | X

> **해설** 종중과 위임에 유사한 계약관계에 있는 종중의 임원은 종중재산의 관리·처분에 관한 사무를 처리함에 있어 종중규약 또는 종중총회의 결의에 따라야 함은 물론 선량한 관리자로서의 주의를 다하여야 할 의무가 있다(대판 2017.10.26. 2017다231249).

103

권리능력 없는 사단이 당사자인 소송에서 대표자에게 적법한 대표권이 있는지 여부는 소송요건에 관한 것으로서 법원의 직권조사사항이므로, 법원에게 판단의 기초자료인 사실과 증거를 직권으로 탐지할 의무까지는 없다 하더라도, 이미 제출된 자료에 의하여 대표권의 적법성에 의심이 갈 만한 사정이 엿보인다면 법원은 그에 관하여 심리·조사할 의무가 있다.　　　　　　　　　　　　　　　　　　　　　　O | X

> **해설** 권리능력 없는 사단의 당사자 소송에서 대표자의 대표권은 소송대리인에 대한 자격에 관한 것으로서 소송요건에 관한 것이므로 직권조사사항이다. 判例에 의하면 직권조사사항은 직권조사방식(당사자의 사실의 주장 및 증거제출 책임은 요구하므로 직권탐지의무는 배제되고, 자백의 구속력도 인정되지 않는 방식)에 의하므로 직권탐지의무까지는 없더라도 현출된 자료에서 의심되는 사정이 있으면 심리·조사할 의무는 인정된다.
> 종중이 당사자인 사건에 있어서 그 종중의 대표자에게 적법한 대표권이 있는지 여부는 소송요건에 관한 것으로서 법원의 직권조사사항이므로, 법원으로서는 그 판단의 기초자료인 사실과 증거를 직권으로 탐지할 의무까지는 없다 하더라도, 이미 제출된 자료들에 의하여 그 대표권의 적법성에 의심이 갈만한 사정이 엿보인다면 상대방이 이를 구체적으로 지적하여 다투지 않더라도 이에 관하여 심리, 조사할 의무가 있다(대판 1991.10.11. 91다21039).

104

법인 아닌 사단의 구성원들의 집단적 탈퇴로써 사단이 2개로 분열되고 분열되기 전 사단의 재산이 분열된 각 사단들의 구성원들에게 각각 총유적으로 귀속되는 결과를 초래하는 형태의 법인 아닌 사단의 분열은 허용되지 않는다.　　　　　　　　　　　　　　　　　　　　　　　　　　　　　O | X

> **해설** 종전 判例는 교회의 분열을 인정하였으나, 최근 전원합의체 판결은 "우리 민법이 사단법인에 있어서 **구성원의 탈퇴나 해산은 인정하지만**, 사단법인의 구성원들이 2개의 법인으로 나뉘어 각각 독립한 법인으로 존속하면서 종전 사단법인에게 귀속되었던 재산을 소유하는 방식의 **사단법인의 분열은 인정하지 않기 때문에**" 법인 아닌 사단인 교회의 경우에도 분열을 인정할 수 없다는 입장으로 변경되었다(대판 2006.4.20, 2004다37775 전합).

105

권리능력 없는 사단인 교회의 소속 교인의 일부가 종전의 교회에서 탈퇴하여 별도의 교회를 설립하고 새로운 교단에 들어가는 경우, 사단법인 정관변경에 준하여 의결권을 가진 교인 3분의 2 이상의 찬성에 의한 결의의 요건을 갖추었다면, 종전 교회의 재산은 탈퇴한 교인들의 총유로 귀속된다. ○ | X

> **해설** 교인들의 집단 탈퇴시 교회재산의 귀속관계(대판 2006.4.20. 2004다37775 전합)
> ① **원칙**
> 일부 교인들이 교회를 탈퇴하여 그 교회 교인으로서의 지위를 상실하게 되면 탈퇴가 개별적인 것이든 집단적인 것이든 종전 교회의 총유 재산의 관리처분에 관한 의결에 참가할 수 있는 지위나 그 재산에 대한 사용·수익권을 상실하고, 종전 교회는 잔존 교인들을 구성원으로 하여 실체의 동일성을 유지하면서 존속하며 **종전 교회의 재산은 그 교회에 소속된 잔존 교인들의 총유로 귀속됨이 원칙**이다.
> ② **예외**
> 소속 교단에서의 탈퇴 내지 소속 교단의 변경은 사단법인 정관변경에 준하여 **의결권을 가진 교인 2/3 이상의 찬성에 의한 결의**를 필요로 하고(제42조 제1항 유추적용), 그 결의요건을 갖추어 소속 교단을 탈퇴하거나 다른 교단으로 변경한 경우에 종전 교회의 실체는 교단을 탈퇴한 교회로서 존속하고 **종전 교회 재산은 위 탈퇴한 교회 소속 교인들의 총유로 귀속**된다.

106

비법인사단에 해산사유가 발생하면 곧바로 당사자능력이 소멸하게 되고, 청산사무가 완료될 때까지 청산의 목적범위 내에서 권리·의무의 주체가 된다고 볼 수는 없다. ○ | X

107

법인 아닌 사단의 사원이 존재하지 않게 된 경우에도 그 법인 아닌 사단은 청산사무가 완료될 때까지 청산의 목적범위 내에서 권리의무의 주체가 된다. ○ | X

> **해설** **106 107** 법인 아닌 사단에 대하여는 사단법인에 관한 민법규정 가운데서 법인격을 전제로 하는 것을 제외하고는 이를 유추적용하여야 할 것인바, 사단법인에 있어서는 사원이 없게 된다고 하더라도 이는 해산사유가 될 뿐 막바로 권리능력이 소멸하는 것이 아니므로 **법인 아닌 사단에 있어서도 구성원이 없게 되었다 하여 막바로 그 사단이 소멸하여 소송상의 당사자능력을 상실하였다고 할 수는 없고 청산사무가 완료되어야 비로소 그 당사자능력이 소멸**하는 것이다(대판 1992.10.9. 92다23087).

108

이사가 결원인 경우 임시이사 선임에 관한 민법 제63조는 법인의 조직에 관한 것으로 법인격을 전제로 하는 조항이므로 법인 아닌 사단이나 재단의 경우에는 적용될 수 없다. ○ | X

해설 권리능력 없는 사단은 법인등기를 하지 않았을 뿐 법인의 실질을 갖고 있는 것이다. 따라서 **사단법인에 관한 규정 중에서 법인격을 전제로 하는 것(법인등기)을 제외하고는 법인격 없는 사단에 유추적용해야** 한다. 최근 전원합의체 판결은 "**제63조** '이사가 없거나 결원이 있는 경우에 이로 인하여 손해가 생길 염려 있는 때에는 법원은 이해관계인이나 검사의 청구에 의하여 임시이사를 선임하여야 한다'는 법인의 조직과 활동에 관한 것으로서 법인격을 전제로 하는 조항은 아니므로, 법인 아닌 사단에도 유추적용될 수 있다."(대결 2009.11.19. 2008마699 전합)라고 판시하였다.

109
19서기보, 21법무사

비법인사단이 타인 간의 금전채무를 보증하는 행위는 총유물 그 자체의 관리·처분이 따르지 아니하는 단순한 채무부담행위에 불과하여 이를 총유물의 관리·처분행위라고 볼 수 없다. O | X

해설 대판 2007.4.19, 2004다60072·60089 전합

110
13서기보

종중이 그 소유 토지의 매매를 중개한 중개업자에게 중개 수수료를 지급하기로 하는 약정을 체결하는 행위는 총유물의 관리·처분행위에 해당한다. O | X

111
13서기보

주택건설촉진법에 의하여 설립된 재건축조합이 재건축사업의 시행을 위하여 설계용역계약을 체결하는 행위는 총유물의 관리 처분행위에 해당한다. O | X

112
13서기보

비법인사단이 총회의 결의에 따라 총유물에 관한 매매계약을 체결한 경우, 비법인사단의 대표자가 그 매매계약에 따라 발생한 채무에 대하여 소멸시효 중단의 효력이 있는 승인을 하는 행위는 총유물의 관리 처분행위에 해당한다. O | X

113
13서기보

종중 소유의 토지에 대한 수용보상금을 분배하는 행위는 총유물의 관리 처분행위에 해당한다. O | X

정답 | **105** O **106** X **107** O **108** X **109** O **110** X **111** X **112** X **113** O

해설 권리능력 없는 사단의 재산소유는 총유로 하며(제275조 제1항), 총유물의 관리 및 처분은 정관 기타 규약에 정한 바가 없으면 사원총회의 결의에 의한다(제275조 제2항, 제276조 제1항).

총유물의 관리 및 처분이라 함은 총유물 그 자체에 관한 이용·개량행위나 법률적·사실적 처분행위를 의미하는 것이므로, **단순한 채무부담행위는 총유물의 관리·처분행위라고 볼 수 없다**(대판 2007.4.19, 전합2004다60072·60089 전합).

110 종중이 그 소유의 이 사건 토지의 매매를 중개한 중개업자에게 중개수수료를 지급하기로 하는 약정을 체결하는 것은 총유물 그 자체의 관리·처분이 따르지 아니하는 단순한 채무부담행위에 불과하여 이를 총유물의 관리·처분행위라고 할 수 없다(대판 2012.4.12. 2011다107900).

111 총유물의 관리 및 처분행위라 함은 총유물 그 자체에 관한 법률적·사실적 처분행위와 이용, 개량행위를 말하는 것으로서 재건축조합이 재건축사업의 시행을 위하여 **설계용역계약을 체결하는 것은 단순한 채무부담행위에 불과**하여 총유물 그 자체에 대한 관리 및 처분행위라고 볼 수 없다(대판 2003.7.22. 2002다64780).

112 비법인사단이 총유물에 관한 매매계약을 체결하는 행위는 총유물 그 자체의 처분이 따르는 채무부담행위로서 총유물의 처분행위에 해당하나, 그 매매계약에 의하여 부담하고 있는 채무의 존재를 인식하고 있다는 뜻을 표시하는 데 불과한 **소멸시효 중단사유로서의 승인은 총유물 그 자체의 관리·처분이 따르는 행위가 아니어서 총유물의 관리·처분행위라고 볼 수 없다**(대판 2009.11.26. 2009다64383).

113 비법인사단인 종중의 토지에 대한 수용보상금은 종원의 총유에 속하고, 위 수용보상금의 분배는 총유물의 처분에 해당하므로 정관 기타 규약에 달리 정함이 없는 한 종중총회의 분배결의가 없으면 종원이 종중에 대하여 직접 분배청구를 할 수 없으나, 종중 토지에 대한 수용보상금을 종원에게 분배하기로 결의하였다면, 그 분배대상자라고 주장하는 종원은 종중에 대하여 직접 분배금의 청구를 할 수 있다(대판 1994.4.26. 93다32446).

114

21법원행시

비법인 사단의 사원이 총유자의 한 사람으로서 총유물인 임야에 분묘를 설치하는 행위는 단순한 사용수익에 불과한 것이므로 사원총회의 결의를 거칠 필요가 없다. O | X

해설 종중원은 총유자의 한 사람으로서 그 총유물인 종산을 사용수익할 수 있다 하여도 그 **종산에 대한 분묘설치행위**는 단순한 사용수익에 불과한 것이 아니고 관습에 의한 지상권 유사의 물권을 취득하게 되는 처분행위에 해당된다 할 것이므로 총유체인 종중의 결의가 필요하다(대판 1967.7.18. 66다1600).

115

16서기보

교회의 대표자는 교회 재산의 처분에 관하여 교인총회의 결의를 거치지 아니하고는 이를 대표하여 행할 권한이 없으므로, 이러한 교회의 대표자가 권한 없이 행한 교회 재산의 처분행위에 대하여는 민법 제126조의 표현대리에 관한 규정이 준용되지 아니한다. O | X

해설 비법인사단인 교회의 대표자는 총유물인 교회 재산의 처분에 관하여 교인총회의 결의를 거치지 아니하고는 이를 대표하여 행할 권한이 없다. 그리고 교회의 대표자가 권한 없이 행한 교회 재산의 처분행위에 대하여는 민법 제126조의 표현대리에 관한 규정이 준용되지 아니한다(대판 2009.2.12. 2006다23312).

쟁점정리 권리능력 없는 사단의 재산소유는 총유로 하며(제275조 제1항), 총유물의 관리 및 처분은 정관 기타 규약에 정한 바가 없으면 사원총회의 결의에 의한다(제275조 제2항, 제276조 제1항). 관련하여 判例에 따르면 사원총회결의를 거치지 않은 총유물의 관리 및 처분행위는 '**무효**'이고(대판 2001.5.29. 2000다10246), 이는 처분권한 없이 처분한 경우에 해당하므로 **표현대리가 적용될 여지도 없다**고 한다(대판 2009.2.12. 2006다23312 등).

116

총유재산의 보존행위로서 소를 제기하는 경우, 법인 아닌 사단의 구성원 중 1인에 불과한 甲은 설령 그가 사단의 대표자이거나 사원총회의 결의를 거쳤더라도 그 소송의 당사자가 될 수 없다. ○ | ×

> **해설** 총유의 경우에는 공유나 합유의 경우처럼 보존행위는 구성원 각자가 할 수 있다(제265조 단서, 제272조)는 규정이 없으므로 보존행위를 함에도 제276조 제1항에 따른 사원총회의 결의를 거치거나 정관이 정하는 바에 따른 절차(제275조 제2항 참조)를 거쳐야 한다(대판 2014.2.13. 2012다112299).
> 특히 총유재산에 관한 소송행위와 관련(당사자적격의 문제)하여 최근 判例는 "총유재산에 관한 소송은 법인 아닌 사단이 그 명의로 사원총회의 결의를 거쳐 하거나(민사소송법 제52조 참조) 또는 그 구성원 전원이 당사자가 되어 필수적 공동소송의 형태로 할 수 있을 뿐 총회의 결의를 거치더라도 (설령 대표자라도) 구성원 개인이 할 수는 없다."(대판 2005.9.15, 전합2004다44971)라고 판시하고 있다. 그럼에도 불구하고 비법인사단의 대표자 개인이 총유재산의 보존행위로서 소를 제기한 때에는 법원은 당사자적격 흠결을 이유로 부적법 각하하여야 한다.

117

甲 종중(이하 '甲'이라 함)은 비법인사단이고 그 대표자는 丙 이다. 甲의 대표자 丙은 乙과 종중회관 신축에 관한 도급계약을 체결하였다. 이에 관한 설명 중 옳지 않은 것은?

① 甲은 자기 명의로 신축건물의 소유권보존등기를 마칠 수 있다.

② 甲으로부터 도급계약상의 보수(報酬)를 받지 못한 乙은 甲에 대한 집행권원을 얻어 甲의 재산에 대해 강제집행을 할 수 있다.

③ 丙이 甲의 직무를 행하면서 타인에게 손해를 가하였더라도 甲은 권리의무의 주체가 아니므로 불법행위로 인한 손해배상책임을 부담하지 않는다.

④ 甲의 정관에서 대표자가 건물신축에 관한 도급계약을 체결할 때에는 임원회의 결의를 거치도록 하였으나, 丙이 임원회의 결의를 거치지 않았다 하더라도 乙이 그 사실을 알았거나 알 수 있었을 경우가 아니라면 위 계약은 유효하다.

① [○] **비법인사단의 등기능력**

종중(宗中), 문중(門中), 그 밖에 대표자나 관리인이 있는 법인 아닌 사단(社團)이나 재단(財團)에 속하는 부동산의 등기에 관하여는 그 사단이나 재단을 등기권리자 또는 등기의무자로 한다(부동산등기법 제26조 제1항).

② [○] **비법인사단의 소송능력**

법인이 아닌 사단으로서 대표자 또는 관리인이 있는 경우에는 민사소송에 있어서 당사자능력이 있다(민사소송법 제52조).

③ [×] **대표기관의 불법행위로 인한 비법인사단의 배상책임**

주택조합과 같은 **비법인사단의 대표자가 직무에 관하여 타인에게 손해를 가한 경우 그 사단은 민법 제35조 제1항의 유추적용에 의하여 그 손해를 배상할 책임이 있으며**, 비법인사단의 대표자의 행위가 대표자 개인의 사리를 도모하기 위한 것이었거나 혹은 법령의 규정에 위배된 것이었다 하더라도 외관상, 객관적으로 직무에 관한 행위라고 인정할 수 있는 것이라면 민법 제35조 제1항의 직무에 관한 행위에 해당한다(대판 2003.7.25. 2002다27088).

④ [○] **비법인사단에서 정관에 의한 이사의 대표권 제한의 문제(제60조 vs 제126조)**

判例는 이사의 대표권 제한에 관한 제41조는 권리능력 없는 사단에 유추적용될 수 있으나, 제60조는 성질상 권리능력 없는 사단에 적용될 수 없다고 판시하고 있는바(대판 2003.7.23. 2002다64780), 최근에 判例는 이에 더하여서 **"임원회의의 결의 등을 거치도록 한 규약은 대표권을 제한하는 규정에 해당하는 것이므로, 거래 상대방이 그와 같은 대표권 제한 및 그 위반 사실을 알았거나 과실로 인하여 이를 알지 못한 때에는 그 거래행위가 무효로 된다고 봄이 상당**하며, 이 경우 그 거래 상대방이 대표권 제한 및 그 위반 사실을 알았거나 알지 못한 데에 과실이 있다는 사정은 **그 거래의 무효를 주장하는 측이 이를 주장·입증하여야 한다."**(대판 2007.4.19. 2004다60072·60089 전합)라고 판시하고 있다(반면 반대의견은 위 규약을 제275조 제2항 소정의 '정관 기타 계약'이라고 전제하였다).

118

법인 아닌 사단의 채권자가 채권자대위권에 기하여 법인 아닌 사단의 총유재산에 대한 권리를 대위행사하는 경우, 사원총회의 결의 등 법인 아닌 사단의 내부적 의사결정 절차를 거쳐야 한다. ○ | X

비법인사단이 총유재산에 관한 소를 제기할 때에는 정관에 다른 정함이 있는 등의 특별한 사정이 없는 한 사원총회의 결의를 거쳐야 하지만(대법원 2011.7.28. 선고 2010다97044 판결 등 참조), 이는 비법인사단의 대표자가 비법인사단 명의로 총유재산에 관한 소를 제기하는 경우에 비법인사단의 의사결정과 특별수권을 위하여 필요한 내부적인 절차이다. 채권자대위권은 채무자가 스스로 자기의 권리를 행사하지 아니하는 때에 채권자가 채무자에 대한 채권을 보전하기 위하여 채무자의 의사와는 상관없이 채무자의 권리를 대위하여 행사할 수 있는 권리로서 그 권리행사에 채무자의 동의를 필요로 하는 것은 아니므로, **비법인사단이 총유재산에 관한 권리를 행사하지 아니하고 있어 비법인사단의 채권자가 채권자대위권에 기하여 비법인사단의 총유재산에 관한 권리를 대위행사하는 경우에는 사원총회의 결의 등 비법인사단의 내부적인 의사결정절차를 거칠 필요가 없다**(대판 2014.9.25. 2014다211336).

제4장 | 권리 변동

제1절 법률행위 총설

01 출제예상

법률행위의 해석은 당사자가 그 표시행위에 부여한 객관적인 의미를 명백하게 확정하는 것으로서, 당사자의 내심의 의사가 어떤지에 관계없이 그 문언의 내용에 의하여 당사자가 그 표시행위에 부여한 객관적 의미를 합리적으로 해석하여야 하는 것이다. ○ | ×

02 출제예상

부동산의 매매계약에 있어 쌍방당사자가 모두 토지 X를 계약의 목적물로 삼았으나 그 목적물의 지번에 관하여 착오를 일으켜 계약서상 그 목적물을 X와는 별개인 토지 Y로 표시하였다 하여도 X를 매매의 목적물로 한다는 쌍방당사자의 의사합치가 있은 이상 위 매매계약은 X에 관하여 성립한 것으로 보아야 한다. ○ | ×

해설 **01** 법률행위의 해석은 당사자의 내심의 의사가 어떤지에 관계없이 그 문언의 내용에 의하여 당사자가 그 표시행위에 부여한 객관적 의미를 합리적으로 해석하여야 하는 것이다(대판 2001.3.23. 2000다40858).

비교판례 계약의 해석에 있어서는 형식적인 문구에만 얽매여서는 아니되고 쌍방 당사자의 진정한 의사가 무엇인가를 탐구하여야 하는 것이므로, 계약서에 그 목적물을 X토지가 아닌 Y토지로 표시하였다 하여도, 위 X토지에 관하여 이를 매매의 목적물로 한다는 쌍방 당사자의 의사합치가 있는 이상, 위 매매계약은 X토지에 관하여 '성립'한 것으로 보아야 한다(대판 1993.10.26. 93다2629, 아래 02 지문).

02 부동산의 매매계약에 있어 쌍방당사자가 모두 특정의 X토지를 계약의 목적물로 삼았으나 그 목적물의 지번 등에 관하여 착오를 일으켜 계약을 체결함에 있어서는 계약서상 그 목적물을 X토지와는 별개인 Y토지로 표시하였다 하여도 X토지에 관하여 이를 매매의 목적물로 한다는 **쌍방당사자의 의사합치가 있은** 이상 위 매매계약은 X토지에 관하여 **성립**한 것으로 보아야 할 것이고 Y토지에 관하여 매매계약이 체결된 것으로 보아서는 안 될 것이며, 만일 Y토지에 관하여 위 매매계약을 원인으로 하여 매수인 명의로 소유권이전등기가 경료되었다면 이는 원인이 없이 경료된 것으로서 무효이다(대판 1993.10.26. 93다2629).

03

법률행위의 해석은 당사자가 그 표시행위에 부여한 객관적인 의미를 명백하게 확정하는 것으로서, 서면에 사용된 문구에 구애받을 것은 아니지만 어디까지나 당사자의 내심적 의사의 여하에 관계없이 그 서면의 기재 내용에 의하여 당사자가 그 표시행위에 부여한 객관적 의미를 합리적으로 해석하여야 하는 것이고, 당사자가 표시한 문언에 의하여 그 객관적인 의미가 명확하게 드러나지 않는 경우에는 그 문언의 내용과 그 법률행위가 이루어진 동기 및 경위, 당사자가 그 법률행위에 의하여 달성하려는 목적과 진정한 의사, 거래의 관행 등을 종합적으로 고려하여 사회정의와 형평의 이념에 맞도록 논리와 경험의 법칙, 그리고 사회일반의 상식과 거래의 통념에 따라 합리적으로 해석하여야 한다. ○ | X

> 해설 대판 1994.3.25. 93다32668

04

매매계약서에 계약사항에 대한 이의가 생겼을 때에는 매도인의 해석에 따른다는 조항은 법원의 법률행위 해석권을 구속하는 조항이라고 볼 수 없다. ○ | X

> 해설 대판 1974.9.24. 74다1057

05

매매계약을 체결함에 있어 쌍방 당사자가 A토지를 계약의 목적물로 삼았으나 그 토지의 지번을 착오하여 계약서에는 B토지로 표시하고 B토지에 관하여 소유권이전등기까지 마친 경우 매매계약은 A토지에 관하여 성립한 것으로 보아야 하고 B토지에 대한 등기는 원인무효의 등기로서 말소되어야 한다. ○ | X

> 해설 부동산의 매매계약에 있어 쌍방당사자가 모두 특정의 A 토지를 계약의 목적물로 삼았으나 그 목적물의 지번 등에 관하여 착오를 일으켜 계약을 체결함에 있어서는 계약서상 그 목적물을 A 토지와는 별개인 B 토지로 표시하였다 하여도 A 토지에 관하여 이를 매매의 목적물로 한다는 쌍방당사자의 의사합치가 있는 이상 위 매매계약은 A 토지에 관하여 성립한 것으로 보아야 할 것이고 B 토지에 관하여 매매계약이 체결된 것으로 보아서는 안 될 것이며, 만일 B 토지에 관하여 위 매매계약을 원인으로 하여 매수인 명의로 소유권이전등기가 경료되었다면 이는 원인이 없이 경료된 것으로서 무효이다 (대판 1993.10.26. 93다2629,2636).

06

당사자들이 공통적으로 의사표시를 명확하게 인식하고 있다면, 그것이 당사자가 표시한 문언과 다르더라도 당사자들의 공통적인 인식에 따라 의사표시를 해석하여야 한다. 그러나 의사표시를 한 사람이 생각한 의미가 상대방이 생각한 의미와 다른 경우에는 의사표시를 수령한 상대방이 합리적인 사람이라면 표시된 내용을 어떻게 이해하였다고 볼 수 있는지를 고려하여 의사표시를 객관적·규범적으로 해석하여야 한다.

O | X

> **해설** 대판 2017.2.15. 2014다19776

07

계약을 체결하는 행위자가 타인의 이름으로 법률행위를 한 경우에 행위자 또는 명의인 가운데 누구를 계약의 당사자로 볼 것인가에 관하여, 행위자와 상대방의 의사가 일치하지 않으면 그 계약 체결 전후의 구체적인 제반 사정을 토대로 행위자가 누구를 계약당사자로 이해할 것인가에 의하여 당사자를 결정하여야 한다.

O | X

> **해설** **타인의 이름을 임의로 사용하여 계약을 체결한 경우**에는 누가 그 계약의 당사자인가를 먼저 확정하여야 할 것으로서, 행위자 또는 명의인 가운데 누구를 당사자로 할 것인지에 관하여 행위자와 상대방의 의사가 일치한 경우에는 그 일치하는 의사대로 행위자의 행위 또는 명의자의 행위로서 확정하여야 할 것이지만(자연적 해석: 주), 그러한 일치하는 의사를 확정할 수 없을 경우에는 계약의 성질, 내용, 체결 경위 및 계약체결을 전후한 구체적인 제반 사정을 토대로 **'상대방'이 합리적인 인간이라면 행위자와 명의자 중 누구를 계약 당사자로 이해할 것인가에 의하여 당사자를 결정**하고(규범적 해석: 주), 이에 터잡아 계약의 성립 여부와 효력을 판단함이 상당하다(대판 1995.9.29. 94다4912).

08

여러 개의 계약서에 따른 법률관계 등이 명확히 정해져 있지 않다면 각각의 계약서에 정해져 있는 내용 중 서로 양립할 수 없는 부분에 관해서는 원칙적으로 나중에 작성된 계약서에서 정한 대로 계약 내용이 변경되었다고 해석하는 것이 합리적이다.

O | X

> **해설** 하나의 법률관계를 둘러싸고 각기 다른 내용을 정한 여러 개의 계약서가 순차로 작성되어 있는 경우 당사자가 그러한 계약서에 따른 법률관계나 우열관계를 명확하게 정하고 있다면 그와 같은 내용대로 효력이 발생한다. 그러나 여러 개의 계약서에 따른 법률관계 등이 명확히 정해져 있지 않다면 각각의 계약서에 정해져 있는 내용 중 서로 양립할 수 없는 부분에 관해서는 원칙적으로 나중에 작성된 계약서에서 정한 대로 계약 내용이 변경되었다고 해석하는 것이 합리적이다(대판 2020.12.30. 2017다17603).

정답 | **03** O **04** O **05** O **06** O **07** X **08** O

금융실명제 아래에서는 원칙적으로 예금명의자를 예금계약상의 채권자로 보아야 하지만, 특별한 사정으로 예금의 출연자와 금융기관 사이에 예금명의인이 아닌 출연자에게 예금반환채권을 귀속시키기로 하는 묵시적 약정이 있는 경우에는 그 출연자를 예금주로 하는 금융거래계약이 성립한다. ○ | ×

해설 타인명의 예금계약과 예금주의 결정

예금계약의 당사자가 누가 되는지는 법률행위의 해석의 문제이다.

금융실명거래 및 비밀보장에 관한 법률 제3조 제1항 금융기관은 거래자의 실지명의에 의하여 금융거래를 하여야 한다.

① **원칙**

금융기관으로서는 특별한 사정이 없는 한 주민등록증을 통하여 실명확인을 한 예금명의자를 거래자로 보아 그와 예금계약을 체결할 의도라고 보아야 한다고 해석하여 **명의자**를 예금계약의 당사자로 본다(대판 1996.4.23. 95다55986). 그리고 예금명의자 본인이 금융기관에 출석하여 예금계약을 체결한 경우뿐 아니라 예금명의자의 위임에 의하여 자금 출연자 등의 제3자가 대리인으로서 예금계약을 체결한 경우에도 마찬가지로 예금명의자가 예금계약의 당사자로 된다고 한다(대판 2009.3.19. 2008다45828 전합).

② **예외**

다만 출연자와 금융기관 사이에 예금명의인이 아닌 출연자에게 예금반환채권을 귀속시키기로 하는 특약이 있는 경우에는 출연자를 예금계약의 당사자로 본다. ㉠ 그러한 특약에 대해 종전 判例는 명시적 약정 외에 묵시적 약정으로도 가능하다고 보았으나(대판 1998.11.13. 97다53359), ㉡ 근래에는 이를 변경하여 예금명의자가 아닌 출연자 등을 예금계약의 당사자라고 볼 수 있으려면 예금명의자의 예금반환청구권을 배제하고 출연자 등과 예금계약을 체결하여 출연자 등에게 예금반환청구권을 귀속시키겠다는 **명확한 의사의 합치가 있는 극히 예외적인 경우로 제한되어야 한다**고 하며, 이러한 법리는 부부인 경우라도 마찬가지라고 하면서 甲이 실질적으로 자신이 마련한 금전을 배우자인 乙을 대리하여 금융기관과 乙의 실명확인 절차를 거쳐 乙명의로 A은행과 예금계약을 체결한 경우 실질적인 출연자가 甲이고 거래인감도 甲의 것이며 비밀번호의 등록·관리를 甲이 하였다는 등의 사정이 있더라도 그것만으로 예금명의자 乙이 아닌 출연자 甲을 예금계약의 당사자로 하기로 하는 A은행과 甲 간의 약정이 체결되었다고 볼 수는 없다고 판단하였다(대판 2009.3.19. 2008다45828 전합).

➡ 금융실명제하에서 예금계약의 당사자확정에 관해 예외적으로 출연자 등을 예금계약의 당사자로 해석하는 범위를 넓히는 것은 동법의 취지에 어긋나는 것이라는 점에서, 극히 예외적인 경우로 제한 해석하는 변경된 判例의 태도는 타당하다.

정답 | **09** ×

제2절 | 법률행위의 목적

01

구 담배사업법 소정의 등록도매업자 또는 지정소매인이 아닌 자가 담배사재기를 위하여 한국담배인삼공사로부터 담배를 구입키로 하고 지급한 담배구입대금은 불법원인급여에 해당하여 그 반환을 청구할 수 없다. ○ | ✕

> 해설 한국담배인삼공사가 제조한 담배는 소정의 도매업자 또는 소매인에게만 판매하도록 규정한 구 담배사업법 제12조 제1항에 위반한 행위의 효력(= 무효)
>
> 구 담배사업법(1999. 12. 31. 법률 제6078호로 개정되기 전의 것) 제12조 제1항은, 그 입법 취지에 비추어 볼 때 위 제12조 제1항은 **강행규정**으로 보아야 할 것이고 이에 위반한 행위는 그 효력이 없다고 보아야 할 것이다.
>
> 구 담배사업법 소정의 등록도매업자 또는 지정소매인이 아닌 자가 담배사재기를 위하여 한국담배인삼공사로부터 담배를 구입키로 하고 지급한 담배구입대금이 불법원인급여에 해당하는지 여부(소극)
>
> 부당이득의 반환청구가 금지되는 사유로 **민법 제746조가 규정하는 불법원인**이라 함은 그 원인되는 행위가 선량한 풍속 기타 사회질서에 위반하는 경우를 말하는 것으로서 **법률의 금지에 위반하는 경우라 할지라도 그것이 선량한 풍속 기타 사회질서에 위반하지 않는 경우에는 이에 해당하지 않는다**고 할 것인바, 담배사업법은 그 자체에 반윤리적 요소가 있는 것은 아니고, 또한 담배 사재기가 물가안정에관한법률에 의하여 금지되고 **그 위반행위**는 처벌되는 것이라고 하여도 이는 국민경제의 정책적 차원에서 일정한 제한을 가하고 위반행위를 처벌하는 것에 불과하므로, 이에 위반하는 행위가 무효라고 하더라도 **이것을 선량한 풍속 기타 사회질서에 반하는 행위라고는 할 수 없다**(대판 2001.5.29. 2001다1782).

02

변호사가 아닌 자가 법률사무의 취급에 관여하는 것을 금지하는 변호사법 제109조 제1호와 법무사 아닌 자가 법무사의 사무를 업으로 하는 것 등을 금지하는 법무사법 제3조 제1항 및 제74조 제1항 제1호는 모두 강행법규이고, 이를 위반하는 내용을 목적으로 하는 계약은 그 자체가 반사회적 성질을 띠게 되어 사법적 효력도 부정된다. ○ | ✕

> 해설 대판 2018.8.1. 2016다242716,242723

03

중개사무소 개설등록에 관한 구 부동산중개업법 관련 규정들은 공인중개사 자격이 없는 자가 중개사무소 개설등록을 하지 아니한 채 부동산중개업을 하면서 체결한 중개수수료 지급약정의 효력을 제한하는 이른바 강행법규에 해당한다. ○ | ✕

> 해설 대판 2010.12.23. 2008다75119

04

공인중개사 자격이 없는 자가 우연한 기회에 단 1회 타인 간의 거래행위를 중개한 경우 등과 같이 '중개를 업으로 한' 것이 아니라면 그에 따른 중개수수료 지급약정은 유효하다. ○ | X

> **해설** 공인중개사 자격이 없는 자가 우연한 기회에 단 1회 타인 간의 거래행위를 중개한 경우 등과 같이 '중개를 업으로 한' 것이 아니라면 그에 따른 중개수수료 지급약정이 강행법규에 위배되어 무효라고 할 것은 아니고, 다만 중개수수료 약정이 부당하게 과다하여 민법상 신의성실 원칙이나 형평 원칙에 반한다고 볼만한 사정이 있는 경우에는 상당하다고 인정되는 범위 내로 감액된 보수액만을 청구할 수 있다(대판 2012.6.14. 2010다86525).

05

개인공인중개사 등이 중개의뢰인과 직접 거래를 하는 행위를 금지하는 공인중개사법 제33조 제6호는 단속규정이 아니라 강행법규이다. ○ | X

> **해설** 개업공인중개사 등이 중개의뢰인과 직접 거래를 하는 행위를 금지하는 공인중개사법 제33조 제6호의 규정 취지는 개업공인중개사 등이 거래상 알게 된 정보를 자신의 이익을 꾀하는데 이용하여 중개의뢰인의 이익을 해하는 경우가 있으므로 이를 방지하여 중개의뢰인을 보호하고자 함에 있는바, 위 규정에 위반하여 한 거래행위가 사법상의 효력까지도 부인하지 않으면 안 될 정도로 현저히 반사회성, 반도덕성을 지닌 것이라고 할 수 없을 뿐만 아니라 행위의 사법상의 효력을 부인하여야만 비로소 입법 목적을 달성할 수 있다고 볼 수 없고, 위 규정을 효력규정으로 보아 이에 위반한 거래행위를 일률적으로 무효라고 할 경우 중개의뢰인이 직접 거래임을 알면서도 자신의 이익을 위해 한 거래도 단지 직접 거래라는 이유로 효력이 부인되어 거래의 안전을 해칠 우려가 있으므로, 위 규정은 강행규정이 아니라 **단속규정**이다(대판 2017.2.3. 2016다259677).

06

최종 퇴직시 발생하는 퇴직금청구권을 미리 포기하기로 하는 것은 강행법규인 근로기준법, 근로자퇴직급여 보장법에 위반되어 무효이고, 근로자가 퇴직하여 더 이상 근로관계에 있지 않은 상황에서 퇴직금청구권을 포기하기로 하는 약정도 강행규정 위반으로 무효이다. ○ | X

> **해설** 퇴직금청구권을 미리 포기하기로 하는 약정의 효력(무효) 및 근로자가 퇴직하여 더 이상 근로계약관계에 있지 않은 상황에서 퇴직 시 발생한 퇴직금청구권을 나중에 포기하는 것이 허용되는지 여부(적극)
> 퇴직금은 사용자가 일정 기간을 계속근로하고 퇴직하는 근로자에게 계속근로에 대한 대가로서 지급하는 후불적 임금의 성질을 띤 금원으로서 구체적인 퇴직금청구권은 근로관계가 끝나는 퇴직이라는 사실을 요건으로 발생한다. 최종 퇴직 시 발생하는 퇴직금청구권을 미리 포기하는 것은 강행법규인 근로기준법, 근로자퇴직급여 보장법에 위반되어 무효이다. 그러나 근로자가 퇴직하여 더 이상 근로계약관계에 있지 않은 상황에서 퇴직 시 발생한 퇴직금청구권을 나중에 포기하는 것은 허용되고, 이러한 약정이 강행법규에 위반된다고 볼 수 없다(대판 2018.7.12. 2018다21821,25502).

07

출제예상

강행법규 위반에 따른 손해배상도 청구하는 것이 강행법규의 입법취지를 몰각시키는 결과를 초래할 경우에는 그러한 청구 역시 허용될 수 없다. ○ | X

> **해설** 계약당사자 사이에서 일방이 상대방에 대해 계약의 체결이 관련 법령 등에 위반되지 않는다는 점과 함께 계약의 이행을 진술·보장하였는데도 계약을 이행하지 못하여 상대방에게 손해를 입힌 경우에는 계약상 의무를 이행하지 않은 것에 해당하므로 일종의 채무불이행 책임이 성립한다. 그러나 당사자 사이에 체결된 계약이 **강행법규 위반으로 무효인 경우에 계약 불이행을 이유로 진술·보장 약정에 따른 손해배상채무를 이행하는 것이 강행법규가 금지하는 것과 동일한 결과**를 가져온다면 이는 강행법규를 잠탈하는 결과가 되고, 이러한 경우에는 진술·보장 조항 위반을 이유로 손해배상을 청구할 수 없다고 보아야 한다(대판 2019.6.13. 2016다203551).

08

출제예상

「농지법」에 따른 제한을 회피하고자 「부동산 실권리자명의 등기에 관한 법률」을 위반하여 무효인 명의신탁약정에 따라 명의신탁자가 명의수탁자에게 등기를 넘겨주는 행위는, 사회질서에 반하는 행위여서 「민법」 제746조 본문의 불법원인급여에 해당되어, 명의신탁자가 명의수탁자를 상대로 진정명의 회복을 원인으로 한 소유권이전등기를 구할 수 없다. ○ | X

> **해설** 농지법에 따른 제한을 회피하고자 명의신탁을 한 사안이라고 해서 불법원인급여 규정의 적용 여부를 달리 판단할 이유는 없다. 단순한 행정명령에 불과한 농지법상의 처분명령을 이행하지 않았다고 해서 그 행위가 강행규정에 위반된다고 단정할 수도 없거니와, 그 이유만으로 처분명령 회피의 목적으로 이루어진 급여를 불법원인급여라고 할 수도 없다. 부동산실명법과 농지법의 규율 내용, 제재수단의 정도와 방법 등을 고려하면, 부동산실명법 위반이 농지법 위반보다 위법성이 더 크다고 볼 수밖에 없다. 부동산실명법을 위반한 명의신탁약정에 따라 마친 명의신탁등기를 불법원인급여라고 인정할 수 없음은 위에서 본 바와 같다. 농지법상의 처분명령을 회피하는 방법으로 명의신탁약정을 한 경우처럼 명의신탁약정과 그보다 위법성이 약한 단순한 행정명령 불이행의 행위가 결합되어 있다고 하더라도, 그 이유만으로 불법원인급여 규정의 적용 여부를 달리 판단할 수는 없다(대판 2019.6.20. 2013다218156 전합).

09

13주사보

부동산의 이중매매계약은 원칙적으로 유효하다. ○ | X

> **해설** 부동산 이중매매와 관련하여 통설, 判例는 '자유경쟁의 원칙'상 단지 이중매매라는 것만으로는 정의에 반한다고 보기 어려우나, 제2매수인이 매도인의 '배임행위에 적극가담'한 경우에는 정의관념에 반하므로 제103조 위반으로 무효라고 한다(대판 1994.3.11. 93다55289). 여기서 "'적극가담'이란 목적물이 제1양수인에게 양도된 사실을 제2양수인이 안다는 것만으로 부족하고, 적어도 양도인의 배임행위에 공모 내지 협력하거나 양도사실을 알면서 제2양도행위를 요청하거나 유도하여 계약에 이르게 하는 정도가 되어야 한다(대판 1994.3.11. 93다55289).

정답 | **04** ○ **05** × **06** × **07** ○ **08** × **09** ○

10

매수인이 매도인에게 이중매도할 것을 적극 권유하는 등 그의 배임행위에 적극 가담하여 이루어진 매매 계약은 무효이다. ○ | X

> 해설 위 9번 해설 참조

11

甲은 자신의 소유인 X토지를 乙에게 매도하고 대금 전부를 지급받았다. 이후 甲은 X토지를 다시 丙에게 매도한 후 丙에게 소유권이전등기를 마쳐주었다. 甲이 X토지를 먼저 乙에게 매도하였다는 사실을 丙이 알고 있었다고 하더라도 다른 특별한 사정이 없었다면 X토지의 소유권은 丙에게 있다. 이때 乙은 甲을 상대로 이행불능을 이유로 한 전보배상을 청구하거나 대상청구권을 행사할 수 있다. ○ | X

> 해설 대판 2008.8.28. 2007다77101 참조

12

부동산의 이중매매가 반사회적 법률행위에 해당하는 경우에는 이중매매계약은 절대적으로 무효이므로, 당해 부동산을 제2매수인으로부터 다시 취득한 제3자는 설사 제2매수인이 당해 부동산의 소유권을 유효하게 취득한 것으로 믿었더라도 이중매매계약이 유효하다고 주장할 수 없다. ○ | X

13

매도인의 배임행위에 제2매수인이 적극 가담한 경우에 매도인은 제2매수인을 상대로 부당이득반환청구는 할 수 없으나 소유권에 기한 반환청구는 할 수 있다. ○ | X

14

사회질서에 반하는 법률행위는 절대적으로 무효이고, 선의의 제3자에게 대항할 수 있으며, 그 무효인 법률행위에 따라 이행을 한 경우에는 이행된 급부의 반환을 청구할 수 있다. ○ | X

> 해설 **12 13 14** 사회질서에 위반된 법률행위는 무효이다(제103조). 이에 따른 무효는 '**절대적**'이고 '**확정적**'이어서, ① 당사자의 **추인에 의하여 유효로 될 수 없고**(대판 1973.5.22. 72다2249), ② 그 무효인 당사자로부터 **목적물을 전득한 제3자도 보호받지 못한다**(대판 2008.3.27. 2007다82875). ③ 이러한 법률행위의 무효는 이를 **주장할 이익이 있는 자는 누구든지 무효를 주장할 수 있다**. ④ 사회질서에 위반된 법률행위의 결과 상대방에게 부동산 소유권이전등기를 한 경우 이는 제746조의 불법원인급여에 해당하여 반환청구가 허용되지 않으며, 그 결과 '**반사적 효과**'로서 상대방에게 그 소유권이 귀속된다(대판 1979.11.13. 79다483 전합). ⑤ 그렇다고 하여 **불법원인 급여를 받은 상대방이 제3자에게 소유권에 기한 물권적 청구권을 행사할 수 있는 것은 아니다**(대판 2016.3.24. 2015다11281).

15

12법원행시, 13주사보, 18법무사

매도인의 배임행위에 제2매수인이 적극가담한 경우에 이중매매의 제1매수인은 소유자가 아니므로 자신이 직접 제2매수인에 대해 등기의 말소를 구할 수는 없고, 매도인에 대한 자신의 소유권이전등기를 보전하기 위하여, 매도인을 대위하여 제2매수인에 대해 등기의 말소를 청구할 수 있을 뿐이다. ○ | X

> **해설** 이 사건 부동산에 관한 등기청구권이 원고 주장과 같이 채무자인 원심 공동피고들과 제3자인 피고 문중의 **반사회적 법률행위로 인하여 침해당하였다면 원고로서는** 피고 문중에 대하여는 채무자인 원심 공동피고들을 **대위하여 위 등기의 말소등기절차 이행을 청구할 수는 있으나 직접 말소등기를 청구할 수 없다** 할 것임은 우리나라의 형식주의하의 등기청구권의 성질에서 당연히 도출되는 이론이라 할 것이다(대판 1983.4.26. 83다카57).

16

20법원행시

甲 종중이 종원인 乙에게 부동산을 적법하게 명의신탁하였는데 乙과 丙이 공모하여 부동산을 매매한 사실이 없음에도 丙 명의로 허위의 소유권이전등기를 마친 경우 甲 종중은 명의신탁계약을 해지하지 않고도 乙을 대위하여 丙을 상대로 소유권이전등기의 말소를 구할 수 있다. ○ | X

> **해설** ① 재산을 타인에게 신탁한 경우 대외적인 관계에 있어서는 수탁자만이 소유권자로서 그 재산에 대한 제3자의 침해에 대하여 배제를 구할 수 있으며, 신탁자는 수탁자를 대위하여 수탁자의 권리를 행사할 수 있을 뿐 직접 제3자에게 신탁재산에 대한 침해의 배제를 구할 수 없다(대판 1979.9.25. 77다1079 전합). 따라서 명의신탁자는 불법점유자 내지는 불법등기명의자에 대해 직접 그 명도 또는 등기말소를 청구할 수는 없고, 수탁자를 대위하여 그 권리를 행사할 수 있을 뿐이다. ② 명의수탁자로부터 신탁재산을 매수한 제3자가 명의수탁자의 명의신탁자에 대한 배신행위에 적극 가담한 경우에는 명의수탁자와 제3자 사이의 계약은 반사회적인 법률행위로서 무효라고 할 것이고, 따라서 명의수탁받은 부동산에 관한 명의수탁자와 제3자 사이의 매매계약은 무효로 보아야 할 것이다(대판 1992.6.9. 91다29842). 그리고 부동산의 소유명의를 신탁한 자는 특별한 사정이 없는 한 언제든지 명의신탁을 해지하고 소유권에 기하여 신탁해지를 원인으로 한 소유권이전등기절차의 이행을 청구할 수 있다(대판 1991.11.26. 91다34387).
>
> ➡ 甲종중은 명의신탁 해지에 따른 소유권이전등기청구권을 보전할 필요가 있으므로 명의신탁계약을 해지하지 않더라도 乙을 대위하여 丙을 상대로 소유권이전등기의 말소를 구할 수 있다.

17

12법원행시

이중매매의 매수인이 매도인과 직접 매매계약을 체결하는 대신에 매도인이 채무를 부담하고 있는 것처럼 거짓으로 꾸며 가장채권에 기한 채무명의를 만들고 그에 따른 강제경매절차에서 매수인이 낙찰 받은 경우에, 무효의 집행권원에 기한 집행의 효과도 유효하다는 논리에 의해 위 낙찰은 유효하다. ○ | X

> **해설** 이중매매의 매수인이 매도인과 직접 매매계약을 체결하는 대신에 매도인이 채무를 부담하고 있는 것처럼 거짓으로 꾸며 가장채권에 기한 채무명의를 만들고 그에 따른 강제경매절차에서 매수인이 경락취득하는 방법을 취한 경우, 이는 **이중매매의 매수인이 매도인의 배임행위에 적극 가담하여 이루어진 반사회적 법률행위로서 민법 제103조에 의하여 무효**라 할 것이고 이는 무효의 채무명의에 기한 집행의 효과도 유효하다는 논리와 모순되는 것은 아니다(대판 1985.11.26. 85다카1580).

18

부동산의 이중매매가 반사회적행위로서 무효가 된다는 법리는 이중으로 임대차계약을 체결한 경우에도 적용될 수 있다.　　　　　　　　　　　　　　　　　　　　　　　　　　　　　　　　　ＯＩＸ

> **해설** 이중매매를 사회질서에 반하는 법률행위로서 무효라고 하기 위하여는, 제2매수인이 이중매매 사실을 아는 것만으로는 부족하고, 나아가 매도인의 배임행위)를 유인, 교사하거나 이에 협력하는 등 적극적으로 가담하는 것이 필요하며, 그와 같은 사유가 있는지를 판단할 때에는 이중매매계약에 이른 경위, 약정된 대가 등 계약 내용의 상당성 또는 특수성 및 양도인과 제2매수인의 관계 등을 종합적으로 살펴보아야 한다. 그리고 **이러한 법리는 이중으로 임대차계약을 체결한 경우에도 그대로 적용될 수 있다**(대판 2013.6.27. 2011다5813).

19

반사회질서 법률행위를 원인으로 하여 부동산에 관한 소유권이전등기를 마쳤더라도 그 등기는 원인무효로서 말소될 운명에 있으므로 등기명의자가 소유권에 기한 물권적 청구권을 행사하는 경우에, 상대방은 법률행위의 무효를 항변으로서 주장할 수 있다.　　　　　　　　　　　　　　　　　ＯＩＸ

> **해설** 거래 상대방이 배임행위를 유인·교사하거나 배임행위의 전 과정에 관여하는 등 배임행위에 적극 가담하는 경우에는 실행행위자와 체결한 계약이 반사회적 법률행위에 해당하여 무효로 될 수 있고, 선량한 풍속 기타 사회질서에 위반한 사항을 내용으로 하는 법률행위의 무효는 이를 주장할 이익이 있는 자는 누구든지 무효를 주장할 수 있다. 따라서 **반사회질서 법률행위를 원인으로 하여 부동산에 관한 소유권이전등기를 마쳤더라도 그 등기는 원인무효로서 말소될 운명에 있으므로 등기명의자가 소유권에 기한 물권적 청구권을 행사하는 경우에, 권리 행사의 상대방은 법률행위의 무효를 항변으로서 주장할 수 있다**(대판 2016.3.24. 2015다11281).

20

소송사건에 증인으로 출석하여 증언하는 것과 연계하여 어떤 급부를 하기로 약정한 경우 그 급부의 내용이 전체적으로 통상 용인될 수 있는 수준을 넘는 것이라면, 그 약정은 민법 제103조가 규정한 반사회질서 행위에 해당하여 전부가 무효이다.　　　　　　　　　　　　　　　　　　　　　　　　　ＯＩＸ

> **해설** 판례에 따르면, ⅰ) "타인의 소송에서 사실을 증언하는 증인이 그 증언을 조건으로 그 소송의 일방 당사자 등으로부터 통상적으로 용인될 수 있는 수준을 넘어서는 대가를 제공받기로 하는 약정은 무효"이며(대판 2010.7.29. 2009다56283), ⅱ) "'대가제공의 내용에 기존 채무의 변제를 위한 부분이 포함'되어 있더라도, **전체적으로 통상 용인될 수 있는 수준을 넘는 급부를 하기로 한 것이라면**, 당해 약정은 기존 채무를 제외한 부분만이 아니라 '**전부**'가 제103조 위반으로 무효"이다(대판 2016.10.27. 2016다25140).

21

16주사보

수사기관에서 허위의 진술을 하는 대가로 작성된 각서에 기한 급부의 약정은 반사회질서행위로 무효이다.

O | X

> **해설** 수사기관에서 참고인으로 진술하면서 자신이 잘 알지 못하는 내용에 대하여 허위의 진술을 하는 경우에 그 허위 진술행위가 범죄행위를 구성하지 않는다고 하여도 이러한 행위 자체는 국가사회의 일반적인 도덕관념이나 국가사회의 공공질서이익에 반하는 행위라고 볼 것이니, **그 급부의 상당성 여부를 판단할 필요 없이 허위 진술의 대가로 작성된 각서에 기한 급부의 약정은 민법 제103조 소정의 반사회적질서행위로 무효**이다(대판 2001.4.24. 2000다71999).

22

15/20법무사

행정기관에 진정서를 제출하여 상대방을 궁지에 빠뜨린 다음 이를 취하하는 조건으로 거액의 급부를 제공받기로 한 약정은 무효이다.

O | X

23

출제예상

공사 수급인이 도급한도를 초과하여 공사대금을 지급받은 사실을 알게 된 제3자가 이를 행정기관에 진정하고 진정을 취하하는 조건으로 수급인이 받는 공사대금채권 중 5,000만원을 지급받기로 약정한 경우는 제103조에 위반된다.

O | X

> **해설** **22 23** 대판 2000.2.11. 99다56833

24

20법원행시

양도소득세의 일부를 회피할 목적으로 매매계약서에 실제로 거래한 가액을 매매대금으로 기재하지 아니하고 그보다 낮은 금액을 매매대금으로 기재하였다 하여, 그것만으로 그 매매계약이 사회질서에 반하는 법률행위로서 무효가 된다고 할 수는 없다.

O | X

> **해설** 대판 1992.12.22. 91다35540

25

15법무사, 18주사보

강제집행을 면할 목적으로 부동산에 허위의 근저당권설정등기를 경료하는 행위는 민법 제103조의 선량한 풍속 기타 사회질서에 위반한 사항을 내용으로 하는 법률행위로 볼 수는 없다.

O | X

> **해설** 대판 2004.5.28. 2003다70041

정답 | **18** O **19** O **20** O **21** O **22** O **23** O **24** O **25** O

26

불법원인급여를 규정한 민법 제746조 소정의 "불법의 원인"이라 함은 재산을 급여한 원인이 선량한 풍속 기타 사회질서에 위반하는 경우를 가리키는 것으로서, 강제집행을 면할 목적으로 부동산의 소유자명의를 신탁하는 것이 위와 같은 불법원인급여에 해당한다고 볼 수는 없다. O | X

> 해설 대판 2004.5.28. 2003다70041 참조

27

부첩관계를 해소하기로 하면서 첩에게 그동안의 노력 등을 위자하고 장래의 생활대책을 마련해 준다는 뜻에서 금원을 지급하기로 한 약정은 무효이다. O | X

> 해설 피고가 원고와의 부첩관계를 해소하기로 하는 마당에 그동안 원고가 피고를 위하여 바친 노력과 비용등의 희생을 배상 내지 위자하고 또 원고의 장래 생활대책을 마련해 준다는 뜻에서 금원을 지급하기로 약정한 것이라면 부첩관계를 해소하는 마당에 위와 같은 의미의 금전지급약정은 공서양속에 반하지 않는다고 보는 것이 상당하다(대판 2001.11.9. 2001다44987).

28

형사사건에 관한 변호사의 성공보수약정은 그 체결시기를 불문하고 모두 선량한 풍속 기타 사회질서에 위배되어 무효이다. O | X

29

선량한 풍속 기타 사회질서는 부단히 변천하는 가치관념으로서 어느 법률행위가 이에 위반되어 민법 제103조에 의하여 무효인지는 법률행위가 이루어진 때를 기준으로 판단하여야 하고, 또한 그 법률행위가 유효로 인정될 경우의 부작용, 거래자유의 보장 및 규제의 필요성, 사회적 비난의 정도, 당사자 사이의 이익균형 등 제반 사정을 종합적으로 고려하여 사회통념에 따라 합리적으로 판단하여야 한다. O | X

> 해설 **28 29** 종전 判例는 민사 및 형사사건 모두 성공보수약정은 원칙적으로 유효하고, 다만 약정된 보수액이 부당하게 과다한 경우에는 예외적으로 상당한 범위 내의 보수액만을 청구할 수 있다고 보았는데(대판 2009.7.9. 2009다21249), **'형사사건의 성공보수약정'**에 대해서는 수사·재판의 결과를 금전적인 대가와 결부시킴으로써, 변호사 직무의 공공성을 저해하고, 사법제도에 대한 신뢰를 현저히 떨어뜨릴 위험이 있으므로, 제103조에 의해 무효가 되는 것으로 견해를 바꾸었다. 또한 종래 이루어진 보수약정의 경우에는 보수약정이 성공보수라는 명목으로 되어 있다는 이유만으로 민법 제103조에 의하여 무효라고 단정하기는 어렵다. 그러나 **대법원이 이 판결을 통하여 형사사건에 관한 성공보수약정이 선량한 풍속 기타 사회질서에 위배되는 것으로 평가할 수 있음을 명확히 밝혔음에도 불구하고 향후에도 성공보수약정이 체결된다면 이는 민법 제103조에 의하여 무효로 보아야** 한다(대판 2015.7.23. 2015다200111 전합).

30

민법 제103조에서 정하는 '반사회질서의 법률행위'는 법률행위의 목적인 권리의무의 내용이 선량한 풍속 기타 사회질서에 위반되는 경우뿐만 아니라, 그 내용 자체는 반사회질서적인 것이 아니라고 하여도 법적으로 이를 강제하거나 법률행위에 사회질서의 근간에 반하는 조건 또는 금전적인 대가가 결부됨으로써 그 법률행위가 반사회질서적 성질을 띠게 되는 경우도 포함한다. ○ | ✕

31

표시되거나 상대방에게 알려진 법률행위의 동기가 반사회질서적 이라 해도 동기는 법률행위의 내용은 아니므로 그 법률행위가 민법 제103조에서 정하는 '반사회질서의 법률행위'가 되는 것은 아니다. ○ | ✕

> **해설** **30 31** 제103조에 의하여 무효로 되는 '법률행위'는 ① 법률행위의 내용이 선량한 풍속 기타 사회질서에 위반되는 경우뿐만 아니라, ② 그 내용 자체는 반사회질서적인 것이 아니라고 하여도 ⅰ) 법률적으로 이를 강제하거나(혼인하지 않기로 하고, 위반시 위약금을 지급하기로 하는 약정 등 자유로워야 할 법률행위를 법률적으로 강제하는 것), ⅱ) 법률행위에 반사회질서적인 조건(제151조 참조) 또는 ⅲ) 금전적인 대가가 결부됨으로써 반사회질서적 성질을 띠게 되는 경우 및 ⅳ) 표시되거나 상대방에게 알려진 법률행위의 동기가 반사회질서적인 경우를 포함한다(대판 2001.2.9. 99다38613).

32

단지 법률행위의 성립과정에 강박이라는 불법적 방법이 사용된 데에 불과한 때에는 강박에 의한 의사표시의 하자나 의사의 흠결을 이유로 무효라고 할 수 있을 뿐 반사회질서의 법률행위로서 무효라고 할 수는 없다. ○ | ✕

> **해설** 대판 2002.12.27. 2000다47361

33

금전소비대차계약당사자 사이의 경제력 차이로 인하여 그 이율이 당시의 경제적 사회적 여건에 비추어 사회통념상 허용되는 한도를 초과하여 현저하게 고율로 정하여진 경우 허용될 수 있는 한도를 초과하는 부분의 이자약정은 사회질서에 반하는 법률행위로서 무효이다. ○ | ✕

34

선량한 풍속 기타 사회질서에 위반하여 무효인 부분의 이자 약정을 원인으로 차주가 대주에게 임의로 이자를 지급하는 것은 불법원인급여이므로 차주가 대주에게 임의로 지급한 이자의 반환을 청구할 수 없다. ○ | ✕

정답 | **26** ○ **27** ✕ **28** ✕ **29** ○ **30** ○ **31** ✕ **32** ○ **33** ○ **34** ✕

해설 **33 34** 금전 소비대차계약과 함께 이자의 약정을 하는 경우, 양쪽 당사자 사이의 경제력의 차이로 인하여 그 이율이 당시의 경제적·사회적 여건에 비추어 사회통념상 허용되는 한도를 초과하여 현저하게 고율로 정하여졌다면, **그와 같이 허용할 수 있는 한도를 초과하는 부분의 이자 약정은 대주가 그의 우월한 지위를 이용하여 부당한 이득을 얻고 차주에게는 과도한 반대급부 또는 기타의 부당한 부담을 지우는 것이므로 선량한 풍속 기타 사회질서에 위반한 사항을 내용으로 하는 법률행위로서 무효**이다. …(중략) 대주가 사회통념상 허용되는 한도를 초과하는 이율의 이자를 약정하여 지급받은 것은 그의 우월한 지위를 이용하여 부당한 이득을 얻고 차주에게는 과도한 반대급부 또는 기타의 부당한 부담을 지우는 것으로서 그 불법의 원인이 수익자인 대주에게만 있거나 또는 적어도 **대주의 불법성이 차주의 불법성에 비하여 현저히 크다고 할 것이어서 차주는 그 이자의 반환을 청구할 수 있다**(대판 2007.2.15. 2004다50426 전합).

35
18주사보

당사자의 일방이 상대방에게 공무원의 직무에 관한 사항에 관하여 특별한 청탁을 하게 하고 그에 대한 보수로 돈을 지급할 것을 내용으로 한 계약은 무효이다. ○│✕

36
12법원행시

당사자의 일방이 상대방에게 공무원의 직무에 관한 사항에 관하여 특별한 청탁을 하게 하고 그에 대한 보수로 돈을 지급할 것을 내용으로 한 약정은 사회질서에 반하는 무효의 계약이고, 따라서 민법 제746조에 의하여 그 대가의 반환을 청구할 수 없으며, 그 반환약정에 기하여 약속어음을 발행하였다 하더라도 채권자는 그 이행을 청구할 수 없다. ○│✕

해설 **35 36** 당사자의 일방이 상대방에게 공무원의 직무에 관한 사항에 관하여 특별한 청탁을 하게 하고 그에 대한 보수로 돈을 지급할 것을 내용으로 한 약정은 사회질서에 반하는 **무효**의 계약이고, 따라서 민법 제746조에 의하여 그 대가의 반환을 청구할 수 없으며, 나아가 그 돈을 반환하여 주기로 한 약정도 결국 불법원인급여물의 반환을 구하는 범주에 속하는 것으로서 무효이고, 그 **반환약정에 기하여 약속어음을 발행하였다 하더라도 채권자는 그 이행을 청구할 수 없다**(대판 1995.7.14. 94다51994).

37
12법원행시

농성기간 중의 행위에 대하여 근로자들에게 민·형사상의 책임이나 신분상 불이익처분 등 일체의 책임을 묻지 않기로 노사간에 합의를 한 경우에 그 면책합의가 압력 등에 의하여 궁지에 몰린 회사가 어쩔 수 없이 응한 것이라고 하여도 민법 제103조 소정의 반사회질서행위로 볼 수 없다. ○│✕

해설 농성기간 중의 행위에 대하여 근로자들에게 민·형사상의 책임이나 신분상 불이익처분 등 일체의 책임을 묻지 않기로 노사간에 합의를 한 경우에 그 취지는 위 농성중의 행위와 일체성을 가지는 행위 또는 위 농성중의 행위와 필연적으로 연속되는 행위로서 불가분적 관계에 있는 행위에 대해서도 면책시키기로 한 것이라고 보아야 하므로, 면책합의 이전의 농성 행위 등으로 인하여 면책합의 이후에 처벌을 받고 그로 인하여 결근한 행위가 형식상 회사의 인사규정 등의 징계해고사유에 해당한다고 하더라도 이를 이유로 징계해고한 것은 위 면책합의에 반한다고 할 것이다(대판 1992.7.28. 92다14786).

신용협동조합이 여신규정상 대출이 제한된 유흥주점업주를 상대로 대출을 하면서 그 대출금이 종업원들에 대한 선불금으로 사용되고 대출금의 상환 역시 종업원들이 윤락행위를 통해 얻은 수익으로 상환할 것이 예정된 경우, 신용협동조합의 유흥업소업주에 대한 위 대출약정이 반사회질서의 행위로서 무효일 뿐만 아니라 위 선불금을 실제 사용한 당사자로서 위 대출에 연대보증한 종업원에 대하여도 보증채무의 이행을 구할 수 없다.   O | X

> **해설** 대판 2009.9.10. 2009다37251

도박채무의 변제를 위하여 채무자로부터 부동산의 처분을 위임받은 채권자가 그 부동산을 제3자에게 매도한 경우, 그 제3자가 도박 채권자를 통하여 그 부동산을 매수한 행위는 그 제3자가 계약 당시 위와 같은 사정을 알지 못하였더라도 반사회질서의 법률행위로서 무효이다.   O | X

> **해설** 도박채무의 변제를 위하여 채무자로부터 부동산의 처분을 위임받은 채권자가 그 부동산을 제3자에게 매도한 경우, 도박채무 부담행위 및 그 변제약정이 민법 제103조의 선량한 풍속 기타 사회질서에 위반되어 무효라 하더라도, 그 무효는 변제약정의 이행행위에 해당하는 위 부동산을 제3자에게 처분한 대금으로 도박채무의 변제에 충당한 부분에 한정되고, 위 변제약정의 이행행위에 직접 해당하지 아니하는 부동산 처분에 관한 대리권을 도박 채권자에게 수여한 행위 부분까지 무효라고 볼 수는 없으므로, 위와 같은 사정을 알지 못하는 거래 상대방인 제3자가 도박 채무자부터 그 대리인인 도박 채권자를 통하여 위 부동산을 매수한 행위까지 무효가 된다고 할 수는 없다(대판 1995.7.14. 94다40147).

보험계약자가 타인의 생활상의 부양이나 경제적 지원을 목적으로 보험자와 사이에 타인을 보험수익자로 하는 생명보험이나 상해보험 계약을 체결하였으나, 만약 위 보험계약이 민법 제103조 소정의 선량한 풍속 기타 사회질서에 반하여 무효라면 보험자가 이미 보험수익자에게 급부한 것은 불법원인급여이므로 반환을 구할 수 없다.   O | X

> **해설** ⅰ) 보험계약자가 다수의 보험계약을 통하여 보험금을 부정취득할 목적으로 보험계약을 체결한 경우, 이러한 목적으로 체결된 보험계약에 의하여 보험금을 지급하게 하는 것은 보험계약을 악용하여 부정한 이득을 얻고자 하는 사행심을 조장함으로써 사회적 상당성을 일탈하게 될 뿐만 아니라, 합리적인 위험의 분산이라는 보험제도의 목적을 해치고 위험발생의 우발성을 파괴하며 다수의 선량한 보험가입자들의 희생을 초래하여 보험제도의 근간을 해치게 되므로, 이와 같은 보험계약은 민법 제103조 소정의 선량한 풍속 기타 사회질서에 반하여 무효라고 할 것이다. 한편 보험계약자가 그 보험금을 부정취득할 목적으로 다수의 보험계약을 체결하였는지에 관하여는 이를 직접적으로 인정할 증거가 없더라도, 보험계약자의 직업 및 재산상태, 다수의 보험계약의 체결 경위, 보험계약의 규모, 보험계약 체결 후의 정황 등 제반 사정에 기하여

정답 | **35** O **36** O **37** O **38** O **39** × **40** ×

그와 같은 목적을 추인할 수 있다. ⅱ) 보험계약자가 타인의 생활상의 부양이나 경제적 지원을 목적으로 보험자와 사이에 타인을 보험수익자로 하는 생명보험이나 상해보험 계약을 체결하여 보험수익자가 보험금 청구권을 취득한 경우, 보험자의 보험수익자에 대한 급부는 보험수익자에 대한 보험자 자신의 고유한 채무를 이행한 것이다. 따라서 **보험자는 보험계약이 무효이거나 해제되었다는 것을 이유로 보험수익자를 상대로 하여 그가 이미 보험수익자에게 급부한 것의 반환을 구할 수 있고, 이는 타인을 위한 생명보험이나 상해보험이 제3자를 위한 계약의 성질을 가지고 있다고 하더라도 달리 볼 수 없다**(대판 2018.9.13. 2016다255125).

➡ 불법의 원인은 보험계약자에게만 있고, 보험자와 보험수익자에게는 불법의 원인이 없으므로 제746조가 아니라 제741조가 적용된 사례이다.

41
출제예상

보험계약자가 다수의 보험계약을 통하여 보험금을 부정취득할 목적으로 보험계약을 체결한 경우 보험계약은 민법 제103조의 선량한 풍속 기타 사회질서에 반하여 무효이다. 민법 제103조 위반으로 인한 보험계약의 무효와 고지의무 위반을 이유로 한 보험계약의 해지나 취소는 그 요건이나 효과가 다르지만 각각의 요건을 모두 충족한다면 위와 같은 구제수단이 병존적으로 인정되고, 이 경우 보험자는 보험계약의 무효, 해지 또는 취소를 선택적으로 주장할 수 있다. ○ | X

해설 반사회적 법률행위에 따른 무효와 해지·취소의 경합 여부(적극)
보험계약자가 다수의 보험계약을 통하여 보험금을 부정취득할 목적으로 보험계약을 체결한 경우 보험계약은 민법 제103조의 선량한 풍속 기타 사회질서에 반하여 무효이다. **보험계약을 체결하면서 중요한 사항에 관한 보험계약자의 고지의무 위반이 사기에 해당하는 경우**에는 보험자는 상법의 규정에 의하여 계약을 **해지할 수 있음은 물론** 보험계약에서 정한 취소권 규정이나 민법의 일반원칙에 따라 보험계약을 취소할 수 있다. 따라서 보험금을 부정취득할 목적으로 다수의 보험계약이 체결된 경우에 **민법 제103조 위반으로 인한 보험계약의 무효와 고지의무 위반을 이유로 한 보험계약의 해지나 취소**는 그 요건이나 효과가 다르지만, 개별적인 사안에서 각각의 요건을 모두 충족한다면 위와 같은 구제수단이 **병존적으로 인정**되고, 이 경우 보험자는 보험계약의 무효, 해지 또는 취소를 선택적으로 주장할 수 있다(대판 2017.4.7. 2014다234827).

42
출제예상

업무상 재해로 사망한 근로자의 직계가족 등을 특별채용하기로 하는 단체협약은 선량한 풍속 기타 사회질서에 반하여 무효이다. ○ | X

해설 사용자가 노동조합과의 단체교섭에 따라 업무상 재해로 인한 사망 등 일정한 사유가 발생하는 경우 조합원의 직계가족 등을 채용하기로 하는 내용의 단체협약을 체결하였다면, **그와 같은 단체협약이 사용자의 채용의 자유를 과도하게 제한하는 정도에 이르거나 채용 기회의 공정성을 현저히 해하는 결과를 초래하는 등의 특별한 사정이 없는 한 선량한 풍속 기타 사회질서에 반한다고 단정할 수 없다**(대판 2020.8.27. 2016다248998 전합).

공동상속인(甲과 乙) 중 甲이 丙에게 상속부동산을 매도한 후 소유권이전등기를 경료하기 전에, 그 매매 사실을 알고 있는 乙이 甲을 교사하여 그 부동산을 乙의 소유로 하는 상속재산 협의분할을 하여 그 명의 로 소유권이전등기를 한 경우, 丙은 甲을 대위하여 상속부동산 전부에 대해 소유권이전등기말소를 청구 할 수 있다. ○│×

> **해설** 공동상속인 중 1인이 제3자에게 상속 부동산을 매도한 뒤 그 앞으로 소유권이전등기가 경료되기 전에 그 매도인과 다른 공동상속인들 간에 그 부동산을 매도인 외의 다른 상속인 1인의 소유로 하는 내용의 상속재산 협의분할이 이루어져 그 앞으로 소유권이전등기를 한 경우에, 그 상속재산 협의분할은 상속개시된 때에 소급하여 효력이 발생하고 등기를 경료 하지 아니한 제3자는 민법 제1015조 단서 소정의 소급효가 제한되는 제3자에 해당하지 아니하는바, 이 경우 **상속재산 협의분할로 부동산을 단독으로 상속한 자가 협의분할 이전에 공동상속인 1인이 그 부동산을 제3자에게 매도한 사실을 알면 서도 상속재산 협의분할을 하였을 뿐 아니라, 그 매도인의 배임행위(또는 배신행위)를 유인·교사하거나 이에 협력하는 등 적극적으로 가담한 경우에는 그 상속재산 협의분할 중 그 '매도인의 법정상속분에 관한 부분'은 민법 제103조 소정의 반사 회질서의 법률행위에 해당한다**(대판 1996.4.26. 95다54426,54433).
>
> ➡ 지문에서 상속부동산 전부가 아니라 매도인 甲의 상속분에 한하여 '일부무효'가 된다(제137조 단서).

어떠한 법률행위가 불공정한 법률행위에 해당하는지는 법률행위시를 기준으로 판단하여야 한다. 따라서 계약 체결 당시를 기준으로 전체적인 계약 내용에 따른 권리의무관계를 종합적으로 고려한 결과 불공정 한 것이 아니라면, 사후에 외부적 환경의 급격한 변화에 따라 계약당사자 일방에게 큰 손실이 발생하고 상대방에게는 그에 상응하는 큰 이익이 발생할 수 있는 구조라고 하여 그 계약이 당연히 불공정한 계약에 해당한다고 말할 수 없다. ○│×

> **해설** 불공정성 판단시기
> **어떠한 법률행위가 불공정한 법률행위에 해당하는지는 법률행위시를 기준으로 판단하여야 한다.** 따라서 계약 체결 당시를 기준으로 전체적인 계약 내용에 따른 권리의무관계를 종합적으로 고려한 결과 불공정한 것이 아니라면, 사후에 외부적 환경의 급격한 변화에 따라 계약당사자 일방에게 큰 손실이 발생하고 상대방에게는 그에 상응하는 큰 이익이 발생할 수 있는 구조라고 하여 그 계약이 당연히 불공정한 계약에 해당한다고 말할 수 없다(대판 2013.9.26. 2013다26746 전합; 대판 2013.9.26. 2011다53683 전합; 대판 2013.9.26. 2012다13637 전합).

대리인에 의하여 법률행위가 이루어진 경우 그 법률행위가 민법 제104조의 불공정한 법률행위에 해당하 는지 여부를 판단함에 있어서 경솔, 무경험과 궁박은 대리인을 기준으로 판단하여야 한다. ○│×

> **해설** 대리인에 의하여 법률행위가 이루어진 경우 그 법률행위가 민법 제104조의 불공정한 법률행위에 해당하는지 여부 를 판단함에 있어서 경솔과 무경험은 대리인을 기준으로 하여 판단하고, 궁박은 본인의 입장에서 판단하여야 한다(대판 2002.10.22. 2002다38927).

정답 | **41** ○ **42** × **43** × **44** ○ **45** ×

46

민법 제104조에 따라 무효인 법률행위는 원칙적으로 추인에 의해서도 유효로 될 수 없다. ○ | X

> **해설** 제104조에 따른 무효는 절대적 무효이므로 당사자의 추인(제139조)이 허용되지 않는다. 判例도 "불공정한 법률행위로서 무효인 경우에는 추인에 의하여 무효인 법률행위가 유효로 될 수 없다."(대판 1994.6.24. 94다10900)라고 한다.

47

대가관계 없는 일방적 급부행위에 대해서는 민법 제104조가 적용되지 않는다. ○ | X

> **해설** **제104조(불공정한 법률행위)** 당사자의 궁박, 경솔 또는 무경험으로 인하여 현저하게 공정을 잃은 법률행위는 무효로 한다.
>
> 민법 제104조가 규정하는 현저히 공정을 잃은 법률행위라 함은 자기의 급부에 비하여 현저하게 균형을 잃은 반대급부를 하게 하여 부당한 재산적 이익을 얻는 행위를 의미하는 것이므로, **증여계약**과 같이 아무런 대가관계 없이 당사자 일방이 상대방에게 일방적인 급부를 하는 법률행위는 그 공정성 여부를 논의할 수 있는 성질의 법률행위가 아니다(대판 2000.2.11. 99다56833).

48

경매에 의한 재산권의 이전에 대해서는 민법 제104조가 적용된다. ○ | X

> **해설** **제104조(불공정한 법률행위)** 당사자의 궁박, 경솔 또는 무경험으로 인하여 현저하게 공정을 잃은 법률행위는 무효로 한다.
>
> 제104조는 사적자치의 원칙에 대한 제한원리이므로 경매에는 적용되지 않는다. 判例도 "경매에 있어서는 불공정한 법률행위 또는 채무자에게 불리한 약정에 관한 것으로서 효력이 없다는 민법 제104조, 제608조는 적용될 여지가 없다."(대결 1980.3.21. 80마77)라고 한다.

49

구속된 남편을 구하기 위하여 채무자인 회사에 대한 물품외상대금채권을 포기한 것은 불공정한 법률행위에 해당한다. ○ | X

> **해설** 불공정한 법률행위의 적용범위 – 단독행위
> 判例는 구속된 남편을 구하기 위하여 궁박한 상태에서 '채권을 포기하는 행위'(단독행위)는 불공정한 법률행위에 해당한다고 판시한바 있다(대판 1975.5.13. 75다92).

정답 | **46** ○ **47** ○ **48** × **49** ○

제3절 의사표시

제1관 | 비진의표시

01
13/20서기보, 18주사보

의사표시는 표의자가 진의아님을 알고 한 것이라도 그 효력이 있다. 그러나 상대방이 표의자의 진의아님을 알았거나 이를 알 수 있었을 경우에는 (무효로 한다 / 취소할 수 있다).　　　　○ | X

> **해설** 의사표시는 표의자가 진의아님을 알고 한 것이라도 그 효력이 있다. 그러나 상대방이 표의자의 진의아님을 알았거나 이를 알 수 있었을 경우에는 **무효로 한다**(제107조 제1항).

02
21법무사

어떠한 의사표시가 비진의의사표시로서 무효라고 주장하는 경우에 그 입증책임은 그 주장자에게 있다.
　　　　○ | X

> **해설** 대판 1992.5.22. 92다2295 참조

03
12법무사, 20사무관

비록 표의자가 의사표시의 내용을 진정으로 마음속에서 바라지는 아니하였다고 하더라도 당시의 상황에서는 그것을 최선이라고 판단하여 그 의사표시를 하였을 경우에는 이를 내심의 효과의사가 결여된 진의 아닌 의사표시라고 할 수 없다.　　　　○ | X

04
17법원행시

근로자가 명예퇴직을 신청하면서 진정으로 마음속에서 명예퇴직을 바란 것은 아니지만 당시 상황에서 명예퇴직을 하는 것이 최선이라고 판단하여 명예퇴직을 신청한 것은 진의 아닌 의사표시라고 할 수 없다.
　　　　○ | X

> **해설** **03 04** 진의 아닌 의사표시에 있어서의 '**진의**'란 **특정한 내용의 의사표시를 하고자 하는 표의자의 생각을 말하는 것이지 표의자가 진정으로 마음 속에서 바라는 사항을 뜻하는 것은 아니므로** 표의자가 의사표시의 내용을 진정으로 마음 속에서 바라지는 아니하였다고 하더라도 당시의 상황에서는 그것이 최선이라고 판단하여 그 의사표시를 하였을 경우에는 이를 내심의 효과의사가 결여된 진의 아닌 의사표시라고 할 수 없다(대판 2001.1.19. 2000다51919,51926).

정답 | **01** 무효로 한다 **02** ○ **03** ○ **04** ○

05

비진의의사표시에 있어서의 진의란 특정한 내용의 의사표시를 하고자 하는 표의자의 생각을 말하는 것이지 표의자가 진정으로 마음속에서 바라는 사항을 뜻하는 것은 아니라고 할 것이므로, 비록 재산을 강제로 뺏긴다는 것이 표의자의 본심으로 잠재되어 있었다 하여도 표의자가 강박에 의하여서나마 증여를 하기로 하고 그에 따른 증여의 의사표시를 한 이상 증여의 내심의 효과의사가 결여된 것이라고 할 수는 없다.

O | X

> **해설** 대판 1993.7.16. 92다41528,41535

06

근로자 甲은 乙회사의 경영사정이 어려워지자 乙회사의 방침(지시)에 따라 일괄사직서를 제출했는데, 乙회사가 사직서를 수리하여 의원면직(依願免職)의 형식으로 근로계약이 종료하게 되었다. 甲의 사직서 제출의 의사표시는 비진의표시이고, 乙은 이를 알았기 때문에 의원면직은 무효이다.

O | X

07

근로자들이 의원면직의 형식을 빌렸을 뿐 실제로는 사용자의 지시에 따라 진의 아닌 사직의 의사표시를 사용자가 이러한 사정을 알면서 위 사직의 의사표시를 수리하였다면 위 사직의 의사표시는 민법 제107조에 해당하여 무효이다.

O | X

> **해설** **06 07** 甲의 사직서 제출이 비진의표시인지 여부(적극)
> **사용자가 사직의 의사 없는 근로자로 하여금 어쩔 수 없이 사직서를 작성 제출하게 한 후 이를 수리하는 이른바 의원면직의 형식을 취하여 근로계약관계를 종료시키는 경우에, 그 의사표시는 비진의표시 또는 허위표시에 해당하므로 무효이고, 그러한 사직서의 수리는 실질적으로 사용자의 일방적 의사에 의하여 근로계약관계를 종료시키는 해고에 해당한다(대판 2001.** 1.19. 2000다51919·51926).
>
> ➜ 사안의 경우 乙회사의 방침(지시)에 따른 일괄사표이므로 甲의 사직서 제출은 비진의표시에 해당하고, 乙회사는 이를 안 것으로 판단되므로 이러한 사직서 제출은 무효이다(제107조 제1항 단서). 아울러 甲의 사직서에 근거한 乙회사의 의원면직은 해고에 해당하며, 해고의 정당한 사유가 없는 한 이는 부당해고가 되어 해고무효로 된다(대판 1992.5.26. 92다3670 등). 따라서 甲의 의원면직의 무효주장은 타당하다.

08

진의 아닌 의사표시인지의 여부는 효과의사에 대응하는 내심의 의사가 있는지 여부에 따라 결정되는 것인 바, 근로자가 사용자의 지시에 좇아 일괄하여 사직서를 작성 제출할 당시 그 사직서에 기하여 의원면직처리될지 모른다는 점을 인식하였다면 내심에 사직의 의사가 있는 것으로 보아야 한다.　　O | X

> **해설** 근로자가 회사의 경영방침에 따라 사직원을 제출하고 회사가 이를 받아 들여 퇴직처리를 하였다가 즉시 재입사하는 형식을 취함으로써 근로자가 그 퇴직 전후에 걸쳐 실질적인 근로관계의 단절이 없이 계속 근무하였다면 그 사직원 제출은 근로자가 퇴직을 할 의사 없이 퇴직의사를 표시한 것으로서 비진의 의사표시에 해당하고, 재입사를 전제로 사직원을 제출하게 한 회사 또한 그와 같은 진의 아님을 알고 있었다고 봄이 상당하다 할 것이므로 위 사직원 제출과 퇴직처리에 따른 퇴직의 효과는 생기지 아니한다(대판 1988.5.10. 87다카2578).

09

전체공무원이 일괄사표를 제출함에 따라 따라서 마지못해 함께 사직서를 제출한 공무원의 경우에도 그 사직의 의사표시는 원칙적으로 유효하다.　　O | X

> **해설** 일괄사표를 제출하였다가 선별수리하는 형식으로 의원면직되었다고 하더라도 공무원들이 임용권자 앞으로 일괄사표를 제출한 경우 그 사직원의 제출은 제출 당시 임용권자에 의하여 수리 또는 반려 중 어느 하나의 방법으로 처리되리라는 예측이 가능한 상태에서 이루어진 것으로서 그 사직원에 따른 의원면직은 그 의사에 반하지 아니하고, 비록 사직원제출자의 내심의 의사가 사직할 뜻이 아니었다 하더라도 그 의사가 **외부에 객관적으로 표시된 이상 그 의사는 표시된 대로 효력을 발하는 것이며, 민법 제107조는 그 성질상 사인의 공법행위에 적용되지 아니하므로 사직원제출을 받아들여 의원면직처분한 것을 당연무효라고 할 수 없다**(대판 1992.8.14. 92누909).

10

법률상 또는 사실상의 장애로 자기 명의로 대출받을 수 없는 자를 위하여 대출금채무자로서의 명의를 빌려준 자에게 그와 같은 채무부담의 의사가 없는 것이라고는 할 수 없을 것이어서 그러한 의사표시를 비진의표시에 해당한다고 볼 수 없다.　　O | X

> **해설** 제3자가 채무자로 하여금 제3자를 대리하여 금융기관으로부터 대출을 받도록 하여 그 대출금을 채무자가 부동산의 매수자금으로 사용하는 것을 승낙하였을 뿐이라고 볼 수 있는 경우, 제3자의 의사는 특별한 사정이 없는 한 대출에 따른 경제적인 효과는 채무자에게 귀속시킬지라도 법률상의 효과는 자신에게 귀속시킴으로써 대출금채무에 대한 주채무자로서의 책임을 지겠다는 것으로 보아야 할 것이므로, 제3자가 대출을 받음에 있어서 한 표시행위의 의미가 제3자의 진의와는 다르다고 할 수 없다(대판 1997.7.25. 97다8403).

은행으로부터 대출을 받을 수 없는 신용불량자 乙을 위하여 甲은 자신의 명의를 빌려주고, 그 경위를 모르는 丙은행으로부터 1,000만 원을 대출 받게 해주었다. 변제기에 이르자 丙이 甲에게 반환청구를 한 경우, 원칙적으로 甲은 乙이 실질적인 채무자라고 주장하면서 丙의 청구를 거절할 수 없다.   ○ | X

해설 차명대출(借名貸出)

ⅰ) 법률상 또는 사실상의 장애로 자기 명의로 대출받을 수 없는 자를 위하여 대출금채무자로서의 명의를 빌려준 자에게 그와 같은 채무부담의 의사가 없다고 할 수 없으므로 그 의사표시를 **비진의표시에 해당한다고 볼 수 없다.** ⅱ) 설사 비진의 표시로 인정하더라도 비진의임을 상대방이 알았거나 알 수 있었어야 그 의사표시가 무효로 된다. 그러나 **여기서 말하는 '진의'는 채무부담이라는 법률상의 효과를 받지 않겠다는 의사를 의미하므로, 대출금을 타인이 사용한다는 것을 채권자가 아는 것만으로는 진의를 알았거나 알 수 있었다고 볼 수는 없다**(대판 1997.7.25. 97다8403).

정답 | 11 ○

제2관 | 통정한 허위의 의사표시

01

20서기보

상대방과 통정한 허위의 의사표시는 (무효로 한다 / 취소할 수 있다). ○ | ✕

> **해설** 상대방과 통정한 허위의 의사표시는 **무효로 한다**(제108조 제1항).

02

14서기보

채무자의 법률행위가 통정허위표시인 경우에도 채권자취소권의 대상이 되고, 한편 채권자취소권의 대상으로 된 채무자의 법률행위라도 통정허위표시의 요건을 갖춘 경우에는 무효이다. ○ | ✕

> **해설** **무효와 취소의 경합(이중효)**
> 무효와 취소는 논리필연적으로 구분되는 것은 아니며, 무효와 취소는 법률효과를 뒷받침하는 근거로서 결국은 입법정책의 문제에 속한다고 할 수 있으며, 무효인 행위라도 법적으로 '無'는 아니다. 따라서 무효인 법률행위도 취소의 대상이 된다(통설 및 判例). 문제는 취소에 따른 실익인바, 判例(대판 1996.12.6, 95다24982)는 통정허위표시도 채권자취소권(제406조)의 대상이 될 수 있다고 한다. 이 경우 제3자가 허위표시에 관해 선의이더라도(제108조 제2항) 사해의 의사가 있는 경우에는 채권자는 제3자를 상대로 채권자취소권을 행사할 수 있는 '실익'이 있다.

03

19법원행시 변형

허위의 근저당권에 대하여 배당이 이루어진 경우, 배당채권자는 채권자취소의 소에 의하지 않고 배당이의의 소로써 그 시정을 구할 수 있다. ○ | ✕

> **해설** 허위의 근저당권에 대하여 배당이 이루어진 경우, 통정한 허위의 의사표시는 당사자 사이에서는 물론 제3자에 대하여도 무효이고 다만, 선의의 제3자에 대하여만 이를 대항하지 못한다고 할 것이므로, 배당채권자는 채권자취소의 소로써 통정허위표시를 취소하지 않았다 하더라도 그 무효를 주장하여 그에 기한 채권의 존부, 범위, 순위에 관한 배당이의의 소를 제기할 수 있다(대판 2001.5.8. 2000다9611).

정답 | **01** 무효로 한다 **02** ○ **03** ○

04

동일인에 대한 대출액 한도를 제한한 법령이나 금융기관 내부규정의 적용을 회피하기 위하여 실질적인 주채무자가 실제 대출받고자 하는 채무액에 대하여 제3자를 형식상 주채무자로 내세우고, 금융기관도 이를 양해하여 제3자에 대하여는 채무자로서 책임을 지우지 않을 의도로 제3자 명의로 대출관계서류를 작성받은 경우, 제3자는 형식상 명의대여자에 불과하므로 제3자 명의로 되어 있는 대출약정은 통정허위표시에 해당하는 무효의 법률행위이다. ○│X

> 해설 대판 1996.8.23, 96다18076

05

종중이 탈법 목적 없이 그 보유 부동산을 타인에게 명의신탁하면서 명의수탁자가 이를 임의로 처분할 것에 대비하여 종중 명의로 소유권이전등기청구권보전을 위한 가등기를 경료한 경우, 그와 같은 가등기를 하기로 하는 합의는 통정허위표시가 아니다. ○│X

> 해설 대판 1997.9.30, 95다9526

06

甲이 자신의 丙에 대한 채권을 乙에게 가장양도 하였는데, 丙의 변제 이전에 甲의 채권자인 丁이 위 채권에 대해 전부명령을 받았다면 丙이 선의라도 丁에게 변제를 거절할 수 없다. ○│X

> 해설 **채권의 가장양도에서 채무자**는 채권의 양도인이 채무자에게 채무의 이행을 청구할 때 선의의 채무자는 채권 양수인에게 변제하여야 함을 이유로 거절할 수 없다. 이 경우 채무자는 가장양도에 터 잡아 새로운 이해관계를 맺은 바가 없기 때문이다(대판 1983.1.18, 82다594, 이 판결은 채무자가 가장양수인에게 지급하지 않고 있는 동안에 양도가 허위표시에 기한 것임이 밝혀진 경우를 전제로 하고 있음을 주의해야 한다).
>
> ➡ 甲의 乙에 대한 채권양도는 가장양도이므로 민법 제108조 제1항에 따라 무효이고, 여전히 甲이 채권을 보유하고 있는 것이 된다. 또한 채권의 가장양도에서 채무자 丙은 민법 제108조 제2항 단서에서 보호되는 제3자에 해당하지 않고, '변제'라는 새로운 이해관계를 맺기 전에 甲의 채권자인 丁이 전부명령을 받았으므로 전부명령은 유효하다. 따라서 丙은 丁에게 변제를 거절할 수 없다.

07

甲은 丙으로부터 부동산을 매수하기 위하여 乙로부터 돈을 빌리고 그 담보를 위하여 위 부동산에 乙명의의 소유권이전등기청구권가등기를 해 주기로 약정하였는데, 채권자들의 강제집행을 피할 목적으로 丁과 통모하여 매수인을 丁으로 하여 丁명의로 소유권이전등기를 경료한 후 乙 명의의 가등기를 하였다면 위 가등기는 乙이 악의라면 무효이다. ○│X

甲이 부동산의 매수자금을 乙로부터 차용하고 그 담보조로 乙에게 가등기를 해 주기로 약정하였으나 그 부동산에 대한 자신의 다른 채권자들의 강제집행을 우려하여 丙에게 이 부동산을 가장양도한 다음 丙이 乙에게 가등기를 경료해 준 경우, 乙은 통정허위표시에서의 제3자에 해당하지 않는다.　　○ | X

해설 **07 08** 허위표시의 무효로 대항할 수 없는 제3자 - 기존의 채권자

통정허위표시의 무효를 대항할 수 없는 제3자란 허위표시의 당사자 및 포괄승계인 이외의 자로서 허위표시에 의하여 외형상 형성된 법률관계를 토대로 새로운 법률원인으로써 이해관계를 갖게 된 자를 말한다. 따라서, 소외인(甲)이 부동산의 매수자금을 피고(乙)로부터 차용하고 담보조로 가등기를 경료하기로 약정한 후 채권자들의 강제집행을 우려하여 소외인(丁)에게 가장양도한 후 피고(乙) 앞으로 가등기를 경료케 한 경우에 있어서 피고(乙)는 형식상은 가장 양수인(丁)으로부터 가등기를 경료받은 것으로 되어 있으나 실질적인 새로운 법률원인에 의한 것이 아니므로 통정허위 표시에서의 제3자로 볼 수 없다(대판 1982.5.25, 80다1403).

➡ 다만 위 사안에서 判例는 乙의 가등기는 실체관계에 부합하는 것으로서, 丁 앞으로의 소유권등기가 **허위표시임을 乙이 알았건 몰랐건 간에**, 실제의 소유자인 甲은 乙에 대한 채무를 이행하지 않고서는 乙명의의 가등기의 말소를 구할 수 없다고 판시하였다(즉 乙이 보호받는 것은 제108조의 선의의 제3자 보호와는 별개의 것이다; 대판 1982.5.25, 80다1403).

통정한 허위의 의사표시는 허위표시의 당사자와 포괄승계인 이외의 자로서 그 허위표시에 의하여 외형상 형성된 법률관계를 토대로 실질적으로 새로운 법률상 이해관계를 맺은 선의의 제3자를 제외한 누구에 대하여서나 무효이고, 또한 누구든지 그 무효를 주장할 수 있다. 그러나 비록 무효인 법률행위가 그 법률행위가 성립한 당초부터 당연히 효력이 발생하지 않는 것이라 하더라도, 무효인 법률행위에 따른 법률효과를 침해하는 것처럼 보이는 위법행위나 채무불이행이 있다면 그 손해가 없다고 할 수 없으므로 손해배상을 청구할 수 있다.　　○ | X

해설 허위표시의 무효는 선의의 제3자에게 대항하지 못한다(제108조 제2항). 여기서 '대항하지 못한다'는 것은 허위표시의 무효를 주장할 수 없다는 뜻으로, 선의의 제3자에게 대항하지 못하는 자는 '당사자 및 포괄승계인'에 한정되지 않고, **그 누구도 허위표시의 무효를 대항하지 못한다**(대판 1996.4.26. 94다12074 등).

무효인 법률행위는 그 법률행위가 성립한 당초부터 당연히 효력이 발생하지 않는 것이므로, 무효인 법률행위에 따른 법률효과를 침해하는 것처럼 보이는 위법행위나 채무불이행이 있다고 하여도 법률효과의 침해에 따른 손해는 없는 것이므로 그 손해배상을 청구할 수는 없다(대판 2003.3.28. 2002다72125).

10

상대방과 통정한 허위의 의사표시는 무효이고 누구든지 그 무효를 주장할 수 있는 것이 원칙이나, 허위표시의 당사자 및 포괄승계인 이외의 자로서 허위표시에 의하여 외형상 형성된 법률관계를 토대로 실질적으로 새로운 법률상 이해관계를 맺은 선의의 제3자에 대하여는 허위표시의 당사자뿐만 아니라 그 누구도 허위표시의 무효를 대항하지 못하고, 따라서 선의의 제3자에 대한 관계에 있어서는 허위표시도 그 표시된 대로 효력이 있다.   ○ㅣ X

11

甲이 乙과 통정하여 한 가장매매는 선의의 제3자인 丙에게 대항하지 못하는데, 이 때 甲, 乙뿐만 아니라 그 누구도 선의의 丙에 대해서는 허위표시의 무효를 대항하지 못한다.   ○ㅣ X

> **해설** 허위표시의 무효는 선의의 제3자에게 대항하지 못한다(제108조 제2항). 여기서 '대항하지 못한다'는 것은 허위표시의 무효를 주장할 수 없다는 뜻으로, 선의의 제3자에게 대항하지 못하는 자는 '당사자 및 포괄승계인'에 한정되지 않고, **그 누구도 허위표시의 무효를 대항하지 못한다**(대판 1996.4.26. 94다12074 등).

12

甲의 기망행위에 의하여 乙은 통정허위표시에 의한 甲의 丙에 대한 주채무가 있는 것으로 믿고서 보증계약을 체결하였고 그에 따라 乙이 보증채무자로서 그 채무까지 이행한 경우, 선의의 乙은 甲에 대하여 구상권을 취득한다.   ○ㅣ X

> **해설** 대법원은 **채무자와 허위표시에 기초한 채무에 대해 보증을 한 자가 보증채무를 이행하여 채무자에 대해 구상권을 취득한 경우**, 그 구상권 취득에는 보증채무의 부종성으로 인하여 주채무가 유효하게 존재할 것이 필요하므로, 결국 그 보증인은 채무자의 채권자에 대한 채무부담행위라는 허위표시에 기초하여 구상권 취득에 관한 법률상 이해관계를 가지게 되었다고 보아야 하므로 제3자에 해당한다고 한다(대판 2000.7.6. 99다51258; 다만, 보증채무부담행위 그 자체만으로는 제108조 2항의 제3자에 해당하지 않는다).

13

민법 제108조 제2항에서 상대방과 통정한 허위의 의사표시의 무효는 선의의 제3자에게 대항하지 못한다고 규정하고 있는데, 이때의 제3자는 그 선의 여부가 문제이지 이에 관한 과실 유무를 따질 것이 아니다.   ○ㅣ X

> **해설** 통정한 허위표시에 의하여 외형상 형성된 법률관계로 생긴 채권을 가압류한 경우, 그 가압류권자는 허위표시에 기초하여 새로운 법률상 이해관계를 가지게 되므로 민법 제108조 제2항의 제3자에 해당한다고 봄이 상당하고, 또한 민법 제108조 제2항의 제3자는 선의이면 족하고 무과실은 요건이 아니다(대판 2004.5.28. 2003다70041).

14

20사무관, 21법무사

실제로는 전세권설정계약이 없으면서도 임대차계약에 기한 임차보증금반환채권을 담보할 목적 또는 금융기관으로부터 자금을 융통할 목적으로 임차인과 임대인 사이의 합의에 따라 임차인 명의로 전세권설정등기를 경료한 후 그 전세권에 대하여 근저당권이 설정된 경우, 가사 위 전세권설정계약만 놓고 보아 그것이 통정허위표시에 해당하여 무효라 하더라도 이로써 위 전세권설정계약에 의하여 형성된 법률관계를 토대로 별개의 법률원인에 의하여 새로운 법률상 이해관계를 갖게 된 근저당권자에 대하여는 그와 같은 사정을 알고 있었던 경우에만 그 무효를 주장할 수 있다.　　　　　　　　　　　　　　　　　Ｏ | Ｘ

> 해설 대판 2008.3.13. 2006다58912

15

12/14서기보, 13사무관, 16/17주사보, 18법무사

통정허위표시에 의하여 외형상 형성된 법률관계로부터 생긴 채권을 가압류한 경우 그 가압류권자는 허위표시에 기초하여 새로이 법률상 이해관계를 가지게 된 제3자에 해당하므로, 그가 선의인 이상 통정허위표시의 무효를 그에 대하여 주장할 수 없다.　　　　　　　　　　　　　　　　　　　　Ｏ | Ｘ

16

출제예상

甲이 통정허위표시로 乙에게 甲 소유의 부동산에 관한 전세권설정등기를 해 준 이후 丙이 이 전세권을 목적으로 한 근저당권설정등기를 마친 다음 丁이 丙의 전세권근저당권부 채권을 가압류한 경우, 설사 丁이 선의라 하더라도 丙이 악의인 이상 甲은 丁에게 위 전세권이 무효임을 주장할 수 있다.　　Ｏ | Ｘ

> 해설 **15** 대판 2010.3.25, 2009다35743
>
> **16** 허위표시의 무효로 대항할 수 없는 제3자 – 가장전세권의 전세권근저당권부 채권을 가압류한 가압류권자
>
> 실제로는 전세권설정계약을 체결하지 아니하였으면서도 임대차계약에 기한 임차보증금반환채권을 담보할 목적 또는 금융기관으로부터 자금을 융통할 목적으로 임차인과 임대인 사이의 합의에 따라 임차인 명의로 전세권설정등기를 경료한 경우에, 위 전세권설정계약이 통정허위표시에 해당하여 무효라 하더라도 위 전세권설정계약에 의하여 형성된 법률관계에 기초하여 새로이 법률상 이해관계를 가지게 된 제3자에 대하여는 그 제3자가 그와 같은 사정을 알고 있었던 경우에만 그 무효를 주장할 수 있다. 그리고 여기에서 **선의의 제3자가 보호될 수 있는 법률상 이해관계는** 위 전세권설정계약의 당사자를 상대로 하여 직접 법률상 이해관계를 가지는 경우 외에도 그 **법률상 이해관계를 바탕으로 하여 다시 위 전세권설정계약에 의하여 형성된 법률관계와 새로이 법률상 이해관계를 가지게 되는 경우도 포함**된다(대판 2013.2.15, 2012다49292).
>
> ➡ **사실관계** 丙의 전세권근저당권부 채권은 통정허위표시에 의하여 외형상 형성된 전세권을 목적물로 하는 전세권근저당권의 피담보채권이고, 丁은 이러한 丙의 전세권근저당권부 채권을 가압류하고 압류명령을 얻음으로써 그 채권에 관한 담보권인 전세권근저당권의 목적물에 해당하는 전세권에 대하여 **새로이 법률상 이해관계를 가지게 되었으므로, 丁이 통정허위표시에 관하여 선의라면 비록 丙이 악의라 하더라도 허위표시자는 그에 대하여 전세권이 통정허위표시에 의한 것이라는 이유로 대항할 수 없다**(대판 2013.2.15, 2012다49292).
>
> 쟁점정리 **제3자로부터의 전득자**는 제3자가 선의라면 전득자는 선·악을 불문하고 보호되는바, 이는 제108조 2항이 문제되는 것은 아니다[선의의 제3자의 개입에 의하여 허위표시의 하자는 치유되었다고 보아야 한다(엄폐물의 법칙)]. 반면 제3자가 악의이고 전득자가 선의인 경우에는 제108조 2항에 의하여 전득자가 보호될 수 있다(대판 2013.2.15, 2012다49492).

정답 | **10** ○ **11** ○ **12** ○ **13** ○ **14** ○ **15** ○ **16** ✕

甲이 통정허위표시로 乙에게 전세권설정등기를 마친 후 丙이 이러한 사정을 알면서도 乙에 대한 채권을 담보하기 위하여 위 전세권에 대하여 전세권근저당권설정등기를 마쳤는데, 그 후 丁이 선의로 丙의 전세권근저당권부 채권에 대하여 압류명령을 받은 경우, 丁은 위 전세권설정계약을 기초로 직접 이해관계를 맺은 제3자는 아니므로 보호받을 수 없다.   O | X

해설 실제로는 전세권설정계약을 체결하지 아니하였으면서도 임대차계약에 기한 임차보증금반환채권을 담보할 목적 또는 금융기관으로부터 자금을 융통할 목적으로 임차인과 임대인 사이의 합의에 따라 임차인 명의로 전세권설정등기를 경료한 경우에, 위 전세권설정계약이 통정허위표시에 해당하여 무효라 하더라도 위 전세권설정계약에 의하여 형성된 법률관계에 기초하여 새로이 법률상 이해관계를 가지게 된 제3자에 대하여는 그 제3자가 그와 같은 사정을 알고 있었던 경우에만 그 무효를 주장할 수 있다. 그리고 **여기에서 선의의 제3자가 보호될 수 있는 법률상 이해관계는 위 전세권설정계약의 당사자를 상대로 하여 직접 법률상 이해관계를 가지는 경우 외에도 그 법률상 이해관계를 바탕으로 하여 다시 위 전세권설정계약에 의하여 형성된 법률관계와 새로이 법률상 이해관계를 가지게 되는 경우도 포함**된다(대판 2013.2.15. 2012다49492).

甲과 乙은 甲 소유의 부동산에 관하여 통정허위표시로 근저당권설정계약을 체결하고 이에 따른 乙 명의의 근저당권설정등기를 마쳤으나, 위 근저당권의 피담보채권을 성립시키는 법률행위는 없었다. 그 뒤 乙의 채권자 丙이 이 근저당권부 채권을 가압류한 경우, 丙은 위 근저당권설정계약이 통정허위표시임을 몰랐다 하더라도 이 근저당권말소에 대하여 등기상 이해관계인으로서 승낙할 의무가 있다.   O | X

해설 허위의 근저당권설정계약과 제3자 보호
근저당권은 그 담보할 채무의 최고액만을 정하고, 채무의 확정을 장래에 보류하여 설정하는 저당권으로서(제357조 제1항), 계속적인 거래관계로부터 발생하는 다수의 불특정채권을 장래의 결산기에서 일정한 한도까지 담보하기 위한 목적으로 설정되는 담보권이므로, **근저당권설정행위와는 별도로 근저당권의 피담보채권을 성립시키는 법률행위가 있어야 한다.** 한편, 근저당권이 있는 채권이 가압류되는 경우, 근저당권설정등기에 부기등기의 방법으로 그 피담보채권의 가압류사실을 기입등기하는 목적은 근저당권의 피담보채권이 가압류되면 담보물권의 수반성에 의하여 종된 권리인 근저당권에도 가압류의 효력이 미치게 되어 피담보채권의 가압류를 공시하기 위한 것이므로, **만일 근저당권의 피담보채권이 존재하지 않는다면 그 가압류명령은 무효**라고 할 것이고, **근저당권을 말소하는 경우에 가압류권자는 등기상 이해관계 있는 제3자로서 근저당권의 말소에 대한 승낙의 의사표시를 하여야 할 의무가 있다**(대판 2004.5.28. 2003다70041).

➡ 즉, 判例는 **통정한 허위표시에 의하여 외형상 형성된 법률관계로 생긴 채권**(사안에서는 근저당권부채권)**을 가압류한 경우,** 그 가압류권자는 허위표시에 기초하여 새로운 법률상 이해관계를 가지게 되므로 **제108조 제2항의 제3자에 해당한다**고 한다. 다만 사안과 같이 근저당권설정행위에 대해서만 허위의 의사표시가 있었고, 그 근저당권의 피담보채권을 성립시키는 허위의 의사표시는 없었던 경우는 결국 제3자는 보호받을 수 없다고 한다. 즉 '기본계약의 부존재와 가압류결정의 무효'를 이유로 丙은 등기상 이해관계 있는 제3자로서 근저당권의 말소에 대한 승낙의 의사표시를 할 의무가 있다고 한다(대판 2004.5.28. 2003다70041).

19

甲과 乙 사이의 허위의 의사표시에 기한 채무를 보증하고 그에 따라 보증채무자로서 그 채무를 이행한 경우, 보증인 丙은 통정허위표시에 관한 민법 제108조 제2항의 '제3자'에 해당하지 않는다.　　○ | ×

> **해설** 제3자 ○
> 일반적으로 제3자란 당사자와 그의 포괄승계인 이외의 자를 말하지만, 허위표시를 기초로 하여 별개의 법률원인에 의하여 고유한 법률상의 이익을 갖는 법률관계에 들어간 자를 보호한다는 취지에 따라, 제108조 제2항의 제3자는 위와 같은 제3자 중 '허위표시에 의하여 외형상 형성된 법률관계를 토대로 ⅰ) 실질적으로 ⅱ) 새로운 ⅲ) 법률상 이해관계를 맺은 자'로 한정된다는 것이 통설과 判例의 입장이다.
> 대법원은 **채무자와 허위표시에 기초한 채무에 대해 보증을 한 자가 보증채무를 이행하여 채무자에 대해 구상권을 취득한 경우**, 그 구상권 취득에는 보증채무의 부종성으로 인하여 주채무가 유효하게 존재할 것이 필요하므로, 결국 그 보증인은 채무자의 채권자에 대한 채무부담행위라는 허위표시에 기초하여 구상권 취득에 관한 법률상 이해관계를 가지게 되었다고 보아야 하므로 제3자에 해당한다고 한다(대판 2000.7.6. 99다51258). 다만, **보증채무부담행위 그 자체만으로는 제108조 2항의 제3자에 해당하지 않는다.**
>
> **관련쟁점** 그러나 가장채무의 보증인이 선의이지만 '중과실'로 가장채권자에게 보증채무를 이행한 사안에서, 보증인은 가장채무자(통정허위표시의 당사자)에게는 구상권을 행사할 수 있지만, 선의의 구상보증인들(통정허위표시의 무효를 주장하는 다른 제3자)에게까지 구상보증채무의 이행을 구하는 것은 권리남용에 해당하여 허용되지 않는다고 한다(위 99다51258의 재상고심 판결).

20

근로자 甲이 乙회사에 대한 퇴직금채권을 丙에게 가장양도하였으나, 乙 회사가 아직 퇴직금을 가장양수인 丙에게 지급하지 않고 있던 중, 위 퇴직금채권이 법원의 전부명령에 의하여 丁에게 이전된 경우, 퇴직금채무자 乙 회사는 통정허위표시에 관한 민법 제108조 제2항의 '제3자'에 해당한다.　　○ | ×

> **해설** 제3자 ×
> **채권의 가장양도에서 채무자**는 채권의 양도인이 채무자에게 채무의 이행을 청구할 때 선의의 채무자는 채권 양수인에게 변제하여야 함을 이유로 거절할 수 없다. 이 경우 채무자는 가장양도에 터 잡아 새로운 이해관계를 맺은 바가 없기 때문이다(대판 1983.1.18. 82다594; 이 판결은 채무자가 가장양수인에게 지급하지 않고 있는 동안에 양도가 허위표시에 기한 것임이 밝혀진 경우를 전제로 하고 있음을 주의해야 한다).
>
> **관련쟁점** 그러나 채권의 가장양도인이 채무자에게 채무의 이행을 청구하였는데 채무자는 이미 채권의 양도가 유효한 것으로 믿고 채권 양수인에게 채무를 이행해 버린 경우, 채무자는 채권의 가장양도에 터 잡아 '채무의 변제'라는 새로운 이해관계를 맺었기 때문에 제3자에 해당하는 것으로 보아야 한다(다수설). 따라서 채무자는 이를 이유로 변제를 거절할 수 있다. 물론 채무자는 그 밖에 제452조 1항에 의한 항변, 채권의 준점유자에 대한 변제(제470조) 항변 등을 할 수도 있다.

정답 |　**17** ×　**18** ○　**19** ×　**20** ×

21

대출절차상의 편의를 위하여 명의만을 대여한 것으로 인정되어 채무자로 볼 수 없는 경우라 하더라도, 실질적 주채무자에 대한 보증의 의사가 있는 것으로 볼 수 있다. O | X

> **해설** 대출절차상의 편의를 위하여 명의만을 대여한 것으로 인정되어 채무자로 볼 수 없는 경우, 그 형식상 주채무자가 실질적인 주채무자를 위하여 보증인이 될 의사가 있었다는 등의 특별한 사정이 없는 한 그 형식상의 주채무자에게 실질적 주채무자에 대한 보증의 의사가 있는 것으로 볼 수는 없다(대판 2005.5.12. 2004다68366).

22

甲이 상대방 乙과 통정한 허위의 의사표시를 통하여 가장채권을 보유하고 있다가 파산선고를 받은 경우, 파산관재인 丙은 통정허위표시에 관한 민법 제108조 제2항의 '제3자'에 해당한다. O | X

23

파산자가 통정허위표시를 통하여 가장채권을 보유하고 있다가 파산이 선고된 경우, 파산관재인은 그 허위표시에 따라 외형상 형성된 법률관계를 토대로 실질적으로 새로운 법률상 이해관계를 가지게 된 제3자에 해당하는데, 이때 선의 여부는 파산관재인을 기준으로 판단한다. O | X

> **해설** **22** 제3자 O
>
> 대법원은 "가장소비대차의 대주가 파산한 경우의 파산관재인은 파산자와는 독립한 지위에서 파산채권자 전체의 공동의 이익을 위하여 직무를 행하게 됨을 이유로 제3자에 해당한다."라고 보고 있다(대판 2005.5.12. 2004다68366).
>
> **관련쟁점** 그리고 "파산관재인의 선의는 추정되고, 다만 파산관재인 개인의 선의·악의를 기준으로 할 수는 없고 총파산채권자 중 1인이라도 선의이면 파산관재인은 선의로 다루어진다"고 하는데, 이는 만일 파산관재인 개인을 기준으로 선의 여부를 판단하게 되는 경우 파산관재인이 누가 되는가에 따라 가장채권이 파산재단에 속하는지 여부가 달라지게 되는 불합리가 생기기 때문이다(대판 2006.11.10. 2004다10299).
>
> **23** 파산관재인이 민법 제108조 제2항의 경우 등에 있어 제3자에 해당하는 것은 파산관재인은 파산채권자 전체의 공동의 이익을 위하여 선량한 관리자의 주의로써 그 직무를 행하여야 하는 지위에 있기 때문이므로, **그 선의·악의도 파산관재인 개인의 선의·악의를 기준으로 할 수는 없고 총파산채권자를 기준으로 하여 파산채권자 모두가 악의로 되지 않는 한 파산관재인은 선의의 제3자라고 할 수밖에 없다.** 파산관재인이 파산선고 전에 개인적인 사유로 파산자가 체결한 대출계약이 통정허위표시에 의한 것임을 알게 되었다고 하더라도 그러한 사정만을 가지고 파산선고시 파산관재인이 악의자에 해당한다고 할 수 없다(대판 2006.11.10. 2004다10299)

24

금융기관이 통정허위표시로 대출계약의 대주가 되었다가 구 상호신용금고법상의 계약이전을 요구받은 경우, 계약이전에 따라 위 금융기관의 대출계약상 지위를 이전받은 자는 민법 제108조 제2항에 의해 보호받는 제3자에 해당한다. O | X

> **해설** 구 상호신용금고법(2000.1.28. 법률 제6203호로 개정되기 전의 것) 소정의 계약이전은 금융거래에서 발생한 계약상의 지위가 이전되는 사법상의 법률효과를 가져오는 것이므로, **계약이전을 받은 금융기관은 계약이전을 요구받은 금융기관과 대출채무자 사이의 통정허위표시에 따라 형성된 법률관계를 기초로 하여 새로운 법률상 이해관계를 가지게 된 민법 제108조 제2항의 제3자에 해당하지 않는다**(대판 2004.1.15. 2002다31537).

25
16법원행시

통정허위표시인 채권양도계약이 체결된 경우, 그 채권의 채무자는 민법 제108조 제2항의 제3자에 해당한다.　　　　　　　　　　　　　　　　　　　　　　　　　　　　　　　　　　　○ | ✕

> **해설** 민법 제108조 제2항에서 말하는 제3자는 허위표시의 당사자와 그의 포괄승계인 이외의 자 모두를 가리키는 것이 아니고 그 가운데서 허위표시행위를 기초로 하여 새로운 이해관계를 맺은 자를 한정해서 가리키는 것으로 새겨야 할 것이므로 이 사건 퇴직금 채무자인 피고는 **원채권자인 甲이 乙에게 퇴직금채권을 양도했다고 하더라도 그 퇴직금을 양수인에게 지급하지 않고 있는 동안에 위 양도계약이 허위표시란 것이 밝혀진 이상 위 허위표시의 선의의 제3자임을 내세워 진정한 퇴직금전부채권자인 원고에게 그 지급을 거절할 수 없다**(대판 1983.1.18. 82다594).

26
14/17법원행시, 16법무사

임대차보증금반환채권이 양도된 후 양수인의 채권자가 임대차보증금반환채권에 대하여 채권압류 및 추심명령을 받았는데 임대차보증금반환채권 양도계약이 허위표시로서 무효인 경우 채권자는 그로 인해 외형상 형성된 법률관계를 기초로 실질적으로 새로운 법률상 이해관계를 맺은 제3자에 해당하지 않는다.　　　　　　　　　　　　　　　　　　　　　　　　　　　　　　　　　　　○ | ✕

> **해설** 임대차보증금반환채권이 양도된 후 양수인의 채권자가 임대차보증금반환채권에 대하여 채권압류 및 추심명령을 받았는데 임대차보증금반환채권 양도계약이 허위표시로서 무효인 경우 **채권자는 그로 인해 외형상 형성된 법률관계를 기초로 실질적으로 새로운 법률상 이해관계를 맺은 제3자에 해당한다**(대판 2014.4.10. 2013다59753).

27
14법원행시

통정허위표시에 의한 가등기 및 그 가등기에 기한 본등기에 터잡아 부동산을 양수한 자는 통정허위표시에 관한 민법 제108조 제2항의 제3자에 해당한다.　　　　　　　　　　　　　　　　　　　　○ | ✕

정답 | 21 ✕　22 ○　23 ✕　24 ✕　25 ✕　26 ✕　27 ○

28

X 토지에 관하여 甲과 乙 사이의 통정허위표시에 기하여 乙 명의의 가등기가 마쳐지고 甲으로부터 丙에게로의 소유권이전등기가 마쳐진 후 위 가등기에 기한 본등기가 마쳐짐에 따라 丙 명의의 등기가 말소된 경우, 乙로부터 X에 관한 소유권이전등기를 마친 丁이 위 허위표시에 관하여 알지 못했더라도 丙은 丁을 상대로 소유권이전등기의 말소를 청구할 수 있다. ○ | X

> **해설** **27 28 가장양도인(甲)으로부터의 양수인(丙)과 가장양수인(乙)으로부터의 양수인(丁)의 우열이 문제**되는 사안에서 判例는 "가장양수인으로부터의 양수인이 가장매매로 인한 가등기 및 이에 대한 본등기의 원인이 된 각 의사표시가 허위임을 알지 못하였다면, 가장양도인으로부터의 양수인은 이러한 선의의 제3자에게 허위표시의 무효를 주장할 수 없고, 따라서 가장양수인으로부터의 양수인 명의의 소유권이전등기는 유효하다"(대판 1996.4.26. 94다12074)고 한다. 가장양도인으로부터의 양수인은 새로운 법률관계를 맺은 것이 가장매매를 기초로 한 것이 아닐 뿐만 아니라, 이미 가등기가 등재되어 있어 가등기에 기한 본등기시 자신의 등기가 말소될 위험을 부담하고 권리를 취득하였을 것이라는 점에서 判例의 태도가 타당하다.

29

甲 금융기관과 乙 사이의 통정한 허위표시에 따라 甲이 乙에 대하여 취득한 외형상의 채권을 한국자산관리공사 丙이 인수한 경우, 채권양수인 丙은 통정허위표시에 관한 민법 제108조 제2항의 '제3자'에 해당한다. ○ | X

> **해설** 제3자 ○
>
> **가장매매에 기한 대금채권의 양수인 기타 가장채권의 양수인도 제3자에 해당**한다고 할 것이다(제548조 제1항 단서와 비교). 이와 관련하여 대법원은 통정허위표시에 의하여 금융기관과의 사이에 대출명의인이 된 자는 제108조 2항에 의해 그 금융기관으로부터 그 채권을 양수한 한국자산관리공사에 대하여 대출계약의 무효를 주장할 수 없다고 한다(대판 2004. 1.15. 2002다31537).
>
> **비교판례** 계약해제로 인한 원상회복의무는 제3자의 권리를 해하지 못한다(제548조 제1항 단서). 이때 제3자의 범위와 관련하여 判例는 "그 해제된 계약으로부터 생긴 법률효과를 기초로 하여 '해제 전'에 새로운 이해관계를 가졌을 뿐 아니라 등기·인도 등으로 완전한 권리를 취득한 자"를 말한다고 하여(대판 2002.10.11. 2002다33502), 判例는 채권의 양수인이 취득한 권리는 채권에 불과하고 대세적 효력을 갖는 권리가 아니어서 (대항요건을 갖추었더라도) 채권의 양수인은 제3자에 해당하지 않는다고 한다(대판 2003.1.24. 2000다22850 등).

30

甲이 乙과의 사이에 X 토지를 매매하는 계약을 체결한 후 乙에 대한 매매잔대금채권을 丙에게 양도한 경우, 위 매매계약이 해제되면 丙은 선의라도 乙에 대하여 위 양수금을 청구할 수 없다. ○ | X

31

丙이 甲과 乙 사이의 매매계약에 기한 甲의 소유권이전등기청구권을 가압류하였다면, 그 후 乙이 甲의 대금지급의무 불이행을 이유로 매매계약을 해제하더라도 丙의 가압류권자로서의 지위는 보호된다. ○ | X

해설 제108조 제2항의 제3자와 제548조 제1항 단서의 제3자 비교

제108조 2항 등의 제3자는 '무효'인 의사표시를 바탕으로 새로운 이해관계를 가지면 되나, 제548조 1항 단서의 제3자는 '완전히 유효'한 계약을 바탕으로 새로운 이해관계를 가져야 하므로 후자의 경우에는 등기, 인도 등으로 완전한 권리를 취득한 자이어야 한다.

30 31 민법 제548조 제1항 단서에서 말하는 제3자란 일반적으로 그 해제된 계약으로부터 생긴 법률효과를 기초로 하여 해제 전에 새로운 이해관계를 가졌을 뿐 아니라 등기, 인도 등으로 완전한 권리를 취득한 자를 말하므로 계약상의 채권을 양수한 자나 그 채권 자체를 압류 또는 전부한 채권자는 여기서 말하는 제3자에 해당하지 아니한다(대판 2000.4.11. 99다 51685).

32

甲이 乙에게 매매를 원인으로 주택의 소유권이전등기를 마쳐주었으나, 매매계약이 적법하게 해제되고 乙 명의의 소유권이전등기가 말소된 경우에도 위 매매계약이 해제되기 전에 乙로부터 위 주택을 임차하여 인도와 주민등록을 마친 丙의 권리를 해하지 못한다. O | X

해설 제108조 2항의 제3자와 제548조 1항 단서의 제3자 비교

제108조 2항 등의 제3자는 '무효'인 의사표시를 바탕으로 새로운 이해관계를 가지면 되나, 제548조 1항 단서의 제3자는 '완전히 유효'한 계약을 바탕으로 새로운 이해관계를 가져야 하므로 후자의 경우에는 등기, 인도 등으로 완전한 권리를 취득한 자이어야 한다.

소유권을 취득하였다가 계약해제로 인하여 소유권을 상실하게 된 임대인으로부터 그 계약이 해제되기 전에 주택을 임차받아 주택의 인도와 주민등록을 마침으로써 같은 법 소정의 **대항요건을 갖춘 임차인**은 등기된 임차권자와 마찬가지로 제3자에 해당된다(대판 1996.8.20. 96다17653).

관련판례 判例는 '**주택을 인도받은 미등기매수인**'과 임대차계약을 체결하고 그 주택을 인도받아 전입신고를 마친자는 제3자에 해당한다고 한다(대판 2008.4.10. 2007다38908,38915).

그러나 미등기매수인의 임대권한이 처음부터 제한되어 있는 경우에는 제3자는 보호되지 않는다. 즉, 주택 매매계약에 부수하여 매매대금 수령 이전에 매수인에게 임대 권한을 부여한 경우, 이는 매매계약의 해제를 해제조건으로 한 것이고, 매도인으로부터 매매계약의 해제를 해제조건부로 전세 권한을 부여받은 매수인이 주택을 임대한 후 매도인과 매수인 사이의 매매계약이 해제됨으로써 해제조건이 성취되어 그 때부터 매수인이 주택을 전세 놓을 권한을 상실하게 되었다면, 임차인은 전세계약을 체결할 권한이 없는 자와 사이에 전세계약을 체결한 임차인과 마찬가지로 매도인에 대한 관계에서 그 주택에 대한 사용수익권을 주장할 수 없게 되어 매도인의 명도 청구에 대항할 수 없게 되는바, 이러한 법리는 임차인이 그 주택에 입주하고 주민등록까지 마쳐 주택 임대차보호법상의 대항요건을 구비하였거나 전세계약서에 확정일자를 부여받았다고 하더라도 마찬가지이다(대판 1995.12.12. 95다32037). 이 때 임차인은 매수인(임대인)의 보증금반환과 동시이행으로 매도인에게 목적물인도를 하겠다는 동시이행의 항변을 행사할 수 없다(대판 1990.12.7. 90다카24939).

33

임대차보증금반환채권이 양도된 후 양수인의 채권자가 임대차보증금반환채권에 대하여 채권압류 및 추심명령을 받았는데, 임대차보증금반환채권 양도계약이 통정허위표시로서 무효인 경우 양수인의 채권자는 채권의 추심권능만을 부여받은 자여서 통정허위표시에 관한 「민법」 제108조 제2항의 제3자에 해당하지 않는다. O | X

정답 | **28** × **29** ○ **30** ○ **31** × **32** ○ **33** ×

임대차보증금반환채권이 양도된 후 양수인의 채권자가 임대차보증금반환채권에 대하여 채권압류 및 추심명령을 받았는데 임대차보증금반환채권 양도계약이 허위표시로서 무효인 경우 채권자는 그로 인해 외형상 형성된 법률관계를 기초로 실질적으로 새로운 법률상 이해관계를 맺은 제3자에 해당한다(대판 2014.4.10. 2013다59753).

➡ 가장양도된 채권에 대하여 그 양수인의 채권자가 채권압류 및 '추심명령'을 받은 경우에는 단순히 추심권을 취득한 자에 불과한 것이 아니라, 허위의 양도계약을 기초로 실질적으로 새로운 법률상 이해관계를 맺은 제3자에 해당한다고 한다(대판 2014.4.10. 2013다59753).

34

통정허위표시의 무효는 선의의 제3자에게 대항하지 못하는데, 이 때 제3자는 자신이 선의라는 사실을 주장·입증하여야 한다. ○ | X

해설 민법 제108조 제1항에서 상대방과 통정한 허위의 의사표시를 무효로 규정하고, 제2항에서 그 의사표시의 무효는 선의의 제3자에게 대항하지 못한다고 규정하고 있는데, 여기에서 **제3자는 특별한 사정이 없는 한 선의로 추정**할 것이므로, 제3자가 악의라는 사실에 관한 주장·입증책임은 그 허위표시의 무효를 주장하는 자에게 있다(대판 1970.9.29. 70다466).

35

민법 제108조 제1항에서 상대방과 통정한 허위의 의사표시를 무효로 규정하고, 제2항에서 그 의사표시의 무효는 선의의 제3자에게 대항하지 못한다고 규정하고 있는데, 여기에서 제3자는 특별한 사정이 없는 한 선의로 추정할 것이므로, 제3자가 악의라는 사실에 관한 주장·입증책임은 그 허위표시의 무효를 주장하는 자에게 있다. ○ | X

해설 제3자는 특별한 사정이 없는 한 선의로 추정되므로, 허위표시를 한 부동산 양도인이 제3자에 대하여 소유권을 주장하려면 제3자가 악의라는 사실을 주장·입증하여야 한다고 한다(대판 2006.3.10. 2002다1321).

36

통정한 허위표시에 의하여 외형상 형성된 법률관계로 생긴 채권을 가압류한 경우, 그 가압류권자는 허위표시에 기초하여 새로운 법률상 이해관계를 가지게 되므로 민법 제108조 제2항의 제3자에 해당한다고 봄이 상당하고, 또한 민법 제108조 제2항의 제3자는 선의이면 족하고 무과실은 요건이 아니다. ○ | X

해설 대판 2006.3.10. 2002다1321 참조

정답 | **34** X **35** ○ **36** ○

01

의사표시는 법률행위의 내용의 중요부분에 착오가 있는 때에는 (취소할 수 있다 / 무효로 한다). 그러나 그 착오가 표의자의 중대한과실로 인한 때에는 그러하지 아니하다.　　　　　　　　　　　　　　　O | X

> **해설** 의사표시는 법률행위의 내용의 중요부분에 착오가 있는 때에는 **취소할 수 있다**. 그러나 그 착오가 표의자의 중대한 과실로 인한 때에는 그러하지 아니하다(제109조 제1항).

02

당사자의 합의로 착오로 인한 의사표시 취소에 관한 민법 제109조 제1항의 적용을 배제할 수 있다.

O | X

03

민법 제109조는 그 적용을 배제하는 취지의 별도의 규정이 있거나 당사자의 합의로 그 적용을 배제하는 등의 특별한 사정이 없는 한 원칙적으로 모든 사법상의 의사표시에 적용된다.　　　　　O | X

> **해설** **02 03** 의사표시는 법률행위의 내용의 중요 부분에 착오가 있는 때에는 취소할 수 있고, 의사표시의 동기에 착오가 있는 경우에는 당사자 사이에 그 동기를 의사표시의 내용으로 삼았을 때에 한하여 의사표시의 내용의 착오가 되어 취소할 수 있는 것이다. 그리고 **당사자의 합의로 착오로 인한 의사표시 취소에 관한 민법 제109조 제1항의 적용을 배제할 수 있다**(대판 2016.4.15. 2013다97694).

04

계약을 체결함에 있어 당해 계약으로 인한 법률효과에 관하여 제대로 알지 못하였다 하더라도 이는 계약체결에 관한 의사표시의 착오의 문제가 될 뿐이고, 계약이 쌍방의사의 불합치로 성립되지 않은 것은 아니다.

O | X

> **해설** 계약의 성립을 위한 의사표시의 객관적 합치 여부를 판단함에 있어, 처분문서인 계약서가 있는 경우에는 특별한 사정이 없는 한 계약서에 기재된 대로의 의사표시의 존재 및 내용을 인정하여야 하고, **계약을 체결함에 있어 당해 계약으로 인한 법률효과에 관하여 제대로 알지 못하였다 하더라도 이는 계약체결에 관한 의사표시의 착오의 문제가 될 뿐이다**(대판 2009.4.23. 2008다96291).

05 17서기보

표의자가 행위를 할 당시에 장래에 있을 어떤 사항의 발생이 미필적임을 알아 그 발생을 예기한 데 지나지 않는 경우는 표의자의 심리상태에 인식과 대조에 불일치가 있다고 할 수 없어 착오로 다룰 수 없다.

○ | X

> **해설** 判例는 일반적으로 착오를 의사표시의 내용과 내심의 의사가 일치하지 않는 것을 표시자가 모르는 것이라고 한다 (대판 1985.4.23. 84다카890). **특히 判例는 '장래의 불확실한 사실자체'에 관한 것이라도 착오에 해당한다고 하나**(대판 1994.6.10. 93다24810; 장래에 부과될 양도소득세 등의 세액에 관한 착오), **이와 달리 단순히 '장래의 미필적 사실의 발 생에 대한 기대나 예상'이 빗나간 것에 불과한 것은 착오라고 할 수 없다**고 한다(대판 2011.6.24. 2008다44368 등).

06 14/15/17/21서기보

동기의 착오를 이유로 법률행위를 취소하려면 당사자들 사이에 별도로 그 동기를 의사표시의 내용으로 삼기로 하는 합의까지 이루어져야 한다.

07 21법원행시

동기의 착오가 법률행위의 내용 중 중요부분의 착오에 해당함을 이유로 표의자가 법률행위를 취소하려면 당사자들 사이에 별도로 그 동기를 의사표시의 내용으로 삼기로 하는 합의가 이루어져야 하는 것 외에, 그 법률행위의 내용의 착오가 보통 일반인이 표의자의 처지에 있었더라면 그와 같은 의사표시를 하지 아니하였으리라고 여겨질 정도로 중요한 부분에 관한 것이어야 한다.

○ | X

08 21사무관

동기의 착오가 법률행위의 내용의 중요부분의 착오에 해당함을 이유로 표의자가 법률행위를 취소하려면 일반인이 표의자의 입장에 섰더라면 그와 같은 의사표시를 하지 아니하였으리라고 여겨질 정도로 그 착오가 중요한 부분에 관한 것이어야 한다.

○ | X

09 11서기보

동기의 착오를 이유로 의사표시를 취소하기 위해서는 그 동기가 상대방에게 표시되고 의사표시내용의 중요부분의 착오로 인정되는 경우이어야 한다.

○ | X

10 17법원행시, 20법무사

동기의 착오가 법률행위의 내용의 중요부분의 착오에 해당함을 이유로 표의자가 법률행위를 취소하려면 그 동기를 당해 의사표시의 내용으로 삼을 것을 상대방에게 표시하고 의사표시의 해석상 법률행위의 내용으로 되어 있다는 것으로는 부족하고 당사자들 사이에 그 동기를 의사표시의 내용으로 삼기로 하는 합의가 이루어져야 한다.

○ | X

해설 **06 07 08 09 10** 동기의 착오가 법률행위의 내용의 중요부분의 착오에 해당함을 이유로 표의자가 법률행위를 취소하려면 그 동기를 당해 의사표시의 내용으로 삼을 것을 상대방에게 표시하고 의사표시의 해석상 법률행위의 내용으로 되어 있다고 인정되면 충분하고 당사자들 사이에 별도로 그 동기를 의사표시의 내용으로 삼기로 하는 합의까지 이루어질 필요는 없지만, 그 법률행위의 내용의 착오는 보통 일반인이 표의자의 입장에 섰더라면 그와 같은 의사표시를 하지 아니하였으리라고 여겨질 정도로 그 착오가 중요한 부분에 관한 것이어야 한다(대판 2000.5.12. 2000다12259).

➡ 매매대상 토지 중 20~30평 가량만 도로에 편입될 것이라는 중개인의 말을 믿고 주택 신축을 위하여 토지를 매수하였고 그와 같은 사정이 계약 체결 과정에서 현출되어 매도인도 이를 알고 있었는데 실제로는 전체 면적의 약 30%에 해당하는 197평이 도로에 편입된 경우, 동기의 착오를 이유로 매매계약의 취소를 인정한 사례이다.

11

11서기보, 17주사보

착오가 상대방에 의하여 유발된 경우에는 굳이 그러한 동기를 표의자가 상대방에게 표시하지 않았더라도 의사표시의 취소가 가능하다. ○|X

해설 귀속해제된 토지인데도 귀속재산인줄로 잘못 알고 국가에 증여를 한 경우 이러한 착오는 일종의 동기의 착오라 할 것이나 그 동기를 제공한 것이 관계 공무원이었고 그러한 동기의 제공이 없었더라면 위 토지를 선뜻 국가에게 증여하지는 않았을 것이라면 그 동기는 증여행위의 중요부분을 이룬다고 할 것이므로 뒤늦게 그 착오를 알아차리고 증여계약을 취소했다면 그 취소는 적법하다(대판 1978.7.11. 78다719).

➡ 판례는 동기가 상대방으로부터 제공되거나 유발된 경우 동시의 표시 여부를 묻지 않고 대부분 법률행위의 중요부분을 인정하여 취소를 인정한다(대판 1996.7.26. 94다25964 등).

12

출제예상

甲은 국유지인 X 대지 위에 Y 건물을 신축하여 국가에 기부채납하는 대신 X 대지 및 Y 건물에 대한 사용수익권을 받기로 약정하였다. 사용수익허가의 조건은 건물의 감정평가액 8억 원을 기부채납금액으로 하고 대지 및 건물의 연간사용료를 2억 원으로 하여 사용료 합계가 기부채납액에 달하는 기간 동안의 사용료를 면제하는 것이었다. 그 과정에서 甲과 국가는 기부채납이 부가가치세 부과대상인 줄을 모르고 계약조건을 결정하였다. 후에 甲에게 기부채납에 대하여 1억 원의 부가가치세가 부과되었다. 判例는 이러한 경우에 당사자가 부가가치세에 관한 착오가 없었더라면 약정하였을 것으로 보이는 내용으로 당사자의 의사를 보충하여 계약을 해석할 가능성이 있다는 입장이다. ○|X

13

계약당사자 쌍방이 계약의 전제나 기초가 되는 사항에 관하여 같은 내용으로 착오가 있고 이로 인하여 그에 관한 구체적 약정을 하지 아니하였다면, 당사자가 그러한 착오가 없을 때에 약정하였을 것으로 보이는 내용으로 당사자의 의사를 보충하여 계약을 해석할 수 있는바, 여기서 보충되는 당사자의 의사는 당사자의 실제 의사 또는 주관적 의사가 아니라 계약의 목적, 거래관행, 적용법규, 신의칙 등에 비추어 객관적으로 추인되는 정당한 이익조정 의사를 말한다. O I X

> **해설** 당사자 쌍방의 공통하는 동기의 착오(보충적 해석)
>
> **判例의 경우 최근에 명시적으로 '보충적 해석'에 의한 수정가능성을 인정하였으나, 실제로 대부분의 判例에서는 의사표시가 법률행위의 중요부분일 경우 취소를 인정하여 왔다**(대판 2006.11.23. 2005다13288).
>
> 계약당사자 쌍방이 계약의 전제나 기초가 되는 사항에 관하여 같은 내용으로 착오가 있고 이로 인하여 그에 관한 구체적 약정을 하지 아니하였다면, **당사자가 그러한 착오가 없을 때에 약정하였을 것으로 보이는 내용으로 당사자의 의사를 보충하여 계약을 해석할 수 있는바**, 여기서 보충되는 당사자의 의사는 당사자의 실제 의사 또는 주관적 의사가 아니라 계약의 목적, 거래관행, 적용법규, 신의칙 등에 비추어 객관적으로 추인되는 정당한 이익조정 의사를 말한다(대판 2006.11.23. 2005다13288).
>
> ➡ 위 판결은 공통착오로 인해 일정한 의사표시를 하지 않은 경우, 그 의사표시의 흠결을 보충적 해석을 통해 메울 수 있는 가능성이 있음을 인정하였다.

14

매도인의 대리인이, 매도인이 납부하여야 할 양도소득세 등의 세액이 매수인이 부담하기로 한 금액뿐이므로 매도인의 부담은 없을 것이라는 착오를 일으키지 않았더라면 매수인과 매매계약을 체결하지 않았거나 아니면 적어도 동일한 내용으로 계약을 체결하지는 않았을 것임이 명백하고, 나아가 매도인이 그와 같이 착오를 일으키게 된 계기를 제공한 원인이 매수인측에 있을 뿐만 아니라 매수인도 매도인이 납부하여야 할 세액에 관하여 매도인과 동일한 착오에 빠져 있었다면, 매도인의 위와 같은 착오는 매매계약의 내용의 중요부분에 관한 것에 해당한다. O I X

> **해설** 매수인이 부담하기로 한 양도세액의 착오를 이유로 매도인이 매매계약을 취소할 수 있는지 여부(대판 1994.6.10. 93다24810)

15

화해계약의 의사표시에 착오가 있더라도 이것이 당사자의 자격이나 화해계약의 대상인 분쟁 이외의 사항에 관한 것이 아니고 분쟁의 대상인 법률관계 자체에 관한 것일 때에는 이를 취소할 수 없다. O I X

> **해설** 화해는 당사자가 사실에 반한다는 것을 감수하면서 서로 양보하여 분쟁을 종료시키는 데에 목적을 두는 계약이므로, 화해의 목적인 **'분쟁사항'**이 사실과 다르더라도 착오를 이유로 취소하는 것은 허용되지 않는다(제733조 본문). 따라서 **'분쟁 이외의 사항'**에 착오가 있는 때에는, 착오를 이유로 화해계약을 취소할 수 있다(제733조 단서). 여기서 **'분쟁 이외의 사항'**이라 함은 분쟁의 대상이 아니라 그 분쟁의 전제 또는 기초가 된 사항으로서, 쌍방 당사자 사이에 다툼이 없어 양보의 대상이 되지 않았던 사실을 말한다(대판 1997.4.11. 95다48414).

16

보험회사가 설명의무를 위반하여 고객이 보험계약의 중요사항에 관하여 제대로 이해하지 못한 채 착오에 빠져 보험계약을 체결한 경우, 그 착오가 동기의 착오에 불과하더라도 착오가 없었다면 보험계약을 체결하지 않았거나 적어도 동일한 내용으로 보험계약을 체결하지 않았을 것임이 명백하다면 이를 이유로 보험계약을 취소할 수 있다. ○ | ✕

> **해설** 중요부분의 착오
> 보험약관만으로 보험계약의 중요사항을 설명하기 어려운 경우에는 보험회사 또는 보험모집종사자는 상품설명서 등 적절한 추가자료를 활용하는 등의 방법을 통하여 개별 보험상품의 특성과 위험성에 관한 보험계약의 중요사항을 고객이 이해할 수 있도록 설명하여야 한다. **보험회사 또는 보험모집종사자가 설명의무를 위반하여 고객이 보험계약의 중요사항에 관하여 제대로 이해하지 못한 채 착오에 빠져 보험계약을 체결한 경우**, 그러한 착오가 동기의 착오에 불과하다고 하더라도 그러한 착오를 일으키지 않더라면 보험계약을 체결하지 않았거나 아니면 적어도 동일한 내용으로 보험계약을 체결하지 않았을 것이 명백하다면, 위와 같은 착오는 보험계약의 내용의 중요부분에 관한 것에 해당하므로 이를 이유로 **보험계약을 취소할 수 있다**(대판 2018.4.12. 2017다229536).

17

토지를 시가보다 비싸게 산 경우 착오에 의한 의사표시를 이유로 취소할 수 없다. ○ | ✕

18

토지의 매매가를 감정기관의 착오로 가격을 지나치게 높게 초과해서 청구한 경우, 정당한 감정가 보다 초과된 부분의 일부 착오취소는 인정되지 않는다. ○ | ✕

> **해설** **17 18** 매매거래에 있어서 매도인이 매도당시 목적물의 시가를 몰라서 대금과 시가에 간격이 생겨도 이는 의사결정의 연유(동기)의 착오에 불과하다(대판 1992.10.23. 92다29337). 이것은 매수인이 목적물의 시가를 모르고 매수하는 경우에도 같다(대판 1985.4.23. 84다카890). 다만 **매매목적물의 시가는 중요부분의 착오가 아니나**(대판 1984.4.10. 81다239), 시가차이가 현저한 경우 중요부분의 착오가 될 수 있고, 이때에는 '일부취소'가 가능하다(대판 1998.2.10. 97다44737).

정답 | **13** ○ **14** ○ **15** ○ **16** ○ **17** ○ **18** ✕

19 출제예상

토지매매에서 매수인에게 측량을 하거나 지적도와 대조하는 등의 방법으로 매매목적물이 지적도상의 그것과 정확히 일치하는지 여부를 미리 확인하여야 할 주의의무가 있다. 따라서 매수인은 토지의 현황과 경계에 착오가 있다고 하더라도 착오를 이유로 취소할 수 없다. ○|X

해설 토지의 현황과 경계에 착오가 있어 계약을 체결하기 전에 이를 알았다면 계약의 목적을 달성할 수 없음이 명백하여 계약을 체결하지 않았을 것으로 평가할 수 있을 경우에 계약의 **중요부분에 관한 착오가 인정**된다. 법률행위 내용의 중요부분에 착오가 있는 때에는 그 의사표시를 취소할 수 있으나 그 착오가 표의자의 중대한 과실로 인한 때에는 취소하지 못한다. 여기서 '중대한 과실'이란 표의자의 직업, 행위의 종류, 목적 등에 비추어 보통 요구되는 주의를 현저히 게을리한 것을 의미한다. **토지매매에서 특별한 사정이 없는 한 매수인에게 측량을 하거나 지적도와 대조하는 등의 방법으로 매매목적물이 지적도상의 그것과 정확히 일치하는지 여부를 미리 확인하여야 할 주의의무가 있다고 볼 수 없다**(대판 2020.3.26. 2019다288232).

20 21서기보

소취하합의의 의사표시는 법률행위의 내용의 중요부분에 착오가 있음을 이유로 취소할 수 없다. ○|X

해설 소취하합의의 의사표시 역시 민법 제109조에 따라 법률행위의 내용의 중요 부분에 착오가 있는 때에는 취소할 수 있을 것이다. 이때 착오를 이유로 의사표시를 취소하는 자는 법률행위의 내용에 착오가 있었다는 사실과 함께 착오가 의사표시에 결정적인 영향을 미쳤다는 점, 즉 만일 착오가 없었더라면 의사표시를 하지 않았을 것이라는 점을 증명하여야 한다(대판 2020.10.15. 2020다227523,227530).

21 17서기보

착오로 인하여 표의자가 경제적인 불이익을 입은 것이 아니라고 하더라도 법률행위 내용의 중요부분의 착오가 될 수 있다. ○|X

22 15서기보, 18사무관, 20법무사

착오가 법률행위 내용의 중요 부분에 있다고 하기 위해서는 표의자에 의하여 추구된 목적을 고려하여 합리적으로 판단하여 볼 때 표시와 의사의 불일치가 객관적으로 현저하여야 하고, 만일 그 착오로 인하여 표의자가 무슨 경제적인 불이익을 입은 것이 아니라고 한다면 이를 법률행위 내용의 중요 부분의 착오라고 할 수 없다. ○|X

해설 **21 22** 착오를 이유로 취소하기 위해서는 법률행위 내용의 중요부분에 착오가 있어야 하는바(제109조 제1항), 이에 대한 판단은 判例에 따르면 이른바 '**이중적 기준설**'에 따라 행하여진다(대판 2003.4.11, 2002다70884 등). ⅰ) 우선 표의자가 그러한 착오가 없었더라면 그 의사표시를 하지 않았으리라고 생각될 정도로 중요한 것이어야 한다(주관적 현저성). ⅱ) 다음으로, 일반인도 표의자의 입장에 섰더라면 그러한 의사표시를 하지 않았으리라고 생각될 정도로 중요한 것이어야 한다(객관적 현저성).

다만 최근의 判例는 "착오로 인하여 **표의자가 경제적 불이익을 입은 것이 아니라면**, 이를 법률행위 내용의 중요부분의 착오라 할 수 없다"(대판 2006.12.7. 2006다41457)라고 하였는데, 이는 객관적 현저성이 결여되었음을 의미하는 것으로 보인다.

23

착오가 법률행위 내용의 중요 부분에 있다고 하기 위하여는 표의자에 의하여 추구된 목적을 고려하여 합리적으로 판단하여 볼 때 표시와 의사의 불일치가 객관적으로 현저하여야 하고, 만일 그 착오로 인하여 표의자가 무슨 경제적인 불이익을 입은 것이 아니라고 한다면 이를 법률행위 내용의 중요 부분의 착오라고 할 수 없다. ○ | X

해설 착오로 인하여 표의자가 경제적 불이익을 입지 아니한 경우, 법률행위 내용의 중요 부분의 착오라고 볼 수 있는지 여부(소극)

착오가 법률행위 내용의 중요 부분에 있다고 하기 위하여는 표의자에 의하여 추구된 목적을 고려하여 합리적으로 판단하여 볼 때 표시와 의사의 불일치가 객관적으로 현저하여야 하고, 만일 그 착오로 인하여 표의자가 무슨 경제적인 불이익을 입은 것이 아니라고 한다면 이를 법률행위 내용의 중요 부분의 착오라고 할 수 없다(대판 1999.2.23. 98다47924).

➡ 군유지로 등기된 군립공원 내에 건물 기타 영구 시설물을 지어 이를 군(郡)에 기부채납하고 그 부지 및 기부채납한 시설물을 사용하기로 약정하였으나 후에 그 부지가 군유지가 아니라 이(里) 주민의 총유로 밝혀진 사안에서, 군수가 여전히 공원 관리청이고 기부채납자의 관리권이 계속 보장되는 점에 비추어 소유권 귀속에 대한 착오가 기부채납의 중요 부분에 관한 착오라고 볼 수 없다고 한 사례이다.

24

주채무자의 차용금반환채무를 보증할 의사로 공정증서에 연대보증인으로 서명·날인하였으나 그 공정증서가 주채무자의 기존의 구상금채무 등에 관한 준소비대차계약의 공정증서이었던 경우, 법률행위의 내용의 중요부분에 착오가 있다고 할 수 있다. ○ | X

해설 착오로 인하여 표의자가 경제적 불이익을 입지 아니한 경우, 법률행위 내용의 중요 부분의 착오라고 볼 수 있는지 여부(소극)

주채무자의 차용금반환채무를 보증할 의사로 공정증서에 연대보증인으로 서명·날인하였으나 그 공정증서가 주채무자의 기존의 구상금채무 등에 관한 준소비대차계약의 공정증서이었던 경우, **소비대차계약과 준소비대차계약의 법률효과는 동일**하므로 공정증서가 연대보증인의 의사와 다른 법률효과를 발생시키는 내용의 서면이라고 할 수 없어 **표시와 의사의 불일치가 객관적으로 현저한 경우에 해당하지 않을 뿐만 아니라,** 연대보증인은 주채무자가 채권자에게 부담하는 차용금반환채무를 연대보증할 의사가 있었던 이상 착오로 인하여 경제적인 불이익을 입었거나 장차 불이익을 당할 염려도 없으므로 위와 같은 착오는 연대보증계약의 중요 부분의 착오가 아니다(대판 2006.12.7. 2006다41457).

정답 | **19** × **20** × **21** × **22** ○ **23** ○ **24** ×

25

甲이 채무자란이 백지로 된 근저당권설정계약서를 제시받고 그 채무자가 乙인 것으로 알고 근저당권설정 자로 서명날인을 하였는데 그 후 채무자가 丙으로 되어 근저당권설정등기가 경료된 경우 법률행위 내용 의 중요부분에 관한 착오에 해당한다. ○ | X

> 해설 근저당권설정계약상 '채무자의 동일성'에 관한 착오가 법률행위 내용의 중요부분에 관한 착오인지 여부(대판 1995.
> 12.22. 95다37087)

26

매매대상 토지 중 20~30평 가량만 도로에 편입될 것이라는 중개인의 말을 믿고 주택 신축을 위하여 토 지를 매수하였고 그와 같은 사정이 계약 체결 과정에서 현출되어 매도인도 이를 알고 있었는데 실제로는 전체 면적의 약 30%에 해당하는 197평이 도로에 편입된 경우, 중요부분에 착오가 있는 경우에 해당한다.
○ | X

> 해설 대판 2000.5.12. 2000다12259

27

표의자가 행위를 할 당시에 장래에 있을 어떤 사항의 발생이 미필적임을 알아 그 발생을 예기한 데 지나 지 않는 경우는, 표의자의 심리상태에 인식과 대조에 불일치가 있다고 할 수 없어 착오로 다룰 수는 없다 할 것이다. ○ | X

> 해설 민법 제108조의 '착오'의 의미 및 미필적 인식에 기초한 단순한 기대가 이루어지지 않은 것을 착오로 볼 수 있는지 여부
> 민법 제109조의 의사표시에 착오가 있다고 하려면 법률행위를 할 당시에 실제로 없는 사실을 있는 사실로 잘못 깨닫거나 아니면 실제로 있는 사실을 없는 것으로 잘못 생각하듯이 표의자의 인식과 그 대조사실이 어긋나는 경우라야 할 것이므로, 표의자가 행위를 할 당시에 장래에 있을 어떤 사항의 발생이 미필적임을 알아 그 발생을 예기한 데 지나지 않는 경우는, 표의자의 심리상태에 인식과 대조에 불일치가 있다고 할 수 없어 착오로 다룰 수는 없다 할 것이다(대판 1972.3.28. 71다 2193).

28

착오에 의한 의사표시에서 취소할 수 없는 표의자의 '중대한 과실'이라 함은 표의자의 직업, 행위의 종류, 목적 등에 비추어 보통 요구되는 주의를 현저히 결여하는 것을 의미한다. ○ | X

> 해설 대판 2000.5.12. 2000다12259

29

착오를 이유로 의사표시를 취소하는 자는 법률행위의 내용에 착오가 있었다는 사실과 함께 그 착오가 의사표시에 결정적인 영향을 미쳤다는 점, 즉 만약 그 착오가 없었더라면 의사표시를 하지 않았을 것이라는 점을 증명하여야 한다. ○ | ×

해설 대판 2008.1.17. 2007다74188

30

원고가 피고를 상대로 매매계약의 이행을 청구하는 소송에서 피고가 착오를 이유로 매매계약의 취소를 주장하는 경우, 피고는 착오가 자신의 중대한 과실에 의한 것이 아니라는 점에 대한 증명책임을 진다. ○ | ×

해설 표의자에게 '중대한 과실'이 없을 것은 재항변 사유에 해당한다. 따라서 원고가 피고를 상대로 이행을 청구할 경우, 피고는 착오를 이유로 매매계약의 취소를 주장할 수 있고, 원고는 착오가 피고의 중대한 과실이라는 점에 대한 증명책임을 진다. 判例도 "민법 제109조 제1항 단서에서 규정하는 착오한 표의자의 중대한 과실 유무에 관한 주장과 입증책임은 착오자가 아니라 의사표시를 취소하게 하지 않으려는 상대방에게 있는 것"(대판 2005.5.12. 2005다6228)이라고 판시하였다.

31

민법 제109조 제1항 단서는 의사표시의 착오가 표의자의 중대한 과실로 인한 때에는 그 의사표시를 취소하지 못한다고 규정하고 있으므로, 상대방이 표의자의 착오를 알고 이를 이용한 경우라고 하더라도 그 착오가 표의자의 중대한 과실로 인한 것이라면 표의자는 그 의사표시를 취소할 수 없다. ○ | ×

해설 상대방이 표의자의 착오를 알면서 이용한 경우
착오가 표의자의 중대한 과실로 인한 때에는 취소하지 못한다(제109조 제1항 단서). 그러나 **상대방이 표의자의 착오를 알면서 이를 이용한 경우에는 표의자에게 중대한 과실이 있더라도 표의자는 그 의사표시를 취소할 수 있다**(대판 1955.11.10. 4288민상321; 대판 2014.11.27. 2013다49794). 이러한 경우에는 상대방의 보호가치가 부정되므로 제109조 제1항 단서의 적용이 배제되어야 하고, 또한 상대방이 표의자의 중대한 과실을 원용하여 표의자의 취소권을 부인하는 것은 신의칙에 반하기 때문이다.

32

민법 제109조는 의사표시에 착오가 있는 경우 이를 취소할 수 있도록 하여 표의자를 보호하면서도, 그 착오가 법률행위의 내용의 중요 부분에 관한 것이 아니거나 표의자의 중대한 과실로 인한 경우에는 그 취소권 행사를 제한하는 한편, 표의자가 의사표시를 취소하는 경우에도 그 취소로 선의의 제3자에게 대항하지 못하도록 하여 거래의 안전과 상대방의 신뢰를 아울러 보호하고 있다.　　O | X

> **해설** 상대방이 표의자의 착오를 알고 이를 이용한 경우에는 착오가 표의자의 중대한 과실로 인한 것이라고 하더라도 표의자는 의사표시를 취소할 수 있다(대판 2014.11.27. 2013다49794).

33

의사표시는 법률행위 내용의 중요부분에 착오가 있는 때에는 무효로 하며, 그 무효는 선의의 제3자에게 대항하지 못한다.　　O | X

> **해설** 착오에 의한 의사표시는 **취소할 수 있고**(제109조 제1항), **취소되면** 처음부터 무효로 될 뿐이다(제141조).

34

경과실에 의한 착오를 이유로 의사표시를 취소한 자는 상대방이 그 의사표시의 유효를 믿었음으로 인하여 발생한 손해에 대해 불법행위 책임을 진다.　　O | X

> **해설** 경과실 표의자의 상대방에 대한 신뢰이익 배상책임
> 독일과 달리 우리 민법에는 착오를 이유로 취소를 한 자의 배상책임규정이 없어 인정 여부가 문제된다. 이에 대해 判例는 전문건설공제조합이 경과실로 인하여 착오에 빠져 계약보증서를 발급하고 그 착오를 이유로 보증계약을 취소하자 상대방이 제750조의 불법행위로 인한 손해배상을 청구한 사안에서 " ⅰ) (경)과실로 인하여 착오에 빠져 계약을 체결한 것과, ⅱ) 그 착오를 이유로 계약을 취소한 것 모두 '**위법**'하다고는 **할 수 없다**(대판 1997.8.22. 97다카13023)고 하여 불법행위 **책임을 부정**하고 있다.
> 결국 判例에 의하면 표의자에게 착오에 대한 경과실이 있더라도 중과실이 아닌 이상 법률행위를 취소할 수 있으며, 취소로 인해 상대방이 손해를 입더라도 계약을 취소한 것이 위법하다 할 수 없어 불법행위로 인한 손해배상책임은 부정된다.

35

기망행위로 인하여 법률행위의 내용으로 표시되지 아니한 의사결정의 동기에 관하여 착오를 일으킨 경우, 표의자는 그 법률행위를 사기에 의한 의사표시로서 취소할 수 있다.　　O | X

신원보증서류에 서명날인한다는 착각에 빠진 상태로 연대보증의 서면에 서명날인한 경우, 위와 같은 행위는 표시상의 착오에 해당하므로, 비록 위와 같은 착오가 제3자의 기망행위에 의하여 일어난 것이라 하더라도 그에 관하여는 사기에 의한 의사표시에 관한 법리, 특히 상대방이 그러한 제3자의 기망행위 사실을 알았거나 알 수 있었을 경우가 아닌 한 의사표시자가 취소권을 행사할 수 없다는 민법 제110조 제2항의 규정을 적용할 것이 아니라, 착오에 의한 의사표시에 관한 법리만을 적용하여 취소권 행사의 가부를 가려야 한다. ○│×

> **해설** 착오취소제도와 사기취소제도와의 관계
>
> **35** [경합긍정] 판례는 타인의 **기망행위에 의하여 '동기의 착오'가 발생**한 때에는 사기와 착오의 경합을 인정한다(대판 1969.6.24. 68다1749).
>
> **36** [경합부정] 그러나 **타인의 기망행위에 의하여 '표시상의 착오'가 발생**한 경우에는 사기를 이유로 취소할 수 없고, 착오를 이유로만 취소할 수 있다고 한다. 즉, "사기에 의한 의사표시란 타인의 기망행위로 말미암아 착오에 빠지게 된 결과 어떠한 의사표시를 하게 되는 경우이므로 거기에는 의사와 표시의 불일치가 있을 수 없고, 단지 의사의 형성과정 즉 의사표시의 동기에 착오가 있는 것에 불과하며, 이 점에서 고유한 의미의 착오에 의한 의사표시와 구분되는데, **제3자의 기망행위에 의하여 신원보증서류에 서명날인한다는 착각에 빠진 상태로 연대보증의 서면에 서명날인한 경우 이른바 표시상의 착오에 해당하므로**, 특히 상대방이 그러한 제3자의 기망행위 사실을 알았거나 알 수 있었을 경우가 아닌 한 의사표시자가 취소권을 행사할 수 없다는 민법 제110조 제2항의 규정을 적용할 것이 아니라, 착오에 의한 의사표시에 관한 법리만을 적용하여 취소권 행사의 가부를 가려야 한다(대판 2005.5.27. 2004다43824).

매도인의 하자담보책임이 성립하는 경우에는 매매계약 내용의 중요 부분에 착오가 있는 경우에도 매수인이 착오를 이유로 매매계약을 취소할 수 없다. ○│×

> **해설** 착오취소와 담보책임의 경합
>
> 判例는 "착오로 인한 취소 제도와 매도인의 하자담보책임 제도는 취지가 서로 다르고, 요건과 효과도 구별된다. 따라서 매매계약 내용의 중요 부분에 착오가 있는 경우 매수인은 매도인의 하자담보책임이 성립하는지와 상관없이 착오를 이유로 매매계약을 취소할 수 있다"(대판 2018.9.13. 2015다78703)라고 판시하여 **제580조와 제109조의 경합을 처음으로 명시적으로 인정**하였다. 따라서 이러한 判例에 따르면 설령 하자를 안 날로부터 6개월이 지났더라도(제582조), 제146조의 제척기간이 지나지 않았다면 착오를 이유로 취소할 수 있다.

정답│ **32** × **33** × **34** × **35** ○ **36** ○ **37** ×

38

매도인이 매수인의 중도금 지급채무 불이행을 이유로 매매계약을 적법하게 해제한 후라도 매수인으로서는 상대방이 한 계약해제의 효과로서 발생하는 손해배상책임을 지거나 매매계약에 따른 계약금의 반환을 받을 수 없는 불이익을 면하기 위하여 착오를 이유로 한 취소권을 행사할 수 없다. ○ | ×

> **해설** 착오취소와 해제의 경합
> 判例는 **매도인이 매수인의 중도금 지급 채무불이행을 이유로 매매계약을 적법하게 해제한 후에도**(소급적 소멸), **매수인이 착오를 이유로 취소권을 행사하여 매매계약 전체를 무효로 돌릴 수 있다**고 판시하여 경합을 인정한다(대판 1996.12.6. 95다24982). 왜냐하면 무효와 취소의 '이중효'의 이론적 측면뿐만 아니라 이를 인정할 경우 매수인으로서는 계약해제의 효과로서 발생하는 손해배상책임을 지는 불이익(제548조·제551조)을 피할 수 있는 실익도 있기 때문이다.

39

甲은 乙의 기망에 의해 신원보증서류에 서명날인한다는 착각에 빠져 乙의 丙에 대한 채무를 보증하는 서면에 서명날인하였다. 이에 관한 설명 중 옳은 것(○)과 옳지 않은 것(×)을 올바르게 조합한 것은? (각 지문은 독립적이며, 다툼이 있는 경우 판례에 의함)

> ㄱ. 丙이 乙의 기망사실을 알았거나 알 수 있었다면 甲은 사기에 의한 의사표시를 이유로 丙과의 보증계약을 취소할 수 있다.
> ㄴ. 乙과 丙이 공모하여 甲을 기망하였다면 甲은 상대방에 의해 유발된 동기의 착오를 이유로 丙과의 보증계약을 취소할 수 있다.
> ㄷ. 甲이 착각에 빠진 점에 관하여 설사 중과실이 있다 하더라도 丙이 이를 알고 이용한 경우에는 甲은 착오를 이유로 丙과의 보증계약을 취소할 수 있다.
> ㄹ. 甲이 착각에 빠진 점에 관하여 경과실이 있는 경우, 甲의 착오를 이유로 한 취소가 허용되어 이로 인해 丙이 손해를 입었다면, 丙은 甲을 상대로 불법행위에 의한 손해배상을 청구할 수 있다.

① ㄱ(○), ㄴ(×), ㄷ(×), ㄹ(○) 　② ㄱ(○), ㄴ(○), ㄷ(×), ㄹ(×)

③ ㄱ(×), ㄴ(○), ㄷ(×), ㄹ(○) 　④ ㄱ(×), ㄴ(○), ㄷ(○), ㄹ(×)

⑤ ㄱ(×), ㄴ(×), ㄷ(○), ㄹ(×)

해설 ㄱ. [×] **법률행위 내용의 착오와 사기의 경합**

判例는 타인의 기망행위에 의하여 '동기의 착오'가 발생한 때에는 사기와 착오의 경합을 인정한다(대판 1969.6.24. 68다1749). 그러나 **타인의 기망행위에 의하여 '표시상의 착오'가 발생한 경우에는 사기를 이유로 취소할 수 없고, 착오를 이유로만 취소할 수 있다**고 한다.

즉, 사기에 의한 의사표시란 타인의 기망행위로 말미암아 착오에 빠지게 된 결과 어떠한 의사표시를 하게 되는 경우이므로 거기에는 의사와 표시의 불일치가 있을 수 없고, 단지 의사의 형성과정 즉 의사표시의 동기에 착오가 있는 것에 불과하며, 이 점에서 고유한 의미의 착오에 의한 의사표시와 구분되는데, **제3자의 기망행위에 의하여 신원보증서류에 서명날인한다는 착각에 빠진 상태로 연대보증의 서면에 서명날인한 경우 이른바 표시상의 착오에 해당하므로**, 상대방이 그러한 제3자의 기망행위 사실을 알았거나 알 수 있었을 경우가 아닌 한 의사표시자가 취소권을 행사할 수 없다는 **제110조 2항의 규정을 적용할 것이 아니라, 착오에 의한 의사표시에 관한 법리만을 적용하여 취소권 행사의 가부를 가려야 한다**(대판 2005.5.27. 2004다43824)고 한다.

➡ 따라서, 判例에 따르면 사안에서 丙이 제3자 乙의 기망사실을 알았거나 알 수 있었느냐에 상관없이(제110조 제2항) 甲은 사기에 의한 의사표시를 이유로 丙과의 보증계약을 취소할 수 없다.

ㄴ. [×] ㄱ에서 살핀바와 같이 判例에 따르면 제3자(채무자)의 기망행위에 의하여 신원보증서류에 서명날인한다는 착각에 빠진 상태로 연대보증의 서면에 서명날인한 경우는 '표시상의 착오'에 해당하므로, 사안은 '동기의 착오'가 아니다.

➡ 따라서 乙과 丙이 공모하여 甲을 기망하였더라도 甲은 상대방에 의해 유발된 동기의 착오를 이유로 丙과의 보증계약을 취소할 수 없고, 법률행위 내용의 착오를 이유로 취소할 수 있을 뿐이다.

ㄷ. [○] **상대방이 표의자의 착오를 알면서 이용한 경우**

착오가 표의자의 중대한 과실로 인한 때에는 취소하지 못한다(제109조 제1항 단서). 그러나 **상대방이 표의자의 착오를 알면서 이를 이용한 경우에는 표의자에게 중대한 과실이 있더라도 표의자는 그 의사표시를 취소할 수 있다**(대판 1955.11.10, 4288민상321; 대판 2014.11.27. 2013다49794). 이러한 경우에는 상대방의 보호가치가 부정되므로 제109조 제1항 단서의 적용이 배제되어야 하고, 또한 상대방이 표의자의 중대한 과실을 원용하여 표의자의 취소권을 부인하는 것은 신의칙에 반하기 때문이다.

➡ 따라서, 判例에 따르면 甲이 착각에 빠진 점에 관하여 설사 중과실이 있다 하더라도 丙이 이를 알고 이용한 경우에는 甲은 착오를 이유로 丙과의 보증계약을 취소할 수 있다.

ㄹ. [×] **경과실 표의자의 상대방에 대한 신뢰이익 배상책임**

判例는 전문건설공제조합이 경과실로 인하여 착오에 빠져 계약보증서를 발급하고 그 착오를 이유로 보증계약을 취소하자 상대방이 제750조의 불법행위로 인한 손해배상을 청구한 사안에서 ⅰ)(경)과실로 인하여 착오에 빠져 계약을 체결한 것과, ⅱ) 그 착오를 이유로 계약을 취소한 것 모두 **'위법'하다고는 할 수 없다**(대판 1997.8.22. 97다카13023)고 하여 **불법행위 책임을 부정**하고 있다.

➡ 따라서 甲이 착각에 빠진 점에 관하여 경과실이 있는 경우, 甲의 착오를 이유로 한 취소가 허용되어 이로 인해 丙이 손해를 입었더라도, 判例에 따르면 丙은 甲을 상대로 불법행위에 의한 손해배상을 청구할 수 없다.

정답 | **38** × **39** ⑤

제4관 | 사기 혹은 강박에 의한 의사표시

01
20서기보

상대방 있는 의사표시에 관하여 제3자가 사기나 강박을 행한 경우에는 상대방이 그 사실을 알았거나 알 수 있었을 경우에 한하여 그 의사표시를 (무효로 한다 / 취소할 수 있다). ○ l X

> **해설** 상대방있는 의사표시에 관하여 제3자가 사기나 강박을 행한 경우에는 상대방이 그 사실을 알았거나 알 수 있었을 경우에 한하여 그 의사표시를 취소할 수 있다(제110조 제2항).

02
21법원행시

상품의 선전 광고에 있어서 거래의 중요한 사항에 관하여 구체적 사실을 신의성실의 의무에 비추어 비난받을 정도의 방법으로 허위로 고지한 경우에는 기망행위에 해당한다고 할 것이나, 그 선전 광고에 다소의 과장 허위가 수반되는 것은 그것이 일반 상거래의 관행과 신의칙에 비추어 시인될 수 있는 것이라면 기망행위라고 할 수 없다. ○ l X

> **해설** 대판 2001.5.29. 99다55601,55618 참조

03
16사무관, 19법원행시

일반적으로 매매거래에 있어서 매수인은 염가로 구입할 것을 희망하고 매도인은 목적물을 고가로 처분하기를 희망하는 이해상반의 지위에 있지만, 매수인이 목적물의 시가보다 낮은 가격을 시가라고 고지한 이상 이는 상대방의 의사결정에 불법적인 간섭을 한 것이므로 일반적으로 불법행위가 성립된다. ○ l X

> **해설** 일반적으로 교환계약을 체결하려는 당사자는 서로 자기가 소유하는 교환 목적물은 고가로 평가하고 상대방이 소유하는 목적물은 염가로 평가하여 보다 유리한 조건으로 교환계약을 체결하기를 희망하는 이해 상반의 지위에 있고 각자가 자신의 지식과 경험을 이용하여 최대한으로 자신의 이익을 도모할 것이 예상되기 때문에, 당사자 일방이 알고 있는 정보를 상대방에게 사실대로 고지하여야 할 신의칙상의 주의의무가 인정된다고 볼 만한 특별한 사정이 없는 한, 어느 일방이 교환 목적물의 시가나 그 가액 결정의 기초가 되는 사항에 관하여 상대방에게 설명 내지 고지를 할 주의의무를 부담한다고 할 수 없고, 일방 당사자가 자기가 소유하는 목적물의 시가를 묵비하여 상대방에게 고지하지 아니하거나 혹은 허위로 시가보다 높은 가액을 시가라고 고지하였다 하더라도 이는 상대방의 의사결정에 불법적인 간섭을 한 것이라고 볼 수 없다(대판 2002.9.4. 2000다54406,54413).

일반적으로 매매거래에서 매수인은 목적물을 염가로 구입할 것을 희망하고 매도인은 목적물을 고가로 처분하기를 희망하는 이해상반의 지위에 있으며, 각자가 자신의 지식과 경험을 이용하여 최대한으로 자신의 이익을 도모할 것으로 예상되기 때문에, 당사자 일방이 알고 있는 정보를 상대방에게 사실대로 고지하여야 할 신의칙상 의무가 인정된다고 볼만한 특별한 사정이 없는 한, 매수인이 목적물의 시가를 묵비하여 매도인에게 고지하지 아니하거나 혹은 시가보다 낮은 가액을 시가라고 고지하였다 하더라도, 상대방의 의사결정에 불법적인 간섭을 하였다고 볼 수 없으므로 불법행위가 성립한다고 볼 수 없다. ○ | ×

> 해설 대판 2002.9.4. 2000다54406,54413

강박에 의한 의사표시라고 하려면 상대방이 불법으로 어떤 해악을 고지함으로 말미암아 공포를 느끼고 의사표시를 한 것이어야 하는바, 여기서 어떤 해악을 고지하는 강박행위가 위법하다고 하기 위하여는 강박행위 당시의 거래관념과 제반 사정에 비추어 해악의 고지로써 추구하는 이익이 정당하지 아니하거나 강박의 수단으로 상대방에게 고지하는 해악의 내용이 법질서에 위배된 경우 또는 어떤 해악의 고지가 거래관념상 그 해악의 고지로써 추구하는 이익의 달성을 위한 수단으로 부적당한 경우 등에 해당하여야 한다. ○ | ×

> 해설 대판 2010.2.11. 2009다72643

강박에 의한 법률행위가 하자 있는 의사표시로서 취소되는 것에 그치지 않고 나아가 무효로 되기 위해서는, 의사표시자로 하여금 의사결정을 스스로 할 수 있는 여지를 완전히 박탈한 상태에서 의사표시가 이루어져 단지 법률행위의 외형만이 만들어진 것에 불과한 정도에 이를 것을 요하는 것은 아니다. ○ | ×

> 해설 강박에 의한 법률행위가 하자 있는 의사표시로서 취소되는 것에 그치지 않고 나아가 무효로 되기 위하여는, 강박의 정도가 단순한 불법적 해악의 고지로 상대방으로 하여금 공포를 느끼도록 하는 정도가 아니고, 의사표시자로 하여금 의사결정을 스스로 할 수 있는 여지를 완전히 박탈한 상태에서 의사표시가 이루어져 단지 법률행위의 외형만이 만들어진 것에 불과한 정도이어야 한다(대판 2002.12.10. 2002다56031).

정답 | **01** 취소할 수 있다 **02** ○ **03** × **04** ○ **05** ○ **06** ×

07

강박에 의한 법률행위는 의사표시자로 하여금 의사결정을 스스로 할 수 있는 여지를 완전히 박탈한 상태에서 의사표시가 이루어진 경우라 하더라도 취소하지 않는 한 효력이 있다. ○ | X

> **해설** 강박의 정도가 극심하여 표의자의 의사결정의 자유가 박탈될 정도인 경우(절대적 강박)에는 의사 자체가 없는 것이 되어 **'무효'**이다(대판 2002.12.10. 2002다56031 등).

08

매도인의 피용자가 기망행위를 하여 계약이 체결된 경우, 매수인은 매도인이 피용자의 기망행위를 과실 없이 알지 못한 경우에도 사기를 이유로 매매계약을 취소할 수 있다. ○ | X

> **해설** 제110조 2항의 '제3자'의 범위
> **민법 제110조 2항에서 정한 제3자에 해당되지 아니한다고 볼 수 있는 자란 '그 의사표시에 관한 상대방의 대리인 등 상대방과 동일시 할 수 있는 자'**만을 의미하고, 단순히 상대방의 피용자이거나 상대방이 사용자책임을 져야 할 관계에 있는 피용자에 지나지 않는 자는 상대방과 동일시할 수는 없어 이 규정에서 말하는 제3자에 해당한다고 보아야 한다(대판 1998.1.23. 96다41496; 대판 1999.2.23. 98다60828 등).
> ➡ 따라서 매도인의 **'피용자'**는 제110조 2항의 **제3자**에 해당하나, 매도인이 알았거나 알 수 있었을 경우에 한하여 표의자가 의사표시를 취소할 수 있으므로(제110조 제2항), 매수인은 사기를 이유로 매매계약을 취소할 수 **없다.**

09

상대방 있는 의사표시에 관하여 제3자가 사기나 강박을 한 경우에는 상대방이 그 사실을 알았거나 알 수 있었을 경우에 한하여 그 의사표시를 취소할 수 있으나, 상대방의 대리인 등 상대방과 동일시할 수 있는 자의 사기나 강박은 제3자의 사기·강박에 해당하지 아니한다. ○ | X

10

대리인의 기망에 의해 의사표시를 하게 된 상대방은 본인의 선의 악의나 과실 유무를 묻지 않고 그 의사표시를 취소할 수 있다. ○ | X

> **해설** **09 10** 제110조 2항의 '제3자'의 범위
> **민법 제110조 2항에서 정한 제3자에 해당되지 아니한다고 볼 수 있는 자란 '그 의사표시에 관한 상대방의 대리인 등 상대방과 동일시 할 수 있는 자'**만을 의미하고, 단순히 상대방의 피용자이거나 상대방이 사용자책임을 져야 할 관계에 있는 피용자에 지나지 않는 자는 상대방과 동일시할 수는 없어 이 규정에서 말하는 제3자에 해당한다고 보아야 한다(대판 1998.1.23. 96다41496; 대판 1999.2.23. 98다60828 등).
> ➡ 대리인은 제110조 제2항의 제3자에 해당하지 않으므로, 상대방은 **제110조 제1항에 따라** 본인의 선,악, 과실유무를 묻지 않고 취소할 수 있다.

11

민법상의 법률행위에 관한 규정은 민사소송법상의 소송행위에는 특별한 규정 기타 특별한 사정이 없는 한 적용이 없는 것이므로 소송행위가 강박에 의하여 이루어진 것임을 이유로 취소할 수는 없다. O | X

> **해설** 소송행위가 강박에 의하여 이루어진 것임을 이유로 취소할 수 있는지 여부(소극)
> 민법상의 법률행위에 관한 규정은 민사소송법상의 소송행위에는 특별한 규정 기타 특별한 사정이 없는 한 적용이 없는 것이므로 소송행위가 강박에 의하여 이루어진 것임을 이유로 취소할 수는 없다(대판 1997.10.10. 96다35484).

12

법률행위가 사기에 의한 것으로서 취소되는 경우에 그 법률행위가 동시에 불법행위를 구성하는 때에는 취소의 효과로 생기는 부당이득반환청구권과 불법행위로 인한 손해배상청구권은 경합하여 병존하는 것이므로, 채권자는 어느 것이라도 선택하여 행사할 수 있지만 중첩적으로 행사할 수는 없다. O | X

> **해설** 법률행위가 사기에 의한 것으로 취소의 대상이 됨과 동시에 불법행위를 구성하는 경우 취소의 효과로 생기는 부당이득반환청구권과 불법행위로 인한 손해배상청구권의 관계(= 경합관계) 및 중첩적 행사의 가부(소극)
> 법률행위가 사기에 의한 것으로서 취소되는 경우에 그 법률행위가 동시에 불법행위를 구성하는 때에는 취소의 효과로 생기는 부당이득반환청구권과 불법행위로 인한 손해배상청구권은 경합하여 병존하는 것이므로, 채권자는 어느 것이라도 선택하여 행사할 수 있지만 중첩적으로 행사할 수는 없다(대판 1993.4.27. 92다56087).
> ⅰ) 다만, 법률행위를 취소하여 부당이득반환을 받은 때에는 그 반환받은 범위 내에서는 손해가 회복되므로 그 반환받은 범위 내에서는 손해배상청구권을 중첩적으로 행사할 수 없다(대판 1993.4.27. 92다56087). ⅱ) 그러나 법률행위를 취소하지 않은 경우에도 불법행위를 원인으로 한 손해배상청구권은 가지나, 그 손해액을 계산함에 있어서는 피기망자(피강박자)가 법률행위의 효력으로써 보유하게 된 급부의 가액을 공제하여야 할 것이다(대판 1980.2.26, 79다1746).

13

제3자에 의한 사기행위로 계약을 체결한 경우, 상대방이 그 사실을 알았거나 알 수 있었을 경우에는 계약을 취소할 수 있으나, 그 취소를 하지 않고 제3자에 대하여 불법행위로 인한 손해배상청구를 할 수는 없다. O | X

> **해설** 제3자에 의한 사기행위로 계약을 체결한 경우, 그 계약을 취소하지 않고 제3자에 대하여 불법행위로 인한 손해배상청구를 할 수 있는지 여부(적극)
> 제3자의 사기행위로 인하여 피해자가 주택건설사와 사이에 주택에 관한 분양계약을 체결하였다고 하더라도 **제3자의 사기행위 자체가 불법행위를 구성하는 이상, 제3자로서는 그 불법행위로 인하여 피해자가 입은 손해를 배상할 책임을 부담하는 것이므로, 피해자가 제3자를 상대로 손해배상청구를 하기 위하여 반드시 그 분양계약을 취소할 필요는 없다**(대판 1998.3.10. 97다55829).

14

매수인이 매도인의 기망에 의하여 타인의 물건을 매도인의 것으로 알고 매수한다는 의사표시를 한 것은 만일 타인의 물건인줄 알았더라면 매수하지 아니하였을 사정이 있는 때에는 매수인은 그 의사표시를 취소할 수 있다. O I X

> **해설** 사기취소제도와 담보책임제도의 경합: 타인의 권리의 매매의 경우에 있어서 매수인이 민법 110조에 의하여 매수의 의사표시를 취소할 수 있는지 여부
> 민법 제569조가 타인의 권리의 매매를 유효로 규정한 것은 선의의 매수인의 신뢰 이익을 보호하기 위한 것이므로, 매수인이 매도인의 기망에 의하여 타인의 물건을 매도인의 것으로 알고 매수한다는 의사표시를 한 것은 **만일 타인의 물건인줄 알았더라면 매수하지 아니하였을 사정이 있는 경우에는 매수인은 민법 제110조에 의하여 매수의 의사표시를 취소할 수 있다**고 해석해야 할 것이다(대판 1973.10.23. 73다268).

15

甲이 제3자의 기망행위에 의하여 신원보증서류에 서명날인한다는 착각에 빠진 상태로 연대보증의 서면에 서명날인하였다면, 甲은 연대보증계약의 상대방이 위 기망행위를 알았거나 알 수 있었을 경우에만 연대보증계약을 취소할 수 있다. O I X

> **해설** 사기에 의한 의사표시란 타인의 기망행위로 말미암아 착오에 빠지게 된 결과 어떠한 의사표시를 하게 되는 경우이므로 거기에는 의사와 표시의 불일치가 있을 수 없고, 단지 의사의 형성과정 즉 의사표시의 동기에 착오가 있는 것에 불과하며, 이 점에서 고유한 의미의 착오에 의한 의사표시와 구분되는데, 제3자의 기망행위에 의하여 신원보증서류에 서명날인한다는 착각에 빠진 상태로 연대보증의 서면에 서명날인한 경우 이른바 표시상의 착오에 해당하므로, 상대방이 그러한 제3자의 기망행위 사실을 알았거나 알 수 있었을 경우가 아닌 한 의사표시자가 취소권을 행사할 수 없다는 제110조 2항의 규정을 적용할 것이 아니라, 착오에 의한 의사표시에 관한 법리만을 적용하여 취소권 행사의 가부를 가려야 한다(대판 2005.5.27. 2004다43824).
> 즉, 判例는 ⅰ) 타인의 기망행위에 의하여 '동기의 착오'가 발생한 때에는 사기와 착오의 경합을 인정하나(대판 1969.6.24. 68다1749), ⅱ) **타인의 기망행위에 의하여 '표시상의 착오'가 발생한 경우**에는 사기를 이유로 취소할 수 없고(제110조), 착오를 이유로만 취소할 수 있다고 한다(대판 2005.5.27. 2004다43824).
>
> ➡ 따라서 지문은 착오에 의한 취소만 가능하고, 제3자에 의한 사기라고 볼 수 없어 제110조 제2항이 적용되지 않으므로 甲은 연대보증계약의 상대방이 위 기망행위를 알았거나 알 수 있었을 경우에만 연대보증계약을 취소할 수 있는 것이 아니다.

16

사기·강박에 의한 의사표시가 취소되면, 그 의사표시를 요소로 하는 법률행위가 소급적으로 무효로 되므로, 근로계약의 의사표시가 사기에 의한 것으로 취소되면 이미 제공된 근로자의 노무를 기초로 형성된 취소 이전의 법률관계까지 효력을 잃는다. O I X

17

근로계약도 기본적으로 사법상 계약이므로 계약 체결에 관한 당사자들의 의사표시에 취소 사유가 있으면 그 상대방은 이를 이유로 근로계약을 취소할 수 있으나, 그 경우에도 취소의 의사표시 이후 장래에 관하여만 근로계약의 효력이 소멸된다. ○ | X

해설 **16 17** 근로계약은 근로자가 사용자에게 근로를 제공하고 사용자는 이에 대하여 임금을 지급하는 것을 목적으로 체결된 계약으로서(근로기준법 제2조 제1항 제4호) 기본적으로 그 법적 성질이 사법상 계약이므로 계약 체결에 관한 당사자들의 의사표시에 무효 또는 취소의 사유가 있으면 상대방은 이를 이유로 근로계약의 무효 또는 취소를 주장하여 그에 따른 법률효과의 발생을 부정하거나 소멸시킬 수 있다. 다만 그와 같이 근로계약의 무효 또는 취소를 주장할 수 있다 하더라도 근로계약에 따라 그동안 행하여진 근로자의 노무 제공의 효과를 소급하여 부정하는 것은 타당하지 않으므로 이미 제공된 근로자의 노무를 기초로 형성된 취소 이전의 법률관계까지 효력을 잃는다고 보아서는 아니 되고, 취소의 의사표시 이후 장래에 관하여만 근로계약의 효력이 소멸된다고 보아야 한다(대판 2017.12.22. 2013다25194,25200).

➡ 사기·강박에 의한 의사표시가 취소되면, 그 의사표시를 요소로 하는 법률행위가 소급적으로 무효로 된다(제141조). 다만 최근 判例 중에는 소급효를 제한하여 근로계약이 사기에 의한 것으로 취소되면 이미 제공된 근로자의 노무를 기초로 형성된 취소 이전의 법률관계까지 효력을 잃는 것은 아니라고 하여 '장래효'를 인정하기도 한다(대판 2017.12.22. 2013다25194,25200).

18

매수인이 목적물의 시가를 묵비하여 매도인에게 고지하지 아니하거나 혹은 시가보다 낮은 가액을 시가라고 고지하였다면 원칙적으로 불법행위가 성립한다. ○ | X

해설 매매거래에서 매수인이 목적물의 시가를 고지하지 아니하거나 시가보다 낮은 가액을 시가라고 고지한 경우, 불법행위가 성립하는지 여부(원칙적 소극)
일반적으로 매매거래에서 매수인은 목적물을 염가로 구입할 것을 희망하고 매도인은 목적물을 고가로 처분하기를 희망하는 이해상반의 지위에 있으며, 각자가 자신의 지식과 경험을 이용하여 최대한으로 자신의 이익을 도모할 것으로 예상되기 때문에, 당사자 일방이 알고 있는 정보를 상대방에게 사실대로 고지하여야 할 신의칙상 의무가 인정된다고 볼만한 특별한 사정이 없는 한, 매수인이 목적물의 시가를 묵비하여 매도인에게 고지하지 아니하거나 혹은 시가보다 낮은 가액을 시가라고 고지하였다 하더라도, 상대방의 의사결정에 불법적인 간섭을 하였다고 볼 수 없으므로 불법행위가 성립한다고 볼 수 없다. 더구나 매수인이 목적물의 시가를 미리 알고 있었던 것이 아니라 목적물의 시가를 알기 위하여 감정평가법인에 의뢰하여 감정평가법인이 산정한 평가액을 매도인에게 가격자료로 제출하는 경우라면, 특별한 사정이 없는 한 매수인에게 평가액이 시가 내지 적정가격에 상당하는 것인지를 살펴볼 신의칙상 의무가 있다고 할 수 없고, 이러한 법리는 법적 성격이 사법상 매매인 공유재산의 매각에서도 마찬가지이다(대판 2014.4.10. 2012다54997).

비교판례 백화점의 변칙세일광고, 즉 상품의 판매가격을 실제보다 높이 책정한 후 이 가격을 기준으로 할인가격을 정하여 실제는 상품의 정상가격으로 판매한 사안에서, 이러한 변칙세일은 물품구매동기에서 중요한 요소인 가격조건에 관하여 기망이 이루어진 것으로서 그 사술의 정도가 사회적으로 용인될 수 있는 상술의 정도를 넘어선 위법한 것으로 사기를 이유로 한 취소할 수 있다고 판시하였다(대판 1993.8.13. 92다52665).

정답 | **14** ○ **15** X **16** X **17** ○ **18** X

19
출제예상

부동산 분양계약에 있어서 분양자가 수분양자의 전매이익에 영향을 미칠 가능성이 있는 사항들에 관하여 분양자가 가지는 정보를 밝혀야 할 신의칙상의 의무가 있으므로 그러한 정보를 고지하지 아니한 것은 부작위에 의한 기망에 해당한다. ○ | X

> **해설** 분양자가 수분양자가 전매이익을 노리고 분양을 받으려는 것을 알면서 수분양자로 하여금 전매이익의 발생 여부나 그 액에 관하여 거래관념상 용납될 수 없는 방법으로 잘못 판단하게 함으로써 분양계약에 이르게 하였다는 등의 특별한 사정이 없는 한, 분양자에게 그 대립당사자로서 스스로 이익을 추구하여 행위하는 수분양자에 대하여 최초분양인지, 전매분양인지를 포함하여 **수분양자의 전매이익에 영향을 미칠 가능성이 있는 사항들에 관하여 분양자가 가지는 정보를 밝혀야 할 신의칙상의 의무가 있다거나, 나아가 그러한 정보를 밝혀 고지하지 아니하면 그것이 부작위에 의한 기망에 해당하여 민법 제110조 제1항에서 정하는 사기가 된다고 쉽사리 말할 수 없다**(대판 2010.2.25. 2009다86000).

> **비교판례** 判例에 따르면 우리 사회의 통념상으로는 공동묘지가 주거환경과 친한 시설이 아니어서 분양계약의 체결 여부 및 가격에 상당한 영향을 미치는 요인일 뿐만 아니라, 대규모 공동묘지 가까이에서 조망할 수 있는 곳에 아파트단지가 들어선다는 것은 통상 예상하기 어렵다는 점을 감안할 때, **아파트 분양자는 아파트단지 인근에 공동묘지가 조성되어 있는 사실을 수분양자에게 고지할 신의칙상의 의무가 있다**고 하면서, 그 고지를 하지 않은 경우 부작위에 의한 기망행위에 해당한다고 한다(대판 2007.6.1. 2005다5812,5829,5836). 같은 취지의 것으로, **아파트 분양자는 아파트 단지 인근에 쓰레기 매립장이 건설예정인 사실을 분양계약자에게 고지할 신의칙상 의무가 있다**고 한다(대판 2006.10.12. 2004다48515).

20
출제예상

근로자 甲은 乙회사의 경영사정이 어려워지자 乙회사의 방침(지시)에 따라 일괄사직서를 제출했는데, 乙회사가 사직서를 수리하여 의원면직(依願免職)의 형식으로 근로계약이 종료하게 되었다. 甲의 사직서 제출의 의사표시는 乙의 강박행위에 의한 것이기 때문에 의원면직은 취소할 수 있다. ○ | X

> **해설** 甲의 사직서 제출이 강박에 의한 의사표시인지 여부(소극)
> 判例는 사용자의 '지시 내지 강요'에 의하여 근로자가 사직서를 낸 경우에 이와 같은 사정만으로는 그 사직의 의사표시를 강박에 의한 의사표시로까지 구성하지는 않는다.

21
출제예상

상대방 있는 의사표시에 관하여 제3자 甲이 강박을 행한 경우 그 의사표시의 취소는 그 의사표시를 기초로 새로운 이해관계를 맺은 선의의 제3자 乙에게 대항할 수 없다. ○ | X

> **해설** 제110조 3항의 제3자
> 사기 혹은 강박을 이유로 한 의사표시의 취소는 선의의 제3자에게 대항하지 못한다(제110조 제3항). 判例는 이에 대해 "사기를 이유로 한 법률행위의 취소로써 대항할 수 없는 민법 제110조 제3항 소정의 제3자라 함은 사기에 의한 의사표시의 당사자 및 포괄승계인 이외의 자로서 **사기에 의한 의사표시를 기초로 하여 새로운 법률원인으로써 이해관계를 맺은 자를 의미한다.**"(대판 1997.12.26. 96다44860)라고 판시하였다.

22

甲이 乙의 대리인 丙과 매매계약을 체결한 후 丙의 기망행위를 이유로 매매계약을 취소하고자 할 경우, 甲은 乙이 丙의 기망행위를 알았거나 알 수 있었는지의 여부를 불문하고 매매계약을 취소할 수 있다.

O | X

> 해설 민법 제110조 2항에서 정한 제3자에 해당되지 아니한다고 볼 수 있는 자란 '그 의사표시에 관한 상대방의 대리인 등 상대방과 동일시 할 수 있는 자'만을 의미하고, 단순히 상대방의 피용자이거나 상대방이 사용자책임을 져야 할 관계에 있는 피용자에 지나지 않는 자는 상대방과 동일시할 수는 없어 이 규정에서 말하는 제3자에 해당한다고 보아야 한다(대판 1998.1.23. 96다41496; 대판 1999.2.23. 98다60828 등).
>
> ➡ 따라서 甲은 본인 乙이 대리인 丙의 기망행위를 알았거나 알 수 있었는지의 여부를 불문하고 제110조 제1항에 따라 매매계약을 취소할 수 있다.

23

매매계약의 당사자가 사기 또는 강박 등을 이유로 매매계약을 취소한 경우, 상대방에 대하여 채무불이행으로 인한 손해배상책임을 부담할 수 있다.

O | X

> 해설 매매계약의 당사자가 사기 또는 강박 등을 이유로 매매계약을 취소한 경우 매매계약의 유효를 전제로 하는 채무불이행책임이나 담보책임은 더 이상 물을 수 없다. 다만 사기·강박이 불법행위의 요건을 갖춘 때에는 채권자는 양자를 선택적으로 행사할 수 있다(대판 1993.4.27. 92다56087; 대판 1980.2.26. 79다1746 등).

정답 | **19** × **20** × **21** ○ **22** ○ **23** ×

01

채권양도의 통지와 같은 준법률행위의 도달은 의사표시와 마찬가지로 사회관념상 채무자가 통지의 내용을 알 수 있는 객관적 상태에 놓여졌을 때를 지칭하고, 그 통지를 채무자가 현실적으로 수령하였거나 그 통지의 내용을 알았을 것까지는 필요하지 않다. O | X

> **해설** 채권양도의 통지가 채무자에게 도달되었다고 보기 위해서는 채무자가 이를 현실적으로 수령하였거나 그 내용을 알았을 것까지 요하는지 여부(소극)(대판 1997.11.25. 97다31281)

02

내용증명우편이나 등기우편과는 달리, 보통우편의 방법으로 발송되었다는 사실만으로는 그 우편물이 상당기간 내에 도달하였다고 추정할 수 없고 송달의 효력을 주장하는 측에서 증거에 의하여 도달사실을 증명하여야 한다. O | X

> **해설** 도달에 대한 증명책임은 그 도달을 주장하는 자에게 있다. 판례는 '내용증명(배달증명) 등 등기취급'으로 발송한 때에는 반송되지 않는 한 도달된 것으로 추정하지만(대판 1997.2.25. 96다38322), '보통우편'으로 발송한 때에는 비록 반송된 사실이 없더라도 우편제도상 도달된 것으로 추정할 수 없다고 한다(대판 2002.7.26. 2000다25002).

03

아파트 경비원이 집배원으로부터 우편물을 수령한 후 이를 우편함에 넣어 둔 사실만으로 수취인이 그 우편물을 수취하였다고 추단할 수 없다. O | X

> **해설** 대판 2006.3.24. 2005다66411

04

상대방 있는 의사표시를 발신한 후에는 상대방에게 도달하기 전이라도 이를 철회할 수 없다. O | X

> **해설** 도달주의의 효과
> 의사표시가 상대방에게 도달하여 그 효력을 발생하면 그 의사표시를 '철회'할 수 없다(제527조).
> ➡ 따라서 의사표시가 상대방에게 도달하기 전에 효력이 발생되기 전이므로 철회할 수 있다.

05

16법무사, 19주사보

상대방 있는 의사표시는 상대방에게 도달한 때에 그 효력이 생기므로, 의사표시자가 그 통지를 발송한 후 사망하는 경우 그 의사표시는 효력이 발생하지 않는다. O | X

> **해설** 도달주의의 효과
> ① **철회불가**: 의사표시가 상대방에게 도달하여 그 효력을 발생하면 그 의사표시를 '철회'할 수 없다(제527조).
> ② **발신 후 사정변경**: 표의자가 그 통지를 발신한 후 사망하거나 제한능력자가 되어도 의사표시의 효력에 영향을 미치지 아니한다(제111조 제2항).

06

21사무관

의사표시자가 그 통지를 발송한 후 사망하거나 제한능력자가 되어도 의사표시의 효력에 영향을 미치지 아니한다. O | X

> **해설** 제111조 제2항

07

13법원행시

제한능력자를 상대로 취소의 의사표시를 발송하였더라도, 제한능력자의 법정대리인이 의사표시의 도달 사실을 알기 전까지는 그 의사표시로써 대항할 수 없다. O | X

08

21사무관

의사표시의 상대방이 의사표시를 받은 때에 제한능력자인 경우에는 의사표시자는 그 의사표시로써 대항할 수 없다. 다만, 그 상대방의 법정대리인이 의사표시가 도달한 사실을 안 후에는 그러하지 아니하다. O | X

> **해설** **07 08** **제112조(제한능력자에 대한 의사표시의 효력)** 의사표시의 상대방이 의사표시를 받은 때에 제한능력자인 경우에는 의사표시자는 그 의사표시로써 대항할 수 없다. 다만, 그 상대방의 법정대리인이 의사표시가 도달한 사실을 안 후에는 그러하지 아니하다.

정답 | **01** O **02** O **03** O **04** X **05** X **06** O **07** O **08** O

표의자가 과실없이 상대방을 알지 못하거나 상대방의 소재를 알지 못하는 경우에는 의사표시는 민사소송법 공시송달의 규정에 의하여 송달할 수 있다. ○ | X

> 해설 제113조(의사표시의 공시송달)

상대방이 부당하게 등기취급 우편물의 수취를 거부함으로써 우편물의 내용을 알 수 있는 객관적 상태의 형성을 방해한 경우에는 부당한 수취 거부가 없었더라면 상대방이 우편물의 내용을 알 수 있는 객관적 상태에 놓일 수 있었던 때, 즉 수취 거부 시에 의사표시의 효력이 생긴 것으로 보아야 한다. ○ | X

> 해설 **상대방이 부당하게 등기취급 우편물의 수취를 거부함으로써 우편물의 내용을 알 수 있는 객관적 상태의 형성을 방해한 경우** 그러한 상태가 형성되지 아니하였다는 사정만으로 발송인의 의사표시의 효력을 부정하는 것은 신의성실의 원칙에 반하므로 허용되지 아니한다. **이러한 경우에는 부당한 수취 거부가 없었더라면 상대방이 우편물의 내용을 알 수 있는 객관적 상태에 놓일 수 있었던 때, 즉 수취 거부 시에 의사표시의 효력이 생긴 것으로 보아야 한다.** 여기서 우편물의 수취 거부가 신의성실의 원칙에 반하는지는 발송인과 상대방과의 관계, 우편물의 발송 전에 발송인과 상대방 사이에 우편물의 내용과 관련된 법률관계나 의사교환이 있었는지, 상대방이 발송인에 의한 우편물의 발송을 예상할 수 있었는지 등 여러 사정을 종합하여 판단하여야 한다. 이때 우편물의 수취를 거부한 것에 정당한 사유가 있는지에 관해서는 수취 거부를 한 상대방이 이를 증명할 책임이 있다(대판 2020.8.20. 2019두34630).
>
> 관련쟁점 의사표시의 효력발생 시기 – 도달주의
> 민법은 상대방 있는 의사표시는 그 통지가 상대방에 도달한 때로부터 그 효력이 생긴다고 하여 '도달주의'를 채택하고 있다(제111조 1항). 이 때 '도달'이란 상대방의 지배권 내에 들어가 사회통념상 일반적으로 알 수 있는 상태에 이른 것을 말하고, 상대방이 현실적으로 수령하였거나 내용을 알았을 것까지 요하지는 않는다(대판 1997.11.25. 97다31281).

정답 | **09** ○ **10** ○

제4절 | 법률행위의 대리

제1관 | 대리권 서설

제2관 | 대리권

01

인감도장 및 인감증명서는 대리권을 인정할 수 있는 하나의 자료에 지나지 아니하고 이에 의하여 당연히 본인을 대리하여 양도담보부 금전소비대차계약을 해결할 대리권이 인정되는 것은 아니며, 대리권이 있다는 점에 대한 입증책임은 그 효과를 주장하는 사람에게 있다. ○ | X

> **해설** 대리권의 증명책임
> ① **일반적인 경우**: 일반적으로 대리권이 있다는 점에 대한 입증책임은 그 대리행위의 효과를 주장하는 자에게 있다. 따라서 대리행위의 상대방이 본인에게 계약의 이행을 청구하는 경우에는 상대방이 대리인에게 대리권이 있음을 입증하여야 하고(대판 1994.2.22. 93다42047), 본인은 대리권 수여를 부정하고 대리인은 대리행위의 효과를 주장하는 경우에는 대리인이 자신에게 대리권이 있다는 것을 입증하여야 한다(대판 2008.9.25. 2008다42195).
> ② **등기된 부동산의 경우**: 그러나 부동산거래의 대리행위에서 등기가 있는 경우에는 '등기의 추정력'에 의해 그 등기의 무효를 주장하는 자가 대리인에게 대리권 없음을 입증하여야 한다(대판 1993.10.12. 93다18914).

02

甲이 허무인 乙 명의의 자동차운전면허증과 인장을 위조한 후 이를 이용하여 증권회사인 丙 주식회사에 乙 명의로 증권위탁계좌를 개설하였다면, 甲과 丙 회사 사이에는 행위자인 甲을 계약당사자로 한 계좌 개설계약이 체결되었다고 보아야 한다. ○ | X

> **해설** 허무인 명의로 계약을 체결한 경우 계약당사자의 확정방법
> 타인의 이름을 임의로 사용하여 계약을 체결한 경우에는 누가 계약의 당사자인가를 먼저 확정하여야 하는데, 행위자 또는 명의자 가운데 누구를 당사자로 할 것인지에 관하여 ⅰ) 행위자와 상대방의 의사가 **일치한** 경우에는 **일치하는 의사대로** 행위자의 행위 또는 명의자의 행위로서 확정하여야 하지만, ⅱ) 그러한 일치하는 의사를 확정할 수 없을 경우에는 계약의 성질, 내용, 목적, 체결경위 및 계약체결을 전후한 구체적인 제반 사정을 토대로 **상대방이 합리적인 인간이라면 행위자와 명의자 중 누구를 계약당사자로 이해할 것인가에 의하여 당사자를 결정**하고, 이에 터 잡아 계약의 성립 여부와 효력을 판단하여야 한다. 이는 **그 타인이 허무인인 경우에도 마찬가지**이다"(대판 2012.10.11. 2011다12842).
>
> ➡ 甲이 허무인 乙 명의의 자동차운전면허증과 인장을 위조한 후 이를 이용하여 증권회사인 丙 주식회사에 乙 명의로 증권위탁계좌를 개설한 사안에서, 甲과 丙 회사 사이에 행위자인 甲을 계약당사자로 한 계좌 개설계약이 체결되었다고 할 수 없다고 한 사례이다.

03

甲이 임대차계약을 체결함에 있어서 임차인 명의를 乙로 하였으나 甲이 乙인 것 같이 행세하여 계약을 체결함으로써 계약 상대방인 임대인 丙이 甲을 乙인 줄 알고 계약을 맺게 되었다면, 위 임대차계약의 효력은 乙에게 미친다.　　　　　　　　　　　　　　　　　　　　　　　　　O | X

> **해설** 대리인이 법률행위를 함에 있어서 본인을 위한 것임을 표시하지 아니한 경우 그 법률행위의 효력
> "甲"이 임대차계약을 체결함에 있어서 임차인 명의를 원고 乙 명의로 하기는 하였으나 "甲"의 이름이 원고乙인 것 같이 행세하여 계약을 체결함으로써 피고 丙은 "甲"과 원고 乙이 동일인인것으로 알고 계약을 맺게 되었다면 설사 "甲"이 원고 乙을 위하여 하는 의사로서 위 계약을 체결하였다 하더라도 위 계약의 효력은 원고 乙에게 미치지 않는다(대판 1974.6.11. 74다165).

04

계약을 체결하는 행위자가 타인의 이름으로 법률행위를 한 경우에 행위자 또는 명의인 가운데 누구를 계약의 당사자로 볼 것인가에 관하여는, 우선 행위자와 상대방의 의사가 일치한 경우에는 그 일치한 의사대로 행위자 또는 명의인을 계약의 당사자로 확정해야 하고, 행위자와 상대방의 의사가 일치하지 않는 경우에는 그 계약의 성질·내용·목적·체결 경위 등 그 계약 체결 전후의 구체적인 제반 사정을 토대로 상대방이 합리적인 사람이라면 행위자와 명의자 중 누구를 계약 당사자로 이해할 것인가에 의하여 당사자를 결정하여야 한다. 그러므로 일방 당사자가 대리인을 통하여 계약을 체결하는 경우에 있어서 계약의 상대방이 대리인을 통하여 본인과 사이에 계약을 체결하려는 데 의사가 일치하였다면 대리인의 대리권 존부 문제와는 무관하게 상대방과 본인이 그 계약의 당사자이다.　　　　　　　　　　　　　　O | X

> **해설** 대리인을 통하여 계약을 체결하는 경우 계약당사자의 확정
> 일방 당사자가 대리인을 통하여 계약을 체결하는 경우에 있어서 계약의 상대방이 대리인을 통하여 본인과 사이에 계약을 체결하려는 데 의사가 일치하였다면 대리인의 대리권 존부 문제와는 무관하게 상대방과 본인이 그 계약의 당사자이다(대판 2003.12.12. 2003다44059).

05

일방 당사자가 대리인을 통하여 계약을 체결하는 경우에 있어서 계약의 상대방이 대리인을 통하여 본인과 사이에 계약을 체결하려는 데 의사가 일치하였다면 대리인의 대리권 존부 문제와는 무관하게 상대방과 본인이 그 계약의 당사자이다.　　　　　　　　　　　　　　　　　　　　　　　O | X

> **해설** 행위자가 타인의 이름으로 계약을 체결한 경우 계약당사자 확정방법
> 계약을 체결하는 행위자가 타인의 이름으로 법률행위를 한 경우에 행위자 또는 명의인 가운데 누구를 계약의 당사자로 볼 것인가에 관하여는, 우선 행위자와 상대방의 의사가 일치한 경우에는 그 일치한 의사대로 행위자 또는 명의인을 계약의 당사자로 확정해야 하고, 행위자와 상대방의 의사가 일치하지 않는 경우에는 그 계약의 성질·내용·목적·체결 경위 등 그 계약 체결 전후의 구체적인 제반 사정을 토대로 상대방이 합리적인 사람이라면 행위자와 명의자 중 누구를 계약 당사자로 이해할 것인가에 의하여 당사자를 결정하여야 한다.
>
> 대리인을 통하여 계약을 체결하는 경우 계약당사자의 확정
> 일방 당사자가 대리인을 통하여 계약을 체결하는 경우에 있어서 계약의 상대방이 대리인을 통하여 본인과 사이에 계약을 체결하려는 데 의사가 일치하였다면 대리인의 대리권 존부 문제와는 무관하게 상대방과 본인이 그 계약의 당사자이다(대판 2003.12.12. 2003다44059).

甲이 부동산을 금융기관에 담보로 제공함에 있어 동업자인 乙에게 그에 관한 대리권을 주었다면 乙이 금융기관과 근저당권설정계약을 체결함에 있어 대리관계를 표시함이 없이 마치 자신이 甲 본인인 양 행세하였다 하더라도 위 근저당권설정계약은 대리인인 위 乙이 그의 권한범위 안에서 한 것인 이상 그 효력은 본인인 甲에게 미친다.　　　　　　　　　　　　　　　○ | X

> **해설** 대리인이 본인의 이름으로 한 의사표시의 효력
>
> 甲이 부동산을 농업협동조합중앙회에 담보로 제공함에 있어 동업자인 乙에게 그에 관한 대리권을 주었다면 乙이 동 중앙회와의 사이에 그 부동산에 관하여 근저당권설정계약을 체결함에 있어 그 피담보채무를 동업관계의 채무로 특정하지 아니하고 또 대리관계를 표시함이 없이 마치 자신이 甲 본인인 양 행세하였다 하더라도 위 근저당권설정계약은 대리인인 위 乙이 그의 권한범위안에서 한 것인 이상 그 효력은 본인인 甲에게 미친다(대판 1987.6.23. 86다카411).
>
> '타인명의를 사용한 법률행위'에서 법률행위 해석에 의하여 계약명의자가 당사자로 확정되는 경우
>
> 이 경우 대리에 관한 규정이(유추)적용될 수 있다.
>
> ① **행위자에게 대리권이 있는 경우**
>
> 　일반적으로 행위자에게 대리의사가 있고, 판례는 현명의 경우 반드시 대리인임을 표시하여 행위하여야 하는 것은 아니고 '본인명의'로도 할 수 있다고 하므로(대판 1963.5.9. 63다67), 결국 유권대리의 법률관계로 처리된다. 따라서 제114조에 의하여 명의인이 권리를 취득하고 의무를 부담하게 된다.
>
> ② **행위자에게 대리권이 없거나 타인명의를 무단으로 모용한 경우**
>
> 　일반적으로 행위자에게 대리의사가 없고, 현명도 있다고 할 수 없지만 타인의 이름으로 법률행위를 하였다는 점에서 무권대리 규정이 유추적용된다. 따라서 거래 상대방과 명의인 사이에 성립한 계약은 원칙적으로 무효가 되고, 행위자는 거래상대방에 대하여 무권대리인의 책임이나 불법행위책임을 질 수 있다(제135조 유추적용, 제750조).
>
> ➡ 사안에서는 행위자에게 대리권이 있는 경우에 해당하므로 유권대리의 법률관계로 처리된다.

수권행위의 통상의 내용으로서의 임의대리권은 그 권한에 부수하여 필요한 한도에서 상대방의 의사표시를 수령하는 이른바 수령대리권을 포함한다.　　　　　　　　　　　　　　　　　　○ | X

매매계약의 체결과 이행에 관하여 포괄적으로 대리권을 수여받은 대리인이라도 특별한 다른 사정이 없는 한 상대방에 대하여 약정된 매매대금지급기일을 연기하여 줄 권한은 없다.　　　　　　　○ | X

부동산의 소유자로부터 매매계약을 체결할 대리권을 수여받은 대리인은 특별한 사정이 없는 한 그 매매계약에서 약정한 바에 따라 중도금이나 잔금을 수령할 권한이 있다.　　　　　　　　　　　○ | X

10

乙소유의 X토지에 관하여 매매계약을 체결할 대리권을 수여받은 甲이 매수인 丙으로부터 잔금을 수령하였다면 甲이 잔금을 乙에게 전달하지 않았더라도 丙의 잔금지급채무는 소멸한다. O | X

> **해설** **07 08 09** 임의대리권의 범위는 수권행위에 의해 정해진다. 따라서 그 구체적인 범위는 '수권행위의 해석'을 통해 결정된다. 判例는 **임의대리권은 그 권한에 부수하여 상대방의 의사표시를 수령하는 이른바 수령대리권을 포함하고**, 매매계약체결의 대리권을 수여받은 대리인은 중도금과 잔금을 수령할 권한을 가지며(대판 1994.2.8. 93다39379), 상대방에 대해 약정된 매매대금 지급기일을 연기하여 줄 권한도 가진다고 한다(대판 1992.4.14. 91다43107).
>
> **10** 判例는 **임의대리권은 그 권한에 부수하여 상대방의 의사표시를 수령하는 이른바 수령대리권을 포함하고**, 매매계약체결의 대리권을 수여받은 대리인은 중도금과 잔금을 수령할 권한을 가진다고 한다(대판 1994.2.8. 93다39379).
>
> ➡ 따라서 乙소유의 X토지에 관하여 매매계약을 체결할 대리권을 수여받은 甲이 매수인 丙으로부터 잔금을 수령하였다면 이는 유권대리이므로 그 법률효과가 본인 乙에게 미치므로 甲이 잔금을 乙에게 전달하지 않았더라도 丙의 잔금지급채무는 소멸한다.

11

계약이 적법한 대리인에 의해 체결되었다면 특별한 사정이 없는 한 대리인은 본인을 위하여 계약상 급부를 변제로서 수령할 권한을 가지며, 그 법률효과는 직접 본인에게 귀속된다. O | X

> **해설** 계약이 적법한 대리인에 의하여 체결된 경우에 대리인은 다른 특별한 사정이 없는 한 본인을 위하여 계약상 급부를 변제로서 수령할 권한도 가진다. 그리고 대리인이 그 권한에 기하여 계약상 급부를 수령한 경우에, 그 법률효과는 계약 자체에서와 마찬가지로 직접 본인에게 귀속되고 대리인에게 돌아가지 아니한다. 따라서 **계약상 채무의 불이행을 이유로 계약이 상대방 당사자에 의하여 유효하게 해제되었다면, 해제로 인한 원상회복의무는 대리인이 아니라 계약의 당사자인 본인이 부담한다.** 이는 본인이 대리인으로부터 그 수령한 급부를 현실적으로 인도받지 못하였다거나 해제의 원인이 된 계약상 채무의 불이행에 관하여 대리인에게 책임 있는 사유가 있다고 하여도 다른 특별한 사정이 없는 한 마찬가지라고 할 것이다(대판 2011.8.18. 2011다30871).

12

계약을 대리하여 체결하였던 대리인이 체결된 계약을 해제할 수 있는 권한과 상대방의 의사를 수령할 권한까지 가지고 있다고 볼 수는 없다. O | X

> **해설** 대판 1997.9.30. 97다23372 참조

13

매수인으로부터 매매계약 체결 대리권을 위임받은 제3자는 원칙적으로 당연히 매수인을 대리하여 매매계약의 해제 등 일체의 처분권과 상대방의 의사를 수령할 권한까지 가지고 있다고 보아야 한다.　O|X

> **해설** **12 13** 계약 체결에 관한 권한을 수여받은 대리인이 그 계약의 해제 등 일체의 처분권과 상대방의 의사를 수령할 권한도 가지는지 여부(소극)
>
> 어떠한 계약의 체결에 관한 대리권을 수여받은 대리인이 수권된 법률행위를 하게 되면 그것으로 대리권의 원인된 법률관계는 원칙적으로 목적을 달성하여 종료하는 것이고, 법률행위에 의하여 수여된 대리권은 그 원인된 법률관계의 종료에 의하여 소멸하는 것이므로(민법 제128조), **그 계약을 대리하여 체결하였던 대리인이 체결된 계약의 해제 등 일체의 처분권과 상대방의 의사를 수령할 권한까지 가지고 있다고 볼 수는 없다**(대판 2008.6.12. 2008다11276).

14

아파트분양형 토지신탁계약을 체결하면서 수탁자인 신탁회사가 신탁자인 건설회사에게 아파트분양업무를 위임한 경우 신탁자인 건설회사는 위 아파트의 실질적 소유자이므로 자신의 채권에 대한 대물변제를 위하여 아파트분양계약을 체결할 권한이 있다.　O|X

> **해설** 신탁계약에 의하여 아파트의 소유권이 수탁자에게 대내외적으로 완전히 이전되어 그 분양권도 수탁자에게 귀속되었으므로 **신탁자인 건설회사는 자신의 채권에 대한 대물변제를 위하여 아파트분양계약을 체결할 권한이 없다**(대판 2008.6.12. 2008다11276).
>
> ➡ 다만 본 사안에서는 아래와 같은 사유로 제126조 표현대리의 성립을 인정하였다.
> 아파트 분양형 토지신탁계약을 체결하면서 신탁자인 건설회사와 수탁자인 신탁회사가 공동사업주체로서 아파트 분양을 하기로 하고 **수탁자인 신탁회사가 신탁자인 건설회사에게 아파트 분양업무를 위임**하고 그 분양계약서에 공동사업주체인 신탁자인 건설회사와 수탁자인 신탁회사를 공동매도인으로 기재한 후, 수탁자인 신탁회사가 그 대표이사의 직인이 날인된 분양계약서를 일괄 교부하여 신탁자인 건설회사가 그 계약서를 이용하여 분양계약을 체결하고, 그 분양계약에 수탁자인 신탁회사는 전혀 관여하지 아니하고, 신탁자인 건설회사가 사실상 독자적으로 분양계약을 체결하고 분양대금을 직접 받아왔다면, 신탁자인 건설회사에 대한 채권자로서는 신탁자인 건설회사가 그 채권의 대물변제조로 그 아파트를 채권자에게 분양하여 줄 권한이 있다고 믿을 만한 상당한 이유가 있다(대판 2008.6.12. 2008다11276).

15

예금계약의 체결을 위임받은 자가 가지는 대리권에 당연히 그 예금을 담보로 하여 대출을 받거나 이를 처분할 수 있는 대리권이 포함되어 있는 것은 아니다.　O|X

> **해설** 예금계약의 체결을 위임받은 자가 가지는 대리권에 당연히 그 예금을 담보로 하여 대출을 받거나 이를 처분할 수 있는 대리권이 포함되어 있는 것은 아니다(대판 1995.8.22. 94다39365).

정답 | **10** ○ **11** ○ **12** ○ **13** × **14** × **15** ○

16

대리인은 보존행위 및 대리의 목적인 물건이나 권리의 성질을 변하지 아니하는 범위에서 이를 이용하거나 개량하는 행위만을 할 수 있다. ○ | X

17

권한을 정하지 아니한 대리인은 보존행위 및 대리의 목적인 물건이나 권리의 성질을 변하지 아니하는 범위 내에서 그 이용 또는 개량하는 행위만을 할 수 있다. ○ | X

> **해설 16 17** **제118조(대리권의 범위)** 권한을 정하지 아니한 대리인은 다음 각호의 행위만을 할 수 있다.
> 1. 보존행위
> 2. 대리의 목적인 물건이나 권리의 성질을 변하지 아니하는 범위에서 그 이용 또는 개량하는 행위
>
> ➡ 제118조는 대리권이 있기는 하지만 수권행위의 해석을 통해서도 그 범위를 명백히 정할 수 없는 경우에 적용되므로, 대리권의 범위가 명백하거나 표현대리가 성립할 때에는 적용되지 않는다(대판 1964.12.8. 64다968 참조).

18

부동산입찰절차에서 동일한 물건에 관하여 1인이 이해관계를 달리하는 2인 이상의 대리인이 된 경우, 그 대리인이 한 입찰행위는 원칙적으로 무효이다. ○ | X

> **해설 민법 제124조**는 "대리인은 본인의 허락이 없으면 본인을 위하여 자기와 법률행위를 하거나 동일한 법률행위에 관하여 당사자 쌍방을 대리하지 못한다."고 규정하고 있으므로 부동산 입찰절차에서 동일물건에 관하여 이해관계가 다른 2인 이상의 대리인이 된 경우에는 그 대리인이 한 입찰은 무효이다(대결 2004.2.13. 2003마44).

19

甲으로부터 부동산 매각의 대리권을 수여받은 乙이 甲의 허락 없이 스스로 그 부동산의 매수인이 되는 것은 자기계약으로서 금지된다. ○ | X

> **해설 제124조(자기계약, 쌍방대리)** 대리인은 본인의 허락이 없으면 본인을 위하여 자기와 법률행위를 하거나 동일한 법률행위에 관하여 당사자쌍방을 대리하지 못한다. 그러나 채무의 이행은 할 수 있다.
>
> ➡ 乙은 본인 甲의 허락 없이는 스스로 부동산을 매수하는 자기계약을 할 수 없다.

20

사채알선업자는 어느 일방만의 대리인이 아니고 채권자 쪽을 대할 때는 채무자 측의 대리인 역할을 하게 되는 것이고, 반대로 돌아서서 채무자 쪽을 대할 때에는 채권자 측의 대리인으로서 역할을 하게 된다. O | X

해설 대판 1993.1.15. 92다39365

22

친권자의 대리행위가 객관적으로 볼 때 미성년자 본인에게는 경제적인 손실만을 초래하는 반면, 친권자나 제3자에게는 경제적인 이익을 가져오는 행위이고, 그 행위의 상대방이 이러한 사실을 알았거나 알 수 있었을 때에는, 민법 제107조 제1항 단서를 유추 적용하여 그 행위의 효과는 자(子)에게 미치지 않는다고 볼 수 있다. O | X

23

법정대리인인 친권자의 대리행위가 남용인 경우 행위의 상대방이 이러한 사실을 알았거나 알 수 있었을 때에는 그 행위의 효과가 자(子)에게는 미치지 않지만, 그에 따라 외형상 형성된 법률관계를 기초로 하여 새로운 법률상 이해관계를 맺은 선의의 제3자에 대하여는 누구도 그와 같은 사정을 들어 대항할 수 없으며, 제3자가 악의라는 사실에 관한 주장·증명책임은 무효를 주장하는 자에게 있다. O | X

해설 **22** 친권자의 친권행사도 일종의 법정대리권의 행사인 이상 대리권 남용이론이 동일하게 적용되어야 하며, 단지 친권의 상실제도(제924조 이하)가 있다는 특수성이 있을 뿐이다. 최근에 대법원도 "법정대리인인 친권자의 대리행위가 객관적으로 볼 때 미성년자 본인에게는 경제적인 손실만을 초래하는 반면, 친권자나 제3자에게는 경제적인 이익을 가져오는 행위이고, 그 행위의 상대방이 이러한 사실을 알았거나 알 수 있었을 때에는, **제107조 제1항 단서의 규정을 유추적용**하여 그 행위의 효과는 자(子)에게는 미치지 않는다고 해석함이 상당하다."(대판 2011.12.22. 2011다64669)라고 하여, 친권의 남용에도 임의대리권의 남용에 관한 논의를 적용할 수 있음을 분명히 하였다.

23 법정대리인인 친권자의 대리행위가 객관적으로 볼 때 미성년자 본인에게는 경제적인 손실만을 초래하는 반면, 친권자나 제3자에게는 경제적인 이익을 가져오는 행위이고 행위의 상대방이 이러한 사실을 알았거나 알 수 있었을 때에는 **민법 제107조 제1항 단서의 규정을 유추적용**하여 행위의 효과가 자(子)에게는 미치지 않는다고 해석함이 타당하나, 그에 따라 외형상 형성된 법률관계를 기초로 하여 **새로운 법률상 이해관계를 맺은 선의의 제3자에 대하여는 같은 조 제2항의 규정을 유추적용**하여 누구도 그와 같은 사정을 들어 대항할 수 없으며, 제3자가 악의라는 사실에 관한 주장·증명책임은 무효를 주장하는 자에게 있다(대판 2018.4.26. 2016다3201).

정답 | **16** × **17** ○ **18** ○ **19** ○ **20** ○ **21** ○ **23** ○

24

출제예상

甲의 대리인이라 칭하는 乙이 甲을 대리하여 丙과 사이에 甲 소유의 X토지를 매도하는 내용의 매매계약을 체결하였다. 乙이 甲으로부터 매매계약을 체결할 대리권을 수여받은 후 자기의 이익을 위하여 배임적 대리행위를 한 경우, 丙이 이러한 사실을 과실없이 알지 못한 때에는 乙의 대리행위는 甲에게 효력이 미친다. ○ | X

> **해설** 대리권의 남용
> 민법 제107조 제1항에서 규정하고 있는 진의 아닌 의사표시가 대리인에 의하여 이루어지고, 그 **대리인의 진의가 본인의 이익이나 의사에 반하여 자기 또는 제3자의 이익을 위한 배임적인 것임을 그 상대방이 알았거나 알 수 있었을 경우에는 동항 단서의 유추해석상 그 대리인의 행위는 본인의 행위로 성립할 수 없으므로 본인은 대리인의 행위에 대하여 아무런 책임이 없다** 할 것이며, 이때에 그 상대방이 대리인의 표시의사가 진의아님을 알았거나 알 수 있었는가의 여부는 표의자인 대리인과 상대방 사이에 있었던 의사표시의 형성과정과 그 내용 및 그로 인하여 나타나는 효과 등을 객관적 사정에 따라 합리적으로 판단하여야 한다(대판 1987.11.10. 86다카371).

> **쟁점정리** 대리권 남용에 대하여, 判例는 "대체로 대리인의 진의가 사익 도모에 있다는 것을 상대방이 알았거나 알 수 있었을 경우에는 제107조 1항 단서를 유추하여 '무효'로 보아야 한다"고 하여, **제107조 1항 단서 유추적용설과 그 견해를 같이 하나**(대판 1987.11.10. 86다카371), **주식회사의 대표이사의 '대표권남용'에 대해서는** 대리권 남용 행위 자체는 '유효'하지만, 상대방이 '악의'로 취득한 권리를 행사하는 것은 **신의칙상 허용되지 않는다고 판단한 것도 있다**(대판 1987.10.13. 86다카1522; 대판 2016.8.24. 2016다222453).

25

14서기보

민법 제127조에 규정된 대리권의 소멸사유에는 본인의 사망, 본인의 파산, 대리인의 사망, 대리인의 파산 등이 있다. ○ | X

> **해설** **제127조(대리권의 소멸사유)** 대리권은 다음 각 호의 어느 하나에 해당하는 사유가 있으면 소멸된다.
> 1. 본인의 사망
> 2. 대리인의 사망, 성년후견의 개시 또는 파산
>
> ➡ 본인의 **파산**은 제127조 규정된 대리권 소멸사유에 해당하지 않는다.

26

16사무관

대리인의 사망이나 파산과 달리 본인의 사망을 통해서는 원칙적으로 민법상 부여된 대리권이 소멸하는 것은 아니라고 볼 것이다. ○ | X

> **해설** **제127조(대리권의 소멸사유)** 대리권은 다음 각 호의 어느 하나에 해당하는 사유가 있으면 소멸된다.
> 1. 본인의 사망
> 2. 대리인의 사망, 성년후견의 개시 또는 파산
>
> ➡ 본인의 **사망**도 대리권 소멸사유에 해당한다.

27

대리인이 그 권한 내에서 본인을 위한 것임을 표시한 의사표시는 직접 본인에 대하여 효력이 생기나 대리인에게 대한 제3자의 의사표시는 이와 다르다. O | X

> **해설** **제114조(대리행위의 효력)** ① 대리인이 그 권한내에서 본인을 위한 것임을 표시한 의사표시는 직접 본인에게 대하여 효력이 생긴다.
> ② **전항의 규정은 대리인에게 대한 제삼자의 의사표시에 준용**한다.

28

대리인이 그 권한 내에서 한 의사표시가 직접 본인에게 그 효력이 생기려면 본인을 위한 것임을 표시하여야 하고, 만약 본인을 위한 것임을 표시하지 않은 때에는 그 의사표시는 대리인 자기를 위한 것으로 본다. O | X

29

대리인이 본인을 위한 것임을 표시하지 아니하였어도 상대방이 대리인으로 한 것임을 알았을 때에는 본인에게 대하여 효력이 생긴다. O | X

30

대리인이 본인을 위한 것임을 표시하지 아니한 때에는 그 의사표시는 본인에 대하여 효력이 생기지 않고, 원칙적으로 대리인 자기를 위한 것으로 보지도 않는다. O | X

> **해설** **28 29 30** **제114조(대리행위의 효력)** ① 대리인이 그 권한내에서 본인을 위한 것임을 표시한 의사표시는 직접 본인에게 대하여 효력이 생긴다.
> **제115조(본인을 위한 것임을 표시하지 아니한 행위)** 대리인이 본인을 위한 것임을 표시하지 아니한 때에는 그 의사표시는 자기를 위한 것으로 본다. 그러나 **상대방이 대리인으로서 한 것임을 알았거나 알 수 있었을 때에는 전조 제1항의 규정을 준용**한다.

정답 | **24** O **25** × **26** × **27** × **28** O **29** O **30** ×

31

乙의 부동산을 매도할 대리권을 수여받은 甲이 마치 자신이 乙인 것처럼 행세하여 乙의 부동산을 丙에게 매도하였다면 丙은 乙에게 소유권이전등기를 청구할 수 없다. ○ | X

> **해설** 대리인이 그 권한 내에서 한 의사표시가 직접 본인에게 그 효력이 생기려면 '본인을 위한 것임을 표시'하여야 한다 (제114조 제1항). 즉 대리인의 대리행위시 법률행위의 귀속주체가 본인임을 표시하는 현명을 요구하는 것을 '현명주의'라고 한다. 判例는 반드시 대리인임을 표시하여 행위하여야 하는 것은 아니고 '본인명의'로도 할 수 있다는 입장이다(대판 1963.5.9. 63다67).
>
> ➡ 따라서 乙의 부동산을 매도할 대리권을 수여받은 甲이 마치 자신이 乙인 것처럼 행세하여 乙의 부동산을 丙에게 매도하였다면 이는 유권대리이므로 그 법률효과가 본인 乙에게 미치므로 丙은 乙에게 소유권이전등기를 청구할 수 있다.

32

매매위임장을 제시하고 매매계약서에 대리관계의 표시 없이 그 자신의 이름을 기재하였다고 해서 그것만으로 그 자신이 매도인으로서 타인물건을 매매한 것이라고 볼 수는 없다. ○ | X

> **해설** 매매위임장을 제시하고 매매계약을 체결하는 자는 특단의 사정이 없는 한 소유자를 대리하여 매매행위하는 것이라고 보아야 하고 매매계약서에 대리관계의 표시 없이 그 자신의 이름을 기재하였다고 해서 그것만으로 그 자신이 매도인으로서 타인물을 매매한 것이라고 볼 수는 없다(대판 1982.5.25. 81다1349,81다카1209).
>
> ➡ 제115조 단서에 의해 소유자를 대리하여 매매계약을 체결한 것으로 보아야 한다.

33

채권양도통지 권한을 위임받은 양수인이 양도인을 대리하여 채권양도통지를 함에 있어서는 양도인 본인과 대리인을 표시하여야 하는 것이므로, 양수인이 서면으로 채권양도통지를 함에 있어 대리관계의 현명을 하지 않은 채 양수인 명의로 된 채권양도통지서를 채무자에게 발송하여 도달되었다 하더라도 특별한 사정이 없는 한 이는 효력이 없다. ○ | X

> **해설** 채권양도통지의 권한을 위임받은 양수인이 무현명으로 한 채권양도통지의 효력(대판 2004.2.13. 2003다43490)

34

채권양도통지 권한을 위임받은 양수인이 양도인을 대리하여 서면으로 채권양도통지를 함에 있어 대리관계의 현명을 하지 아니한 채 양수인 명의로 된 채권양도통지서를 채무자에게 발송한 경우 채권양도통지를 둘러싼 여러 사정에 비추어 양수인이 대리인으로서 통지한 것임을 상대방이 알았을 경우에만 유효하다. ○ | X

35

대리에 있어 본인을 위한 것임을 표시하는 이른바 현명은 반드시 명시적으로만 할 필요는 없고 묵시적으로도 할 수 있다.　　　　　　　　　　　　　　　　　　　　　　　　○ | X

> **해설** **34 35** 무현명의 양수인에 의한 채권양도통지가 민법 제115조 단서의 규정에 의하여 유효한 통지로 될 수 있는지 여부(적극)
> 대리에 있어 본인을 위한 것임을 표시하는 이른바 현명은 **반드시 명시적으로만 할 필요는 없고 묵시적으로도 할 수 있는 것**이고, 채권양도통지를 함에 있어 현명을 하지 아니한 경우라도 **채권양도통지를 둘러싼 여러 사정에 비추어 양수인이 대리인으로서 통지한 것임을 상대방이 알았거나 알 수 있었을 때에는 민법 제115조 단서의 규정에 의하여 유효**하다. ⅰ) 채권양도통지서 자체에 양수받은 채권의 내용이 기재되어 있고, 채권양도양수계약서가 위 통지서에 첨부되어 있으며, ⅱ) 채무자로서는 양수인에게 채권양도통지 권한이 위임되었는지 여부를 용이하게 알 수 있었다는 사정 등을 종합하여 무현명에 의한 채권양도통지를 **민법 제115조 단서에 의해 유효**하다(대판 2004.2.13. 2003다43490).

36

대리에서 법률행위를 하는 자는 대리인이나 그 법률효과는 본인에게 귀속되는 이상, 의사표시의 효력이 의사의 흠결, 사기, 강박 또는 어느 사정을 알았거나 과실로 알지 못한 것으로 인하여 영향을 받을 경우에 그 사실의 유무는 본인을 기준으로 한다.　　　　　　　　　　　　　　　　　　○ | X

> **해설** **민법 제116조(대리행위의 하자)** ① 의사표시의 효력이 의사의 흠결, 사기, 강박 또는 어느 사정을 알았거나 과실로 알지 못한 것으로 인하여 영향을 받을 경우에 그 사실의 유무는 **대리인을 표준하여 결정**한다.

37

대리인이 본인을 대리하여 부동산을 이중으로 매수함에 있어서 이중매매라는 사정을 잘 알고 그 배임행위에 적극적으로 가담하였다고 하더라도 본인이 아무런 과실 없이 그러한 사정을 몰랐다면 그 이중매매행위를 반사회적 법률행위로서 무효라고 볼 수 없다.　　　　　　　　　　　　　　　　○ | X

38

대리인이 본인을 대리하여 부동산을 매수함에 있어서 이중매매라는 사정을 잘 알고 매도인의 배임행위에 적극 가담했더라도 본인이 그러한 사정을 몰랐고 알 수도 없었다면 대리인이 한 부동산 매매계약을 반사회적 법률행위라고 볼 수 없다.　　　　　　　　　　　　　　　　　　　　　　　　○ | X

정답 | **31** × **32** ○ **33** ○ **34** × **35** ○ **36** × **37** × **38** ×

39

甲의 대리인 乙은 甲의 지시에 따라 丙과 통모하여 甲 소유의 부동산에 관하여 丙과 가장매매계약을 체결하고 丙 명의로 소유권이전등기를 경료하여 주었는데, 그 후 丙이 위 부동산을 丁에게 매도하고 丁 명의로 소유권이전등기를 경료하여준 경우, 丁이 위 가장매매에 대하여 선의라면 유효하게 위 부동산의 소유권을 취득한다. ○ | ×

> **해설 37 38 민법 제116조** ① 의사표시의 효력이 의사의 흠결, 사기, 강박 또는 어느 사정을 알았거나 과실로 알지 못한 것으로 인하여 영향을 받을 경우에 그 사실의 유무는 대리인을 표준하여 결정한다.
> ② 특정한 법률행위를 위임한 경우에 대리인이 본인의 지시에 좇아 그 행위를 한 때에는 본인은 자기가 안 사정 또는 과실로 인하여 알지 못한 사정에 관하여 대리인의 부지를 주장하지 못한다.
> 대리인이 본인을 대리하여 매매계약을 체결함에 있어서 매매대상 토지에 관한 저간의 사정을 잘 알고 그 배임행위에 가담하였다면, 대리행위의 하자 유무는 대리인을 표준으로 판단하여야 하므로, 설사 본인이 미리 그러한 사정을 몰랐거나 반사회성을 야기한 것이 아니라고 할지라도 그로 인하여 매매계약이 가지는 사회질서에 반한다는 장애사유가 부정되는 것은 아니다(대판 1998.2.27. 97다45532).
> **39** 대리인 乙이 대리권의 범위 내에서 본인 甲의 이름으로 부동산 매매계약을 체결하면서 상대방 丙과 통모하여 허위표시를 한 경우에는 본인 甲의 선의여부를 불문하고 의사표시는 허위표시로서 무효이고(제116조 1항, 제108조 1항), 그 후 丙이 丁에게 위 부동산을 양도하였다면 선의의 丁은 제108조 2항에 의해 유효하게 위 부동산의 소유권을 취득한다.

40

대리행위가 법률행위인 경우에는 그 대리인은 행위능력자이어야 한다. ○ | ×

41

대리인은 행위능력자임을 요하지 아니하고, 대리인이 수인인 때에는 법률 또는 수권행위에 달리 정함이 없는 한 각자가 본인을 대리한다. ○ | ×

42

대리인이 수인인 경우 법률 또는 수권행위에서 공동으로 대리할 것을 정한 때에는 공동으로 대리를 하여야 한다. ○ | ×

> **해설 40 41 민법 제117조** 대리인은 행위능력자임을 요하지 아니한다.
> **42 제119조(각자대리)** 대리인이 수인인 때에는 각자가 본인을 대리한다. 그러나 법률 또는 수권행위에 다른 정한 바가 있는 때에는 그러하지 아니하다.

정답 | 39 ○ 40 × 41 ○ 42 ○

제5관 | 복대리

01 21법무사

대리권이 법률행위에 의하여 부여된 경우에는 대리인은 본인의 승낙이 있거나 부득이한 사유있는 때가 아니어도 필요에 따라 복대리인을 선임할 수 있다. O | X

02 출제예상

甲에 의해 대리인으로 선임된 乙이 甲의 승낙 없이 丙을 복대리인으로 선임하더라도, 丙이 甲의 대리인으로 법률행위를 하면 원칙적으로 그 효과는 甲에게 귀속된다. O | X

> **해설 01 02 제120조(임의대리인의 복임권)** 대리권이 법률행위에 의하여 부여된 경우에는 대리인은 본인의 승낙이 있거나 부득이한 사유있는 때가 아니면 복대리인을 선임하지 못한다.
>
> ➡ 甲에 의해 대리인으로 선임된 '임의대리인' 乙은 본인 甲의 승낙 없이 丙을 복대리인을 선임할 수 없으므로, 乙의 복임행위는 무효이다. 따라서 丙이 甲의 대리인으로 법률행위를 하면 이는 '무권대리'행위인바, 본인 甲의 추인이 없는 한 그 효과는 甲에게 귀속되지 않는다(제130조).

03 11주사보

대리인은 복대리인을 선임한 후에는 대리권이 소멸한다. O | X

> **해설** 복대리인은 대리인의 복임권에 기하여 선임된 자이므로 대리인의 감독을 받을 뿐 아니라 대리인의 대리권의 존재 및 범위에 의존한다. 따라서 대리인의 대리권보다 그 범위가 넓을 수 없고 대리권이 소멸하면 복대리권도 소멸한다. 다만 복대리인이 선임된 경우에도 대리인의 대리권은 존속한다.

04 11법무사

대리의 목적인 법률행위의 법률행위의 성질상 대리인 자신에 의한 처리가 필요하지 아니한 경우에는 본인이 복대리 금지의 의사를 명시하지 아니하는 한 복대리인의 선임에 관하여 묵시적인 승낙이 있는 것으로 볼 수 있다. O | X

> **해설** 대판 1996.1.26. 94다30690

정답 | **01** × **02** × **03** × **04** ○

05

부동산 시행사업을 하는 甲은 오피스텔을 준공 후 '오피스텔 분양업무'를 乙에게 위임하고 대리권을 수여하였는데, 乙이 甲과 상의도 없이 위 분양업무에 관해 丙을 복대리인으로 선임한 경우, 丙이 복대리인으로서 한 위 분양업무의 법률효과는 원칙상 甲에게 미치지 않는다. ○ | X

> 해설 임의대리인은 본인의 승낙이 있거나 부득이한 사유가 있지 아니하면 복대리인을 선임할 수 없는 것인바, **아파트 분양업무**는 그 성질상 분양 위임을 받은 **수임인의 능력에 따라 그 분양사업의 성공 여부가 결정**되는 사무로서, 본인의 명시적인 승낙 없는 복대리인의 선임이 허용되지 아니하는 경우로 보아야 한다(대판 1999.9.3. 97다56099).
> 오피스텔의 분양업무는 그 성질상 분양을 **위임받은 대리인의 능력에 따라 본인의 분양사업의 성공 여부가 결정**되는 것이므로, 사무처리의 주체가 별로 중요하지 아니한 경우에 해당한다고 보기 어렵다(대판 1996.1.26. 94다30690).

06

법정대리인은 복대리인을 선임한 경우 본인에 대하여 그 선임감독의 잘못에 관하여 책임을 진다. ○ | X

> 해설 **제120조(임의대리인의 복임권)** 대리권이 법률행위에 의하여 부여된 경우에는 대리인은 본인의 승낙이 있거나 부득이한 사유있는 때가 아니면 복대리인을 선임하지 못한다.
> **제121조(임의대리인의 복대리인선임의 책임)** ① 전조의 규정에 의하여 대리인이 복대리인을 선임한 때에는 본인에게 대하여 그 선임감독에 관한 책임이 있다.
> **제122조(법정대리인의 복임권과 그 책임)** 법정대리인은 그 책임으로 복대리인을 선임할 수 있다. 그러나 부득이한 사유로 인한 때에는 전조제1항에 정한 책임만이 있다.
> ➡ 원칙적으로 법정대리인은 과실이 없더라도 전적으로 책임을 부담한다(제122조 본문). 그러나 부득이한 사유로 복대리인을 선임한 경우에는 선임감독상 과실에 대하여만 책임을 지게 된다(제122조 단서, 제121조 제1항).

07

복대리인은 본인이나 제3자에 대하여 대리인과 동일한 권리의무가 있다. ○ | X

> 해설 **제123조(복대리인의 권한)** ① 복대리인은 그 권한내에서 본인을 대리한다.
> ② 복대리인은 본인이나 제삼자에 대하여 대리인과 동일한 권리의무가 있다.

정답 | **05** ○ **06** × **07** ○

01

대리권이 있다는 것과 표현대리가 성립한다는 것은 그 요건사실이 다르지만 유권대리의 주장이 있으면 표현대리의 주장이 당연히 포함되는 것이므로 이 경우 법원은 표현대리의 성립 여부까지 판단해야 한다.

O | X

02

甲이 乙의 대리인으로서 丙과 매매계약을 체결하였는데, 甲에게는 매매에 관한 대리권이 없었다. 丙이 乙을 상대로 제기한 위 매매계약의 이행청구 소송에서 丙이 甲의 행위가 유권대리에 해당한다고 주장한 경우, 그 주장 속에는 甲의 행위가 표현대리에 해당한다는 주장이 포함되어 있는 것으로 볼 수 없다.

O | X

> **해설** **01 02** 표현대리는 외관을 신뢰한 선의·무과실의 제3자를 보호하고 거래의 안전을 보장하며, 대리제도의 신용을 유지하기 위한 제도로서 무권대리의 일종이다(통설). 判例도 "표현대리가 성립된다고 하여 무권대리의 성질이 유권대리로 전환되는 것은 아니므로, 양자의 구성요건 해당사실 즉 주요사실은 서로 다르다고 볼 수밖에 없다. 그러므로 **유권대리에 관한 주장 가운데 무권대리에 속하는 표현대리의 주장이 포함되어 있다고 볼 수 없다.**"(대판 1983.12.13. 83다카1489)라고 판시하여 표현대리가 무권대리임을 분명히 밝혔다.

03

다른 사람이 본인을 위하여 한다는 대리문구를 어음 상에 기재하지 않고 직접 본인 명의로 기명날인을 하여 어음행위를 하는 이른바 기관 방식 또는 서명대리 방식의 어음행위가 권한 없는 자에 의하여 행하여 졌다면 이는 어음행위의 무권대리가 아니라 어음의 위조에 해당하므로, 민법상의 표현대리규정을 들어 본인에게 그 책임을 물을 수는 없다.

O | X

> **해설** 민법상 표현대리 규정이 어음행위의 위조에 관하여 유추적용되기 위한 요건
> 다른 사람이 본인을 위하여 한다는 대리문구를 어음 상에 기재하지 않고 직접 본인 명의로 기명날인을 하여 어음행위를 하는 이른바 기관 방식 또는 서명대리 방식의 어음행위가 권한 없는 자에 의하여 행하여졌다면 이는 어음행위의 무권대리가 아니라 어음의 위조에 해당하는 것이기는 하나, 그 경우에도 ⅰ) **제3자가 어음행위를 실제로 한 자에게 그와 같은 어음행위를 할 수 있는 권한이 있다고 믿을 만한 사유가 있고,** ⅱ) **본인에게 책임을 질 만한 사유가 있는 때에는** 대리방식에 의한 어음행위의 경우와 마찬가지로 **민법상의 표현대리 규정을 유추적용**하여 본인에게 그 책임을 물을 수 있다(대판 2000.3.23. 99다50385).

04

어음행위의 위조에 관하여도 민법상의 표현대리에 관한 규정이 적용 또는 유추적용되고, 이 때 그 규정의 적용을 주장할 수 있는 자에는 약속어음의 배서행위의 직접 상대방인 당해 배서의 피배서인뿐만 아니라 그 피배서인으로부터 다시 어음을 취득한 자도 포함된다. ○ | X

> 해설 어음행위의 위조에 관하여도 민법상의 표현대리에 관한 규정이 적용 또는 유추적용되고, 다만 이때 그 규정의 적용을 주장할 수 있는 자는 어음행위의 직접 상대방에 한한다고 할 것이며, 약속어음의 배서행위의 직접 상대방은 당해 배서의 피배서인만을 가리키고 그 피배서인으로부터 다시 어음을 취득한 자는 위 배서행위의 직접 상대방이 아니라 제3취득자에 해당하며, 어음의 제3취득자는 어음행위의 직접 상대방에게 표현대리가 인정되는 경우에 이를 원용하여 피위조자에 대하여 자신의 어음상의 권리를 행사할 수가 있을 뿐이다(대판 1999.12.24. 99다13201).

05

도시 및 주거환경정비법에 의한 주택재건축조합 총회결의의 정족수에 관하여 강행규정이 유추적용되어 과반수보다 가중된 정족수에 의한 결의가 필요하다고 인정되는 경우, 그러한 결의 없이 체결된 계약에 대하여는 표현대리의 법리가 유추적용될 수 없다. ○ | X

> 해설 계약체결의 요건을 규정하고 있는 강행법규에 위반한 계약은 무효이므로 그 경우에 계약상대방이 선의·무과실이더라도 민법 제107조의 비진의표시의 법리 또는 표현대리 법리가 적용될 여지는 없다. 따라서 도시 및 주거환경정비법에 의한 주택재건축조합의 대표자가 그 법에 정한 강행규정에 위반하여 적법한 총회의 결의 없이 계약을 체결한 경우에는 상대방이 그러한 법적 제한이 있다는 사실을 몰랐다거나 총회결의가 유효하기 위한 정족수 또는 유효한 총회결의가 있었는지에 관하여 잘못 알았더라도 계약이 무효임에는 변함이 없다. 또한 총회결의의 정족수에 관하여 강행규정에서 직접 규정하고 있지 않지만 강행규정이 유추적용되어 과반수보다 가중된 정족수에 의한 결의가 필요하다고 인정되는 경우에도 그 결의 없이 체결된 계약에 대하여 비진의표시 또는 표현대리의 법리가 유추적용될 수 없는 것은 마찬가지이다(대판 2016.5.12. 2013다49381).

06

증권회사 또는 그 임·직원의 부당권유행위를 금지하는 증권거래법 제52조 제1호는 강행법규로서 이에 위배되는 주식거래에 관한 투자수익보장약정은 무효이고, 투자수익보장이 강행법규에 위반되어 무효인 이상 증권회사의 지점장에게 그와 같은 약정을 체결할 권한이 수여되었는지 여부에 불구하고 그 약정은 여전히 무효이므로 표현대리의 법리가 준용될 여지가 없다. ○ | X

07

계약체결의 요건을 규정하고 있는 강행법규에 위반한 계약은 무효이므로 그 경우에 계약상대방이 선의·무과실이더라도 민법 제107조의 비진의표시의 법리 또는 표현대리 법리가 적용될 여지는 없다. ○ | X

> 해설 **06 07** 대판 1996.8.23. 94다38199

08

민법 제125조가 규정하는 대리권 수여의 표시에 의한 표현대리는 본인과 대리행위를 한 자 사이의 기본적인 법률관계의 성질이나 그 효력의 유무와는 관계없이 어떤 자가 본인을 대리하여 제3자와 법률행위를 함에 있어 본인이 그 자에게 대리권을 수여하였다는 표시를 제3자에게 한 경우에 성립한다.   O | X

> 해설 대판 2007.8.23. 2007다23245

09

대리권 수여의 표시에 의한 표현대리는 본인이 무권대리인으로 하여금 대리권의 존재를 추단하게 하는 명칭의 사용을 명시적으로 허락한 경우뿐 아니라 이를 알고 묵인한 경우에도 성립할 수 있다.   O | X

> 해설 대리권 수여의 표시 – 명의사용을 허락 또는 묵인한 경우
> 본인이 다른 사람에게 자기 명의를 사용하여 법률행위를 할 것을 허락한 경우에는 보통 대리권(엄밀히는 대행권)을 수여한 것으로 해석된다. 그리고 설령 본인의 의사가 대리권을 수여하고자 하는 것이 아니었다 하더라도 이는 제125조의 '표시'에 해당한다. 이와 관련해 判例는 "본인에 의한 대리권 수여의 표시는 반드시 대리권 또는 대리인이라는 말을 사용하여야 하는 것이 아니라 사회통념상 **대리권을 추단할 수 있는 직함이나 명칭 등의 사용을 승낙 또는 묵인한 경우에도 대리권 수여의 표시가 있은 것으로 볼 수 있다**(대판 1998.6.12. 97다53762)고 한다.

10

공정증서가 채무명의로서 집행력을 가질 수 있도록 하는 집행인낙의 의사표시에 대하여도 민법상의 표현대리규정이 적용 또는 준용될 수 있다.   O | X

> 해설 소송행위에도 민법상 표현대리규정이 준용될 수 있는지 여부
> 공정증서가 채무명의로서 집행력을 가질 수 있도록 하는 집행인낙 표시는 공증인에 대한 소송행위로서 이러한 소송행위에는 민법상의 표현대리 규정이 적용 또는 준용될 수 없다(대판 1994.2.22. 93다42047).

11

대리인이 그 권한 외의 법률행위를 한 경우에 제3자가 그 권한이 있다고 믿은 때에는 본인은 그 행위에 대하여 책임이 있다.   O | X

> 해설 제126조의 표현대리가 성립하기 위해서는 ⅰ) 기본대리권이 존재하고, ⅱ) 권한을 넘은 표현대리행위가 존재하여야 하고, ⅲ) 정당한 이유가 존재하여야 한다. 따라서 무권대리행위시를 기준으로 상대방이 대리권이 있다고 믿은 데 과실이 없는 것, 선의 무과실의 요건까지 갖추어져야 제126조의 표현대리가 성립한다.

정답 | **04** × **05** O **06** O **07** O **08** O **09** O **10** O **11** ×

12

표현대리행위는 기본대리권과 동종 또는 유사할 필요가 없으므로, 기본대리권이 등기신청행위임에도 대리인이 대물변제와 같이 기본대리권과 아무런 관계가 없는 행위를 한 경우에도 제126조의 표현대리가 성립할 수 있다. ○ | ✕

> 해설 제126조 표현대리에서 '권한을 넘은 표현대리행위'는 ⅰ) 기본대리권과 같은 종류의 대리권이거나 비슷할 필요는 없고(대판 1978.3.28. 78다282), ⅱ) 그 행위가 대리권과 아무런 관계가 없어도 무방하다(대판 1963.11.21. 63다418).

13

민법 제126조에서 말하는 권한을 넘은 표현대리는 현재에 대리권을 가진 자가 그 권한을 넘은 경우에 성립하는 것이지, 현재에 아무런 대리권도 가지지 아니한 자가 본인을 위하여 한 어떤 대리행위가 과거에 이미 가졌던 대리권을 넘은 경우에까지 성립하는 것은 아니다. ○ | ✕

14

甲이 대리권 없이 乙의 대리인으로서 丙과 매매계약을 체결한 경우 甲의 대리행위가 대리권 소멸 후의 표현대리로 인정되는 경우라면 권한을 넘은 표현대리는 성립할 수 없다. ○ | ✕

> 해설 13 14 민법 제126조에서 말하는 권한을 넘은 표현대리는 현재에 대리권을 가진 자가 그 권한을 넘은 경우에 성립하는 것이지, 현재에 아무런 대리권도 가지지 아니한 자가 본인을 위하여 한 어떤 대리행위가 과거에 이미 가졌던 대리권을 넘은 경우에까지 성립하는 것은 아니라고 할 것이고, 한편 **과거에 가졌던 대리권이 소멸되어 민법 제129조에 의하여 표현대리로 인정되는 경우에 그 표현대리의 권한을 넘는 대리행위가 있을 때에는 민법 제126조에 의한 표현대리가 성립**할 수 있다(대판 2008.1.31. 2007다74713).
>
> ➡ 제129조의 표현대리가 성립할 수 있다면 그에 기하여 대리권이 존재하는 것처럼 다루어지므로, 표현대리제도의 취지에 비추어 볼 때 제129조의 범위를 넘는 때에는 제126조가 중첩적으로 적용된다.

15

민법 제126조의 권한을 넘은 표현대리는 대리인이 본인을 위한다는 의사를 명시 혹은 묵시적으로 표시하거나 대리의사를 가지고 권한 외의 행위를 하는 경우에 성립하고, 사술을 써서 위와 같은 대리행위의 표시를 하지 아니하고 단지 본인의 성명을 모용하여 자기가 마치 본인인 것처럼 기망하여 본인 명의로 직접 법률행위를 한 경우에는 특별한 사정이 없는 한 위 표현대리는 성립될 수 없다. ○ | ✕

> 해설 **타인명의를 사용한 법률행위**
>
> 사술을 써서 대리행위의 표시를 하지 아니하고 단지 본인의 성명을 모용하여 자기가 마치 본인인 것처럼 상대방을 기망하여 본인 명의로 직접 법률행위를 한 경우에는 **특별한 사정이 있는 경우에 한하여 민법 제126조의 표현대리의 법리를 유추적용할 수 있다**(대판 2002.6.28. 2001다49814).
>
> 여기서 특별한 사정이란 ⅰ) 본인을 모용한 사람에게 본인을 대리할 '**기본대리권**'이 있었고, ⅱ) 상대방으로서는 위 모용자(행위자)가 본인(명의자) 자신으로서 본인의 권한을 행사하는 것으로 믿은 데 '**정당한 사유**'가 있었던 사정을 의미한다.

표현대리에 따른 상대방 보호는 대리행위를 전제로 하므로, 대리 행위의 표시를 하지 아니하고 본인인 것처럼 기망하여 본인 명의로 직접 법률행위를 한 경우에는 표현대리가 직접 적용될 수는 없지만, 표현대리의 법리가 유추적용될 여지는 있다. O | X

17

갑으로부터 아파트에 관한 임대 등 일체의 관리권한을 위임받은 을이 자신을 갑으로 가장하여 그 아파트를 병에게 임대한 후, 다시 갑으로 가장하여 병에게 그 아파트를 매도하기로 약정한 경우 권한을 넘은 표현대리가 유추적용될 수 있다. O | X

> 해설 **16 17** 민법 제126조의 표현대리는 대리인이 본인을 위한다는 의사를 명시 혹은 묵시적으로 표시하거나 대리의사를 가지고 권한 외의 행위를 하는 경우에 성립하고, 사술을 써서 대리행위의 표시를 하지 아니하고 단지 본인의 성명을 모용하여 자기가 마치 본인인 것처럼 기망하여 본인 명의로 직접 법률행위를 한 경우에는 특별한 사정이 없는 한 위 법조 소정의 표현대리는 성립할 수 없다. **본인으로부터 아파트에 관한 임대 등 일체의 관리권한을 위임받아 본인으로 가장하여 아파트를 임대한 바 있는 대리인이** 다시 자신을 본인으로 가장하여 임차인에게 아파트를 매도하는 법률행위를 한 경우에는 **권한을 넘은 표현대리의 법리를 유추적용하여 본인에 대하여 그 행위의 효력이 미친다**고 볼수 있다(대판 1993.3.23. 92다52436).

18

권한을 넘은 표현대리는 대리인이 대리행위 당시 법률행위에 관한 일정한 범위의 기본대리권을 가지고 있을 것을 요한다. O | X

> 해설 기본적인 어떠한 대리권도 없는 자에 대하여 대리권한의 유월 또는 소멸후의 표현대리관계는 성립할 여지가 없는 것이다(대판 1984.10.10. 84다카780).

19

종중으로부터 임야의 매각과 관련한 권한을 부여받은 甲이 임야의 일부를 실질적으로 자기가 매수하여 그 처분권한이 있다고 하면서 乙로부터 금원을 차용하고 그 담보를 위하여 위 임야에 대하여 양도담보계약을 체결하였으며 乙도 그와 같이 알고 있었던 이상, 이는 종중을 위한 대리행위가 아니어서 그 효력이 종중에게 미치지 아니하고, 민법 제126조의 표현대리의 법리가 적용될 수도 없다. O | X

> 해설 권리능력 없는 사단의 재산소유는 총유로 하며(제275조 제1항), 총유물의 관리 및 처분은 정관 기타 규약에 정한 바가 없으면 사원총회의 결의에 의한다(제275조 제2항, 제276조 제1항). 관련하여 判例에 따르면 사원총회결의를 거치지 않은 총유물의 관리 및 처분행위는 '**무효**'이고(대판 2001.5.29. 2000다10246), 이는 처분권한 없이 처분한 경우에 해당하므로 **표현대리가 적용될 여지도 없다**고 한다(대판 2009.2.12. 2006다23312 등).

정답 | **12** O **13** O **14** X **15** O **16** O **17** O **18** O **19** O

20

甲이 乙의 대리인으로서 丙과 매매계약을 체결하였는데, 甲에게는 매매에 관한 대리권이 없었다. 甲이 乙의 배우자인 경우에는 일상가사대리권을 기본대리권으로 하는 권한을 넘은 표현대리가 성립할 수 있다. ○ | X

21

남편이 처에게 타인의 채무를 보증함에 필요한 대리권을 수여한다는 것은 사회통념상 이례에 속하므로, 처가 특별한 수권 없이 남편을 대리하여 위와 같은 행위를 하였을 경우에 그것이 민법 제126조 표현대리가 되려면 처에게 일상가사대리권이 있었다는 것만이 아니라 상대방이 처에게 남편이 그 행위에 관한 대리권한을 주었다고 믿었음을 정당화할 만한 객관적인 사정이 있어야 한다. ○ | X

22

처가 제3자를 남편으로 가장시켜 관련 서류를 위조하여 남편 소유의 부동산을 담보로 금원을 대출받은 경우 위 남편 명의로 된 대출약정은 무효이다. ○ | X

23

처가 甲과 공모하여 남편의 주민등록증에 甲의 사진을 붙인 다음 남편인 것처럼 가장시켜 은행에서 대출을 받은 경우 은행은 남편에게 민법 제126조 표현대리책임을 유추적용하여 대출금의 반환을 청구할 수 있다. ○ | X

> 해설 **20 21** 부부는 일상의 가사에 관하여 서로 대리권이 있다(제827조 제1항). 判例는 이러한 일상가사대리권은 제126조의 기본대리권이 될 수 있으나, "문제된 월권행위에 관하여 그 권한을 수여받았다고 믿을 만한 정당한 사유가 있는 경우"에만 제126조의 적용을 인정하고 있다(대판 1998.7.10. 98다18988).
>
> **22 23** 민법 제126조의 표현대리는 대리인이 본인을 위한다는 의사를 명시 혹은 묵시적으로 표시하거나 대리의사를 가지고 권한 외의 행위를 하는 경우에 성립하고, 사술을 써서 위와 같은 대리행위의 표시를 하지 아니하고 단지 본인의 성명을 모용하여 자기가 마치 본인인 것처럼 기망하여 본인 명의로 직접 법률행위를 한 경우에는 특별한 사정이 없는 한 위 법조 소정의 표현대리는 성립될 수 없다. **처가 제3자를 남편으로 가장시켜 관련 서류를 위조하여 남편 소유의 부동산을 담보로 금원을 대출받은 경우, 남편에 대한 민법 제126조 소정의 표현대리책임을 부정**된다(대판 2002.6.28. 2001다49814).

24

甲이 乙의 대리인으로서 丙과 매매계약을 체결하였는데, 甲에게는 매매에 관한 대리권이 없었다. 甲의 대리행위가 권한을 넘은 표현대리에 해당하는지 여부를 판단함에 있어서 정당한 이유의 존부는 甲의 대리행위시를 기준으로 판단하여야 한다. ○ | X

25

권한을 넘은 표현대리에 있어서 대리인에게 그 권한이 있다고 믿을 만한 정당한 이유가 있는지의 여부는 행위 당시를 기준으로 판단하여야 하고, 그 이후의 사정은 고려할 것이 아니다. O | X

26

민법 제126조의 표현대리에 있어서 정당한 이유의 유무는 사실심의 변론종결시, 즉 정당한 이유의 유무를 판단할 때까지 존재하는 일체의 사정을 고려하여 판단하여야 한다. O | X

> 해설 **24 25 26** 권한을 넘은 표현대리에 있어서 정당한 이유의 유무는 **대리행위 당시를 기준**으로 하여 판정하여야 하고 매매계약 성립 이후의 사정은 고려할 것이 아니다(대판 1997.6.27. 97다3828).

27

권한을 넘은 표현대리에서 정당한 이유에 대한 증명책임은 표현대리의 유효를 주장하는 상대방에게 있다. O | X

> 해설 **표현대리 주장입증의 책임**
> 제126조에 의한 표현대리 행위로 인정된다는 점의 주장 및 입증책임은 그것을 유효하다고 주장하는 자에게 있는 것이다(대판 1968.6.18. 68다694).

28

대리인이 대리권 소멸 후 직접 상대방과 사이에 대리행위를 하는 경우는 물론 대리인이 대리권 소멸 후 복대리인을 선임하여 복대리인으로 하여금 상대방과 사이에 대리행위를 하도록 한 경우에는, 상대방이 대리권 소멸 사실을 알지 못하여 복대리인에게 적법한 대리권이 있는 것으로 믿었고 그와 같이 믿은 데 과실이 없다 하더라도 민법 제129조(대리권소멸 후의 표현대리)에 의한 표현대리가 성립할 수 없다. O | X

> 해설 대리인이 대리권 소멸 후 선임한 복대리인과 상대방 사이의 법률행위에도 민법 제129조의 표현대리가 성립하는지 여부(적극)
> **표현대리의 법리는 거래의 안전을 위하여** 어떠한 외관적 사실을 야기한 데 원인을 준 자는 그 외관적 사실을 믿음에 정당한 사유가 있다고 인정되는 자에 대하여는 책임이 있다는 **일반적인 권리외관 이론에 그 기초를 두고 있는 것인 점에 비추어 볼 때**, 대리인이 대리권 소멸 후 직접 상대방과 사이에 대리행위를 하는 경우는 물론 대리인이 대리권 소멸 후 복대리인을 선임하여 복대리인으로 하여금 상대방과 사이에 대리행위를 하도록 한 경우에도, **상대방이 대리권 소멸 사실을 알지 못하여 복대리인에게 적법한 대리권이 있는 것으로 믿었고 그와 같이 믿은 데 과실이 없다면 민법 제129조에 의한 표현대리가 성립할 수 있다**(대판 1998.29. 97다55317).

| 정답 | 20 ○ | 21 ○ | 22 ○ | 23 × | 24 ○ | 25 ○ | 26 × | 27 ○ | 28 × |

대리인이 복대리인 선임권이 없이 복대리인을 선임하여 그 자를 통하여 권한 외의 법률행위를 한 경우에는 상대방이 그 행위자를 정당한 대리권을 가진 대리인으로 믿었고 또한 그렇게 믿은 데에 정당한 이유가 있더라도 표현대리가 성립할 수 없다. ○│X

> **해설** 대리인이 사자 내지 임의로 선임한 복대리인을 통하여 권한 외의 법률행위를 한 경우, 민법 제126조의 적용에 있어 기본대리권의 흠결이 되는지 여부(소극)
> 대리인이 사자 내지 임의로 선임한 복대리인을 통하여 권한 외의 법률행위를 한 경우, 상대방이 **그 행위자를 대리권을 가진 대리인으로 믿었고 또한 그렇게 믿은 데에 정당한 이유가 있는 때에는**, ⅰ) **복대리인 선임권이 없는 대리인에 의하여 선임된 복대리인의 권한도 기본대리권**이 될 수 있을 뿐만 아니라, 그 행위자가 사자라고 하더라도 ⅱ) **대리행위의 주체가 되는 대리인이 별도로 있고 그들에게 본인으로부터 기본대리권이 수여된 이상**, 민법 제126조를 적용함에 있어서 기본대리권의 흠결 문제는 생기지 않는다(대판 1998.3.27. 97다48982).
>
> **쟁점정리** 判例는 ㉠ 복임권이 없는 대리인이 복대리인을 선임하여 대리행위를 한 경우 제125조의 표현대리를(대판 1979. 11.27. 79다1193), ㉡ 대리인이 대리권 소멸 후 복대리인을 선임하여 대리행위를 한 경우 제129조의 표현대리를(대판 1998. 5.29. 97다55317), ㉢ 복임권이 없는 대리인이 복대리인을 선임하여 권한 외의 대리행위를 한 경우 제126조의 표현대리를 인정하였다(대판 1998.3.27. 97다48982).

법정대리권은 제126조 표현대리의 기본대리권이 될 수 없다. ○│X

피성년후견인의 후견인이 후견감독인이 선임되어 있음에도 불구하고 그의 동의를 얻지 않고 피후견인의 부동산을 처분하는 행위를 한 경우에는 상대방이 후견감독인의 동의가 있다고 믿은 데에 정당한 사유가 있다고 하더라도 본인인 피성년후견인에게 그 효력이 미치지 아니한다. ○│X

민법 제126조 소정의 권한을 넘는 표현대리 규정은 법정대리에도 적용되므로, 한정치산자의 후견인이 친족회의 동의를 얻지 않고 피후견인의 부동산을 처분하는 행위를 한 경우에도 상대방이 친족회의 동의가 있다고 믿은 데에 정당한 사유가 있는 때에는 본인인 한정치산자에게 그 효력이 미친다. ○│X

> **해설** **30** 판례는 법정대리의 경우에도 제126조 및 제129조의 적용을 긍정한다.
> **31 32** 제한능력자를 위한 법정대리에 제126조의 표현대리가 성립할 수 있는지 여부(적극)
> 민법 제126조 소정의 권한을 넘는 표현대리 규정은 거래의 안전을 도모하여 거래상대방의 이익을 보호하려는 데에 그 취지가 있으므로 법정대리라고 하여 임의대리와는 달리 그 적용이 없다고 할 수 없고, 따라서 한정치산자의 후견인이 친족회의 동의를 얻지 않고 피후견인의 부동산을 처분하는 행위를 한 경우에도 상대방이 친족회의 동의가 있다고 믿은 데에 정당한 사유가 있는 때에는 본인인 한정치산자에게 그 효력이 미친다(대판 1997.6.27. 97다3828).

33

대리권소멸 후의 표현대리에 관한 민법 제129조는 법정대리인의 대리권 소멸에 관하여서도 그 적용이 있다. ○ | X

> **해설** 대판 1975.1.28. 74다1199

34

표현대리가 성립하여 본인이 이행책임을 부담하는 경우에 상대방에게 과실이 있다면 과실상계의 법리를 적용할 수 있다. ○ | X

35

표현대리행위가 성립하는 경우에 그 본인은 표현대리행위에 의하여 전적인 책임을 져야 하지만, 상대방에게 과실이 있는 경우에는 과실상계의 법리를 유추적용하여 본인의 책임을 경감할 수 있으므로, 그 본인이 반환할 금액에서 상대방의 과실이 참작되어 감액되어야 한다. ○ | X

> **해설** **34 35** 표현대리 행위가 성립하는 경우에 그 본인은 표현대리 행위에 의하여 전적인 책임을 져야 하고, 상대방에게 과실이 있다고 하더라도 과실상계의 법리를 유추적용하여 본인의 책임을 경감할 수 없다(대판 1996.7.12. 95다49554).
>
> ➡ 과실상계는 본래 채무불이행 내지 불법행위로 인한 손해배상책임에 대해 인정되는 것이고(제396조, 제763조), **채무내용에 따른 본래의 급부의 이행을 구하는 경우에 적용될 것이 아니다.**

제7관 | 협의의 무권대리

01 15법원행시, 17/18법무사

무권대리행위의 추인은 명시적 방법만이 아니라 묵시적인 방법으로도 할 수 있으며, 그 추인은 무권대리인, 무권대리행위의 직접의 상대방에게는 할 수 있지만, 그 무권대리행위로 인한 권리 또는 법률관계의 승계인에 대하여는 할 수 없다. O | X

02 19서기보

민법 제132조는 무권대리 행위의 상대방만을 추인의 상대방으로 규정하지만, 무권대리인에 대한 추인도 가능하다. O | X

03 15사무관

무권대리 행위의 추인은 무권대리 행위가 있음을 알고 행위의 효과를 자기에게 귀속시키도록 하는 단독행위이므로 원칙적으로 묵시적인 방법으로는 할 수 없다. O | X

04 18법원행시, 18법무사

무권대리행위의 추인은 무권대리 행위가 있음을 알고 그 행위의 효과를 자기에게 귀속시키도록 하는 단독행위로서 묵시적인 방법으로도 할 수 있으므로, 본인이 그 행위로 처하게 된 법적 지위를 충분히 이해하고 그럼에도 진의에 기하여 그 행위의 결과가 자기에게 귀속된다는 것을 승인한 것으로 볼 만한 사정이 있어야 한다. O | X

해설 **03** 무권대리행위는 그 효력이 불확정 상태에 있다가 본인의 추인 유무에 따라 본인에 대한 효력발생 여부가 결정되는 것인바, 그 추인은 무권대리행위가 있음을 알고 그 행위의 효과를 자기에게 귀속시키도록 하는 단독행위이다(대판 1995.11.14. 95다28090).

01 04 무권대리행위의 추인은 ⅰ) 무권대리행위가 있음을 알고 ⅱ) 그 행위의 효과를 자기에게 귀속시키도록 하는 단독행위로서 **묵시적인 방법으로도 할 수 있으므로, 본인이 그 행위로 처하게 된 법적 지위를 충분히 이해하고 그럼에도 진의에 기하여 그 행위의 결과가 자기에게 귀속된다는 것을 승인**한 것으로 볼 만한 사정이 있는 경우에는 묵시적으로 추인한 것으로 볼 수 있다(대판 2011.2.10. 2010다83199,83205).

02 다만, 당사자가 이전의 법률행위가 존재함을 알고 그 유효함을 전제로 하여 이에 터 잡은 후속행위를 하였다고 해서 그것만으로 이전의 법률행위를 묵시적으로 추인하였다고 단정할 수는 없고, **묵시적 추인을 인정하기 위해서는 이전의 법률행위가 무효임을 알거나 적어도 무효임을 의심하면서도 그 행위의 효과를 자기에게 귀속시키도록 하는 의사로 후속행위를 하였음이 인정되어야** 할 것이다(대판 2014.3.27. 2012다106607).

05

무권대리행위의 추인은 무권대리인 또는 상대방의 동의나 승낙을 요하지 않는 단독행위로서 무권대리행위 전부에 대하여 행해져야 하지만, 상대방의 동의를 얻은 경우에는 무권대리행위 일부에 대하여 추인을 하거나 그 내용을 변경하여 추인하는 것도 유효하다. ○ | ×

> 해설 무권대리행위의 일부 추인(대판 1982.1.26. 81다카549)

06

무권대리인이 행한 소송행위의 추인은 특별한 사정이 없는 한 소송행위 전체를 대상으로 하여야 하고, 그중 일부의 소송행위만을 추인하는 것은 허용되지 아니한다. ○ | ×

> 해설 대판 2008.8.21. 2007다79480

07

甲이 乙의 무권대리인 丙과 매매계약을 체결한 경우 乙은 丙의 무권대리행위를 추인할 수 있고, 乙의 추인이 있을 경우 위 매매계약은 장래에 향하여 효력이 발생한다. ○ | ×

> 해설 **제133조(추인의 효력)** 추인은 다른 의사표시가 없는 때에는 계약시에 '**소급**'하여 그 효력이 생긴다. 그러나 제3자의 권리를 해하지 못한다.

08

무권대리행위가 범죄가 되는 경우 그 사실을 알고도 장기간 형사고소를 하지 아니하였다는 사실만으로도 무권대리행위에 대한 묵시적 추인을 인정할 수 있다. ○ | ×

> 해설 무권대리행위가 범죄가 되는 경우에 대하여 그 사실을 알고도 장기간 형사고소를 하지 아니하였다 하더라도 그 사실만으로 묵시적인 추인이 있었다고 할 수는 없다(대판 1998.2.10. 97다31113).

09

종중원이 종중소유부동산을 무권대리행위에 의하여 처분한 경우 종중이 사후에 그 종중원에 대하여 그 처분행위를 추인하였다면 그 처분행위는 처음부터 소급하여 유효해진다. ○ | ×

> 해설 대판 1991.5.24. 90다2190

정답 | **01** × **02** ○ **03** × **04** ○ **05** ○ **06** ○ **07** × **08** × **09** ○

10

종중을 대표할 권한 없는 자가 종중을 대표하여 한 소송행위는 효력이 없으나 나중에 종중이 총회의결에 따라 위 소송행위를 추인하면 그 행위시로 소급하여 유효하게 되며, 이 경우 무권대리행위에 대한 추인의 경우에 있어 배타적 권리를 취득한 제3자에 대하여 그 추인의 소급효를 제한하고 있는 민법 제133조 단서의 규정은 적용될 여지가 없다. ○ | X

> **해설** **민사소송법 제60조(소송능력 등의 흠과 추인)** 소송능력, 법정대리권 또는 소송행위에 필요한 권한의 수여에 흠이 있는 사람이 **소송행위**를 한 뒤에 보정된 당사자나 법정대리인이 이를 **추인한 경우에는, 그 소송행위는 이를 한 때에 소급하여 효력이 생긴다.**
>
> ➡ 대리권한의 존재는 소송행위의 유효요건이므로 권한없는 자의 소송행위는 무효이다. 다만, 무효인 소송행위도 추인할 수 있는데(민사소송법 제60조), 추인하는 경우에도 소송절차의 안정이 고려되어야 하므로 민법 제133조 단서와 같은 제3자 보호 규정은 소송행위의 추인에는 적용될 수 없다.

11

대리권한 없이 타인의 부동산을 매도한 자가 그 부동산을 상속한 후 소유자의 지위에서 자신의 대리행위가 무권대리로 무효임을 주장하여 등기말소 등을 구하는 것은 금반언의 원칙이나 신의성실의 원칙에 반하여 허용될 수 없다. ○ | X

> **해설** A가 아들인 B 소유의 부동산을 B의 대리인인 것처럼 행세하면서 C에게 매도하였고, 이후 B가 사망하여 A가 B를 단독상속하게 된 경우, A가 자신의 매매행위가 무권대리행위여서 무효였다는 이유로 C를 상대로 부동산소유권이전등기의 말소를 구하는 것은 금반언의 원칙이나 신의성실의 원칙에 반하여 허용될 수 없다(대판 1994.9.27. 94다20617).
>
> **쟁점정리** '**무권대리인이 본인을 상속하는 경우**' 判例는 **상대방이 선의·무과실인 경우**는 무권대리인이 본인의 상속인 지위에서 추인거절권을 행사하는 것은 금반언의 원칙에 반한다고 하였으나(대판 1994.9.27. 94다20617), **상대방이 악의인 경우**는 추인거절권을 행사할 수 있다고 한다(대판 1992.4.28. 91다30941).

12

무권대리행위의 추인에 따른 계약의 소급효는 배타적 권리를 취득한 제3자에게도 미친다. ○ | X

> **해설** **무권대리행위의 추인**
> 추인으로 무권대리행위는 '소급'하여 확정적으로 유효하게 되나(제133조 본문), 추인의 소급효는 '제3자의 권리'를 해하지 못한다(제133조 단서). 이 때 소급효가 제한되는 것은 무권대리행위의 상대방이 취득한 권리와 제3자가 취득한 권리가 모두 배타적 효력을 가지는 경우에 한한다(대판 1963.4.18. 62다223; 따라서 이때 제3자라 함은 등기부상 권리를 주장할 수 있는 자를 말한다).

13

대리권 없는 자가 타인의 대리인으로 계약을 한 경우에 상대방은 상당한 기간을 정하여 본인에게 그 추인 여부의 확답을 최고할 수 있고 본인이 그 기간 내에 확답을 발하지 아니한 때에는 추인을 거절한 것으로 본다. ○ | X

> 해설 제131조(상대방의 최고권)

14

대리권 없는 자가 한 계약은 본인의 추인이 있을 때까지 상대방은 본인이나 그 대리인에 대하여 이를 철회할 수 있고, 이는 계약 당시에 상대방이 대리권 없음을 안 때에도 마찬가지이다. ○ | X

> 해설 **제134조(상대방의 철회권)** 대리권 없는 자가 한 계약은 본인의 추인이 있을 때까지 상대방은 본인이나 그 대리인에 대하여 이를 철회할 수 있다. 그러나 계약당시에 상대방이 대리권 없음을 안 때에는 그러하지 아니하다.
>
> 관련판례 민법 제134조는 "대리권 없는 자가 한 계약은 본인의 추인이 있을 때까지 상대방은 본인이나 그 대리인에 대하여 이를 철회할 수 있다. 그러나 계약 당시에 상대방이 대리권 없음을 안 때에는 그러하지 아니하다."고 규정하고 있다. 민법 제134조에서 정한 상대방의 철회권은, 무권대리행위가 본인의 추인에 따라 효력이 좌우되어 상대방이 불안정한 지위에 놓이게 됨을 고려하여 대리권이 없었음을 알지 못한 상대방을 보호하기 위하여 상대방에게 부여된 권리로서, 상대방이 유효한 철회를 하면 무권대리행위는 확정적으로 무효가 되어 그 후에는 본인이 무권대리행위를 추인할 수 없다. 한편 상대방이 대리인에게 대리권이 없음을 알았다는 점에 대한 주장·입증책임은 철회의 효과를 다투는 본인에게 있다(대판 2017.6.29. 2017다213838).

15

무권대리행위의 추인의 의사표시를 무권대리인에게 한 경우, 상대방은 추인이 있었음을 알지 못하였다고 하더라도 철회할 수 없다. ○ | X

> 해설 **제132조(추인, 거절의 상대방)** 추인 또는 거절의 의사표시는 상대방에 대하여 하지 아니하면 그 상대방에 대항하지 못한다. 그러나 상대방이 그 사실을 안 때에는 그러하지 아니하다.
>
> **제134조(상대방의 철회권)** 대리권 없는 자가 한 계약은 **본인의 추인이 있을 때까지** 상대방은 본인이나 그 대리인에 대하여 이를 철회할 수 있다. 그러나 계약당시에 상대방이 대리권 없음을 안 때에는 그러하지 아니하다.
> 민법 제132조는 본인이 무권대리인에게 무권대리행위를 추인한 경우에 상대방이 이를 알지 못하는 동안에는 본인은 상대방에게 추인의 효과를 주장하지 못한다는 취지이므로 상대방은 그때까지 민법 제134조에 의한 철회를 할 수 있고, 또 무권대리인에의 추인이 있었음을 주장할 수도 있다(대판 1981.4.14. 80다2314).

16

무권대리인은 상대방에게 계약을 이행하거나 손해를 배상할 책임이 있는데, 그 선택은 계약 상대방에게 있다. ○ | X

17

다른 자의 대리인으로서 계약을 맺은 자가 그 대리권을 증명하지 못하고 또 본인의 추인을 받지 못한 경우에는 그는 상대방의 선택에 따라 계약을 이행할 책임 또는 손해를 배상할 책임이 있으나, 대리인으로서 계약을 맺은 자에게 대리권이 없다는 사실을 상대방이 알았거나 알 수 있었을 때 또는 대리인으로서 계약을 맺은 사람이 제한능력자일 때에는 그러하지 아니하다. ○ | X

> **해설 16 17 제135조(상대방에 대한 무권대리인의 책임)** ① 다른 자의 대리인으로서 계약을 맺은 자가 그 대리권을 증명하지 못하고 또 본인의 추인을 받지 못한 경우에는 그는 상대방의 선택에 따라 계약을 이행할 책임 또는 손해를 배상할 책임이 있다.
> ② 대리인으로서 계약을 맺은 자에게 대리권이 없다는 사실을 상대방이 알았거나 알 수 있었을 때 또는 대리인으로서 계약을 맺은 사람이 제한능력자일 때에는 제1항을 적용하지 아니한다.

18

민법 제135조 제1항은 "타인의 대리인으로 계약을 한 자가 그 대리권을 증명하지 못하고 또 본인의 추인을 얻지 못한 때에는 상대방의 선택에 좇아 계약의 이행 또는 손해배상의 책임이 있다."라고 규정하고 있는데, 위 규정에 따른 무권대리인의 상대방에 대한 책임은 무과실책임이다. ○ | X

19

甲이 대리권 없이 乙 소유 X부동산에 관하여 丙과 근저당권설정계약을 체결하였고, 乙로부터 추인을 얻지도 못하였다고 하더라도, 甲이 자신의 대리권 흠결에 대하여 아무런 귀책사유가 없다면 甲은 丙에 대하여 민법 제135조 제1항이 정한 무권대리인의 책임을 지지 않는다. ○ | X

20

甲의 대리인이라 칭하는 乙이 甲을 대리하여 丙과 사이에 甲 소유의 X토지를 매도하는 내용의 매매계약을 체결하였다. 乙이 위 매매계약에 관한 대리권을 증명하지 못하고 甲의 추인도 얻지 못하여 甲에게 대리의 효력이 발생하지 않는 경우, 그 무권대리행위가 제3자 丁의 기망이나 문서위조 등 위법행위로 야기되었다면 丙은 乙을 상대로 계약의 이행이나 손해배상을 청구할 수 없다. ○ | X

해설 **18 19 20** 무권대리인의 상대방에 대한 책임의 성질 및 무권대리행위가 제3자의 위법행위로 야기된 경우 책임이 부정되는지 여부(소극)

민법 제135조 제1항은 "타인의 대리인으로 계약을 한 자가 그 대리권을 증명하지 못하고 또 본인의 추인을 얻지 못한 때에는 상대방의 선택에 좇아 계약의 이행 또는 손해배상의 책임이 있다."고 규정하고 있다. **위 규정에 따른 무권대리인의 상대방에 대한 책임은 무과실책임으로서** 대리권의 흠결에 관하여 대리인에게 과실 등의 귀책사유가 있어야만 인정되는 것이 아니고, **무권대리행위가 제3자의 기망이나 문서위조 등 위법행위로 야기되었다고 하더라도 책임은 부정되지 아니한다** (대판 2014.2.27. 2013다213038).

21

무권대리인이 그 대리권이 있음을 증명하지 못하거나 본인의 추인을 얻지 못하였을 때에는 무권대리인의 과실유무를 묻지 않고 상대방의 선택에 따라 계약의 이행 또는 손해를 배상할 책임을 지지만, 상대방이 대리권이 없음을 알았거나 알 수 있었던 경우까지 상대방을 보호할 필요는 없는데, 이 경우 상대방의 악의나 과실에 대한 증명책임은 무권대리인이 부담한다. O | X

해설 민법 제135조 제2항은 "대리인으로서 계약을 맺은 자에게 대리권이 없다는 사실을 상대방이 알았거나 알 수 있었을 때에는 제1항을 적용하지 아니한다."고 정하고 있다. 이는 **무권대리인의 무과실책임에 관한 원칙 규정인 제1항에 대한 예외 규정이므로** 상대방이 대리권이 없음을 알았다는 사실 또는 알 수 있었는데도 알지 못하였다는 사실에 관한 주장·증명책임은 무권대리인에게 있다(대판 2018.6.28. 2018다210775).

22

타인의 대리인으로 계약을 한 자가 그 대리권을 증명하지 못하고 또 본인의 추인을 얻지 못한 때에는 상대방의 선택에 좇아 계약의 이행 또는 손해배상의 책임이 있는 것인바 이 상대방이 가지는 계약이행 또는 손해배상청구권의 소멸시효는 무권대리인이 대리권을 증명하지 못하거나 본인의 추인을 얻지 못함을 그 상대방이 안 때로부터 진행한다. O | X

해설 무권대리인의 상대방이 갖는 계약의 이행 또는 손해배상청구권의 소멸시효의 기산점

타인의 대리인으로 계약을 한 자가 그 대리권을 증명하지 못하고 또 본인의 추인을 얻지 못한 때에는 상대방의 선택에 좇아 계약의 이행 또는 손해배상의 책임이 있는 것인바 이 상대방이 가지는 계약이행 또는 손해배상청구권의 소멸시효는 **그 선택권을 행사할 수 있는 때로부터 진행한다** 할 것이고 또 선택권을 행사할 수 있는 때라고 함은 **대리권의 증명 또는 본인의 추인을 얻지 못한 때**라고 할 것이다(대판 1965.8.24. 64다1156).

➡ 대리권을 증명하지 못하거나 본인의 추인을 얻지 못함을 '그 상대방이 안 때'로부터가 아니다.

> **[사실관계]** 甲이 乙의 대리인임을 표시하면서 丙에게 乙소유의 X토지를 대금 1억원에 매도하는 계약(이하 '이 사건 계약'이라 한다)을 체결하면서 대금지급기일과 소유권이전등기의 이행기일을 2019.6.30.로 정하였다.

23

丙은 이행기일에 乙로부터 이 사건 계약 체결에 관한 대리권을 수여받은 甲에게 대금 1억원을 지급하였으나 甲이 위 1억원을 乙에게 전달하지 않았다. 乙은 특별한 사정이 없는 한 대금이 지급되지 않았음을 이유로 丙의 소유권이전등기청구에 대해 그 이행을 거절할 수 있다. ○ | X

> **해설** 매매계약을 체결할 대리권을 수여받은 대리인은 중도금 등을 수령할 권한도 있는지 여부
> 부동산의 소유자로부터 매매계약을 체결할 대리권을 수여받은 대리인은 특별한 사정이 없는 한 그 매매계약에서 약정한 바에 따라 중도금이나 잔금을 수령할 권한도 있다고 보아야 한다(대판 1994.2.8. 93다39379).
>
> ➡ 丙이 대리인 甲에게 1억원을 지급하였다면, 甲이 수령한 것은 대리권의 범위 내에 속하는 것으로 변제의 효력이 인정되므로, 비록 甲이 본인 乙에게 전달하지 아니하였다고 하더라도 본인 乙은 이를 이유로 이행을 거절할 수 없다.

24

乙로부터 이 사건 계약 체결에 관한 대리권을 수여받은 甲은 丙의 대금지급의무불이행을 이유로 乙의 해제권을 대리하여 행사할 수 없으나, 乙의 소유권이전등기의무 불이행을 이유로 한 丙의 해제의 의사표시를 수령할 권한은 갖는다. ○ | X

> **해설** 계약 체결에 관한 권한을 수여받은 대리인이 그 계약의 해제 등 일체의 처분권과 상대방의 의사를 수령할 권한도 가지는지 여부(소극)
> 어떠한 계약의 체결에 관한 대리권을 수여받은 대리인이 수권된 법률행위를 하게 되면 그것으로 대리권의 원인된 법률관계는 원칙적으로 목적을 달성하여 종료하는 것이고, 법률행위에 의하여 수여된 대리권은 그 원인된 법률관계의 종료에 의하여 소멸하는 것이므로(민법 제128조), **그 계약을 대리하여 체결하였던 대리인이 체결된 계약의 해제 등 일체의 처분권과 상대방의 의사를 수령할 권한까지 가지고 있다고 볼 수는 없다**(대판 2008.12. 2008다11276).

25

乙이 이 사건 계약에 따른 이행기일에 丙에게 소유권이전등기를 마쳐준 다음 丙에 대한 매매대금채권을 丁에게 양도하였다. 乙로부터 채권양도통지권한을 위임받은 丁이 채권양도통지를 하면서 대리관계를 현명하지 않고 丁 명의로 된 채권양도통지서를 발송하면 이는 효력이 없으나, 채권양도통지를 둘러싼 여러 사정에 비추어 丁이 대리인으로서 통지한 것임을 丙이 알았거나 알 수 있었을 경우에는 유효하다. ○ | X

해설 채권양도통지의 권한을 위임받은 양수인이 무현명으로 한 채권양도통지의 효력

채권양도통지 권한을 위임받은 양수인이 양도인을 대리하여 채권양도통지를 함에 있어서는 민법 제114조 제1항의 규정에 따라 양도인 본인과 대리인을 표시하여야 하는 것이므로, 양수인이 서면으로 채권양도통지를 함에 있어 대리관계의 현명을 하지 아니한 채 양수인 명의로 된 채권양도통지서를 채무자에게 발송하여 도달되었다 하더라도 이는 효력이 없다고 할 것이다(대판 2004.2.13. 2003다43490).

무현명의 양수인에 의한 채권양도통지가 민법 제115조 단서의 규정에 의하여 유효한 통지로 될 수 있는지 여부(적극)

대리에 있어 본인을 위한 것임을 표시하는 이른바 현명은 반드시 명시적으로만 할 필요는 없고 묵시적으로도 할 수 있는 것이고, 채권양도통지를 함에 있어 현명을 하지 아니한 경우라도 채권양도통지를 둘러싼 여러 사정에 비추어 양수인이 대리인으로서 통지한 것임을 상대방이 알았거나 알 수 있었을 때에는 민법 제115조 단서의 규정에 의하여 유효하다. 채권양도통지서 자체에 양수받은 채권의 내용이 기재되어 있고, 채권양도양수계약서가 위 통지서에 첨부되어 있으며, 채무자로서는 양수인에게 채권양도통지 권한이 위임되었는지 여부를 용이하게 알 수 있었다는 사정 등을 종합하여 무현명에 의한 채권양도통지를 민법 제115조 단서에 의해 유효하다(대판 2004.2.13. 2003다43490).

26

乙이 甲의 대리권 없음을 이유로 丙을 상대로 위 매매계약을 원인으로 마쳐진 소유권이전등기의 말소를 구하는 소를 제기하는 경우, 丙은 甲의 대리권 존재를 증명하여야 한다.　　　　　　　　　　　O | X

해설 등기말소청구에 있어서, 제3자가 처분행위에 개입된 경우 그 제3자에게 전등기명의인을 대리할 권한이 없었다는 등의 무효사실에 대한 입증책임의 소재(등기의 추정력)

전등기명의인의 직접적인 처분행위에 의한 것이 아니라 제3자가 그 처분행위에 개입된 경우 현등기명의인이 그 제3자가 전등기명의인의 대리인이라고 주장하더라도 **현등기명의인의 등기가 적법히 이루어진 것으로 추정**되므로 그 등기가 원인무효임을 이유로 말소를 청구하는 **전등기명의인으로서는 그 반대사실 즉, 그 제3자에게 전등기명의인을 대리할 권한이 없었다든지, 또는 그 제3자가 전등기명의인의 등기서류를 위조하였다는 등의 무효사실에 대한 입증책임**을 진다(대판 1993. 10.12. 93다18914).

27

甲이 이 사건 계약체결에 관한 대리권을 수여받지 않았고, 丙이 이를 이유로 이 사건 계약에 대한 유효한 철회의 의사표시를 하면 이 사건 계약은 확정적으로 무효가 되어 그 후 乙은 甲의 무권대리행위를 추인할 수 없다.　　　　　　　　　　　O | X

해설 민법 제134조에서 상대방의 철회권을 규정한 취지 및 상대방이 유효한 철회를 한 경우, 후에 본인이 무권대리행위를 추인할 수 있는지 여부(소극)

민법 제134조는 "대리권 없는 자가 한 계약은 본인의 추인이 있을 때까지 상대방은 본인이나 그 대리인에 대하여 이를 철회할 수 있다. 그러나 계약 당시에 상대방이 대리권 없음을 안 때에는 그러하지 아니하다."고 규정하고 있다. 민법 제134조에서 정한 상대방의 철회권은, 무권대리행위가 본인의 추인에 따라 효력이 좌우되어 상대방이 불안정한 지위에 놓이게 됨을 고려하여 대리권이 없었음을 알지 못한 상대방을 보호하기 위하여 상대방에게 부여된 권리로서, **상대방이 유효한 철회를 하면 무권대리행위는 확정적으로 무효가 되어 그 후에는 본인이 무권대리행위를 추인할 수 없다.** 한편 상대방이 대리인에게 대리권이 없음을 알았다는 점에 대한 주장·입증책임은 철회의 효과를 다투는 본인에게 있다(대판 2017.6.29. 2017다213838).

정답 | 23 ✕　24 ✕　25 O　26 ✕　27 O

28

무권대리인 갑에 의해 이 사건 계약이 체결되었으나 갑이 을의 추인을 받지 못하자 병이 계약이행을 선택하였고, 이 사건 계약에는 을의 채무불이행에 대비한 손해배상액이 예정되어 있다. 이 경우 갑이 계약에서 정한 채무를 이행하지 않으면 병에게 채무불이행에 따른 손해를 배상할 책임을 부담하나, 특별한 사정이 없는 한 이 사건 계약에서 정한 손해배상액의 예정에 따라 정해질 것은 아니다. ○ | ×

29

다른 자의 대리인으로서 계약을 맺은 자가 그 대리권을 증명하지 못하고 또 본인의 추인을 받지 못한 경우에는 계약이 무효이기 때문에 계약의 상대방은 그 대리인에게 계약을 이행할 책임을 물을 수 없다. ○ | ×

> **해설** **28 29** 무권대리인의 책임의 내용
> 상대방의 선택에 좇아 이행 또는 손해배상의 책임을 진다(제135조 제1항, 선택채권). 이때 상대방이 계약의 이행을 선택한 경우 무권대리인은 마치 자신이 계약의 당사자가 된 것처럼 계약에서 정한 채무를 이행할 책임을 지는 것이다. 따라서 위 계약에서 **채무불이행에 대비하여 손해배상액의 예정에 관한 조항을 둔 때에는 무권대리인은 조항에서 정한 바에 따라 산정한 손해액을 지급하여야 한다. 이 경우에도 손해배상액의 예정에 관한 제398조가 적용됨은 물론이다**(대판 2018.6. 28. 2018다210775).

30

무권대리인 乙이 본인 甲을 위해서 계약상대방이자 부동산 매수인 丙과의 매매계약을 해제한 경우, 해제의 의사표시 당시에 丙이 그에 동의하거나 대리권을 다투지 아니한 때에는 계약의 무권대리의 규정이 준용된다. ○ | ×

> **해설** **제136조(단독행위와 무권대리)** 단독행위에는 그 행위당시에 상대방이 대리인이라 칭하는 자의 대리권없는 행위에 동의하거나 그 대리권을 다투지 아니한 때에 한하여 전6조의 규정을 준용한다. **대리권 없는 자에 대하여 그 동의를 얻어 단독행위를 한 때에도 같다.**
> ➡ 해제의 의사표시는 상대방 있는 단독행위에 해당한다.

제1관 | 법률행위의 무효

01

법률행위의 일부분이 무효인 때에는 원칙적으로 그 일부를 무효로 한다. ○ | ×

02

법률행위 일부분이 무효이더라도, 그 나머지 부분은 무효가 되지 않는 것이 원칙이다. ○ | ×

> **해설 01 02 제137조(일부무효)** 법률행위의 일부분이 무효인 때에는 그 전부를 무효로 한다. 그러나 그 무효부분이 없더라도 법률행위를 하였을 것이라고 인정될 때에는 나머지 부분은 무효가 되지 아니한다.
>
> ➡ 민법상 일부무효는 전부무효가 원칙이다(제137조 본문).

03

법률행위의 일부가 강행법규의 위반으로 무효인 경우, 그 법규가 일부무효의 효력을 규정하는 경우에는 그에 의하고, 그 규정이 없으면 원칙적으로 일부무효에 관한 민법 제137조의 규정이 적용될 것이나, 당해 효력규정과 그 규정을 둔 법의 입법 취지를 고려하여 나머지 부분의 효력을 결정하여야 한다. ○ | ×

04

민법 제137조는 임의규정으로서 의사자치의 원칙이 지배하는 영역에서 적용된다고 할 것이므로, 법률행위의 일부가 강행법규인 효력규정에 위반되어 무효가 되는 경우에는 언제나 적용되지 않는다. ○ | ×

> **해설** 일부무효가 되기 위한 요건(일, 분, 가)
> 현행 민법상 일부무효는 전부무효가 원칙이다(제137조 본문). 그러나 일부무효가 예외적으로 일부무효가 되기 위해서는 ⅰ) 법률행위의 일체성과 분할가능성이 인정되어야 하고, ⅱ) 당사자들이 그 무효부분이 없더라도 법률행위를 하였을 것이라는 가정적 의사가 인정되어야 한다(제137조 단서).
>
> **03 04** 일부무효 법리의 적용범위 및 강행법규와의 관계
> 일부만이 강행규정에 위반하는 경우 判例에 따르면 "제137조는 임의규정으로서 원칙적으로 사적자치의 원칙이 지배하는 영역에서 적용되므로 ⅰ) 법률이 별도로 일부무효의 효과를 규정하는 경우에는 이에 의하고, ⅱ) 그러한 규정이 없다면 원칙적으로 제137조가 적용될 것이나, **나머지 부분을 무효로 한다면 당해 효력규정의 취지에 명백히 반하는 결과가 초래되는 경우**에는 나머지 부분까지 무효가 된다고 할 수는 없다"(대판 2007.6.28. 2006다38161,38178; 대판 2013.4.26. 2011다9068)라고 한다.

정답 | **01** × **02** × **03** ○ **04** ×

05

복수의 당사자가 사이에 어떠한 합의를 한 경우 그 합의는 전체로서 일체성을 가지는 것이므로, 그 중 한 당사자의 의사표시가 무효인 것으로 판명된 경우 나머지 당사자 사이의 합의가 유효한지의 여부는 민법 제137조에 정한 바에 따라 당사자가 그 무효 부분이 없더라도 법률행위를 하였을 것이라고 인정되는지의 여부에 의하여 판정되어야 한다.　　　　　○ I X

> **해설** 복수의 당사자 사이에 어떠한 합의를 한 경우 그 합의는 전체로서 일체성을 가지는 것이므로, 그중 한 당사자의 의사표시가 무효인 것으로 판명된 경우 나머지 당사자 사이의 합의가 유효한지의 여부는 민법 제137조에 정한 바에 따라 당사자가 그 무효 부분이 없더라도 법률행위를 하였을 것이라고 인정되는지의 여부에 의하여 판정되어야 하고, 그 당사자의 의사는 실재하는 의사가 아니라 법률행위의 일부분이 무효임을 법률행위 당시에 알았다면 당사자 쌍방이 이에 대비하여 의욕하였을 **가정적 의사**를 말하는 것이지만, 한편 그와 같은 경우에 있어서 나머지 당사자들이 처음부터 한 당사자의 의사표시가 무효가 되더라도 자신들은 약정내용대로 이행하기로 하였다면 무효가 되는 부분을 제외한 나머지 부분만을 유효로 하겠다는 것이 당사자의 의사라고 보아야 할 것이므로, 그 당사자들 사이에서는 가정적 의사가 무엇인지 가릴 것 없이 무효 부분을 제외한 나머지 부분은 그대로 유효하다고 할 것이다(대판 2010.3.25. 2009다41465).

06

복수의 당사자가 중간생략등기의 합의를 한 경우, 그 합의는 전체로서 일체성을 가지며, 그중 한 당사자의 의사표시가 무효일 경우 나머지 당사자 사이의 합의의 유효성은 민법의 일부무효의 법리에 의하여 결정한다.　　　　　○ I X

> **해설** 대판 1996.2.27. 95다38875

07

토지거래허가구역 내의 토지거래에 있어서 허가를 받기 전의 거래계약이 허가를 받을 것을 전제로 한 거래계약일 경우에는 토지거래허가를 받을 때까지는 그 물권적 효력은 물론 채권적 효력도 발생하지 않는다는 것이 대법원 판례의 입장이다.　　　　　○ I X

08

국토의 계획 및 이용에 관한 법률상 토지거래허가를 받지 않고 매매계약을 체결한 경우 허가를 받기 전에는 물권적 효력은 물론 채권적 효력도 발생하지 아니하지만, 일단 허가를 받으면 그 계약은 소급해서 유효화되므로, 허가 후에 새로이 거래계약을 체결할 필요는 없다.　　　　　○ I X

해설 **07 08** 토지거래허가 없이 체결한 계약의 효력

일단 허가를 받으면 그 계약은 소급하여 유효한 계약이 되고 이와 달리 불허가가 된 때에는 무효로 확정되므로 허가를 받기까지는 유동적 무효의 상태에 있다고 보는 것이 타당하므로 허가받을 것을 전제로 한 거래계약은 허가받기 전의 상태에서는 거래계약의 채권적 효력도 전혀 발생하지 않으므로 권리의 이전 또는 설정에 관한 어떠한 내용의 이행청구도 할 수 없으나 **일단 허가를 받으면 그 계약은 소급해서 유효화되므로 허가 후에 새로이 거래계약을 체결할 필요는 없다**(대판 1991.12.24. 90다12243 전합).

09

국토이용관리법상의 토지거래허가를 받기 전의 거래계약이 사실상 처음부터 허가를 배제할 내용의 계약이라 하더라도 불허가가 된 때에 무효로 확정되므로 허가를 받기 전까지는 유동적 무효의 상태에 있다.
O | X

해설 토지거래허가 없이 체결한 계약의 효력

국토이용관리법상의 규제구역 내의 '토지등의 거래계약'허가에 관한 관계규정의 내용과 그 입법취지에 비추어 볼 때 토지의 소유권 등 권리를 이전 또는 설정하는 내용의 거래계약은 관할 관청의 허가를 받아야만 그 효력이 발생하고 허가를 받기 전에는 물권적 효력은 물론 채권적 효력도 발생하지 아니하여 무효라고 보아야 할 것인바, **다만 허가를 받기 전의 거래계약이 처음부터 허가를 배제하거나 잠탈하는 내용의 계약일 경우에는 확정적으로 무효로서 유효화될 여지가 없다**(대판 1991.12.24. 90다12243 전합).

10

국토의 계획 및 이용에 관한 법률에서 정한 허가구역 내의 토지거래에 있어, 허가를 받지 않고 체결된 매매계약의 효력에 관해 판례는 유동적 무효의 법리를 채택하고 있다. 따라서 허가를 받기 이전 상태에서는 각 당사자는 소유권이전등기청구 또는 대금지급청구 등 이행청구를 할 수 없다.
O | X

11

국토의 계획 및 이용에 관한 법률상의 토지거래허가를 받지 않은 상태의 매매계약이더라도 매도인으로서는 매수인이 대금지급의무를 불이행하였다는 이유를 들어 매매계약을 해제할 수 있다.
O | X

해설 **10 11** 토지거래허가를 전제로 하는 매매계약의 경우 토지거래허가를 받기 전에는, 그 계약 내용대로의 효력이 있을 수 없어 당사자는 그 계약 내용에 따른 **어떠한 의무도 부담하지 아니하고 어떠한 이행청구도 할 수 없으므로 그 계약 내용에 따른 상대방의 채무불이행을 이유로 계약을 해제할 수 없다**(대판 2010.2.11. 2008다88795,88801).

정답 | **05** O **06** O **07** O **08** O **09** × **10** O **11** ×

12

토지거래허가를 받지 않아 유동적 무효 상태에 있는 거래계약에 관하여 사기 또는 강박에 의한 계약의 취소를 주장할 수 없다. ○ | X

> 해설 토지거래허가를 받지 않아 유동적 무효 상태에 있는 거래계약에 관하여 사기 또는 강박에 의한 계약의 취소를 주장할 수 있는지 여부(적극)
>
> 국토이용관리법상 규제구역 내에 속하는 토지거래에 관하여 관할 도지사로부터 거래허가를 받지 아니한 거래계약은 처음부터 위 허가를 배제하거나 잠탈하는 내용의 계약이 아닌 한 허가를 받기까지는 유동적 무효의 상태에 있고 거래 당사자는 거래허가를 받기 위하여 서로 협력할 의무가 있으나, 그 **토지거래가 계약 당사자의 표시와 불일치한 의사(비진의표시, 허위표시 또는 착오)** 또는 사기, 강박과 같은 하자 있는 의사에 의하여 이루어진 경우에는, 이들 사유에 의하여 그 거래의 무효 또는 취소를 주장할 수 있는 당사자는 그러한 **거래허가를 신청하기 전 단계에서 이러한 사유를 주장하여 거래허가신청 협력에 대한 거절의사를 일방적으로 명백히 함으로써 그 계약을 확정적으로 무효화시키고 자신의 거래허가절차에 협력할 의무를 면할 수 있다**(대판 1997.11.14. 97다36118).

13

유동적 무효의 상태에 있는 거래계약의 당사자라도 상대방이 그 거래계약의 효력이 완성되도록 협력할 의무를 이행하지 아니하였음을 들어 일방적으로 유동적 무효의 상태에 있는 거래계약 자체를 해제할 수는 없다. ○ | X

> 해설 유동적 무효상태의 계약당사자는 그 계약이 효력 있는 것으로 완성될 수 있도록 서로 '**협력할 의무**'를 부담하므로 계약당사자들은 공동으로 관할관청의 허가를 신청할 의무가 있고, 상대방은 협력의무의 이행을 소송으로 구할 이익이 있다(대판 1991.12.24. 90다12243 전합). 한편 이러한 협력의무 불이행시 상대방은 **손해배상을 청구할 수 있다**(대판 1995.4.28. 93다26397-이러한 의무는 견해대립이 있으나 신의칙상 의무이므로 법적 근거는 제750조). 그러나 유동적 무효의 상태에 있는 거래계약의 당사자는 상대방이 그 거래계약의 효력이 완성되도록 협력할 의무를 이행하지 아니하였음을 들어 일방적으로 유동적 무효의 상태에 있는 거래계약 자체를 **해제할 수 없다**(대판 1999.6.17. 98다40459 전합).

14

토지거래허가를 받지 아니하여 유동적 무효의 상태에 있는 매매계약이라고 하더라도 일단 토지거래허가 신청을 하여 불허가되었다면 특별한 사정이 없는 한 불허가된 때로부터 그 매매계약은 확정적으로 무효가 되지만, 그 불허가의 취지가 미비된 요건의 보정을 명하는 데에 있고 그러한 흠결된 요건을 보정하는 것이 객관적으로 불가능하지도 아니한 경우라면 그 불허가로 인하여 매매계약이 확정적으로 무효가 되는 것은 아니다. ○ | X

> 해설 대판 2008.3.13. 2007다76603

유동적 무효상태에 있는 계약을 체결한 당사자는 쌍방 그 계약이 효력 있는 것으로 완성될 수 있도록 서로 협력할 의무가 있다고 할 것이며, 매도인이 임의로 계약금을 지급하였다면 그 계약이 유동적 무효상태로 있는 한 이를 부당이득으로 반환을 구할 수는 없다. ○ | ×

> **해설** 매수인이 지급한 계약금은 그 계약이 유동적 무효상태로 있는 한 이를 부당이득으로 반환을 구할 수 없고, 유동적 무효상태가 확정적으로 무효로 되었을 때 비로소 부당이득으로 그 반환을 구할 수 있다(대판 1993.7.27. 91다33766).

토지거래허가구역 내의 토지매매가 아직 관할청의 허가를 받지 못하여 유동적 무효 상태에 있는 경우라면, 매도인은 계약금의 배액을 상환하고 매매계약을 해제할 수 없다. ○ | ×

> **해설** 유동적 무효 상태인 매매계약에 있어서 매도인이 민법 제565조 제1항에 의하여 받은 계약금의 배액을 상환하고 계약을 해제할 수 있는지 여부(적극)
> 매매 당사자 일방이 계약 당시 상대방에게 계약금을 교부한 경우 당사자 사이에 다른 약정이 없는 한 당사자 일방이 계약 이행에 착수할 때까지 계약금 교부자는 이를 포기하고 계약을 해제할 수 있고, 그 상대방은 계약금의 배액을 상환하고 계약을 해제할 수 있음이 계약 일반의 법리인 이상, 특별한 사정이 없는 한 국토이용관리법상의 토지거래허가를 받지 않아 **유동적 무효 상태인 매매계약에 있어서도 당사자 사이의 매매계약은 매도인이 계약금의 배액을 상환하고 계약을 해제함으로써 적법하게 해제된다**(대판 1997.6.27. 97다9369).

토지거래허가신청과 관련하여 당사자 일방이 임의적으로 거래허가신청을 하였다가 불허가 받았다는 사실만으로는 당해 거래계약이 확정적으로 무효가 되는 것은 아니다. ○ | ×

> **해설** 규제지역 내의 토지에 대하여 거래계약이 체결된 경우에 계약을 체결한 당사자 사이에 있어서는 그 계약이 효력 있는 것으로 완성될 수 있도록 서로 협력할 의무가 있음이 당연하므로, 계약의 쌍방 당사자는 공동으로 관할 관청의 허가를 신청할 의무가 있고, 이러한 의무에 위배하여 허가신청절차에 협력하지 않는 당사자에 대하여 상대방은 협력의무의 이행을 소송으로써 구할 이익이 있다(대판 1991.12.24. 90다12243 전합).

정답 | **12** × **13** ○ **14** ○ **15** ○ **16** × **17** ○

18

토지거래규제지역 내의 토지에 대하여 거래계약이 체결된 경우에 계약을 체결한 계약의 쌍방 당사자는 공동으로 관할 관청의 허가를 신청할 의무가 있고, 이러한 의무에 위배하여 허가신청절차에 협력하지 않는 당사자에 대하여 상대방은 협력의무의 이행을 소송으로써 구할 이익이 있다. ○ | X

> **해설** 허가를 받을 것을 전제로 한 규제지역 내의 거래계약은 허가를 받을 때까지는 법률상 미완성의 법률행위로서 소유권 등 권리의 이전 또는 설정에 관한 거래의 효력이 전혀 발생하지 않음은 확정적 무효의 경우와 다를 바 없지만 일단 허가를 받으면 그 계약은 소급하여 유효한 계약이 되고, 이와 달리 불허가 된 때에는 무효로 확정되므로 허가를 받기까지는 유동적 무효의 상태에 있다고 보는 것이 타당하고, 이러한 계약을 체결한 당사자 사이에 있어서는 **그 계약이 효력 있는 것으로 완성될 수 있도록 서로 협력할 의무가 있음이** 당연하므로, 규제지역 내의 토지에 관하여 거래계약이 체결된 경우에 계약의 쌍방 당사자는 공동으로 관할관청의 허가를 받는 신청절차에 협력하지 않는 상대방에 대하여 협력의무의 이행을 소송으로서 구할 이익이 있다(대판 1995.1.24. 93다25875).

19

매수인은 토지거래허가신청절차청구권 및 소유권이전등기청구권을 피보전권리로 하여 목적물의 처분을 금하는 가처분을 구할 수 있다. ○ | X

> **해설** 국토의 계획 및 이용에 관한 법률상의 토지거래계약 허가구역 내의 토지에 관한 매매계약의 경우, 소유권이전등기청구권 또는 토지거래계약에 관한 허가를 받을 것을 조건으로 한 소유권이전등기청구권을 피보전권리로 한 부동산처분금지가처분신청이 허용되는지 여부(소극)
> 국토의 계획 및 이용에 관한 법률상의 토지거래계약 허가구역 내의 토지에 관하여 관할관청의 허가를 받을 것을 전제로 한 매매계약은 **법률상 미완성의 법률행위로서 허가받기 전의 상태에서는 아무런 효력이 없어,** 그 매수인이 매도인을 상대로 하여 **권리의 이전 또는 설정에 관한 어떠한 이행청구도 할 수 없고,** 이행청구를 허용하지 않는 취지에 비추어 볼 때 **그 매매계약에 기한 소유권이전등기청구권 또는 토지거래계약에 관한 허가를 받을 것을 조건으로 한 소유권이전등기청구권을 피보전권리로 한 부동산처분금지가처분신청 또한 허용되지 않는다**(대판 2010.8.26. 2010마818).

20

부동산 거래신고 등에 관한 법률상 토지거래허가를 받지 않아 유동적 무효인 매매계약을 체결한 경우에도, 매매계약 체결 당시 일방이 토지거래허가를 받기 위한 협력 자체를 이행하지 아니하거나 허가신청에 이르기 전에 매매계약을 철회하는 경우 상대방에게 일정한 손해액을 배상하기로 하는 약정을 유효하게 할 수 있다. ○ | X

토지거래허가 구역 내의 토지에 대한 매매계약 체결시 당사자 일방의 계약 위반으로 인한 손해배상액의 약정을 한 경우, 그 약정의 효력(유효) 및 적용 범위

국토이용관리법상 토지거래허가를 받지 않아 유동적 무효의 상태에 있는 계약을 체결한 당사자는 쌍방이 그 계약이 효력이 있는 것으로 완성될 수 있도록 서로 협력할 의무가 있으므로, 이러한 매매계약을 체결할 당시 당사자 사이에 그 일방이 토지거래허가를 받기 위한 **협력 자체를 이행하지 아니하거나 허가신청에 이르기 전에 매매계약을 철회하는 경우 상대방에게 일정한 손해액을 배상하기로 하는 약정을 유효하게 할 수 있으며**, 토지거래허가 구역 내의 토지에 관한 매매계약을 체결함에 있어서 토지거래허가를 받을 수 없는 경우 이외에 당사자 일방의 계약 위반으로 인한 손해배상액의 약정에 있어서 **계약 위반이라 함은 당사자 일방이 그 협력의무를 이행하지 아니하거나 매매계약을 일방적으로 철회하여 그 매매계약이 확정적으로 무효가 되는 경우를 포함**하는 것으로 봄이 상당하다(대판 1998.3.27. 97다36996).

21

매도인의 토지거래허가 신청절차에 협력할 의무와 매수인의 매매대금 지급의무는 동시이행의 관계에 있다. 따라서 협력의무의 이행을 청구하는 경우 매수인은 매매대금 지급채무를 이행제공할 필요가 있고, 매도인은 대금지급채무의 불이행을 이유로 협력의무의 이행을 거절할 수 있다.　　　　　　　　　　O | X

> **해설** 국토이용관리법상의 토지거래규제구역 내의 토지에 관하여 관할관청의 토지거래허가 없이 매매계약이 체결됨에 따라, 그 매수인이 위 계약을 효력이 있는 것으로 완성시키기 위하여 매도인에 대하여 위 매매계약에 관한 토지거래허가신청절차에 협력할 의무의 이행을 청구하는 경우에 있어, **매수인이 위 계약내용에 따른 매매대금 지급채무를 이행제공하여야 하거나 매도인이 그 대금지급채무의 변제시까지 위 협력의무의 이행을 거절할 수 있는 것은 아니다**(대판 1993.8.27. 93다15366).

22

토지거래허가제도는 투기적 거래를 방지하여 정상적 거래질서를 형성하려는 데에 입법 취지가 있으므로 제3자가 토지거래허가를 받기 전의 토지 매매계약상 매수인 지위를 인수하는 경우뿐 아니라 매도인 지위를 인수하는 경우에도 최초매도인과 매수인 사이의 매매계약에 대하여 관할 관청의 허가가 있어야만 그 지위의 인수에 관한 합의의 효력이 발생한다.　　　　　　　　　　O | X

> **해설** ㉠ 매도인과 매수인 및 제3자 사이에 **매수인의 지위를 이전받기로 한 합의**는 매도인과 매수인 사이의 매매계약에 대한 관할 관청의 허가가 있어야 효력이 발생하고, 그 허가가 없는 이상 그 세 당사자 사이의 합의만으로 유동적 무효상태의 매매계약의 매수인 지위가 제3자에게 이전하여 제3자가 매도인에 대하여 직접 토지거래허가신청절차 협력의무의 이행을 구할 수는 없다(대판 1996.7.26. 96다7762). 제3자의 매수인 지위 인수를 허용하면 사실상 허가 전의 토지에 대한 거래를 용인하는 것이 되기 때문이다. ㉡ 따라서 이와는 달리 제3자가 허가를 받기 전의 토지 매매계약상 **매도인 지위를 인수하는 경우**에는, 토지거래허가제도가 투기적 거래를 방지하고자 하는 데에 있는 점에 비추어, 애초의 매매계약에 대해 관할 관청의 허가가 있어야만 그 인수계약의 효력이 생기는 것은 아니다(대판 2013.12.26. 2012다1863).

정답 | **18** O **19** × **20** O **21** × **22** ×

甲과 乙은 2010.1.7. 「국토의 계획 및 이용에 관한 법률」상 토지거래허가구역 내에 있는 甲의 X 토지를 乙에게 매도하는 매매계약을 체결하면서 "甲과 乙은 2010.2.7.까지 토지거래허가를 받는다. 乙은 甲에게 계약 당일 계약금을, 2010.3.7. 중도금을, 2010.5.7. 잔금을 지급한다. 甲은 乙로부터 잔금을 지급받음과 동시에 乙 앞으로 X 토지에 관한 소유권이전등기를 마친다."라는 내용의 약정을 하였다. 이 약정에 따라 乙은 계약 당일 甲에게 계약금을 지급하였다. 다음 설명 중 옳지 않은 것은? (각 지문은 독립적이며, 다툼이 있는 경우 판례에 의함)   ○│×

① 甲과 乙이 토지거래허가를 신청하여 관할관청으로부터 토지거래허가를 받은 후에도 甲은 乙이 중도금 지급채무의 이행에 착수하기 전에 乙로부터 지급받은 계약금의 배액을 乙에게 지급하고 매매계약을 해제할 수 있다.

② 甲과 乙이 2010.2.7.까지 토지거래허가를 받지 못하였다고 하더라도, 약정된 기간 내에 토지거래허가를 받지 못할 경우 계약해제 등의 절차 없이 곧바로 당해 매매계약을 무효로 하기로 약정하였다는 등의 특별한 사정이 없는 한, 매매계약이 확정적으로 무효가 되는 것은 아니다.

③ 매매계약이 乙의 사기에 의해 체결된 경우라도, 甲은 토지거래허가를 신청하기 전 단계에서는 乙의 사기를 이유로 매매계약의 취소를 주장하여 매매계약을 확정적으로 무효화시킬 수 없다.

④ 甲은 토지거래허가를 받기 전에는 乙이 중도금을 2010.3.7.이 도과할 때까지 지급하지 않았다 하더라도 이를 이유로 매매계약을 해제할 수 없다.

해설 ① [○] 국토의 계획 및 이용에 관한 법률에 정한 토지거래계약에 관한 허가구역으로 지정된 구역 안에 위치한 토지에 관하여 매매계약이 체결된 경우 당사자는 그 매매계약이 효력이 있는 것으로 완성될 수 있도록 서로 협력할 의무가 있지만, **이러한 의무는 그 매매계약의 효력으로서 발생하는 매도인의 재산권이전의무나 매수인의 대금지급의무와는 달리 신의칙상의 의무에 해당하는 것이어서** 당사자 쌍방이 위 협력의무에 기초해 토지거래허가신청을 하고 이에 따라 관할관청으로부터 그 허가를 받았다 하더라도, 아직 그 단계에서는 당사자 쌍방 모두 매매계약의 효력으로서 발생하는 의무를 이행하였거나 이행에 착수하였다고 할 수 없을 뿐만 아니라, 그 단계에서 매매계약에 대한 이행의 착수가 있다고 보아 민법 제565조의 규정에 의한 해제권 행사를 부정하게 되면 당사자 쌍방 모두에게 해제권의 행사 기한을 부당하게 단축시키는 결과를 가져올 수도 있다. 그러므로 국토의 계획 및 이용에 관한 법률에 정한 토지거래계약에 관한 허가구역으로 지정된 구역 안의 토지에 관하여 매매계약이 체결된 후 계약금만 수수한 상태에서 당사자가 토지거래허가신청을 하고 이에 따라 **관할관청으로부터 그 허가를 받았다 하더라도,** 그러한 사정만으로는 **아직 이행의 착수가 있다고 볼 수 없어 매도인으로서는 제565조에 의하여 계약금의 배액을 상환하여 매매계약을 해제할 수 있다**(대판 2009.4.23. 2008다62427).

➡ 乙은 계약금을 지급하였고 甲과 乙간에는 다른 약정이 없으므로 당사자 일방이 이행에 착수할 때까지는 해약금에 기한 해제를 할 수 있다. 判例는 토지거래허가구역내의 부동산매매에 있어 관할관청으로부터 허가를 받았더라도 이는 이행의 착수로 보지 않으므로 甲은 토지거래허가를 받은 후에도 乙이 이행에 착수하기 전이라면 계약금의 배액을 지급하고 해제할 수 있다.

② [○] 유동적 무효 상태에 있는, 토지거래허가구역 내 토지에 관한 매매계약에서 계약의 쌍방 당사자는 공동허가신청절차에 협력할 의무가 있고, 이러한 의무에 위배하여 허가신청절차에 협력하지 않는 당사자에 대하여 상대방은 협력의무의 이행을 소구할 수도 있다. 그러므로 매매계약 체결 당시 **일정한 기간 안에 토지거래허가를 받기로 약정하였다고 하더라도, 그 약정된 기간 내에 토지거래허가를 받지 못할 경우 계약해제 등의 절차 없이 곧바로 매매계약을 무효로 하기로 약정한 취지라는 등의 특별한 사정이 없는 한,** 이를 쌍무계약에서 이행기를 정한 것과 달리 볼 것이 아니므로 **위 약정기간이 경과하였다는 사정만으로 곧바로 매매계약이 확정적으로 무효가 된다고 할 수 없다**(대판 2009.4.23. 2008다50615)

③ [×] **국토이용관리법상 규제구역 내에 속하는 토지거래**에 관하여 관할 도지사로부터 거래허가를 받지 아니한 거래계약은 처음부터 위 허가를 배제하거나 잠탈하는 내용의 계약이 아닌 한 허가를 받기까지는 **유동적 무효의 상태**에 있고 거래 당사자는 거래허가를 받기 위하여 서로 협력할 의무가 있으나, 그 토지거래가 계약 당사자의 **표시와 불일치한 의사**(비진의표시, 허위표시 또는 착오) 또는 사기, 강박과 같은 **하자 있는 의사**에 의하여 이루어진 경우에는, **이들 사유에 의하여 그 거래의 무효 또는 취소를 주장할 수 있는 당사자**는 그러한 **거래허가를 신청하기 전 단계에서** 이러한 사유를 주장하여 거래허가신청 협력에 대한 거절의사를 일방적으로 명백히 함으로써 **그 계약을 확정적으로 무효화시키고 자신의 거래허가절차에 협력할 의무를 면할 수 있다**(대판 1997.11.14. 97다36118)

➡ 유동적 무효상태에서도 별도의 무효 또는 취소사유가 있다면 이를 주장하여 확정적으로 무효화시킬 수 있다(무효와 취소의 이중효).

④ [○] **국토이용관리법상 토지거래허가구역 내에 있는 토지에 관하여** 소유권 등 권리를 이전 또는 설정하는 내용의 **거래계약은** 관할 시장·군수 또는 구청장의 허가를 받아야만 효력이 발생하고 허가를 **받기 전에는 물권적 효력은 물론 채권적 효력도 발생하지 아니하여 무효**라고 보아야 할 것이므로, 따라서 허가받을 것을 전제로 하는 거래계약은 허가를 받을 때까지는 법률상 미완성의 법률행위로서 소유권 등 권리의 이전 또는 설정에 관한 거래의 효력이 전혀 발생하지 않으나 **일단 허가를 받으면 그 계약은 소급하여 유효**한 계약이 되고, 이와 달리 불허가가 된 때에 무효로 확정되므로 허가를 받기까지는 유동적 무효의 상태에 있다고 볼 것인바, 허가를 받을 것을 전제로 한 거래계약은 **허가받기 전의 상태에서는** 거래계약의 채권적 효력도 전혀 발생하지 않으므로 권리의 이전 또는 설정에 관한 **어떠한 내용의 이행청구도 할 수 없고**, 그러한 거래계약의 당사자로서는 허가받기 전의 상태에서 상대방의 거래계약상 **채무불이행을 이유로 거래계약을 해제하거나 그로 인한 손해배상을 청구할 수 없다**(대판 1997.7.25. 97다4357)

24

15주사보, 15사무관, 19법무사

무효인 법률행위가 다른 법률행위의 요건을 구비하고 당사자가 그 무효를 알았더라면 다른 법률행위를 하는 것을 의욕하였으리라고 인정될 때에는 다른 법률행위로서 효력을 가진다.   ○ | ×

25

18서기보

무효인 법률행위가 다른 법률행위의 요건을 구비하면 다른 법률행위로서 효력을 가진다.   ○ | ×

> 해설 **24 25** 제138조(무효행위의 전환) 무효인 법률행위가 다른 법률행위의 요건을 구비하고 당사자가 그 무효를 알았더라면 다른 법률행위를 하는 것을 의욕 하였으리라고 인정될 때에는 다른 법률행위로서 효력을 가진다.
>
> ➡ 단순히 유효요건만 구비해야 하는 것이 아니라 무효를 알았더라면 다른 법률행위를 하는 것을 의욕 하였으리라고 인정되는 '가정적 의사'가 있어야 한다.

정답 | **23** ③ **24** ○ **25** ×

26

무효인 입양과 같은 무효인 신분행위는 추인에 의하여 소급적으로 유효하게 되나, 당사자 간에 무효인 신고행위에 상응하는 신분관계가 실질적으로 형성되어 있지 아니한 경우에는 무효인 신분행위에 대한 추인의 의사표시만으로 그 무효행위의 효력을 인정할 수 없다.　　　　　　　　　　　　　　　○ㅣ✕

> 해설 무효행위의 추인에는 원칙적으로 소급효가 없다. 즉 추인한 때부터 새로운 법률행위를 한 것으로 간주될 뿐이다(제139조). 그러나 判例는 입양 등의 '**신분행위의 경우**'에 대체행위로서의 유효요건을 갖추지 못하여 무효행위의 전환이 인정되지 않더라도(제138조 참조), 그 내용에 맞는 신분관계가 실질적으로 형성되어 당사자 쌍방이 이의 없이 그 신분관계를 계속하여 왔다면 '**소급적으로**' **무효행위의 추인을 인정**한다(아래 99므1633, 1640판결).
>
> 관련판례 친생자 출생신고 당시 입양의 실질적 요건을 갖추지 못하여 입양신고로서의 효력이 생기지 아니하였더라도 그 후에 '**입양의 실질적 요건을 갖추게 된 경우**'에는 무효인 친생자 출생신고는 '**소급적으로**' 입양신고로서의 효력을 갖게 된다. 다만 당사자 간에 무효인 신고행위에 상응하는 신분관계가 실질적으로 형성되어 있지 아니한 경우에는 무효인 신분행위에 대한 추인의 의사표시만으로 그 무효행위의 효력을 인정할 수 없다(대판 2000.6.9. 99므1633 등).

27

매매계약이 약정된 매매대금의 과다로 말미암아 「민법」 제104조에서 정하는 '불공정한 법률행위'에 해당하여 무효인 경우에도 무효행위의 전환에 관한 같은 법 제138조가 적용될 수 있어, 당사자 쌍방이 위와 같은 무효를 알았더라면 대금을 다른 액으로 정하여 매매계약에 합의하였을 것이라고 예외적으로 인정되는 경우에는, 그 대금액을 내용으로 하는 매매계약이 유효하게 성립한다.　　　　　　　○ㅣ✕

> 해설 判例는 매매대금의 과다로 말미암아 불공정한 법률행위에 해당하는 매매계약에 대해서, 선행하는 조정절차에서 제시된 금액을 기준으로 당사자의 '가정적 의사'를 추론하여 그 매매대금을 '적정한 금액'으로 감액하여 매매계약의 유효성을 인정하였다. 즉, 제104조에 해당하여 무효인 경우에도 제138조(무효행위의 전환)가 적용될 수 있다고 한다(대판 2010.7.15. 2009다50308).
>
> ➡ 재건축사업부지에 포함된 토지에 대하여 재건축사업조합과 토지의 소유자가 체결한 매매계약이 매매대금의 과다로 말미암아 불공정한 법률행위에 해당하지만, 그 매매대금을 적정한 금액으로 감액하여 매매계약의 유효성을 인정한 사례

28

사용자가 근로자의 임금 지급에 갈음하여 사용자가 제3자에 대하여 가지는 채권을 근로자에게 양도하기로 하는 약정은 전부 무효임이 원칙이다. 다만 당사자 쌍방이 위와 같은 무효를 알았더라면 임금의 지급에 갈음하는 것이 아니라 지급을 위하여 채권을 양도하는 것을 의욕하였으리라고 인정될 때에는 무효행위 전환의 법리(민법 제138조)에 따라 그 채권양도 약정은 '임금의 지급을 위하여 한 것'으로서 효력을 가질 수 있다.　　　　　　　　　　　　　　　　　　　　　○ㅣ✕

해설 임금은 법령 또는 단체협약에 특별한 규정이 있는 경우를 제외하고는 통화로 직접 근로자에게 전액을 지급하여야 한다(근로기준법 제43조 제1항). 따라서 사용자가 근로자의 임금 지급에 갈음하여 사용자가 제3자에 대하여 가지는 채권을 근로자에게 양도하기로 하는 약정은 전부 무효임이 원칙이다. **다만 당사자 쌍방이 위와 같은 무효를 알았더라면 임금의 지급에 갈음하는 것이 아니라 지급을 위하여 채권을 양도하는 것을 의욕하였으리라고 인정될 때에는 무효행위 전환의 법리(민법 제138조)에 따라 그 채권양도 약정은 '임금의 지급을 위하여 한 것'으로서 효력을 가질 수 있다**(대판 2012.3.29. 2011다101308).

29　　출제예상

상속재산 전부를 상속인 중 1인에게 상속시킬 방편으로 나머지 상속인들 전원이 상속포기신고를 하였으나, 그 상속포기가 민법 제1019조 제1항의 기간을 도과한 후에 신고된 것이어서 상속포기로서의 효력이 없는 경우에도 상속재산협의분할로서의 효력은 인정될 수 있다.　　　　　　　　ㅇ | X

해설 判例는 제138조의 무효행위의 전환과 관련하여 상속인 중 일부의 상속포기가 무효인 경우에 상속재산의 협의분할로 전환되어 그 효력이 인정될 수 있다고 한다(아래 88누9305판결).

관련판례 상속재산 전부를 상속인 중 1인(乙)에게 상속시킬 방편으로 그 나머지 상속인들이 상속포기신고를 하였으나 그 상속포기가 민법 제1019조 제1항 소정의 기간을 초과한 후에 신고된 것이어서 상속포기로서의 효력이 없더라도 乙과 나머지 상속인들 사이에는 乙이 고유의 상속분을 초과하여 상속재산 전부를 취득하고 나머지 상속인들은 그 상속재산을 전혀 취득하지 않기로 하는 의사의 합치가 있었다고 할 것이므로 그들 사이에 위와 같은 내용의 상속재산의 협의분할이 이루어진 것이라고 보아야 하고 공동상속인 상호 간에 상속재산에 관하여 협의분할이 이루어짐으로써 공동상속인 중 1인이 고유의 상속분을 초과하여 상속재산을 취득하는 것은 상속개시당시에 피상속인으로부터 상속에 의하여 직접 취득한 것으로 보아야 한다(대판 1989.9.12. 88누9305).

30　　18주사보

무효행위의 추인은 그 무효원인이 소멸한 후에 하여야 그 효력이 있다.　　　　　　　　　　ㅇ | X

해설 무효행위의 추인
무효행위의 추인이 인정되기 위해서는 ⅰ) 무효인 법률행위가 존재하고 ⅱ) 무효임을 알고 추인해야 하며 ⅲ) 추인시에 새로운 법률행위로서 유효요건을 구비하여야 한다(제139조).
① **추인은 무효사유가 종료된 후에 하여야** 하고(대판 1997.12.12. 95다38240), 추인시에 새로운 법률행위로서 유효요건을 갖추어야 한다. ② 따라서 새로운 법률행위가 요식행위이면 요식성도 갖추어야 하나, 사회질서에 반하는 법률행위(제103조, 제104조)나 강행규정 위반(제105조)의 경우와 같은 '**절대적 무효**'의 경우에는 추인에 의하여 유효로 될 수 없다(대판 2002.3.15. 2001다77352).

31

취득시효 완성 당시 부동산 소유자 甲이 그 완성 사실을 알면서 그 부동산을 제3자 乙에게 처분하였고 乙 역시 이러한 사정을 알면서 위 처분행위에 적극 가담한 경우 乙 명의로 경료된 등기는 甲이 그 처분행위를 추인하여도 무효이다. ○ㅣX

해설 부동산 소유자가 취득시효가 완성된 사실을 알고 그 부동산을 제3자에게 처분하여 소유권이전등기를 넘겨줌으로써 취득시효 완성을 원인으로 한 소유권이전등기의무가 이행불능에 빠지게 되어 시효취득을 주장하는 자가 손해를 입었다면 불법행위를 구성한다고 할 것이고, 부동산을 취득한 제3자가 부동산 소유자의 이와 같은 불법행위에 적극 가담하였다면 이는 사회질서에 반하는 행위로서 무효라고 할 것이다. 이와 같이 **취득시효 완성 후 경료된 무효인 제3자 명의의 등기에 대하여 시효완성 당시의 소유자가 무효행위를 추인하여도 그 제3자 명의의 등기는 그 소유자의 불법행위에 제3자가 적극 가담하여 경료된 것으로서 사회질서에 반하여 무효**이다(대판 2002.3.15. 2001다77352).

➡ 무효행위의 추인은(민법 제139조), 무효사유가 종료된 후에 하여야 하고(대판 1997.12.12. 95다38240), 추인시에 새로운 법률행위로서 유효요건을 갖추어야 한다. 그러나 사회질서에 반하는 법률행위(제103조, 제104조)나 강행규정 위반(제105조)의 경우와 같은 '절대적 무효'의 경우에는 추인에 의하여 유효로 될 수 없다(대판 2002.3.15. 2001다77352).

32

무효인 가등기를 유효한 등기로 전용하기로 약정하였더라도 그 가등기가 소급하여 유효한 등기로 되지는 않는다. ○ㅣX

해설 무효행위의 추인에는 원칙적으로 소급효가 없다. 즉 추인한 때부터 새로운 법률행위를 한 것으로 간주될 뿐이다(제139조). 따라서 判例는 무효인 가등기를 유효한 등기로 전용키로 한 약정도 그 때부터 유효하고 이로써 가등기가 소급하여 유효한 등기로 전환될 수 없다고 한다(대판 1992.5.12. 91다26546).

33

매매계약이 「민법」 제104조 소정의 '불공정한 법률행위'로 무효가 되더라도 그 당사자가 그 계약에 관한 부제소합의를 한 경우에는 무효행위의 추인에 해당하여 특별한 사정이 없는 한 위 매매계약 체결 시부터 그 매매계약은 유효하게 된다. ○ㅣX

해설 불공정한 법률행위에 대한 부제소합의 효력
매매계약과 같은 쌍무계약이 급부와 반대급부와의 불균형으로 말미암아 민법 제104조에서 정하는 '**불공정한 법률행위**'에 해당하여 무효라고 한다면, 그 계약으로 인하여 불이익을 입는 당사자로 하여금 위와 같은 **불공정성을 소송 등 사법적 구제 수단을 통하여 주장하지 못하도록 하는 부제소합의 역시 다른 특별한 사정이 없는 한 무효**이다(대판 2010.7.15. 2009다50308).

34

무권리자가 타인의 권리를 자기의 이름으로 또는 자기의 권리로 처분한 경우에, 권리자는 후일 이를 추인함으로써 그 처분행위를 인정할 수 있고, 특별한 사정이 없는 한 이로써 권리자 본인에게 위 처분행위의 효력이 발생함은 사적 자치의 원칙에 비추어 당연하고, 이 경우 추인은 명시적으로뿐만 아니라 묵시적인 방법으로도 가능하며 그 의사표시는 무권대리인이나 그 상대방 어느 쪽에 하여도 무방하다. O | X

> 해설 무권리자의 처분행위에 대한 권리자의 추인의 효과와 그 방법(대판 2001.11.9. 2001다44291)

35

무효행위의 추인은 법률행위가 무효임을 알고 그 행위의 효과를 자기에게 귀속시키도록 하는 단독행위로서 묵시적인 방법으로는 할 수 없다. O | X

36

무효인 법률행위에 대한 묵시적 추인을 인정하기 위해서는 본인이 그 행위로 처하게 된 법적 지위를 충분히 이해하고 그럼에도 진의에 기하여 그 행위의 결과가 자기에게 귀속된다는 것을 승인한 것으로 볼만한 사정이 있어야 할 것이므로 이를 판단함에 있어서는 관계되는 여러 사정을 종합적으로 검토하여 신중하게 하여야 한다. 위와 같은 법리를 고려하면, 당사자가 이전의 법률행위가 존재함을 알고 그 유효함을 전제로 하여 이에 터 잡은 후속행위를 하였다고 해서 그것만으로 이전의 법률행위를 묵시적으로 추인하였다고 단정할 수는 없다. O | X

37

당사자가 이전의 법률행위가 존재함을 알고 그 유효함을 전제로 하여 이에 터 잡은 후속행위를 하였다고 해서 그것만으로 이전의 법률행위를 묵시적으로 추인하였다고 단정할 수는 없고, 묵시적 추인을 인정하기 위해서는 이전의 법률행위가 무효임을 알거나 적어도 무효임을 의심하면서도 그 행위의 효과를 자기에게 귀속시키도록 하는 의사로 후속행위를 하였음이 인정되어야 할 것이다. O | X

> 해설 **35 36 37** 무효인 법률행위에 대한 묵시적 추인을 인정하기 위한 요건
> 무효인 법률행위를 추인에 의하여 새로운 법률행위로 보기 위하여서는 당사자가 이전의 법률행위가 무효임을 알고 그 행위에 대하여 추인하여야 한다. 한편 추인은 묵시적으로도 가능하나, 묵시적 추인을 인정하기 위해서는 본인이 그 행위로 처하게 된 법적 지위를 충분히 이해하고 그럼에도 진의에 기하여 그 행위의 결과가 자기에게 귀속된다는 것을 승인한 것으로 볼만한 사정이 있어야 할 것이므로 이를 판단함에 있어서는 관계되는 여러 사정을 종합적으로 검토하여 신중하게 하여야 한다. 위와 같은 법리를 고려하면, **당사자가 이전의 법률행위가 존재함을 알고 그 유효함을 전제로 하여 이에 터 잡은 후속행위를 하였다고 해서 그것만으로 이전의 법률행위를 묵시적으로 추인하였다고 단정할 수는 없고**, 묵시적 추인을 인정하기 위해서는 이전의 **법률행위가 무효임을 알거나 적어도 무효임을 의심하면서도 그 행위의 효과를 자기에게 귀속시키도록 하는 의사로 후속행위를 하였음이 인정되어야** 할 것이다(대판 2014.3.27. 2012다106607).

| 정답 | 31 O | 32 O | 33 × | 34 O | 35 × | 36 O | 37 O |

38

무권리자의 처분행위에 대하여 권리자가 추인하는 경우에는 그 처분행위의 효력이 권리자에게 미치므로, 권리자는 무권리자에 대하여 무권리자가 그 처분행위로 인하여 얻은 이득의 반환을 구할 수 없다. O | X

> **해설** 추인 이후 권리자의 무권리자에 대한 부당이득 반환청구권
> 권리자가 무권리자의 처분행위를 추인하더라도 이는 원래 무효이었던 처분행위를 유효하게 하여 처분행위의 상대방으로 하여금 권리를 취득하게 하는 것일 뿐, **무권리자가 권리자에 대하여 처분을 통해 받은 이익을 보유할 정당한 권원까지 부여한다고 볼 수는 없다.** 따라서 권리자는 무권리자를 상대로 부당이득반환청구권을 행사할 수 있다. 이 경우 권리자의 손해는 추인 당시의 목적물의 시가 상당액이고, 무권리자의 이득은 처분대가 상당액이라고 할 것인바, **권리자는 자기의 손해를 한도로 하여 무권리자가 받은 이득의 반환을 청구할 수 있다**(대판 2001.11.9. 2001다44291).
>
> **비교판례** 불법행위로 인한 손해배상청구권(소극)
> 권리자는 무권리자에 대하여 불법행위를 원인으로 하여 권리의 상실에 대한 손해배상을 청구할 수는 없다. 권리자가 권리를 잃은 것은 자신이 무권리자의 처분행위를 추인함으로 인한 것이기 때문이다.

39

무권리자가 타인의 권리를 처분한 경우에는 특별한 사정이 없는 한 권리가 이전되지 않지만 권리자가 무권리자의 처분을 추인하는 것은 허용되며, 그 경우 「민법」 제130조의 무권대리에 관한 규정 및 같은 법 제133조의 추인의 효력에 관한 규정을 유추 적용할 수 있다. O | X

40

무권리자가 타인의 권리를 처분한 경우에는 특별한 사정이 없는 한 권리가 이전되지 않고, 무권리자의 처분이 계약으로 이루어진 경우에 권리자가 이를 추인하더라도 그 계약의 효과가 계약을 체결했을 때에 소급하여 권리자에게 귀속되는 것은 아니다. O | X

> **해설** **39 40** 무권리자 처분행위의 추인(소급효)
> 判例에 따르면 "권리자가 무권리자의 처분을 추인하면 무권대리에 대해 본인이 추인을 한 경우와 당사자들 사이의 이익상황이 유사하므로, **무권대리의 추인에 관한 제130조, 제133조 등을 무권리자의 추인에 유추적용할 수 있다.** 따라서 무권리자의 처분이 계약으로 이루어진 경우에 권리자가 이를 추인하면 원칙적으로 그 계약의 효과가 계약을 체결했을 때에 '소급'하여 권리자에게 귀속된다고 보아야 한다."(대판 2017.6.8. 2017다3499)라고 한다.

41

X부동산에 대한 경매절차에서 갑이 매수자금을 부담하면서 아들인 을 명의로 매각허가결정을 받아 대금을 완납한 경우에 X부동산의 소유자는 을이다. O | X

> **해설** 부동산의 경매절차에서 경매목적 부동산을 경락받은 경락인이 실질적인 권리자가 아니라 단순히 타인을 위하여 그 명의만을 빌려준 것에 불과하더라도 경매목적 부동산의 소유권은 경락대금을 실질적으로 부담한 자가 누구인가에 상관없이 그 명의인이 적법하게 취득한다고 할 것이다(대판 2001.9.25. 99다19698).

정답 | **38** × **39** ○ **40** × **41** ○

01

취소권은 (취소원인을 안 날 / 추인할 수 있는 날)로부터 3년 내에, 법률행위를 한 날로부터 10년 내에 행사하여야 한다.　　　　　　　　　　　　　　　　　　　　　　　　　　　　　　　　　　　　O | X

> **해설** 취소권은 추인할 수 있는 날로부터 3년 내에, 법률행위를 한 날로부터 10년 내에 행사하여야 한다(제146조).

02

민법 제146조는 취소권은 추인할 수 있는 날로부터 3년 내에 행사하여야 한다고 규정하고 있는바, 이때의 3년이라는 기간은 일반 소멸시효기간이 아니라 제척기간으로서 제척기간이 도과하였는지 여부는 당사자의 주장에 관계없이 법원이 당연히 조사하여 고려하여야 할 사항이다.　　　　　　　　　O | X

> **해설** 민법 제146조 소정의 취소권 행사기간의 법적 성질(제척기간) 및 그 기간의 준수 여부가 법원의 직권조사사항인지 여부(적극)(대판 1996.9.20. 96다25371)

03

취소는 법률행위의 효력을 소급적으로 소멸하게 한다는 점에서 법률행위의 효력이 발생 또는 확정되기 전에 의사표시를 장래에 향하여 소멸시키는 철회와 구별된다.　　　　　　　　　　　　　　O | X

> **해설** 2022 해커스법원직 민법 기본서 1권 p.195 [A-152] 참조

04

취소할 수 있는 법률행위는 제한능력자, 착오로 인하거나 사기 강박에 의하여 의사표시를 한 자, 그의 대리인 또는 승계인만이 취소할 수 있다.　　　　　　　　　　　　　　　　　　　　　　　　　O | X

> **해설** 제140조(법률행위의 취소권자)

05

미성년자가 법정대리인의 동의를 얻지 않고 체결한 계약은 미성년자 본인이 취소할 수는 없지만 추인할 수는 있다. ○ | X

> **해설** **제140조(법률행위의 취소권자)** 취소할 수 있는 법률행위는 **제한능력자**, 착오로 인하거나 사기·강박에 의하여 의사표시를 한 자, 그의 대리인 또는 승계인만이 취소할 수 있다.
> **제144조(추인의 요건)** ① 추인은 **취소의 원인이 소멸된 후**에 하여야만 효력이 있다.
> ➡ 미성년자는 제한능력자에 해당하고, 제한능력자도 취소권은 직접 행사할 수 있으므로 미성년자는 취소할 수 있다. 다만 추인은 취소의 원인이 소멸된 후에 하여야 하므로, 성년자로 된 후에 하여야 한다.

06

법률행위의 취소는 상대방에 대한 의사표시로 하여야 하나 그 취소의 의사표시는 특별히 재판상 행하여짐이 요구되는 경우 이외에는 특정한 방식이 요구되는 것은 아니다. ○ | X

07

취소의 의사표시란 반드시 명시적이어야 하는 것은 아니고, 취소자가 그 착오를 이유로 자신의 법률행위의 효력을 처음부터 배제하려고 한다는 의사가 드러나면 족한 것이며, 취소원인의 진술 없이도 취소의 의사표시는 유효한 것이다. ○ | X

> **해설** **06 07** **제142조(취소의 상대방)** 취소할 수 있는 법률행위의 상대방이 확정한 경우에는 그 취소는 그 상대방에 대한 의사표시로 하여야 한다.
> 취소권은 형성권이므로 단독의 일방적 의사표시에 의한다. 그리고 判例는 "취소의 의사표시란 **반드시 명시적이어야 하는 것은 아니고**, 취소자가 그 착오를 이유로 자신의 법률행위의 효력을 처음부터 배제하려고 한다는 의사가 드러나면 족한 것이며, 취소원인의 진술 없이도 취소의 의사표시는 유효한 것이므로, **신원보증서류에 서명날인하는 것으로 잘못 알고 이행보증보험약정서를 읽어보지 않은 채 서명날인한 것일 뿐 연대보증약정을 한 사실이 없다는 주장은 위 연대보증약정을 착오를 이유로 취소한다는 취지**로 볼 수 있다."(대판 2005.5.27. 2004다43824)라고 한다.

08

미성년자의 행위임을 이유로 법률행위를 취소하는 경우 미성년자는 그 행위로 인하여 받은 이익이 현존하는 한도에서 상환할 책임이 있다. ○ | X

甲은 2002.2.1.생으로 이 사건 당시 만 18세의 미성년자였다. 甲은 법정대리인 A의 동의 없이 L신용카드회사와 신용카드 이용계약을 체결하여 신용카드를 발급받았다. 甲은 乙이 운영하는 노트북 대리점에서 10만 원 상당의 외장하드를 3개월 할부로 구입하면서, 이를 위 신용카드로 결제하였다. 한편 甲은 당시 아르바이트 등을 통해 월 60만 원 이상의 소득을 얻고 있었다. 이후 甲은 A의 동의가 없었음을 이유로 L사와의 위 신용카드 이용계약과 乙과의 위 신용구매계약을 각각 취소하였다.

만일 甲과 L사와의 신용카드 이용계약이 취소되었음에도 L사가 乙에게 甲의 신용카드 이용대금을 지급한 경우, L사는 여전히 甲에게 신용카드 이용계약에 따라 신용카드 이용대금을 청구할 수 있다. ○ | ×

> **해설** **08 09 제141조(취소의 효과)** 취소된 법률행위는 처음부터 무효인 것으로 본다. 다만, 제한능력자는 그 행위로 인하여 받은 이익이 현존하는 한도에서 상환(償還)할 책임이 있다.
>
> ➡ 신용카드 이용계약이 취소되었으므로 신용카드 계약은 소급하여 무효로 되었으므로(제141조 본문), 신용카드 이용대금을 청구할 수 없다.

제한능력자가 취득한 이득이 금전이 아닌 경우에는 그것이 성질상 계속적, 반복적으로 거래되는 물품으로서 곧바로 판매되어 환가될 수 있는 대체물이라고 하더라도 현존이익의 존재에 관하여 반환청구권자에게 입증책임이 있다. ○ | ×

> **해설** 부당이득으로 금전과 유사한 대체물을 취득한 경우, 그 소비 여부를 불문하고 현존하는 것으로 추정되는지 여부(적극) 법률상 원인 없이 타인의 재산 또는 노무로 이익을 얻고 그로 인하여 타인에게 손해를 가한 경우, 그 취득한 것이 금전상의 이득인 때에는 **그 금전은 이를 취득한 자가 소비하였는가의 여부를 불문하고 현존하는 것으로 추정**되고, 그 취득한 것이 성질상 계속적으로 반복하여 거래되는 물품으로서 곧바로 판매되어 환가될 수 있는 금전과 유사한 대체물인 경우에도 마찬가지다(대판 2009.5.28. 2007다20440,20457).
>
> ➡ 금전은 현존하는 것으로 추정되므로, 현존이익이 없다는 점에 대하여 제한능력자 측에게 입증책임이 있다.

채권자와 연대보증인 사이의 연대보증계약이 주채무자의 기망에 의하여 체결되어 적법하게 취소되었으나, 그 보증책임이 금전채무로서 채무의 성격상 가분적이고 연대보증인에게 보증한도를 일정 금액으로 하는 보증의사가 있었으므로, 연대보증인의 연대보증계약의 취소는 그 일정 금액을 초과하는 범위 내에서만 효력이 생긴다. ○ | ×

> **해설** 대판 2002.9.10. 2002다21509

12

하나의 법률행위의 일부분에만 취소사유가 있다고 하더라도 그 법률행위가 가분적이거나 그 목적물의 일부가 특정될 수 있다면, 그 나머지 부분이라도 이를 유지하려는 당사자의 가정적 의사가 인정되는 경우 그 일부만의 취소도 가능하다고 할 것이고, 그 일부의 취소는 법률행위의 일부에 관하여 효력이 생긴다. ○ | X

> 해설 대판 2002.9.10. 2002다21509

13

임차권양도계약과 권리금계약이 결합하여 전체가 경제적·사실적으로 일체로서 행하여져 그 계약 전부가 불가분의 관계에 있는 경우, 하나의 계약에 대한 기망 취소의 의사표시는 전체 계약에 대한 취소의 효력이 있다. ○ | X

> 해설 권리금계약의 하자가 임대차계약이나 임차권양도계약에 미치는 영향(전부취소 사안)
> 점포 임차권의 양수인 甲이 양도인 乙의 기망행위(매출액을 적극적으로 과장)를 이유로 乙과 체결한 권리금계약을 각 취소(해제)한다고 주장한 사안에서, "이 사건 임차권양도계약과 권리금계약의 체결 경위, 계약 내용 등을 참작할 때, 이 사건 권리금계약은 임차권양도계약과 결합하여 그 전체가 경제적, 사실적으로 일체로서 행하여진 것으로 보아야 하고, 어느 하나의 존재 없이는 당사자가 다른 하나를 의욕하지 않았을 것으로 보이므로, 권리금계약 부분만 따로 떼어 이를 취소할 수는 없다. 따라서 원심으로서는 권리금계약에 취소사유가 있다고 판단한 경우라면 마땅히 임차권양도계약까지도 취소하였어야 한다"[대판 2013.5.9. 2012다115120-전부취소를 긍정한 사안(제137조 본문 유추적용)]라고 판시하였다.

14

기망행위에 의해 소비대차계약을 체결하고 이를 담보하기 위해 근저당권을 설정한 경우, 기망행위를 이유로 하는 근저당권설정계약의 효력은 소비대차에도 미친다. ○ | X

> 해설 甲이 지능이 박약한 乙을 꾀어 돈을 빌려주어 유흥비로 쓰게 하고 실제 준 돈의 두 배 가량을 채권최고액으로 하여 자기 처인 丙 앞으로 근저당권을 설정한 사안에서, 判例는 "근저당권설정계약은 독자적으로 존재하는 것이 아니라 금전소비대차계약과 결합하여 그 전체가 일체로서 행하여진 것이므로, 甲의 기망을 이유로 한 乙의 근저당권설정계약취소의 의사표시는 법률행위의 일부무효이론과 궤를 같이 하는 법률행위의 일부취소의 법리에 따라 소비대차계약을 포함한 전체에 대하여 취소의 효력이 있다"(대판 1994.9.9. 93다31191)라고 판시하였다.

15

민법 제146조 전단은 '취소권은 추인할 수 있는 날로부터 3년 내에 행사하여야 한다'고 규정하고 있는바, 위 조항의 '추인할 수 있는 날'이란 취소의 원인이 종료되어 취소권행사에 관한 장애가 없어져서 취소권자가 취소의 대상인 법률행위를 추인할 수도 있고 취소할 수도 있는 상태가 된 때를 가리킨다. ○ | X

> 해설 대판 1998.11.27. 98다7421

16

미성년자가 법정대리인의 동의 없이 한 법률행위를 법정대리인이 적법하게 추인한 이후에는 그 미성년자는 자신의 법률행위를 취소할 수 없다. ○ | X

> **해설** 취소할 수 있는 법률행위의 추인이란 취소할 수 있는 법률행위를 취소하지 않겠다는 확정적인 의사표시, 즉 취소권의 포기이다(제143조, 제144조). 따라서 더 이상 취소할 수 없고 확정적으로 유효로 된다.

17

취소할 수 있는 법률행위가 취소되면 무효인 것으로 간주되므로 그 후 취소할 수 있는 법률행위의 추인에 의하여는 당초의 의사표시를 다시 확정적으로 유효하게 할 수 없다. ○ | X

> **해설** **취소된 법률행위의 추인**
> **취소한 법률행위는 처음부터 무효인 것으로 간주되므로, 취소할 수 있는 법률행위가 일단 취소된 이상 그 후에는 취소할 수 있는 법률행위의 추인에 의하여 이미 취소되어 무효인 것으로 간주된 당초의 의사표시를 다시 확정적으로 유효하게 할 수는 없고, 다만 무효인 법률행위의 추인의 요건과 효력으로서 추인할 수는 있으나**, 무효행위의 추인은 그 무효원인이 소멸한 후에 하여야 그 효력이 있으므로, 강박에 의한 의사표시임을 이유로 일단 유효하게 취소되어 당초의 의사표시가 무효로 된 후에 추인한 경우, 그 추인이 효력을 가지기 위하여는 그 무효원인이 소멸한 후일 것을 요한다고 할 것인데, 그 무효원인이란 바로 위 의사표시의 취소사유라 할 것이므로 결국 무효원인이 소멸한 후란 것은 당초의 의사표시의 성립과정에 존재하였던 취소의 원인이 종료된 후, 즉 강박상태에서 벗어난 후라고 보아야 한다(대판 1997.12.12. 95다38240).

18

추인은 취소의 원인이 종료한 후에 하여야 하고, 그 종료 전의 추인은 그 효력이 없고, 취소할 수 있는 법률행위의 추인은 묵시적으로 할 수는 없다. ○ | X

> **해설** 취소할 수 있는 법률행위의 추인은, 취소와 동일하게 추인은 취소할 수 있는 법률행위의 상대방에 대한 의사표시로 한다(제142조, 제143조 제2항). 묵시적 추인도 가능하다.

19

법정대리인이 취소할 수 있는 본인의 법률행위를 추인한 경우에는 취소의 원인이 소멸된 후가 아니더라도 추인의 효력이 있다. ○ | X

> **해설** **제144조(추인의 요건)** ① 추인은 취소의 원인이 소멸된 후에 하여야만 효력이 있다.
> ② 제1항은 법정대리인 또는 후견인이 추인하는 경우에는 적용하지 아니한다.

정답 | **12** ○ **13** ○ **14** ○ **15** ○ **16** ○ **17** ○ **18** × **19** ○

20

강박에 의한 의사표시임을 이유로 의사표시를 적법하게 취소한 표의자는 강박상태에서 벗어난 후 이미 취소된 의사표시를 무효행위 추인의 요건을 갖추어 추인할 수 있다. ○ | X

> 해설 취소한 법률행위는 처음부터 무효인 것으로 간주되므로, 취소할 수 있는 법률행위가 일단 취소된 이상 그 후에는 취소할 수 있는 법률행위의 추인에 의하여 이미 취소되어 무효인 것으로 간주된 당초의 의사표시를 다시 확정적으로 유효하게 할 수는 없고, 다만 무효인 법률행위의 추인의 요건과 효력으로서 추인할 수는 있으나, 무효행위의 추인은 그 무효원인이 소멸한 후에 하여야 그 효력이 있으므로, **강박에 의한 의사표시임을 이유로 일단 유효하게 취소되어 당초의 의사표시가 무효로 된 후에 추인한 경우, 그 추인이 효력을 가지기 위하여는 그 무효원인이 소멸한 후일 것을 요한다**고 할 것인데, 그 무효원인이란 바로 위 의사표시의 취소사유라 할 것이므로 결국 **무효원인이 소멸한 후란 것은 당초의 의사표시의 성립 과정에 존재하였던 취소의 원인이 종료된 후, 즉 강박상태에서 벗어난 후라고 보아야 한다**(대판 1997.12.12. 95다38240)

21

취소할 수 있는 법률행위에 관하여 취소권자가 전부나 일부의 이행, 담보의 제공 등을 하였다면 이의보류 여부를 불문하고 당연히 법정추인으로 의제되고 취소권자는 더 이상 취소권을 행사할 수 없다. ○ | X

> 해설 법정추인이 되기 위한 요건은 ⅰ) 원칙적으로 취소원인이 소멸한 후에, ⅱ) **이의를 보류하지 않고**, ⅲ) 법정추인의 사유가 있어야 한다. 통상의 추인과 달리 취소권자가 취소할 수 있는 것임을 알아야 하는 것이 아니며, 추인의 의사가 있어야 할 필요도 없다(제145조).
>
> ➡ 이의를 보류하지 않고 법정추인의 사유가 있어야 한다.

22

취소할 수 있는 행위로 취득한 권리의 전부나 일부를 양도하면 추인한 것으로 본다. ○ | X

> 해설 **제145조(법정추인)** 취소할 수 있는 법률행위에 관하여 전조의 규정에 의하여 추인할 수 있는 후에 다음 각호의 사유가 있으면 추인한 것으로 본다. 그러나 이의를 보류한 때에는 그러하지 아니하다.
> 1. 전부나 일부의 이행
> 2. 이행의 청구
> 3. 경개
> 4. 담보의 제공
> 5. **취소할 수 있는 행위로 취득한 권리의 전부나 일부의 양도**
> 6. 강제집행

정답 | **20** ○ **21** × **22** ○

제6절 │ 법률행위의 부관

제1관 │ 조건부 법률행위

01
21서기보

법률행위 효력의 발생 또는 소멸을 장래의 불확실한 사실의 성부에 의존케 하는 조건을 법률행위에 붙이고자 하는 의사가 있다 하더라도 이를 외부에 표시하지 않으면 이는 법률행위의 동기에 불과한 것이다. ○ | X

> **해설** '조건'이란 법률행위의 효력의 발생 또는 소멸을 '장래의 불확실한 사실의 성부(成否)'에 의존케 하는 법률행위의 부관이다. 이러한 조건은 법률행위의 부관으로서 당해 법률행위를 구성하는 의사표시의 일체적인 내용을 이루는 것이므로, "의사표시의 일반원칙에 따라 조건의사와 그 표시가 필요하며, 그것이 표시되지 않으면 법률행위의 동기에 불과하다(대판 2003.5.13. 2003다10797).

02
18주사보

조건이 되는 사실은 장래 발생할 것인지 여부가 객관적으로 불확실한 것이어야 하고, 장래 반드시 실현되는 사실이거나 과거의 사실은 조건이 되지 못한다. ○ | X

> **해설** 조건과 기한의 구별
> 조건은 법률행위 효력의 발생 또는 **소멸을 장래의 불확실한 사실의 성부에 의존**하게 하는 법률행위의 부관이다. 반면 장래의 사실이더라도 그것이 **장래 반드시 실현되는 사실이면 실현되는 시기가 비록 확정되지 않더라도 이는 기한으로 보아야** 한다(대판 2018.6.28. 2018다201702).

03
19법무사

조건을 붙이고자 하는 의사가 있는지는 의사표시에 관한 법리에 따라 판단하여야 한다. 조건을 붙이고자 하는 의사의 표시는 그 방법에 관하여 일정한 방식이 요구되지 않으므로 묵시적 의사표시나 묵시적 약정으로도 할 수 있다. ○ | X

> **해설** 조건을 붙이고자 하는 의사의 표시를 묵시적 의사표시나 약정으로 할 수 있는지 여부(적극) 및 이를 인정하기 위한 요건
> 조건은 법률행위 효력의 발생 또는 소멸을 장래 불확실한 사실의 발생 여부에 따라 좌우되게 하는 법률행위의 부관이고, 법률행위에서 효과의사와 일체적인 내용을 이루는 의사표시 그 자체이다. **조건을 붙이고자 하는 의사는 법률행위의 내용으로 외부에 표시되어야 하고**, 조건을 붙이고자 하는 의사가 있는지는 의사표시에 관한 법리에 따라 판단하여야 한다. 조건을 붙이고자 하는 의사의 표시는 **그 방법에 관하여 일정한 방식이 요구되지 않으므로 묵시적 의사표시나 묵시적 약정으로도 할 수 있다.** 이를 인정하려면, 법률행위가 이루어진 동기와 경위, 법률행위에 의하여 달성하려는 목적, 거래의 관행 등을 종합적으로 고려하여 법률행위 효력의 발생 또는 소멸을 장래의 불확실한 사실의 발생 여부에 따라 좌우되게 하려는 의사가 인정되어야 한다(대판 2018.6.28. 2016다221368).

04

출제예상

도급계약의 당사자들이 보수의 지급시기에 관하여 "수급인이 공급한 목적물을 도급인이 검사하여 합격하면, 도급인은 수급인에게 보수를 지급한다."라고 정한 경우 '검사 합격'은 도급인의 일방적 의사에 의존하는 순수수의조건이다. ○ | X

> **해설** 제작물공급계약의 당사자들이 보수의 지급시기에 관하여 "수급인이 공급한 목적물을 도급인이 검사하여 합격하면, 도급인은 수급인에게 그 보수를 지급한다."는 내용으로 한 약정은 도급인의 수급인에 대한 보수지급의무와 동시이행관계에 있는 수급인의 목적물 인도의무를 확인한 것에 불과하므로, 법률행위의 효력 발생을 장래의 불확실한 사실의 성부에 의존하게 하는 **법률행위의 부관인 조건에 해당하지 아니할 뿐만 아니라, 조건에 해당한다 하더라도 검사에의 합격 여부는 도급인의 일방적인 의사에만 의존하지 않고 그 목적물이 계약내용대로 제작된 것인지 여부에 따라 객관적으로 결정되므로 순수수의조건에 해당하지 않는다**(대판 2006.10.13. 2004다21862)

05

21서기보

甲과 乙이 빌라 분양을 甲이 대행하고 수수료를 받기로 하는 내용의 분양전속계약을 체결하면서, 특약사항으로 "분양계약기간 완료 후 미분양 물건은 甲이 모두 인수하는 조건으로 한다."라고 정한 경우 위 특약사항은 미분양 물건 세대를 인수하지 아니할 경우 분양전속계약은 효력이 없다는 법률행위의 부관으로서 조건을 정한 것이다. ○ | X

> **해설** 甲과 乙이 빌라 분양을 甲이 대행하고 수수료를 받기로 하는 내용의 분양전속계약을 체결하면서, 특약사항으로 "분양계약기간 완료 후 미분양 물건은 갑이 모두 인수하는 조건으로 한다."라고 정한 사안에서, 위 특약사항은 갑이 분양계약기간 만료 후 미분양 세대를 인수할 의무를 부담한다는 계약의 내용을 정한 것에 불과하고, 계약의 효력발생이 좌우되게 하려는 법률행위의 부관으로서 조건을 정한 것이라고 보기는 어렵다(대판 2020.7.9. 2020다202821).

06

21법무사

법률행위의 해석에 있어 당사자가 표시한 문언에 의하여 객관적인 의미가 명확하게 드러나지 않는 경우에는 문언의 형식과 내용, 법률행위가 이루어진 동기 및 경위, 당사자가 법률행위에 의하여 달성하려는 목적과 진정한 의사, 거래의 관행 등을 종합적으로 고려하여 사회정의와 형평의 이념에 맞도록 논리와 경험의 법칙, 그리고 사회일반의 상식과 거래의 통념에 따라 합리적으로 해석하여야 한다. ○ | X

07

21법무사

조건은 법률행위 효력의 발생 또는 소멸을 장래 불확실한 사실의 발생 여부에 따라 좌우되게 하는 법률행위의 부관이고, 법률행위에서 효과의사와 일체적인 내용을 이루는 의사표시 그 자체이다. ○ | X

08

조건을 붙이고자 하는 의사는 법률행위의 내용으로 외부에 표시될 필요가 없고, 조건을 붙이고자 하는 의사가 있는지는 의사표시에 관한 법리에 따라 판단하여야 한다. O|X

09

조건을 붙이고자 하는 의사가 외부에 표시되었다고 인정하려면, 그 법률행위가 이루어진 동기와 경위, 그 법률행위에 의하여 달성하려는 목적, 거래의 관행 등을 종합적으로 고려하여 그 법률행위 효력의 발생 또는 소멸을 장래의 불확실한 사실의 발생 여부에 따라 좌우되게 하려는 의사가 인정되어야 한다. O|X

해설 **06 07 08 09** 법률행위의 해석에 있어 당사자가 표시한 문언에 의하여 객관적인 의미가 명확하게 드러나지 않는 경우에는 문언의 형식과 내용, 법률행위가 이루어진 동기 및 경위, 당사자가 법률행위에 의하여 달성하려는 목적과 진정한 의사, 거래의 관행 등을 종합적으로 고려하여 사회정의와 형평의 이념에 맞도록 논리와 경험의 법칙, 그리고 사회일반의 상식과 거래의 통념에 따라 합리적으로 해석하여야 한다. 한편 조건은 법률행위 효력의 발생 또는 소멸을 장래 불확실한 사실의 발생 여부에 따라 좌우되게 하는 법률행위의 부관이고, 법률행위에서 효과의사와 일체적인 내용을 이루는 의사표시 그 자체이다. **조건을 붙이고자 하는 의사는 법률행위의 내용으로 외부에 표시되어야 하고**, 조건을 붙이고자 하는 의사가 있는지는 의사표시에 관한 법리에 따라 판단하여야 한다. 조건을 붙이고자 하는 의사가 외부에 표시되었다고 인정하려면, 법률행위가 이루어진 동기와 경위, 법률행위에 의하여 달성하려는 목적, 거래의 관행 등을 종합적으로 고려하여 법률행위 효력의 발생 또는 소멸을 장래의 불확실한 사실의 발생 여부에 따라 좌우되게 하려는 의사가 인정되어야 한다(대판 2020. 7.9. 2020다202821).

10

조건이 선량한 풍속 기타 사회질서에 위반한 것인 때에는 조건 없는 법률행위로 한다. O|X

해설 **제151조(불법조건, 기성조건)** ① 조건이 선량한 풍속 기타 사회질서에 위반한 것인 때에는 그 법률행위는 **무효로** 한다.

11

조건부 법률행위에 있어 조건의 내용 자체가 불법적인 것이어서 무효일 경우 또는 조건을 붙이는 것이 허용되지 아니하는 법률행위에 조건을 붙인 경우 그 조건만을 분리하여 무효로 할 수 있다. O|X

해설 조건부 법률행위에 있어 조건의 내용 자체가 불법적인 것이어서 무효일 경우 또는 조건을 붙이는 것이 허용되지 아니하는 법률행위에 조건을 붙인 경우 **그 조건만을 분리하여 무효로 할 수는 없고 그 법률행위 전부가 무효**로 된다(대판 2005.11.8. 2005마541).

정답 | **04** × **05** × **06** ○ **07** ○ **08** × **09** ○ **10** × **11** ×

12

불능조건이 정지조건이면 그 법률행위는 무효이다. ○ | X

> **해설** 불능조건이란 조건이 법률행위 당시에 '이미 성취할 수 없는' 경우를 말한다. 불능조건이 정지조건이면 그 법률행위는 무효이고 불능조건이 해제조건이면 조건 없는 법률행위가 된다(제151조 제3항).

13

상계의 의사표시에 조건을 붙일 수 있다. ○ | X

> **해설** 상계는 단독행위이므로, '조건'을 붙이는 것은 상대방의 지위를 불안하게 하기 때문에 허용되지 않는다. 한편 상계는 소급효를 갖기 때문에(제493조 제2항), 그 도래한 때부터 효력이 생기는 '기한'(제152조)은 이를 붙이지 못한다(제493조 제1항 2문).

14

유치권은 채권자의 이익을 보호하기 위한 법정담보물권으로서 당사자는 미리 유치권의 발생을 막는 특약을 할 수 있고, 그 특약에 조건을 붙일 수 있다. ○ | X

> **해설** 제한물권은 이해관계인의 이익을 부당하게 침해하지 않는 한 자유로이 포기할 수 있는 것이 원칙이다. **유치권은 채권자의 이익을 보호하기 위한 법정담보물권으로서, 당사자는 미리 유치권의 발생을 막는 특약을 할 수 있고 이러한 특약은 유효하다.** 유치권 배제 특약이 있는 경우 다른 법정요건이 모두 충족되더라도 유치권은 발생하지 않는데, 특약에 따른 효력은 특약의 상대방뿐 아니라 그 밖의 사람도 주장할 수 있다. 조건은 법률행위의 효력 발생 또는 소멸을 장래의 불확실한 사실의 발생 여부에 의존케 하는 법률행위의 부관으로서, 법률행위에서 효과의사와 일체적인 내용을 이루는 의사표시 그 자체라고 볼 수 있다. 유치권 배제 특약에도 조건을 붙일 수 있는데, 조건을 붙이고자 하는 의사가 있는지는 의사표시에 관한 법리에 따라 판단하여야 한다(대판 2018.1.24. 2016다234043).

어떠한 법률행위가 조건의 성취 시 법률행위의 효력이 발생하는 정지조건부 법률행위에 해당한다는 사실은 그 법률효과의 발생을 다투려는 자, 즉 그 조건의 존재를 주장하는 자에게 주장 입증책임이 있다.

O | X

> **해설** 법률행위가 조건의 성취시 그 효력이 발생하는 **정지조건부 법률행위에 해당한다는 사실은, 즉 조건의 '존재' 사실은 그 법률행위로 인한 법률효과의 발생을 저지하는 사유로서, 그 법률효과의 발생을 다투는 자에게 그 입증책임이 있다**(대판 1993.9.28. 93다20832). 이에 대해 그 조건이 '성취'되었다는 사실은 그 효력을 주장하는 자에게 그 입증책임이 있다(대판 1983.4.12. 81다카692 ; 대판1984.9.25. 84다카967). 예컨대 甲이 그 소유 자동차를 정지조건부로 乙에게 증여한 경우, 乙은 증여의 성립을 이유로 甲에게 자동차의 인도를 청구할 수 있고, 甲이 이를 거절하기 위해서는 조건의 존재를 입증하여야 하며, 이에 대해 乙은 조건의 성취를 입증하여야 자동차의 인도를 청구할 수 있다.
>
> **관련판례** 원고가 피고에게 증여를 원인으로 부동산의 소유권이전등기를 청구할 때 피고가 항변으로 '위 증여계약에 정지조건이 붙어 있음'을 주장, 증명하면 원고가 재항변으로 '그 정지조건의 성취'를 주장, 증명하여야 한다(대판 1984.9.25. 84다카967).
>
> **조건에 관한 입증책임**
>
> | 조건의
존재 여부 | 법률행위에 조건이 붙어 있는지 여부에 대한 증명책임자는 조건의 존재를 주장하는 자(대판 2006.11.24. 2006다35766) | |
> |---|---|---|
> | | 정지조건의 존재 여부 | 그 법률행위로 인한 법률효과의 발생을 저지하는 사유로서 그 법률효과의 발생을 다투는 자(대판 1993.9.28. 93다20832) |
> | | 해제조건의 존재 여부 | 해제조건의 존재를 주장하면서 그 효력의 소멸을 주장하는 자 |
> | 조건의
성취 여부 | 조건의 성취 여부는 조건성취로 법률행위의 효과를 주장하는 자, 즉 조건성취에 의해 이익을 얻는 자 | |
> | | 정지조건의 성취 | 법률행위의 효력이 발생되었다고 주장하는 자 |
> | | 해제조건의 성취 | 조건의 성취로 인하여 효력의 소멸을 주장하는 자(가령 의무를 면하게 될 자, 권리를 회복할 자) |

정지조건부 법률행위에 있어서 조건이 성취되었다는 사실은 이에 의하여 권리를 취득하고자 하는 측에서 증명하여야 한다.

O | X

> **해설** '법률행위가 조건의 성취시 그 효력이 발생하는 정지조건부 법률행위에 해당한다는 사실은, 즉 조건의 '존재' 사실은 그 법률행위로 인한 법률효과의 발생을 저지하는 사유로서, 그 법률효과의 발생을 다투는 자에게 그 입증책임이 있다(대판 1993.9.28. 93다20832). 이에 대해 그 **조건이 '성취'되었다는 사실은 그 효력을 주장하는 자에게 그 입증책임**이 있다(대판 1983.4.12. 81다카692; 대판1984.9.25. 84다카967). 예컨대 甲이 그 소유 자동차를 정지조건부로 乙에게 증여한 경우, 乙은 증여의 성립을 이유로 甲에게 자동차의 인도를 청구할 수 있고, 甲이 이를 거절하기 위해서는 조건의 존재를 입증하여야 하며, 乙은 조건의 성취를 입증하여야 자동차의 인도를 청구할 수 있다.

정답 | **12** ○ **13** × **14** ○ **15** ○ **16** ○

17

정지조건부 법률행위는 조건을 성취한 때로부터 그 효력이 생기고, 해제조건부 법률행위는 조건을 성취한 때로부터 그 효력을 잃는다. ○ | X

> 해설 **제147조(조건성취의 효과)** ① 정지조건있는 법률행위는 조건이 성취한 때로부터 그 효력이 생긴다.
> ② 해제조건있는 법률행위는 조건이 성취한 때로부터 그 효력을 잃는다. ③ 당사자가 조건성취의 효력을 그 성취전에 소급하게 할 의사를 표시한 때에는 그 의사에 의한다.

18

조건의 성취가 미정한 권리의무는 일반규정에 의하여 처분, 상속, 보존 또는 담보로 할 수 있다. ○ | X

> 해설 **제149조(조건부권리의 처분 등)** 조건의 성취가 미정한 권리의무는 일반규정에 의하여 처분, 상속, 보존 또는 담보로 할 수 있다.

19

조건의 성취로 불이익을 받을 당사자가 신의성실에 반하여 조건의 성취를 방해할 경우 상대방은 조건이 성취된 것으로 주장할 수 있고, 이 경우 조건이 성취된 것으로 의제되는 시점은 방해행위가 없었더라면 조건이 성취되었을 것으로 추산되는 시점이다. ○ | X

> 해설 **제150조(조건성취, 불성취에 대한 반신의행위)** ① 조건의 성취로 인하여 불이익을 받을 당사자가 신의성실에 반하여 조건의 성취를 방해한 때에는 상대방은 그 조건이 성취한 것으로 주장할 수 있다.
> ② 조건의 성취로 인하여 이익을 받을 당사자가 신의성실에 반하여 조건을 성취시킨 때에는 상대방은 그 조건이 성취하지 아니한 것으로 주장할 수 있다.
> 　조건의 성취로 인하여 불이익을 받을 당사자가 신의성실에 반하여 조건의 성취를 방해한 경우, 조건이 성취된 것으로 의제되는 시점은 이러한 신의성실에 반하는 행위가 없었더라면 조건이 성취되었으리라고 추산되는 시점이다(대판 1998.12.22. 98다42356).
> ➡ 判例는 조건이 성취된 것으로 의제되는 시점은 신의성실에 반하는 행위가 있었던 시점이 아니라 '신의성실에 반하는 행위가 없었더라면 조건이 성취되었으리라고 추산되는 시점'이라고 한다.

20

조건의 성취로 불이익을 받을 당사자의 지위에 있는 사람이 신의성실에 반하여 조건의 성취를 방해한 때에는 고의에 의한 경우만이 아니라 과실에 의한 경우에도 상대방은 민법 제150조 제1항의 규정에 의하여 그 조건이 성취된 것으로 주장할 수 있다. ○ | X

해설 상대방이 하도급받은 부분에 대한 공사를 완공하여 준공필증을 제출하는 것을 정지조건으로 하여 공사대금채무를 부담하거나 위 채무를 보증한 사람은 위 조건의 성취로 인하여 불이익을 받을 당사자의 지위에 있다고 할 것이므로, 이들이 위 공사에 필요한 시설을 해주지 않았을 뿐만 아니라 공사장의 출입을 통제함으로써 위 상대방으로 하여금 나머지 공사를 수행할 수 없게 하였다면, **그것이 고의에 의한 경우만이 아니라 과실에 의한 경우에도 신의성실에 반하여 조건의 성취를 방해한 때에 해당한다**고 할 것이므로, 그 상대방은 민법 제150조 제1항의 규정에 의하여 위 공사대금채무자 및 보증인에 대하여 그 조건이 성취된 것으로 주장할 수 있다(대판 1998.12.22. 98다42356).

21

조건과 기한은 당사자의 특약으로 소급효를 인정할 수 있다. ○ | ✕

해설 조건성취 후의 효력

정지조건부 법률행위는 조건이 성취한 때로부터 효력이 생기고(제147조 제1항), 해제조건부 법률행위는 조건이 성취된 때로부터 효력을 잃는다(제147조 제2항). 이러한 **조건성취의 효과는 원칙적으로 소급하지 않으나,** 당사자가 조건성취의 효력을 그 성취 전에 소급하게 할 의사를 표시한 때에는 그 의사에 의한다(제147조 제3항).

기한도래의 효력

시기 있는 법률행위는 기한이 도래한 때로부터 그 효력이 생기고, 종기 있는 법률행위는 기한이 도래한 때로부터 그 효력을 잃는다(제152조). 그리고 **기한도래의 효과는 기한도래시부터 생기며 절대로 소급효가 없다.** 당사자가 소급효의 특약을 하여도 마찬가지이다. 기한에 소급효를 인정하면 기한이 무의미해지기 때문이다.

22

해제조건부 증여에 있어서 조건성취 전에 수증자가 한 처분행위는 조건성취의 효과를 제한하는 한도 내에서는 무효이고, 다만 그 조건이 등기되어 있지 않은 한, 그 처분행위로 인하여 권리를 취득한 제3자에게 그 무효를 대항할 수 없다. ○ | ✕

해설 조건부 권리를 침해하는 처분행위의 효력(이른바 중간처분무효의 법리)

判例는 "해제조건부증여로 인한 부동산소유권이전등기를 마쳤다 하더라도 그 해제조건이 성취되면 그 소유권은 증여자에게 복귀한다고 할 것이고, 이 경우 당사자 간에 별단의 의사표시가 없는 한 그 조건성취의 효과는 소급하지 아니하나, **조건성취 전에 수증자가 한 처분행위는 조건성취의 효과를 제한하는 한도 내에서는 무효라고 할 것이고, 다만 그 조건이 등기되어 있지 않은 한 그 처분행위로 인하여 권리를 취득한 제3자에게 위 무효를 대항할 수 없다.**"(대판 1992.5.22. 92다5584)라고 한다.

즉 '의무자'가 조건부 권리를 침해하는 '처분행위'(물권행위 등)를 한 경우에 그 처분행위의 효력이 어떻게 되는지와 관련하여 判例(대판 1992.5.22. 92다5584)와 통설에 따르면 **그러한 처분행위는 조건부 권리를 침해하는 범위에서 무효**이다. 이렇게 새겨도 제3자를 해치지는 않는바, 제3자에 대한 관계에서는 조건부 권리가 (가)등기되어야 무효를 주장할 수 있기 때문이다(동산의 경우에는 선의취득이 인정된다). 그리고 위의 효과(손해배상책임·처분행위의 무효)는 조건의 성취 여부가 결정될 때까지는 조건부로 발생한다고 해석하여야 한다.

23

계약의 해제와 해제조건의 성취는 서로 법적 성격이 다르기는 하지만 그 효과는 같다. ○ | X

해설 계약의 해제는 소급효가 인정된다. 그러나 해제조건의 성취는 원칙적으로 장래효이다(제147조). 효과가 서로 다르다.

제147조(조건성취의 효과) ① 정지조건있는 법률행위는 조건이 성취한 때로부터 그 효력이 생긴다.

② **해제조건 있는 법률행위는 조건이 성취한 때로부터 그 효력을 잃는다.**

③ 당사자가 조건성취의 효력을 그 성취전에 소급하게 할 의사를 표시한 때에는 그 의사에 의한다.

정답 | **23** ×

제2관 | 기한부 법률행위

01
16법원행시, 17/20서기보, 21법무사

부관이 붙은 법률행위에 있어서 부관에 표시된 사실이 발생하지 아니하면 채무를 이행하지 아니하여도 된다고 보는 것이 상당한 경우에는 조건으로 보아야 하고, 표시된 사실이 발생한 때에는 물론이고 반대로 발생하지 아니하는 것이 확정된 때에도 그 채무를 이행하여야 한다고 보는 것이 상당한 경우에는 표시된 사실의 발생 여부가 확정되는 것을 불확정기한으로 정한 것으로 보아야 한다.　　　　O | X

02
16/20서기보

이미 부담하고 있는 채무의 변제에 관하여 일정한 사실이 부관으로 붙여진 경우에는 특별한 사정이 없는 한 그것은 변제기를 유예한 것으로서 그 사실이 발생한 때 또는 발생하지 아니하는 것으로 확정된 때에 기한이 도래한다.　　　　O | X

> **해설 01 02** 장래의 일정한 사실의 발생 여부가 불확실한 경우가 '조건'이고, 발생이 확실한 경우가 '기한'이다. 그러나 '불확정기한'은 조건과 구별하는 것이 쉽지 않으므로 법률행위의 해석에 의하여 결정한다. 判例에 따르면 "㉠ 부관이 붙은 법률행위에 있어서 부관에 표시된 사실이 발생하지 않으면 채무를 이행하지 아니하여도 된다고 보는 것이 상당한 경우에는 '**조건**'으로 보아야 하고, ㉡ 표시된 사실이 발생한 때에는 물론이고 반대로 발생하지 아니하는 것이 확정된 때에도 그 채무를 이행하여야 한다고 보는 것이 상당한 경우에는 표시된 사실의 발생여부가 확정되는 것을 '**불확정기한**'으로 정한 것으로 보아야 한다. 따라서 **이미 부담하고 있는 채무의 변제에 관하여 일정한 사실이 부관으로 붙여진 경우에는 특별한 사정이 없는 한 그것은 변제기를 유예한 것으로서 그 사실이 발생한 때 또는 발생하지 아니하는 것으로 확정된 때에 기한이 도래한다.**"(대판 2003.8.19, 2003다24215)고 한다.

03
16법원행시

재건축사업을 추진하던 자들과 사업 진행에 필요한 운전자금을 출자하고 사업상의 이익에 참여하기로 하는 등의 공동사업계약을 체결하고 그들에게 운전자금을 지급한 자가, 그 후 사업진행이 순조롭지 않자 공동사업관계에서 탈퇴하면서 '스폰서가 영입되거나 사업권을 넘길 경우나 사업을 진행할 때'에는 위 출자금을 반환받기로 하는 청산약정을 체결한 경우 위 부관은 불확정기한으로 보아야 한다.　　　　O | X

> **해설** 대판 2009.5.14, 2009다16643

04

소송 진행 중 원고가 피고로부터 물품대금 해당 금액을 지급받으면, 소를 취하고 어떠한 이의도 제기하지 않기로 하면서 '위 모든 합의사항의 이행은 원고가 피고로부터 돈을 모두 지급받은 후 그 효력이 발생한다'고 합의한 사안은 '조건이 아니라 불확정기한을 정한 것'으로 보아야 한다. ○ | X

> 해설 조건은 법률행위 효력의 발생 또는 소멸을 장래의 불확실한 사실의 성부에 의존하게 하는 법률행위의 부관이다. 반면 장래의 사실이더라도 그것이 장래 반드시 실현되는 사실이면 실현되는 시기가 비록 확정되지 않더라도 이는 기한으로 보아야 한다. 법률행위에 붙은 부관이 조건인지 기한인지가 명확하지 않은 경우 법률행위의 해석을 통해서 이를 결정해야 한다. **부관에 표시된 사실이 발생하지 않으면 채무를 이행하지 않아도 된다고 보는 것이 합리적인 경우에는 조건으로 보아야 한다.** 그러나 **부관에 표시된 사실이 발생한 때에는 물론이고 반대로 발생하지 않는 것이 확정된 때에도 그 채무를 이행하여야 한다고 보는 것이 합리적인 경우에는 표시된 사실의 발생 여부가 확정되는 것을 불확정기한으로 정한 것으로 보아야** 한다(대판 2013. 8.22. 2013다27800 참조). **이러한 부관이 화해계약의 일부를 이루고 있는 경우에도 마찬가지이다**(대판 2018.6.28. 2018다201702).

> 사실관계 원고가 피고를 상대로 배관자재 대금의 지급을 구하는 이 사건 소를 제기하였고, 피고는 원고를 상대로 채무부존재확인과 손해배상을 구하는 소를 제기함. **소송 진행 중 원고가 피고의 채무자(거래업체)인 A, B회사로부터 물품대금 해당 금액을 지급받으면, 원고는 피고에게 일부 금액을 지급하고, 피고에 대한 나머지 청구를 포기하며, 각자 소를 취하고 어떠한 이의도 제기하지 않고, 소송비용도 각자 부담하기로 하면서 '위 모든 합의사항의 이행은 원고가 A, B회사로부터 돈을 모두 지급받은 후 그 효력이 발생한다.'고 합의한 사안**에서, 합의 내용상 '원고가 A, B회사로부터 돈을 모두 지급받는다'는 사실이 발생해야 나머지 이행의무가 성립한다고 볼 수 있는데, **원고가 위 돈을 지급받는다는 부관은 장래 발생 여부가 불확실한 사실로서 조건으로 볼 여지가 있고,** 이 사건 합의가 화해계약의 성격을 가진다고 하여 달리 볼 이유가 없다고 판단하여, 그 부관을 이행의무의 기한을 정한 것으로 본 원심판결을 파기한 사례

05

도급계약의 당사자들이 '수급인이 공급한 목적물을 도급인이 검사하여 합격하면, 도급인은 수급인에게 보수를 지급한다.'고 정한 경우 도급인의 수급인에 대한 보수지급의무와 동시이행관계에 있는 수급인의 목적물 인도의무를 확인한 것에 불과하고 '검사 합격'은 법률행위의 효력 발생을 좌우하는 조건이 아니라 보수지급시기에 관한 불확정기한이다. 따라서 수급인이 도급계약에서 정한 일을 완성한 다음 검사에 합격한 때 또는 검사 합격이 불가능한 것으로 확정된 때 보수지급청구권의 기한이 도래한다. ○ | X

> 해설 민법 제665조 제1항은 도급계약에서 보수는 완성된 목적물의 인도와 동시에 지급해야 한다고 정하고 있다. 이때 목적물의 인도는 단순한 점유의 이전만을 의미하는 것이 아니라 도급인이 목적물을 검사한 후 목적물이 계약 내용대로 완성되었음을 명시적 또는 묵시적으로 시인하는 것까지 포함하는 의미이다. 도급계약의 당사자들이 "수급인이 공급한 목적물을 도급인이 검사하여 합격하면, 도급인은 수급인에게 보수를 지급한다."고 정한 경우 도급인의 수급인에 대한 보수지급의무와 동시이행관계에 있는 수급인의 목적물 인도의무를 확인한 것에 불과하고 '검사 합격'은 법률행위의 효력 발생을 좌우하는 조건이 아니라 보수지급시기에 관한 불확정기한이다. 따라서 수급인이 도급계약에서 정한 일을 완성한 다음 검사에 합격한 때 또는 검사 합격이 불가능한 것으로 확정된 때 보수지급청구권의 기한이 도래한다(대판 2019.9.10. 2017다272486,272493).

당사자가 불확정한 사실이 발생한 때를 이행기한으로 정한 경우에는 그 사실이 발생한 때는 물론 그 사실의 발생이 불가능하게 된 때에도 이행기한이 도래한 것으로 보아야 한다. O | X

> **해설** 불확정기한부 채무의 지체책임
> 당사자가 불확정한 사실이 발생한 때를 이행기한으로 정한 경우에는 그 사실이 발생한 때는 물론 그 사실의 발생이 불가능하게 된 때에도 이행기한은 도래한 것으로 보아야 한다(대판 2002.3.29. 2001다41766)

기한은 채무자의 이익을 위한 것으로 추정한다. O | X

> **해설** '기한의 이익'이란 기한이 도래하지 않음으로써 그동안 당사자가 받는 이익을 말하는 것으로 **기한은 채무자의 이익을 위한 것으로 추정한다**(제153조 제1항). 예컨대 채무자만이 이익을 갖는 경우로는 무이자 소비대차에서의 차주이고, 채권자만이 이익을 갖는 경우로는 무상임치에서의 임치인이고, 쌍방이 이익을 갖는 경우로는 이자 있는 정기예금에서의 예금주와 은행이다.

기한은 채무자의 이익을 위한 것으로 추정되므로, 이자약정이 있는 금전소비대차의 경우 채무자가 그 기한의 이익을 포기할 경우 채권자에게 이행기까지의 이자를 지급할 필요가 없다. O | X

> **해설** '기한의 이익'이란 기한이 도래하지 않음으로써 그동안 당사자가 받는 이익을 말하는 것으로 **기한은 채무자의 이익을 위한 것으로 추정한다**(제153조 제1항). 기한의 이익은 포기할 수 있다. 그러나 **상대방의 이익을 해하지 못한다**(제153조 제2항). 따라서 이자부 소비대차에서는 '**이행기**'까지의 **이자를 지급하여 기한 전에 반환할 수 있다**(제468조). 예컨대, 甲이 乙로부터 금전을 차용하면서 이자를 월 2%로 하고 변제기를 1년 후로 약정하였는데 甲이 8개월 후에 차용금을 반환하는 경우, 甲은 원금과 8개월분 이자 외에 乙이 입은 손해로서 변제기까지의 4개월분 이자를 배상하여야 하는데, 이를 4개월 앞서 지급하는 것이므로 그에 따른 중간이자를 공제하여야 한다.

09
출제예상

기한은 채무자의 이익을 위한 것으로 의제되므로 당사자 사이에 기한 이익의 상실에 관한 특약을 하여도
효력이 없다. ○│×

> **해설** '기한의 이익'이란 기한이 도래하지 않음으로써 그동안 당사자가 받는 이익을 말하는 것으로 기한은 채무자의 이익
> 을 위한 것으로 '의제'(간주)가 아니라 '추정'된다(제153조 제1항). 따라서 당사자 사이에 기한이익의 상실에 관한 특약을
> 할 수 있다.

10
15주사보

채무자는 채무자가 담보를 손상, 감소 또는 멸실하게 한때, 채무자가 담보제공의 의무를 이행하지 아니한
때에는 기한의 이익을 주장하지 못한다. ○│×

11
출제예상

기한이익의 상실에 관한 민법 제388조는 임의규정이므로 당사자 사이에 위 규정과 다른 내용의 약정이
있는 경우에는 그 약정에 따라 기한이익의 상실 여부를 판단하여야 한다. ○│×

> **해설** 법정기한의 이익의 상실
> **10** 제388조(기한의 이익의 상실) 채무자는 다음 각 호의 경우에는 기한의 이익을 주장하지 못한다.
>   1. 채무자가 담보를 손상, 감소 또는 멸실하게 한 때
>   2. 채무자가 담보제공의 의무를 이행하지 아니한 때
>
> **11** 기한의 이익의 상실에 관한 민법 제388조는 임의규정이므로 당사자 사이에 위 규정과 **다른 내용의 약정이 있는 경우에**
> **는 그 약정에 따라 기한의 이익의 상실 여부를 판단하여야** 한다(대판 2001.10.12. 99다56192).

12
출제예상

일반적으로 기한이익 상실의 특약이 채무자를 위하여 둔 것인 점에 비추어 명백히 형성권적 기한이익 상
실의 특약이라고 볼 만한 특별한 사정이 없는 이상 정지조건부 기한이익 상실의 특약으로 추정하는 것이
타당하다. ○│×

> **해설** 기한이익 상실의 특약은 형성권적 기한이익 상실의 특약으로 추정되는지 여부(적극)
> 기한이익 상실 특약에는 ⅰ)일정한 사유가 발생하면 곧바로 채무자의 기한의 이익이 상실되어 채무의 이행기가 도래하는
> 약정(정지조건부 기한이익 상실 약정)과, ⅱ) 채권자가 기한이익 상실의 의사표시를 해야만 채무자의 기한의 이익이 상실
> 되어 채무의 이행기가 도래하는 약정(형성권적 기한이익 상실 약정)이 있는데, 判例는 "기한이익 상실의 특약이 위의 양자
> 중 어느 것에 해당하느냐는 당사자의 의사해석의 문제이지만 **일반적으로 기한이익 상실의 특약이 채권자를 위하여 둔 것인**
> **점에 비추어 명백히 정지조건부 기한이익 상실의 특약이라고 볼 만한 특별한 사정이 없는 이상 형성권적 기한이익 상실의**
> **특약으로 추정**하는 것이 타당하다."(대판 2002.9.4. 2002다28340)라고 한다.

13

형성권적 기한이익 상실의 특약이 있는 할부채무에 있어서는 1회의 불이행이 있더라도 각 할부금에 대해 그 각 변제기의 도래 시마다 그때부터 순차로 소멸시효가 진행하고, 채권자가 특히 잔존 채무 전액의 변제를 구하는 취지의 의사를 표시한 경우에 한하여 전액에 대하여 그때부터 소멸시효가 진행한다.

○ | X

> **해설** 이른바 형성권적 기한이익 상실의 특약이 있는 경우에는 그 특약은 채권자의 이익을 위한 것으로서 기한이익의 상실 사유가 발생하였다고 하더라도 채권자가 나머지 전액을 일시에 청구할 것인가 또는 종래대로 할부변제를 청구할 것인가를 자유로이 선택할 수 있으므로, 이와 같은 기한이익 상실의 특약이 있는 할부채무에 있어서는 1회의 불이행이 있더라도 각 할부금에 대해 그 각 변제기의 도래시마다 그때부터 순차로 소멸시효가 진행하고 채권자가 특히 **잔존 채무 전액의 변제를 구하는 취지의 의사를 표시한 경우에 한하여 전액에 대하여 그때부터 소멸시효가 진행**하는 것이다(대판 2002.9.4. 2002다28340).

14

정지조건부 기한이익상실의 특약을 한 경우에는 특별한 사정이 없는 한 그 특약에서 정한 기한이익 상실 사유가 발생하였더라도 채권자의 이행청구가 없으면 채무자는 지체책임을 지지 않는다.

○ | X

> **해설** '정지조건부 기한이익 상실약정'을 하였을 경우에는 그 약정에 정한 **기한이익 상실사유가 발생함과 동시에** 이행기 도래의 효과가 발생하고, 채무자는 특별한 사정이 없는 한 그때부터 **이행지체의 상태에 놓이게 된다**(대판 1999.7.9. 99다 15184).
>
> **비교판례** '형성권적 기한이익 상실 약정'의 경우 일정한 사유가 발생한 것만으로 곧바로 기한의 도래가 의제되지는 않고, **채권자가 기한이익 상실의 의사표시를 한 때** 비로소 기한의 도래가 의제된다.

15

임대인의 임대차보증금반환채무는 장래에 실현되거나 도래할 것이 확실한 임대차계약의 종료시점에 이행기에 도달하는 것이 원칙이나, 임대인은 임대차계약 존속 중 기한의 이익을 포기하고 임대차보증금반환채권을 수동채권으로 하여 상계할 수 있고, 임대차 존속 중 임대인이 상계의 의사표시를 한 경우 임대차보증금반환채무에 관한 '기한의 이익'을 포기한 것으로 볼 수 있다.

○ | X

> **해설** 임대인의 보증금반환채무에 대한 기한의 이익포기
> 부동산 임대차에서 수수된 임대차보증금은 차임채무, 목적물의 멸실·훼손 등으로 인한 손해배상채무 등 임대차에 따른 임차인의 모든 채무를 담보하는 것이고, 특별한 사정이 없는 한, 임대인의 임대차보증금반환채무는 장래에 실현되거나 도래할 것이 확실한 임대차계약의 종료시점에 이행기에 도달한다. 그리고 임대인으로서는 임대차보증금 없이도 부동산 임대차계약을 유지할 수 있으므로, 임대차계약이 존속 중이라도 임대차보증금반환채무에 관한 기한의 이익을 포기하고 임차인의 임대차보증금반환채권을 수동채권으로 하여 상계할 수 있고, 임대차 존속 중에 그와 같은 상계의 의사표시를 한 경우에는 임대차보증금반환채무에 관한 기한의 이익을 포기한 것으로 볼 수 있다(대판 2017.3.15. 2015다252501).

16

기간을 일, 주, 월 또는 연으로 정한 때에는 기간의 초일을 산입하여 계산한다. ○ | ✕

> **해설** **제157조(기간의 기산점)** 기간을 일, 주, 월 또는 연으로 정한 때에는 기간의 초일은 산입하지 아니한다. 그러나 그 기간이 오전 영시로부터 시작하는 때에는 그러하지 아니하다.

17

기간을 일, 주, 월 또는 연으로 정한 때에는 기간말일의 종료로 기간이 만료한다. ○ | ✕

> **해설** **제159조(기간의 만료점)** 기간을 일, 주, 월 또는 연으로 정한 때에는 기간말일의 종료로 기간이 만료한다.

제5장 | 소멸시효

제1절 총설

[01~05]

ㄱ. (이것)은 일정한 사실상태가 일정기간 계속된 경우, 진정한 권리관계와 일치하는지 여부를 묻지 않고 그 사실상태를 존중하여 일정한 법률효과를 발생시키는 제도 중의 하나이다.

ㄴ. (이것)은 권리불행사라는 사실상태가 일정기간 계속된 경우에 권리소멸의 효과를 발생시킨다는 점에서, 권리행사라는 외관이 일정기간 계속된 경우에 권리취득의 효과를 발생시키는 (A)와/과 구별된다.

ㄷ. (이것)은 일정한 기간의 경과와 권리의 불행사라는 사정에 의하여 권리소멸의 효과를 발생시킨다는 점에서, 기간의 경과 자체만으로 곧바로 권리소멸의 효과를 발생시키는 (B)와/과 구별된다.

01
19서기보

(이것), (A), (B)은 각각 무엇을 의미하는가? ○ | ✕

02
19서기보

이것이 완성되면 그 기간이 경과한 때부터 장래에 향하여 권리가 소멸하여 법률관계가 확정된다.

○ | ✕

03
19서기보

이것은 권리자의 청구나 압류 등 또는 채무자의 승인이 있으면 중단되고, 그때까지 경과된 기간은 산입되지 않는다. ○ | ✕

04
19서기보

이것은 법률행위에 의하여 배제, 연장 또는 가중할 수 없다. ○ | ✕

05

채권자와 채무자는 합의에 의하여 소멸시효 기간을 단축 또는 경감할 수 있다. O | X

06

채권은 10년간 행사하지 아니하면 소멸시효가 완성한다. 채권 및 소유권 이외의 재산권은 20년간 행사하지 아니하면 소멸시효가 완성한다. O | X

> **해설** **01** '이것'은 소멸시효, A는 취득시효, B는 제척기간을 말한다.
> **02** 소멸시효는 그 기산일에 소급하여 효력이 생긴다(제167조).
> **03** 제168조, 제178조
> **04 05 제184조(시효의 이익의 포기 기타)** ① 소멸시효의 이익은 미리 포기하지 못한다.
> ② 소멸시효는 법률행위에 의하여 이를 배제, 연장 또는 가중할 수 없으나 이를 단축 또는 경감할 수 있다.
> **06** 제162조

07

민법상 수급인의 하자담보책임에 관한 기간은 제척기간으로서 재판상 또는 재판외의 권리행사기간이며 재판상 청구를 위한 출소기간이 아니다. O | X

> **해설** 민법상 수급인의 하자담보책임에 관한 기간(제670조, 제671조)은 제척기간으로서 재판상 또는 재판 외의 권리행사기간이며 재판상 청구를 위한 출소기간이 아니라고 할 것이다(대판 2000.6.9. 2000다15371).

08

민법 제146조는 취소권은 추인할 수 있는 날로부터 3년 내에 행사하여야 한다고 규정하고 있는바, 이때의 3년이라는 기간은 일반 시효기간이 아니라 제척기간이다. O | X

> **해설** 민법 제146조는 취소권은 추인할 수 있는 날로부터 3년 내에 행사하여야 한다고 규정하고 있는바, 이 때의 3년이라는 기간은 일반 소멸시효기간이 아니라 제척기간으로서 제척기간이 도과하였는지 여부는 당사자의 주장에 관계없이 법원이 당연히 조사하여 고려하여야 할 사항이다(대판 1996.9.20. 96다25371).

09

제척기간은 '장래효'가 발생하며, 소멸시효와 같은 중단·포기제도가 없고, 항변사항이 아니라 직권조사사항이다. O | X

> **해설** 제척기간과 소멸시효와의 차이점
>
> 법조문에서 소멸시효는 '소멸시효가 완성한다, 시효로 인하여 소멸한다'고 표현하는 데 비해(제162조, 제766조 제1항), 제척기간은 '행사하여야 한다'고 표현하고(제146조, 제406조 제2항), 이를 가지고 원칙적으로 양자를 구별한다.
> ㉠ 소멸시효는 그 기산일에 소급하여 효력이 생기지만(제167조), 제척기간에서는 기간이 경과한 때로부터 장래에 대하여 소멸하므로 소급효가 없다. ㉡ 소멸시효는 중단될 수 있지만, 제척기간은 그렇지 않다(대판 2003.1.10. 2000다26425).
> ㉢ 소멸시효에서는 변론주의의 원칙상 당사자의 주장이 있어야 법원이 이를 판단하게 되지만, 제척기간에서는 기간의 경과에 의한 권리의 소멸이 절대적인 것이므로 소송에서 당사자가 이를 주장하지 않더라도 법원이 직권으로 판단하여야 한다(대판 1996.9.20. 96다25371).

10

채권양도의 통지는 양도인이 채무자에 대하여 권리의 존재와 권리를 행사하고자 하는 의사를 분명하게 표명하는 행위를 한 것이므로 제척기간 준수에 필요한 권리의 재판 외 행사에 해당한다고 할 수 있다. O | X

11

하자담보책임에 따른 손해배상청구권과 관련하여 채권양도의 통지는 양도인이 채권이 양도되었다는 사실을 채무자에게 알리는 것에 그치는 행위이므로, 그것만으로 제척기간 준수에 필요한 권리의 재판 외 행사에 해당한다고 볼 수 없다. O | X

> **해설** 10 11 ㉠ 채권양도의 통지는 양도인이 채권이 양도되었다는 사실을 채무자에게 알리는 것에 그치는 행위이므로, 그것만으로 제척기간 준수에 필요한 권리의 재판외 행사에 해당한다고 할 수 없다. ㉡ 따라서 집합건물인 아파트의 입주자대표회의가 스스로 하자담보추급에 의한 손해배상청구권을 가짐을 전제로 하여 직접 아파트의 분양자를 상대로 손해배상청구소송을 제기하였다가, 소송 계속 중에 정당한 권리자인 구분소유자들에게서 손해배상채권을 양도받고 분양자에게 통지가 마쳐진 후 그에 따라 소를 변경한 경우에는, 채권양도통지에 채권양도의 사실을 알리는 것 외에 이행을 청구하는 뜻이 별도로 덧붙여지거나 그 밖에 구분소유자들이 재판외에서 권리를 행사하였다는 등 특별한 사정이 없는 한, 위 손해배상청구권은 입주자대표회의가 위와 같이 소를 변경한 시점에 비로소 행사된 것으로 보아야 한다(대판 2012.3.22. 2010다28840 전합).

12 출제예상

예약완결권을 그 행사의 의사표시를 담은 소장 부본을 상대방에게 송달함으로써 재판상 행사하는 경우, 소장을 제척기간 내에 법원에 제출하면 예약완결권을 제척기간 내에 적법하게 행사한 것이 된다. O | X

> **해설** 예약완결권은 재판상이든 재판외이든 그 기간 내에 행사하면 되는 것으로서, 예약완결권자가 예약완결권 행사의 의사표시를 담은 소장 부본을 상대방에게 송달함으로써 재판상 행사하는 경우에는 그 소장 부본이 상대방에게 도달한 때에 비로소 예약완결권 행사의 효력이 발생하여 예약완결권자와 상대방 사이에 매매의 효력이 생기므로, **예약완결권 행사의 의사표시가 담긴 소장 부본이 제척기간 내에 상대방에게 송달되어야만 예약완결권자가 제척기간 내에 적법하게 예약완결권을 행사하였다고 볼 수 있다**(대판 2019.7.25. 2019다227817).
>
> **참조조문** 민사소송법 제265조(소제기에 따른 시효중단의 시기) 시효의 중단 또는 법률상 기간을 지킴에 필요한 재판상 청구는 소를 제기한 때 또는 제260조제2항·제262조제2항 또는 제264조제2항의 규정에 따라 서면을 법원에 제출한 때에 그 효력이 생긴다.

13 출제예상

매매예약의 완결권은 형성권으로서 10년의 제척기간에 걸리며, 그 행사기간을 당사자가 계약으로 정할 수는 없다. O | X

14 출제예상

예약완결권자에게 상대방이 최고했음에도 불구하고 예약완결권자가 확답을 하지 않았을 때에는 예약완결권은 행사된 것으로 본다. O | X

15 13주사보, 15법무사, 16/19/20법원행시

매매예약의 완결권은 일종의 형성권으로서 당사자 사이에 그 행사기간을 약정한 때에는 그 기간 내에, 그러한 약정이 없는 때에는 그 예약이 성립한 때로부터 10년 내에 이를 행사하여야 하고, 그 기간을 지난 때에는 예약 완결권은 제척기간의 경과로 인하여 소멸한다. O | X

> **해설** **13 14 15** 예약완결권
> 매매의 일방예약 또는 쌍방예약에 의하여 예약권리자가 상대방에 대하여 예약완결의 의사표시를 할 수 있는 권리를 '예약완결권'이라 한다. 예약완결권의 행사에 의하여 곧바로 본계약인 매매계약이 성립(제564조 제1항)하므로 예약완결권은 '형성권'이다.
>
> **제564조(매매의 일방예약)** ① 매매의 일방예약은 상대방이 매매를 완결할 의사를 표시하는 때에 매매의 효력이 생긴다.
> ② 전항의 의사표시의 기간을 정하지 아니한 때에는 예약자는 상당한 기간을 정하여 매매완결여부의 확답을 상대방에게 최고할 수 있다.
> ③ 예약자가 전항의 기간내에 확답을 받지 못한 때에는 예약은 그 효력을 잃는다.
>
> 민법 제564조가 정하고 있는 매매의 일방예약에서 예약자의 상대방이 매매완결의 의사를 표시하여 매매의 효력을 생기게 하는 권리(이른바 예약완결권)는 일종의 형성권으로서 당사자 사이에 그 행사기간을 약정한 때에는 그 기간 내에(제564조 제2항의 반대해석), 그러한 약정이 없는 때에는 예약이 성립한 때부터 10년 내에 이를 행사하여야 하고 위 기간을 도과한 때에는 상대방이 예약목적물인 부동산을 인도받은 경우라도 예약완결권은 제척기간의 경과로 인하여 소멸된다(대판 1992.7.28. 91다44766).

16

당사자가 제척기간의 기산점을 특별히 약정한 경우에는 그 제척기간은 약정한 때부터 10년의 기간이 경과하면 만료된다. O | X

> **해설** 제척기간의 기산점은 특별한 사정이 없는 한 원칙적으로 권리가 발생한 때이고, 당사자 사이에 매매예약완결권을 행사할 수 있는 시기를 특별히 약정한 경우에도 그 제척기간은 당초 권리의 발생일로부터 10년 간의 기간이 경과되면 만료되는 것이지, 그 기간을 넘어서 그 약정에 따라 권리를 행사할 수 있는 때로부터 10년이 되는 날까지로 연장된다고 볼수 없다(대판 1995.11.10. 94다22682,22699).

17

부동산 매수인이 매도인을 상대로 하자담보책임에 기한 손해배상을 청구하는 경우, 매수인의 하자담보에 기한 손해배상청구권은 부동산을 인도받은 날부터 소멸시효가 진행하므로 그로부터 10년이 경과한 후 소를 제기하였다면 이미 배상청구권은 소멸되었다고 보아야 한다. O | X

> **해설** 제척기간과 소멸시효의 중첩적용 가부(적극)
> 判例에 따르면 하자담보책임에 기한 매수인의 손해배상청구권은 매수인이 그 사실을 안 때부터 6월의 제척기간(제582조)에 걸리는 동시에 매수인이 매매의 '목적물을 인도받은 때부터' 10년의 소멸시효(제162조 제1항)에도 걸린다고 한다(대판 2011.10.13. 2011다10266).

> **사실관계** 2011다10266판결은 甲이 乙 등에게서 부동산을 매수하여 소유권이전등기를 마쳤는데 위 부동산을 순차 매수한 丙이 부동산 지하에 매립되어 있는 폐기물을 처리한 후 甲을 상대로 처리비용 상당의 손해배상청구소송을 제기하였고, 甲이 丙에게 위 판결에 따라 손해배상금을 지급한 후 乙 등을 상대로 하자담보책임에 기한 손해배상으로서 丙에게 기지급한 돈의 배상을 구한 사안에서, 甲의 하자담보에 기한 손해배상청구권은 甲이 乙 등에게서 부동산을 인도받았을 것으로 보이는 소유권 이전등기일로부터 소멸시효가 진행하는데, 甲이 그로부터 10년이 경과한 후 소를 제기하였으므로, 甲의 하자담보책임에 기한 손해배상청구권은 이미 소멸시효 완성으로 소멸되었다고 한 사례이다.

18

매도인이나 수급인의 담보책임을 기초로 한 손해배상채권의 제척기간이 지났으나, 제척기간이 지나기 전 상대방의 채권과 상계할 수 있었던 경우, 매수인이나 도급인이 민법 제495조를 유추적용해서 위 손해배상채권을 자동채권으로 해서 상대방의 채권과 상계할 수 있다. O | X

매도인이나 수급인의 담보책임을 기초로 한 손해배상채권의 제척기간이 지났으나, 제척기간이 지나기 전 상대방의 채권과 상계할 수 있었던 경우, 매수인이나 도급인이 민법 제495조를 유추적용해서 위 손해배상채권을 자동채권으로 해서 상대방의 채권과 상계할 수 있는지 여부(적극)

민법 제495조는 "소멸시효가 완성된 채권이 그 완성 전에 상계할 수 있었던 것이면 그 채권자는 상계할 수 있다."라고 정하고 있다. 이는 당사자 쌍방의 채권이 상계적상에 있었던 경우에 당사자들은 채권·채무관계가 이미 정산되어 소멸하였거나 추후에 정산될 것이라고 생각하는 것이 일반적이라는 점을 고려하여 당사자들의 신뢰를 보호하기 위한 것이다. 매도인이나 수급인의 담보책임을 기초로 한 매수인이나 도급인의 손해배상채권의 제척기간이 지난 경우에도 민법 제495조를 유추적용해서 매수인이나 도급인이 상대방의 채권과 상계할 수 있는지 문제 된다.

매도인의 담보책임을 기초로 한 매수인의 손해배상채권 또는 수급인의 담보책임을 기초로 한 도급인의 손해배상채권이 각각 상대방의 채권과 상계적상에 있는 경우에 당사자들은 채권·채무관계가 이미 정산되었거나 정산될 것으로 기대하는 것이 일반적이므로, 그 신뢰를 보호할 필요가 있다. 이러한 손해배상채권의 제척기간이 지난 경우에도 그 기간이 지나기 전에 상대방에 대한 채권·채무관계의 정산 소멸에 대한 신뢰를 보호할 필요성이 있다는 점은 소멸시효가 완성된 채권의 경우와 아무런 차이가 없다.

따라서 **매도인이나 수급인의 담보책임을 기초로 한 손해배상채권의 제척기간이 지난 경우에도 제척기간이 지나기 전 상대방의 채권과 상계할 수 있었던 경우에는 매수인이나 도급인은 민법 제495조를 유추적용해서 위 손해배상채권을 자동채권으로 해서 상대방의 채권과 상계할 수 있다**고 봄이 타당하다(대판 2019.3.14. 2018다255648).

19

해지권을 재판상 행사하는 경우 해지의 의사표시가 담긴 소장 부본을 제척기간 내에 법원에 접수하면 되고, 반드시 제척기간 내에 송달될 필요는 없다. ○ㅣ✕

보험계약의 해지권은 형성권이고, 해지권 행사기간은 제척기간이며, 해지권은 재판상이든 재판외이든 그 기간 내에 행사하면 되는 것이나 해지의 의사표시는 민법의 일반원칙에 따라 보험계약자 또는 그의 대리인에 대한 일방적 의사표시에 의하며, 그 의사표시의 효력은 상대방에게 도달한 때에 발생하므로 해지권자가 해지의 의사표시를 담은 소장 부본을 피고에게 송달함으로써 해지권을 재판상 행사하는 경우에는 그 소장 부본이 피고에게 도달할 때에 비로소 해지권 행사의 효력이 발생한다 할 것이어서, 해지의 의사표시가 담긴 소장 부본이 제척기간 내에 피고에게 송달되어야만 해지권자가 제척기간 내에 적법하게 해지권을 행사하였다고 할 것이고, 그 소장이 제척기간 내에 법원에 접수되었다고 하여 달리 볼 것은 아니다(대판 2000.1.28. 99다50712).

20

강박에 의한 의사표시에 대한 취소권은 형성권의 일종으로서 그 행사기간을 제척기간으로 보아야 하고, 위 취소권은 재판상이든 재판외이든 그 기간 내에 행사하면 되는 것으로서, 취소권자가 취소의 의사표시를 담은 반소장 부본을 원고에게 송달함으로써 취소권을 재판상 행사하는 경우에는 반소장 부본이 원고에게 도달한 때에 비로소 취소권 행사의 효력이 발생하여 취소권자와 원고 사이에 취소의 효력이 생기므로, 취소의 의사표시가 담긴 반소장 부본이 제척기간 내에 송달되어야만 취소권자가 제척기간 내에 적법하게 취소권을 행사였다고 할 것이다. ○ㅣ✕

강박에 의한 의사표시에 대한 취소권을 취소의 의사표시를 담은 반소장 부분을 송달함으로써 재판상 행사하는 경우 취소권의 적법한 행사 요건(= 반소장 부본이 제척기간 내에 송달)(대판 2008.9.11. 2008다27301,27318)

정답 ㅣ **19** ✕ **20** ○

제2절 소멸시효의 요건

01

부동산 매수인이 매도인으로부터 부동산을 인도받아 사용·수익하다가 이를 타인에게 처분하고 그 점유를 승계하여 준 경우에도 위 부동산 매수인의 매도인에 대한 소유권이전등기청구권에 관한 소멸시효는 진행되지 않는다. O | X

해설 부동산의 매수인이 그 부동산을 인도받은 이상 이를 사용·수익하다가 그 부동산에 대한 **보다 적극적인 권리행사의 일환**으로 다른 사람에게 그 부동산을 처분하고 그 점유를 승계하여 준 경우에도 그 이전등기청구권의 행사 여부에 관하여 그가 그 부동산을 스스로 계속 사용·수익만 하고 있는 경우와 특별히 다를 바 없으므로 위 두 어느 경우에나 이전등기청구권의 소멸시효는 진행되지 않는다고 보아야 한다(대판 1999.3.18. 98다32175 전합).

비교판례 **점유취득시효 완성에 의한 소유권이전등기청구권의 소멸시효**
점유취득시효완성에 의한 등기청구권(제245조 제1항) 역시 채권적 청구권으로 보는 것이 통설적인 입장이나 앞서 검토한 98다32175 전합 判例의 취지와는 달리 "토지에 대한 취득시효 완성으로 인한 소유권이전등기청구권은 그 토지에 대한 점유가 계속되는 한 시효로 소멸하지 아니하고, 그 후 점유를 상실하였다고 하더라도 이를 **시효이익의 포기로 볼 수 있는 경우가 아닌 한** 이미 취득한 소유권이전등기청구권은 바로 소멸되는 것은 아니나, 그 점유자가 점유를 상실한 때로부터 10년간 등기청구권을 행사하지 아니하면 소멸시효가 완성한다."(대판 1996.3.8. 95다34866)라고 보아 **점유취득시효 완성자가 부동산의 점유를 이전한 경우 그 자의 등기청구권은 점유상실시로부터 소멸시효가 진행된다고 보고 있다.** 즉 98다32175 전합 判例에서 위 판결을 폐기하지 않아 점유취득시효에 관한 위 判例는 여전히 유지되고 있다.

02

명의수탁자의 등기가 3자간 등기명의신탁(중간생략등기형)에 해당하여 무효인 경우, 명의신탁자의 매도인에 대한 소유권이전등기청구권은 명의신탁자가 목적 부동산을 인도받아 점유하고 있는 한 소멸시효가 진행하지 않는다. O | X

해설 3자간 등기명의신탁에 의한 등기가 유효기간 경과로 무효로 된 경우, 명의신탁자의 매도인에 대한 소유권이전등기청구권
부동산의 매수인이 목적물을 인도받아 계속 점유하는 경우에는 매도인에 대한 소유권이전등기청구권은 소멸시효가 진행되지 않고, 이러한 법리는 3자간 등기명의신탁에 의한 등기가 유효기간의 경과로 무효로 된 경우에도 마찬가지로 적용된다. 따라서 그 경우 목적 부동산을 인도받아 점유하고 있는 명의신탁자의 매도인에 대한 소유권이전등기청구권 역시 소멸시효가 진행되지 않는다(대판 2013.12.12. 2013다26647).

쟁점정리 3자간 명의신탁약정과 그에 의한 등기가 무효로 되는 결과(부동산실명법 제4조 제1항, 제2항 본문), 명의신탁된 부동산은 매도인 소유로 복귀하고, 매도인은 원인무효를 이유로 수탁자 명의의 등기의 말소를 구할 수 있다. 한편 부동산실명법은 매도인과 명의신탁자 사이의 매매계약의 효력을 부정하는 규정을 두고 있지 아니하므로 그들 사이의 매매계약은 유효한 것으로 되어(명의수탁자가 당사자로 등장하는 계약명의신탁에서와는 다름에 주의할 것), 명의신탁자는 매도인에 대하여 매매계약에 기한 소유권이전등기를 청구할 수 있고, 그 소유권이전등기청구권을 보전하기 위해 매도인을 대위하여 수탁자 명의의 등기의 말소를 구할 수 있다(대판 2002.3.15. 2001다61654). 이는 동법에서 정한 유예기간이 경과하여 명의신탁약정과 그에 따른 등기가 무효인 경우에도 마찬가지이다(대판 2011.9.18. 2009다49193,49209).

03

「부동산 실권리자명의 등기에 관한 법률」의 시행에 따라 그 권리를 상실하게 된 같은 법 시행 이전의 명의신탁자가 당해 부동산의 회복을 위해 명의수탁자에 대하여 가지는 소유권이전등기청구권은 법률의 규정에 의한 부당이득반환청구권으로서 소멸시효기간이 10년이다.　　　　　　　　　　　　　　O | X

해설 부동산실명법 시행 전에 체결된 매도인이 선의인 계약명의신탁에서 유예기간 경과 후 신탁자가 수탁자에 대하여 갖는 소유권이전등기청구권

부동산실명법 시행일로부터 1년의 기간(유예기간)이 경과하기 전까지는 명의신탁자는 언제라도 명의신탁을 해지하여 해당 부동산의 소유권을 취득할 수 있었다는 점에서, 그 유예기간이 경과한 후에는 동법 제12조 1항에 의해 제4조가 적용되어 계약명의신탁법리가 적용된다고 하더라도, 동법 제3조 및 제4조가 명의신탁자에게 소유권이 귀속되는 것을 막는 취지의 규정은 아니므로 이 경우에는 **명의수탁자는 명의신탁자에게 자신이 취득한 해당 '부동산 자체'를 부당이득으로 반환할 의무가 있다**(대판 2002.12.26. 2000다21123; 대판 2008.11.27. 2008다62687). 그리고 명의신탁자가 해당부동산의 회복을 위해 명의수탁자에 대해 가지는 이러한 소유권이전등기청구권은 그 성질상 법률의 규정에 의한 부당이득반환청구권으로서, 제162조 1항에 따라 10년의 기간이 경과함으로써 시효로 소멸한다. 유의할 점은 **위 등기청구권은 명의신탁자가 목적물을 점유하고 있더라도 소멸시효에 걸린다**는 것이다(대판 2009.7.9. 2009다23313).

➡ 만약 이 경우 소멸시효가 진행되지 않는다고 한다면 **실명전환을 하지 않아 위 법률을 위반한 경우임에도 그 권리를 보호하여 주는 결과**가 되므로 判例는 타당하다(위 2009다23313 판시 내용).

04

매수인이 매매목적물인 부동산을 인도받아 점유하고 있는 이상 매수인의 소유권이전등기청구권은 소멸시효가 진행하지 않는다.　　　　　　　　　　　　　　O | X

05

甲과 乙은 2005. 7. 1. "甲은 그 소유의 X 토지를 乙에게 매도하되, 2005. 7. 8. 甲이 乙 앞으로 X 토지의 소유권이전등기를 마침과 동시에 乙은 甲에게 매매대금을 지급한다."라는 내용의 계약을 체결하였다. 2015. 12. 28. 현재 甲과 乙이 서로 위 계약의 이행을 위한 아무런 조치를 취하지 않은 상태라면 甲의 乙에 대한 매매대금지급 청구권의 소멸시효는 완성되지 않았다.　　　　　　　　　O | X

해설 **04** 判例는 "'시효제도의 존재이유'에 비추어 보아 부동산 매수인이 그 목적물을 인도받아서 이를 사용수익하고 있는 경우에는 그 매수인을 '권리 위에 잠자는 것'으로 볼 수도 없고 또 매도인 명의로 등기가 남아 있는 상태와 매수인이 인도받아 이를 사용수익하고 있는 상태를 **비교하면** 매도인 명의로 잔존하고 있는 등기를 보호하기 보다는 **매수인의 사용수익상태를 더욱 보호**하여야 할 것이므로 그 매수인의 등기청구권은 다른 채권과는 달리 소멸시효에 걸리지 않는다."(대판 1976.11.6. 76다148 전합)라고 판시하고 있다.

05 判例는 **부동산 매매계약의 경우 매도인의 매매대금 청구권**에 대해서는 "부동산에 대한 매매대금 채권이 소유권이전등 기청구권과 동시이행의 관계에 있다고 할지라도 매도인은 매매대금의 지급기일 이후 언제라도 그 대금의 지급을 청구할 수 있는 것이며, 다만 매수인은 매도인으로부터 그 이전등기에 관한 이행의 제공을 받기까지 그 지급을 거절할 수 있는 데 지나지 아니하므로 매매대금 청구권은 **그 지급기일 이후 시효의 진행에 걸린다.**"(대판 1991.3.22. 90다9797)면서도 매수인의 소유권이전청구권에 대해서는 "소유권이전등기청구권은 채권적 청구권이므로 10년의 소멸시효에 걸리지만 매수 인이 매매목적물인 **부동산을 인도받아 점유하고 있는 이상 매매대금의 지급 여부와는 관계없이 그 소멸시효가 진행되지 아니한다.**"(대판 1991.3.22. 90다9797)라고 판시하였다. "**목적물을 인도받아서 이를 사용수익하고 있는 경우에는 그 매수 인을 권리 위에 잠자는 것으로 볼 수도 없다.**"(대판 1976.11.6. 76다148)라는 이유에서이다.

➡ 매도인 甲의 대금채권은 2005.7.8.을 이행기로 하는 확정기한부 채권이므로 권리를 행사할 수 있는 날부터 10년의 소멸시 효가 진행된다(제166조, 제162조). 따라서 2015.12.28. 현재 甲의 乙에 대한 매매대금청구권은 소멸시효가 완성되었다.

06　　出題豫想

취득시효가 완성된 점유자가 그 부동산에 대한 점유를 상실한 경우에도, 점유를 잃게 된 원인이 현 점유 자에게 매도하였기 때문이고 그가 현 점유자에게 소유권이전등기의무를 지고 있다면, 취득시효완성을 원 인으로 하는 소유권이전등기청구권의 소멸시효는 진행하지 않는다.　　　　　　　　　○ | X

> **해설**　토지에 대한 취득시효 완성으로 인한 소유권이전등기청구권은 그 토지에 대한 점유가 계속되는 한 시효로 소멸하지 아니하고, 그 후 점유를 상실하였다고 하더라도 이를 **시효이익의 포기로 볼 수 있는 경우가 아닌 한 이미 취득한 소유권이 전등기청구권은 바로 소멸되는 것은 아니나,** 취득시효가 완성된 점유자가 점유를 상실한 경우 취득시효 완성으로 인한 소 유권이전등기청구권의 소멸시효는 이와 별개의 문제로서, **그 점유자가 점유를 상실한 때로부터 10년간 등기청구권을 행사 하지 아니하면 소멸시효가 완성**한다(대판 1996.3.8. 95다34866,34873).

07　　出題豫想

유류분권리자가 유류분반환청구권을 행사함으로써 발생하는 목적물의 이전등기청구권에 대하여는 「민법」 제1117조에서 정한 유류분반환청구권에 대한 소멸시효가 적용되지 않는다.　　　　　　　　　○ | X

> **해설**　유류분반환청구권을 행사함으로써 발생하는 목적물의 이전등기청구권 등은 유류분반환청구권과는 다른 권리이므 로, 그 이전등기청구권 등에 대하여는 민법 제1117조 소정의 유류분반환청구권에 대한 소멸시효가 적용될 여지가 없고, 그 권리의 성질과 내용 등에 따라 별도로 소멸시효의 적용 여부와 기간 등을 판단하여야 한다(대판 2015.11.12. 2011다 55092,55108).

정답 |　03 ○　04 ○　05 ×　06 ×　07 ○

08

자신 소유의 부동산을 매도하였다가 매매계약을 합의 해제한 매도인이 매수인에 대하여 가지는 원상회복청구권은 소멸시효의 대상이 되지 않는다. ○ | X

> **해설** 합의해제에 따른 매도인의 원상회복청구권이 소멸시효의 대상이 되는지 여부(소극)
> 매매계약이 합의해제된 경우에도 매수인에게 이전되었던 소유권은 당연히 매도인에게 복귀하는 것이므로 합의해제에 따른 매도인의 원상회복청구권은 **소유권에 기한 물권적 청구권이라고 할 것이고 이는 소멸시효의 대상이 되지 아니한다**(대판 1982.7.27. 80다2968).

09

채권담보의 목적으로 이루어지는 부동산 양도담보의 경우에 있어서 피담보채무가 변제된 이후에 양도담보권설정자가 행사하는 등기청구권은 소멸시효의 대상이 된다. ○ | X

> **해설** 채권담보의 목적으로 이루어지는 부동산 양도담보의 경우에 있어서 그 부동산의 등기명의가 양도담보권자 앞으로 되어 있다 할지라도 그 실질적 소유권은 양도담보권설정자에게 남아 있다고 할 것이므로 피담보채무가 변제된 이후에 설정자가 행사하는 등기청구권은 위 실질적 소유권에 기한 물권적 청구권으로서 따로이 시효소멸되는 것은 아니다(대판 1979.2.13. 78다2412-부동산 양도담보의 본질에 대한 담보물권설에 따른 것으로 평가받는 判例).

10

부동산의 소유명의자를 신탁한 자는 특별한 사정이 없는 한 언제든지 명의신탁을 해지하고 소유권에 기하여 신탁해지를 원인으로 한 소유권이전등기절차의 이행을 청구할 수 잇는 것으로서, 이와 같은 등기청구권은 소멸시효의 대상이 되지 않는다. ○ | X

> **해설** 명의신탁해지를 원인으로 한 소유권에 기한 소유권이전등기청구권이 소멸시효의 대상이 되는지 여부(소극)(대판 1991.11.26. 91다34387)

11

A 회사는 토지 소유자인 乙의 동의 없이 그 토지의 상공에 고압송전선이 통과하도록 시설을 설치하여 사용하고 있으며, 甲은 이러한 사실을 알면서 乙로부터 그 토지를 매수하여 소유권이전등기를 경료하고 이를 농지로 이용하고 있다. 甲이 토지를 취득한 때부터 13년이 경과한 시점에 A 회사를 상대로 송전선의 철거를 구하고자 한다. 甲이 송전선의 철거를 구하는 것은 소유권에 기한 물권적 청구권을 행사하는 것이므로 소멸시효에 걸리지 않는다. ○ | X

> **해설** 소유권은 제162조에 의해 소멸시효에 걸리지 않는다. 그리고 통설은 소유권의 절대성과 항구성을 이유로 소유권은 물론 소유권에 기한 물권적 청구권도 소멸시효에 걸리지 않는다고 본다. 判例도 동일하다(아래 80다2968 등)

> **관련판례** 합의해제에 따른 매도인의 원상회복청구권은 소유권에 기한 물권적 청구권이라 할 것이고, 따라서 이는 소멸시효의 대상이 아니다(대판 1982.7.27. 80다2968)

12
15법무사

국세의 부과권과 징수권은 소멸시효의 대상이 되지 않는다. ○ | ×

> **해설** 대판 1984.12.26. 84누572 전합

13
18서기보

공유물분할청구권은 공유관계가 존속하는 한 독립하여 시효소멸하지 않는다. ○ | ×

> **해설** 공유물분할청구권은 공유관계에서 수반되는 형성권이므로 공유관계가 존속하는 한 그 분할청구권만이 독립하여 시효소멸될 수 없다(대판 1981.3.24. 80다1888).

14
15/18주사보

소멸시효는 권리를 행사할 수 있는 때로부터 진행하고, 부작위를 목적으로 하는 채권의 소멸시효는 위반행위를 한 때로부터 진행한다. ○ | ×

> **해설** **제166조(소멸시효의 기산점)** ① 소멸시효는 권리를 행사할 수 있는 때로부터 진행한다.
> ② 부작위를 목적으로 하는 채권의 소멸시효는 위반행위를 한 때로부터 진행한다.

15
20서기보

정지조건부 권리의 경우 조건이 성취된 때부터 시효가 기산된다. ○ | ×

> **해설** **제147조(조건성취의 효과)** ① 정지조건있는 법률행위는 조건이 성취한 때로부터 그 효력이 생긴다.

정답 | **08** ○ **09** × **10** ○ **11** ○ **12** × **13** ○ **14** ○ **15** ○

16 15서기보

소멸시효는 객관적으로 권리가 발생하여 그 권리를 행사할 수 있는 때로부터 진행하고 그 권리를 행사할 수 없는 동안만은 진행하지 않는다고 할 것인데, 여기서 '권리를 행사할 수 없는' 경우라고 하는 것은 그 권리행사에 기간의 미도래나 조건불성취 등의 법률상 장애사유가 있거나 사실상 권리의 존재나 권리행사 가능성을 알지 못하고 알지 못함에 과실이 없는 등의 사실상 장애사유가 있는 경우를 의미한다. ○ | X

17 20서기보

권리자가 사실상 권리의 존부나 권리행사의 가능성을 알지 못하였고 그 알지 못함에 과실이 없는 경우라도 소멸시효가 진행하지 않는 법률상 장애사유에 해당한다고 할 수 없다. ○ | X

> 해설 **16 17** 소멸시효는 '권리를 행사할 수 있는 때'로부터 진행한다(제166조 제1항). 이 때 '권리를 행사할 수 있는 때'란 권리를 행사하는 데 있어 **'법률상의 장애'가 없음**을 말한다(이행기의 미도래·정지조건의 불성취 등). 따라서 '사실상의 장애', 즉 권리자의 개인적 사정이나 권리자가 권리의 존재를 모르거나, 모르는데 과실이 없다고 하여도 이러한 사유는 시효의 진행을 막지 못한다(대판 2006.4.27. 2006다1381).

18 18주사보

신축 중인 건물에 대한 매매계약에 따른 소유권이전등기청구권의 소멸시효는 건물이 완공된 때로부터 진행한다. ○ | X

19 21서기보

건물에 관한 소유권이전등기청구권에 있어서 그 목적물인 건물이 완공되지 아니하여 이를 행사할 수 없었다는 사유는 사실상의 장애사유에 불과하므로 소멸시효의 진행을 방해하지 않는다. ○ | X

> 해설 **18 19** 소멸시효가 진행하지 않는 '권리를 행사할 수 없는' 경우의 의미 및 신축 중인 건물에 관한 소유권이전등기청구권의 소멸시효 기산점(= 건물 완공시)
> 소멸시효는 객관적으로 권리가 발생하여 그 권리를 행사할 수 있는 때로부터 진행하고 그 권리를 행사할 수 없는 동안만은 진행하지 않는바, '권리를 행사할 수 없는' 경우란, 권리자가 권리의 존재나 권리행사 가능성을 알지 못하였다는 등의 사실상 장애사유가 있는 경우가 아니라, 법률상의 장애사유, 예컨대 기간의 미도래나 조건불성취 등이 있는 경우를 말하는데, **건물에 관한 소유권이전등기청구권에 있어서 그 목적물인 건물이 완공되지 아니하여 이를 행사할 수 없었다는 사유는 법률상의 장애사유에 해당**한다(대판 2007.8.23. 2007다28024).

20 18법원행시

과세처분의 취소를 구하였으나 재판과정에서 그 과세처분이 무효로 밝혀진 경우, 무효선언으로서의 취소판결이 확정된 때로부터 과오납한 조세에 대한 부당이득반환청구권의 소멸시효가 진행한다. ○ | X

해설 과세처분의 취소를 구하였으나 재판과정에서 그 과세처분이 무효로 밝혀진 경우 오납금반환청구권의 소멸시효의 기산점(= 오납시)

과세처분의 취소를 구하였으나 재판과정에서 그 과세처분이 무효로 밝혀졌다고 하여도 그 과세처분은 처음부터 무효이고 무효선언으로서의 취소판결이 확정됨으로써 비로소 무효로 되는 것은 아니므로 **오납시부터 그 반환청구권의 소멸시효가 진행**한다(대판 1992.3.31. 91다32053).

21

원칙적으로 보험금액청구권의 소멸시효는 보험사고가 발생한 때로부터 진행하지만, 보험사고가 발생하였는지 여부가 객관적으로 분명하지 아니하여 보험금청구권자가 과실 없이 보험사고의 발생을 알 수 없었던 경우에는 보험금청구권자가 보험사고의 발생을 알았거나 알 수 있었던 때로부터 보험금청구권의 소멸시효가 진행한다. ○ | X

해설 보험금청구권의 소멸시효의 기산점

보험금청구권은 보험사고가 발생하기 전에는 추상적인 권리에 지나지 아니할 뿐 보험사고의 발생으로 인하여 구체적인 권리로 확정되어 그때부터 그 권리를 행사할 수 있게 되는 것이므로, 특별한 다른 사정이 없는 한 **원칙적으로 보험금액청구권의 소멸시효는 보험사고가 발생한 때로부터 진행한다**고 해석해야 할 것이고, 다만 보험사고가 발생한 것인지의 여부가 객관적으로 분명하지 아니하여 보험금청구권자가 과실 없이 보험사고의 발생을 알 수 없었던 경우에도 보험사고가 발생한 때로부터 보험금청구권의 소멸시효가 진행한다고 해석하는 것은, 보험금청구권자에게 너무 가혹하여 사회정의와 형평의 이념에 반할 뿐만 아니라 소멸시효제도의 존재이유에 부합된다고 볼 수도 없으므로 **이와 같이 객관적으로 보아 보험사고가 발생한 사실을 확인할 수 없는 사정이 있는 경우에는 보험금청구권자가 보험사고의 발생을 알았거나 알 수 있었던 때로부터 보험금액청구권의 소멸시효가 진행**한다(대판 2005.12.23. 2005다59383,59390).

22

기한이 있는 채권의 소멸시효는 이행기가 도래한 때부터 진행하지만, 이행기가 도래한 후 채권자와 채무자가 기한을 유예하기로 합의한 경우에는 이행기가 변경되어 소멸시효는 변경된 이행기가 도래한 때부터 다시 진행한다. ○ | X

해설 채권의 소멸시효는 이행기가 도래한 때로부터 진행되지만 이행기일이 도래한 후에 채권자가 채무자에 대하여 기한을 유예한 경우에는 유예시까지 진행된 시효는 포기한 것으로서 유예한 이행기일로부터 다시 시효가 진행된다(대판 1992.12.22. 92다40211).

정답 | 16 × 17 ○ 18 ○ 19 × 20 × 21 ○ 22 ○

23

불확정기한이 있는 채권은 채무자가 기한도래를 안 때로부터 소멸시효가 진행하나 이에 대한 이행지체책임은 기한이 도래한 때부터 발생한다. ○|X

> **해설** 불확정기한이 있는 채권은 불확정기한이 객관적으로 도래한 때가 소멸시효의 기산점이다. 따라서 채무자가 알았는지 여부는 문제되지 않으며, 이행지체책임의 경우에는 채무자가 기한의 도래를 안 때부터 진다(제387조 제1항 후문).

24

기한의 정함이 없는 채권은 원칙적으로 그 채권 성립시부터 소멸시효가 진행한다. ○|X

> **해설** 기한을 정하지 않은 채권은 그 **채권성립시부터** 시효가 진행한다. 그러나 최고 후 상당한 기간이 경과한 후에 청구할 수 있는 채권(제603조 제2항)은 최고를 할 수 있는 때로부터 상당기간이 경과한 때 시효가 진행한다.

25

소유권이전등기의무의 이행불능으로 인한 전보배상청구권의 소멸시효는 이전등기의무가 이행불능상태인 때로부터 진행되므로, 그 부동산에 대하여 제3자의 처분금지가처분등기가 기입되고 이후 그 제3자 명의로 소유권이전등기까지 마쳐진 경우, 처분금지가처분등기가 기입된 때부터 이행불능으로 인한 전보배상청구권의 소멸시효가 진행한다. ○|X

26

매도인이 매매목적물의 원소유자에 대해 갖는 소유권이전등기청구권에 대하여 가압류 또는 처분금지가처분 집행이 되어 있다고 하여 그 자체로 매매에 기한 소유권이전등기의무가 이행불능이라 할 수는 없다. ○|X

> **해설** **25 26** ① 判例는 이행불능으로 인한 전보배상청구권의 소멸시효는 **채무불이행이 발생한 때**로부터 진행하는 것으로 본다(대판 1990.11.9. 90다카22513).
> ② **매매목적물에 대하여 처분금지가처분 집행이 되어 있는 경우 이행불능인지**와 관련하여 判例는 "채무의 이행이 불능이라는 것은 단순히 절대적·물리적으로 불능인 경우가 아니라 사회생활에 있어서의 경험법칙 또는 거래상의 관념에 비추어 볼 때 채권자가 채무자의 이행의 실현을 기대할 수 없는 경우를 말하는 것인바, **매매목적물에 대하여 가압류 또는 처분금지가처분 집행이 되어 있다고 하여 매매에 따른 소유권이전등기가 불가능한 것은 아니**"(대판 2006.6.16. 2005다39211)라는 입장이다.

27

당선자와 일정한 계약을 체결할 의무를 지는 우수현상광고의 광고자가 그 의무를 위반하여 계약의 종국적인 체결에 이르지 못함으로써 상대방이 채무불이행을 원인으로 손해배상을 청구하는 경우, 그 손해배상청구권의 소멸시효기간은 계약이 체결되었다면 취득하게 될 이행청구권에 적용되는 소멸시효기간에 따르고, 그 소멸시효는 채무불이행시부터 진행한다. O | X

> **해설** 우수현상광고의 광고자로서 당선자와 일정한 계약을 체결할 의무가 있는 자가 이를 이행하지 아니한 경우, 당선자가 취득하는 손해배상청구권의 소멸시효기간 및 기산점
> 우수현상광고의 광고자로서 당선자에게 일정한 계약을 체결할 의무가 있는 자가 그 의무를 위반함으로써 계약의 종국적인 체결에 이르지 않게 되어 상대방이 그러한 계약체결의무의 채무불이행을 원인으로 하는 손해배상을 청구한 경우 그 손해배상청구권은 계약이 체결되었을 경우에 취득하게 될 계약상의 이행청구권과 실질적이고 경제적으로 밀접한 관계가 형성되어 있기 때문에, **그 손해배상청구권의 소멸시효기간은 계약이 체결되었을 때 취득하게 될 이행청구권에 적용되는 소멸시효기간에 따르고,** 채무불이행으로 인한 손해배상청구권의 **소멸시효는 채무불이행시**로부터 진행한다(대판 2005.1.14. 2002다57119).

28

물상보증은 채무자 아닌 사람이 채무자를 위하여 담보물권을 설정하는 행위이고 채무자를 대신해서 채무를 이행하는 사무의 처리를 위탁받는 것이 아니므로, 물상보증인이 변제 등에 의하여 채무자를 면책시키는 것은 위임사무의 처리에 해당한다. O | X

29

물상보증인의 채무자에 대한 구상권의 소멸시효는 물상보증인과 채무자 사이의 물상보증위탁계약의 법적 성질에 따라 정해지므로, 물상보증위탁계약이 상인인 채무자가 영업을 위하여 한 상행위로 체결되었다면 물상보증인의 채무자에 대한 구상권은 상사채권으로서 5년의 상사시효의 적용을 받게 된다. O | X

> **해설 28 29** 물상보증인이 대위변제로 취득하는 채무자에 대한 구상권이 그들 사이의 물상보증위탁계약의 법적 성질에 따르는지 여부(소극) 및 그 소멸시효에 관해 적용되는 규정
> 물상보증은 **채무자 아닌 사람이 채무자를 위하여 담보물권을 설정하는 행위**이고 채무자를 대신해서 채무를 이행하는 **사무의 처리를 위탁받는 것이 아니므로**, 물상보증인이 변제 등에 의하여 채무자를 면책시키는 것은 위임사무의 처리가 아니고 **법적 의미에서는 의무 없이 채무자를 위하여 사무를 관리한 것에 유사**하다. 따라서 물상보증인의 채무자에 대한 구상권은 그들 사이의 물상보증위탁계약의 법적 성질과 관계없이 민법에 의하여 인정된 별개의 독립한 권리이고, 그 소멸시효에 있어서는 민법상 일반채권에 관한 규정이 적용된다(대판 2001.4.24. 2001다6237).

정답 | 23 × 24 ○ 25 × 26 ○ 27 ○ 28 × 29 ×

30

소멸시효 기산점에 관하여 부당이득반환청구권은 그 성립과 동시에 행사할 수 있으므로 그때부터, 동시이행의 항변권이 붙어 있는 채권의 경우에는 이행기부터 각 소멸시효가 진행한다. O | X

31

동시이행의 항변권이 붙어 있는 채권의 경우에 이행기가 도래하고 반대급부의 이행제공을 한 이후에 소멸시효가 진행한다. O | X

> **해설 30 31** ① **부당이득반환청구권은 부당이득의 날로부터**(무효인 경우 급부시부터 부당이득반환청구권의 소멸시효가 진행한다; 2005.1.27. 2004다50143).
> ② **동시이행의 항변권이 붙어 있는 채권의 경우에 判例**는 "매매에서 매도인이 매수인에게 대금을 청구하면 매수인은 매도인에게 재산권이전에 관한 동시이행의 항변권(제536조)을 가지고, 따라서 그 한도에서는 대금청구권의 행사가 저지되지만, 매도인이 자기의 의무를 이행함으로써 매수인의 항변권을 소멸시킬 수 있으므로, 이행기부터 대금청구권의 소멸시효는 진행한다고 보아야 한다."(대판 1991.3.22. 90다9797)라고 한다. **부동산에 대한 매매대금 채권이 소유권이전등기청구권과 동시이행의 관계에 있다고 할지라도 매도인은 매매대금의 지급기일 이후 언제라도 그 대금의 지급을 청구할 수 있는 것**이며, 다만 매수인은 매도인으로부터 그 이전등기에 관한 이행의 제공을 받기까지 그 지급을 거절할 수 있는 데 지나지 아니하므로 매매대금 청구권은 그 지급기일 이후 시효의 진행에 걸린다(대판 1991.3.22. 90다9797).

32

계속적 물품공급계약에 기하여 발생한 외상대금채권은 특별산 사정이 없는 한 개별 거래로 인한 각 외상대금채권이 발생한 때로부터 개별적으로 소멸시효가 진행하는 것이 아니라 거래종료일로부터 외상대금채권 총액에 대하여 한꺼번에 소멸시효가 진행한다. O | X

> **해설 계속적 물품공급계약에 의한 외상대금채권의 소멸시효의 기산점**
> 계속적 물품공급계약에 기하여 발생한 외상대금채권은 특별한 사정이 없는 한 **개별 거래로 인한 각 외상대금채권이 발생한 때로부터 개별적으로 소멸시효가 진행하는 것**이지 거래종료일부터 외상대금채권 총액에 대하여 한꺼번에 소멸시효가 기산한다고 할 수 없는 것이고, 각 개별 거래시마다 서로 기왕의 미변제 외상대금에 대하여 확인하거나 확인된 대금의 일부를 변제하는 등의 행위가 없었다면, 새로이 동종 물품을 주문하고 공급받았다는 사실만으로는 기왕의 미변제 채무를 승인한 것으로 볼 수 없다(대판 2007.1.25. 2006다68940).

33

환자가 장기간 입원치료를 받는 경우 다른 특약이 없는 한 의사의 치료비채권은 퇴원시부터 소멸시효가 진행한다. O | X

> **해설 의사의 치료비 채권의 소멸시효의 기산점(= 개개 진료행위 종료시)**
> 민법 제163조 제2호 소정의 '의사의 치료에 관한 채권'에 있어서는, 특약이 없는 한 그 **개개의 진료가 종료될 때마다 각각의 당해 진료에 필요한 비용의 이행기가 도래하여 그에 대한 소멸시효가 진행**된다고 해석함이 상당하고, 장기간 입원 치료를 받는 경우라 하더라도 다른 특약이 없는 한 입원 치료 중에 환자에 대하여 치료비를 청구함에 아무런 장애가 없으므로 **퇴원시부터 소멸시효가 진행된다고 볼 수는 없다**"대판 2001.11.9. 2001다52568).

34

주택임대차보호법에 따른 임대차에서 그 기간이 끝난 후 임차인이 보증금을 반환받기 위해 목적물을 점유하고 있는 경우 보증금반환채권에 대한 소멸시효는 진행하지 않는다고 보아야 한다. O | X

> **해설** 임대차가 종료함에 따라 발생한 임차인의 목적물반환의무와 임대인의 보증금반환의무는 동시이행관계에 있다. 임차인이 임대차 종료 후 동시이행항변권을 근거로 임차목적물을 계속 점유하는 것은 임대인에 대한 보증금반환채권에 기초한 권능을 행사한 것으로서 보증금을 반환받으려는 계속적인 권리행사의 모습이 분명하게 표시되었다고 볼 수 있다. 따라서 임대차 종료 후 임차인이 보증금을 반환받기 위해 목적물을 점유하는 경우 보증금반환채권에 대한 권리를 행사하는 것으로 보아야 하고, 임차인이 임대인에 대하여 직접적인 이행청구를 하지 않았다고 해서 권리의 불행사라는 상태가 계속되고 있다고 볼 수 없다. …(이하 중략)…등을 종합하면, 주택임대차보호법에 따른 임대차에서 그 기간이 끝난 후 임차인이 보증금을 반환받기 위해 목적물을 점유하고 있는 경우 보증금반환채권에 대한 소멸시효는 진행하지 않는다고 보아야 한다(대판 2020.7.9. 2016다244224,244231).

> **비교판례** 동시이행의 항변권이 붙어 있는 채권의 경우에 이행기 도래 후에 반대급부를 제공하면 언제라도 권리를 행사할 수 있으므로 이행기부터 소멸시효가 진행한다(대판 1991.3.22. 90다9797).

35

공사도급계약에서 소멸시효의 기산점이 되는 보수청구권의 지급시기는 특약이나 관습이 없으면 공사를 마친 때이다. O | X

> **해설** 공사도급계약에서 소멸시효의 기산점이 되는 보수청구권의 지급시기
> 공사도급계약에서 소멸시효의 기산점이 되는 보수청구권의 지급시기는, 당사자 사이에 특약이 있으면 그에 따르고, 특약이 없으면 관습에 의하며(민법 제665조 제2항, 제656조 제2항), 특약이나 관습이 없으면 공사를 마친 때로 보아야 한다(대판 2017.4.7. 2016다35451).

36

양육자가 비양육자에 대하여 과거 양육비의 지급을 구할 권리는 그 양육비를 지출한 때로부터 소멸시효가 진행된다. O | X

> **해설** 당사자의 협의 또는 가정법원의 심판에 의하여 구체적인 지급청구권으로서 성립하기 전에는 과거의 양육비에 관한 권리는 양육자가 그 권리를 행사할 수 있는 재산권에 해당한다고 할 수 없고, 따라서 이에 대하여는 **소멸시효가 진행할 여지가 없다**(대결 2011.7.29. 2008스67).

37

출제예상

토지매매로 인한 소유권이전등기의무가 이행불능된 경우, 손해배상청구권의 소멸시효는 채권자가 채무자로부터 토지를 매수한 때로부터 진행된다.　　　　　　　　　　　　　　　　　　　　　　O | X

> 해설　소멸시효의 기산점(채무불이행으로 인한 손해배상청구권)
> 채권이 '채무불이행'으로 인하여 손해배상청구권으로 바뀐 때에는, 그 **동일성이 유지**되므로 그 손해배상청구권의 시효기간은 원채권의 시효기간에 따른다(통설, 대판 2010.9.9. 2010다28031). 문제는 그 기산점인데, 손해배상청구권은 채무불이행시에 비로소 발생한 것인 만큼 채무불이행시부터 소멸시효가 진행한다는 견해가 타당하다(다수설). **判例도 채무불이행이 발생한 때로부터 진행**하는 것으로 본다(대판 1990.11.9. 90다카22513).

38

21법원행시

불법행위로 인한 손해배상청구권의 단기소멸시효의 기산점과 관련하여, 법인의 대표자가 법인에 대하여 불법행위를 한 경우에는, 법인의 대표자가 그 손해 및 가해자를 아는 것만으로는 부족하고 적어도 법인의 이익을 정당하게 보전할 권한을 가진 다른 대표자, 임원 또는 사원이나 직원 등이 손해배상청구권을 행사할 수 있을 정도로 이를 안 때에 비로소 단기소멸시효가 진행한다고 할 수 있다.　　　　　　　　　O | X

39

출제예상

법인의 불법행위책임의 경우 기산점은 대표자가 안 날부터 기산될 것이나, 법인의 대표자가 법인에 대해 불법행위를 한 경우에는 다른 임원 등이 안 때부터 기산하여야 한다. 만약 임원 등이 법인 대표자와 공동불법행위를 한 경우에는 그 임원 등을 배제하고 단기소멸시효의 기산점을 판단하여야 한다.　　　O | X

> 해설　**38 39** 불법행위로 인한 손해배상청구권의 단기소멸시효 기산점은 '손해 및 가해자를 안 날'부터 진행되며, 법인의 경우에 손해 및 가해자를 안 날은 통상 대표자가 이를 안 날을 뜻한다. 그렇지만 법인 대표자가 법인에 대하여 불법행위를 한 경우에는, 법인과 대표자의 이익은 상반되므로 법인 대표자가 그로 인한 손해배상청구권을 행사하리라고 기대하기 어려울 뿐만 아니라 일반적으로 대표권도 부인된다고 할 것이어서, 법인 대표자가 손해 및 가해자를 아는 것만으로는 부족하다. 따라서 위 경우에는 적어도 법인의 이익을 정당하게 보전할 권한을 가진 다른 대표자, 임원 또는 사원이나 직원 등이 손해배상청구권을 행사할 수 있을 정도로 이를 안 때에 비로소 단기소멸시효가 진행하고, 만약 임원 등이 법인 대표자와 공동불법행위를 한 경우에는 그 임원 등을 배제하고 단기소멸시효 기산점을 판단하여야 한다(대판 2012.7.12. 2012다20475)
>
> ➡ 법인의 불법행위책임의 경우 기산점은 대표자가 안 날부터 기산될 것이나, 법인의 대표자가 법인에 대해 불법행위를 한 경우에는 다른 임원 등이 안 때부터 기산하여야 한다(대판 2002.6.14. 2002다11441). 만약 임원 등이 법인 대표자와 공동불법행위를 한 경우에는 그 임원 등을 배제하고 단기소멸시효의 기산점을 판단하여야 한다(대판 2012.7.12. 2012다20475).

40

16/19법원행시, 18서기보

본래의 소멸시효 기산일과 당사자가 주장하는 기산일이 서로 다르다면 변론주의의 원칙상 법원은 당사자가 주장하는 기산일을 기준으로 소멸시효를 계산하여야 한다.　　　　　　　　　　　　　　　　O | X

해설 **소멸시효의 기산일**은 채무의 소멸이라고 하는 법률효과 발생의 요건에 해당하는 소멸시효 기간 계산의 시발점으로서 소멸시효 항변의 법률요건을 구성하는 구체적인 사실(**주요사실)에** 해당하므로 이는 '**변론주의'의** 적용 대상이고, 따라서 본래의 소멸시효 기산일과 당사자가 주장하는 기산일이 서로 다른 경우에는 변론주의의 원칙상 법원은 당사자가 주장하는 기산일을 기준으로 소멸시효를 계산하여야 하는데, 이는 당사자가 본래의 기산일보다 뒤의 날짜를 기산일로 하여 주장하는 경우는 물론이고 특별한 사정이 없는 한 그 반대의 경우에 있어서도 마찬가지이다(대판 1995.8.25. 94다35886)

41
14법원행시

상행위인 계약의 해제로 인한 원상회복청구권의 경우에도 민법상 부당이득반환청구권의 성질을 보유하여 그 소멸시효기간은 10년이다. ○ㅣ✕

해설 **제64조 (상사시효)** 상행위로 인한 채권은 본법에 다른 규정이 없는 때에는 5년간 행사하지 아니하면 소멸시효가 완성한다. 그러나 다른 법령에 이보다 단기의 시효의 규정이 있는 때에는 그 규정에 의한다.
상행위인 계약의 해제로 인한 원상회복청구권도 상법 제64조의 상사시효의 대상이 된다(대판 1993.9.14. 93다21569).

42
20/21서기보

금전채무의 이행지체로 인하여 발생하는 지연손해금은 민법 제163조 제1호가 규정한 '1년 이내의 기간으로 정한 채권'에 해당하므로 3년간의 단기소멸시효의 대상이 된다. ○ㅣ✕

해설 금전채무의 이행지체로 인하여 발생하는 지연손해금은 그 성질이 손해배상금이지 이자가 아니며, 민법 제163조 제1호의 1년 이내의 기간으로 정한 채권도 아니므로 3년간의 단기소멸시효의 대상이 되지 아니한다(대판 1995.10.13. 94다57800). 1년 이내의 정기로 이자를 받기로 한 경우에도, 그 원본채무의 연체가 있는 경우의 그 **지연배상금은 손해배상금이지 이자가 아니므로 본조의 적용이 없고 원본채권의 소멸시효기간과 같다**고 보아야 한다(대판 1989.2.28, 88다카214).

43
20서기보

1년 이내의 기간으로 정한 이자채권의 소멸시효기간은 3년이다. 이는 지급의 정기가 1년 이내인 채권을 의미하고, 변제기가 1년 이내의 채권을 말하는 것이 아니므로, 이자채권이라고 하더라도 1년 이내의 정기에 지급하기로 한 것이 아니라면 3년의 단기소멸시효에 걸리는 것이 아니다. ○ㅣ✕

해설 '1년 이내의 기간으로 정한 채권'이란 1년 이내의 정기로 지급되는 채권(정기급부 채권, 대표적으로 월차임채권)을 의미하는 것이지 변제기가 1년 이내인 채권을 말하는 것이 아니다. 따라서 이자채권이더라도 1년 이내의 정기로 지급하기로 한 것이 아니면 3년의 시효에 걸리지 않는다(대판 1996.9.20. 96다25302).
비교판례 1년 이내의 정기로 이자를 받기로 한 경우에도, 그 원본채무의 연체가 있는 경우의 그 **지연배상금은 손해배상금이지 이자가 아니므로** 본조의 적용이 없고 원본채권의 소멸시효기간과 같다고 보아야 한다(대판 1989.2.28, 88다카214).

정답 ㅣ **37** ✕ **38** ○ **39** ○ **40** ○ **41** ✕ **42** ✕ **43** ○

44

일정한 채권의 소멸시효기간에 관하여 이를 특별히 1년의 단기로 정하는 민법 제164조는 그 각 호에서 개별적으로 정하여진 채권의 채권자가 그 채권의 발생원인이 된 계약에 기하여 상대방에 대하여 부담하는 반대채무에 대하여는 적용되지 아니한다. ○ | X

> **해설** 判例에 따르면 민법 제164조 소정의 1년의 단기소멸시효는 그 각호에서 개별적으로 정하여진 채권의 채권자가 그 채권의 발생원인이 된 계약에 기하여 상대방에 대하여 부담하는 반대채무에는 적용되지 않는다고 한다. 따라서 그 채권의 상대방이 그 계약에 기하여 가지는 반대채권은 원칙으로 돌아가 제162조 1항 소정의 10년의 소멸시효에 걸린다고 한다(대판 2013.11.14. 2013다65178).

45

임대차 존속 중 차임을 연체하더라도 이는 임대차 종료 후 목적물 인도시에 임대차보증금에서 일괄 공제하는 방식에 의하여 정산하기로 약정한 경우와 같은 특별한 사정이 없는 한 차임채권의 소멸시효는 임대차계약에서 정한 지급기일부터 진행한다. 월차임 지급채권의 소멸시효기간은 3년이다. ○ | X

> **해설** 소멸시효는 법률행위에 의하여 이를 배제, 연장 또는 가중할 수 없다(제184조 제2항). 그러므로 임대차 존속 중 차임을 연체하더라도 이는 임대차 종료 후 목적물 인도 시에 임대차보증금에서 일괄 공제하는 방식에 의하여 정산하기로 3약정한 경우와 같은 특별한 사정이 없는 한 차임채권의 소멸시효는 임대차계약에서 정한 지급기일부터 진행한다(제166조 제1항). 아울러 월차임 지급채권은 제163조 제1호가 정한 1년 이내의 기간으로 정한 금전의 지급을 목적으로 한 채권에 해당하여 3년의 단기소멸시효가 적용된다(대판 2016.11.25. 2016다211309).

46

상인이 판매한 상품의 대가는 3년의 소멸시효에 걸린다. ○ | X

> **해설** **제64조(상사시효)** 상행위로 인한 채권은 본법에 다른 규정이 없는 때에는 5연간 행사하지 아니하면 소멸시효가 완성한다. 그러나 **다른 법령에 이보다 단기의 시효의 규정이 있는 때에는 그 규정**에 의한다.
>
> **제163조(3년의 단기소멸시효)** 다음 각호의 채권은 3년간 행사하지 아니하면 소멸시효가 완성한다.
> 6. 생산자 및 상인이 판매한 생산물 및 상품의 대가

47

수급인인 건설회사의 도급인에 대한 공사대금채권은 상거래에 관한 것으로 5년의 단기소멸시효에 걸린다. ○ | X

> **해설** **제64조(상사시효)** 상행위로 인한 채권은 본법에 다른 규정이 없는 때에는 5년간 행사하지 아니하면 소멸시효가 완성한다. 그러나 **다른 법령에 이보다 단기의 시효의 규정이 있는 때에는 그 규정에 의한다.**
>
> **제163조(3년의 단기소멸시효)** 다음 각호의 채권은 3년간 행사하지 아니하면 소멸시효가 완성한다.
>   3. **도급받은 자, 기사 기타 공사의 설계 또는 감독에 종사하는 자의 공사에 관한 채권**
>
> ➡ 도급받은 자 등의 공사에 관한 채권(제163조 제3호)은 수급인이 도급인에 대하여 갖는 공사에 관한 채권을 말하는 것으로 (대판 1963.4.18. 63다92), 상거래에 관한 것이더라도 상법 제64조 단서에 의해 민법 제163조 3호의 3년의 단기소멸시효에 걸린다.
>
> **비교판례** 반면 도급인이 수급인에 대해 갖는 권리(하자보수에 갈음하는 손해배상채권 등)는 이에 해당하지 않는다. 예를 들어 "건설공사에 관한 도급계약이 상행위에 해당하는 경우 그 도급계약에 기한 수급인의 하자담보책임은 상법 제64조 본문에 의하여 원칙적으로 5년의 소멸시효에 걸리는 것으로 보아야 한다(대판 2011.12.8. 2009다25111).

48

금전채무의 이행지체로 인한 지연손해금은 민법 제163조의 3년의 단기소멸시효에 걸리지 아니하나, 도급받은 공사의 부수되는 채권은 3년의 단기소멸시효의 대상이 된다. O | X

> **해설** ① 금전채무의 이행지체로 인한 지연손해금은 **손해배상금이지 이자가 아니므로** 민법 제163조의 3년의 단기소멸시효에 걸리지 않고 원본채권의 소멸시효기간과 같다고 보아야 한다(대판 1989.2.28. 88다카214). ② 도급받은 자 등의 공사에 관한 채권은 3년의 소멸시효에 해당된다(제163조 제3호). 이는 수급인이 도급인에 대하여 갖는 공사에 관한 채권을 말하는 것으로(대판 1963.4.18. 63다92), **공사대금채권(수급인의 보수청구권)뿐만 아니라 그 공사에 부수되는 채권**, 예를 들어 수급인의 비용상환청구권, 수급인의 제666조의 저당권설정청구권(대판 2016.10.27. 2014다211978), 도급인의 공사협력의무(대판 2010.11.25. 2010다56685)도 포함된다.

49

여관, 음식점, 대석, 오락장의 숙박료, 음식료, 대석료, 입장료, 소비물의 대가 및 체당금의 채권은 1년간 행사하지 않으면 소멸시효가 완성한다. O | X

> **해설** **제164조(1년의 단기소멸시효)** 다음 각호의 채권은 1년간 행사하지 아니하면 소멸시효가 완성한다.
>   1. 여관, 음식점, 대석, 오락장의 숙박료, 음식료, 대석료, 입장료, 소비물의 대가 및 체당금의 채권

50

일정한 채권의 소멸시효기간에 관하여 이를 특별히 1년의 단기로 정하는 민법 제164조는 그 각 호에서 개별적으로 정하여진 채권의 채권자가 그 채권의 발생원인이 된 계약에 기하여 상대방에 대하여 부담하는 반대채무에 대하여는 적용되지 아니한다. ○ | X

> 해설 일정한 채권의 소멸시효기간에 관하여 이를 특별히 1년의 단기로 정하는 민법 제164조는 그 각 호에서 개별적으로 정하여진 채권의 채권자가 **그 채권의 발생원인이 된 계약에 기하여 상대방에 대하여 부담하는 반대채무에 대하여는 적용되지 아니한다.** 따라서 그 채권의 상대방이 그 계약에 기하여 가지는 반대채권은 원칙으로 돌아가, **다른 특별한 사정이 없는 한 민법 제162조 제1항에서 정하는 10년의 일반소멸시효기간의 적용을** 받는다(대판 2013.11.14. 2013다65178).

51

채권자와 주채무자 사이의 확정판결에 의하여 주채무가 확정되어 그 소멸시효기간이 10년으로 연장되었다면 그 보증채무도 당연히 단기소멸시효의 적용이 배제되어 10년의 소멸시효기간이 적용된다. ○ | X

> 해설 판결에 의하여 확정된 채권은 '단기의 소멸시효에 해당한 것'이라도 그 소멸시효는 10년으로 한다(제165조 제1항). 채권자와 주채무자 사이의 확정판결에 의하여 주채무가 확정되어 그 소멸시효기간이 10년으로 연장되었다 할지라도 그 보증채무까지 당연히 단기소멸시효의 적용이 배제되어 10년의 소멸시효기간이 적용되는 것은 아니고, 채권자와 연대보증인 사이에 있어서 연대보증채무의 소멸시효기간은 여전히 종전의 소멸시효기간에 따른다(대판 2006.8.24. 2004다26287).
>
> 비교판례 담보목적물의 제3취득자 또는 물상보증인은 채권자에게 채무자의 채무와는 별개의 독립된 채무를 부담하는 것이 아니라 단지 채무자의 채무를 변제할 책임을 부담한다. 따라서 채권에 관하여 소멸시효가 중단되거나 소멸시효기간이 제165조에 따라 연장되더라도 그 효과가 그대로 미친다(대판 2009.9.24. 2009다39530).

52

유치권이 성립한 부동산의 매수인은 피담보채권의 소멸시효가 완성되면 시효로 인하여 채무가 소멸되는 결과 직접적인 이익을 받는 자에 해당하므로 소멸시효의 완성을 원용할 수 있는 지위에 있다. ○ | X

53

유치권이 성립한 부동산의 매수인은 피담보채권의 소멸시효가 완성되면 독자적으로 소멸시효를 원용할 수 있으므로, 유치권의 피담보채권의 소멸시효기간이 확정판결에 의하여 연장되었더라도 종전의 단기소멸시효기간을 원용할 수 있다. ○ | X

> **해설** 유치권의 피담보채권의 소멸시효기간이 확정판결 등에 의하여 10년으로 연장된 경우, 유치권이 성립된 부동산의 매수인이 종전의 단기소멸시효를 원용할 수 있는지 여부(소극)
> 유치권이 성립된 부동산의 매수인은 피담보채권의 소멸시효가 완성되면 시효로 인하여 채무가 소멸되는 결과 직접적인 이익을 받는 자에 해당하므로 소멸시효의 완성을 원용할 수 있는 지위에 있다고 할 것이나, 매수인은 유치권자에게 채무자의 채무와는 별개의 독립된 채무를 부담하는 것이 아니라 단지 채무자의 채무를 변제할 책임을 부담하는 점 등에 비추어 보면, 유치권의 피담보채권의 소멸시효기간이 확정판결 등에 의하여 10년으로 연장된 경우 매수인은 그 채권의 소멸시효기간이 연장된 효과를 부정하고 종전의 단기소멸시효기간을 원용할 수는 없다(대판 2009.9.24. 2009다39530).

54
12법무사

지급명령에서 확정된 채권은 단기의 소멸시효에 해당하는 것이라도 그 소멸시효기간이 10년으로 연장된다.

O | X

> **해설** 민사소송법 제474조, 민법 제165조 제2항에 의하면, 지급명령에서 확정된 채권은 단기의 소멸시효에 해당하는 것이라도 그 소멸시효기간이 10년으로 연장된다(대판 2009.9.24. 2009다39530).

55
13법무사, 16법원행시

어떤 권리의 소멸시효기간이 얼마나 되는지에 관한 주장은 단순한 법률상의 주장에 불과하므로 변론주의의 적용대상이 되지 않고 법원이 직권으로 판단할 수 있다.

O | X

> **해설** 소멸시효기간에 관한 주장에 변론주의가 적용되는지 여부(소극)
> 어떤 권리의 소멸시효기간이 얼마나 되는지에 관한 주장은 단순한 법률상의 주장에 불과하므로 변론주의의 적용대상이 되지 않고 법원이 직권으로 판단할 수 있다(대판 2013.2.15. 2012다68217).

정답 | 50 O 51 × 52 O 53 × 54 O 55 O

제1관 | 소멸시효의 중단

01

시효가 중단된 때에는 중단까지에 경과한 시효기간은 이를 산입하지 아니하고 중단사유가 종료한 때로부터 새로이 진행한다. O | X

> **해설** **제178조(중단후에 시효진행)** ① 시효가 중단된 때에는 중단까지에 경과한 시효기간은 이를 산입하지 아니하고 중단사유가 종료한 때로부터 새로이 진행한다.

02

채권자가 채무자를 대위하여 채무자의 제3채무자에 대한 채권을 재판상 청구하였다면 그로 인한 채권의 시효중단의 효과는 채무자에게 생긴다. O | X

> **해설** 채권자가 채무자를 대위하여 피대위채권을 대위행사한 경우(제404조), 채권자대위권 행사의 효과는 채무자에게 귀속되는 것이므로 채권자대위소송의 제기로 인한 소멸시효의 중단의 효과 역시 채무자에게 생긴다(대판 2011.10.13. 2010다80930). 즉 피대위채권이 시효중단된다.

03

채권자가 동일한 목적을 달성하기 위하여 복수의 채권을 갖고 있는 경우에는 그 중 어느 하나의 청구를 하면 다른 채권에 대하여도 소멸시효 중단의 효력이 있다. O | X

> **해설** 채권자가 동일한 목적을 달성하기 위하여 복수의 채권을 갖고 있는 경우, 어느 하나의 청구권을 행사하는 것이 다른 채권에 대한 소멸시효중단의 효력이 있다고 할 수 없다(대판 2002.5.10. 2000다39735).

04

소멸시효 중단사유 하나인 '재판상 청구'는 민사소송의 제기만을 말하고, 배상명령의 신청이나 과세처분의 취소 무효확인의 소는 여기에 포함되지 않는다. O | X

오납한 조세의 환급을 구하기 위한 수단이 되는 과세처분의 취소 또는 무효확인을 구하는 소는 비록 행정소송이지만 조세환급을 구하는 부당이득반환청구권의 소멸시효 중단사유인 재판상 청구에 해당한다. O | X

> **해설** **04 05** 과세처분의 취소 또는 무효확인청구의 소가 조세환급을 구하는 부당이득반환청구권의 소멸시효중단사유인 재판상 청구에 해당하는지 여부(적극)
> **일반적으로 위법한 행정처분의 취소, 변경을 구하는 행정소송은 사권을 행사하는 것으로 볼 수 없으므로 사권에 대한 시효중단사유가 되지 못하는 것이나**, 다만 오납한 조세에 대한 부당이득반환청구권을 실현하기 위한 수단이 되는 과세처분의 취소 또는 무효확인을 구하는 소는 그 소송물이 객관적인 조세채무의 존부확인으로서 실질적으로 민사소송인 채무부존재확인의 소와 유사할 뿐 아니라, 과세처분의 유효 여부는 그 과세처분으로 납부한 조세에 대한 환급청구권의 존부와 표리관계에 있어 실질적으로 동일 당사자인 조세부과권자와 납세의무자 사이의 양면적 법률관계라고 볼 수 있으므로, 위와 같은 경우에는 **과세처분의 취소 또는 무효확인청구의 소가 비록 행정소송이라고 할지라도 조세환급을 구하는 부당이득반환청구권의 소멸시효중단사유인 재판상 청구에 해당한다고 볼 수 있다**(대판 1992.3.31. 91다32053).

피해자가 가해자를 상대로 고소를 하여 가해자에 대하여 형사재판이 개시되어 유죄판결이 확정되었다면 손해배상청구권에 관한 소멸시효는 중단된다. O | X

> **해설** 피해자가 가해자를 상대로 고소하거나 그 고소에 기하여 형사재판이 개시된 경우, 그 고소나 형사재판을 소멸시효의 중단사유인 재판상의 청구로 볼 수 있는지 여부(소극)
> 형사소송은 피고인에 대한 국가형벌권의 행사를 그 목적으로 하는 것이므로, 피해자가 형사소송에서 소송촉진등에관한특례법에서 정한 배상명령을 신청한 경우를 제외하고는 단지 피해자가 가해자를 상대로 고소하거나 그 고소에 기하여 형사재판이 개시되어도 이를 가지고 소멸시효의 중단사유인 재판상의 청구로 볼 수는 없다(대판 1999.3.12. 98다18124).

형사소송은 피고인에 대한 국가형벌권의 행사를 그 목적으로 하는 것이므로, 피해자가 형사소송에서 소송촉진 등 에 관한 특례법에서 정한 배상명령을 신청한 경우를 제외하고는 단지 피해자가 가해자를 상대로 고소하거나 그 고소에 기하여 형사재판이 개시되어도 이를 가지고 소멸시효의 중단사유인 재판상의 청구로 볼 수는 없다. 또한 검사 작성의 피의자신문조서에서 피의자의 진술은 어디까지나 검사를 상대로 이루어지는 것이어서 그 진술기재 가운데 채무의 일부를 승인하는 의사가 표시되어 있다고 하더라도, 그 기재 부분만으로 곧바로 소멸시효 중단사유로서 승인의 의사표시가 있는 것으로 볼 수도 없다. O | X

> **해설** 승인은 소멸시효의 완성으로 권리를 상실하게 될 자(또는 그 대리인)에 대해 하여야 한다. 따라서 피의자가 검사로부터 신문을 받는 과정에서 자신의 채무를 승인하는 진술을 하였더라도, 그것은 시효중단의 효과를 가져오는 승인이 되지는 못한다(대판 1999.3.12. 98다18124).

정답 | 01 ○ 02 ○ 03 × 04 × 05 ○ 06 × 07 ○

08

재판상의 청구가 시효중단의 사유가 되려면 그 청구가 채권자 또는 그 채권을 행사할 권능을 가진 자에 의하여 이루어져야 한다.　　　　　　　　　　　　　　　　　　　　　　　　　　　　　　O | X

> 해설　대판 2014.6.26. 2013다45716 참조

09

기존 채권의 존재를 전제로 이를 포함하는 새로운 약정을 하고 그에 따른 권리를 재판상 청구의 방법으로 행사한 경우에는 기존 채권을 실현하고자 하는 뜻까지 포함하여 객관적으로 표명한 것이므로, 새로운 약정이 무효로 되는 등의 사정으로 그에 근거한 권리행사가 저지됨에 따라 다시 기존 채권을 행사하게 되었다면, 기존 채권의 소멸시효는 새로운 약정에 의한 권리를 행사한 때에 중단되었다.　　　　　　　　O | X

> 해설　기존 채권의 존재를 전제로 이를 포함하는 새로운 약정을 하고 그에 따른 권리를 재판상 청구의 방법으로 행사하였으나, 새로운 약정에 근거한 권리행사가 저지됨에 따라 다시 기존 채권을 행사하게 된 경우, 기존 채권의 소멸시효 중단 시점(= 새로운 약정에 의한 권리를 행사한 때)
> 소멸시효의 중단과 관련하여 소멸 대상인 권리 자체의 이행청구나 확인청구를 하는 경우뿐 아니라 권리가 발생한 기본적 법률관계에 관한 청구를 하는 경우 또는 그 권리를 기초로 하거나 그것을 포함하여 형성된 후속 법률관계에 관한 청구를 하는 경우에도 그로써 권리 실행의 의사를 표명한 것으로 볼 수 있을 때에는 시효중단 사유인 재판상의 청구에 포함된다.
> 따라서 **기존 채권의 존재를 전제로 이를 포함하는 새로운 약정을 하고 그에 따른 권리를 재판상 청구의 방법으로 행사한 경우에는 기존 채권을 실현하고자 하는 뜻까지 포함하여 객관적으로 표명한 것이므로, 새로운 약정이 무효로 되는 등의 사정으로 그에 근거한 권리행사가 저지됨에 따라 다시 기존 채권을 행사하게 되었다면, 기존 채권의 소멸시효는 새로운 약정에 의한 권리를 행사한 때에 중단되었다**고 보아야 한다(대판 2016.10.27. 2016다25140).

10

민법에서 시효중단사유의 하나로 규정하고 있는 재판상의 청구라 함은, 권리자가 원고로서 시효를 주장하는 자를 피고로 하여 소송물인 권리를 소의 형식으로 주장하는 경우뿐만 아니라 시효를 주장하는 자가 원고가 되어 소를 제기한 데 대하여 피고로서 응소하여 그 소송에서 적극적으로 권리를 주장하고 그것이 받아들여진 경우도 이에 포함된다.　　　　　　　　　　　　　　　　　　　　　　　　　　　　O | X

11

민법 제168조에서 시효중단사유의 하나로 규정하고 있는 '재판상 청구'에는 이행의 소를 제기하는 경우는 물론, 시효를 주장하는 자가 원고가 되어 소를 제기한 데 대하여 피고로서 응소하여 그 소송에서 적극적으로 권리를 주장하고 그것이 받아들여진 경우도 포함되고, 이 경우 시효중단의 효력은 피고가 현실적으로 권리를 행사하여 응소한 때, 즉 답변서를 제출한 때 발생한다.　　　　　　　　　　　　　　　　　O | X

채무자 겸 저당권설정자가 피담보채무의 부존재 또는 소멸을 이유로 하여 제기한 저당권설정등기 말소청구소송에서 채권자 겸 저당권자가 청구기각의 판결을 구하면서 피담보채권의 존재를 주장하는 경우에는 피담보채권에 관하여 소멸시효 중단의 효력이 생긴다. ○ | X

> **해설** 응소가 제170조 1항의 재판상 청구에 포함되는지 여부
>
> **10 11** 민법 제 168조 제1호, 제170조 제1항에서 시효중단사유의 하나로 규정하고 있는 재판상의 청구라 함은, 통상적으로는 권리자가 원고로서 시효를 주장하는 자를 피고로 하여 소송물인 권리를 소의 형식으로 주장하는 경우를 가리키지만, 이와 반대로 시효를 주장하는 자가 원고가 되어 소를 제기한 데 대하여 피고로서 응소하여 그 소송에서 적극적으로 권리를 주장하고 그것이 받아들여진 경우도 마찬가지로 이에 포함되는 것으로 해석함이 타당하다(대판 1993.12.21. 92다47861 전합)
>
> **12** 또한 응소행위로 인한 시효중단의 효력은 피고가 현실적으로 권리를 행사하여 응소한 때에 발생한다고 보는 것이 상당하다(대판 2005.12.23. 2005다59383,9390)

타인의 채무를 담보하기 위하여 자기의 물건에 담보권을 설정한 물상보증인은 채권자에 대하여 물적 유한책임을 지고 있어 그 피담보채권의 소멸에 의하여 직접 이익을 받는 관계에 있으므로 소멸시효의 완성을 주장할 수 있다. 또한 물상보증인이 그 피담보채무의 부존재 또는 소멸을 이유로 제기한 저당권설정등기 말소등기절차이행청구소송에서 채권자 겸 저당권자가 청구기각의 판결을 구하고 피담보채권의 존재를 주장하였다면 민법 제168조 제1호 소정의 소멸시효 중단사유인 '청구'에 해당한다. ○ | X

> **해설** 물상보증인이 제기한 저당권설정등기의 말소등기절차이행청구소송에서 채권자 겸 저당권자의 응소행위가 피담보채권에 관하여 소멸시효 중단사유인 민법 제168조 제1호의 '청구'에 해당하는지 여부(소극)
>
> 타인의 채무를 담보하기 위하여 자기의 물건에 담보권을 설정한 **물상보증인**은 채권자에 대하여 물적 유한책임을 지고 있어 그 피담보채권의 소멸에 의하여 직접 이익을 받는 관계에 있으므로 소멸시효의 완성을 주장할 수 있는 것이지만, **채권자에 대하여는 아무런 채무도 부담하고 있지 아니하므로, 물상보증인이 그 피담보채무의 부존재 또는 소멸을 이유로 제기한 저당권설정등기 말소등기절차이행청구소송에서 채권자 겸 저당권자가 청구기각의 판결을 구하고 피담보채권의 존재를 주장하였다고 하더라도 이로써 직접 채무자에 대하여 재판상 청구를 한 것으로 볼 수는 없는 것**이므로 피담보채권의 소멸시효에 관하여 규정한 민법 제168조 제1호 소정의 '청구'에 해당하지 아니한다(대판 2004.1.16. 2003다30890).

14

변론주의 원칙상 채권자인 피고가 응소행위를 하였다고 하여 바로 시효중단의 효과가 발생하는 것은 아니고 시효중단의 주장을 하여야 그 효력이 생기는 것이며, 시효중단의 주장은 반드시 응소시에 할 필요는 없고 사실심 변론종결 전에 하면 족하나, 시효중단의 주장을 한 시점이 소멸시효기간이 만료된 후라면 이미 소멸시효가 완성된 것이어서 시효중단의 효력이 생길 여지가 없다. ○|X

> **해설** 채권자의 응소행위에 대한 소멸시효중단의 효력은 채무자가 소멸시효완성을 원인으로 한 소송을 제기하거나 당해 소송이 아닌 전 소송 또는 다른 소송에서 그와 같은 권리주장을 한 경우에 인정되는지 여부(소극) 및 응소행위로 인한 시효중단의 주장을 할 수 있는 시기(= 사실심 변론 종결 전)
> 응소행위에 대하여 소멸시효중단의 효력을 인정하는 것은 그것이 권리 위에 잠자는 것이 아님을 표명한 것에 다름 아닐 뿐만 아니라 계속된 사실상태와 상용할 수 없는 다른 사정이 발생한 때로 보아야 한다는 것에 기인한 것이므로, **채무자가 반드시 소멸시효완성을 원인으로 한 소송을 제기한 경우이거나 당해 소송이 아닌 전 소송 또는 다른 소송에서 그와 같은 권리주장을 한 경우이어야 할 필요는 없고**, 나아가 변론주의 원칙상 피고가 응소행위를 하였다고 하여 바로 시효중단의 효과가 발생하는 것은 아니고 시효중단의 주장을 하여야 그 효력이 생기는 것이지만, **시효중단의 주장은 반드시 응소시에 할 필요는 없고 소멸시효기간이 만료된 후라도 사실심 변론종결 전에는 언제든지** 할 수 있다(대판 2010.8.26. 2008다42416,42423).

15

재판상의 청구가 있더라도 소의 각하,기각 또는 취하가 있으면 시효중단의 효력이 생기지는 않지만, 소의 각하 등이 있는 경우라도 6개월 내에 재판상의 청구, 파산절차 참가, 압류 또는 가압류, 가처분을 한 때에는 시효는 최초의 재판상 청구로 인하여 중단된 것으로 본다. ○|X

> **해설** **제170조 (재판상의 청구와 시효중단)** ① 재판상의 청구는 소송의 각하, 기각 또는 취하의 경우에는 시효중단의 효력이 없다.
> ② 전항의 경우에 6월내에 재판상의 청구, 파산절차참가, 압류 또는 가압류, 가처분을 한 때에는 시효는 최초의 재판상청구로 인하여 중단된 것으로 본다.

16

채권양도의 대항요건이 구비되지 않은 상태에서 양수인이 채무자를 상대로 재판상 청구를 한 경우, 소멸시효는 중단된다. ○|X

> **해설** 채권양도의 대항요건을 갖추지 못한 상태에서 '채권양수인'이 채무자를 상대로 소를 제기한 경우
> 채권양도에 의하여 채권은 그 동일성을 잃지 않고 양도인으로부터 양수인에게 이전되며, 이러한 법리는 채권양도의 대항요건을 갖추지 못하였다고 하더라도 마찬가지인 점 등에서 비록 '대항요건을 갖추지 못하여' 채무자에게 대항하지 못한다고 하더라도 '채권의 양수인'이 채무자를 상대로 재판상의 청구를 하였다면 이는 소멸시효 중단사유인 재판상의 청구에 해당한다(대판 2005.11.10. 2005다41818).

채권양도의 대항요건이 구비되지 않은 상태에서 채권양도인이 제기한 소송 중에 채무자가 채권양도의 효력을 인정하는 등의 사정으로 인하여 채권양도인의 청구가 기각된 경우, 채권양수인이 그로부터 6월 내에 채무자를 상대로 재판상의 청구 등을 하면 채권양도인이 최초의 재판상 청구를 한 때로부터 시효가 중단된다. O | X

> **해설** 채권양도의 대항요건을 갖추지 못한 상태에서 '양도인'이 채무자를 상대로 소를 제기한 경우
> 이 경우 시효중단이 되는데 "그 **소송 중에 채무자가 채권양도의 효력을 인정하는 등**의 사정으로 인하여 채권양도인의 청구가 기각된 경우 시효중단의 효력이 없어지나, 이 경우에도 채권양수인이 그로부터 6월 내에 채무자를 상대로 재판상의 청구 등을 하면 **채권양도인이 최초의 재판상 청구를 한 때부터 시효가 중단된다.**"(제169조, 제170조 제2항; 대판 2009. 2.12. 2008두20109)

채권자 丙이 제3채무자 乙에게 채권자대위권에 기해 청구를 하다가 피대위채권 자체를 채무자 甲으로부터 양수받아 양수금청구로 소를 변경한 경우, 대위권행사에 의한 시효중단은 이로 인하여 소멸하지 않는다. O | X

원고가 채권자대위권에 기해 청구를 하다가 피대위채권 자체를 양수하여 양수금청구로 소를 변경한 경우 당초 채권자대위소송으로 인한 시효중단의 효력은 소멸하지 않는다. O | X

> **해설** **18 19** 이는 청구원인의 교환적 변경으로서 채권자대위권에 기한 구 청구는 취하된 것으로 보아야 하나, ⅰ) 그 채권자대위소송의 소송물은 채무자의 제3채무자에 대한 계약금반환청구권인데 위 양수금청구는 원고가 위 계약금반환청구권 자체를 양수하였다는 것이어서 양 청구는 동일한 소송물에 관한 권리의무의 특정승계가 있을 뿐 그 소송물은 동일한 점, ⅱ) 시효중단의 효력은 특정승계인에게도 미치는 점, ⅲ) 계속 중인 소송에 소송목적인 권리 또는 의무의 전부나 일부를 승계한 특정승계인이 소송참가하거나 소송인수한 경우에는 소송이 법원에 처음 계속된 때에 소급하여 시효중단의 효력이 생기는 점, ⅳ) 원고는 위 계약금반환채권을 채권자대위권에 기해 행사하다 다시 이를 양수받아 직접 행사한 것이어서 위 계약금반환채권과 관련하여 원고를 '권리 위에 잠자는 자'로 볼 수 없는 점 등에 비추어 볼 때, 당초의 채권자대위소송으로 인한 시효중단의 효력이 소멸하지 않는다(대판 2010.6.24. 2010다17284).

20

시효를 주장하는 자가 제기한 소에서 채권자가 피고로서 응소하여 적극적으로 권리를 주장하였으나 그 소가 각하되거나 취하되는 등의 사유로 본안에서 그 권리주장에 관한 판단 없이 소송이 종료된 경우에는 그때부터 6월 이내에 재판상의 청구 등 다른 시효중단조치를 취한 경우에 한하여 응소시에 소급하여 시효 중단의 효력이 있는 것으로 본다. ○ | X

> **해설** 대판 2012.1.12. 2011다78606
> **제170조(재판상의 청구와 시효중단)** ① 재판상의 청구는 소송의 각하, 기각 또는 취하의 경우에는 시효중단의 효력이 없다.
> ② 전항의 경우에 6월내에 재판상의 청구, 파산절차참가, 압류 또는 가압류, 가처분을 한 때에는 시효는 최초의 재판상청구로 인하여 중단된 것으로 본다.

21

이미 사망한 자를 피고로 하여 소가 제기되었으나 이를 간과한 채 본안 판단에 나아간 판결은 당연무효로 서 그 효력이 상속인에게 미치지 않고, 채권자의 이러한 제소는 권리자의 의무자에 대한 권리행사에 해당하지 않으므로 특별한 사정이 없는 한 시효중단 효력이 인정되지 않는다. ○ | X

> **해설** 이미 사망한 자를 피고로 하여 제기된 소의 경우, 민법 제170조 제2항이 적용되는지 여부(원칙적 소극) 및 법원이 이를 간과하여 본안 판결을 내린 경우에도 마찬가지인지 여부(적극)
> 민법 제170조 제1항은 재판상 청구가 민법 제168조에 의하여 시효중단사유가 됨을 전제로 "재판상의 청구는 소송의 각하, 기각 또는 취하의 경우에는 시효중단의 효력이 없다."고 규정하고, 같은 조 제2항은 "전항의 경우에 6월내에 재판상의 청구, 파산절차참가, 압류 또는 가압류, 가처분을 한 때에는 시효는 최초의 재판상 청구로 인하여 중단된 것으로 본다."고 규정함으로써 최초의 재판상 청구에 소송요건의 결여 등의 흠이 있는 경우 일정기간 내에 새로운 재판상 청구 등이 이루어지면 최초의 제소 시로 시효중단의 소급을 인정하고 있다. 그런데 **이미 사망한 자를 피고로 하여 제기된 소는 부적법하여 이를 간과한 채 본안 판단에 나아간 판결은 당연무효**로서 그 효력이 상속인에게 미치지 않고, **채권자의 이러한 제소는 권리자의 의무자에 대한 권리행사에 해당하지 않으므로,** 상속인을 피고로 하는 당사자표시정정이 이루어진 경우와 같은 특별한 사정이 없는 한, 거기에는 애초부터 시효중단 효력이 없어 민법 제170조 제2항이 적용되지 않는다고 봄이 타당하고, **법원이 이를 간과하여 본안에 나아가 판결을 내린 경우에도 마찬가지**라고 보아야 한다(대판 2014.2.27. 2013다94312).

22

재판상 청구를 한 소송이 이송된 경우에 소제기에 따른 소멸시효중단의 효력발생시기는 소송이 이송된 때가 아니고, 이송한 법원에 처음 소가 제기된 때이다. ○ | X

> **해설** 소송을 이송한 경우, 소제기에 따른 시효중단의 효력발생시기(= 이송한 법원에 소가 제기된 때)
> 대법원은, 이송결정이 확정된 때에는 소송은 처음부터 이송받은 법원에 계속된 것으로 보므로(민사소송법 제40조 제1항) 소송을 이송한 경우에 있어서 법률상 기간의 준수 여부는 소송이 이송된 때가 아니라 이송한 법원에 소가 제기된 때를 기준으로 하여야 한다고 판시한 바 있고, 한편 민사소송법 제265조는 소제기에 따른 시효중단 및 법률상 기간 준수의 효력발생시기에 관하여 동일하게 규정하고 있으므로 소송이 이송된 경우 법률상 기간 준수 여부의 판단 기준시기에 관하여 위 판결이 취하고 있는 견해는 소멸시효의 중단에 관하여도 그대로 적용되어야 할 것이다.(대판 2007.11.30. 2007다 54610).

23

승소 확정판결을 받은 당사자가 그 상대방을 상대로 다시 승소 확정판결의 전소와 동일한 청구의 소를 제기하는 경우 그 후소는 권리보호의 이익이 없어 부적법하므로, 확정판결에 의한 채권의 소멸시효기간인 10년의 경과가 임박한 경우에는 그 시효중단을 위한 재소는 예외적으로도 그 소의 이익을 인정할 수 없다.　　　　　　　　　　　　　　　　　　　　　　　　　　　　　　　　　○ | X

24

시효중단을 위한 후소로서 전소 판결로 확정된 채권의 시효를 중단시키기 위한 조치, 즉 '재판상의 청구'가 있다는 점에 대하여만 확인을 구하는 형태의 '새로운 방식의 확인소송'은 허용된다.　　　　　　○ | X

25

시효중단을 위한 후소로서 이행소송 외에 전소 판결로 확정된 채권의 시효를 중단시키기 위한 조치, 즉 '재판상의 청구'가 있다는 점에 대하여만 확인을 구하는 형태의 '새로운 방식의 확인소송'이 허용되고, 채권자는 두 가지 형태의 소송 중 자신의 상황과 필요에 보다 적합한 것을 선택하여 제기할 수 있다.
　　　　　　　　　　　　　　　　　　　　　　　　　　　　　　　　　　　　　　○ | X

해설 **23** 확정된 승소판결에는 기판력이 있으므로, 승소 확정판결을 받은 당사자가 그 상대방을 상대로 다시 승소 확정판결의 전소(前訴)와 동일한 청구의 소를 제기하는 경우 그 후소(後訴)는 권리보호의 이익이 없어 부적법하다. 하지만 예외적으로 확정판결에 의한 채권의 소멸시효기간인 10년의 경과가 임박한 경우에는 그 시효중단을 위한 소는 소의 이익이 있다(대판 2018.7.19. 2018다22008전합).

24 25 시효중단을 위한 후소로서 이행소송 외에 전소 판결로 확정된 채권의 시효를 중단시키기 위한 재판상의 청구가 있다는 점에 대하여만 확인을 구하는 형태의 '새로운 방식의 확인소송'이 허용되는지 여부(적극)
종래 대법원은 시효중단사유로서 재판상의 청구에 관하여 반드시 권리 자체의 이행청구나 확인청구로 제한하지 않을 뿐만 아니라, 권리자가 재판상 그 권리를 주장하여 권리 위에 잠자는 것이 아님을 표명한 것으로 볼 수 있는 때에는 널리 시효중단사유로서 재판상의 청구에 해당하는 것으로 해석하여 왔다. 이와 같은 법리는 이미 승소 확정판결을 받은 채권자가 그 판결상 채권의 시효중단을 위해 후소를 제기하는 경우에도 동일하게 적용되므로, 채권자가 전소로 이행청구를 하여 승소 확정판결을 받은 후 그 채권의 시효중단을 위한 후소를 제기하는 경우, 후소의 형태로서 항상 전소와 동일한 이행청구만이 시효중단사유인 '재판상의 청구'에 해당한다고 볼 수는 없다. **시효중단을 위한 후소로서 이행소송 외에 전소 판결로 확정된 채권의 시효를 중단시키기 위한 조치, 즉 '재판상의 청구'가 있다는 점에 대하여만 확인을 구하는 형태의 '새로운 방식의 확인소송'이 허용되고, 채권자는 두 가지 형태의 소송 중 자신의 상황과 필요에 보다 적합한 것을 선택하여 제기할 수 있다고 보아야** 한다(대판 2018.10.18. 2015다232316 전합).

정답 | **20** ○ **21** ○ **22** ○ **23** × **24** ○ **25** ○

26

채권자가 확정판결에 기한 채권의 실현을 위하여 채무자에 대하여 민사집행법 소정의 재산명시신청을 하고 그 결정이 채무자에게 송달되었다면 거기에 소멸시효의 중단사유인 '최고'로서의 효력만이 인정된다. 따라서 그로부터 6월 내에 다시 소를 제기하거나 압류 또는 가압류, 가처분을 하는 등 민법 제174조에 규정된 절차를 속행하지 아니하는 한 소멸시효 중단의 효과는 상실된다. 반면 채권자가 신청한 지급명령 사건이 채무자의 이의신청으로 소송으로 이행되는 경우에는 소송으로 이행된 때로부터 시효중단의 효과가 발생한다. ○│X

> **해설** 민사소송법 제472조 제2항은 "채무자가 지급명령에 대하여 적법한 이의신청을 한 경우에는 지급명령을 신청한 때에 이의신청된 청구목적의 값에 관하여 소가 제기된 것으로 본다."라고 규정하고 있는바, 지급명령 사건이 채무자의 이의신청으로 소송으로 이행되는 경우에 지급명령에 의한 시효중단의 효과는 소송으로 이행된 때가 아니라 **지급명령을 신청한 때**에 발생한다(대판 2015.2.12. 2014다228440).

27

지급명령은 채권자가 법정기간 내에 가집행신청을 하지 아니함으로 인하여 그 효력을 잃은 때에는 시효중단의 효력이 없다. ○│X

> **해설** **제172조(지급명령과 시효중단)** 지급명령은 채권자가 법정기간내에 가집행신청을 하지 아니함으로 인하여 그 효력을 잃은 때에는 시효중단의 효력이 없다.

28

소멸시효 중단사유에 해당하는 민법 제170조 제1항 소정의 '재판상 청구'라 함은 종국판결을 받기 위한 '소의 제기'에 한정되기 때문에 지급명령의 신청은 이에 포함되지 아니한다. ○│X

> **해설** 지급명령이란 금전 그 밖에 대체물이나 유가증권의 일정한 수량의 지급을 목적으로 하는 청구에 대하여 법원이 보통의 소송절차에 의함이 없이 채권자의 신청에 의하여 간이, 신속하게 발하는 이행에 관한 명령으로 지급명령에 관한 절차는 종국판결을 받기 위한 소의 제기는 아니지만, 채권자로 하여금 간이, 신속하게 집행권원을 취득하도록 하기 위하여 이행의 소를 대신하여 법이 마련한 특별소송절차로 볼 수 있다. 그런데 재판상 청구에 시효중단의 효력을 인정하는 근거는 권리자가 재판상 그 권리를 주장하여 권리 위에 잠자는 것이 아님을 표명하고 이로써 시효제도의 기초인 영속되는 사실상태와 상용할 수 없는 다른 사정이 발생하였다는 점에 기인하는 것인데, 그와 같은 점에서 보면 **지급명령 신청은 권리자가 권리의 존재를 주장하면서 재판상 그 실현을 요구하는 것이므로 본질적으로 소의 제기와 다르지 않다.** 따라서 민법 제170조 제1항에 규정하고 있는 **'재판상의 청구'란 종국판결을 받기 위한 '소의 제기'에 한정되지 않고, 권리자가 이행의 소를 대신하여 재판기관의 공권적인 법률판단을 구하는 지급명령 신청도 포함된다**고 보는 것이 타당하다. 그리고 민법 제170조의 재판상 청구에 지급명령 신청이 포함되는 것으로 보는 이상 특별한 사정이 없는 한, 지급명령 신청이 각하된 경우라도 6개월 이내 다시 소를 제기한 경우라면 민법 제170조 제2항에 의하여 시효는 당초 지급명령 신청이 있었던 때에 중단되었다고 보아야 한다(대판 2011.11.10. 2011다54686).

29

재판상의 청구를 하였다가 소를 취하한 경우에는 최고의 효력도 없다. ○|X

> **해설** 재판상 청구의 취하와 시효중단과의 관계
> 민법 제170조의 해석상, 재판상의 청구는 그 소송이 취하된 경우에는 그로부터 6월내에 다시 재판상의 청구를 하지 않는 한 시효중단의 효력이 없고 다만 재판외의 최고의 효력만 있다(대판 1987.12.22. 87다카2337).

30

최고를 여러번 거듭하다가 재판상 청구 등을 한 경우에는 시효중단의 효력은 항상 최초의 최고시에 소급하여 발생한다. ○|X

> **해설** 최고를 거듭하다가 재판상 청구를 한 경우의 소멸시효중단의 기준시점
> 최고를 여러번 거듭하다가 재판상 청구 등을 한 경우에 있어서의 시효중단의 효력은 **항상 최초의 최고시에 발생하는 것이 아니라 재판상 청구 등을 한 시점을 기준으로 하여 이로부터 소급하여 6월 이내에 한 최고시**에 발생한다(대판 1987.12.22. 87다카2337)

31

소송고지의 요건이 갖추어진 경우에 소송고지서에 고지자가 피고지자에 대하여 채무의 이행을 청구하는 의사가 표명되어 있으면 민법 제174조에 정한 시효중단사유로서의 최고의 효력이 인정된다. 한편 소송고지에 의한 최고도 그 법적 성질은 보통의 최고와 같기 때문에 그 소송고지서가 상대방에게 송달된 때에 시효중단의 효력이 발생한다. ○|X

32

소송고지의 요건이 갖추어진 경우에 그 소송고지서에 고지자가 피고지자에 대하여 채무의 이행을 청구하는 의사가 표명되어 있으면 제174조 소정의 최고로서의 효력이 인정되는바, 당사자가 소송고지서를 법원에 제출한 때에 시효중단의 효력이 발생한다. 아울러 당해 소송이 계속 중인 동안은 최고에 의하여 권리를 행사하고 있는 상태가 지속되고 있는 것으로서, 민법 제174조에 규정된 6개월의 기간은 소송고지서를 제출한 때로부터 기산하여야 한다. ○|X

정답 | 26 × 27 ○ 28 × 29 × 30 × 31 × 32 ×

소송고지는 소송 계속 중에 그 소송에 참가할 이해관계가 있는 제3자에 대해 소송계속 사실을 통지하는 것으로서, 재판은 피고지자에게도 그 효력이 미친다(민사소송법 제84조 내지 제86조, 제77조). 한편 채권자대위권을 재판상 행사하는 경우에는 소송고지를 하여야 할 의무가 있기도 하다(제405조).

31 32 최고로서 소송고지와 관련하여 判例는 "**소송고지의 요건이 갖추어진 경우**에 그 소송고지서에 고지자가 피고지자에 대하여 채무의 이행을 청구하는 의사가 표명되어 있으면 **제174조 소정의 최고로서의 효력이 인정**된다. 그런데 소송고지를 한 경우 피고지자에게 후일 고지자와의 소송에서 전소 확정판결에서의 결론의 기초가 된 사실상·법률상의 판단에 반하는 것을 주장할 수 없게 되는, 참가적 효력이라는 소송법상의 효력까지 발생하는 점에 비추어, 고지자로서는 소송고지를 통하여 당해 소송의 결과에 따라 피고지자에게 권리를 행사하겠다는 취지의 의사를 표명한 것으로 볼 수 있다. ⓒ 소송고지에 의한 최고는 보통의 최고와는 달리 법원의 행위를 통하여 이루어지는 것이므로, 만일 법원이 소송고지서의 송달사무를 우연한 사정으로 지체하는 바람에 소송고지서의 송달 전에 시효가 완성된다면 고지자가 예상치 못한 불이익을 입게 되는 점을 고려하면, 민사소송법 제265조를 유추적용하여 **당사자가 소송고지서를 법원에 제출한 때에 시효중단의 효력이 발생**한다. ⓒ 당해 소송이 계속 중인 동안은 최고에 의하여 권리를 행사하고 있는 상태가 지속되고 있는 것으로서, 민법 제174조에 규정된 6개월의 기간은 당해 소송이 종료된 때로부터 기산하여야 한다."(즉, 소송고지서를 제출한 때가 아니라, 그 재판이 확정된 때로부터 6개월 내에 재판상 청구 등을 하면 시효중단의 효력이 유지된다)(대판 2015.5.14. 2014다16494)라고 판시하고 있다.

33

15법무사, 20서기보

부동산경매절차에서 집행력 있는 채무명의 정본을 가진 채권자가 하는 배당요구는 압류에 준하는 소멸시효중단의 효력이 있다. ○|X

부동산경매절차에서 집행력 있는 채무명의 정본을 가진 채권자가 하는 배당요구는 민법 제168조 제2호의 압류에 준하는 것으로서 배당요구에 관련된 채권에 관하여 소멸시효를 중단하는 효력이 생긴다고 할 것이다(대판 2002.2.26. 2000다25484).

34

17법원행시, 18법무사

가압류에 의한 시효중단 효력의 발생시기는 가압류를 신청한 때에 소급한다. ○|X

민법 제168조 제2호에서 가압류를 시효중단사유로 정하고 있지만, 가압류로 인한 시효중단의 효력이 언제 발생하는지에 관해서는 명시적으로 규정되어 있지 않다. **민사소송법 제265조**에 의하면, 시효중단사유 중 하나인 '재판상의 청구'(민법 제168조 제1호, 제170조)는 소를 제기할 때 시효중단의 효력이 발생한다. 이는 소장 송달 등으로 채무자가 소 제기 사실을 알기 전에 시효중단의 효력을 인정한 것이다. **가압류에 관해서도 위 민사소송법 규정을 유추적용하여 '재판상의 청구'와 유사하게 가압류를 신청한 때 시효중단의 효력이 생긴다고 보아야 한다.** '가압류'는 법원의 가압류명령을 얻기 위한 재판절차와 가압류명령의 집행절차를 포함하는데, 가압류도 재판상의 청구와 마찬가지로 법원에 신청을 함으로써 이루어지고(민사집행법 제279조), 가압류명령에 따른 집행이나 가압류명령의 송달을 통해서 채무자에게 고지가 이루어지기 때문이다. 가압류를 시효중단사유로 규정한 이유는 가압류에 의하여 채권자가 권리를 행사하였다고 할 수 있기 때문이다. 가압류채권자의 권리행사는 가압류를 신청한 때에 시작되므로, 이 점에서도 가압류에 의한 시효중단의 효력은 가압류신청을 한 때에 소급한다(대판 2017.4.7. 2016다35451).

부동산에 관한 경매절차에서 매각대금이 납부되고 매각을 원인으로 가압류등기가 말소되었다고 하더라도, 가압류등기 말소 후의 배당절차에서 가압류채권자의 채권에 대한 배당이 이루어지고 배당액이 공탁되었다면 가압류채권자가 그 공탁금에 대하여 채권자로서 권리행사를 계속하고 있다고 볼 수 있으므로 가압류에 의한 시효중단의 효력은 계속된다. O | X

> 해설 가압류는 강제집행을 보전하기 위한 것으로서 경매절차에서 부동산이 매각되면 그 부동산에 대한 집행보전의 목적을 다하여 효력을 잃고 말소되며, 가압류채권자에게는 집행법원이 그 지위에 상응하는 배당을 하고 배당액을 공탁함으로써 가압류채권자가 장차 채무자에 대하여 권리행사를 하여 집행권원을 얻었을 때 배당액을 지급받을 수 있도록 하면 족한 것이다. 따라서 이러한 경우 가압류에 의한 시효중단은 경매절차에서 부동산이 매각되어 가압류등기가 말소되기 전에 배당절차가 진행되어 가압류채권자에 대한 배당표가 확정되는 등의 특별한 사정이 없는 한, 채권자가 가압류집행에 의하여 권리행사를 계속하고 있다고 볼 수 있는 가압류등기가 말소된 때 그 중단사유가 종료되어, 그때부터 새로 소멸시효가 진행한다고 봄이 타당하다. 따라서 **매각대금 납부 후의 배당절차에서 가압류채권자의 채권에 대하여 배당이 이루어지고 배당액이 공탁되었다고 하여 가압류채권자가 그 공탁금에 대하여 채권자로서 권리행사를 계속하고 있다고 볼 수는 없으므로 그로 인하여 가압류에 의한 시효중단의 효력이 계속된다고 할 수 없다**(대판 2013.11.14. 2013다18622,18639).

보험계약자의 보험금 채권에 대한 압류가 행하여지더라도 채무자나 제3채무자는 기본적 계약관계인 보험계약 자체를 해지할 수 있고, 보험계약이 해지되면 그 계약에 의하여 발생한 보험금 채권은 소멸하게 되므로 이를 대상으로 한 압류명령은 실효하게 되는데, 이 경우 위 압류에 의한 시효중단사유는 종료한 것으로 보아야 하고, 그때부터 시효가 새로이 진행한다. O | X

> 해설 대판 2017.4.28. 2016다239840
>
> ➡ 압류, 가압류 또는 가처분이 '집행되면' 그 '집행을 신청한 때'에 소급하여 시효중단의 효력이 발생하고, '집행절차종료시'로부터 다시 시효가 진행된다. 만약, 집행채권의 소멸시효가 채무자의 채권에 대한 압류로 중단된 후, 그 '피압류채권이 기본계약관계의 해지·실효 또는 소멸시효 완성 등으로 소멸'하면 시효중단사유가 종료한 것으로 보아야 하고, 집행채권의 소멸시효는 그때부터 다시 진행한다(대판 2017.4.28. 2016다239840).

정답 | **33** O **34** O **35** × **36** O

채권자가 확정판결에 기한 채권의 실현을 위하여 채무자의 제3채무자에 대한 채권에 관하여 압류 및 추심명령을 받아 그 결정이 제3채무자에게 송달이 되었다면 거기에 소멸시효 중단사유인 최고로서의 효력을 인정하여야 한다. ○ | X

> 해설 채권자가 채무자의 제3채무자에 대한 채권을 압류 또는 가압류한 경우 채권자의 채무자에 대한 채권은 압류에 따른 시효중단의 효력이 확정적으로 발생하나, 이와 달리 **압류의 대상인 채무자의 제3채무자에 대한 채권은 확정적 시효중단이 되는 것은 아니고** 다만 채권자가 채무자의 제3채무자에 대한 채권에 관한 압류 및 추심명령을 받아 그 결정이 제3채무자에게 송달이 되었다면 채무자의 제3채무자에 대한 채권은 '**최고'로서의 효력에 의해 시효중단이 된다**(대판 2003.5.13. 2003다16238). 예를 들어 甲이 乙의 丙에 대한 채권을 압류·추심한 경우 甲의 乙에 대한 채권(피보전채권)은 압류명령 '신청시'에 시효중단 되나 (중단사유 중 제168조 2호 압류), 乙의 丙에 대한 채권(피압류채권)은 丙에게 압류·추심명령이 '송달된 때' 시효중단 된다(중단사유 중 제174조 최고).

점유로 인한 부동산소유권의 시효취득에 있어 취득시효기간의 완성 전에 부동산에 압류 또는 가압류 조치가 이루어졌다고 하더라도 이는 취득시효의 중단사유가 될 수 없다. ○ | X

> 해설 민법 제168조 제2호에서 정하는 '**압류 또는 가압류**'는 금전채권의 강제집행을 위한 수단이거나 그 보전수단에 불과하여 취득시효기간의 완성 전에 부동산에 압류 또는 가압류 조치가 이루어졌다고 하더라도 이로써 **종래의 점유상태의 계속이 파괴되었다고는 할 수 없으므로 이는 취득시효의 중단사유가 될 수 없다**(대판 2019.4.3. 2018다296878).

유체동산에 대한 가압류결정을 받았으나 집행절차에 착수하지 않은 경우에는 가압류에 의한 시효중단의 효력이 없으므로 임차인 甲이 임대인 乙에 대하여 임대차계약기간 만료일로부터 10년이 경과한 시점에 임대차보증금반환을 구하는 소를 제기한 경우, 乙의 甲에 대한 임대차보증금반환채무는 시효로 소멸하였고 甲이 乙소유의 '유체동산'에 대한 가압류결정을 받은 사실만으로는 가압류 집행보전의 효력이 존속하지 않는 한 시효가 중단되지 않는다. ○ | X

> 해설 (유체동산에 대한) 가압류 집행절차에 착수하지 않은 경우 시효중단 효력 여부(소극)
> 민법 제168조에서 가압류를 시효중단사유로 정하고 있는 것은 가압류에 의하여 채권자가 권리를 행사하였다고 할 수 있기 때문인데 가압류에 의한 집행보전의 효력이 존속하는 동안은 가압류채권자에 의한 권리행사가 계속되고 있다고 보아야 할 것이므로 가압류에 의한 시효중단의 효력은 가압류 집행보전의 효력이 존속하는 동안은 계속된다. 따라서 **유체동산에 대한 가압류결정을 '집행'한 경우** 가압류에 의한 시효중단 효력은 가압류 집행보전의 효력이 존속하는 동안 계속된다. 그러나 **유체동산에 대한 가압류 집행절차에 착수하지 않은 경우에는 시효중단 효력이 없고**(필자주: 유체동산에 대한 집행착수시기는 집행관이 압수·수색에 나가는 경우이며, 부동산에 대한 집행착수시기는 가압류명령의 등기부기입을 등기관에게 촉탁하여 집행할 때이다)집행절차를 개시하였으나(필자주: 집행착수가 있음을 의미) **가압류할 동산이 없기 때문에 집행불능이 된 경우에는 '집행절차가 종료된 때'로부터 시효가 새로이 진행**된다(대판 2011.5.13. 2011다10044).
>
> 참고 가압류집행절차는 i) 가압류신청(집행신청) → ii) 가압류결정(집행개시) → iii) 가압류착수(집행착수 또는 집행절차 개시)이다.

가압류 등이 집행될 것

소멸시효는 압류, 가압류 또는 가처분으로 인하여 중단되는바(제168조 2호), 이러한 가압류 등은 **집행되면 그 '집행을 신청한 때'**에 소급하여 시효중단의 효력이 발생한다(통설). 가압류 등으로 시효가 중단되기 위해서는 ⅰ) 가압류 등이 집행될 것, ⅱ) 유효할 것, ⅲ) 취소되지 않을 것, ⅳ) 시효이익을 받을 자에게 할 것을 요한다.
집행의 신청이 있었어도 채무자의 주소불명 등으로 '집행에 착수하지 못한 때'에는 시효중단의 효과가 소급적으로 소멸된다(대판 2010.10.14. 2010다53273). 그리고 '집행에 착수한 이상' (압류할 물건 등이 없어서) 집행불능상태가 된 경우에도 집행을 신청한 때 시효중단의 효력은 인정된다(대판 2001.7.27. 2001두3365). 또한 이 경우에는 '집행절차가 종료된 때'부터 시효가 새로이 진행된다[대판 2011.5.13. 2011다10044, 이와 비교하여 실제로 집행이 된 경우는 가압류집행보전의 효력이 존속하는 동안은 시효중단의 효력이 계속된다(대판 2000.4.25. 2000다11102 등)].

40

21법원행시

금전채권자가 채무자의 재산을 가압류한 경우에는 소멸시효가 중단되고 가압류를 취하하면 취하서를 제출한 시점부터 중단된 시효기간이 다시 진행하게 된다. ○ | X

> **해설** 금전채권의 보전을 위하여 채무자의 금전채권에 대하여 가압류가 행하여진 경우에 그 후 채권자의 신청에 의하여 그 집행이 취소되었다면, 다른 특별한 사정이 없는 한 가압류에 의한 소멸시효 중단의 효과는 소급적으로 소멸된다. 민법 제175조는 가압류가 '권리자의 청구에 의하여 취소된 때에는' 소멸시효 중단의 효력이 없다고 정한다. 가압류의 집행 후에 행하여진 채권자의 집행취소 또는 집행해제의 신청은 실질적으로 집행신청의 취하에 해당하고, 이는 다른 특별한 사정이 없는 한 가압류 자체의 신청을 취하하는 것과 마찬가지로 그에게 권리행사의 의사가 없음을 객관적으로 표명하는 행위로서 위 법 규정에 의하여 시효중단의 효력이 소멸한다고 봄이 상당하다. 이러한 점은 위와 같은 집행취소의 경우 그 취소의 효력이 단지 장래에 대하여만 발생한다는 것에 의하여 달라지지 아니한다(대판 2010.10.14. 2010다53273).

41

출제예상

체납처분에 의한 채권압류로 인하여 압류채권자의 채무자에 대한 채권의 시효가 중단되었으나 그 후 피압류채권이 기본계약관계의 해지·실효 또는 소멸시효의 완성 등으로 소멸하여 압류 자체가 실효된 경우, 시효중단 사유는 종료되고 그때부터 시효가 새로이 진행한다. ○ | X

> **해설** 기본계약관계 해지 등으로 인한 피압류채권의 소멸과 시효중단
> **체납처분에 의한 채권압류로 인하여 채권자의 채무자에 대한 채권의 시효가 중단된 경우**에 압류에 의한 체납처분 절차가 채권추심 등으로 종료된 때뿐만 아니라, **피압류채권이 기본계약관계의 해지·실효 또는 소멸시효 완성 등으로 인하여 소멸함으로써 압류의 대상이 존재하지 않게 되어 압류 자체가 실효된 경우**에도 체납처분 절차는 더 이상 진행될 수 없으므로 시효중단사유가 종료한 것으로 보아야 하고, **그때부터 시효가 새로이 진행**한다(대판 2017.4.28. 2016다239840).

> **쟁점정리** 압류, 가압류 또는 가처분이 '집행되면' 그 '집행을 신청한 때'에 소급하여 시효중단의 효력이 발생하고, '집행절차종료시'로부터 다시 시효가 진행된다(대판 2011.5.13. 2011다10044). 만약, 집행채권의 소멸시효가 채무자의 채권에 대한 압류로 중단된 후, 그 '피압류채권이 기본계약관계의 해지·실효 또는 소멸시효 완성 등으로 소멸'하면 시효중단사유가 종료한 것으로 보아야 하고, 집행채권의 소멸시효는 그때부터 다시 진행한다.

정답 | 37 ○ 38 ○ 39 ○ 40 × 41 ○

42

출제예상

법률의 규정에 따른 적법한 가압류가 있었으나 제소기간의 도과로 인하여 가압류가 취소된 경우에는 소멸시효 중단의 효력이 없다.

O | X

> **해설** 민법 제175조와 시효중단
> 민법 제175조는 **가압류**가 '권리자의 청구에 의하여 또는 **법률의 규정에 따르지 아니함**으로 인하여 취소된 때에는 소멸시효 중단의 효력이 없다'고 규정하고 있고, 이는 그러한 사유가 가압류 채권자에게 권리행사의 의사가 없음을 객관적으로 표명하는 행위이거나 또는 처음부터 적법한 권리행사가 있었다고 볼 수 없는 사유에 해당한다고 보기 때문이므로, 법률의 규정에 따른 적법한 가압류가 있었으나 **제소기간의 도과로 인하여 가압류가 취소된 경우는 위 법조가 정한 소멸시효 중단의 효력이 없는 경우에 해당한다고 볼 수 없다**(대판 2011.1.13. 2010다88019).
>
> **쟁점정리** 압류, 가압류 및 가처분이 권리자의 청구에 의하여 또는 법률의 규정에 따르지 않음으로 인하여 취소된 경우에는 시효중단의 효력이 소급적으로 소멸한다(제175조). 여기서 '**법률의 규정에 따르지 아니함으로 인하여 취소된 경우**'라 함은 **처음부터** 적법한 권리행사가 있었다고 볼 수 없는 경우를 의미한다. 따라서 判例에 따르면 법률의 규정에 따른 적법한 **가압류**가 있었으나 **제소기간의 도과**(채무자의 제소명령신청에 의하여 채권자가 법원으로부터 제소명령을 받게 되면 일정한 기간 내에 본안소송을 제기하여야 한다)로 인하여 가압류가 취소된 경우나(위 2010다88019 판결), **압류**가 있었으나 이후 남을 가망이 없는 경우의 경매취소를 규정한 **민사집행법 제102조 2항에 따라 경매절차가 취소**된 것은 제175조에 해당하는 것은 아니어서 위 경우의 소멸시효 중단의 효력은 소멸하지 않는다(대판 2015.2.26. 2014다228778)고 한다.

43

출제예상

임차권등기명령에 따른 임차권등기에 임대차보증금 반환채권에 대한 시효중단의 효력이 인정되지는 않는다.

O | X

> **해설** 주택임대차보호법 제3조의3에서 정한 임차권등기명령에 따른 임차권등기는 특정 목적물에 대한 구체적 집행행위나 보전처분의 실행을 내용으로 하는 압류 또는 가압류, 가처분과 달리 어디까지나 주택임차인이 주택임대차보호법에 따른 대항력이나 우선변제권을 취득하거나 이미 취득한 대항력이나 우선변제권을 유지하도록 해 주는 담보적 기능을 주목적으로 한다. 비록 주택임대차보호법이 임차권등기명령의 신청에 대한 재판절차와 임차권등기명령의 집행 등에 관하여 민사집행법상 가압류에 관한 절차규정을 일부 준용하고 있지만 이는 일방 당사자의 신청에 따라 법원이 심리·결정한 다음 그 등기를 촉탁하는 일련의 절차가 서로 비슷한 데서 비롯된 것일 뿐 이를 이유로 **임차권등기명령에 따른 임차권등기가 본래의 담보적 기능을 넘어서 채무자의 일반재산에 대한 강제집행을 보전하기 위한 처분의 성질을 가진다고 볼 수는 없다.** 그렇다면 임차권등기명령에 따른 임차권등기에는 민법 제168조 제2호에서 정하는 소멸시효 중단사유인 압류 또는 가압류, 가처분에 준하는 효력이 있다고 볼 수 없다(대판 2019.5.16. 2017다226629).

44

21법무사

소멸시효 중단사유로서의 채무승인은 시효의 이익을 받는 이가 상대방의 권리 등의 존재를 인정하는 일방적 행위로서, 그 권리의 원인·내용이나 범위 등에 관한 구체적 사항을 확인하여야 하는 것은 아니고, 그에 있어서 채무자가 권리 등의 법적 성질까지 알고 있거나 권리 등의 발생원인을 특정하여야 할 필요는 없다고 할 것이다.

O | X

해설 소멸시효 중단사유인 채무 승인은 시효이익을 받는 당사자인 채무자가 소멸시효 완성으로 채권을 상실하게 될 상대방 또는 그 대리인에 대하여 상대방의 권리 또는 자신의 채무가 있음을 알고 있다는 뜻을 표시함으로써 성립하며, 그 표시의 방법은 특별한 형식이 필요하지 않고 묵시적이든 명시적이든 상관없다. 또한 승인은 시효이익을 받는 채무자가 상대방의 권리 등의 존재를 인정하는 일방적 행위로서, 권리의 원인·내용이나 범위 등에 관한 구체적 사항을 확인하여야 하는 것은 아니고, 채무자가 권리 등의 법적 성질까지 알고 있거나 권리 등의 발생원인을 특정하여야 할 필요는 없다(대판 2019.4.25. 2015두39897).

45

11법원행시, 14법무사

면책적 채무인수는 소멸시효의 중단사유인 채무승인에 해당하므로 면책적 채무인수가 있은 경우 인수채무의 소멸시효기간은 채무인수일로부터 새로이 진행된다. ○|X

해설 면책적 채무인수가 소멸시효의 중단사유인 채무승인에 해당하는지 여부(적극)
면책적 채무인수가 있은 경우, 인수채무의 소멸시효기간은 채무인수와 동시에 이루어진 소멸시효 중단사유, 즉 채무승인에 따라 채무인수일로부터 새로이 진행된다(대판 1999.7.9. 99다12376).

참고판례 면책적 채무인수의 법률효과 및 개인이 상사시효의 적용을 받는 채무를 면책적으로 인수한 경우에도 그 인수채무의 소멸시효기간은 상사시효의 적용을 받는지 여부(적극)
면책적 채무인수라 함은 채무의 동일성을 유지하면서 이를 종래의 채무자로부터 제3자인 인수인에게 이전하는 것을 목적으로 하는 계약으로서, 채무인수로 인하여 인수인은 종래의 채무자와 지위를 교체하여 새로이 당사자로서 채무관계에 들어서서 종래의 채무자와 동일한 채무를 부담하고 동시에 종래의 채무자는 채무관계에서 탈퇴하여 면책되는 것일 뿐이므로, 인수채무가 원래 5년의 상사시효의 적용을 받던 채무라면 그 후 면책적 채무인수에 따라 그 채무자의 지위가 인수인으로 교체되었다고 하더라도 그 소멸시효의 기간은 여전히 5년의 상사시효의 적용을 받는다 할 것이고, 이는 채무인수행위가 상행위나 보조적 상행위에 해당하지 아니한다고 하여 달리 볼 것이 아니다(대판 1999.7.9. 99다12376).

46

17법원행시

이행인수인이 채권자에 대하여 채무자의 채무를 승인하면 시효중단 사유가 되는 채무승인의 효력이 발생한다. ○|X

해설 이행인수인이 채권자에 대한 관계에서 직접 이행의무를 부담하는지 여부(소극) / 이행인수인이 채권자에 대하여 채무자의 채무를 승인한 경우, 시효중단 사유가 되는 채무승인의 효력이 발생하는지 여부(원칙적 소극)
이행인수는 채무자와 인수인 사이의 계약에 따라 인수인이 채권자에 대한 채무를 변제하기로 약정하는 것을 말한다. 이 경우 인수인은 채무자의 채무를 변제하는 등으로 면책시킬 의무를 부담하지만 채권자에 대한 관계에서 직접 이행의무를 부담하게 되는 것은 아니다. 한편 소멸시효 중단사유인 채무의 승인은 시효이익을 받을 당사자나 대리인만 할 수 있으므로 **이행인수인이 채권자에 대하여 채무자의 채무를 승인하더라도 다른 특별한 사정이 없는 한 시효중단 사유가 되는 채무승인의 효력은 발생하지 않는다**(대판 2016.10.27. 2015다239744).

정답 | **42** × **43** ○ **44** ○ **45** ○ **46** ×

47

이행인수는 채무자와 인수인 사이의 계약에 따라 인수인이 채권자에 대한 채무를 변제하기로 약정하는 것을 말한다. 이 경우 인수인은 채무자의 채무를 변제하는 등으로 면책시킬 의무를 부담하지만 채권자에 대한 관계에서 직접 이행의무를 부담하게 되는 것은 아니다. 한편 소멸시효 중단사유인 채무의 승인은 시효이익을 받을 당사자나 대리인만 할 수 있으므로 이행인수인이 채권자에 대하여 채무자의 채무를 승인하더라도 다른 특별한 사정이 없는 한 시효중단 사유가 되는 채무승인의 효력은 발생하지 않는다.

O | X

> 해설 대판 2016.10.27. 2015다239744

48

비법인사단이 총유물에 관하여 체결한 매매계약에 따라 소유권이전등기의무가 존재하고 있음을 시인하는 것은 그에 따라 소멸시효중단사유로서 승인의 효과가 발생하므로 총유물의 관리 처분행위에 해당하여 사원총회의 결의를 거치지 않으면 효력이 있다.

O | X

49

소유권이전등기를 해 주기 위하여 매도인이 매수인과 함께 법무사 사무실을 방문하였다면 소유권이전등기청구권의 소멸시효 중단사유로서의 승인이 있었다고 볼 수 없다.

O | X

> 해설 **48** 비법인사단의 사원총회가 그 총유물에 관한 매매계약의 체결을 승인하는 결의를 하였다면, 통상 그러한 결의에는 그 매매계약의 체결에 따라 발생하는 채무의 부담과 이행을 승인하는 결의까지 포함되었다고 봄이 상당하므로, **비법인사단의 대표자가 그 채무에 대하여 소멸시효 중단의 효력이 있는 승인을 하거나 그 채무를 이행할 경우에는 특별한 사정이 없는 한 별도로 그에 대한 사원총회의 결의를 거칠 필요는 없다고 보아야** 한다(대판 2009.11.26. 2009다64383).
>
> **49** 비법인사단의 대표자가 총유물의 매수인에게 소유권이전등기를 해주기 위하여 매수인과 함께 법무사 사무실을 방문한 행위는 소유권이전등기청구권의 소멸시효 중단의 효력이 있는 승인에 해당한다(대판 2009.11.26. 2009다64383).

50

현존하지 아니하는 장래의 채권을 미리 승인하는 것도 채무자가 그 권리의 존재를 인식하고 있다는 뜻을 표시한 것이므로, 소멸시효의 중단사유로서의 승인으로 허용된다.

O | X

51

소멸시효의 중단사유로서의 승인은 소멸시효의 진행이 개시된 이후에만 가능하고 그 이전에 승인을 하더라도 시효가 중단되지는 않는다고 할 것이고, 또한 현존하지 아니하는 장래의 채권을 미리 승인하는 것은 채무자가 그 권리의 존재를 인식하고서 한 것이라고 볼 수 없어 허용되지 않는다고 할 것이다. ○ | X

> 해설 **50 51** 소멸시효의 진행이 개시되기 전에 소멸시효의 중단사유로서의 승인을 할 수 있는지 여부(소극)
> 소멸시효의 중단사유로서의 승인은 시효이익을 받을 당사자인 채무자가 그 권리의 존재를 인식하고 있다는 뜻을 표시함으로써 성립하는 것이므로 이는 소멸시효의 진행이 개시된 이후에만 가능하고 그 이전에 승인을 하더라도 시효가 중단되지는 않는다고 할 것이고, 또한 **현존하지 아니하는 장래의 채권을 미리 승인하는 것은 채무자가 그 권리의 존재를 인식하고서 한 것이라고 볼 수 없어 허용되지 않는다**고 할 것이다(대판 2001.11.9. 2001다52568).

52

소멸시효 중단사유로서의 채무승인은 시효이익을 받는 당사자인 채무자가 소멸시효의 완성으로 채권을 상실하게 될 자 또는 그 대리인에 대하여 상대방의 권리 또는 자신의 채무가 있음을 알고 있다는 뜻을 표시함으로써 성립한다고 할 것이며, 그 표시의 방법은 아무런 형식을 요구하지 아니하고, 또한 명시적이건 묵시적이건 불문한다. ○ | X

> 해설 대판 2012.10.25. 2012다45566

53

시효중단의 효력있는 승인에는 상대방의 권리에 관한 처분의 능력이나 권한있음을 요하지 아니한다. ○ | X

> 해설 시효중단사유로서의 승인은 단지 권리의 존재를 인정하는 것에 불과하기 때문에 상대방의 권리에 관한 처분의 능력이나 권한 있음을 요하지 아니한다(제177조).
> **보충쟁점** 따라서 가령 처분권한 없는 부재자재산관리인(제25조)도 유효하게 승인할 수 있다. 그러나 그 반대해석상 '관리능력'이나 '관리권한'은 있어야 하므로 제한능력자는 법정대리인의 동의가 없는 한 단독으로 유효하게 승인할 수 없다.
> **관련쟁점** 시효완성 전의 채무승인은 시효중단사유이고(제168조 3제호, 제177조), 시효완성 후의 채무승인은 시효이익의 포기인바(제184조 제1항 반대해석), 시효이익의 포기는 '처분행위'이므로 처분능력과 처분권한이 있어야 한다.

54

출제예상

채무자가 채권자에게 담보가등기를 경료하고 부동산을 인도하여 준 다음 피담보채권의 이자 또는 지연손해금의 지급에 갈음하여 채권자로 하여금 그 부동산을 사용수익할 수 있도록 한 경우, 이로 인해 피담보채권의 소멸시효가 중단되지는 않는다.　　　　　　　　　　　　　　　　　　　　　　　　　　　　　　○ㅣX

> **해설** 시효중단의 물적 범위
>
> 判例는 "담보가등기를 경료한 부동산을 인도받아 점유하더라도 담보가등기의 피담보채권의 소멸시효가 중단되는 것은 아니지만, 채무의 일부를 변제하는 경우에는 채무 전부에 관하여 시효중단의 효력이 발생하는 것이므로, 채무자가 채권자에게 담보가등기를 경료하고 부동산을 인도하여 준 다음 피담보채권에 대한 이자 또는 지연손해금의 지급에 갈음하여 채권자로 하여금 부동산을 사용수익할 수 있도록 한 경우라면, **채권자가 부동산을 사용수익하는 동안에는 채무자가 계속하여 이자 또는 지연손해금을 채권자에게 변제하고 있는 것으로 볼 수 있으므로** 피담보채권의 소멸시효가 중단된다고 보아야 한다"(대판 2009.11.12. 2009다51028)라고 판시하였다.
>
> **비교판례** 그러나 원칙적으로 채권자가 담보목적의 가등기를 취득한 후 그 목적토지를 인도받아 점유하더라도 담보가등기의 피담보채권의 소멸시효가 중단되는 것은 아니다(대판 2007.3.15. 2006다12701).

55

10서기보

1개의 채권 중 일부만을 청구한 경우에도 그 취지로 보아 채권 전부에 관하여 판결을 구하는 것으로 해석되는 경우에는 그 동일성의 범위 내에서 그 전부에 관하여 시효중단의 효력이 발생한다.　　　　　　　　　○ㅣX

56

출제예상

소장에서 청구의 대상으로 삼은 금전채권 중 일부만을 청구하면서 소송의 진행경과에 따라 나머지 부분에 대하여 장차 청구금액을 확장할 뜻을 표시하였으나 당해 소송이 종료될 때까지 실제로 청구금액을 확장하지 않은 경우, 나머지 부분에 대하여는 재판상 청구로 인한 시효중단의 효력이 발생하지는 않지만 특별한 사정이 없는 한 소송이 계속 중인 동안에는 최고에 의한 권리행사가 지속되는 것으로 볼 수 있다.　　　　　　　　　　　　　　　　　　　　　　　　○ㅣX

> **해설** **55** 청구의 대상으로 삼은 채권 중 일부만을 청구한 경우에도 그 취지로 보아 채권 전부에 관하여 판결을 구하는 것으로 해석되는 경우에는 그 동일성의 범위 내에서 그 전부에 관하여 시효중단의 효력이 발생하고, 이러한 법리는 특정 불법행위로 인한 손해배상채권에 대한 지연손해금청구의 경우에도 마찬가지로 적용된다(대판 2001.9.27. 99다72521).
>
> **56** 소장에서 청구의 대상으로 삼은 채권 중 일부만을 청구하면서 소송의 진행경과에 따라 장차 청구금액을 확장할 뜻을 표시하였으나 당해 소송이 종료될 때까지 실제로 청구금액을 확장하지 않은 경우에는 소송의 경과에 비추어 볼 때 채권 전부에 관하여 판결을 구한 것으로 볼 수 없으므로, 나머지 부분에 대하여는 재판상 청구로 인한 시효중단의 효력이 발생하지 아니한다. 그러나 이와 같은 경우에도 소를 제기하면서 장차 청구금액을 확장할 뜻을 표시한 채권자로서는 장래에 나머지 부분을 청구할 의사를 가지고 있는 것이 일반적이라고 할 것이므로, 다른 특별한 사정이 없는 한 당해 소송이 계속 중인 동안에는 나머지 부분에 대하여 권리를 행사하겠다는 의사가 표명되어 '**최고**'에 의해 권리를 행사하고 있는 상태가 지속되고 있는 것으로 보아야 하고, 채권자는 당해 소송이 종료된 때부터 6월 내에 민법 제174조에서 정한 조치를 취함으로써 나머지 부분에 대한 소멸시효를 중단시킬 수 있다(대판 2020.2.6. 2019다223723).

쟁점정리 일부청구와 시효중단

① 일부의 청구(특히 일부를 특정하고 일부청구임을 명시하여 청구한 경우)는 나머지 부분에 대한 시효중단의 효력이 없다는 것이 判例의 기본적인 입장이다(대판 1967.5.23. 67다529). 그러나 비록 일부만을 청구한 경우에도 그 취지로 보아 채권 전부에 관하여 판결을 구하는 것으로 해석되는 경우에는 그 전부에 대해 시효중단의 효력이 발생한다(대판 1992.4.10. 91다43695).

② 소장에서 청구의 대상으로 삼은 채권 중 일부만을 청구하면서 소송의 진행경과에 따라 장차 청구금액을 확장할 뜻을 표시하였으나 당해 소송이 종료될 때까지 실제로 청구금액을 확장하지 않은 경우, 나머지 부분에 대하여는 재판상 청구로 인한 시효중단의 효력이 발생하지 아니한다. 그러나 채권자는 '당해 소송이 종료된 때'부터 6월 내에 민법 제174조에서 정한 조치를 취함으로써 나머지 부분에 대한 소멸시효를 중단시킬 수 있다(대판 2020.2.6. 2019다223723).

57

채권자가 동일한 목적을 달성하기 위하여 복수의 채권을 갖고 있는 경우에는 그 중 어느 하나의 청구를 하면 다른 채권에 대하여도 소멸시효 중단의 효력이 있다. O | X

58

채권자가 채무자를 상대로 공동불법행위자에 대한 구상금 청구의 소를 제기하였다면, 이로써 채권자의 사무관리로 인한 비용상환청구권의 소멸시효도 중단된다. O | X

> **해설 57 58** 채권자가 동일한 목적을 달성하기 위하여 복수의 채권을 갖고 있는 경우, 채권자로서는 그 선택에 따라 권리를 행사할 수 있되, 그 중 어느 하나의 청구를 한 것만으로는 다른 채권 그 자체를 행사한 것으로 볼 수는 없으므로, 특별한 사정이 없는 한 그 다른 채권에 대한 소멸시효 중단의 효력은 없는 것이고, 채권자가 채무자를 상대로 공동불법행위자에 대한 구상금 청구의 소를 제기하였다고 하여 이로써 채권자의 사무관리로 인한 비용상환청구권의 소멸시효가 중단될 수는 없다(대판 2011.2.10. 2010다81285).

59

시효중단은 원칙적으로 당사자 및 그 승계인 사이에서만 효력이 있고, 특정승계이건 포괄승계이건 불문하며, 중단사유 발생 전의 승계인도 포함한다. O | X

> **해설** 시효중단은 당사자 및 그 승계인 간에만 효력이 있다(제169조). 승계인은 시효중단에 관여한 당사자로부터 중단의 효과를 받는 권리를 그 중단 효과 발생 이후에 승계한 자를 가리키며(대판 1998.6.12. 96다26961), 특정승계인·포괄승계인을 포함한다. 즉 그 '승계'는 중단사유가 발생한 이후에 이루어져야 하고, 중단사유 발생 이전의 승계인은 포함되지 않는다.

정답 | 54 × 55 O 56 O 57 × 58 × 59 ×

60

채권자의 신청에 따라 연대보증채무자 겸 물상보증인 A 소유 담보부동산에 대한 임의경매개시결정이 내려져 그 결정이 A에게 송달되고 압류의 효력이 생겼다면, 채권자는 그 압류 사실을 주채무자에게 통지하지 않더라도 주채무의 시효 중단을 주장할 수 있다. O | X

61

채권자가 물상보증인에 대하여 임의경매를 신청하여 경매법원이 경매개시결정을 하고 경매절차의 이해관계인으로서의 채무자에게 그 결정이 송달되거나 경매기일이 통지된 경우에는 소멸시효의 진행이 중단된다. O | X

> **해설** **60 61** 채권자가 물상보증인에 대하여 그 피담보채권의 실행으로서 임의경매를 신청하여 경매법원이 경매개시결정을 하고 경매절차의 이해관계인으로서의 채무자에게 그 결정이 송달되거나 또는 경매기일이 통지된 경우에는 시효의 이익을 받는 채무자는 민법 제176조에 의하여 당해 피담보채권의 소멸시효 중단의 효과를 받는다(대판 1997.8.29. 97다12990).

62

직접점유자를 상대로 점유이전금지가처분을 한 사실을 간접점유자에게 통지한 바가 없는 경우 그 가처분은 간접점유자에 대하여 시효중단의 효력을 가지지 않는다. O | X

> **해설** 시효완성의 이익을 받을 자(채무자)가 아니라 제3자(물상보증인 또는 저당부동산의 제3취득자 등)에 대해 압류 등을 한 경우에는, **그 자(채무자)에 대하여 통지한 때**에 시효중단의 효력이 발생한다(제176조). 예컨대 직접점유자를 상대로 점유이전금지가처분을 한 뜻을 간접점유자에게 통지한 바가 없다면 가처분은 간접점유자에 대하여 시효중단의 효력을 발생할 수 없다(대판 1992.10.27. 91다41064).

63

채권자의 신청에 의한 경매개시결정에 따라 연대채무자 1인 소유의 부동산이 압류된 경우, 이로써 이 연대채무자에 대한 채권의 소멸시효는 중단되지만 다른 연대채무자에 대한 채권의 소멸시효는 중단되지 않는다. O | X

> **해설** 시효의 중단은 당사자 및 그 승계인간에만 효력이 있다(제169조). 이때 '승계인'이라 함은 시효중단에 관여한 당사자로부터 **중단의 효과를 받는 권리를 그 중단 효과 발생 이후에 승계한 자**를 가리킨다(대판 1998.6.12. 96다26961).

64

어느 연대채무자가 채무를 승인함으로써 그에 대한 시효가 중단되면 그로 인하여 다른 연대채무자에게도 시효중단의 효력이 발생한다. ○ | X

> **해설** 민법 제416조는 어느 연대채무자에 대한 이행청구는 다른 연대채무자에게도 효력이 있다고 규정하고 있을 뿐이고 채무승인은 이행청구에는 해당하지 않기 때문에, 어느 연대채무자가 채무를 승인함으로써 그에 대한 시효가 중단되었더라도 그로 인하여 다른 연대채무자에게도 시효중단의 효력이 발생하는 것은 아니다(대판 2018.10.25. 2018다234177).

65

시효의 중단은 당사자 및 그 승계인 간에만 효력이 있고, 어느 연대채무자에 대한 이행청구는 다른 연대채무자에게도 효력이 있으나, 주채무자에 대한 시효의 중단은 보증인에 대하여 그 효력이 없다. ○ | X

> **해설** **제169조(시효중단의 효력)** 시효의 중단은 당사자 및 그 승계인간에만 효력이 있다.
>
> **제416조(이행청구의 절대적 효력)** 어느 연대채무자에 대한 이행청구는 다른 연대채무자에게도 효력이 있다.
>
> **제440조(시효중단의 보증인에 대한 효력)** 주채무자에 대한 시효의 중단은 보증인에 대하여 그 효력이 있다.

66

부진정연대채무에서 채무자 1인에 대한 재판상 청구 또는 채무자 1인이 행한 채무의 승인 등 소멸시효의 중단사유나 시효이익의 포기는 다른 채무자에게도 효력을 미친다. ○ | X

> **해설** 부진정연대채무에서 채무자 1인에 대한 재판상 청구 또는 채무자 1인이 행한 채무의 승인 등 소멸시효의 중단사유나 시효이익의 포기는 다른 채무자에게 효력을 미치지 않는다(대판 2017.9.12. 2017다865).
>
> **제169조(시효중단의 효력)** 시효의 중단은 당사자 및 그 승계인간에만 효력이 있다.
>
> **제416조(이행청구의 절대적 효력)** 어느 연대채무자에 대한 이행청구는 다른 연대채무자에게도 효력이 있다.

67

甲은 丙의 乙에 대한 대여금채무를 연대보증하였다. 乙은 丙에 대한 대여금채권을 보전하기 위하여 丙 소유의 X 토지에 대한 가압류신청을 하였고 이에 따른 가압류결정과 가압류기입등기가 이루어졌으나, 乙은 이러한 사정을 연대보증인인 甲에게 알리지 않았다. 이 경우 가압류에 의한 시효중단의 효력은 甲에게 미친다. ○ | X

| 정답 | 60 × 61 ○ 62 ○ 63 × 64 × 65 × 66 × 67 ○ |

해설 소멸시효는 압류 또는 가압류, 가처분에 의해 중단된다(제168조 제2호). 그리고 **주채무자에 대한 시효의 중단은 보증인에 대하여 그 효력이 있다**(제440조).

➡ 따라서 채권자 乙이 주채무자 丙소유의 X부동산에 대해 가압류를 하면 시효중단의 효력은 통지여부를 불문하고 연대보증인인 甲에게 미친다. 그러나 만약 채권자 乙이 연대보증인 甲을 상대로 시효중단행위를 했다면 주채무자 丙에게는 중단효가 미치지 않는다.

判例는 "보증채무에 대한 소멸시효가 중단되었다고 하더라도 이로써 주채무에 대한 소멸시효가 중단되는 것은 아니고, 주채무가 소멸시효 완성으로 소멸된 경우에는 보증채무도 그 채무 자체의 시효중단에 불구하고 부종성에 따라 당연히 소멸된다"(대판 2002.5.14. 2000다62476)라고 판시하였다. 한편 判例는 "채권자가 연대보증인 겸 물상보증인 소유의 담보부동산에 대하여 임의경매의 신청을 하여 경매개시결정에 따른 압류의 효력이 생겼다면 …(중략)… 경매절차에서 **이해관계인인 주채무자에게 경매개시결정이 송달되었다면 주채무자는 제176조에 의하여 당해 피담보채권의 소멸시효중단의 효과를 받는다**고 할 것이나, 민법 제176조의 규정에 따라 압류사실이 통지된 것으로 볼 수 있기 위하여는 압류사실을 주채무자가 알 수 있도록 경매개시결정이나 경매기일통지서가 교부송달의 방법으로 주채무자에게 송달되어야만 하는 것이지, 이것이 우편송달(발송송달)이나 공시송달의 방법에 의하여 채무자에게 송달됨으로써 채무자가 압류사실을 알 수 없었던 경우까지도 압류사실이 채무자에게 통지되었다고 볼 수 있는 것은 아니다"(대판 1994.1.11. 93다21477)라고 판시하였다.

➡ 즉, 압류, 가압류 및 가처분은 시효의 이익을 받은 자에 대하여 하지 아니한 때에는 이를 그에게 통지한 후가 아니면 시효중단의 효력이 없는데(제176조), 이와 같은 통지로 인한 시효중단은 주로 물상보증인(또는 연대보증인 겸 물상보증인), 저당부동산의 제3취득자 등에게 집행할 때 채무자에 대한 피담보채무의 시효를 중단시키려 할 때 실익이 있다.

68

15서기보

1992년 11월에 시효가 완성되는 甲의 乙에 대한 채권에 대해 甲의 최후통첩(최고)이 1992년 7월에 있었으나, 채무를 이행하지 않자 1992년 12월 甲이 乙에 대해 재판상 청구를 하였다. 그러나 당해 소가 '각하'되자, 1993년 3월 적법요건을 갖추어 다시 재판상 청구를 한 경우 이미 甲의 乙에 대한 채권은 소멸시효가 완성되었다. ○ | X

해설 ㉠ 민법 제168조 제1호, 제170조 제1항에서 시효중단 사유의 하나로 규정하고 있는 재판상의 청구는, 권리자가 시효를 주장하는 자를 상대로 소로써 권리를 주장하는 경우뿐 아니라, 시효를 주장하는 자가 원고가 되어 소를 제기한 데 대하여 피고로서 응소하여 그 소송에서 적극적으로 권리를 주장하고 그것이 받아들여진 경우도 포함한다. 권리자인 피고가 응소하여 권리를 주장하였으나 그 소가 각하되거나 취하되는 등의 사유로 본안에서 그 권리 주장에 관한 판단 없이 소송이 종료된 경우에도 민법 제170조 제2항을 유추적용하여 그때부터 6월 내에 재판상의 청구 등 다른 시효중단 조치를 취하면 응소 시에 소급하여 시효중단의 효력이 인정된다. ㉡ **민법 제174조가 시효중단 사유로 규정하고 있는 최고를 여러 번 거듭하다가 재판상 청구 등을 한 경우에 시효중단의 효력은 항상 최초의 최고 시에 발생하는 것이 아니라 재판상 청구 등을 한 시점을 기준으로 하여 이로부터 소급하여 6월 이내에 한 최고 시에 발생**하고, 민법 제170조의 해석상 재판상의 청구는 그 소송이 취하된 경우에는 그로부터 6월 내에 다시 재판상의 청구를 하지 않는 한 시효중단의 효력이 없고 다만 재판 외의 최고의 효력만을 갖게 된다. 이러한 법리는 그 소가 각하된 경우에도 마찬가지로 적용된다(대판 2019.3.14. 2018두56435).

➡ 92년 7월 최고(제174조)가 있었고, 92년 12월 재판상 청구가 각하되었으므로 이 또한 최고로 볼 수 있다(제170조 2항 및 위 判例 참고). 결국 사안과 같이 최고를 여러 번 거듭하다가 93년 3월 적법하게 재판상 청구를 한 경우, 이를 기준으로 하여 소급하여 6월 이내에 한 92년 12월의 최고만 시효중단사유로 인정될 수 있으므로, 이때에는 이미 소멸시효(92년 11월)가 완성 된 후이다.

01

미성년자 등 제한능력자에게 법정대리인이 없어서 권리를 행사하지 못하는 것은 시효의 정지 사유에 불과할 뿐 시효기간의 개시에 대한 법률상 장애라고 할 수 없다. ○ | ✕

> **해설** **제179조(제한능력자의 시효정지)** 소멸시효의 기간만료 전 6개월 내에 제한능력자에게 법정대리인이 없는 경우에는 그가 능력자가 되거나 법정대리인이 취임한 때부터 6개월 내에는 시효가 완성되지 아니한다.

02

재산을 관리하는 아버지, 어머니 또는 후견인에 대한 제한능력자의 권리는 그가 능력자가 되거나 후임 법정대리인이 취임한 때부터 6개월 내에는 소멸시효가 완성되지 아니하고, 부부 중 한쪽이 다른 쪽에 대하여 가지는 권리는 혼인관계가 종료된 때부터 6개월 내에는 소멸시효가 완성되지 아니한다. ○ | ✕

> **해설** **제179조(제한능력자의 시효정지)** 소멸시효의 기간만료 전 6개월 내에 제한능력자에게 법정대리인이 없는 경우에는 그가 능력자가 되거나 법정대리인이 취임한 때부터 6개월 내에는 시효가 완성되지 아니한다.
>
> **제180조(재산관리자에 대한 제한능력자의 권리, 부부 사이의 권리와 시효정지)** ① 재산을 관리하는 아버지, 어머니 또는 후견인에 대한 제한능력자의 권리는 그가 능력자가 되거나 후임 법정대리인이 취임한 때부터 6개월 내에는 소멸시효가 완성되지 아니한다.
> ② 부부 중 한쪽이 다른 쪽에 대하여 가지는 권리는 혼인관계가 종료된 때부터 6개월 내에는 소멸시효가 완성되지 아니한다.

[01~04]

> **[사실관계]** 가구상 甲이 乙에게 고가의 가구를 외상으로 판매한 후 乙을 상대로 외상대금의 지급을 청구하는 소를 제기하였다. (각 지문은 독립적이고, 판례에 의함)

01 　　　　　　　　　　　　　　　　　　　　　　　　　　　　　　　출제예상

외상대금채권의 소멸시효가 완성되었더라도, 법원은 乙의 원용이 없는 한 직권으로 외상대금채권의 소멸시효가 완성되었다고 인정할 수 없다. ○|X

02 　　　　　　　　　　　　　　　　　　　　　　　　　　　　　　　출제예상

위 소송에서 乙이 외상대금채권의 변제기를 2006. 4. 2.이라고 주장한 경우, 증거조사결과 변제기가 2005. 4. 2.인 사실이 인정되더라도, 법원은 2005. 4. 2.을 소멸시효의 기산일로 삼아 소멸시효 완성 여부를 판단할 수 없다. ○|X

03 　　　　　　　　　　　　　　　　　　　　　　　　　　　　　　　출제예상

위 소송에서 乙이 외상대금채권의 변제기를 2006. 4. 2.이라고 주장한 경우, 증거조사결과 변제기가 2007. 4. 2.인 사실이 인정된다면, 법원은 2007. 4. 2.을 소멸시효의 기산일로 삼아 소멸시효 완성 여부를 판단할 수 있다. ○|X

04 　　　　　　　　　　　　　　　　　　　　　　　　　　　　　　　출제예상

위 소송에서 甲과 乙이 외상대금채권의 소멸시효기간을 상법이 정한 5년이라고 주장하였더라도, 법원은 그 소멸시효기간을 민법이 정한 3년으로 판단할 수 있다. ○|X

해설 **01** 제척기간은 직권조사사항으로서 당사자의 주장이 필요 없으나, 소멸시효는 권리의 소멸에 관한 주요사실로서 변론주의 원칙상 당사자의 주장이 필요하다.

관련판례 민법상 당사자의 원용이 없어도 시효완성의 사실로서 채무는 당연히 소멸하고, 다만 소멸시효의 이익을 받는 자가 소멸시효 이익을 받겠다는 뜻을 항변하지 않는 이상 그 의사에 반하여 재판할 수 없을 뿐이다(대판 1979.2.13. 78다2157).

02 03 소멸시효의 기산점은 권리를 행사할 수 있는 때로부터 진행하므로(제166조 제1항), 채무의 이행기가 정해진 경우 원칙적으로 소멸시효의 기산점은 이행기(변제기)이다. 그러나 소멸시효의 기산점은 법률효과 발생의 요건으로서 주요사실에 해당하므로 변론주의 원칙상 당사자의 주장에 구속된다.

관련판례 소멸시효의 기산일은 채무의 소멸이라고 하는 법률효과 발생의 요건에 해당하는 소멸시효 기간 계산의 시발점으로서 소멸시효 항변의 법률요건을 구성하는 구체적인 사실에 해당하므로 이는 변론주의의 적용 대상이고, 따라서 본래의 소멸시효 기산일과 당사자가 주장하는 기산일이 서로 다른 경우에는 **변론주의의 원칙상 법원은 당사자가 주장하는 기산일을 기준으로 소멸시효를 계산하여야 하는데**, 이는 당사자가 본래의 기산일보다 뒤의 날짜를 기산일로 하여 주장하는 경우는 물론이고 **특별한 사정이 없는 한 그 반대의 경우에 있어서도 마찬가지이다**(대판 1995.8.25. 94다35886)

04 민법 제162조 내지 제165조는 각종 채권의 소멸시효에 관하여 규정하고 있는데, 문제된 채권의 소멸시효기간에 관한 근거사실은 당사자가 주장·증명하여야 하는 것이지만, 어떤 시효기간의 적용을 받는가에 관한 당사자의 주장은 '법률상의 견해'에 불과하므로 법원은 이에 구속되지 않는다.

관련판례 어떤 권리의 소멸시효기간이 얼마나 되는지에 관한 주장은 단순한 법률상의 주장에 불과하므로 변론주의의 적용대상이 되지 않고 법원이 직권으로 판단할 수 있다 할 것이다(대판 2008.3.27. 2006다70929,70936).

05

11법원행시

채무불이행으로 인한 손해배상청구권에 대한 소멸시효 항변이 불법행위로 인한 손해배상청구권에 대한 소멸시효 항변을 포함한 것으로 볼 수는 없다.　　　　　　　○ | X

해설 ① 채권자가 동일한 목적을 달성하기 위하여 **복수의 채권을 가지고 이를 행사하는 경우** 각 채권이 발생시기와 발생원인 등을 달리하는 **별개의 채권인 이상 별개의 소송물**에 해당하므로, 이에 대하여 채무자가 소멸시효 완성의 항변을 하는 경우에 그 항변에 의하여 어떠한 채권을 다투는 것인지 특정하여야 하고 그와 같이 특정된 항변에는 특별한 사정이 없는 한 **청구원인을 달리하는 채권에 대한 소멸시효 완성의 항변까지 포함된 것으로 볼 수는 없다**. 그러나 채권자가 동일한 목적을 달성하기 위하여 복수의 채권을 가지고 있더라도 선택에 따라 어느 하나의 채권만을 행사하는 것이 명백한 경우라면 채무자의 소멸시효 완성의 항변은 채권자가 행사하는 당해 채권에 대한 항변으로 봄이 타당하다(대판 2013.2.15. 2012다68217).
② 채무불이행으로 인한 손해배상청구권에 대한 소멸시효 항변이 불법행위로 인한 손해배상청구권에 대한 소멸시효 항변을 포함한 것으로 볼 수는 없다(대판 1998.5.29. 96다51110).

06

13법무사, 15/19서기보, 20법원행시

채무자에 대한 일반 채권자는 자기의 채권을 보전하기 위하여 필요한 한도 내에서 채무자를 대위하여 소멸시효 주장을 할 수 있을 뿐 채권자의 지위에서 독자적으로 소멸시효의 주장을 할 수 없다.　　　　○ | X

해설 判例는 '**채무자에 대한 일반채권자**'는 자기의 채권을 보전하기 위하여 필요한 한도 내에서 채무자를 대위하여 소멸시효 주장을 할 수 있을 뿐 **채권자의 지위에서 독자적으로** (다른 채권자의 채무자에 대한 채권에 대해) **소멸시효의 완성을 주장할 수 없다**고 한다(대판 1997.12.26. 97다22676).

정답 | **01** ○　**02** ○　**03** ×　**04** ○　**05** ○　**06** ○

07 17법무사

공탁금출급청구권은 피공탁자가 공탁소에 대하여 공탁금의 지급, 인도를 구하는 청구권으로서 위 청구권이 시효로 소멸한 경우 공탁자에게 공탁금회수청구권이 인정되지 않는 한 그 공탁금은 국고에 귀속하게 된다. O | X

> **해설** 공탁금출급청구권의 소멸시효를 원용할 수 있는 자(= 국가)
> 공탁금출급청구권은 피공탁자가 공탁소에 대하여 공탁금의 지급, 인도를 구하는 청구권으로서 위 청구권이 **시효로 소멸한 경우 공탁자에게 공탁금회수청구권이 인정되지 않는 한 그 공탁금은 국고에 귀속**하게 되는 것이어서 **공탁금출급청구권의 종국적인 채무자로서 소멸시효를 원용할 수 있는 자는 국가**이다(대판 2007.3.30. 2005다11312).

08 13법원행시

사해행위취소소송에서 수익자는 취소채권자의 피보전채권에 대하여 시효소멸을 주장할 수 있다. O | X

09 10법원행시, 13법무사, 19사무관

소멸시효를 원용할 수 있는 사람은 권리의 소멸에 의하여 직접 이익을 받는 자에 한정되므로, 사해행위취소소송의 상대방이 된 사해행위의 수익자는 채권자취소권을 행사하는 채권자의 채권이 시효로 소멸하였음을 주장할 수 없다. O | X

> **해설** **08 09** 判例는 소멸시효의 완성을 원용할 수 있는 자는 권리의 소멸에 의하여 **직접 이익을 받는 자에 한정**된다고 하는바(대판 1995.7.11. 95다12446), 사해행위취소소송의 상대방이 된 '**사해행위의 수익자**'는, 사해행위가 취소되면 사해행위에 의해 얻은 이익을 상실하고 사해행위취소권을 행사하는 채권자의 채권이 소멸하면 그와 같은 이익의 상실을 면하는 지위에 있으므로, 그 채권의 소멸에 의해 직접 이익을 받는 자에 해당한다고 한다(대판 2007.11.29. 2007다54849).
>
> **비교판례** '**채권자대위권의 행사에서 제3채무자**'는 채무자가 채권자에 대하여 가지는 항변(예를 들어 피보전채권의 소멸시효가 완성되었다는 항변)으로 대항할 수 없을 뿐더러 시효이익을 직접 받는 자에도 해당하지 않는다는 이유로 채권자의 채권이 시효로 소멸하였다고 주장할 수 없다(대판 1998.12.8. 97다31472). 다만 채무자가 이미 소멸시효를 원용한 경우에는 피보전채권이 소멸하게 되므로 제3채무자가 그 '효과'를 원용하여 피보전채권의 부존재를 주장하는 것은 허용된다(대판 2008.1.31. 2007다64471).

10 13/18법원행시

타인의 채무를 담보하기 위하여 자기의 물건에 담보권을 설정한 물상보증인은 채권자에 대하여 물적 유한책임을 지고 있어 그 피담보채권의 소멸에 의하여 직접 이익을 받는 관계에 있으므로 소멸시효의 완성을 주장할 수 있다. O | X

11 출제예상

물상보증인은 피담보채권에 대한 소멸시효의 완성을 주장할 수 있고, 물상보증인의 채권자도 물상보증인을 대위하여 피담보채권의 시효소멸을 주장할 수 있다. O | X

해설 10 11 타인의 채무를 담보하기 위하여 자기의 물건에 담보권을 설정한 물상보증인은 채권자에 대하여 물적 유한책임을 지고 있어 그 피담보채권의 소멸에 의하여 직접 이익을 받는 관계에 있으므로 소멸시효의 완성을 주장할 수 있고(대판 2004.1.16. 2003다30890), **소멸시효 이익의 포기는 상대적 효과가 있을 뿐이어서 채무자가 시효이익을 포기하더라도 물상보증인에게는 효력이 없다.** 소외인이 자신의 부동산에 피고의 피고보조참가인에 대한 채권을 피담보채권으로 하는 근저당권을 피고에게 설정해 주었는데, 위 피담보채권이 그 성립일로부터 10년을 경과하여 소멸시효가 완성된 이후인 2017.6.5. 채무자인 피고보조참가인이 일부 변제를 약정함으로써 소멸시효의 이익을 포기하였으나, 물상보증인은 독자적으로 소멸시효 완성을 주장할 수 있으므로 원고는 물상보증인인 소외인의 채권자로서 소외인을 대위하여 피담보채권의 시효소멸을 주장할 수 있다(대판 2018.11.9. 2018다38782).

관련판례 '**채무자에 대한 일반채권자**'는 자기의 채권을 보전하기 위하여 필요한 한도 내에서 채무자를 대위하여 소멸시효 주장을 할 수 있을 뿐 채권자의 지위에서 독자적으로 (다른 채권자의 채무자에 대한 채권에 대해) 소멸시효의 완성을 주장할 수 없다고 한다(대판 1997.12.26. 97다22676)

12
15법무사

채무자가 담보가등기가 설정된 자신 소유의 부동산을 양도하여 당해 부동산에 관한 양수인 명의의 소유권이전등기가 경료된 경우, 그 양수인은 채무자를 대위하지 않더라도 그 담보가등기의 피담보채권이 시효로 소멸했다는 주장을 할 수 있다.　　　　　　　　　　　　　　　　　　　　　○ | X

13
출제예상

甲이 乙로부터 금원을 차용하면서 그 담보를 위하여 乙에게 A토지에 관한 소유권이전청구권 보전을 위한 가등기를 경료하여 준 후, 甲이 丙에게 A토지를 매도하여 그 소유권이전등기를 경료하여 주었는데, 그 후 위 가등기로 담보된 위 채권이 시효소멸하였다면, 丙은 甲을 대위하지 않고서는 乙에 대하여 위 채권의 시효소멸을 주장할 수 없다.　　　　　　　　　　　　　　　　　　　　　　　　　　○ | X

해설 12 13 시효중단의 인적 범위와 시효이익 포기의 상대효
소멸시효를 원용할 수 있는 사람은 권리의 소멸에 의하여 직접 이익을 받는 사람에 한정되는바, 채권담보의 목적으로 매매예약의 형식을 빌어 소유권이전청구권 보전을 위한 가등기가 경료된 부동산을 양수하여 소유권이전등기를 마친 제3자는 당해 가등기담보권의 피담보채권의 소멸에 의하여 직접 이익을 받는 자이므로, 그 가등기담보권에 의하여 담보된 채권의 채무자가 아니더라도 그 피담보채권에 관한 소멸시효를 원용할 수 있고, 이와 같은 **직접수익자의 소멸시효 원용권**은 채무자의 소멸시효 원용권에 기초한 것이 아닌 독자적인 것으로서 **채무자를 대위하여서만 시효이익을 원용할 수 있는 것은 아니며**, 가사 **채무자가 이미 그 가등기에 기한 본등기를 경료하여 시효이익을 포기한 것**으로 볼 수 있다고 하더라도 그 시효이익의 포기는 상대적 효과가 있음에 지나지 아니하므로 채무자 이외의 이해관계자에 해당하는 **담보 부동산의 양수인으로서는 여전히 독자적으로 소멸시효를 원용할 수 있다**(대판 1995.7.11. 95다12446).

14
13주사보

원본채권의 소멸시효가 지분적 이자채권의 소멸시효에 앞서 완성되면 지분적 이자채권은 그 자체의 소멸시효가 완성되지 않았더라도 소멸한다. ○ | X

15
14/20서기보, 17법무사

하나의 금전채권의 원금 중 일부가 변제된 후 나머지 원금에 대하여 소멸시효가 완성된 경우, 소멸시효 완성의 효력은 소멸시효가 완성된 원금 부분으로부터 그 완성 전에 발생한 이자 또는 지연손해금에는 미치고, 변제로 소멸한 원금 부분으로부터 그 변제 전에 발생한 이자 또는 지연손해금에도 미친다고 보아야 한다. ○ | X

> **해설** **14 15** 금전채권의 원금 일부가 변제된 후 나머지 부분에 대하여 소멸시효가 완성된 경우, 시효완성의 효력이 미치는 이자 또는 지연손해금의 범위
> 이자 또는 지연손해금은 주된 채권인 원본의 존재를 전제로 그에 대응하여 일정한 비율로 발생하는 종된 권리인데, 하나의 금전채권의 원금 중 일부가 변제된 후 나머지 원금에 대하여 소멸시효가 완성된 경우, 가분채권인 금전채권의 성질상 변제로 소멸한 원금 부분과 소멸시효 완성으로 소멸한 원금 부분을 구분하는 것이 가능하고, 이 경우 **원금에 종속된 권리인 이자 또는 지연손해금 역시 변제로 소멸한 원금 부분에서 발생한 것과 시효완성으로 소멸된 원금 부분에서 발생한 것으로 구분하는 것이 가능**하므로, 소멸시효 완성의 효력은 소멸시효가 완성된 원금 부분으로부터 그 완성 전에 발생한 이자 또는 지연손해금에는 미치나, **변제로 소멸한 원금 부분으로부터 그 변제 전에 발생한 이자 또는 지연손해금에는 미치지 않는다."** (대판 2008.3.14. 2006다2940)라고 하였다.

16
15서기보, 18법무사, 20법원행시

시효완성 후 시효이익의 포기가 인정되려면 시효이익을 받는 채무자가 시효의 완성으로 인한 법적인 이익을 받지 않겠다는 효과의사가 필요하기 때문에 시효완성 후 소멸시효 중단사유에 해당하는 채무의 승인이 있었다 하더라도 그것만으로는 곧바로 소멸시효 이익의 포기라는 의사표시가 있었다고 단정할 수 없다. ○ | X

> **해설** 소멸시효 중단사유로서의 채무승인은 시효이익을 받는 당사자인 채무자가 소멸시효의 완성으로 채권을 상실하게 될 자에 대하여 상대방의 권리 또는 자신의 채무가 있음을 알고 있다는 뜻을 표시함으로써 성립하는 이른바 **'관념의 통지'로 여기에 어떠한 효과의사가 필요하지 않다.** 이에 반하여 시효완성 후 시효이익의 포기가 인정되려면 시효이익을 받는 채무자가 시효의 완성으로 인한 법적인 이익을 받지 않겠다는 효과의사가 필요하기 때문에 시효완성 후 소멸시효 중단사유에 해당하는 채무의 승인이 있었다 하더라도 그것만으로는 곧바로 소멸시효 이익의 포기라는 의사표시가 있었다고 단정할 수 없다(대판 2013.2.28. 2011다21556).

> **쟁점정리** 소멸시효완성 후의 포기는 ⅰ) 처분능력과 처분권한을 갖춘 자가 ⅱ) 시효완성 사실을 알고, ⅲ) 권리를 잃을 자에게 '시효이익을 포기하는 의사표시'로 할 수 있다. 특히 ⅲ) 요건과 관련하여 **'시효완성 후 채무승인'**이 문제되는바, **시효이익의 포기에는 '효과의사'가 필요하므로, '관념의 통지'로 효과의사가 필요하지 않는 시효중단사유로서의 승인과 다르며,** 따라서 채무승인만으로 언제나 시효이익의 포기가 되는 것은 아니다.

17 　　　　　　　　　　　　　　　　　　　　　　　　　　　　　　　　　　　　　　　출제예상

상계항변이 먼저 이루어지고 그 후 대여금채권의 소멸을 주장하는 소멸시효항변이 있는 경우, 상계항변 당시 채무자에게 수동채권인 대여금채권의 시효이익 포기로서 승인이 있었다고 할 수 있다. 　　O | X

18 　　　　　　　　　　　　　　　　　　　　　　　　　　　　　　　　　　　　　　　19서기보

소송에서의 상계항변은 채권자인 원고의 금전채권이 인정되는 것을 전제로 채무자인 피고의 자동채권으로 상계하여 원고의 채권을 소멸시키겠다는 항변이다. 따라서 피고의 상계항변이 먼저 이루어지고 그 후 대여금채권의 소멸을 주장하는 소멸시효항변이 있었던 경우에, 채무자인 피고는 수동채권의 존재를 전제로 상계항변을 한 것이므로 이러한 상계항변에는 수동채권의 시효이익을 포기하려는 효과의사가 포함된 것으로 보아야 한다. 이는 1심에서 공격방어방법으로 상계항변이 먼저 이루어지고 그 후 항소심에서 소멸시효항변이 이루어진 경우에도 마찬가지이다. 　　O | X

> **해설 17 18** 소멸시효이익의 포기
> 소멸시효완성 후의 포기는 ⅰ) 처분능력과 처분권한을 갖춘 자가 ⅱ) 시효완성 사실을 알고, ⅲ) 권리를 잃을 자에게 '시효이익을 포기하는 의사표시'로 할 수 있다. 특히 ⅲ) 요건과 관련하여 '**시효완성 후 채무승인**'이 문제되는바, **시효이익의 포기에는 '효과의사'가 필요하므로, '관념의 통지'로 효과의사가 필요하지 않은 시효중단사유로서의 승인과 다르며**, 따라서 채무승인만으로 언제나 시효이익의 포기가 되는 것은 아니다.
> ㉠ 소멸시효 중단사유로서의 채무승인은 시효이익을 받는 당사자인 채무자가 소멸시효의 완성으로 채권을 상실하게 될 자에 대하여 상대방의 권리 또는 자신의 채무가 있음을 알고 있다는 뜻을 표시함으로써 성립하는 이른바 관념의 통지로 여기에 어떠한 효과의사가 필요하지 않다. 이에 반하여 **시효완성 후 시효이익의 포기가 인정되려면 시효이익을 받는 채무자가 시효의 완성으로 인한 법적인 이익을 받지 않겠다는 효과의사가 필요하기 때문에 시효완성 후 소멸시효 중단사유에 해당하는 채무의 승인이 있었다 하더라도 그것만으로는 곧바로 소멸시효 이익의 포기라는 의사표시**가 있었다고 단정할 수 없다. ㉡ 소송에서의 상계항변은 일반적으로 소송상의 공격방어방법으로 피고의 금전지급의무가 인정되는 경우 자동채권으로 상계를 한다는 예비적 항변의 성격을 갖는다. 따라서 상계항변이 먼저 이루어지고 그 후 대여금채권의 소멸을 주장하는 소멸시효항변이 있었던 경우에, 상계항변 당시 채무자인 피고에게 수동채권인 대여금채권의 시효이익을 포기하려는 효과의사가 있었다고 단정할 수 없다. 그리고 항소심 재판이 속심적 구조인 점을 고려하면 제1심에서 공격방어방법으로 상계항변이 먼저 이루어지고 그 후 항소심에서 소멸시효항변이 이루어진 경우를 달리 볼 것은 아니다(대판 2013.2.28. 2011다21556).

19 　　　　　　　　　　　　　　　　　　　　　　　　　　　　　　　　　　　　　　　16법무사

소멸시효 완성의 이익 포기의 의사표시는 채무자에게 불리한 행위로서 시효이익을 받을 당사자인 채무자에 의하여 행하여져야 하고, 그 대리인에 의하여 행하여질 수 없다. 　　O | X

> **해설** 소멸시효 중단사유로서 채무승인이 성립하기 위한 요건 및 시효완성 이익 포기의 의사표시를 할 수 있는 자判例에 따르면 "소멸시효 중단사유로서의 채무승인은 **시효이익을 받는 당사자인 채무자가** 소멸시효의 완성으로 **채권을 상실하게 될 자 또는 그 대리인에 대하여 상대방의 권리 또는 자신의 채무가 있음을 알고 있다는 뜻을 표시함으로써 성립**한다. 또한 시효완성의 이익 포기의 의사표시를 할 수 있는 자는 시효완성의 이익을 받을 당사자 또는 그 대리인에 한정되고, 그 밖의 제3자가 시효완성의 이익 포기의 의사표시를 하였다 하더라도 이는 시효완성의 이익을 받을 자에 대한 관계에서 아무 효력이 없다."(대판 2014.1.23. 2013다64793)라고 한다.

정답 | **14** × 　**15** × 　**16** ○ 　**17** × 　**18** × 　**19** ○

20

소멸시효가 완성된 채무를 피담보채무로 하는 근저당권이 실행되어 채무자 소유의 부동산이 경락되고 대금이 배당되어 채무의 일부 변제에 충당될 때까지 채무자가 이의를 제기하지 아니한 경우 채무자가 시효의 이익을 묵시적으로 포기한 것으로 볼 수 있기는 하다. 그러나 다만 이때 채무자의 다른 채권자가 이의를 제기하고 채무자를 대위하여 소멸시효 완성의 주장을 원용하는 경우에는 시효의 이익을 묵시적으로 포기한 것으로 볼 수 없다.   ○ | X

> 해설 채무자가 소멸시효 완성 후 채무를 일부 변제한 때에는 액수에 관하여 다툼이 없는 한 채무 전체를 묵시적으로 승인한 것으로 보아야 하고, 이 경우 시효완성의 사실을 알고 이익을 포기한 것으로 추정되므로, 소멸시효가 완성된 채무를 피담보채무로 하는 근저당권이 실행되어 채무자 소유의 부동산이 경락되고 대금이 배당되어 채무의 일부 변제에 충당될 때까지 채무자가 아무런 이의를 제기하지 아니하였다면, 경매절차의 진행을 채무자가 알지 못하였다는 등 다른 특별한 사정이 없는 한, 채무자는 시효완성의 사실을 알고 채무를 묵시적으로 승인하여 시효의 이익을 포기한 것으로 볼 수 있기는 하다. 그러나 **소멸시효가 완성된 경우 채무자에 대한 일반채권자는 채권자의 지위에서 독자적으로 소멸시효의 주장을 할 수는 없지만 자기의 채권을 보전하기 위하여 필요한 한도 내에서 채무자를 대위하여 소멸시효 주장을 할 수 있으므로 채무자가 배당절차에서 이의를 제기하지 아니하였다고 하더라도 채무자의 다른 채권자가 이의를 제기하고 채무자를 대위하여 소멸시효 완성의 주장을 원용하였다면, 시효의 이익을 묵시적으로 포기한 것으로 볼 수 없다**(대판 2017.7.11. 2014다32458).

21

원금채무에 관하여는 소멸시효가 완성되지 아니하였으나 이자채무에 관하여는 소멸시효가 완성된 상태에서 채무자가 채무를 일부 변제한 때에는 그 액수에 관하여 다툼이 없는 한 그 원금채무에 관하여 묵시적으로 승인하는 한편 그 이자채무에 관하여 시효완성의 사실을 알고 그 이익을 포기한 것으로 추정되며, 채무자의 변제가 채무 전체를 소멸시키지 못하고 당사자가 변제에 충당할 채무를 지정하지 아니한 때에는 민법 제479조, 제477조에 따른 법정변제충당의 순서에 따라 충당되어야 한다.   ○ | X

> 해설 이자채무의 시효소멸과 일부변제
>
> ➡ 관련논점: 따라서 다른 사정이 없다면 일부변제한 것으로는 원본에 앞서 이자에 먼저 충당하며, 이행기가 도래한 이자 중에는 이행기가 먼저 도래한 순서에 따라 충당될 것이어서(제477조 3호 참조) 결국 먼저 시효로 소멸한 이자에 우선충당하게 될 것이다.

22

소멸시효이익 포기의 효과는 상대적이어서 포기자 이외의 자에게 영향을 미치지 않으므로, 주채무자가 시효이익을 포기하더라도 보증인이나 물상보증인에게는 포기의 효과가 미치지 아니한다.   ○ | X

> 해설 **시효이익의 포기의 효과는 상대적**이어서 포기할 수 있는 자가 다수인 경우에 1인의 포기는 다른 사람에게 영향을 미치지 않는다. 判例도 직접 이익을 받는 자의 시효원용권은 채무자의 시효원용권에 기초한 것이 아닌 독자적인 것이라고 하여 채무자의 시효이익의 포기는 다른 직접수익자의 시효원용권에 영향을 미치지 않는다고 한다(대판 1995.7.11. 95다12446). 따라서 주채무자의 소멸시효이익의 포기는 보증인(대판 1991.1.29. 89다카1114), 저당부동산의 제3취득자, 물상보증인(대판 2018.11.9. 2018다38782), 연대보증인(**제433조 제2항**, 대판 1995.7.11. 95다12446) 등에 영향을 미치지 않는다.

23

주채무에 대한 소멸시효가 완성된 경우에는 보증채무의 소멸시효가 중단되었더라도 보증채무 역시 소멸된다. 그러나 보증채무가 소멸된 상태에서 보증인이 보증채무를 이행하거나 승인하는 경우에는 보증인의 행위에 의하여 주채무에 대한 소멸시효 이익의 포기 효과가 발생되어 보증인으로서는 주채무의 시효소멸을 이유로 보증채무의 소멸을 주장할 수 없다. ○ | ×

> **해설** 증인은 주채무자의 항변(예컨대 주채무의 부존재, 소멸, 소멸시효의 완성)으로 채권자에게 대항할 수 있다. 그리고 주채무자의 항변포기는 보증인에게 효력이 없다(제433조).
> 문제는 보증인이 자신의 보증채무에 관하여 시효의 이익을 포기하고 나서 주채무의 시효소멸을 이유로 보증채무의 소멸을 **주장할 수 있는가** 하는 점이다. 이에 관해 判例는 "주채무의 시효소멸에도 불구하고 보증채무를 이행하겠다는 의사를 표시한 경우 등과 같이 '**부종성**'을 부정하여야 할 다른 특별한 사정이 없는 한 보증인은 여전히 주채무의 시효소멸을 이유로 보증채무의 소멸을 주장할 수 있다고 보아야 한다."(대판 2012.7.12. 2010다51192)라고 한다

24

A는 1992년 B로부터 5천만원을 차용하면서 그 담보로 A 소유 부동산에 대해 B 앞으로 제1근저당권을 설정해 주었다. 그 후 (이 채권의 소멸시효기간 10년이 지난 때인) 2004년에 A는 위 차용금채무의 이자를 3천만 원으로 확정하고, 이를 담보하기 위해 위 부동산에 대해 B 앞으로 제2근저당권을 설정해 주었다. 2013년에 C는 A로부터 위 부동산을 매수하여 소유권을 취득한 후, B를 상대로 근저당권의 피담보채권이 소멸시효로 인해 소멸하였다는 것을 이유로 제1, 제2근저당권의 말소를 청구할 수 있다. ○ | ×

> **해설** 시효이익 포기의 상대적 효력의 제한법리
> 소멸시효 이익의 포기는 상대적 효과가 있을 뿐이어서 다른 사람에게는 영향을 미치지 아니함이 원칙이나, 소멸시효 이익의 포기 당시에는 권리의 소멸에 의하여 직접 이익을 받을 수 있는 이해관계를 맺은 적이 없다가 나중에 시효이익을 이미 포기한 자와의 법률관계를 통하여 비로소 시효이익을 원용할 이해관계를 형성한 자는 이미 이루어진 시효이익 포기의 효력을 부정할 수 없다. 왜냐하면, 시효이익의 포기에 대하여 상대적인 효과만을 부여하는 이유는 포기 당시에 시효이익을 원용할 다수의 이해관계인이 존재하는 경우 그들의 의사와는 무관하게 채무자 등 어느 일방의 포기 의사만으로 시효이익을 원용할 권리를 박탈당하게 되는 부당한 결과의 발생을 막으려는 데 있는 것이지, 시효이익을 이미 포기한 자와의 법률관계를 통하여 비로소 시효이익을 원용할 이해관계를 형성한 자에게 이미 이루어진 시효이익 포기의 효력을 부정할 수 있게 하여 시효완성을 둘러싼 법률관계를 사후에 불안정하게 만들자는 데 있는 것은 아니기 때문이다(대판 2015.6.11. 2015다200227).
>
> **사실관계** A는 1992년 B로부터 5천만원을 차용하면서 그 담보로 A 소유 부동산에 대해 B 앞으로 제1근저당권을 설정해 주었다. 그 후 (이 채권의 소멸시효기간 10년이 지난 때인) 2004년에 A는 위 차용금채무의 이자를 3천만 원으로 확정하고, 이를 담보하기 위해 위 부동산에 대해 B 앞으로 제2근저당권을 설정해 주었다. 2013년에 C는 A로부터 위 부동산을 매수하여 소유권을 취득한 후, B를 상대로 근저당권의 피담보채권이 소멸시효로 인해 소멸하였다는 것을 이유로 제1, 제2근저당권의 말소를 청구한 것이다. 이에 대해 **대법원은 A가 B 앞으로 제2근저당권을 설정해 준 것은 소멸시효의 이익을 포기한 것으로 볼 수 있는데, 이 효력은 C에게도 미쳐 C는 독자적으로 소멸시효를 주장할 수 없는 것으로 보았다.**

정답 | **20** ○ **21** ○ **22** ○ **23** × **24** ×

채무자가 소멸시효의 완성으로 인한 채무의 소멸을 주장하는 것에 대하여도 신의성실의 원칙이 적용된다.

○ | X

해설 **소멸시효의 남용**
判例는 "채무자의 소멸시효에 기한 항변권의 행사도 우리 민법의 대원칙인 **신의성실의 원칙과 권리남용금지의 원칙의 지배를 받는 것**이어서, ⅰ) **채무자가 시효완성 전**에 채권자의 권리행사나 시효중단을 불가능 또는 현저히 곤란하게 하였거나, ⅱ) 그러한 조치가 불필요하다고 믿게 하는 행동을 하였거나, ⅲ) 객관적으로 채권자가 권리를 행사할 수 없는 장애사유가 있었거나, ⅳ) 또는 일단 **시효완성 후에 채무자가** 시효를 원용하지 아니할 것 같은 태도를 보여 권리자로 하여금 그와 같이 신뢰하게 하였거나, ⅴ) 채권자보호의 필요성이 크고, 같은 조건의 다른 채권자가 채무의 변제를 수령하는 등의 사정이 있어 채무이행의 거절을 인정함이 현저히 부당하거나 불공평하게 되는 등의 '**특별한 사정**'이 있는 경우에는 채무자가 소멸 **시효의 완성을 주장하는 것이 신의성실의 원칙에 반하여 권리남용으로서 허용될 수 없다.**"(대판 2002.10.25. 2002다 32332)라고 한다.

신의성실의 원칙을 들어 시효 완성의 효력을 부정하는 것은 법적 안정성의 달성, 입증곤란의 구제, 권리행사의 태만에 대한 제재를 그 이념으로 삼고 있는 소멸시효 제도에 부합하지 않으므로 허용될 수 없다. ○ | X

해설 소멸시효 제도는 법적 안정성의 달성 및 입증곤란의 구제 등을 이념으로 하는 것이므로 그 적용요건에 해당함에도 불구하고 신의성실의 원칙을 들어 시효 완성의 효력을 부정하는 것은 매우 예외적인 제한에 그쳐야 한다. 따라서 위 권리 행사의 '상당한 기간'은 특별한 사정이 없는 한 민법상 시효정지의 경우에 준하여 단기간으로 제한되어야 하고, 특히 불법 행위로 인한 손해배상청구 사건에서는 매우 특수한 개별 사정이 있어 그 기간을 연장하여 인정하는 것이 부득이한 경우에 도 민법 제766조 제1항이 규정한 단기소멸시효기간인 3년을 넘어서는 아니 된다고 할 것이다(대판 2017.12.5. 2017다 252987,252994).

공무원의 불법행위로 손해를 입은 피해자의 국가배상청구권의 소멸시효 기간이 지났으나 국가가 소멸시효 완성을 주장하는 것이 신의성실의 원칙에 반하는 권리남용으로 허용될 수 없어 배상책임을 이행한 경우에는, 그 소멸시효 완성 주장이 권리남용에 해당하게 된 원인행위와 관련하여 공무원이 원인이 되는 행위를 적극적으로 주도하였다는 등의 특별한 사정이 없는 한, 국가가 공무원에게 구상권을 행사하는 것은 신의칙상 허용되지 않는다. ○ | X

해설 **국가배상청구권의 소멸시효 주장이 남용인 경우 공무원에 대한 구상권 행사가부(원칙적 소극)**
공무원의 불법행위로 손해를 입은 피해자의 국가배상청구권의 소멸시효 기간이 지났으나 국가가 소멸시효 완성을 주장하는 것이 신의성실의 원칙에 반하는 권리남용으로 허용될 수 없어 배상책임을 이행한 경우에는, 그 소멸시효 완성 주장이 권리남용에 해당하게 된 원인행위와 관련하여 해당 공무원이 그 원인이 되는 행위를 적극적으로 주도하였다는 등의 특별 한 사정이 없는 한, 국가가 해당 공무원에게 국가배상법 제2조 제2항에 따라 구상권을 행사하는 것은 신의칙상 허용되지 않는다(대판 2016.6.9. 2015다200258).

정답 | **25** ○ **26** × **27** ○

gosi.Hackers.com

해커스공무원 학원 · 인강
gosi.Hackers.com

제2편
물권법

제1장 | 물권법 서론

01 출제예상

1필의 토지 일부 위에 용익물권의 설정은 가능하나 1필의 토지의 '지분'에 관하여는 용익물권을 설정할 수 없다. ○ | X

> **해설** 일물일권주의(一物一權主義)의 예외 – 물건의 일부나 구성부분
>
> **1필의 토지 일부 위에 용익물권의 설정은 가능**하다. 즉 토지의 상하의 범위를 정하여 구분지상권을, 토지(승역지)의 일부에 대해 지역권을, 토지 또는 건물의 일부에 대해 전세권을 설정할 수 있는데, 이들 경우에는 그 범위가 등기 또는 도면을 통해 공시된다(부동산등기법 제69조, 제70조, 제72조). **그러나 1필의 토지의 '공유지분'에 관하여는 용익물권**(주로 법정지상권이 문제)**을 설정할 수 없다.** 용익물권은 성질상 그 효과가 공유토지 전부에 미치는데, 지분에 관한 용익물권의 설정은 실질적으로 공유토지 전체를 처분하는 것과 마찬가지의 효과를 갖기 때문이다(대판 1987.6.23, 86다카2188 등 참고).

02 출제예상

물권법정주의를 규정한 민법 제185조의 '법률'은 헌법상 의미의 법률뿐만 아니라, 명령, 규칙 등도 포함한다. ○ | X

> **해설** 물권의 종류와 내용은 민법 제185조에 의해 '법률과 관습법'에 의해서만 인정된다. 즉 제1조와 달리 조리에 의해서는 인정될 수 없고, 또 그 법률에는 '명령이나 규칙'은 포함되지 않는다. 물권과 같이 사유재산제도와 직결되는 재산권을 행정기관의 명령 등에 의해 정하는 것은 부당하기 때문이다(통설).
>
> **비교쟁점** 민법 제1조에 따르면 민법의 법원은 '민사에 관하여 법률에 규정이 없으면 관습법에 의하고 관습법이 없으면 조리에 의한다'고 한다. 이 때 '법률'은 명령과 대법원규칙도 포함된다.

03 출제예상

토지소유자가 자신소유 토지를 일반 공중의 통행로로 무상제공하거나 통행을 용인하는 등으로 토지이용상태가 형성되어 '독점적·배타적 사용·수익권'이 인정되지 않는 경우라도, 사용·수익권 자체를 '대세적·확정적'으로 상실하는 것은 아니다. ○ | X

토지소유자가 그 소유 토지에 대한 일반 공중의 통행을 용인하여 자신의 토지에 대한 독점적·배타적 사용·수익권이 인정되지 않는 경우라면, 이후 그 사용·수익권을 배제하는 기초가 된 객관적인 사정이 현저하게 변경되었다고 하더라도, 토지소유자가 다시 사용·수익권능을 포함한 완전한 소유권을 주장하는 것은 신의칙에 반하여 허용될 수 없다. ○│×

> **해설 03 04** 소유권의 사용·수익 권능을 '대세적, 영구적'으로 포기하는 것이 허용되는지 여부(소극)
> ⅰ) 물건에 대한 배타적인 사용·수익권은 소유권의 핵심적 권능이므로, 소유자가 제3자와의 채권관계에서 소유물에 대한 사용·수익의 권능을 포기하거나 사용·수익권의 행사에 제한을 설정하는 것을 넘어 이를 **대세적, 영구적으로 포기하는 것은 법률에 의하지 않고 새로운 물권을 창설하는 것과 다를 바 없어 허용되지 않는다.** ⅱ) 토지소유자가 그 소유 토지를 일반 공중의 통행로로 무상제공하거나 그에 대한 통행을 용인하는 등으로 자신의 의사에 부합하는 토지이용상태가 형성되어 그에 대한 독점적·배타적 사용·수익권이 인정되지 않는다고 보는 경우에도, 이는 금반언이나 신뢰보호 등 신의성실의 원칙상 기존의 이용상태가 유지되는 한 토지소유자는 이를 수인하여야 하므로 배타적 점유·사용을 하지 못하는 것으로 인한 손해를 주장할 수 없기 때문에 **부당이득반환을 청구할 수 없는 것일 뿐이고, 그로써 소유권의 본질적 내용인 사용·수익권 자체를 대세적·확정적으로 상실하는 것을 의미한다고 할 것은 아니다.** ⅲ) 따라서 그 후 토지이용상태에 중대한 변화가 생기는 등으로 배타적 사용·수익권을 배제하는 기초가 된 객관적인 사정이 현저히 변경된 경우에는(이 사건 제2토지가 천호대로 부지로 편입됨으로써 망인이 당초 이 사건 제2토지를 인접 토지 소유자 등의 통행에 제공한 때와는 그 이용상태가 근본적으로 달라졌다), **토지소유자는 그와 같은 사정변경이 있은 때부터는 다시 사용·수익권능을 포함한 완전한 소유권에 기한 권리주장을 할 수 있다**(대판 2013.8.22. 2012다54133).
> ➡ '배타적 사용수익권 포기'는 타인의 토지를 도로 등으로 무단점용하는 자에 대하여 토지소유자의 부당이득반환청구를 제약하기 위해 대법원이 창출한 독특한 개념인바, 이러한 법리의 유효범위는 부당이득의 반환에 한정되고, 소유권에 기한 방해배제청구, 즉 건물철거 및 토지인도청구에는 적용될 수 없다고 한다. 따라서 判例는 '배타적 사용수익권의 포기'를 소유권의 권능으로서의 사용수익권의 포기가 아닌 '채권적 포기'로 보고, 이것은 '사용대차'와 다름 아니라고 한다(위 2009다228,235 판결 등).

소유권의 핵심적 권능에 속하는 사용·수익 권능의 대세적·영구적인 포기도 물권법정주의에 의하여 허용되므로, 토지 소유자의 독점적·배타적인 사용·수익권의 행사가 제한되는 것으로 보는 경우, 토지 소유자는 그 토지를 처분하거나 사용·수익할 권능을 상실하게 된다. ○│×

> **해설** 소유자에게 배타적 사용·수익 권능이 존재하지 않는 경우가 허용되는지 여부(원칙적 소극)
> 민법 제211조는 "소유자는 법률의 범위 내에서 그 소유물을 사용, 수익, 처분할 권리가 있다."고 규정하고 있으므로, 소유자가 채권적으로 상대방에 대하여 사용·수익의 권능을 포기하거나 사용·수익권 행사에 제한을 설정하는 것 외에 **소유권의 핵심적 권능에 속하는 배타적인 사용·수익 권능이 소유자에게 존재하지 아니한다고 하는 것은 물권법정주의에 반하여 특별한 사정이 없는 한 허용될 수 없다**(대판 2012.6.28. 2010다81049).

06

종전부터 자연발생적으로 또는 도로예정지로 편입되어 사실상 일반 공중의 통행로로 사용되어 온 토지의 소유자가 그 독점적이고 배타적인 사용수익권을 포기한 것으로 볼 경우에는, 토지소유자는 토지를 불법 점유하고 있는 제3자에 대하여 물권적 청구권을 행사하여 토지의 반환 내지 방해의 제거·예방을 청구할 수 없다. O | X

> **해설** 배타적 사용수익권을 포기한 것으로 인정되는 토지를 불법점유하고 있는 점유자에 대하여, 토지소유자가 방해배제 및 그 점유로 인한 부당이득의 반환을 구할 수 있는지 여부
> **종전부터 자연발생적으로 또는 도로예정지로 편입되어 사실상 일반공중의 통행로로 사용되어 온 토지의 소유자가 그 독점 적이고 배타적인 사용수익권을 포기한 것으로 볼 경우에도,** 일반공중의 통행을 방해하지 않는 범위 내에서는 토지소유자로 서 그 토지를 처분하거나 사용수익할 권능을 상실하지 않는다고 할 것이므로, 그 토지를 불법점유하고 있는 제3자에 대하 여 물권적 청구권을 행사하여 토지의 반환 내지 방해의 제거, 예방을 청구할 수 있다고 할 것이나, 특별한 사정이 없는 한 **토지소유자는 그 이후에도 토지를 독점적, 배타적으로 사용수익할 수는 없고, 따라서 제3자가 그 토지를 불법점유하였다 하더라도 이로 인하여 토지소유자에게 어떠한 손실이 생긴다고 할 수 없어 그 점유로 인한 부당이득의 반환을 청구할 수는 없다**(대판 2001.4.13. 2001다8493).

07

민법 제211조는 "소유자는 법률의 범위 내에서 그 소유물을 사용, 수익, 처분할 권리가 있다."고 규정하고 있으므로, 소유자가 채권적으로 상대방에 대하여 사용·수익의 권능을 포기하거나 사용·수익권 행사에 제한을 설정하는 것 외에 소유권의 핵심적 권능에 속하는 배타적인 사용·수익 권능이 소유자에게 존재하 지 아니한다고 하는 것은 물권법정주의에 반하여 특별한 사정이 없는 한 허용될 수 없다. O | X

08

토지 소유자가 그 소유의 토지를 도로, 수도시설의 매설 부지 등 일반 공중을 위한 용도로 제공한 경우에, 소유자가 토지를 소유하게 된 경위와 보유기간, 소유자가 토지를 공공의 사용에 제공한 경위와 그 규모, 토지의 제공에 따른 소유자의 이익 또는 편익의 유무, 해당 토지 부분의 위치나 형태, 인근의 다른 토지들 과의 관계, 주위 환경 등 여러 사정을 종합적으로 고찰하고, 토지 소유자의 소유권 보장과 공공의 이익 사이의 비교형량을 한 결과, 소유자가 그 토지에 대한 독점적·배타적인 사용·수익권을 포기한 것으로 볼 수 있는 경우에, 타인[사인(私人)뿐만 아니라 국가, 지방자치단체도 이에 해당할 수 있다]이 그 토지를 점유·사용하고 있다면 특별한 사정이 없는 한 토지소유자에게 어떠한 손해가 생긴다고 볼 수 없어 손해 배상청구를 할 수는 없으나, 토지 소유자는 그 타인을 상대로 부당이득반환을 청구할 수 있다. O | X

09

토지 소유자가 그 소유의 토지를 도로, 수도시설의 매설 부지 등 일반 공중을 위한 용도로 제공한 경우에 소유자가 그 토지에 대한 독점적·배타적인 사용·수익권을 포기한 것으로 볼 수 있다면, 타인이 그 토지를 점유·사용하고 있다 하더라도 특별한 사정이 없는 한 그로 인해 토지 소유자에게 어떤 손해가 생긴다고 볼 수 없으므로, 토지 소유자는 그 타인을 상대로 부당이득반환을 청구할 수 없고, 토지의 인도 등을 구할 수도 없다. 다만 그 타인이 국가, 지방자치단체인 경우 부당이득반환을 청구할 수는 있다. O | X

> **해설** **07 08 09** 토지 소유자가 그 소유의 토지를 도로, 수도시설의 매설 부지 등 일반 공중을 위한 용도로 제공한 경우에, 소유자가 토지를 소유하게 된 경위와 보유기간, 소유자가 토지를 공공의 사용에 제공한 경위와 그 규모, 토지의 제공에 따른 소유자의 이익 또는 편익의 유무, 해당 토지 부분의 위치나 형태, 인근의 다른 토지들과의 관계, 주위 환경 등 여러 사정을 종합적으로 고찰하고, **토지 소유자의 소유권 보장과 공공의 이익 사이의 비교형량을 한 결과, 소유자가 그 토지에 대한 독점적·배타적인 사용·수익권을 포기한 것으로 볼 수 있다면, 타인[사인(私人)뿐만 아니라 국가, 지방자치단체도 이에 해당할 수 있다, 이하 같다]이 그 토지를 점유·사용하고 있다 하더라도 특별한 사정이 없는 한 그로 인해 토지 소유자에게 어떤 손해가 생긴다고 볼 수 없으므로, 토지 소유자는 그 타인을 상대로 부당이득반환을 청구할 수 없고, 토지의 인도 등을 구할 수도 없다.** 다만 소유권의 핵심적 권능에 속하는 사용·수익 권능의 대세적·영구적인 포기는 물권법정주의에 반하여 허용할 수 없으므로, 토지 소유자의 독점적·배타적인 사용·수익권의 행사가 제한되는 것으로 보는 경우에도, 일반 공중의 무상 이용이라는 토지이용현황과 양립 또는 병존하기 어려운 토지 소유자의 독점적이고 배타적인 사용·수익만이 제한될 뿐이고, 토지 소유자는 일반 공중의 통행 등 이용을 방해하지 않는 범위 내에서는 그 토지를 처분하거나 사용·수익할 권능을 상실하지 않는다(대판 2019.1.24. 2016다264556 전합).

10

토지 소유자의 독점적·배타적인 사용·수익권 행사의 제한은 해당 토지가 일반 공중의 이용에 제공됨으로 인한 공공의 이익을 전제로 하는 것이므로, 토지 소유자가 공공의 목적을 위해 그 토지를 제공할 당시의 객관적인 토지이용현황이 유지되는 한도 내에서만 존속한다고 보아야 한다. 따라서 토지 소유자가 그 소유 토지를 일반 공중의 이용에 제공함으로써 자신의 의사에 부합하는 토지이용상태가 형성되어 그에 대한 독점적·배타적인 사용·수익권의 행사가 제한된다고 하더라도, 그 후 토지이용상태에 중대한 변화가 생기는 등으로 독점적·배타적인 사용·수익권의 행사를 제한하는 기초가 된 객관적인 사정이 현저히 변경되고, 소유자가 일반 공중의 사용을 위하여 그 토지를 제공할 당시 이러한 변화를 예견할 수 없었으며, 사용·수익권 행사가 계속하여 제한된다고 보는 것이 당사자의 이해에 중대한 불균형을 초래하는 경우에는, 토지 소유자는 그와 같은 사정변경이 있은 때부터는 다시 사용·수익 권능을 포함한 완전한 소유권에 기한 권리를 주장할 수 있다고 보아야 한다. O | X

> **해설** 대판 2019.1.24. 2016다264556 전합

정답 | **06** X **07** O **08** X **09** X **10** O

토지 소유자의 독점적·배타적인 사용·수익권의 행사가 제한되는 것으로 해석되는 경우 특별한 사정이 없는 한 그 지하 부분에 대한 독점적이고 배타적인 사용·수익권의 행사 역시 제한되는 것으로 해석함이 타당하다. ○ | X

> 해설 대판 2019.1.24. 2016다264556 전합

원소유자의 독점적·배타적인 사용·수익권의 행사가 제한되는 토지의 소유권을 경매에 의하여 특정승계한 자는, 특별한 사정이 없는 한 그와 같은 사용·수익의 제한이라는 부담이 있다는 사정을 용인하거나 적어도 그러한 사정이 있음을 알고서 그 토지의 소유권을 취득하였다고 볼 수 없으므로, 그러한 특정승계인은 그 토지 부분에 대하여 독점적이고 배타적인 사용·수익권을 행사할 수 있다고 보아야 한다. ○ | X

피상속인이 사망 전에 그 소유 토지를 일반 공중의 이용에 제공하여 독점적·배타적인 사용·수익권을 포기한 것으로 볼 수 있고 그 토지가 상속재산에 해당하는 경우에는, 피상속인의 사망 후 그 토지에 대한 상속인의 독점적·배타적인 사용·수익권의 행사 역시 제한된다고 보아야 한다. ○ | X

토지 소유자의 독점적·배타적인 사용·수익권의 행사가 제한되는 경우, 위 토지를 상속받은 상속인의 독점적·배타적인 사용·수익권의 행사 역시 제한된다. 아울러 위 토지를 특정승계 받은 자도 사용·수익권의 행사가 제한된다고 볼 수 있다. ○ | X

> 해설 **14** 독점적·배타적인 사용·수익권의 제한이 상속인 또는 특정승계인에게 미치는지 여부(적극)
> **13** 상속인은 피상속인의 일신에 전속한 것이 아닌 한 상속이 개시된 때로부터 피상속인의 재산에 관한 포괄적 권리·의무를 승계하므로(민법 제1005조), 피상속인이 사망 전에 그 소유 토지를 일반 공중의 이용에 제공하여 독점적·배타적인 사용·수익권을 포기한 것으로 볼 수 있고 그 토지가 상속재산에 해당하는 경우에는, **피상속인의 사망 후 그 토지에 대한 상속인의 독점적·배타적인 사용·수익권의 행사 역시 제한**된다고 보아야 한다.
> **12** 원소유자의 독점적·배타적인 사용·수익권의 행사가 제한되는 토지의 소유권을 경매, 매매, 대물변제 등에 의하여 특정승계한 자는, 특별한 사정이 없는 한 그와 같은 사용·수익의 제한이라는 부담이 있다는 사정을 용인하거나 적어도 그러한 사정이 있음을 알고서 그 토지의 소유권을 취득하였다고 봄이 타당하므로, 그러한 **특정승계인은 그 토지 부분에 대하여 독점적이고 배타적인 사용·수익권을 행사할 수 없다**(대판 2019.1.24. 2016다264556 전합).

15

토지소유자가 그 소유 토지를 '건물의 부지'로 제공하여 지상 건물소유자들이 이를 무상으로 사용하도록 허락한 경우, 특정승계인의 그 토지에 대한 소유권 행사가 제한된다. O | X

> 해설 이러한 토지소유자의 독점적·배타적 사용·수익권 행사 제한의 법리는 토지가 도로, 수도시설의 매설 부지 등 일반 공중을 위한 용도로 제공된 경우에 적용되는 것이어서, 토지가 건물의 부지 등 지상 건물의 소유자들만을 위한 용도로 제공된 경우에는 적용되지 않는다. 따라서 토지소유자가 그 소유 토지를 건물의 부지로 제공하여 지상 건물소유자들이 이를 무상으로 사용하도록 허락하였다고 하더라도, 그러한 법률관계가 물권의 설정 등으로 특정승계인에게 대항할 수 있는 것이 아니라면 채권적인 것에 불과하여 특정승계인이 그러한 채권적 법률관계를 승계하였다는 등의 특별한 사정이 없는 한 특정승계인의 그 토지에 대한 소유권 행사가 제한된다고 볼 수 없다(대판 2019.11.14. 2015다211685).

16

건물의 일부에 대하여도 물권이 성립될 수 있다. O | X

> 해설 건물의 일부분이 구분소유권의 객체가 되기 위한 요건
> **건물의 일부분이 구조상으로나 이용상으로 다른 부분과 구분되는 독립성이 있으면 구분소유권의 객체로 될 수 있다** 할 것인바, 건물의 증축 부분이 기존 건물 부분과 벽으로 구분되어 있고 기존 건물 부분과 무관한 용도로 사용되고 있다면 구조상으로나 이용상으로 독립되어 있어 구분소유권의 객체가 될 수 있다(대판 1996.8.20. 94다44705).

17

어떤 토지가 지적법에 의하여 1필지의 토지로 지적공부에 등록되면 그 토지는 특별한 사정이 없는 한 그 등록으로써 특정되고 그 소유권의 범위는 현실의 경계와 관계없이 공부상의 경계에 의하여 확정되는 것이고, 지적도상의 경계표시가 분할측량의 잘못 등으로 사실상의 경계와 다르게 표시되었다 하더라도 그 토지에 대한 매매도 특별한 사정이 없는 한 현실의 경계와 관계없이 지적공부상의 경계와 지적에 의하여 소유권의 범위가 확정된 토지를 매매 대상으로 하는 것으로 보아야 한다. O | X

> 해설 대판 1996.7.9. 95다55597

정답 | 11 O 12 × 13 O 14 O 15 × 16 O 17 O

18

지적공부를 작성함에 있어 기점을 잘못 선택하는 등의 기술적인 착오로 말미암아 지적공부상의 경계가 진실한 경계선과 다르게 잘못 작성되었다는 등의 특별한 사정이 있는 경우에는 그 토지의 경계는 지적공부에 의하지 않고 실제의 경계에 의하여 확정하여야 한다. ○ | X

> **해설** 지적공부에 등록된 토지의 경계확정 방법
> 지적법에 의하여 어떤 토지가 지적공부에 1필의 토지로 등록되면 그 토지의 경계는 다른 특별한 사정이 없는 한 이 등록으로써 특정되고, **지적공부를 작성함에 있어 기점을 잘못 선택하는 등의 기술적인 착오로 말미암아 지적공부상의 경계가 진실한 경계선과 다르게 잘못 작성되었다는 등의 특별한 사정이 있는 경우에는 그 토지의 경계는 지적공부에 의하지 않고 실제의 경계에 의하여 확정**하여야 한다(대판 2000.5.26. 98다15446).

19

동일한 물건 위에 소유권과 제한물권이 존재하는 때에는 소유권이 우선한다. ○ | X

> **해설** 하나의 물건 위에는 앞의 물권과 동일한 내용을 갖는 물권은 다시 성립할 수 없다. 따라서 소유권과 제한물권처럼 서로 내용이 다른 물권의 경우는 하나의 물건 위에 같이 성립할 수 있다. 그런데 제한물권은 소유권을 일시적으로 제한하면서 성립하는 것이기 때문에, 제한물권이 존재하는 동안 당연히 소유권이 제한을 받게 된다.

20

대체물과 부대체물은 당사자의 의사에 의하여 결정되고, 특정물과 불특정물은 물건의 객관적 성질에 의하여 구별된다. ○ | X

> **해설** **대체물과 부대체물은 물건의 객관적 성질에 의하여 구별**되는바, 대체물은 일반거래관념상 물건의 개성이 중시되지 않고 동종·동질·동량의 물건으로 바꾸어도 급부의 동일성이 바뀌지 않는 물건이고(금전·신간서적·술·곡물 등), 부대체물은 그 물건의 개성이 중시되어 대체성이 없는 물건이다(그림·골동품·토지·건물 등). 이 구별은 소비대차(제598조 이하)·소비임치(제702조 이하)의 대상이 대체물이라는 점에 있다.
> 반면 **특정물과 불특정물은 당사자의 의사에 의하여 결정**되는바, 특정물은 구체적인 거래에서 당사자가 특정의 물건을 지정하고 다른 물건으로 바꿀 것을 허용하지 않는 물건이고, 이에 대해 불특정물은 목적물을 종류로만 지정하여 동종·동질·동량의 것이면 어느 것이라도 무방한 것을 말한다. 특정물인지 아니면 불특정물인지에 따라 채권의 목적물의 보관의무(제374조)·특정물의 현상인도(제462조)·채무변제의 장소(제467조)·매도인의 담보책임(제580조와 제581조)등에서 그 적용과 내용을 달리한다.
>
> **관련쟁점** 대체물이라도 당사자의 의사에 의해 특정물로 할 수 있고(특정창고에 있는 쌀을 매매의 목적물로 삼은 경우), 부대체물이라도 일정한 종류에 속하는 일정한 양에 주안을 둔다면 역시 당사자의 의사에 의해 불특정물로 삼을 수 있다. 判例는, 수임인이 위임사무의 처리로 인하여 대체물(비료)를 받은 경우에도 위임인에 대한 관계에서는 그것을 특정물로 보아야 한다고 한다(제684조 제1항 참조)(대판 1962.12.16. 67다1525).

관습법상의 물권으로서 판례가 인정하는 것으로는 분묘기지권, 관습법상의 법정지상권, 온천권, 사도통행권 등이 있다. O | X

> 해설 ① **분묘기지권**: 분묘기지권이 성립하기 위하여는 봉분 등 외부에서 분묘의 존재를 인식할 수 있는 형태를 갖추고 있어야 하고, 평장되어 있거나 암장되어 있어 객관적으로 인식할 수 있는 외형을 갖추고 있지 아니한 경우에는 분묘기지권이 인정되지 아니한다(대판 1991.10.25. 91다18040).
> ② **관습법상 법정지상권**: 관습상의 법정지상권은 관습법에 의한 부동산에 관한 물권의 취득이므로 등기를 필요로 하지 아니하고 지상권취득의 효력이 발생하는 것이며 이 관습상 지상권은 물권으로서의 효력에 의하여 이를 취득할 당시의 토지소유자나 이로부터 소유권을 전득한 제3자에게 대하여도 등기없이 위 지상권을 주장할 수 있다(대판 1984.9.11. 83다카2245).
> ③ **온천권**: 대판 1998.2.13. 97누15142 판결 참조
> ④ **사도통행권**: 민법 제185조는, "물권은 법률 또는 관습법에 의하는 외에는 임의로 창설하지 못한다."고 규정하여 이른바 물권법정주의를 선언하고 있고, 물권법의 강행법규성은 이를 중핵으로 하고 있으므로, 법률(성문법과 관습법)이 인정하지 않는 새로운 종류의 물권을 창설하는 것은 허용되지 아니한다(대판 2002.2.26. 2001다64165).
> ➡ 관습상의 사도통행권 인정이 물권법정주의에 위배된다고 본 사례

타인의 토지에 합법적으로 분묘를 설치한 자는 관습상 그 토지 위에 지상권에 유사한 일종의 물권인 분묘기지권을 취득하나, 분묘기지권에는 그 효력이 미치는 범위 안에서 새로운 분묘를 설치하거나 원래의 분묘를 다른 곳으로 이장할 권능은 포함되지 않는다. O | X

> 해설 대판 1958.6.12. 4290민상771 참조

일시적으로 어떤 물건의 효용을 돕는 물건도 종물이다. O | X

> 해설 어느 건물이 주된 건물의 종물이기 위해서는 주된 건물의 경제적 효용을 보조하기 위하여 계속적으로 이바지 되어야 하는 관계가 있어야 한다(대판 1988.2.23. 87다카600).

> 쟁점정리 종물의 요건(상, 부, 동, 독)
> 종물이 되기 위해서는 ⅰ) 주물의 상용에 이바지할 것, ⅱ) 주물에 부속된 것일 것, ⅲ) 주물로부터 독립된 물건일 것, ⅳ) 주물·종물 모두 동일한 소유자에게 속할 것이 요구된다(제100조). ⅰ) 요건과 관련하여, 종물은 사회관념상 계속해서 주물의 경제적 효용을 다하게 하는 작용을 해야 한다. 따라서 일시적 용도에 쓰이는 물건은 종물이 아니며(대판 1988.2.23. 87다카600), 주물의 효용과는 직접 관계가 없는 물건, 예컨대 TV·책상 등은 가옥의 종물이 아니다(대판 1985.3.26. 84다카269).

정답 | **18** ○ **19** ○ **20** × **21** × **22** ○ **23** ×

24

어느 건물이 주된 건물의 종물이기 위해서는 주물의 상용에 이바지하는 관계에 있어야 하고, 주물의 상용에 이바지한다 함은 주물 그 자체의 경제적 효용을 다하게 하는 것을 말하는 것으로서, 주물의 소유자나 이용자의 사용에 공여되고 있더라도 주물 그 자체의 효용과 직접 관계가 없는 물건은 종물이 아니다.　　○ | X

> **해설** 종물은 사회관념상 계속해서 주물의 경제적 효용을 다하게 하는 작용을 해야 한다. 따라서 일시적 용도에 쓰이는 물건은 종물이 아니며(대판 1988.2.23. 87다카600), 주물의 효용과는 직접 관계가 없는 물건, 예컨대 TV·책상 등은 가옥의 종물이 아니다(대판 1985.3.26. 84다카269).

28

종물은 물건의 소유자가 그 물건의 상용에 공하기 위하여 자기 소유인 다른 물건을 이에 부속하게 한 것을 말하므로 주물과 다른 사람의 소유에 속하는 물건은 종물이 될 수 없다.　　○ | X

> **해설** 종물은 물건의 소유자가 그 물건의 상용에 공하기 위하여 자기 소유인 다른 물건을 이에 부속하게 한 것을 말하므로(민법 제100조 제1항) 주물과 다른 사람의 소유에 속하는 물건은 종물이 될 수 없다"(대판 2008.5.8., 2007다36933,36940). 주물과 종물은 동일한 법률적 운명에 따르므로 타인의 권리를 침해하는 일이 없도록 **'원칙적'으로 모두 동일한 소유자에게 속해야** 한다.
>
> ➡ **관련논점: 다만 '예외적'으로** 제3자의 권리를 해하지 않는 범위에서는 다른 소유자에 속하는 물건도 종물이 될 수 있다(통설). 예컨대 제3자의 소유에 속하는 종물이라도 의무부담행위(매매)에 있어서는 제100조 2항을 적용할 수 있다. 만약 이 경우 제3자(종물의 소유자)가 처분행위를 동의 또는 추인하거나, 종물이 동산인 경우에 상대방이 선의취득의 요건을 갖추면 종물의 소유권을 취득할 수 있다(대판 2002.2.5. 2000다38527).

26

민법 제100조는 종물에 관하여 '자기 소유인 다른 물건' 이라고 규정하고 있어 종물이 주물 소유자의 소유물인 것을 전제로 하고 있지만, 종물이 타인의 소유라고 하더라도 그 타인의 권리를 해하지 아니하는 범위에서 민법 제100조가 적용된다.　　○ | X

> **해설** 대판 2002.2.5. 2000다38527 참조

27

종물은 주물의 처분에 수반된다는 민법 제100조 제2항은 임의규정이므로, 당사자는 주물을 처분할 때에 특약으로 종물을 제외할 수 있고 종물만을 별도로 처분할 수도 있다.　　○ | X

> **해설** 주물을 처분할 때에 특약으로 종물을 제외하거나 종물만을 별도로 처분할 수 있는지 여부(적극)
> 종물은 주물의 처분에 수반된다는 민법 제100조 제2항은 임의규정이므로, 당사자는 주물을 처분할 때에 특약으로 종물을 제외할 수 있고 종물만을 별도로 처분할 수도 있다"(대판 2012.1.26. 2009다76546).

부동산에 부합된 물건이 사실상 분리복구가 불가능하여 거래상 독립된 권리의 객체성을 상실하고 그 부동산과 일체를 이루는 부동산의 구성부분이 된 경우에는 타인의 권원에 의하여 이를 부합시킨 경우에도 그 물건의 소유권은 부동산의 소유자에게 귀속된다. ○ | ×

토지의 지상에 별개의 부동산인 건축물이 건축된 경우, 토지의 지하에 시공된 시설이 토지에 부합되었는지 아니면 지상 건축물의 기초 등을 구성하여 건축물의 일부분이 되었는지 여부는, 그 시설과 토지 및 건축물 사이의 각 결합 정도나 그 물리적 구조뿐만 아니라 당해 시설의 객관적, 사회경제적인 기능과 용도, 일반 거래관념, 토지의 당초 조성상태, 건축물의 종류와 규모 등 제반 사정을 종합하여 합리적으로 판단하여야 한다. ○ | ×

> 해설 **28 29** 부동산에 부합된 물건이 사실상 분리복구가 불가능하여 거래상 독립된 권리의 객체성을 상실하고 그 부동산과 일체를 이루는 부동산의 구성부분이 된 경우에는 타인의 권원에 의하여 이를 부합시킨 경우에도 그 물건의 소유권은 **부동산의 소유자에게 귀속**된다. 그러나, 토지의 지상에 별개의 부동산인 건축물이 건축된 경우, 토지의 지하에 시공된 시설이 토지에 부합되었는지 아니면 지상 건축물의 기초 등을 구성하여 건축물의 일부분이 되었는지 여부는, 그 시설과 토지 및 건축물 사이의 각 결합 정도나 그 물리적 구조뿐만 아니라 당해 시설의 객관적, 사회경제적인 기능과 용도, 일반 거래관념, 토지의 당초 조성상태, 건축물의 종류와 규모 등 제반 사정을 종합하여 합리적으로 판단하여야 한다(대판 2009.8.20. 2008두8727).

저당권의 실행으로 부동산이 경매된 경우에 그 부동산에 부합된 물건은 그것이 부합될 당시의 누구의 소유였는지를 가릴 것 없이 그 부동산을 낙찰 받은 사람이 소유권을 취득하는바, 이러한 법리는 종물의 경우에도 마찬가지이므로 그 부동산의 상용에 공하여진 물건이라면 부동산의 소유자가 아닌 다른 사람의 소유인 때에도 종물에 해당되어 부동산의 낙찰인이 그 소유권을 취득한다. ○ | ×

> 해설 判例는 "저당권의 실행으로 부동산이 경매된 경우에 그 부동산에 부합된 물건은 그것이 부합될 당시에 누구의 소유이었는지를 가릴 것 없이 그 부동산을 낙찰받은 사람이 소유권을 취득하지만, **그 부동산의 상용에 공하여진 물건일지라도 그 물건이 부동산의 소유자가 아닌 다른 사람의 소유인 때에는 이를 종물이라고 할 수 없으므로** 부동산에 대한 저당권의 효력에 미칠 수 없어 부동산의 낙찰자가 당연히 그 소유권을 취득하는 것은 아니며, **그 소유권을 취득하기 위해서는 그 물건이 '경매의 목적물'로 되었고 낙찰자가 '선의이며 과실 없이' 그 물건을 '점유'하는** 등으로 선의취득의 요건을 갖추어야 한다."라고 한다(대판 2008.5.8. 2007다36933,36940).

31

백화점건물의 지하2층 기계실에 설치되어 있는 전화교환설비는 독립한 물건이기는 하나, 백화점건물의 효용과 기능을 다하기에 필요불가결한 시설들로써, 위 건물의 상용에 제공된 종물이다. ○ | X

> 해설 백화점 건물의 지하 2층 기계실에 설치되어 있는 전화교환설비가 ⅰ) 건물의 원소유자가 설치한 부속시설이며, 위 건물은 당초부터 그러한 시설을 수용하는 구조로 건축되었고, ⅱ) 위 시설들은 볼트와 전선 등으로 위 건물에 고정되어 각 층, 각 방실까지 이어지는 전선 등에 연결되어 있을 뿐이어서 과다한 비용을 들이지 않고도 분리할 수 있고, 분리하더라도 독립한 동산으로서 가치를 지니며, 그 자리에 다른 것으로 대체할 수 있는 것이라면, 위 전화교환설비는 독립한 물건이기는 하나, 그 용도, 설치된 위치와 그 위치에 해당하는 건물의 용도, 건물의 형태, 목적, 용도에 대한 관계를 종합하여 볼 때, ⅲ) **위 건물에 연결되거나 부착하는 방법으로 설치되어 위 건물인 10층 백화점의 효용과 기능을 다하기에 필요불가결한 시설들로서, 위 건물의 상용에 제공된 종물**이라 할 것이다(대판 1993.8.13. 92다43142).

32

횟감용 생선을 보관하기 위하여 횟집으로 사용할 점포건물에 거의 붙어서 신축한 수족관건물은 점포건물의 종물이다. ○ | X

> 해설 대판 1993.2.12. 92도3234

33

종물은 주물의 처분에 수반된다는 민법 제100조 제2항은 강행규정이므로, 당사자는 주물을 처분할 때에 특약으로 종물을 제외할 수 없고 종물만을 별도로 처분할 수 없다. ○ | X

> 해설 종물은 주물의 처분에 수반된다는 **민법 제100조 제2항은 임의규정**이므로, 당사자는 주물을 처분할 때에 특약으로 종물을 제외할 수 있고 종물만을 별도로 처분할 수도 있다(대판 2012.1.26. 2009다76546; 대판 1978.12.26. 78다2028).

34

토지 지하에 설치된 유류저장탱크와 건물에 설치된 주유기가 토지에 부합되거나 건물의 상용에 공하기 위하여 부속시킨 경우에는 토지 및 건물에 대한 경매의 목적물이 된다. ○ | X

> 해설 대판 1995.6.29. 94다6345 참조

35

주물과 종물에 관한 민법 제100조는 물건 상호간의 관계에 관한 것이지만, 권리 상호간의 관계에도 유추적용된다. ○|×

36

구분건물의 전유부분에 대한 소유권보존등기만 경료되고 대지지분에 대한 등기가 경료되기 전에 전유부분만에 대해 내려진 가압류결정의 효력은, 대지사용권의 분리처분이 가능하도록 규약으로 정하였다는 등의 특별한 사정이 없는 한, 종물 내지 종된 권리인 그 대지권에까지 미친다. ○|×

> **해설 35 36** 민법 제100조 제2항의 종물과 주물의 관계에 관한 법리는 물건 상호간의 관계뿐 아니라 권리 상호간에도 **적용**되고, 위 규정에서의 처분은 처분행위에 의한 권리변동뿐 아니라 주물의 권리관계가 압류와 같은 공법상의 처분 등에 의하여 생긴 경우에도 적용되어야 하는 점, **저당권의 효력이 종물에 대하여도 미친다는 민법 제358조 본문 규정은 같은 법 제100조 제2항과 이론적 기초를 같이하는 점**, 집합건물의 소유 및 관리에 관한 법률 제20조 제1항, 제2항에 의하면 구분건물의 대지사용권은 전유부분과 종속적 일체불가분성이 인정되는 점 등에 비추어 볼 때, 구분건물의 전유부분에 대한 소유권보존등기만 경료되고 대지지분에 대한 등기가 경료되기 전에 전유부분만에 대해 내려진 가압류결정의 효력은, 대지사용권의 분리처분이 가능하도록 규약으로 정하였다는 등의 특별한 사정이 없는 한, 종물 내지 종된 권리인 그 대지권에까지 미친다(대판 2006.10.26. 2006다29020).

37

건물의 소유를 목적으로 하여 토지를 임차한 사람이 그 토지위에 소유하는 건물에 저당권을 설정한 때에는 저당권의 효력이 건물뿐만 아니라 건물의 소유를 목적으로 한 토지의 임차권에도 미친다. ○|×

38

저당권의 효력은 저당부동산에 부합된 물건과 종물에 미치는 것이므로 건물의 소유를 목적으로 하여 토지를 임차한 사람이 그 토지 위에 소유하는 건물에 저당권을 설정하고 그 저당권이 실행되어 매수인이 경매에 의해 건물의 소유권을 취득한 때에는 특별한 사정이 없는 한 건물의 소유를 목적으로 한 토지의 임차권도 함께 취득한다. ○|×

39

건물의 소유를 목적으로 하여 토지를 임차한 사람이 그 토지위에 소유하는 건물에 저당권을 설정하였다가 건물에 대한 저당권이 실행되어 낙찰인이 건물의 소유권을 취득한 때에는 특별한 다른 사정이 없는 한 건물의 소유를 목적으로 한 토지의 임차권도 건물의 소유권과 함께 낙찰인에게 이전된다. ○|×

정답 | **31** ○ **32** ○ **33** × **34** ○ **35** ○ **36** ○ **37** ○ **38** ○ **39** ○

건물의 소유를 목적으로 하여 토지를 임차한 사람이 그 토지 위에 소유하는 건물에 저당권을 설정한 때에는 민법 제358조 본문에 따라서 저당권의 효력이 건물뿐만 아니라 건물의 소유를 목적으로 한 토지의 임차권에도 미친다고 보아야 할 것이므로, 건물에 대한 저당권이 실행되어 경락인이 건물의 소유권을 취득한 때에는 특별한 다른 사정이 없는 한 건물의 소유를 목적으로 한 토지의 임차권도 건물의 소유권과 함께 경락인에게 이전된다(대판 1993.4.13. 92다24950).

[40~43]

[사실관계] 甲은 자신 소유 X토지와 그 지상 Y건물 중에서 Y건물만을 乙에게 양도하고 건물소유권이전등기를 경료해 주었다. 그 후 乙은 다시 丙에게 Y건물을 양도하고 건물소유권이전등기를 경료해 주었다(현재는 丙이 X토지와 Y건물을 사용·수익하고 있다). 이때 '甲과 乙이 X토지에 대해 Y건물 소유를 위한 아무런 계약관계를 맺은바가 없는 경우' 甲이 丙을 상대로 건물을 철거하고 토지를 인도할 것을 요구한다.

40
출제예상

乙은 관습법상의 법정지상권을 취득한다.
O | X

41
출제예상

丙은 주물·종물 법리의 유추적용에 의해 법정지상권을 취득하였으므로 甲은 건물철거청구를 할 수 없다.
O | X

42
출제예상

丙은 지상권을 취득하지 못하였으나 甲의 철거청구는 신의칙상 인정되지 않는다.
O | X

43
출제예상

甲은 丙에게 X토지의 사용에 대한 부당이득반환청구는 할 수 있으나, 불법행위로 인한 손해배상청구는 할 수 없다.
O | X

관습법상 법정지상권이 성립하기 위해서는 ⅰ) 처분 당시 토지와 건물이 동일인의 소유에 속하였을 것, ⅱ) 매매 기타의 적법한 원인으로 소유자가 달라질 것, ⅲ) 당사자 사이에 건물을 철거한다는 특약 또는 토지의 점유·사용에 관한 다른 약정이 없을 것이 필요하다.

➡ 사안의 경우 비록 甲과 乙 사이에는 Y건물에 대한 X토지사용계약이 없었지만 乙은 관습법상 법정지상권의 취득을 통해 X토지에 대한 사용권을 취득한 것이 된다. 이러한 지상권은 관습법에 의하여 당연히 성립하는 것이므로 제187조에 의하여 등기를 요하지 않는다.

41 42 丙의 관습법상 법정지상권 취득 여부(소극) 및 甲의 丙에 대한 청구의 인용 여부(소극)

① 乙과 丙 사이 채권계약의 내용

관습법상 법정지상권을 취득한 건물소유자 乙이 건물에 대한 소유권을 양도하는 경우에는 특별한 사정이 없는 한 제 100조 2항의 유추적용에 의해 건물의 소유권과 함께 법정지상권도 양도하기로 하는 채권적 계약이 있었다고 할 것이 다(대판 1988.9.27. 87다카279).

② 丙의 관습법상 법정지상권 승계취득 여부

乙의 지상권은 관습법에 의하여 당연히 성립하는 것이므로 제187조에 의하여 등기를 요하지 않으나, 사안과 같이 제3 자 丙에게 법정지상권을 전득시키려면 제187조 단서에 의하여 등기를 하여야 한다.

③ 甲의 丙에 대한 청구 인용 여부

乙은 법정지상권을 가지고 있으므로 甲은 그러한 지상권의 부담을 안고 있는 것이며, 한편 丙은 자신의 지상권이전청구 권을 보전하기 위해 乙이 甲에 대하여 갖는 법정지상권에 기한 지상권설정등기청구권을 대위행사 할 수 있다(제404 조). 따라서 그러한 의무있는 甲이 등기청구권자인 丙에게 건물철거를 청구하는 것은 '신의칙상 허용될 수 없다는 것이 判例의 태도이다(대판 1988.9.27. 87다카279).

43 甲의 丙에 대한 부당이득반환청구(적극) 및 불법행위로 인한 손해배상청구(소극)

법정지상권자라고 할지라도 대지소유자에게 지료를 지급할 의무는 있는 것이고 법정지상권을 취득할 지위에 있는 자 역시 지료 또는 임료상당이득을 대지소유자에게 반환할 의무를 면할 수는 없는 것이므로 이러한 임료상당 부당이득의 반환청구 까지도 신의성실의 원칙에 반한다고 볼 수 없다(대판 1988.10.24. 87다카1604).

대지점거사용으로 인한 부당이득의 반환을 구함은 별론으로 하고 **피고의 점유가 불법점유임을 전제로 한 손해배상의 지급 을 청구할 수는 없다**(대판 1988.9.27. 87다카279).

[44~47]

[사실관계] 甲은 자신 소유 X토지와 그 지상 Y건물 중에서 Y건물만을 乙에게 양도하고 건물소유권이전등기를 경료해 주었다. 그 후 乙은 다시 丙에게 Y건물을 양도하고 건물소유권이전등기를 경료해 주었다(현재는 丙이 X토지와 Y건물을 사용·수익하고 있다). 이때 '甲과 乙이 X토지에 대해 Y건물 소유를 위한 임대차계약을 맺은 경우' 甲이 乙과의 임대차계약을 해지하고 丙을 상대로 건물을 철거하고 토지를 인도할 것을 요구한다.

44   출제예상

乙은 대항력 있는 임차권을 취득한다.   O | X

45   출제예상

甲과 乙사이에는 관습법상의 법정지상권을 포기하기로 하는 묵시적 특약이 있었다고 볼 수 있다.   O | X

46   출제예상

乙은 대항력 있는 임차권을 취득하였으므로 주물·종물의 법리에 의해 丙도 대항력 있는 임차권을 취득하 여 X토지소유자 甲에게 대항할 수 있다.   O | X

정답 | **40** O **41** × **42** O **43** O **44** O **45** O **46** ×

47

乙은 대항력 있는 임차권을 취득하였으나 임대인 甲의 동의가 없었으므로 丙은 甲에게 임차권을 주장할 수 없으며, 다만 배신적 양도가 아니라는 특별한 사정이 있음을 丙이 입증하면 甲에게 대항할 수 있다.

O | X

해설 44 乙의 대항력 있는 임차권 취득 여부(적극)
甲과 乙은 Y건물 소유를 위한 X토지에 관한 임대차계약을 맺고, 임차인 乙이 그 지상 Y건물에 대한 소유권이전등기를 하였으므로 제622조 1항에 의해 제3자에 대한 대항력이 생긴다.

45 관습법상 법정지상권의 포기 여부(적극)
判例는 토지와 건물 중 건물만을 양도하면서 따로 건물을 위해 대지에 대해 '임대차계약'을 체결한 경우에는, 그 대지에 성립하는 관습법상의 법정지상권을 포기한 것으로 본다(대판 1968.1.31. 67다2007).

46 丙의 대항력 있는 임차권 승계취득 여부(제622조의 대항력의 의미)
대항력 있는 임차권을 취득한 건물소유자 乙이 건물에 대한 소유권을 丙에게 양도하는 경우에는 특별한 사정이 없는 한 제100조 2항의 유추적용에 의해 건물의 소유권과 함께 임차권도 丙에게 양도하기로 하는 '채권적 계약'이 있었다고 할 것이다(대판 1996.4.26. 95다52864).
그러나 乙과 丙 사이에 임차권양도에 대한 '채권적 계약'이 인정되더라도, 임대차에는 임대인의 동의 없이 그 권리를 양도하지 못한다는 제한이 있다(제629조). 따라서 대항력 있는 임차권이라고 해서 임대인의 동의 없이 양도할 수 있는 것은 아니다. 즉, 判例가 판시하는 바와 같이 제622조의 대항력은 토지에 관하여 권리를 취득한 제3자에 대하여 임대차의 효력을 주장할 수 있음을 규정한 취지임에 불과할 뿐, 건물의 소유권과 함께 건물의 소유를 목적으로 한 토지의 임차권을 취득한 사람이 토지의 임대인에 대한 관계에서 그의 동의가 없이도 임차권의 취득을 대항할 수 있는 것까지 규정한 것이라고는 볼 수 없다(대판 1993.4.13. 92다24950). **丙은 제3자에게 대항할 수 있는 임차권은 승계취득하였으나, 임대인 甲에게는 대항할 수 없다.**

47 임차권의 무단양도와 임대인의 해지권 제한(소위 '배신행위론')
判例는 "임차인의 변경이 당사자의 개인적인 신뢰를 기초로 하는 계속적 법률관계인 임대차를 더 이상 지속시키기 어려울 정도로 당사자 간의 신뢰관계를 파괴하는 임대인에 대한 배신행위가 아니라고 인정되는 특별한 사정이 있는 때에는, 임대인은 자신의 동의 없이 임차권이 이전되었다는 것만을 이유로 민법 제629조 제2항에 따라서 임대차계약을 해지할 수 없다."고 한다(대판 1993.4.13. 92다24950). 다만 이러한 특별한 사정에 대한 입증책임은 (임차권의) 양수인에게 있다고 한다(대판 1993.4.13. 92다24950). 그러나 判例는 당사자간의 신뢰관계를 파괴하는 임대인에 대한 배신행위가 아니라고 인정되는 특별한 사정이 있음을 양수인 丙이 입증하면 임대인 甲에게 대항할 수 있다고 한다.

48

채권담보의 목적으로 이루어지는 부동산 양도담보의 경우에 있어서 피담보채무가 변제된 이후에 양도담보권설정자가 행사하는 등기청구권은 소멸시효의 대상이 된다.

O | X

해설 채권담보의 목적으로 이루어지는 부동산 양도담보의 경우에 있어서 피담보채무가 변제된 이후에 양도담보권설정자가 행사하는 등기청구권은 양도담보권설정자의 실질적 소유권에 기한 물권적 청구권이므로 따로이 시효소멸되지 아니한다(대판 1979.2.13. 78다2412 - 부동산 양도담보의 본질에 대한 담보물권설에 따른 것으로 평가받는 判例이다).

참고판례 동일한 취지의 判例로 "합의해제에 따른 매도인의 원상회복청구권은 소유권에 기한 물권적 청구권이라 할 것이고, 따라서 이는 소멸시효의 대상이 아니다(대판 1982.7.27. 80다2968)라고 판시함으로써 적어도 소유권에 기한 물권적 청구권은 소멸시효에 걸리지 않는다고 보고 있다.

물권적 방해배제청구권의 행사로 등기말소를 구하는 소유자가 그 후 소유권을 상실함으로써 이제 등기말소를 청구할 수 없게 되었다면, 등기말소의무자에 대하여 그 권리의 이행불능을 이유로 민법 제390조상의 손해배상청구권을 행사할 수 없다. ○ | ×

> **해설** 물권적 청구권의 이행불능으로 인한 전보배상청구가 인정되는지 여부(소극)
> 소유자가 자신의 소유권에 기하여 실체관계에 부합하지 아니하는 등기의 명의인을 상대로 그 등기말소나 진정명의회복 등을 청구하는 경우에, 그 권리는 물권적 청구권으로서의 방해배제청구권(제214조)의 성질을 가진다. 그러므로 소유자가 그 후에 소유권을 상실함으로써 이제 등기말소 등을 청구할 수 없게 되었다면, 이를 위와 같은 청구권의 실현이 객관적으로 불능이 되었다고 파악하여 등기말소 등 의무자에 대하여 그 권리의 이행불능을 이유로 민법 제390조상의 손해배상청구권을 가진다고 말할 수 없다. 위 법규정에서 정하는 **채무불이행을 이유로 하는 손해배상청구권은 계약 또는 법률에 기하여 이미 성립하여 있는 채권관계에서 본래의 채권이 동일성을 유지하면서 그 내용이 확장되거나 변경된 것으로서 발생한다. 그러나 위와 같은 등기말소청구권 등의 물권적 청구권은 그 권리자인 소유자가 소유권을 상실하면 이제 그 발생의 기반이 아예 없게 되어 더 이상 그 존재 자체가 인정되지 아니하는 것**이다. 이러한 법리는 선행소송에서 소유권보존등기의 말소등기청구가 확정되었다고 하더라도 그 청구권의 법적 성질이 채권적 청구권으로 바뀌지 아니하므로 마찬가지이다(대판 2012.5.17, 2010다28604 전합).

민법 제214조는 "소유자는 소유권을 방해하는 자에 대하여 방해의 제거를 청구할 수 있고 소유권을 방해할 염려있는 행위를 하는 자에 대하여 그 예방이나 손해배상의 담보를 청구할 수 있다."라고 정하고 있다. 따라서 소유자가 소유권을 방해하는 자에 대하여 민법 제214조에 기하여 방해배제 비용 또는 방해예방 비용을 청구할 수는 없다. ○ | ×

> **해설** 물권적 청구권에 있어서의 비용부담
> 소유자가 침해자에 대하여 방해제거 행위 또는 방해예방 행위를 하는 데 드는 비용을 청구할 수 있는 권리는 민법 제214조 규정에 포함되어 있지 않으므로, 소유자가 제214조에 기하여 방해배제 비용 또는 방해예방 비용을 청구할 수는 없다(대판 2014.11.27. 2014다52612).

정답 | **47** ○ **48** × **49** ○ **50** ○

제2장 │ 물권의 변동

01

18주사보

일정한 동산에 관하여 공신의 원칙을 채택하고 있으나, 부동산에 관하여는 이를 인정하고 있지 않다.

○ | X

02

21법무사

甲 소유의 토지에 관하여 乙이 서류를 위조하여 자신의 이름으로 소유권이전등기를 마치고 이를 丙에게 매도한 경우 丙이 乙의 소유권등기를 진실한 것으로 믿었고 믿은데에 과실이 없었다면 丙은 乙로부터 소유권이전등기를 마침으로써 소유권을 취득한다.

○ | X

> 해설 **01 02** 현행 우리 민법은 법률행위로 인한 **부동산 물권의 득실변경에 관하여 등기라는 공시방법을 갖추어야만 비로소 그 효력이 생긴다는 형식주의를 채택하고 있음에도 불구하고 등기에 공신력이 인정되지 아니한다**(대판 2000.3.16. 97다37661 전합).
>
> ➡ 현재 등기부의 등기표시가 불완전하여 진실한 권리관계가 일치하지 않는 경우가 많기 때문에 거래의 안전보다는 진정한 권리자의 보호에 중점을 두어 공신의 원칙을 인정하지 않고 있다. 즉 등기의 공신력을 인정하지 않는다.

정답 | **01** ○ **02** ×

01

등기는 물권의 효력발생요건이고 효력존속요건이 아니므로, 물권에 관한 등기가 원인없이 말소된 경우 그 물권의 효력에는 아무런 영향을 미치지 않는다. O I X

02

등기부가 멸실된 경우 그 회복기간 내에 회복등기를 하지 않았다 하더라도 소유권은 소멸하지 않는다. O I X

> **해설** **01** 통설 및 判例에 따르면 **등기는 권리의 효력발생요건이지 존속요건이 아니기 때문에** 물권에 영향이 없다(대판 1998.12.27. 87다카2431). **02** 따라서 불법말소된 경우에도 말소 당시의 명의인(현재의 명의인이 아님)을 상대로 회복등기를 마치면, 말소된 종전의 등기와 동일한 효력을 갖는다(대판 1968.8.30. 68다1187).

03

신축건물의 보존등기를 건물 완성 전에 하였더라도 그 후 건물이 완성되었다면 그 등기는 유효하다. O I X

04

1동 건물의 일부분이 구분소유권의 객체로서 적합한 구조상 독립성을 갖추지 못한 상태에서 구분소유권의 목적으로 등기되고 이에 기초하여 근저당권설정등기나 소유권이전등기 등이 순차로 마쳐진 다음 구분소유권의 객체가 된 경우 그 등기는 유효하다. O I X

> **해설** **03 04** **신축건물의 보존등기를 건물 완성 전에 하였더라도 그 후 건물이 완성된 이상 등기를 무효라고 볼 수 없다.** 이러한 법리는 **1동 건물의 일부분이 구분소유권의 객체로서 적합한 구조상 독립성을 갖추지 못한 상태에서 구분소유권의 목적으로 등기되고 이에 기초하여 근저당권설정등기나 소유권이전등기 등이 순차로 마쳐진 다음** 집합건물의 소유 및 관리에 관한 법률 제1조의2, '집합건물의 소유 및 관리에 관한 법률 제1조의2 제1항의 경계표지 및 건물번호표지에 관한 규정'에 따라 경계를 명확하게 식별할 수 있는 표지가 바닥에 견고하게 설치되고 구분점포별로 부여된 건물번호표지도 견고하게 부착되는 등으로 **구분소유권의 객체가 된 경우에도 마찬가지**이다(대판 2016.1.28. 2013다59876).

05

근저당권설정등기가 불법행위로 인하여 원인 없이 말소된 경우 등기명의인은 곧바로 근저당권 상실의 손해를 입었다고 보아야 한다. ○ | X

> **해설** 불법말소된 근저당권자는 그 회복등기 신청절차에 의하여 말소된 등기를 회복할 수 있으므로, 말소된 근저당권설정등기의 등기명의인이 곧바로 근저당권 상실의 손해를 입게 된다고 할 수 없다(대판 2010.2.11. 2009다68408).
>
> **비교판례** 그러나 (말소회복등기가 불가능한) 저당권자는 불법말소에 관여한 자에 대하여 손해배상을 청구할 수 있다(대판 1997.11.25. 97다35771).

06

근저당권설정등기가 불법말소된 경우 그 회복등기를 구하는 본안소송에서 승소판결을 받으면 후순위 근저당권자가 있더라도 바로 회복등기를 할 수 있다. ○ | X

> **해설** 근저당권설정등기의 불법말소를 이유로 그 회복등기를 구하는 본안소송에서 원고가 승소판결을 받는다고 하더라도 그 후순위 근저당권자가 있는 경우에는 바로 회복등기를 할 수 있는 것은 아니고 부동산등기법 제75조에 의하여 이해관계 있는 제3자인 후순위 근저당권자의 승낙서 또는 이에 대항할 수 있는 재판의 등본을 첨부하여야 하므로 원고로서는 후순위 근저당권자를 상대로 승낙을 구하는 소송을 별도로 제기하여 승소판결을 받아야 하고, 따라서 본안소송에서 원고가 승소판결을 받는다고 하더라도 그 기판력은 회복등기에 대한 승낙을 구하는 소송에는 미치지 아니하므로 후순위 근저당권자는 그 소송에서 위 근저당권이 불법으로 말소되었는지의 여부를 다툴 수 있는 것이기는 하지만, 말소회복등기소송에서의 사실인정관계가 승낙의사표시 청구소송에서도 유지되어 후순위 근저당권자는 선순위 근저당권을 수인하여야 할 것이기에 본안소송의 결과는 당연히 후순위 근저당권자를 상대로 승낙을 구하는 소에 사실상 영향을 미치게 됨으로써 후순위 근저당권자의 권리의 실현 또는 법률상의 지위가 침해될 염려가 있다 할 것이다. 따라서 후순위 근저당권자에게는 원·피고들에 대한 근저당권부존재확인청구라는 참가소송을 통하여 후일 발생하게 될 이러한 불안 내지 염려를 사전에 차단할 필요가 있는 것이고, 이러한 참가소송은 사해판결로 인하여 초래될 이러한 장애를 방지하기 위한 유효적절한 수단이 된다고 할 것이다(대판 2001.8.24. 2000다12785,12792).

07

채무자의 변경을 내용으로 하는 근저당권변경의 부기등기는 기존의 주등기인 근저당권설정등기와 별개의 등기이므로, 그 피담보채무가 변제로 인하여 소멸된 경우 위 주등기의 말소뿐만 아니라 그에 기한 부기등기도 별도로 말소를 구하여야 한다. ○ | X

> **해설** 근저당권이전의 부기등기의 말소를 구할 소의 이익이 인정되는지 여부
> 判例는 "채무자의 변경을 내용으로 하는 근저당권변경의 부기등기는 기존의 주등기인 근저당권설정등기에 종속되어 **주등기와 일체를 이루는 것이고 주등기와 별개의 새로운 등기는 아니므로**, 그 피담보채무가 변제로 인하여 소멸된 경우 위 주등기의 말소만을 구하면 되고, 그에 기한 부기등기는 별도로 말소를 구하지 않더라도 주등기가 말소되는 경우에는 직권으로 말소되어야 할 성질의 것이므로, 위 부기등기의 말소청구는 권리보호의 이익이 없는 부적법한 청구"라고 한다(대판 2000.10.10. 2000다19526).

비교판례 그러나 근저당권의 주등기 자체는 유효하고 단지 부기등기를 하게 된 원인만이 무효로 되거나 취소 또는 해제된 경우에는, 그 부기등기만의 말소를 따로 구할 수 있다(대판 2005.6.10., 2002다15412,15429). 즉, 채권양도의 무효·취소·해제로 인하여 '근저당권의 이전원인'이 무효로 된 경우에는 근저당권의 '양도인'(근저당권설정자 또는 그로부터 소유권을 이전받은 제3취득자가 아님)이 '양수인'을 상대로 '근저당권이전의 부기등기'의 말소를 구해야 한다.

08

가등기가 이루어진 부동산에 관하여 제3취득자 앞으로 소유권이전등기가 마쳐진 후 그 가등기가 말소된 경우 그와 같이 말소된 가등기의 회복등기절차에서 회복등기의무자는 가등기가 말소될 당시의 소유자인 제3취득자이다. ○ | X

09

가등기가 이루어진 부동산에 관하여 제3취득자 앞으로 소유권이전등기가 마쳐진 후 그 가등기가 말소된 경우 그와 같이 말소된 가등기의 회복등기절차에서 회복등기의무자는 가등기가 이루어질 당시의 부동산 소유자이므로, 제3취득자를 상대로 한 가등기의 회복등기청구는 부적법하다. ○ | X

해설 **08 09** 가등기가 이루어진 부동산에 관하여 제3취득자 앞으로 소유권이전등기가 마쳐진 후 그 가등기가 말소된 경우, 그 가등기의 회복등기청구의 상대방
말소된 등기의 회복등기절차의 이행을 구하는 소에서는 회복등기의무자에게만 피고적격이 있는바, 가등기가 이루어진 부동산에 관하여 제3취득자 앞으로 소유권이전등기가 마쳐진 후 그 가등기가 말소된 경우 그와 같이 말소된 가등기의 회복등기절차에서 회복등기의무자는 가등기가 말소될 당시의 소유자인 제3취득자이므로, **그 가등기의 회복등기청구는 회복등기의무자인 제3취득자를 상대로 하여야** 한다(대판 2009.10.15. 2006다43903).

10

가등기가 가등기권리자의 의사에 의하지 아니하고 말소되어 그 말소등기가 원인 무효인 경우에는 등기상 이해관계 있는 제3자는 그의 선의, 악의를 묻지 아니하고 가등기권리자의 회복등기절차에 필요한 승낙을 할 의무가 있다는 것이 판례의 입장이다. ○ | X

해설 가등기가 그 등기권리자의 의사에 의하지 아니하고 말소되어 그 말소등기가 원인무효인 경우에는 등기상 이해관계 있는 제3자는 선의, 악의 또는 그 회복등기로 인하여 받는 손해의 유무에 불구하고 가등기권리자의 회복등기절차에 필요한 승낙을 할 의무가 있다(대판 1970.2.24. 69다2193).

참고판례 부동산등기법 제171조에서 말하는 등기상 이해관계 있는 제3자란 말소등기를 함으로써 손해를 입을 우려가 있는 등기상의 권리자로서 그 손해를 입을 우려가 있다는 것이 등기부 기재에 의하여 형식적으로 인정되는 자이고, 그 제3자가 승낙의무를 부담하는지 여부는 그 제3자가 말소등기권리자에 대한 관계에서 그 승낙을 하여야 할 실체법상의 의무가 있는지 여부에 의하여 결정된다(대판 2007.4.27. 2005다43753).

11

순차 경료된 소유권이전등기의 각 말소 청구소송은 통상공동소송이므로 그 중의 어느 한 등기명의자만을 상대로 말소를 구할 수 있고, 최종 등기명의자에 대하여 등기말소를 구할 수 있는지에 관계없이 중간의 등기명의자에 대하여 등기말소를 구할 소의 이익이 있다. ○ | X

> **해설** 대판 1998.9.22. 98다23393

12

등기명의인의 경정등기는 명의인의 동일성이 인정되는 범위를 벗어나면 허용되지 아니하므로 명의인의 동일성이 인정되지 않는 위법한 경정등기가 마쳐졌다면, 그것이 일단 마쳐져서 경정 후의 명의인의 권리관계를 표상하는 결과에 이르렀고 그 등기가 실체관계에도 부합한다고 하더라도 그 등기를 유효하다고 볼 수는 없다. ○ | X

> **해설** 등기명의인의 동일성을 해하는 경정등기의 효력
> 判例는 "등기명의인의 경정등기는 그 명의인의 동일성이 인정되는 범위를 벗어나면 허용되지 않는다. 그렇지만 등기명의인의 동일성 유무가 명백하지 아니하여 경정등기 신청이 받아들여진 결과 **명의인의 동일성이 인정되지 않는 위법한 경정등기가 마쳐졌다 하더라도, 그 등기가 경정 후의 명의인의 실체관계에 부합하는 것이라면 그 등기는 유효**하다(대판 1996. 4.12. 95다2135 참조). 이 경우 경정등기의 효력은 소급하지 않고 경정 후 명의인의 권리취득을 공시한다.

13

근저당권의 양도에 의한 부기등기는 기존의 근저당권설정등기에 의한 권리의 승계를 등기부상 명시하는 것뿐으로, 그 등기에 의하여 새로운 권리가 생기는 것이 아닌 만큼 근저당권설정등기의 말소등기청구는 양도인만을 상대로 하면 족하고, 양수인은 그 말소등기청구에 있어서 피고적격이 없다. ○ | X

> **해설** 근저당권 양도의 부기등기가 경료된 경우, 근저당권설정등기 말소등기청구의 상대방
> 근저당권의 양도에 의한 부기등기는 기존의 근저당권설정등기에 의한 권리의 승계를 등기부상 명시하는 것뿐으로, 그 등기에 의하여 새로운 권리가 생기는 것이 아닌 만큼 **근저당권설정등기의 말소등기청구는 양수인만을 상대로 하면 족하고, 양도인은 그 말소등기청구에 있어서 피고적격이 없다**(대판 1995.5.26. 95다7550).
>
> **참고판례** 근저당권설정등기가 말소되면 그 부기등기도 직권말소되는지 여부
> 근저당권 이전의 부기등기는 기존의 주등기인 근저당권설정등기에 종속되어 주등기와 일체를 이루는 것이어서 피담보채무가 소멸된 경우 또는 근저당권설정등기가 당초 원인무효인 경우 **주등기인 근저당권설정등기의 말소만 구하면 되고 그 부기등기는 별도로 말소를 구하지 않더라도 주등기의 말소에 따라 직권으로 말소된다**(同 判例).

14

합유지분권의 포기행위는 법률행위에 의한 물권변동이므로 합유지분 포기가 적법하다면 나머지 잔존 합유지분권자들에게 합유지분권이전등기가 이루어져야 하고, 등기가 되지 않았다면 지분을 포기한 지분권자는 제3자에 대하여 여전히 합유지분권자로서의 지위를 가진다. 따라서 그는 합유물을 점유하는 제3자에게 합유물의 반환을 구할 수 있다.　　　　　　　　　　　　　　　　　　　　ОｌＸ

> **해설** 합유자가 지분을 포기한 경우 그 지분권의 귀속관계 및 그에 따른 지분이전등기가 경료되지 않은 경우 지분을 포기한 합유자는 제3자에 대한 관계에서 여전히 지분권자로서의 지위를 갖는지 여부(적극)
> 합유지분 포기가 적법하다면 그 포기된 합유지분은 나머지 잔존 합유지분권자들에게 균분으로 귀속하게 되지만 그와 같은 물권변동은 합유지분권의 포기라고 하는 법률행위에 의한 것이므로 등기하여야 효력이 있고 지분을 포기한 합유지분권자로부터 잔존 합유지분권자들에게 합유지분권 이전등기가 이루어지지 아니하는 한 지분을 포기한 지분권자는 제3자에 대하여 여전히 합유지분권자로서의 지위를 가지고 있다고 보아야 한다(대판 1997.9.9. 96다16896).

15

민법 제267조는 "공유자가 그 지분을 포기하거나 상속인 없이 사망한 때에는 그 지분은 다른 공유자에게 각 지분의 비율로 귀속한다."고 규정하므로, 부동산 공유자가 그 지분을 포기한 경우 다른 공유자들은 민법 제187조에 따라 등기 없이 부동산 물권을 취득한다.　　　　　　　　　　　　　ОｌＸ

> **해설** 민법 제267조는 "공유자가 그 지분을 포기하거나 상속인 없이 사망한 때에는 그 지분은 다른 공유자에게 각 지분의 비율로 귀속한다."라고 규정하고 있다. 여기서 공유지분의 포기는 법률행위로서 상대방 있는 단독행위에 해당하므로, **부동산 공유자의 공유지분 포기의 의사표시가 다른 공유자에게 도달하더라도 이로써 곧바로 공유지분 포기에 따른 물권변동의 효력이 발생하는 것은 아니고, 다른 공유자는 자신에게 귀속될 공유지분에 관하여 소유권이전등기청구권을 취득**하며, 이후 **민법 제186조에 의하여 등기를 하여야 공유지분 포기에 따른 물권변동의 효력이 발생**한다. 그리고 부동산 공유자의 공유지분 포기에 따른 등기는 해당 지분에 관하여 다른 공유자 앞으로 소유권이전등기를 하는 형태가 되어야 한다(대판 2016. 10.27. 2015다52978).

16

전세권이 법정갱신(민법 제312조 제4항)된 경우 이는 법률의 규정에 의한 물권의 변동이므로 전세권갱신에 관한 등기를 필요로 하지 아니하고, 전세권자는 등기 없이도 전세권설정자나 그 목적물을 취득한 제3자에 대하여 갱신된 권리를 주장할 수 있다.　　　　　　　　　　　　　　　　　　　　ОｌＸ

> **해설** 전세권이 법정갱신된 경우, 전세권자가 등기 없이도 전세권설정자나 그 목적물을 취득한 제3자에 대하여 갱신된 권리를 주장할 수 있는지 여부(적극)(대판 2010.3.25. 2009다35743)

정답 | **11** ○ **12** × **13** × **14** ○ **15** × **16** ○

17

출제예상

가등기는 그 성질상 본등기의 순위보전의 효력이 있어 후일 본등기가 경료된 때에는 본등기의 순위가 가등기한 때로 소급하지만 본등기에 의한 물권변동의 효력이 가등기한 때로 소급하여 발생하는 것은 아니다. ○ | X

> 해설 **가등기의 효력**
> **가등기는 본등기 순위보전의 효력**만이 있고, 후일 본등기가 마쳐진 때에는 본등기의 순위가 가등기한 때로 소급함으로써 가등기 후 본등기 전에 이루어진 중간처분이 본등기보다 후 순위로 되어 실효될 뿐이고, **본등기에 의한 물권변동의 효력이 가등기한 때로 소급하여 발생하는 것은 아니다**(대판 1981.5.26. 80다3117).

18

출제예상

대상 토지에 관하여 무효인 중복등기가 존재하는 경우, 가등기권자는 가등기에 따른 본등기가 마쳐지지 않은 이상 현재의 소유자를 대위하지 않고 직접 그 중복등기 명의자를 피고로 삼아 그 등기의 말소를 청구할 수는 없다. ○ | X

> 해설 **가등기는** 부동산등기법 제6조 제2항의 규정에 의하여 그 본등기시에 본등기의 순위를 가등기의 순위에 의하도록 하는 **순위보전적 효력만이 있을 뿐이고, 가등기만으로는 아무런 실체법상 효력을 갖지 아니하고** 그 본등기를 명하는 판결이 확정된 경우라도 본등기를 경료하기까지는 마찬가지이므로, **중복된 소유권보존등기가 무효이더라도 가등기권리자는 그 말소를 청구할 권리가 없다**(대판 2001.3.23. 2000다51285).

19

출제예상

무효인 소유권이전등기청구권 가등기의 유용 합의에 따라 그 가등기에 기한 본등기가 마쳐지고, 그에 따라 가등기 이후 마쳐진 경매개시결정 기입등기가 직권말소된 경우, '강제경매 신청채권자'는 말소된 강제경매개시결정 기입등기의 회복등기절차의 이행을 소구할 이익이 있으므로 말소 당시 소유자를 상대로 말소된 경매개시결정 기입등기의 회복절차에 대한 승낙청구의 소를 제기할 수 없다. ○ | X

> 해설 **강제경매 신청채권자의 기입등기의 회복 여부**
> 부동산 강제경매개시결정 기입등기는 채권자나 채무자가 직접 등기공무원에게 이를 신청하여 행할 수는 없고 반드시 법원의 촉탁에 의하여 행하여지는바, 이와 같이 **당사자가 신청할 수 없는 강제경매개시결정 기입등기가 법원의 촉탁에 의하여 말소된 경우**에는 그 회복등기도 법원의 촉탁에 의하여 행하여져야 하므로, 이 경우 **강제경매 신청채권자가 말소된 강제경매개시결정 기입등기의 회복등기절차의 이행을 소구할 이익은 없고**, 다만 그 강제경매개시결정 기입등기가 말소될 당시 그 부동산에 관하여 소유권이전등기를 경료하고 있는 사람은 법원이 그 강제경매개시결정 기입등기의 회복을 촉탁함에 있어서 등기상 이해관계가 있는 제3자에 해당하므로, 강제경매 신청채권자로서는 그 사람을 상대로 하여 법원의 촉탁에 의한 그 강제경매개시결정 기입등기의 회복절차에 대한 승낙청구의 소를 제기할 수 있다(대판 2019.5.16. 2015다253573).

20

가등기에 기한 본등기청구는 현재 등기명의인이 아니라 가등기 당시의 소유자를 상대로 하여야 한다.

O | X

> **해설** 가등기권자의 본등기청구의 상대방
> 가등기권자는 가등기의무자인 전소유자를 상대로 본등기청구권을 행사할 것이고 제3자를 상대로 할 것이 아니다(대결 1962.12.24. 4294민재항675).

21

소유권이전청구권 보전을 위한 가등기 이후에 가압류등기가 마쳐지고 위 가등기에 기한 본등기가 이루어지는 경우, 등기관이 위 가압류등기를 직권으로 말소할 수 있다.

O | X

> **해설** 소유권이전청구권의 보전을 위한 가등기는 부동산의 물권변동에 있어 순위보전의 효력이 있는 것이므로, 그 가등기에 의한 소유권이전의 **본등기가 마쳐진 경우에는 그 가등기 후 본등기 전에 행하여진 가압류등기는 가등기권자의 본등기 취득으로 인한 등기순위 보전 및 물권의 배타성에 의하여 실질적으로 등기의 효력을 상실하게 되는 것이다.** 따라서 등기공무원은 부동산등기법 제175조 내지 제177조 및 제55조 제2호에 의하여 위 가압류등기를 직권으로 말소할 수 있다(대결 2010.3.19. 2008마1883).

22

소유권이전청구권 보전을 위한 가등기가 있으면 소유권이전등기를 청구할 어떤 법률관계가 있다는 사실이 법률상 추정된다.

O | X

> **해설** 소유권이전청구권보전을 위한 가등기가 있다 하여, 소유권이전등기를 청구할 어떤 법률관계가 있다고 추정되지 아니한다(대판 1979.5.22. 79다239).

23

가등기에 기한 본등기가 마쳐지면 순위보전의 효력에 의해 물권변동의 시기는 가등기 시로 소급한다.

O | X

24

물권변동의 시점은 본등기 시점이지 가등기 시점이 아니다.

O | X

정답 | **17** ○ **18** ○ **19** × **20** ○ **21** ○ **22** × **23** × **24** ○

23 24 가등기는 그 성질상 본등기의 순위보전의 효력만이 있어 **후일 본등기가 경료된 때에는 본등기의 순위가 가등기한 때로 소급하는 것뿐이지 본등기에 의한 물권변동의 효력이 가등기한 때로 소급하여 발생하는 것은 아니다**(대판 1992.9.25. 92다21258).

25

가등기는 그 성질상 본등기의 순위보전의 효력만이 있고 후일 본등기가 마쳐지면 본등기의 순위가 가등기한 때로 소급함으로써 가등기 후 본등기 전에 이루어진 중간처분이 본등기보다 후순위로 되어 실효될 뿐이고 본등기에 의한 물권변동의 효력이 가등기한 때로 소급하여 발생하는 것은 아니다. ○ㅣX

해설 대판 1992.9.25. 92다21258

26

가등기에 의하여 순위 보전의 대상이 되어 있는 물권변동청구권이 양도된 경우, 그 가등기상 권리의 이전등기를 가등기에 대한 부기등기의 형식으로 경료할 수 있다. ○ㅣX

해설 判例는 "가등기는 원래 순위를 확보하는 데에 그 목적이 있으나 순위보전의 대상이 되는 물권변동의 청구권은 ⅰ) 그 성질상 양도될 수 있는 재산권일 뿐만 아니라, ⅱ) 가등기로 인하여 그 권리가 공시되어 결과적으로 공시방법까지 마련된 셈이므로" 이를 인정할 수 있다고 한다(대판 1998.11.19. 전합98다24105). 즉 가등기상의 권리를 양도한 경우에는 양도인과 양수인의 공동신청으로 그 가등기상의 권리의 이전등기를 가등기에 대한 부기등기의 형식으로 경료할 수 있다고 하였다.

27

가등기에 기하여 본등기가 마쳐진 경우 가등기의 원인인 법률행위와 본등기의 원인인 법률행위가 명백히 다른 것이 아니면 사해행위 요건의 구비 여부는 가등기의 원인된 법률 행위 당시를 기준으로 판단하여야 한다. ○ㅣX

해설 가등기에 기하여 본등기가 경료된 경우, 사해행위 요건의 구비 여부의 판단 기준 시기(= 가등기의 원인된 법률행위시) 가등기에 기하여 본등기가 경료된 경우 가등기의 원인인 법률행위와 본등기의 원인인 법률행위가 명백히 다른 것이 아닌 한 사해행위 요건의 구비 여부는 가등기의 원인된 법률행위 당시를 기준으로 하여 판단하여야 한다(대판 2001.7.27. 2000다73377).

28

토지의 지번과 지적을 등기부의 표제부에 등재된 대로 표시하여 경매하였으나 실제 면적이 그보다 넓은 경우, 등기부상의 지적을 넘는 면적 부분은 원칙적으로 경매 목적물인 토지의 일부가 될 수 없다. ○ㅣX

해설 ① 토지등기부의 표제부에 토지의 면적이 실제와 다르게 등재된 경우, 그 등기가 해당 토지를 표상하는 등기로서 유효한지 여부(적극)

물권의 객체인 토지 1필지의 공간적 범위를 특정하는 것은 지적도나 임야도의 경계이지 등기부의 표제부나 임야대장·토지대장에 등재된 면적이 아니므로, 토지등기부의 표제부에 토지의 면적이 실제와 다르게 등재되어 있다 하여도, 이러한 등기는 해당 토지를 표상하는 등기로서 유효하다.

② 어느 토지의 지번과 지적을 등기부의 표제부에 등재된 대로 표시하여 경매하였으나 그 토지의 임야도나 지적도의 경계에 따라 측량한 실제 면적이 등기부의 표제부에 등재된 것보다 넓더라도, 집행법원이 직권으로 또는 이해관계인의 집행절차상 불복을 받아들여 별도의 재판을 하지 않은 이상, 등기부상의 지적을 넘는 면적은 경매의 목적물인 토지의 일부로서, 매각허가결정 및 그에 따른 매각대금의 납입에 따라 등기부상의 면적과 함께 매수인에게 귀속되는 것이고, 매각목적물인 토지와 등기된 토지 사이에 동일성이 없어 경매가 무효거나, 매각 목적물의 등기부상 표시 면적이 그 토지의 실제 면적에서 차지하는 비율만큼의 지분만 경매되었다고 볼 수는 없다(대판 2005.12.23. 2004다1691).

29

부동산의 매수인이 매도인에 대하여 가지는 소유권이전등기청구권의 법적성질에 관하여 판례는 이를 물권적 청구권으로 보고 있다.   ○ | X

해설 부동산의 매매로 인한 소유권이전등기청구권은 물권의 이전을 목적으로 하는 매매의 효과로서 매도인이 부담하는 재산권이전의무의 한 내용을 이루는 것이고, 매도인이 물권행위의 성립요건을 갖추도록 의무를 부담하는 경우에 발생하는 채권적 청구권으로 그 이행과정에 신뢰관계가 따르므로, 소유권이전등기청구권을 매수인으로부터 양도받은 양수인은 매도인이 그 양도에 대하여 동의하지 않고 있다면 매도인에 대하여 채권양도를 원인으로 하여 소유권이전등기절차의 이행을 청구할 수 없고, 따라서 매매로 인한 소유권이전등기청구권은 특별한 사정이 없는 이상 그 권리의 성질상 양도가 제한되고 그 양도에 채무자의 승낙이나 동의를 요한다고 할 것이므로 통상의 채권양도와 달리 양도인의 채무자에 대한 통지만으로는 채무자에 대한 대항력이 생기지 않으며 반드시 채무자의 동의나 승낙을 받아야 대항력이 생긴다(대판 2005.3.10. 2004다67653).

30

점유취득시효 완성을 원인으로 한 소유권이전등기청구권은 채권적 청구권으로 시효완성자는 등기를 함으로써 비로소 그 소유권을 취득하게 된다.   ○ | X

해설 제245조(점유로 인한 부동산소유권의 취득기간) ① 20년간 소유의 의사로 평온, 공연하게 부동산을 점유하는 자는 등기함으로써 그 소유권을 취득한다.

➡ 취득시효기간이 완성되었다고 하더라도 그것만으로 바로 소유권취득의 효력이 생기는 것이 아니라, 이를 원인으로 하여 소유권취득을 위한 등기청구권이 발생하는 것에 불과하고, 미등기 부동산의 경우라 하여 취득시효기간의 완성만으로 등기 없이도 점유자가 소유권을 취득한다고 볼 수 없다(대판 2013.9.13. 2012다5834)(제245조 제1항).

이러한 등기청구권의 법적 성질에 관하여는 우리 민법은 형식주의를 취하고 있으므로 등기하기 이전에는 소유권을 취득할 수 없어 채권적 청구권의 성질을 갖는다고 보아야 한다(다수설, 判例).

정답 | **25** ○　**26** ○　**27** ○　**28** ×　**29** ×　**30** ○

31

매매에 기하여 소유권이전등기를 경료하였으나 채무불이행을 이유로 매매계약이 해제된 후 매도인이 매수인에게 갖는 소유권이전등기말소청구권은 채권적 청구권이다. ○│✕

> **해설** 합의해제에 따른 매도인의 원상회복 청구권이 소멸시효의 대상이 되는 여부(소극)
> 매매계약이 합의해제된 경우에도 매수인에게 이전되었던 소유권은 당연히 매도인에게 복귀하는 것이므로 합의해제에 따른 매도인의 원상회복청구권은 소유권에 기한 물권적 청구권이라고 할 것이고 이는 소멸시효의 대상이 되지 아니한다(대판 1982.7.27. 80다2968).

32

소유권이전등기청구권에 대한 압류가 있는 경우, 압류채권자는 제3채무자나 채무자로부터 이전등기를 경료한 제3자에 대하여 그가 취득한 등기의 말소를 청구할 수 없다. ○│✕

> **해설** **소유권이전등기청구권에 대한 압류가 있으면** 그 변제금지의 효력에 의하여 제3채무자는 채무자에게 임의로 이전등기를 이행하여서는 아니 되는 것이나, ⅰ) 그와 같은 압류는 채권에 대한 것이지 등기청구권의 목적물인 부동산에 대한 것이 아니고, ⅱ) 채무자와 제3채무자에게 결정을 송달하는 외에 현행법상 등기부에 이를 공시하는 방법이 없어 당해 채권자와 채무자 및 제3채무자 사이에만 효력을 가지며, ⅲ) **제3자에 대하여는 압류의 변제금지의 효력을 주장할 수 없으므로 소유권이전등기청구권의 압류는 청구권의 목적물인 부동산 자체의 처분을 금지하는 대물적 효력은 없어서 제3채무자나 채무자로부터 이전등기를 경료한 제3자에 대하여는 취득한 등기가 원인무효라고 주장하여 말소를 청구할 수 없고**, 제3채무자가 압류결정을 무시하고 이전등기를 이행하고 채무자가 다시 제3자에게 이전등기를 경료하여 준 결과 채권자에게 손해를 입힌 때에는 불법행위를 구성하고 그에 따른 배상책임을 지게 된다(대판 2007.9.21. 2005다44886).

33

丙이 甲과 乙 사이의 C건물 매매계약에 기한 甲의 소유권이전등기청구권을 압류한 경우, 乙이 소유권이전등기청구권에 대한 압류명령에 위반하여 甲에게 소유권이전등기를 경료한 후 甲이 대금지급의무를 이행하지 않아 위 매매계약을 해제하였다면 乙은 丙에 대하여 불법행위책임을 진다. ○│✕

> **해설** 제3채무자가 소유권이전등기청구권에 대한 압류명령에 위반하여 채무자에게 소유권이전등기를 경료한 후 채무자의 대금지급의무의 불이행을 이유로 매매계약을 해제한 경우, 압류채권자에 대한 불법행위의 성립 여부(소극)
> 제3채무자가 소유권이전등기청구권에 대한 압류명령에 위반하여 채무자에게 소유권이전등기를 경료한 후 채무자의 대금지급의무의 불이행을 이유로 매매계약을 해제한 경우, **해제의 소급효로 인하여 채무자의 제3채무자에 대한 소유권이전등기청구권이 소급적으로 소멸함에 따라 이에 터잡은 압류명령의 효력도 실효되는 이상 압류채권자는 처음부터 아무런 권리를 갖지 아니한 것과 마찬가지 상태**가 되므로 제3채무자가 압류명령에 위반되는 행위를 한 후에 매매계약이 해제되었다 하여도 불법행위는 성립하지 아니한다(대판 2000.4.11. 99다51685).

34

매수인이 매매목적물인 부동산을 인도받아 점유하고 있는 이상 매수인의 소유권이전등기청구권은 소멸시효가 진행하지 않는다. O | X

> **해설** 判例는 "'시효제도의 존재이유'에 비추어 보아 부동산 매수인이 그 목적물을 인도받아서 이를 사용수익하고 있는 경우에는 그 매수인을 '권리 위에 잠자는 것'으로 볼 수도 없고 또 매도인 명의로 등기가 남아 있는 상태와 매수인이 인도받아 이를 사용수익하고 있는 상태를 **비교하면** 매도인 명의로 잔존하고 있는 등기를 보호하기 보다는 **매수인의 사용수익상태를 더욱 보호**하여야 할 것이므로 그 **매수인의 등기청구권은 다른 채권과는 달리 소멸시효에 걸리지 않는다.**"(대판 1976.11.6, 76다148 전합)라고 판시하고 있다.

35

부동산 매수인이 매도인으로부터 부동산을 인도받아 사용·수익하다가 이를 타인에게 처분하고 그 점유를 승계하여 준 경우에도 위 부동산 매수인의 매도인에 대한 소유권이전등기청구권에 관한 소멸시효는 진행되지 않는다. O | X

36

취득시효가 완성된 점유자가 그 부동산에 대한 점유를 상실한 경우에도, 점유를 잃게 된 원인이 현 점유자에게 매도하였기 때문이고 그가 현 점유자에게 소유권이전등기의무를 지고 있다면, 취득시효완성을 원인으로 하는 소유권이전등기청구권의 소멸시효는 진행하지 않는다. O | X

> **해설** **35 36** 부동산의 매수인이 그 부동산을 인도받은 이상 이를 사용·수익하다가 그 부동산에 대한 **보다 적극적인 권리행사의 일환**으로 다른 사람에게 그 부동산을 처분하고 그 점유를 승계하여 준 경우에도 그 이전등기청구권의 행사 여부에 관하여 그가 그 부동산을 스스로 계속 사용·수익만 하고 있는 경우와 특별히 다를 바 없으므로 위 두 어느 경우에나 이전등기청구권의 소멸시효는 진행되지 않는다고 보아야 한다(대판 1999.3.18, 98다32175 전합).
>
> **비교판례** 점유취득시효 완성에 의한 소유권이전등기청구권의 소멸시효
> 점유취득시효완성에 의한 등기청구권(제245조 제1항) 역시 채권적 청구권으로 보는 것이 통설적인 입장이나 앞서 검토한 98다32175 전합 判例의 취지와는 달리 "토지에 대한 취득시효 완성으로 인한 소유권이전등기청구권은 그 토지에 대한 점유가 계속되는 한 시효로 소멸하지 아니하고, 그 후 점유를 상실하였다고 하더라도 이를 **시효이익의 포기로 볼 수 있는 경우가 아닌 한** 이미 취득한 소유권이전등기청구권은 바로 소멸되는 것은 아니나, 그 점유자가 점유를 상실한 때로부터 10년간 등기청구권을 행사하지 아니하면 소멸시효가 완성한다."(대판 1996.3.8, 95다34866)고 보아 **점유취득시효 완성자가 부동산의 점유를 이전한 경우 그 자의 등기청구권은 점유상실시로부터 소멸시효가 진행된다고 보고 있다.** 즉 98다32175 전합 判例에서 위 판결을 폐기하지 않아 점유취득시효에 관한 위 判例는 여전히 유지되고 있다.

정답 | **31** × **32** ○ **33** × **34** ○ **35** ○ **36** ×

37

자기 앞으로 소유권의 등기가 되어 있지 않았고 법률에 의하여 소유권을 취득하지도 않은 사람은 소유권자를 대위하여 현재의 등기명의인을 상대로 그 등기의 말소를 청구할 수 있을 뿐이고, 진정명의의 회복을 위한 소유권이전등기청구를 할 수 없다.　　　　　O | X

> 해설　진정명의회복을 원인으로 하는 이전등기청구권을 행사하기 위해서는 제214조의 요건을 구비해야 한다. 즉 청구권자는 채권자가 아닌 물권자, 즉 **현재의 소유권자**이어야 한다. 이와 관련하여 判例도 역시 ㉠ **이미 자기 앞으로 소유권을 표상하는 등기가 되어 있었거나** ㉡ **법률에 의하여 소유권을 취득한 자**에 한하여 이전등기청구를 인정할 수 있다고 한다(대판 1980.11.27. 89다카12398 전합).
> 그러므로 소유권의 등기가 되어 있지 않았고 법률에 의하여 소유권을 취득하지도 않은 사람은 소유권자를 대위하여 현재의 등기명의인을 상대로 그 등기의 말소를 청구할 수 있을 뿐이고 진정한 등기명의의 회복을 위한 소유권이전등기청구를 할 수 없다(대판 2003.5.13, 2002다64148).

38

자기 앞으로 소유권의 등기가 되어 있지 않았고 법률에 의하여 소유권을 취득하지도 않은 사람이 소유권자를 대위하여 현재의 등기명의인을 상대로 그 등기의 말소를 청구할 수 있을 뿐인 경우에는 진정한 등기명의의 회복을 위한 소유권이전등기청구를 할 수 없다.　　　　　O | X

> 해설　진정한 등기명의의 회복을 위한 소유권이전등기청구는 자기 명의로 소유권의 등기가 되어 있었거나 법률에 의하여 소유권을 취득한 진정한 소유자가 현재의 등기명의인을 상대로 그 등기의 말소를 구하는 것에 갈음하여 소유권에 기하여 진정한 등기명의의 회복을 구하는 것이므로, **자기 앞으로 소유권의 등기가 되어 있지 않았고 법률에 의하여 소유권을 취득하지도 않은 사람이 소유권자를 대위하여 현재의 등기명의인을 상대로 그 등기의 말소를 청구할 수 있을 뿐인 경우에는 진정한 등기명의의 회복을 위한 소유권이전등기청구를 할 수 없다**(대판 2011.1.27. 2008다2807).

39

부동산에 관하여 마쳐진 가압류등기가 원인 없이 말소된 이후에 부동산의 소유권이 제3자에게 이전되고 그 후 제3취득자의 채권자의 신청에 따라 경매절차가 진행되어 매각허가결정이 확정되고 매수인이 매각대금을 다 낸 때에는, 특별한 사정이 없는 한 원인 없이 말소된 가압류의 효력은 소멸한다.　　　　　O | X

> 해설　부동산에 관하여 가압류등기가 마쳐졌다가 등기가 아무런 원인 없이 말소되었다는 사정만으로는 곧바로 가압류의 효력이 소멸하는 것은 아니지만, **가압류등기가 원인 없이 말소된 이후에 부동산의 소유권이 제3자에게 이전되고 그 후 제3취득자의 채권자 등 다른 권리자의 신청에 따라 경매절차가 진행되어 매각허가결정이 확정되고 매수인이 매각대금을 다 낸 때에는, 경매절차에서 집행법원이 가압류의 부담을 매수인이 인수할 것을 특별매각조건으로 삼지 않은 이상 원인 없이 말소된 가압류의 효력은 소멸한다.** 그리고 말소회복등기절차에서 등기상 이해관계 있는 제3자가 있어 그의 승낙이 필요한 경우라 하더라도 제3자가 등기권리자에 대한 관계에서 승낙을 하여야 할 실체법상의 의무가 있는 경우가 아니면 승낙요구에 응하여야 할 이유가 없다(대판 2017.1.25. 2016다28897).

40

최종 양수인이 중간자로부터 소유권이전등기 청구권을 양도받았다고 하더라도 최초 양도인이 그 양도에 대하여 동의하지 않고 있다면 최종 양수인은 최초 양도인에 대하여 채권양도를 원인으로 하여 소유권이전등기절차이행을 청구할 수 없다. ○ | X

41

매매로 인하여 甲 소유의 부동산이 乙과 丙에게 각각 전전양도된 경우에, 乙이 甲에게 가지는 소유권이전등기청구권을 丙에게 양도하고 채권양도의 대항요건인 통지를 갖추었다면 그 양도에 대한 甲의 동의가 없더라도 丙은 甲에게 채권양도를 원인으로 하여 소유권이전등기절차의 이행을 청구할 수 있다. ○ | X

> **해설 40 41** 매매로 인한 소유권이전등기청구권
> 종전의 判例는 매매로 인한 소유권이전등기청구권을 채권적 청구권으로 보면서도 '3자 합의설'의 이론구성에 의거하여 그 양도성을 제한하여 왔는데(대판 1995.8.22. 95다15575), 최근 判例는 또 다른 논거로서 매매로 인한 소유권이전등기청구권은 그 '이행과정에 신뢰관계'가 따른다는 것을 이유로 (특별한 사정이 없는 이상 권리의 성질상 양도가 제한되어) **통상의 채권양도와 달리** 채무자에 대한 통지만으로는 채무자에 대한 대항력이 생기지 않으며 **반드시 채무자의 동의나 승낙을 받아야** 대항력이 생긴다(대판 2001.10.9. 2000다51216)고 판시하고 있다.

42

취득시효완성으로 인한 소유권이전등기청구권은 채권자와 채무자 사이에 계약관계나 신뢰관계가 없고, 채권자가 채무자에게 반대급부로 부담하여야 하는 의무도 없으므로, 취득시효완성으로 인한 소유권이전등기청구권의 양도의 경우에는 매매로 인한 소유권이전등기청구권에 관한 양도제한의 법리가 적용되지 않는다. ○ | X

> **해설** 취득시효완성으로 인한 소유권이전등기청구권
> 취득시효완성으로 인한 소유권이전등기청구권은 채권자와 채무자 사이에 아무런 계약관계나 신뢰관계가 없고, 그에 따라 채권자가 채무자에게 반대급부로 부담하여야 하는 의무도 없다. 따라서 判例는 이를 이유로 취득시효완성으로 인한 소유권이전등기청구권의 양도의 경우에는 매매로 인한 소유권이전등기청구권에 관한 양도제한의 법리가 적용되지 않는다(대판 2018.7.12. 2015다36167).

정답 | 37 ○　38 ○　39 ○　40 ○　41 ×　42 ○

43

출제예상

부동산 명의신탁자가 유효한 명의신탁약정을 해지한 다음 제3자에게 '명의신탁 해지를 원인으로 한 소유권이전등기청구권'을 양도하였다고 하더라도 명의수탁자가 그 양도에 대하여 동의하거나 승낙하지 않고 있다면 그 양수인은 위와 같은 소유권이전등기청구권을 양수하였다는 이유로 명의수탁자에 대하여 직접 소유권이전등기청구를 할 수 없다. ○ | X

> **해설** 명의수탁자의 동의·승낙 없이 명의신탁해지로 인한 소유권이전등기청구권을 양수받아 청구할 수 있는지 여부(소극)
> 부동산이 전전 양도된 경우에 중간생략등기의 합의가 없는 한 그 최종 양수인은 최초 양도인에 대하여 직접 자기 명의로의 소유권이전등기를 청구할 수 없고, 부동산의 양도계약이 순차 이루어져 최종 양수인이 중간생략등기의 합의를 이유로 최초 양도인에게 직접 그 소유권이전등기청구권을 행사하기 위하여는 관계 당사자 전원의 의사 합치, 즉 중간생략등기에 대한 최초 양도인과 중간자의 동의가 있는 외에 최초 양도인과 최종 양수인 사이에도 그 중간등기 생략의 합의가 있었음이 요구된다. 그러므로 비록 최종 양수인이 중간자로부터 소유권이전등기청구권을 양도받았다 하더라도 최초 양도인이 그 양도에 대하여 동의하지 않고 있다면 최종 양수인은 최초 양도인에 대하여 채권양도를 원인으로 하여 소유권이전등기절차 이행을 청구할 수 없다(대판 1997.5.16. 97다485 판결 등 참조).
> 이와 같은 법리는 명의신탁자가 부동산에 관한 유효한 명의신탁약정을 해지한 후 이를 원인으로 한 소유권이전등기청구권을 양도한 경우에도 적용된다. 따라서 **비록 부동산 명의신탁자가 명의신탁약정을 해지한 다음 제3자에게 '명의신탁 해지를 원인으로 한 소유권이전등기청구권'을 양도하였다고 하더라도 명의수탁자가 그 양도에 대하여 동의하거나 승낙하지 않고 있다면 그 양수인은 위와 같은 소유권이전등기청구권을 양수하였다는 이유로 명의수탁자에 대하여 직접 소유권이전등기청구를 할 수 없다**(대판 2021.6.3. 2018다280316).

44

18주사보

부동산 등기와 동산의 점유에 관하여 적법 추정력을 인정하는 규정을 두고 있다. ○ | X

45

10법무사

부동산에 관한 소유권이전등기는 권리의 추정력이 있으므로 이를 다투는 측에서 무효사유를 주장·입증하여야 한다. ○ | X

46

18법원행시, 19사무관

소유권이전등기가 경료되어 있는 경우 등기명의자는 제3자에 대하여서 뿐만 아니라 전 소유자에 대하여서도 적법한 등기원인에 의하여 소유권을 취득한 것으로 추정되므로, 전 소유자가 이를 부인하고 등기원인의 무효를 주장하여 소유권이전등기의 말소를 구하려면 무효원인이 되는 사실을 주장하고 증명할 책임이 있다. ○ | X

47

15/19사무관

소유권이전등기의 추정력은 전소유자에 대하서는 미치지 않는다. ○ | X

해설 44 45 46 47 소유권이전등기의 추정력이 전소유자에 대하여도 미치는지 여부

부동산에 관하여 소유권이전등기가 마쳐져 있는 경우에는 그 등기명의자는 제3자에 대하여뿐 아니라 그 전소유자에 대하여서도 적법한 등기원인에 의하여 소유권을 취득한 것으로 추정되는 것이므로 이를 다투는 측에서 그 무효사유를 주장·입증하여야 한다(대판 1994.9.13. 94다10160).

부동산소유권이전등기명의자가 등기원인행위의 태양이나 과정을 등기부상 기재와 다소 다르게 주장하는 경우 등기의 추정력이 깨어지는지 여부

부동산등기는 현재의 진실한 권리상태를 공시하면 그에 이른 과정이나 태양을 그대로 반영하지 아니하였어도 유효한 것이므로, 등기명의자가 전소유자로부터 부동산을 취득함에 있어 등기부상 기재된 등기원인에 의하지 아니하고 다른 원인으로 적법하게 취득하였다고 하면서 등기원인행위의 태양이나 과정을 다소 다르게 주장한다고 하여 이러한 주장만 가지고 그 등기의 추정력이 깨어진다고 할 수 없다(同 判例).

48

19서기보

등기명의인이 등기원인을 다소 다르게 주장하더라도 등기의 추정력은 깨어진다고 할 수 없다. ○ | X

해설 부동산등기는 현재의 진실한 권리상태를 공시하면 그에 이른 과정이나 태양을 그대로 반영하지 아니하였어도 유효한 것이므로, 등기명의자가 전소유자로부터 부동산을 취득함에 있어 등기부상 기재된 등기원인에 의하지 아니하고 다른 원인으로 적법하게 취득하였다고 하면서 등기원인행위의 태양이나 과정을 다소 다르게 주장한다고 하여 이러한 주장만 가지고 그 등기의 추정력이 깨어진다고 할 수 없다(대판 1994.9.13. 94다10160).

49

15사무관

부동산에 관한 등기부상 소유권이전등기가 경료되어 있는 이상 일응 그 절차 및 원인이 정당한 것이라는 추정을 받게 되고 그 절차 및 원인의 부당을 주장하는 당사자에게 이를 입증할 책임이 있는 것이나, 등기절차가 적법하게 진행되지 아니한 것으로 볼만한 의심스러운 사정이 있음이 입증되는 경우에는 그 추정력은 깨어진다. ○ | X

해설 대판 2003.2.28. 2002다46256

50

12사무관, 19/20서기보

등기명의자가 전 소유자로부터 부동산을 취득함에 있어 등기부상 기재된 등기원인에 의하지 아니하고 다른 원인으로 적법하게 취득하였다고 하면서 등기원인 행위의 태양이나 과정을 다소 다르게 주장한다고 하여도 그 등기의 추정력이 깨어지지 않는다. ○ | X

해설 대판 1994.9.13. 94다10160

정답 | 43 ○ 44 × 45 ○ 46 ○ 47 × 48 ○ 49 ○ 50 ○

51
11서기보, 12사무관

등기가 원인 없이 말소된 경우 그 회복등기가 마쳐지기 전이라도 말소된 등기의 명의인은 적법한 권리자로 추정된다. ○|X

> **해설** 등기가 원인 없이 말소된 경우, 그 말소된 등기의 추정력
> 등기는 물권의 효력 발생 요건이고 존속 요건은 아니어서 등기가 원인 없이 말소된 경우에는 그 물권의 효력에 아무런 영향이 없고, **그 회복등기가 마쳐지기 전이라도 말소된 등기의 등기명의인은 적법한 권리자로 추정**되므로 원인 없이 말소된 등기의 효력을 다투는 쪽에서 그 무효 사유를 주장·입증하여야 한다(대판 1997.9.30. 95다39526).

52
20법무사

등기공무원이 관할지방법원의 명령에 의하여 소유권이전등기를 직권으로 말소하였으나 그 후 동 명령이 취소확정된 경우에는 위 말소등기는 결국 원인없이 경료된 등기와 같이 되어 말소된 소유권이전등기는 회복되어야 하고, 회복등기를 마치기 전이라도 등기명의인으로서의 권리를 그대로 보유하고 있다고 할 것이므로 그는 말소된 소유권이전등기의 최종명의인으로서 적법한 권리자로 추정된다. ○|X

> **해설** 대판 1982.12.28. 81다카870

53
14/19서기보

소유권이전등기가 경료되어 있는 경우 그 등기명의자는 제3자에 대하여서뿐만 아니라 그 전소유자에 대하여서도 적법한 등기원인에 의하여 소유권을 취득한 것으로 추정된다. ○|X

54
15주사보

미등기인 부동산을 매수하여 소유권보존등기를 경료한 경우, 전 소유자가 그 양도사실을 부인하는 경우에는 위 보존등기의 추정력은 깨어진다. ○|X

> **해설** **53** 소유권이전등기가 경료되어 있는 경우에는 그 등기명의자는 제3자에 대하여서 뿐만 아니라 그 전소유자에 대하여도 적법한 등기원인에 의하여 소유권을 취득한 것으로 추정된다(대판 2004.9.24. 2004다27273).
> 매매를 원인으로 소유권이전 등기가 마쳐진 경우 전 소유명의인이 이를 부인하고 그 등기원인의 무효를 주장하여 소유권이전등기의 말소등기절차의 이행을 구하려면 그 무효사실을 주장하고 이를 입증하여야 할 책임이 있다(대판 1977.6.7. 76다3010).
>
> ➡ **권리변동의 당사자 간에도 추정력이 미치는가**에 관하여 判例는 '**소유권이전등기**'에 관하여는 긍정하는 입장이다. 따라서 예를 들어 甲으로부터 乙에게로 소유권이전등기가 마쳐진 경우, 乙은 제3자 뿐만 아니라 甲에 대하여도 적법한 등기원인에 의하여 소유권을 취득한 것으로 추정된다.
>
> **비교판례** **54** 그러나 判例는 '**소유권보존등기**'의 경우 건물매매 등에 의한 소유권이전이 있었음에도 불구하고 편의상 보존등기를 하는 등 진실성 보장이 약하다는 이유로 부정하는 입장을 취하고 있다(대판 1982.9.14. 82다카707). 따라서 소유권보존등기의 경우에는 그 명의자가 보존등기전의 소유자로부터 소유권을 양도받은 것이라는 주장을 하였지만 전소유자가 명의자에게 양도한 사실을 부인하는 경우 그 명의자는 소유자로 추정되지 않는다.

55

등기절차의 추정력이 인정되므로 전 등기명의인이 미성년자이고 당해 부동산을 친권자에게 증여한 행위가 이해상반행위에 해당하더라도 등기가 친권자에게 이전되었다면, 그 이전등기에 관하여 필요한 절차를 적법하게 거친 것으로 추정된다. ○ | ×

> **해설** 등기절차의 적법추정
>
> 등기는 절차상으로 유효요건을 갖추어서 적법하게 이루어진 것으로 추정된다. 따라서 判例에 따르면 "전 등기명의인이 미성년자이고 당해 부동산을 친권자에게 증여하는 행위가 이해상반행위라면, 일단 친권자에게 이전등기가 마쳐졌더라도 그 이전등기에 관하여 필요한 절차를 적법하게 거친 것으로 추정된다."(대판 2002.2.5. 2001다72029)고 한다.

56

소유권보존등기명의인을 상대로 한 소유권보존등기말소청구소송을 제기하여 승소판결을 받은 자가 그 판결에 기하여 기존의 소유권보존등기를 말소한 후 자신의 명의로 소유권보존등기를 경료한 경우, 위 판결이 공시송달절차에 의하여 선고되었다고 하여도 적법한 등기로 추정된다. ○ | ×

> **해설** 대판 2006.9.8. 2006다17485

57

등기추정력은 등기원인과 절차에 관하여만 미치고 그 기재사항에 대하여는 추정력이 미치지 아니하므로 환매기간을 제한하는 환매특약이 등기부에 기재되어 있더라도 그 기재와 같은 환매특약이 진정하게 성립된 것으로 추정할 수 없다. ○ | ×

> **해설** 등기원인의 존재 및 유효성
>
> 환매기간을 제한하는 환매특약이 등기부에 기재되어 있는 때에는 반증이 없는 한 등기부 기재와 같은 환매특약이 진정하게 성립된 것으로 추정된다(대판 1991.10.11. 91다13700).
>
> ➡ 등기된 권리는 적법한 것으로 추정되며 그 권리는 등기원인으로부터 연유하는 것이므로 判例는 등기의 추정력은 등기원인에도 미친다고 보며, 권리취득 원인을 등기부에 기록된 취득원인과 달리 주장한 경우에도 추정이 깨어지지 않는다는 입장이다(대판 1994.9.13. 94다10160)

58

미성년자 甲 소유의 부동산에 관해 증여를 원인으로 하여 甲의 친권자 乙 명의의 소유권이전등기가 경료된 경우에는, 이를 위해 필요한 특별대리인 선임이 있었던 것으로 추정된다. ○ | ×

전 등기명의인이 미성년자이고 당해 부동산을 친권자에게 증여하는 행위가 이해상반행위라면, 일단 친권자에게 이전등기가 마쳐졌더라도 그 이전등기에 관하여 필요한 절차를 적법하게 거친 것으로 추정된다(대판 2002.2.5. 2001다72029).

59

甲이 乙 소유의 부동산에 관하여 乙의 위임이나 동의 없이 무단으로 乙을 대리하여 丙과 매매계약을 체결하고 등기를 넘겨준 사안에서, 乙이 丙 명의의 소유권이전등기가 원인무효임을 이유로 丙을 상대로 그 말소를 청구할 경우에 甲에게 대리권이 없었다는 사실에 대한 증명책임은 乙에게 있다. O|X

해설 전등기명의인의 직접적인 처분행위에 의한 것이 아니라 제3자가 그 처분행위에 개입된 경우 현등기명의인이 그 제3자가 전등기명의인의 대리인이라고 주장하더라도 현소유명의인의 등기가 적법히 이루어진 것으로 추정된다 할 것이므로 위 등기가 원인무효임을 이유로 그 말소를 청구하는 전소유명의인으로서는 그 반대사실 즉, 그 제3자에게 전소유명의인을 대리할 권한이 없었다든지, 또는 제3자가 전소유명의인의 등기서류를 위조하였다는 등의 무효사실에 대한 입증책임을 진다(대판 1992.4.24. 91다26379,26386).

60

신축된 건물의 소유권은 특별한 사정이 없는 한 이를 건축한 사람이 원시취득하는 것이므로, 건물 소유권 보존등기의 명의자가 이를 신축한 것이 아니라면 그 등기의 권리추정력은 깨어지고, 등기명의자가 스스로 적법하게 그 소유권을 취득한 사실을 증명하여야 한다. O|X

해설 대판 1996.7.30. 95다30734

61

전 소유자가 사망한 이후에 그 명의로 신청되어 경료된 소유권이전등기는 특별한 사정이 인정되는 경우를 제외하고는 원인무효의 등기이므로 그 등기의 추정력을 인정할 여지가 없다. O|X

해설 등기 추정력의 복멸(번복)
전 소유자가 사망한 이후에 그 명의로 신청되어 경료된 소유권이전등기는, 그 등기원인이 이미 존재하고 있으나 아직 등기신청을 하지 않고 있는 동안에 등기의무자에 대하여 상속이 개시된 경우에 피상속인이 살아 있다면 그가 신청하였을 등기를 상속인이 신청한 경우 또는 등기신청을 등기공무원이 접수한 후 등기를 완료하기 전에 본인이나 그 대리인이 사망한 경우와 같은 **특별한 사정이 인정되는 경우를 제외하고는, 원인무효의 등기라고 볼 것이어서 그 등기의 추정력을 인정할 여지가 없다**(대판 2004.9.3, 2003다3157).

62

甲의 대리인이라 칭하는 乙이 甲을 대리하여 丙과 사이에 甲 소유의 X토지를 매도하는 내용의 매매계약을 체결하였다. 甲이 乙의 대리권 없음을 이유로 丙에게 위 매매계약을 원인으로 마쳐진 소유권이전등기의 말소를 구하는 소를 제기하는 경우, 甲은 乙의 대리권 부존재를 증명하여야 한다. ○ㅣ✕

> **해설** 등기명의인이 아닌 제3자가 개입된 처분행위에 의하여 소유권이전등기가 마쳐진 경우, 등기의 추정력을 번복하기 위하여 필요한 증명사실 및 증명책임자
> 등기가 있으면 등기권리(대판 2009.9.24. 2009다37831), 등기원인(대판 1994.9.13. 94다10160), 등기절차(대판 2002.2.5. 2001다72029)의 적법성이 법률상 추정된다. 뿐만 아니라 **매매계약 및 등기가 대리인에 의해 행해지는 경우 대리인이 대리권을 수여받아 유효한 대리행위를 하였다는 점도 추정된다.**
> 따라서 判例는 "소유권이전등기가 전 등기명의인의 직접적인 처분행위에 의한 것이 아니라 제3자가 그 처분행위에 개입된 경우 현 등기명의인이 그 제3자가 전 등기명의인의 대리인이라고 주장하더라도 현 소유명의인의 등기가 적법히 이루어진 것으로 추정되므로, 그 등기가 원인무효임을 이유로 그 말소를 청구하는 전 소유명의인으로서는 반대사실, 즉 **그 제3자에게 전 소유명의인을 대리할 권한이 없었다든가 또는 제3자가 전 소유명의인의 등기서류를 위조하는 등 등기절차가 적법하게 진행되지 아니한 것으로 의심할 만한 사정이 있다는 등의 무효사실에 대한 증명책임을 진다.**"(대판 2009.9.24. 2009다37831)라고 판시하였다.

63

멸실회복등기에 있어서 전 등기의 접수연월일, 접수번호 및 원인일자가 각 공란으로 되어 있다고 하여 원칙적으로 등기의 추정력이 부정되는 것은 아니다. ○ㅣ✕

> **해설** 소유권이전등기의 멸실회복등기에 있어서 전등기의 접수연월일, 접수번호 및 원인일자가 각 공란으로 되어 있는 경우 위 멸실회복등기의 추정력
> 소유권이전등기가 등기부 멸실 후 회복등기절차에 따라 이루어진 경우에 그 회복등기는 등기공무원에 의하여 적법하게 수리되어 처리된 것으로 추정되므로 **소유권이전등기의 멸실회복등기에 있어서 전등기의 접수연월일, 접수번호 및 원인일자가 각 공란으로 되어 있다고 하더라도 특별한 사정이 없는 한 멸실회복등기의 실시요강에 따라 등기공무원이 토지대장등본 등 전등기의 권리를 증명할 공문서가 첨부된 등기신청서에 의하여 적법하게 처리한 것이라고 추정된다**(대판 2003.12.12. 2003다44615,44622).

64

수인이 공동으로 소유하는 부동산에 관한 멸실회복등기는 공유자 중 1인이 공유자 전원의 이름으로 그 회복등기신청을 할 수 있고, 등기권리자가 사망한 경우에는 상속인의 명의가 아니라 피상속인의 이름으로 회복등기를 하여야 하는 것이므로, 회복등기신청 당시 등기명의인이 이미 사망하였다고 하더라도 그 멸실회복등기의 추정력이 깨어지지 아니한다. ○ㅣ✕

> **해설** 대판 2003.12.12. 2003다44615,44622 참조

정답 | **59** ○ **60** ○ **61** ○ **62** ○ **63** ○ **64** ○

65

사망자 명의의 신청으로 이루어진 이전등기는 원인무효의 등기로서 등기의 추정력을 인정할 여지가 없으므로 등기의 유효를 주장하는 자가 현재의 실체관계와 부합함을 증명할 책임이 있다. O | X

> **해설** 사망자 명의의 신청에 기한 등기의 추정력 유무 및 그 입증책임
> 전소유자가 사망한 이후에 그 명의의 신청에 의하여 이루어진 이전등기는 일단 원인무효의 등기라고 볼 것이어서 등기의 추정력을 인정할 여지가 없으므로 그 등기의 유효를 주장하는 자가 현재의 실체관계와 부합함을 입증할 책임이 있다(대판 1983.8.23. 83다카597).

66

토지에 관한 소유권보존등기의 추정력은 그 토지를 사정받은 사람이 따로 있음이 밝혀진 경우에는 깨어지고 등기명의인이 구체적으로 그 승계취득 사실을 주장·입증하지 못하는 한 그 등기는 원인무효이다. O | X

> **해설** 토지를 사정받은 자가 따로 있는 경우, 소유권보존등기의 추정력대판 2005.5.26. 2002다43417)

67

건물의 보존등기는 그 명의자가 신축한 것이 아니라면 그 등기의 권리추정력은 깨어진다 할 것이고, 그 명의자 스스로 적법하게 그 소유권을 양도받게 된 사실을 입증할 책임이 있다. O | X

> **해설** 대판 1977.4.26. 75다2305 참조

68

소유권이전등기의 원인으로 주장된 계약서가 진정하지 않은 것으로 증명되었다면 그 소유권이전등기의 적법추정은 깨어진다. O | X

> **해설** 대판 1998.9.22. 98다29568

구「임야소유권이전등기 등에 관한 특별조치법」(실효)에 의하여 경료된 소유권보존등기는 그 등기명의자가 임야대장의 명의변경을 함에 있어 첨부한 원인증서인 위 특별조치법 소정의 보증서와 확인서가 허위임이 입증되었다면 그 추정력은 깨어진다. ○ | X

> 해설 임야소유권이전등기등에 관한특별조치법이나 부동산소유권이전등기등에 관한특별조치법에 의한 소유권보존등기의 추정력과 그 복멸을 위한 주장, 입증방법
> 임야소유권이전등기등에 관한특별조치법(법률 제2111호, 실효)이나 부동산소유권이전등기등에 관한특별조치법(법률 제3094호, 실효)에 의하여 소유권보존등기가 이루어진 경우에는 그 임야를 사정받은 사람이 따로 있다든가 임야대장이나 토지대장에 등기명의인에 앞서 다른 사람의 소유명의로 등재되어 있는 경우라도 그 등기는 위 법 소정의 적법한 절차에 따라 마쳐진 것으로서 실체적 권리관계에 부합하는 등기로 추정된다 할 것이므로 **위 법에 의하여 경료된 소유권보존등기의 말소를 소구하려는 자는 그 소유권보존등기 명의자가 위 법 소정의 보증서와 확인서가 허위작성 내지 위조되었다든가 그 밖에 다른 사유로 인하여 그 보존등기가 적법하게 이루어진 것이 아니라는 주장과 입증을 하여야 한다**(대판 1992.6.23. 92다8965).

구「임야소유권이전등기 등에 관한 특별조치법」(실효)에 의하여 소유권이전등기를 마친 자가 보증서나 확인서의 실체적 기재내용이 허위임을 자인한 경우에는 그 소유권이전등기의 추정력은 깨어진다.

○ | X

> 해설 상대방이 등기의 기초가 된 보증서나 확인서의 실체적 기재내용이 허위임을 자백한 경우 자백에 구속되어 등기의 추정력은 깨진다. 다만 취득원인(등기원인)이 허위임을 자백한 것만으로는 등기의 추정력은 깨지지 않는다.
> 구 임야소유권이전등기 등에 관한 특별조치법(실효)에 의한 등기는 같은 법 소정의 적법한 절차에 따라 마쳐진 것으로서 실체관계에 부합하는 등기로 추정되므로 그 등기의 말소를 소구하는 자에게 추정 번복의 주장·입증책임이 있지만, **상대방이 등기의 기초가 된 보증서나 확인서의 실체적 기재 내용이 허위임을 자인하거나 실체적 기재 내용이 진실이 아님을 의심할 만큼 증명이 된 때에는 등기의 추정력은 번복된 것**으로 보아야 한다(대판 1996.10.11. 95다47992).

> 비교판례 구 임야소유권이전등기 등에 관한 특별조치법(실효)에 따라 **등기를 마친 자가 보증서나 확인서에 기재된 취득원인이 사실과 다름을 인정하더라도 그가 다른 취득원인에 따라 권리를 취득하였음을 주장하는 때**에는, 특별조치법의 적용을 받을 수 없는 시점의 취득원인 일자를 내세우는 경우와 같이 그 주장 자체에서 특별조치법에 따른 등기를 마칠 수 없음이 명백하거나 그 주장하는 내용이 구체성이 전혀 없다든지 그 자체로서 허구임이 명백한 경우 등의 특별한 사정이 없는 한 위의 사유만으로 특별조치법에 따라 마쳐진 등기의 추정력이 깨어진다고 볼 수는 없으며, 그 밖의 자료에 의하여 새로이 주장된 취득원인 사실에 관하여도 진실이 아님을 의심할 만큼 증명되어야 그 등기의 추정력이 깨어진다고 할 것이다(대판 2001.11.22. 2000다71388,71395 전합).

71

부동산소유권 이전등기 등에 관한 특별조치법에 의한 소유권이전등기는 실체적 권리관계에 부합하는 등기로 추정되고, 비록 그 전 등기명의인이 무권리자이기 때문에 그로부터 소유권이전등기가 원인무효로서 말소되어야 할 경우라고 하더라도 등기의 추정력은 깨어지지 아니한다. O | X

> 해설 **부동산소유권 이전등기 등에 관한 특별조치법**(이하 '특별조치법'이라고 한다)에 의한 소유권이전등기는 실체적 권리관계에 부합하는 등기로 추정되지만 그 소유권이전등기도 전 등기명의인으로부터 소유권을 승계취득하였음을 원인으로 하는 것이고 보증서 및 확인서 역시 그 승계취득사실을 보증 내지 확인하는 것이므로 **그 전 등기명의인이 무권리자이기 때문에 그로부터의 소유권이전등기가 원인무효로서 말소되어야 할 경우라면, 등기의 추정력은 번복된다.** 같은 취지에서 소유권보존등기의 추정력은 그 등기가 특별조치법에 의하여 마쳐진 것이 아닌 한 등기명의인 이외의 자가 해당 토지를 사정받은 것으로 밝혀지면 깨어지는 것이어서, 등기명의인이 구체적으로 실체관계에 부합한다거나 승계취득사실을 주장·증명하지 못하는 한 등기는 원인무효이므로, 이와 같이 원인무효인 소유권보존등기를 기초로 마친 소유권이전등기는 그것이 특별조치법에 의하여 이루어진 등기라고 하더라도 원인무효이다(대판 2018.1.25. 2017다260117).

72

부동산을 매수하는 사람은 매도인에게 부동산을 처분할 권한이 있는지 여부를 알아보아야 하는 것이 원칙이고, 이를 알아보았더라면 무권리자임을 알 수 있었을 때에는 과실이 있다고 보아야 한다. O | X

> 해설 등기 추정력의 부수적 효과
> 부동산을 매수하는 사람은 매도인에게 그 부동산을 처분할 권한이 있는지 여부를 알아보아야 하는 것이 원칙이고, 이를 알아보았더라면 무권리자임을 알 수 있었을 때에는 과실이 있다고 보아야 할 것이나, 매도인이 등기부상의 소유명의자와 동일인인 경우에는 그 등기부나 다른 사정에 의하여 매도인의 소유권을 의심할 수 있는 여지가 엿보인다면 몰라도 그렇지 아니한 경우에는 등기부의 기재가 유효한 것으로 믿고 매수한 사람에게 과실이 있다고 말할 수는 없다(대판 1992.6.23. 91다38266).
>
> ➡ 등기의 추정력이 인정되는 결과 등기를 신뢰하고 거래한 경우에는 과실이 없는 것으로 추정되고, 선의라도 등기를 조사하지 아니한 경우에는 과실이 있는 것으로 추정된다(대판 1964.10.20. 64다445). 예를 들어 등기부상 명의인과 매도인이 동일인인 경우에는 (매도인 명의의 등기가 원인무효라고 하더라도) 이를 소유자로 믿고 그 부동산을 매수한 자는 특별한 사정이 없는 한 (선의) 무과실의 점유자라고 할 것이다(대판 1983.3.8. 80다3198).

73

동일부동산에 관하여 동일인 명의로 중복된 소유권보존등기가 경료된 경우, 뒤에 경료된 보존등기 및 이에 터잡아 경료된 타인명의의 이전등기 역시 모두 무효이다. O | X

74

동일인 명의로 소유권보존등기가 중복되어 있는 경우, 뒤에 경료된 중복등기는 실체권리관계에 부합하는 여부를 가릴 것 없이 무효이다. O | X

> **해설** **73 74** 중복보존등기의 효력(등기명의인이 동일인인 경우)
> 判例는 "부동산에 관하여 등기부 용지를 달리하여 동일인 명의로 소유권보존등기가 중복되어 있는 경우에는 1물 1용지주의를 채택하고 있는 부동산등기법상 시간적으로 먼저 경료된 등기가 유효하고 뒤에 경료된 중복등기는 그것이 실체 관계에 부합하는 여부를 가릴 것 없이 무효라 할 것이므로 본건에 있어 뒤에 경료된 피고명의의 소유권보존등기와 이에 터잡아 이루어진 소외 김칠석 및 원고 명의의 각 소유권이전등기는 모두 무효의 등기"(대판 1981.11.18, 81다1340)라고 판단하고 있다.

75

동일 부동산에 관하여 등기명의인을 달리하여 중복된 소유권보존등기가 경료된 경우에는 먼저 이루어진 소유권보존등기가 원인무효가 아닌 한 뒤에 된 소유권보존등기는 실체관계에 부합한다고 하더라도 무효이다. O | X

> **해설** 중복보존등기의 효력(등기명의인이 동일인이 아닌 경우)
> 判例는 **등기명의인이 동일인이 아닌 경우** "먼저 이루어진 소유권보존등기가 '**원인무효가 되지 아니하는 한**' 뒤에 된 보존등기는 비록 그 부동산의 매수인에 의하여 이루어진 경우에도 1부동산 1등기용지주의를 취하고 있는 부동산 등기법 아래에서는 무효"라고 하고(대판 1990.11.27, 87다카2961 전합), "선등기인 소유권이전등기의 토대가 된 소유권보존등기가 원인무효라고 볼 아무런 주장·입증이 없는 이상, **뒤에 경료된 소유권보존등기는 실체적 권리관계에 부합하는지의 여부에 관계없이 무효이므로**, 뒤에 된 소유권보존등기의 말소를 구하는 것이 신의칙위반이나 권리남용에 해당한다고 할 수 없다."(대판 2008.2.14, 2007다63690)고 한다.

76

동일 부동산에 관하여 등기명의인을 달리하여 중복된 소유권보존등기가 경료된 경우에는 먼저 이루어진 소유권보존등기가 원인무효가 아닌 한 뒤에 된 소유권보존등기는 실체관계에 부합한다고 하더라도 무효이고, 이러한 법리는 뒤에 된 소유권보존등기 명의인이 당해 부동산의 소유권을 원시취득한 경우에도 그대로 적용된다. O | X

> **해설** 동일 부동산에 관하여 중복 경료된 소유권보존등기의 효력(= 원칙적 무효)대판 2008.2.14. 2007다63690)

77

선행보존등기로부터 경료된 원고 명의의 소유권이전등기가 원인무효의 등기인 이상 특단의 사정이 없는 한 원고로서는 피고 명의의 후행보존등기에 대하여 그 말소를 청구할 권원이 없다고 할 것이므로, 아무리 후행보존등기가 무효라고 하여도 아무런 권원이 없는 원고의 말소등기청구를 받아들여 그 말소를 명할 수는 없다. ○ | X

> **해설** 선행보존등기로부터 경료된 원고 명의의 소유권이전등기가 원인무효인 경우, 원고가 피고 명의의 후행보존등기에 대하여 말소를 청구할 권원이 있는지 여부(소극)(대판 2007.5.10. 2007다3612)

78

동일 부동산에 대하여 이미 소유권이전등기가 경료되어 있음에도 그 후 중복하여 소유권보존등기를 경료한 자가 그 부동산을 20년간 소유의 의사로 평온·공연하게 점유하여 점유취득시효가 완성되었다면, 선등기인 소유권이전등기의 토대가 된 소유권보존등기가 원인무효라고 볼 주장·입증이 없다 하더라도 뒤에 경료된 소유권보존등기는 실체적 권리관계에 부합하는 것으로서 유효하다고 보아야 한다. ○ | X

79

소유권이전등기가 경료된 부동산에 관하여 중복하여 소유권보존등기를 마친 자의 점유취득시효가 완성되었다면, 선등기인 소유권이전등기의 토대가 된 소유권보존등기가 원인무효라고 볼 아무런 주장·입증이 없더라도, 선 등기명의인이 뒤에 경료된 소유권보존등기의 말소를 구하는 것은 신의칙위반이나 권리남용에 해당한다. ○ | X

> **해설 78 79** 중복등기한 자가 점유취득시효를 완성한 경우
> 동일 부동산에 관하여 이미 소유권이전등기가 경료되어 있음에도 그 후 중복하여 소유권보존등기를 경료한 자가 그 부동산을 20년간 소유의 의사로 평온·공연하게 점유하여 점유취득시효가 완성되었더라도, 선등기인 소유권이전등기의 토대가 된 소유권보존등기가 원인무효라고 볼 아무런 주장·입증이 없는 이상, **뒤에 경료된 소유권보존등기는 실체적 권리관계에 부합하는지의 여부에 관계없이 무효이므로**, 뒤에 된 소유권보존등기의 말소를 구하는 것이 신의칙위반이나 권리남용에 해당한다고 할 수 없다(대판 2008.2.14, 2007다63690).

80

X토지에 관하여 甲 명의의 1996. 5. 1.자 소유권보존등기와 乙 명의의 1999. 5. 1.자 소유권보존등기가 각각 마쳐져 있다. 단, 甲 명의 소유권보존등기의 원인무효 사유는 없다. 乙이 丙에게 위 토지를 매도하고 소유권이전등기를 마쳐준 후 丙의 등기부취득시효가 완성되었더라도 甲은 丙 명의 등기의 말소를 청구할 수 있다. ○ | X

무효인 중복등기에 기한 등기부취득시효를 이유로 한 소유권 인정 여부(소극)

"제245조 제2항의 '등기'는 부동산등기법 제15조가 규정한 1부동산 1용지주의에 위배되지 아니한 등기를 말하므로, 어느 부동산에 관하여 등기명의인을 달리하여 소유권보존등기가 2중으로 경료된 경우 먼저 이루어진 소유권보존등기가 원인무효가 아니어서 뒤에 된 소유권보존등기가 무효로 되는 때에는, 뒤에 된 소유권보존등기나 이에 터잡은 소유권이전등기를 근거로 하여서는 등기부취득시효의 완성을 주장할 수 없다."(대판 1996.10.17. 96다12511 전합)고 한다.

81

13사무관

소유자의 대리인으로부터 토지를 적법하게 매수한 이상 설사 매수인의 소유권이전등기가 위조된 서류에 의하여 경료되었다고 하더라도 그 등기는 유효하다. O | X

해설 대판 1982.12.14. 80다459

82

12법원행시

증여에 의하여 부동산을 취득하였지만 등기원인을 매매로 기재하였다고 하더라도 그 등기의 효력에는 아무런 하자가 없다. O | X

해설 부동산 등기는 현실의 권리 관계에 부합하는 한 그 권리취득의 경위나 방법 등이 사실과 다르다고 하더라도 그 등기의 효력에는 아무런 영향이 없는 것이므로 **증여에 의하여 부동산을 취득하였지만 등기원인을 매매로 기재하였다고 하더라도 그 등기의 효력에는 아무런 하자가 없다**(대판 1980.7.22. 80다791).

83

16사무관

원시취득자가 승계취득자 사이의 합치된 의사에 따라 미등기건물에 관하여 승계취득자 앞으로 직접 소유권보존등기를 경료하게 되었다면, 그 소유권보존등기는 실체적 권리관계에 부합되어 적법한 등기로서의 효력을 가진다. O | X

해설 미등기건물을 등기할 때에는 소유권을 원시취득한 자 앞으로 소유권보존등기를 한 다음 이를 양수한 자 앞으로 이전등기를 함이 원칙이라 할 것이나, **원시취득자와 승계취득자 사이의 합치된 의사에 따라 그 주차장에 관하여 승계취득자 앞으로 직접 소유권보존등기를 경료하게 되었다면, 그 소유권보존등기는 실체적 권리관계에 부합되어 적법한 등기로서의 효력을 가진다**(대판 1995.12.26. 94다44675).

정답 | 77 ○ 78 × 79 × 80 ○ 81 ○ 82 ○ 83 ○

甲이 부동산 X의 소유권에 기하여 乙 명의의 소유권이전등기가 원인무효임을 이유로 乙을 상대로 소유권이전등기 말소청구소송을 제기하였다. 이에 대해 乙이 다음과 같은 이유를 들어 자기 명의의 등기가 유효하다고 주장한다. 乙의 주장 중 타당한 항변으로 볼 수 없는 것은? ○|X

① 乙이 부동산 X를 소유의 의사로 평온, 공연하게 20년 이상 점유하여 왔다고 주장하는 경우

② 甲이 丙에게 부동산 X를 매도할 수 있는 권한을 위임하였다가 이를 철회하였는데, 丙이 甲의 대리인임을 자처하면서 부동산 X를 乙에게 매도하였고, 乙이 선의·무과실로 이를 매수하였으므로 「민법」제129조의 표현대리가 성립하였다고 주장하는 경우

③ 甲이 원인무효가 아닌 자기 명의의 선행 소유권보존등기가 있음에도 乙 명의의 등기가 후행 소유권보존등기에 기초하여 이루어졌다고 주장함에 대하여, 乙이 자기 명의로 소유권이전등기를 경료한 후 부동산 X를 소유의 의사로 평온, 공연하게 선의이며 과실없이 10년 이상 점유하여 왔다고 주장하는 경우

④ 甲이 乙 명의 등기의 원인인 매매계약이 무효임에도 乙이 등기서류를 위조하여 등기를 마친 것이라고 주장함에 대하여, 乙이 甲으로부터 증여를 받았다고 주장하는 경우

해설 ① [○] 실체상의 권리관계에 부합하지 아니한 무효인 회복에 인한 소유권이전등기를 바탕으로 하여 경료된 이전등기라고 하여도 20년간의 취득시효기간이 만료할 때까지 그 부동산에 관하여 등기상 이해관계를 가지는 제3자가 없었을 경우에는 그의 이전등기는 취득기간 만료와 동시에 실체관계에 부합하는 유효한 등기가 된 것으로 보아야 한다(대판 1983.8.23. 83다카848).

② [○] 제129조 표현대리가 성립하기 위해서는 ㉠ 존재하였던 대리권의 소멸, ㉡ 대리인이 권한 내의 행위를 할 것, ㉢ 상대방의 선의·무과실이 필요한바(소, 내, 선), 지문의 경우 ㉠ 甲은 丙에게 부동산 X를 매도할 수 있는 '대리권'을 수여한 후 수권행위를 철회하였고, ㉡ 丙은 과거에 갖고 있던 대리권인 부동산 X의 매도권한의 범위 내에서 乙에게 매도하였고, ㉢ 상대방 乙은 선의·무과실이므로 제129조의 표현대리가 성립한다.

③ [×] 민법 제245조 제2항은 부동산의 소유자로 등기한 자가 10년간 소유의 의사로 평온·공연하게 선의이며 과실 없이 그 부동산을 점유한 때에는 소유권을 취득한다고 규정하고 있는바, **위 법 조항의 '등기'는 부동산등기법 제15조가 규정한 1부동산 1용지주의에 위배되지 아니한 등기를 말하므로**, 어느 부동산에 관하여 등기명의인을 달리하여 소유권보존등기가 2중으로 경료된 경우 먼저 이루어진 소유권보존등기가 원인무효가 아니어서 뒤에 된 소유권보존등기가 무효로 되는 때에는, 뒤에 된 소유권보존등기나 이에 터잡은 소유권이전등기를 근거로 하여서는 등기부취득시효의 완성을 주장할 수 없다(대판 1996.10.17. 전합96다12511).

④ [○] 부동산 등기는 현실의 권리 관계에 부합하는 한 그 권리취득의 경위나 방법 등이 사실과 다르다고 하더라도 그 등기의 효력에는 아무런 영향이 없는 것이므로 **증여에 의하여 부동산을 취득하였지만 등기원인을 매매로 기재하였다고 하더라도 그 등기의 효력에는 아무런 하자가 없다**(대판 1980.7.22. 80다791).

부동산소유권이전등기청구권의 양도가 미등기전매를 금지하는 부동산등기특별조치법의 규정에 저촉되는 경우 당연히 그 사법상 효력이 부정된다. O | X

> **해설** 부동산등기 특별조치법 제8조 1호에서는 조세부과를 면하려 하거나 시세차익을 얻으려 하는 등의 목적으로 위 규정에 위반한 경우 벌칙규정을 두고 있는바, 이러한 벌칙규정의 성격이 문제되는데, 이와 관련하여 判例는, 당사자의 합의를 기초로 중간생략등기를 청구한 사안에서, **위 벌칙규정을 효력규정이 아닌 '단속규정'으로 보고, 따라서 당사자 사이의 중간생략등기의 합의에 관한 '사법상의 효력'까지 무효로 한다는 취지는 아니라고** 판단하였다(대판 1993.1.26. 92다39112).

최종 양수인이 중간생략등기의 합의를 이유로 최초양도인에게 직접 그 소유권이전등기청구권을 행사하기 위하여는 중간생략등기에 대한 최초양도인과 중간자의 동의가 있는 외에 최초양도인과 최종양수인 사이에도 그 중간등기생략의 합의가 있었음이 요구된다. O | X

> **해설** **매매로 인한 소유권이전등기청구권**
> 判例는 중간생략등기가 경료되어 버린 경우에는 합의가 없어도 유효하다고 보는데 반해(실체관계에 부합하는 등기), 중간생략등기청구권에 대해서는 중간생략등기의 '합의'가 없는 한 이를 인정하지 아니하는 입장을 유지하고 있다(대판 1991.4.23, 91다5761 등).
>
> **참고** **중간생략등기의 합의가 없는 경우 최종매수인의 등기청구권 인정 여부**
> ① **채권자대위권에 의한 등기청구권 행사 가부**
> 判例는 이러한 특정채권의 보전을 위해서는 채무자의 무자력을 요하지 않는다고 보면서 채권자대위권의 행사를 인정하고 있다(대판 1969.10.28, 69다1351).
> ② **채권양도를 원인으로 한 등기청구권 행사 가부**
> **매매로 인한 소유권이전등기청구권**
> 종전의 判例는 매매로 인한 소유권이전등기청구권을 채권적 청구권으로 보면서도 '3자 합의설'의 이론구성에 의거하여 그 양도성을 제한하여 왔는데(대판 1995.8.22, 95다15575), 최근 判例는 또 다른 논거로서 매매로 인한 소유권이전등기청구권은 그 **'이행과정에 신뢰관계'**가 따른다는 것을 이유로 (특별한 사정이 없는 이상 권리의 성질상 양도가 제한되어) 통상의 채권양도와 달리 채무자에 대한 **통지만으로는 채무자에 대한 대항력이 생기지 않으며 반드시 채무자의 동의나 승낙을 받아야 대항력이 생긴다**(대판 2001.10.9, 2000다51216)고 판시하고 있다.
>
> **비교판례** **취득시효완성으로 인한 소유권이전등기청구권**
> 그러나 취득시효완성으로 인한 소유권이전등기청구권은 채권자와 채무자 사이에 아무런 계약관계나 신뢰관계가 없고, 그에 따라 채권자가 채무자에게 반대급부로 부담하여야 하는 의무도 없다. 따라서 判例는 이를 이유로 취득시효완성으로 인한 소유권이전등기청구권의 양도의 경우에는 매매로 인한 소유권이전등기청구권에 관한 양도제한의 법리가 적용되지 않는다(대판 2018.7.12. 2015다36167)고 한다.

Y토지에 관한 甲, 乙, 丙 사이에 중간생략등기의 합의가 없었다면, 丙은 甲에게 직접 자기 앞으로 Y토지의 소유권이전등기를 청구할 수는 없고, 이 경우 丙은 乙을 대위하여 甲에게 乙 앞으로 그 소유권이전등기를 청구할 수 있다.   O | X

> **해설** 중간생략등기의 합의가 없다면 부동산의 전전매수인은 매도인을 대위하여 그 전매도인인 등기명의자에게 매도인 앞으로의 소유권이전등기를 구할 수는 있을지언정 직접 자기 앞으로의 소유권이전등기를 구할 수는 없다 할 것이다(대판 1969.10.28. 69다1351).

최종 양수인이 중간생략등기의 합의를 이유로 최초 양도인에게 직접 중간생략등기를 청구하기 위하여는 관계 당사자 전원의 의사합치가 필요하지만, 당사자 사이에 적법한 원인행위가 성립되어 일단 중간생략등기가 이루어진 이상 중간생략등기에 관한 합의가 없었다는 이유만으로는 중간생략등기가 무효라고 할 수는 없다.   O | X

> **해설** 당사자 사이에 적법한 원인행위가 성립되어 중간생략등기가 이루어진 경우, 중간생략등기에 관한 합의가 없었다는 이유만으로 위 등기가 무효인지 여부(소극)
> 최종 양수인이 중간생략등기의 합의를 이유로 최초 양도인에게 직접 중간생략등기를 청구하기 위하여는 관계 당사자 전원의 의사합치가 필요하지만, 당사자 사이에 적법한 원인행위가 성립되어 일단 중간생략등기가 이루어진 이상 중간생략등기에 관한 합의가 없었다는 이유만으로는 중간생략등기가 무효라고 할 수는 없다(대판 2005.9.29. 2003다40651).
>
> ➡ 判例는 중간생략등기가 경료되어 버린 경우에는 합의가 없어도 유효하다고 보는데 반해(실체관계에 부합하는 등기), 중간생략등기청구권에 대해서는 중간생략등기의 '합의'가 없는 한 이를 인정하지 아니하는 입장을 유지하고 있다.

최초 매도인과 중간 매수인, 중간 매수인과 최종 매수인 사이에 순차로 매매계약이 체결되고 이들 간에 중간생략등기의 합의가 있은 후에 최초 매도인과 중간 매수인 간에 매매대금을 인상하는 약정이 체결된 경우 최초 매도인은 인상된 매매대금이 지급되지 않았음을 이유로 최종 매수인 명의로의 소유권이전등기 의무의 이행을 거절할 수 없다.   O | X

> **해설** 최초매도인의 중간자에 대한 매매대금지급청구권
> **중간생략등기의 합의**란 부동산이 전전 매도된 경우 각 매매계약이 유효하게 성립함을 전제로 그 이행의 편의상 최초의 매도인으로부터 최종의 매수인 앞으로 소유권이전등기를 경료하기로 한다는 당사자 사이의 합의에 불과할 뿐이므로, 이러한 **합의가 있다고 하여 최초의 매도인이 자신이 당사자가 된 매매계약상의 매수인인 중간자에 대하여 갖고 있는 매매대금청구권의 행사가 제한되는 것은 아니다.** 최초 매도인과 중간 매수인, 중간 매수인과 최종 매수인 사이에 순차로 매매계약이 체결되고 이들 간에 **중간생략등기의 합의가 있은 후에 최초 매도인과 중간 매수인 간에 매매대금을 인상하는 약정이 체결**된 경우, **최초 매도인은 인상된 매매대금이 지급되지 않았음을 이유로 최종 매수인 명의로의 소유권이전등기의무의 이행을 거절할 수 있다**(대판 2005.4.29. 2003다66431).

90

부동산의 최초매도인, 중간자, 최종매수인 사이에 최초매도인으로부터 최종매수인에게 소유권이전등기를 해주기로 하는 합의가 있으면, 최초매도인에 대한 중간자의 소유권이전등기청구권은 소멸한다.　O | X

> **해설** 중간자의 최초매도인에 대한 소유권이전등기청구권
> 중간생략등기의 합의가 있었다 하여 중간매수인의 소유권이전등기청구권이 소멸된다거나 최초 매도인의 그 매수인에 대한 소유권이전등기의무가 소멸하는 것은 아니다(대판 1991.12.13. 91다18316).

91

X토지가 토지거래허가구역 내에 있는 토지인 경우, 甲과 乙 및 乙과 丙은 각각의 매매계약에 관하여 토지거래허가를 받아야 하나, 甲, 乙, 丙 사이에 중간생략등기의 합의가 있고, 丙이 자신과 甲을 매매당사자로 하는 토지거래허가를 받아 丙 앞으로 소유권이전등기를 마쳤다면, 丙의 등기는 실체관계에 부합하여 유효하다.　O | X

> **해설** 토지거래허가구역 내의 토지를 토지거래허가 없이 순차로 매매한 후, 최종 매수인이 중간생략등기의 합의하에 자신과 최초 매도인을 매매 당사자로 하는 토지거래허가를 받아 경료한 소유권이전등기의 효력(무효)
> 토지거래허가구역 내의 토지가 토지거래허가 없이 소유자인 최초 매도인으로부터 중간 매수인에게, 다시 중간 매수인으로부터 최종 매수인에게 순차로 매도되었다면 각 매매계약의 당사자는 각각의 매매계약에 관하여 토지거래허가를 받아야 하며, 위 당사자들 사이에 최초의 매도인이 최종 매수인 앞으로 직접 소유권이전등기를 경료하기로 하는 중간생략등기의 합의가 있었다고 하더라도 이러한 중간생략등기의 합의란 부동산이 전전 매도된 경우 각 매매계약이 유효하게 성립함을 전제로 그 이행의 편의상 최초의 매도인으로부터 최종의 매수인 앞으로 소유권이전등기를 경료하기로 한다는 당사자 사이의 합의에 불과할 뿐, 그러한 합의가 있었다고 하여 최초의 매도인과 최종의 매수인 사이에 매매계약이 체결되었다는 것을 의미하는 것은 아니므로 **최초의 매도인과 최종 매수인 사이에 매매계약이 체결되었다고 볼 수 없고, 설사 최종 매수인이 자신과 최초 매도인을 매매 당사자로 하는 토지거래허가를 받아 자신 앞으로 소유권이전등기를 경료하였다고 하더라도 이는 적법한 토지거래허가 없이 경료된 등기로서 무효이다**(대판 1997.11.11. 97다33218).

[92~95]

> **[사실관계]** 甲과 乙은 甲 소유 A부동산에 관하여 매매계약을 체결하였고, 그 후 乙은 소유권이전등기를 마치지 않은 상태에서 丙과 A부동산에 관한 매매계약을 체결하였다.

92

甲, 乙, 丙 사이에 중간생략등기의 합의가 있었다 하더라도 乙의 甲에 대한 소유권이전등기청구권이 소멸되지는 않는다.　O | X

정답 | 87 O 88 O 89 × 90 × 91 × 92 O

93

甲, 乙, 丙 사이에 중간생략등기의 합의가 없었다면 丙은 직접 甲을 상대로 소유권이전등기를 청구할 수는 없고 乙의 甲에 대한 소유권이전등기청구권을 대위행사하여야 한다. ○ | X

94

甲, 乙, 丙 사이에 중간생략등기의 합의가 없었다 하더라도 甲과 乙, 乙과 丙 사이의 매매계약이 모두 유효하고 매매대금도 모두 지급된 경우에는, 甲으로부터 직접 丙 앞으로 이루어진 소유권이전등기는 유효하다. ○ | X

95

甲, 乙, 丙 사이에 중간생략등기의 합의가 있은 후에 甲과 乙 사이에 매매대금을 인상하는 약정이 체결된 경우, 甲은 인상된 매매대금이 지급되지 않았음을 이유로 丙으로의 소유권이전등기절차의 이행을 거절할 수 없다. ○ | X

해설 **92** 중간자의 최초매도인에 대한 소유권이전등기청구권

중간생략등기의 합의가 있었다 하더라도 이러한 합의는 중간등기를 생략하여도 당사자 사이에 이의가 없겠고 또 그 등기의 효력에 영향을 미치지 않겠다는 의미가 있을 뿐이지 그러한 합의가 있었다 하여 **중간매수인의 소유권이전등기청구권이 소멸된다거나 첫 매도인의 그 매수인에 대한 소유권이전등기의무가 소멸되는 것은 아니라 할 것**이다(대판 1991.12.13. 91다18316).

93 최종매수인이 최초매도인에게 직접 소유권이전등기청구권을 행사할 수 있는지 여부

중간생략등기의 **합의가 없다면 부동산의 전전매수인은 매도인을 대위하여 그 전매도인인 등기명의자에게 매도인 앞으로의 소유권이전등기를 구할 수**는 있을지언정 직접 자기 앞으로의 소유권이전등기를 구할 수는 없다(대판 1969.10.28. 69다1351).

94 이미 중간생략등기가 이루어진 경우 등기의 효력

최종 양수인이 중간생략등기의 합의를 이유로 최초 양도인에게 직접 중간생략등기를 청구하기 위하여는 관계 당사자 전원의 의사합치가 필요하지만, 당사자 사이에 적법한 원인행위가 성립되어 **일단 중간생략등기가 이루어진 이상 중간생략등기에 관한 합의가 없었다는 이유만으로는 중간생략등기가 무효라고 할 수는 없다**(대판 2005.9.29. 2003다40651).

95 최초매도인의 중간자에 대한 매매대금지급청구권

중간생략등기의 합의란 부동산이 전전 매도된 경우 각 매매계약이 유효하게 성립함을 전제로 그 이행의 편의상 최초의 매도인으로부터 최종의 매수인 앞으로 소유권이전등기를 경료하기로 한다는 당사자 사이의 합의에 불과할 뿐이므로, 이러한 **합의가 있다고 하여 최초의 매도인이 자신이 당사자가 된 매매계약상의 매수인인 중간자에 대하여 갖고 있는 매매대금청구권의 행사가 제한되는 것은 아니다.** 최초 매도인과 중간 매수인, 중간 매수인과 최종 매수인 사이에 순차로 매매계약이 체결되고 이들 간에 **중간생략등기의 합의가 있은 후에 최초 매도인과 중간 매수인 간에 매매대금을 인상하는 약정이 체결된 경우, 최초 매도인은 인상된 매매대금이 지급되지 않았음을 이유로 최종 매수인 명의로의 소유권이전등기의무의 이행을 거절할 수 있다**(대판 2005.4.29. 2003다66431).

96

멸실된 건물과 신축된 건물이 위치나 기타 여러 가지 면에서 서로 같고 신축건물의 소유자가 멸실건물의 등기를 신축건물의 등기로 전용할 의사로써 멸실 건물의 등기부상 표시를 신축건물의 내용으로 표시변경 등기를 한 경우 그 등기는 신축건물의 등기로써 유효하다. ○ | X

> 해설 기존 건물이 멸실되고 새로이 건물이 세워진 경우, 기존 건물에 대한 등기가 신축건물에 대한 등기로서 유효한지 여부(소극)
> 기존 건물이 멸실되고 새로이 건물이 세워진 경우 신축된 건물과 멸실된 건물이 그 재료, 위치, 구조 기타 면에 있어서 상호 유사한 면이 있다고 하더라도 그로써 신축된 건물이 멸실된 건물과 동일한 건물이라고는 할 수 없으므로, 그 등기는 신축건물에 대한 등기로서 유효하다고 할 수 없다(대결 2012.10.29. 2012마1235).

97

구 건물에 관하여 근저당권설정등기가 마쳐진 후 구건물이 멸실되고 그와 동일성이 없는 신건물이 신축된 경우 당사자 사이에 위 근저당권설정등기를 신건물에 대한 근저당권설정등기로 유용하기로 하는 합의가 있다면 이는 유효하다. ○ | X

> 해설 구건물 멸실 후에 신건물이 신축되었고 구건물과 신건물 사이에 동일성이 없는 경우 멸실된 구건물에 대한 근저당권설정등기는 무효이며 이에 기하여 진행된 임의경매절차에서 신건물을 경락받았다 하더라도 그 소유권을 취득할 수 없다(대판 1993.5.25. 92다15574).
>
> 참고판례 민법 제578조 제1항, 제2항은 매매의 일종인 경매에 있어서 목적물의 하자로 인하여 경락인이 경락의 목적인 재산권을 완전히 취득할 수 없을 때에 매매의 경우에 준하여 매도인의 위치에 있는 경매의 채무자나 채권자에게 담보책임을 부담시켜 경락인을 보호하기 위한 규정으로서 그 담보책임은 매매의 경우와 마찬가지로 경매절차는 유효하게 이루어졌으나 경매의 목적이 된 권리의 전부 또는 일부가 타인에게 속하는 등의 하자로 경락인이 완전한 소유권을 취득할 수 없거나 이를 잃게 되는 경우에 인정되는 것이고 경매절차 자체가 무효인 경우에는 경매의 채무자나 채권자의 담보책임은 인정될 여지가 없다(同 判例).

98

실질관계의 소멸로 무효로 된 등기의 유용은 그 등기를 유용하기로 하는 합의가 이루어지기 전에 등기상 이해관계가 있는 제3자가 생기지 않은 경우에 허용된다. ○ | X

> 해설 무효등기의 유용이 되기 위해서는 ⅰ) 등기유용의 합의가 있을 것, ⅱ) 무효등기에 부합하는 실체관계가 존재할 것, ⅲ) 등기유용의 합의 이전에 등기부상 이해관계 있는 제3자가 존재하지 아니할 것을 요한다(대판 2002.12.6. 2001다2846 등).

99

멸실된 건물의 보존등기를 신축한 건물의 보존등기로 유용하는 것은 허용되지 않는다. ○ | X

100

신축건물의 물권변동에 관한 등기를 멸실건물의 등기부에 등재하여도 그 등기는 무효이고, 설령 신축건물의 소유자가 멸실건물의 등기를 신축건물의 등기로 전용할 의사로써 멸실건물의 등기부상 표시를 신축건물의 내용으로 표시변경등기를 하였더라도 그 등기가 무효임에는 변함이 없다. ○ | X

> **해설 99 100 표제부등기의 유용**
> 무효등기의 유용은 '권리등기'의 유용만 가능할 뿐 '사실등기'인 표제부등기의 유용은 허용되지 않는다. 따라서 멸실된 건물의 보존등기를 멸실 후에 신축한 건물의 보존등기로 유용할 수 없다(아래 80다441판결). 만일 이를 허용한다면 건물에 관한 중복등기가 발생할 가능성이 있기 때문이다.
> 신축된 건물과 멸실된 건물이 그 위치 기타 면에 있어서 상호 같다고 하더라도 그로써 양 건물이 동일한 건물이라고는 할 수 없으니 기존건물이 멸실된 후 그 곳에 새로이 건축한 건물의 물권변동에 관한 등기를 멸실된 건물의 등기부에 하여도 이는 진실에 부합하지 아니한 것이어서 그 등기는 무효라고 할 것이므로, 비록 신축한 건물의 소유자가 멸실건물의 등기를 신축된 건물의 등기로 전용할 의사를 가지고 멸실된 건물등기의 표시를 신축된 건물의 내용으로 그 표시변경등기를 하였다 하여도 그 등 기가 무효라는 사정에는 변함이 없다(대판 1980.11.11. 80다441).

101

당사자가 실체적 권리의 소멸로 인하여 무효로 된 가등기를 이용하여 거래를 하기로 하였다면 그 구등기에 부합하는 가등기설정계약의 합의가 있어 구등기를 유용하기로 하고 거래를 계속하기로 한 취의라고 해석함이 타당하여 위 등기유용합의 이전에 등기상 이해관계 있는 제3자가 나타나지 않는 한 위 가등기는 원래의 담보채무 소멸 후에도 유효하게 존속한다. ○ | X

> **해설** 무효인 등기를 유용키로 합의한 경우, 그 등기의 효력(대판 1986.12.9. 86다카716)

102

부동산 소유자와 새로운 채권자 사이에 종전의 무효인 근저당권등기를 유용하기로 합의하고 새로운 채권자 앞으로 근저당권 이전의 부기등기를 마친 경우에, 설령 그 부기등기 이전에 등기부상 이해관계를 가지게 된 자가 있더라도 위 새로운 근저당권자 겸 채권자는 부동산 소유자에 대하여는 언제든지 그 등기 유용의 합의를 주장하여 근저당권설정등기의 말소청구에 대항할 수 있다. ○ | X

부동산의 소유자 겸 채무자가 채권자인 저당권자에게 당해 저당권설정등기에 의하여 담보되는 채무를 모두 변제함으로써 저당권이 소멸된 경우 그 저당권설정등기 또한 효력을 상실하여 말소되어야 하고, 부동산의 소유자가 새로운 제3의 채권자로부터 금원을 차용함에 있어 그 제3자와 사이에 새로운 차용금 채무를 담보하기 위하여 잔존하는 종전 채권자 명의의 저당권설정등기를 이용하여 이에 터잡아 새로운 제3의 채권자에게 저당권 이전의 부기등기를 경료하기로 하는 내용의 저당권등기 유용의 합의를 하고 실제로 그 부기등기를 경료하였다고 하더라도, 새로운 제3의 채권자는 부동산의 소유자에 대하여 그 등기 유용의 합의를 주장하여 저당권설정등기의 말소청구에 대항할 수 없다. ○ㅣ✕

甲은 乙, 丙으로부터 금원을 각 차용하고 甲 소유 부동산에 관하여 乙에게 1번 저당권을, 丙에게 2번 저당권을 각 설정하여 주었다. 甲이 乙에 대한 채무를 모두 변제하였음에도 1번 저당권설정등기를 말소하지 아니한 상태에서 다시 戊로부터 금원을 차용하고 乙의 협조를 얻어 戊에게 1번 저당권 이전의 부기등기를 경료하였는데, 위 부기등기의 기입일자보다 2번 저당권설정등기의 기입일자가 빠른 경우, 戊는 丙에게 1번 저당권설정등기와 그 부기등기의 유효를 주장할 수 없다. ○ㅣ✕

해설 **102 103 104** 부동산의 소유자 겸 채무자가 채권자에게 피담보채무를 모두 변제함으로써 저당권이 소멸된 경우 그 저당권설정등기 또한 효력을 상실하나, 채무자가 새로운 제3의 채권자로부터 금원을 차용함에 있어 그 **제3자와 사이에 차용금 채무를 담보하기 위하여 잔존하는 종전 채권자 명의의 저당권설정등기를 이용하여 이에 터잡아 새로운 제3의 채권자에게 저당권 이전의 부기등기를 경료하기로 하는 내용의 저당권등기 유용의 합의를 하고 그 부기등기를 경료**하였다면, 제3의 채권자로서는 ⅰ) 부동산의 소유자(채무자)에 대하여 그 등기 유용의 합의를 주장하여 저당권설정등기의 말소청구에 대항할 수 있고, ⅱ) **다만 그 저당권 이전의 부기등기 이전에 등기부상 이해관계를 가지게 된 자에 대하여는 위 등기 유용의 합의 사실을 들어 위 저당권설정등기 및 그 저당권 이전의 부기등기의 유효를 주장할 수는 없다**(대판 1998.3.24. 97다56242).

➡ 따라서 무효인 1번 저당권설정등기를 유용하려는 戊의 부기등기의 기입일자보다 丙명의 2번 저당권설정등기의 기입일자가 빠른 경우, 戊는 丙에게 1번 저당권설정등기와 그 부기등기의 유효를 주장할 수 없다.

➡ 관련논점: 저당권등기 유용의 합의는 있었으나 저당권 이전의 부기등기를 경료하지 못한 경우의 법률관계
채무자인 부동산 소유자와 새로운 제3의 채권자와 사이에 저당권등기의 유용의 합의를 하였으나 아직 종전의 채권자 겸 근저당권자의 협력을 받지 못하여 저당권 이전의 부기등기를 경료하지 못한 경우에는 부동산 소유자와 종전의 채권자 사이에서는 저당권설정등기는 여전히 등기원인이 소멸한 무효의 등기라고 할 것이므로 부동산 소유자는 종전의 채권자에 대하여 그 저당권설정등기의 말소를 구할 수 있다고 할 것이지만, 부동산 소유자와 종전의 채권자 그리고 새로운 제3의 채권자 등 3자가 합의하여 저당권설정등기를 유용하기로 합의한 경우라면 종전의 채권자는 부동산 소유자의 저당권설정등기말소청구에 대하여 그 3자 사이의 등기 유용의 합의 사실을 들어 대항할 수 있고 또한 부동산 소유자로부터 그 부동산을 양도받기로 하였으나 아직 소유권이전등기를 경료받지 아니하여 그 소유자를 대위하여 저당권설정등기의 말소를 구할 수밖에 없는 자에 대하여도 마찬가지로 대항할 수 있다(同 判例).

효력이 상실된 가등기를 유용하기로 합의하고 실제로 그 가등기이전의 부기등기를 경료하였다면, 그 가등기이전의 부기등기를 경료받은 제3자로서는 언제든지 부동산의 소유자에 대하여 위 가등기 유용의 합의를 주장하여 가등기의 말소청구에 대항할 수 있고, 다만 그 가등기이전의 부기등기 이전에 등기부상 이해관계를 가지게 된 자에 대하여는 위 가등기 유용의 합의 사실을 들어 그 가등기의 유효를 주장할 수 없다. ○ | X

해설 무효인 가등기의 유용 합의에 따라 그 가등기 이전의 부기등기가 마쳐진 경우의 법률관계
부동산의 매매예약에 기하여 소유권이전등기청구권의 보전을 위한 가등기가 경료된 경우에 그 **매매예약완결권이 소멸하였
다면 그 가등기 또한 효력을 상실하여 말소되어야 할 것**이나, 그 부동산의 소유자가 제3자와 사이에 새로운 매매예약을
체결하고 그에 기한 소유권이전등기청구권의 보전을 위하여 **이미 효력이 상실된 가등기를 유용하기로 합의하고 실제로 그
가등기이전의 부기등기를 경료**하였다면, 그 **가등기이전의 부기등기를 경료받은 제3자로서는 언제든지 부동산의 소유자에
대하여 위 가등기 유용의 합의를 주장하여 가등기의 말소청구에 대항할 수 있고, 다만 그 가등기이전의 부기등기 이전에
등기부상 이해관계를 가지게 된 자에 대하여는 위 가등기 유용의 합의 사실을 들어 그 가등기의 유효를 주장할 수는 없다**(대
판 2009.5.28. 2009다4787).

상속, 공용징수, 판결, 경매 기타 법률의 규정에 의한 부동산에 관한 물권의 취득은 등기를 요하지 아니하나, 등기를 하지 아니하면 이를 처분하지 못한다. ○ | X

해설 **제187조(등기를 요하지 아니하는 부동산물권취득)** 상속, 공용징수, 판결, 경매 기타 법률의 규정에 의한 부동산에
관한 물권의 취득은 등기를 요하지 아니한다. 그러나 등기를 하지 아니하면 이를 처분하지 못한다.

민법 제187조에 의해 등기 없이 소유권을 취득한 경우에도 이를 법률행위에 의하여 처분하려면 미리 물권의 취득을 등기하고 그 후에 그 법률행위를 원인으로 하는 등기를 경료하여야 하나 부동산물권을 등기 없이 취득한 자가 자기 명의의 등기 없이 이를 처분한 경우 그 처분의 상대방은 부동산물권을 취득하지 못한다는 것일 뿐, 그 처분행위의 채권적 효력까지 부인할 수는 없다. ○ | X

해설 민법 제187조 단서 규정의 취지 및 부동산물권을 등기 없이 취득한 자가 자기 명의의 등기 없이 이를 처분한 경우,
그 처분행위의 효력
민법 제187조 단서가 등기 없이 취득한 부동산물권은 등기를 하지 않으면 이를 처분하지 못한다고 규정하고 있는 취지는,
같은 조 본문에 의하여 부동산물권을 등기 없이 취득하였더라도 그 권리자가 이를 법률행위에 의하여 처분하려면 미리
물권의 취득을 등기하고 그 후에 그 법률행위를 원인으로 하는 등기를 경료하여야 한다는 당연한 원칙을 선언한 것에 불과
하고, 따라서 **부동산물권을 등기 없이 취득한 자가 자기 명의의 등기 없이 이를 처분한 경우 그 처분의 상대방은 부동산물권
을 취득하지 못한다는 것일 뿐, 그 처분행위의 채권적 효력까지 부인할 수는 없다**(대판 1994.10.21. 93다12176).

108

법률행위에 의하지 아니한 부동산물권변동(민법 제187조)에는 혼동에 의한 물권의 소멸, 법정대위에 의한 저당권의 이전, 법정저당권의 취득, 신축건물의 소유권의 취득, 민사집행법에 의한 경매, 이행판결, 공용징수, 상속이 포함된다. ○ | X

109

민법 제187조에 따라 '판결'에 의한 부동산에 관한 물권의 취득은 등기를 요하지 아니하는 바, "피고는 원고에게 X토지에 관하여 2015. 4. 2. 매매를 원인으로 한 소유권이전등기절차를 이행하라."는 판결이 확정되었다면, 원고는 X토지에 관하여 소유권이전등기를 마치지 않고도 소유권을 취득한다. ○ | X

> **해설** **108 109** **제186조(부동산물권변동의 효력)** 부동산에 관한 법률행위로 인한 물권의 득실변경은 등기하여야 그 효력이 생긴다.
>
> **제187조(등기를 요하지 아니하는 부동산물권취득)** 상속, 공용징수, 판결, 경매 기타 법률의 규정에 의한 부동산에 관한 물권의 취득은 등기를 요하지 아니한다. 그러나 등기를 하지 아니하면 이를 처분하지 못한다.
>
> ➡ 판결은 그 내용에 따라 이행판결·확인판결·형성판결로 나뉘는데, 본조 소정의 '판결'은 판결 그 자체만으로 형성적 효력을 가져오는 **형성판결에 국한**된다(대판 1970.6.30. 70다568). 따라서 매매를 원인으로 소유권이전등기절차를 이행하라는 **'이행판결'이 확정된 경우에도**, 이때에는 승소한 당사자가 단독으로 등기를 신청할 수 있을 뿐이고(부동산 등기법 제23조 제4항), 그 등기가 된 때에 비로소 소유권이전의 효력이 생긴다(제186조).

110

소유권이전의 약정을 내용으로 하는 화해조서가 있는 경우 등기 없이 곧바로 소유권을 취득한다. ○ | X

> **해설** 민법 제187조의 이른바 "판결에 의한 부동산 물권취득"의 의의
> 본조에서 이른바 판결이라 함은 판결자체에 의하여 부동산물권취득의 형식적 효력이 발생하는 경우를 말하는 것이고 당사자 사이에 이루어진 어떠한 법률행위를 원인으로 하여 부동산소유권이전등기절차의 이행을 명하는 것과 같은 내용의 판결 또는 소유권이전의 약정을 내용으로 하는 화해조서는 이에 포함되지 않는다(대판 1965.8.17. 64다1721).

111

공유물분할의 소에서 공유부동산의 특정한 일부씩을 각각의 공유자에게 귀속시키는 것으로 현물분할하는 내용의 조정이 성립하였다면, 그 조정조서는 공유물분할판결과 동일한 효력을 가지는 것으로서 민법 제187조 소정의 '판결'에 해당하는 것이므로 조정이 성립한 때 물권변동의 효력이 발생한다고 보아야 한다. ○ | X

112

공유물분할의 소송절차 또는 조정절차에서 공유자 사이에 공유토지에 관한 현물분할의 협의가 성립하여 그 합의사항을 조서에 기재함으로써 조정이 성립하였다면, 재판에 의한 공유물분할의 경우와 마찬가지로 그 즉시 공유관계가 소멸하고 각 공유자에게 그 협의에 따른 새로운 법률관계가 창설된다.　　O | X

> 해설 **111 112** 공유물분할의 소송절차 또는 조정절차에서 공유자 사이에 공유토지에 관한 현물분할의 협의가 성립하여 그 합의사항을 조서에 기재함으로써 조정이 성립하였다고 하더라도, 그와 같은 사정만으로 재판에 의한 공유물분할의 경우와 마찬가지로 그 즉시 공유관계가 소멸하고 각 공유자에게 그 협의에 따른 새로운 법률관계가 창설되는 것은 아니라고 **할 것**이고, 공유자들이 협의한 바에 따라 토지의 분필절차를 마친 후 각 단독소유로 하기로 한 부분에 관하여 다른 공유자의 공유지분을 이전받아 등기를 마침으로써 비로소 그 부분에 대한 대세적 권리로서의 소유권을 취득하게 된다(대판 2013.11.21. 2011두1917 전합).

113

미완성의 건물이라도 사회통념상 독립한 건물이라고 볼 수 있는 형태와 구조를 갖추고 있는 건물의 경우에는 그 당시의 건축주가 건물을 타에 매도한 후 건축주명의변경절차를 마쳤다 하더라도 원래의 건축주가 건물을 원시취득한다.　　O | X

> 해설 대판 2002.3.12. 2000다24184,24191 참조

114

독립된 부동산으로서의 건물이라고 하기 위하여는 최소한의 기둥과 지붕 그리고 주벽이 이루어지면 된다. 신축건물의 경락대금 납부 당시 이미 지하 1층부터 지하 3층까지 기둥, 주벽 및 천장 슬라브공사가 완료된 상태였을 뿐만 아니라 지하 1층의 일부 점포가 일반에 분양되기까지 하였다면, 비록 토지가 경락될 당시 신축건물의 지상층 부분이 골조공사만 이루어진 채 벽이나 지붕 등이 설치된 바가 없다 하더라도, 지하층 부분만으로도 구분소유권의 대상이 될 수 있는 구조라는 점에서 신축건물은 경락 당시 미완성 상태이기는 하지만 독립된 건물로서의 요건을 갖추었다고 봄이 상당하다.　　O | X

> 해설 독립된 부동산으로서의 건물이라고 하기 위하여는 최소한의 기둥과 지붕 그리고 주벽이 이루어지면 된다(대판 2003.5.30. 2002다21592,21608).

건축주의 사정으로 건축공사가 중단되었던 미완성의 건물을 인도받아 나머지 공사를 마치고 완공한 경우, 그 건물이 공사가 중단된 시점에서 이미 사회통념상 독립한 건물이라고 볼 수 있는 형태와 구조를 갖추고 있었다면 원래의 건축주가 그 건물의 소유권을 원시취득한다. O | X

해설 사회통념상 독립한 건물이라고 볼 수 있는 미완성건물을 인도받아 나머지 공사를 마치고 완공한 경우, 그 소유권의 원시취득자(= 원래의 건축주)

건축주의 사정으로 건축공사가 중단되었던 미완성의 건물을 인도받아 나머지 공사를 마치고 완공한 경우, 공사가 중단된 시점에서 사회통념상 독립한 건물이라고 볼 수 있는 형태와 구조를 갖추고 있었다면 원래의 건축주가 그 건물의 소유권을 원시취득한다(대판 1998.9.22. 98다26194).

01

12주사보

선의취득은 동산의 소유권 또는 질권의 취득에 관한 규정으로서 저당권의 취득에는 작용되지 않는다.

○ | ×

> **해설** **제343조(준용규정)** 제249조 내지 제251조, 제321조 내지 제325조의 규정은 동산질권에 준용한다.
>
> ➡ 선의취득의 대상은 동산 소유권과 동산 질권에 한한다(대판 1985.12.24. 84다카2428).

02

16주사보, 20사무관, 21서기보

선박, 자동차, 건설기계와 같이 등기나 등록에 의하여 공시되는 동산은 선의취득의 대상이 되지 못한다.

○ | ×

> **해설** 등기·등록으로 공시되는 동산(자동차·선박·건설기계·항공기 등)은 선의취득의 대상이 되지 않는다(대판 1966.1. 25. 65다2137).
>
> **비교판례** 그러나 자동차가 자동차관리법이 정한 공시방법인 '등록'에 의하여만 소유권 변동을 공시할 것을 기대하기는 어려운 경우, 소유권을 취득함에는 민법상 공시방법인 '인도'에 의할 수도 있고 이때는 제249조의 선의취득 규정이 적용될 수 있다(대판 2016.12.15. 2016다205373).

03

14주사보, 18법무사

채무자 이외의 자의 소유에 속하는 동산을 경매한 경우에 경매절차에서 그 동산을 경락받아 경락대금을 납부하고 이를 인도받은 경락인은 동산의 소유권을 선의취득할 수 있다. ○ | ×

04

20법무사

채무자 이외의 자의 소유에 속하는 동산을 경매한 경우에도 경매절차에서 그 동산을 경락받아 경락대금을 납부하고 이를 인도받은 경락인은 특별한 사정이 없는 한 소유권을 선의취득한다. ○ | ×

> **해설** **03 04** 대판 1998.3.27. 97다32680
>
> **쟁점정리** 선의취득의 요건(동, 무, 유, 승, 선)
> 선의취득이 성립하기 위해서는 ⅰ) 목적물이 동산이어야 하고, ⅱ) 처분자는 점유자이지만 무권리자이어야 하고, ⅲ) 유효한 거래행위에 의해 점유를 승계취득한 것이어야 하며, ⅳ) 선의취득자의 점유는 평온·공연·선의·무과실이어야 한다(제249조).
>
> ➡ **거래행위는 특정승계이어야** 하며 상속이나 회사합병과 같은 포괄승계인은 선의취득할 수 없다. 선의취득은 개별적인 거래의 안전을 보호하기 위한 제도이기 때문이다. 매매·증여·질권설정·대물변제·양도담보계약·경매(判例는 채무자 이외의 자의 소유에 속하는 동산을 경매절차에서 경락받은 경락인은 동산의 소유권을 선의취득할 수 있다고 한다. 대판 1998. 6.12. 98다6800)등이 이에 해당하며, 유상·무상을 묻지 않는다.

05

자기 소유의 논에 인접한 타인 소유의 논을 자신의 것으로 오인하고 그 지상의 벼를 수확한 경우에는 선의취득이 성립하지 않는다. O | X

06

동산이 무권대리인에 의해 매도된 경우, 매수인이 무권대리에 관하여 선의이고 무과실이라도 그 동산을 선의취득할 수 없다. O | X

> 해설 **05 06** 양도인이 무권리자라는 점을 제외하고는 **거래행위는 유효하게 성립한 것이어야** 한다(대판 1995.6.29. 94다22071). 거래행위가 제한능력, 대리권의 결여, 의사의 흠결, 그 밖의 무효나 취소의 원인이 있어 실효된 때에는 선의취득은 성립하지 않는다. 그러나 이러한 효력이 없는 법률행위를 한 자로부터 다시 양도받은 자에게는 선의취득이 성립할 수 있음은 물론이다.

07

민법 제249조가 규정하는 무과실의 기준시점은 물권적 합의가 동산의 인도보다 먼저 행하여진 경우에는 인도된 때이고, 인도가 물권적 합의보다 먼저 행하여진 경우에는 물권적 합의가 이루어진 때이다. O | X

08

선의취득은 점유의 취득이 평온·공연하고 선의·무과실일 것을 요한다. 이것은 점유의 개시시 뿐만 아니라 그 이후에도 구비하고 있지 않으면 안 된다. O | X

> 해설 **07 08** 양수인의 선의·무과실의 기준시점은 **물권적 합의와 인도가 완성되는 때**를 기준으로 한다(대판 1991.3.22. 91다70). 즉 물권적 합의가 동산의 인도보다 먼저 행하여지면 인도된 때를, 인도가 먼저 행하여지면 물권적 합의가 있은 때를 기준으로 한다. 따라서 그 후에 악의·과실이 있다고 하더라도 선의취득의 성립에 영향을 주지 않는다.

09

양도인이 소유자로부터 보관을 위탁받은 동산을 제3자에게 보관시킨 경우에 양도인이 그 제3자에 대한 반환청구권을 양수인에게 양도하고 지명채권양도의 대항요건을 갖추었을 때에는 동산의 선의취득에 필요한 점유의 취득 요건을 충족한다. O | X

> 해설 목적물반환청구권의 양도의 경우 선의취득(적극)
> 判例는 "양도인이 소유자로부터 보관을 위탁받은 동산을 제3자에게 보관시킨 경우에 양도인이 그 제3자에 대한 반환청구권(채권적 청구권)을 양수인에게 양도하고 **지명채권 양도의 대항요건을 갖추었을 때**에는 동산의 선의취득에 필요한 점유의 취득 요건을 충족한다."(대판 999.1.26. 97다48906)라고 하여 **긍정설**이다.

정답 | **01** ○ **02** ○ **03** ○ **04** ○ **05** ○ **06** ○ **07** ○ **08** × **09** ○

10

양수인이 현실의 인도, 간이인도, 점유개정에 의하여, 점유를 취득한 경우에 선의취득이 인정된다.

O | X

11

선의취득에 필요한 양수인의 점유취득은 현실인도의 방법뿐만 아니라 목적물반환청구권을 양수하는 방법이나 간이인도의 방법에 의하여도 된다.

O | X

> **해설 11** 목적물반환청구권의 양도의 경우 선의취득(적극)
> 양도인이 소유자로부터 보관을 위탁받은 동산을 제3자에게 보관시킨 경우에 양도인이 그 제3자에 대한 반환청구권(채권적 청구권)을 양수인에게 양도하고 **지명채권 양도의 대항요건을 갖추었을 때**에는 동산의 선의취득에 필요한 점유의 취득요건을 충족한다(대판 1999.1.26. 97다48906).
>
> **10 11** 간이인도에 의한 점유취득의 경우 선의취득(적극)
> 동산의 선의취득에 필요한 점유의 취득은 이미 현실적인 점유를 하고 있는 양수인에게는 간이인도에 의한 점유취득으로 그 요건은 충족된다(대판 1981.8.20. 80다2530).
>
> **10** 점유개정에 의한 점유취득의 경우 선의취득(소극)
> 동산의 선의취득에 필요한 점유의 취득은 현실적 인도가 있어야 하고 점유개정에 의한 점유취득만으로서는 그 요건을 충족할 수 없다(대판 1964.5.5. 63다775).

12

저당권의 효력은 부합된 물건과 종물에 미치므로, 저당권의 실행으로 '부동산'이 경매되었다면 그 부동산의 상용에 공하여진 '동산'의 소유자가 그 부동산의 소유자가 아닌 경우에도 위 경매의 매수인은 당연히 그 동산의 소유권을 취득한다.

O | X

> **해설** 저당권의 실행으로 부동산이 경매된 경우에 그 부동산에 부합된 물건은 그것이 부합될 당시에 누구의 소유이었는지를 가릴 것 없이 그 **부동산을 낙찰받은 사람이 소유권을 취득하지만, 그 부동산의 상용에 공하여진 물건일지라도 그 물건이 부동산의 소유자가 아닌 다른 사람의 소유인 때에는 이를 종물이라고 할 수 없으므로 부동산에 대한 저당권의 효력에 미칠 수 없어 부동산의 낙찰자가 당연히 그 소유권을 취득하는 것은 아니며,** 나아가 부동산의 낙찰자가 그 물건을 선의취득하였다고 할 수 있으려면 그 물건이 경매의 목적물로 되었고 낙찰자가 선의이며 과실 없이 그 물건을 점유하는 등으로 선의취득의 요건을 구비하여야 한다(대판 2008.5.8. 2007다36933).

13

동산질권을 선의취득하기 위하여는 질권자가 평온, 공연하게 선의이며 과실없이 질권의 목적동산을 취득하여야 하는데, 그 취득자의 선의, 평온, 공연, 무과실의 점은 추정된다.

O | X

해설 선의취득의 요건을 갖추면 양수인은 즉시 동산에 관한 물권을 취득하는데, 동산 소유권(제249조) 또는 질권(제343조, 제249조)이 선의취득의 대상이 된다.

그리고 점유자는 평온·공연·선의로 추정되나(제197조 1항), 判例에 의하면 무과실은 추정되지 않고 양수인이 이를 입증하여야 한다고 한다(대판 1968.9.3. 68다169).

14

17서기보

동산 선의취득제도는 동산을 점유하는 자의 권리외관을 신뢰한 자의 소유권 취득을 인정함으로써 거래의 안전을 확보하기 위한 것이므로 선의취득자가 스스로 선의취득 효과를 거부하고 종전 소유자에게 동산을 반환받아 갈 것을 요구할 수 있고, 종전 소유자는 이에 응하여야 한다. ○ | X

해설 선의취득에 의한 권리취득은 확정적이다. 따라서 취득자가 임의로 선의취득의 효과를 거부하고 종전 소유자에게 동산을 반환받아 갈 것을 요구할 수 없다(대판 1998.6.12. 98다6800).

참고판례 ⅰ) 채무자 이외의 자의 소유에 속하는 동산을 경매한 경매절차에서 경락인이 동산의 소유권을 선의취득한 경우, 그 동산의 매각대금은 채무자의 것이 아니어서 채권자가 이를 배당을 받았다고 하더라도 채권은 소멸하지 않고 계속 존속하므로, 배당을 받은 채권자는 이로 인하여 법률상 원인 없는 이득을 얻고 소유자는 경매에 의하여 소유권을 상실하는 손해를 입게 되었다고 할 것이니 그 동산의 소유자는 배당을 받은 채권자에 대하여 부당이득으로서 배당받은 금원의 반환을 청구할 수 있다. ⅱ) 채무자 이외의 자의 소유에 속하는 동산을 경매하여 그 매득금을 배당받은 채권자가 그 동산을 경락받아 선의취득자의 지위를 겸하고 있는 경우, **배당받은 채권자가 법률상 원인 없이 이득을 한 것은 배당액이지 선의취득한 동산이 아니므로**, 동산의 전 소유자가 임의로 그 동산을 반환받아 가지 아니하는 이상 동산 자체를 반환받아 갈 것을 요구할 수는 없고 단지 배당금을 부당이득으로 반환할 수밖에 없다(대판 1998.6.12. 98다6800).

15

16주사보, 18법무사

도품 및 유실물에 관한 특칙은 원권리자로부터 점유를 수탁한 사람이 적극적으로 제3자에게 부정처분한 경우와 같은 위탁물 횡령의 경우는 포함되지 아니한다. ○ | X

해설 민법 제250조, 제251조 소정의 도품, 유실물이란 원권리자로부터 점유를 수탁한 사람이 적극적으로 제3자에게 **부정 처분한 경우와 같은 위탁물 횡령의 경우는 포함되지 아니하고** 또한 점유보조자 내지 소지기관의 횡령처럼 형사법상 절도죄가 되는 경우도 형사법과 민사법의 경우를 동일시 해야 하는 것은 아닐 뿐만 아니라 진정한 권리자와 선의의 거래 상대방간의 이익형량의 필요성에 있어서 위탁물 횡령의 경우와 다를 바 없으므로 이 역시 민법 제250조의 도품·유실물에 해당되지 않는다(대판 1991.3.22. 91다70).

정답 | 10 ○ 11 ○ 12 × 13 × 14 × 15 ○

16

양수인이 도품 또는 유실물을 경매나 공개시장에서 또는 동종의 물건을 판매하는 상인에게서 선의·무과실로 매수한 때에는 피해자 또는 유실자는 양수인이 지급한 대가를 변상하고 그 물건의 반환을 청구할 수 있다. ○ | X

17

민법 제251조에는 양수인이 도품을 공개시장에서 선의로 매수한 때에는 피해자는 양수인이 지급한 대가를 변상하고 그 물건의 반환을 청구할 수 있다고 규정되어 있지만, 양수인이 대가변상을 요구하려면 무과실도 요구된다. ○ | X

18

민법 제251조는 "양수인이 도품 또는 유실물을 경매나 공개시장에서 또는 동종류의 물건을 판매하는 상인에게서 선의로 매수한 때에는 피해자 또는 유실자는 양수인이 지급한 대가를 변상하고 그 물건의 반환을 청구할 수 있다."라고 규정하고 있으므로 위 규정이 적용되기 위하여 양수인이 무과실일 필요는 없으나, 양수인에게 중과실이 있어서는 아니된다. ○ | X

> 해설 **16 17 18** 양수인이 도품이나 유실물을 경매나 공개시장에서 또는 동종류의 물건을 판매하는 상인에게서 '**선의·무과실**'로 '**매수**'(따라서 취득자가 도품·유실물을 증여받은 때에는 무상으로 반환을 청구할 수 있다)한 때에는 피해자 또는 유실자는 양수인이 지급한 대가를 변상하고 그 물건의 반환을 청구할 수 있다(제251조). 제251조는 양수인의 '선의'만을 정하고 '무과실'을 규정하고 있지 않지만, **제251조는 제249조와 제250조를 전제로 하는 규정**이므로 양수인이 그 대가의 변상을 청구할 수 있기 위해서는 무과실도 당연히 필요하다(대판 1991.3.22. 91다70).

정답 | **16** ○ **17** ○ **18** X

01

한번 포락되어 해면 아래에 잠김으로써 복구가 심히 곤란하여 토지로서의 효용을 상실하면 종전의 소유권이 영구히 소멸되고, 그 후 포락된 토지가 다시 성토되어도 종전의 소유자가 다시 소유권을 취득할 수는 없다. O | X

> 해설 토지소유권의 상실 원인이 되는 포락이라 함은 토지가 바닷물이나 적용 하천의 물에 개먹어 무너져 바다나 적용하천에 떨어져 그 원상복구가 불가능한 상태에 이르렀을 때를 말하고, 그 원상회복의 불가능 여부는 포락 당시를 기준으로 하여 물리적으로 회복이 가능한지 여부를 밝혀야 함은 물론, 원상회복에 소요될 비용, 그 토지의 회복으로 인한 경제적 가치 등을 비교 검토하여 사회통념상 회복이 불가능한지 여부를 기준으로 하여야 하는 것으로서, **복구 후 토지가액보다 복구공사비가 더 많이 들게 되는 것과 같은 경우에는 특별한 사정이 없는 한 사회통념상 그 원상복구가 불가능하게 되었다고 볼 것이며, 또한 원상복구가 가능한지 여부는 포락 당시를 기준으로 판단하여야 하므로 그 이후의 사정은 특별한 사정이 없는 한 이를 참작할 여지가 없다**(대판 2002.6.14. 2002두1823).

02

하천에 인접한 토지가 홍수로 인한 하천류수의 범람으로 침수되어 토지가 황폐화되거나 물밑에 잠기거나 항시 물이 흐르고 있는 상태가 계속되고 원상복구가 사회통념상 불가능하게 되면 소위 포락으로 인하여 소유권은 영구히 소멸되는 것이고, 이와 같은 사정은 사권의 소멸을 주장하는 자가 입증하여야 한다. O | X

> 해설 하천에 인접한 토지가 홍수로 인한 하천류수의 범람으로 침수되어 토지가 황폐화되거나 물밑에 잠기거나 항시 물이 흐르고 있는 상태가 계속되고 원상복구가 사회통념상 불가능하게 되면 소위 포락으로 인하여 소유권은 영구히 소멸되는 것이고, 이와 같은 사정은 사권의 소멸을 주장하는 자가 입증하여야 한다(대판 1992.11.24. 92다11176).

03

지상권을 목적으로 저당권을 설정한 자가 지상권을 포기하고자 하려면 저당권자의 동의를 받아야 한다. O | X

> 해설 **제371조(지상권, 전세권을 목적으로 하는 저당권)** ① 본장의 규정은 지상권 또는 전세권을 저당권의 목적으로 한 경우에 준용한다.
> ② **지상권 또는 전세권을 목적으로 저당권을 설정한 자는 저당권자의 동의 없이 지상권 또는 전세권을 소멸하게 하는 행위를 하지 못한다.**

정답 | 01 ○ 02 ○ 03 ○

04

甲은 자신이 수급하여 보수공사한 건물에 관한 강제경매절차에서 공사대금채권에 기하여 건물을 점유하고 유치권을 주장하다가, 乙이 건물을 매수하자 乙로부터 건물을 다시 매수하여 甲 명의로 소유권이전등기를 경료하였다. 그 후 甲이 丙에게 근저당권설정등기를 경료하여 준 경우, 甲의 유치권은 혼동으로 소멸하지 아니한다. ○ | X

> **해설** 동일한 물건에 대한 소유권과 다른 물권이 동일한 사람에게 귀속한 때에는 다른 물권은 소멸한다(제191조 제1항 본문). 甲이 乙로부터 건물을 매수하면, 소유권과 다른 물권이 동일한 사람(甲)에게 귀속한 때에 해당하므로 甲의 유치권은 혼동으로 소멸한다.
> 判例는 甲이 乙소유의 건물에 대해 공사비채권을 위한 유치권을 가지고 있는 상태에서 甲이 乙로부터 그 건물소유권을 취득한 후에 甲이 제3자 丙에게 저당권을 설정하거나 가등기담보를 설정한 경우 甲의 유치권은 혼동으로 소멸한다고 한다 (대판 2008.5.8. 2007다36933,36940).
> 특히 사안의 경우 甲의 소유권 취득 당시에는 등기상 후순위 권리자가 없었기 때문이다. 만약 후순위담보가 이미 설정된 상태에서 선순위담보권자가 소유권을 취득하는 경우(제191조 단서)에는 혼동으로 소멸하지 않는다. 예컨대 위의 예에서 유치권자가 건물의 소유권을 취득할 당시에 이미 제3자의 저당권 등이 설정되어 있는 경우라면 유치권은 혼동으로 소멸하지 않는다.

05

어떠한 물건에 대한 소유권과 다른 물권이 동일한 사람에게 귀속한 경우 그 제한물권은 혼동에 의하여 소멸하는 것이 원칙이지만, 본인 또는 제3자의 이익을 위하여 그 제한물권을 존속시킬 필요가 있다고 인정되는 경우에는 민법 제191조 제1항 단서의 해석에 의하여 혼동으로 소멸하지 않는다. ○ | X

06

부동산에 대한 소유권과 임차권이 동일인에게 귀속하게 되는 경우 임차권은 혼동에 의하여 소멸하는 것이 원칙이지만, 그 임차권이 대항요건을 갖추고 있고 또한 그 대항요건을 갖춘 후에 저당권이 설정된 때에는 임차권은 소멸하지 않는다. ○ | X

07

甲소유의 토지에 관하여 乙이 1번 근저당권을 취득하고 丙이 2번 근저당권을 취득하였으며 이어서 丁이 위 토지를 가압류하였는데, 그 후 丙이 그 토지의 소유권을 취득한 경우에 있어서의 '丙의 2번 근저당권'은 혼동으로 인하여 소멸한다. ○ | X

해설 **05 06 07** 동일한 물건에 대한 소유권과 다른 물권이 동일한 사람에게 귀속한 때에는 다른 물권은 소멸한다(제191조 제1항 본문). 甲이 乙로부터 건물을 매수하면, 소유권과 다른 물권이 동일한 사람(甲)에게 귀속한 때에 해당하므로 甲의 유치권은 혼동으로 소멸한다.

判例는 甲이 乙소유의 건물에 대해 공사비채권을 위한 유치권을 가지고 있는 상태에서 甲이 乙로부터 그 건물소유권을 취득한 후에 甲이 제3자 丙에게 저당권을 설정하거나 가등기담보를 설정한 경우 甲의 유치권은 혼동으로 소멸한다고 한다(대판 2008.5.8. 2007다36933,36940).

특히 사안의 경우 甲의 소유권 취득 당시에는 등기상 후순위 권리자가 없었기 때문이다. 만약 후순위담보가 이미 설정된 상태에서 선순위담보권자가 소유권을 취득하는 경우(제191조 단서)에는 혼동으로 소멸하지 않는다. 예컨대 위의 예에서 유치권자가 건물의 소유권을 취득할 당시에 이미 제3자의 저당권 등이 설정되어 있는 경우라면 유치권은 혼동으로 소멸하지 않는다.

08

출제예상

종중 甲이 그 소유의 X토지를 종중원 乙에게 명의신탁하고 장래의 소유권이전청구권을 보전하기 위하여 자신의 명의로 가등기를 경료한 경우, 그 후 X토지에 乙의 채권자 A의 가압류등기가 경료되어 있었는데 甲이 가등기에 기한 본등기 절차에 의하지 아니하고, 乙로부터 별도의 소유권이전등기를 경료 받았더라도 혼동의 법리에 의하여 甲의 가등기에 기한 본등기 청구권이 소멸하는 것은 아니다. O I X

해설 특정물에 관한 채권을 가지는 자가 그 특정물의 소유권을 취득하는 경우에도 혼동의 법리가 적용되는지 여부(소극) 동일한 물건에 관한 소유권과 다른 물권(제한물권)이 동일한 자에게 귀속되는 경우, 다른 물권은 혼동에 의하여 소멸하고**(제191조 제1항)**, 채권과 채무가 동일한 주체에 귀속되는 경우, 그 채권은 혼동에 의하여 소멸한다**(제507조)**. 일반적으로 특정물에 관한 채권을 가지는 자가 그 특정물의 소유권을 취득하는 경우에 있어서 그 채권이 혼동으로 소멸하는 것과 같은 외관을 보이는 때가 많으나, **물권과 채권은 각기 그 소멸원인을 달리하는 것으로 채권은 채권과 채무가 동일한 주체에 귀속한 때에 한하여 혼동으로 소멸하는 것이 원칙이므로, 특정물에 관한 채권자가 특정물의 소유권을 취득하였다고 하더라도 그 특정물에 관한 채권이 혼동으로 소멸한다고 단정할 수는 없다**(대판 1995.12.26. 95다29888).

비교판례 만약 甲의 가등기 후 A의 가압류등기 등 제3자의 등기가 존재하지 않는다면 甲의 가등기에 기한 본등기청구권이 소멸하는지 여부(적극)

判例는 "가등기권자가 별도의 소유권이전등기를 경료받았다 하더라도, 가등기 경료 이후에 가등기된 목적물에 관하여 제3자 앞으로 처분제한의 등기가 되어 있거나 중간처분의 등기가 되어 있지 않고 가등기와 소유권이전등기의 등기원인도 실질상 동일하다면, 가등기의 원인이 된 가등기의무자의 소유권이전등기의무는 그 내용에 좇은 의무이행이 완료되었다 할 것이어서 가등기에 의하여 보전될 소유권이전등기청구권은 소멸되었다고 보아야 하므로, 가등기권자는 가등기의무자에 대하여 **더 이상 그 가등기에 기한 본등기절차의 이행을 구할 수 없는 것이다.**"(대판 2007.2.22. 2004다59546)라고 판시하고 있다.

➡ 이 경우 가등기에 기한 본등기청구권이 소멸한 것은 혼동에 의한 소멸이 아니라 등기의무자의 의무내용에 좇은 등기의무의 이행이 완료되었기 때문임을 주의해야 한다.

09

어느 특정의 물건에 관한 채권을 가지는 자가 그 물건의 소유자가 된 경우 그 물건에 관한 채권은 혼동으로 소멸한다. ○│X

10

명의신탁자가 장차 소유권이전등기청구권 보전을 위한 가등기를 경료한 후 가등기와는 상관없이 소유권이전등기를 넘겨받았다는 사정만으로는 가등기에 기한 본등기청구권이 혼동으로 소멸하지 않는다. ○│X

11

토지를 乙에게 명의신탁하고 장차의 소유권이전의 청구권 보전을 위하여 자신의 명의로 가등기를 경료한 甲이 이후 乙의 가등기에 기한 본등기 절차의 이행의무를 인수한 경우, 甲의 가등기에 기한 본등기청구권은 혼동으로 인하여 소멸한다. ○│X

12

甲이 乙 명의로 등기를 마친 부동산에 관하여 甲 자신의 명의로 가등기를 경료한 다음 가등기와 관련 없이 甲 앞으로 별도의 소유권이전등기가 경료되었더라도 원칙적으로 가등기에 기한 본등기청구권은 혼동으로 소멸하지 않는다. ○│X

해설 **09 10 11 12** 명의신탁자가 장차 소유권이전등기청구권 보전을 위한 가등기를 경료한 후 가등기와는 상관없이 소유권이전등기를 넘겨받은 경우, 가등기에 기한 본등기청구권이 혼동으로 소멸되는지 여부

채권은 채권과 채무가 동일한 주체에 귀속한 때에 한하여 혼동으로 소멸하는 것이 원칙이므로, 어느 특정의 물건에 관한 채권을 가지는 자가 그 물건의 소유자가 되었다는 사정만으로는 채권과 채무가 동일한 주체에 귀속한 경우에 해당한다고 할 수 없어 그 물건에 관한 채권이 혼동으로 소멸하는 것은 아닌바, 토지를 을에게 명의신탁하고 장차의 소유권이전의 청구권 보전을 위하여 자신의 명의로 가등기를 경료한 갑이, 을에 대하여 가지는 가등기에 기한 본등기청구권은 채권으로서, **ⅰ) 갑이 을을 상속하거나 ⅱ) 을의 가등기에 기한 본등기 절차 이행의 의무를 인수하지 아니하는 이상,** 갑이 가등기에 기한 본등기 절차에 의하지 아니하고 을로부터 별도의 소유권이전등기를 경료받았다고 하여 혼동의 법리에 의하여 갑의 가등기에 기한 본등기청구권이 소멸하는 것은 아니다(대판 1995.12.26. 95다29888).

가등기를 경료한 가등기권자가 그 가등기와는 상관없이 소유권이전등기를 넘겨받은 경우, 그 가등기에 기한 본등기 절차의 이행을 구할 수 있는지 여부

부동산에 관한 소유권이전청구권 보전을 위한 가등기 경료 이후에 다른 가압류등기가 경료되었다면, 그 가등기에 기한 본등기 절차에 의하지 아니하고 별도로 가등기권자 명의의 소유권이전등기가 경료되었다고 하여 가등기 권리자와 의무자 사이의 가등기 약정상의 채무의 본지에 따른 이행이 완료되었다고 할 수는 없으니, 특별한 사정이 없는 한, 가등기권자는 가등기의무자에 대하여 그 가등기에 기한 본등기 절차의 이행을 구할 수도 있다(同 判例).

甲이 乙의 X토지에 저당권을 취득한 후 甲이 乙로부터 X토지를 매수하여 등기를 하였는데 甲과 乙간의
매매계약이 무효인 경우 甲의 저당권은 당연히 부활하는 것은 아니다. ○ | X

14 10법원행시

근저당권자가 저당부동산의 소유권을 취득하게 되면 그 근저당권이 제3자의 권리의 목적이 되거나 그 근
저당권 이후의 후순위권리자가 없는 한 근저당권은 혼동에 의하여 소멸하지만, 후에 그 소유권취득이 무
효로 밝혀지면 소멸하였던 근저당권은 당연히 부활하고 이 때 등기부상 이해관계가 있는 자는 위 근저당
권말소등기의 회복등기절차를 이행함에 있어 승낙할 의무가 있다. ○ | X

> **해설** ⅰ) 근저당권자가 소유권을 취득하면 그 근저당권은 혼동에 의하여 소멸하지만 그 뒤 그 소유권취득이 무효인 것이
> 밝혀지면 소멸하였던 근저당권은 당연히 부활한다. ⅱ) 혼동에 의하여 소멸한 근저당권이 소유권취득이 무효로 밝혀져 부
> 활하는 경우에 등기부상 이해관계가 있는 자는 위 근저당권 말소등기의 회복등기 절차를 이행함에 있어서 이것을 승낙할
> 의무가 있다(대판 1971.8.31. 71다1386).
>
> **쟁점정리** 혼동의 효과
> ⅰ) 물권이 혼동으로 소멸하면 그 효과는 절대적이므로 그 후 어떤 사유로 인해 혼동 이전의 상태로 법률상태가 복귀한다
> 해도 일단 소멸한 권리는 부활하지 않는다. 예컨대 지상권자가 목적토지의 소유권을 취득하여 지상권이 혼동으로 소멸한 후
> 토지소유권을 타인에게 양도하더라도 지상권이 부활하는 것은 아니다. ⅱ) 그러나 혼동을 생기게 한 원인이 부존재이거나 원
> 인행위가 무효·취소·해제 등으로 효력을 가지지 않는 때에는, 혼동은 생기지 않았던 것으로 되고 소멸한 물권은 부활한다(위
> 71다1386 판결).
>
> ➡ 사안에서 甲의 저당권은 부활한다. 즉 저당권등기의 말소를 한 경우 회복등기가 없더라도 저당권은 당연히 부활하며, 甲의
> 저당권의 순위가 보전된다. 만약 X토지가 제3자 丙에게 이전되어 丙의 소유로 된 경우 丙은 이해관계 있는 제3자로서 甲의
> 저당권 말소등기의 회복등기를 하는 데 승낙할 의무가 있다(부동산등기법 제59조 참조).

15 14법무사

점유권은 혼동으로 소멸하지 않는다. ○ | X

> **해설** **제191조(혼동으로 인한 물권의 소멸)** ① 동일한 물건에 대한 소유권과 다른 물권이 동일한 사람에게 귀속한 때에
> 는 다른 물권은 소멸한다. 그러나 그 물권이 제삼자의 권리의 목적이 된 때에는 소멸하지 아니한다.
> ② 전항의 규정은 소유권이외의 물권과 그를 목적으로 하는 다른 권리가 동일한 사람에게 귀속한 경우에 준용한다.
> ③ 점유권에 관하여는 전2항의 규정을 적용하지 아니한다.

제3장 | 기본물권

제1절 점유권

01
16법원행시

부동산을 매수하여 대금을 완납하고 목적부동산을 인도받아 사용하고 있으나, 등기를 마치지 않은 부동산매수인은 부동산의 점유자로서의 지위를 가진다. ○|X

> 해설 **토지의 매수인이 아직 소유권이전등기를 마치지 않았더라도 매매계약의 이행으로 토지를 인도받은 때에는 매매계약의 효력으로서 이를 점유·사용할 권리가 있으므로,** 매도인이 매수인에 대하여 그 점유·사용을 법률상 원인이 없는 이익이라고 하여 부당이득반환청구를 할 수는 없다. 이러한 법리는 대물변제 약정 등에 의하여 매매와 같이 부동산의 소유권을 이전받게 되는 사람이 이미 부동산을 점유·사용하고 있는 경우에도 마찬가지로 적용된다(대판 2016.7.7. 2014다2662; 대판 2001.12.11. 2001다45355).

02
21법무사

토지의 매수인이 아직 소유권이전등기를 마치지 않았더라도 매매계약의 이행으로 토지를 인도받은 때에는 매매계약의 효력으로서 이를 점유·사용할 권리가 있으므로, 매도인이 매수인에 대하여 그 점유·사용을 법률상 원인이 없는 이익이라고 하여 부당이득반환청구를 할 수는 없다. ○|X

> 해설 토지의 매수인이 아직 소유권이전등기를 경료받지 아니하였다 하여도 매매계약의 이행으로 그 토지를 인도받은 때에는 매매계약의 효력으로서 이를 점유·사용할 권리가 생기게 된 것으로 보아야 하고, 또 매수인으로부터 위 토지를 다시 매수한 자는 위와 같은 토지의 점유사용권을 취득한 것으로 봄이 상당하므로 매도인은 매수인으로부터 다시 위 토지를 매수한 자에 대하여 토지 소유권에 기한 물권적 청구권을 행사하거나 그 점유·사용을 법률상 원인이 없는 이익이라고 하여 부당이득반환청구를 할 수는 없다(대판 2001.12.11. 2001다45355).

03
21법원행시

토지의 매수인이 아직 소유권이전등기를 경료받지 아니하였다 하여도 매매계약의 이행으로 그 토지를 인도받은 때에는 매매계약의 효력으로서 이를 점유·사용할 권리가 생기게 된 것으로 보아야 하고, 또 매수인으로부터 위 토지를 다시 매수한 자는 위와 같은 토지의 점유·사용권을 취득한 것으로 봄이 상당하므로 매도인은 매수인으로부터 다시 위 토지를 매수한 자에 대하여 토지 소유권에 기한 물권적청구권을 행사할 수 없다. ○|X

04

토지소유권에 기한 반환청구에 대하여 토지의 매수인이 아직 소유권이전등기를 경료받지 아니하였다 하여도 매매계약의 이행으로 그 토지를 인도받은 때에는 매매계약의 효력으로서 이를 점유·사용할 권리가 생기게 된 것으로 위 반환청구를 거부할 수 있다. O|X

05

설령 토지의 매수인이 매도인으로부터 매매계약의 이행으로 그 토지를 인도받았다고 하더라도, 매도인은 매수인에게 그 토지에 관한 소유권이전등기를 마쳐주기 전에는 여전히 그 토지에 관한 소유자이므로, 매도인은 그 토지 위에 매수인의 신축 건물을 취득한 자에 대하여 토지소유자로서 소유권을 근거로 한 물권적 청구권을 행사할 수 있다. O|X

> **해설** **03 04 05** 소유권이전등기를 경료받기 전에 토지를 인도받은 매수인으로부터 다시 토지를 매수하여 점유·사용하고 있는 자에 대하여 매도인이 토지 소유권에 기한 물권적 청구권을 행사할 수 있는지 여부(소극)
> 토지의 매수인이 아직 소유권이전등기를 경료받지 아니하였다 하여도 매매계약의 이행으로 그 토지를 인도받은 때에는 매매계약의 효력으로서 이를 점유·사용할 권리가 생기게 된 것으로 보아야 하고, 또 매수인으로부터 위 토지를 다시 매수한 자는 위와 같은 토지의 점유·사용권을 취득한 것으로 봄이 상당하므로 매도인은 매수인으로부터 다시 위 토지를 매수한 자에 대하여 토지 소유권에 기한 물권적청구권을 행사할 수 없다(대판 1998.6.26. 97다42823).

06

미등기 무허가건물의 양수인이라도 소유권이전등기를 마치지 않는 한 건물의 소유권을 취득할 수 없고, 소유권에 준하는 관습상의 물권이 있다고도 할 수 없으므로, 미등기 무허가건물의 양수인은 소유권에 기한 방해제거청구를 할 수 없다. O|X

> **해설** 미등기 무허가건물의 양수인이라도 그 소유권이전등기를 경료하지 않는 한 그 건물의 소유권을 취득할 수 없고, 소유권에 준하는 관습상의 물권이 있다고도 할 수 없으며, 현행법상 사실상의 소유권이라고 하는 포괄적인 권리 또는 법률상의 지위를 인정하기도 어렵다(대판 2006.10.27. 2006다49000).

07

건물철거는 그 소유권의 종국적 처분에 해당되는 사실행위이므로 그 소유자에게만 그 철거처분권이 있다 할 것이고, 건물을 전소유자로부터 매수하여 점유하고 있는 등 그 권리의 범위 내에서 그 점유 중인 건물에 대하여 법률상 또는 사실상 처분을 할 수 있는 지위에 있는 자라 할지라도 철거처분권은 인정되지 않는다. O|X

08

甲 소유의 토지 위에 乙이 신축한 미등기건물을 丙이 乙로부터 매수하여 점유하고 있는 경우, 丙은 위 건물의 소유자가 아니므로 甲의 철거청구의 상대방이 될 수 있는 경우는 없다. ○ㅣ X

> 해설 등기를 갖추지 아니한 건물매수인에 대한 대지소유자의 건물철거청구의 가부
>
> 건물철거는 그 소유권의 종국적 처분에 해당하는 사실행위이므로 원칙으로는 그 소유자(등기명의자)에게만 그 철거처분권이 있다고 할 것이나 그 건물을 매수하여 점유하고 있는 자는 등기부상 아직 소유자로서의 등기명의가 없다 하더라도 그 권리의 범위 내에서 그 점유 중인 건물에 대하여 법률상 또는 사실상 처분을 할 수 있는 지위에 있고 그 건물이 건립되어 있어 불법으로 점유를 당하고 있는 토지소유자는 위와 같은 지위에 있는 건물점유자에게 그 철거를 구할 수 있다(대판 1986.12.23. 86다카1751).

09

임야의 소유권에 터잡아 분묘의 철거를 청구하려면 분묘의 설치를 누가 하였건 그 분묘의 관리처분권을 가진 자를 상대로 하여야 한다. ○ㅣ X

> 해설 임야의 소유권에 터잡아 분묘의 철거를 청구하려면 분묘의 설치를 누가 하였건 그 분묘의 관리처분권을 가진 자를 상대로 하여야 하고, 종손이 있는 경우라면 그가 제사를 주재하는 자의 지위를 유지할 수 없는 특별한 사정이 있는 경우를 제외하고는 일반적으로 선조의 분묘를 수호·관리하는 권리는 그 종손에게 있다고 봄이 상당하다(대판 1997.9.5. 95다 51182).

10

건물의 소유자는 현실적으로 건물을 점거하고 있지 않은 경우라도 그 건물 부지에 대한 점유가 인정되고, 반면 건물의 소유자가 아닌 단순한 건물의 점유자의 경우 그 건물 부지에 대한 점유는 인정되지 않으므로, 부지 소유자가 부지 지상의 건물 철거나 부지의 인도 등을 청구할 때는 원칙적으로 건물의 소유자를 상대방으로 삼아야 한다. ○ㅣ X

11

건물의 소유자라고 하더라도 당해 건물을 현실적으로 점유하고 있지 아니하다면 그 부지인 토지를 점유하고 있다고 볼 수 없다. ○ㅣ X

12

미등기건물을 양수하여 건물에 관한 사실상의 처분권을 보유하게 됨으로써 그 양수인이 건물부지 역시 아울러 점유하고 있다고 볼 수 있는 등의 사정이 없는 한 건물의 소유명의자가 아닌 자는 실제로 그 건물을 점유하고 있다고 하더라도 그 건물의 부지를 점유하는 자로 볼 수 없다. ○ㅣ X

13

건물의 부지가 된 토지는 그 건물의 소유자가 점유하는 것이고, 건물의 소유권이 양도된 경우에는 건물의 종전의 소유자는 그 부지의 점유를 계속할 별도의 독립된 권원이 있는 등의 사정이 없는 한 그 부지에 대한 점유도 함께 상실한다. ○ | ×

> **해설 10 11 12 13** 건물의 소유권이 양도된 경우 그 부지의 점유자
> 사회통념상 건물은 그 부지를 떠나서는 존재할 수 없는 것이므로 건물의 부지가 된 토지는 그 건물의 소유자가 점유하는 것으로 볼 것이고, 건물의 소유권이 양도된 경우에는 건물의 종전의 소유자가 건물의 소유권을 상실하였음에도 불구하고 그 부지를 계속 점유할 별도의 독립된 권원이 있는 등의 특별한 사정이 없는 한 그 부지에 대한 점유도 함께 상실하는 것으로 보아야 하며, 이 경우에 건물의 종전의 소유자가 그 건물에 계속 거주하고 있고 건물의 새로운 소유자는 현실적으로 건물이나 그 부지를 점거하고 있지 아니하고 있더라도 결론은 마찬가지이다(대판 1993.10.26. 93다2483).

14

대지의 소유자로 등기한 자는 보통의 경우 등기할 때에 대지를 인도받아 점유를 얻은 것으로 보아야 하므로 등기사실을 인정하면서 특별한 사정의 설시 없이 점유사실을 인정할 수 없다고 판단해서는 안 된다. 이는 임야나 대지 등이 매매 등을 원인으로 양도되고 이에 따라 소유권이전등기가 마쳐진 경우뿐만 아니라 소유권보존등기의 경우에도 마찬가지이다. ○ | ×

> **해설** 물건에 대한 점유의 판단 기준과 대지의 소유자로 등기한 사실이 인정되는 경우 점유사실의 인정 여부(원칙적 적극) 및 소유권보존등기의 경우에도 마찬가지인지 여부(소극)
> 물건에 대한 점유란 사회관념상 어떤 사람의 사실적 지배 아래에 있는 객관적 상태를 말하는 것으로서, 사실적 지배가 있다고 하기 위해서는 반드시 물건을 물리적, 현실적으로 지배하는 것만을 의미하는 것이 아니고, 물건과 사람과의 시간적, 공간적 관계와 본권 관계, 타인지배의 배제 가능성 등을 고려하여 사회관념에 따라 합목적적으로 판단하여야 한다. 특히 임야에 대한 점유의 이전이나 점유의 계속은 반드시 물리적이고 현실적인 지배를 요한다고 볼 것은 아니고, 관리나 이용의 이전이 있으면 인도가 있었다고 보아야 하고, 임야에 대한 소유권을 양도하는 경우라면 그에 대한 지배권도 넘겨지는 것이 거래에서 통상적인 형태라고 할 것이다. 또한 대지의 소유자로 등기한 자는 보통의 경우 등기할 때에 대지를 인도받아 점유를 얻은 것으로 보아야 하므로 등기사실을 인정하면서 특별한 사정의 설시 없이 점유사실을 인정할 수 없다고 판단해서는 아니 된다. 그러나 이는 임야나 대지 등이 매매 등을 원인으로 양도되고 이에 따라 소유권이전등기가 마쳐진 경우에 그렇다는 것이지, 소유권보존등기의 경우에도 마찬가지라고 볼 수는 없다. 소유권보존등기는 이전등기와 달리 해당 토지의 양도를 전제로 하는 것이 아니어서, 보존등기를 마쳤다고 하여 일반적으로 등기명의자가 그 무렵 다른 사람으로부터 점유를 이전받는다고 볼 수는 없기 때문이다(대판 2013.7.11. 2012다201410).

정답 | **08** × **09** ○ **10** ○ **11** × **12** ○ **13** ○ **14** ×

15

점유보조자는 점유자가 아니므로, 점유보조자에게는 점유권에 관한 일반적인 효력이 인정되지 않는다.

○ | X

> **해설** 점유주만이 점유자이고 점유보조자는 점유자가 아니다(제195조). 따라서 점유권에 관한 효력은 점유주에 대한 관계에서는 물론, 제3자에 대한 관계에서도 인정되지 않는다(대판 1976.9.28. 76다1588). 즉 **점유보조자를 상대로는 소유물 반환을 청구할 수 없다.**

16

점유권은 상속인에 이전한다. 지상권, 전세권, 질권, 사용대차, 임대차, 임치 기타의 관계로 타인으로 하여금 물건을 점유하게 한 자는 간접으로 점유권이 있다.

○ | X

> **해설** **제193조(상속으로 인한 점유권의 이전)** 점유권은 상속인에 이전한다.
> **제194조(간접점유)** 지상권, 전세권, 질권, 사용대차, 임대차, 임치 기타의 관계로 타인으로 하여금 물건을 점유하게 한 자는 간접으로 점유권이 있다.

17

종중이 어떤 부동산에 관하여 임대차를 점유매개관계로 하여 간접점유를 취득하였다고 하기 위하여는 그 임대차관계를 성립시킨 자가 사실상으로나마 종중의 대표기관 내지는 집행기관이거나 그 대리인이어야 하고, 종원이 단지 종중과 무관하게 사인의 자격에서 임대한 것에 불과하다면 그를 통한 종중의 부동산에 대한 간접점유를 인정할 수 없다.

○ | X

> **해설** 대판 1999.2.23. 98다50593

18

점유권은 상속할 수 없다.

○ | X

> **해설** **제193조(상속으로 인한 점유권의 이전)** 점유권은 상속인에 이전한다.

19

물건을 사실상 지배하는 자는 점유권이 있고, 점유자가 물건에 대한 사실상의 지배를 상실한 때에는 점유권이 소멸한다.

○ | X

> **해설** 제192조(점유권의 취득과 소멸) ① 물건을 사실상 지배하는 자는 점유권이 있다.
> ② **점유자가 물건에 대한 사실상의 지배를 상실한 때에는 점유권이 소멸한다.** 그러나 제204조의 규정에 의하여 점유를 회수한 때에는 그러하지 아니하다.

20

20서기보

점유의 승계가 있는 경우 전 점유자의 점유가 타주점유라 하여도 점유자의 승계인이 자기의 점유만을 주장하는 경우에는 현 점유자의 점유는 자주점유로 추정된다.　　　　　　　　　　　　　　　　ОⅠХ

> **해설** 점유권이 특정승계되는 경우 점유자의 승계인은 자기의 점유만을 주장하거나 자기의 점유와 전 점유자의 점유를 아울러 주장할 수 있다(제199조 제1항). 이 경우 *判例*는 "전 점유자의 점유가 타주점유라 하여도 점유자의 승계인이 자기의 점유만을 주장하는 경우에는 현 점유자의 점유는 자주점유로 추정된다."(대판 2002.2.26. 99다72743)라고 한다.

21

21서기보, 11주사보

점유자의 승계인은 자기의 점유만을 주장할 수 있으나, 자기의 점유와 전점유자의 점유를 아울러 주장할 수는 없다.　　　　　　　　　　　　　　　　　　　　　　　　　　　　　　　ОⅠХ

> **해설** 제199조(점유의 승계의 주장과 그 효과) ① 점유자의 승계인은 자기의 점유만을 주장하거나 자기의 점유와 전점유자의 점유를 아울러 주장할 수 있다.
> ② 전점유자의 점유를 아울러 주장하는 경우에는 그 하자도 계승한다.

22

11법무사, 12/19사무관, 21법원행시

취득시효의 기초가 되는 점유가 승계된 경우에 점유자는 자기의 점유만을 주장할 수도 있고, 자기의 점유와 전 점유자의 점유를 아울러 주장할 수도 있다. 그러나 상속에 의하여 점유권원을 취득한 경우에는 상속인이 새로운 권원에 의하여 자기 고유의 점유를 시작하지 않는 한 피상속인의 점유를 떠나 자기만의 점유를 주장할 수 없다.　　　　　　　　　　　　　　　　　　　　　　　　　ОⅠХ

> **해설** 상속에 의해 점유승계가 이루어진 경우 점유태양의 승계 여부(적극)
> **상속에 의하여 점유권을 취득한 경우에는 상속인은 새로운 권원에 의하여 자기 고유의 점유를 개시하지 않는 한 피상속인의 점유를 떠나 자기만의 점유를 주장할 수 없고**, 선대의 점유가 타주점유인 경우 선대로부터 상속에 의하여 점유를 승계한 자의 점유도 상속 전과 그 성질 내지 태양을 달리하지 않으므로 특단의 사정이 없는 한 그 점유가 자주점유로는 될 수 없고, **그 점유가 자주점유가 되기 위하여는 ⅰ) 점유자가 소유자에 대하여 소유의 의사가 있는 것을 표시하거나 ⅱ) 새로운 권원에 의하여 다시 소유의 의사로써 점유를 시작하여야** 한다(대판 1996.9.20. 96다25319).

정답 | 15 ○ 16 ○ 17 ○ 18 × 19 ○ 20 ○ 21 × 22 ○

23

점유자가 점유물에 대하여 행사하는 권리는 적법하게 보유한 것으로 추정한다는 민법 제200조는 특별한 사정이 없는 한 부동산 물권에 대하여는 적용되지 않는다.　　○ㅣ×

> **해설** 점유자의 권리추정의 규정은 특별한 사정이 없는 한 부동산 물권에 대하여는 적용되지 아니하고 다만 그 등기에 대하여서만 추정력이 부여된다(대판 1982.4.13. 81다780).

24

점유자는 소유의 의사로 평온, 공연하게, 선의이며, 과실(過失)없이 점유한 것으로 추정한다.　　○ㅣ×

> **해설** 점유자는 소유의 의사로 선의, 평온 및 공연하게 점유한 것으로 추정한다(제197조 제1항). 다만 무과실은 추정되지 않는다.

25

선의의 점유자라도 본권에 관한 소에 패소한 때에는 패소판결 확정 후부터는 악의의 점유자로 본다.　○ㅣ×

> **해설** **제197조(점유의 태양)** ② 선의의 점유자라도 본권에 관한 소에 패소한 때에는 그 소가 제기된 때로부터 악의의 점유자로 본다.

26

자주점유의 요건인 소유의 의사는 객관적으로 점유취득의 요건이 된 점유권원의 성질에 의하여 결정된다.　　○ㅣ×

27

점유자의 점유가 자주점유인지 타주점유인지는 점유자의 내심의 의사, 점유 취득의 원인이 된 권원의 성질 등 여러 사정을 종합하여 결정한다.　　○ㅣ×

> **해설** **26 27** 점유자의 점유가 소유의 의사 있는 자주점유인지 아니면 소유의 의사 없는 타주점유인지의 여부는 **점유자의 내심의 의사에 의하여 결정되는 것이 아니라 점유 취득의 원인이 된 권원의 성질이나 점유와 관계가 있는 모든 사정에 의하여 외형적·객관적으로 결정되어야 하는 것**이기 때문에 점유자가 성질상 소유의 의사가 없는 것으로 보이는 권원에 바탕을 두고 점유를 취득한 사실이 증명되었거나, 점유자가 타인의 소유권을 배제하여 자기의 소유물처럼 배타적 지배를 행사하는 의사를 가지고 점유하는 것으로 볼 수 없는 객관적 사정, 즉 점유자가 진정한 소유자라면 통상 취하지 아니할 태도를 나타내거나 소유자라면 당연히 취했을 것으로 보이는 행동을 취하지 아니한 경우 등 외형적·객관적으로 보아 점유자가 타인의 소유권을 배척하고 점유할 의사를 갖고 있지 아니하였던 것이라고 볼 만한 사정이 증명된 경우에도 그 추정은 깨어진다(대판 1997.8.21. 95다28625 전합).

28

소유의 의사 유무는 점유개시시를 기준으로 판단하지만, 나중에 매도자에게 처분권이 없었다는 등의 사유로 그 매매가 무효인 것이 밝혀진 경우 매수인의 점유는 타주점유로 전환된다. ○ | X

> **해설** 처분권한이 없는 자로부터 부동산을 매수하여 점유한 경우와 소유의 의사
> 부동산을 매수하여 이를 점유한 자는 그 매매가 무효라는 사정을 알고 있었다는 등의 특별한 사유가 없는 한 그 점유의 시초에 소유의 의사로 점유한 것이라고 할 것이며, **후에 그 매도인에게 처분권이 없었다는 사실을 알게 되었다고 하더라도 위와 같은 점유의 성질은 변하지 아니한다**(대판 1981.6.9. 80다469).
>
> 부동산 매수인의 점유 개시 후 그 매매가 무효임이 밝혀진 경우, 그 점유의 성질이 타주점유로 변하는지 여부(소극)
> 부동산을 매수하여 이를 점유하게 된 자는 그 매매가 무효가 된다는 사정이 있음을 알았다는 등의 특단의 사정이 없는 한 그 점유의 시초에 소유의 의사로 점유한 것이며, **나중에 매도자에게 처분권이 없었다는 등의 사유로 그 매매가 무효인 것이 밝혀졌다 하더라도 그와 같은 점유의 성질이 변하는 것은 아니다**(대판 1996.5.28. 95다40328).

29

타인의 권리를 매매한 매수인이 등기를 수반하지 않은 점유를 하고 있더라도 매수인이 매도인에게 처분권한이 없다는 것을 알고 매수하였다는 등의 특별한 사정이 없는 한 그 점유는 자주점유이다. ○ | X

> **해설** 점유자가 점유 개시 당시 소유권 취득의 원인이 될 수 있는 법률행위 기타 법률요건 없이 그와 같은 법률요건이 없다는 사실을 알면서 타인 소유의 부동산을 무단점유한 것이 입증된 경우, 자주점유 추정의 번복 여부(적극)
> 점유자가 점유 개시 당시에 소유권 취득의 원인이 될 수 있는 법률행위 기타 법률요건이 없이 그와 같은 법률요건이 없다는 사실을 잘 알면서 타인 소유의 부동산을 무단점유한 것임이 입증된 경우에도 특별한 사정이 없는 한 점유자는 타인의 소유권을 배척하고 점유할 의사를 갖고 있지 않다고 보아야 할 것이어서 이로써 소유의 의사가 있는 점유라는 추정은 깨어진다(대판 2000.3.16. 97다37661 전합).

30

전후양시에 점유한 사실이 있는 때에는 그 점유는 계속한 것으로 간주된다. ○ | X

> **해설** **제198조(점유계속의 추정)** 전후양시에 점유한 사실이 있는 때에는 그 점유는 계속한 것으로 '추정'한다.
> ➡ '간주'가 아니라 '추정'

정답 | 23 ○ 24 × 25 × 26 ○ 27 × 28 × 29 ○ 30 ×

31

민법 제198조 소정의 점유계속추정은 동일인이 전후 양 시점에 점유한 것이 증명된 때에만 적용되는 것이 아니고 전후 양 시점의 점유자가 다른 경우에도 점유의 승계가 입증되는 한 점유계속은 추정된다.

○ | ✕

> 해설 대판 1996.9.20. 96다24279 참조

32

토지의 매수인이 매매계약에 의하여 목적 토지의 점유를 취득한 경우 설사 그것이 타인의 토지의 매매에 해당하여 그에 의하여 곧바로 소유권을 취득할 수 없다고 하더라도 그것만으로 매수인이 점유권원의 성질상 소유의 의사가 없는 것으로 보이는 권원에 바탕을 두고 점유를 취득한 사실이 증명되었다고 단정할 수는 없다.

○ | ✕

> 해설 ⅰ) "**부동산을 매수하여 이를 점유하게 된 자는 그 매매가 무효가 된다는 사정이 있음을 알았다는 등의 특단의 사정이 없는 한 그 점유의 시초에 소유의 의사로 점유한 것이라고 할 것**이며, 가사 후일에 그 매도자에게 처분권이 없었다는 등의 이유로 그 매매가 무효로 되어 진실한 소유자에 대한 관계에서 그 점유가 결과적으로는 불법으로 되었다고 하더라도 매수자의 소유권취득의 의사로 한 위와 같은 점유의 성질은 변하지 않는다고 할 것이다(대판 1994.12.27. 94다25513).
> ⅱ) "토지매수인이 매매계약에 기하여 목적토지의 점유를 취득한 경우에는 그 매매가 설사 타인의 토지의 매매로서 그 소유권을 취득할 수 없다고 하더라도 다른 특별한 사정이 없는 이상 매수인의 점유는 소유의 의사로써 하는 것이라고 해석된다(대판 1993.10.12. 93다1886).

33

점유의 자주점유에 대한 추정력을 인정할 수 있다고 하여도 처분권한이 없는 자로부터 그 사실을 알면서 부동산을 취득한 자에게까지 점유 개시 당시에 소유의 의사가 있다고 볼 수는 없다.

○ | ✕

> 해설 취득시효에 있어서 자주점유의 요건인 소유의 의사는 객관적으로 점유권원의 성질에 의하여 그 존부를 결정하는 것이나 다만 그 점유권원의 성질이 분명하지 않을 때에는 민법 제197조 제1항에 의하여 소유의 의사로 점유한 것으로 추정된다고 하더라도, **처분권한이 없는 자로부터 그 사실을 알면서 부동산을 취득하거나 어떠한 법률행위가 무효임을 알면서 그 법률행위에 의하여 부동산을 취득하여 점유하게 된 때에는 그 점유의 개시에 있어 이미 자신이 그 부동산의 진정한 소유자의 소유권을 배제하고 마치 자기의 소유물처럼 배타적 지배를 할 수 없다는 것을 알면서 점유하는 자이므로 점유개시 당시에 소유의 의사로 점유한 것으로 볼 수 없다**(대판 2000.6.9. 99다36778).
>
> ➡ 제197조 1항에 의해 점유의 자주점유에 대한 추정력을 인정할 수 있다고 하여도 예를 들어 매수인인 처음부터 '무효임을 알고서' 점유한 경우와 같이 처분권한이 없는 자로부터 그 사실을 알면서 부동산을 취득한 자에게는 소유의 의사로 점유한 것으로 볼 수 없다.

34

부동산을 타인에게 매도하여 그 인도의무를 부담하고 있다 하더라도 원칙적으로 매도인의 점유는 인도의무를 실제 이행할 때까지는 자주점유라고 볼 수 있다. ○│X

> **해설** 토지의 매도인은 매수인에게 매도한 토지의 인도의무를 지고 있으므로, 매도 후의 점유는 그 성질상 타주점유로 변경되지만 특별한 사정이 있는 경우에는 그러하지 아니하다(대판 1995.5.33. 94다51871).

35

점유자가 매매 또는 증여와 같이 자주점유의 권원을 주장하였으나 이것이 인정되지 않는 경우 자주점유의 추정이 번복된다. ○│X

> **해설** 점유자가 스스로 매매 또는 증여와 같은 자주점유의 권원을 주장하였으나 이것이 인정되지 않는 경우에도 원래 이와 같은 자주점유의 권원에 관한 입증책임이 점유자에게 있지 아니한 이상 그 점유권원이 인정되지 않는다는 사유만으로 자주점유의 추정이 번복된다거나 또는 점유권원의 성질상 타주점유라고는 볼 수 없다(대판 1983.7.12. 82다708 전합).

36

구분소유적 공유관계에서 어느 특정된 부분만을 소유·점유하고 있는 공유자가 매매 등과 같이 종전의 공유지분권과는 별도의 자주점유가 가능한 권원에 의하여 다른 공유자가 소유·점유하는 특정된 부분을 취득하여 점유를 개시하였다고 주장하는 경우에는 취득 권원이 인정되지 않는다고 하더라도 그 사유만으로 자주점유의 추정이 번복된다거나 점유권원의 성질상 타주점유라고 할 수 없고, 상대방에게 타주점유에 대하여 증명할 책임이 있다. ○│X

> **해설** 공유부동산의 경우에 공유자 중의 1인이 공유지분권에 기초하여 부동산 전부를 점유하고 있다고 하여도 다른 특별한 사정이 없는 한 권원의 성질상 다른 공유자의 지분비율의 범위 내에서는 타주점유라고 할 것이다. 그렇지만 이와 달리 구분소유적 공유관계에서 어느 특정된 부분만을 소유·점유하고 있는 공유자가 매매 등과 같이 종전의 공유지분권과는 별도의 자주점유가 가능한 권원에 의하여 다른 공유자가 소유·점유하는 특정된 부분을 취득하여 점유를 개시하였다고 주장하는 경우에는 **타인 소유의 부동산을 매수·점유하였다고 주장하는 경우와 달리 볼 필요가 없으므로, 취득 권원이 인정되지 않는다고 하더라도 그 사유만으로 자주점유의 추정이 번복된다거나 점유권원의 성질상 타주점유라고 할 수 없고, 상대방에게 타주점유에 대하여 증명할 책임이 있다**(대판 2013.3.28. 2012다68750).

37

토지를 매수·취득하여 점유를 개시함에 있어 착오로 인접토지의 일부가 매수·취득한 토지에 속하는 것으로 믿고 점유한 경우, 그 인접토지에 대한 점유를 자주점유로 볼 수 없다. ○ | ×

> **해설** 토지를 매수·취득하여 점유를 개시함에 있어서 매수인이 인접 토지와의 경계선을 정확하게 확인하여 보지 아니하여 착오로 인접 토지의 일부를 그가 매수·취득한 토지에 속하는 것으로 믿고서 점유하고 있다면 인접 토지의 일부에 대한 점유는 소유의 의사에 기한 것이므로, 자신 소유의 대지 위에 건물을 건축하면서 인접 토지와의 경계선을 정확하게 확인해 보지 아니한 탓에 착오로 건물이 인접 토지의 일부를 침범하게 되었다고 하더라도 그것이 착오에 기인한 것인 이상 그것만으로 그 인접 토지의 점유를 소유의 의사에 기한 것이 아니라고 단정할 수는 없다고 할 것이나, 일반적으로 자신 소유의 대지 위에 새로 건물을 건축하고자 하는 사람은 건물이 자리잡을 부지 부분의 위치와 면적을 도면 등에 의하여 미리 확인한 다음 건축에 나아가는 것이 보통이라고 할 것이므로, 그 침범 면적이 통상 있을 수 있는 시공상의 착오 정도를 넘어 상당한 정도에까지 이르는 경우에는 당해 건물의 건축주는 자신의 건물이 인접 토지를 침범하여 건축된다는 사실을 건축 당시에 알고 있었다고 보는 것이 상당하다고 할 것이고, 따라서 그 침범으로 인한 인접 토지의 점유는 권원의 성질상 소유의 의사가 있는 점유라고 할 수 없다(대판 2001.5.29. 2001다5913).

38

매매대상 토지의 면적이 공부상 면적을 상당히 초과하는 경우에는 계약 당사자들이 이러한 사실을 알고 있었다고 보는 것이 상당하며, 그러한 경우에는 매도인이 그 초과 부분에 대한 소유권을 취득하여 이전하여 주기로 약정하는 등의 특별한 사정이 없는 한 그 초과 부분은 단순한 점용권의 매매로 보아야 할 것이므로 그 점유는 권원의 성질상 타주점유에 해당한다. ○ | ×

> **해설** 1필의 토지 일부를 특정하여 매수하면서 편의상 그 전체에 관하여 공유지분등기를 마쳐두었는데 실제 점유 면적이 등기부상 지분비율에 따라 환산한 면적을 상당히 초과하는 경우, 그 초과 부분에 대한 점유의 성질(= 타주점유)
> 통상 부동산을 매수하려는 사람은 매매계약을 체결하기 전에 그 등기부등본이나 지적공부 등에 의하여 소유관계 및 면적 등을 확인한 다음 매매계약을 체결하므로 **매매대상 토지의 면적이 공부상 면적을 상당히 초과**하는 경우에는 계약 당사자들이 이러한 사실을 알고 있었다고 보는 것이 상당하며, 그러한 경우에는 **매도인이 그 초과 부분에 대한 소유권을 취득하여 이전하여 주기로 약정하는 등의 특별한 사정이 없는 한 그 초과 부분은 단순한 점용권의 매매로 보아야** 할 것이므로 **그 점유는 권원의 성질상 타주점유**에 해당하고, 이러한 법리는 1필의 토지의 일부를 특정하여 매수하면서 편의상 그 전체에 관하여 공유지분등기를 마쳐두었는데, 그 실제 점유 면적이 등기부상 지분비율에 따라 환산한 면적을 상당히 초과하는 경우에도 마찬가지로 적용된다고 할 것이다(대판 2011.9.8. 2010다35367).

39

점유자가 취득시효를 주장하는 경우 스스로 소유의 의사를 입증할 책임은 없고, 오히려 그 점유자의 점유가 소유의 의사가 없는 점유임을 주장하여 점유자의 취득시효의 성립을 부정하는 사람에게 그 입증책임이 있다. ○ | ×

40

부동산 점유취득시효에 있어서 점유자의 점유가 소유의 의사 있는 자주점유인지 아니면 소유의 의사 없는 타주점유인지 여부는 점유자의 내심의 의사에 의하여 결정되는 것이 아니라 점유 취득의 원인이 된 권원의 성질이나 점유와 관계가 있는 모든 사정에 의하여 외형적 · 객관적으로 결정되어야 하는 것이지만, 점유자가 취득시효를 주장하는 경우에 스스로 이러한 소유의 의사를 증명할 필요는 없다. O | X

> **해설** **39 40** 취득시효에서 자주점유 여부에 관한 증명책임 소재(= 타주점유를 주장하는 자)
> 민법 제197조 제1항에 의하면 물건의 점유자는 소유의 의사로 점유한 것으로 추정되므로 점유자가 취득시효를 주장하는 경우에 있어서 스스로 소유의 의사를 입증할 책임은 없고, **오히려 그 점유자의 점유가 소유의 의사가 없는 점유임을 주장하여 점유자의 취득시효의 성립을 부정하는 자에게 그 입증책임**이 있다(대판 2011.2.10. 2010다84246).

41

국가나 지방자치단체가 부동산을 점유하는 경우에도 민법 제197조 제1항의 자주점유의 추정이 적용된다. O | X

42

부동산의 점유권원의 성질이 분명하지 않을 때에는 민법 제197조 제1항에 의하여 점유자는 소유의 의사로 선의, 평온 및 공연하게 점유한 것으로 추정되는 것이지만, 이러한 추정은 지적공부 등의 관리주체인 국가나 지방자치단체가 점유하는 경우에는 적용될 수 없다. O | X

> **해설** **41 42** 부동산의 점유권원의 성질이 분명하지 않을 때에는 민법 제197조 제1항에 의하여 점유자는 소유의 의사로 선의, 평온 및 공연하게 점유한 것으로 추정되는 것이며, 이러한 추정은 지적공부 등의 관리주체인 국가나 지방자치단체가 점유하는 경우에도 마찬가지로 적용된다(대판 2007.12.27. 2007다42112).

43

지방자치단체나 국가가 취득시효의 완성을 주장하는 토지의 취득절차에 관한 서류를 제출하지 못하고 있다 하더라도 그 점유의 경위와 용도 등을 감안할 때 국가나 지방자치단체가 점유개시 당시 공공용 재산의 취득절차를 거쳐서 소유권을 적법하게 취득하였을 가능성도 배제할 수 없다고 보이는 경우에는 국가나 지방자치단체가 소유권취득의 법률요건이 없이 그러한 사정을 잘 알면서 무단점유한 것이 입증되었다고 보기 어려우므로 자주점유의 추정은 깨어지지 않는다. O | X

> **해설** 대판 2010.8.19. 2010다33866 참조

정답 | **37** × **38** ○ **39** ○ **40** ○ **41** ○ **42** × **43** ○

44

18법원행시

국가나 지방자치단체가 일정한 권원 없이 사유토지를 점유·사용하였다면 특별한 사정이 없는 한 자주점유의 추정은 깨어진다. ○ | X

> **해설** 대판 1998.5.29. 97다30349 참조

45

12/16법원행시, 14/19/20법무사

토지의 점유자가 이전에 토지 소유자를 상대로 그 토지에 관하여 매매를 원인으로 한 소유권이전등기청구소송을 제기하였다가 패소하고 그 판결이 확정된 경우 그 토지 점유자의 자주점유의 추정은 번복되어 타주점유로 전환된다. ○ | X

> **해설** 토지의 점유자가 소유자를 상대로 매매를 원인으로 한 소유권이전등기청구소송을 제기하였다가 패소하고 그 판결이 확정된 경우, 자주점유의 추정이 번복되어 타주점유로 전환되는지 여부(소극)
> 점유자가 매매나 시효취득을 원인으로 소유권이전등기를 청구하였다가 패소 확정된 경우에도, 점유자가 소유자에 대하여 어떤 의무가 있음이 확정되는 것은 아니므로 악의의 점유자(제197조 제2항)가 되는데 불과하고 타주점유로 전환되는 것은 아니다(대판 1981.3.24. 80다2226).

46

15법원행시, 19법무사

토지의 소유자가 점유자를 상대로 토지에 관한 점유자 명의의 소유권이전등기의 말소등기청구소송을 제기하여 그 소송사건이 점유자의 패소로 확정된 경우, 점유자의 점유는 그 소유권이전등기말소등기청구소송의 제기시부터 타주점유로 전환된다. ○ | X

> **해설** 진정 소유자가 자신의 소유권을 주장하며 점유자 명의의 소유권이전등기는 원인무효의 등기라 하여 점유자를 상대로 토지에 관한 점유자 명의의 소유권이전등기의 말소등기청구소송을 제기하여 그 소송사건이 점유자의 패소로 확정되었다면, 그 점유자는 민법 제197조 제2항의 규정에 의하여 그 소송의 제기시부터는 토지에 대한 악의의 점유자로 간주되고, 또 이러한 경우 토지 점유자가 소유권이전등기 말소등기청구소송의 직접 당사자가 되어 소송을 수행하였고 결국 그 소송을 통해 대지의 정당한 소유자를 알게 되었으며, 나아가 패소판결의 확정으로 점유자로서는 토지에 관한 점유자 명의의 소유권이전등기에 관하여 정당한 소유자에 대하여 말소등기의무를 부담하게 되었음이 확정되었으므로, 단순한 악의점유의 상태와는 달리 객관적으로 그와 같은 의무를 부담하고 있는 점유자로 변한 것이어서 점유자의 토지에 대한 점유는 패소판결 확정 후부터는 타주점유로 전환되었다고 보아야 할 것이다(대판 2000.12.8. 2000다14934,14941). 즉, 악의의 점유자(제197조 제2항)가 될 뿐만 아니라 타주점유로도 전환된다.

47

16서기보, 16/20법원행시, 20법무사

선의의 점유자에게는 점유물의 과실수취권이 인정되나, 여기서 선의의 점유자라 함은 과실수취권을 포함하는 권원이 있다고 오신한 점유자를 말하는 것이고, 그와 같은 오신을 할 만한 정당한 근거가 있어야 하는 것은 아니다. ○ | X

민법 제201조 제1항은 "선의의 점유자는 점유물의 과실을 취득한다."라고 규정하고 있다. 여기서 선의의 점유자라 함은 과실수취권을 포함하는 권원이 있다고 오신한 점유자를 말하고, 그와 같은 오신을 함에는 오신할 만한 정당한 근거가 있어야 한다. ○ | X

> 해설 **47 48** 선의의 점유자는 본권이 없더라도 점유물의 과실을 취득한다(제201조 제1항). 선의의 점유자란 과실수취권을 포함하는 본권(소유권·지상권·전세권·임차권; 소, 지, 전, 임)을 가지고 있다고 오신하는 점유자를 가리키며(대판 1992.12.24. 92다22114), 여기에서의 선의는 일반적인 의미인 '소극적인 부지'를 의미하는 것이 아니라 '적극적인 오신', 즉 실제로는 없는 권리를 존재하는 것으로 적극적으로 믿고 있을 것을 요구한다(대판 1969.6.30. 69다1234). 아울러 判例는 "오신을 함에는 오신할 만한 정당한 근거가 있어야 한다."(대판 1996.1.26. 95다44290)라고 판시하고 있다.

악의의 점유자는 수취한 과실을 반환하여야 하며, 소비하였거나 과실로 인하여 훼손 또는 수취하지 못한 경우에는 그 과실의 대가를 보상하여야 하는데, 폭력에 의한 점유자의 경우에는 그러하지 아니다. ○ | X

> 해설 **제201조(점유자와 과실)** ② 악의의 점유자는 수취한 과실을 반환하여야 하며 소비하였거나 과실로 인하여 훼손 또는 수취하지 못한 경우에는 그 과실의 대가를 보상하여야 한다.
> ③ 전항의 규정은 폭력 또는 은비에 의한 점유자에 준용한다.

선의의 점유자는 점유물의 과실(果實)을 취득하나, 악의의 점유자는 수취한 과실(果實)을 반환하여야 하며, 이를 소비한 경우에는 그 과실(果實)의 대가를 보상하여야 한다. ○ | X

> 해설 **제201조(점유자와 과실)** ① 선의의 점유자는 점유물의 과실을 취득한다.
> ② 악의의 점유자는 수취한 과실을 반환하여야 하며 소비하였거나 과실로 인하여 훼손 또는 수취하지 못한 경우에는 그 과실의 대가를 보상하여야 한다.

제201조 제1항은 제748조 제1항의 특칙이나, 제201조 제2항은 제748조 제2항의 특칙이 아니므로 '악의 점유자'의 경우 제201조 제2항의 구체적 범위는 제748조 제2항에 의해 정해진다. ○ | X

정답 | **44** ○ **45** × **46** × **47** × **48** ○ **49** × **50** ○ **51** ○

52

악의점유자는 과실을 반환하여야 한다고만 규정한 민법 제201조 제2항이, 민법 제748조 제2항에 의한 악의 수익자의 이자지급의무까지 배제하는 취지는 아니기 때문에, 악의 수익자의 부당이득금 반환범위에 있어서 민법 제201조 제2항이 민법 제748조 제2항의 특칙이라거나 우선적으로 적용되는 관계를 이루는 것은 아니다. ○ | X

53

악의의 점유자는 민법 제748조 제2항에 따라 받은 이익에 이자를 붙여 반환하여야 하고, 이행지체가 있는 경우 그로 인한 지연손해금도 지급하여야 한다. ○ | X

> **해설** **51 52 53** 제201조 제2항과 제748조 제2항과의 관계
> 타인 소유물을 권원 없이 점유함으로써 얻은 사용이익을 반환하는 경우 민법은 선의 점유자를 보호하기 위하여 제201조 제1항을 두어 선의 점유자에게 과실수취권을 인정함에 대하여, 이러한 보호의 필요성이 없는 **악의 점유자에 관하여는 제201조 제2항을 두어 과실수취권이 인정되지 않는다는 취지를 규정하는 것으로 해석되는바, 따라서 악의 수익자가 반환하여야 할 범위는 제748조 제2항에 따라 정하여지는 결과 그는 받은 이익에 이자를 붙여 반환하여야 한다.** 위 조문에서 규정하는 이자는 당해 침해행위가 없었더라면 원고가 위 임료로부터 통상 얻었을 법정이자 상당액을 말하는 것이므로, 악의 수익자는 위 이자의 이행지체로 인한 지연손해금도 지급하여야 할 것이다. 즉, 악의 점유자는 과실을 반환하여야 한다고만 규정한 민법 제201조 제2항이, 민법 제748조 제2항에 의한 악의 수익자의 이자지급의무까지 배제하는 취지는 아니기 때문에, 악의 수익자의 부당이득금 반환범위에 있어서 **민법 제201조 제2항이 민법 제748조 제2항의 특칙이라거나 우선적으로 적용되는 관계를 이루는 것은 아니다**(대판 2003.11.4, 2001다61869).

54

선의의 점유자는 민법 제201조 제1항에 따라 과실취득권을 가지는바, 취득한 과실 내지 과실취득과 관련하여 부당이득반환의무나 불법행위로 인한 손해배상책임을 부담하지 않는다. ○ | X

> **해설** 부당이득반환의무 인정 여부
> 선의의 점유자는 점유물로부터 생기는 과실을 취득할 수 있으므로 비록 선의의 점유자가 과실을 취득함으로 인하여 타인에게 손해를 입혔다 할지라도 그 과실취득으로 인한 이득을 그 타인에게 반환할 의무는 없다(대판 1978.5.23. 77다2169).
>
> 불법행위책임 인정 여부
> 피고가 본건 토지의 선의의 점유자로 그 과실을 취득할 권리가 있어 경작한 농작물의 소유권을 취득할 수 있다 하더라도 법령의 부지로 상속인이 될 수 없는 사람을 상속인이라고 생각하여 본건 토지를 점유하였다면 피고에게 과실이 있다고 아니할 수 없고 따라서 피고의 본건 토지의 점유는 진정한 소유자에 대하여 불법행위를 구성하는 것이라 아니할 수 없는 것이고 **피고에게는 그 불법행위로 인한 손해배상의 책임이 있는 것이며 선의의 점유자도 과실취득권이 있다하여 불법행위로 인한 손해배상책임이 배제되는 것은 아니다**(대판 1966.7.19. 66다994).

55

법률상 원인 없이 타인의 부동산을 점유, 경작한 자는 그가 선의인 경우 민법 제748조 제1항에 따라 이익이 현존하는 한도에서 점유, 경작으로 인한 이득을 반환할 의무가 있다.　　　　　　　　　　　　O | X

> **해설** 민법 제201조 제1항에 의하면 선의의 점유자는 점유물의 과실을 취득한다고 규정하고 있는바, 건물을 사용함으로써 얻는 이득은 그 건물의 과실에 준하는 것이므로, **선의의 점유자는 비록 법률상 원인 없이 타인의 건물을 점유·사용하고 이로 말미암아 그에게 손해를 입혔다고 하더라도 그 점유·사용으로 인한 이득을 반환할 의무는 없다**(대판 1996.1.26. 95다44290).

56

부동산 매매계약이 취소된 경우 당해 부동산을 인도받은 선의의 매수인에게 민법 제201조가 적용되어 과실취득권이 인정되는 이상 선의의 매도인에게도 민법 제587조의 유추적용에 의하여 대금의 운용이익 또는 법정이자의 반환을 부정하여야 한다.　　　　　　　　　　　　　　　　　　　　O | X

> **해설** 선의의 매도인의 제748조 1항의 적용 여부(소극)
> 쌍무계약이 취소된 경우 선의의 매수인에게 제201조가 적용되어 과실취득권이 인정되는 이상 선의의 매도인에게도 제587조의 유추적용에 의하여 대금의 운용이익 내지 법정이자의 반환을 부정함이 형평에 맞다(대판 1993.5.14, 92다45025).

57

원고가 소유권에 기하여 피고를 상대로 부동산의 불법점유를 이유로 한 부동산 반환청구 및 점유기간 동안의 부당이득반환청구를 한 경우, 원고가 변론종결 전에 소유권을 상실하였음을 이유로 소유권에 기한 부동산반환청구가 배척된다고 하더라도, 소유권상실 이전기간의 부당이득반환청구가 이유 있는 것으로 판단된다면 적어도 그 소제기일부터는 피고의 점유를 악의로 의제하여 피고에 대하여 부당이득의 반환을 명하여야 한다.　　　　　　　　　　　　　　　　　　　　　　　　　　　O | X

> **해설** 원고가 소유권에 기하여 피고를 상대로 부동산의 불법점유를 이유로 한 부동산반환청구 및 점유기간 동안의 부당이득반환청구를 한 경우, 부당이득반환청구에 민법 제201조 제1항, 제197조 제1항을 적용함에 있어서는 소유권에 기한 부동산반환청구가 변론종결 전에 소유권이 상실되었음을 이유로 배척된다고 하더라도, **법원으로서는 소유권 상실 이전 기간의 부당이득반환청구와 관련하여 원고의 소유권의 존부와 피고의 점유 권원의 유무 등을 가려서 그 청구의 당부를 판단하고, 원고의 부당이득 주장이 이유 있는 것으로 판단된다면 민법 제201조 제1항, 제197조 제1항에도 불구하고 적어도 그 소제기일부터는 피고의 점유를 악의로 의제하여 피고에 대하여 부당이득의 반환을 명하여야** 한다(대판 2002.11.22. 2001다6213).

58

점유물이 소유의 의사가 있는 선의의 점유자의 책임 있는 사유로 인하여 멸실 또는 훼손된 때에는 그 점유자는 이익이 현존하는 한도에서 배상하여야 한다. O | X

> **해설** **제202조(점유자의 회복자에 대한 책임)** 점유물이 점유자의 책임있는 사유로 인하여 멸실 또는 훼손한 때에는 악의의 점유자는 그 손해의 전부를 배상하여야 하며 선의의 점유자는 이익이 현존하는 한도에서 배상하여야 한다. 소유의 의사가 없는 점유자는 선의인 경우에도 손해의 전부를 배상하여야 한다.

59

점유자가 점유물을 개량하기 위하여 지출한 금액 기타 유익비는 그 가액의 증가가 현존한 경우에 한하여 점유자의 선택에 좇아 그 지출금액이나 증가액의 상환을 청구할 수 있다. O | X

60

점유자가 점유물을 반환할 때에는 회복자에 대하여 점유물을 보존하기 위하여 지출한 금액 기타 필요비의 상환을 청구할 수 있다. O | X

> **해설** **59** **제203조(점유자의 상환청구권)** ① 점유자가 점유물을 반환할 때에는 회복자에 대하여 점유물을 보존하기 위하여 지출한 금액 기타 필요비의 상환을 청구할 수 있다. 그러나 점유자가 과실을 취득한 경우에는 통상의 필요비는 청구하지 못한다.
> **60** ② 점유자가 점유물을 개량하기 위하여 지출한 금액 기타 유익비에 관하여는 그 가액의 증가가 현존한 경우에 한하여 **'회복자의 선택에 좇아'** 그 지출금액이나 증가액의 상환을 청구할 수 있다.
> ➡ '점유자'의 선택이 아니라 '회복자'의 선택

61

점유자의 필요비상환청구권은 점유자가 회복자로부터 점유물의 반환을 청구받기 전에도 행사할 수 있다. O | X

> **해설** 민법 제203조 제1항, 제2항에 의한 점유자의 필요비 또는 유익비상환청구권은 점유자가 회복자로부터 점유물의 반환을 청구받거나 회복자에게 점유물을 반환한 때에 비로소 회복자에 대하여 행사할 수 있다(대판 1994.9.9. 94다4592).

62

유익비상환의 범위는 점유자가 사실상 점유물을 개량하기 위하여 지출한 비용과 그 가액의 증가가 현존하는 가액 중 회복자가 선택하는 바에 따라 정하여지므로, 유익비상환의무자인 회복자의 선택권을 위하여 그 유익비는 실제로 지출한 비용과 현존하는 증가액을 모두 산정하여야 한다. O | X

해설 유익비상환청구가 있는 경우 실제 지출한 비용과 현존하는 증가액을 모두 산정하여야 하는지 여부(적극)

유익비상환청구에 관하여 민법 제203조 제2항은 점유자가 점유물을 개량하기 위하여 지출한 금액 기타 유익비에 관하여는 그 가액의 증가가 현존한 경우에 한하여 회복자의 선택에 좇아 그 지출금액이나 증가액의 상환을 청구할 수 있다고 규정하고 있고, 민법 제626조 제2항은 임차인이 유익비를 지출한 경우에는 임대인은 임대차종료시에 그 가액의 증가가 현존한 때에 한하여 임차인의 지출한 금액이나 그 증가액을 상환하여야 한다고 규정하고 있으므로, **유익비의 상환범위는 점유자 또는 임차인이 유익비로 지출한 비용과 현존하는 증가액 중 회복자 또는 임대인이 선택하는 바에 따라 정하여진다고 할 것이고, 따라서 유익비상환의무자인 회복자 또는 임대인의 선택권을 위하여 그 유익비는 실제로 지출한 비용과 현존하는 증가액을 모두 산정하여야 할 것**이다(대판 2002.11.22. 2001다40381).

63

민법 제203조 제2항에서 유익비의 상환범위는 '점유자가 유익비로 지출한 금액'과 '현존하는 증가액' 중에서 회복자가 선택하는 것이며, 그 실제 지출금액 및 현존 증가액에 관한 증명책임은 모두 유익비의 상환을 구하는 점유자에게 있다.   O | X

해설 유익비상환청구에 관하여 민법 제203조 제2항은 "점유자가 점유물을 개량하기 위하여 지출한 금액 기타 유익비에 관하여는 그 가액의 증가가 현존한 경우에 한하여 회복자의 선택에 좇아 그 지출금액이나 증가액의 상환을 청구할 수 있다."라고 규정하고 있다. 즉 **유익비의 상환범위는 '점유자가 유익비로 지출한 금액'과 '현존하는 증가액' 중에서 회복자가 선택하는 것으로 정해진다. 위와 같은 실제 지출금액 및 현존 증가액에 관한 증명책임은 모두 유익비의 상환을 구하는 점유자에게 있다**(대판 2018.6.15. 2018다206707).

64

민법 제203조 제2항에 의한 점유자의 회복자에 대한 유익비상환청구권은 점유자가 비용을 지출할 당시의 소유자가 누구이었는지 관계없이 점유회복 당시의 소유자 즉 회복자에 대하여 행사할 수 있다.

65

점유자가 유익비를 지출할 당시 계약관계 등 적법한 점유의 권원을 가진 경우, 계약관계 등의 상대방이 아닌 점유회복 당시의 소유자에 대하여는 민법 제203조 제2항에 따라 지출비용의 상환을 구할 수 있다.   O | X

66

임차인이 임대차계약에 의하여 건물을 적법하게 점유하고 있으면서 건물에 유익비를 지출한 경우, 임차인은 임대인에 대하여 민법 제626조 제2항에 의한 임대차계약상의 유익비상환청구를 할 수 있을 뿐이고, 매각허가결정에 의하여 소유권을 취득한 매수인(경락인)에 대하여 그와 별도로 민법 제203조 제2항에 의한 유익비 상환청구를 할 수는 없다. ○ | X

67

甲이 乙로부터 상가건물을 임차하여 화장실 개수공사를 하고 음식점을 운영하던 중, 丙이 위 건물을 양수하여 소유권이전등기를 마친 후 甲에게 인도를 청구하는 경우, 甲은 상가건물 임대차보호법을 적용받지 못하는 때에도 점유자의 상환청구권(민법 제203조 제2항)에 기하여 丙에게 유익비상환을 청구할 수 있다. ○ | X

> **해설** **64** ⅰ) 민법 제203조 제2항에 의한 점유자의 회복자에 대한 유익비상환청구권은 점유자가 계약관계 등 적법하게 점유할 권리를 가지지 않아 소유자의 소유물반환청구에 응하여야 할 의무가 있는 경우에 성립되는 것으로서, 이 경우 **점유자는 그 비용을 지출할 당시의 소유자가 누구이었는지 관계없이 점유회복 당시의 소유자 즉 회복자에 대하여 비용상환청구권을 행사할 수 있는 것이나, 65 66 67** ⅱ) 점유자가 유익비를 지출할 당시 계약관계 등 적법한 점유의 권원을 가진 경우에 그 지출비용의 상환에 관하여는 그 계약관계를 규율하는 법조항이나 법리 등이 적용되는 것이어서, 점유자는 그 계약관계 등의 상대방에 대하여 해당 법조항이나 법리에 따른 비용상환청구권을 행사할 수 있을 뿐 **계약관계 등의 상대방이 아닌 점유회복 당시의 소유자에 대하여 민법 제203조 제2항에 따른 지출비용의 상환을 구할 수는 없다**(대판 2003.7.25. 2001다64752).

68

유효한 도급계약에 기하여 수급인이 도급인으로부터 제3자 소유 물건의 점유를 이전받아 이를 수리한 결과 그 물건의 가치가 증가한 경우, 소유자에 대한 관계에서 민법 제203조에 의한 비용상환청구권을 행사할 수 있는 비용지출자는 수급인이다. ○ | X

> **해설** 제203조에 의해 비용상환을 청구할 수 있는 자는 ⅰ) 타인의 소유물을 권원없이 점유하는 자여야 하며, ⅱ) 그 비용지출과정을 주도하고 관리한 자일 것을 요한다.
> 유효한 도급계약에 기하여 수급인이 도급인으로부터 제3자 소유 물건의 점유를 이전받아 이를 수리한 결과 그 물건의 가치가 증가한 경우, 도급인이 그 물건을 간접점유하면서 궁극적으로 자신의 계산으로 비용지출과정을 관리한 것이므로, 도급인만이 소유자에 대한 관계에 있어서 민법 제203조에 의한 비용상환청구권을 행사할 수 있는 비용지출자라고 할 것이고, 수급인은 그러한 비용지출자에 해당하지 않는다고 보아야 한다(대판 2002.8.23. 99다66564,66571).

69

점유자가 점유물을 반환할 때에는 회복자에 대하여 점유물을 보존하기 위하여 지출한 금액 기타 필요비의 상환을 청구할 수 있고, 필요비·유익비의 상환청구권은 물건에 관하여 생긴 채권이 아니므로 점유자는 유치권을 행사할 수 없다. ○ | X

> **해설** 필요비나 유익비는 **물건에 관하여 생긴 채권**이므로(제320조), 점유자는 유치권에 의하여 비용의 상환을 받을 때까지 점유물의 반환을 거절할 수 있다.

70
14법무사

민법 제204조 제1항이 규정하는 점유물반환청구는 원고가 목적물을 점유하였다가 피고에 의하여 이를 침탈당하였다는 사실을 주장·증명하면 족하고, 그 목적물에 대한 점유가 본권에 기한 것이라는 점은 주장·증명할 필요가 없다. O | X

> **해설** 대판 2012.3.29. 2010다2459

71
출제예상

점유자가 점유를 침탈당한 경우, 침탈자의 특별승계인에 대하여 그 물건의 반환을 청구할 수 있을 뿐 손해배상을 청구할 수는 없다. O | X

> **해설** **제204조(점유의 회수)** ① 점유자가 점유의 침탈을 당한 때에는 그 **물건의 반환 및 손해의 배상을 청구할 수 있다.**
> ② 전항의 청구권은 침탈자의 특별승계인에 대하여는 행사하지 못한다. 그러나 승계인이 악의인 때에는 그러하지 아니하다.

72
15/19서기보

민법 제204조 제3항과 제205조 제2항에 의하면 점유를 침탈 당하거나 방해를 받은 자의 침탈자 또는 방해자에 대한 청구권은 그 점유를 침탈 당한 날 또는 점유의 방해행위가 종료된 날로부터 1년 내에 행사하여야 하는 것으로 규정되어 있는데, 위 기간은 반드시 그 기간 내에 소를 제기하여야 하는 이른바 출소기간이다. O | X

> **해설** 민법 제204조 3항과 제205조 2항에 의하면, 점유를 침탈당하거나 방해를 받은 자의 침탈자 또는 방해자에 대한 청구권은 그 점유를 침탈당한 날 또는 점유의 '방해행위'(방해상태가 아님)가 종료된 날로부터 1년 내에 행사하여야 하는 것으로 규정되어 있는데, 여기에서 ⅰ) 제척기간의 대상이 되는 권리는 형성권이 아니라 통상의 청구권인 점과, ⅱ) 점유의 침탈 또는 방해의 상태가 일정한 기간을 지나게 되면 그대로 사회의 평온한 상태가 되고 이를 복구하는 것이 오히려 평화질서의 교란으로 볼 수 있게 되므로 일정한 기간을 지난 후에는 원상회복을 허용하지 않는 것이 점유제도의 이상에 맞고 ⅲ) 여기에 **점유의 회수 또는 방해제거 등 청구권에 단기의 제척기간을 두는 이유가 있는 점 등에 비추어 볼 때, 위의 제척기간은 재판 외에서 권리행사하는 것으로 족한 기간이 아니라 반드시 그 기간 내에 소를 제기하여야 하는 이른바 출소기간으로 해석함이 상당**하다(대판 2002.4.26. 2001다8097,8103).

정답 | 66 O 67 × 68 × 69 × 70 O 71 × 72 O

73

甲이 자신 소유의 A건물을 乙의 사기에 의해 그에게 인도해 주었다면, 甲은 乙을 상대로 점유침탈로 인한 점유회수청구권을 행사하여 반환받을 수 있다. ○ | X

> **해설** 점유자가 점유의 '침탈'을 당한 때에는 그 물건의 반환 및 손해의 배상을 청구할 수 있다(제204조 제1항). 여기서 '**침탈**'이란 점유자가 그의 의사에 의하지 아니하고 사실적 지배를 빼앗긴 경우를 말하므로, '**사기**'의 의사표시에 의해 점유를 이전해 준 경우는 여기에 해당하지 않는다(대판 1992.2.28. 91다17443).
>
> ➡ 따라서 甲이 자신 소유의 A건물을 乙의 사기에 의해 그에게 인도해 주었다면, 甲은 乙을 상대로 점유침탈로 인한 점유회수청구권을 행사하여 반환받을 수 없다.

74

직접점유자가 임의로 점유를 타인에게 양도한 경우에는 점유이전이 간접점유자의 의사에 반한다 하더라도 간접점유자의 점유가 침탈된 경우에 해당하지 않는다. ○ | X

> **해설** 대판 1993.3.9. 92다5300 참조

75

직접점유자가 그 물건을 반환받기를 원하지 않은 때에는 간접점유자는 직접 자신에게 반환할 것을 청구할 수 있다. ○ | X

> **해설** **제207조(간접점유의 보호)** ① 전3조의 청구권은 제194조의 규정에 의한 간접점유자도 이를 행사할 수 있다.
> ② 점유자가 점유의 침탈을 당한 경우에 간접점유자는 그 물건을 점유자에게 반환할 것을 청구할 수 있고 점유자가 그 물건의 반환을 받을 수 없거나 이를 원하지 아니하는 때에는 자기에게 반환할 것을 청구할 수 있다.

76

점유를 침탈당한 경우 그 목적물을 침탈자로부터 선의의 제3자가 특별승계한 때에는 점유자는 그 특별승계인에게 점유권에 기하여 점유물반환청구권을 행사할 수 없다. ○ | X

> **해설** 점유물반환청구권은 침탈자의 '**선의**'의 특별승계인에 대하여는 행사하지 못한다(제204조 제2항).

공사로 인하여 점유의 방해를 받은 경우에는 공사 착수 후 6월을 경과하거나 그 공사가 완성한 때에는 방해의 제거를 청구하지 못한다.   O | X

> **해설** **제205조(점유의 보유)** ① 점유자가 점유의 방해를 받은 때에는 그 방해의 제거 및 손해의 배상을 청구할 수 있다.
> ② 전항의 청구권은 방해가 종료한 날로부터 1년 내에 행사하여야 한다.
> ③ 공사로 인하여 점유의 방해를 받은 경우에는 공사착수 후 1년을 경과하거나 그 공사가 완성한 때에는 방해의 제거를 청구하지 못한다.
>
> ➡ 6월이 아니라 1년이다.

토지 소유자가 무권원 점유자의 토지점유를 실력으로 빼앗아 점유자가 소유자를 상대로 제기한 점유권에 기한 본소와 소유자의 소유권에 기한 예비적 반소가 모두 이유가 있어 양 청구가 모두 인용·확정된 경우, 집행단계에서 점유권에 기한 본소 집행이 허용됨이 원칙이나, 점유자의 점유회수의 집행이 무의미한 점유상태의 변경을 반복하는 것에 불과하다면 본권자는 청구이의의 소를 통해서 점유권에 기한 강제집행을 저지할 수 있다.   O | X

> **해설** 점유회수의 본소에 대하여 본권자가 소유권에 기한 인도를 구하는 반소를 제기하여 본소청구와 예비적 반소청구가 모두 인용되어 확정되면, 점유자가 본소 확정판결에 의하여 집행문을 부여받아 강제집행으로 물건의 점유를 회복할 수 있다. 본권자의 소유권에 기한 반소청구는 본소의 의무 실현을 정지조건으로 하므로, 본권자는 위 본소 집행 후 집행문을 부여받아 비로소 반소 확정판결에 따른 강제집행으로 물건의 점유를 회복할 수 있다. 이러한 과정은 애당초 본권자가 허용되지 않는 자력구제로 점유를 회복한 데 따른 것으로 그 과정에서 본권자가 점유 침탈 중 설치한 장애물 등이 제거될 수 있다. 다만 점유자의 점유회수의 집행이 무의미한 점유상태의 변경을 반복하는 것에 불과할 뿐 아무런 실익이 없거나 본권자로 하여금 점유회수의 집행을 수인하도록 하는 것이 명백히 정의에 반하여 사회생활상 용인할 수 없다고 인정되는 경우, 또는 점유자가 점유권에 기한 본소 승소 확정판결을 장기간 강제집행하지 않음으로써 본권자의 예비적 반소 승소 확정판결까지 조건불성취로 강제집행에 나아갈 수 없게 되는 등 **특별한 사정이 있다면 본권자는 점유자가 제기하여 승소한 본소 확정판결에 대한 청구이의의 소를 통해서 점유권에 기한 강제집행을 저지할 수 있다**(대판 2021.2.4. 2019다202795,202801).
>
> **참고판례** 점유권의 상호침탈
> 원고 甲이 피고 乙소유 부동산을 무단으로 점유하고 있던 중 피고 乙이 원고 甲의 점유를 방해한 사안에서 **원고는 피고에게 점유권에 기하여 방해제거를 청구할 수 있다**고 하였다. 피고 乙은 그 부동산의 소유자라 하더라도 일단 원고 甲의 점유가 성립한 이상 실력으로 그 점유를 탈환하거나 방해할 수는 없다는 것을 근거로 하였다. **다만 피고는 원고에게 소유권에 기하여 그 부동산의 인도를 구하는 반소를 제기할 수 있고**, 법원은 본소와 반소를 모두 인용하여야 한다고 하였다(대판 1957.11.14. 4290민상454).
>
> ➡ 결국 사안에서 *判例*는 甲이 乙의 점유를 침탈한 후 乙이 甲의 점유를 탈환하거나 방해하면 甲은 乙을 상대로 점유물반환이나 방해제거를 청구할 수 있고(제204조, 제205조), 이때 乙은 소유권에 기한 항변을 할 수 없으나(제208조 제2항), 반소로 소유권에 기한 반환청구를 할 수 있으며(제213조), 이 경우 법원은 甲의 점유권에 기한 '본소청구'와 乙의 소유권에 기한 '반소청구'를 모두 인용하는 판결을 하고, 집행단계에서 乙의 '본권에 기한 청구'(반소청구)를 우선하여 해결한다. 이점에 비추어 보면 제208조의 의의도 상당히 상실될 것이다.

79

점유권에 기인한 소와 본권에 기인한 소는 서로 영향을 미치지 아니하고, 점유권에 기인한 소는 본권에 관한 이유로 재판하지 못하므로 점유회수의 청구에 대하여 점유침탈자가 점유물에 대한 본권이 있다는 주장으로 점유회수를 배척할 수 없다(민법 제208조). 그러므로 점유권에 기한 본소에 대하여 본권자가 본소청구 인용에 대비하여 본권에 기한 예비적 반소를 제기하고 양 청구가 모두 이유 있는 경우, 법원은 점유권에 기한 본소와 본권에 기한 예비적 반소를 모두 인용해야 하고 점유권에 기한 본소를 본권에 관한 이유로 배척할 수 없다. O | X

> 해설 대판 2021.2.4. 2019다202795,202801

80

점유권에 기인한 소와 본권에 기인한 소는 서로 영향을 미치지 아니하나, 선의의 점유자라도 본권에 관한 소에 패소한 때에는 그 소가 제기된 때부터 악의의 점유자로 보아야 한다. O | X

81

점유권에 기한 소와 본권에 기인한 소는 서로 영향을 미치지 아니하지만, 점유권은 본권에 영향을 받을 수밖에 없으므로, 점유권에 기인한 소에서 본권에 관한 항변을 하는 것은 가능하다. O | X

> 해설 **제208조(점유의 소와 본권의 소와의 관계)** ① 점유권에 기인한 소와 본권에 기인한 소는 서로 영향을 미치지 아니한다.
> **80** ② 점유권에 기인한 소는 본권에 관한 이유로 재판하지 못한다.
> **81 제197조(점유의 태양)** ① 점유자는 소유의 의사로 선의, 평온 및 공연하게 점유한 것으로 추정한다.
> ② 선의의 점유자라도 본권에 관한 소에 패소한 때에는 그 소가 제기된 때로부터 악의의 점유자로 본다.

82

점유물이 침탈되었을 경우 동산일 때에는 점유자는 현장에서 또는 추적하여 가해자로부터 이를 탈환할 수 있다. O | X

> 해설 **제209조(자력구제)** ① 점유자는 그 점유를 부정히 침탈 또는 방해하는 행위에 대하여 자력으로써 이를 방위할 수 있다.
> ② 점유물이 침탈되었을 경우에 부동산일 때에는 점유자는 침탈후 직시 가해자를 배제하여 이를 탈환할 수 있고 동산일 때에는 점유자는 현장에서 또는 추적하여 가해자로부터 이를 탈환할 수 있다.

위법한 강제집행에 의하여 부동산의 명도를 당한 점유자가 강제집행이 종료된 후 2시간 만에 자력으로 그 점유를 탈환하였다면 이는 민법 제209조의 자력구제권의 행사로서 정당하다. O I X

> 해설 甲이 丙을 상대로 점포에 관한 점유이전금지가처분결정을 받아 그 집행을 한 다음 丙을 상대로 하여 받은 본안판결에 기하여 乙이 위 점포에 소유주들과 사이에 임대차계약을 체결하고서 인도를 받아 적법하게 점유하고 있던 위 점포에 대하여 명도집행을 단행하였다면 위 가처분이나 본안판결의 효력이 미칠 수 없는 乙에 대하여 그가 점유하고 있던 위 점포에 대하여 명도집행을 단행한 것은 위법하고 이러한 위법한 강제집행에 의하여 부동산의 명도를 받는 것은 공권력을 빌려서 상대방의 점유를 침탈하는 것이 되므로 乙이 위 강제집행이 일응 종료한 후 불과 2시간 이내에 자력으로 그 점유를 탈환한 것은 민법상의 점유자의 자력구제권의 행사에 해당한다(대판 1987.6.9. 86다카1683).

정답 | 79 ○ 80 ○ 81 × 82 ○ 83 ○

제1관 | 부동산소유권의 범위

01
15/16주사보

수인이 한 채의 건물을 구분하여 각각 그 일부분을 소유한 때에는 건물과 그 부속물중 공용하는 부분은 그의 공유로 추정하고, 공용부분의 보존에 관한 비용 기타의 부담은 각자의 소유부분의 가액에 비례하여 분담한다.

○ㅣ×

> **해설** **제215조(건물의 구분소유)** ① 수인이 한 채의 건물을 구분하여 각각 그 일부분을 소유한 때에는 건물과 그 부속물 중 공용하는 부분은 그의 공유로 추정한다.
> ② 공용부분의 보존에 관한 비용 기타의 부담은 각자의 소유부분의 가액에 비례하여 분담한다.

02
12법원행시, 19주사보

법률상 1개의 부동산으로 등기된 기존건물이 증축되어 증축부분이 구분소유의 객체가 될 수 있는 구조상 및 이용상의 독립성을 갖추었다고 하더라도 이로써 곧바로 그 증축부분이 법률상 기존건물과 별개인 구분건물로 되는 것은 아니고, 구분건물이 되기 위하여는 증축부분의 소유자의 구분소유의사가 객관적으로 표시된 구분행위가 있어야 한다.

○ㅣ×

> **해설** 1동의 건물 중 구분된 각 부분이 구조상, 이용상 독립성을 가지고 있는 경우에 그 각 부분을 1개의 구분건물로 하는 것도 가능하고, 그 1동 전체를 1개의 건물로 하는 것도 가능하기 때문에, 이를 구분건물로 할 것인지 여부는 특별한 사정이 없는 한 소유자의 의사에 의하여 결정된다고 할 것이므로, 구분건물이 되기 위하여는 객관적, 물리적인 측면에서 구분건물이 구조상, 이용상의 독립성을 갖추어야 하고, 그 건물을 구분소유권의 객체로 하려는 의사표시 즉 구분행위가 있어야 하는 것으로서, 소유자가 **기존 건물에 증축을 한 경우에도 증축 부분이 구조상, 이용상의 독립성을 갖추었다는 사유만으로 당연히 구분소유권이 성립된다고 할 수는 없고, 소유자의 구분행위가 있어야 비로소 구분소유권이 성립된다고 할 것**이며, 이 경우에 소유자가 기존 건물에 마쳐진 등기를 이와 같이 증축한 건물의 현황과 맞추어 1동의 건물로서 증축으로 인한 건물표시변경등기를 경료한 때에는 이를 구분건물로 하지 않고 그 전체를 1동의 건물로 하려는 의사였다고 봄이 상당하다 (대판 1999.7.27. 98다35020).

03
11/16법원행시, 19서기보

1동의 건물에 대하여 구분소유가 성립하기 위해서는 구분된 건물부분의 구조상·이용상 독립성과 구분된 건물부분을 구분소유권의 객체로 하려는 구분행위가 있어야 하며, 구분된 건물부분의 구분소유권은 원칙적으로 건물 전체가 완성되어 당해 건물에 관한 건축물대장에 구분건물로 등록된 시점에 성립한다.

○ㅣ×

> **해설** 1동의 건물에 대하여 구분소유가 성립하기 위해서는 ⅰ) **객관적·물리적인 측면**에서 1동의 건물이 존재하고 ⅱ) 구분된 건물부분이 **구조상·이용상 독립성**을 갖추어야 할 뿐 아니라, ⅲ) 1동의 건물 중 물리적으로 구획된 건물부분을 각각 구분소유권의 객체로 하려는 '**구분행위**'가 있어야 한다(대판 1999.7.27. 98다35020 등).
>
> 여기서 **구분행위**는 건물의 물리적 형질에 변경을 가함이 없이 법률관념상 건물의 특정 부분을 구분하여 별개의 소유권의 객체로 하려는 일종의 법률행위로서, 그 시기나 방식에 특별한 제한이 있는 것은 아니고 **처분권자의 구분의사가 객관적으로 외부에 표시되면 인정된다. 따라서 구분건물이 물리적으로 완성되기 전에도 건축허가신청이나 분양계약 등을 통하여 장래 신축되는 건물을 구분건물로 하겠다는 구분의사가 객관적으로 표시되면 구분행위의 존재를 인정할 수 있고**, 이후 1동의 건물 및 그 구분행위에 상응하는 구분건물이 객관적·물리적으로 완성되면 아직 그 건물이 **집합건축물대장에 등록되거나 구분건물로서 등기부에 등기되지 않았더라도** 그 시점에서 구분소유가 성립한다(대판 2013.1.17. 2010다71578 전합).

04

1동의 건물에 대하여 구분소유가 성립하기 위해서는 객관적·물리적인 측면에서 1동의 건물이 존재하고, 구분된 건물부분이 구조상·이용상 독립성을 갖추어야 할 뿐 아니라, 1동의 건물 중 물리적으로 구획된 건물부분을 각각 구분소유권의 객체로 하려는 구분행위가 있어야 한다. 여기서 구분행위는 건물의 물리적 형질에 변경을 가함이 없이 법률관념상 건물의 특정 부분을 구분하여 별개의 소유권의 객체로 하려는 일종의 법률행위로서, 그 시기나 방식에 특별한 제한이 있는 것은 아니고 처분권자의 구분의사가 객관적으로 외부에 표시되면 인정된다. ○ | ×

> **해설** 1동의 건물에 대하여 구분소유가 성립하기 위해서는 객관적·물리적인 측면에서 1동의 건물이 존재하고, 구분된 건물부분이 구조상·이용상 독립성을 갖추어야 할 뿐 아니라, 1동의 건물 중 물리적으로 구획된 건물부분을 각각 구분소유권의 객체로 하려는 구분행위가 있어야 한다. 여기서 구분행위는 건물의 물리적 형질에 변경을 가함이 없이 법률관념상 건물의 특정 부분을 구분하여 별개의 소유권의 객체로 하려는 일종의 법률행위로서, 그 시기나 방식에 특별한 제한이 있는 것은 아니고 처분권자의 구분의사가 객관적으로 외부에 표시되면 인정된다. 따라서 구분건물이 물리적으로 완성되기 전에도 건축허가신청이나 분양계약 등을 통하여 장래 신축되는 건물을 구분건물로 하겠다는 구분의사가 객관적으로 표시되면 구분행위의 존재를 인정할 수 있고, 이후 1동의 건물 및 그 구분행위에 상응하는 구분건물이 객관적·물리적으로 완성되면 아직 그 건물이 집합건축물대장에 등록되거나 구분건물로서 등기부에 등기되지 않았더라도 그 시점에서 구분소유가 성립한다(대판 2013.1.17. 2010다71578 전합).

05

아파트 지하실이 건축 당시부터 그 지상의 주택 부분과 별도의 용도나 목적으로 건축되었다고 볼 특별한 사정이 없다면, 이는 구분소유자 전원의 공용에 제공되는 건물 부분으로 그들의 공유에 속할 뿐 따로 구분소유의 목적이 될 수 없다. ○ | ×

> **해설** 아파트의 지하실은 구분소유자 전원의 공용에 제공되는 건물부분(공용부분)으로서 구분소유권의 목적이 될 수 없다(대판 1995.3.3. 94다4691).

정답 | **01** ○ **02** ○ **03** × **04** ○ **05** ○

06

집합건물인 상가건물의 지하주차장이 분양계약상의 특약에 의하여 공용부분에서 제외되어 따로 분양되었고, 그 구조상·이용상 독립성을 갖춘 경우에는 구분소유의 대상이 될 수 있다. ○|X

> **해설** 집합건물인 상가건물의 지하주차장이 그 건물을 신축함에 있어서 건축법규에 따른 부속주차장으로 설치되기는 하였으나, 분양계약상의 특약에 의하여 그 건물을 분양받은 구분소유자들의 동의 아래 공용부분에서 제외되어 따로 분양되었고, 그 구조상으로나 이용상으로도 상가건물의 지상 및 지하실의 점포, 기관실 등과는 독립된 것으로서, **이와 분리하여 구분소유의 대상이 될 수 있다**(대판 1995.12.26. 94다44675).

07

구분소유권의 객체로서 적합한 물리적 요건을 갖추지 못한 건물의 일부는 그에 관한 구분소유권이 성립할 수 없는 것이어서, 건축물관리대장상 독립한 별개의 구분건물로 등재되고 등기부상에도 구분소유권의 목적으로 등기되어 있어 이러한 등기에 기초하여 경매절차가 진행되어 매각허가를 받고 매수대금을 납부하였다 하더라도, 그 등기는 그 자체로 무효이므로 매수인은 소유권을 취득할 수 없다. ○|X

> **해설** 건물의 일부분이 구분소유권의 객체가 되기 위한 요건 및 구분소유권의 객체로서 적합한 물리적 요건을 갖추지 못한 건물의 일부를 경매절차에서 매수한 매수인의 소유권 취득 여부(소극)
>
> 1동의 건물의 일부분이 구분소유권의 객체가 될 수 있으려면 그 부분이 이용상은 물론 구조상으로도 다른 부분과 구분되는 독립성이 있어야 하고, 그 이용 상황 내지 이용 형태에 따라 구조상의 독립성 판단의 엄격성에 차이가 있을 수 있으나, 구조상의 독립성은 주로 소유권의 목적이 되는 객체에 대한 물적 지배의 범위를 명확히 할 필요성 때문에 요구된다고 할 것이므로, 구조상의 구분에 의하여 구분소유권의 객체 범위를 확정할 수 없는 경우에는 구조상의 독립성이 있다고 할 수 없다. 그리고 **구분소유권의 객체로서 적합한 물리적 요건을 갖추지 못한 건물의 일부는 그에 관한 구분소유권이 성립할 수 없는 것이어서, 건축물관리대장상 독립한 별개의 구분건물로 등재되고 등기부상에도 구분소유권의 목적으로 등기되어 있어 이러한 등기에 기초하여 경매절차가 진행되어 매각허가를 받고 매수대금을 납부하였다 하더라도, 그 등기는 그 자체로 무효이므로 매수인은 소유권을 취득할 수 없다**(대결 2010.1.14. 2009마1449).

08

집합건물법상의 특별승계인은 관리규약에 따라 집합건물의 공용부분에 대한 유지·관리에 소요되는 비용의 부담의무를 승계하는데, 특별승계인은 채무를 면책적으로 인수한다고 보아야 한다. ○|X

> **해설** **집합건물의 공용부분은 전체 공유자의 이익에 공여하는 것이어서 그 관리를 위해 소요되는 경비는 이를 특히 보장할 필요가 있기 때문에**, 집합건물법 제18조에 의해, 체납한 관리비 중 '공용부분에 해당하는 부분'에 한해 특별승계인의 승계 의사 유무에 관계없이 이를 승계한다고 봄이 타당하다(대판 2001.9.20. 2001다8677 전합)라고 한다. 즉 **체납관리비의 승계에 관한 관리규약은 특별승계인의 승인이 없는 한 무효이지만 '공용부분관리비'에 관한 부분은 유효하다는 입장**이다. 나아가 判例는 "집합건물구분소유권의 특별승계인이 구분소유권을 다시 제3자에게 이전한 경우에도 자신의 前구분소유자의 공용부분에 대한 체납관리비를 지급할 책임이 있다."(대판 2008.12.11. 2006다50420)라고 한다. 한편, 공용부분 관리비를 승계한다고 하여 전 구분소유자가 체납한 그 '연체료'까지 승계하는 것은 아니다(대판 2006.6.29. 2004다3598,3604).

참고판례 집합건물의 소유 및 관리에 관한 법률 제18조의 입법 취지와 공용부분 관리비의 승계 및 신탁의 법리 등에 비추어 보면, 위탁자의 구분소유권에 관하여 신탁을 원인으로 수탁자 앞으로 소유권이전등기가 마쳐졌다가 신탁계약에 따른 신탁재산의 처분으로 제3취득자 앞으로 소유권이전등기가 마쳐지고 신탁등기는 말소됨으로써, **위탁자의 구분소유권이 수탁자, 제3취득자 앞으로 순차로 이전된 경우, 각 구분소유권의 특별승계인들인 수탁자와 제3취득자는 특별한 사정이 없는 한 각 종전 구분소유권자들의 공용부분 체납관리비채무를 중첩적으로 인수한다**고 봄이 타당하다. 또한 **등기의 일부로 인정되는 신탁원부에 신탁부동산에 대한 관리비 납부의무를 위탁자가 부담한다는 내용이 기재되어 있더라도, 제3취득자는 이와 상관없이 종전 구분소유권자들의 소유기간 동안 발생한 공용부분 체납관리비채무를 인수한다**고 보아야 한다(대판 2018.9.28. 2017다273984).

09   출제예상

前 구분소유자의 특별승계인에게 前 구분소유자의 체납관리비를 승계하도록 한 관리규약 중 '공용부분' 관리비에 관한 부분은 유효하지만, 공용부분 관리비에 대한 '연체료'는 특별승계인에게 승계되는 공용부분 관리비에 포함되지 않는다.   O | X

해설 아파트 전 소유자가 체납한 관리비와 연체료를 그 아파트를 경락받은 매수인이 승계하는지가 문제된 사안에서, 判例는 전원합의체 판결을 통해 "아파트 관리규약에 그러한 승계를 인정하는 규정이 있다고 하더라도 그것은 새로 입주하는 자에게도 기존의 규약이 적용된다는 취지에 지나지 않고, 그가 규약을 승인하지 않는 이상 입주 전에 생긴 사실에 대한 위의 승계규정은 그 효력이 없다(집합건물법 제28조 3항, 제42조 1항 참조). 다만 집합건물의 공용부분은 전체 공유자의 이익에 공여하는 것이어서 그 관리를 위해 소요되는 경비는 이를 특히 보장할 필요가 있기 때문에, 집합건물법 제18조에 의해, 체납한 관리비 중 '공용부분에 해당하는 부분'에 한해 특별승계인의 승계의사 유무에 관계없이 이를 승계한다고 봄이 타당하다."(대판 2001.9.20. 2001다8677 전합)라고 한다.

➡ 즉 체납관리비의 승계에 관한 관리규약은 특별승계인의 승인이 없는 한 무효이지만 '공용부분 관리비'에 관한 부분은 유효하다는 입장이다. 한편, **공용부분 관리비를 승계한다고 하여 전 구분소유자가 체납한 그 '연체료'까지 승계하는 것은 아니다**(대판 2006.6.29. 2004다3598,3604).

10   12법원행시, 15주사보, 19서기보

집합건물의 건축자로부터 전유부분과 대지지분을 함께 매수하여 그 대금을 모두 지급함으로써 소유권 취득의 실질적 요건은 갖추었지만, 전유부분에 대한 소유권이전등기만 경료받고 대지지분에 대하여는 아직 소유권이전등기를 경료받지 못한 매수인은, 매매계약의 효력으로써 전유부분의 소유를 위하여 건물의 대지를 점유·사용할 권리가 있고, 이러한 점유·사용권은 단순한 점유권과는 차원을 달리하는 본권이다.   O | X

11

집합건물의 건축자가 그 대지를 매수하였으나 지적정리 등의 지연으로 소유권이전등기를 경료받지 못하여 우선 전유부분만에 관하여 소유권보존등기를 경료하였는데, 그 후 대지에 관한 소유권이전등기가 경료되지 아니한 상태에서 전유부분에 관한 경매절차가 진행되어 제3자가 전유부분을 경락받은 경우, 경락인은 전유부분과 함께 건축자가 가지는 대지사용권을 취득하지 못한다. ○ | ×

> **해설 10 11** 건물의 대지와 대지사용권
> 아파트와 같은 대규모 집합건물의 경우, 대지의 분·합필 및 환지절차의 지연, 각 세대 당 지분비율 결정의 지연 등으로 인하여 전유부분에 대한 소유권이전등기만 수분양자 앞으로 마쳐지고, 대지지분에 대한 소유권이전등기는 상당기간 지체되는 경우가 있다. 이 경우 수분양자가 동법에서 정한 '대지사용권'을 취득하는지가 문제된다. 判例는 전원합의체 판결로 "위와 같은 사정으로 대지지분에 대해 소유권이전등기를 하지 못한 자(매수인)는 **매매계약의 효력으로써 전유부분의 소유를 위해 건물의 대지를 점유·사용할 권리가 있고, 이러한 점유·사용권은 단순한 점유권과는 차원을 달리 하는 본권으로서 동법 소정의 대지사용권에 해당**하고, 수분양자로부터 전유부분과 대지지분을 다시 매수한 자 역시 당초 수분양자가 가졌던 이러한 대지사용권을 취득한다."라고 하였다(대판 2000.11.16. 98다45652,45669 전합).

12

집합건물구분소유자의 대지사용권은 전유부분과 분리처분이 가능하도록 규약으로 정하였다는 등의 특별한 사정이 없는 한 전유부분과 종속적 일체불가분성이 인정되므로, 구분건물의 전유부분에 대한 저당권 또는 경매개시결정과 압류(가압류)의 효력은 당연히 종물 내지 종된 권리인 대지사용권에까지 미친다. ○ | ×

> **해설** 동일인의 소유에 속하는 전유부분과 대지지분 중 '전유부분만에 관하여 설정된 저당권의 효력'은 규약이나 공정증서로써 달리 정하는 등의 특별한 사정이 없는 한 종물 내지 종된 권리인 대지지분에까지 미치므로, 전유부분에 관하여 설정된 저당권에 기한 경매절차에서 전유부분을 매수한 매수인은 대지지분에 대한 소유권을 함께 취득한다(대판 2001. 9.4. 2001다22604; 대판 2008.3.13. 2005다15048).
>
> **관련판례** 그리고 그 경매절차에서 대지에 관한 저당권을 존속시켜 매수인이 인수하게 한다는 특별매각조건이 정하여져 있지 않았던 이상 설사 대지사용권의 성립 이전에 대지에 관하여 설정된 저당권이라고 하더라도 대지지분의 범위에서는 민사집행법 제91조 제2항이 정한 '매각부동산 위의 저당권'에 해당하여 매각으로 소멸하는 것이며, 이러한 대지지분에 대한 소유권의 취득이나 대지에 설정된 저당권의 소멸은 전유부분에 관한 경매절차에서 대지지분에 대한 평가액이 반영되지 않았다거나 대지의 저당권자가 배당받지 못하였다고 하더라도 달리 볼 것은 아니다(대판 2013.11.28. 2012다103325).

13

집합건물에 대하여 전유부분의 등기와 대지지분의 등기가 동시에 이루어져야 하나, 특별한 사정으로 인하여 전유부분에 대하여만 소유권이전등기를 받은 매수인은 대지지분에 대한 소유권이전등기를 받기 전에 대지사용권을 전유부분과 분리하여 처분할 수 없다. ○ | ×

집합건물의소유및관리에관한법률의 규정내용과 입법취지를 종합하여 볼 때, 대지의 분·합필 및 환지절차의 지연, 각 세대당 지분비율 결정의 지연 등의 사정이 없었다면 당연히 전유부분의 등기와 동시에 대지지분의 등기가 이루어졌을 것으로 예상되는 경우, **전유부분에 대하여만 소유권이전등기를 경료받았으나 매수인의 지위에서 대지에 대하여 가지는 점유·사용권에 터잡아 대지를 점유하고 있는 수분양자는 대지지분에 대한 소유권이전등기를 받기 전에 대지에 대하여 가지는 점유·사용권인 대지사용권을 전유부분과 분리 처분하지 못할 뿐만 아니라,** 전유부분 및 장래 취득할 대지지분을 다른 사람에게 양도한 후 그 중 전유부분에 대한 소유권이전등기를 경료해 준 다음 사후에 취득한 대지지분도 전유부분의 소유권을 취득한 양수인이 아닌 제3자에게 분리 처분하지 못한다 할 것이고, 이를 위반한 대지지분의 처분행위는 그 효력이 없다(대판 2000.11.16. 98다45654 전합).

14

상가건물 구분소유자가 그 건물 1층의 복도와 로비를 무단으로 점유하여 자신의 영업장 내부공간인 것처럼 사용하고 있는 경우 그 구분소유자에게 부당이득반환의무가 인정되지 않는다.　　　　　O | X

15

구분소유자 중 일부가 정당한 권원 없이 집합건물의 복도, 계단 등과 같은 공용부분을 배타적으로 점유·사용함으로써 이익을 얻고, 그로 인하여 다른 구분소유자들이 해당 공용부분을 사용할 수 없게 되었다면, 공용부분을 무단점유한 구분소유자는 특별한 사정이 없는 한 해당 공용부분을 점유·사용함으로써 얻은 이익을 부당이득으로 반환할 의무가 있다. 해당 공용부분이 구조상 이를 별개 용도로 사용하거나 다른 목적으로 임대할 수 있는 대상이 아니더라도, 무단점유로 인하여 다른 구분소유자들이 해당 공용부분을 사용·수익할 권리가 침해되었고 이는 그 자체로 민법 제741조에서 정한 손해로 볼 수 있다.　　　O | X

14 15 구분소유자가 집합건물의 공용부분을 정당한 권원 없이 배타적으로 점유·사용하는 경우 부당이득이 성립하는지 여부(적극)(대판 2020.5.21. 2017다220744 전합)

16

환지절차의 지연 등 특별한 사정으로 인하여 집합건물의 전유부분에 대하여만 소유권이전등기를 받은 매수인은, 대지지분에 대한 소유권이전등기를 받기 전에 대지에 대하여 가지는 점유·사용권인 대지사용권을 전유부분과 분리 처분하지 못한다.　　　　　O | X

수분양자는 대지지분에 대한 소유권이전등기를 받기 전에 대지에 대하여 가지는 점유·사용권인 대지사용권을 전유부분과 분리 처분하지 못할 뿐만 아니라, 전유부분 및 장래 취득할 대지지분을 다른 사람에게 양도한 후 그 중 전유부분에 대한 소유권이전등기를 경료해 준 다음 사후에 취득한 대지지분도 전유부분의 소유권을 취득한 양수인이 아닌 제3자에게 분리 처분하지 못한다 할 것이고, 이를 위반한 대지지분의 처분행위는 그 효력이 없다(대판 2000.11.16. 98다45652, 45669 전합).

17

집합건물의 관리단은 구분소유관계가 성립하는 건물이 있는 경우 당연히 구분소유자 전원으로 성립되는 것이 아니라 구분소유자들 사이에 어떠한 조직행위를 거쳐야 성립된다. ○ | X

> **해설** 집합건물의 소유 및 관리에 관한 법률 제23조 제1항의 **관리단은 어떠한 조직행위를 거쳐야 비로소 성립되는 단체가 아니라 구분소유관계가 성립하는 건물이 있는 경우 당연히 그 구분소유자 전원을 구성원으로 하여 성립되는 단체**라 할 것이 므로, 집합건물의 분양이 개시되고 입주가 이루어져서 공동관리의 필요가 생긴 때에는 그 당시의 미분양된 전유부분의 구분소유자를 포함한 구분소유자 전원을 구성원으로 하는 관리단이 설립된다(대판 2005.11.10. 2003다45496).

18

집합건물의 소유 및 관리단에 관한 법률 제9조에 의한 하자담보추급권은 집합건물의 수분양자가 집합건물을 양도한 경우에도 특별한 사정이 없는 한 집합건물의 수분양자에게 귀속한다. ○ | X

> **해설** ㉠ 동법에 의한 하자담보추급권은 **현재의 집합건물 구분소유자에게** 귀속한다(대판 2003.2.11. 2001다47733). ㉡ '입주자대표회의'로서는 사업주체에 대하여 하자보수를 청구할 수 있을 뿐, 그에 갈음한 손해배상청구권을 가지지 못한다 (대판 2006.8.24. 2004다20807).

19

집합건물의 하자보수에 갈음한 손해배상청구권의 소멸시효기간은 각 하자가 발생한 시점부터 별도로 진행한다. ○ | X

> **해설** 집합건물의 하자보수에 갈음한 손해배상청구권의 소멸시효기간의 기산일(= 각 하자 발생시)(대판 2009.2.26. 2007다83908)

20

집합건물의 소유 및 관리에 관한 법률 제9조 제1항이 적용되는 집합건물의 분양계약에서 수분양자는 집합건물의 완공 후에도 분양 목적물의 하자로 인하여 계약의 목적을 달성할 수 없는 때에는 분양계약을 해제할 수 있다. ○ | X

> **해설** 집합건물의소유및관리에관한법률 제9조 제1항이 적용되는 집합건물의 분양계약에 있어서는 민법 제668조 단서가 준용되지 않고 따라서 수분양자는 집합건물의 완공 후에도 분양 목적물의 하자로 인하여 계약의 목적을 달성할 수 없는 때에는 분양계약을 해제할 수 있다(대판 2003.11.14. 2002다2485).

주위토지통행권은 인접한 토지의 상호이용의 조절에 기한 권리로서 토지의 소유자 또는 지상권자, 전세권자 등 토지사용권을 가진 자에게 인정되는 권리이다. 따라서 명의신탁자에게는 주위토지통행권이 인정되지 아니한다.   O│X

22

토지의 명의신탁자는 토지에 관하여 개발행위허가를 받았다거나 전소유자가 주위토지의 전소유자로부터 통행로에 해당하는 부분에 대한 사용승낙을 받은 적이 있다는 등의 사정으로는 주위토지의 현소유자에게 대항할 수 없다.   O│X

> 해설 **21** 주위토지통행권을 주장할 수 있는 자의 범위
> 민법 제219조에 정한 주위토지통행권은 인접한 토지의 상호이용의 조절에 기한 권리로서 토지의 소유자 또는 지상권자, 전세권자 등 토지사용권을 가진 자에게 인정되는 권리이다. 따라서 명의신탁자에게는 주위토지통행권이 인정되지 아니한다.
>
> **22** 토지의 명의신탁자는 토지에 관하여 개발행위허가를 받았다거나 전소유자가 주위토지의 전소유자로부터 통행로에 해당하는 부분에 대한 사용승낙을 받은 적이 있다는 등의 사정으로는 주위토지의 현소유자에게 대항할 수 없다(대판 2008.5.8. 2007다22767).

23

토지에 관한 개발행위허가를 받은 명의신탁자에게도 주위토지통행권이 인정된다.   O│X

> 해설 민법 제219조에 정한 주위토지통행권은 인접한 토지의 상호이용의 조절에 기한 권리로서 토지의 소유자 또는 지상권자, 전세권자 등 토지사용권을 가진 자에게 인정되는 권리이다. 따라서 **명의신탁자에게는 주위토지통행권이 인정되지 아니한다**(대판 2008.5.8. 2007다22767).

24

주위토지통행권은 어느 토지가 타인소유의 토지에 둘러싸여 공로에 통할 수 없는 경우뿐만 아니라, 이미 기존의 통로가 있더라도 그것이 당해 토지의 이용에 부적합하여 실제로 통로로서의 충분한 기능을 하지 못하고 있는 경우에도 인정된다.   O│X

> 해설 대판 1994.6.24. 94다14193 참조

정답 | 17 × 18 × 19 ○ 20 ○ 21 ○ 22 ○ 23 × 24 ○

25

타인 소유의 토지를 법률상 권원 없이 점유함으로 인하여 그 토지소유자가 입은 통상의 손해는 특별한 사정이 없는 한 그 점유토지의 임료 상당액이지만, 주위토지통행권자가 단지 통로로서 통행지를 통행함에 그치고 통행지 소유자의 점유를 배제할 정도의 배타적인 점유를 하고 있지 않다면 임료 상당액 전부가 통행지 소유자의 손해액이 된다고 볼 수는 없고 구체적인 이용상태 기타 제반사정을 고려하여 손해액을 산정해야 한다.　　　　　　　　O I X

> **해설** 대판 1994.6.24. 94다14193 참조

26

주위토지통행권은 어느 토지가 타인 소유의 토지에 둘러싸여 공로에 통할 수 없는 경우뿐만 아니라, 이미 기존의 통로가 있더라도 그것이 당해 토지의 이용에 부적합하여 실제로 통로로서의 충분한 기능을 하지 못하고 있는 경우에도 인정된다.　　　　　　　　O I X

> **해설** 주위토지통행권은 어느 토지가 타인 소유의 토지에 둘러싸여 공로에 통할 수 없는 경우뿐만 아니라, 이미 기존의 통로가 있더라도 그것이 당해 토지의 이용에 부적합하여 실제로 통로로서의 충분한 기능을 하지 못하고 있는 경우에도 인정된다고 할 것이다(대판 1994.6.24. 94다14193).

27

주위토지통행권은 어느 토지와 공로 사이에 그 토지의 용도에 필요한 통로가 없는 경우에 그 토지 소유자가 주위의 토지를 통행 또는 통로로 하지 않으면 공로에 전혀 출입할 수 없는 경우 뿐 아니라 과다한 비용을 요하는 때에도 인정될 수 있다.　　　　　　　　O I X

> **해설** 대판 1995.9.29. 94다43580

28

주위토지통행권의 경우 이미 그 소유토지의 용도에 필요한 통로가 있는 경우에는 그 통로를 사용하는 것보다 더 편리하다는 이유만으로 다른 장소로 통행할 권리를 인정할 수 없다.　　　　　　　　O I X

> **해설** 기존의 통로보다 더 편리하다는 이유만으로 주위토지통행권을 인정할 수 있는지 여부
> 주위토지통행권은 그 소유 토지와 공로 사이에 그 토지의 용도에 필요한 통로가 없는 경우에 한하여 인정되는 것이므로, 이미 그 소유 토지의 용도에 필요한 통로가 있는 경우에는 그 통로를 사용하는 것보다 더 편리하다는 이유만으로 다른 장소로 통행할 권리를 인정할 수 없다(대판 1995.6.13. 95다1088).

29

주위토지통행권확인청구는 변론종결시를 기준으로 정해진 요건에 해당하는 여부를 확정한다. ○ | X

> **해설** 주위토지통행권확인청구의 확정 대상과 그 판단의 기준시(= 변론종결시)
> **주위토지통행권은** 통행을 위한 지역권과는 달리 그 통행로가 항상 특정한 장소로 고정되어 있는 것은 아니고, 주위토지통행권확인청구는 변론종결시에 있어서의 민법 제219조에 정해진 요건에 해당하는 토지가 어느 토지인가를 확정하는 것이므로, 주위토지 소유자가 그 용법에 따라 기존 통행로로 이용되던 토지의 사용방법을 바꾸었을 때에는 대지 소유자는 그 주위토지 소유자를 위하여 보다 손해가 적은 다른 장소로 옮겨 통행할 수밖에 없는 경우도 있다(대판 2009.6.11. 2008다 75300).

30

주위토지통행권이 있음을 주장하여 확인을 구하는 특정의 통로 부분이 민법 제219조에 정한 요건을 충족하지 못할 경우에는 다른 토지 부분에 주위토지통행권이 인정된다고 할지라도 원칙적으로 청구를 기각할 수 밖에 없다. 통행권의 확인을 구하는 특정의 통로 부분 중 일부분이 민법 제219조에 정한 요건을 충족하거나 특정의 통로 부분에 대하여 일정한 시기나 횟수를 제한하여 주위토지통행권을 인정하는 것이 가능한 경우에도 마찬가지이다. ○ | X

> **해설** 주위토지통행권의 확인을 구하기 위해서는 통행의 장소와 방법을 특정하여 청구취지로써 이를 명시하여야 하고, 민법 제219조에 정한 요건을 주장·증명하여야 한다. 그러므로 주위토지통행권이 있음을 주장하여 확인을 구하는 특정의 통로 부분이 민법 제219조에 정한 요건을 충족하지 못할 경우에는 다른 토지 부분에 주위토지통행권이 인정된다고 할지라도 원칙적으로 청구를 기각할 수밖에 없다. **다만 이와 달리 통행권의 확인을 구하는 특정의 통로 부분 중 일부분이 민법 제219조에 정한 요건을 충족하거나 특정의 통로 부분에 대하여 일정한 시기나 횟수를 제한하여 주위토지통행권을 인정하는 것이 가능한 경우라면, 그와 같이 한정된 범위에서만 통행권의 확인을 구할 의사는 없음이 명백한 경우가 아닌 한 청구를 전부 기각할 것이 아니라, 그렇게 제한된 범위에서 청구를 인용함이 타당**하다(대판 2017.1.12. 2016다39422).

31

주위토지통행권이 인정된다고 하더라도 통로를 상시적으로 개방하여 제한 없이 이용할 수 있도록 하거나 피통행지 소유자의 관리권이 배제되어야만 하는 것은 아니므로, 쌍방 토지의 용도 및 이용 상황, 통행로 이용의 목적 등에 비추어 토지의 용도에 적합한 범위에서 통행 시기나 횟수, 통행방법 등을 제한하여 인정할 수도 있다. ○ | X

> **해설** 주위토지통행권은 공로와 사이에 토지의 용도에 필요한 통로가 없는 경우에 피통행지 소유자의 손해를 무릅쓰고 특별히 인정하는 것이므로, 통행로의 폭이나 위치, 통행방법 등은 피통행지 소유자에게 손해가 가장 적게 되도록 하여야 하고, 이는 구체적 사안에서 쌍방 토지의 지형적·위치적 형상과 이용관계, 부근의 지리 상황, 인접 토지 이용자의 이해관계 기타 관련 사정을 두루 살펴 사회통념에 따라 판단하여야 한다. 그리고 주위토지통행권이 인정된다고 하더라도 통로를 상시적으로 개방하여 제한 없이 이용할 수 있도록 하거나 피통행지 소유자의 관리권이 배제되어야만 하는 것은 아니므로, 쌍방 토지의 용도 및 이용 상황, 통행로 이용의 목적 등에 비추어 토지의 용도에 적합한 범위에서 통행 시기나 횟수, 통행방법 등을 제한하여 인정할 수도 있다(대판 2017.1.12. 2016다39422).

정답 | **25** ○ **26** ○ **27** ○ **28** ○ **29** ○ **30** × **31** ○

32

19주사보

주위토지통행권은 통행을 위한 지역권과 마찬가지로 그 통행로가 항상 특정한 장소로 고정되어 있는 것은 아니다. ○ | X

33

20법원행시

확정판결이나 화해조서 등에 의하여 특정의 구체적 구역이 위 요건에 맞는 통행로로 인정되었더라도 그 이후 그 전제가 되는 포위된 토지나 주위토지 등의 현황이나 구체적 이용상황에 변동이 생긴 경우에는 일방이 상대방에 대하여 기존의 확정판결이나 화해조서 등이 인정한 통행장소와 다른 곳을 통행로로 삼아 주위토지통행권의 확인이나 통행방해의 배제·예방 또는 통행 금지 등을 소로써 구하더라도 그 청구가 위 확정판결이나 화해조서 등의 기판력에 저촉된다고 볼 수 없다. ○ | X

> **해설** **32 33** 주위토지의 현황이나 구체적 이용상황에 변동이 생긴 경우, 기존의 확정판결 등이 인정한 통행장소와 다른 곳을 통행로로 삼아 다시 통행권확인 등의 소를 제기하는 것이 위 확정판결 등의 기판력에 저촉된다고 할 것인지 여부(소극)
> 주위토지통행권은 통행을 위한 지역권과는 달리 통행로가 항상 특정한 장소로 고정되어 있는 것은 아니고, 주위토지의 현황이나 사용방법이 달라졌을 때에는 주위토지 통행권자는 주위토지 소유자를 위하여 보다 손해가 적은 다른 장소로 옮겨 통행할 수밖에 없는 경우도 있으므로, 일단 **확정판결이나 화해조서 등에 의하여 특정의 구체적 구역이 위 요건에 맞는 통행로로 인정되었더라도 그 이후 그 전제가 되는 포위된 토지나 주위토지 등의 현황이나 구체적 이용상황에 변동이 생긴 경우에는** 민법 제219조의 입법 취지나 신의성실의 원칙 등에 비추어 구체적 상황에 맞게 통행로를 변경할 수 있는 것이고, 그 과정에서 포위된 토지와 주위토지의 각 소유자 간에 원만한 합의가 이루어지지 아니하는 경우 **일방이 상대방에 대하여 기존의 확정판결이나 화해조서 등이 인정한 통행장소와 다른 곳을 통행로로 삼아 주위토지통행권의 확인이나 통행방해의 배제·예방 또는 통행 금지 등을 소로써 구하더라도 그 청구가 위 확정판결이나 화해조서 등의 기판력에 저촉된다고 볼 수 없다**(대판 2004.5.13. 2004다10268).

34

21법원행시

주위토지통행권은 법정의 요건이 없어지게 되면 당연히 소멸하므로 포위된 토지가 사정변경에 의하여 공로에 접하게 되거나 포위된 토지의 소유자가 주위의 토지를 취득함으로써 주위토지통행권을 인정할 필요성이 없어지게 된 경우에는 통행권은 소멸한다. ○ | X

> **해설** 일단 주위토지통행권이 발생하였다고 하더라도 나중에 그 토지에 접하는 공로가 개설됨으로써 주위토지통행권을 인정할 필요성이 없어진 때에는 그 통행권은 소멸한다(대판 1998.3.10. 97다47118).

35

15법원행시

주위토지통행권의 범위는 현재의 토지의 용법은 물론 장래의 이용상황도 미리 대비하여 정하여야 한다. ○ | X

해설 주위토지통행권 범위의 결정 기준 및 이를 정함에 있어 장래의 이용상황까지 고려해야 하는지 여부(소극)

주위토지통행권의 범위는 통행권을 가진 자에게 필요할 뿐 아니라 이로 인한 주위토지 소유자의 손해가 가장 적은 장소와 방법의 범위 내에서 인정되어야 하며, 그 범위는 결국 사회통념에 비추어 쌍방 토지의 지형적, 위치적 형상 및 이용관계, 부근의 지리상황, 상린지 이용자의 이해득실 기타 제반 사정을 참작한 뒤 구체적 사례에 응하여 판단하여야 하는 것인바, 통상적으로는 사람이 주택에 출입하여 다소의 물건을 공로로 운반하는 등의 일상생활을 영위하는 데 필요한 범위의 노폭까지 인정되고, 또 현재의 토지의 용법에 따른 이용의 범위에서 인정되는 것이지 **더 나아가 장차의 이용상황까지 미리 대비하여 통행로를 정할 것은 아니다**(대판 1996.11.29. 96다33433).

36
15법무사

주위토지통행권자는 필요한 경우에는 통행지상에 통로를 개설할 수 있으므로, 모래를 깔거나, 돌계단을 조성하거나, 장해가 되는 나무를 제거하는 등의 방법으로 통로를 개설할 수 있다. ○ㅣX

37
15법원행시, 16법무사

주위토지통행권자는 필요한 경우에는 통행지상에 통로를 개설할 수 있으나, 통행지 소유자의 이익을 해하지 않는 경우라 할지라도 통로를 포장하는 것은 주위토지통행권의 성질상 허용되지 않고, 주위토지통행권자가 통로를 개설한 이상 그 통로에 대하여 통행지 소유자의 점유를 배제할 정도의 배타적인 점유를 하고 있지 않더라도 통행지 소유자는 주위토지통행권자에 대하여 주위토지통행권이 미치는 범위 내의 통로 부분의 인도를 구하거나 그 통로에 설치된 시설물의 철거를 구할 수 있다. ○ㅣX

해설 36 37 주위토지통행권의 통행지 소유자가 주위토지통행권자에 대하여 그 통행권이 미치는 범위 내의 통로 부분의 인도를 구하거나 그 통로에 설치된 시설물의 철거를 구할 수 있는지 여부(한정 소극)

다른 사람의 소유토지에 대하여 상린관계로 인한 통행권을 가지고 있는 사람은 그 통행권의 범위 내에서 그 토지를 사용할 수 있을 뿐이고 그 통행지에 대한 통행지 소유자의 점유를 배제할 권능까지 있는 것은 아니므로 그 통행지 소유자는 그 통행지를 전적으로 점유하고 있는 주위토지통행권자에 대하여 그 통행지의 인도를 구할 수 있다고 할 것이나, **주위토지통행권자는 필요한 경우에는 통행지상에 통로를 개설할 수 있으므로, 모래를 깔거나, 돌계단을 조성하거나, 장해가 되는 나무를 제거하는 등의 방법으로 통로를 개설할 수 있으며 통행지 소유자의 이익을 해하지 않는다면 통로를 포장하는 것도 허용된다**고 할 것이고, 주위토지통행권자가 통로를 개설하였다고 하더라도 **그 통로에 대하여 통행지 소유자의 점유를 배제할 정도의 배타적인 점유를 하고 있지 않다면** 통행지 소유자가 주위토지통행권자에 대하여 주위토지통행권이 미치는 범위 내의 통로 부분의 인도를 구하거나 그 통로에 설치된 시설물의 철거를 구할 수 없다(대판 2003.8.19. 2002다53469).

38
13주사보, 18사무관

주위토지통행권자는 그 주위의 토지를 통행할 수 있고 필요한 경우에는 통로를 개설할 수 있으나 이로 인한 손해가 가장 적은 장소와 방법을 선택하여야 한다. 그러나 자신의 권리를 행사하는 것이므로 통행지 소유자의 손해를 보상할 의무는 없다. ○ㅣX

정답ㅣ **32** ○ **33** ○ **34** ○ **35** × **36** ○ **37** × **38** ×

해설 주위토지통행권자가 민법 제219조 제1항 본문에 따라 통로를 개설하는 경우, 통행지 소유자가 부담하는 의무의 내용 및 그 통로개설·유지비용과 통행지 소유자의 손해의 부담자(= 주위토지통행권자)

주위토지통행권자가 민법 제219조 제1항 본문에 따라 통로를 개설하는 경우 통행지 소유자는 원칙적으로 통행권자의 통행을 수인할 소극적 의무를 부담할 뿐 통로개설 등 적극적인 작위의무를 부담하는 것은 아니고, 다만 통행지 소유자가 주위토지통행권에 기한 통행에 방해가 되는 담장 등 축조물을 설치한 경우에는 주위토지통행권의 본래적 기능발휘를 위하여 통행지 소유자가 그 철거의무를 부담한다. 그리고 **주위토지통행권자는 주위토지통행권이 인정되는 때에도 그 통로개설이나 유지비용을 부담하여야 하고, 민법 제219조 제1항 후문 및 제2항에 따라 그 통로개설로 인한 손해가 가장 적은 장소와 방법을 선택하여야 하며, 통행지 소유자의 손해를 보상하여야** 한다(대판 2006.10.26. 2005다30993).

39

주위토지통행권자는 통행지 소유권자에게 손해를 보상하여야 하는데, 통행지 소유권자가 유료주차장으로 사용하는 토지 부분의 일부를 공로에 이르는 통로로 이용하는 경우에는, 통행지 소유권자의 손해액을 산정함에 있어 도로로서의 임료 상당액을 기준으로 한다. O | X

해설 주위토지통행권자가 통행지 소유자에게 보상해야 할 손해액의 산정 방법 및 주위토지통행권이 인정되어 통행하고 있다는 사정만으로 통행지를 '도로'로 평가하여 산정한 임료 상당액을 통행지 소유자의 손해액이라고 볼 수 있는지 여부(소극)

주위토지통행권자가 통행지 소유자에게 보상해야 할 손해액은 주위토지통행권이 인정되는 당시의 현실적 이용 상태에 따른 통행지의 임료 상당액을 기준으로 하여, 구체적인 사안에서 사회통념에 따라 쌍방 토지의 토지소유권 취득 시기와 가격, 통행지에 부과되는 재산세, 본래 용도에의 사용 가능성, 통행지를 공동으로 이용하는 사람이 있는지를 비롯하여 통행 횟수·방법 등의 이용태양, 쌍방 토지의 지형적·위치적 형상과 이용관계, 부근의 환경, 상린지 이용자의 이해득실 기타 제반 사정을 고려하여 이를 감경할 수 있고, **단지 주위토지통행권이 인정되어 통행하고 있다는 사정만으로 통행지를 '도로'로 평가하여 산정한 임료 상당액이 통행지 소유자의 손해액이 된다고 볼 수 없다**(대판 2014.12.24. 2013다11669).

➡ 이 사건 토지 부분은 지목이 대지이고 원고가 유료 주차장으로 사용하는 '(지번 3 생략)' 토지의 일부인 사실을 알 수 있으므로 소외인 등의 예에 따라서 이 사건 토지 부분에 관하여 피고에게 주위토지통행권이 인정된다 하더라도 피고가 이 사건 토지 부분을 공로에 이르는 통로로서 통행함에 그치고 원고의 점유를 배제할 정도의 배타적인 점유를 하고 있지 아니한 이상 **피고의 통행으로 인한 원고의 손해액은 이 사건 토지 부분의 현실적 이용상태인 '주차장 부지'로서의 임료 상당액을 기준으로 하여,** 원고·피고 쌍방의 토지소유권의 취득시기, 이 사건 토지 부분에 부과되는 재산세, 이 사건 토지 부분을 공동으로 이용하는 사람들의 통행 횟수·방법 등의 이용태양, 상업지구에 인접한 주차장과 숙박업소로서의 상호 이용관계, 원고·피고의 이해득실 기타 제반 사정을 고려하여 적절하게 감경하여 정해져야 하고, **단지 이 사건 토지 부분에 관하여 피고에게 주위토지통행권이 인정된다고 하여 이 사건 토지 부분을 '도로'로 평가하여 원고의 손해액을 산정할 수 없다고 한** 사례

40

주위토지통행에 방해가 되는 담장과 같은 축조물도 주위토지통행권의 행사에 의하여 철거되어야 하는 것이고, 그 담장이 비록 당초에는 적법하게 설치되었더라도 그 철거의 의무에는 영향이 없다. O | X

해설 대판 1990.11.13. 90다5238 참조

372 해커스공무원 학원·인강 gosi.Hackers.com

41

주위토지통행권자가 민법 제219조 제1항 본문에 따라 통로를 개설하는 경우 통행지 소유자는 원칙적으로 통행권자의 통행을 수인할 소극적 의무를 부담할 뿐 통로개설 등 적극적인 작위의무를 부담하는 것은 아니고, 다만 통행지 소유자가 주위토지통행권에 기한 통행에 방해가 되는 담장 등 축조물을 설치한 경우에는 주위토지통행권의 본래적 기능발휘를 위하여 통행지 소유자가 그 철거의무를 부담한다.   ○ | X

> **해설** 주위토지통행권자가 민법 제219조 제1항 본문에 따라 통로를 개설하는 경우, 통행지 소유자가 부담하는 의무의 내용 및 그 통로개설·유지비용과 통행지 소유자의 손해의 부담자(= 주위토지통행권자)
> 주위토지통행권자가 민법 제219조 제1항 본문에 따라 통로를 개설하는 경우 **통행지 소유자는 원칙**적으로 통행권자의 통행을 수인할 소극적 의무를 부담할 뿐 통로개설 등 **적극적인 작위의무를 부담하는 것은 아니고, 다만 통행지 소유자가 주위토지통행권에 기한 통행에 방해가 되는 담장 등 축조물을 설치한 경우에는 주위토지통행권의 본래적 기능발휘를 위하여 통행지 소유자가 그 철거의무를 부담**한다. 그리고 주위토지통행권자는 주위토지통행권이 인정되는 때에도 그 통로개설이나 유지비용을 부담하여야 하고, 민법 제219조 제1항 후문 및 제2항에 따라 그 통로개설로 인한 손해가 가장 적은 장소와 방법을 선택하여야 하며, 통행지 소유자의 손해를 보상하여야 한다(대판 2006.10.26. 2005다30993).

42

일단 주위토지통행권이 발생하면 나중에 그 토지에 접하는 공로가 개설되더라도 그 통행권은 소멸하지 않는다.   ○ | X

> **해설** 포위된 토지가 공로에 접하게 되는 등으로 주위토지통행권을 인정할 필요성이 없어진 경우, 통행권이 소멸하는지 여부(적극)
> 주위토지통행권은 법정의 요건을 충족하면 당연히 성립하고 요건이 없어지게 되면 당연히 소멸한다. 따라서 포위된 토지가 사정변경에 의하여 공로에 접하게 되거나 포위된 토지의 소유자가 주위의 토지를 취득함으로써 주위토지통행권을 인정할 필요성이 없어지게 된 경우에는 통행권은 소멸한다(대판 2014.12.24. 2013다11669).

43

분할로 인하여 공로에 통하지 못하는 토지가 있는 때에는 그 토지소유자는 공로에 출입하기 위하여 다른 분할자의 토지를 통행할 수 있고, 이 경우에는 보상의 의무가 없다.   ○ | X

> **해설** **제220조(분할, 일부양도와 주위통행권)** ① 분할로 인하여 공로에 통하지 못하는 토지가 있는 때에는 그 토지소유자는 공로에 출입하기 위하여 다른 분할자의 토지를 통행할 수 있다. 이 경우에는 보상의 의무가 없다.

44

동일인 소유 토지의 일부가 양도되어 공로에 통하지 못하는 토지가 생긴 경우에 포위된 토지를 위한 주위
토지통행권은 일부 양도 전의 양도인 소유의 종전 토지에 대하여만 생기는데 1필의 토지의 일부가 양도된
경우뿐만 아니라 일단으로 되어 있던 동일인 소유의 수필의 토지 중 일부가 양도된 경우에도 이와 같은
무상의 주위토지통행권이 발생한다.　　　　　　　　　　　　　　　　　　　　　　　　　　　　　　O | X

> **해설** 토지의 일부 양도로 인한 주위토지통행권의 적용범위(대판 1995.2.10. 94다45869,45876)

45

토지의 분할 또는 일부의 양도의 경우에 인정되는 무상주위통행권은 토지의 직접 분할자 또는 일부 양도
의 당사자 사이에만 적용되고 포위된 토지 또는 피통행지의 특정승계인에게는 적용되지 않는다. O | X

> **해설** 무상통행권의 부담이 해당토지의 특정승계인에게도 승계되는지 여부
> ① 다수의 *判例*는 포위된 토지 또는 피통행지의 특정승계인에게는 제220조의 무상통행권 규정이 적용되지 않고 제219
> 조의 일반원칙이 적용된다고 하나(대판 1994.12.2, 93다45268 등), ② **사용수익의 제한이 있다는 사정을 알면서 승계취
> 득한 자는 특별한 사정이 없는 한 독점적·배타적 사용수익을 주장할 수 없다**고 하기도 한다(대판 1996.4.12, 95다3619
> 등).

46

인접지의 수목 뿌리가 경계를 넘은 때에는 임의로 제거할 수 있다.　　　　　　　　　　　　　　O | X

> **해설** **제240조(수지, 목근의 제거권)** ① 인접지의 수목가지가 경계를 넘은 때에는 그 소유자에 대하여 가지의 제거를
> 청구할 수 있다.
> ② 전항의 청구에 응하지 아니한 때에는 청구자가 그 가지를 제거할 수 있다.
> **③ 인접지의 수목뿌리가 경계를 넘은 때에는 임의로 제거할 수 있다.**

47

토지소유자는 그 소유지의 물을 소통하기 위하여 이웃 토지소유자가 시설한 공작물을 사용할 수 있고,
이를 사용하는 자는 그 이익을 받는 비율로 공작물의 설치와 보존의 비용을 분담하여야 한다.　　 O | X

> **해설** **제227조(유수용공작물의 사용권)** ① 토지소유자는 그 소유지의 물을 소통하기 위하여 이웃 토지소유자의 시설한
> 공작물을 사용할 수 있다.
> ② 전항의 공작물을 사용하는 자는 그 이익을 받는 비율로 공작물의 설치와 보존의 비용을 분담하여야 한다.

48

인접하여 토지를 소유한 자들이 통상의 담을 설치하는 경우 다른 관습이 없으면 그 설치비용은 소유 토지의 면적에 관계없이 쌍방이 절반씩 부담한다. ○ | X

해설 **제237조(경계표, 담의 설치권)** ① 인접하여 토지를 소유한 자는 공동비용으로 통상의 경계표나 담을 설치할 수 있다.

② **전항의 비용은 쌍방이 절반하여 부담한다.** 그러나 측량비용은 토지의 면적에 비례하여 부담한다.

③ 전2항의 규정은 다른 관습이 있으면 그 관습에 의한다.

01

부동산의 점유취득시효에 있어서 미등기 부동산이나 1필의 토지의 일부에 대한 시효취득은 불가능하다.

O | X

02

분필되지 않은 1필의 토지의 일부에 대하여도 취득시효가 인정된다.

O | X

> 해설 **01 02** 부동산의 점유취득시효에 있어서는 미등기부동산이라도 무방하다(대판 2006.9.28. 2006다22074). 또한 분필되지 않은 1필의 '토지의 일부'에 대해서도 判例는 " i) 1필의 토지의 일부 부분이 다른 부분과 구분되어 ii) 시효취득자의 점유에 속한다는 것을 인식하기에 족한 객관적인 징표(건물의 외벽, 담장 등)가 계속하여 존재하는 경우에는 그 일부 부분에 대한 시효취득을 인정할 수 있다."(대판 1993.12.14. 93다5581)라고 한다

03

취득시효기간이 완성되었다고 하더라도 바로 소유권취득의 효력이 생기는 것이 아니라 이를 원인으로 하여 소유권취득을 위한 등기청구권이 발생하는 것에 불과하지만, 미등기 부동산이라는 특별한 사정이 있는 경우에는 등기 없이도 소유권을 취득한다.

O | X

> 해설 타인의 토지를 20년간 소유의 의사로 평온·공연하게 점유한 자는 등기를 함으로써 비로소 그 소유권을 취득하게 된다. 즉 민법 제245조 제1항의 취득시효기간의 완성만으로는 소유권 취득의 효력이 바로 생기는 것이 아니라, 다만 이를 원인으로 하여 소유권 취득을 위한 등기청구권이 발생할 뿐이고, 미등기 부동산의 경우라고 하여 취득시효기간의 완성만으로 등기 없이도 점유자가 소유권을 취득한다고 볼 수 없다(대판 2006.9.28. 2006다22074·22081).

04

미등기 토지에 대한 시효취득자는 성명불상자인 채무자(소유자)를 대위하여 제3자 명의의 소유권보존등기가 원인무효라는 이유로 등기말소를 구할 수 없다.

O | X

> 해설 부동산의 점유취득시효에 있어서는 미등기부동산이라도 무방하다(대판 2006.9.28. 2006다22074).

05

토지 소유자가 토지의 특정한 일부분을 타인에게 매도하면서 등기부상으로는 전체 토지의 일부 지분에 관한 소유권이전등기를 경료해 준 경우에 매도 대상에서 제외된 나머지 특정 부분을 계속 점유한다고 하더라도 이는 자기 소유의 토지를 점유하는 것이어서 취득시효의 기초가 되는 점유라고 할 수 없다.

O | X

> **해설** 토지 소유자가 토지의 특정한 일부분을 타인에게 매도하면서 등기부상으로는 전체 토지의 일부 지분에 관한 소유권이전등기를 경료해 준 경우(구분소유적 공유관계)에 매도 대상에서 제외된 나머지 특정 부분을 계속 점유한다고 하더라도 **이는 자기 소유의 토지를 점유하는 것이어서 취득시효의 기초가 되는 점유라고 할 수 없고**, 이는 토지의 특정한 일부분을 매수한 자가 등기부상으로는 전체 토지의 일부 지분에 관한 소유권이전등기를 경료받고 매수 대상인 그 특정 부분을 점유하는 경우에도 마찬가지일 것이다(대판 2009.10.15. 2007다83632).

06

부동산에 관하여 적법·유효한 등기를 마치고 소유권을 취득한 사람이 자기 소유의 부동산을 점유하는 경우 그러한 점유는 취득시효의 기초가 되는 점유라고 할 수 없고, 다만 그 상태에서 다른 사람 명의로 소유권이전등기가 되는 등으로 소유권의 변동이 있는 때에 비로소 취득시효의 요건인 점유가 개시된다고 볼 수 있을 뿐이다.

O | X

07

甲이 X토지에 관하여 적법·유효한 이전등기를 마치고 그 소유권을 취득하였음에도, 그때로부터 20년간 X토지를 점유하였으므로 점유취득시효가 완성되어 이를 원시취득하였다고 주장하면서, 甲의 소유권 취득 이전부터 존재하던 가압류에 기하여 이루어진 강제집행의 불허를 구하는 경우 甲의 위와 같은 점유는 취득시효의 기초로서의 점유에 해당한다.

O | X

> **해설** 부동산에 관하여 적법·유효한 등기를 마친 소유자의 자기 소유 부동산에 대한 점유가 취득시효의 기초로서의 점유에 해당하는지 여부(원칙적 소극)
> **06** 부동산에 대한 취득시효 제도의 존재이유는 해당 부동산을 점유하는 상태가 오랫동안 계속된 경우 권리자로서의 외형을 지닌 그 사실상태를 존중하여 이를 진실한 권리관계로 높여 보호함으로써 법질서의 안정을 기하고, 장기간 지속된 사실상태는 진실한 권리관계와 일치될 개연성이 높다는 점을 고려하여 권리관계에 관한 분쟁이 생긴 경우 점유자의 증명곤란을 구제하려는 데에 있다. 그런데 부동산에 관하여 적법·유효한 등기를 마치고 그 소유권을 취득한 사람이 자기 소유의 부동산을 점유하는 경우에는 특별한 사정이 없는 한 사실상태를 권리관계로 높여 보호할 필요가 없고, **부동산의 소유명의자는 그 부동산에 대한 소유권을 적법하게 보유하는 것으로 추정되어 소유권에 대한 증명의 곤란을 구제할 필요 역시 없으므로, 그러한 점유는 취득시효의 기초가 되는 점유라고 할 수 없다**(대판 1989.9.26. 88다카26574등 참조). **다만 그 상태에서 다른 사람 명의로 소유권이전등기가 되는 등으로 소유권의 변동이 있는 때에 비로소 취득시효의 요건인 점유가 개시된다고 볼 수 있을 뿐이다**(대판 2016.10.27. 2016다224596).

07 判例는 "위 사실관계를 앞서 본 법리에 비추어 살펴보면, 원고는 이 사건 부동산에 관하여 소유권이전등기를 마치고 그 소유권을 취득하여 그동안 소유자로서 이를 점유하였다고 할 것이고, 뿐만 아니라 원고의 점유취득시효 주장은 자기가 소유하는 이 사건 부동산에 대하여 소유권 취득 이전부터 존재하던 가압류의 부담에서 벗어나기 위한 것에 지나지 아니하여 사실상태를 권리관계로 높여 보호하거나 소유권에 대한 증명의 곤란을 구제할 필요가 있다고 할 수 없으므로, 원고의 이 사건 부동산에 대한 점유를 가리켜 취득시효의 기초가 되는 점유라고 할 수 없다"(대판 2016.10.27. 2016다224596) 고 판시하였다.

쟁점정리 **자기소유 부동산이 취득시효의 객체가 될 수 있는지 여부**

① **대내외적으로 자기소유인 경우**

判例는 "자기 소유의 부동산을 점유하고 있는 상태에서 다른 사람 명의로 소유권이전등기가 된 경우 자기 소유 부동산을 점유하는 것은 취득시효의 기초로서의 점유라고 할 수 없고, 그 소유권의 변동이 있는 경우에 비로소 취득시효의 기초로서의 점유가 개시되는 것이므로, 취득시효의 기산점은 소유권의 변동일 즉 소유권이전등기가 경료된 날이다."(대판 1997.3.14. 96다55860)라고 하여, 대내외적으로 모두 자기 소유이었던 기간 동안의 점유는 취득시효의 기초로서 점유에 해당하지 않는다는 입장이다.

② **대내적으로만 자기소유인 경우**

判例는 유효한 명의신탁에서 명의신탁자의 점유와 같이 소유권의 관계적 귀속이 인정되어 대내적으로는 자기소유이지만, 대외적으로는 타인 소유이었던 기간 동안의 점유는 점유취득시효의 기초로서의 점유에 해당한다고 본다(대판 2001.7.13. 2001다17572).

08

출제예상

20년간 소유의 의사로 평온, 공연하게 집합건물을 구분소유한 사람은 이를 등기하면 '대지'의 소유권을 취득할 수 있다.

O | X

해설 집합건물의 구분소유자는 그 대지 중 일부 지분에 대하여만 점유를 할 수 없고 대지 전체를 공동으로 점유한다고 할 것이고, 이는 집합건물의 대지에 관한 점유취득시효에서 말하는 '점유'에도 적용되므로 집합건물의 구분소유자들이 대지 전체를 공동점유하여 그에 대한 점유취득시효가 완성된 경우에도 구분소유자들은 대지사용권으로 그 전유부분의 면적 비율에 따른 대지 지분을 보유한다고 보아야 한다(대판 2017.1.25. 2012다72469).

09

21법원행시

집합건물의 소유 및 관리에 관한 법률의 적용을 받는 집합건물의 공용부분은 취득시효에 의한 소유권 취득의 대상이 될 수 없다.

O | X

해설 **취득시효의 객체 – 집합건물의 공용부분**

집합건물법 제13조는 공용부분에 대한 공유자의 지분은 그가 가지는 전유부분의 처분에 따르고 분리하여 처분할 수 없도록 규정하고 있는데, 공용부분에 대해 취득시효를 인정하여 그 부분에 대한 소유권취득을 인정한다면 전유부분과 분리하여 공용부분이 처분되는 결과가 되어 집합건물법의 취지에 어긋나게 된다. 따라서 **집합건물의 공용부분은 취득시효에 의한 소유권 취득의 대상이 될 수 없다**(대판 2013.12.12. 2011다78200,78217).

10

건물의 공유자 중 일부만이 당해 건물을 점유하고 있다면, 그 건물 부지 전체에 대한 점유취득시효 완성에 따른 소유권이전등기청구권은 당해 건물을 현실적으로 점유하는 자에게 귀속된다. O | X

> **해설** 건물 공유자의 건물부지에 대한 공동점유를 인정할 수 있는지 여부(적극) 및 그 부지점유에 따른 취득시효 완성으로 인한 소유권의 귀속관계
> 건물 공유자 중 일부만이 당해 건물을 점유하고 있는 경우라도 그 건물의 부지는 건물 소유를 위하여 공유명의자 전원이 공동으로 이를 점유하고 있는 것으로 볼 것이며, 건물 공유자들이 건물부지의 공동점유로 인하여 건물부지에 대한 소유권을 시효취득하는 경우라면 그 취득시효 완성을 원인으로 한 소유권이전등기청구권은 당해 건물의 공유지분비율과 같은 비율로 건물 공유자들에게 귀속된다(대판 2003.11.13. 2002다57935).

11

원래 잡종재산이던 것이 행정재산으로 된 경우 잡종재산일 당시에 취득시효가 완성되었다고 한다면 취득시효를 원인으로 하는 소유권이전등기를 청구할 수 있다. O | X

> **해설** 원래 잡종재산이던 것이 행정재산으로 된 경우 잡종재산일 당시에 취득시효가 완성되었다고 하더라도 행정재산으로 된 이상 이를 원인으로 하는 소유권이전등기를 청구할 수 없다(대판 1997.11.14. 96다10782).

12

점유가 순차로 승계된 경우에 취득시효의 완성을 주장하는 자는 자기의 점유만을 주장하거나 또는 자기의 점유와 전 점유자의 점유를 아울러 주장할 수 있는 선택권이 있는 것이나, 다만 그러한 경우에도 그 점유의 개시시기를 전 점유자의 점유기간 중의 임의시점을 택하여 주장할 수는 없다. O | X

13

취득시효의 기초가 되는 점유가 법정기간 이상으로 계속되는 경우, 취득시효는 그 기초가 되는 점유가 개시된 때를 기산점으로 하여야 하고 취득시효를 주장하는 사람이 임의로 기산일을 선택할 수는 없으나, 점유가 순차 승계된 경우에 있어서는 취득시효의 완성을 주장하는 자는 자기의 점유만을 주장하거나 또는 자기의 점유와 전 점유자의 점유를 아울러 주장할 수 있는 선택권이 있으며, 전 점유자의 점유를 아울러 주장하는 경우에도 어느 단계의 점유자의 점유까지를 아울러 주장할 것인가도 이를 주장하는 사람에게 선택권이 있고, 다만 전 점유자의 점유를 아울러 주장하는 경우에는 그 점유의 개시 시기를 어느 점유자의 점유기간 중의 임의의 시점으로 선택할 수 없는 것인바, 이와 같은 법리는 반드시 소유자의 변동이 없는 경우에만 적용되는 것으로 볼 수 없다. O | X

정답 | 08 O 09 O 10 X 11 X 12 O 13 O

14

점유가 순차 승계된 경우 취득시효의 완성을 주장하는 자는 자기의 점유만을 주장하거나 또는 자기의 점유와 전 점유자의 점유를 아울러 주장할 수 있는 선택권이 있으며, 전 점유자의 점유를 아울러 주장하는 경우에도 어느 단계의 점유자의 점유까지를 아울러 주장할 것인가 역시 이를 주장하는 사람에게 선택권이 있다. ○|X

> 해설 **12 13 14** 취득시효의 기초가 되는 점유가 법정기간(20년) 이상으로 계속되는 경우, ① 취득시효는 그 기초가 되는 점유가 개시된 때를 기산점으로 하여야 하고 취득시효를 주장하는 사람이 임의로 기산일을 선택할 수는 없으나, ② **점유가 순차 승계된 경우**에 있어서는 ㉠ 취득시효의 완성을 주장하는 자는 자기의 점유만을 주장하거나(점유의 분리) 또는 ㉡ 자기의 점유와 전 점유자의 점유를 아울러 주장(점유의 병합)할 수 있는 선택권이 있으며(제199조), 전 점유자의 점유를 아울러 주장하는 경우에도 어느 단계의 점유자의 점유까지를 아울러 주장할 것인가도 이를 주장하는 사람에게 선택권이 있고, **다만 전 점유자의 점유를 아울러 주장하는 경우에는 그 점유의 개시 시기를 어느 점유자의 점유기간 중의 임의의 시점으로 선택할 수 없는 것인바,** 이와 같은 법리는 반드시 소유자의 변동이 없는 경우에만 적용되는 것으로 볼 수 없다(대판 1998.4.10. 97다56822).

15

甲과 乙이 구분소유적 공유관계에 있는 X토지 중 乙의 특정 구분소유 부분에 관하여 丙의 점유취득시효가 완성된 후, 甲이 그의 특정 구분소유 부분을 丁에게 양도하고 그에 따라 X토지 전체의 공유지분에 관한 지분이전등기를 경료해 준 경우, 丙은 자신이 점유한 乙의 특정 구분소유 부분에 관해서는 소유 명의자의 변동이 없으므로 그 취득시효의 기산점을 임의로 선택하여 주장할 수 있다. ○|X

> 해설 구분소유적 공유관계에 있는 토지 중 공유자 1인의 특정 구분소유 부분에 관한 점유취득시효가 완성된 경우 다른 공유자의 특정 구분소유 부분이 다른 사람에게 양도되고 그에 따라 토지 전체의 공유지분에 관한 지분이전등기가 경료되었다면 **대외적인 관계에서는 점유취득시효가 완성된 특정 구분소유 부분 중 다른 공유자 명의의 지분에 관하여는 소유 명의자가 변동된 경우에 해당하므로 점유자는 취득시효의 기산점을 임의로 선택하여 주장할 수 없다**(대판 2006.10.12. 2006다44753).

> ➡ 위 判例에 따르면 사안에서 丙은 乙을 상대로 乙의 특정 구분소유 부분 중 1/2 공유지분에 관하여 취득시효 완성을 원인으로 한 소유권이전등기절차의 이행을 구할 수 있으나, **丁의 1/2 공유지분에 관하여는 점유취득시효 완성 후 새로운 이해관계를 가진 제3자에 해당**하므로 취득시효 완성을 원인으로 한 소유권이전등기절차의 이행을 구할 수 없다.

16

구분소유적 공유관계에 있는 토지 공유자 인의 특정 구분소유 부분에 관한 점유취득시효가 완성된 경우 다른 공유자의 특정 구분소유 부분이 다른 사람에게 양도되고 그에 따라 토지 전체의 공유지분에 관한 지분이전등기가 경료되었다면 대외적인 관계에서는 점유취득시효가 완성된 특정 구분소유 부분 중 다른 공유자 명의의 지분에 관하여는 소유 명의자가 변동된 경우에 해당하므로 점유자는 취득시효의 기산점을 임의로 선택하여 주장할 수 없다. ○|X

> 해설 대판 2006.10.12. 2006다44753

17

21사무관, 21법무사

부동산에 대한 점유취득시효가 완성된 후 취득시효 완성을 원인으로 한 소유권이전등기를 하지 않고 있는 사이에 그 부동산에 관하여 제3자 명의의 소유권이전등기가 경료된 경우라 하더라도 당초의 점유자가 계속 점유하고 있고 소유자가 변동된 시점을 기산점으로 삼아도 다시 취득시효의 점유기간이 경과한 경우에는 점유자로서는 제3자 앞으로의 소유권 변동시를 새로운 점유취득시효의 기산점으로 삼아 2차의 취득시효의 완성을 주장할 수 있다. O | X

> 해설 취득시효완성 후 토지소유자에 변동이 있고, 소유자가 변동된 시점을 새로운 기산점으로 삼아도 다시 취득시효기간이 완성되는 경우 취득시효의 완성을 주장할 수 있는지 여부
> 취득시효를 주장하는 자는 점유기간 중에 소유자의 변동이 없는 토지에 관하여는 취득시효의 기산점을 임의로 선택할 수 있고, 취득시효를 주장하는 날로부터 역산하여 20년 이상의 점유 사실이 인정되고 그것이 자주점유가 아닌 것으로 밝혀지지 않는 한 취득시효를 인정할 수 있는 것이고, **이는 취득시효완성 후 토지소유자에 변동이 있어도 당초의 점유자가 계속 점유하고 있고 소유자가 변동된 시점을 새로운 기산점으로 삼아도 다시 취득시효의 점유기간이 완성되는 경우에도 역시 타당하므로 시효취득을 주장하는 점유자로서는 소유권 변동시를 새로운 취득시효의 기산점으로 삼아 취득시효의 완성을 주장할 수 있다**(대판 1994.3.22. 93다46360 전합).

18

21사무관

취득시효기간 중 계속해서 점유 부동산에 관하여 등기명의자가 동일한 경우에는 취득시효의 기산점을 어디에 두든지 간에 취득시효의 완성을 주장할 수 있는 시점에서 보아 그 기간이 경과한 사실만 확정되면 충분하므로, 전 점유자의 점유를 승계하여 자신의 점유기간을 통산하여 20년이 경과한 경우에 있어서도 전 점유자가 점유를 개시한 이후의 임의의 시점을 그 기산점으로 삼을 수 있다. O | X

> 해설 소유권의 변동이 없는 토지에 관하여 점유시효취득을 주장함에 있어서는 그 점유의 기산점을 어디에 두든지 간에 그 시효기간이 경과한 사실만 확정되면 이를 인정할 수 있다(대판 1992.9.8. 92다20941·20958 등).

19

16사무관

취득시효의 요건인 점유는 직접점유뿐만 아니라 간접점유의 경우도 포함한다. O | X

> 해설 취득시효의 요건인 점유는 직접점유뿐만 아니라 간접점유도 포함하는 것이다(대판 1998.2.24. 96다8888).

20

15사무관, 18법원행시

점유자가 점유 개시 당시에 소유권 취득의 원인이 될 수 있는 법률요건이 없다는 사실을 잘 알면서 타인 소유의 부동산을 무단점유한 것임이 밝혀진 경우 원칙적으로 자주점유의 추정은 깨어진다. O | X

정답 | 14 O 15 × 16 O 17 O 18 O 19 O 20 O

21

민법 제197조 제1항에 의하면, 물건의 점유자는 소유의 의사로 점유한 것으로 추정되므로 점유자가 취득시효를 주장하는 경우에 있어서 스스로 소유의 의사를 입증할 책임은 없고, 오히려 그 점유자의 점유가 소유의 의사가 없는 점유임을 주장하여 점유자의 취득시효의 성립을 부정하는 자에게 그 입증책임이 있는 것이고, 따라서 점유자가 성질상 소유의 의사가 없는 것으로 보이는 권원에 바탕을 두고 점유를 취득한 사실이 증명되었거나, 점유자가 타인의 소유권을 배제하여 자기의 소유물처럼 배타적 지배를 행사하는 의사를 가지고 점유하는 것으로 볼 수 없는 객관적 사정, 즉 외형적·객관적으로 보아 점유자가 타인의 소유권을 배척하고 점유할 의사를 갖고 있지 아니하였던 것이라고 볼 만한 사정이 증명된 경우에 그 추정이 깨어진다. O | X

> **해설** **20 21** 점유자의 '소유의 의사'의 추정이 깨어지는 경우(대판 1997.8.21. 95다28625 전합)

22

부동산 점유취득시효에 있어서 점유자의 점유가 소유의 의사 있는 자주점유인지 아니면 소유의 의사 없는 타주점유인지 여부는 점유자의 내심의 의사에 의하여 결정되는 것이 아니라 점유 취득의 원인이 된 권원의 성질이나 점유와 관계가 있는 모든 사정에 의하여 외형적·객관적으로 결정되어야 하는 것이지만, 점유자가 취득시효를 주장하는 경우에 스스로 이러한 소유의 의사를 증명할 필요는 없다. O | X

> **해설** 점유자의 점유가 소유의 의사 있는 자주점유인지 아니면 소유의 의사 없는 타주점유인지의 여부는 **점유자의 내심의 의사에 의하여 결정되는 것이 아니라** ㉠ '점유 취득의 원인이 된 권원의 (객관적) 성질'이나 ㉡ '점유와 관계가 있는 모든 사정'에 의하여 외형적·객관적으로 결정되어야 하는 것이다. 아울러 제197조 1항의 추정규정에 의해 점유자가 취득시효를 주장하는 경우에 스스로 이러한 소유의 의사를 증명할 필요는 없다(대판 1997.8.21. 전합95다28625).

23

공유부동산의 경우 공유자 중의 1인이 공유지분권에 기초하여 부동산 전부를 점유하고 있다면 이는 권원의 성질상 자주점유에 해당한다. O | X

> **해설** **공유자가 공유물의 전부를 점유한 경우**에도 자신의 공유지분만 시효취득한다고 한다(대판 1976.5.25. 76다392, 공유로 등기된 부동산에 대해 공유지분에 대해 시효취득하기 위해서는 목적물 전부를 점유해야 한다). 다른 공유자의 지분비율 범위에서는 타주점유로 보아야 하기 때문이다.

24

소유의 의사 유무는 점유개시시를 기준으로 판단하지만, 나중에 매도자에게 처분권이 없었다는 등의 사유로 그 매매가 무효인 것이 밝혀진 경우 매수인의 점유는 타주점유로 전환된다. O | X

해설 부동산을 매수하여 이를 점유하게 된 자는 그 매매가 무효가 된다는 사정이 있음을 알았다는 등의 사정이 없는 한 점유개시시에 소유의 의사로 점유한 것이며, 나중에 매도자에게 처분권이 없었다는 등의 사유로 그 매매가 무효인 것이 밝혀졌다 하더라도 타주점유로 전환되지 않는다(대판 1980.5.27. 80다671; 대판 1992.10.27. 92다30375).

25

점유자가 매매 또는 증여와 같이 자주점유의 권원을 주장하였으나 이것이 인정되지 않는 경우 자주점유의 추정이 번복된다. ○ | ×

해설 점유자가 스스로 매매 또는 증여와 같이 자주점유의 권원을 주장하였으나 이것이 인정되지 않는 경우에도, 원래 자주점유의 권원에 관한 입증책임이 점유자에게 있지 아니한 이상 그 주장의 점유권원이 인정되지 않는다는 사유만으로 자주점유의 추정이 번복된다거나 또는 점유권원의 성질상 타주점유라고 볼 수 없다(대판 2002.2.26. 99다72743).

26

타주점유가 자주점유로 바뀌기 위해서는 타주점유자가 매매, 증여, 상속 등 새로운 권원에 기하여 소유의 사로써 점유하여야 한다. ○ | ×

해설 "상속에 의하여 점유권을 취득한 상속인은 **새로운 권원에 의하여 자기 고유의 점유를 시작하지 않는 한** 피상속인의 점유의 성질과 하자를 떠나 자기의 점유만을 주장할 수 없다."라고 하여 **상속은 새로운 권원이 될 수 없다**고 한다(대판 1992.9.22. 92다22602).

쟁점정리 타주점유에서 자주점유로의 전환
타주점유가 자주점유로 전환되려면 타주점유자가 ㉠ '새로운 권원에 의하여 소유의 의사를 가지고 점유를 시작'하거나, ㉡ '자기에게 점유시킨 자(타주점유를 하게 한 자)에게 소유의 의사가 있음을 표시'하여야 한다(判例).

27

취득시효기간의 기산점은 소송상 취급에 있어 간접사실에 불과하므로 법원은 당사자 주장에 구속되지 아니하고 소송자료에 의하여 점유의 시기를 인정할 수 있다. ○ | ×

해설 법원은 취득시효의 기산점을 당사자의 주장과 상관없이 소송자료에 의하여 확정하여야 하는지 여부(적극)
취득시효의 기산점은 법률효과의 판단에 관하여 직접 필요한 주요사실이 아니고 간접사실에 불과하므로 법원으로서는 이에 관한 당사자의 주장에 구속되지 아니하고 소송자료에 의하여 점유의 시기를 인정할 수 있다(대판 1998.5.12. 97다34037).

정답 | 21 ○ 22 ○ 23 × 24 × 25 × 26 × 27 ○

28

취득시효기간 중 계속해서 등기명의자가 동일한 경우에는 전 점유자의 점유를 승계하여 자신의 점유기간을 통산하여 20년이 경과한 경우에 있어서도 전 점유자가 점유를 개시한 이후의 임의의 시점을 그 기산점으로 삼을 수 있다.　　　　　○ | X

29

취득시효기간 중 계속해서 등기명의자가 동일한 경우에는 그 기산점을 어디에 두든지 간에 취득시효의 완성을 주장할 수 있는 시점에서 보아 그 기간이 경과한 사실만 확정되면 충분하나, 전 점유자의 점유를 승계하여 자신의 점유기간을 통산하여 20년이 경과한 경우에 있어서는 전 점유자가 점유를 개시한 이후의 임의의 시점을 그 기산점으로 삼을 수 없다.　　　　　○ | X

> 해설 **28 29** 취득시효기간 중 계속해서 등기명의자가 동일한 경우에는 그 기산점을 어디에 두든지 간에 취득시효의 완성을 주장할 수 있는 시점에서 보아 그 기간이 경과한 사실만 확정되면 충분하므로, 전 점유자의 점유를 승계하여 자신의 점유기간을 통산하여 20년이 경과한 경우에 있어서도 전 점유자가 점유를 개시한 이후의 임의의 시점을 그 기산점으로 삼을 수 있다(대판 1998.5.12. 97다8496).

30

취득시효의 중단사유가 되는 재판상 청구에는 시효취득의 대상인 목적물의 인도 내지는 소유권존부 확인이나 소유권에 관한 등기청구소송은 포함되나 소유권침해의 경우에 그 소유권을 기초로 하는 방해배제 및 손해배상 혹은 부당이득반환청구소송은 포함되지 않는다.　　　　　○ | X

> 해설 재판상의 청구라 함은 시효취득의 대상인 목적물의 인도 내지는 소유권존부확인이나 소유권에 관한 등기청구소송은 말할 것도 없고 소유권 침해의 경우에 그 소유권을 기초로 하여 하는 방해배제 및 손해배상 또는 부당이득반환 청구소송도 이에 포함된다고 해석함이 옳다(대판 1979.7.10. 79다569).

31

부동산에 대한 점유취득시효가 완성된 후 취득시효완성을 원인으로 한 소유권이전등기를 하지 않고 있는 사이에 그 부동산에 관하여 제3자 명의의 소유권이전등기가 경료된 경우라 하더라도 당초의 점유자가 계속 점유하고 있고 소유자가 변동된 시점을 기산점으로 삼아도 다시 취득시효의 점유기간이 경과한 경우에는, 점유자로서는 제3자 앞으로의 소유권 변동시를 새로운 점유취득시효의 기산점으로 삼아 2차의 취득시효의 완성을 주장할 수 있다.　　　　　○ | X

32

21사무관

부동산의 취득시효가 완성된 후 토지소유자가 변동된 시점을 새로운 취득시효의 기산점으로 삼아 2차의 취득시효의 완성을 주장하려면 그 새로운 취득시효기간 중에는 등기명의자가 동일하고 소유자의 변동이 없어야만 한다. O | X

33

13법무사

취득시효기간의 완성 전에 등기부상의 소유명의가 변경된 경우에는 이로써 종래의 점유상태의 사실상 파괴가 되었다고 할 수 있으므로 이는 취득시효의 중단사유에 해당한다. O | X

34

15법무사, 18서기보

점유취득시효가 완성된 후 제3자 명의의 소유권이전등기가 마쳐져 그 시점을 기준으로 한 2차 점유취득시효가 개시된 경우에, 그 취득시효기간이 경과하기 전에 다시 등기부상 소유자가 변경되면 그 취득시효 완성 당시의 소유자에게 시효취득을 주장할 수 없다. O | X

35

출제예상

甲은 X토지를 1965.4.1부터 점유하여 왔는바, X토지의 소유권자인 A는 1989.4.1. X토지를 B에게 양도하고 소유권이전등기를 마쳐주었고, 그 후에 X토지는 다시 2009.2.1. C명의로 소유권이전등기가 경료되었다. 그렇다면 2009.4.5. 甲은 C에게 X토지에 대해 점유취득시효 완성을 이유로 한 소유권이전등기청구권을 행사할 수 있다. O | X

> 해설 **31 32 33 34 35** 새로이 2차 점유취득시효가 개시되어 그 취득시효기간이 경과하기 전에 등기부상 소유명의자가 변경된 경우, 그 취득시효 완성 당시의 등기부상 소유명의자에게 시효취득을 주장할 수 있는지 여부(적극)
>
> 취득시효기간이 경과하기 전에 등기부상의 소유명의자가 변경된다고 하더라도 그 사유만으로는 점유자의 종래의 사실상태의 계속을 파괴한 것이라고 볼 수 없어 취득시효를 중단할 사유가 되지 못하므로, 새로운 소유명의자는 취득시효 완성 당시 권리의무 변동의 당사자로서 취득시효 완성으로 인한 불이익을 받게 된다 할 것이어서 시효완성자는 그 소유명의자에게 시효취득을 주장할 수 있는바, 이러한 법리는 새로이 2차의 취득시효가 개시되어 그 취득시효기간이 경과하기 전에 등기부상의 소유명의자가 다시 변경된 경우에도 마찬가지로 적용된다고 봄이 상당하다(대판 2009.7.16. 2007다15172 전합).
>
> ➡ 2009.4.5. 甲은 C에게 X토지에 대해 점유취득시효 완성을 이유로 한 소유권이전등기청구권을 행사할 수 있다.

36

19법원행시, 20서기보

甲소유의 X토지를 점유하던 乙이 甲을 상대로 매매를 원인으로 한 소유권이전등기청구 소송을 제기하자, 甲이 이에 응소하여 乙의 청구기각 판결을 구하면서 乙의 주장 사실을 부인한 결과 乙이 패소하고 그 판결이 확정된 경우, 甲의 응소행위로 인해 乙의 점유취득시효의 진행은 중단된다. O | X

정답 | **28** O **29** × **30** × **31** O **32** × **33** × **34** × **35** O **36** ×

응소도 재판상 청구에 해당하지만, 점유자가 소유자를 상대로 소유권이전등기청구소송을 제기하면서 그 청구원인으로 '취득시효 완성'이 아닌 '매매'를 주장한 것에 대해, 소유자가 이에 응소하여 원고 청구기각의 판결을 구하면서 원고의 주장사실을 부인하는 경우에는, 이는 원고 주장의 매매 사실을 부인하여 원고에게 그 매매로 인한 소유권이전등기청구권이 없음을 주장한 것에 불과하고 소유자가 자신의 소유권을 적극적으로 주장한 것으로 볼 수 없으므로, 위 응소는 취득시효의 중단사유로서의 재판상 청구에 해당하지 않는다(대판 1997.12.12. 97다30288).

➡ 민법 제247조에 따라 소멸시효에 관한 규정은 취득시효에도 준용된다.

37

취득시효기간의 완성 전에 부동산에 압류 또는 가압류 조치가 이루어졌다면 이는 취득시효의 중단사유가 될 수 있다. O | X

점유로 인한 부동산소유권의 시효취득에서 부동산에 대한 압류 또는 가압류가 취득시효의 중단사유가 되는지 여부 (소극)
민법 제247조 제2항은 '소멸시효의 중단에 관한 규정은 점유로 인한 부동산소유권의 시효취득기간에 준용한다.'고 규정하고, 민법 제168조 제2호는 소멸시효 중단사유로 '압류 또는 가압류, 가처분'을 규정하고 있다. **점유로 인한 부동산소유권의 시효취득에 있어 취득시효의 중단사유는 종래의 점유상태의 계속을 파괴하는 것으로 인정될 수 있는 사유이어야 하는데, 민법 제168조 제2호에서 정하는 '압류 또는 가압류'는 금전채권의 강제집행을 위한 수단이거나 그 보전수단에 불과**하여 취득시효기간의 완성 전에 부동산에 압류 또는 가압류 조치가 이루어졌다고 하더라도 이로써 종래의 점유상태의 계속이 파괴되었다고는 할 수 없으므로 이는 취득시효의 중단사유가 될 수 없다(대판 2019.4.3. 2018다296878).

38

취득시효 완성 후에 그 사실을 모르고 당해 토지에 관해 어떠한 권리도 주장하지 않기로 하였다 하더라도 이에 반하여 시효주장을 하는 것은 특별한 사정이 없는 한 신의칙상 허용되지 않는다. O | X

대판 1998.5.22. 96다24101

39

취득시효에서 시효이익의 포기는 특별한 사정이 없는 한 시효취득자가 취득시효 완성 당시의 진정한 소유자에게 하여야 효력이 발생한다. O | X

취득시효 완성에 따른 시효이익 포기의 상대방
취득시효이익의 포기와 같은 상대방 있는 단독행위는 그 의사표시로 인하여 권리에 직접적인 영향을 받는 상대방에게 도달하는 때에 효력이 발생한다. 취득시효 완성으로 인한 권리변동의 당사자는 시효취득자와 취득시효 완성 당시의 진정한 소유자이고, 실체관계와 부합하지 않는 원인무효인 등기의 등기부상 소유명의자는 권리변동의 당사자가 될 수 없으므로, 결국 시효이익의 포기는 달리 특별한 사정이 없는 한 시효취득자가 취득시효 완성 당시의 진정한 소유자에 대하여 하여야 그 효력이 발생하는 것이지 원인무효인 등기의 등기부상 소유명의자에게 그와 같은 의사를 표시하였다고 하여 그 효력이 발생하는 것은 아니다(대판 2011.7.14. 2011다23200).

취득시효가 완성된 후 점유자가 그 등기를 하기 전에 제3자가 소유권이전등기를 경료한 경우에는 점유자는 그 제3자에 대하여는 시효취득을 주장할 수 없는 것이 원칙이기는 하지만 이는 어디까지나 그 제3자 명의의 등기가 적법 유효함을 전제로 하는 것으로서 위 제3자 명의의 등기가 원인무효인 경우에는 점유자는 취득시효 완성 당시의 소유자를 대위하여 위 제3자 앞으로 경료된 원인무효인 등기의 말소를 구함과 아울러 위 소유자에게 취득시효 완성을 원인으로 한 소유권이전등기를 구할 수 있고, 또 위 제3자가 취득시효 완성 당시의 소유자의 상속인인 경우에는 그 상속분에 한하여는 위 제3자에 대하여 직접 취득시효 완성을 원인으로 한 소유권이전등기를 구할 수 있다. O | X

> 해설 대판 2002.3.15. 2001다77352,77369 참조

41

전(前) 점유자의 점유를 승계한 자는 그 점유 자체와 하자는 물론 그 점유로 인한 법률효과까지 승계하는 것이므로, 부동산을 취득시효기간 만료 당시의 점유자로부터 양수하여 점유를 승계한 현(現) 점유자는 전(前) 점유자의 취득시효 완성의 효과를 주장하여 직접 자기에게 소유권이전등기를 청구할 수 있다. O | X

42

취득시효기간 만료 후 부동산에 대한 점유승계가 이루어진 경우에는 점유를 승계한 현 점유자는 전 점유자를 대위할 필요 없이 등기부상 소유자에 대하여 직접 취득시효완성을 원인으로 한 소유권이전등기를 청구할 수 있다. O | X

> 해설 **41 42** 점유취득시효 완성 후 등기 전에 목적부동산을 양수받은 제3자는 전 점유자의 소유자에 대한 점유취득시효 완성을 이유로 한 소유권이전등기청구권을 **대위행사해야 하는지**, 아니면 '점유승계의 효과'로서 전 점유자의 점유취득시효 완성으로 인한 소유권이전등기청구권까지 승계받았다는 것을 이유로 **직접 자기에게 소유권이전등기를 청구할 수 있는지** 문제된다.
> 이에 대해 判例는 "전 **점유자의 점유를 승계한 자는 그 점유 자체와 하자만을 승계하는 것이지 그 점유로 인한 법률효과까지 승계하는 것은 아니므로**……전 점유자의 취득시효 완성의 효과를 주장하여 직접 자기에게 소유권이전등기를 청구할 권원은 없다."(대판 1995.3.28. 93다47745 전합)라고 하여 전 점유자의 소유자에 대한 소유권이전등기청구권을 대위행사할 수 있을 뿐이라고 보고 있다.

정답 | **37** × **38** ○ **39** ○ **40** ○ **41** × **42** ×

43

토지에 대한 점유취득시효 완성으로 인한 소유권이전등기청구권은 그 토지에 대한 점유가 계속되는 한 시효로 소멸하지 아니하고 여기서 말하는 점유에는 직접점유뿐만 아니라 간접점유도 포함되지만, 위 소유권이전등기청구권을 취득한 후 점유를 상실하였다면 그 소유권이전등기 청구권은 소멸한다. O | X

44

토지에 대한 점유취득시효 완성으로 인한 소유권이전등기청구권은 그 토지에 대한 점유가 계속되는 한 시효로 소멸하지 아니하고, 그 후 점유를 상실하였다고 하더라도 이를 시효이익의 포기로 볼 수 있는 경우가 아닌 한 이미 취득한 소유권이전등기청구권은 바로 소멸되는 것은 아니나, 그 점유자가 점유를 상실한 때로부터 10년간 등기청구권을 행사하지 아니하면 소멸시효가 완성한다. O | X

> **해설** **43 44** 점유자가 취득시효기간의 만료로 소유권이전등기청구권을 취득한 후 점유를 상실한 경우, 그 소유권이전등기청구권이 소멸되는지 여부
> 원래 취득시효제도는 일정한 기간 점유를 계속한 자를 보호하여 그에게 실체법상의 권리를 부여하는 제도이므로, 부동산을 20년 간 소유의 의사로 평온·공연하게 점유한 자는 민법 제245조 제1항에 의하여 점유부동산에 관하여 소유자에 대한 소유권이전등기청구권을 취득하게 되며, 점유자가 취득시효기간의 만료로 일단 소유권이전등기청구권을 취득한 이상, 그 후 점유를 상실하였다고 하더라도 이를 시효이익의 포기로 볼 수 있는 경우가 아닌 한, 이미 취득한 소유권이전등기청구권은 소멸되지 아니한다(대판 1995.3.28. 93다47745 전합).
>
> **참고판례** 취득시효기간 만료 당시의 점유자로부터 점유를 승계한 현 점유자가 전 점유자의 취득시효 완성의 효과를 주장하여 직접 자기에게 소유권이전등기를 청구할 권원이 있는지 여부
> 전 점유자의 점유를 승계한 자는 그 점유 자체와 하자만을 승계하는 것이지 그 점유로 인한 법률효과까지 승계하는 것은 아니므로 부동산을 취득시효기간 만료 당시의 점유자로부터 양수하여 점유를 승계한 현 점유자는 자신의 전 점유자에 대한 소유권이전등기청구권을 보전하기 위하여 전 점유자의 소유자에 대한 소유권이전등기청구권을 대위행사할 수 있을 뿐, 전 점유자의 취득시효 완성의 효과를 주장하여 직접 자기에게 소유권이전등기를 청구할 권원은 없다(同 判例).

45

점유취득시효완성을 원인으로 한 소유권이전등기청구는 시효완성 당시의 소유자를 상대로 하여야 한다. O | X

46

부동산의 점유로 인한 시효취득자는 무효인 등기명의자에 대하여 취득시효완성 당시의 진정한 소유자에 대하여 가지는 소유권이전등기청구권으로서 위 소유자를 대위하여 원인무효인 소유권이전등기의 말소를 구할 수 있고, 또한 시효취득을 원인으로 한 소유권이전등기를 직접 청구할 수 있다. O | X

> **해설** **45 46** 점유취득시효 완성을 원인으로 한 소유권이전등기청구는 **시효 완성 당시의 소유자를 상대로** 하여야 하므로 **시효 완성 당시의 소유권보존등기 또는 이전등기가 무효라면 원칙적으로 그 등기명의인은 시효취득을 원인으로 한 소유권이전등기청구의 상대방이 될 수 없고,** 이 경우 시효취득자는 소유자를 대위하여 위 무효등기의 말소를 구하고 다시 위 소유자를 상대로 취득시효 완성을 이유로 한 소유권이전등기를 구하여야 한다(대판 2007.7.26. 2006다64573).

47

취득시효완성 당시 그 부동산의 등기부상 소유명의자의 등기가 원인 무효의 흠결이 있다 하더라도 그 등기명의 소유자가 진정한 소유자를 상대로 제기한 소유권이전등기 청구소송의 기판력 있는 확정판결에 의하여 소유권이전등기를 경료한 경우, 위 확정판결의 기판력에 따라 진정한 소유자를 대위하여 등기부상 소유자를 상대로 위 등기의 말소를 구할 수 없고, 직접 현재 등기부상 소유자를 상대로 취득시효를 원인으로 한 소유권이전등기를 청구할 수도 없다. ○ | X

해설 부동산의 점유로 인한 시효취득자는 취득시효 완성 당시의 소유자에 대하여 소유권이전등기를 청구할 수 있다고 할 것인바, 취득시효 완성 당시 그 부동산의 등기부상 소유명의자의 등기가 원인 무효의 흠결이 있다 하더라도 그 등기명의 소유자가 진정한 소유자를 상대로 제기한 소유권이전등기 청구소송의 기판력 있는 확정판결에 의하여 소유권이전등기를 경료하였던 것이고, 따라서 시효취득자가 진정한 소유자를 대위하여 등기부상 소유자를 상대로 위 등기의 말소를 구하는 것은 위 판결의 기판력 때문에 극히 어려운 것이고, 그 등기명의를 둔 채 진정한 소유자를 상대로 시효취득을 원인으로 한 이전등기를 구하여 판결을 받더라도 위 등기가 말소되지 않는 한 그 판결이 이행될 수 없는 것이라면 특별한 사정이 없는 한 **시효취득자는 그 등기부상 소유명의자를 상대로 취득시효를 원인으로 한 소유권이전등기를 청구할 수 있다**고 보아야 할 것이다(대판 1999.7.9. 98다29575).

48

명의신탁된 부동산에 대하여 점유취득시효가 완성된 후 시효취득자가 그 소유권이전등기를 경료하기 전에 명의신탁이 해지되어 그 등기명의가 명의수탁자로부터 명의신탁자에게로 이전된 경우에는 특별한 사정이 없는 이상 그 명의신탁자는 취득시효 완성 후에 소유권을 취득한 자에 해당하여 그에 대하여 취득시효를 주장할 수 없다. ○ | X

해설 명의신탁된 부동산에 대하여 점유취득시효가 완성된 후 시효취득자가 그 소유권이전등기를 경료하기 전에 명의신탁이 해지되어 그 등기명의가 명의수탁자로부터 명의신탁자에게로 이전된 경우에는 명의신탁의 취지에 따라 대외적 관계에서는 등기명의자만이 소유권자로 취급되고 시효완성 당시 시효취득자에게 져야 할 등기의무도 명의수탁자에게만 있을 뿐이므로, 명의신탁자의 등기 취득이 등기의무자의 배임행위에 적극 가담한 반사회적 행위에 근거한 등기라든가 또는 기타 다른 이유로 원인무효의 등기인 경우는 별론으로 하고, 그 명의신탁자는 취득시효 완성 후에 소유권을 취득한 자에 해당하여 그에 대하여 취득시효를 주장할 수 없다(대판 2001.10.26. 2000다8861).

49

취득시효기간이 완성된 후 시효취득자의 등기경료 전에 등기의무자가 그 부동산을 제3자에게 양도하고 그 이전등기가 경료되었다면, 시효취득자는 그 제3자에 대하여 시효에 의한 소유권 취득을 주장할 수 없다. ○ | X

해설 취득시효기간이 만료된 토지의 점유자는 그 기간만료 당시의 토지소유자에 대하여 시효취득을 원인으로 하는 소유권이전등기청구권을 가짐에 그치고, 취득시효기간만료 후에 새로이 그 토지의 소유권을 취득한 사람에 대하여는 시효취득으로 대항할 수 없다(대판 1991.4.9. 89다카1305).

정답 | **43** × **44** ○ **45** ○ **46** × **47** × **48** ○ **49** ○

50

점유취득시효 완성 후에 원래의 소유자인 소유명의자의 위탁에 의하여 소유권이전등기를 마친 신탁법상의 수탁자는 시효권리자가 시효취득을 주장할 수 없는 새로운 이해관계인인 제3자에 해당한다. ○ | X

> **해설** 부동산에 관한 점유취득시효기간이 경과한 후 원래의 소유자의 위탁에 의하여 소유권이전등기를 마친 신탁법상의 수탁자인 재건축조합이 그 점유자가 시효취득을 주장할 수 없는 새로운 이해관계인에 해당하는지 여부(적극)
> 부동산에 관한 점유취득시효기간이 경과한 후 원래의 소유자의 위탁에 의하여 소유권이전등기를 마친 신탁법상의 수탁자는 그 점유자가 시효취득을 주장할 수 없는 새로운 이해관계인인 제3자에 해당하고, 그 수탁자가 해당 부동산의 공유자들을 조합원으로 한 비법인사단인 재건축조합이라고 하여 달리 볼 것도 아니다(대판 2003.8.19. 2001다47467).

51

취득시효완성 사실을 알면서도 소유자로부터 그 부동산을 매수하여 소유권이전등기를 마친 자라고 하더라도 특별한 사정이 없는 한 소유자의 소유권이전등기의무를 승계한다고 볼 수 없다. ○ | X

> **해설** 점유취득시효완성을 원인으로 한 소유권이전등기의무를 부담하는 자는 취득시효기간완성 당시의 소유자이고, 취득시효완성 사실을 알면서 소유자로부터 그 부동산을 매수하여 소유권이전등기를 마친 자라고 하더라도, **소유자와의 사이에서 소유자의 소유권이전등기의무를 인수하여 이행하기로 묵시적 또는 명시적으로 약정하였다는 등의 특별한 사정이 인정되지 않는 한, 위의 의무를 승계한다고 볼 수는 없다**(대판 1994.4.12. 93다50666).

52

甲소유의 X토지를 丙이 점유하여 그 취득시효가 완성된 후 丙이 그 등기를 하기 전에, 乙이 丙의 취득시효완성 전에 이미 설정되어 있던 가등기에 기하여 시효완성 후에 소유권이전의 본등기를 마친 경우, 丙은 乙에게 시효취득을 주장할 수 없다. ○ | X

> **해설** 취득시효완성에 의한 등기를 하기 전에 먼저 소유권이전등기를 경료하여 부동산 소유권을 취득한 제3자에 대하여는 그 제3자 명의의 등기가 무효가 아닌 한 시효취득을 주장할 수 없다. 가등기는 그 성질상 본등기의 순위보전의 효력만이 있어 후일 본등기가 경료된 때에는 **본등기의 순위가 가등기한 때로 소급하는 것뿐이지 본등기에 의한 물권변동의 효력이 가등기한 때로 소급하여 발생하는 것은 아니다**(대판 1992.9.25. 92다21258).

53

취득시효 완성을 알고 있는 종전 소유자가 그 부동산에 대하여 제3자 명의로 가등기만 경료한 경우 시효취득자명의의 소유권이전등기 자체는 불가능하지 않으므로, 시효취득자는 특별한 사정이 없는 한 그가 이전받을 부동산에 대하여 손해를 입은 것이라고 볼 수는 없다. ○ | X

해설 취득시효완성을 알고 있는 종전 소유자가 그 부동산을 처분한 경우 불법행위의 성립 여부(적극)

부동산의 시효취득자가 취득시효완성을 주장하고 이전등기청구소송을 제기하여 제1심에서 승소까지 하였다면 종전 소유자로서는 시효완성을 주장하는 권리자와 그 경위를 알고 있는 터이므로 **그 부동산을 제3자에게 처분하여 가등기나 본등기를 해주는 것은 시효취득자에 대한 이전등기의무를 면탈하기 위한 것으로서 위법이고 이로 인하여 시효취득자가 손해를 입었다면 종전 소유자에게 불법행위책임이 있다**(대판 1989.4.11. 88다카8217).

54

점유로 인한 소유권취득시효가 완성되었다 하더라도 이를 등기하지 않고 있는 사이에 그 부동산에 관하여 제3자에게로 소유권이전등기가 경료되면 점유자가 그 제3자에게는 그 시효취득으로 대항할 수 없으나, 그로 인하여 점유자가 취득시효완성 당시의 소유자에 대한 시효취득으로 인한 소유권이전등기청구권을 상실하게 되는 것은 아니고 위 소유자의 점유자에 대한 소유권이전등기의무가 이행불능으로 된 것이라고 할 것인데, 그 후 어떠한 사유로 취득시효완성 당시의 소유자에게로 소유권이 회복되면 그 소유자에게 시효취득의 효과를 주장할 수 있다.   ○ | X

해설 취득시효완성 후 그 등기 전에 제3자에게 소유권이전등기가 경료되었다가 그 후 취득시효완성 당시의 소유자에게로 소유권이 회복된 경우 시효취득의 주장 가부(적극)(대판 1991.6.25. 90다14225)

55

취득시효가 완성된 후 점유자가 그 등기를 하기 전에 제3자가 소유권이전등기를 경료한 경우 위 제3자가 취득시효완성 당시의 소유자의 상속인인 경우에는 그 상속분에 한하여는 위 제3자에 대하여 직접 취득시효완성을 원인으로 한 소유권이전등기를 구할 수 있다.   ○ | X

해설 취득시효가 완성된 후 점유자가 그 등기를 하기 전에 제3자가 소유권이전등기를 경료한 경우에는 점유자는 그 제3자에 대하여는 시효취득을 주장할 수 없는 것이 원칙이기는 하지만 이는 어디까지나 그 제3자 명의의 등기가 적법 유효함을 전제로 하는 것으로서 위 제3자 명의의 등기가 원인무효인 경우에는 점유자는 취득시효 완성 당시의 소유자를 대위하여 위 제3자 앞으로 경료된 원인무효인 등기의 말소를 구함과 아울러 위 소유자에게 취득시효 완성을 원인으로 한 소유권이전등기를 구할 수 있고, **또 위 제3자가 취득시효 완성 당시의 소유자의 상속인인 경우에는 그 상속분에 한하여는 위 제3자에 대하여 직접 취득시효 완성을 원인으로 한 소유권이전등기를 구할 수 있다**(대판 2002.3.15. 2001다77352).

56

점유로 인한 소유권취득시효 완성 당시 미등기로 남아 있던 토지에 관하여 소유권을 가지고 있던 자가 취득시효 완성 후에 그 명의로 소유권보존등기를 마친 경우 그 등기명의인은 취득시효 완성 후의 새로운 이해관계인에 해당하므로 점유자는 그 등기명의인에게 취득시효 완성을 주장할 수 없다.   ○ | X

정답 | **50** ○ **51** ○ **52** ○ **53** × **54** ○ **55** ○ **56** ×

해설 점유로 인한 소유권취득시효 완성 당시 미등기로 남아 있던 토지에 관하여 소유권을 가지고 있던 자가 취득시효 완성 후에 그 명의로 소유권보존등기를 마쳤다 하더라도 이는 소유권의 변경에 관한 등기가 아니므로 그러한 자를 그 취득시효 완성 후의 새로운 이해관계인으로 볼 수 없고, 또 그 미등기 토지에 대하여 소유자의 상속인 명의로 소유권보존등기를 마친 것도 시효취득에 영향을 미치는 소유자의 변경에 해당하지 않으므로, 이러한 경우에는 그 등기명의인에게 취득시효 완성을 주장할 수 있다(대판 2007.6.14. 2006다84423).

57

부동산 소유자가 취득시효가 완성된 사실을 알고 그 부동산을 제3자에게 처분하여 소유권이전등기를 넘겨줌으로써 취득시효 완성을 원인으로 한 소유권이전등기의무가 이행불능에 빠지게 되어 시효취득을 주장하는 자가 손해를 입었다면 불법행위를 구성하며, 부동산을 취득한 제3자가 부동산 소유자의 이와 같은 불법행위에 적극 가담하였다면 이는 사회질서에 반하는 행위로서 무효이다. ○ | X

해설 취득시효 완성 사실을 아는 부동산의 소유자가 그 부동산을 처분하는 행위가 불법행위를 구성하는지 여부(적극) 및 그 부동산의 취득자가 그와 같은 처분행위에 적극 가담한 경우, 그 취득자 명의의 소유권이전등기의 효력(= 무효)(대판 2002.3.15. 2001다77352)

58

점유로 인한 부동산 소유권 취득기간 만료를 원인으로 한 등기청구권이 이행불능으로 되었다고 하여 대상청구권을 행사하기 위하여는, 그 이행불능 전에 등기명의자에 대하여 점유로 인한 부동산 소유권 취득기간이 만료되었음을 이유로 그 권리를 주장하였거나 그 취득기간 만료를 원인으로 한 등기청구권을 행사하였어야 한다. ○ | X

해설 부동산 점유취득시효 완성자의 대상청구권 행사 요건
민법상 이행불능의 효과로서 채권자의 전보배상청구권과 계약해제권 외에 별도로 대상청구권을 규정하고 있지는 않으나 해석상 대상청구권을 부정할 이유는 없는 것이지만, 점유로 인한 부동산 소유권 취득기간 만료를 원인으로 한 등기청구권이 이행불능으로 되었다고 하여 대상청구권을 행사하기 위하여는, ⅰ) 그 이행불능 전에 등기명의자에 대하여 점유로 인한 부동산 소유권 취득기간이 만료되었음을 이유로 그 권리를 주장하였거나 ⅱ) 그 취득기간 만료를 원인으로 한 등기청구권을 행사하였어야 하고, 그 이행불능 전에 그와 같은 권리의 주장이나 행사에 이르지 않았다면 대상청구권을 행사할 수 없다고 봄이 공평의 관념에 부합한다(대판 1996.12.10. 94다43825).

59

부동산 점유자에게 시효취득으로 인한 소유권이전등기청구권이 있다고 하더라도 이로 인하여 부동산 소유자와 시효취득자 사이에 계약상의 채권·채무관계가 성립하는 것은 아니므로, 부동산 소유자가 취득시효가 완성된 부동산을 제3자에게 처분하였더라도 시효취득자는 그 부동산을 처분한 소유자에게 채무불이행 책임을 물을 수 없다. ○ | X

취득시효가 완성된 후 점유자가 그 취득시효를 주장하거나 이로 인한 소유권이전등기청구를 하기 이전에는, 특별한 사정이 없는 한 그 등기명의인인 부동산 소유자로서는 그 시효취득 사실을 알 수 없는 것이므로, 이를 제3자에게 처분하였다고 하더라도 불법행위가 성립하는 것은 아니다. 또한 부동산 점유자에게 시효취득으로 인한 소유권이전등기청구권이 있다고 하더라도 이로 인하여 부동산 소유자와 시효취득자 사이에 계약상의 채권·채무관계가 성립하는 것은 아니므로, 그 부동산을 처분한 소유자에게 채무불이행 책임을 물을 수 없다.   ○ | X

> **해설 59 60** 대판 1995.7.11. 94다4509

부동산 소유자가 취득시효가 완성된 사실을 알고 그 부동산을 제3자에게 처분하여 소유권이전등기를 넘겨줌으로써 취득시효 완성을 원인으로 한 소유권이전등기의무가 이행불능에 빠지게 되어 시효취득을 주장하는 자가 손해를 입었다면, 이는 시효취득을 주장하는 자에 대하여 불법행위를 구성한다.   ○ | X

> **해설** ① 취득시효가 완성된 후 점유자가 그 취득시효를 주장하거나 이로 인한 소유권이전등기를 청구하기 이전에는, 특별한 사정이 없는 한 등기명의인은 그 시효취득사실을 알 수 없으므로 이를 제3자에게 처분하였다고 하더라도 불법행위가 성립하지는 않는다(대판 1995.7.11. 94다4509). ② 그러나 등기명의인이 자신의 부동산에 대하여 취득시효가 완성된 사실을 '알고도' 제3자에게 처분하여 등기명의를 넘겨줌으로써 시효취득자에게 손해를 입혔다면 불법행위를 구성하며, 만약 부동산을 취득한 제3자가 부동산 소유자의 이러한 불법행위에 적극 가담하였다면 이는 사회질서에 반하는 행위로서 무효가 된다(대판 1994.4.12. 93다60779).

甲 소유의 X토지를 丙이 점유하여 그 취득시효가 완성된 후 丙이 그 등기를 하기 전에, 甲이 乙에게 소유권이전등기청구권 보전의 가등기를 마쳐준 경우, 乙이 그 가등기에 기해 본등기를 마치기 전이라도 甲의 丙에 대한 소유권이전등기의무는 이행불능이 된다.   ○ | X

> **해설** 소유권이전등기의무자가 그 부동산상에 제3자 명의로 가등기를 마쳐 주었다 하여도 가등기는 본등기의 순위보전의 효력을 가지는 것에 불과하고, 또한 그 소유권이전등기의무자의 처분권한이 상실되는 것도 아니므로 그 가등기만으로는 소유권이전등기의무가 이행불능이 된다고 할 수 없다(대판 1993.9.14. 93다12268).

점유취득시효 완성 당시 부동산이 (구) 신탁법상 신탁계약에 따라 수탁자 명의로 소유권이전등기와 신탁등기가 되어 있었는데 점유취득시효 완성을 이유로 등기하지 아니하고 있는 사이에 제3자에게 처분되어 제3자 명의로 소유권이전등기가 마쳐졌다가 다시 별개의 신탁계약에 의해 동일한 수탁자 명의로 소유권이전등기와 신탁등기가 마쳐진 경우, 점유자는 수탁자에 대하여 취득시효 완성을 주장할 수 있다.

O I X

해설 신탁재산의 소유관계, 신탁재산의 독립성, 신탁등기의 대항력, 구 신탁법 제3조 제1항, 제20조, 제24조, 제30조의 취지 등에 비추어 보면, 부동산에 대한 점유취득시효가 완성될 당시 부동산이 구 신탁법상의 신탁계약에 따라 수탁자 명의로 소유권이전등기와 신탁등기가 되어 있더라도 **수탁자가 신탁재산에 대하여 대내외적인 소유권을 가지는 이상 점유자가 수탁자에 대하여 취득시효 완성을 주장하여 소유권이전등기청구권을 행사할 수 있지만**, 이를 등기하지 아니하고 있는 사이에 부동산이 제3자에게 처분되어 그 명의로 소유권이전등기가 마쳐짐으로써 점유자가 제3자에 대하여 취득시효 완성을 주장할 수 없게 되었다면 제3자가 다시 별개의 신탁계약에 의하여 동일한 수탁자 명의로 소유권이전등기와 신탁등기를 마침으로써 부동산의 소유권이 취득시효 완성 당시의 소유자인 수탁자에게 회복되는 결과가 되었더라도 수탁자는 특별한 사정이 없는 한 취득시효 완성 후의 새로운 이해관계인에 해당하므로 점유자는 그에 대하여도 취득시효 완성을 주장할 수 없다. 이 경우 점유자가 수탁자의 원래 신탁재산에 속하던 부동산에 관하여 점유취득시효 완성을 원인으로 하는 소유권이전등기청구권을 가지고 있었다고 하여 수탁자가 별개의 신탁계약에 따라 수탁한 다른 신탁재산에 속하는 부동산에 대하여도 소유권이전등기청구권을 행사할 수 있다고 보는 것은 신탁재산을 수탁자의 고유재산이나 다른 신탁재산으로부터 분리하여 보호하려는 신탁재산 독립의 원칙의 취지에 반하기 때문이다(대판 2016.2.18. 2014다61814)

비교판례 부동산에 대한 점유로 인한 소유권취득시효가 완성되었다 하더라도 이를 등기하지 않고 있는 사이에 그 부동산에 관하여 제3자에게로 소유권이전등기가 경료되면 점유자가 그 제3자에게는 그 시효취득으로 대항할 수 없으나, 그로 인하여 점유자가 취득시효완성 당시의 소유자에 대한 시효취득으로 인한 소유권이전등기청구권을 상실하게 되는 것은 아니고 위 소유자의 점유자에 대한 소유권이전등기의무가 이행불능으로 된 것이라고 할 것인데, **그 후 어떠한 사유로 취득시효완성 당시의 소유자에게로 소유권이 회복되면 그 소유자에게 시효취득의 효과를 주장할 수 있다**(대판 1991.6.25. 90다14225).

소유자로부터 부동산을 증여받았으나 소유권이전등기를 하지 않고 있던 중에 소유자가 사망하여 상속이 개시되고 그 후 취득시효가 완성된 경우, 증여를 원인으로 한 소유권이전등기를 마친 수증자는 특별한 사정이 없는 한 취득시효 완성 후의 새로운 이해관계인이라 할 것이므로 점유자는 그에 대하여 취득시효 완성으로 대항할 수 없다. 다만 그 부동산을 증여받은 자가 상속인 중 한 사람이라면 그 상속인은 적어도 자기의 상속지분 범위 내에서는 취득시효 완성 후의 새로운 이해관계인이라 할 수 없다 할 것이고, 따라서 여전히 그 지분 범위 내에서는 점유자에 대하여 취득시효 완성을 원인으로 한 소유권이전등기의무를 부담한다.

O I X

해설 判例에 따르면 소유자로부터 부동산을 증여받았으나 소유권이전등기를 하지 않고 있던 중에 소유자가 사망하여 상속이 개시되고 그 후 취득시효가 완성된 경우, **증여를 원인으로 한 소유권이전등기를 마친 수증자는 제3자에 해당하나**(취득시효 완성 후의 새로운 이해관계인에 해당), **이때 수증자가 상속인 중 한 사람인 경우 그 상속인이 가지고 있던 피상속인에 대한 증여를 원인으로 한 소유권이전등기청구권은 자기의 상속지분 범위 내에서는 상속에 의하여 혼동으로 소멸하므로**(제507조 참조) 점유자에 대하여는 취득시효 기간이 경과된 때에 새로 취득시효 완성을 원인으로 한 소유권이전등기의무를 부담하게 된다고 한다(대판 2012.3.15. 2011다59445). 그렇다면 이 경우에는 결국 **자기의 상속지분 범위 외에 대하여서만 제3자에 해당한다.**

참고판례 부동산에 대한 점유취득시효가 완성된 후 이를 등기하지 않고 있는 사이에 그 부동산에 관하여 제3자 명의의 소유권이전등기가 경료되어 점유자가 그 제3자에게 시효취득으로 대항할 수 없게 된 경우에도 점유자가 취득시효 당시의 소유자에 대한 시효취득으로 인한 소유권이전등기청구권을 상실하게 되는 것이 아니라 단지 그 소유자의 점유자에 대한 소유권이전등기의무가 이행불능으로 된 것에 불과하므로, 그 후 **어떠한 사유로 취득시효 완성 당시의 소유자에게로 소유권이 회복되면 그 소유자에게 시효취득의 효과를 주장할 수 있으나**, 취득시효 완성 후에 원 소유자가 일시 상실하였던 소유권을 회복한 것이 아니라 그 상속인이 소유권이전등기를 마쳤을 뿐인 경우에는 그 상속인의 등기가 실질적으로 상속재산의 협의분할과 동일시할 수 있는 등의 특별한 사정이 없는 한 **그 상속인은 점유자에 대한 관계에서 종전 소유자와 같은 지위에 있는 자로 볼 수 없고, 취득시효 완성 후의 새로운 이해관계인으로 보아야 하므로 그에 대하여는 취득시효 완성으로 대항할 수 없다**(대판 1999.2.12. 98다40688).

65

부동산의 소유명의자는 그 부동산에 대해 점유취득시효가 완성된 자에게 소유권이전등기를 하여 줄 의무를 부담하지만 그 시효가 완성된 자가 시효완성 후에 어떤 사정에 의하여 그 점유를 잃었다고 해서 그 점유자로부터 점유를 회수하여 다시 이를 시효가 완성된 자에게 돌려 줄 의무까지 부담한다고 할 수 없다.

O I X

해설 점유취득시효가 완성된 자에 대한 부동산 소유명의자의 의무 범위(대판 1997.3.28. 96다10638)

66

乙 소유 대지에 관하여 甲의 점유취득시효가 완성된 경우 甲은 乙에게 소유권이전등기절차의 이행을 청구할 수 있고 乙은 이에 응할 의무가 있으므로, 甲이 위 대지에 관하여 소유권이전등기를 경료하지 못한 상태에 있더라도 乙은 甲에 대하여 그 대지에 대한 불법점유임을 이유로 그 지상건물의 철거와 대지의 인도를 청구할 수 없고, 대지점유로 인한 부당이득반환이나 손해배상을 청구할 수도 없다.

O I X

67

부동산에 대한 취득시효가 완성되면 점유자는 소유명의자에 대하여 취득시효완성을 원인으로 한 소유권이전등기절차의 이행을 청구할 수 있고 소유명의자는 이에 응할 의무가 있으므로 점유자가 그 명의로 소유권이전등기를 경료하지 아니하여 아직 소유권을 취득하지 못하였다고 하더라도 소유명의자는 점유자에 대하여 점유로 인한 부당이득반환청구를 할 수 없다.

O I X

해설 **66 67** 부동산에 대한 점유취득시효가 완성하였으나 아직 소유권이전등기를 경료하지 아니한 자에 대한 소유명의자의 부당이득반환청구의 가부(소극)(대판 1993.5.25. 92다51280)

정답 | 63 × 64 ○ 65 ○ 66 ○ 67 ○

68

시효완성자가 시효완성 당시의 소유자에 대하여 점유로 인한 취득시효기간이 만료되었음을 원인으로 소유권이전등기청구를 하는 등 그 권리행사를 하거나 소유자가 시효완성 사실을 알고 점유자의 권리취득을 방해하려고 하는 등의 특별한 사정이 없는 한, 소유자는 시효완성자 명의로 소유권이전등기가 마쳐지기 전까지는 소유자로서 그 토지에 관한 적법한 권리를 행사할 수 있다.　　　　　　　　　　　　O | X

69

시효취득자는 원소유자의 적법한 권리행사로 인한 현상의 변경이나 제한물권의 설정 등이 이루어진 그 토지의 사실상 혹은 법률상 현상 그대로의 상태에서 등기에 의하여 그 소유권을 취득한다.　　　O | X

70

乙 소유의 토지를 시효취득한 甲이 그 사실을 알지 못하는 乙에 의하여 그 토지에 설정된 丙 명의의 근저당권을 제거하기 위하여 乙의 丙에 대한 피담보채무를 변제하고, 乙을 상대로 丙에 대한 변제액 상당을 부당이득반환으로 구하는 것은 인정된다.　　　　　　　　　　　　　　　　　　　　O | X

> **해설 68 69 70** 원소유자가 취득시효의 완성 이후 그 등기가 있기 전에 그 토지를 제3자에게 처분하거나 제한물권의 설정, 토지의 현상 변경 등 소유자로서의 권리를 행사하였다 하여 시효취득자에 대한 관계에서 불법행위가 성립하는 것이 아님은 물론 위 처분행위를 통하여 그 토지의 소유권이나 제한물권 등을 취득한 제3자에 대하여 취득시효의 완성 및 그 권리취득의 소급효를 들어 대항할 수도 없다 할 것이니, 이 경우 **시효취득자로서는 원소유자의 적법한 권리행사로 인한 현상의 변경이나 제한물권의 설정 등이 이루어진 그 토지의 사실상 혹은 법률상 현상 그대로의 상태에서 등기에 의하여 그 소유권을 취득하게 된다.** 따라서 시효취득자가 원소유자에 의하여 그 토지에 설정된 근저당권의 피담보채무를 변제하는 것은 시효취득자가 용인하여야 할 그 토지상의 부담을 제거하여 완전한 소유권을 확보하기 위한 것으로서 그 자신의 이익을 위한 행위라 할 것이니, 위 변제액 상당에 대하여 원소유자에게 대위변제를 이유로 구상권을 행사하거나 부당이득을 이유로 그 반환청구권을 행사할 수는 없다(대판 2006.5.12. 2005다75910).

71

양도담보권설정자가 양도담보부동산을 20년간 소유의 의사로 평온, 공연하게 점유하였다고 하더라도, 점유취득시효를 원인으로 하여 담보목적으로 경료된 소유권이전등기의 말소를 구할 수 없고, 이와 같은 효과가 있는 양도담보권설정자 명의로의 소유권이전등기를 구할 수도 없다.　　　　　　　　　O | X

72

진정한 권리자가 아니었던 채무자 또는 물상보증인이 채무담보의 목적으로 채권자에게 부동산에 관하여 저당권설정등기를 경료해준 후 그 부동산을 시효취득하는 경우 채무자 또는 물상보증인은 피담보채권의 변제의무 내지 책임이 있는 사람으로서 이미 저당권의 존재를 용인하고 점유하여 온 것이므로, 저당목적물의 시효취득으로 저당권자의 권리는 소멸하지 않는다.　　　　　　　　　　　　　O | X

갑이 X토지에 관하여 을에게 양도담보를 설정하고 이에 따라 을에게 소유권이전등기를 마쳐 주었는데, 갑이 X토지를 20년간 소유의 의사로 평온·공연하게 점유하여 점유취득시효가 완성된 경우, 갑은 을에게 점유취득시효를 원인으로 하여 담보목적으로 마쳐진을 명의의 소유권이전등기의 말소를 청구할 수 있다. ○ㅣX

[74~75]

> **[사실관계]** 甲은 X토지를 적법하게 매수하여 1993.1.20. 소유권이전등기를 경료하고 점유를 시작하였다. 이후 甲은 乙에게 1994.1.20. 6억 원을 빌리면서 당시 시가가 3억 원이었던 X토지에 대해 양도담보 약정을 맺고 등기명의를 乙에게 이전해주었다. 다만 甲은 2016년 현재까지 X토지를 계속 점유하였다. (가등기담보법의 적용은 없다고 전제할 것)

74 출제예상

甲이 X토지를 시효취득하게 되면 乙의 양도담보권은 소멸하므로 甲은 乙에게 乙명의 등기의 말소를 청구할 수 있다. ○ㅣX

75 출제예상

甲은 양도담보약정에 기해 대여금채권의 소멸시효 완성을 원인으로 하여 乙명의 등기를 말소할 것을 청구할 수 있다. ○ㅣX

해설 취득시효 완성의 효과
71 72 73 부동산점유취득시효는 '원시취득'에 해당하므로 특별한 사정이 없는 한 원소유자의 소유권에 가하여진 각종 제한에 의하여 영향을 받지 아니하는 완전한 내용의 소유권을 취득하는 것이지만, 진정한 권리자가 아니었던 채무자 또는 물상보증인이 채무담보의 목적으로 채권자에게 부동산에 관하여 저당권설정등기를 경료해 준 후 그 부동산을 시효취득하는 경우에는, **채무자 또는 물상보증인은 피담보채권의 변제의무 내지 책임이 있는 사람으로서 이미 저당권의 존재를 용인하고 점유하여 온 것이므로, 저당목적물의 시효취득으로 저당권자의 권리는 소멸하지 않는다.** 이러한 법리는 부동산 양도담보의 경우에도 마찬가지이므로, 양도담보권설정자가 양도담보부동산을 20년간 소유의 의사로 평온, 공연하게 점유하였다고 하더라도, 양도담보권자를 상대로 피담보채권의 시효소멸을 주장하면서 담보 목적으로 경료된 소유권이전등기의 말소를 구하는 것은 별론으로 하고, **점유취득시효를 원인으로 하여 담보 목적으로 경료된 소유권이전등기의 말소를 구할 수 없고, 이와 같은 효과가 있는 양도담보권설정자 명의로의 소유권이전등기를 구할 수도 없다**(대판 2015.2.26. 2014다21649).

피담보채권의 시효중단 여부
담보가등기를 경료한 토지를 인도받아 점유할 경우 담보가등기의 피담보채권의 소멸시효가 중단되는 것은 아니고, 담보가등기에 기한 소유권이전등기청구권의 소멸시효가 완성되기 전에 그 대상 토지를 인도받아 점유함으로써 소유권이전등기청구권의 소멸시효가 중단된다 하더라도 위 담보가등기의 피담보채권이 시효로 소멸한 이상 위 담보가등기 및 그에 기한 소유권이전등기는 결국 말소되어야 할 운명의 것이다(대판 2007.3.15. 2006다12701).

➡ **74** 甲은 스스로 설정해준 乙의 양도담보권을 인정하면서 X토지를 점유한 것이므로 양도담보권자 명의의 소유권이전등기의 말소를 구하거나, 이와 동일한 효과가 있는 자신 명의의 소유권이전등기 청구를 할 수 없다. **75** 다만, 乙의 차용금 채권은 10년의 소멸시효가 도과(제162조 제1항, 제166조 제1항, 제167조)하였으므로 甲은 乙의 대여금 채권이 소멸하였음을 이유로 乙 명의 등기의 말소를 구할 수는 있다.

정답ㅣ 68 ○ 69 ○ 70 × 71 ○ 72 ○ 73 × 74 × 75 ○

76

甲과 乙이 X토지의 특정 부분을 소유하나 등기부상으로는 1/2지분씩 공유하는 것으로 등기를 마쳤는데 甲의 특정 구분소유 부분에 관하여 2012.1.5. 丙의 점유취득시효가 완성되었다. 乙이 2012.2.14. 자신의 특정 구분소유 부분을 丁에게 양도하고 그에 따라 丁 명의로 토지 전체의 공유지분에 관한 지분이전등기가 경료되었다 하더라도, 丙은 원칙적으로 甲과 丁을 상대로 甲의 특정 구분소유 부분에 관하여 2012.1.5.자 취득시효 완성을 원인으로 한 소유권이전등기절차의 이행을 구할 수 있다.　　○│X

> 해설 구분소유적 공유관계에 있는 토지 중 공유자 1인의 특정 구분소유 부분에 관한 점유취득시효가 완성된 경우 다른 공유자의 특정 구분소유 부분이 다른 사람에게 양도되고 그에 따라 토지 전체의 공유지분에 관한 지분이전등기가 경료되었다면 **대외적인 관계에서는 점유취득시효가 완성된 특정 구분소유 부분 중 다른 공유자 명의의 지분에 관하여는 소유 명의자가 변동된 경우에 해당하므로**(대판 2006.10.12. 2006다44753, 점유자는 취득시효의 기산점을 임의로 선택하여 주장할 수 없다), 등기청구를 할 수 없다.
>
> ➡ 따라서 丙은 甲을 상대로 甲의 특정 구분소유 부분 중 1/2 공유지분에 관하여 2012.1.5.자 취득시효 완성을 원인으로 한 소유권이전등기절차의 이행을 구할 수 있으나, **丁의 1/2 공유지분에 관하여는 丁이 점유취득시효 완성 후 새로운 이해관계를 가진 제3자에 해당**하므로 취득시효 완성을 원인으로 한 소유권이전등기절차의 이행을 구할 수 없다.
>
> 참고판례 구분소유적 공유자 중 1인이 자신의 **특정 부분**을 제3자에게 양도하고 **지분에 관하여 이전등기**를 마쳐준 경우, 그 제3자는 특정 부분의 소유권을 취득하고 구분소유적 공유관계를 그대로 승계한다(대판 1991.5.10. 90다20039). 이 경우 다른 구분소유자의 동의를 얻어야 하는 것은 아니다(대판 2003.10.24. 2003다21087).
>
> ➡ 따라서 사안에서 乙이 2012.2.14. 자신의 특정 구분소유 부분을 丁에게 양도하고 그에 따라 丁 명의로 토지 전체의 공유지분에 관한 지분이전등기가 경료되었으므로 甲과 丁 사이에는 구분소유적 공유관계가 그대로 승계된다.

77

취득시효가 완성된 점유자는 소유권이전등기를 마치기 전이라도 점유권에 기하여 등기부상의 명의인을 상대로 점유방해의 배제를 청구할 수 있다.　　○│X

> 해설 시효취득자가 점유취득시효의 완성을 원인으로 하여 소유권이전등기를 청구하면서 그와 동시에 시효완성 후 토지소유자가 설치한 담장의 철거를 청구한 경우, 담장철거청구의 권원(= 점유권에 기한 방해배제청구권)
>
> 취득시효가 완성된 점유자는 점유권에 기하여 등기부상의 명의인을 상대로 점유방해의 배제를 청구할 수 있다 할 것인데, 시효취득자가 점유취득시효의 완성을 원인으로 하여 소유권이전등기를 청구하면서, 그와 동시에 시효 완성 후에 토지소유자가 멋대로 설치한 담장 등의 철거를 구하고 있을 뿐, 소유권에 기한 방해배제청구권에 기하여 위 담장 등의 철거를 구한 바 없고, 오히려 "토지소유자가 기존의 담장을 허물고 새로운 담장을 쌓은 것은 시효취득자의 점유를 침탈한 행위에 해당한다."라고 주장하였으며, 원심의 변론종결 직전에는 소유권에 기한 주장은 하지 아니하고 담장 등 철거 청구도 시효취득에 의하여서만 구하는 것이라고 진술하였는바, 그렇다면 시효취득자는 점유권에 기한 방해배제청구권의 행사로서 토지소유자를 상대로 담장 등의 철거를 청구하고 있는 것으로 보아야 한다(대판 2005.3.25. 2004다23899,23905).

78

취득시효기간이 완성되면 해당 부동산의 점유자는 취득시효 완성을 원인으로 하여 소유권 취득을 위한 등기청구권을 취득하는 것이 원칙이나, 예외적으로 미등기 부동산을 점유한 자는 그 취득시효 기간만 완성되면 소유권등기를 마치지 않고서도 그 부동산의 소유권을 바로 취득한다.　　○│X

해설 취득시효기간이 완성되었다고 하더라도 그것만으로 바로 소유권취득의 효력이 생기는 것이 아니라, 이를 원인으로 하여 **소유권취득을 위한 등기청구권이 발생하는 것에 불과**하고, 미등기 부동산의 경우라 하여 취득시효기간의 완성만으로 등기 없이도 점유자가 소유권을 취득한다고 볼 수 없다(대판 2013.9.13. 2012다5834).

79
20서기보

부동산 점유취득시효는 20년의 시효기간이 완성한 것만으로 점유자가 곧바로 소유권을 취득하는 것은 아니고, 점유자 명의로 등기를 함으로써 소유권을 취득하게 된다. ○ | X

80
14법무사, 15/19주사보

점유자는 부동산의 점유취득시효기간이 만료된 때에 그 소유권을 취득한다. ○ | X

해설 **79 80** 제245조(점유로 인한 부동산소유권의 취득기간) ① 20년간 소유의 의사로 평온, 공연하게 부동산을 점유하는 자는 '**등기함으로써**' 그 소유권을 취득한다.

81
14서기보

토지에 대한 취득시효 완성으로 인한 소유권이전등기청구권은 그 토지에 대한 점유가 계속되는 한 시효로 소멸하지 아니하고, 그 후 점유를 상실하였다고 하더라도 이를 시효이익의 포기로 볼 수 있는 경우가 아닌 한 이미 취득한 소유권이전등기청구권이 바로 소멸되는 것은 아니다. ○ | X

해설 대판 1996.3.8. 95다34866

82
14서기보

시효이익의 포기는 특별한 사정이 없는 한 시효취득자가 취득시효 완성 당시의 진정한 소유자에 대하여 하여야 그 효력이 발생하는 것이고 원인무효인 등기의 등기부상 소유명의자에게 그와 같은 의사를 표시하였다고 하여 그 효력이 발생하는 것은 아니다. ○ | X

해설 시효이익의 포기와 같은 상대방 있는 단독행위는 그 의사표시로 인하여 권리에 직접적인 영향을 받는 상대방에게 **도달하는 때에 효력이 발생한다** 할 것인바, 취득시효완성으로 인한 권리변동의 당사자는 시효취득자와 취득시효완성 당시의 진정한 소유자이고, 실체관계와 부합하지 않는 원인무효인 등기의 등기부상 소유명의자는 권리변동의 당사자가 될 수 없는 것이므로, 결국 시효이익의 포기는 달리 특별한 사정이 없는 한 시효취득자가 취득시효완성 당시의 진정한 소유자에 대하여 하여야 그 효력이 발생하는 것이지 원인무효인 등기의 등기부상 소유명의자에게 그와 같은 의사를 표시하였다고 하여 그 효력이 발생하는 것은 아니라 할 것이다(대판 1994.12.23. 94다40734).

정답 | 76 X 77 ○ 78 X 79 ○ 80 X 81 ○ 82 ○

83

부동산 점유취득시효 완성으로 인한 소유권 취득은 원시취득에 해당한다. ○ | X

> **해설** **부동산점유취득시효는 '원시취득'에 해당하므로** 특별한 사정이 없는 한 원소유자의 소유권에 가하여진 각종 제한에 의하여 영향을 받지 아니하는 완전한 내용의 소유권을 취득한다. 다만 이러한 효과는 시효완성자 앞으로 소유권이전등기가 경료된 때 생기는 것이고, 취득시효기간이 완성되었다고 하더라도 시효완성자 앞으로 등기를 마치지 아니한 이상 전 소유권에 붙어 있는 부담은 소멸되지 아니한다(대판 2004.9.24. 2004다31463).

84

등기부취득시효에는 선의·무과실의 점유가 요건으로 추가된다. ○ | X

> **해설** **제245조(점유로 인한 부동산소유권의 취득기간)** ② 부동산의 소유자로 등기한 자가 10년간 소유의 의사로 평온, 공연하게 선의이며 과실없이 그 부동산을 점유한 때에는 소유권을 취득한다.

85

판례에 의하면, 등기부취득시효에서 선의 및 무과실의 점유는 전 점유기간 동안에 계속 요구되지는 않고 점유개시 당시에 있으면 충분하다. ○ | X

> **해설** 등기부취득시효에서의 선의·무과실은 등기에 관한 것이 아니고 점유취득에 관한 것이다(대판 1998.1.20. 96다48527). 따라서 선의·무과실은 **점유개시시를 기준**으로 판단하며, 전 점유기간동안 선의·무과실일 필요는 없다(대판 1987.8.18. 87다카191).

86

민법 제245조 제2항이 정한 등기부취득시효의 요건인 '부동산의 소유자로 등기한 자'에서 말하는 등기는 적어도 적법·유효한 등기일 것을 요하며, 원칙적으로 무효의 등기에 터잡아서는 등기부취득시효가 인정될 수 없다. ○ | X

> **해설** 등기부취득시효의 요건으로서의 소유자로 등기한 자라 함은 적법 유효한 등기를 마친 자일 필요는 없고 무효의 등기를 마친 자라도 상관없다(대판 1994.2.8. 93다23367).

87

등기부취득시효의 등기는 소유권을 취득하는 자가 10년간 반드시 그의 명의로 등기될 필요는 없고 앞사람의 등기까지 아울러 그 기간 동안 부동산의 소유자로 등기되어 있으면 족하다. ○ | X

해설 부동산의 점유자가 전점유자의 등기기간을 합하여 10년간 그 부동산의 소유자로 등기되어 있는 경우 등기부취득시효의 완성 여부(적극)

등기부취득시효에 관한 민법 제245조 제2항의 규정에 위하여 소유권을 취득하는 자는 10년간 반드시 그의 명의로 등기되어 있어야 하는 것은 아니고 앞 사람의 등기까지 아울러 그 기간 동안 부동산의 소유자로 등기되어 있으면 된다고 할 것이다(대판 1989.12.26. 87다카2176 전합).

88

11법원행시, 15사무관, 17법무사

부동산의 명의신탁에 있어서 수탁명의자로 등기된 기간이 10년이 경과하였다고 하더라도 명의수탁자의 등기를 신탁자의 등기로 볼 수 없을 뿐만 아니라 명의수탁자의 등기를 통하여 그 등기명의를 보유하고 있다고 할 수도 없으므로 신탁자에게 위 부동산에 대한 시효취득은 인정될 수 없다. O | X

해설 명의신탁에 의하여 부동산의 소유자로 등기된 자는 그 사실만으로 당연히 부동산을 점유하는 것으로 볼 수 없음은 물론이고 설사 그의 점유가 인정된다고 하더라도 그 점유권원의 성질상 자주점유라 할 수 없는 것이고, 한편 명의신탁자가 스스로 점유를 계속하면서 등기명의를 수탁자에게 이전한 경우에 수탁자의 등기명의를 신탁자의 등기명의와 동일한 것으로 볼 수는 없다(대판 2002.4.26. 2001다8097).

89

19서기보

공유자 중 1인이 1필지 토지 중 특정부분만을 점유하여 왔다면 민법 제245조 제2항이 정한 '부동산의 소유자로 등기한 자'와 '그 부동산을 점유한 때'라는 등기부취득시효의 요건 중 특정부분을 제외한 나머지 부분에 관하여는 부동산의 점유라는 요건을 갖추지 못하였고, 그 특정부분 점유자가 1필지 토지에 관하여 가지고 있는 공유지분등기가 그 특정부분 자체를 표상하는 등기라고 볼 수는 없다. O | X

해설 **공유자 중 1인이 1필지 토지 중 특정부분만을 점유하여 왔다면** 민법 제245조 제2항이 정한 '부동산의 소유자로 등기한 자'와 '그 부동산을 점유한 때'라는 **등기부취득시효의 요건 중 특정부분을 제외한 나머지 부분에 관하여는 부동산의 점유라는 요건을 갖추지 못하였고, 그 특정부분 점유자가 1필지 토지에 관하여 가지고 있는 공유지분등기가 그 특정부분 자체를 표상하는 등기라고 볼 수는 없으므로,** 결국 그 특정부분에 대한 공유지분의 범위 내에서만 등기부취득시효가 완성되었다고 보아야 할 것이고, 그 1필지 토지가 공유로 등기한 구분소유적 공유관계에 있었던 토지라고 하여 달리 볼 수 없다(대판 2015.2.12. 2013다215515).

90

출제예상

부동산에 관한 소유권이전의 원인행위가 사해행위로 인정되어 취소되는 경우, 채권자와 등기명의인인 수익자의 관계에서만 상대적으로 무효이고 채권자와의 관계에서는 수익자의 소유가 아니므로, 수익자의 점유는 타인소유 부동산에 대한 등기부 취득시효의 기초가 되는 점유로 될 수 있다. O | X

정답 | 83 O 84 O 85 O 86 × 87 O 88 O 89 O 90 ×

부동산에 관한 소유권이전의 원인행위가 사해행위로 인정되어 취소되더라도, 그 사해행위취소의 효과는 채권자와 수익자 사이에서 상대적으로 생길 뿐이다. 따라서 **사해행위가 취소되더라도 그 부동산은 여전히 수익자의 소유이고, 다만 채권자에 대한 관계에서 채무자의 책임재산으로 환원되어 강제집행을 당할 수 있는 부담을 지고 있는 데 지나지 않는다.** 그러므로 이 사건 각 부동산에 대하여 원고의 등기부취득시효가 인정되려면, 자기 소유 부동산에 대한 취득시효가 인정될 수 있다는 것이 전제되어야 한다. 그러나 **부동산에 관하여 적법·유효한 등기를 하여 그 소유권을 취득한 사람이 당해 부동산을 점유하는 경우에는 특별한 사정이 없는 한 사실상태를 권리관계로 높여 보호할 필요가 없고,** 부동산의 소유명의자는 그 부동산에 대한 소유권을 적법하게 보유하는 것으로 추정되어 소유권에 대한 증명의 곤란을 구제할 필요 역시 없으므로, **그러한 점유는 취득시효의 기초가 되는 점유라고 할 수 없다**(대판 2016.10.27. 2016다224596; 대판 2016.11.25. 2013다206313).

사실관계 채권자는 사해행위취소의 판결이 확정됨으로써 그 등기 명의를 채무자 앞으로 회복하여 강제집행을 할 수 있게 되었는데, 수익자가 그러한 부담을 안고 있다는 사정을 잘 알고 있는 상태에서 위 판결 전후 기간 동안 부동산을 점유한 사례에서, 수익자의 등기부취득시효 주장을 인정하지 않은 사안

[91~94]

> **[사실관계]** 甲소유의 X토지에 관하여 乙이 등기에 필요한 서류를 위조하여 무효의 소유권이전등기를 한 다음 이를 모르는 丙에게 X토지를 매도하고 소유권이전등기를 해 준 상태에서 丙이 등기부취득시효를 완성하였다.

91
출제예상

甲이 소유권에 기하여 乙과 丙을 상대로 각 소유권이전등기의 말소를 청구하면, 등기부취득시효를 완성한 丙뿐만 아니라 乙도 甲의 소유권 상실을 주장하여 甲의 청구에 대항할 수 있다. ○│✕

92
출제예상

甲이 丙을 상대로 제기한 소유권이전등기 말소등기 청구의 소가 패소 확정되면 원래 소유자였던 甲은 乙에게 채무불이행을 원인으로 한 손해배상청구권을 행사할 수 없다 ○│✕

93
출제예상

만약 甲이 乙의 고의를 이유로 불법행위에 기한 손해배상을 청구할 수 있다면, 손해배상액(부동산의 시가 상당액)의 기준시점은 丙이 등기부취득시효를 완성한 때이다. ○│✕

94
출제예상

만약 甲이 乙의 고의를 이유로 불법행위에 기한 손해배상을 청구할 수 있다면, 이러한 손해배상청구권의 소멸시효는 丙이 등기부취득시효를 완성한 때부터 진행한다. ○│✕

해설 이하의 내용은 등기부취득시효로 인해 소유권을 상실하게 된 원소유자의 구제수단과 관련한 대판 2008.6.12. 2007다36445의 판시 내용을 기본으로 하여 만든 사례문제이다.

91 甲이 소유권에 기하여 乙과 丙을 상대로 각 소유권이전등기의 말소를 청구하면, 등기부취득시효를 완성한 丙뿐만 아니라 乙도 甲의 소유권 상실을 주장하여 甲의 청구에 대항할 수 있다(대판 1995.3.3. 94다7348). 다만, 소송에서 丙만 등기부취득시효를 주장하고 乙은 丙의 등기부취득시효를 주장하지 않으면 변론주의 원칙에 따라 甲의 丙에 대한 청구는 기각되지만 乙에 대한 청구는 인용될 수 있다(대판 1991.4.12. 90다9872).

92 물권적 청구권의 이행불능으로 인한 전보배상청구가 인정되는지 여부

소유자가 자신의 소유권에 기하여 실체관계에 부합하지 아니하는 등기의 명의인을 상대로 그 등기말소나 진정명의회복 등을 청구하는 경우에, 그 권리는 물권적 청구권으로서의 방해배제청구권(제214조)의 성질을 가진다. 그러므로 소유자가 그 후에 소유권을 상실함으로써 이제 등기말소 등을 청구할 수 없게 되었다면, 이를 위와 같은 청구권의 실현이 객관적으로 불능이 되었다고 파악하여 등기말소 등 의무자에 대하여 그 권리의 이행불능을 이유로 민법 제390조상의 손해배상청구권을 가진다고 말할 수 없다. 위 법규정에서 정하는 **채무불이행을 이유로 하는 손해배상청구권은 계약 또는 법률에 기하여 이미 성립하여 있는 채권관계에서 본래의 채권이 동일성을 유지하면서 그 내용이 확장되거나 변경된 것으로서 발생한다. 그러나 위와 같은 등기말소청구권 등의 물권적 청구권은 그 권리자인 소유자가 소유권을 상실하면 이제 그 발생의 기반이 아예 없게 되어 더 이상 그 존재 자체가 인정되지 아니하는 것이다.** 이러한 법리는 선행소송에서 소유권보존등기의 말소등기청구가 확정되었다고 하더라도 그 청구권의 법적 성질이 채권적 청구권으로 바뀌지 아니하므로 마찬가지이다(대판 2012.5.17. 2010다28604 전합).

93 判例에 따르면 甲은 乙을 상대로 불법행위를 원인으로 한 손해배상을 청구할 수 있다. 다만 **손해배상액**(부동산의 시가 상당액)의 기준시점은 소유권 상실의 결과가 '현실화된' 등기부취득시효 완성자를 상대로 한 말소등기청구소송에서 **패소 확정된 때**라는 것이 判例의 기본적인 입장이다(대판 2005.9.15. 2005다29474 참고).

94 甲이 乙에 대하여 갖는 소유권 상실로 인한 손해배상청구권의 소멸시효(제766조 2항의 불법행위를 한 날부터 10년)가 언제부터 진행하는지 문제되는바, 判例는 "가해행위와 이로 인한 현실적인 손해의 발생 사이에 시간적 간격이 있는 불법행위에 기한 손해배상채권의 경우, 소멸시효의 기산점이 되는 '불법행위를 한 날'의 의미는 단지 관념적이고 부동적인 상태에서 잠재적으로만 존재하고 있는 손해가 그 후 현실화되었다고 볼 수 있는 때, 즉 손해의 결과발생이 현실적인 것으로 되었다고 할 수 있을 때로 보아야 할 것인바(대판 1990.1.12. 88다카25168 등), 무권리자가 위법한 방법으로 그의 명의로 부동산에 관한 소유권보존등기나 소유권이전등기를 마친 다음 제3자에게 이를 매도하여 제3자 명의로 소유권이전등기를 마쳐준 경우 제3자가 소유자의 등기말소 청구에 대하여 시효취득을 주장하는 때에는 제3자 명의의 등기의 말소 여부는 소송 등의 결과에 따라 결정되는 특별한 사정이 있으므로, **소유자의 소유권 상실이라는 손해는 소송 등의 결과가 나오기까지는 관념적이고 부동적인 상태에서 잠재적으로만 존재하고 있을 뿐 아직 현실화되었다고 볼 수 없고, 소유자가 제3자를 상대로 제기한 등기말소 청구 소송이 패소 확정될 때에 그 손해의 결과발생이 현실화된다고 볼 것**이며, 그 등기말소 청구 소송에서 제3자의 등기부 시효취득이 인정된 결과 소유자가 패소하였다고 하더라도 그 **등기부 취득시효 완성 당시에 이미 손해가 현실화되었다고 볼 것은 아니다.**"(대판 2008.6.12. 2007다36445)라고 판시하여 원소유자 甲이 등기부취득시효 완성자 丙을 상대로 제기한 소유권이전등기 말소등기 청구의 소에서 패소 확정된 때부터 10년의 소멸시효가 진행한다는 입장을 취하고 있다.

95 19서기보

10년간 소유의 의사로 평온·공연하게 동산을 점유한 자는 그 소유권을 취득하며, 그 점유가 선의이며 과실 없이 개시된 경우에는 5년을 경과함으로써 그 소유권을 취득한다. ○ | ×

해설 **제246조(점유로 인한 동산소유권의 취득기간)** ① 10년간 소유의 의사로 평온, 공연하게 동산을 점유한 자는 그 소유권을 취득한다.
② 전항의 점유가 선의이며 과실없이 개시된 경우에는 5년을 경과함으로써 그 소유권을 취득한다.

정답 | **91** ○ **92** ○ **93** × **94** × **95** ○

96

무주의 부동산은 국유로 하고, 사육하는 야생동물도 다시 야생상태로 돌아가면 무주물로 한다. O|X

> **해설** **제252조(무주물의 귀속)** ① 무주의 동산을 소유의 의사로 점유한 자는 그 소유권을 취득한다.
> ② 무주의 부동산은 국유로 한다.
> ③ 야생하는 동물은 무주물로 하고 사양하는 야생동물도 다시 야생상태로 돌아가면 무주물로 한다.

97

무주의 부동산 및 동산은 국유로 한다. O|X

> **해설** **제252조(무주물의 귀속)** ① **무주의 동산을 소유의 의사로 점유한 자는 그 소유권을 취득한다.**
> ② **무주의 부동산은 국유로 한다.**
> ③ 야생하는 동물은 무주물로 하고 사양하는 야생동물도 다시 야생상태로 돌아가면 무주물로 한다.
>
> ➡ 무주의 '동산'을 소유의 의사로 점유한 자는 소유권을 취득할 뿐 국유로 하는 것은 아니다.

98

매장물은 법률에 정한 바에 의하여 공고한 후 6개월 내에 그 소유자가 권리를 주장하지 아니하면 그 발견자가 그 소유권을 취득하고, 유실물은 법률에 정한 바에 의하여 1년 내에 그 소유자가 권리를 주장하지 아니하면 습득자가 그 소유권을 취득한다. O|X

> **해설** **제254조(매장물의 소유권취득)** 매장물은 법률에 정한 바에 의하여 공고한 후 **1년 내**에 그 소유자가 권리를 주장하지 아니하면 발견자가 그 소유권을 취득한다. 그러나 타인의 토지 기타 물건으로부터 발견한 매장물은 그 토지 기타 물건의 소유자와 발견자가 절반하여 취득한다.
>
> **제253조(유실물의 소유권취득)** 유실물은 법률에 정한 바에 의하여 공고한 후 **6개월 내**에 그 소유자가 권리를 주장하지 아니하면 습득자가 그 소유권을 취득한다.

99

무주의 동산도 학술, 기예, 또는 고고의 중요한 재료가 되는 물건에 대하여는 국유로 하고, 그 습득자, 발견자 및 매장물이 발견된 토지 기타 물건의 소유자는 국가에 대하여 적당한 보상을 청구할 수 있다. O|X

> **해설** **제255조(문화재의 국유)** ① 학술, 기예 또는 고고의 중요한 재료가 되는 물건에 대하여는 제252조 제1항 및 전2조의 규정에 의하지 아니하고 국유로 한다.

100

부동산의 소유자는 그 부동산에 부합한 동산의 소유권을 취득하고, 그 동산의 소유권이 소멸한 경우 그 동산을 목적으로 하는 다른 권리도 소멸하나, 대신 이로 인하여 손해를 받은 자는 부동산 소유자를 상대로 부당이득 규정에 의한 보상을 청구할 수 있다. ○ | X

> 해설 **제256조(부동산에의 부합)** 부동산의 소유자는 그 부동산에 부합한 물건의 소유권을 취득한다. 그러나 타인의 권원에 의하여 부속된 것은 그러하지 아니하다.
>
> **제260조(첨부의 효과)** ① 전4조의 규정(부합의 규정)에 의하여 동산의 소유권이 소멸한 때에는 그 동산을 목적으로 한 다른 권리도 소멸한다.
>
> **제261조(첨부로 인한 구상권)** 전5조의 경우(부합의 규정)에 손해를 받은 자는 부당이득에 관한 규정에 의하여 보상을 청구할 수 있다.

101

민법 제261조는 첨부로 소유권 취득이 인정된 경우에 "손해를 받은 자는 부당이득에 관한 규정에 의하여 보상을 청구할 수 있다"라고 규정하고 있는바, 이러한 보상청구가 인정되기 위해서는 민법 제261조의 요건 외에 부당이득 법리에 따른 판단에 의하여 부당이득의 요건이 모두 충족되어야 한다. ○ | X

매도인에게 소유권이 유보된 자재가 제3자와 매수인과 사이에 이루어진 도급계약의 이행에 의하여 부합된 경우, 제3자가 도급계약에 의하여 제공된 자재의 소유권이 유보된 사실에 관하여 과실 없이 알지 못한 경우라면 선의취득의 경우와 마찬가지로 제3자가 그 자재의 귀속으로 인한 이익을 보유할 수 있는 법률상 원인이 있다고 봄이 상당하므로 매도인으로서는 그에 관하여 민법 제261조에 의한 보상청구를 할 수 없다. ○ | X

> 해설 **101** 민법 제261조에서 첨부로 법률규정에 의한 소유권 취득(민법 제256조 내지 제260조)이 인정된 경우에 "손해를 받은 자는 부당이득에 관한 규정에 의하여 보상을 청구할 수 있다."라고 규정하고 있는바, 이러한 보상청구가 인정되기 위해서는 민법 제261조 자체의 요건뿐만 아니라, 부당이득 법리에 따른 판단에 의하여 부당이득의 요건이 모두 충족되었다고 인정되어야 한다. **102** 매도인에게 소유권이 유보된 자재가 제3자와 매수인 사이에 이루어진 도급계약의 이행으로 제3자 소유 건물의 건축에 사용되어 부합된 경우 보상청구를 거부할 법률상 원인이 있다고 할 수 없지만, **제3자가 도급계약에 의하여 제공된 자재의 소유권이 유보된 사실에 관하여 과실 없이 알지 못한 경우라면 선의취득의 경우와 마찬가지로 제3자가 그 자재의 귀속으로 인한 이익을 보유할 수 있는 법률상 원인이 있다고 봄이 상당하므로, 매도인으로서는 그에 관한 보상청구를 할 수 없다.** 이러한 법리는 매도인에게 소유권이 유보된 자재가 본인에게 효력이 없는 계약에 기초하여 매도인으로부터 무권대리인에게 이전되고, 무권대리인과 본인 사이에 이루어진 도급계약의 이행으로 본인 소유 건물의 건축에 사용되어 부합된 경우에도 마찬가지로 적용된다(대판 2018.3.15. 2017다282391).

정답 | **96** ○ **97** × **98** × **99** ○ **100** ○ **101** ○ **102** ○

103

18서기보

민법 제256조에 의하여 부동산에 부합된 것으로 인정되기 위해서는 그 물건을 훼손하거나 과다한 비용을 지출하지 않고서는 분리할 수 없을 정도로 부착·합체되었는지 여부 등을 종합하여 판단하여야 하고, 이러한 부동산에의 부합에 관한 법리는 건물의 증축 뿐 아니라 신축의 경우에도 적용된다. ○ | X

> **해설** 대판 2017.7.18. 2016다38290 참조

104

17법원행시

토지소유자의 승낙을 받지는 않았으나 토지임차인의 승낙을 받아 그 부동산에 사철나무를 심었다면, 특별한 사정이 없는 한 토지소유자에 대하여 그 나무의 소유권을 주장할 수 있다. ○ | X

> **해설** 권원 없이 토지임차인의 승락만 받고 그 지상에 식재한 수목의 소유권 귀속
> 민법 제256조 단서 소정의 "권원"이라 함은 지상권, 전세권, 임차권 등과 같이 타인의 부동산에 자기의 동산을 부속시켜서 그 부동산을 이용할 수 있는 권리를 뜻하므로 그와 같은 권원이 없는 자가 **토지소유자의 승락을 받음이 없이 그 임차인의 승락만을 받아 그 부동산 위에 나무를 심었다면 특별한 사정이 없는 한 토지소유자에 대하여 그 나무의 소유권을 주장할 수 없다**(대판 1989.7.11. 88다카9067).

105

18법무사

민법 제256조는 "부동산의 소유자는 그 부동산에 부합한 물건의 소유권을 취득한다. 그러나 타인의 권원에 의하여 부속된 것은 그러하지 아니하다."라고 규정하고 있다. 지상권을 설정한 토지소유자로부터 토지를 이용할 수 있는 권리를 취득하였다고 하더라도 지상권이 존속하는 한 이와 같은 권리는 원칙적으로 민법 제256조 단서가 정한 '권원'에 해당하지 아니한다. ○ | X

> **해설** 민법 제256조는 "부동산의 소유자는 그 부동산에 부합한 물건의 소유권을 취득한다. 그러나 타인의 권원에 의하여 부속된 것은 그러하지 아니하다."라고 규정하고 있다. 위 조항 단서에서 말하는 '권원'이라 함은 지상권, 전세권, 임차권 등과 같이 타인의 부동산에 자기의 동산을 부속시켜서 부동산을 이용할 수 있는 권리를 뜻하므로, 그와 같은 권원이 없는 자가 타인의 토지 위에 나무를 심었다면 특별한 사정이 없는 한 토지소유자에 대하여 나무의 소유권을 주장할 수 없다. 지상권자는 타인의 토지에 건물 기타 공작물이나 수목을 소유하기 위하여 그 토지를 사용하는 권리가 있으므로(민법 제279조), 지상권설정등기가 경료되면 토지의 사용·수익권은 지상권자에게 있고, 지상권을 설정한 토지소유자는 지상권이 존속하는 한 토지를 사용·수익할 수 없다. 따라서 **지상권을 설정한 토지소유자로부터 토지를 이용할 수 있는 권리를 취득하였다고 하더라도 지상권이 존속하는 한 이와 같은 권리는 원칙적으로 민법 제256조 단서가 정한 '권원'에 해당하지 아니한다**(대판 2018.3.15. 2015다69907).

106

금융기관이 대출금 채권의 담보를 위하여 토지에 저당권과 함께 지료 없는 지상권을 설정하면서 채무자 등의 사용·수익권을 배제하지 않은 경우, 제3자가 토지소유자로부터 그 토지를 사용·수익할 수 있는 권리를 취득하여 수목을 식재하였다면 특별한 사정이 없는 한 위 수목은 제3자의 권원에 의하여 식재된 것이어서 위 토지에 부합하지 않는다. ○ | ×

> **해설** 금융기관이 대출금 채권의 담보를 위하여 토지에 저당권과 함께 지료 없는 지상권을 설정하면서 채무자 등의 사용·수익권을 배제하지 않은 경우, 지상권은 저당권이 실행될 때까지 제3자가 용익권을 취득하거나 목적 토지의 담보가치를 하락시키는 침해행위를 하는 것을 배제함으로써 저당 부동산의 담보가치를 확보하는 데에 목적이 있으므로, 토지소유자는 저당 부동산의 담보가치를 하락시킬 우려가 있는 등의 특별한 사정이 없는 한 토지를 사용·수익할 수 있다고 보아야 한다. 따라서 그러한 토지소유자로부터 토지를 사용·수익할 수 있는 권리를 취득하였다면 이러한 권리는 민법 제256조 단서가 정한 '권원'에 해당한다고 볼 수 있다(대판 2018.3.15. 2015다69907).
>
> **쟁점정리** 담보지상권
> 금융기관이 대출금 반환채권의 담보를 위하여 채무자 또는 물상보증인 소유의 토지에 저당권을 취득함과 아울러 그 토지에 지료를 지급하지 아니하는 지상권을 취득하면서 채무자 등으로 하여금 그 토지를 계속하여 점유·사용토록 하는 경우가 많은데, 이러한 지상권은 통상적으로 저당권이 실행될 때까지 제3자가 용익권을 취득하거나 목적토지의 담보가치를 하락시키는 침해행위를 하는 것을 배제함으로써 저당부동산의 담보가치를 확보하는데에 그 목적이 있는 것으로서 일반적으로 유효한 것으로 인정되고 있다(대결 2004.3.29. 2003마1753 등). 이를 '담보지상권'이라 하는데, 지상권을 담보목적으로 전용한 예이다.

107

부동산에 부합된 물건이 사실상 분리복구가 불가능하여 거래상 독립한 권리의 객체성을 상실하고 그 부동산과 일체를 이루는 구성부분이 된 경우에는 타인이 권원에 의하여 이를 부합시킨 것이 아닌 이상 그 물건의 소유권은 부동산의 소유자에게 귀속된다. ○ | ×

108

부동산에 부합된 물건이 사실상 분리복구가 불가능하여 거래상 독립한 권리의 객체성을 상실하고 그 부동산과 일체를 이루는 부동산의 구성 부분이 된 경우라도 타인이 권원에 의하여 이를 부합시켰으면 민법 제256조 단서에 따라 그 물건의 소유권은 부동산의 소유자에게 귀속되지 않는다. ○ | ×

> **해설** **107 108** 부합한 물건이 타인의 '권원'에 의하여 '부속'된 것인 때에는, 그 부합물은 부동산의 소유자의 소유가 되지 않고 그것을 부속시킨 자의 소유로 된다(제256조 단서). 여기서 **부속**이라 함은 부합과 구별되는 개념으로 부동산의 본질적 구성부분으로 되지는 않을 정도로 결합한 것을 의미한다(다수설)(제256조 본문의 '부합'은 강한부합, 약한부합을 모두 포함하는 반면, 제256조 단서의 '부속'은 약한부합을 의미한다). 이와 같이 부합된 물건에 대하여 독립된 소유권이 인정되기 위해서는 그 전제로 먼저 그 물건의 **'독립성'**이 인정되어야 한다.
> 따라서 判例가 판시하는 바와 같이 "부동산에 부합된 물건이 사실상 분리복구가 불가능하여 거래상 독립한 권리의 객체성을 상실하고 그 부동산과 일체를 이루는 부동산의 구성부분이 된 경우에는, **타인이 권원에 의하여 이를 부합시킨 경우에도** 그 물건의 소유권은 부동산의 소유자에게 귀속된다(대판 2008.5.8. 2007다36933,36940).
>
> ➡ 결국 부합된 물건에 독립성이 인정되지 않는 경우에는 권원이 있다고 하여도 제256조 단서는 적용되지 않는다.

정답 | 103 ○ **104** × **105** ○ **106** ○ **107** × **108** ×

109

부동산에 부합된 물건이 사실상 분리복구가 불가능하여 거래상 독립한 권리의 객체성을 상실하고 그 부동산과 일체를 이루는 부동산의 구성부분이 된 경우에는 타인이 권원에 의하여 이를 부합시켰더라도 그 물건의 소유권은 부동산의 소유자에게 귀속되어 부동산의 소유자는 방해배제청구권에 기하여 부합물의 철거를 청구할 수 없고, 부합물이 위와 같은 요건을 충족하지 못해 그 물건의 소유권이 부동산의 소유자에게 귀속되었다고 볼 수 없는 경우에도 부동산의 소유자는 방해배제청구권에 기하여 부합물의 철거를 청구할 수 없다. ○ | X

> **해설** 부동산에 부합된 물건이 사실상 분리복구가 불가능하여 거래상 독립한 권리의 객체성을 상실하고 그 부동산과 일체를 이루는 부동산의 구성부분이 된 경우에는 타인이 권원에 의하여 이를 부합시켰더라도 그 물건의 소유권은 부동산의 소유자에게 귀속되어 부동산의 소유자는 방해배제청구권에 기하여 부합물의 철거를 청구할 수 없지만, 부합물이 위와 같은 요건을 충족하지 못해 그 물건의 소유권이 부동산의 소유자에게 귀속되었다고 볼 수 없는 경우에는 부동산의 소유자는 방해배제청구권에 기하여 부합물의 철거를 청구할 수 있다(대판 2020.4.9. 2018다264307).

110

동산과 동산이 부합하여 훼손하지 아니하면 분리할 수 없거나 그 분리에 과다한 비용을 요할 경우에는 그 합성물의 소유권은 주된 동산의 소유자에게 속하지만, 부합한 동산의 주종을 구별할 수 없는 때에는 그 합성물을 합유로 한다. ○ | X

111

동산과 동산이 부합하여 훼손하지 아니하면 분리할 수 없거나 그 분리에 과다한 비용을 요할 경우에는 그 합성물의 소유권은 주된 동산의 소유자에게 속하지만, 부합한 동산의 주종을 구별할 수 없는 때에는 동산의 소유자는 현재 가액의 비율로 합성물을 공유한다. ○ | X

> **해설** **110 111 제257조(동산간의 부합)** 동산과 동산이 부합하여 훼손하지 아니하면 분리할 수 없거나 그 분리에 과다한 비용을 요할 경우에는 그 합성물의 소유권은 주된 동산의 소유자에게 속한다. 부합한 동산의 주종을 구별할 수 없는 때에는 동산의 소유자는 부합당시의 가액의 비율로 합성물을 공유한다.

112

타인의 동산에 가공한 때에, 가공으로 인한 가액의 증가가 원재료의 가액보다 현저히 다액인 때에는 가공자의 소유로 한다. ○ | X

> **해설** **제259조(가공)** ① 타인의 동산에 가공한 때에는 그 물건의 소유권은 원재료의 소유자에게 속한다. 그러나 가공으로 인한 가액의 증가가 원재료의 가액보다 현저히 다액인 때에는 가공자의 소유로 한다.

113

18법무사

부합, 혼화, 가공으로 동산 소유권이 소멸한 때에는 그 동산을 목적으로 한 다른 권리도 소멸한다.

○ | X

> **해설** **제260조(첨부의 효과)** ① 전4조의 규정에 의하여 동산의 소유권이 소멸한 때에는 그 동산을 목적으로 한 다른 권리도 소멸한다.

114

출제예상

건물의 증축 부분이 기존 건물에 부합하여 기존 건물과 분리해서는 별개의 독립물로서의 효용을 갖지 못하는 경우, 기존 건물에 대한 경매절차에서 경매 목적물로 평가되지 않았더라도 매수인은 부합된 증축 부분의 소유권을 취득한다.

○ | X

> **해설** 건물의 증축 부분이 기존건물에 부합하여 기존건물과 분리하여서는 별개의 독립물로서의 효용을 갖지 못하는 이상 기존건물에 대한 근저당권은 **민법 제358조에 의하여 부합된 증축 부분에도 효력이 미치는 것**이므로 기존건물에 대한 경매절차에서 경매목적물로 평가되지 아니하였다고 할지라도 경락인은 부합된 증축 부분의 소유권을 취득한다(대판 2002.10.25. 2000다63110).

115

출제예상

타인이 그 권원에 의하여 부동산에 부속시킨 물건이라 할지라도 그 부속된 물건이 분리되면 경제적 가치가 없게 되는 경우에는 원래의 부동산 소유자의 소유에 귀속된다.

○ | X

> **해설** 어떠한 동산이 부동산에 부합된 것으로 인정되기 위해서는 그 동산을 훼손하거나 과다한 비용을 지출하지 않고서는 분리할 수 없을 정도로 부착·합체되었는지 여부 및 그 물리적 구조, 용도와 기능면에서 기존 부동산과는 독립한 경제적 효용을 가지고 거래상 별개의 소유권의 객체가 될 수 있는지 여부 등을 종합하여 판단하여야 할 것이고(대판 2003.5.16. 2003다14959, 14966), **부합물에 관한 소유권 귀속의 예외를 규정한 민법 제256조 단서의 규정은 타인이 그 권원에 의하여 부속시킨 물건이라 할지라도 그 부속된 물건이 분리하여 경제적 가치가 있는 경우에 한하여 부속시킨 타인의 권리에 영향이 없다는 취지**이지 분리하여도 경제적가치가 없는 경우에는 원래의 부동산 소유자의 소유에 귀속되는 것이고, 경제적 가치의 판단은 부속시킨 물건에 대한 일반 사회통념상의 경제적 효용의 독립성 유무를 그 기준으로 하여야 한다(대판 2007.7.27. 2006다39270).

116

출제예상

매도인에게 소유권이 유보된 자재가 매수인(수급인)과 제3자(도급인) 사이에 이루어진 도급계약의 이행으로 제3자 (도급인) 소유 건물의 건축에 사용되어 부합된 경우, 제3자(도급인)는 소유권유보 사실에 대하여 선의·무과실이라도 매도인의 보상청구에 대해 이를 거부할 수 없다.

○ | X

정답 | **109** × **110** × **111** × **112** ○ **113** ○ **114** ○ **115** ○ **116** ×

매도인에게 소유권이 유보된 자재가 제3자와 매수인 사이에 이루어진 도급계약의 이행으로 제3자 소유 건물의 건축에 사용되어 부합된 경우, 제3자가 도급계약에 의하여 제공된 자재의 소유권이 유보된 사실에 관하여 과실 없이 알지 못했다면 매도인으로서는 그에 관한 보상청구를 할 수 없고, 이는 매도인에게 소유권이 유보된 자재가 본인에게 효력이 없는 계약에 기초하여 매도인으로부터 무권대리인에게 이전되고, 무권대리인과 본인 사이에 이루어진 도급계약의 이행으로 본인 소유 건물의 건축에 사용되어 부합된 경우에도 마찬가지이다. ○ | X

> **해설 116 117** 어떠한 동산이 민법 제256조에 의하여 부동산에 부합된 것으로 인정되기 위해서는 그 동산을 훼손하거나 과다한 비용을 지출하지 않고서는 분리할 수 없을 정도로 부착·합체되었는지 여부 및 그 물리적 구조, 용도와 기능면에서 기존 부동산과는 독립한 경제적 효용을 가지고 거래상 별개의 소유권의 객체가 될 수 있는지 여부 등을 종합하여 판단하여야 하고, 이러한 부동산에의 부합에 관한 법리는 건물의 증축의 경우는 물론 건물의 신축의 경우에도 그대로 적용될 수 있다. 민법 제261조에서 첨부로 법률규정에 의한 소유권 취득(민법 제256조 내지 제260조)이 인정된 경우에 '손해를 받은 자는 부당이득에 관한 규정에 의하여 보상을 청구할 수 있다'라고 규정하고 있는바, 이러한 보상청구가 인정되기 위해서는 민법 제261조 자체의 요건만이 아니라, 부당이득 법리에 따른 판단에 의하여 부당이득의 요건이 모두 충족되었음이 인정되어야 한다. 매도인에게 소유권이 유보된 자재가 제3자와 매수인 사이에 이루어진 도급계약의 이행으로 제3자 소유 건물의 건축에 사용되어 부합된 경우 보상청구를 거부할 법률상 원인이 있다고 할 수 없지만, **제3자가 도급계약에 의하여 제공된 자재의 소유권이 유보된 사실에 관하여 과실 없이 알지 못한 경우라면 선의취득의 경우와 마찬가지로 제3자가 그 자재의 귀속으로 인한 이익을 보유할 수 있는 법률상 원인이 있다**고 봄이 상당하므로, 매도인으로서는 그에 관한 보상청구를 할 수 없다(대판 2009.9.24. 2009다15602).
>
> **사실관계** 甲은 대금을 다 받을 때까지 철강제품의 소유권은 甲에게 있는 것으로 하여 (소유권유보부로) 乙과 철강제품 공급계약을 체결하고, 합계 1억 3천만 원 상당의 철강제품을 乙에게 공급하였으나 대금은 받지 못하였다. 한편 乙은 丙으로부터 건물의 증축 및 신축에 관해 도급을 받으면서, 丙 명의로 건축허가를 받아 甲으로부터 공급받은 위 철강제품 모두를 건물의 골조공사에 투입하고 공사를 진행하던 중, 기성고 80% 상태에서 공사를 중단하였다. 이에 丙이 잔여 공사를 진행하여 공사를 완료한 후 신축 건물에 대해 丙 명의로 소유권보존등기를 마쳤다. 이에 甲은 丙을 상대로, 위 철강제품이 건물에 부합(제256조 본문)됨으로써 丙은 위 철강제품의 매매대금인 1억 3천만원 상당의 이익을 얻고 甲은 그 대금 상당의 손해를 입었다고 하여, 부당이득의 반환을 청구하였다(제261조).

양도담보권의 목적인 주된 동산에 다른 동산이 부합되어 부합된 동산에 관한 권리자가 권리를 상실하는 손해를 입은 경우 주된 동산이 담보물로서 가치가 증가된 데 따른 실질적 이익은 주된 동산에 관한 양도담보권설정자에게 귀속되는 것이므로, 이 경우 부합으로 인하여 권리를 상실하는 자는 양도담보권설정자를 상대로 민법 제261조에 따라 보상을 청구할 수 있을 뿐 양도담보권자를 상대로 보상을 청구할 수는 없다. ○ | X

119

양도담보권의 목적인 주된 동산에 다른 동산이 부합되어 부합된 동산에 관한 권리자가 권리를 상실하는 손해를 입은 경우, 민법 제261조에 따라 보상을 청구할 수 있는 상대방은 양도담보권자이다. O | X

> **해설** **118 119** **부당이득반환청구에서 이득이란 실질적인 이익을 의미하는데**, 동산에 대하여 양도담보권을 설정하면서 양도담보권설정자가 양도담보권자에게 담보목적인 동산의 소유권을 이전하는 이유는 양도담보권자가 양도담보권을 실행할 때까지 스스로 담보물의 가치를 보존할 수 있게 함으로써 만약 채무자가 채무를 이행하지 않더라도 채권자인 양도담보권자가 양도받은 담보물을 환가하여 우선변제받는 데에 지장이 없도록 하기 위한 것이고, 동산양도담보권은 담보물의 교환가치 취득을 목적으로 하는 것이다. 이러한 양도담보권의 성격에 비추어 보면, **양도담보권의 목적인 주된 동산에 다른 동산이 부합되어 부합된 동산에 관한 권리자가 권리를 상실하는 손해를 입은 경우 주된 동산이 담보물로서 가치가 증가된 데 따른 실질적 이익은 주된 동산에 관한 양도담보권설정자에게 귀속되는 것**이므로, 이 경우 부합으로 인하여 권리를 상실하는 자는 양도담보권설정자를 상대로 민법 제261조에 따라 보상을 청구할 수 있을 뿐 양도담보권자를 상대로 보상을 청구할 수는 없다(대판 2016.4.28. 2012다19659).
>
> ➡ 즉, 민법 제261조에 따라 보상을 청구할 수 있는 상대방은 양도담보권설정자이다.

01

소유자는 그 소유에 속한 물건을 점유한 자에 대하여 반환을 청구할 수 있으나, 점유자가 그 물건을 점유할 권리가 있는 때에는 반환을 거부할 수 있다. ○ | X

> 해설 제213조(소유물반환청구권)

02

소유권을 양도하면서 소유권에 의하여 발생되는 물권적청구권을 소유권과 분리하여 소유권이 없는 전 소유자에게 유보하여 제3자에게 대하여 이를 행사케 하는 것은 허용될 수 없다. ○ | X

> 해설 소유권에 기한 물상청구권을 소유권과 분리하여 이를 소유권 없는 전소유자에게 유보하여 행사시킬 수는 없는 것이므로 소유권을 상실한 전소유자는 제3자인 불법점유자에 대하여 소유권에 기한 물권적 청구권에 의한 방해배제를 구할 수 없다(대판 1980.9.9. 80다7).

03

유치권자로부터 유치물을 유치하기 위한 방법으로 유치물의 점유 내지 보관을 위탁받은 자는 특별한 사정이 없는 한 점유할 권리가 있음을 들어 소유자의 소유물반환청구를 거부할 수 있다. ○ | X

> 해설 유치권자는 채권 전액을 변제받을 때까지 목적물을 유치할 수 있다. 여기서 '유치'한다는 것은 목적물의 점유를 계속하면서 인도를 거절하는 것을 뜻한다. 이 때 유치권자 아닌 유치권자로부터 유치물을 유치하기 위한 방법으로 유치물의 점유나 보관을 위탁받은 자도 소유자의 소유물반환청구를 거부할 수 있다(대판 2014.12.24. 2011다62618).

04

甲소유의 건물을 乙이 무단으로 점유하다가 乙이 丙에게 임차를 한 경우에는 甲은 丙을 상대로 반환청구를 하여야 하나, 甲이 乙에게 임대차를 하고 乙이 다시 丙에게 임대차(전대차)를 한 때에는 甲과 乙의 임대차가 종료하면 甲은 丙뿐만 아니라 乙을 상대로도 반환청구를 할 수 있다. ○ | X

> 해설 소유권에 기한 반환청구권의 상대방 – 간접점유자
> 불법점유를 이유로 한 건물명도청구를 하려면 현실적으로 불법점유하고 있는 사람을 상대로 하여야 할 것이나, 그렇지 않은 경우에는 간접점유자를 상대로 명도를 청구할 수 있다(대판 1983.5.10. 81다187).
> ➡ 소유권에 기한 반환청구권의 상대방은 사실심변론종결 당시 그 물건을 '점유'하고 있는 사람이다. 간접점유자와 관련해서 判例는 불법점유를 이유로 한 인도청구와 그 밖의 인도청구 예컨대, 인도약정에 따라 그 이행을 구하는 경우를 나누어,
> ㉠ 불법점유자에 대한 인도청구는 현실로 불법점유를 하고 있는 자만을 상대로 해야 한다고 하는 반면(대판 1970.9.29.

70대1508), ⓒ 인도약정에 따른 이행청구의 경우에는 간접점유자에 대해서도 인도를 청구할 수 있다고 한다(위 81다187). 이러한 判例(81다187)에 따르면 甲소유의 건물을 乙이 무단으로 점유하다가 乙이 丙에게 임차를 한 경우에는 甲은 직접점유자 丙을 상대로 반환청구를 하여야 하나, 甲이 乙에게 임대차를 하고 乙이 다시 丙에게 임대차(전대차)를 한 때에는 甲과 乙의 임대차가 종료하면 甲은 직접점유자 丙뿐만 아니라 간접점유자인 乙을 상대로도 반환청구를 할 수 있는 것으로 된다.

05

출제예상

건물의 소유자가 그 건물의 소유를 통하여 타인 소유의 토지를 점유하고 있다면 그 토지 소유자로서는 '건물소유자'에게 그 건물의 철거와 그 대지 부분의 인도를 청구할 수 있고, 건물을 점유하고 있는 '대항력 있는 건물임차인'에 대하여도 그 건물에서 퇴거할 것을 청구할 수 있다. OΙX

06

20법무사

건물이 그 존립을 위한 토지사용권을 갖추지 못하여 토지소유자가 건물소유자에 대하여 당해 건물의 철거 및 그 대지의 인도를 청구할 수 있는 상황에서 건물소유자가 아닌 사람이 건물을 점유하고 있는 경우, 토지소유자는 건물점유자에 대하여 퇴거청구를 할 수 있고, 이는 건물 점유자가 건물 소유자로부터 임차인으로서 그 건물임차권이 이른바 대항력을 가지는 경우에도 마찬가지이다. OΙX

해설 소유권에 기한 반환청구권의 상대방 – 토지 위에 지상물이 있는 경우

05 06 토지를 점유하는 자는 지상물의 점유자가 아니라 **지상물의 소유자**이다. 따라서 토지소유자는 '지상물을 점유'하고 있는 건물임차인 등이 아닌, '토지를 (불법)점유'하고 있는 건물소유자에게 토지의 인도를 청구할 수 있다(제213조). 다만 **토지소유자는 토지의 소유권에 기한 방해배제청구권(제214조)으로서 건물임차인 등에게 위 건물에서 '퇴거'할 것을 청구할 수 있다. 이는 건물점유자가 건물소유자로부터의 임차인으로서 그 건물임차권이 이른바 대항력을 가진다고 해서 달라지지 아니한다.** 건물임차권의 대항력은 기본적으로 건물에 관한 것이고 토지를 목적으로 하는 것이 아니므로 이로써 토지소유권을 제약할 수 없고, 토지에 있는 건물에 대하여 대항력 있는 임차권이 존재한다고 하여도 이를 토지소유자에 대하여 대항할 수 있는 토지사용권이라고 할 수는 없다(대판 2010.8.19. 2010다43801).

07

19서기보

채무자가 다른 상속인과 공동으로 부동산을 상속받은 경우에는 채무자의 상속지분에 관하여서만 상속등기를 하는 것이 허용되지 아니하고 공동상속인 전원에 대하여 상속으로 인한 소유권이전등기를 신청하여야 한다. 그리고 채권자가 자신의 채권을 보전하기 위하여 채무자가 다른 상속인과 공동으로 상속받은 부동산에 관하여 위와 같은 공동상속등기를 대위신청하여 그 등기가 행하여지는 것과 같이 채권자에 의한 채무자 권리의 대위행사의 직접적인 내용이 제3자의 법적 지위를 보전·유지하는 것이 되는 경우에는, 채권자는 자신의 채무자가 아닌 제3자에 대하여도 특별한 사정이 없는 한 사무관리에 기하여 그 등기에 소요된 비용의 상환을 청구할 수 있다. OΙX

정답 | 01 ○ 02 ○ 03 ○ 04 ○ 05 ○ 06 ○ 07 ○

08

의무 없이 타인을 위하여 사무를 관리한 자는 타인에 대하여 민법상 사무관리 규정에 따라 비용상환 등을 청구할 수 있는 외에, 사무관리에 의하여 결과적으로 사실상 이익을 얻은 다른 제3자에 대하여 직접 부당이득반환을 청구할 수는 없다. ○|×

해설 사무관리와 전용물소권

전용물소권(계약상의 급부가 계약의 상대방에 대해서뿐만 아니라 제3자의 이익이 된 경우에 급부를 행한 계약당사자가 그 제3자에 대해서 부당이득의 반환을 청구하는 권리)은 부정되는바, 이러한 법리는 그 급부가 사무관리에 의하여 이루어진 경우에도 마찬가지이다. 따라서 의무 없이 타인을 위하여 사무를 관리한 자는 타인에 대하여 민법상 사무관리 규정에 따라 비용상환 등을 청구할 수 있는 외에 사무관리에 의하여 결과적으로 사실상 이익을 얻은 다른 제3자에 대하여 직접 부당이득반환을 청구할 수는 없다(대판 2013.6.27. 2011다17106).

구체적 예 甲회사가 계약상 의무 없이 乙회사를 위하여 경비사무를 처리한 경우, 甲회사는 乙회사에게 사무관리 규정에 따른 비용상환을 청구할 수 있으나(제739조), 乙회사와의 계약에 의해 경비사무를 담당할 의무가 있었던 丙회사에게 사무관리에 의하여 결과적으로 사실상 이익을 얻었다는 이유로 비용 상당의 부당이득반환을 청구할 수 없다(전용물소권의 부정).

09

소유권에 기한 방해배제청구권에 있어서 '방해'라 함은 현재에도 지속되고 있는 침해뿐만 아니라 법익 침해가 과거에 일어나서 이미 종결된 경우도 포함하므로, 어느 경우에나 방해배제청구권을 행사할 수 있다. ○|×

10

소유권에 기한 방해배제청구권에 있어서 '방해'란 현재에도 지속되고 있는 침해를 의미하므로, 소유권에 기한 방해배제청구권은 방해결과의 제거를 내용으로 할 수는 없다. ○|×

해설 **09 10** 소유권에 기한 방해배제청구권에 있어서 '방해'의 의미 및 그 내용

소유권에 기한 방해배제청구권에 있어서 '**방해**'라 함은 현재에도 지속되고 있는 침해를 의미하고, 법익 침해가 과거에 일어나서 이미 종결된 경우에 해당하는 '손해'의 개념과는 다르다 할 것이어서, 소유권에 기한 방해배제청구권은 방해결과의 제거를 내용으로 하는 것이 되어서는 아니 되며(이는 손해배상의 영역에 해당한다 할 것이다) 현재 계속되고 있는 방해의 원인을 제거하는 것을 내용으로 한다(대판 2003.3.28. 2003다5917).

➡ 쓰레기 매립으로 조성한 토지에 소유권자가 매립에 동의하지 않은 쓰레기가 매립되어 있다 하더라도 이는 과거의 위법한 매립공사로 인하여 생긴 결과로서 소유권자가 입은 손해에 해당한다 할 것일 뿐, 그 쓰레기가 현재 소유권에 대하여 별도의 침해를 지속하고 있다고 볼 수 없다는 이유로 소유권에 기한 방해배제청구권을 행사할 수 없다고 한 사례

소유자는 제3자에게 그 물건을 제3자의 소유물로 처분할 수 있는 권한을 유효하게 수여할 수 있으나, 그 물건에 대한 제3자의 처분이 행하여지지 아니하고 있는 동안에는 그 제3자에 대해 채권적인 책임을 지는 것과는 별개로 자신의 소유물을 유효하게 처분할 수 있고 소유권에 기한 방해배제청구와 같은 물권적 청구권도 행사할 수 있다.　　　　　　　　　　　　　　　　　　　　　　　　　　　　　　O | X

> **해설**　소유자는 제3자에게 그 물건을 제3자의 소유물로 처분할 수 있는 권한을 유효하게 수여할 수 있다고 할 것인데, 그와 같은 이른바 '처분수권'의 경우에도 그 수권에 기하여 행하여진 제3자의 처분행위(부동산의 경우에 처분행위가 유효하게 성립하려면 단지 양도 기타의 처분을 한다는 의사표시만으로는 부족하고, 처분의 상대방 앞으로 그 권리 취득에 관한 등기가 있어야 한다. 민법 제186조 참조)가 대세적으로 효력을 가지게 되고 그로 말미암아 소유자가 소유권을 상실하거나 제한받게 될 수는 있다고 하더라도, 그러한 제3자의 처분이 실제로 유효하게 행하여지지 아니하고 있는 동안에는 소유자는 처분수권이 제3자에게 행하여졌다는 것만으로 그가 원래 가지는 처분권능에 제한을 받지 아니한다. 따라서 그는, 처분권한을 수여받은 제3자와의 관계에서 처분수권의 원인이 된 채권적 계약관계 등에 기하여 채권적인 책임을 져야 하는 것을 별론으로 하고, 자신의 소유물을 여전히 유효하게 처분할 수 있고, 또한 소유권에 기하여 소유물에 대한 방해 등을 배제할 수 있는 민법 제213조, 제214조의 물권적 청구권을 가진다(대판 2014.3.13. 2009다105215).

甲 지방자치단체가 30여 년 전 쓰레기매립지에 쓰레기를 매립하는 과정에서 매립지와 경계를 같이하는 인접 토지에 상당한 양의 쓰레기가 매립되었고, 그 후 인접 토지의 소유권을 취득한 乙이 토지를 굴착한 결과 지하 1.5~4m 지점 사이에 비닐, 목재, 폐의류, 오니류, 건축폐기물 등 각종 생활쓰레기가 뒤섞여 혼합된 상태로 매립되어 있었고 주변 토양은 검게 오염되어 있었다면, 乙은 甲에게 소유권에 기한 방해제거를 청구할 수 있다.　　　　　　　　　　　　　　　　　　　　　　　　　　　　　　O | X

> **해설**　소유물방해배제청구권에서 방해의 개념
> 소유권에 기한 방해배제청구권에 있어서 '**방해**'라 함은 **현재에도 지속되고 있는 침해를 의미하고, 법익 침해가 과거에 일어나서 이미 종결된 경우에 해당하는 '손해'의 개념과는 다르다** 할 것이어서, 소유권에 기한 방해배제청구권은 방해결과의 제거를 내용으로 하는 것이 되어서는 아니 되며(이는 손해배상의 영역에 해당한다 할 것이다) 현재 계속되고 있는 방해의 원인을 제거하는 것을 내용으로 한다(대판 2003.3.28. 2003다5917).
> 이 사건 토지 지하에 매립된 생활쓰레기는 매립된 후 30년 이상 경과하였고, 그 사이 오니류와 각종 생활쓰레기가 주변 토양과 뒤섞여 토양을 오염시키고 토양과 사실상 분리하기 어려울 정도로 혼재되어 있다고 봄이 상당하며, **이러한 상태는 과거 피고의 위법한 쓰레기매립행위로 인하여 생긴 결과로서 토지 소유자인 원고가 입은 손해에 불과할 뿐 생활쓰레기가 현재 원고의 소유권에 대하여 별도의 침해를 지속하고 있는 것이라고 볼 수 없다. 따라서 원고의 방해배제청구는 인용될 수 없다**(대판 2019.7.10. 2016다205540).
>
> ➡ 30여년 전 지방자치단체가 불법 매립한 쓰레기로 인접 토지 소유자가 입은 피해는 '손해'일 뿐 소유권을 '침해'하는 것은 아니라는 위 판결은, 소유물방해배제청구권에서 방해의 개념에 대한 2003다5917 판례의 법리를 그대로 이어받은 것으로 보인다.

13

민법 제214조는 "소유자는 소유권을 방해하는 자에 대하여 방해의 제거를 청구할 수 있고 소유권을 방해할 염려있는 행위를 하는 자에 대하여 그 예방이나 손해배상의 담보를 청구할 수 있다."라고 정하고 있다. 따라서 소유자가 소유권을 방해하는 자에 대하여 민법 제214조에 기하여 방해배제 비용 또는 방해예방 비용을 청구할 수는 없다. ○ | X

> 해설 "소유자가 침해자에 대하여 방해제거 행위 또는 방해예방 행위를 하는 데 드는 비용을 청구할 수 있는 권리는 민법 제214조 규정에 포함되어 있지 않으므로, **소유자가 제214조에 기하여 방해배제 비용 또는 방해예방 비용을 청구할 수는 없다.**"(대판 2014.11.27. 2014다52612)고 판시한 바 있다.

14

토지의 소유자가 토양오염물질을 토양에 투기·방치하여 토양오염을 유발하였음에도 이를 정화하지 않은 상태에서 오염토양이 포함된 토지를 거래에 제공함으로써 유통되게 하거나, 토지에 폐기물을 불법으로 매립하였음에도 이를 처리하지 않은 채 토지를 거래에 제공하는 등으로 유통되게 하였다면, 다른 특별한 사정이 없는 한 이는 거래 상대방 및 토지를 전전 취득한 현재의 토지 소유자에 대한 위법행위로서 불법행위가 성립할 수 있다. ○ | X

> 해설 대판 2016.5.19. 2009다66549 전합

15

불법점유자에 대한 인도청구는 현실로 불법점유를 하고 있는 자만을 상대로 하여야 하는 반면, 약정에 따른 이행청구의 경우에는 간접점유자에 대하여도 인도를 구할 수 있다. ○ | X

> 해설 불법점유를 이유로 하여 그 명도 또는 인도를 청구하려면 현실적으로 그 목적물을 점유하고 있는 자를 상대로 하여야 하고 불법점유자라 하여도 그 물건을 다른 사람에게 인도하여 현실적으로 점유를 하고 있지 않은 이상, 그 자를 상대로 한 인도 또는 명도청구는 부당하다(대판 1999.7.9. 98다9045).
>
> 비교판례 불법점유를 이유로 한 건물명도청구를 하려면 현실적으로 불법점유하고 있는 사람을 상대로 하여야 할 것이나 그렇지 않는 경우에는 간접점유자를 상대로 명도를 청구할 수 있다(대판 1983.5.10. 81다187).

16

미등기 무허가건물을 매수하였으나 아직 소유권이전등기를 마치지 않은 매수인은 그 건물의 불법점유자에 대하여 직접 자신의 소유권에 의한 명도를 청구할 수 없다. ○ | X

17

건물을 신축하여 그 소유권을 원시취득한 자로부터 그 건물을 매수하였으나 아직 소유권이전등기를 갖추지 못한 자라 해도 그 건물의 불법점거자에 대하여 직접 자신의 소유권 등에 기하여 명도를 청구할 수는 없다.　　　　　　　　　　　　　　　　　　　　　　　　　　　　　　O | X

> **해설** **16 17** 미등기건물의 매수인이 소유권 내지 소유권에 준하는 관습상 물권이 존재하는지 여부(소극)
> 미등기 무허가건물의 양수인이라 할지라도 그 소유권이전등기를 경료받지 않는 한 그 건물에 대한 소유권을 취득할 수 없고, 그러한 상태의 건물 양수인에게 **소유권에 준하는 관습상의 물권이 있다고 볼 수도 없으므로**, 건물을 신축하여 그 소유권을 원시취득한 자로부터 그 건물을 매수하였으나 **아직 소유권이전등기를 갖추지 못한 자는 그 건물의 불법점거자에 대하여 '직접' 자신의 소유권 등에 기하여 명도를 청구할 수는 없다**(대판 2007.6.15. 2007다11347, 건물 소유자를 '대위'하여 인도청구는 가능하다).

18

타인의 토지 위에 있는 미등기 건물을 법률상, 사실상 처분할 수 있는 지위에 있는 사람은 그 대지에 대한 적법한 점유권원이 없다면 대지소유자에 대하여 그 미등기 건물을 철거할 의무가 있다.　　　　　　O | X

> **해설** 미등기건물 철거청구의 상대방
> 判例는 "건물철거는 소유권의 종국적 처분에 해당하는 사실행위이므로 원칙으로는 소유자(등기명의자)에게만 그 철거처분권이 있다고 할 것이나, **건물을 매수하여 점유하고 있는 자**는 등기부상 아직 소유자로서의 등기명의가 없다 하더라도 그 권리의 범위내에서 그 **점유 중인 건물에 대하여 법률상 또는 사실상 처분을 할 수 있는 지위**"에 있으므로 그 자를 상대로 건물철거를 구할 수 있다고 한다(대판 1986.12.23. 86다카1751).
>
> **참고판례** 이 경우 건물을 매도하고 퇴거한 매도인(미등기건물 사례임)은 철거청구의 상대방이 될 수 없다고 하며(대판 1987.11.24. 87다카257,258), 아울러 미등기건물을 '관리'하고 있는 자도 철거청구의 상대방이 될 수 없다고 한다(대판 2003.1.24. 2002다61521).

19

미등기건물에 대한 양도담보계약상의 채권자의 지위를 승계하여 건물을 관리하고 있는 자는 그 건물에 대하여 법률상 또는 사실상 처분권을 가지고 있는 자에 해당한다.　　　　　　　　　　　　　O | X

> **해설** 건물철거는 그 소유권의 종국적 처분에 해당되는 사실행위이므로 원칙으로는 그 소유자(민법상 원칙적으로는 등기명의자)에게만 그 철거처분권이 있다 할 것이고, 예외적으로 건물을 전소유자로부터 매수하여 점유하고 있는 등 그 권리의 범위 내에서 그 점유중인 건물에 대하여 법률상 또는 사실상 처분을 할 수 있는 지위에 있는 자에게도 그 철거처분권이 있다(대판 2003.1.24. 2002다61521).
>
> ➡ 미등기건물에 대한 양도담보계약상의 채권자의 지위를 승계하여 건물을 관리하고 있는 자는 건물의 소유자가 아님은 물론 건물에 대하여 법률상 또는 사실상 처분권을 가지고 있는 자라고 할 수도 없다 할 것이어서 건물에 대한 철거처분권을 가지고 있는 자라고 할 수 없다고 한 사례

정답 | **13** O　**14** O　**15** O　**16** O　**17** O　**18** O　**19** ×

20

乙이 건물소유를 통하여 甲소유의 토지를 불법으로 점유하는 경우 토지소유자 甲은 乙에게 그 건물에서 퇴거할 것을 청구할 수 없다. ○ | X

> **해설** 건물의 소유자가 그 건물의 소유를 통하여 타인 소유의 토지를 점유하고 있다고 하더라도 그 토지 소유자로서는 그 건물의 철거와 그 대지 부분의 인도를 청구할 수 있을 뿐, **자기 소유의 건물을 점유하고 있는 자에 대하여 그 건물에서 퇴거할 것을 청구할 수는 없다**(대판 1999.7.9. 98다57457,57464). 즉, '건물철거의무'에는 '퇴거의무'도 포함된 것으로 보므로 그 의무자에게 철거를 구하면서 별도로 퇴거를 구할 필요는 없다.

21

건물의 소유자가 그 건물의 소유를 통하여 토지를 불법점유하고 있는 경우 그 토지 소유자로서는 그 건물의 철거와 그 대지 부분의 인도를 청구할 수 있을 뿐, 자기 소유의 건물을 점유하고 있는 자에 대하여 그 건물에서 퇴거할 것을 청구할 수는 없다. ○ | X

> **해설** 대판 1999.7.9. 98다57457,57464 참조

22

소유권이전등기의 말소를 구하는 자에게 말소를 청구할 수 있는 권원이 인정되지 않는 경우, 해당 소유권이전등기가 무효의 등기라도 그 청구를 인용할 수 없다. 따라서 종전 등기명의인으로부터 매매 등의 방법으로 부동산에 대한 권리가 순차적으로 이전되어 최종적으로 소유권이전등기를 마친 제3자가 시효취득을 원인으로 부동산에 대한 소유권을 취득함에 따라 당초 부동산의 소유자였던 사람이 소유권을 상실한 경우, 당초 소유자였던 사람이 종전 등기명의인에 대하여 소유권에 기한 등기말소청구를 할 수는 없다. ○ | X

> **해설** 원고가 피고에 대하여 피고 명의로 마쳐진 소유권이전등기의 말소를 구하려면 먼저 원고에게 말소를 청구할 수 있는 권원이 있음을 적극적으로 주장·증명하여야 하고, 만일 원고에게 그러한 권원이 있음이 인정되지 않는다면 설령 피고 명의의 소유권이전등기가 말소되어야 할 무효의 등기라고 하더라도 원고의 청구를 인용할 수는 없다. 피고로부터 매매 등의 방법으로 부동산에 대한 권리가 순차적으로 이전되어 최종적으로 소유권이전등기를 마친 제3자가 시효취득을 원인으로 부동산에 대한 소유권을 취득함에 따라 당초 부동산의 소유자인 원고가 소유권을 상실하게 되면, 비록 피고 명의의 소유권이전등기가 원인무효라고 하더라도 원고에게 피고 명의의 소유권이전등기의 말소를 청구할 수 있는 권원이 없으므로, 원고는 피고에 대하여 소유권에 기한 등기말소청구를 할 수 없다(대판 2019.7.10. 2015다249352).

23

등기명의인의 표시변경의 부기등기가 등기명의인의 동일성을 해치는 방법으로 행하여져서 부동산 등기부 상의 표시가 실제 소유관계를 표상하고 있는 것이 아니라면, 진실한 소유자는 그 표시상의 소유명의자를 상대로 부기등기인 표시변경등기의 말소를 구할 수 있다.　　　　　　　　　　　　　　　　　　　　　　ОІ Х

> 해설 대판 1993.10.8. 93다28867

무효인 소유권이전등기에 터 잡아 가압류등기를 마친 채권자가 존재하는 경우 진정한 소유자는 소유명의 인에 대하여 소유권이전등기의 말소등기절차만을 구하면 족하고, 그 소유권이전등기를 말소하기 위하여 가압류 채권자에 대한 승낙의 의사표시를 구할 필요는 없다.　　　　　　　　　　　　　　　　ОІ Х

> 해설 근저당권이 있는 채권이 가압류되는 경우, 근저당권설정등기에 부기등기의 방법으로 그 피담보채권의 가압류사실 을 기입등기하는 목적은 근저당권의 피담보채권이 가압류되면 담보물권의 수반성에 의하여 종된 권리인 근저당권에도 가 압류의 효력이 미치게 되어 피담보채권의 가압류를 공시하기 위한 것이므로, 만일 근저당권의 피담보채권이 존재하지 않 는다면 그 가압류명령은 무효라고 할 것이고, 근저당권을 말소하는 경우에 가압류권자는 등기상 이해관계 있는 제3자로서 근저당권의 말소에 대한 승낙의 의사표시를 하여야 할 의무가 있다(대판 2004.5.28. 2003다70041).

명의신탁대상 부동산에 관하여 자기명의로 소유권이전등기를 경료한 적이 있었던 명의신탁자가 명의수탁 자를 상대로 진정명의회복을 원인으로 한 이전등기를 구할 수는 없다.　　　　　　　　　　　　　　ОІ Х

> 해설 부동산실명법 시행 전에 명의신탁약정에 의하여 부동산에 관한 물권을 명의수탁자의 명의로 등기하거나 하도록 한 명의신탁은 법 시행일로부터 1년의 기간 이내에 실명등기를 하여야 하고, 그 기간 이내에 실명등기 또는 매각처분 등을 하지 아니하면 그 이후에는 명의신탁약정은 무효가 되고, 명의신탁약정에 따라 행하여진 등기에 의한 부동산의 물권변동 도 무효가 된다고 규정하고 있으므로, 원칙적으로 일반 명의신탁의 명의신탁자는 명의수탁자를 상대로 원인무효를 이유로 그 등기의 말소를 구하여야 하는 것이기는 하나, **자기 명의로 소유권을 표상하는 등기가 되어 있었거나 법률에 의하여 소유 권을 취득한 진정한 소유자는 그 등기명의를 회복하기 위한 방법으로 그 소유권에 기하여 현재의 원인무효인 등기명의인을 상대로 진정한 등기명의의 회복을 원인으로 한 소유권이전등기절차의 이행을 구할 수도 있으므로, 명의신탁대상 부동산에 관하여 자기 명의로 소유권이전등기를 경료한 적이 있었던 명의신탁자로서는 명의수탁자를 상대로 진정명의회복을 원인으 로 한 이전등기를 구할 수도 있다**(대판 2002.9.6. 2002다35157).

26

말소등기에 갈음하여 허용되는 진정명의회복을 원인으로 한 소유권이전등기청구권과 무효등기의 말소청구권은 비록 전자는 이전등기, 후자는 말소등기의 형식을 취하고 있다고 하더라도 전자에 대한 판결의 기판력이 후자에 대한 소송에도 미친다고 보아야 한다. ○ | X

> **해설** 전소인 소유권이전등기말소청구소송의 확정판결의 기판력이 후소인 진정명의회복을 원인으로 한 소유권이전등기청구소송에 미치는지 여부(적극)
> 진정한 등기명의의 회복을 위한 소유권이전등기청구는 이미 자기 앞으로 소유권을 표상하는 등기가 되어 있었거나 법률에 의하여 소유권을 취득한 자가 진정한 등기명의를 회복하기 위한 방법으로 현재의 등기명의인을 상대로 그 등기의 말소를 구하는 것에 갈음하여 허용되는 것인데, ⅰ) 말소등기에 갈음하여 허용되는 진정명의회복을 원인으로 한 소유권이전등기 청구권과 무효등기의 말소청구권은 어느 것이나 진정한 소유자의 등기명의를 회복하기 위한 것으로서 실질적으로 그 목적이 동일하고, ⅱ) 두 청구권 모두 소유권에 기한 방해배제청구권으로서 그 법적 근거와 성질이 동일하므로, 비록 전자는 이전등기, 후자는 말소등기의 형식을 취하고 있다고 하더라도 **그 소송물은 실질상 동일한 것으로 보아야 하고, 따라서 소유권이전등기말소청구소송에서 패소확정판결을 받았다면 그 기판력은 그 후 제기된 진정명의회복을 원인으로 한 소유권이전등기청구소송에도 미친다**(대판 2001.9.20. 99다37894 전합).

27

소유자는 소유권을 현재 침해하는 것이 아니라 침해할 염려가 있는 경우에는 그 상대방에게 침해에 대한 예방이나 손해배상의 담보를 청구할 수 없다. ○ | X

> **해설** **제214조(소유물방해제거, 방해예방청구권)** 소유자는 소유권을 방해하는 자에 대하여 방해의 제거를 청구할 수 있고 소유권을 방해할 염려있는 행위를 하는 자에 대하여 그 예방이나 손해배상의 담보를 청구할 수 있다.

28

소유물방해예방청구권은 방해의 발생을 기다리지 않고 현재 예방수단을 취할 것을 인정하는 것이므로, 그 방해의 염려가 있다고 하기 위하여는 방해예방의 소에 의하여 미리 보호받을 만한 가치가 있는 것으로서 객관적으로 근거 있는 상당한 개연성을 가져야 할 것이고 관념적인 가능성만으로는 이를 인정할 수 없다. ○ | X

> **해설** 대판 1995.7.14. 94다50533 참조

정답 | 26 ○ 27 × 28 ○

01

판례는 자기에게 경작권이 있다 하여 동일한 농지를 서로 경작함으로써 결국 동일한 농지를 공동경작한 경우에는 그 입도에 대한 소유권은 공동경작자의 공유라고 한다.　　　　　　○ | ✕

> 해설　타인의 농지를 가사 권원없이 경작을 하였다 하여도 그 경작으로 인한 입도는 그 경작자의 소유에 귀속되고 피차 자기에게 경작권이 있다 하여 동일한 농지를 서로 경작함으로써 결국 동일한 농지를 공동경작을 한 경우에는 그 입도에 대한 소유권은 위의 공동경작자의 공유에 속한다고 할 것이다(대판 1967.7.11. 67다893).

02

공유자의 지분은 균등한 것으로 추정되고, 공유자는 공유물 전부를 지분의 비율로 사용, 수익할 수 있다.
　　　　　　○ | ✕

> 해설　**제262조(물건의 공유)** ② 공유자의 지분은 균등한 것으로 추정한다.
> **제263조(공유지분의 처분과 공유물의 사용, 수익)** 공유자는 그 지분을 처분할 수 있고 공유물 전부를 지분의 비율로 사용, 수익할 수 있다.

03

공유자 중의 1인이 특정 부분을 배타적으로 점유·사용하고 있더라도 그 특정 부분의 면적이 자신의 지분 비율에 상당하는 면적 범위 내라면 공유물을 사용·수익하고 있지 않은 다른 공유자들에 대하여 부당이득을 한 것으로 볼 수는 없다.　　　　　　○ | ✕

> 해설　공유자 중의 일부가 특정 부분을 배타적으로 점유·사용하고 있다면, 그들은 비록 그 특정 부분의 면적이 자신들의 지분 비율에 상당하는 면적 범위 내라고 할지라도, 다른 공유자들 중 지분은 있으나 사용·수익은 전혀 하지 않고 있는 자에 대하여는 그 자의 지분에 상응하는 부당이득을 하고 있다고 보아야 할 것인바, 이는 모든 공유자는 공유물 전부를 지분의 비율로 사용·수익할 권리가 있기 때문이다(대판 2001.12.11. 2000다13948).

04

공유자는 다른 공유자의 동의 없이 그 지분을 처분할 수 있다.　　　　　　○ | ✕

> 해설　지분은 보통의 소유권과 실질적으로 같은 것이어서 공유자는 그의 지분을 자유로이 처분(양도·담보제공·포기 등)할 수 있고 '합유지분'과 달리 그 처분에 관하여 다른 공유자의 허락을 얻을 필요는 없다(제263조).

정답 | **01** ○ **02** ○ **03** ✕ **04** ○

05

공유자가 그 지분을 포기하거나 상속인없이 사망한 때에는 그 지분은 다른 공유자에게 각 지분의 비율로 귀속한다. ○ | X

> **해설** **제267조(지분포기 등의 경우의 귀속)** 공유자가 그 지분을 포기하거나 상속인없이 사망한 때에는 그 지분은 다른 공유자에게 각 지분의 비율로 귀속한다.
>
> **참고판례** 다만 이 경우 제267조의 공유지분의 포기는 법률행위로서 상대방 있는 단독행위에 해당하므로, 제186조에 의하여 등기를 하여야 공유지분 포기에 따른 물권변동의 효력이 발생한다(대판 1965.6.15. 65다301등).

06

구분소유적 공유관계에 있어서 공유자 각자는 자신의 특정 구분부분을 단독으로 처분하고 이에 해당하는 공유지분등기를 자유로이 이전할 수 있다. ○ | X

> **해설** 구분소유적 공유관계에서 각 공유자 상호 간에는 각자의 특정 구분부분을 자유롭게 처분함에 서로 동의하고 있다고 볼 수 있으므로, 공유자 각자는 자신의 특정 구분부분을 단독으로 처분하고 이에 해당하는 공유지분등기를 자유로이 이전할 수 있는데, 이는 공유지분등기가 내부적으로 공유자 각자의 특정 구분부분을 표상하기 때문이다(대판 2014.12.24. 2011도11084).

07

복수의 권리자가 소유권이전청구권을 보존하기 위하여 가등기를 마쳐 둔 경우 특별한 사정이 없는 한 그 권리자 중 한 사람은 자신의 지분에 관하여 단독으로 그 가등기에 기한 본등기를 청구할 수 있다. ○ | X

> **해설** 공유자가 다른 공유자의 동의 없이 공유물을 처분할 수는 없으나 그 지분은 단독으로 처분할 수 있으므로, 복수의 권리자가 소유권이전청구권을 보존하기 위하여 가등기를 마쳐 둔 경우 특별한 사정이 없는 한 그 권리자 중 한 사람은 자신의 지분에 관하여 단독으로 그 가등기에 기한 본등기를 청구할 수 있고, 이는 명의신탁해지에 따라 발생한 소유권이전 청구권을 보존하기 위하여 복수의 권리자 명의로 가등기를 마쳐 둔 경우에도 마찬가지이며, 이 때 그 가등기 원인을 매매 예약으로 하였다는 이유만으로 가등기 권리자 전원이 동시에 본등기절차의 이행을 청구하여야 한다고 볼 수 없다(대판 2002.7.9. 2001다43922,43939).

08

공유자는 다른 공유자가 분할로 인하여 취득한 물건에 대하여 그 지분의 비율로 매도인과 동일한 담보책임이 있다. ○ | X

> **해설** **제270조(분할로 인한 담보책임)** 공유자는 다른 공유자가 분할로 인하여 취득한 물건에 대하여 그 지분의 비율로 매도인과 동일한 담보책임이 있다.

09

공유자 중 한 사람은 공유물에 관하여 원인무효의 소유권 이전등기가 경료된 경우 그 소유명의자를 상대로 각 공유자에게 해당 지분별로 진정명의회복을 원인으로 한 소유권이전등기를 이행할 것을 단독으로 청구할 수 있다. ○ | ✕

10

소유권보존등기의 말소를 구하려면 먼저 그 말소를 구하는 사람이 말소를 청구할 수 있는 권원이 있음을 적극적으로 주장·입증하여야 하며, 만일 이러한 권원이 있음이 인정되지 않는다면 설사 소유권보존등기가 말소되어야 할 무효의 등기라고 하더라도 그 말소청구를 인용할 수 없다. ○ | ✕

11

甲이 乙, 丙과 함께 X토지를 각 1/3지분으로 공유하고 있는 사안에서, 甲은 공유물에 관한 보존행위를 이유로 乙 명의의 1/3지분에 관하여 원인 없이 丁 앞으로 마쳐진 소유권이전등기의 말소를 구할 수 없으나, 丁이 X토지 전부에 관하여 원인무효의 소유권이전등기를 마쳤다면 甲은 그 등기 전부의 말소를 청구할 수 있다. ○ | ✕

12

부동산 공유자의 1인이 자신의 공유지분이 아닌 다른 공유자의 공유지분을 침해하는 원인무효의 등기가 이루어졌다는 이유로 그 부분 등기의 말소를 구하는 것은 공유물의 보존행위에 속한다. ○ | ✕

해설 제265조 (공유물의 관리, 보존) 공유물의 관리에 관한 사항은 공유자의 지분의 과반수로써 결정한다. 그러나 보존행위는 각자가 할 수 있다.

10 원고가 피고에 대하여 피고 명의로 마쳐진 소유권보존등기의 말소를 구하려면 먼저 원고에게 그 말소를 청구할 수 있는 권원이 있음을 적극적으로 주장·증명하여야 하며, 만일 원고에게 이러한 권원이 있음이 인정되지 않는다면 설사 피고 명의의 소유권보존등기가 말소되어야 할 무효의 등기라고 하더라도 원고의 청구를 인용할 수 없다 할 것인바, **11 12** 부동산의 공유자의 1인은 당해 부동산에 관하여 제3자 명의로 원인무효의 소유권이전등기가 경료되어 있는 경우 공유물에 관한 보존행위로서 제3자에 대하여 그 등기 전부의 말소를 구할 수 있으나, 공유자가 다른 공유자의 지분권을 대외적으로 주장하는 것을 공유물의 멸실·훼손을 방지하고 공유물의 현상을 유지하는 사실적·법률적 행위인 공유물의 보존행위에 속한다고 할 수 없으므로, **자신의 소유지분을 침해하는 지분 범위를 초과하는 부분에 대하여 공유물에 관한 보존행위로서 무효라고 주장하면서 그 부분 등기의 말소를 구할 수는 없다**(대판 2010.1.14. 2009다67429).

쟁점정리 지분권의 대외적 주장

제3자 앞으로 원인 무효의 등기가 마쳐져 있는 경우, 지분권자는 공유물에 관한 보존행위로서 '자기의 지분에 관하여서는 물론 그 등기 전부'의 말소를 청구할 수 있다(대판 1993.5.11. 92다52870). **09** 이 경우 공유자 중 한 사람이 '공유물에 관하여 마쳐진 원인무효의 등기'에 각 공유자에게 해당 지분별로 진정명의회복을 원인으로 한 소유권이전등기를 이행할 것을 단독으로 청구하는 것도 가능하다(대판 2005.9.29. 2003다40651). 그러나 判例는 부동산 공유자의 1인이 자신의 공유지분이 아닌 '다른 공유자'의 공유지분을 침해하는 원인 무효의 등기가 이루어졌다는 이유로 공유물에 관한 보존행위로서 그 부분 등기의 말소를 구할 수는 없다고 한다(대판 2009.2.26. 2006다71802; 대판 2010.1.14. 2009다67429).

정답 | **05** ○ **06** ○ **07** ○ **08** ○ **09** ○ **10** ○ **11** ✕ **12** ✕

13

제3자가 토지를 무단으로 사용하는 경우, 공유자 甲은 단독으로 제3자에 대하여 토지 전부의 명도를 청구할 수 있다. ○ | X

> **해설** 대판 1969.3.4. 69다21 참조

14

丙이 무단으로 토지를 점유하여 사용·수익하는 경우, 토지의 공유자인 甲, 乙은 丙에 대하여 불법행위로 인한 손해배상 내지 부당이득반환을 청구할 수 있는데, 이들 권리는 불가분채권에 속한다. ○ | X

> **해설** 토지공유자는 특별한 사정이 없는 한 그 지분에 대응하는 비율의 범위 내에서만 그 차임 상당의 부당이득금반환의 청구권을 행사할 수 있다(대판 1979.1.30. 78다2088).

15

공유자의 한 사람이 공유물의 보존행위로서 소를 제기한 경우에 그로 인한 시효중단의 효력은 재판상의 청구를 한 그 공유자에 한하여 발생한다. ○ | X

16

甲, 乙이 각각 2/3, 1/3의 지분으로 X토지를 공유하던 중 丙이 X토지를 점유하면서 자기 명의로 원인무효의 소유권이전등기를 마친 경우, 甲이 공유물의 보존행위로 자기 지분에 관하여만 소유권이전등기 말소청구의 소를 제기하면 그로 인한 丙에 대한 취득시효 중단의 효력은 乙에게도 미친다. ○ | X

> **해설** **15 16** 부동산 공유자 중 1인이 공유물의 보존행위로서 일부 지분에 관해서만 재판상 청구를 한 경우, 시효중단 효력이 미치는 범위
> **공유자의 1인이 보존행위로서 한 재판상 청구로 인한 취득시효 중단의 효력은 다른 공유자에게는 미치지 않는다**(제247조 제2항, 제169조 참조).
> 判例도 "부동산 공유자 중의 한 사람은 당해 부동산에 관하여 제3자 명의로 원인무효의 소유권이전등기가 경료되어 있는 경우 공유물에 관한 보존행위로서 그 제3자에 대하여 그 등기 전부의 말소를 구할 수 있으나, 공유자의 한 사람이 공유물의 보존행위로서 그 공유물의 일부 지분에 관하여서만 재판상 청구를 하였으면 그로 인한 시효중단의 효력은 그 공유자와 그 청구한 소송물에 한하여 발생한다."(대판 1999.8.20. 99다15146)고 판시하였다.

17

공유자 간의 공유물에 대한 사용·수익·관리에 대한 특약은 특별한 사정이 없는 한 공유자의 특정승계인에 대하여도 당연히 승계된다. ○ | X

> **해설** 공유물의 관리에 관한 사항은 공유자의 지분의 과반수로써 결정하고, **공유자 간의 공유물에 대한 사용수익·관리에 관한 특약은 공유자의 특정승계인에 대하여도 당연히 승계된다**고 할 것이나, 공유물에 관한 특약이 지분권자로서의 사용수익권을 사실상 포기하는 등으로 공유지분권의 본질적 부분을 침해한다고 볼 수 있는 경우에는 특정승계인이 그러한 사실을 알고도 공유지분권을 취득하였다는 등의 특별한 사정이 없는 한 특정승계인에게 당연히 승계되는 것으로 볼 수는 없다 (대판 2009.12.10. 2009다54294).

18

공유자가 공유물을 타인에게 임대하는 행위 및 그 임대차계약을 해지하는 행위는 공유물의 관리행위에 해당하나, 상가건물 임대차보호법이 적용되는 상가건물의 공유자인 임대인이 임차인에게 갱신 거절의 통지를 하는 행위까지 관리행위로 볼 것은 아니다. ○ | X

> **해설** 공유자가 공유물을 타인에게 임대하는 행위 및 그 임대차계약을 해지하는 행위는 공유물의 관리행위에 해당하므로 민법 제265조 본문에 의하여 공유자의 지분의 과반수로써 결정하여야 한다. 상가건물 임대차보호법이 적용되는 상가건물의 공유자인 임대인이 같은 법 제10조 제4항에 의하여 **임차인에게 갱신 거절의 통지를 하는 행위는 실질적으로 임대차계약의 해지와 같이 공유물의 임대차를 종료시키는 것이므로 공유물의 관리행위에 해당**하여 공유자의 지분의 과반수로써 결정하여야 한다(대판 2010.9.9. 2010다37905).

19

과반수 지분의 공유자라 하더라도 다른 공유자와 사이에 협의를 하지 아니한 채 자신이 그 공유물의 특정부분을 배타적으로 사용·수익하기로 정할 수는 없다. ○ | X

20

X토지에 대하여 甲은 4/6 지분을, 乙, 丙은 1/6 지분씩을 각 공유하고 있는데, 乙이 다른 공유자들과 협의 없이 X토지의 일부에 소나무를 식재하고 이를 독점적으로 점유하고 있다. 만일 乙이 아닌 甲이 소나무를 식재하고 독점적으로 점유하는 경우라면 다른 공유자들은 보존행위로서 甲을 상대로 공유물의 인도를 청구할 수 있다. ○ | X

정답 | **13** ○ **14** × **15** ○ **16** × **17** ○ **18** × **19** × **20** ×

21

과반수의 지분을 가진 공유자는 다른 공유자와 사이에 미리 공유물의 관리방법에 관한 협의가 없었다 하더라도 공유물의 관리에 관한 사항을 단독으로 결정할 수 있으므로, 과반수의 지분을 가진 공유자가 그 공유물의 특정 부분을 배타적으로 사용·수익하기로 정하는 것은 공유물의 관리방법으로서 적법하다. 예컨대 다수지분권자가 단독으로 나대지에 새로이 건물을 건축하는 것도 가능하다.　　　O | X

> **해설** 제265조 (공유물의 관리, 보존) 공유물의 관리에 관한 사항은 공유자의 지분의 과반수로써 결정한다.
>
> ➡ **20 21** 따라서 공유자 사이에 공유물의 관리방법에 관한 협의가 없더라도, 과반수 공유지분을 가진 자는 그 관리에 관한 사항을 단독으로 결정할 수 있으므로, 그 공유토지의 특정부분을 배타적으로 사용·수익할 것을 정하는 것은 공유물의 관리방법으로 적법하며, 다른 공유자에 대하여도 그 효력이 있다(대판 1991.9.24. 88다카33855).
>
> **19** 그러나 과반수 지분권자가 공유지인 나대지 위에 건물을 신축하여 소유하거나 제3자에게 건물소유를 위하여 공유지를 임대하는 행위는 공유물의 현상을 변경하는 것으로 관리행위의 한계를 벗어난 '처분행위'이므로, 제264조에 의해 토지공유자 전원의 동의를 요한다(대판 2001.11.27. 2000다33638, 33645).

22

X토지에 대하여 甲은 4/6 지분을, 乙, 丙은 1/6 지분씩을 각 공유하고 있는데, 乙이 다른 공유자들과 협의 없이 X토지의 일부에 소나무를 식재하고 이를 독점적으로 점유하고 있다. 만일 乙이 아닌 甲이 소나무를 식재하고 독점적으로 점유하는 경우라면 다른 공유자들은 甲에 대하여 방해상태를 제거하거나 방해하는 행위의 금지를 청구할 수 있다.　　　O | X

23

부동산에 관하여 과반수 공유지분을 가진 자는 공유자 사이에 공유물의 관리방법에 관하여 협의가 미리 없었다 하더라도 공유물의 관리에 관한 사항을 단독으로 결정할 수 있으므로 공유토지에 관하여 과반수 지분권을 가진 자가 그 공유토지의 특정된 한 부분을 배타적으로 사용수익하더라도 다른 공유자와의 관계에서 부당이득이 성립하지 않는다.　　　O | X

> **해설** **22 23** 과반수 지분의 공유자는 공유자와 사이에 미리 공유물의 관리방법에 관하여 협의가 없었다 하더라도 공유물의 관리에 관한 사항을 단독으로 결정할 수 있으므로 과반수 지분의 공유자는 그 공유물의 관리방법으로서 그 공유토지의 특정된 한 부분을 배타적으로 사용·수익할 수 있으나, 그로 말미암아 지분은 있으되 그 특정 부분의 사용·수익을 전혀 하지 못하여 손해를 입고 있는 소수지분권자에 대하여 그 지분에 상응하는 임료 상당의 부당이득을 하고 있다 할 것이므로 이를 반환할 의무가 있다 할 것이다(대판 2002.5.14. 2002다9738).

24

공유토지에 관하여 점유취득시효가 완성된 후 취득시효 완성 당시의 공유자들 일부로부터 과반수에 미치지 못하는 소수 지분을 양수 취득한 제3자는 나머지 과반수 지분에 관하여 취득시효에 의한 소유권이전등기를 경료받아 과반수 지분권자가 될 지위에 있는 시효취득자(점유자)에 대하여 지상 건물의 철거와 토지의 인도 등 점유배제를 청구할 수 없다.　　　O | X

25

과반수 지분의 공유자로부터 사용·수익을 허락받은 점유자에 대하여 소수지분의 공유자는 그 점유자가 사용·수익하는 건물의 철거나 퇴거 등 점유배제를 구할 수 없다. ○ | X

해설 과반수 지분의 공유자로부터 사용·수익을 허락받은 점유자에 대하여 소수 지분의 공유자가 점유배제를 구할 수 있는지 여부(소극)
공유자 사이에 공유물을 사용·수익할 구체적인 방법을 정하는 것은 공유물의 관리에 관한 사항으로서 공유자의 지분의 과반수로써 결정하여야 할 것이고, 과반수 지분의 공유자는 다른 공유자와 사이에 미리 공유물의 관리방법에 관한 협의가 없었다 하더라도 공유물의 관리에 관한 사항을 단독으로 결정할 수 있으므로, 과반수 지분의 공유자가 그 공유물의 특정 부분을 배타적으로 사용·수익하기로 정하는 것은 공유물의 관리방법으로서 적법하다고 할 것이므로, **과반수 지분의 공유자로부터 사용·수익을 허락받은 점유자에 대하여 소수 지분의 공유자는 그 점유자가 사용·수익하는 건물의 철거나 퇴거 등 점유배제를 구할 수 없다**(대판 2002.5.14. 2002다9738).

26

공유토지의 2/3 지분권자 甲이 다른 공유자인 1/3 지분권자 乙과 협의 없이 그 토지의 특정된 한 부분을 배타적으로 사용, 수익하고 있는 경우 甲은 그로 말미암아 손해를 입고 있는 乙에 대하여 그 지분에 상응하는 임료 상당의 부당이득을 반환할 의무가 있고, 甲으로부터 그 특정부분의 사용, 수익을 허락받아 점유, 사용하고 있는 제3자도 乙에 대하여 乙의 지분에 상응하는 임료 상당의 부당이득을 반환할 의무가 있다. ○ | X

27

과반수 지분의 공유자로부터 공유물의 특정 부분의 사용·수익을 허락받은 제3자의 점유는 다수지분권자의 공유물관리권에 터 잡은 적법한 점유이므로 그 제3자는 공유물의 다른 소수지분권자에 대하여 부당이득반환의무가 없다. ○ | X

해설 **26 27** 과반수 지분의 공유자로부터 공유물의 특정 부분의 사용·수익을 허락받은 점유자는 소수지분권자에 대하여 그 점유로 인하여 법률상 원인 없이 이득을 얻고 있다고 볼 수 있는지 여부(소극)
과반수 지분의 공유자는 공유자와 사이에 미리 공유물의 관리방법에 관하여 협의가 없었다 하더라도 공유물의 관리에 관한 사항을 단독으로 결정할 수 있으므로 과반수 지분의 공유자는 그 공유물의 관리방법으로서 그 공유토지의 특정된 한 부분을 배타적으로 사용·수익할 수 있으나, 그로 말미암아 지분은 있으되 그 특정 부분의 사용·수익을 전혀 하지 못하여 손해를 입고 있는 소수지분권자에 대하여 그 지분에 상응하는 임료 상당의 부당이득을 하고 있다 할 것이므로 이를 반환할 의무가 있다 할 것이나, **그 과반수 지분의 공유자로부터 다시 그 특정 부분의 사용·수익을 허락받은 제3자의 점유는 다수지분권자의 공유물관리권에 터잡은 적법한 점유이므로 그 제3자는 소수지분권자에 대하여도 그 점유로 인하여 법률상 원인 없이 이득을 얻고 있다고는 볼 수 없다**(대판 2002.5.14. 2002다9738).

정답 | **21** × **22** × **23** × **24** ○ **25** ○ **26** × **27** ○

A가 사망한 후 甲이 2/3, 乙이 1/3 지분으로 A를 공동상속하였는데, 甲이 乙과의 협의 없이 A로부터 상속받은 X토지를 丙에게 임대하고 丙으로부터 차임을 지급받았다. 이 경우 乙은 甲이나 丙을 상대로 X토지의 인도를 구할 수 없으나, 甲과 丙에게 X토지의 차임 상당액 중 자신의 지분에 상응하는 1/3 상당액을 부당이득으로 반환청구할 수 있다. O | X

> **해설** 과반수지분권자의 배타적 사용·수익
>
> 공유자 사이에 공유물의 관리방법에 관한 협의가 없더라도, 과반수 공유지분을 가진 자는 그 관리에 관한 사항을 단독으로 결정할 수 있으므로, 그 공유토지의 특정부분을 배타적으로 사용·수익할 것을 정하는 것은 공유물의 관리방법으로 적법하며, 다른 공유자에 대하여도 그 효력이 있다(대판 1991.9.24. 88다카33855).
>
> 과반수지분권자의 배타적 사용, 수익의 방법이 관리행위의 한계를 벗어나지 않는다면, 이는 관리행위(제265조 본문)로서 적법하다(대판 2001.11.27. 2000다33638,33645). 이 경우 과반수지분권자는 사용, 수익을 전혀 하지 못하고 있는 소수지분권자에 대하여 그 **지분에 상응하는 임료 상당의 부당이득을 반환할 의무**가 있다(대판 2002.5.14. 2002다9738).
>
> ➡ 사안에서 과반수지분권자인 甲이 공유토지를 임대하는 행위는 제265조 본문의 '관리행위'에 해당하여 적법하다. 따라서 임차인의 점유는 적법한 점유이므로 乙은 임차인 丙에게 목적물의 반환을 청구할 수 없고, 부당이득반환도 청구할 수 없다. 그러나 甲의 임대차가 적법하더라도 乙은 甲에게 임대차로 얻은 이익 중 자신의 지분에 해당하는 범위 내에서 부당이득반환청구를 할 수는 있다. 결국 **설문내용에서 '甲과 丙에게'가 아니라 '甲에게'라고 해야 옳은 지문**이다.

토지공유자 중의 일부가 공유 토지의 특정 부분을 배타적으로 점유·사용하고 있는 경우, 비록 그 특정 부분의 면적이 자신들의 지분 비율에 상당하는 면적 범위 내라고 할지라도, 그 토지를 사용·수익 하지 않는 다른 공유자들에 대하여는 그 지분에 상응하는 부당이득을 반환할 의무가 있으며, 이 의무는 분할채무의 성질을 가진다. O | X

> **해설** 공유자가 자기 지분비율에 따라 공유물의 특정부분을 사용·수익할 수 있는지 여부
>
> 토지의 공유자는 각자의 지분 비율에 따라 토지 전체를 사용·수익할 수 있지만, **그 구체적인 사용·수익 방법에 관하여 공유자들 사이에 지분 과반수의 합의가 없는 이상, 1인이 특정 부분을 배타적으로 점유·사용할 수 없는 것**이므로, 공유자 중의 일부가 특정 부분을 배타적으로 점유·사용하고 있다면, 그들은 비록 그 **특정 부분의 면적이 자신들의 지분 비율에 상당하는 면적 범위 내라고 할지라도**, 다른 공유자들 중 지분은 있으나 사용·수익은 전혀 하지 않고 있는 자에 대하여는 **그 자의 지분에 상응하는 부당이득**을 하고 있다고 보아야 할 것인바, 이는 모든 공유자는 공유물 전부를 지분의 비율로 사용·수익할 권리가 있기 때문이다. **여러 사람이 공동으로 법률상 원인 없이 타인의 재산을 사용한 경우의 부당이득반환채무는** 특별한 사정이 없는 한 불가분적 이득의 반환으로서 **불가분채무**이다(대판 2001.12.11. 2000다13948).
>
> **쟁점정리** 수인이 공동으로 법률상 원인 없이 타인의 재산을 사용한 경우의 부당이득반환채무는 불가분적 이득의 상환으로서 '불가분채무'이다.

[**사실관계**] X토지에 대하여 甲과 乙은 각 1/2지분을 소유하고 있는데, 甲이 그 지상에 소나무를 식재하여 토지를 독점적으로 점유하고 있다.

30

철수: 공유물의 소수지분권자인 甲이 乙과 협의하지 않고 공유물의 전부를 독점적으로 점유하는 경우 다른 소수지분권자인 乙이 甲을 상대로 공유물의 인도를 청구할 수는 없어.　　　　　　　　　　　○ | X

31

영희: 소수지분권자인 甲이 乙을 배제하고 단독 소유자인 것처럼 공유물을 독점하는 것은 위법하지만, 甲은 적어도 자신의 지분 범위에서는 공유물 전부를 점유하여 사용·수익할 권한이 있으므로 甲의 점유는 지분비율을 초과하는 한도에서만 위법하다고 보아야 하지 않을까?　　　　　　　　　　　○ | X

32

혜림: 乙은 공유물을 독점적으로 점유하면서 乙의 공유지분권을 침해하고 있는 甲을 상대로 지분권에 기한 방해배제청구권을 행사함으로써 위법 상태를 시정할 수 있을 거야.　　　　　　　　　　　○ | X

33

강은: 공유물을 공유자 한 명이 독점적으로 점유하는 경우 이러한 위법 상태를 시정하여 공유물의 현상을 공유자 전원이 사용·수익할 수 있는 상태로 환원시킬 목적으로 방해를 제거하거나 공유물을 회수하는 것은 민법 제265조 단서에 따른 공유물의 보존을 위한 행위에 해당해.　　　　　　　　　　　○ | X

해설 **30 31 32 33** 소수지분권자의 배타적 사용, 수익의 경우 '**다른 소수지분권자에게 공유물인도청구**'를 인정할 것인지 문제되는바, 기존 *判例*는 '공유물의 보존행위로서 공유물의 인도나 명도를 청구할 수 있다.'고 한다(대판 1994.3.22. 93다9392,9408 전합). 그러나 바뀐 전원합의체 판결에 따르면 "제265조 단서가 공유자 각자가 다른 공유자와 **협의 없이 보존행위를 할 수 있게 한 것은 그것이 다른 공유자에게도 이익이 되기 때문**인바, 소수지분권자가 다른 소수지분권에게 공유물 인도를 청구하는 것은 다른 소수지분권자가 가지고 있는 '지분의 비율에 따른 사용·수익권'까지 근거 없이 박탈하는 것으로 다른 공유자에게도 이익이 되는 보존행위라고 볼 수 없다."는 것을 이유로 부정하였다. 다만 **자신의 지분권에 기초한** 공유토지 위의 지상물 철거청구나 공동점유에 대한 방해금지 등의 '**방해배제청구**'(제214조)는 가능하다고 보았다(대판 2020.5.21. 2018다287522 전합).

사실관계 원고는 이 사건 토지의 1/2 지분을 소유하고 있는 소수지분권자로서, 그 지상에 소나무를 식재하여 토지를 독점적으로 점유하고 있는 피고를 상대로 소나무 등 지상물의 수거와 점유 토지의 인도 등을 청구한 사안에서, 원심은 원고가 공유물의 보존행위로서 공유 토지에 대한 방해배제와 인도를 청구할 수 있다고 보아 원고의 청구를 모두 받아들였으나, 대법원은 원고가 공유자인 피고를 상대로 토지 인도를 청구할 수는 없고 방해배제로 지상물 수거를 청구할 수 있다고 보아, 원심 판결 중 토지 인도 청구 부분을 법리 오해로 파기하고, 토지 인도 청구가 인용될 것을 전제로 한 일부 금원 지급 청구 부분도 함께 파기하였다.

정답 | **28** × **29** × **30** ○ **31** ○ **32** ○ **33** ×

34

X토지에 대하여 甲은 4/6 지분을, 乙, 丙은 1/6 지분씩을 각 공유하고 있는데, 乙이 다른 공유자들과 협의 없이 X토지의 일부에 소나무를 식재하고 이를 독점적으로 점유하고 있다. 丙은 공유물의 보존행위로서 乙을 상대로 乙이 점유하는 부분에 대한 인도를 청구할 수 있다. ○ | ✕

> **해설** 공유물의 소수지분권자인 피고가 다른 공유자와 협의하지 않고 공유물의 전부 또는 일부를 독점적으로 점유하는 경우 소수지분권자인 원고가 피고를 상대로 공유물의 인도를 청구할 수는 없다고 보아야 한다. 왜냐하면 공유자 중 1인인 피고가 공유물을 독점적으로 점유하고 있어 다른 공유자인 원고가 피고를 상대로 공유물의 인도를 청구하는 경우, 그러한 행위는 공유물을 점유하는 피고의 이해와 충돌한다. 애초에 보존행위를 공유자 중 1인이 단독으로 할 수 있도록 한 것은 보존행위가 다른 공유자에게도 이익이 되기 때문이라는 점을 고려하면, 이러한 행위는 민법 제265조 단서에서 정한 보존행위라고 보기 어렵기 때문이다(대판 2020.5.21. 2018다287522 전합).

35

X토지에 대하여 甲은 4/6 지분을, 乙, 丙은 1/6 지분씩을 각 공유하고 있는데, 乙이 다른 공유자들과 협의 없이 X토지의 일부에 소나무를 식재하고 이를 독점적으로 점유하고 있다. 丙은 자신의 공유지분권에 기하여 乙을 상대로 공유물에 대한 방해상태를 제거하거나 방해하는 행위의 금지를 청구할 수 있다. ○ | ✕

> **해설** 공유물의 소수지분권자가 다른 공유자와 협의 없이 공유물의 전부 또는 일부를 독점적으로 점유·사용하고 있는 경우 다른 소수지분권자는 공유물의 보존행위로서 그 인도를 청구할 수는 없고, 다만 자신의 지분권에 기초하여 공유물에 대한 방해 상태를 제거하거나 공동 점유를 방해하는 행위의 금지 등을 청구할 수 있다고 보아야 한다(대판 2020.5.21. 2018다287522 전합).
>
> **사실관계** 甲, 乙, 丙은 X 토지를 공유하고 있으며, 각각의 지분비율은 4:2:1이다.

36

토지의 공유자인 A·B·C 간에 C가 그 토지 위에 건물을 건축하고 그 소유 및 사용을 위해 그 건물의 부지 부분을 점유·사용키로 하는 내용의 특약을 맺었는데, 그 후 경매를 통해 C의 토지에 대한 지분과 건물소유권을 甲이 취득하였고, A는 B의 지분을 취득하여 과반수지분권자가 된 경우라면, 甲을 상대로 건물의 철거를 구할 수 있다. ○ | ✕

> **해설** 공유자 간의 공유물의 관리에 관한 특약이 공유자의 특정승계인에게 미치는지 여부와 특약의 변경요건
> 判例는 "공유자 간의 공유물에 대한 사용·수익·관리에 관한 특약은 공유자의 특정승계인에 대하여도 당연히 승계된다고 할 것이나, 민법 제265조는 "공유물의 관리에 관한 사항은 공유자의 지분의 과반수로써 결정한다."라고 규정하고 있으므로, 위와 같은 **특약 후에 공유자에 변경이 있고 특약을 변경할 만한 사정이 있는 경우에는 공유자의 지분의 과반수의 결정으로 기존 특약을 변경할 수 있다.**"(대판 2005.5.12. 2005다1827)라고 판시하면서, 사안에서 A는 특약의 당사자로서 그 내용을 잘 알고 있음에도 B의 지분을 증여받아 과반수지분권자가 된 것을 이유로 공유물의 분할을 청구하는 甲을 상대로 건물의 철거를 구하는 것은, 특약을 변경할 만한 사유가 되지 못하는 것으로 보아 A는 甲을 상대로 건물의 철거를 구할 수 없다고 하였다. 이후의 判例는, 공유자간의 공유물에 대한 사용·수익·관리에 관한 특약은 공유자의 특정승계인에 대하여도 당연히 승계되지만, **공유자 중 1인이 자신의 지분 중 일부를 다른 공유자에게 양도하기로 하는 공유자 간의 지분의**

처분에 관한 약정까지 공유자의 특정승계인에게 당연히 승계되는 것으로 볼 수는 없다고 한다(대판 2007.11.29. 2007다 64167).

비교판례 **공유자 사이의 공유물에 관한 특약의 승계**

공유자 간의 특약 중 공유자의 특정승계인에 대하여 승계되는 것은 '관리'에 관한 특약에 한정된다. '공유지분권의 본질적 부분에 관한 것'은 특별한 사정이 없는 한 특정승계인에게 당연히 승계되지 않는다. 아울러 '지분처분의 약정'이 지분승계인에게 승계되는 것도 아니다.

공유물의 관리에 관한 사항은 공유자의 지분의 과반수로써 결정하고, 공유자간의 공유물에 대한 사용수익·관리에 관한 특약은 공유자의 특정승계인에 대하여도 당연히 승계된다고 할 것이나, **공유물에 관한 특약이 지분권자로서의 사용수익권을 사실상 포기하는 등으로 공유지분권의 본질적 부분을 침해한다고 볼 수 있는 경우에는 특정승계인이 그러한 사실을 알고도 공유지분권을 취득하였다는 등의 특별한 사정이 없는 한 특정승계인에게 당연히 승계되는 것으로 볼 수는 없다**(대판 2009.12.10. 2009다54294)

공유자 중 1인이 자신의 지분 중 일부를 다른 공유자에게 양도하기로 하는 공유자간의 '지분의 처분에 관한 약정'까지 공유자의 특정승계인에게 당연히 승계되는 것으로 볼 수는 없다(대판 2007.11.29. 2007다64167).

37

실체관계상 공유인 부동산에 관하여 단독소유로 소유권보존등기가 마쳐진 경우 소유권보존등기 중 진정한 권리자의 소유 부분에 해당하는 일부 지분에 관한 등기명의인의 소유권보존등기는 무효이므로, 이 경우 진정한 권리자는 소유권보존등기의 일부 말소를 소로써 구하고 법원은 그 지분에 한하여만 말소를 명할 수 있다. O | X

해설 **공유자 중 1인의 단독 명의로 마쳐진 원인무효의 소유권이전등기에 관하여 다른 공유자가 등기명의인인 공유자를 상대로 말소등기절차의 이행을 구할 수 있는 범위(= 등기명의인인 공유자의 공유지분을 제외한 나머지 공유지분 전부)**
부동산의 공유자의 1인은 당해 부동산에 관하여 제3자 명의로 원인무효의 소유권이전등기가 경료되어 있는 경우 공유물에 관한 보존행위로서 제3자에 대하여 그 등기 전부의 말소를 구할 수 있다고 할 것이나, 그 제3자가 당해 부동산의 공유자 중의 1인인 경우에는 그 소유권이전등기는 동인의 공유지분에 관하여는 실체관계에 부합하는 등기라고 할 것이므로, 이러한 경우 공유자의 1인은 단독 명의로 등기를 경료하고 있는 공유자에 대하여 그 공유자의 공유지분을 제외한 나머지 공유지분 전부에 관하여만 소유권이전등기 말소등기절차의 이행을 구할 수 있다(대판 2015.4.9. 2012다2408).

38

공유물분할청구권은 공유관계에서 수반되는 형성권이므로 공유관계가 존속하는 한 그 분할청구권만이 독립하여 시효소멸될 수 없다. O | X

해설 **공유물분할청구권이 공유관계와는 별도로 시효 소멸하는지 여부**
공유물분할청구권은 공유관계에서 수반되는 형성권이므로 공유관계가 존속하는 한 그 분할청구권만이 독립하여 시효소멸될 수 없다(대판 1981.3.24. 80다1888).

정답 | **34** × **35** ○ **36** × **37** ○ **38** ○

39

19서기보

공유물의 분할청구는 언제든지 구할 수 있고, 공유자 사이에 약정으로 금지할 수 없다. O I X

40

14법무사

공유자는 5년 내의 기간으로 분할하지 아니할 것을 약정할 수 있고, 그 계약을 갱신할 때에는 그 기간은 갱신한 날로부터 5년을 넘지 못한다. O I X

> **해설** **39 40** 제268조(공유물의 분할청구) ① 공유자는 공유물의 분할을 청구할 수 있다. 그러나 5년 내의 기간으로 분할하지 아니할 것을 약정할 수 있다.
> ② 전항의 계약을 갱신한 때에는 그 기간은 갱신한 날로부터 5년을 넘지 못한다.

41

14주사보, 17사무관

공유자 사이에 분할에 관한 협의가 성립된 경우에도 일부 공유자가 분할에 따른 이전등기에 협조하지 않거나 분할에 관하여 다툼이 있다면 공유물분할의 소를 제기할 수 있다. O I X

42

20법원행시

공유자 사이에 이미 분할에 관한 협의가 성립된 경우에는 일부 공유자가 분할에 따른 이전등기에 협조하지 않거나 분할에 관하여 다툼이 있더라도 그 분할된 부분에 대한 소유권이전등기를 청구하든가 소유권확인을 구함은 별문제이나 또다시 소로써 그 분할을 청구하거나 이미 제기한 공유물분할의 소를 유지함은 허용되지 않는다. O I X

> **해설** **41 42** 제269조(분할의 방법) ① 분할의 방법에 관하여 협의가 성립되지 아니한 때에는 공유자는 법원에 그 분할을 청구할 수 있다.
>
> 이미 분할에 관한 협의가 성립된 경우, 공유물분할의 소를 제기하거나 유지함이 허용되는지 여부
> 공유물분할은 협의분할을 원칙으로 하고 협의가 성립되지 아니한 때에는 재판상 분할을 청구할 수 있으므로 공유자 사이에 이미 분할에 관한 협의가 성립된 경우에는 일부 공유자가 분할에 따른 이전등기에 협조하지 않거나 분할에 관하여 다툼이 있더라도 그 분할된 부분에 대한 소유권이전등기를 청구하든가 소유권확인을 구함은 별문제이나 또다시 소로써 그 분할을 청구하거나 이미 제기한 공유물분할의 소를 유지함은 허용되지 않는다(대판 1995.1.12. 94다30348).

43

17사무관

부동산의 공유자가 공유물분할청구의 소를 본안으로 제기하기에 앞서 장래 취득할 부동산의 전부 또는 특정 부분에 대한 소유권 등의 권리를 피보전권리로 하여 다른 공유자의 공유지분에 대한 처분금지가처분을 할 수 있다. O I X

가처분의 피보전권리는 가처분 신청 당시 확정적으로 발생한 것이어야 하는 것은 아니고 이미 그 발생의 기초가 존재하는 한 장래에 발생할 권리도 가처분의 피보전권리가 될 수 있다. 따라서 부동산의 공유자는 공유물분할청구의 소를 본안으로 제기하기에 앞서 장래에 그 판결이 확정됨으로써 취득할 부동산의 전부 또는 특정 부분에 대한 소유권 등의 권리를 피보전권리로 하여 다른 공유자의 공유지분에 대한 처분금지가처분도 할 수 있다(대결 2013.6.14. 2013마396).

44

12법무사, 15사무관

공유물분할청구의 소는 다른 공유자 전부를 공동피고로 하는 고유필수적 공동소송이라고 보아야 한다.

○ | ×

공유물분할청구의 소가 고유필수적 공동소송인지 여부(적극)
공유물분할청구의 소는 분할을 청구하는 공유자가 원고가 되어 다른 공유자 전부를 공동피고로 하여야 하는 고유필수적 공동소송이다(대판 2003.12.12. 2003다44615).

45

17법원행시

공유물을 공유자 간에 협의로 분할할 때에는 그 방법을 임의로 선택할 수 있다.

○ | ×

재판상 분할과 달리 협의분할의 경우에는 그 방법에 제한이 없다.

46

14주사보, 16법무사, 17법원행시

재판에 의한 분할의 경우, 법원은 현물분할을 하는 것이 원칙이고, 현물로 분할할 수 없거나 현물로 분할하게 되면 현저히 그 가액이 감손될 염려가 있는 때에는 경매를 명하여 대금분할을 할 수 있다. ○ | ×

제269조(분할의 방법) ① 분할의 방법에 관하여 협의가 성립되지 아니한 때에는 공유자는 법원에 그 분할을 청구할 수 있다.
② **현물로 분할할 수 없거나 분할로 인하여 현저히 그 가액이 감손될 염려가 있는 때에는 법원은 물건의 경매를 명할 수 있다.**
공유물의 분할은 공유자 간에 협의가 이루어지는 경우에는 그 방법을 임의로 선택할 수 있으나 협의가 이루어지지 아니하여 재판에 의하여 공유물을 분할하는 경우에는 법원은 현물로 분할하는 것이 원칙이고, 현물로 분할할 수 없거나 현물로 분할을 하게 되면 현저히 그 가액이 감손될 염려가 있는 때에 비로소 물건의 경매를 명하여 대금분할을 할 수 있는 것이므로, 위와 같은 사정이 없는 한 법원은 각 공유자의 지분 비율에 따라 공유물을 현물 그대로 수 개의 물건으로 분할하고 분할된 물건에 대하여 각 공유자의 단독소유권을 인정하는 판결을 하여야 하는 것이며, 그 분할의 방법은 당사자가 구하는 방법에 구애받지 아니하고 법원의 재량에 따라 공유관계나 그 객체인 물건의 제반 상황에 따라 공유자의 지분 비율에 따른 합리적인 분할을 하면 된다(대판 2004.7.22. 2004다10183).

정답 | 39 × 40 ○ 41 × 42 ○ 43 ○ 44 ○ 45 ○ 46 ○

47

여러 사람이 공유하는 물건을 현물 분할하는 경우에는 분할청구자의 지분한도 안에서 현물분할을 하고 분할을 원하지 않는 나머지 공유자는 공유로 남는 방법도 허용될 수 있다고 보아야 한다. ○ | ×

48

공유물 분할청구자 지분의 일부에 대하여만 공유물 분할을 명하고 일부 지분에 대하여는 이를 분할하지 아니하고 공유관계를 유지하도록 하는 것도 재판상의 분할로 허용된다. ○ | ×

> **해설** **47 48** 공유물분할청구의 소에서 분할청구자 지분의 일부에 대하여만 공유물 분할을 명하고 일부 지분에 대하여는 이를 분할하지 아니한 채 공유관계를 유지하도록 할 수 있는지 여부(소극)
> 분할의 방법에 있어, 당사자 사이에 협의가 이루어지는 경우에는 그 방법을 임의로 선택할 수 있으나, 협의가 이루어지지 아니하여 재판에 의하여 공유물을 분할하는 경우에는 법원은 현물로 분할하는 것이 원칙이고 현물로 분할할 수 없거나 현물로 분할을 하게 되면 현저히 그 가액이 감손될 염려가 있는 때에 비로소 물건의 경매를 명할 수 있으므로, 그러한 사정이 없는 한 법원은 각 공유자의 지분비율에 따라 공유물을 현물 그대로 수개의 물건으로 분할하고, 분할된 물건에 대하여 각 공유자의 단독소유권을 인정하는 판결을 하여야 한다(대판 2010.2.25. 2009다79811).

49

공유물분할청구의 소는 형성의 소로서 법원은 공유물분할을 청구하는 원고가 구하는 방법에 구애받지 않고 재량에 따라 합리적 방법으로 분할을 명할 수 있으므로, 분할청구자들이 그들 사이의 공유관계의 유지를 원하고 있지 아니한데도 분할청구자들과 상대방 사이의 공유관계만 해소한 채 분할청구자들을 여전히 공유로 남기는 방식으로 현물분할을 하는 것은 허용될 수 있다. ○ | ×

> **해설** 공유물분할청구의 소는 형성의 소로서 법원은 공유물분할을 청구하는 원고가 구하는 방법에 구애받지 않고 재량에 따라 합리적 방법으로 분할을 명할 수 있으므로, 여러 사람이 공유하는 물건을 현물분할하는 경우에는 분할청구자의 지분 한도 안에서 현물분할을 하고 분할을 원하지 않는 나머지 공유자는 공유로 남게 하는 방법도 허용되나, 그렇다고 하더라도 **공유물분할을 청구한 공유자의 지분 한도 안에서는 공유물을 현물 또는 경매·분할함으로써 공유관계를 해소하고 단독소유권을 인정하여야지, 분할청구자들이 그들 사이의 공유관계의 유지를 원하고 있지 아니한데도 분할청구자들과 상대방 사이의 공유관계만 해소한 채 분할청구자들을 여전히 공유로 남기는 방식으로 현물분할을 하는 것은 허용될 수 없다**(대판 2015.7.23. 2014다88888).

50

공유물을 공유자 중의 1인의 단독소유 또는 수인의 공유로 하되 현물을 소유하게 되는 공유자로 하여금 다른 공유자에 대하여 그 지분의 적정하고도 합리적인 가격을 배상시키는 방법에 의한 분할도 현물분할의 하나로 허용된다. ○ | ×

해설 공유물을 공유자 중의 1인 단독소유 또는 수인의 공유로 하고 다른 공유자에 대하여는 가격배상만 하는 방법의 공유물분할이 가능한지 여부(적극)

공유관계의 발생원인과 공유지분의 비율 및 분할된 경우의 경제적 가치, 분할 방법에 관한 공유자의 희망 등의 사정을 종합적으로 고려하여 당해 공유물을 특정한 자에게 취득시키는 것이 상당하다고 인정되고, 다른 공유자에게는 그 지분의 가격을 취득시키는 것이 공유자 간의 실질적인 공평을 해치지 않는다고 인정되는 특별한 사정이 있는 때에는 공유물을 공유자 중의 1인의 단독소유 또는 수인의 공유로 하되 현물을 소유하게 되는 공유자로 하여금 다른 공유자에 대하여 그 지분의 적정하고도 합리적인 가격을 배상시키는 방법에 의한 분할도 현물분할의 하나로 허용된다(대판 2004.10.14. 2004다30583).

51

공유물분할청구소송에 있어 원래의 공유자들이 각 그 지분의 일부 또는 전부를 제3자에게 양도하고 그 지분이전등기까지 마쳤다면, 새로운 이해관계가 형성된 그 제3자에 대한 관계에서는 달리 특별한 사정이 없는 한 일단 등기부상의 지분을 기준으로 할 수밖에 없을 것이나, 원래의 공유자들 사이에서는 등기부상 지분과 실제의 지분이 다르다는 사실이 인정된다면 여전히 실제의 지분을 기준으로 삼아야 할 것이고 등기부상 지분을 기준으로 하여 그 실제의 지분을 초과하거나 적게 인정할 수는 없다. ○ | X

해설 대판 2001.3.9. 98다51169 참조
➡ ① 공유물분할청구소송에서 원래의 공유자들이 각 지분의 일부 또는 전부를 제3자에게 양도하고 지분이전등기까지 마친 경우 그 제3자에 대한 관계에서의 지분의 기준(= 등기부상의 지분)
　② 등기부상 지분과 실제의 지분이 다른 경우 원래의 공유자들 사이에서의 지분의 기준(= 실제의 지분)

52

공유물분할 소송절차에서 공유토지의 특정한 일부씩을 각각의 공유관계에 귀속시키는 것으로 현물분할하는 내용의 조정이 성립하였다면, 그 조정조서는 공유물분할판결과 동일한 효력을 가지는 것으로서 「민법」제187조 소정의 '판결'에 해당하여 조정이 성립한 때 물권변동의 효력이 발생한다. ○ | X

해설 법률행위에 의하지 않은 부동산물권변동
상속, 공용징수, 판결, 경매 기타 법률의 규정에 의한 부동산에 관한 물권의 취득은 등기를 요하지 아니한다(제187조). 그런데 최근 전원합의체 판결에 따르면 공유부동산을 '현물분할'하는 내용의 '조정조서는 제187조의 '판결과 같은 효력이 없다고 한다(대판 2013.11.21. 2011두1917 전합). 즉, 判例는 "공유물분할의 소송절차 또는 조정절차에서 공유자 사이에 공유토지에 관한 현물분할의 협의가 성립하여 그 합의사항을 조서에 기재함으로써 **조정이 성립하였다고 하더라도, 그와 같은 사정만으로 재판에 의한 공유물분할의 경우와 마찬가지로 그 즉시 공유관계가 소멸하고 각 공유자에게 그 협의에 따른 새로운 법률관계가 창설되는 것은 아니라고 할 것**이고, 공유자들이 협의한 바에 따라 토지의 분필절차를 마친 후 각 단독소유로 하기로 한 부분에 관하여 다른 공유자의 공유지분을 이전받아 등기를 마침으로써 비로소 그 부분에 대한 대세적 권리로서의 소유권을 취득하게 된다."라고 한다.

| 정답 | **47** ○ **48** × **49** × **50** ○ **51** ○ **52** × |

53

공유물분할청구의 소에서 법원은 당사자의 주장에 구애받지 않고 재량에 따라 합리적 방법으로 분할을 명할 수 있으므로, ㉠ 분할청구자들과 상대방 사이의 공유관계만 해소한 채 분할청구자들을 여전히 공유로 남기는 방식으로 현물분할을 인정할 수 있고, ㉡ 분할청구자가 상대방들을 공유로 남기는 방식의 현물분할을 청구하고 있다면, 상대방들이 그들 사이만의 공유관계의 유지를 원하고 있지 아니한데도 상대방들을 여전히 공유로 남기는 방식으로 현물분할을 할 수도 있으며, ㉢ 분할청구자 지분의 일부에 대하여만 공유물 분할을 명하고 일부 지분에 대하여는 이를 분할하지 아니하거나, 공유물의 지분비율만을 조정하는 등의 방법으로 공유관계를 유지하도록 하는 것도 허용될 수 있다.　　　　　　　　　　　　　　○ | X

> **해설** **제269조(분할의 방법)** ① 분할의 방법에 관하여 협의가 성립되지 아니한 때에는 공유자는 법원에 그 분할을 청구할 수 있다.
>
> ② 현물로 분할할 수 없거나 분할로 인하여 현저히 그 가액이 감손될 염려가 있는 때에는 법원은 물건의 경매를 명할 수 있다. **재판에 의한 분할과 관련하여 현물분할의 방식에 대해 判例는** "공유물분할청구의 소는 형성의 소로서 법원은 공유물분할을 청구하는 원고가 구하는 방법에 구애받지 않고 재량에 따라 합리적 방법으로 분할을 명할 수 있으므로, **여러 사람이 공유하는 물건을 현물분할하는 경우에는 분할청구자의 지분 한도 안에서 현물분할을 하고 분할을 원하지 않는 나머지 공유자는 공유로 남게 하는 방법도 허용되나, 그렇다고 하더라도 공유물분할을 청구한 공유자의 지분 한도 안에서는 공유물을 현물 또는 경매·분할함으로써 공유관계를 해소하고 단독소유권을 인정하여야지,** ㉠ 분할청구자들이 그들 사이의 공유관계의 유지를 원하고 있지 아니한데도 분할청구자들과 상대방 사이의 공유관계만 해소한 채 분할청구자들을 여전히 공유로 남기는 방식으로 현물분할을 하는 것은 허용될 수 없고(대판 2015.7.23. 2014다88888), ㉡ 분할청구자가 상대방들을 공유로 남기는 방식의 현물분할을 청구하고 있다고 하여, 상대방들이 그들 사이만의 공유관계의 유지를 원하고 있지 아니한데도 상대방들을 여전히 공유로 남기는 방식으로 현물분할을 하여서도 아니되며(대판 2015.3.26. 2014다233428), ㉢ 분할청구자 지분의 일부에 대하여만 공유물 분할을 명하고 일부 지분에 대하여는 이를 분할하지 아니하거나, 공유물의 지분비율만을 조정하는 등의 방법으로 공유관계를 유지하도록 하는 것도 허용될 수 없다."(대판 2011.3.10. 2010다92506)라고 한다.

54

공유자는 다른 공유자가 분할로 인하여 취득한 물건에 대하여 그 지분의 비율로 매도인과 동일한 담보책임이 있다.　　　　　　　　　　　　　　○ | X

> **해설** **제270조(분할로 인한 담보책임)** 공유자는 다른 공유자가 분할로 인하여 취득한 물건에 대하여 그 지분의 비율로 매도인과 동일한 담보책임이 있다.

55

A와 B가 2 : 3의 비율로 토지를 공유하고 있는데 A의 지분에 관하여 C 앞으로 근저당권이 설정되었고, 그 후 토지가 현물분할된 경우, 근저당권은 A가 취득한 부분에 대해서만 존속하지 않고, A와 B가 각 취득한 부분의 각 2/5 지분에 관하여 존속한다. 그리하여 만약 B의 단독소유가 된 토지부분에 대한 경매신청이 있었고, 그 매각대금으로부터 배당을 받는 경우, C는 저당권자로서 매각대금 중 지분에 해당하는 경매대가에 대하여 우선변제를 받을 권리가 있고, 그 경우 공동저당 중 이른바 이시배당에 관하여 규정하고 있는 민법 제368조 2항의 법리에 따라 저당권의 피담보채권액 전부를 변제받을 수 있다. 이 경우 B는 물상보증인의 지위를 가지는 것으로 보아야 한다.　　　　　　　　　　　　　　○ | X

해설 공유물 분할의 효과 – 지분상의 담보물권

判例는 "부동산의 일부 공유지분에 관하여 저당권이 설정된 후 부동산이 분할된 경우, 그 저당권은 분할된 각 부동산 위에 종전의 지분비율대로 존속하고, 분할된 각 부동산은 저당권의 공동담보(공동저당)가 된다."(대판 2012.3.29. 2011다74932)라고 한다.

➡ 따라서 A가 취득한 부분에 대해서만 존속하지 않고, **A와 B가 각 취득한 부분의 각 2/5 지분에 관하여 존속**한다. 그리하여 만약 B의 단독소유가 된 토지부분에 대한 경매신청이 있었고, 그 매각대금으로부터 배당을 받는 경우, C는 저당권자로서 매각대금 중 지분에 해당하는 경매대가에 대하여 우선변제를 받을 권리가 있고, 그 경우 공동저당 중 이른바 이시배당에 관하여 규정하고 있는 민법 제368조 2항의 법리에 따라 저당권의 피담보채권액 전부를 변제받을 수 있다(대판 2012.3.29. 2011다74932). 이 경우 B는 물상보증인의 지위를 가지는 것으로 보아야 한다.

56

19서기보

합유자는 합유물의 분할을 청구하지 못하고, 전원의 동의 없이 합유물에 대한 지분을 처분하지 못한다.

O | X

해설 제273조(합유지분의 처분과 합유물의 분할금지) ① 합유자는 전원의 동의 없이 합유물에 대한 지분을 처분하지 못한다.
② 합유자는 합유물의 분할을 청구하지 못한다.

57

15서기보

민법상 조합인 공동수급체가 경쟁입찰에 참가하였다가 다른 경쟁업체가 낙찰자로 선정된 경우, 그 공동수급체의 구성원 중 1인이 그 낙찰자 선정이 무효임을 주장하며 무효확인의 소를 제기하는 것은 합유재산의 보존행위에 해당한다.

O | X

해설 제272조(합유물의 처분, 변경과 보존) 합유물을 처분 또는 변경함에는 합유자 전원의 동의가 있어야 한다. 그러나 **보존행위는 각자가 할 수 있다.**
공동수급체의 구성원 중 1인이 그 낙찰자 선정이 무효임을 주장하며 무효확인의 소를 제기하는 것은 그 공동수급체가 경쟁입찰과 관련하여 갖는 법적 지위 내지 법률상 보호받는 이익이 침해될 우려가 있어 그 현상을 유지하기 위하여 하는 소송행위이므로 이는 합유재산의 보존행위에 해당한다(대판 2013.11.28. 2011다80449).

58

20법원행시

합유재산을 합유자 1인의 단독소유로 소유권보존등기를 한 경우에는 소유권보존등기가 실질관계에 부합하지 않는 원인무효의 등기이므로, 다른 합유자는 등기명의인인 합유자를 상대로 소유권보존등기 말소청구의 소를 제기하는 등의 방법으로 원인무효의 등기를 말소시킨 다음 새로이 합유의 소유권보존등기를 신청할 수 있다.

O | X

정답 | **53** × **54** O **55** O **56** O **57** O **58** O

➡ 관련논점: 왜냐하면, "경정등기가 허용되기 위해서는 경정 전후의 등기에 동일성 내지 유사성이 있어야 하는데, 경정 전의 명의인과 경정 후의 명의인이 달라지는 '권리자 경정등기'는 등기명의인의 동일성이 인정되지 않으므로 허용되지 않는다. 따라서 단독소유를 공유로 또는 공유를 단독소유로 하는 경정등기 역시 소유자가 변경되는 결과로 되어 등기명의인의 동일성을 잃게 되므로 허용될 수 없"기 때문이다(同 判例).

59

조합재산의 처분·변경행위에 대하여 민법 제272조가 민법 제706조 2항에 우선하여 적용된다. ○│X

해설 조합재산의 처분방법

최근 대법원은 명시적으로 "합유물 가운데서도 **조합재산의 경우 그 처분·변경에 관한 행위는 조합의 특별사무에 해당하는 업무집행**으로서, 이에 대하여는 **특별한 사정이 없는 한 민법 제706조 제2항이 민법 제272조에 우선하여 적용**되므로, 조합재산의 처분·변경은 업무집행자가 없는 경우에는 조합원의 과반수로 결정하고, 업무집행자가 수인 있는 경우에는 그 업무집행자의 과반수로써 결정하며, 업무집행자가 1인만 있는 경우에는 그 업무집행자가 단독으로 결정한다."(대판 2010. 4.29. 2007다18911)라고 판시한 바 있다. 다만 "조합의 업무집행 방법에 관한 업무집행에 관하여 조합원 전원의 동의를 요하도록 하는 등 그 내용을 달리 정할 수 있고, 그와 같은 약정이 있는 경우에는 조합의 업무집행은 조합원 전원의 동의가 있는 때에만 유효하다."고 판시하여 **조합계약에 조합의 업무집행방법에 관하여 다른 약정이 있으면 그에 따르도록** 하고 있다(대판 2000.10.10. 2000다28506,28513).

60

부동산의 합유자 중 일부가 사망한 경우 합유자 사이에 특별한 약정이 없는 한 사망한 합유자의 상속인은 합유자로서의 지위를 승계하지 못한다. ○│X

해설 **부동산의 합유자 중 일부가 사망한 경우 합유자 사이에 특별한 약정이 없는 한 사망한 합유자의 상속인은 합유자로서의 지위를 승계하지 못하므로,** 해당 부동산은 잔존 합유자가 2인 이상일 경우에는 잔존 합유자의 합유로 귀속되고 잔존 합유자가 1인인 경우에는 잔존 합유자의 단독소유로 귀속된다(대판 1996.12.10. 96다23238).

➡ 물권은 원칙적으로 전부 상속된다. 그러나 합유부동산의 경우 합유지분은 상속이 되지 않는다.

61

甲과 乙을 조합원으로 하는 동업체에서 토지를 매수한 경우 그 소유권이전등기청구권을 준합유하는 관계에 있으나, 그 매매계약에 기하여 소유권이전등기의 이행을 구하는 소를 제기함에 있어서는 소송의 편의상 甲과 乙이 공동으로 할 필요는 없다. ○│X

해설 대판 1994.10.25. 93다54064

62

법인 아닌 사단은 사단의 실질은 가지고 있으나 아직 권리능력을 취득하지 못한 것이므로, 법인 아닌 사단의 사원은 집합체로서 재산을 소유할 수 없고, 법인 아닌 사단은 대표자가 있더라도 그 사단의 이름으로 소송의 당사자가 될 수 없다. ○ | X

> **해설** **종중 소유의 재산은 종중원의 총유에 속하는 것**이므로 그 관리 및 처분에 관하여 먼저 종중 규약에 정하는 바가 있으면 이에 따라야 하고, 그 점에 관한 종중 규약이 없으면 종중 총회의 결의에 의하여야 하므로 비록 종중 대표자에 의한 종중 재산의 처분이라고 하더라도 그러한 절차를 거치지 아니한 채 한 행위는 무효이다(대판 2000.10.27. 2000다22881).
>
> ➡ '재산을 소유할 수 없고' 부분이 틀렸다.

63

총유물의 관리 및 처분은 사원총회의 결의에 의하고, 사원은 정관 기타의 규약에 좇아 총유물을 사용, 수익할 수 있다. ○ | X

> **해설** 제276조(총유물의 관리, 처분과 사용, 수익) ① 총유물의 관리 및 처분은 사원총회의 결의에 의한다.
> ② 각 사원은 정관 기타의 규약에 좇아 총유물을 사용, 수익할 수 있다.

64

종중의 대표자는 종중규약에 대표권을 제한하는 다른 규정이 없는 한 종중총회의 결의가 없더라도 종중을 대표하여 종중재산을 처분할 수 있다. ○ | X

> **해설** 종중 소유의 재산은 종중원의 총유에 속하는 것이므로 **그 관리 및 처분에 관하여 먼저 종중 규약에 정하는 바가 있으면 이에 따라야 하고, 그 점에 관한 종중 규약이 없으면 종중 총회의 결의에 의하여야 하므로** 비록 종중 대표자에 의한 종중 재산의 처분이라고 하더라도 그러한 절차를 거치지 아니한 채 한 행위는 무효이다(대판 2000.10.27. 2000다22881).

65

종중원은 총유자의 한 사람으로서 그 총유물인 종산을 사용·수익할 수 있으므로 종중의 결의 없이 종산에 분묘를 설치할 수 있다. ○ | X

> **해설** 종중원은 총유자의 한 사람으로서 그 총유물인 종산을 사용수익할 수 있다 하여도 그 종산에 대한 분묘설치행위는 단순한 사용수익에 불과한 것이 아니고 관습에 의한 지상권 유사의 물권을 취득하게 되는 처분행위에 해당된다할 것이므로 **총유체인 종중의 결의가 필요**하다(대판 1967.7.18. 66다1600).

66

출제예상

종중 소유 재산의 보존행위로서 소를 제기하는 경우, 종중결의를 거쳐 종중 명의로 하거나 그 구성원 전원이 당사자가 되어 필수적 공동소송의 형태를 취하여야 한다.　　　　○│Ⅹ

> **해설** 총유재산에 관한 소송수행방법
> 총유의 경우에는 공유나 합유의 경우처럼 보존행위는 구성원 각자가 할 수 있다(제265조 단서, 제272조)는 규정이 없으므로 보존행위를 함에도 제276조 1항에 따른 사원총회의 결의를 거치거나 정관이 정하는 바에 따른 절차(제275조 제2항 참조)를 거쳐야 한다(대판 2014.2.13. 2012다112299).
> 따라서 判例는 "총유재산에 관한 소송은 법인 아닌 사단이 그 명의로 사원총회의 결의를 거쳐 하거나(민사소송법 제52조 참조) 또는 그 구성원 전원이 당사자가 되어 필수적 공동소송의 형태로 할 수 있을 뿐 총회의 결의를 거치더라도 (설령 대표자라도)구성원 개인이 할 수는 없다."(대판 2005.9.15. 2004다44971 전합)라고 판시하고 있다.

67

17서기보

법인 아닌 사단의 대표자는 사원총회의 결의를 거쳐야만 총유재산에 관한 보존행위로서 소송을 제기할 당사자적격이 있다.　　　　○│Ⅹ

68

18주사보, 18법무사

법인 아닌 사단인 종중의 대표자 또는 그 구성원의 일부는 종중의 재산에 대한 보존행위로서 소송을 하는 경우에 종중 총회의 결의를 거칠 필요 없이 단독으로 할 수 있다.　　　　○│Ⅹ

69

11법무사, 14법원행시

甲이 등기서류를 위조하여 A종중 소유의 토지에 관하여 甲 명의로 소유권이전등기를 해 버린 경우 위 종중의 대표자 乙은 비록 종중재산의 보존을 위한 소제기에 관하여 종중총회의 결의를 거쳤다고 하더라도 乙 개인 명의로는 위 소유권이전등기의 말소를 구하는 소를 제기할 수 없다.　　　　○│Ⅹ

> **해설** **67 68 69** 법인 아닌 사단의 구성원 개인이 총유재산의 보존을 위한 소를 제기할 수 있는지 여부(소극)
> 민법 제276조 제1항은 "총유물의 관리 및 처분은 사원총회의 결의에 의한다.", 같은 조 제2항은 "각 사원은 정관 기타의 규약에 좇아 총유물을 사용·수익할 수 있다."라고 규정하고 있을 뿐 공유나 합유의 경우처럼 보존행위는 그 구성원 각자가 할 수 있다는 민법 제265조 단서 또는 제272조 단서와 같은 규정을 두고 있지 아니한바, 이는 법인 아닌 사단의 소유형태인 총유가 공유나 합유에 비하여 단체성이 강하고 구성원 개인들의 총유재산에 대한 지분권이 인정되지 아니하는 데에서 나온 당연한 귀결이라고 할 것이므로 총유재산에 관한 소송은 법인 아닌 사단이 그 명의로 사원총회의 결의를 거쳐 하거나 또는 그 구성원 전원이 당사자가 되어 필수적 공동소송의 형태로 할 수 있을 뿐 그 사단의 구성원은 설령 그가 사단의 대표자라거나 사원총회의 결의를 거쳤다 하더라도 그 소송의 당사자가 될 수 없고, 이러한 법리는 총유재산의 보존행위로서 소를 제기하는 경우에도 마찬가지라 할 것이다(대판 2005.9.15. 2004다44971).

권리능력 없는 사단인 재건축조합 A의 대표자 甲은 아파트신축을 위하여 乙 회사와 신축공사의 설계용역
에 관한 도급계약을 체결하였다. 한편 A의 정관에는 "A의 부담이 따르는 결정사항에 관하여는 총회의
결의에 의하여야 한다."고 규정하고 있음에도 甲이 이러한 절차를 거치지 않았다면 이는 사원 총회의 결
의를 거치지 아니한 총유물의 관리 및 처분행위로서 무효이다.   ○ | X

> **해설** 주택건설촉진법에 의하여 설립된 재건축조합은 민법상의 비법인사단에 해당하고, 총유물의 관리 및 처분에 관하여
> 는 정관이나 규약에 정한 바가 있으면 이에 따라야 하고, 그에 관한 정관이나 규약이 없으면 사원 총회의 결의에 의하여
> 하는 것이므로 정관이나 규약에 정함이 없는 이상 사원총회의 결의를 거치지 않은 총유물의 관리 및 처분행위는 무효라고
> 할 것이나, 총유물의 관리 및 처분행위라 함은 총유물 그 자체에 관한 법률적·사실적 처분행위와 이용, 개량행위를 말하는
> 것으로서 재건축조합이 재건축사업의 시행을 위하여 설계용역계약을 체결하는 것은 단순한 채무부담행위에 불과하여 총
> 유물 그 자체에 대한 관리 및 처분행위라고 볼 수 없다(대판 2003.7.22. 2002다64780).

종중이 그 소유 토지의 매매를 중개한 중개업자에게 중개수수료를 지급하기로 하는 약정을 체결하는 행
위는 총유물의 관리·처분행위에 해당한다.   ○ | X

> **해설** 종중은 민법상의 비법인사단에 해당하고, 민법 제275조, 제276조 제1항이 총유물의 관리 및 처분에 관하여는 정관
> 이나 규약에 정한 바가 있으면 그에 의하고 정관이나 규약에서 정한 바가 없으면 사원총회의 결의에 의하도록 규정하고
> 있으므로, 이러한 절차를 거치지 아니한 총유물의 관리·처분행위는 무효라 할 것이나, 위 법조에서 말하는 총유물의 관리
> 및 처분이라 함은 총유물 그 자체에 관한 이용·개량행위나 법률적·사실적 처분행위를 의미하는 것이므로, **피고 종중이**
> **그 소유의 이 사건 토지의 매매를 중개한 중개업자에게 중개수수료를 지급하기로 하는 약정을 체결하는 것은 총유물 그**
> **자체의 관리·처분이 따르지 아니하는 단순한 채무부담행위에 불과하여 이를 총유물의 관리·처분행위라고 할 수 없다**(대판
> 2012.4.12. 2011다107900).

비법인사단이 타인 간의 금전채무를 보증하는 행위는 총유물 그 자체를 처분하는 것은 아니지만 궁극적
으로 그 채무를 불이행하는 경우 총유물인 책임재산의 처분을 초래하게 되므로 결국 총유물의 관리·처분
에 해당한다.   ○ | X

> **해설** 민법 제275조, 제276조 제1항에서 말하는 총유물의 관리 및 처분이라 함은 총유물 그 자체에 관한 이용·개량행위
> 나 법률적·사실적 처분행위를 의미하는 것이므로, **비법인사단이 타인 간의 금전채무를 보증하는 행위는 총유물 그 자체의**
> **관리·처분이 따르지 아니하는 단순한 채무부담행위에 불과하여 이를 총유물의 관리·처분행위라고 볼 수는 없다.** 따라서
> 비법인사단인 재건축조합의 조합장이 채무보증계약을 체결하면서 조합규약에서 정한 조합 임원회의 결의를 거치지 아니
> 하였다거나 조합원총회 결의를 거치지 않았다고 하더라도 그것만으로 바로 그 보증계약이 무효라고 할 수는 없다. 다만,
> 이와 같은 경우에 조합 임원회의의 결의 등을 거치도록 한 조합규약은 조합장의 대표권을 제한하는 규정에 해당하는 것이
> 므로, 거래 상대방이 그와 같은 대표권 제한 및 그 위반 사실을 알았거나 과실로 인하여 이를 알지 못한 때에는 그 거래행위가
> 무효로 된다고 봄이 상당하며, 이 경우 그 거래 상대방이 대표권 제한 및 그 위반 사실을 알았거나 알지 못한 데에 과실이
> 있다는 사정은 그 거래의 무효를 주장하는 측이 이를 주장·입증하여야 한다(대판 2007.4.19. 2004다60072,60089 전합).

정답 | **66** ○ **67** × **68** × **69** ○ **70** × **71** × **72** ×

73

비법인사단인 교회의 대표자가 교인총회의 결의를 거쳐야 할 총유물인 교회 재산의 처분에 관하여 교인
총회의 결의를 거치지 아니하고 처분한 경우 이러한 처분행위의 상대방은 민법 제126조의 표현대리에
관한 규정을 준용하여 보호될 수 있다.　　　　　　　　　　　　　　　　　　　　　　　　　O | X

> **해설** 비법인사단인 교회의 대표자는 총유물인 교회 재산의 처분에 관하여 교인총회의 결의를 거치지 아니하고는 이를
> 대표하여 행할 권한이 없다. 그리고 교회의 대표자가 권한 없이 행한 교회 재산의 처분행위에 대하여는 민법 제126조의
> 표현대리에 관한 규정이 준용되지 아니한다(대판 2009.2.12. 2006다23312).

74

비법인사단인 주택조합의 대표자가 조합총회의 결의를 거쳐야 하는 조합원 총유에 속하는 재산에 관하여
조합원 총회의 결의를 거치지 아니하고 처분한 경우 처분행위는 원칙적으로 무효이나, 다만 이 경우에도
민법 제126조(권한을 넘은 표현대리)가 준용될 수 있으므로 처분행위의 상대방인 제3자가 대표자에게
그 권한이 있다고 믿을 만한 정당한 이유가 있었음을 입증한 경우에는 주택조합에 대하여 그 처분행위가
유효라고 대항할 수 있다.　　　　　　　　　　　　　　　　　　　　　　　　　　　　　　O | X

> **해설** 비법인사단인 교회의 대표자는 총유물인 교회 재산의 처분에 관하여 교인총회의 결의를 거치지 아니하고는 이를
> 대표하여 행할 권한이 없다. 그리고 교회의 대표자가 권한 없이 행한 교회 재산의 처분행위에 대하여는 민법 제126조의
> 표현대리에 관한 규정이 준용되지 아니한다(대판 2009.2.12. 2006다23312).

75

종중의 대표자 또는 그 구성원의 일부는 종중의 재산에 대한 보존행위로서 소송을 하는 경우에 종중 총회
의 결의를 거칠 필요 없이 단독으로 할 수 있다.　　　　　　　　　　　　　　　　　　　O | X

76

공유물의 보존에 관한 민법 제265조의 규정은 총유물의 보존에 관하여도 적용되므로, 甲 종중의 종중원
乙은 그 종중원들의 총유에 속하는 X토지를 무단으로 점유하고 있는 丙을 상대로 총유물의 보존행위를
이유로 단독으로 X토지의 인도를 구할 수 있다.　　　　　　　　　　　　　　　　　　　O | X

> **해설** **75 76** 총유물의 보존에 있어서는 공유물의 보존에 관한 민법 제265조의 규정이 적용될 수 없고, 특별한 사정이
> 없는 한 민법 제276조 제1항의 규정에 따라 사원총회의 결의를 거쳐야 하므로, 법인 아닌 사단인 종중이 그 총유재산에
> 대한 보존행위로서 소송을 하는 경우에도 특별한 사정이 없는 한 종중 총회의 결의를 거쳐야 한다(대판 2010.2.11. 2009다
> 83650).

권리능력 없는 사단의 채권자가 채권자대위권에 기하여 권리능력 없는 사단의 총유재산에 대한 권리를 대위 행사하는 경우, 사원총회의 결의 등 권리능력 없는 사단의 내부적 의사결정 절차를 거칠 필요가 없다.

○ | X

> **해설** 비법인사단이 총유재산에 관한 소를 제기할 때에는 정관에 다른 정함이 있는 등의 특별한 사정이 없는 한 사원총회의 결의를 거쳐야 하지만, 이는 비법인사단의 대표자가 비법인사단 명의로 총유재산에 관한 소를 제기하는 경우에 비법인사단의 의사결정과 특별수권을 위하여 필요한 내부적인 절차이다. 채권자대위권은 채무자가 스스로 자기의 권리를 행사하지 아니하는 때에 채권자가 채무자에 대한 채권을 보전하기 위하여 채무자의 의사와는 상관없이 채무자의 권리를 대위하여 행사할 수 있는 권리로서 그 권리행사에 채무자의 동의를 필요로 하는 것은 아니므로, **비법인사단이 총유재산에 관한 권리를 행사하지 아니하고 있어 비법인사단의 채권자가 채권자대위권에 기하여 비법인사단의 총유재산에 관한 권리를 대위 행사하는 경우에는 사원총회의 결의 등 비법인사단의 내부적인 의사결정절차를 거칠 필요가 없다**(대판 2014.9.25. 2014다211336).

수인의 채권자가 각기 채권을 담보하기 위하여 채무자와 채무자 소유의 부동산에 관하여 수인의 채권자를 공동매수인으로 하는 1개의 매매예약을 체결하고 그에 따라 수인의 채권자 공동명의로 그 부동산에 가등기를 마친 경우, 수인의 채권자가 공동으로 매매예약완결권을 가지는 관계인지 아니면 채권자 각자의 지분별로 별개의 독립적인 매매예약완결권을 가지는 관계인지는 매매예약의 내용에 따라야 하고, 매매예약에서 그러한 내용을 명시적으로 정하지 않은 경우에는 수인의 채권자가 공동으로 매매예약을 체결하게 된 동기 및 경위, 매매예약에 의하여 달성하려는 담보의 목적, 담보 관련 권리를 공동 행사하려는 의사의 유무, 채권자별 구체적인 지분권의 표시 여부 및 지분권 비율과 피담보채권 비율의 일치 여부, 가등기담보권 설정의 관행 등을 종합적으로 고려하여 판단하여야 한다.

○ | X

공동명의로 담보가등기를 마친 수인의 채권자가 각자의 지분별로 별개의 독립적인 매매예약완결권을 가지고 있다 해도, 수인의 채권자는 매매예약완결권을 준공유하는 관계에 있으므로, 채권자중 1인은 단독으로 자신의 지분에 관하여 가등기담보 등에 관한 법률이 정한 청산절차를 이행한 후라도 소유권이전의 본등기절차이행청구를 할 수 없다.

○ | X

복수의 권리자가 소유권이전청구권을 보존하기 위하여 가등기를 마쳐 둔 경우 특별한 사정이 없는 한 그 권리자 중 한 사람은 자신의 지분에 관하여 단독으로 그 가등기에 기한 본등기를 청구할 수 있다.

○ | X

정답 | **73** ×   **74** ×   **75** ×   **76** ×   **77** ○   **78** ○   **79** ×   **80** ○

81
출제예상

수인이 전매차익을 얻으려는 공동의 목적 달성을 위해 부동산을 공동으로 매수한 경우, 공동사업을 경영할 목적이 있었다고 인정되지 않으면 위 부동산에 대한 매수인들 사이의 소유관계는 (　　)이다. ○ | X

82
출제예상

1동의 건물 중 각 일부분의 위치 및 면적이 특정되지 않거나 구조상·이용상 독립성이 인정되지 아니하지만 공유자들 사이에 이를 구분소유하기로 하는 취지의 약정을 하고 공유등기를 한 경우, (　　)가 성립한다.
○ | X

83
출제예상

구분소유적 공유관계에 있어서, 1필지의 토지 중 특정 부분에 대한 구분소유적 공유관계를 표상하는 공유지분을 목적으로 하는 근저당권이 설정된 후 구분소유자 상호 간에 지분이전등기를 하여 구분소유적 공유관계가 해소된 경우, 그 근저당권은 (　　). ○ | X

84
출제예상

수인의 채권자가 각기 채권을 담보하기 위하여 채무자와 채무자 소유의 부동산에 관하여 수인의 채권자를 공동매수인으로 하는 1개의 매매예약을 체결하고 그에 따라 수인의 채권자 공동명의로 그 부동산에 가등기를 마친 경우, 수인의 채권자가 공동으로 매매예약완결권을 가지는 관계인지 아니면 채권자 각자의 지분별로 별개의 독립적인 매매예약완결권을 가지는 관계인지는 (　　)에 따라야 한다. ○ | X

해설 **81** 부동산의 공동매수인들이 전매차익을 얻으려는 '공동의 목적 달성'을 위하여 상호 협력한 것에 불과하고 이를 넘어 '공동사업을 경영할 목적'이 있었다고 인정되지 않는 경우 이들 사이의 법률관계는 공유관계에 불과할 뿐 민법상 조합 관계에 있다고 볼 수 없다(대판 2012.8.30. 2010다39918).

➡ 민법상의 조합계약은 2인 이상이 상호 출자(금전 기타 재산 또는 노무)하여 공동으로 사업을 경영할 것을 약정하는 계약(제 703조)으로서 **'특정한 사업'을 '공동 경영'하는 약정에 한하여 이를 조합계약이라고 할 수 있고, 공동의 목적달성이라는 정도 만으로는 조합의 성립요건을 갖추었다고 할 수 없다.**

82 1동의 건물의 공유자들 사이에 공유지분등기의 상호명의신탁관계 또는 건물에 대한 구분소유적 공유관계가 성립하기 위한 요건

1동의 건물 중 위치 및 면적이 특정되고 구조상·이용상 독립성이 있는 일부분씩을 2인 이상이 구분소유하기로 하는 약정 을 하고 등기만은 편의상 각 구분소유의 면적에 해당하는 비율로 공유지분등기를 하여 놓은 경우, 구분소유자들 사이에 공유지분등기의 상호명의신탁관계 내지 건물에 대한 구분소유적 공유관계가 성립하지만, 1동 건물 중 각 일부분의 위치 및 면적이 특정되지 않거나 구조상·이용상 독립성이 인정되지 아니한 경우에는 공유자들 사이에 이를 구분소유하기로 하는 취지의 약정이 있다 하더라도 일반적인 공유관계가 성립할 뿐, 공유지분등기의 상호명의신탁관계 내지 건물에 대한 구분소유적 공유관계가 성립한다고 할 수 없다(대판 2014.2.27. 2011다42430).

83 구분소유적 공유관계가 해소된 경우 담보물권의 운명

1필지의 토지의 위치와 면적을 특정하여 2인 이상이 구분소유하기로 하는 약정을 하고 구분소유자의 공유로 등기하는 이른바 구분소유적 공유관계에 있어서, 1필지의 토지 중 특정 부분에 대한 구분소유적 공유관계를 표상하는 공유지분을 목적으로 하는 근저당권이 설정된 후 구분소유하고 있는 특정 부분별로 독립한 필지로 분할되고 나아가 구분소유자 상호 간에 지분이전등기를 하는 등으로 구분소유적 공유관계가 해소되더라도 그 근저당권은 종전의 구분소유적 공유지분의 비율대로 분할된 토지들 전부의 위에 그대로 존속하는 것이고, 근저당권설정자의 단독소유로 분할된 토지에 당연히 집중되는 것은 아니다(대판 2014.6.26. 2012다25944).

84 수인이 공동매수인으로서 매매예약을 체결한 경우의 법률관계

수인의 채권자가 각기 채권을 담보하기 위하여 채무자와 채무자 소유의 부동산에 관하여 수인의 채권자를 공동매수인으로 하는 1개의 매매예약을 체결하고 그에 따라 수인의 채권자 공동명의로 그 부동산에 가등기를 마친 경우, 수인의 채권자가 공동으로 매매예약완결권을 가지는 관계인지 아니면 채권자 각자의 지분별로 별개의 독립적인 매매예약완결권을 가지는 관계인지는 '매매예약의 내용'에 따라야 하고, 매매예약에서 그러한 내용을 명시적으로 정하지 않은 경우에는 …(중략)… 종합적으로 고려하여 판단하여야 한다(대판 2012.2.16. 2010다82530 전합).

정답 | **81** 공유관계 **82** 공유관계 **83** 종전의 구분소유적 공유지분의 비율대로 분할된 토지들 전부의 위에 그대로 존속한다 **84** 매매예약의 내용

01 　　　　　　　　　　　　　　　　　　　　　　　　　　　　　　　　　　　　　　　13사무관, 14주사보

종중 재산의 명의신탁이나 부부 간의 명의신탁은 조세포탈이나 강제집행의 면탈 또는 법령상 제한의 회피를 목적으로 하는 경우를 제외하고는 유효하다. 　　　　　　　　　　　　　　　　　　 O | X

> **해설** ① 종중 재산의 명의신탁, ② **부부 간의 명의신탁**, ③ 그리고 종교단체의 명의로 그 산하 조직이 보유한 부동산에 관한 물권을 등기한 경우, 그것이 **조세포탈·강제집행의 면탈 또는 법령상 제한의 회피를 목적으로 하지 않는 경우에 한해**, 명의신탁약정의 무효·과징금·이행강제금·벌칙·기존 명의신탁약정에 의한 등기의 실명등기에 관한 규정 등의 적용을 받지 않는다(동법 제8조).

02 　　18법원행시

부동산 실권리자명의 등기에 관한 법률 제8조 제1호의 종중에는 공동선조의 후손 중 특정지역거주자나 지파소속종중원만으로 조직체를 구성하여 활동하는 종중유사의 비법인사단도 포함된다. 　　　 O | X

> **해설** **'종중'은 고유의 의미의 종중**만을 가리키고 종중 유사의 비법인사단은 포함되지 않는다(대판 2007.10.25. 2006다14165).

03 　　　15사무관

배우자 명의로 부동산을 등기한 경우, 즉 부부 간의 명의신탁은 조세포탈 등 법령제한의 회피를 목적으로 하지 않는 한 유효하고, 이때 배우자에게는 사실혼관계에 있는 배우자는 포함되지 아니한다. 　　　 O | X

> **해설** **'배우자'는 법률상의 배우자에 한정**되므로 사실혼 관계에 있는 배우자는 포함되지 아니한다(대판 1999.5.14. 99두35). 그러나 신탁자와 수탁자가 나중에 혼인하면 그 명의신탁등기는 당사자가 '혼인한 때'로부터 유효하게 된다(대판 2002.10.25. 2002다23840).

04 　　14법원행시

명의신탁등기가 부동산실명법에 따라 무효가 되었다고 할지라도 그 후 신탁자와 수탁자가 혼인하여 그 등기의 명의자가 배우자로 된 경우에는 그 명의신탁등기는 처음부터 소급적으로 유효하게 된다. O | X

> **해설** 부동산실권리자명의등기에관한법률 제8조 제2호에서는 배우자 명의로 부동산에 관한 물권을 등기한 경우로서 조세포탈, 강제집행의 면탈 또는 법령상 제한의 회피를 목적으로 하지 아니하는 경우에는 그 명의신탁약정과 그 약정에 기하여 행하여진 물권변동을 무효로 보는 위 법률 제4조 등을 적용하지 않는다고 규정하고 있는바, 어떠한 명의신탁등기가 위 법률에 따라 무효가 되었다고 할지라도 **그 후 신탁자와 수탁자가 혼인하여 그 등기의 명의자가 배우자로 된 경우에는** 조세포탈, 강제집행의 면탈 또는 법령상 제한의 회피를 목적으로 하지 아니하는 한 이 경우에도 위 법률 제8조 제2호의 특례를 적용하여 **그 명의신탁등기는 당사자가 혼인한 때로부터 유효하게 된다고 보아야** 한다(대판 2002.10.25. 2002다23840).

부동산 실권리자명의 등기에 관한 법률이 정하는 '명의신탁약정'에는, 채무의 변제를 담보하기 위하여 채권자가 부동산에 관한 물권을 이전받거나 가등기하는 경우 및 부동산의 위치와 면적을 특정하여 2인 이상이 구분소유하기로 하는 약정을 하고 그 구분소유자의 공유로 등기하는 경우는 제외된다.　　○│X

> **해설** 부동산 실명법에 따르면 ① 채무의 변제를 담보하기 위해 채권자가 부동산에 관한 물권을 이전받거나 가등기하는 경우(부동산 양도담보 및 가등기담보), ② 부동산의 위치와 면적을 특정하여 2인 이상이 구분소유하기로 하는 약정을 하고 그 구분소유자의 공유로 등기하는 때(상호명의신탁), ③ 신탁법 또는 신탁업법에 의한 신탁재산인 사실을 등기한 경우는 **'명의신탁약정'에 해당하지 않는 것으로** 한다(동법 제2조 제1호 단서). 다만 위 ①은 명의신탁약정에는 포함되지 않지만, 동법(제3조 제2항)은 그 등기시에 부동산양도담보 등임을 증명하는 서류를 제출하도록 정하고 있는 점에서 동법의 규율을 받는다. 그러나 ②와 ③의 경우에는 동법에서 이를 정하는 내용은 없으며, 그러므로 특히 ②의 경우에는 종래 형성되어 온 판례이론이 그대로 적용될 수 있다.

부동산 실권리자명의 등기에 관한 법률 제8조 제2호에 따라 부부간 명의신탁이 일단 유효한 것으로 인정된 후 배우자 일방의 사망으로 부부관계가 해소된 경우, 명의신탁약정이 사망한 배우자의 다른 상속인과의 관계에서도 여전히 유효하게 존속하는 것은 아니다.　　○│X

> **해설** 부부재산의 명의신탁
>
> **부동산 실권리자명의 등기에 관한 법률(이하 '부동산실명법'이라 한다) 제8조 제2호는** '배우자 명의로 부동산에 관한 물권을 등기한 경우'로서 조세포탈, 강제집행의 면탈 또는 법령상 제한의 회피를 목적으로 하지 아니하는 경우에는 그 명의신탁약정과 그 약정에 기하여 행하여진 물권변동을 무효로 보는 위 법률 제4조 등을 적용하지 아니한다고 규정하고 있다. ⅰ) 명의신탁을 받은 사람이 사망하면 그 명의신탁관계는 재산상속인과의 사이에 그대로 존속한다고 할 것인데, 부동산실명법 제8조 제2호의 문언상 명의신탁약정에 따른 명의신탁등기의 성립 시점에 부부관계가 존재할 것을 요구하고 있을 뿐 **부부관계의 존속을 그 효력 요건으로 삼고 있지 아니한 점,** ⅱ) 부동산실명법상 제8조 제2호에 따라 일단 유효한 것으로 인정된 부부간 명의신탁에 대하여 그 후 배우자 일방의 사망 등으로 **부부관계가 해소되었음을 이유로 이를 다시 무효화하는 별도의 규정이 존재하지 아니하는 점** 등에 비추어 보면, 부동산실명법 제8조 제2호에 따라 부부간 명의신탁이 일단 유효한 것으로 인정되었다면 그 후 배우자 일방의 사망으로 부부관계가 해소되었다 하더라도 그 명의신탁약정은 사망한 배우자의 다른 상속인과의 관계에서도 여전히 유효하게 존속한다고 보아야 한다(대판 2013.1.24. 2011다99498).

명의신탁약정이 유효한 경우 (부동산실명법의 적용이 없는 경우), 명의신탁된 토지상에 수탁자가 건물을 신축한 후 명의신탁이 해지되어 토지소유권이 신탁자에게 환원된 경우, 수탁자는 관습법상의 법정지상권을 취득하지 못한다.　　○│X

> **해설** 명의신탁약정이 유효한 경우 – 대내적 법률관계(관습법상 법정지상권)
>
> 명의수탁자가 명의신탁관계 존속 중 신탁토지 위에 건물을 신축하였다가 명의신탁이 해지되어 등기명의가 환원된 경우, **신탁자와의 대내적 관계에서 자신의 소유권을 주장할 수 없기 때문에** 관습법상 법정지상권을 취득할 수 없다(대판 1986.5.27,.86다카62).

정답│ **01** ○　**02** ×　**03** ○　**04** ×　**05** ○　**06** ×　**07** ○

08

명의신탁약정이 유효한 경우 (부동산실명법의 적용이 없는 경우), 부동산의 명의신탁에 있어서 수탁자명의로 등기된 기간이 10년이 경과하였다고 하더라도 명의수탁자의 등기를 신탁자의 등기로 볼 수 없을 뿐만 아니라 명의수탁자의 등기를 통하여 그 등기명의를 보유하고 있다고 할 수도 없으므로 신탁자에게 위 부동산에 대한 시효취득은 인정될 수 없다. ○ | X

> **해설** 명의신탁약정이 유효한 경우 – 대내적 법률관계(취득시효)
> 명의수탁자의 점유는 타주점유이므로 수탁자 또는 그 상속인은 등기부시효취득할 수 없고(대판 1992.4.14. 91다46533), 그렇다고 수탁자 명의의 등기를 신탁자의 등기로 볼 수도 없으므로 신탁자에게 등기부취득시효가 인정되는 것도 아니다 (대판 1987.11.10. 85다카1644). 다만 신탁자의 점유취득시효는 가능하다(간접점유).

09

명의신탁약정이 유효한 경우 (부동산실명법의 적용이 없는 경우), 타인에게 적법하게 명의신탁한 토지에 대하여 제3자의 침해행위가 있는 경우에 명의신탁자는 명의수탁자를 대위하여 방해배제청구를 할 수 있을 뿐만 아니라 직접 제3자에게 방해배제를 청구할 수도 있다. ○ | X

10

명의수탁자가 임의로 수탁부동산을 제3자에게 처분하였다면 명의신탁자인 종중은 특별한 사정이 없는 한 부동산소유권을 회복할 방법이 없으나, 제3자가 등기서류를 위조하는 등 원인무효의 등기를 마친 경우라면 명의수탁자를 대위하여 소유권이전등기의 말소를 구할 수 있다(부동산실명법의 적용이 배제되어 유효한 명의신탁을 전제로 함). ○ | X

> **해설** **09 10** 명의신탁약정이 유효한 경우 – 대외적 법률관계(제3자의 불법점유나 침해)
> 불법점유자에 대해서는 수탁자인 등기명의인만이 자신의 권리로서 물권적 청구권이나 손해배상 청구권을 행사할 수 있고, 신탁자는 수탁자를 대위해서만 이를 행사할 수 있다(대판 1979.9.25. 77다1079).

11

부동산 실권리자명의 등기에 관한 법률(이하 '부동산실명법'이라 함)에서 정한 예외에 해당하는 등 부동산 명의신탁약정이 유효한 경우라도, 소유권이 대외적으로 수탁자에게 귀속하므로 명의신탁자는 신탁을 이유로 제3자에 대하여 그 소유권을 주장할 수 없다. ○ | X

> **해설** 부동산을 명의신탁한 경우에는 소유권이 대외적으로 수탁자에게 귀속되는 것이므로 수탁자가 수탁부동산을 제3자에게 처분하였을 때에는 그 처분행위가 무효 또는 취소되는 등의 사유가 없는 한 신탁는 명의신탁된 부동산이라는 이유를 내세워 제3자에게 소유권을 주장할 수 없는 것이다(대판 1987.3.10. 85다카2508).
> ➡ 대외적 관계에서 소유자는 명의수탁자이므로, 명의신탁자는 제3자에게 소유권을 주장할 수 없다.

1동의 건물 중 위치 및 면적이 특정되고 구조상·이용상 독립성이 있는 일부분씩을 2인 이상이 구분소유하기로 하는 약정을 하고 등기만은 편의상 각 구분소유의 면적에 해당하는 비율로 공유지분등기를 하여 놓은 경우 구분소유자들 사이에 공유지분등기의 상호명의신탁관계 내지 그 건물에 대한 구분소유적 공유관계가 성립한다.   O | X

여러 명이 한 필지의 토지를 각각 위치와 면적을 특정하여 그 일부씩 매수하고 편의상 그 소유권이전등기만을 공유지분이전등기를 한 경우, 매수인들 내부관계에서는 각각 특정매수부분의 소유권을 취득하고, 각 공유지분등기는 각자 특정매수한 부분에 관하여 상호명의신탁하고 있는 것이며, 이러한 등기도 부동산실권리자명의등기에 관한 법률상 유효하다.   O | X

> **해설** **12 13** 2인 이상이 내부적으로는 각 하나의 부동산을 위치, 면적 등을 특정하여 구분하여 소유하기로 약정하면서 그 부동산에 관한 등기는 그들의 공유로 마친 경우를 이른바 '**구분소유적 공유**'라고 한다(대판 2009.3.26. 2008다44313). 구분소유적 공유 관계에 있는 당사자들은 서로 자신이 위치, 면적 등을 특정하여 소유하고 있는 부동산 중 상대방의 공유지분에 관하여 상대방에게 명의신탁을 하고 있는 것으로 보아야 한다. 당사자들의 이러한 관계를 '**상호명의신탁**'이라고 하는데(대판 2008.2.14. 2007다63690 참조), 이는 부동산실명법 제2조 제1호 단서 나목에 해당하여 동법이 적용되지 않으므로, 동법의 시행과 상관없이 유효하다.

공유자들 사이에서 특정 부분을 각각의 공유자들에게 배타적으로 귀속시키려는 의사의 합치가 이루어지지 않은 경우에는 구분소유적 공유관계가 성립할 여지가 없다.   O | X

> **해설** **구분소유적 공유관계의 성립요건**
> 구분소유적 공유관계는 어떤 토지에 관하여 그 위치와 면적을 특정하여 여러 사람이 구분소유하기로 하는 약정이 있어야만 적법하게 성립할 수 있고, 공유자들 사이에 그 공유물을 분할하기로 약정하고 그 때부터 각자의 소유로 분할된 부분을 특정하여 각자 점유·사용하여 온 경우에도 구분소유적 공유관계가 성립할 수 있지만, **공유자들 사이에서 특정 부분을 각각의 공유자들에게 배타적으로 귀속시키려는 의사의 합치가 이루어지지 아니한 경우에는 이러한 관계가 성립할 여지가 없다**(대판 2009.3.26. 2008다44313).

15

1필의 토지의 위치와 면적을 특정하여 구분소유하기로 하되, 그 등기는 공유지분등기로 마치기로 하는 합의가 바로 구분소유에 관한 합의인 동시에 명의신탁약정에 해당되는데, 이는 명시적인 약정뿐 아니라 묵시적 약정으로도 가능하다. ○ | X

> **해설** 명의신탁관계는 반드시 신탁자와 수탁자 간의 명시적 계약에 의하여서만 성립되는 것이 아니라 묵시적 합의에 의하여서도 성립될 수 있다(대판 2001.1.5. 2000다49091).

16

1동 건물 중 각 일부분의 위치 및 면적이 특정되지 않거나 구조상·이용상 독립성이 인정되지 않는 경우에는, 공유자들 사이에 이를 구분소유하기로 하는 취지의 약정이 있다 하더라도 일반적인 공유관계만 성립할 뿐 구분소유적 공유관계는 성립하지 않는다. ○ | X

17

1동 건물 중 각 일부분의 위치 및 면적이 특정되지 않거나 구조상·이용상 독립성이 인정되지 아니한 경우에도 공유자들 사이에 이를 구분소유하기로 하는 취지의 약정이 있다면 공유지분등기의 상호명의신탁관계 내지 건물에 대한 구분소유적 공유관계가 성립한다고 할 수 있다. ○ | X

> **해설 16 17** 1동의 건물의 공유자들 사이에 공유지분등기의 상호명의신탁관계 또는 건물에 대한 구분소유적 공유관계가 성립하기 위한 요건
> 1동의 건물 중 위치 및 면적이 특정되고 구조상·이용상 독립성이 있는 일부분씩을 2인 이상이 구분소유하기로 하는 약정을 하고 등기만은 편의상 각 구분소유의 면적에 해당하는 비율로 공유지분등기를 하여 놓은 경우, 구분소유자들 사이에 공유지분등기의 상호명의신탁관계 내지 건물에 대한 구분소유적 공유관계가 성립하지만, **1동 건물 중 각 일부분의 위치 및 면적이 특정되지 않거나 구조상·이용상 독립성이 인정되지 아니한 경우에는 공유자들 사이에 이를 구분소유하기로 하는 취지의 약정이 있다 하더라도 일반적인 공유관계가 성립할 뿐, 공유지분등기의 상호명의신탁관계 내지 건물에 대한 구분소유적 공유관계가 성립한다고 할 수 없다**(대판 2014.2.27. 2011다42430).

18

甲, 乙, 丙은 X 토지를 공유하고 있으며, 각각의 지분비율은 4:2:1이다. 만약 甲, 乙, 丙이 위치와 면적을 특정하여 X를 구분소유하기로 약정한 후 乙이 X의 특정부분을 배타적으로 점유·사용하다가 그 부분이 독립한 필지로 분할되면서 그에 관해 단독명의로 소유권이전등기를 마쳤다면, 그 등기는 실체관계에 부합하는 것으로서 유효하고 乙은 위 분할된 부분에 대한 단독소유권을 적법하게 취득한다. ○ | X

> 해설 내부적으로는 토지의 특정 부분을 소유하나 등기부상으로는 공유지분을 가지는 이른바 **구분소유적 공유관계**에서 **구분공유자 중 1인이 소유하는 부분이 후에 독립한 필지로 분할되고 그 구분공유자가 그 필지에 관하여 단독 명의로 소유권이전등기를 경료받았다면, 그 소유권이전등기는 실체관계에 부합하는 것으로서 유효**하고, 그 구분공유자는 당해 토지에 대한 단독소유권을 적법하게 취득하게 되어, 결국 당해 구분공유자에 관한 한 이제 구분소유적 공유관계는 해소된다(대판 2009.12.24. 2008다71858)

19

구분소유적 공유관계에 있어서, 각 구분소유적 공유자가 자신의 권리를 타인에게 처분하는 경우 중에는 ⅰ) 구분소유의 목적인 특정 부분을 처분하면서 등기부상의 공유지분을 그 특정 부분에 대한 표상으로서 이전하는 경우와 ⅱ) 등기부의 기재대로 1필지 전체에 대한 진정한 공유지분으로서 처분하는 경우가 있을 수 있고, 이 중 전자의 경우에는 그 제3자에 대하여 구분소유적 공유관계가 승계되나, 후자의 경우에는 제3자가 그 부동산 전체에 대한 공유지분을 취득하고 구분소유적 공유관계는 소멸한다.   O | X

> 해설 대판 2008.2.15. 2006다68810,68827
>
> 쟁점정리 **구분소유적 공유관계에서의 처분**
> ① **특정 부분의 처분**
> 구분소유적 공유자 중 1인이 자신의 **특정 부분**을 제3자에게 양도하고 **지분에 관하여 이전등기**를 마쳐준 경우, 그 제3자는 특정 부분의 소유권을 취득하고 구분소유적 공유관계를 그대로 승계한다(대판 1991.5.10. 90다20039). 이 경우 다른 구분소유자의 동의를 얻어야 하는 것은 아니다(대판 2003.10.24. 2003다21087).
> ② **지분의 처분**
> 구분소유적 공유자 중 1인이 자기의 지분을 제3자에게 양도하는 경우에 구분소유적 공유자는 대외적으로 공유자로 취급되기 때문에 제3자는 지분의 소유권을 취득한다. 이 경우에는 제3자는 다른 구분소유적 공유자가 특정부분을 배타적으로 점유하는 것을 배제할 수 있기 때문에 상호명의신탁관계가 소멸되는 문제가 발생할 수 있다.

20

1필지의 토지 중 일부를 특정하여 매수하고 다만 그 소유권이전등기는 그 필지 전체에 관하여 공유지분이전등기를 한 경우 그 특정부분 이외의 부분에 관한 등기는 상호명의신탁을 하고 있는 것이나 제3자의 방해행위가 있는 경우에는 자신이 구분소유하는 특정부분뿐 아니라 전체 토지에 관하여 공유물의 보존행위로서 그 배제를 구할 수 있다.   O | X

21

만약 1필지의 토지 중 일부를 특정하여 매수하고 다만 그 소유권이전등기는 그 필지 전체에 관하여 공유지분 이전등기를 한 경우라면, 위 토지에 대한 제3자의 방해행위에 대하여 위와 같이 매수한 공유자는 자신이 구분소유하는 특정부분만 그 배제를 구할 수 있고, 전체 토지에 관하여는 그 배제를 구할 수 없다.   O | X

정답 | **15** ○ **16** ○ **17** × **18** ○ **19** ○ **20** ○ **21** ×

대내적으로는 특정 부분을 각자가 단독으로 소유하나, **대외적으로는 공유자가 토지 전부를 공유**한다. 따라서 제3자가 불법점유하는 경우 각자는 자기 소유부분 뿐만 아니라 **전체 토지에 대하여 보존행위**로서 그 배제를 구할 수 있다(대판 1994.2. 8. 93다42986).

관련판례 ⊙ 특정매수부분을 제3자가 불법점유하는 경우 불법점유당한 특정부분 소유자의 부당이득반환청구는 불법점유부분 전부가 아니라 **지분의 비율의 범위 내에서만** 인정된다. 나머지는 다른 구분소유적 공유자를 대위하여 청구할 수도 없다고 본다(대판 1993.11.23. 93다22326). ⓒ 구분소유적 공유관계로 소유하고 있는 토지 중 일부 구분소유자의 특정부분을 제3자가 점유하여 점유취득시효가 완성된 경우 그 특정부분의 소유자만이 아니라 구분소유적 공유자 각자가 **지분의 비율에 따라** 이전등기의무를 부담한다(대판 1997.6.13. 97다1730).

22

甲, 乙, 丙이 X토지를 구분소유적으로 공유하는 경우, 甲의 공유지분 위에 근저당권이 설정된 후 구분소유적 공유관계가 해소되어 각자의 단독소유로 분할된 때에도 그 근저당권은 甲의 단독소유로 분할된 토지에 당연히 집중되는 것은 아니다. ○ | X

해설 1필지의 토지의 위치와 면적을 특정하여 2인 이상이 구분소유하기로 하는 약정을 하고 구분소유자의 공유로 등기하는 이른바 구분소유적 공유관계에 있어서, 1필지의 토지 중 특정 부분에 대한 구분소유적 공유관계를 표상하는 공유지분을 목적으로 하는 **근저당권이 설정된 후 구분소유하고 있는 특정 부분별로 독립한 필지로 분할되고 나아가 구분소유자 상호간에 지분이전등기를 하는 등으로 구분소유적 공유관계가 해소되더라도 그 근저당권은 종전의 구분소유적 공유지분의 비율대로 분할된 토지들 전부의 위에 그대로 존속하는 것이고, 근저당권설정자의 단독소유로 분할된 토지에 당연히 집중되는 것은 아니다**(대판 2014.6.26. 2012다25944).

23

甲이 乙로부터 1필지 토지의 일부를 특정하여 매수하면서 편의상 그 토지 전체에 관하여 매수지분면적에 상응하는 비율로 공유지분이전등기를 마쳤으나 후에 乙이 위 공유관계의 해소에 불응하는 경우, 甲은 乙을 상대로 상호명의신탁을 해지하면서 공유물분할청구의 소를 제기하여 구분소유권 공유관계를 해소할 수 있다. ○ | X

24

공유지분권을 주장하지 아니하고 목적물의 특정 부분을 소유한다고 주장하는 자는 그 부분에 대하여 신탁적으로 지분등기를 가지고 있는 자를 상대로 하여 그 특정 부분에 대한 명의신탁 해지를 원인으로 한 지분이전등기절차의 이행을 구할 수 있고, 이에 갈음하여 공유물 분할청구를 할 수도 있다. ○ | X

내부관계에서는 각자가 특정 부분을 소유하며 상호명의신탁관계에 있기 때문에 **공유물분할을 청구할 수는 없고**, 상대방에 대하여 **명의신탁을 해지**하고 특정매수부분에 대한 소유권확인 또는 지분이전을 청구하면 된다(대판 1985.9.24. 85다카451,452). 이때 각자의 등기의무는 동시이행관계이다(대판 2008.6.26. 2004다32992).

1필지의 토지의 위치와 면적을 특정하여 2인 이상이 구분소유하기로 하는 약정을 하고 그 구분소유자의 공유로 등기하는 이른바 구분소유적 공유관계에 있어서, 각 구분소유적 공유자가 자신의 권리를 타인에게 처분하는 경우 중에는 구분소유의 목적인 특정 부분을 처분하면서 등기부상의 공유지분을 그 특정 부분에 대한 표상으로서 이전하는 경우와 등기부의 기재대로 1필지 전체에 대한 진정한 공유지분으로서 처분하는 경우가 있을 수 있고, 이 중 전자의 경우에는 그 제3자에 대하여 구분소유적 공유관계가 승계되나, 후자의 경우에는 제3자가 그 부동산 전체에 대한 공유지분을 취득하고 구분소유적 공유관계는 소멸한다. ○│×

해설 구분소유적 공유관계가 경매에 의하여 제3자에게 승계되기 위한 요건
1필지의 토지의 위치와 면적을 특정하여 2인 이상이 구분소유하기로 하는 약정을 하고 그 구분소유자의 공유로 등기하는 이른바 구분소유적 공유관계에 있어서, 각 구분소유적 공유자가 자신의 권리를 타인에게 처분하는 경우 중에는 구분소유의 목적인 특정 부분을 처분하면서 **등기부상의 공유지분을 그 특정 부분에 대한 표상으로서 이전**하는 경우와 **등기부의 기재대로 1필지 전체에 대한 진정한 공유지분으로서 처분**하는 경우가 있을 수 있고, **이 중 전자의 경우에는 그 제3자에 대하여 구분소유적 공유관계가 승계되나, 후자의 경우에는 제3자가 그 부동산 전체에 대한 공유지분을 취득하고 구분소유적 공유관계는 소멸한다.** 이는 경매에서도 마찬가지이므로, 전자에 해당하기 위하여는 집행법원이 공유지분이 아닌 특정 구분소유 목적물에 대한 평가를 하게 하고 그에 따라 최저경매가격을 정한 후 경매를 실시하여야 하며, 그러한 사정이 없는 경우에는 1필지에 관한 공유자의 지분에 대한 경매목적물은 원칙적으로 1필지 전체에 대한 공유지분이라고 봄이 상당하다 (대판 2008.2.15. 2006다68810,68827).

구분소유적 공유관계에서 공유등기명의자 각자는 자신의 특정부분을 단독으로 처분하고, 토지 전체에 대한 자신의 공유지분에 관한 이전등기를 할 수 있으며, 이와 같이 특정부분이 양도되고 토지 전체에 대한 공유지분에 관한 이전등기가 경료되면, 타 공유명의자의 상호명의신탁관계에서의 지위도 승계된다. ○│×

해설 1필의 토지의 일부를 특정하여 양도받고 편의상 그 전체에 관하여 공유지분등기를 경료한 후 위 특정부분이 전전 양도된 경우의 법률관계
1필의 토지의 일부를 특정하여 양도받고 편의상 그 전체에 관하여 공유지분등기를 경료한 경우에는 상호 명의신탁에 의한 수탁자의 등기로서 유효하고, 위 특정부분이 전전 양도되고 그에 따라 공유지분등기도 전전 경료되면 위와 같이 상호 명의신탁한 지위도 전전 승계 되어 최초의 양도인과 위 특정부분의 최후의 양수인과의 사이에 명의신탁 관계가 성립한다 할 것이다(대판 1990.6.26. 88다카14366).

토지를 구분소유적으로 공유하는 공유자 甲이 자신의 배타적 점유 부분에 건물을 신축하고 등기한 후 행하여진 압류에 기한 강제경매에 의하여 다른 공유자 乙이 甲의 지분을 모두 취득한 경우 건물을 위한 관습법상 법정지상권은 인정되지 않는다. ○│×

28

X토지에 대하여 甲과 구분소유적 공유관계에 있는 乙이 자신이 특정하여 매수하지 아니한 부분에 건물을 신축한 후 각자의 특정 소유 부분대로 X토지를 분필한 경우, 관습법상 법정지상권의 성립이 인정된다.

O | X

29

공유로 등기된 토지의 소유관계가 구분소유적 공유관계에 있는 경우에는, 건물을 소유하고 있는 공유자 가 그 건물 또는 토지지분에 대하여 저당권을 설정하였다가 그 후 저당권의 실행으로 소유자가 달라지게 되면, 건물 소유자는 그 건물의 소유를 위한 법정지상권을 취득할 수 없다.

O | X

부동산실명법 시행 전에 명의신탁약정에 의하여 등기가 이루어졌고 유예기간이 경과한 경우 명의신탁자는 이행강제금을 부담하더라도 명의신탁해지를 원인으로 하는 소유권이전등기를 청구할 수 있다. O | X

> **해설** 부동산실권리자명의등기에관한법률에 규정된 유예기간 내에 기존의 명의신탁자가 실명등기를 하지 않은 경우, 유예기간 경과 후 명의신탁 해지를 원인으로 한 소유권이전등기 신청의 허부(소극)
> 부동산실권리자명의등기에관한법률 시행 전에 명의신탁 약정에 의하여 부동산에 관한 물권을 명의수탁자 명의로 등기한 명의신탁자는 유예기간 이내에 실명등기 등을 하여야 하고, 유예기간 이내에 실명등기 등을 하지 아니한 경우에는 유예기간이 경과한 날 이후부터 명의신탁 약정은 무효가 되고, 명의신탁 약정에 따라 행하여진 등기에 의한 부동산에 관한 물권변동도 무효가 되므로, 유예기간이 경과한 후 명의신탁 약정의 해지를 원인으로 한 명의신탁자의 소유권이전등기 신청은 그 신청취지 자체에 의하여 법률상 허용될 수 없음이 명백한 경우로서 부동산등기법 제55조 제2호의 '사건이 등기할 것이 아닌 때'에 해당하여 등기공무원은 이를 각하하여야 한다(대결 1997.5.1. 97마384).

31

명의신탁약정의 무효에도 불구하고 수탁자로부터 신탁재산을 취득한 제3자는 선의·악의를 불문하고 소유권을 취득한다. O | X

> **해설** 부동산을 매수한 명의신탁자가 3자간 등기명의신탁 약정에 따라 명의수탁자 명의로 소유권이전등기를 마치는 경우, 그 등기는 매수인 명의의 것이 아님은 물론이고 매도인과 매수인 사이의 매매계약을 등기원인으로 하는 것도 아니다. 그러한 명의수탁자 명의의 등기는 무효인 명의신탁약정에 따른 것으로서 부동산 실권리자명의 등기에 관한 법률(이하 '부동산실명법'이라 한다) 제4조 제2항 본문에 의하여 무효이다. 그리고 그 효력이 없다는 점에서는 명의수탁자 명의의 등기도 일반적인 원인무효의 등기와 다르지 않다. 다만 명의수탁자가 제3자에게 신탁부동산을 임의로 처분하는 경우 제3자는 유효하게 그 소유권을 취득하게 되는데, 이러한 점에서는 일반적인 원인무효의 등기와 차이가 있다. 하지만 이처럼 제3자가 신탁부동산을 유효하게 취득하게 되는 것은 부동산실명법이 거래의 안전을 도모하기 위하여 명의신탁약정과 그에 따른 등기의 무효를 제3자에게 대항하지 못하도록 규정한 결과일 뿐이다(대판 2017.11.9. 2015두41630).

32

부동산실명법 제4조 제3항에 의하면 명의신탁약정 및 이에 따라 행하여진 등기에 의한 부동산에 관한 물권변동의 무효는 제3자에게 대항하지 못하는 것인바, 여기서의 제3자라 함은 명의신탁약정의 당사자 및 포괄승계인 이외의 자로서 명의수탁자가 물권자임을 기초로 그와의 사이에 직접 새로운 이해관계를 맺은 사람을 말한다. O | X

> **해설** 부동산 실권리자명의 등기에 관한 법률 제4조 제3항에서 정한 '제3자'의 범위
> 「부동산 실권리자명의 등기에 관한 법률」(이하 '부동산실명법') 제4조 제3항에 의하면 명의신탁약정 및 이에 따른 등기로 이루어진 부동산에 관한 물권변동의 무효는 제3자에게 대항하지 못하는데, 여기서 '제3자'는 명의신탁약정의 당사자 및 포괄승계인 이외의 자로서 명의수탁자가 물권자임을 기초로 그와 사이에 직접 새로운 이해관계를 맺은 사람으로서 소유권이나 저당권 등 물권을 취득한 자뿐만 아니라 압류 또는 가압류채권자도 포함하고 그의 선의·악의를 묻지 않는다(대판 2013.3.14. 2012다107068).

정답 | **28** ✕ **29** ✕ **30** ✕ **31** ○ **32** ○

33

부동산 실권리자명의 등기에 관한 법률 제4조 제3항의 입법취지 등을 고려할 때, 명의신탁자와 부동산에 관한 물권을 취득하기 위한 계약을 맺고 단지 등기명의만을 명의수탁자로부터 경료받은 것 같은 외관을 갖춘 자는 위 법률조항의 제3자에 해당하지 않는다. ○ | ×

> **해설** 부동산 실권리자명의 등기에 관한 법률 제4조 제3항에 정한 '제3자'는 명의수탁자가 물권자임을 기초로 그와 새로운 이해관계를 맺은 사람을 말하고, 이와 달리 오로지 명의신탁자와 부동산에 관한 물권을 취득하기 위한 계약을 맺고 단지 등기명의만을 명의수탁자로부터 경료받은 것 같은 외관을 갖춘 자는 위 조항의 제3자에 해당하지 아니하므로, 같은 조항을 들어 무효인 명의신탁등기에 터 잡아 경료된 자신의 등기의 유효를 주장할 수는 없으나, 이러한 자도 자신의 등기가 실체관계에 부합하는 등기로서 유효하다는 주장은 할 수 있다(대판 2007.12.11. 2008다45187).

34

부동산 실권리자명의 등기에 관한 법률(이하 '부동산실명법'이라 한다)은 부동산에 관한 소유권과 그 밖의 물권을 실체적 권리관계와 일치하도록 실권리자 명의로 등기하게 함으로써 부동산등기제도를 악용한 투기·탈세·탈법행위 등 반사회적 행위를 방지하고 부동산 거래의 정상화와 부동산 가격의 안정을 도모하여 국민경제의 건전한 발전에 이바지함을 목적으로 하고 있다(제1조). 부동산실명법에 의하면, 누구든지 부동산에 관한 물권을 명의신탁약정에 따라 명의수탁자의 명의로 등기하여서는 아니 되고(제3조 제1항), 명의신탁약정과 그에 따른 등기로 이루어진 부동산에 관한 물권변동은 무효가 되며(제4조 제1항, 제2항 본문), 명의신탁약정에 따른 명의수탁자 명의의 등기를 금지하도록 규정한 부동산실명법 제3조 제1항을 위반한 경우 명의신탁자와 명의수탁자 쌍방은 형사처벌된다(제7조). ○ | ×

> **해설** 부동산 실권리자명의 등기에 관한 법률 제1조, 제3조 제1항, 제4조, 제7조 참조

35

양자 간 등기명의신탁에서 부동산 실권리자명의 등기에 관한 법률 제11조의 유예기간 내에 실명등기를 하지 않은 경우, 부동산 소유권은 명의수탁자에게 귀속되므로 명의수탁자는 제3자에 대한 관계에서 소유권을 주장하거나 소유권에 기한 물권적 청구권을 행사할 수 있다. ○ | ×

> **해설** 명의신탁자가 그 소유인 부동산의 등기명의를 명의수탁자에게 이전하는 이른바 양자간 등기명의신탁의 경우에 있어서 명의신탁자와의 명의신탁약정에 의하여 행하여진 명의수탁자 명의의 소유권이전등기는 부동산실명법의 유예기간이 경과한 이후에는 원인무효로서 말소되어야 한다. 그리하여 명의수탁자로서는 명의신탁자는 물론 제3자에 대한 관계에서도 수탁된 부동산에 대한 소유권자임을 주장할 수 없고, 소유권에 기한 물권적 청구권을 행사할 수도 없다고 할 것이다(대판 2014.2.13. 2012다97864).

36

부동산실명법에 의해 양자간 등기명의신탁의 경우 목적 부동산에 관한 명의수탁자 명의의 소유권이전등기에도 불구하고 그 소유권은 처음부터 이전되지 아니하는 것이어서 원래 그 부동산의 소유권을 취득하였던 명의신탁자가 그 소유권을 여전히 보유하는 것이 되는 이상, 침해부당이득의 성립 여부와 관련하여 명의수탁자 명의로의 소유권이전등기로 인하여 명의신탁자가 어떠한 '손해'를 입게 되거나 명의수탁자가 어떠한 이익을 얻게 된다고 할 수 없다. 결국 양자간 등기명의신탁에 있어서 그 명의신탁자로서는 명의수탁자를 상대로 소유권에 기하여 원인무효인 소유권이전등기의 말소를 구하거나 진정한 등기명의의 회복을 원인으로 한 소유권이전등기절차의 이행을 구할 수 있다. ○ | X

> 해설 양자 간 등기명의신탁의 경우 부동산실명법에 의하여 명의신탁약정과 그에 의한 등기가 무효이므로 목적 부동산에 관한 명의수탁자 명의의 소유권이전등기에도 불구하고 그 소유권은 처음부터 이전되지 아니하는 것이어서 원래 그 부동산의 소유권을 취득하였던 명의신탁자가 그 소유권을 여전히 보유하는 것이 되는 이상, 침해부당이득의 성립 여부와 관련하여 명의수탁자 명의로의 소유권이전등기로 인하여 명의신탁자가 어떠한 '손해'를 입게 되거나 명의수탁자가 어떠한 이익을 얻게 된다고 할 수 없다. 결국 양자 간 등기명의신탁에 있어서 그 명의신탁자로서는 명의수탁자를 상대로 소유권에 기하여 원인무효인 소유권이전등기의 말소를 구하거나 진정한 등기명의의 회복을 원인으로 한 소유권이전등기절차의 이행을 구할 수 있음은 별론으로 하고 침해부당이득반환을 원인으로 하여 소유권이전등기절차의 이행을 구할 수는 없다고 할 것이다(대판 2014.2.13. 2012다97864).

37

명의수탁자가 신탁부동산을 처분하여 제3취득자가 유효하게 소유권을 취득한 경우, 명의신탁자가 제3취득자를 상대로 소유권에 기한 물권적 청구를 할 수는 없으나, 그 후 명의수탁자가 신탁부동산의 소유권을 다시 취득하였다면 명의신탁자는 명의수탁자를 상대로 소유권에 기한 물권적 청구를 할 수 있다. ○ | X

38

양자 간 등기명의신탁에서 명의수탁자가 신탁부동산을 처분한 후 명의수탁자가 우연히 신탁부동산의 소유권을 다시 취득한 경우 명의신탁자는 수탁자를 상대로 말소등기청구권이나 진정명의회복을 원인으로 한 이전등기청구권을 행사할 수 없다. ○ | X

> 해설 37 38 양자 간 등기명의신탁에서 명의수탁자가 신탁부동산을 처분하여 제3취득자가 유효하게 소유권을 취득하고(부동산실명법 제4조 제3항) 이로써 명의신탁자가 신탁부동산에 대한 소유권을 상실하였다면, 명의신탁자의 소유권에 기한 물권적 청구, 즉 말소등기청구권이나 진정명의회복을 원인으로 한 이전등기청구권도 더 이상 그 존재 자체가 인정되지 않는다. 그 후 **명의수탁자가 우연히 신탁부동산의 소유권을 다시 취득하였다고 하더라도 명의신탁자가 신탁부동산의 소유권을 상실한 사실에는 변함이 없으므로, 여전히 물권적 청구권은 그 존재 자체가 인정되지 않는다**(대판 2013.2.28. 2010다89814).

정답 | **33** ○ **34** ○ **35** × **36** ○ **37** × **38** ○

39

출제예상

동업 목적의 조합체가 부동산을 조합재산으로 취득하면서 조합원들 명의로 공유등기를 하였다면, 그 공유등기는 조합체가 조합원들에게 각 지분에 관하여 명의신탁한 것으로 보아야 한다.　　　　○ | X

> **해설** 합유물의 조합원에 대한 명의신탁
> 제704조는 "조합원의 출자 기타 조합재산은 조합원의 합유로 한다."고 규정하고 있으므로, 동업을 목적으로 한 조합이 조합체로서 또는 조합재산으로서 부동산의 소유권을 취득하였다면, 제271조 제1항의 규정에 의하여 당연히 그 조합체의 합유물이 되고(이는 제187조에 규정된 '법률의 규정에 의한 물권의 취득'과는 아무 관계가 없다. 따라서 조합체가 부동산을 법률행위에 의하여 취득한 경우에는 물론 소유권이전등기를 요한다), 다만, 그 **조합체가 합유등기를 하지 아니**하고 그 대신 **조합원들 명의로 각 지분에 관하여 공유등기**를 하였다면, 이는 그 **조합체가 조합원들에게 각 지분에 관하여 명의신탁한 것**으로 보아야 한다(대판 2002.6.14. 2000다30622).

40

출제예상

명의수탁자가 무효인 양자간 명의신탁에 따라 명의신탁자로부터 소유권이전등기를 넘겨받은 부동산을 임의로 처분한 행위가 형사상 횡령죄로 처벌되지 않더라도, 위 행위는 명의신탁자의 소유권을 침해하는 행위로써 민법상 불법행위에 해당하여 명의수탁자는 명의신탁자에게 손해배상책임을 부담한다.　　　　○ | X

> **해설** 대법원 2021.2.18. 선고 2016도18761 전원합의체 판결은 횡령죄의 본질이 신임관계에 기초하여 위탁된 타인의 물건을 위법하게 영득하는 데 있고 명의신탁자와 명의수탁자의 관계는 형법상 보호할 만한 가치 있는 신임관계가 아니므로 명의수탁자의 임의처분행위에 대하여 횡령죄를 인정할 수 없다는 취지를 밝힌 것이지 명의신탁관계에서 신탁자의 소유권을 보호할 수 없다는 취지로 볼 수는 없다. 따라서 명의수탁자의 임의처분행위로 인하여 명의신탁자의 소유권이 침해된 이상 형법상 횡령죄의 성립 여부와 관계없이 명의수탁자는 명의신탁자에 대하여 민사상 불법행위책임을 부담한다고 봄이 타당하다(대판 2021.6.3. 2016다34007).

41

18서기보

계약명의자인 명의수탁자가 아니라 명의신탁자에게 계약에 따른 법률효과를 직접 귀속시킬 의도로 계약을 체결한 사정이 인정된다면 명의신탁자가 계약당사자라고 할 것이므로, 이 경우의 명의신탁관계는 3자간 등기명의신탁으로 보아야 한다.　　　　○ | X

> **해설** 부동산 명의신탁에 있어서도 계약 당사자의 확정 문제는 결국 법률행위의 해석문제이다. 따라서 법률행위해석(자연적, 규범적 해석)을 통해 '명의수탁자'가 계약의 당사자로 결정되는 경우에는 '계약명의신탁'에 해당할 것이지만, '명의신탁자'가 계약의 당사자로 결정되는 경우에는 '3자간 등기명의신탁'에 해당할 것이다. 따라서 비록 **명의수탁자의 명의로 계약을 체결하였다고 하여도** 명의신탁자를 계약의 당사자로 할 것에 관하여 계약상대방과 사실상 의사의 일치가 있는 경우에는 '명의신탁자'가 계약당사자로 결정될 것이므로 결국 '3자간 등기명의신탁'이 된다(대판 2010.10.23. 2010다52799 – 자연적 해석).

명의수탁자의 등기가 3자간 등기명의신탁(중간생략등기형)에 해당하여 무효인 경우, 명의신탁자의 매도인에 대한 소유권이전등기청구권은 명의신탁자가 목적 부동산을 인도받아 점유하고 있는 한 소멸시효가 진행하지 않는다. ○ | X

해설 3자간 등기명의신탁에 의한 등기가 유효기간 경과로 무효로 된 경우, 명의신탁자의 매도인에 대한 소유권이전등기청구권

부동산의 매수인이 목적물을 인도받아 계속 점유하는 경우에는 매도인에 대한 소유권이전등기청구권은 소멸시효가 진행되지 않고, 이러한 법리는 3자간 등기명의신탁에 의한 등기가 유효기간의 경과로 무효로 된 경우에도 마찬가지로 적용된다. 따라서 그 경우 목적 부동산을 인도받아 점유하고 있는 명의신탁자의 매도인에 대한 소유권이전등기청구권 역시 소멸시효가 진행되지 않는다(대판 2013.12.12. 2013다26647).

쟁점정리 3자간 명의신탁약정과 그에 의한 등기가 무효로 되는 결과(부동산실명법 제4조 제1항, 제2항 본문), 명의신탁된 부동산은 매도인 소유로 복귀하고, 매도인은 원인무효를 이유로 수탁자 명의의 등기의 말소를 구할 수 있다. 한편 부동산실명법은 매도인과 명의신탁자 사이의 매매계약의 효력을 부정하는 규정을 두고 있지 아니하므로 그들 사이의 매매계약은 유효한 것으로 되어(명의수탁자가 당사자로 등장하는 계약명의신탁에서와는 다름에 주의할 것), 명의신탁자는 매도인에 대하여 매매계약에 기한 소유권이전등기를 청구할 수 있고, 그 소유권이전등기청구권을 보전하기 위해 매도인을 대위하여 수탁자 명의의 등기의 말소를 구할 수 있다(대판 2002.3.15. 2001다61654). 이는 동법에서 정한 유예기간이 경과하여 명의신탁약정과 그에 따른 등기가 무효인 경우에도 마찬가지이다(대판 2011.9.18. 2009다49193,49209).

비교판례 반면, 계약명의신탁약정과 그에 따른 등기가 부동산실명법 시행 전에 행하여진 경우, 명의신탁자가 해당부동산의 회복을 위해 명의수탁자에 대해 가지는 이러한 소유권이전등기청구권은 명의신탁자가 목적물을 점유하고 있더라도 소멸시효에 걸린다(대판 2009.7.9. 2009다23313). 만약 이 경우 소멸시효가 진행되지 않는다고 한다면 실명전환을 하지 않아 위 법률을 위반한 경우임에도 그 권리를 보호하여 주는 결과가 되기 때문이다.

甲이 乙과 직접 부동산에 관한 매매계약을 체결하고 그 대금을 모두 지급하였으나 丙에게 명의를 신탁하여 그 앞으로 소유권이전등기를 경료한 경우, 부동산에 관하여 乙로부터 丙 앞으로 이루어진 소유권이전등기의 원인이 된 명의신탁약정은 명의신탁자인 甲이 매매계약의 당사자로 되었으나 등기명의만을 명의수탁자인 丙에게 신탁한 것으로서 명의수탁자가 계약당사자가 된 경우가 아니어서 부동산실명법 제4조 제2항 단서의 규정을 적용할 여지없이 무효라고 봄이 상당하고, 甲으로서는 여전히 乙에 대하여 부동산에 관한 소유권이전등기절차의 이행을 구할 수 있다고 할 것이므로, 乙을 대위하여 丙에게 말소등기절차의 이행을 구할 수 있다. ○ | X

해설 부동산실권리자명의등기에관한법률에 의하면, 이른바 3자간 등기명의신탁의 경우 같은 법에서 정한 유예기간 경과에 의하여 기존 명의신탁약정과 그에 의한 등기가 무효로 되고 그 결과 명의신탁된 부동산은 매도인 소유로 복귀하므로, 매도인은 명의수탁자에게 무효인 그 명의 등기의 말소를 구할 수 있게 되고, 한편 같은 법은 매도인과 명의신탁자 사이의 매매계약의 효력을 부정하는 규정을 두고 있지 아니하여 유예기간 경과 후로도 매도인과 명의신탁자 사이의 매매계약은 여전히 유효하므로, 명의신탁자는 매도인에 대하여 매매계약에 기한 소유권이전등기를 청구할 수 있고, 그 소유권이전등기청구권을 보전하기 위하여 매도인을 대위하여 명의수탁자에게 무효인 그 명의 등기의 말소를 구할 수도 있다(대판 2002.3.15. 2001다61654).

44

계약의 상대방인 매도인이 명의신탁자와 명의수탁자 사이의 명의신탁관계를 알고 있었다면, 계약명의자인 명의수탁자가 아니라 명의신탁자에게 계약에 따른 법률효과를 직접 귀속시킬 의도로 계약을 체결하였다는 등의 특별한 사정이 인정되지 아니하더라도, 그 명의신탁관계는 3자간 등기명의신탁에 해당한다고 보아야 한다. ○ | X

45

甲이 乙을 통하여 부동산을 매수함에 있어 매수인 명의 및 소유권이전등기 명의를 乙 명의로 하기로 하였다면, 이와 같은 매수인 및 등기 명의의 신탁관계는 甲과 乙 사이의 내부적인 관계에 불과한 것이므로 특별한 사정이 없는 한 대외적으로는 乙을 매매당사자로 보아야 한다. ○ | X

> **해설 44 45 3자간 등기명의신탁과 계약명의신탁의 구별기준**
> 명의신탁약정이 이른바 3자간 등기명의신탁인지 아니면 계약명의신탁인지의 구별은 계약당사자가 누구인가를 확정하는 문제로 귀결된다. 그런데 타인을 통하여 부동산을 매수함에 있어 매수인 명의를 그 타인 명의로 하기로 하였다면 이때의 명의신탁관계는 그들 사이의 내부적인 관계에 불과하므로, 설령 계약의 상대방인 매도인이 그 명의신탁관계를 알고 있었다고 하더라도, 계약명의자인 명의수탁자가 아니라 명의신탁자에게 계약에 따른 법률효과를 직접 귀속시킬 의도로 계약을 체결하였다는 등의 특별한 사정이 인정되지 아니하는 한, 그 명의신탁관계는 계약명의신탁에 해당한다고 보아야 함이 원칙이다(대결 2013.10.7. 2013스133).

46

3자간 명의신탁(중간생략등기형 명의신탁)의 경우, 명의신탁약정 및 그로 인한 물권변동은 무효이므로, 수탁자 앞으로 경료된 등기는 원인무효이며 소유권은 여전히 매도인에게 존재한다. ○ | X

47

3자간 명의신탁의 경우 유예기간 경과 후로도 매도인과 명의신탁자 간의 매매계약은 여전히 유효하므로, 명의신탁자는 매도인에게 소유권이전등기를 청구할 수 있고, 매도인을 대위하여 명의수탁자에게 무효인 그 명의등기의 말소를 구할 수 있다. ○ | X

48

이른바 3자간 등기명의신탁의 경우 부동산실명법에서 정한 유예기간 경과에 의하여 기존 명의신탁약정과 그에 의한 등기가 무효로 되고, 매도인과 명의신탁자 사이의 매매계약도 역시 무효로 된다. ○ | X

해설 **46 47 48** 부동산 실권리자명의 등기에 관한 법률에 의하면, 이른바 3자간 등기명의신탁의 경우 같은 법에서 정한 유예기간의 경과에 의하여 기존 명의신탁약정과 그에 의한 등기가 무효로 되고 그 결과 명의신탁된 부동산은 매도인 소유로 복귀하므로, 매도인은 명의수탁자에게 무효인 명의 등기의 말소를 구할 수 있고, 한편 같은 법에서 정한 유예기간 경과후에도 매도인과 명의신탁자 사이의 매매계약은 여전히 유효하므로, 명의신탁자는 매도인에게 매매계약에 기한 소유권이전등기를 청구할 수 있고, 소유권이전등기청구권을 보전하기 위하여 매도인을 대위하여 명의수탁자에게 무효인 명의 등기의 말소를 구할 수 있다(대판 2011.9.8. 2009다49193).

49
12법원행시, 14주사보, 18법무사

이른바 3자간 등기명의신탁에 있어서, 명의수탁자가 부동산실권리자명의등기에관한법률에서 정한 유예기간 경과 후에 자의로 명의신탁자에게 바로 소유권이전등기를 경료해 준 경우, 명의수탁자가 명의신탁자 앞으로 바로 경료해 준 소유권이전등기는 결국 실체관계에 부합하는 등기로서 유효하다. ○ | ×

해설 이른바 3자간 등기명의신탁에 있어서, 명의수탁자가 부동산실권리자명의등기에관한법률에서 정한 유예기간 경과 후에 자의로 명의신탁자에게 바로 소유권이전등기를 경료해 준 경우, 그 등기의 효력(유효)
명의신탁자가 소유자로부터 부동산을 양도받으면서 명의수탁자와 사이에 명의신탁약정을 하여 소유자로부터 바로 명의수탁자 명의로 소유권이전등기를 하는 이른바 3자간 등기명의신탁에 있어서, 명의수탁자가 부동산실권리자명의등기에관한 법률에서 정한 유예기간 경과 후에 자의로 명의신탁자에게 바로 소유권이전등기를 경료해 준 경우, 같은 법에서 정한 유예기간의 경과로 기존 명의신탁약정과 그에 의한 명의수탁자 명의의 등기가 모두 무효로 되고, 명의신탁자는 명의신탁약정의 당사자로서 같은 법 제4조 제3항의 제3자에 해당하지 아니하므로 명의신탁자 명의의 소유권이전등기도 무효가 된다할 것이지만, 한편 같은 법은 매도인과 명의신탁자 사이의 매매계약의 효력을 부정하는 규정을 두고 있지 아니하여 유예기간 경과 후로도 매도인과 명의신탁자 사이의 매매계약은 여전히 유효하므로, 명의신탁자는 매도인에 대하여 매매계약에 기한 소유권이전등기를 청구할 수 있고, 그 소유권이전등기청구권을 보전하기 위하여 매도인을 대위하여 명의수탁자에게 무효인 그 명의 등기의 말소를 구할 수도 있으므로, 명의수탁자가 명의신탁자 앞으로 바로 경료해 준 소유권이전등기는 결국 실체관계에 부합하는 등기로서 유효하다(대판 2004.6.25. 2004다6764).

50
15사무관, 17법원행시

부동산실명법상 유예기간이 경과하여 이른바 3자간 등기명의신탁 약정과 그에 의한 등기가 무효로 된 경우 명의신탁자는 명의수탁자를 상대로 부당이득반환을 원인으로 한 소유권이전등기를 구할 수 있다.

○ | ×

해설 부동산 실권리자명의 등기에 관한 법률상 유예기간이 경과하여 이른바 3자간 등기명의신탁 약정과 그에 의한 등기가 무효로 된 경우, 명의신탁자가 명의수탁자를 상대로 부당이득반환을 원인으로 한 소유권이전등기를 구할 수 있는지 여부(소극)
이른바 3자간 등기명의신탁의 경우 부동산 실권리자명의 등기에 관한 법률에서 정한 유예기간 경과에 의하여 그 명의신탁 약정과 그에 의한 등기가 무효로 되더라도 명의신탁자는 매도인에 대하여 매매계약에 기한 소유권이전등기청구권을 보유하고 있어 그 유예기간의 경과로 그 등기 명의를 보유하지 못하는 손해를 입었다고 볼 수 없다. 또한 명의신탁 부동산의 소유권이 매도인에게 복귀한 마당에 명의신탁자가 무효인 등기의 명의인인 명의수탁자를 상대로 그 이전등기를 구할 수도 없다. 결국 3자간 등기명의신탁에 있어서 명의신탁자는 명의수탁자를 상대로 부당이득반환을 원인으로 한 소유권이전등기를 구할 수 없다(대판 2008.11.27. 2008다55290,55306).

정답 | **44** × **45** ○ **46** ○ **47** ○ **48** × **49** ○ **50** ×

51

3자간 등기명의신탁에서 부동산 실권리자명의 등기에 관한 법률에서 정한 유예기간이 경과한 후 명의수탁자가 신탁부동산을 임의로 처분하여 제3자 명의의 이전등기가 마쳐진 경우, 특별한 사정이 없는 한 명의신탁자는 신탁부동산의 소유권을 이전받을 권리를 상실하는 손해를 입게 되는 반면, 명의수탁자는 신탁부동산의 처분대금 등을 취득하는 이익을 얻게 되므로, 명의수탁자는 명의신탁자에게 그 이익을 부당이득으로 반환하여야 한다.　　　　　　　　　　　　　　　　　　　　　　　○ㅣ×

> 해설　이른바 3자간 등기명의신탁에서 부동산 실권리자명의 등기에 관한 법률에서 정한 유예기간이 경과한 후 명의수탁자가 신탁부동산을 임의로 처분하거나 강제수용이나 공공용지 협의취득 등을 원인으로 제3취득자 명의로 이전등기가 마쳐진 경우, 특별한 사정이 없는 한 제3취득자는 유효하게 소유권을 취득하게 되므로(같은 법 제4조 제3항), 그로 인하여 매도인의 명의신탁자에 대한 소유권이전등기의무는 이행불능으로 되고 그 결과 명의신탁자는 신탁부동산의 소유권을 이전받을 권리를 상실하는 손해를 입게 되는 반면, 명의수탁자는 신탁부동산의 처분대금이나 보상금을 취득하는 이익을 얻게 되므로, 명의수탁자는 명의신탁자에게 그 이익을 부당이득으로 반환할 의무가 있다(대판 2011.9.18. 2009다49193, 49209).

> 비교판례　이에 반해 선의의 매도인과 계약한 '**계약명의신탁**'의 경우는 수탁자가 신탁자로부터 받은 '부동산 매수자금'이 무효인 명의신탁약정에 기한 것으로서 법률상 원인이 없는 것이므로 명의신탁자에 대해 '**매수자금 상당액**'의 부당이득반환의무를 부담한다(대판 2005.1.28. 2002다66922 등). 그러나 소유권을 취득하게 된 '**수탁자가 그 부동산을 제3자에게 처분하여 받은 대금**'은 신탁자에 대해 부당이득이 되는 것은 아니다(대판 2008.9.11. 2007다24817).

52

3자간 등기명의신탁에 있어서, 명의수탁자가 신탁부동산을 임의로 매각처분한 경우, 매도인으로서는 명의수탁자로부터 그 소유명의를 회복하기 전까지는 명의신탁자에 대하여 매매대금 반환채무의 이행을 거절할 수 있고, 명의신탁자의 소유권이전등기청구도 허용되지 아니하므로, 매도인으로서는 명의수탁자의 처분행위로 인하여 손해를 입은 바가 없다.　　　　　　　　　　　　　　　　　　　　　　　　　　　○ㅣ×

> 해설　명의수탁자가 신탁부동산을 임의로 매각처분한 경우, 특별한 사정이 없는 한 그 매수인은 유효하게 소유권을 취득하게 되는바, 명의신탁약정 및 이에 따라 행하여진 등기에 의한 부동산에 관한 물권변동을 무효로 하는 부동산실권리자명의등기에관한법률이 시행되기 이전에 매도인이 명의신탁자의 요구에 따라 명의수탁자 앞으로 등기명의를 이전하여 주었다면, 매도인에게 매매계약의 체결이나 그 이행에 관하여 어떠한 귀책사유가 있다고 보기 어려우므로, 자신의 편의를 위하여 명의수탁자 앞으로의 등기이전을 요구한 명의신탁자가 자신의 귀책사유로 같은 법에서 정한 유예기간이 지나도록 실명등기를 하지 아니한 사정에 기인하여 매도인에 대하여 매매대금의 반환을 구하거나, 명의신탁자 앞으로 재차 소유권이전등기를 경료할 것을 요구하는 것은 신의칙상 허용되지 아니하고, 따라서 **매도인으로서는 명의수탁자가 신탁부동산을 타에 처분하였다고 하더라도, 명의수탁자로부터 그 소유명의를 회복하기 전까지는 명의신탁자에 대하여 신의칙 내지 민법 제536조 제1항 본문의 규정에 의하여 이와 동시이행의 관계에 있는 매매대금 반환채무의 이행을 거절할 수 있고, 한편 명의신탁자의 소유권이전등기청구도 허용되지 아니하므로, 결국 매도인으로서는 명의수탁자의 처분행위로 인하여 손해를 입은 바가 없다**(대판 2002.3.15. 2001다61654).

53

(중간생략형 명의신탁) 명의신탁자와 명의수탁자가 위와 같이 무효인 명의신탁약정을 함과 아울러 그 약정을 전제로 하여 이에 기한 명의신탁자의 명의수탁자에 대한 소유권이전등기청구권을 확보하기 위하여 명의신탁 부동산에 명의신탁자 명의의 가등기를 마치고 향후 명의신탁자가 요구하는 경우 본등기를 마쳐주기로 약정하였더라도, 이러한 약정 또한 부동산실명법에 의하여 무효인 명의신탁약정을 전제로 한 것이어서 무효이고, 위 약정에 의하여 마쳐진 가등기는 원인무효라 할 것이다. ○ | X

54

명의신탁자가 명의신탁약정과는 별개의 적법한 원인에 기하여 명의수탁자에 대하여 소유권이전등기청구권을 가지게 된 경우, 이를 보전하기 위하여 자신의 명의가 아닌 제3자 명의로 가등기를 마쳤다면 위 가등기는 유효하다. ○ | X

> **해설 53** 부동산 실권리자명의 등기에 관한 법률 시행 이후 부동산을 매수하면서 매수대금의 실질적 부담자와 명의인 간에 명의신탁관계가 성립한 경우, 그들 사이에 매수대금의 실질적 부담자의 요구에 따라 부동산의 소유 명의를 이전하기로 하는 약정의 효력(무효)
> 부동산 실권리자명의 등기에 관한 법률(이하 '부동산실명법'이라 한다) 시행 이후 부동산을 매수하면서 매수대금의 실질적 부담자와 명의인 간에 명의신탁관계가 성립한 경우, 그들 사이에 매수대금의 실질적 부담자의 요구에 따라 부동산의 소유 명의를 이전하기로 하는 등의 약정을 하였다고 하더라도, 이는 부동산실명법에 의하여 무효인 명의신탁약정을 전제로 명의신탁 부동산 자체 또는 처분대금의 반환을 구하는 범주에 속하는 것이어서 역시 무효라고 보아야 한다.
> 무효인 명의신탁약정을 전제로 하여 이에 기한 명의신탁자의 명의수탁자에 대한 소유권이전등기청구권을 확보하기 위하여 명의신탁 부동산에 명의신탁자 명의로 가등기를 마치고 향후 명의신탁자가 요구하는 경우 본등기를 마쳐 주기로 한 약정 및 위 약정에 의하여 마쳐진 가등기의 효력(무효)
> 나아가 **명의신탁자와 명의수탁자가 위와 같이 무효인 명의신탁약정을 함과 아울러 그 약정을 전제로 하여 이에 기한 명의신탁자의 명의수탁자에 대한 소유권이전등기청구권을 확보하기 위하여 명의신탁 부동산에 명의신탁자 명의의 가등기를 마치고 향후 명의신탁자가 요구하는 경우 본등기를 마쳐 주기로 약정하였더라도, 이러한 약정 또한 부동산실명법에 의하여 무효인 명의신탁약정을 전제로 한 것이어서 무효이고, 위 약정에 의하여 마쳐진 가등기는 원인무효**이다(대판 2015.2.26. 2014다63315).
>
> **참고판례 54** 명의신탁약정과는 별개의 적법한 원인에 기한 명의신탁자의 명의수탁자에 대한 소유권이전등기청구권을 보전하기 위하여 제3자 명의로 마친 가등기의 효력(무효)
> 명의신탁자가 명의신탁약정과는 별개의 적법한 원인에 기하여 명의수탁자에 대하여 소유권이전등기청구권을 가지게 되었다 하더라도, 이를 보전하기 위하여 자신의 명의가 아닌 제3자 명의로 가등기를 마친 경우 위 가등기는 명의신탁자와 제3자 사이의 명의신탁약정에 기하여 마쳐진 것으로서 약정의 무효로 말미암아 효력이 없다(대판 2015.2.26. 2014다63315).

55

甲은 乙이 소유하는 X 토지에 대해서 2010. 7. 1. 매매계약을 체결하였다. 甲과 丙은 명의신탁약정을 맺어 甲을 대신하여 X 토지 소유권 등기를 丙 명의로 하기로 하였고, 이에 따라 甲이 乙에게 매매대금을 모두 지급한 후에 乙은 丙 명의로 소유권이전등기를 마쳐주었다. 甲과 丙의 명의신탁약정은 무효이지만, 甲과 乙이 체결한 매매계약이 무효로 되지는 않는다. ○ | X

정답 | **51** ○ **52** ○ **53** ○ **54** × **55** ○

신탁자가 계약의 당사자가 되어 매도인과 매매계약을 체결하되, 매도인과의 합의 아래 등기를 매도인으로부터 (신탁자와 명의신탁약정을 맺은) 수탁자 앞으로 직접 이전하는 경우, **명의신탁약정과 그에 의한 등기가 무효**로 되는 결과(부동산실명법 제4조 1항, 2항 본문), 명의신탁된 부동산은 매도인 소유로 복귀하고, 매도인은 원인무효를 이유로 수탁자 명의의 등기의 말소를 구할 수 있다.

그러나 **부동산실명법은 매도인과 명의신탁자 사이의 매매계약의 효력을 부정하는 규정을 두고 있지 아니하므로 그들 사이의 매매계약은 유효**한 것으로 되어(명의수탁자가 당사자로 등장하는 계약명의신탁에서와는 다름에 주의할 것), **명의신탁자는 매도인에 대하여 매매계약에 기한 소유권이전등기를 청구할 수 있고, 그 소유권이전등기청구권을 보전하기 위해 매도인을 대위하여 수탁자 명의의 등기의 말소를 구할 수 있다**[대판 2002.3.15. 2001다61654; 이는 동법에서 정한 유예기간이 경과하여 명의신탁약정과 그에 따른 등기가 무효인 경우에도 마찬가지이다(대판 2011.9.18. 2009다49193,49209)].

56
출제예상

甲은 乙이 소유하는 X 토지에 대해서 2010. 7. 1. 매매계약을 체결하였다. 甲과 丙은 명의신탁약정을 맺어 甲을 대신하여 X 토지 소유권 등기를 丙 명의로 하기로 하였고, 이에 따라 甲이 乙에게 매매대금을 모두 지급한 후에 乙은 丙 명의로 소유권이전등기를 마쳐주었다. 丙이 丁에게 X 토지를 매도하고 소유권이전등기를 마쳐준 경우에 丙이 무자력이라면 丙의 채권자는 丁을 상대로 X 토지의 매매계약을 사해행위로 취소하고 소유권이전등기의 말소를 청구하는 사해행위 취소소송을 제기할 수 있다. ○ | X

채무자가 이른바 중간생략등기형 명의신탁 또는 3자간 명의신탁 약정에 따라 명의수탁자로서 부동산에 관하여 그 명의로 소유권이전등기를 마쳤다면 부동산 실권리자명의 등기에 관한 법률(이하 '법'이라 한다) 제4조 제2항 본문이 적용되어 **채무자 명의의 위 소유권이전등기는 무효이므로 위 부동산은 채무자의 소유가 아니기 때문에 이를 채무자의 일반 채권자들의 공동담보에 공하여지는 책임재산이라고 볼 수 없고**, 채무자가 위 부동산에 관하여 제3자와 매매계약을 체결하고 그에게 소유권이전등기를 마쳐주었다 하더라도 그로써 채무자의 책임재산에 감소를 초래한 것이라고 할 수 없으므로 이를 들어 채무자의 일반 채권자들을 해하는 사해행위에 해당한다고 할 수 없다(대판 2008.9.25. 2008다41635).

➡ X 토지는 애초에 丙의 책임재산이 아니었으므로 丙이 丁에게 X 토지를 처분한 행위는, 丙의 일반채권자에게 사해행위가 되지 않는다.

57
출제예상

甲은 乙이 소유하는 X 토지에 대해서 2010. 7. 1. 매매계약을 체결하였다. 甲과 丙은 명의신탁약정을 맺어 甲을 대신하여 X 토지 소유권 등기를 丙 명의로 하기로 하였고, 이에 따라 甲이 乙에게 매매대금을 모두 지급한 후에 乙은 丙 명의로 소유권이전등기를 마쳐주었다. 명의신탁 약정의 시점에 甲이 무자력이었다면 약정 당시 甲의 채권자는 丙을 상대로 甲과 丙의 명의신탁약정을 사해행위로 취소하고 丙 명의의 등기의 말소를 청구하는 사해행위 취소소송을 제기할 수 있다. ○ | X

해설 **3자간 등기명의신탁**(명의신탁행위 자체가 신탁자의 일반채권자에게 사해행위가 되는지 여부)

채무자가 채무초과상태에서 매수한 부동산의 등기명의를 아들에게 신탁하고 이에 따라 소유권이전등기를 마친 사안에서, 判例는 "위 (중간생략형)명의신탁약정은 사해행위에 해당하고, 채권자가 수익자 및 전득자를 상대로 소유권이전등기의 말소를 구하고 매도인을 상대로 채무자를 대위하여 소유권이전등기절차의 이행을 구할 수 있다."(대판 2004.3.25. 2002다 69358)라고 판시하였다.

➡ 부동산실명법은 중간생략 명의신탁에서 매도인과 명의신탁자 사이의 매매계약의 효력을 부정하는 규정을 두고 있지 아니하므로 그들 사이의 매매계약은 유효한 것으로 되어, 명의신탁자는 매도인에 대하여 매매계약에 기한 소유권이전등기를 청구할 수 있고, 그 소유권이전등기청구권을 보전하기 위해 매도인를 대위하여 수탁자 명의의 등기의 말소를 구할 수 있다 (대판 2002.3.15. 2001다61654). 하지만 **이러한 청구권이 인정된다고 하여 신탁자(채무자)와 수탁자(수익자) 사이에 명의신탁의 사해행위성이 부정되는 것은 아니다.**

58

11사무관, 18주사보, 18법원행시

부동산에 관한 물권을 취득하기 위한 계약에서 명의수탁자가 어느 한쪽 당사자가 되고 상대방 당사자는 명의신탁약정이 있다는 사실을 알지 못한 경우에도 명의신탁약정은 무효이다. 다만 계약명의신탁에서 매도인이 선의인 경우, 신탁자와 수탁자간의 명의신탁약정이 무효라고 하더라도 그로 인한 물권변동은 유효하므로, 소유권은 수탁자에게 존재한다. O | X

59

13사무관, 18주사보

명의신탁약정 및 그에 따른 물권변동은 무효이다. 다만 부동산에 관한 물권을 취득하기 위한 계약에서 명의수탁자가 어느 한쪽 당사자가 되고 상대방 당사자는 명의신탁약정이 있다는 사실을 알지 못한 경우에는 그러하지 아니하다. O | X

60

20법원행시

2019.6.1. 甲이 乙 소유의 X부동산을 취득하기 위하여 丙에게 매수자금을 제공하고 丙이 매수인이 되어 이러한 사실을 모르는 乙과 매매계약을 체결한 후 丙 명의로 소유권이전등기를 마쳤다면 X부동산 소유자는 丙이다. O | X

해설 **58 59 60** 부동산실명법 제4조(명의신탁약정의 효력) ① **명의신탁약정은 무효**로 한다.

② 명의신탁약정에 따른 등기로 이루어진 부동산에 관한 **물권변동은 무효**로 한다. 다만, **부동산에 관한 물권을 취득하기 위한 계약에서 명의수탁자가 어느 한쪽 당사자가 되고 상대방 당사자는 명의신탁약정이 있다는 사실을 알지 못한 경우에는 그러하지** 아니하다.

➡ 명의신탁약정은 무효이지만, 수탁자 명의의 등기는 유효하므로 명의수탁자가 유효하게 소유권을 취득한다. 그러나 명의신탁약정 자체는 무효임을 주의해야 한다.

정답 | **56** × **57** O **58** O **59** O **60** O

61

부동산 실권리자명의 등기에 관한 법률에 의하면, 명의신탁자와 명의수탁자가 이른바 계약명의신탁약정을 맺고 명의수탁자가 당사자가 되어 명의신탁약정이 있다는 사실에 대하여 선의인 소유자와 사이에 부동산에 관한 매매계약을 체결한 후 그 매매계약에 따라 해당 부동산의 소유권이전등기를 수탁자 명의로 마친 경우에는 명의수탁자가 해당 부동산의 완전한 소유권을 취득하게 되고, 다만 명의수탁자는 명의신탁자에 대하여 명의신탁약정 위반에 따른 채무불이행책임을 부담하게 될 뿐이다. ○ | ×

해설 ① 일반적으로 계약명의신탁의 경우 신탁자와 수탁자 사이에는 ⅰ) 수탁자가 취득한 부동산에 관한 소유권을 내부적으로는 신탁자가 보유하기로 하는 '명의신탁약정'과 ⅱ) 수탁자가 매도인으로부터 부동산을 매수하여 부동산에 관하여 수탁자 명의로 소유권이전등기를 마치기로 하는 '위임계약'이 존재한다고 볼 수 있다. ② 명의신탁약정은 특별한 사정이 없는 한 무효이고(부동산실명법 제4조 제1항), 또한 '일부무효 법리'에 따라 위임계약도 무효가 된다(제137조 본문)(대판 2015.9.10. 2013다55300참고). 왜냐하면 명의신탁약정과 위임계약은 동시에 체결되고(일체성), 양자는 별개의 계약이며(분할가능성), 신탁자와 수탁자는 그 중 명의신탁약정이 무효임을 알았더라면 위임계약을 체결하지 않았을 것이기 때문이다(가정적 의사).

➡ 명의신탁약정 및 위임계약도 무효이므로 계약이 유효함을 전제로 하는 채무불이행책임을 부담할 여지가 없다.

62

타인을 통하여 부동산을 매수하면서 매수인 명의 및 소유권이전등기 명의를 타인(명의수탁자) 명의로 하기로 한 경우, 계약명의자인 타인(명의수탁자)이 매매당사자이나, 상대방이 명의신탁관계를 알고 있었다면 명의신탁자가 계약의 당사자가 된다. ○ | ×

63

어떤 사람이 타인을 통하여 부동산을 매수하면서 매수인 명의 및 소유권이전등기 명의를 타인 명의로 하기로 한 경우에, 매수인 및 등기 명의의 신탁관계는 그들 사이의 내부적인 관계에 불과하므로, 상대방이 명의신탁자를 매매당사자로 이해하였다고 하더라도 대외적으로는 계약명의자인 타인을 매매당사자로 보아야 한다. ○ | ×

해설 62 63 매매계약의 당사자 확정
어떤 사람이 타인을 통하여 부동산을 매수하면서 매수인 명의 및 소유권이전등기 명의를 타인 명의로 하기로 한 경우에, 매수인 및 등기 명의의 신탁관계는 그들 사이의 내부적인 관계에 불과하므로, 상대방이 명의신탁자를 매매당사자로 이해하였다는 등의 특별한 사정이 없는 한 **대외적으로는 계약명의자인 타인을 매매당사자로 보아야 하며**, 설령 상대방이 명의신탁관계를 알고 있었더라도 상대방이 계약명의자인 타인이 아니라 명의신탁자에게 계약에 따른 법률효과를 직접 귀속시킬 의도로 계약을 체결하였다는 등의 특별한 사정이 인정되지 아니하는 한 마찬가지이다(대판 2016.7.22. 2016다207928)

64

매도인이 계약 체결 이후에 계약명의신탁약정 사실을 알게 된 경우라도 위 계약과 등기는 무효이다.

○ | X

> 해설 부동산 실권리자명의 등기에 관한 법률 제4조 제2항 단서는 부동산 거래의 상대방을 보호하기 위한 것으로 상대방이 명의신탁약정이 있다는 사실을 알지 못한 채 물권을 취득하기 위한 계약을 체결한 경우 그 계약과 그에 따른 등기를 유효라고 한 것이다. 명의신탁자와 명의수탁자가 계약명의신탁약정을 맺고 명의수탁자가 당사자가 되어 매도인과 부동산에 관한 매매계약을 체결하는 경우 그 계약과 등기의 효력은 **매매계약을 체결할 당시 매도인의 인식을 기준으로 판단**해야 하고, 매도인이 계약 체결 이후에 명의신탁약정 사실을 알게 되었다고 하더라도 위 계약과 등기의 효력에는 영향이 없다. 매도인이 계약 체결 이후 명의신탁약정 사실을 알게 되었다는 우연한 사정으로 인해서 위와 같이 유효하게 성립한 매매계약이 소급적으로 무효로 된다고 볼 근거가 없다. **만일 매도인이 계약 체결 이후 명의신탁약정 사실을 알게 되었다는 사정을 들어 매매계약의 효력을 다툴 수 있도록 한다면 매도인의 선택에 따라서 매매계약의 효력이 좌우되는 부당한 결과를 가져올 것**이다(대판 2018.4.10. 2017다257715).

65

계약명의신탁의 당사자들이 명의신탁약정을 하면서 그것이 유효함을 전제로, 즉 명의신탁자가 이른바 내부적 소유권을 가지는 것을 전제로 하여 장차 명의신탁자 앞으로 목적 부동산에 관한 소유권등기를 이전하거나 그 부동산의 처분대가를 명의신탁자에게 지급하는 것을 내용으로 하는 약정을 하였더라도, 그와 같은 약정은 원칙적으로 무효이다.

○ | X

66

2019.6.1. 甲이 乙 소유의 X부동산을 취득하기 위하여 丙에게 매수자금을 제공하고 丙이 매수인이 되어 이러한 사실을 모르는 乙과 매매계약을 체결한 후 丙 명의로 소유권이전등기를 마쳤다. 丙이 매수자금 반환의무의 이행에 갈음하여 X부동산을 甲에게 양도하기로 합의하고 甲 명의로 소유권이전등기를 마쳐 주었다면 X부동산의 소유자는 甲이다.

○ | X

> 해설 **65** 계약명의신탁의 당사자들이 명의신탁약정이 유효한 것, 즉 명의신탁자가 이른바 내부적 소유권을 가지는 것을 전제로 하여 장차 명의신탁자 앞으로 목적 부동산에 관한 소유권등기를 이전하거나 부동산의 처분대가를 명의신탁자에게 지급하는 것 등을 내용으로 하는 약정을 하였다면 이는 명의신탁약정을 무효라고 정하는 부동산실명법 제4조 제1항에 좇아 무효이다. **66** 그러나 명의수탁자가 앞서 본 바와 같이 명의수탁자의 완전한 소유권 취득을 전제로 하여 사후적으로 명의신탁자와의 사이에 위에서 본 **매수자금반환의무의 이행에 갈음하여 명의신탁된 부동산 자체를 양도하기로 합의하고 그에 기하여 명의신탁자 앞으로 소유권이전등기를 마쳐준 경우**에는 그 소유권이전등기는 새로운 소유권 이전의 원인인 대물급부의 약정에 기한 것이므로 약정이 무효인 명의신탁약정을 명의신탁자를 위하여 사후에 보완하는 방책에 불과한 등의 다른 특별한 사정이 없는 한 유효하고, 대물급부의 목적물이 원래의 명의신탁부동산이라는 것만으로 유효성을 부인할 것은 아니다(대판 2014.8.20. 2014다30483).

67

부동산경매절차에서 부동산을 매수하려는 사람이 매수대금을 자신이 부담하면서 다른 사람의 명의로 매각허가결정을 받기로 그 다른 사람과 약정함에 따라 매각허가가 이루어진 경우, 그 경매절차에서 매수인의 지위에 서게 되는 사람은 어디까지나 그 명의인이므로, 경매 목적 부동산의 소유권은 매수대금을 실질적으로 부담한 사람이 누구인가와 상관없이 그 명의인이 취득한다. 이 경우 매수대금을 부담한 사람과 이름을 빌려 준 사람 사이에는 명의신탁관계가 성립한다. O | X

> 해설 대판 2008.11.27. 2008다62687
> ➡ 부동산경매절차에서 부동산을 매수하려는 사람이 매수대금을 자신이 부담하면서 다른 사람의 명의로 매각허가결정을 받기로 약정하여 그에 따라 매각허가가 이루어진 경우, 부동산의 소유권을 취득하는 자(= 명의인) 및 매수대금의 부담자와 명의인 간에 명의신탁관계가 성립하는지 여부(적극)

68

부동산 실권리자명의 등기에 관한 법률 시행 전에 이른바 계약명의신탁에 따라 명의신탁 약정이 있다는 사실을 알지 못하는 소유자로부터 명의수탁자 앞으로 소유권이전등기가 마쳐지고, 같은 법 소정의 유예기간이 경과하여 명의수탁자가 당해 부동산의 완전한 소유권을 취득한 경우, 명의수탁자가 명의신탁자에게 반환하여야 할 부당이득의 대상은 당해 부동산 자체이다. O | X

> 해설 부동산실명법 시행일(1995.7.1.)로부터 1년의 기간(유예기간)이 경과하기 전까지는 명의신탁자는 언제라도 명의신탁을 해지하여 해당 부동산의 소유권을 취득할 수 있었다는 점에서, 그 유예기간이 경과한 후에는 동법 제12조 1항에 의해 제4조가 적용되어 계약명의신탁법리가 적용된다고 하더라도, 동법 제3조 및 제4조가 명의신탁자에게 소유권이 귀속되는 것을 막는 취지의 규정은 아니므로 이 경우에는 **명의수탁자는 명의신탁자에게 자신이 취득한 해당 '부동산 자체'를 부당이득으로 반환할 의무가 있다**(대판 2008.11.27. 2008다62687).

69

부동산 실권리자명의 등기에 관한 법률 시행 후에 '계약명의신탁'이 이루어진 경우, 명의수탁자 甲이 명의신탁자 乙에게 반환하여야 할 부당이득의 대상은 당해 부동산 자체이다. O | X

70

계약명의신탁약정에 따라 선의의 매도인으로부터 명의수탁자로의 등기가 부동산실명법 시행 후에 이루어진 경우 명의신탁자는 부동산 자체가 아니라 매수자금을 부당이득으로 반환청구 할 수 있다. O | X

71

甲과 乙은 2013.10.17. 甲의 자금으로 丙 소유의 토지를 매수하여 乙 명의로 등기하기로 하는 명의신탁약정을 하고, 乙이 丙과 매매계약을 체결한 후에 丙에게 매매대금을 지급하고 乙 명의로 소유권이전등기를 경료하였다. 丙이 甲과 乙 사이의 명의신탁약정이 있다는 사실을 알지 못한 경우, 甲은 乙을 상대로 乙에게 지급한 매수자금 상당의 부당이득반환을 청구할 수 있다. ○ | X

> **해설 69 70 71** 계약명의신탁약정이 부동산실명법 시행 후인 경우에는 명의신탁자는 애초부터 당해 부동산의 소유권을 취득할 수 없었으므로 위 명의신탁약정의 무효로 인하여 명의신탁자가 입은 손해는 당해 부동산 자체가 아니라 명의수탁자에게 제공한 매수자금이라 할 것이고, 따라서 명의수탁자는 당해 부동산 자체가 아니라 명의신탁자로부터 제공받은 매수자금을 부당이득하였다고 할 것이다(대판 2005.1.28. 2002다66922).

> ➡ 관련논점: 이때 명의수탁자가 소유권이전등기를 위하여 지출하여야 할 취득세, 등록세 등을 명의신탁자로부터 제공받았다면, 이러한 자금 역시 위 계약명의신탁약정에 따라 명의수탁자가 당해 부동산의 소유권을 취득하기 위하여 매매대금과 함께 지출된 것이므로, 당해 부동산의 매매대금 상당액 이외에 명의신탁자가 명의수탁자에게 지급한 취득세, 등록세 등의 취득비용도 특별한 사정이 없는 한 위 계약명의신탁약정의 무효로 인하여 명의신탁자가 입은 손해에 포함되어 명의수탁자는 이 역시 명의신탁자에게 부당이득으로 반환하여야 한다(대판 2010.10.14. 2007다90432).

72

부동산 실권리자명의 등기에 관한 법률 시행 전에 명의신탁자와 명의수탁자가 이른바 계약명의신탁약정을 맺고 명의수탁자가 당사자가 되어 명의신탁약정이 있다는 사실을 알지 못하는 소유자와 부동산에 관한 매매계약을 체결한 후 그 매매계약에 따라 당해 부동산의 소유권이전등기를 수탁자 명의로 마쳤으나 위 법률 제11조에서 정한 유예기간이 경과하기까지 명의신탁자가 그 명의로 당해 부동산을 등기이전하는 데 법률상 장애가 있었던 경우에는, 위 명의신탁약정의 무효로 인하여 명의신탁자가 입은 손해는 명의수탁자에게 제공한 매수자금이 아니라 당해 부동산 자체이고, 따라서 명의수탁자는 명의신탁자로부터 제공받은 매수자금이 아닌 당해 부동산 자체를 부당이득하였다고 할 것이다. ○ | X

> **해설** 부동산 실권리자명의 등기에 관한 법률 시행 전에 명의신탁자와 명의수탁자가 이른바 계약명의신탁약정을 맺고 명의수탁자가 당사자가 되어 명의신탁약정이 있다는 사실을 알지 못하는 소유자와 부동산에 관한 매매계약을 체결한 후 그 매매계약에 따라 당해 부동산의 소유권이전등기를 수탁자 명의로 마쳤으나 위 법률 제11조에서 정한 유예기간이 경과하기까지 명의신탁자가 그 명의로 당해 부동산을 등기이전하는 데 법률상 장애가 있었던 경우에는, 명의신탁자는 당해 부동산의 소유권을 취득할 수 없었으므로, 위 명의신탁약정의 무효로 인하여 명의신탁자가 입은 손해는 당해 부동산 자체가 아니라 명의수탁자에게 제공한 매수자금이고, 따라서 명의수탁자는 당해 부동산 자체가 아니라 명의신탁자로부터 제공받은 매수자금을 부당이득하였다고 할 것이다(대판 2008.5.15. 2007다74690).

> ➡ 부동산 실권리자명의 등기에 관한 법률 시행 전에 계약명의신탁을 한 명의신탁자가 같은 법 제11조에서 정한 유예기간 내에 그 명의로 당해 부동산을 등기이전하는 데 법률상 장애가 있었던 경우, 명의수탁자가 명의신탁자에게 반환하여야 할 부당이득의 대상(= 매수자금)

73

甲과 乙은 2013. 10. 17 甲의 자금으로 丙 소유의 토지를 매수하여 乙 명의로 등기하기로 하는 명의신탁 약정을 하고, 乙이 丙과 매매계약을 체결한 후에 丙에게 매매대금을 지급하고 乙 명의로 소유권이전등기 를 경료하였다. 丙이 甲과 乙 사이의 명의신탁약정이 있다는 사실을 알지 못하였다면, 위 명의신탁약정은 유효하다. ○ | ✕

> 해설 사안은 신탁자 甲의 위임에 따라 수탁자 乙이 자기 이름으로 매도인 丙으로부터 부동산을 매수하여 그 등기도 수탁 자(매수인) 乙 앞으로 마친 계약명의신탁에 해당한다. 이러한 계약명의신탁은 매도인의 선의·악의에 따라 그 효력을 달리 한다.
>
> ➡ 사안에서 **매도인 丙이 선의인 경우 매도인 丙과 명의수탁자 乙 사이의 매매계약은 완전히 유효**하고, 이를 원인으로 명의수탁 자 乙 앞으로 소유권이전등기가 되면 명의수탁자 乙은 완전한 소유권을 취득한다(부동산실명법 제4조 제2항 단서). 그러나 **매도인의 선의 여부와 상관없이 신탁자 甲과 수탁자 乙 사이의 계약명의신탁약정은 특별한 사정이 없는 한 무효**이다(부동산 실명법 제4조 제1항).

74

부동산경매절차에서 부동산을 매수하려는 사람이 다른 사람과의 명의신탁약정 아래 그 사람의 명의로 매 각허가결정을 받아 자신의 부담으로 매수자금을 완납한 경우, 명의신탁자는 명의수탁자에 대하여 그 부 동산 자체의 반환을 구할 수는 없고 명의수탁자에게 제공한 매수대금에 상당하는 금액의 부당이득반환청 구권을 가질 뿐이다. ○ | ✕

> 해설 **부동산경매절차에서 부동산을 매수하려는 사람이 다른 사람과의 명의신탁약정 아래 그 사람의 명의로 매각허가결정 을 받아 자신의 부담으로 매수대금을 완납한 경우, 명의수탁자와 명의신탁자 사이의 법률관계**
> 부동산경매절차에서 부동산을 매수하려는 사람이 다른 사람과의 명의신탁약정 아래 그 사람의 명의로 매각허가결정을 받 아 자신의 부담으로 매수대금을 완납한 경우, 경매목적 부동산의 소유권은 매수대금의 부담 여부와는 관계없이 그 명의인 이 취득하게 되고, 매수대금을 부담한 명의신탁자와 명의를 빌려 준 명의수탁자 사이의 명의신탁약정은 부동산 실권리자 명의 등기에 관한 법률 제4조 제1항에 의하여 무효이므로, 명의신탁자는 명의수탁자에 대하여 그 부동산 자체의 반환을 구할 수는 없고 명의수탁자에게 제공한 매수대금에 상당하는 금액의 부당이득반환청구권을 가질 뿐이다(대판 2009.9.10. 2006다73102).

75

명의신탁자와 명의수탁자가 이른바 계약명의신탁약정을 맺고 명의수탁자가 당사자가 되어 명의신탁약정 이 있다는 사실을 알지 못하는 소유자와 부동산에 관한 매매계약을 체결한 뒤 수탁자 명의로 소유권이전 등기를 마친 경우에는, 명의신탁자와 명의수탁자 사이의 명의신탁약정은 무효이지만 그 명의수탁자는 당 해 부동산의 완전한 소유권을 취득하게 되고, 반면 명의신탁자는 그가 명의수탁자에게 제공한 부동산매 수자금상당의 부당이득반환청구권을 가질 수 있을 뿐이므로, 명의신탁자는 이러한 부당이득반환청구권 에 기하여 유치권을 행사하는 것이 가능하다. ○ | ✕

甲과 乙은 2013. 10. 17 甲의 자금으로 丙 소유의 토지를 매수하여 乙 명의로 등기하기로 하는 명의신탁 약정을 하고, 乙 이 丙과 매매계약을 체결한 후에 丙에게 매매대금을 지급하고 乙 명의로 소유권이전등기를 경료하였다. 丙이 甲과 乙 사이의 명의신탁약정이 있다는 사실을 알지 못한 경우, 甲이 위 토지를 점유하고 있다면 乙 에 대한 부당이득반환청구권에 근거하여 유치권을 행사할 수 있다. O | X

> **해설 75 76** 명의신탁자가 명의수탁자에 대한 부당이득반환채권에 기하여 유치권을 행사할 수 있는지 여부
> 계약명의신탁약정이 부동산실명법 시행 후인 경우에는 명의신탁자는 애초부터 당해 부동산의 소유권을 취득할 수 없었으므로 위 명의신탁약정의 무효로 인하여 명의신탁자가 입은 손해는 당해 부동산 자체가 아니라 명의수탁자에게 제공한 매수자금이라 할 것이고, 따라서 명의수탁자는 당해 부동산 자체가 아니라 명의신탁자로부터 제공받은 매수자금을 부당이득하였다고 할 것이다(대판 2005.1.28. 2002다66922).
> 그런데 명의신탁자의 이와 같은 부당이득반환청구권은 ⅰ) 부동산 자체로부터 발생한 채권이 아닐 뿐만 아니라 ⅱ) 소유권 등에 기한 부동산의 반환청구권과 동일한 법률관계나 사실관계로부터 발생한 채권이라고 보기도 어려우므로, 결국 민법 제320조 제1항에서 정한 유치권 성립요건으로서의 목적물과 채권 사이의 견련관계를 인정할 수 없다(대판 2009.3.26. 2008다34828).

부동산실명법 규정의 문언, 내용, 체계와 입법 목적 등을 종합하면, 부동산실명법을 위반하여 무효인 명의신탁약정에 따라 명의수탁자 명의로 등기를 하였다면 이는 불법원인급여에 해당한다. 이는 농지법에 따른 제한을 회피하고자 명의신탁을 한 경우에도 마찬가지이다. O | X

> **해설** 투기·탈세·탈법행위 등을 목적으로 명의신탁약정을 맺는 것이 반사회적 법률행위는 아닌지, 따라서 타인 명의로 등기를 한 경우에는 민법 제746조 소정의 불법원인급여에 해당하여 그 반환을 청구할 수 없는지에 관해 판례는, 명의신탁약정 자체가 사회질서에 반하는 것은 아니라고 하여 민법 제746조도 적용되지 않는 것으로 본다(대판 2003.11.27. 2003다41722).

이른바 계약명의신탁에서 매매계약을 체결한 악의의 매도인이 명의수탁자 앞으로 부동산 소유권이전등기를 마친 경우, 명의수탁자가 그 부동산을 제3자에게 처분하는 행위는 매도인의 소유권을 침해하는 불법행위가 된다. 하지만 그 경우에도 매도인이 위 매매계약에 따라 매수인으로부터 매매대금을 모두 수령하였다면 명의수탁자는 원칙적으로 매도인에 대하여 손해배상책임을 부담하지 않는다. O | X

명의신탁자와 명의수탁자가 이른바 계약명의신탁 약정을 맺고 매매계약을 체결한 소유자도 명의신탁자와 명의수탁자 사이의 명의신탁약정을 알면서 그 매매계약에 따라 명의수탁자 앞으로 당해 부동산의 소유권이전등기를 마친 경우 부동산실명법 제4조 제2항 본문에 의하여 명의수탁자 명의의 소유권이전등기는 무효이므로, 당해 부동산의 소유권은 매매계약을 체결한 소유자에게 그대로 남아 있게 된다.　　O | X

> **해설 78 79** 명의신탁자와 명의수탁자가 이른바 계약명의신탁 약정을 맺고 매매계약을 체결한 **소유자도 명의신탁자와 명의수탁자 사이의 명의신탁약정을 알면서** 그 매매계약에 따라 명의수탁자 앞으로 당해 부동산의 소유권이전등기를 마친 경우 부동산 실권리자명의 등기에 관한 법률 제4조 제2항 본문에 의하여 명의수탁자 명의의 소유권이전등기는 무효이므로, 당해 부동산의 소유권은 매매계약을 체결한 소유자에게 그대로 남아 있게 되고, **명의수탁자가 자신의 명의로 소유권이전등기를 마친 부동산을 제3자에게 처분하면 이는 매도인의 소유권 침해행위로서 불법행위가 된다.** 그러나 명의수탁자로부터 매매대금을 수령한 상태의 소유자로서는 그 부동산에 관한 소유명의를 회복하기 전까지는 신의칙 내지 민법 제536조 제1항 본문의 규정에 의하여 명의수탁자에 대하여 이와 동시이행의 관계에 있는 매매대금 반환채무의 이행을 거절할 수 있는데, 이른바 계약명의신탁에서 명의수탁자의 제3자에 대한 처분행위가 유효하게 확정되어 소유자에 대한 소유명의 회복이 불가능한 이상, 소유자로서는 그와 동시이행관계에 있는 매매대금 반환채무를 이행할 여지가 없다. 또한 명의신탁자는 소유자와 매매계약관계가 없어 소유자에 대한 소유권이전등기청구도 허용되지 아니하므로, **결국 소유자인 매도인으로서는 특별한 사정이 없는 한 명의수탁자의 처분행위로 인하여 어떠한 손해도 입은 바가 없다**(대판 2013.9.12. 2010다95185).

부동산 실권리자명의 등기에 관한 법률의 시행에 따라 그 권리를 상실하게 된 같은 법 시행 이전의 명의신탁자가 당해 부동산의 회복을 위해 명의수탁자에 대하여 가지는 소유권이전등기청구권은 법률의 규정에 의한 부당이득반환청구권으로서 소멸시효기간이 10년이다.　　O | X

> **해설** 부동산실명법 시행 전에 체결된 매도인이 선의인 계약명의신탁에서 유예기간 경과 후 신탁자가 수탁자에 대하여 갖는 소유권이전등기청구권
> **부동산실명법 시행일로부터 1년의 기간(유예기간)이 경과하기 전까지는 명의신탁자는 언제라도 명의신탁을 해지하여 해당 부동산의 소유권을 취득할 수 있었다는 점**에서, 그 유예기간이 경과한 후에는 동법 제12조 1항에 의해 제4조가 적용되어 계약명의신탁법리가 적용된다고 하더라도, 동법 제3조 및 제4조가 명의신탁자에게 소유권이 귀속되는 것을 막는 취지의 규정은 아니므로 이 경우에는 **명의수탁자는 명의신탁자에게 자신이 취득한 해당 '부동산 자체'를 부당이득으로 반환할 의무가 있다**(대판 2002.12.26. 2000다21123; 대판 2008.11.27. 2008다62687). 그리고 명의신탁자가 해당부동산의 회복을 위해 명의수탁자에 대해 가지는 이러한 소유권이전등기청구권은 그 성질상 법률의 규정에 의한 부당이득반환청구권으로서, 제162조 1항에 따라 10년의 기간이 경과함으로써 시효로 소멸한다. 유의할 점은 **위 등기청구권은 명의신탁자가 목적물을 점유하고 있더라도 소멸시효에 걸린다**는 것이다(대판 2009.7.9. 2009다23313).
>
> ➡ 만약 이 경우 소멸시효가 진행되지 않는다고 한다면 **실명전환을 하지 않아 위 법률을 위반한 경우임에도 그 권리를 보호하여 주는 결과**가 되므로 判例는 타당하다(위 2009다23313).

81

甲이 그 소유 부동산을 친구 乙에게 부동산 실권리자명의 등기에 관한 법률에 의해 무효인 명의신탁등기를 하여준 후, 丙이 관계서류를 위조하여 자신이 소유자라고 주장하면서 乙을 상대로 소유권이전등기청구의 소를 제기하여 乙의 인낙을 받아 자신 명의로 소유권이전등기를 한 뒤 이런 사정을 모르는 丁에게 증여하고 소유권이전등기를 한 경우에 있어서의 丁은 부동산 실권리자명의 등기에 관한 법률 제4조 제3항에서의 '제3자'에 해당한다. O | X

> **해설** 부동산실명법 제4조 제3항 제3자
> 부동산실명법 제4조 제3항에서 '제3자'라고 함은 명의신탁 약정의 당사자 및 포괄승계인 이외의 자로서 명의수탁자가 물권자임을 기초로 그와의 사이에 직접 새로운 이해관계를 맺은 사람을 말한다고 할 것이므로, 명의수탁자로부터 명의신탁된 부동산의 소유명의를 이어받은 사람이 위 규정에 정한 제3자에 해당하지 아니한다면 그러한 자로서는 부동산실명법 제4조 제3항의 규정을 들어 무효인 명의신탁등기에 터 잡아 마쳐진 자신의 등기의 유효를 주장할 수 없고, 따라서 그 명의의 등기는 실체관계에 부합하여 유효라고 하는 등의 특별한 사정이 없는 한 무효라고 할 것이다. 그리고 위와 같이 등기부상 명의수탁자로부터 소유권이전등기를 이어받은 자의 등기가 무효인 이상, 부동산등기에 관하여 공신력이 인정되지 아니하는 우리 법제 아래서는 그 무효인 등기에 기초하여 새로운 법률원인으로 이해관계를 맺은 자가 다시 등기를 이어받았다면 그 명의의 등기 역시 특별한 사정이 없는 한 무효임을 면할 수 없다고 할 것이고, 이렇게 명의수탁자와 직접 이해관계를 맺은 것이 아니라 부동산실명법 제4조 제3항에 정한 제3자가 아닌 자와 사이에서 무효인 등기를 기초로 다시 이해관계를 맺은 데 불과한 자는 위 조항이 규정하는 제3자에 해당하지 않는다고 보아야 할 것이다(대판 2005.11.10. 2005다 34667,34674).
>
> ➡ 명의수탁자인 乙 명의 소유권이전등기는 무효이고(부동산실명법 제4조 2항 본문), 위조서류를 통해 乙로부터 인낙을 받아 그 명의로 소유권이전등기를 마친 丙은 명의수탁자 乙이 부동산의 소유자임을 기초로 소유권을 이어받은 것도 아니고 乙과 사이에 새로운 법률원인으로 이해관계를 맺은 것도 아니므로 부동산실명법 제4조 3항에 정한 제3자에 해당한다고 할 수 없다. 따라서 丙 명의의 등기는 무효이고, 나아가 丙으로부터 부동산을 증여받은 丁도 무효인 丙 명의의 등기를 승계하였을 뿐 명의수탁자인 乙과 사이에 새로운 이해관계를 맺은 것이 아니어서 제3자에 해당하지 아니한다.

82

甲은 乙이 소유하는 X 토지에 대해서 2010. 7. 1. 매매계약을 체결하였다. 甲과 丙은 명의신탁약정을 맺어 甲을 대신하여 X 토지 소유권 등기를 丙 명의로 하기로 하였고, 이에 따라 甲이 乙에게 매매대금을 모두 지급한 후에 乙은 丙 명의로 소유권이전등기를 마쳐주었다. 丙이 丁에게 X 토지를 처분하였지만 丁이 甲과 丙의 명의신탁약정을 알면서 매매계약을 체결하였다면 丁은 X 토지의 소유권을 취득하지 못한다. O | X

> **해설** 명의신탁약정 내지 물권변동의 무효는 제3자에게 대항하지 못한다(부동산실명법 제4조 제3항). 여기서 '제3자'라고 함은 선·악을 불문하고 명의신탁 약정의 당사자 및 포괄승계인 이외의 자로서 '명의수탁자가 물권자임'을 기초로 그와의 사이에 '직접' 실질적으로 새로운 이해관계를 맺은 자를 말하므로(대판 2000.3.28. 99다56529), 丁은 선악을 불문하고 X토지의 소유권을 취득한다.

제4장 | 용익물권

제1절 지상권

01

관습법상의 법정지상권이 성립되기 위하여는 토지와 건물 중 어느 하나가 처분될 당시에 토지와 그 지상 건물이 동일인의 소유에 속하였으면 족하고 원시적으로 동일인의 소유였을 필요는 없다. 그리고 일단 관 습법상 법정지상권이 성립하는 경우에는 법정지상권자는 당사자 사이의 약정이 없으면 건물을 철거할 때 까지 건물의 유지 및 사용에 필요한 범위 내에서 그 토지를 자유로이 사용할 수 있다.　　　　O | X

> [해설] 관습법상의 법정지상권이 성립되기 위하여는 토지와 건물 중 어느 하나가 처분될 당시에 토지와 그 지상건물이 동 일인의 소유에 속하였으면 족하고 원시적으로 동일인의 소유였을 필요는 없다(대판 1995.07.28. 95다9075). 관습법상의 법정지상권이 성립된 토지에 대하여는 법정지상권자가 **건물의 유지 및 사용에 필요한 범위를 벗어나지 않은 한** 그 토지를 자유로이 사용할 수 있는 것이므로, 지상건물이 법정지상권이 성립한 이후에 증축되었다 하더라도 그 건물이 관습법상의 법정지상권이 성립하여 법정지상권자에게 점유·사용할 권한이 있는 토지 위에 있는 이상 이를 철거할 의무는 없다(대판 1995.7.28. 95다9075,9082).
>
> ➡ **'건물을 철거할 때까지'** 부분이 틀렸다.

02

토지의 소유자가 건물을 건축할 당시 이미 토지를 타인에게 매도하여 소유권을 이전하여 줄 의무를 부담 하고 잇었고, 건물이 장차 철거될 것임을 예상하면서도 건물을 건축하였다면 그 건물을 위한 관습상의 법정지상권은 생기지 않는다.　　　　O | X

> [해설] **건물이 장차 철거될 것임을 예상하면서 건축한 경우에도 관습상의 법정지상권이 생기는지 여부**
> 토지와 건물이 동일인의 소유이었다가 매매 기타의 원인으로 그 소유자가 달라지게 된 경우에는 특히 그 건물을 철거한다 는 특약이 없는 이상 건물소유자는 토지소유자에 대하여 관습상의 법정지상권을 취득하게 되는 것이나, 토지의 소유자가 건물을 건축할 당시 이미 토지를 타에 매도하여 소유권을 이전하여 줄 의무를 부담하고 있었다면 토지의 매수인이 그 건축 행위를 승낙하지 않는 이상 그 건물은 장차 철거되어야 하는 운명에 처하게 될 것이고 토지소유자가 이를 예상하면서도 건물을 건축하였다면 그 건물을 위한 관습상의 법정지상권은 생기지 않는다고 보아야 할 것이다(대판 1994.12.22. 94다 41072).

03

관습상 법정지상권이 성립하기 위해서는 소유권이 변동될 당시에 동일인이 토지와 그 지상건물을 소유하였던 것으로 족하다. ○ | X

04

관습법상의 법정지상권이 성립되기 위하여는 토지와 건물 중 어느 하나가 처분될 당시에 토지와 그 지상건물이 동일인의 소유에 속하였으면 족하고 원시적으로 동일인의 소유였을 필요는 없다. ○ | X

해설 03 04 관습상 법정지상권이 성립하기 위해서는, ⅰ) 처분 당시 토지와 건물의 동일인의 소유에 속하였을 것, ⅱ) 매매 기타의 적법한 원인으로 소유자가 달라질 것, ⅲ) 당사자 사이에 건물을 철거한다는 특약 또는 토지의 점유·사용에 관하여 다른 약정이 없을 것을 요한다.

쟁점정리 소유자 동일성의 판단기준 시점
① 원칙
   관습법상의 법정지상권이 성립되기 위하여는 토지와 건물 중 어느 하나가 '**처분될 당시**'(소유권이 유효하게 변동될 당시)에 토지와 그 지상건물이 동일인의 소유에 속하였으면 족하고 **원시적으로 동일인의 소유였을 필요는 없다**(대판 1995.7.28. 95다9075,9082).
② 예외
   ㉠ 대법원은 최근 전원합의체 판결을 통해 "**부동산강제경매절차에서 목적물을 매수한 사람의 법적 지위는 다른 특별한 사정이 없는 한 그 절차상 '압류의 효력이 발생하는 때'를 기준으로 하여 정하여지므로**, 강제경매의 목적이 된 토지 또는 그 지상 건물의 소유권이 강제경매로 인하여 그 절차상의 매수인에게 이전된 경우에 건물의 소유를 위한 관습상 법정지상권이 성립하는가 하는 문제에 있어서는 그 **매수인이 소유권을 취득하는 매각대금의 완납시**(과거 판례의 태도)**가 아니라 그 압류의 효력이 발생하는 때를 기준**으로 하여 토지와 그 지상 건물이 동일인에 속하였는지 여부가 판단되어야 한다. 한편 경매의 목적이 된 부동산에 대하여 가압류가 있고 그것이 본압류로 이행되어 경매절차가 진행된 경우에는 **애초 가압류가 효력을 발생하는 때를 기준**으로 토지와 그 지상 건물이 동일인에 속하였는지 여부를 판단할 것이다(대판 2012.10.18. 2010다52140 전합).
   ㉡ 判例는 토지 또는 그 지상 건물에 관하여 강제경매를 위한 (가)압류가 있기 이전에 저당권이 설정되어 있다가 그 후 '강제경매'로 인해 그 저당권이 소멸하는 경우(소멸주의)에는 제366조의 법정지상권이 아니라 관습상의 법정지상권이 문제되며, 이 때 토지와 그 지상 건물이 동일인 소유에 속하였는지는 그 '저당권 설정 당시'를 기준으로 판단한다고 한다(대판 2013.4.11. 2009다62059).

05

동일인 소유에 속하는 대지와 그 지상의 미등기건물 중 대지만을 양도하고 이전등기한 경우 특별한 사정이 없는 한 미등기건물의 소유자는 관습법상의 법정지상권을 취득한다. ○ | X

해설 동일인의 소유에 속하였던 토지와 건물이 매매, 증여, 강제경매, 국세징수법에 의한 공매 등으로 그 소유권자를 달리하게 된 경우에 그 건물을 철거한다는 특약이 없는 한 건물소유자는 그 건물의 소유를 위하여 그 부지에 관하여 관습상의 법정지상권을 취득하는 것이고 그 건물은 건물로서의 요건을 갖추고 있는 이상 무허가건물이거나 미등기건물이거나를 가리지 않는다(대판 1988.4.12. 87다카2404).

정답 | **01** X **02** ○ **03** ○ **04** ○ **05** ○

강제경매의 목적이 된 토지 또는 그 지상 건물의 소유권이 강제경매로 인하여 그 절차상 매수인에게 이전된 경우, 건물 소유를 위한 관습상 법정지상권의 성립 요건인 '토지와 그 지상 건물이 동일인 소유에 속하였는지'를 판단하는 기준 시기는 매각 당시를 기준으로 하여야 한다. ○ | X

> **해설** 소유자 동일성의 판단 기준시점
>
> ① 원칙
>
> 判例는 甲이 乙 소유의 토지 위에 乙의 승낙을 받고 건물을 신축한 뒤 乙로부터 토지의 소유권까지 취득하였으나 이후 토지의 소유권만 乙에게 다시 이전해 준 사안에서 관습법상 법정지상권을 인정한바, "관습법상의 법정지상권이 성립되기 위하여는 토지와 건물 중 어느 하나가 '처분될 당시'(소유권이 유효하게 변동될 당시)에 토지와 그 지상건물이 동일인의 소유에 속하였으면 족하고 원시적으로 동일인의 소유였을 필요는 없다."(대판 1995.7.28. 95다9075,9082)라고 한다.
>
> ② 예외 – 부동산 '강제경매'로 인해 토지와 건물의 소유자가 달라진 경우
>
> 대법원은 최근 전원합의체 판결을 통해 "**부동산강제경매절차에서 목적물을 매수한 사람의 법적 지위는 다른 특별한 사정이 없는 한 그 절차상 '압류의 효력이 발생하는 때'를 기준으로 하여 정하여지므로**, 강제경매의 목적이 된 토지 또는 그 지상 건물의 소유권이 강제경매로 인하여 그 절차상의 매수인에게 이전된 경우에 건물의 소유를 위한 관습상 법정지상권이 성립하는가 하는 문제에 있어서는 그 **매수인이 소유권을 취득하는 매각대금의 완납시**(과거 판례의 태도)**가 아니라 그 압류의 효력이 발생하는 때를 기준으로 하여** 토지와 그 지상 건물이 동일인에 속하였는지 여부가 판단되어야 한다. 한편 경매의 목적이 된 부동산에 대하여 가압류가 있고 그것이 본압류로 이행되어 경매절차가 진행된 경우에는 **애초 가압류가 효력을 발생하는 때를 기준으로** 토지와 그 지상 건물이 동일인에 속하였는지 여부를 판단할 것이다."(대판 2012.10.18. 2010다52140 전합)라고 판시하고 있다.

강제경매를 위한 압류나 그 압류에 선행한 가압류가 있기 이전에 저당권이 설정되어 있다가 강제경매로 저당권이 소멸한 경우, 토지와 그 지상 건물이 동일인의 소유에 속하였는지 여부는 그 저당권 설정 이후의 특정 시점을 기준으로 판단한다. ○ | X

> **해설** 강제경매의 목적이 된 토지 또는 그 지상 건물에 관하여 강제경매를 위한 압류나 그 압류에 선행한 가압류가 있기 이전에 저당권이 설정되어 있다가 그 후 강제경매로 인해 그 저당권이 소멸하는 경우에는, 그 저당권 설정 이후의 특정 시점을 기준으로 토지와 그 지상 건물이 동일인의 소유에 속하였는지에 따라 관습상 법정지상권의 성립 여부를 판단하게 되면, 저당권자로서는 저당권 설정 당시를 기준으로 그 토지나 지상 건물의 담보가치를 평가하였음에도 저당권 설정 이후에 토지나 그 지상 건물의 소유자가 변경되었다는 외부의 우연한 사정으로 인하여 자신이 당초에 파악하고 있던 것보다 부당하게 높아지거나 떨어진 가치를 가진 담보를 취득하게 되는 예상하지 못한 이익을 얻거나 손해를 입게 되므로, **그 저당권 설정 당시를 기준으로 토지와 그 지상 건물이 동일인에게 속하였는지에 따라 관습상 법정지상권의 성립 여부를 판단하여야** 한다(대판 2013.4.11. 2009다62059).
>
> ➡ 저당권 설정 당시를 기준으로 판단한다.

건물과 토지에 관하여 동일인에게 소유권이전등기가 경료되었으나, 토지에 관한 소유권이전등기가 원인 무효임이 밝혀져 말소됨으로써 건물과 토지의 소유자가 달라지게 된 경우 관습상의 법정지상권이 성립한다.   O | X

> 해설 관습상의 법정지상권의 성립 요건인 해당 토지와 건물의 소유권의 동일인에의 귀속과 그 후의 각기 다른 사람에의 귀속은 **법의 보호를 받을 수 있는 권리변동**으로 인한 것이어야 하므로, 동일인에게 원인무효로 소유권이 귀속되었다가 뒤에 그 원인무효임이 밝혀져 그 등기가 말소됨으로써 그 건물과 토지의 소유자가 달라진 경우 관습상의 법정지상권은 인정되지 않는다(대판 1999.3.26, 98다64189, 가령, 토지에 대한 이전등기가 위조서류에 의한 경우, 그 이전등기가 말소되어 건물과 토지의 소유자가 달라지는 경우).

B는 A로부터 X토지와 지상의 Y건물의 소유권을 이전받았다가, 이후 선행 처분금지가처분에 기한 본등기가 경료되어 'X토지'에 관한 B의 소유권이전등기가 말소되었다면 B는 Y건물에 관하여 관습상의 법정지상권을 취득하였다고 할 것이고, 그 후 Y건물의 공매절차에서 C가 Y건물에 관한 소유권을 취득하였다면 C는 Y건물의 소유권과 함께 위 지상권도 취득하였다고 할 것이다.   O | X

> 해설 동일한 소유자에 속하는 대지와 그 지상건물이 매매에 의하여 각기 그 소유자가 달라지게 된 경우에는 특히 그 건물을 철거한다는 조건이 없는 한 건물소유자는 그 대지 위에 그 건물을 위한 관습상의 법정지상권을 취득하는 것이고, 한편 건물 소유를 위하여 법정지상권을 취득한 자로부터 경매에 의하여 그 건물의 소유권을 이전받은 경락인은 경락 후 건물을 철거한다는 등의 매각조건하에서 경매되는 경우 등 특별한 사정이 없는 한 건물의 경락취득과 함께 위 지상권도 당연히 취득한다(대판 1985.2.26. 84다카1578,1579). 이러한 법리는 압류, 가압류나 체납처분압류 등 처분제한의 등기가 된 건물에 관하여 그에 저촉되는 소유권이전등기를 마친 사람이 건물의 소유자로서 관습상의 법정지상권을 취득한 후 경매 또는 공매절차에서 건물이 매각되는 경우에도 마찬가지로 적용된다(대판 2014.9.4. 2011다13463).
>
> 사실관계 위 判例에 따르면 "B는 A로부터 X토지의 소유권과 Y건물의 소유권을 차례로 이전받았다가, 이후 선행 처분금지가처분에 기한 본등기가 경료되어 X토지에 관한 B의 소유권이전등기가 말소됨으로써 B는 토지에 관한 소유권취득을 가처분권자에게 대항할 수 없게 되었고, 이와 같은 경우 적어도 관습상 법정지상권 성립 여부와 관련하여서는 X토지와 Y건물은 모두 A소유였다가 그 중 Y건물만 B에게 소유권이 이전된 것과 마찬가지로 봄이 상당하므로, 결국 B는 Y건물에 관하여 소유권을 취득함으로써 관습상의 법정지상권을 취득하였다고 할 것이고, 그 후 Y건물에 관하여 진행된 공매절차에서 C가 Y건물에 관한 소유권을 취득함으로써 C는 Y건물의 소유권과 함께 위 지상권도 취득하였다고 할 것이다."라고 판시하고 있다. 건물을 양수한 제3자는 민법 제366조 소정의 법정지상권을 취득한다(대판 1999.11.23. 99다52602)

10

동일한 소유자에 속하는 대지와 그 지상건물이 매매에 의하여 각기 소유자가 달라지게 된 경우에는 특히 건물을 철거한다는 조건이 없는 한 건물소유자는 대지 위에 건물을 위한 관습상의 법정지상권을 취득하는 것이고, 한편 건물 소유를 위하여 법정지상권을 취득한 자로부터 경매에 의하여 건물의 소유권을 이전받은 경락인은 경락 후 건물을 철거한다는 등의 매각조건하에서 경매되는 경우 등 특별한 사정이 없는 한 건물의 경락취득과 함께 위 지상권도 당연히 취득한다. 이러한 법리는 압류, 가압류나 체납처분압류 등 처분제한의 등기가 된 건물에 관하여 그에 저촉되는 소유권이전등기를 마친 사람이 건물의 소유자로서 관습상의 법정지상권을 취득한 후 경매 또는 공매절차에서 건물이 매각되는 경우에도 마찬가지로 적용된다. ○ | X

해설 관습상의 법정지상권의 성립 요건인 해당 토지와 건물의 소유권의 동일인에의 귀속과 그 후의 각기 다른 사람에의 귀속은 법의 보호를 받을 수 있는 권리변동으로 인한 것이어야 하므로, 동일인에게 원인무효로 소유권이 귀속되었다가 뒤에 그 원인무효임이 밝혀져 그 등기가 말소됨으로써 그 건물과 토지의 소유자가 달라진 경우 관습상의 법정지상권은 인정되지 않는다(대판 1999.3.26. 98다64189, 가령, 토지에 대한 이전등기가 위조서류에 의한 경우, 그 이전등기가 말소되어 건물과 토지의 소유자가 달라지는 경우).

11

토지공유자 중의 1인이 공유토지 위에 건물을 소유하고 있다가 토지지분만을 전매한 경우에, 건물소유자는 당해 토지에 건물의 소유를 위한 법정지상권을 취득한다. ○ | X

해설 **토지공유의 경우와 관습법상 법정지상권**
토지공유자 중의 1인이 공유토지 위에 건물을 소유하고 있다가 토지지분만을 전매한 경우에는, 법정지상권을 인정한다면 토지공유자 1인이 다른 공유자의 지분에까지 지상권을 설정하는 처분행위를 할 수 있음을 인정하는 셈이므로 법정지상권은 성립하지 않는다(대판 1988.9.27. 87다카140).

비교판례 토지공유자간에 그 중 1인 또는 수인 소유의 건물이 있는 공유 대지를 **협의분할**하여 각기 단독소유로 귀속케 한 결과 그 대지와 건물의 소유자가 다르게 된 경우에도 법정지상권을 취득한다(대판 1974.2.12. 73다353)

12

원래 채권을 담보하기 위하여 나대지상에 가등기가 경료되었고, 그 뒤 대지소유자가 그 지상에 건물을 신축하였다면, 그 후 그 가등기에 기한 본등기가 경료되어 대지와 건물의 소유자가 달라진 경우에도 특별한 사정이 없는 한 건물을 위한 관습상 법정지상권이 성립한다. ○ | X

해설 **나대지에 관하여 가압류, 압류가 되거나 담보가등기가 된 경우와 관습법상 법정지상권**
원래 채권을 담보하기 위하여 나대지상에 가등기가 경료되었고, 그 뒤 대지소유자가 그 지상에 건물을 신축하였는데, 그 후 그 가등기에 기한 본등기가 경료되어 대지와 건물의 소유자가 달라진 경우에 관습상 법정지상권을 인정하면 애초에 대지에 채권담보를 위하여 가등기를 경료한 사람의 이익을 크게 해하게 되기 때문에 특별한 사정이 없는 한 건물을 위한 **관습상 법정지상권이 성립한다고 할 수 없다**(대판 1994.11.22. 94다5458).

13

X토지와 그 지상 Y건물의 소유자인 甲이 X토지와 Y건물을 乙에게 매도하고 각 소유권이전등기를 마쳐 주었는데, 그 후 甲의 채권자 丙에 의하여 Y건물에 관한 매매계약만 사해행위취소소송을 통하여 취소되고 그에 따라 Y건물에 마쳐져 있던 乙 명의의 등기가 말소된 경우, 甲은 Y건물의 존립을 위한 관습법상 법정지상권을 취득한다. ○ | X

14

동일인의 소유에 속하고 있던 토지와 지상 건물이 매매 등으로 인하여 소유자가 다르게 된 경우에 건물을 철거한다는 특약이 없는 한 건물소유자는 건물의 소유를 위한 관습상 법정지상권을 취득한다. 나아가 토지와 지상 건물이 함께 양도되었다가 채권자취소권의 행사에 따라 그 중 건물에 관하여만 양도가 취소되고 수익자와 전득자 명의의 소유권이전등기가 말소되었다면, 이는 관습상 법정지상권의 성립요건인 '동일인의 소유에 속하고 있던 토지와 지상 건물이 매매 등으로 인하여 소유자가 다르게 된 경우'에 해당한다고 봄이 상당하다. ○ | X

해설 **13 14** 형식적으로만 소유명의자를 달리하게 된 경우(사해행위의 취소와 일탈재산의 원상회복)
제406조의 채권자취소권의 행사로 인한 사해행위의 취소와 일탈재산의 원상회복은 채권자와 수익자 또는 전득자에 대한 관계에 있어서만 효력이 발생할 뿐이고 채무자가 직접 권리를 취득하는 것이 아니므로, 토지와 지상 건물이 함께 양도되었다가 채권자취소권의 행사에 따라 그 중 건물에 관하여만 양도가 취소되고 수익자와 전득자 명의의 소유권이전등기가 말소되었다고 하더라도, 이는 **관습상 법정지상권의 성립요건인 '동일인의 소유에 속하고 있던 토지와 지상 건물이 매매 등으로 인하여 소유자가 다르게 된 경우'에 해당한다고 할 수 없다**(대판 2014.12.24. 2012다73158).

15

관습상의 법정지상권이 성립하였으나 건물의 소유자가 토지의 소유자와 건물의 소유를 목적으로 하는 토지임대차계약을 체결한 경우에는 관습상의 법정지상권을 포기한 것으로 본다. ○ | X

정답 | **10** ○ **11** × **12** × **13** × **14** × **15** ○

16

관습법상의 법정지상권은 당사자 사이에 건물을 철거하기로 하는 것과 같은 특별한 사정이 없는 것을 전제로 하는 것이어서, 법정지상권과는 달리 그 관습법상의 법정지상권을 포기하는 것이 가능하다. ○ | X

> **해설** **15 16** 관습상의 법정지상권이 성립하였으나 건물 소유자가 토지 소유자와 사이에 건물의 소유를 목적으로 하는 토지 임대차계약을 체결한 경우 관습상의 법정지상권을 포기하였다고 볼 것인지 여부(적극)
> 동일인 소유의 토지와 그 토지상에 건립되어 있는 건물 중 어느 하나만이 타에 처분되어 토지와 건물의 소유자를 각 달리하게 된 경우에는 관습상의 법정지상권이 성립한다고 할 것이나, 건물 소유자가 토지 소유자와 사이에 건물의 소유를 목적으로 하는 토지 임대차계약을 체결한 경우에는 관습상의 법정지상권을 포기한 것으로 봄이 상당하다(대판 1992.10.27. 92다3984).

17

토지와 건물의 소유자가 토지만을 타인에게 증여한 후 구 건물을 철거하되 그 지상에 자신의 이름으로 건물을 신축하기로 합의한 경우 건물철거합의가 있는 이상 관습법상의 법정지상권은 성립하지 않는다.
○ | X

> **해설** 토지와 건물이 동일한 소유자에게 속하였다가 건물 또는 토지가 매매 기타 원인으로 인하여 양자의 소유자가 다르게 되었더라도, 당사자 사이에 그 건물을 철거하기로 하는 합의가 있었던 경우에는 건물 소유자는 토지 소유자에 대하여 그 건물을 위한 관습상의 법정지상권을 취득할 수 없다(대판 1999.12.10. 98다58467).

18

토지와 건물이 동일한 소유자에게 속하였다가 건물 또는 토지가 매매 기타 원인으로 인하여 양자의 소유자가 다르게 되었더라도, 당사자 사이에 그 건물을 철거하기로 하는 합의가 있었던 경우에는 건물 소유자는 토지 소유자에 대하여 그 건물을 위한 관습상의 법정지상권을 취득할 수 없다. 다만, 이 경우 건물을 철거하기로 하는 합의에는 토지의 계속 사용을 그만두고자 하는 의사까지 포함될 것을 요한다. ○ | X

> **해설** '**건물 철거의 합의**'가 관습상의 법정지상권 발생의 소극적 요건이 되는 이유는 그러한 합의가 없을 때라야 토지와 건물의 소유자가 달라진 후에도 건물 소유자로 하여금 그 건물의 소유를 위하여 토지를 계속 사용케 하려는 '묵시적 합의'가 있는 것으로 볼 수 있다는 데 있고, 한편 건물 철거의 합의에 위와 같은 묵시적 합의를 깨뜨리는 효력, 즉 관습상의 법정지상권의 발생을 배제하는 효력을 인정할 수 있기 위하여서는 **단지 형식적으로 건물을 철거한다는 내용만이 아니라 건물을 철거함으로써 토지의 계속 사용을 그만두고자 하는 당사자의 의사가 그 합의에 의하여 인정될 수 있어야 한다**(대판 1999.12.10. 98다58467).

19

X토지와 그 지상 Y건물의 소유자인 甲이 X토지와 미등기된 Y건물을 乙에게 매도하였으나 X토지에 관하여서만 소유권이전등기를 넘겨주고 Y건물에 관하여는 등기를 이전해주지 못하고 있는 경우라면, 甲에게 Y건물을 위한 관습법상 법정지상권은 성립하지 않는다. ○ | X

> **해설** 형식적으로만 소유명의자를 달리하게 된 경우(대지와 미등기건물의 일괄 매매)
>
> 判例는 대지와 그 지상의 미등기건물을 일괄하여 매수하고 대지에 대하여만 소유권이전등기를 마친 경우, 형식상으로는 미등기건물의 소유자와 대지의 소유자가 다르지만, "토지의 점유·사용에 관하여 당사자 사이에 약정이 있는 것으로 볼 수 있거나 토지 소유자가 건물의 처분권까지 함께 취득한 경우에는 관습상의 법정지상권을 인정할 까닭이 없다."할 것이어서 미등기건물의 소유자(건물 신축자)에게 관습상의 법정지상권은 성립하지 않는다고 한다(대판 2002.6.20. 2002다9660 전합).
>
> **비교판례** 그러나 判例는 동일인 소유의 대지와 그 지상의 (대지소유자가 신축하였으나 그 보존등기를 마치지 않은) 미등기건물 중 대지만 다른 사람에게 이전된 경우, 미등기건물의 소유자는 관습상의 법정지상권을 취득한다고 한다.

20

甲이 건물을 제외한 채 그 대지와 부근의 토지들을 함께 乙에게 매도하여 건물과 대지가 소유자를 달리하게 되었더라도 甲이 위 대지 부분을 다시 매수하고 그 대신 乙에게 위 토지와 인접한 다른 토지를 넘겨주기로 하는 특약을 맺었으나, 위 특약이 甲측의 귀책사유로 이행불능된 경우, 甲은 위 건물을 위한 관습상의 법정지상권을 주장하지 못한다. ○ | X

> **해설** 甲이 건물을 제외한 채 그 대지와 부근의 토지들을 함께 乙에게 매도하여 건물과 대지가 소유자를 달리하게 되었더라도 甲이 위 대지 부분을 다시 매수하고 그 대신 乙에게 위 토지와 인접한 다른 토지를 넘겨주기로 하는 특약을 맺었다면, 당사자 사이에 매수인으로 하여금 아무런 제한 없는 토지를 사용하게 하려는 의사가 있었다고 보아야 하므로, **위 특약이 매도인측의 귀책사유로 이행불능된 이상 매도인은 위 건물을 위한 관습상의 법정지상권을 주장하지 못하고** 건물을 철거하여 매수인에게 아무런 제한 없는 토지를 인도할 의무가 있다(대판 2008.2.15. 2005다41771,41788).

법정지상권 또는 관습에 의한 지상권이 발생하였을 경우에 토지의 소유자가 지료를 청구함에 있어서 지료를 확정하는 재판이 있기 전에는 지료의 지급을 소구할 수 없는 것은 아니고, 법원에서 상당한 지료를 결정할 것을 전제로 하여 바로 그 급부를 구하는 청구를 할 수 있다. ○ | X

> **해설** 법정지상권 또는 관습에 의한 지상권이 발생하였을 경우에 토지의 소유자가 지료를 청구함에 있어서 지료를 확정하는 재판이 있기 전에는 지료의 지급을 소구할 수 없는 것은 아니고, 법원에서 상당한 지료를 결정할 것을 전제로 하여 바로 그 급부를 구하는 청구를 할 수 있다 할 것이며, 법원도 이 경우에 판결의 이유에서 지료를 얼마로 정한다는 판단을 하면 족하다(대판 2003.12.26. 2002다61934).

정답 | **16** ○ **17** ○ **18** ○ **19** ○ **20** ○ **21** ○

> **[사실관계]** 甲은 자신 소유 ×토지와 그 지상 Y건물 중에서 Y건물만을 乙에게 양도하고 건물소유권이전등기를
> 경료해 주었다. 그 후 乙은 다시 丙에게 Y건물을 양도하고 건물소유권이전등기를 경료해 주었다(현재는 丙이
> ×토지와 Y건물을 사용·수익하고 있다). 이 때 '甲과 乙이 ×토지에 대해 Y건물 소유를 위한 아무런 계약관계를
> 맺은바가 없는 경우' 甲이 丙을 상대로 건물을 철거하고 토지를 인도할 것을 요구한다.

22
출제예상

乙은 관습법상의 법정지상권을 취득한다.　　○│×

23
출제예상

丙은 주물·종물 법리의 유추적용에 의해 법정지상권을 취득하였으므로 甲은 건물철거청구를 할 수 없다.
○│×

24
출제예상

丙은 지상권을 취득하지 못하였으나 甲의 철거청구는 신의칙상 인정되지 않는다.　　○│×

25
출제예상

甲은 丙에게 ×토지의 사용에 대한 부당이득반환청구는 할 수 있으나, 불법행위로 인한 손해배상청구는
할 수 없다.　　○│×

해설 22 乙의 관습법상 법정지상권 취득 여부(적극)

관습법상 법정지상권이 성립하기 위해서는 ⅰ) 처분당시 토지와 건물이 동일인의 소유에 속하였을 것, ⅱ) 매매 기타의
적법한 원인으로 소유자가 달라질 것, ⅲ) 당사자 사이에 건물을 철거한다는 특약 또는 토지의 점유·사용에 관한 다른
약정이 없을 것이 필요하다.

➡ 사안의 경우 비록 甲과 乙 사이에는 Y건물에 대한 ×토지사용계약이 없었지만 乙은 관습법상 법정지상권의 취득을 통해
　×토지에 대한 사용권을 취득한 것이 된다. 이러한 지상권은 관습법에 의하여 당연히 성립하는 것이므로 제187조에 의하여
　등기를 요하지 않는다.

23 24 丙의 관습법상 법정지상권 취득 여부(소극) 및 甲의 丙에 대한 청구의 인용 여부(소극)

① **乙과 丙 사이 채권계약의 내용**

관습법상 법정지상권을 취득한 건물소유자 乙이 건물에 대한 소유권을 양도하는 경우에는 특별한 사정이 없는 한 제
100조 2항의 유추적용에 의해 건물의 소유권과 함께 법정지상권도 양도하기로 하는 채권적 계약이 있었다고 할 것이
다(대판 1988.9.27. 87다카279).

② **丙의 관습법상 법정지상권 승계취득 여부**

乙의 지상권은 관습법에 의하여 당연히 성립하는 것이므로 제187조에 의하여 등기를 요하지 않으나, 사안과 같이 제3
자 丙에게 법정지상권을 전득시키려면 제187조 단서에 의하여 등기를 하여야 한다.

③ **甲의 丙에 대한 청구 인용 여부**

乙은 법정지상권을 가지고 있으므로 甲은 그러한 지상권의 부담을 안고 있는 것이며, 한편 丙은 자신의 지상권이전청구권을 보전하기 위해 乙이 甲에 대하여 갖는 법정지상권에 기한 지상권설정등기청구권을 대위행사 할 수 있다(제404조). 따라서 그러한 의무있는 甲이 등기청구권자인 丙에게 건물철거를 청구하는 것은 '신의칙'상 허용될 수 없다는 것이 判例의 태도이다(대판 1988.9.27. 87다카279).

25 甲의 丙에 대한 부당이득반환청구(적극) 및 불법행위로 인한 손해배상청구(소극)

법정지상권자라고 할지라도 대지소유자에게 지료를 지급할 의무는 있는 것이고 법정지상권을 취득할 지위에 있는 자 역시 지료 또는 임료상당이득을 대지소유자에게 반환할 의무를 면할 수는 없는 것이므로 이러한 임료상당 부당이득의 반환청구까지도 신의성실의 원칙에 반한다고 볼 수 없다(대판 1988.10.24. 87다카1604).

대지점거사용으로 인한 부당이득의 반환을 구함은 별론으로 하고 **피고의 점유가 불법점유임을 전제로 한 손해배상의 지급을 청구할 수는 없다**(대판 1988.9.27. 87다카279).

26

14/19서기보

법정지상권은 저당권설정 당시 동일인의 소유에 속하던 토지와 건물이 경매로 인하여 양자의 소유자가 다르게 된 때에 건물의 소유자를 위하여 발생하는 것으로서, 토지에 관하여 저당권이 설정될 당시 토지소유자가 그 지상에 건물을 건축 중인 경우에도 법정지상권이 성립할 수 있으나 저당권자가 불측의 손해를 입지 않도록 건물이 사회관념상 독립된 건물로 볼 수 있는 정도까지는 이르러야 한다. ○ | X

> **해설** 민법 제366조 소정의 법정지상권은 저당권 설정 당시 동일인의 소유에 속하던 토지와 건물이 경매로 인하여 양자의 소유자가 다르게 된 때에 건물의 소유자를 위하여 발생하는 것으로서, 토지에 관하여 저당권이 설정될 당시 그 지상에 건물이 위 토지 소유자에 의하여 건축 중이었고, **그것이 사회관념상 독립된 건물로 볼 수 있는 정도에 이르지 않았다 하더라도 건물의 규모, 종류가 외형상 예상할 수 있는 정도까지 건축이 진전되어 있는 경우에는,** 저당권자는 완성될 건물을 예상할 수 있으므로 법정지상권을 인정하여도 불측의 손해를 입는 것이 아니며 사회경제적으로도 건물을 유지할 필요가 인정되기 때문에 법정지상권의 성립을 인정함이 상당하다고 해석된다(대판 1992.6.12. 92다7221).
> 또한 이 경우 그 후 경매절차에서 매수인이 매각대금을 다 낸 때까지 **최소한의 기둥과 지붕 그리고 주벽이 이루어지는 등 독립된 부동산으로서 건물의 요건을 갖추면** 법정지상권이 성립한다(대판 2004.6.11. 2004다13533).

27

15서기보

건물공유자의 1인이 그 건물의 부지인 토지를 단독으로 소유하면서 그 토지에 관하여만 저당권을 설정하였다가 그 저당권에 의한 경매로 인하여 토지의 소유자가 달라진 경우에는, 그 1인을 제외한 나머지 건물공유자들은 토지전부에 관하여 건물의 존속을 위한 법정지상권을 취득할 수 없다. ○ | X

> **해설** 대지소유자가 그 지상건물을 타인과 함께 공유하면서 그 단독소유의 대지만을 건물철거의 조건 없이 타에 매도한 경우 **'건물공유자들 전부'**는 각기 건물을 위하여 대지 전부에 대하여 관습에 의한 법정지상권을 취득한다(대판 1977.7.26. 76다388). 이는 제366조의 법정지상권의 경우에도 동일하다(대판 2011.1.13. 2010다67159).

28

공유토지의 공유자 1인이 그 지상에 건물을 소유하면서 그의 토지공유지분에 대하여 저당권을 설정한 후 그 저당권의 실행으로 그 토지공유지분의 소유권이 제3자에게 넘어간 경우에 그 건물의 소유를 위한 법정지상권의 성립을 인정하면, 마치 토지공유자의 1인으로 하여금 다른 공유자의 지분에 대하여서까지 지상권설정의 처분행위를 허용하는 셈이 된다. 따라서 이러한 경우에는 당해 토지에 관하여 건물의 소유를 위한 법정지상권이 성립될 수 없다. ○ | X

> 해설 토지공유자의 한 사람이 다른 공유자의 지분 과반수의 동의를 얻어 건물을 건축한 후 토지와 건물의 소유자가 달라진 경우 토지에 관하여 관습법상의 법정지상권이 성립되는 것으로 보게 되면 이는 토지공유자의 1인으로 하여금 자신의 지분을 제외한 다른 공유자의 지분에 대하여서까지 지상권설정의 처분행위를 허용하는 셈이 되어 부당하다. 그리고 이러한 법리는 민법 제366조의 법정지상권의 경우에도 마찬가지로 적용되고, 나아가 토지와 건물 모두가 각각 공유에 속한 경우에 토지에 관한 공유자 일부의 지분만을 목적으로 하는 근저당권이 설정되었다가 경매로 인하여 그 지분을 제3자가 취득하게 된 경우에도 마찬가지로 적용된다(대판 2014.9.4. 2011다73038,73045).

29

토지공유자의 한 사람이 다른 공유자의 지분 과반수의 동의를 얻어 건물을 건축한 후 토지와 건물의 소유자가 달라진 경우에도 토지에 관하여 관습법상의 법정지상권이 성립한다. 다만 동일인 소유에 속하는 토지 및 그 지상건물에 관하여 공동저당권이 설정된 후 지상 건물이 철거되고 새로 건물이 신축된 경우에, 신축건물의 소유자가 토지의 소유자와 동일하고 토지의 저당권자에게 신축건물에 관하여 토지의 저당권과 동일한 순위의 공동저당권을 설정해 주는 등 특별한 사정이 없는 한, 저당물의 경매로 인하여 토지와 신축건물이 다른 소유자에 속하게 되더라도 신축건물을 위한 법정지상권은 성립하지 않는다. ○ | X

30

동일인의 소유에 속하는 토지 및 그 지상건물에 관하여 공동저당권이 설정된 후 그 지상건물이 철거되고 새로 건물이 신축된 경우에는, 그 신축건물의 소유자가 토지의 소유자와 동일하고 토지의 저당권자에게 신축건물에 관하여 토지의 저당권과 동일한 순위의 공동저당권을 설정해 주는 등의 특별한 사정이 없는 한, 저당물의 경매로 인하여 토지와 그 신축건물이 다른 소유자에 속하게 되더라도 그 신축건물을 위한 법정지상권은 성립하지 않는다. ○ | X

해설 29 토지공유자의 한 사람이 다른 공유자의 지분 과반수의 동의를 얻어 건물을 건축한 후 토지와 건물의 소유자가 달라진 경우 토지에 관하여 관습법상의 법정지상권이 성립되는 것으로 보게 되면 이는 토지공유자의 1인으로 하여금 자신의 지분을 제외한 다른 공유자의 지분에 대하여서까지 지상권설정의 처분행위를 허용하는 셈이 되어 부당하다(대판 1993.4.13. 92다55756).

30 또한 判例는 동일인의 소유에 속하는 토지 및 그 지상 건물에 관하여 공동저당권이 설정된 후 그 지상 건물이 철거되고 새로 건물이 **'신축된 경우'**에는 **'그 신축건물에 토지와 동순위의 공동저당권이 설정되지 아니한 경우'**에는 저당물의 경매로 인하여 토지와 신축건물이 서로 다른 소유자에게 속하게 되더라도 **제366조의 법정지상권은 성립하지 않는다**고 한다(대판 2003.12.18. 98다43601 전합).

참고 왜냐하면 공동저당권자는 **'토지 및 건물 각각의 교환가치 전부'**를 담보로 취득한 것으로서, 건물이 철거된 후 신축된 건물에 토지와 동순위의 공동저당권이 설정되지 아니하였는데도 그 신축건물을 위한 법정지상권이 성립한다면, 공동저당권자가 법정지상권이 성립하는 신축건물의 교환가치를 취득할 수 없게 되는 결과 법정지상권의 가액 상당 가치를 되찾을 길이 막혀 **'당초 토지에 관하여 아무런 제한이 없는 나대지로서의 교환가치 전체를 실현시킬 수 있다고 기대'**하고 담보를 취득한 공동저당권자에게 불측의 손해를 입게 하기 때문이다(98다43601 전합).

31

토지와 함께 공동근저당권이 설정된 건물이 그대로 존속함에도 등기부에 멸실의 기재가 이루어지고 등기부가 폐쇄된 경우, 토지에 대하여만 경매절차가 진행되어 토지와 건물의 소유자가 다르게 되었더라도 건물을 위한 법정지상권이 성립한다.　　　　　　　　　　　　　　　　　　　　　　　　　　　　O | X

해설 토지와 함께 공동근저당권이 설정된 건물이 그대로 존속함에도 등기부에 멸실의 기재가 이루어지고 이를 이유로 등기부가 폐쇄된 후 토지에 대하여만 경매절차가 진행되어 토지와 건물의 소유자가 달라진 경우, 건물을 위한 법정지상권이 성립하는지 여부(적극)

토지와 함께 공동근저당권이 설정된 건물이 그대로 존속함에도 불구하고 사실과 달리 등기부에 멸실의 기재가 이루어지고 이를 이유로 등기부가 폐쇄된 경우, 저당권자로서는 멸실 등으로 인하여 폐쇄된 등기기록을 부활하는 절차 등을 거쳐 건물에 대한 저당권을 행사하는 것이 불가능한 것이 아닌 이상 저당권자가 건물의 교환가치에 대하여 이를 담보로 취득할 수 없게 되는 불측의 손해가 발생한 것은 아니라고 보아야 하므로, 그 후 토지에 대하여만 경매절차가 진행된 결과 토지와 건물의 소유자가 달라지게 되었다면 그 건물을 위한 법정지상권은 성립한다 할 것이고, 단지 건물에 대한 등기부가 폐쇄되었다는 사정만으로 건물이 멸실된 경우와 동일하게 취급하여 법정지상권이 성립하지 아니한다고 할 수는 없다(대판 2013.3.14. 2012다108634).

정답 | **28** ○　**29** ×　**30** ×　**31** ○

아래의 사실관계에서 丁은 Y건물을 철거하고자 한다. 다음 설명 중 옳은 것을 모두 고른 것은? O | X

> **[사실관계]** 甲은 자신의 소유인 X토지 위에 Y건물을 신축하였으나 건물에 관하여 보존등기를 하지 않은 상태에서 토지와 건물을 乙에게 매도하고 인도하여 준 후, X토지에 관해서만 소유권이전등기절차를 마쳐 주었다.
> O 그 후 乙은 丙으로부터 금전을 차용하면서 X토지에 관해 저당권을 설정해 주었는데, 乙이 차용금을 변제하지 못하자 丙은 저당권을 실행하였고, 그 경매절차에서 X토지는 丁에게 매각되었다.

> ㄱ. X토지에 대한 경매절차에서 Y건물을 X토지의 부합물 내지 종물로 보아 경매법원에서 토지와 함께 경매를 진행하고 매각결정을 하였다면 丁은 Y건물의 소유권을 취득한다.
> ㄴ. 건물의 철거는 소유권의 종국적 처분에 해당하는 사실행위로서 법률상 소유자인 등기명의자에게만 철거처분권이 있으므로 丁은 Y건물을 매수하여 등기를 마치지 못한 채 점유만을 하고 있는 乙을 상대로 건물의 철거를 구할 수는 없다.
> ㄷ. 토지와 건물은 모두 甲 소유였다가 매매로 인하여 소유자가 달라진 것이므로 甲은 Y건물을 위한 관습법상의 법정지상권을 취득하였고, 乙은 甲을 대위하여 관습법상의 법정지상권을 행사할 수 있다.
> ㄹ. 저당권의 실행을 위한 경매로 토지와 건물이 다른 사람의 소유에 속하게 되었으므로 乙은 민법 제366조 소정의 법정지상권을 취득하였다.
> ㅁ. 丁이 경매절차에서 X토지를 매수할 때 그 지상에 Y건물이 존재한다는 사실을 알고 있었다면 Y건물을 위한 지상권을 묵시적으로 승인한 것으로 볼 수 있다.

해설 ㄱ. [×] 토지에 대한 경매절차에서 그 지상 건물을 토지의 부합물 내지 종물로 보아 경매법원에서 저당 토지와 함께 경매를 진행하고 경락허가를 하였다고 하여 그 건물의 소유권에 변동이 초래될 수 없다(대판 1997.9.26. 97다10134).

ㄴ. [×] 건물철거는 그 소유권의 종국적 처분에 해당되는 사실행위이므로 원칙으로는 그 소유자(민법상 원칙적으로는 등기명의자)에게만 그 철거처분권이 있다 할 것이고, 예외적으로 건물을 전소유자로부터 매수하여 점유하고 있는 등 그 권리의 범위 내에서 그 점유 중인 건물에 대하여 법률상 또는 사실상 처분을 할 수 있는 지위에 있는 자에게도 그 철거처분권이 있다(대판 1989.2.14. 87다카3073).

ㄷ. [×] 관습상의 법정지상권은 동일인의 소유이던 토지와 그 지상건물이 매매 기타 원인으로 인하여 각각 소유자를 달리하게 되었으나 그 건물을 철거한다는 등의 특약이 없으면 건물 소유자로 하여금 토지를 계속 사용하게 하려는 것이 당사자의 의사라고 보아 인정되는 것이므로 토지의 점유·사용에 관하여 당사자 사이에 약정이 있는 것으로 볼 수 있거나 토지 소유자가 건물의 처분권까지 함께 취득한 경우에는 관습상의 법정지상권을 인정할 까닭이 없다 할 것이어서, 미등기건물을 그 대지와 함께 매도하였다면 비록 매수인에게 그 대지에 관하여만 소유권이전등기가 경료되고 건물에 관하여는 등기가 경료되지 아니하여 형식적으로 대지와 건물이 그 소유 명의자를 달리하게 되었다 하더라도 매도인에게 관습상의 법정지상권을 인정할 이유가 없다(대판 2002.6.20. 2002다9660 전합).

ㄹ. [×] ㅁ. [×] 민법 제366조의 법정지상권은 저당권 설정 당시에 동일인의 소유에 속하는 토지와 건물이 저당권의 실행에 의한 경매로 인하여 각기 다른 사람의 소유에 속하게 된 경우에 건물의 소유를 위하여 인정되는 것이므로, 미등기건물을 그 대지와 함께 매수한 사람이 그 대지에 관하여만 소유권이전등기를 넘겨받고 건물에 대하여는 그 등기를 이전 받지 못하고 있다가, 대지에 대하여 저당권을 설정하고 그 저당권의 실행으로 대지가 경매되어 다른 사람의 소유로 된 경우에는, 그 저당권의 설정 당시에 이미 대지와 건물이 각각 다른 사람의 소유에 속하고 있었으므로 법정지상권이 성립될 여지가 없다(대판 2002.6.20. 2002다9660 전합).

33

당사자가 계약을 갱신하는 경우 당사자는 합의로 지상권의 존속기간을 민법 제280조의 기간보다 장기의 기간으로 정할 수 있다. ○ | ×

34

지상권설정계약을 갱신하는 경우에는 민법 제280조의 최단존속기간보다 단기의 기간으로 정할 수 있다. ○ | ×

35

최단존속기간은 건물의 경우 견고한지 여부에 따라 30년 또는 15년, 공작물이나 수목의 경우 5년이다. ○ | ×

> **해설** **33 34** **제284조(갱신과 존속기간)** 당사자가 계약을 갱신하는 경우에는 지상권의 존속기간은 갱신한 날로부터 제280조의 최단존속기간보다 단축하지 못한다. 그러나 당사자는 이보다 장기의 기간을 정할 수 있다.
>
> **제280조(존속기간을 약정한 지상권)** ① 계약으로 지상권의 존속기간을 정하는 경우에는 그 기간은 다음 연한보다 단축하지 못한다.
>   1. 석조, 석회조, 연와조 또는 이와 유사한 견고한 건물이나 수목의 소유를 목적으로 하는 때에는 30년
>   2. 전호 이외의 건물의 소유를 목적으로 하는 때에는 15년
>   3. 건물 이외의 공작물의 소유를 목적으로 하는 때에는 5년
> ② 전항의 기간보다 단축한 기간을 정한 때에는 전항의 기간까지 연장한다.
>
> ➡ **35** 견고한지 여부에 따라서가 아니라 '무엇의 소유를 목적으로 하는지에 따라'서이다.

36

민법상 지상권의 존속기간은 최단기간만이 규정되어 있을 뿐 최장기에 관하여는 아무런 제한이 없으므로 지상권의 존속기간을 영구로 약정하는 것도 가능하다. ○ | ×

> **해설** 민법상 지상권의 존속기간은 최단기만이 규정되어 있을 뿐 최장기에 관하여는 아무런 제한이 없으며, 존속기간이 영구(永久)인 지상권을 인정할 실제의 필요성도 있고, 이러한 지상권을 인정한다고 하더라도 지상권의 제한이 없는 토지의 소유권을 회복할 방법이 있을 뿐만 아니라, 특히 구분지상권의 경우에는 존속기간이 영구라고 할지라도 대지의 소유권을 전면적으로 제한하지 아니한다는 점 등에 비추어 보면, **지상권의 존속기간을 영구로 약정하는 것도 허용된다**(대판 2001. 5.29. 99다66410).

정답 | **32** 모두 틀림 **33** ○ **34** × **35** × **36** ○

37

계약으로 지상권의 존속기간을 정하지 아니하였다면, 그 존속기간에 관하여는 민법에서 정한 바에 의하게 된다.　　　　　　　　　　　　　　　　　　　　　　　　　　　　　　　　　　　 O | X

> 해설　**제281조(존속기간을 약정하지 아니한 지상권)** ① 계약으로 지상권의 존속기간을 정하지 아니한 때에는 그 기간은 전조의 최단존속기간으로 한다.
> ② 지상권설정 당시에 공작물의 종류와 구조를 정하지 아니한 때에는 지상권은 전조 제2호의 건물의 소유를 목적으로 한 것으로 본다.
> ➡ 15년의 최단기간의 존속기간이 보장된다.

38

지상권을 설정한 토지소유권자는 그 지상권이 존속하는 동안에는 그 토지를 사용·수익 할 수 없으므로, 특별한 사정이 없는 한 자신의 토지를 불법하게 점유하고 있는 자에게 임료상당의 손해배상을 청구할 수 없다.　　　　　　　　　　　　　　　　　　　　　　　　　　　　　　　　　 O | X

39

甲이 자기 소유 토지에 대하여 乙에게 지상권을 설정해준 후 그 토지를 丙이 불법으로 점유하고 있다면 乙뿐만 아니라 甲도 丙에 대하여 방해배제를 청구할 수 있다.　　　　　　　　　　　　 O | X

> 해설　**38 39** 토지소유권은 그 토지에 대한 지상권설정이 있어도 이로 인하여 그 권리의 전부 또는 일부가 소멸하는 것도 아니고 단지 지상권의 범위에서 그 권리행사가 제한되는 것에 불과하며, 일단 지상권이 소멸되면 토지소유권은 다시 자동적으로 완전한 제한없는 권리로 회복되는 법리라 할 것이므로 소유자가 그 소유토지에 대하여 지상권을 설정하여도 그 소유자는 그 토지를 불법으로 점유하는 자에 대하여 방해배제를 구할 수 있는 물권적 청구권이 있다. 그러나 지상권이 존속하는 한 토지를 사용 수익할 수 없으므로 특별한 사정이 없는 한 불법점유자에게 손해배상을 청구할 수는 없다(대판 1974.11.12. 74다1150).
> 비교판례　금융기관이 대출금 채권의 담보를 위하여 토지에 저당권과 함께 지료 없는 지상권을 설정하면서 채무자 등의 사용·수익권을 배제하지 않은 경우, 위 지상권은 근저당목적물의 담보가치를 확보하는 데 목적이 있으므로, 그 위에 도로개설·옹벽축조 등의 행위를 한 무단점유자에 대하여 지상권 자체의 침해를 이유로 한 임료 상당 손해배상을 구할 수 없다(대판 2008.1.17. 2006다586).

40

지상권자는 토지소유자의 동의 없이 그 권리를 양도하거나 임대할 수 없다.　　　　　　 O | X

41

지상권자는 설정자의 동의 없이 그 권리의 존속기간 내에서 그 토지를 타인에게 임대할 수 있다.

O | X

> **해설** **40 41** **제282조(지상권의 양도, 임대)** 지상권자는 타인에게 그 권리를 양도하거나 그 권리의 존속기간 내에서 그 토지를 임대할 수 있다.
>
> ➡ 이 경우 지상권설정자의 동의는 필요없다.

42

지상권자가 1년 이상의 지료를 지급하지 아니한 때에는 지상권설정자는 지상권의 소멸을 청구할 수 있다.

O | X

> **해설** **제287조(지상권소멸청구권)** 지상권자가 **2년 이상의** 지료를 지급하지 아니한 때에는 지상권설정자는 지상권의 소멸을 청구할 수 있다.
>
> **비교조문** **제640조(차임연체와 해지)** 건물 기타 공작물의 임대차에는 임차인의 차임연체액이 2기의 차임액에 달하는 때에는 임대인은 계약을 해지할 수 있다.

43

법정지상권이 성립된 건물의 소유자가 그 건물과 법정지상권 중 어느 하나만을 처분하는 것은 불가능하다.

O | X

44

민법 제366조 소정의 법정지상권은 토지와 그 토지상의 건물이 같은 사람의 소유에 속하였다가 그 중의 하나가 경매 등으로 인하여 다른 사람의 소유에 속하게 된 경우에 그 건물의 유지, 존립을 위하여 특별히 인정된 권리이기는 하지만 그렇다고 하여 위 법정지상권이 건물의 소유에 부속되는 종속적인 권리가 되는 것이 아니며 하나의 독립된 법률상의 물권으로서의 성격을 지니고 있는 것이기 때문에 건물의 소유자가 건물과 법정지상권 중 어느 하나만을 처분하는 것도 가능하다.

O | X

> **해설** **43 44** 대판 2001.12.27. 2000다1976

45

지상권자는 지상권을 유보한 채 지상물 소유권만을 양도할 수도 있고 지상물 소유권을 유보한 채 지상권만을 양도할 수도 있는 것이어서 지상권자와 그 지상물의 소유권자가 반드시 일치하여야 하는 것은 아니며, 또한 지상권설정시에 그 지상권이 미치는 토지의 범위와 그 설정 당시 매매되는 지상물의 범위를 다르게 하는 것도 가능하다.　　　　　　　　　　　　　　　　　　　　　　○|X

> 해설　대판 2006.6.15. 2006다6126,6133

46

지상권에 있어서 지료에 관한 유상 약정이 없다고 하더라도 지료의 지급을 구할 수 있다.　　○|X

> 해설　지상권 설정시 지료에 관한 약정이 없는 경우, 지료의 지급을 청구할 수 있는지 여부(소극)
> 지상권에 있어서 지료의 지급은 그의 요소가 아니어서 지료에 관한 유상 약정이 없는 이상 지료의 지급을 구할 수 없다(대판 1999.9.3. 99다24874).

47

지료가 정해진 후에도 경우에 따라서는 지료의 증감을 청구할 수 있다.　　　　　　　　○|X

> 해설　제286조(지료증감청구권) 지료가 토지에 관한 조세 기타 부담의 증감이나 지가의 변동으로 인하여 상당하지 아니하게 된 때에는 당사자는 그 증감을 청구할 수 있다.

48

법정지상권의 경우 당사자 사이에 지료에 관한 협의가 있었다거나 법원에 의하여 지료가 결정되었다는 아무런 입증이 없다면, 법정지상권자가 지료를 지급하지 않았다고 하더라도 지료 지급을 지체한 것으로는 볼 수 없으므로 법정지상권자가 2년 이상의 지료를 지급하지 아니하였음을 이유로 하는 토지소유자의 지상권소멸청구는 이유가 없다.　　　　　　　　　　　　　　　　　　　　　　　　○|X

49

법원에 의한 지료의 결정은 당사자의 지료결정청구에 의하여 형식적 형성소송인 지료결정판결로 이루어져야 제3자에게도 그 효력이 미친다.　　　　　　　　　　　　　　　　　　　　○|X

해설 **48 49** 법정지상권의 경우 당사자 사이에 지료에 관한 협의가 있었다거나 법원에 의하여 지료가 결정되었다는 아무런 입증이 없다면, 법정지상권자가 지료를 지급하지 않았다고 하더라도 지료 지급을 지체한 것으로는 볼 수 없으므로 법정지상권자가 2년 이상의 지료를 지급하지 아니하였음을 이유로 하는 토지소유자의 지상권소멸청구는 이유가 없고, **지료액 또는 그 지급시기 등 지료에 관한 약정은 이를 등기하여야만 제3자에게 대항할 수 있는 것이고, 법원에 의한 지료의 결정은 당사자의 지료결정청구에 의하여 형식적 형성소송인 지료결정판결로 이루어져야 제3자에게도 그 효력이 미친다**(대판 2001.3.13. 99다17142).

50

지상권에 있어 지료의 등기를 하지 않더라도 토지소유자는 구 지상권자의 지료연체 사실을 들어 지상권을 이어받은 자에게 대항할 수 있다. ○ | ×

해설 지료에 관한 약정을 등기하지 않은 경우, 토지소유자가 구 지상권자의 지료연체 사실을 지상권 양수인에게 대항할 수 있는지 여부(소극)

지료액 또는 그 지급시기 등 지료에 관한 약정은 이를 등기하여야만 제3자에게 대항할 수 있으므로, 지료의 등기를 하지 않은 이상 토지소유자는 구 지상권자의 지료연체 사실을 들어 지상권을 이전받은 자에게 대항하지 못한다(대판 1996.4.26. 95다52864).

51

지상권자가 토지소유권의 양도 전후에 걸쳐서 지료지급을 지체한 경우, 양도인과 양수인에 대하여 연체된 지료의 합이 2년분에 이르면 양수인은 지상권의 소멸을 청구할 수 있다. ○ | ×

해설 **제287조(지상권소멸청구권)** 지상권자가 2년 이상의 지료를 지급하지 아니한 때에는 지상권설정자는 지상권의 소멸을 청구할 수 있다.

민법 제366조 단서의 규정에 의하여 법정지상권의 경우 그 지료는 당사자의 협의나 법원에 의하여 결정하도록 되어 있는데, 당사자 사이에 지료에 관한 협의가 있었다거나 법원에 의하여 지료가 결정되었다는 아무런 입증이 없고 법정지상권에 관한 지료가 결정된 바 없다면, 법정지상권자가 지료를 지급하지 않았다고 하더라도 지료 지급을 지체한 것으로는 볼 수 없으므로 법정지상권자가 2년 이상의 지료를 지급하지 아니하였음을 이유로 하는 토지소유자의 지상권 소멸청구는 이유가 없다(대판 2001.3.13. 99다17142).

52

법정지상권자가 2년 이상의 지료를 지급하지 아니한 때에는 지상권설정자의 지위에 있는 토지소유자가 법정지상권의 소멸을 청구할 수 있고, 토지소유자 甲이 지상권의 소멸을 청구하지 않고 있는 동안 법정지상권자 乙로부터 연체된 지료의 일부를 지급받고 이를 이의 없이 수령하여 연체된 지료가 2년 미만으로 된 경우에도 甲은 종전에 乙이 2년분의 지료를 연체하였다는 사유를 들어 乙에게 법정지상권의 소멸을 청구할 수 있다. ○ | ×

정답 | 45 ○ 46 × 47 ○ 48 ○ 49 ○ 50 × 51 × 52 ×

53

지상권자가 2년 이상의 지료를 지급하지 아니한 때에는 지상권설정자는 지상권의 소멸을 청구할 수 있으나(민법 제287조), 지상권설정자가 지상권의 소멸을 청구하지 않고 있는 동안 지상권자로부터 연체된 지료의 일부를 지급받고 이를 이의 없이 수령하여 연체된 지료가 2년 미만으로 된 경우에는 지상권설정자는 종전에 지상권자가 2년분의 지료를 연체하였다는 사유를 들어 지상권자에게 지상권의 소멸을 청구할 수 없다. ○ | X

> **해설 52 53** 대판 2014.8.28. 2012다102384

54

법정지상권이 성립되고 지료액수가 판결에 의하여 정해진 경우 지상권자가 판결확정 후 지료의 청구를 받고도 책임 있는 사유로 상당한 기간 동안 지료의 지급을 지체한 때에는 지체된 지료가 판결확정일로부터 2년 이상 지료의 지급을 지체하여야만 토지소유자는 민법 제287조에 의하여 지상권의 소멸을 청구할 수 있다. ○ | X

55

판결에 따라 분묘기지권에 관한 지료의 액수가 정해졌음에도 판결확정 후 책임 있는 사유로 상당한 기간 동안 지료의 지급을 지체하여 지체된 지료가 판결확정 전후에 걸쳐 2년분 이상이 되는 경우에는 민법 제287조를 유추적용하여 새로운 토지소유자는 분묘기지권자에 대하여 분묘기지권의 소멸을 청구할 수 있다. ○ | X

> **해설 55** 자기 소유의 토지 위에 분묘를 설치한 후 토지의 소유권이 경매 등으로 타인에게 이전되면서 분묘기지권을 취득한 자가, 판결에 따라 분묘기지권에 관한 지료의 액수가 정해졌음에도 판결확정 후 책임 있는 사유로 상당한 기간 동안 지료의 지급을 지체하여 지체된 지료가 판결확정 전후에 걸쳐 2년분 이상이 되는 경우에는 민법 제287조를 유추적용하여 새로운 토지소유자는 분묘기지권자에 대하여 분묘기지권의 소멸을 청구할 수 있다. **54** 분묘기지권자가 판결확정 후 지료 지급 청구를 받았음에도 책임 있는 사유로 상당한 기간 지료의 지급을 지체한 경우에만 분묘기지권의 소멸을 청구할 수 있는 것은 아니다(대판 2015.7.23. 2015다206850).

56

지상권이 소멸한 경우에 건물이 현존한 때에는 지상권자는 계약의 갱신을 청구하거나 건물의 매수를 선택적으로 청구할 수 있다. ○ | X

> **해설 제283조(지상권자의 갱신청구권, 매수청구권)** ① 지상권이 소멸한 경우에 건물 기타 공작물이나 수목이 현존한 때에는 지상권자는 **계약의 갱신을 청구할 수 있다.**
> ② **지상권설정자가 계약의 갱신을 원하지 아니하는 때에는** 지상권자는 상당한 가액으로 전항의 공작물이나 수목의 매수를 청구할 수 있다.
> ➡ 선택적으로 청구하는 것이 아니다.

57

지상권자의 지료연체를 이유로 토지소유자가 그 지상권소멸청구를 하여 이에 터잡아 지상권이 소멸된 경우에도 민법 제283조 제2항 소정의 지상물매수청구권이 인정된다. O | X

> **해설** 민법 제283조 제2항 소정의 지상물매수청구권은 지상권이 존속기간의 만료로 인하여 소멸하는 때에 지상권자에게 갱신청구권이 있어 그 갱신청구를 하였으나 지상권설정자가 계약갱신을 원하지 아니할 경우 행사할 수 있는 권리이므로, **지상권자의 지료연체를 이유로 토지소유자가 그 지상권소멸청구를 하여 이에 터잡아 지상권이 소멸된 경우에는 매수청구권이 인정되지 않는다**"(대판 1993.6.29. 93다10781).

58

분묘가 평장되어 있거나 암장되어 있어 객관적으로 인식할 수 있는 외형을 갖추고 있지 않더라도 분묘를 설치한 사실이 인정된다면 분묘기지권은 인정된다. O | X

> **해설** 분묘기지권이 성립하기 위하여는 봉분 등 외부에서 분묘의 존재를 인식할 수 있는 형태를 갖추고 있어야 하고, 평장되어 있거나 암장되어 있어 객관적으로 인식할 수 있는 외형을 갖추고 있지 아니한 경우에는 분묘기지권이 인정되지 아니한다(대판 1991.10.25. 91다18040).

59

분묘기지권의 존속기간에 관하여 당사자 사이에 약정이 없다면 민법 제281조의 존속기간을 약정하지 않은 지상권에 관한 규정에 따라 존속기간이 정해진다. O | X

> **해설** 분묘기지권은 지상권에 유사한 물권이기는 하지만, 그 존속기간은 민법의 지상권에 관한 규정에 따를 것이 아니라, 당사자 사이에 약정이 있으면 그에 따르고, 그 약정이 없는 경우에는 권리자가 분묘의 수호와 봉사를 계속하는 한 그 분묘가 존속하는 동안은 분묘기지권도 존속한다(대판 1994.8.2. 94다28970).

60

분묘의 기지인 토지가 분묘소유권자 아닌 다른 사람의 소유인 경우에 그 토지 소유자가 분묘소유자에 대하여 분묘의 설치를 승낙한 때에는 그 분묘의 기지에 대하여 분묘소유자를 위한 분묘기지권을 설정한 것으로 본다. O | X

> **해설** **분묘의 기지인 토지가 분묘소유권자 아닌 다른 사람의 소유인 경우에 그 토지 소유자가 분묘소유자에 대하여 분묘의 설치를 승낙한 때에는 그 분묘의 기지에 대하여 분묘소유자를 위한 지상권 유사의 물권(분묘기지권)을 설정한 것으로 보아야 하므로,** 이러한 경우 그 토지소유자는 분묘의 수호·관리에 필요한, 상당한 범위 내에서는 분묘기지가 된 토지부분에 대한 소유권의 행사가 제한될 수밖에 없다(대판 2000.9.26. 99다14006).

정답 | 53 ○ 54 × 55 ○ 56 × 56 × 57 × 58 × 59 ○

61

기존의 분묘기지권이 미치는 지역적 범위 내에서 부부합장을 위한 쌍분형태의 분묘를 새로이 설치할 수 없다.　　　　○ | X

> 해설 분묘기지권은 분묘를 수호하고 봉제사하는 목적을 달성하는 데 필요한 범위 내에서 타인의 토지를 사용할 수 있는 권리를 의미하는 것으로서, 분묘기지권에는 그 효력이 미치는 지역의 범위 내라고 할지라도 기존의 분묘 외에 새로운 분묘를 신설할 권능은 포함되지 아니하는 것이므로, **부부 중 일방이 먼저 사망하여 이미 그 분묘가 설치되고 그 분묘기지권이 미치는 범위 내에서 그 후에 사망한 다른 일방의 합장을 위하여 쌍분(雙墳) 형태의 분묘를 설치하는 것도 허용되지 않는다** (대판 1997.5.23. 95다29086).

62

분묘의 기지에 대한 지상권 유사의 물권인 관습상의 법정지상권이 점유를 수반하는 물권으로서 권리자가 의무자에 대하여 그 권리를 포기하는 의사표시를 하는 외에 점유까지도 포기하여야만 그 권리가 소멸하는 것은 아니다.　　　　○ | X

> 해설 대판 1992.6.23. 92다14762

63

토지 위에 건물을 신축 중인 토지소유자가 토지에 관한 근저당권 및 저당권설정등기를 경료하였고 당시 근저당권자 겸 지상권자가 토지소유자의 건물신축을 용인하였다면 소유자로부터 건축주명의를 이전받아 건물을 신축하는 제3자에 대하여 공사중지를 요구할 수 없다.　　　　○ | X

64

甲이 자기 소유의 토지에 대하여 乙에게 근저당권을 설정하는 동시에 차후 토지에 용익권이 설정되거나 건물이 축조되는 등으로써 토지의 담보가치가 저감하는 것을 막기 위하여 지상권까지 설정해 주었다. 현재 토지에 대한 용익권능은 乙에게 있으므로 丙이 토지 위에 무단으로 건물을 신축하는 경우 甲은 丙에 대하여 직접 건물철거와 대지인도를 구할 수는 없고, 乙을 대위하여 권리를 행사해야 한다.　　　　○ | X

65

甲이 자기 소유의 토지에 대하여 乙에게 근저당권을 설정하는 동시에 차후 토지에 용익권이 설정되거나 건물이 축조되는 등으로써 토지의 담보가치가 저감하는 것을 막기 위하여 지상권까지 설정해 주었다. 丙이 甲의 동의를 얻어 토지 위에 건물을 신축하는 경우 丙이 乙에게 대항할 수 있는 권원을 가지고 있다는 등의 특별한 사정이 없는 한, 乙은 신축공사의 중지를 구할 수 있다.　　　　○ | X

토지에 관하여 저당권을 취득함과 아울러 그 저당권의 담보가치를 확보하기 위하여 지상권을 취득하는 경우, 특별한 사정이 없는 한 당해 지상권은 저당권이 실행될 때까지 제3자가 용익권을 취득하거나 목적 토지의 담보가치를 하락시키는 침해행위를 하는 것을 배제함으로써 저당 부동산의 담보가치를 확보하는 데에 그 목적이 있다고 할 것이므로, 그와 같은 경우 제3자가 비록 토지소유자로부터 신축중인 지상 건물에 관한 건축주 명의를 변경받았다 하더라도, **그 지상권자에게 대항할 수 있는 권원이 없는 한 지상권자로서는 제3자에 대하여 목적 토지 위에 건물을 축조하는 것을 중지하도록 요구할 수 있다**(대결 2004.3.29. 2003마1753).

관련쟁점 제3자가 담보지상권이 설정된 토지에 대한 물권적인 사용권을 이미 가지고 있었다면 그는 담보지상권자에게 대항할 수 있으나, 채권적인 사용, 수익권만 가지고 있는 때에는 담보지상권자에게 대항하지 못한다(대판 2008.2.15. 2005다47205).

66
14/15/16/20서기보

근저당권 등 담보권 설정의 당사자들이 그 목적이 된 토지 위에 차후 용익권이 설정되거나 건물 또는 공작물이 축조·설치되는 등으로써 그 목적물의 담보가치가 저감하는 것을 막는 것을 주요한 목적으로 하여 담보권과 아울러 지상권을 설정한 경우 담보권이 소멸하더라도 등기된 지상권은 그 존속기간까지 유지되고, 담보권과 함께 소멸하지 않는다. O | X

67
21법원행시

甲이 자기 소유의 토지에 대하여 乙에게 근저당권을 설정하는 동시에 차후 토지에 용익권이 설정되거나 건물이 축조되는 등으로써 토지의 담보가치가 저감하는 것을 막기 위하여 지상권까지 설정해 주었다. 지상권의 존속기간이 만료되지 않았다고 하더라도 근저당권의 피담보채권이 변제로 소멸한 경우 지상권은 피담보채권에 부종하여 소멸한다. O | X

근저당권 등 담보권 설정의 당사자들이 그 목적이 된 토지 위에 차후 용익권이 설정되거나 건물 또는 공작물이 축조·설치되는 등으로써 그 목적물의 담보가치가 저감하는 것을 막는 것을 주요한 목적으로 하여 채권자 앞으로 아울러 지상권을 설정하였다면, 그 **피담보채권이 변제 등으로 만족을 얻어 소멸한 경우는 물론이고 시효소멸한 경우에도 그 지상권은 피담보채권에 부종하여 소멸한다**(대판 2011.4.14. 2011다6342).

68
21법원행시

甲이 자기 소유의 토지에 대하여 乙에게 근저당권을 설정하는 동시에 차후 토지에 용익권이 설정되거나 건물이 축조되는 등으로써 토지의 담보가치가 저감하는 것을 막기 위하여 지상권까지 설정해 주었다. 甲이 토지에 도로를 개설하여 공중에 제공하고 옹벽을 설치하는 등의 행위를 하여 乙이 지상권의 목적이 된 토지를 사용·수익할 수 없게 되었다면 乙은 지상권의 침해를 이유로 甲에게 임료 상당의 손해배상을 청구할 수 있다. O | X

정답 | 61 ○ 62 ○ 63 × 64 × 65 ○ 66 × 67 ○ 68 ×

69

甲은 乙로부터 1억 원을 빌리면서 자신의 X 토지에 대해 근저당권을 설정해 주고 乙은 그 담보가치를 확보하기 위해 甲의 사용·수익권을 배제하지 않으면서 X 토지 위에 지상권을 취득하였다. 甲이 제3자 丙에게 X 토지를 임대하여 丙이 점유·사용하는 경우 乙은 丙에게 지상권 침해를 이유로 한 임료 상당 손해배상을 청구할 수 있다. ○ | X

해설 담보지상권 침해를 이유로 한 손해배상청구권의 인정 여부

담보지상권을 설정받으면서 채무자 등의 사용, 수익을 배제하지 않은 경우에는 무단점유자에게 지상권 자체의 침해를 원인으로 한 손해배상청구는 할 수 없다. 이때에는 담보지상권자가 사용, 수익하지 않기로 하였으므로 담보지상권자에게 임료 상당 이익이나 기타 소득이 발생할 여지가 없는 특별한 사정이 있기 때문이다(대판 2008.1.17. 2006다586).

➡ 乙은 甲의 사용·수익권을 배제하지 않으면서 X 토지 위에 지상권을 취득하였으므로, 丙의 점유·사용에 대해 손해배상을 청구할 수 없다.

관련쟁점 다만 이 경우에도 그 사용으로 인하여 저당목적물의 가치가 감소되어 경매가격이 하락하는 등의 경우에는 '저당권 침해'를 이유로 손해배상청구를 할 수는 있다(대판 2008.1.17. 2006다586).

70

甲은 乙로부터 1억 원을 빌리면서 자신의 X 토지에 대해 근저당권을 설정해 주고 乙은 그 담보가치를 확보하기 위해 甲의 사용·수익권을 배제하지 않으면서 X 토지 위에 지상권을 취득하였다. 甲이 X 토지 위에 Y 건물을 축조한 후 근저당권등기가 말소되고 그 대신 다른 근저당권이 설정되었다가 그 실행에 의하여 X 토지와 Y 건물의 소유자가 달라진 경우, 위 지상권은 소멸하지 않으므로 그 건물을 위한 법정지상권이 발생하지 않는다. ○ | X

해설 임의경매에서 담보지상권과 법정지상권의 관계

담보지상권은 토지에 대한 근저당권이 소멸하면 등기된 담보지상권의 목적이나 존속기간과 관계없이 그 목적을 잃어 함께 소멸한다는 것이 판례의 입장이다(대판 2011.4.14. 2011다6342). 그런데 위와 같이 토지에 대한 근저당권설정과 동시에 설정된 **담보지상권이 근저당권 실행으로 소멸하였으나 토지에 대한 담보지상권 설정등기가 말소되지 않고 있던 경우, 토지에 대한 담보지상권과 별개로 건물을 위한 법정지상권 성립을 인정할 수 있는지**에 대한 논란이 있다.

判例는 이 경우 "토지에 관하여 담보권이 설정될 당시 담보권자를 위하여 동시에 지상권이 설정되었다고 하더라도, 담보권 설정 당시 이미 토지소유자가 그 토지 상에 건물을 소유하고 있고 그 건물을 철거하기로 하는 등 특별한 사유가 없으며 **담보권의 실행으로 그 지상권도 소멸하였다면 건물을 위한 법정지상권이 발생하지 않는다고 할 수 없다.**"(대판 2014.7.24. 2012다97871)라고 하여 법정지상권의 성립을 긍정한다.

甲은 乙로부터 1억 원을 빌리면서 자신의 X 토지에 대해 근저당권을 설정해 주고 乙은 그 담보가치를 확보하기 위해 甲의 사용·수익권을 배제하지 않으면서 X 토지 위에 지상권을 취득하였다. 乙이 지상권설정등기에 관한 피담보채무의 범위 확인을 구하는 소를 제기한 경우에 그 소는 확인의 이익이 없어 각하된다.　○ㅣ✕

> **해설** 확인의 이익
>
> 확인의 소에는 권리보호요건으로서 확인의 이익이 있어야 하고, 확인의 이익은 원고의 권리 또는 법률상의 지위에 현존하는 불안·위험이 있고 확인판결을 받는 것이 불안·위험을 제거하는 가장 유효·적절한 수단일 때에 인정된다. **지상권은 용익물권으로서 담보물권이 아니므로 피담보채무라는 것이 존재할 수 없다.** 근저당권 등 담보권 설정의 당사자들이 담보로 제공된 토지에 추후 용익권이 설정되거나 건물 또는 공작물이 축조·설치되는 등으로 토지의 담보가치가 줄어드는 것을 막기 위하여 담보권과 아울러 설정하는 지상권을 이른바 담보지상권이라고 하는데, 이는 당사자의 약정에 따라 담보권의 존속과 지상권의 존속이 서로 연계되어 있을 뿐이고, 이러한 경우에도 지상권의 피담보채무가 존재하는 것은 아니다. **따라서 지상권설정등기에 관한 피담보채무의 범위 확인을 구하는 청구는 원고의 권리 또는 법률상의 지위에 관한 청구라고 보기 어려우므로, 확인의 이익이 없어 부적법하다**(대판 2017.10.31. 2015다65042).

72 　　　　　　　　　　　　　　　　　　　　　　　　　　　　　　　　　　　11법원행시

분묘기지권을 시효취득하는 경우 지료를 지급할 필요가 없다.　○ㅣ✕

73 　　　　　　　　　　　　　　　　　　　　　　　　　　　　　　　　　　　출제예상

구 장사 등에 관한 법률의 시행일인 2001.1.13. 이전에 타인의 토지에 분묘를 설치하여 20년간 평온·공연하게 분묘의 기지를 점유함으로써 분묘기지권을 시효로 취득한 경우에는 무상취득이므로 분묘기지권자는 지료를 지급할 의무가 없다.　○ㅣ✕

> **해설** 72 73 분묘기지권을 시효로 취득한 경우에도 토지 소유자가 지료를 청구한 때부터는 지료를 지급할 의무가 있는지 여부 (적극)
>
> 2000.1.12. 법률 제6158호로 전부 개정된 구 장사 등에 관한 법률(이하 '장사법'이라 한다)의 시행일인 2001.1.13. 이전에 타인의 토지에 분묘를 설치한 다음 20년간 평온·공연하게 분묘의 기지(기지)를 점유함으로써 **분묘기지권을 시효로 취득하였더라도, 분묘기지권자는 토지소유자가 분묘기지에 관한 지료를 청구하면 그 청구한 날부터의 지료를 지급할 의무가 있다**고 보아야 한다. 이와 달리 분묘기지권을 시효로 취득하는 경우 분묘기지권자의 지료 지급의무가 분묘기지권이 성립됨과 동시에 발생한다는 취지의 대법원 1992.6.26. 선고 92다13936 판결 및 분묘기지권자가 지료를 지급할 필요가 없다는 취지로 판단한 대법원 1995. 2. 28. 선고 94다37912 판결 등은 이 판결의 견해에 배치되는 범위 내에서 이를 변경하기로 한다(대판 2021.4.29. 2017다228007 전합).

74 　　　　　　　　　　　　　　　　　　　　　　　　　　　　　　　　　　13법무사, 15서기보

타인 소유의 토지에 소유자의 승낙 없이 분묘를 설치한 경우에는 20년간 평온·공연하게 그 분묘의 기지를 점유하면 지상권 유사의 관습상의 물권인 분묘기지권을 시효로 취득한다.　○ㅣ✕

75

타인 소유의 토지에 분묘를 설치한 경우에 20년간 평온, 공연하게 분묘의 기지를 점유하면 지상권과 유사한 관습상의 물권인 분묘기지권을 시효로 취득한다는 점은 오랜 세월 동안 지속되어 온 관습 또는 관행으로서 법적 규범으로 승인되어 왔고, 이러한 법적 규범이 장사 등에 관한 법률(법률 제6158호) 시행일인 2001.1.13. 이전에 설치된 분묘에 관하여 현재까지 유지되고 있다고 보아야 한다. ○ | ✕

> **해설** **74 75** 대판 2021.4.29. 2017다228007 전합 참조

76

원고가 시효취득한 분묘기지권자인 피고에 부당이득반환을 청구한 경우 법원은 석명권을 행사하여 그 주장이 지료를 구하는 것인지를 밝혀 그에 따라 심리해야 한다. ○ | ✕

> **해설** 「장사 등에 관한 법률」 시행일 이전에 타인의 토지에 분묘를 설치한 다음 20년간 평온·공연하게 분묘의 기지를 점유함으로써 분묘기지권을 시효로 취득한 경우에, 분묘기지권자는 토지 소유자에게 분묘기지에 관한 지료를 지급할 의무가 있다(대판 2021.4.29. 2017다228007 전합 참조). 원고들의 부당이득반환 주장은 이러한 지료의 지급을 구하는 것으로 볼 여지가 있다. 원심으로서는 위 전원합의체 판결에 기초하여 석명권을 행사하여 위 주장이 지료를 구하는 것인지를 밝혀 그에 따라 심리해야 한다(대판 2021.5.27. 2018다264420).

77

자기 소유의 토지에 분묘를 설치한 자가 후에 이 토지를 타인에게 양도한 경우, 관습법상 법정지상권의 법리를 유추적용한 것이므로 제366조를 유추적용하여 지료를 지급해야 한다. ○ | ✕

> **해설** 자기 소유 토지에 분묘를 설치한 사람이 그 토지를 양도하면서 분묘를 이장하겠다는 특약을 하지 않음으로써 분묘기지권을 취득한 경우, 특별한 사정이 없는 한 분묘기지권자는 분묘기지권이 성립한 때부터 토지 소유자에게 그 분묘의 기지에 대한 토지사용의 대가로서 지료를 지급할 의무가 있다(대판 2015.7.23. 2015다206850; 대판 2021.5.27. 2020다295892).
>
> **쟁점정리** **분묘기지권의 취득**
> '분묘기지권'이란 타인의 토지 위에 분묘를 소유하기 위한 지상권유사의 물권으로 관습법상 물권이다.
> 判例에 의하면 ㉠ 타인의 소유지 내에 토지소유자의 승낙을 얻어 분묘를 설치한 경우(법률행위에 의한 취득), ㉡ 타인 소유의 토지에 토지소유자의 승낙 없이 분묘를 설치한 후 20년간 평온·공연하게 그 분묘의 기지를 점유하여 분묘기지권을 시효취득한 경우(취득시효), ㉢ 자기 소유의 토지에 분묘를 설치한 자가 후에 이 토지를 타인에게 양도한 경우(관습법상 법정지상권)에 성립한다.
>
> **분묘기지권의 지료**
> ㉠ 타인의 소유지 내에 토지소유자의 승낙을 얻어 분묘를 설치한 경우, 약정이 있으면 유상, 없으면 무상으로 보며, ㉡ 타인 소유의 토지에 토지소유자의 승낙 없이 분묘를 설치한 후 20년간 평온·공연하게 그 분묘의 기지를 점유하여 분묘기지권을 시효취득한 경우, **분묘기지권자는 토지소유자가 분묘기지에 관한 지료를 청구하면 그 청구한 날부터의 지료를 지급할 의무가 있다**(대판 2021.4.29. 전합2017다228007). ㉢ 자기 소유의 토지에 분묘를 설치한 자가 후에 이 토지를 타인에게 양도한 경우, 관습법상 법정지상권의 법리를 유추적용한 것이므로 제366조를 유추적용하여 지료를 지급해야 한다(대판 2015.7.23. 2015다206850; 대판 2021.5.27. 2020다295892).

정답 | **75** ○ **76** ○ **77** ○

01

지역권은 요역지 소유권에 부종하여 이전하며 또는 요역지에 대한 소유권 이외의 권리의 목적이 된다. 그러나 다른 약정이 있는 때에는 그 약정에 의한다.　　　　　　　　　　　　　　O | X

> **해설** **제292조(부종성)** ① 지역권은 요역지소유권에 부종하여 이전하며 또는 요역지에 대한 소유권이외의 권리의 목적이 된다. 그러나 다른 약정이 있는 때에는 그 약정에 의한다.

02

요역지가 수인의 공유인 경우에 그 1인에 의한 지역권 소멸시효의 중단 또는 정지는 다른 공유자를 위하여 효력이 없다.　　　　　　　　　　　　　　O | X

> **해설** **제296조(소멸시효의 중단, 정지와 불가분성)** 요역지가 수인의 공유인 경우에 그 1인에 의한 지역권소멸시효의 중단 또는 정지는 다른 공유자를 위하여 효력이 있다.

03

토지공유자의 1인은 지분에 관하여 그 토지를 위한 지역권 또는 그 토지가 부담한 지역권을 소멸하게 하지 못한다. 토지의 분할이나 토지의 일부양도의 경우에는 지역권은 요역지의 각 부분을 위하여 또는 그 승역지의 각 부분에 존속한다.　　　　　　　　　　　　　　O | X

> **해설** **제293조(공유관계, 일부양도와 불가분성)** ② 토지의 분할이나 토지의 일부양도의 경우에는 지역권은 요역지의 각 부분을 위하여 또는 그 승역지의 각부분에 존속한다. 그러나 지역권이 토지의 일부분에만 관한 것인 때에는 다른 부분에 대하여는 그러하지 아니하다.

04

공유자의 1인이 지역권을 취득한 때에는 다른 공유자도 이를 취득하고, 점유로 인한 지역권 취득기간의 중단은 지역권을 행사하는 모든 공유자에 대한 사유가 아니면 그 효력이 없다.　　　　　　　　　　　　　　O | X

> **해설** **제295조(취득과 불가분성)** ① 공유자의 1인이 지역권을 취득한 때에는 다른 공유자도 이를 취득한다.
> ② 점유로 인한 지역권취득기간의 중단은 지역권을 행사하는 모든 공유자에 대한 사유가 아니면 그 효력이 없다.

정답 | **01** ○ **02** × **03** ○ **04** ○

05

지역권은 계속되고 표현된 것에 한하여 민법 제245조의 부동산점유취득시효에 관한 규정을 준용한다.

○ | X

> **해설** **제294조(지역권취득기간)** 지역권은 계속되고 표현된 것에 한하여 제245조의 규정을 준용한다.

06

통행지역권의 시효취득은 요역지의 소유자가 승역지 위에 도로를 설치하여 승역지를 사용하는 객관적 상태가 민법 제245조에 규정된 기간 계속된 경우에 한하여 인정할 수 있고 다만, 토지의 불법점유자는 통행지역권의 시효취득 주장을 할 수 없다.

○ | X

> **해설** 위요지 통행권이나 통행지역권은 모두 인접한 토지의 상호이용의 조절에 기한 권리로서 토지의 소유자 또는 지상권자 전세권자등 토지사용권을 가진자에게 인정되는 권리라 할 것이므로 위와 같은 권리자가 아닌 토지의 불법점유자는 토지소유권의 상린관계로서 위요지 통행권의 주장이나 통행지역권의 시효취득 주장을 할 수 없다(대판 1976.10.29. 76다1694).

정답 | **05** ○ **06** ○

01

전세권은 그 존속기간 내에는 주로 용익물권으로서의 성격을 갖고 담보물권으로서의 성격은 잠재되어 있다가, 존속기간 만료, 전세권 소멸통고 또는 소멸청구, 전세권의 합의해지 등의 사유가 있는 경우에는 용익물권으로서의 성격은 사라지고 전세금반환채권을 담보하는 담보물권으로서의 성질만 갖는다.

O | X

> **해설** 대판 2005.3.25, 2003다35659
> 전세권의 법적 성질에 대해서는 담보물권설, 용익물권설이 있으나 전세권은 용익물권인 동시에 담보물권이기도 하지만 주된 성질은 용익물권이라는 견해(병합설)가 우리의 다수설이며, 判例의 입장이다(대판 1989.9.26, 87다카2515 등).

02

당사자가 주로 채권담보의 목적으로 전세권을 설정하였고, 그 설정과 동시에 목적물을 인도하지 않은 경우에는 장차 전세권자가 목적물을 사용·수익하는 것을 완전히 배제하는 것이 아니라 하더라도 전세권의 효력이 인정되지 않는다.

O | X

> **해설** 전세권이 용익물권적 성격과 담보물권적 성격을 겸비하고 있다는 점 및 목적물의 인도는 전세권의 성립요건이 아닌 점 등에 비추어 볼 때, 당사자가 주로 채권담보의 목적으로 전세권을 설정하였고, 그 설정과 동시에 목적물을 인도하지 아니한 경우라 하더라도, 장차 전세권자가 목적물을 사용·수익하는 것을 완전히 배제하는 것이 아니라면, 그 전세권의 효력을 부인할 수는 없다(대판 1995.2.10. 94다18508).

03

전세권이 존속하는 동안에 전세권을 존속시키기로 하면서 전세금반환채권만을 전세권과 분리하여 확정적으로 양도할 수 없다.

O | X

04

전세권이 존속하는 동안은, 전세권늘 존속시키기로 하면서 전세금반환채권만을 전세권과 분리하여 확정적으로 양도하는 것은 물론, 장래에 그 전세권이 소멸하는 경우에 전세금반환채권이 발생하는 것을 조건으로 그 장래의 조건부채권을 양도하는 것도 허용되지 않는다.

O | X

정답 | **01** O **02** × **03** O **04** ×

05

전세권이 존속하는 동안은 전세권을 존속시키기로 하면서 전세금반환채권만을 전세권과 분리하여 확정적으로 양도하는 것은 허용되지 않고, 다만 전세권 존속 중에는 장래에 그 전세권이 소멸하는 경우에 전세금 반환채권이 발생하는 것을 조건으로 그 장래의 조건부 채권을 양도할 수 있다. ○ | X

06

전세권설정계약이 합의해지된 경우 전세권자는 전세권과 분리하여 전세금반환채권만을 확정적으로 양도할 수 없다. ○ | X

07

전세권의 존속기간이 만료되면, 전세금의 반환을 받지 못하였더라도 제3자에게 전세권을 양도할 수 없다. ○ | X

해설 **전세금반환청구권의 분리양도**

전세권과 분리해서 전세금반환채권을 독립적으로 양도할 수 있는지와 관련하여 전세권의 담보물권적 성격이 문제된다.

① **전세권 존속 중 분리양도 가능성**

03 04 05 전세권은 전세금을 지급하고 타인의 부동산을 그 용도에 따라 사용·수익하는 권리로서 전세금의 지급이 없으면 전세권은 성립하지 아니하는 등으로 전세금은 전세권과 분리될 수 없는 요소일 뿐 아니라, 전세권에 있어서는 그 설정행위에서 금지하지 아니하는 한 전세권자는 전세권 자체를 처분하여 전세금으로 지출한 자본을 회수할 수 있도록 되어 있으므로 **전세권이 존속하는 동안은 전세권을 존속시키기로 하면서 전세금반환채권만을 전세권과 분리하여 확정적으로 양도하는 것은 허용되지 않는 것이며, 다만 전세권 존속 중에는 장래에 그 전세권이 소멸하는 경우에 전세금반환채권이 발생하는 것을 조건으로 그 장래의 조건부 채권을 양도할 수 있을 뿐이라 할 것이다**(대판 2002.8.23. 2001다69122).

② **전세권 소멸 후 분리양도 가능성**

06 07 전세권이 담보물권적 성격도 가지는 이상 부종성과 수반성이 있는 것이므로 전세권을 그 담보하는 전세금반환채권과 분리하여 양도하는 것은 허용되지 않는다고 할 것이나, 한편 담보물권의 수반성이란 피담보채권의 처분이 있으면 언제나 담보물권도 함께 처분된다는 것이 아니라, 채권 담보라고 하는 담보물권 제도의 존재 목적에 비추어 볼 때 특별한 사정이 없는 한 피담보채권의 처분에는 담보물권의 처분도 포함된다고 보는 것이 합리적이라는 것일 뿐이므로, ⅰ) 전세권이 존속기간의 만료로 소멸한 경우이거나, ⅱ) 전세계약의 합의해지 또는 ⅲ) 당사자 간의 특약에 의하여 전세권반환채권의 처분에도 불구하고, 전세권의 처분이 따르지 않는 경우 등의 특별한 사정이 있는 때에는 채권양수인은 담보물권이 없는 무담보의 채권을 양수한 것이 된다(대판 1997.11.25. 97다29790). 이 경우에는 민법 제450조 제2항 소정의 확정일자 있는 증서에 의한 채권양도절차를 거치지 않는 한 위 전세금반환채권의 압류·전부 채권자 등 제3자에게 위 전세보증금반환채권의 양도사실로써 대항할 수 없다(대판 2005.3.25. 2003다35659).

08

전세권이 기간만료로 종료된 경우 전세권은 전세권설정등기의 말소등기 없이도 당연히 소멸한다. ○ | X

09

존속기간의 경과로 본래의 용익물권적 권능은 소멸하고 담보물권적 권능만 남은 전세권도 그 피담보채권인 전세금반환채권과 함께 제3자에게 이를 양도할 수 있다 할 것이지만 이 경우에는 제450조 2항 소정의 확정일자 있는 증서에 의한 채권양도절차를 거치지 않는 한 위 전세금반환채권의 압류·전부 채권자 등 제3자에게 위 전세보증금반환채권의 양도사실로써 대항할 수 없다. O | X

10

A가 B소유의 건물에 대하여 전세금을 지급하고 전세권을 설정 받았는데, 전세권의 존속기간이 만료된 후 A가 전세권을 전세금반환채권과 함께 C에게 양도하고 C앞으로 전세권이전의 부기등기를 마친 경우에는 그 후에 위 전세금반환채권을 압류, 전부받은 A의 채권자 D에게 위 전세금반환채권의 양도사실로써 대항할 수 있다. O | X

11

전세권의 존속기간이 경과한 후 전세권과 그 피담보채권인 전세금반환채권을 제3자에게 양도하여 전세권이전의 부기등기까지 마쳤더라도 확정일자 있는 증서에 의한 채권양도절차를 거치지 않으면 전세금반환채권에 대한 압류채권자, 전부채권자 등 제3자에게 전세금 반환채권의 양도사실로써 대항할 수 없다. O | X

12

전세기간 만료 이후 전세권양도계약 및 전세권이전의 부기등기가 이루어진 경우 전세권이 담보물권적 성격도 가지는 이상 부종성과 수반성이 있는 것이므로 이로써 당연히 전세금반환채권 또한 이전되었다고 할 것이어서 확정일자 있는 증서에 의한 채권양도절차를 거치지 않더라도 전세금반환채권의 압류·전부 채권자 등 제3자에게 대항할 수 있다. O | X

> **해설** **08** 전세권설정등기를 마친 민법상의 전세권은 그 성질상 용익물권적 성격과 담보물권적 성격을 겸비한 것으로서, 전세권의 존속기간이 만료되면 전세권의 용익물권적 권능은 전세권설정등기의 말소 없이도 당연히 소멸하고 단지 전세금반환채권을 담보하는 담보물권적 권능의 범위 내에서 전세금의 반환시까지 그 전세권설정등기의 효력이 존속하고 있다 할 것인데, **09** 이와 같이 존속기간의 경과로서 본래의 용익물권적 권능이 소멸하고 담보물권적 권능만 남은 전세권에 대해서도 그 피담보채권인 전세금반환채권과 함께 제3자에게 이를 양도할 수 있다 할 것이지만 이 경우에는 민법 제450조 제2항 소정의 확정일자 있는 증서에 의한 채권양도절차를 거치지 않는 한 위 전세금반환채권의 압류·전부 채권자 등 제3자에게 위 전세보증금반환채권의 양도사실로써 대항할 수 없다.
>
> **10 11 12** 전세기간 만료 이후 전세권양도계약 및 전세권이전의 부기등기가 이루어진 것만으로는 전세금반환채권의 양도에 관하여 확정일자 있는 통지나 승낙이 있었다고 볼 수 없어 이로써 제3자인 전세금반환채권의 압류·전부 채권자에게 대항할 수 없다(대판 2005.3.25. 2003다35659).

13

전세권이 용익물권적 성격과 담보물권적인 성격을 모두 갖추고 있는 점에 비추어 전세권 존속기간이 시작되기 전에 마친 전세권설정등기도 특별한 사정이 없는 한 유효한 것으로 추정된다.　　○ | ×

> 해설　전세권자는 전세금을 지급하고 타인의 부동산을 점유하여 그 부동산의 용도에 좇아 사용·수익하며, 그 부동산 전부에 대하여 후순위권리자 기타 채권자보다 전세금의 우선변제를 받을 권리가 있다(민법 제303조 제1항). 이처럼 **전세권이 용익물권적인 성격과 담보물권적인 성격을 모두 갖추고 있는 점에 비추어 전세권 존속기간이 시작되기 전에 마친 전세권설정등기도 특별한 사정이 없는 한 유효한 것으로 추정된다.** 한편 부동산등기법 제4조 제1항은 "같은 부동산에 관하여 등기한 권리의 순위는 법률에 다른 규정이 없으면 등기한 순서에 따른다."라고 정하고 있으므로, 전세권은 등기부상 기록된 전세권설정등기의 존속기간과 상관없이 등기된 순서에 따라 순위가 정해진다(대판 2018.1.25. 2017마1093).

14

전세권자와 전세권설정자 및 제3자 사이에 합의가 있으면 그 전세권자의 명의를 제3자로 하는 것도 가능하므로, 임대차계약에 바탕을 두고 이에 기한 임차보증금반환채권을 담보할 목적으로 임대인, 임차인 및 제3자 사이의 합의에 따라 제3자 명의로 경료된 전세권설정등기는 유효하다.　　○ | ×

> 해설　**전세권이 담보물권적 성격을 아울러 가지고 있는 이상 부종성과 수반성이 있기는 하지만, 다른 담보권과 마찬가지로 전세권자와 전세권설정자 및 제3자 사이에 합의가 있으면 그 전세권자의 명의를 제3자로 하는 것도 가능**하므로, 임대차계약에 바탕을 두고 이에 기한 임차보증금반환채권을 담보할 목적으로 임대인, 임차인 및 제3자 사이의 합의에 따라 제3자 명의로 경료된 전세권설정등기는 유효하다 할 것이고, 비록 임대인과 임차인 또는 제3자 사이에 실제로 전세권설정계약이 체결되거나 전세금이 수수된 바 없다거나, 위 전세권설정등기의 피담보채권인 임차보증금반환채권의 귀속자는 임차인이고 제3자는 임대인에 대하여 직접 어떤 채권을 가지고 있지 아니하다 하더라도 달리 볼 것은 아니다(대판 1998.9.4. 98다20981).

15

전세권이 민법 제312조 제4항에 의하여 법정갱신되는 경우는 건물 전세권에 한한다.　　○ | ×

> 해설　**제312조(전세권의 존속기간)** ④ 건물의 전세권설정자가 전세권의 존속기간 만료전 6월부터 1월까지 사이에 전세권자에 대하여 갱신거절의 통지 또는 조건을 변경하지 아니하면 갱신하지 아니한다는 뜻의 통지를 하지 아니한 경우에는 그 기간이 만료된 때에 전전세권과 동일한 조건으로 다시 전세권을 설정한 것으로 본다. 이 경우 전세권의 존속기간은 그 정함이 없는 것으로 본다.

16

전세금의 지급은 전세권 성립의 요소이므로, 전세금의 지급이 반드시 현실적으로 수수되어야만 하는 것이고, 기존의 채권으로 전세금의 지급에 갈음할 수는 없다.　　○ | ×

해설 전세권이 성립되기 위해서는 전세권설정계약과 전세권설정등기를 해야 한다. 이때 전세금의 지급이 전세권의 성립 요건인지 전세권의 담보물권성 중 '**성립상 부종성**'과 관련하여 문제된다. 判例는 "전세금의 지급은 전세권 성립의 요소가 되는 것이지만 그렇다고 하여 전세금의 지급이 **반드시 현실적으로 수수되어야만 하는 것은 아니고** 기존의 채권으로 전세금의 지급에 갈음할 수도 있다."(대판 1995.2.10. 94다18508)라고 판시하고 있다.

17

임대인과 임차인이 임대차계약을 체결하면서 임대차보증금을 전세금으로 하는 전세권설정등기를 경료한 경우 임대차보증금은 전세금의 성질을 겸하게 되므로, 당사자 사이에 다른 약정이 없는 한 임대차보증금 반환의무는 민법 제317조에 따라 전세권설정등기의 말소의무와도 동시이행관계에 있다. O | X

해설 대판 2011.3.24. 2010다95062

18

전세권이 소멸한 경우, 전세권설정자의 전세금반환의무와 전세권자의 목적물인도의무 및 전세권설정등기의 말소등기에 필요한 서류의 교부의무는 동시이행의 관계에 있다. O | X

19

甲이 전세권 소멸 후 그 목적물을 인도하였다고 하더라도 전세권설정등기의 말소등기에 필요한 서류를 교부하거나 그 이행의 제공을 하지 아니하는 이상, 乙은 전세금의 반환을 거부할 수 있고, 이 경우 다른 특별한 사정이 없는 한 乙이 전세금에 대한 이자 상당액의 이득을 법률상 원인 없이 얻는다고 볼 수 없다. O | X

해설 전세권설정자의 전세금반환의무와 전세권자의 등기말소 및 목적물반환의무의 동시이행관계
18 전세권이 소멸한 때에는 전세권설정자는 전세권자로부터 그 목적물의 인도 및 전세권설정등기의 말소등기에 필요한 서류의 교부를 받는 동시에 전세금을 반환하여야 한다(제317조). **19** 따라서 **전세권자가 그 목적물을 인도하였다고 하더라도 전세권설정등기의 말소등기에 필요한 서류를 교부하거나 그 이행의 제공을 하지 아니하는 이상, 전세권설정자는 전세금의 반환을 거부할 수 있고, 이 경우 다른 특별한 사정이 없는 한 그가 전세금에 대한 이자 상당액의 이득을 법률상 원인 없이 얻는다고 볼 수 없다**(대판 2002.2.5. 2001다62091).

관련판례 "채권적 전세권에 있어서는 그 건물의 시가의 절반상당정도의 금액이 전세금으로써 일시에 교부되고 그 전세금의 이자는 그 임대료와 상계되고 있음이 특단의 사정이 없는 한 인정 시행되어 오고 있고 당사자 일방이 목적물 명도채무와 다른 일방의 전세금반환채무는 특단의 사정이 없는 한 동시이행관계에 있으므로 **전세계약기간 종료 후 전세금을 반환치 않고 있는 동안의 본건 건물부분의 점유를 불법점유라 할 수 없고 점유사용에 따른 임료상당액과 전세금에 대한 이자상당액은 서로 대가관계에 있다**(대판 1976.10.26. 76다1184).

정답 | **13** O **14** O **15** O **16** × **17** O **18** O **19** O

20

14법무사

타인의 토지에 있는 건물에 전세권을 설정한 때에는 전세권의 효력은 그 건물의 소유를 목적으로 한 지상권 또는 임차권에 미친다. ○ | ✕

> **해설** **제304조(건물의 전세권, 지상권, 임차권에 대한 효력)** ① 타인의 토지에 있는 건물에 전세권을 설정한 때에는 전세권의 효력은 그 건물의 소유를 목적으로 한 지상권 또는 임차권에 미친다.

21

14사무관, 14법무사

대지와 건물이 동일한 소유자에 속한 경우에 건물에 전세권을 설정한 때에는 그 대지소유권의 특별승계인은 전세권자에 대하여 지상권을 설정한 것으로 본다. ○ | ✕

22

출제예상

甲의 전세권설정등기 당시 乙이 위 건물의 대지에 대한 소유권자이었으나 그 뒤 乙이 그 대지를 丙에게 매도하여 丙 명의의 소유권이전등기가 경료된 경우, 丙은 甲에게 지상권을 설정한 것으로 본다. ○ | ✕

23

출제예상

A는 자신의 X토지에 Y건물을 신축한 후에 Y건물에 대하여 B에게 전세권을 설정하여 주었다. 이후 X토지가 경매되어 C가 X토지의 소유권을 취득하였다. 이때 A는 제305조의 법정지상권을 취득한다. B가 전세권등기를 하지 않은 미등기전세권자인 경우에도 마찬가지이다. ○ | ✕

> **해설** **21 22** 대지와 건물이 동일 소유자에 속한 경우에 그 건물에 전세권을 설정한 때에는 그 대지소유권의 특별승계인은 전세권설정자에 대하여 법정지상권을 설정한 것으로 본다(제305조). 즉, 전세권설정자에 대한 법정지상권이 성립하기 위해서는 전세권 설정 당시에 대지와 건물이 동일한 소유자에 속하여야 하고, 대지의 소유권이 변동되어야 한다. **23** 그러나 제305조의 '전세권'은 물권인 전세권을 의미하는 것이고 채권적 전세인 미등기 전세를 의미하는 것은 아니다. 지문의 경우 위 두 가지 요건은 갖추었으나 B가 전세권등기를 하지 않은 미등기전세권자이므로 뒷부분이 틀렸다.

24

출제예상

A는 자신의 X토지에 Y건물을 신축한 후에 Y건물에 대하여 B에게 전세권을 설정하여 주었다. 이후 X토지가 경매되어 C가 X토지의 소유권을 취득하였다. A가 법정지상권을 취득한 이후에 甲에게 Y건물을 매도하였다. 이후 甲은 C와 합의하여 법정지상권을 취득할 지위를 B의 동의 없이 소멸시켰다. 이 경우 甲은 물론 C도 그 사유를 들어 B에게 대항할 수 없다. ○ | ✕

25

토지와 건물을 함께 소유하던 토지·건물의 소유자가 건물에 대하여 전세권을 설정하여 주었는데 그 후 토지가 타인에게 경락되어 민법 제305조 제1항에 의한 법정지상권을 취득한 상태에서 다시 건물을 타인에게 양도한 경우, 건물 양수인이 토지 소유자와의 관계에서 전세권자의 동의 없이 법정지상권을 취득할 지위를 소멸시켰다고 하더라도, 그 건물 양수인은 물론 토지 소유자도 그 사유를 들어 전세권자에게 대항할 수 없다. ○ | X

> **해설** **24 25** 전세권이 설정된 건물의 양수인으로서 민법 제305조 제1항에 의한 법정지상권을 취득할 지위를 가지고 다른 한편으로는 전세권 관계도 이전받는 자가 전세권자의 동의 없이 법정지상권을 취득할 지위를 소멸시킨 경우, 건물 양수인이나 토지 소유자가 전세권자에게 대항할 수 있는지 여부(소극)
> 토지와 건물을 함께 소유하던 토지·건물의 소유자가 건물에 대하여 전세권을 설정하여 주었는데 그 후 토지가 타인에게 경락되어 민법 제305조 제1항에 의한 법정지상권을 취득한 상태에서 다시 건물을 타인에게 양도한 경우, 그 건물을 양수하여 소유권을 취득한 자는 특별한 사정이 없는 한 법정지상권을 취득할 지위를 가지게 되고, 다른 한편으로는 전세권 관계도 이전받게 되는바, 민법 제304조 등에 비추어 건물 양수인이 토지 소유자와의 관계에서 전세권자의 동의 없이 법정지상권을 취득할 지위를 소멸시켰다고 하더라도, 그 건물 양수인은 물론 토지 소유자도 그 사유를 들어 전세권자에게 대항할 수 없다(대판 2007.8.24. 2006다14684).

26

전세권이 성립한 후 전세목적물의 소유권이 이전된 경우 목적물의 신 소유자가 전세권이 소멸하는 때에 전세금 반환의무를 부담한다. ○ | X

27

전세권이 성립한 후 목적물의 소유권이 이전되는 경우 전세권이 소멸할 때의 유익비상환청구권은 새로운 소유자를 상대로 하여야 한다. ○ | X

28

전세권이 성립한 후 전세목적물의 소유권이 이전된 경우 전세권이 소멸하면 전세권자는 전소유자에 대해서도 전세금반환을 청구할 수 있다. ○ | X

> **해설** **26 27 28** 전세권이 성립한 후 전세목적물의 소유권이 이전된 경우 민법이 전세권 관계로부터 생기는 상환청구, 소멸청구, 갱신청구, 전세금증감청구, 원상회복, 매수청구 등의 법률관계의 당사자로 규정하고 있는 전세권설정자 또는 소유자는 모두 목적물의 소유권을 취득한 신 소유자로 새길 수밖에 없다고 할 것이므로, 전세권은 전세권자와 목적물의 소유권을 취득한 신 소유자 사이에서 계속 동일한 내용으로 존속하게 된다고 보아야 할 것이고, 따라서 **목적물의 신 소유자는 구 소유자와 전세권자 사이에 성립한 전세권의 내용에 따른 권리의무의 직접적인 당사자가 되어 전세권이 소멸하는 때에 전세권자에 대하여 전세권설정자의 지위에서 전세금 반환의무를 부담하게 된다**(대판 2006.5.11. 2006다6072).

정답 | **20** ○ **21** × **22** × **23** × **24** ○ **25** ○ **26** ○ **27** ○ **28** ×

29

전세권자는 설정행위로 금지된 경우가 아닌 한 전세권을 타인에게 양도 또는 담보로 제공할 수 있고 그 존속기간 내에서 그 목적물을 타인에게 전전세 또는 임대할 수 있다. O | X

> **해설** 제306조(전세권의 양도, 임대 등) 전세권자는 전세권을 타인에게 양도 또는 담보로 제공할 수 있고 그 존속기간내에서 그 목적물을 타인에게 전전세 또는 임대할 수 있다. 그러나 설정행위로 이를 금지한 때에는 그러하지 아니하다.

[30~31]

> **[사실관계]** A는 Y건물을 신축하기 위하여 甲과 甲소유의 X토지에 대한 지상권 설정계약을 맺고 등기를 마쳤다. 이후 Y건물이 완공되자 A는 B와 Y건물에 대해 전세권설정계약을 맺고 B 명의로 전세권등기를 마쳤다.

30
출제예상

A가 2년 이상 지료를 지급하지 않은 경우에는 甲은 지상권의 소멸을 청구할 수 있다. 이 경우 甲이 A에게 Y건물의 철거를 청구하는 경우 B는 자신의 동의 없었음을 이유로 대항할 수 있다. O | X

31
출제예상

B는 Y건물에 대해서만 전세권을 가지고 있으므로 X토지를 사용할 권리는 없다. O | X

> **해설** **30** ① 지상권자가 2년 이상의 지료를 지급하지 아니한 때에는 지상권 설정자는 지상권의 소멸을 청구할 수 있다(제287조). ② 그런데 전세권설정자는 전세권자의 동의 없이 지상권 또는 임차권을 소멸하게 하는 행위를 하지 못한다(제304조 2항). 이 경우 제304조 2항 때문에 제287조에 기한 소멸청구도 금지되는지가 문제된다.
>
> 지료 연체로 인한 소멸청구가 제304조 2항이 금지하는 '지상권을 소멸케 하는 행위'인지 여부
> 민법 제304조는 전세권을 설정하는 건물소유자가 건물의 존립에 필요한 지상권 또는 임차권과 같은 토지사용권을 가지고 있는 경우에 관한 것으로서, 그 경우에 건물전세권자로 하여금 토지소유자에 대하여 건물소유자, 즉 전세권설정자의 그러한 토지사용권을 원용할 수 있도록 함으로써 토지소유자 기타 토지에 대하여 권리를 가지는 **사람에 대한 관계에서 건물전세권자를 보다 안전한 지위에 놓으려는 취지의 규정이다. 또한 지상권을 가지는 건물소유자가 그 건물에 전세권을 설정하였으나 그가 2년 이상의 지료를 지급하지 아니하였음을 이유로 지상권설정자, 즉 토지소유자의 청구로 지상권이 소멸하는 것**(민법 제287조 참조)은 전세권설정자가 전세권자의 동의 없이는 할 수 없는 위 민법 제304조 제2항상의 "지상권 또는 임차권을 소멸하게 하는 행위"에 해당하지 아니한다. 위 민법 제304조 제2항이 제한하려는 것은 포기, 기간단축약정 등 지상권 등을 소멸하게 하거나 제한하여 건물전세권자의 지위에 불이익을 미치는 전세권설정자의 임의적인 행위이고, 그것이 법률의 규정에 의하여 지상권소멸청구권의 발생요건으로 정하여졌을 뿐인 지상권자의 지료 부지급 그 자체를 막으려고 한다거나 또는 지상권설정자가 취득하는 위의 지상권소멸청구권이 그의 일방적 의사표시로 행사됨으로 인하여 지상권이 소멸되는 효과를 제한하려고 하는 것이라고 할 수 없다. 따라서 전세권설정자가 건물의 존립을 위한 토지사용권을 가지지 못하여 그가 토지소유자의 건물철거 등 청구에 대항할 수 없는 경우에 민법 제304조 등을 들어 전세권자 또는 대항력 있는 임차권자가 토지소유자의 권리행사에 대항할 수 없음은 물론이다. 또한 건물에 대하여 전세권 또는 대항력 있는 임차권을 설정하여 준 **지상권자가 그 지료를 지급하지 아니함을 이유로 토지소유자가 한 지상권소멸청구가 그에 대한 전세권자** 또는 임차인의 **동의가 없이 행하여졌다고 해도 민법 제304조 제2항에 의하여 그 효과가 제한된다고 할 수 없다**(대판 2010.8.19. 2010다43801).

➡ B의 동의가 없었다고 하더라도 甲이 A에게 제287조에 기한 소멸청구를 할 수 없는 것은 아니다. 따라서 지상권은 소멸하게 되고 甲이 A에게 철거를 청구하면 B는 제304조 2항이 없었음을 이유로 대항할 수 없다.

31 제304조(건물의 전세권, 지상권, 임차권에 대한 효력) ① 타인의 토지에 있는 건물에 전세권을 설정한 때에는 **전세권의 효력은 그 건물의 소유를 목적으로 한 지상권 또는 임차권에 미친다.**
② 전항의 경우에 전세권설정자는 전세권자의 동의없이 지상권 또는 임차권을 소멸하게 하는 행위를 하지 못한다.

32

전세권자는 전세권설정자에게 전세권 목적물의 현상을 유지하기 위해 지출한 필요비의 상환을 청구할 수 있다.　　　　　　　　　　　　　　　　　　　　　　　　　　　　　　　　　O | X

> 해설　전세권자는 임차인과 달리 목적물의 현상을 유지하고 그 통상의 관리에 속한 수선을 하여야 할 유지·수선의무를 부담하기 때문에(제309조), 필요비의 상환은 청구할 수 없고, 일정한 요건하에 유익비상환청구권만 인정된다(제310조).
>
> 관련쟁점　다만 이 경우에도 그 사용으로 인하여 저당목적물의 가치가 감소되어 경매가격이 하락하는 등의 경우에는 '저당권 침해'를 이유로 손해배상청구를 할 수는 있다(대판 2008.1.17. 2006다586). 이와 달리 임대인은 계약존속 중 임차인이 사용·수익을 하는 데 필요한 상태를 유지하게 할 의무를 부담하므로(제623조), 목적물의 상태가 사용·수익에 적합하지 아니하면 임대인은 이를 수선해야 할 적극적인 의무를 부담한다. 따라서 임대인의 수선의무에 속하는 것을 임차인이 대신 한 경우에는 임차인은 즉시 임대인에게 '필요비의 상환을 청구'할 수 있다(제626조 제1항).

33

전세권자는 전세권설정계약에 다른 약정이 없는 한 원전세권설정자의 동의 없이 전전세(轉傳貰)할 수 있다.　　O | X

> 해설　제306조(전세권의 양도, 임대 등) 전세권자는 전세권을 타인에게 양도 또는 담보로 제공할 수 있고 그 존속기간내에서 그 목적물을 타인에게 전전세 또는 임대할 수 있다. **그러나 설정행위로 이를 금지한 때에는 그러하지 아니하다.**
>
> 비교조문　제282조(지상권의 양도, 임대) 지상권자는 타인에게 그 권리를 양도하거나 그 권리의 존속기간 내에서 그 토지를 임대할 수 있다.
>
> 제629조(임차권의 양도, 전대의 제한) ① 임차인은 임대인의 동의없이 그 권리를 양도하거나 임차물을 전대하지 못한다.
> ② 임차인이 전항의 규정에 위반한 때에는 임대인은 계약을 해지할 수 있다.

34

전세권자가 전세권설정계약 또는 그 목적물의 성질에 의하여 정하여진 용법으로 이를 사용, 수익하지 아니한 경우에는 전세권설정자는 전세권의 소멸을 청구할 수 있다.　　　　　　　　　　　　　O | X

정답 |　**29** O　**30** ×　**31** ×　**30** ×　**32** ×　**33** O　**34** O

해설 **제311조(전세권의 소멸청구)** ① 전세권자가 전세권설정계약 또는 그 목적물의 성질에 의하여 정하여진 용법으로 이를 사용, 수익하지 아니한 경우에는 전세권설정자는 전세권의 소멸을 청구할 수 있다.

② 전항의 경우에는 전세권설정자는 전세권자에 대하여 원상회복 또는 손해배상을 청구할 수 있다.

35
21서기보

전세권의 존속기간을 정하지 않은 경우, 각 당사자는 언제든지 상대방에 대하여 전세권의 소멸을 통고할 수 있고, 상대방이 이 통고를 받은 날로부터 6월이 경과하면 전세권은 소멸한다. ○ | X

해설 **제313조(전세권의 소멸통고)** 전세권의 존속기간을 약정하지 아니한 때에는 각 당사자는 언제든지 상대방에 대하여 전세권의 소멸을 통고할 수 있고 상대방이 이 통고를 받은 날로부터 6월이 경과하면 전세권은 소멸한다.

36
13서기보

주택임대차보호법상 임차인으로서의 지위와 전세권자로서의 지위를 함께 가지고 있는 자가 그 중 임차인으로서의 지위에 기하여 경매법원에 배당요구를 하였다면 배당요구를 하지 아니한 전세권에 관하여도 배당요구가 있는 것으로 볼 수 있다. ○ | X

해설 주택임대차보호법상 임차인으로서의 지위와 전세권자로서의 지위를 함께 가지고 있는 자가 그 중 임차인으로서의 지위에 기하여 경매법원에 배당요구를 하였다면 배당요구를 하지 아니한 전세권에 관하여는 배당요구가 있는 것으로 볼 수 없다(대판 2010.6.24. 2009다40790).

37
13서기보

최선순위 전세권자로서의 지위와 주택임대차보호법상 대항력을 갖춘 임차인으로서의 지위를 함께 가지고 있는 사람이 전세권자로서 배당요구를 하여 전세권이 매각으로 소멸된 경우, 변제받지 못한 나머지 보증금에 기하여 대항력을 행사할 수 있다. ○ | X

해설 **대항력을 갖춘 임차인으로서의 지위와 전세권자로서의 지위를 함께 가지는 경우**
주택에 관하여 최선순위로 전세권설정등기를 마치고 등기부상 새로운 이해관계인이 없는 상태에서 전세권설정계약과 동일성이 인정되는 임대차계약을 체결하여 주택임대차보호법상 대항요건을 갖추었다면, 전세권자로서의 지위와 주택임대차보호법상 대항력을 갖춘 임차인으로서의 지위를 함께 가지게 된다. 이러한 경우 **최선순위 전세권자로서 배당요구를 하여 전세권이 매각으로 소멸되었다 하더라도 변제받지 못한 나머지 보증금에 기하여 대항력을 행사할 수 있고, 그 범위 내에서 임차주택의 매수인은 임대인의 지위를 승계한 것으로 보아야** 한다(대결 2010.7.26. 2010마900).

➡ 전세권자가 주택임대차보호법상의 대항력을 갖추는 것은 자신의 지위를 강화하기 위한 것이지 원래 가졌던 권리를 포기하고 다른 권리로 대체하려는 것은 아니라는 점에서 *判例*의 태도는 타당하다(위 2010마900 판시내용).

38

전세금은 그 성격에 비추어 민법 제315조에 정한 전세권설정자의 전세권자에 대한 손해배상채권 외 다른 채권까지 담보한다고 볼 수 없으므로, 전세권설정자가 전세권자에 대하여 위 손해배상채권 외 다른 채권을 가지고 있더라도 다른 특별한 사정이 없는 한 이를 가지고 전세금반환채권에 대하여 물상대위권을 행사한 전세권저당권자에게 상계 등으로 대항할 수 없다. ○ | ×

> **해설** 전세권설정자가 전세권자에 대하여 민법 제315조의 손해배상채권 외 다른 채권을 가지고 있는 경우, 전세금반환채권에 대하여 물상대위권을 행사한 전세권저당권자에게 상계 등으로 대항할 수 있는지 여부(소극)(대판 2008.3.13. 2006다29372)

39

전세권자가 그 목적물을 인도하였다고 하더라도 전세권설정등기의 말소등기에 필요한 서류를 교부하거나 그 이행의 제공을 하지 아니하는 이상, 전세권설정자는 전세금의 반환을 거부할 수 있고, 이 경우 다른 특별한 사정이 없는 한 그가 전세금에 대한 이자 상당액의 이득을 법률상 원인 없이 얻는다고 볼 수 없다. ○ | ×

> **해설** 전세권자로부터 전세권 목적물을 인도받은 전세권설정자가 전세권자에 대하여 전세권설정등기의 말소와 동시이행을 주장하면서 전세금의 반환을 거부하는 경우, 전세권설정자에게 전세금에 대한 이자 상당액의 부당이득 반환의무가 있는지 여부(소극)
> 전세권설정자는 전세권이 소멸한 경우 전세권자로부터 그 목적물의 인도 및 전세권설정등기의 말소등기에 필요한 서류의 교부를 받는 동시에 전세금을 반환할 의무가 있을 뿐이므로, 전세권자가 그 목적물을 인도하였다고 하더라도 전세권설정등기의 말소등기에 필요한 서류를 교부하거나 그 이행의 제공을 하지 아니하는 이상, 전세권설정자는 전세금의 반환을 거부할 수 있고, 이 경우 다른 특별한 사정이 없는 한 그가 전세금에 대한 이자 상당액의 이득을 법률상 원인 없이 얻는다고 볼 수 없다(대판 2002.2.5. 2001다62091).

40

건물의 일부에 대하여 전세권이 설정되어 있는 경우 전세권자는 그 부분에 한하여 우선변제권이 있다. ○ | ×

> **해설** **제303조(전세권의 내용)** ① 전세권자는 전세금을 지급하고 타인의 부동산을 점유하여 그 부동산의 용도에 좇아 사용·수익하며, 그 부동산 전부에 대하여 후순위권리자 기타 채권자보다 전세금의 우선변제를 받을 권리가 있다.

41

건물의 일부에 대하여 전세권이 설정되어 있는 경우, 그 전세권자는 전세권의 목적물이 아닌 나머지 건물 부분에 대하여는 우선변제권은 별론으로 하고 경매신청권은 없다. O | X

42

건물의 일부에 대하여 전세권이 설정되어 있는 경우, 전세권자는 건물 전부에 대하여 전세금의 우선변제를 받을 권리가 있으나 전세권의 목적물이 아닌 나머지 건물부분에 대하여는 우선변제권은 별론으로 하고 경매신청권은 없으므로, 전세권자는 전세권의 목적이 된 부분을 초과하여 건물 전부의 경매를 청구할 수 없다. 그러나 전세권의 목적이 된 부분이 구조상 또는 이용상 독립성이 없어 독립한 소유권의 객체로 분할할 수 없고 따라서 그 부분만의 경매신청이 불가능한 경우에는 달리 볼 수 있다. O | X

해설 **41 42** 건물의 일부에 대하여 전세권이 설정되어 있는 경우, 전세권자가 전세권의 목적물이 아닌 나머지 건물부분에 대하여 경매신청을 할 수 있는지 여부(소극)

건물의 일부에 대하여 전세권이 설정되어 있는 경우 그 전세권자는 민법 제303조 제1항의 규정에 의하여 그 건물 전부에 대하여 후순위권리자 기타 채권자보다 전세금의 우선변제를 받을 권리가 있고, 민법 제318조의 규정에 의하여 전세권설정자가 전세금의 반환을 지체한 때에는 전세권의 목적물의 경매를 청구할 수 있는 것이나, 전세권의 목적물이 아닌 나머지 건물부분에 대하여는 우선변제권은 별론으로 하고 경매신청권은 없으므로, 위와 같은 경우 **전세권자는 전세권의 목적이 된 부분을 초과하여 건물 전부의 경매를 청구할 수 없다고 할 것이고, 그 전세권의 목적이 된 부분이 구조상 또는 이용상 독립성이 없어 독립한 소유권의 객체로 분할할 수 없고 따라서 그 부분만의 경매신청이 불가능하다고 하여 달리 볼 것은 아니다**(대결 2001.7.2. 2001마212).

43

전세권이 존속기간의 만료 등으로 종료한 경우, 최선순위 전세권자의 채권자는 전세권이 설정된 부동산에 대한 경매절차에서 채권자대위권에 기하거나 전세금반환채권에 대하여 압류 및 추심명령을 받은 다음 추심권한에 기하여 자기 이름으로 전세권에 대한 배당요구를 할 수 있다. O | X

해설 민사집행법 제91조 제3항은 "전세권은 저당권·압류채권·가압류채권에 대항할 수 없는 경우에는 매각으로 소멸된다."라고 규정하고, 같은 조 제4항은 "제3항의 경우 외의 전세권은 매수인이 인수한다. 다만 전세권자가 배당요구를 하면 매각으로 소멸된다."라고 규정하고 있는데, 이는 저당권 등에 대항할 수 없는 전세권과 달리, 최선순위의 전세권은 존속기간에 상관없이 오로지 전세권자의 배당요구에 의하여만 소멸하고, 전세권자가 배당요구를 하지 않는 한 매수인에게 인수된다는 취지이다. 따라서 최선순위의 전세권은 전세권자 스스로 배당요구를 하여야만 매각으로 소멸함이 원칙이다. 그러나 **전세권이 존속기간의 만료나 합의해지 등으로 종료하면 전세권의 용익물권적 권능은 소멸하고 단지 전세금반환채권을 담보하는 담보물권적 권능의 범위 내에서 전세금의 반환까지 전세권설정등기의 효력이 존속하므로, 전세권이 존속기간의 만료 등으로 종료한 경우라면 최선순위 전세권자의 채권자는 전세권이 설정된 부동산에 대한 경매절차에서 채권자대위권에 기하거나 전세금반환채권에 대하여 압류 및 추심명령을 받은 다음 추심권한에 기하여 자기 이름으로 전세권에 대한 배당요구를 할 수 있다**(대판 2015.11.17. 2014다10694).

전세권이 그 존속기간의 만료로 인하여 소멸한 때에는 전세권자는 그 목적물을 원상에 회복하여야 하며
그 목적물에 부속시킨 물건은 수거할 수 있다. 그러나 전세권설정자가 그 부속물건의 매수를 청구한 때에
는 전세권자는 정당한 이유 없이 거절하지 못한다.   ○ | ✕

> 해설 **제316조(원상회복의무, 매수청구권)** ① 전세권이 그 존속기간의 만료로 인하여 소멸한 때에는 전세권자는 그 목
> 적물을 원상에 회복하여야 하며 그 목적물에 부속시킨 물건은 수거할 수 있다. 그러나 전세권설정자가 그 부속물건의 매수
> 를 청구한 때에는 전세권자는 정당한 이유없이 거절하지 못한다.

제5장 | 담보물권

제1절 유치권

01

14법무사, 19주사보

타인의 물건 또는 유가증권을 점유한 자는 그 물건이나 유가증권에 관하여 생긴 채권이 변제기에 있는 경우에는 변제를 받을 때까지 그 물건 또는 유가증권을 유치할 권리가 있다. ○ | X

> **해설** **제320조(유치권의 내용)** ① 타인의 물건 또는 유가증권을 점유한 자는 그 물건이나 유가증권에 관하여 생긴 채권이 변제기에 있는 경우에는 변제를 받을 때까지 그 물건 또는 유가증권을 유치할 권리가 있다.
> ② 전항의 규정은 그 점유가 불법행위로 인한 경우에 적용하지 아니한다.
> ➡ 유치권은 타인의 물건 또는 유가증권을 점유하는 자가 그 물건 또는 유가증권에 관하여 생긴 채권의 변제를 받을 때까지 그 목적물을 유치하여 채무자의 변제를 간접강제하는 '법정담보물권'이다(제320조).

02

13/18주사보, 13법무사

유치권자는 채권전부의 변제를 받을 때까지 유치물 전부에 대하여 그 권리를 행사할 수 있다. ○ | X

> **해설** **제321조(유치권의 불가분성)** 유치권자는 채권전부의 변제를 받을 때까지 유치물전부에 대하여 그 권리를 행사할 수 있다.

03

11법원행시

다세대주택의 창호 등의 공사를 완성한 하수급인이 공사대금채권 전액을 변제받기 위하여 위 다세대주택 중 한 세대를 점유하여 유치권을 행사하는 경우, 그 유치권은 위 한 세대에 대하여 시행한 공사대금만이 아니라 다세대주택 전체에 대하여 시행한 공사대금채권의 잔액 전부를 피담보채권으로 하여 성립한다. ○ | X

> **해설** 대판 2007.9.7. 2005다16942

04

타인의 물건 또는 유가증권을 점유한 자는 그 물건이나 유가증권에 관하여 생긴 채권이 변제기에 있는 경우에는 변제를 받을 때까지 그 물건 또는 유가증권을 유치할 권리가 있다. ○ㅣX

> **해설** **제320조(유치권의 내용)** ① 타인의 물건 또는 유가증권을 점유한 자는 그 물건이나 유가증권에 관하여 생긴 채권이 변제기에 있는 경우에는 변제를 받을 때까지 그 물건 또는 유가증권을 유치할 권리가 있다.

05

우리 법에서 유치권제도는 무엇보다도 권리자에게 그 목적인 물건을 유치하여 계속 점유할 수 있는 대세적 권능을 인정한다(민법 제320조 제1항, 민사집행법 제91조 제5항 등 참조). 그리하여 소유권 등에 기하여 목적물을 인도받고자 하는 사람(물건의 점유는 대부분의 경우에 그 사용수익가치를 실현하는 전제가 된다)은 유치권자가 가지는 그 피담보채권을 만족시키는 등으로 유치권이 소멸하지 아니하는 한 그 인도를 받을 수 없으므로 실제로는 그 변제를 강요당하는 셈이 된다. 그와 같이 하여 유치권은 유치권자의 그 채권의 만족을 간접적으로 확보하려는 것이다. 그런데 우리 법상 저당권 등의 부동산담보권은 이른바 비점유담보로서 그 권리자가 목적물을 점유함이 없이 설정되고 유지될 수 있고 실제로도 저당권자 등이 목적물을 점유하는 일은 매우 드물다. 따라서 어떠한 부동산에 저당권 또는 근저당권과 같이 담보권이 설정된 경우에도 그 설정 후에 제3자가 그 목적물을 점유함으로써 그 위에 유치권을 취득하게 될 수 있다. ○ㅣX

> **해설** 대판 2011.12.22. 2011다84298 참조

06

유치권은 목적물의 소유자와 채권자와의 사이의 계약에 의하여 설정되는 것이 아니라 법이 정하는 일정한 객관적 요건을 갖춤으로써 발생하는 이른바 법정담보물권이다. 법이 유치권제도를 마련하여 위와 같은 거래상의 부담을 감수하는 것은 유치권에 의하여 우선적으로 만족을 확보하여 주려는 그 피담보채권에 특별한 보호가치가 있다는 것에 바탕을 둔 것으로서, 그러한 보호가치는 예를 들어 민법 제320조 이하의 민사유치권의 경우에는 객관적으로 점유자의 채권과 그 목적물 사이에 특수한 관계(민법 제320조 제1항의 문언에 의하면 '그 물건에 관하여 생긴 채권'일 것, 즉 이른바 '물건과 채권과의 견련관계'가 있는 것)가 있는 것에서 인정된다. ○ㅣX

> **해설** 대판 2011.12.22. 2011다84298 참조

07

유치권의 성립요건이자 존속요건인 유치권자의 점유는 직접점유이든 간접점유이든 관계가 없으나, 다만 그 직접점유자가 채무자인 경우에는 유치권의 요건으로서 점유에 해당하지 않는다. ○|X

08

유치권의 성립요건인 유치권자의 점유는 직접점유만을 말하고 간접점유는 포함되지 않는다. ○|X

> **해설** **07 08** 유치권의 성립요건이자 존속요건인 유치권자의 점유는 직접점유이든 간접점유이든 관계가 없으나, 다만 유치권은 목적물을 유치함으로써 채무자의 변제를 간접적으로 강제하는 것을 본체적 효력으로 하는 권리인 점 등에 비추어, 그 직접점유자가 채무자인 경우에는 유치권의 요건으로서의 점유에 해당하지 않는다고 할 것이다(대판 2008.4.11. 2007다27236).

09

기성부분이 수급인의 재료와 노력으로 건축되고 독립한 건물에 이르러 수급인의 소유에 해당하는 경우, 수급인은 공사대금을 지급받을 때까지 이에 대하여 유치권을 가질 수 없다. ○|X

> **해설** 유치권은 타물권인 점에 비추어 볼 때 수급인의 재료와 노력으로 건축되었고 독립한 건물에 해당되는 기성부분은 수급인의 소유라 할 것이므로 수급인은 공사대금을 지급받을 때까지 이에 대하여 유치권을 가질 수 없다(대판 1993.3.26. 91다14116).

10

甲회사가 건물신축 공사대금 일부를 지급받지 못하자 건물을 점유하면서 유치권을 행사해 왔는데, 그 후 乙이 경매절차에서 건물 중 일부를 매수하여 소유권이전등기를 마친 다음 甲 회사의 점유를 침탈하여 丙에게 임대한 경우 乙의 점유침탈로 유치건물에 대한 甲회사의 점유는 상실되나, 甲 회사가 점유회수의 소를 제기하여 점유를 회복할 수 있다는 사정이 있는 만큼 甲회사의 유치권은 소멸되지 않았다. ○|X

> **해설** 성립요건: 목적물을 적법하게 점유하고 있을 것 – 점유의 계속
> 유치권은 ⅰ) 타인의 물건 또는 유가증권(목적물)을 ⅱ) 적법하게 점유하고 있으며(재항변 사유), ⅲ) 그 목적물에 관하여 생긴 채권(채권과 목적물과의 견련관계)이 ⅳ) 변제기에 있을 때 ⅴ) 유치권 배제특약이 없는 경우(재항변 사유)에 성립한다(제320조). 이 때 점유는 계속되어야 한다. 유치권자가 목적물의 점유를 잃으면 유치권은 당연히 소멸한다(제328조). 최근 判例는 甲회사가 건물신축 공사대금 일부를 지급받지 못하자 건물을 점유하면서 유치권을 행사해 왔는데, 그 후 乙이 경매절차에서 건물 중 일부를 매수하여 소유권이전등기를 마친 다음 甲 회사의 점유를 침탈하여 丙에게 임대한 사안에서, "**乙의 점유침탈로 甲회사가 점유를 상실한 이상 유치권은 소멸**하고, 甲 회사가 점유회수의 소를 제기하여 승소판결을 받아 점유를 회복하면 점유를 상실하지 않았던 것으로 되어 유치권이 되살아나지만, **점유회수의 소를 제기하여 점유를 회복할 수 있다는 사정만으로 甲회사의 유치권이 소멸하지 않았다고 볼 것은 아니다.**"라는 취지의 판결을 하였다(대판 2012.2.9. 2011다72189).

甲 주식회사가 건물신축 공사대금 일부를 지급받지 못하자 건물을 점유하면서 유치권을 행사해 왔는데, 그 후 乙이 경매절차에서 건물 중 일부 상가를 매수하여 소유권이전등기를 마친 다음 甲 회사의 점유를 침탈하여 丙에게 임대한 사안에서, 乙의 점유침탈로 甲 회사가 점유를 상실한 이상 유치권은 소멸하고, 甲 회사가 점유회수의 소를 제기하여 승소판결을 받아 점유를 회복하면 점유를 상실하지 않았던 것으로 되어 유치권이 되살아난다.   ○ | ×

> 해설 대판 2012.2.9. 2011다72189

건물임차인이 임대차계약이 적법하게 해지된 후에도 계속 건물을 점유하면서 그 건물에 필요비를 지출하더라도 그 필요비상환청구권에 관하여는 유치권이 성립하지 않는다.   ○ | ×

> 해설 성립요건: 목적물을 적법하게 점유하고 있을 것 – 적법한 점유
> 그 점유는 불법행위로 인해 취득한 것이 아니어야 한다(제320조 제2항; 불법점유자는 유치권을 주장할 수 없을 뿐 비용상환청구권 자체는 인정될 수 있다). 또한 **권원에 의하여 점유를 개시하였다 하더라도 후에 권원이 소멸한 경우**에는 유치권의 성립이 인정되지 않는다. 그러므로 건물임차인이 임대차계약이 적법하게 해지된 후에도 계속 건물을 점유하고 그 건물에 필요비를 지출하더라도 그 필요비상환청구권에 관하여는 유치권이 성립하지 않는다(대판 1967.1.24. 66다2144).

점유물에 대한 필요비 및 유익비 상환청구권을 기초로 하는 유치권의 주장을 배척하려면 적어도 그 점유가 불법행위로 인하여 개시되었거나 점유자가 필요비 및 유익비를 지출할 당시 이를 점유할 권원이 없음을 알았거나 '중대한 과실'로 알지 못하였다고 인정할만한 사유에 대한 상대방 당사자의 주장·입증이 있어야 한다.   ○ | ×

> 해설 성립요건: 목적물을 적법하게 점유하고 있을 것 – 적법한 점유
> 권원이 없음을 과실로 알지 못하고 비용을 지출한 점유자가 유치권을 가지느냐와 관련하여 최근 判例는 "물건의 점유자는 소유의 의사로 선의, 평온 및 공연하게 점유한 것으로 추정되고 점유자가 점유물에 대하여 행사하는 권리는 적법하게 보유하는 것으로 추정된다(제197조 제1항, 제200조). 따라서 점유물에 대한 필요비 및 유익비 상환청구권을 기초로 하는 유치권의 주장을 배척하려면 적어도 그 **점유가 불법행위로 인하여 개시되었거나 점유자가 필요비 및 유익비를 지출할 당시 이를 점유할 권원이 없음을 알았거나 중대한 과실로 알지 못하였다**고 인정할만한 사유에 대한 **상대방 당사자의 주장·입증이** 있어야 한다."(대판 2011.12.13. 2009다5162)라고 보아 악의, 중과실이 있는 경우에는 유치권의 성립을 부정한다.

14

출제예상

피담보채권이 목적물의 반환청구권과 동일한 법률관계 또는 사실관계로부터 발생한 경우에도 유치권은 성립할 수 있다. ○ | X

> **해설** 성립요건 – 채권과 목적물과의 견련관계
> 判例는 "유치권 제도 본래의 취지인 공평의 원칙에 특별히 반하지 않는 한 채권이 목적물 자체로부터 발생한 경우는 물론이고 채권이 목적물의 반환청구권과 동일한 법률관계나 사실관계로부터 발생한 경우도 포함한다."(대판 2007.9.7. 2005다16942)라고 하여 **광의설적인 입장**을 밝혔다. 그러나 **실제 결과에 있어서 判例는 동시이행의 항변권에 대해서는 공평의 원칙을 근거로 '견련성'의 의미를 완화하여 해석하는 반면, 유치권에 대해서는 이를 엄격하게 해석하고 있는 것으로 보인다.**

15

출제예상

토지소유자 甲은 10층 건물을 지어 달라는 계약을 건축업자 乙과 체결하면서 이에 소요되는 건축자재 일체는 乙이 조달하고 총 공사비 10억원에 공사대금은 기성고(旣成高) 비율에 따라 지급하기로 약정하였다. 乙이 건물의 소유권을 취득한다면 공사대금채권을 위해 건물을 유치할 권리가 없다. ○ | X

> **해설** 보수지급청구권의 확보를 위한 유치권 인정 여부(원칙적 적극)
> 수급인의 보수채권은 도급목적물과 **견련성**이 있는 것이므로 보수채권을 위한 유치권이 인정된다. 다만 **유치권은 타물권**이므로 완성물의 소유권이 도급인에게 귀속하는 경우에 수급인은 보수채권을 피담보채권으로 하여 완성물에 관하여 유치권을 행사할 수 있다(대판 1995.9.15. 95다16202). **따라서 완성물의 소유권이 수급인 乙에게 귀속된다면 공사대금채권을 위해 건물을 유치할 권리가 없다.**

16

14서기보

甲이 건물 신축공사 수급인인 乙 주식회사와 체결한 약정에 따라 공사현장에 시멘트와 모래 등의 건축자재를 공급한 사안에서, 甲의 건축자재대금채권은 매매계약에 따른 매매대금채권에 불과할 뿐 건물 자체에 관하여 생긴 채권이라고 할 수는 없으므로 건물에 관한 유치권의 피담보채권이 될 수 없다. ○ | X

> **해설** 민법 제320조 제1항은 "타인의 물건 또는 유가증권을 점유한 자는 그 물건이나 유가증권에 관하여 생긴 채권이 변제기에 있는 경우에는 변제를 받을 때까지 그 물건 또는 유가증권을 유치할 권리가 있다."고 규정하고 있으므로, 유치권의 피담보채권은 '그 물건에 관하여 생긴 채권'이어야 한다. **甲이 건물 신축공사 수급인인 乙 주식회사와 체결한 약정에 따라 공사현장에 시멘트와 모래 등의 건축자재를 공급한 사안에서, 甲의 건축자재대금채권은 매매계약에 따른 매매대금채권에 불과할 뿐 건물 자체에 관하여 생긴 채권이라고 할 수는 없음에도** 건물에 관한 유치권의 피담보채권이 된다고 본 원심 판결에 유치권의 성립요건인 채권과 물건 간의 견련관계에 관한 법리오해의 위법이 있다(대판 2012.1.26. 2011다96208).

17

도급인과 건물신축공사 계약을 체결한 수급인이 공사완료 예정일에 공사를 완료하였으나 도급인이 공사대금을 지급하지 않는 경우, 수급인은 공사대금청구권 및 공사대금 채무불이행에 따른 손해배상청구권을 피담보채권으로 하여 도급인에게 위 신축건물에 관한 유치권으로 대항할 수 있다. ○│X

> **해설** 수급인의 공사대금채권 및 채무불이행으로 인한 손해배상채권
> ① 주택건물의 신축공사를 한 **수급인이 그 건물을 점유하고 있고 또 그 건물에 관하여 생긴 공사금 채권**이 있다면, 수급인은 그 채권을 변제받을 때까지 **건물을 유치할 권리**가 있다고 할 것이고, 이러한 유치권은 수급인이 점유를 상실하거나 피담보채무가 변제되는 등 특단의 사정이 없는 한 소멸되지 않는다(대판 1995.9.15. 95다16202,16219).
> ② **채무불이행에 의한 손해배상청구권은 원채권의 연장**이라 보아야 할 것이므로 **물건과 원채권과 사이에 견련관계**가 있는 경우에는 **그 손해배상채권과 그 물건과의 사이에도 견련관계가 있다**할 것으로서 손해배상채권에 관하여 유치권항변을 내세울 수 있다(대판 1976.9.28. 76다582).

18

판례는 건물에 관한 임차보증금반환청구권에 기한 유치권을 인정하고 있다. ○│X

> **해설** 임차인의 임차보증금반환청구권이나 손해배상청구권이 민법 320조 소정 그 건물에 관하여 생긴 채권이라 할 수 있는지 여부
> 건물의 임대차에 있어서 임차인의 임대인에게 지급한 임차보증금반환청구권이나 임대인이 건물시설을 아니하기 때문에 임차인에게 건물을 임차목적대로 사용못한 것을 이유로 하는 손해배상청구권은 모두 민법 320조 소정 소위 그 건물에 관하여 생긴 채권이라 할 수 없다(대판 1976.5.11. 75다1305).
>
> **관련판례** 임차인의 부속물 매수청구권은 그가 건물 기타공작물을 임대차한 경우에 생기는것(민법 646조)이고, 보증금반환청구권은 민법 제320조에서 말하는 그 물건(유가증권)에 관하여 생긴 채권이 아니다(대판 1977.12.13. 77다115).

19

임대인과 임차인 사이에 건물명도시 권리금을 반환하기로 하는 약정이 있었다 하더라도 그와 같은 권리금반환청구권은 건물에 관하여 생긴 채권이라 할 수 없으므로 그와 같은 채권을 가지고 건물에 대한 유치권을 행사할 수 없다. ○│X

> **해설** 임차인이 약정에 기한 권리금반환청구권을 가지고 임차물에 대해 유치권을 행사할 수 있는지 여부
> 임대인과 임차인 사이에 건물명도시 권리금을 반환하기로 하는 약정이 있었다 하더라도 그와 같은 권리금반환청구권은 건물에 관하여 생긴 채권이라 할 수 없으므로 그와 같은 채권을 가지고 건물에 대한 유치권을 행사할 수 없다(대판 1994.10.14. 93다62119).

정답 | **14** ○ **15** ○ **16** ○ **17** ○ **18** × **19** ○

20

부동산매도인이 매매대금을 다 지급받지 않은 상태에서 매수인에게 소유권이전등기를 마쳐주었으나 부동산을 계속 점유하고 있는 경우, 매매대금채권을 피담보채권으로 하여 매수인에게 유치권을 주장할 수 있다.

○ | X

> **해설** 부동산 매도인이 매매대금을 다 지급받지 않은 상태에서 매수인에게 소유권이전등기를 마쳐주었으나 부동산을 계속
> 점유하고 있는 경우, 매매대금채권을 피담보채권으로 하여 매수인이나 그에게서 부동산 소유권을 취득한 제3자에게 유치권
> 을 주장할 수 있는지 여부(소극)
> **부동산 매도인이 매매대금을 다 지급받지 아니한 상태에서 매수인에게 소유권이전등기를 마쳐주어 목적물의 소유권을 매수
> 인에게 이전한 경우에는, 매도인의 목적물인도의무에 관하여 동시이행의 항변권 외에 물권적 권리인 유치권까지 인정할
> 것은 아니다.** 왜냐하면 법률행위로 인한 부동산물권변동의 요건으로 등기를 요구함으로써 물권관계의 명확화 및 거래의
> 안전·원활을 꾀하는 우리 민법의 기본정신에 비추어 볼 때, 만일 이를 인정한다면 매도인은 등기에 의하여 매수인에게
> 소유권을 이전하였음에도 매수인 또는 그의 처분에 기하여 소유권을 취득한 제3자에 대하여 소유권에 속하는 대세적인
> 점유의 권능을 여전히 보유하게 되는 결과가 되어 부당하기 때문이다. 또한 매도인으로서는 자신이 원래 가지는 동시이행
> 의 항변권을 행사하지 아니하고 자신의 소유권이전의무를 선이행함으로써 매수인에게 소유권을 넘겨 준 것이므로 그에
> 필연적으로 부수하는 위험은 스스로 감수하여야 한다. 따라서 매도인이 부동산을 점유하고 있고 소유권을 이전받은 매수
> 인에게서 매매대금 일부를 지급받지 못하고 있다고 하여 매매대금채권을 피담보채권으로 매수인이나 그에게서 부동산 소
> 유권을 취득한 제3자를 상대로 유치권을 주장할 수 없다(대결 2012.1.12. 2011마2380).

21

임차인은 부속물매수청구권에 관하여 유치권을 행사할 수 없으나, 유익비상환청구권에 대해서는 유치권이 인정된다.

○ | X

22

건물의 임차인이 임대차관계 종료시에는 건물을 원상으로 복구하여 임대인에게 명도하기로 약정하였다고 하더라도 임차인은 임대차보증금을 반환받을 때까지 건물에 관하여 비용상환청구권이 있음을 전제로 하는 유치권을 주장할 수 있다.

○ | X

> **해설 21 22** 임대차종료시에 임차인이 건물을 원상으로 복구하여 임대인에게 명도키로 약정한 경우에 비용상환청구권이
> 있음을 전제로 하는 유치권 주장의 당부
> 건물의 임차인이 임대차관계 종료시에는 건물을 원상으로 복구하여 임대인에게 명도하기로 약정한 것은 건물에 지출한
> 각종 유익비 또는 필요비의 상환청구권을 미리 포기하기로 한 취지의 특약이라고 볼 수 있어 임차인은 유치권을 주장을
> 할 수 없다(대판 1975.4.22. 73다2010).

23

건물의 신축공사를 도급받은 수급인이 사회통념상 독립한 건물이라고 볼 수 없는 정착물을 토지에 설치한 상태에서 공사가 중단된 경우에 위 정착물에 관하여는 유치권을 행사할 수 없다.

○ | X

해설 건물의 신축공사를 한 수급인이 그 건물을 점유하고 있고 또 그 건물에 관하여 생긴 공사금 채권이 있다면, 수급인은 그 채권을 변제받을 때까지 건물을 유치할 권리가 있는 것이지만, ⅰ) **건물의 신축공사를 도급받은 수급인이 사회통념상 독립한 건물이라고 볼 수 없는 정착물을 토지에 설치한 상태에서 공사가 중단된 경우에 위 정착물은 토지의 부합물에 불과하여 이러한 정착물에 대하여 유치권을 행사할 수 없는 것**이고, 또한 ⅱ) **공사중단시까지 발생한 공사금 채권은 토지에 관하여 생긴 것이 아니므로 위 공사금 채권에 기하여 토지에 대하여 유치권을 행사할 수도 없는 것**이다(대결 2008.5.30. 2007마98).

24
13사무관, 14서기보

甲이 건물 신축공사 수급인인 乙 주식회사와 체결한 약정에 따라 공사현장에 시멘트와 모래 등의 건축자재를 공급한 경우, 甲의 건축자재대금채권은 매매계약에 따른 매매대금채권에 불과할 뿐 건물 자체에 관하여 생긴 채권이라고 할 수는 없으므로 건물에 관한 유치권의 피담보채권이 될 수 없다.　　○ | X

해설 甲이 건물 신축공사 수급인인 乙 주식회사와 체결한 약정에 따라 공사현장에 시멘트와 모래 등의 건축자재를 공급한 사안에서, **甲의 건축자재대금채권은 매매계약에 따른 매매대금채권에 불과할 뿐 건물 자체에 관하여 생긴 채권이라고 할 수는 없음**에도 건물에 관한 유치권의 피담보채권이 된다고 본 원심판결에 유치권의 성립요건인 채권과 물건 간의 견련관계에 관한 법리오해의 위법이 있다(대판 2012.1.26. 2011다96208).

25
17법원행시, 20서기보

유치권은 그 목적물에 관하여 생긴 채권이 변제기에 있는 경우에 비로소 성립한다.　　○ | X

해설 **제320조(유치권의 내용)** ① 타인의 물건 또는 유가증권을 점유한 자는 그 물건이나 유가증권에 관하여 생긴 채권이 변제기에 있는 경우에는 변제를 받을 때까지 그 물건 또는 유가증권을 유치할 권리가 있다.

26
14/19법원행시, 16/18법무사

건물신축 도급계약에서 수급인이 공사를 완성하였더라도, 신축된 건물에 하자가 있고 그 하자 및 손해에 상응하는 금액이 공사잔대금액 이상이어서, 도급인이 수급인에 대한 하자보수청구권 내지 하자보수에 갈음한 손해배상채권 등에 기하여 수급인의 공사잔대금 채권 전부에 대하여 동시이행의 항변을 한 때에는, 공사잔대금 채권의 변제기가 도래하지 아니한 경우와 마찬가지로 수급인은 도급인에 대하여 하자보수의무나 하자보수에 갈음한 손해배상의무 등에 관한 이행의 제공을 하지 아니한 이상 공사잔대금 채권에 기한 유치권을 행사할 수 없다.　　○ | X

정답 | **20** × **21** ○ **22** × **23** ○ **24** ○ **25** ○ **26** ○

27

출제예상

건물신축 도급계약에서 완성된 건물에 하자가 있고 하자에 상응하는 손해액이 공사잔대금액 이상이어서 도급인이 하자보수청구권에 기하여 수급인의 공사잔대금 채권 전부에 대하여 동시이행항변을 하였으나, 수급인이 도급인에게 하자보수의무의 이행제공을 하지 않은 경우, 건물을 점유하고 있는 수급인이 도급인에게 민법상의 유치권 행사가 인정된다. ○ | X

> **해설** 유치권은 ⅰ) 타인의 물건 또는 유가증권(목적물)을 ⅱ) 적법하게 점유하고 있으며(재항변 사유), ⅲ) 그 목적물에 관하여 생긴 채권(채권과 목적물과의 견련관계)이 ⅳ) 변제기에 있을 때 ⅴ) 유치권 배제특약이 없는 경우(재항변 사유)에 성립한다(제320조). **(변, 특, 타, 목, 적)**
>
> **26 27** 채권이 변제기에 있을 것
> 신축 건물의 하자에 상응하는 금액이 공사잔대금액 이상이어서 도급인이 하자보수청구권 등에 기하여 수급인의 공사잔대금 채권 전부에 대하여 **'동시이행의 항변'을 한 때에는, 공사잔대금 채권의 변제기가 도래하지 아니한 경우와 마찬가지로** 수급인은 도급인에 대하여 하자보수의무나 하자보수에 갈음한 손해배상의무 등에 관한 이행의 제공을 하지 아니한 이상 공사잔대금 채권에 기한 유치권을 행사할 수 없다(대판 2014.1.16. 2013다30653).

28

16법원행시, 18주사보

물건의 점유가 불법행위인 경우에도 유치권은 성립할 수 있다. ○ | X

> **해설** **제320조(유치권의 내용)** ① 타인의 물건 또는 유가증권을 점유한 자는 그 물건이나 유가증권에 관하여 생긴 채권이 변제기에 있는 경우에는 변제를 받을 때까지 그 물건 또는 유가증권을 유치할 권리가 있다.
> ② **전항의 규정은 그 점유가 불법행위로 인한 경우에 적용하지 아니한다.**

29

21법원행시

제한물권은 이해관계인의 이익을 부당하게 침해하지 않는 한 자유로이 포기할 수 있는 것이 원칙이다. 유치권은 채권자의 이익을 보호하기 위한 법정담보물권으로서, 당사자는 미리 유치권의 발생을 막는 특약을 할 수 있고 이러한 특약은 유효하다. 유치권 배제 특약이 있는 경우 다른 법정요건이 모두 충족되더라도 유치권은 발생하지 않는데, 다만 특약에 따른 효력은 특약의 상대방이 아닌 그 밖의 사람은 주장할 수 없다. ○ | X

30

출제예상

유치권은 채권자의 이익을 보호하기 위한 법정담보물권으로서 당사자는 미리 유치권의 발생을 막는 특약을 할 수 있고, 그 특약에 조건을 붙일 수 있다. ○ | X

31

14/17주사보

유치권은 법정담보물권이므로 당사자 간에 유치권을 배제하는 약정은 효력이 없다. ○ | X

32

유치권 배제 특약이 있는 경우 다른 법정요건이 모두 충족되더라도 유치권은 발생하지 않는데, 특약에 따른 효력은 특약의 상대방뿐 아니라 그 밖의 사람도 주장할 수 있다. O | X

> 해설 **29 30 31 32** 제한물권은 이해관계인의 이익을 부당하게 침해하지 않는 한 자유로이 포기할 수 있는 것이 원칙이다. **유치권은 채권자의 이익을 보호하기 위한 법정담보물권으로서, 당사자는 미리 유치권의 발생을 막는 특약을 할 수 있고 이러한 특약은 유효하다. 유치권 배제 특약이 있는 경우 다른 법정요건이 모두 충족되더라도 유치권은 발생하지 않는데, 특약에 따른 효력은 특약의 상대방뿐 아니라 그 밖의 사람도 주장할 수 있다.** 조건은 법률행위의 효력 발생 또는 소멸을 장래의 불확실한 사실의 발생 여부에 의존케 하는 법률행위의 부관으로서, 법률행위에서 효과의사와 일체적인 내용을 이루는 의사표시 그 자체라고 볼 수 있다. 유치권 배제 특약에도 조건을 붙일 수 있는데, 조건을 붙이고자 하는 의사가 있는지는 의사표시에 관한 법리에 따라 판단하여야 한다(대판 2018.1.24. 2016다234043).

33

유치권은 법정담보물권이기는 하나 채권자의 이익보호를 위한 채권담보의 수단에 불과하므로 이를 포기하는 특약은 유효하고, 유치권을 사전에 포기한 경우 다른 법정요건이 모두 충족되더라도 유치권이 발생하지 않는 것과 마찬가지로 유치권을 사후에 포기한 경우 곧바로 유치권은 소멸한다. 다만, 유치권 포기로 인한 유치권의 소멸은 유치권 포기 의사표시의 상대방 이외의 사람은 주장할 수 없다. O | X

> 해설 **유치권은 법정담보물권이기는 하나 채권자의 이익보호를 위한 채권담보의 수단에 불과하므로 이를 포기하는 특약은 유효**하고, 유치권을 사전에 포기한 경우 다른 법정요건이 모두 충족되더라도 유치권이 발생하지 않는 것과 마찬가지로 유치권을 사후에 포기한 경우 곧바로 유치권은 소멸한다. 그리고 유치권 포기로 인한 유치권의 소멸은 유치권 포기의 의사표시의 상대방뿐 아니라 그 이외의 사람도 주장할 수 있다(대판 2016.5.12. 2014다52087).

34

유치권자로부터 유치물을 유치하기 위한 방법으로 유치물의 점유 내지 보관을 위탁받은 자는 특별한 사정이 없는 한 점유할 권리가 있음을 들어 소유자의 소유물반환청구를 거부할 수 있다. O | X

> 해설 유치권자는 채권 전액을 변제받을 때까지 목적물을 유치할 수 있다. 여기서 '유치'한다는 것은 목적물의 점유를 계속하면서 인도를 거절하는 것을 뜻한다. 이 때 유치권자 아닌 유치권자로부터 유치물을 유치하기 위한 방법으로 유치물의 점유나 보관을 위탁받은 자도 소유자의 소유물반환청구를 거부할 수 있다(대판 2014.12.24. 2011다62618).

35

유치권의 대상인 부동산이 경매된 경우 유치권자는 매수인에 대하여 피담보채권의 변제를 청구할 권리가 있다.　　　　　　　　　　　　　　　　　　　　　　　　　　　　　　　O | X

> **해설** 유치권자가 경락인에 대하여 피담보채권의 변제를 청구할 수 있는지 여부(소극)
> 민사소송법 제728조에 의하여 담보권의 실행을 위한 경매절차에 준용되는 같은 법 제608조 제3항은 경락인은 유치권자에게 그 유치권으로 담보하는 채권을 변제할 책임이 있다고 규정하고 있는바, 여기에서 '변제할 책임이 있다'는 의미는 부동산상의 부담을 승계한다는 취지로서 인적 채무까지 인수한다는 취지는 아니므로, 유치권자는 경락인에 대하여 그 피담보채권의 변제가 있을 때까지 유치목적물인 부동산의 인도를 거절할 수 있을 뿐이고 그 피담보채권의 변제를 청구할 수는 없다(대판 1996.8.23. 95다8713).

36

민법 제320조 제1항에서 '그 물건에 관하여 생긴 채권'은 유치권 제도 본래의 취지인 공평의 원칙에 특별히 반하지 않는 한 채권이 목적물 자체로부터 발생한 경우는 물론이고 채권이 목적물의 반환청구권과 동일한 법률관계나 사실관계로부터 발생한 경우도 포함하고, 한편 민법 제321조는 "유치권자는 채권 전부의 변제를 받을 때까지 유치물 전부에 대하여 그 권리를 행사할 수 있다."고 규정하고 있으므로, 유치물은 그 각 부분으로써 피담보채권의 전부를 담보하며, 이와 같은 유치권의 불가분성은 그 목적물이 분할 가능하거나 수개의 물건인 경우에도 적용된다.　　　　　　　　　　　　　　　O | X

37

민법 제320조 제1항에서 '그 물건에 관하여 생긴 채권'은 유치권 제도 본래의 취지인 공평의 원칙에 특별히 반하지 않는 한 채권이 목적물 자체로부터 발생한 경우는 물론이고 채권이 목적물의 반환청구권과 동일한 법률관계나 사실관계로부터 발생한 경우도 포함하고, 한편 민법 제321조는 "유치권자는 채권 전부의 변제를 받을 때까지 유치물 전부에 대하여 그 권리를 행사할 수 있다."고 규정하고 있으므로, 유치물은 그 각 부분으로써 피담보채권의 전부를 담보한다. 다만 이와 같은 유치권의 불가분성은 그 목적물이 분할 가능하거나 수개의 물건인 경우에는 적용되지 않는다.　　　　　　　　　　　　　　O | X

38

다세대주택 전체의 창호 공사를 완성한 수급인이 위 공사 전부에 대하여 일률적으로 지급하기로 한 공사대금 잔액을 변제받기 위하여 위 다세대주택 중 한 세대를 점유하여 유치권을 행사하는 경우, 그 유치권은 위 한 세대에 대하여 시행한 공사대금만이 아니라 위 다세대주택 전체에 대하여 시행한 공사대금 잔액 전부에 대한 채권을 피담보채권으로 하여 성립한다.　　　　　　　　　　　　　　O | X

해설 36 37 38 유치권의 불가분성

민법 제321조는 "유치권자는 채권 전부의 변제를 받을 때까지 유치물 전부에 대하여 그 권리를 행사할 수 있다."고 규정하고 있으므로, 유치물은 그 각 부분으로써 피담보채권의 전부를 담보하며, 이와 같은 유치권의 불가분성은 그 목적물이 분할 가능하거나 수개의 물건인 경우에도 적용된다. 다세대주택의 창호 등의 공사를 완성한 하수급인이 **공사대금채권 잔액을 변제받기 위하여 위 다세대주택 중 한 세대를 점유하여 유치권을 행사**하는 경우, 그 유치권은 위 한 세대에 대하여 시행한 공사대금만이 아니라 **다세대주택 전체에 대하여 시행한 공사대금채권의 잔액 전부를 피담보채권으로 하여 성립**한다(대판 2007.9.7. 2005다16942).

쟁점정리 민법 제321조는 '유치권자는 채권 전부의 변제를 받을 때까지 유치물 전부에 대하여 그 권리를 행사할 수 있다'고 규정하고 있으므로, 유치물은 그 각 부분으로써 피담보채권의 전부를 담보하며, 이와 같은 **유치권의 불가분성은 그 목적물이 분할 가능하거나 수개의 물건인 경우에도 적용**된다(위 2005다16942).

39

물건의 인도를 청구하는 소송에서 유치권의 항변이 인용되는 경우에는 동시이행의 항변이 인용되는 경우와 마찬가지로 상환이행판결을 하여야 한다. ○ | X

해설 대판 2011.12.13. 2009다5162

40

유치권에 의한 경매도 강제경매나 담보권 실행을 위한 경매와 마찬가지로 목적부동산 위의 부담을 소멸시키는 것을 법정매각조건으로 하여 실시되고, 우선채권자뿐만 아니라 일반채권자의 배당요구도 허용되며, 유치권자는 일반채권자와 동일한 순위로 배당을 받을 수 있다. ○ | X

해설 유치권자는 채권의 변제를 받기 위하여 유치물을 경매할 수 있다(제322조 제1항). 유치권에 기한 경매는 담보권 실행을 위한 경매의 예에 따라 실시한다(민사집행법 제274조 제1항). 다만, 이 경우의 경매는 환가에 목적이 있는 것일 뿐, 경매에 의한 배당절차에서 우선변제권은 없다(그러나 간이변제충당 또는 과실수취권을 통해 사실상 우선변제권이 인정된다). 따라서 유치권자라는 이유만으로는 배당에 참가할 수 없으나, 채권에 관하여 별도로 집행권원 등을 얻어 일반채권자의 지위에서 배당에 참가하는 것은 가능하다.
유치권에 의한 경매도 강제경매나 담보권 실행을 위한 경매와 마찬가지로 목적부동산 위의 부담을 소멸시키는 것을 법정매각조건으로 하여 실시되고(이른바 소멸주의), 우선채권자뿐만 아니라 일반채권자의 배당요구도 허용되며, 유치권자는 일반채권자와 동일한 순위로 배당을 받을 수 있다. 다만 집행법원은 부동산 위의 이해관계를 살펴 위와 같은 법정매각조건과는 달리 매각조건 변경결정을 통하여 목적부동산 위의 부담을 소멸시키지 않고 매수인으로 하여금 인수하도록 정할 수 있다. 그리고 유치권에 의한 경매가 소멸주의를 원칙으로 하여 진행되는 이상 강제경매나 담보권 실행을 위한 경매의 경우와 같이 그 목적부동산 위의 부담을 소멸시키는 것이므로 집행법원이 달리 매각조건 변경결정을 통하여 목적부동산 위의 부담을 소멸시키지 않고 매수인으로 하여금 인수하도록 정하지 않은 이상 집행법원으로서는 매각기일의 공고나 매각물건명세서에 목적부동산 위의 부담이 소멸하지 않고 매수인이 이를 인수하게 된다는 취지를 기재할 필요가 없다(대결 2011.6.15. 2010마1059).

정답 | **35** × **36** ○ **37** × **38** ○ **39** ○ **40** ○

41

공사대금채권에 기하여 유치권을 행사하는 자가 스스로 유치물인 주택에 거주하며 사용하는 것은 특별한 사정이 없는 한 유치물인 주택의 보존에 도움이 되는 행위로서 유치물의 보존에 필요한 사용에 해당한다고 할 것이다. 따라서 유치권자가 유치물의 보존에 필요한 사용을 한 경우라면 특별한 사정이 없는 한 차임에 상당한 이득을 소유자에게 반환할 의무가 없다.   O | X

> **해설** 유치물 사용권 및 부당이득반환
>
> 민법 제324조에 의하면, 유치권자는 선량한 관리자의 주의로 유치물을 점유하여야 하고, 소유자의 승낙 없이 유치물을 보존에 필요한 범위를 넘어 사용하거나 대여 또는 담보제공을 할 수 없으며, 소유자는 유치권자가 위 의무를 위반한 때에는 유치권의 소멸을 청구할 수 있다고 할 것인바, 공사대금채권에 기하여 **유치권을 행사하는 자가 스스로 유치물인 주택에 거주하며 사용하는 것**은 특별한 사정이 없는 한 유치물인 주택의 보존에 도움이 되는 행위로서 **유치물의 보존에 필요한 사용에 해당**한다고 할 것이다. 그리고 유치권자가 유치물의 보존에 필요한 사용을 한 경우에도 **특별한 사정이 없는 한 차임에 상당한 이득을 소유자에게 반환할 의무**가 있다(대판 2009.9.24. 2009다40684).
>
> **비교판례** 유치권자가 유치물에 관하여 제3자와의 사이에 전세계약을 체결하여 전세금을 수령하였다면 전세금이 종국에는 전세입자에게 반환되어야 할 것임에 비추어 다른 **특별한 사정이 없는 한 그가 얻은 구체적 이익은 그가 전세금으로 수령한 금전의 이용가능성**이고, 그가 이와 같이 구체적으로 얻은 이익과 관계없이 추상적으로 산정된 차임 상당액을 부당이득으로 반환하여야 한다고 할 수 없다. 그리고 이러한 이용가능성은 그 자체 현물로 반환될 수 없는 성질의 것이므로 그 '가액'을 산정하여 반환을 명하여야 하는바, 그 **가액은 결국 전세금에 대한 법정이자 상당액**이다(대판 2009.12.24. 2009다32324).

42

乙이 공사대금채권을 피담보채권으로 하여 甲소유의 A주택에 대하여 유치권을 행사하면서 스스로 그 주택에 거주하며 사용하더라도 甲은 위 유치권의 소멸을 청구할 수 없다.   O | X

43

유치권자는 채무자의 승낙 없이 유치물의 사용, 대여, 담보제공을 하지 못하고, 유치권자가 이에 위반한 때에는 채무자는 유치권의 소멸을 청구할 수 있다. 다만 유치물의 보존에 필요한 사용은 채무자의 승낙 없이 할 수 있다.   O | X

44

유치권자는 채무자의 승낙이 없는 이상 그 목적물을 타에 임대할 수 있는 처분권한이 없다.   O | X

45

A건물의 소유자 겸 채무자인 甲의 동의 없이 유치권자인 乙로부터 유치권의 목적물을 임차한 丙은 甲에게 그 임대의 효력을 주장할 수 없다.   O | X

해설 **43** 제324조(유치권자의 선관의무) ② 유치권자는 채무자의 승낙없이 유치물의 사용, 대여 또는 담보제공을 하지 못한다. 그러나 유치물의 보존에 필요한 사용은 그러하지 아니하다.

➡ **42** 공사대금채권에 기하여 주택에 대해 유치권을 행사하는 자가 스스로 유치인 주택에 거주하며 사용하는 것은 특별한 사정이 없는 한 유치물의 보존에 필요한 사용에 해당한다(대판 2009.9.24. 2009다40684).

➡ **44 45** 유치권의 성립요건인 유치권자의 점유는 직접점유이든 간접점유이든 관계없지만, 유치권자는 채무자의 승낙이 없는 이상 그 목적물을 타에 '임대'할 수 있는 처분권한이 없으므로, 유치권자의 그러한 임대행위는 소유자의 처분권한을 침해하는 것으로서 소유자에게 그 임대의 효력을 주장할 수 없고, 따라서 소유자의 동의 없이 유치권자로부터 유치권의 목적물을 임차한 자의 점유는 소유자에게 대항할 수 있는 적법한 권원에 기한 것이라고 볼 수 없다(대판 2011.2.10. 2010 다94700).

46

18법무사

채무자 소유의 건물에 관하여 증·개축 등 공사를 도급받은 수급인이 경매개시결정의 기입등기가 마쳐지기 전에 채무자에게서 건물의 점유를 이전받았다 하더라도 경매개시결정의 기입등기가 마쳐져 압류의 효력이 발생한 후에 공사를 완공하여 공사대금채권을 취득한 경우에는, 수급인은 유치권을 내세워 경매절차의 매수인에게 대항할 수 없다. O I X

해설 근저당권설정 후 경매로 인한 압류의 효력 발생 전에 취득한 유치권으로 경매절차의 매수인에게 대항할 수 있는지 여부(적극)
부동산 경매절차에서의 매수인은 민사집행법 제91조 제5항에 따라 유치권자에게 그 유치권으로 담보하는 채권을 변제할 책임이 있는 것이 원칙이나, 채무자 소유의 건물 등 부동산에 경매개시결정의 기입등기가 경료되어 압류의 효력이 발생한 후에 채무자가 위 부동산에 관한 공사대금 채권자에게 그 점유를 이전함으로써 그로 하여금 유치권을 취득하게 한 경우, 그와 같은 점유의 이전은 목적물의 교환가치를 감소시킬 우려가 있는 처분행위에 해당하여 민사집행법 제92조 제1항, 제83조 제4항에 따른 압류의 처분금지효에 저촉되므로 점유자로서는 위 유치권을 내세워 그 부동산에 관한 경매절차의 매수인에게 대항할 수 없다. 그러나 이러한 법리는 경매로 인한 압류의 효력이 발생하기 전에 유치권을 취득한 경우에는 적용되지 아니하고, 유치권 취득시기가 근저당권설정 후라거나 유치권 취득 전에 설정된 근저당권에 기하여 경매절차가 개시되었다고 하여 달리 볼 것은 아니다(대판 2009.1.15. 2008다70763).

47

14/15/21서기보

채무자 소유의 부동산에 경매개시결정의 기입등기가 경료되어 압류의 효력이 발생한 이후에 채권자가 채무자로부터 위 부동산의 점유를 이전받고 이에 관한 공사 등을 시행함으로써 채무자에 대한 공사대금채권 및 이를 피담보채권으로 한 유치권을 취득한 경우, 부동산을 점유한 채권자로서는 위 유치권을 내세워 그 부동산에 관한 경매절차의 매수인에게 대항할 수 없다. O I X

해설 채무자 소유의 건물 등 부동산에 강제경매개시결정의 기입등기가 경료되어 압류의 효력이 발생한 이후에 채무자가 위 부동산에 관한 공사대금 채권자에게 그 점유를 이전함으로써 그로 하여금 유치권을 취득하게 한 경우, 그와 같은 점유의 이전은 목적물의 교환가치를 감소시킬 우려가 있는 처분행위에 해당하여 민사집행법 제92조 제1항, 제83조 제4항에 따른 압류의 처분금지효에 저촉되므로 점유자로서는 위 유치권을 내세워 그 부동산에 관한 경매절차의 매수인에게 대항할 수 없다(대판 2005.8.19. 2005다22688).

정답 | **41** O **42** O **43** O **44** O **45** O **46** O **47** O

48 20사무관

저당권이 설정된 후에 유치권이 성립한 경우에는 저당권자의 신뢰를 보호하여야 하므로, 원칙적으로 유치권자는 그 저당권의 실행절차에서 목적물을 매수한 사람에 대하여는 대세적인 인도거절권능을 행사할 수 없다. O I X

49 20법무사

목적물에 관하여 채권이 발생하였으나 채권자가 목적물에 관한 점유를 취득하기 전에 그에 관하여 저당권 등 담보물권이 설정되고 이후에 채권자가 목적물에 관한 점유를 취득한 경우 채권자는 다른 사정이 없는 한 그와 같이 취득한 민사유치권을 저당권자 등에게 주장할 수 있다. O I X

> 해설 **48 49** 부동산 경매절차에서의 매수인은 민사집행법 제91조 제5항에 따라 유치권자에게 그 유치권으로 담보하는 채권을 변제할 책임이 있는 것이 원칙이나, 채무자 소유의 건물 등 부동산에 경매개시결정의 기입등기가 경료되어 압류의 효력이 발생한 후에 채무자가 위 부동산에 관한 공사대금 채권자에게 그 점유를 이전함으로써 그로 하여금 유치권을 취득하게 한 경우, 그와 같은 점유의 이전은 목적물의 교환가치를 감소시킬 우려가 있는 처분행위에 해당하여 민사집행법 제92조 제1항, 제83조 제4항에 따른 압류의 처분금지효에 저촉되므로 점유자로서는 위 유치권을 내세워 그 부동산에 관한 경매절차의 매수인에게 대항할 수 없다. 그러나 이러한 법리는 경매로 인한 압류의 효력이 발생하기 전에 유치권을 취득한 경우에는 적용되지 아니하고, 유치권 취득시기가 근저당권설정 후라거나 유치권 취득 전에 설정된 근저당권에 기하여 경매절차가 개시되었다고 하여 달리 볼 것은 아니다(대판 2009.1.15. 2008다70763).

50 출제예상

체납처분에 의한 압류가 되어 있는 부동산에 대하여 경매절차가 개시되기 전에 그 부동산에 관한 민사유치권을 취득한 자가 그 후에 진행된 경매절차의 매수인에게 민법상의 유치권 행사가 인정된다. O I X

> 해설 '체납처분압류 후' 경매절차가 개시되기 전에 민사유치권을 취득한 경우
> 최근에 대법원은 전원합의체 판결로 "**부동산에 관한 민사집행절차에서는 경매개시결정과 함께 압류를 명하므로 압류가 행하여짐과 동시에 매각절차인 경매절차가 개시되는 반면**, 국세징수법에 의한 체납처분절차에서는 그와 달리 체납처분에 의한 압류(이하 '체납처분압류'라고 한다)와 동시에 매각절차인 공매절차가 개시되는 것이 아닐 뿐만 아니라, **체납처분압류가 반드시 공매절차로 이어지는 것도 아니다. 또한 체납처분절차와 민사집행절차는 서로 별개의 절차**로서 공매절차와 경매절차가 별도로 진행되는 것이므로, 부동산에 관하여 체납처분압류가 되어 있다고 하여 경매절차에서 이를 그 부동산에 관하여 경매개시결정에 따른 압류가 행하여진 경우와 마찬가지로 볼 수는 없다. 따라서 체납처분압류가 되어 있는 부동산이라고 하더라도 그러한 사정만으로 경매절차가 개시되어 경매개시결정등기가 되기 전에 부동산에 관하여 민사유치권을 취득한 유치권자가 경매절차의 매수인에게 유치권을 행사할 수 없다고 볼 것은 아니다."라고 판단하였다(대판 2014.3.20. 2009다60336 전합).

51 21서기보

민사유치권의 객체인 물건 또는 유가증권은 채무자의 소유에 한정되지 않는다. 이 점에서 채무자 소유의 물건 또는 유가증권을 객체로 하는 상사유치권과 구별된다. O I X

해설 상사유치권은 민사유치권과 달리 피담보채권이 '목적물에 관하여' 생긴 것일 필요는 없지만 유치권의 대상이 되는 물건은 '채무자 소유'일 것으로 제한되어 있다(상법 제58조, 민법 제320조 제1항 참조). 즉 상사유치권이 채무자 소유의 물건에 대해서만 성립한다는 것은, 상사유치권은 성립 당시 채무자가 목적물에 대하여 보유하고 있는 담보가치만을 대상으로 하는 제한물권이라는 의미를 담고 있다 할 것이고, 따라서 유치권 성립 당시에 이미 목적물에 대하여 제3자가 권리자인 제한물권이 설정되어 있다면, 상사유치권은 그와 같이 제한된 채무자의 소유권에 기초하여 성립할 뿐이고, 기존의 제한물권이 확보하고 있는 담보가치를 사후적으로 침탈하지는 못한다(대판 2013.2.28. 2010다57350).

52
17서기보

근저당권설정등기 후에 상사유치권이 성립한 경우라도 상사유치권자는 선행저당권에 기한 경매절차의 매수인에게 상사유치권으로 대항할 수 있다. O | X

해설 判例는 선행하는 저당권이 있는 상황에서 나중에 '상사유치권'이 성립한 경우 민사집행법 제91조 제5항(인수주의)의 적용을 부정한다. 즉, 상사유치권자는 선행저당권자 또는 선행저당권에 기한 임의경매절차에서 부동산을 매수한 매수인에게 대항할 수 없다(아래 2010다57350).
상사유치권은 민사유치권과 달리 피담보채권이 '목적물에 관하여' 생긴 것일 필요는 없지만 유치권의 대상이 되는 물건은 '채무자 소유'일 것으로 제한되어 있다(상법 제58조, 민법 제320조 제1항 참조). 즉 상사유치권이 채무자 소유의 물건에 대해서만 성립한다는 것은, 상사유치권은 성립 당시 채무자가 목적물에 대하여 보유하고 있는 담보가치만을 대상으로 하는 제한물권이라는 의미를 담고 있다 할 것이고, 따라서 유치권 성립 당시에 이미 목적물에 대하여 제3자가 권리자인 제한물권이 설정되어 있다면, 상사유치권은 그와 같이 제한된 채무자의 소유권에 기초하여 성립할 뿐이고, 기존의 제한물권이 확보하고 있는 담보가치를 사후적으로 침탈하지는 못한다(대판 2013.2.28. 2010다57350).

53
13사무관, 16법원행시, 19주사보

유치권은 점유의 상실로 인하여 소멸하고, 유치권 행사로서의 점유가 계속되는 동안은 피담보채권의 소멸시효가 진행하지 아니한다. O | X

54
21서기보

채권자가 유치권을 행사하고 있다면 채권자가 권리를 행사하고 있는 것이므로, 채권자의 채권은 소멸시효가 진행하지 않는다. O | X

해설 **53 54** 제326조(피담보채권의 소멸시효) 유치권의 행사는 채권의 소멸시효의 진행에 영향을 미치지 아니한다.

55

유치권의 피담보채권의 소멸시효기간이 확정판결 등에 의하여 10년으로 연장된 경우에도 유치권의 목적물을 매수하여 소유권을 취득한 자는 그 피담보채권의 소멸시효기간이 연장된 효과를 부정하고 종전의 단기소멸시효기간을 원용할 수 있다. ○ | X

> **해설** 주채무의 시효연장이 제3취득자에게 미치는 영향
> 유치권이 성립된 부동산의 매수인은 피담보채권의 소멸시효가 완성되면 시효로 인하여 채무가 소멸되는 결과 직접적인 이익을 받는 자에 해당하므로 소멸시효의 완성을 원용할 수 있는 지위에 있다고 할 것이나, 매수인은 유치권자에게 채무자의 채무와는 별개의 독립된 채무를 부담하는 것이 아니라 단지 채무자의 채무를 변제할 책임을 부담하는 점 등에 비추어 보면, 유치권의 피담보채권의 소멸시효기간이 확정판결 등에 의하여 10년으로 연장된 경우 매수인은 그 채권의 소멸시효기간이 연장된 효과를 부정하고 종전의 단기소멸시효기간을 원용할 수는 없다(대판 2009.9.24. 2009다39530).

56

유치권자는 경매권, 간이변제충당권, 과실수취권이 있다. ○ | X

57

유치권자는 유치물의 과실을 수취하여 다른 채권보다 먼저 그 채권의 변제에 충당할 수 있다. 이 경우 과실은 먼저 채권의 이자에 충당하고 그 잉여가 있으면 원본에 충당한다. 다만 과실이 금전이 아닌 때에는 경매하여야 한다. ○ | X

58

유치권자는 정당한 이유 있는 때에는 미리 채무자에게 통지함이 없이 감정인의 평가에 의하여 유치물로 직접 변제에 충당할 것을 법원에 청구할 수 있다. ○ | X

> **해설 58** 제322조(경매, 간이변제충당) ① 유치권자는 채권의 변제를 받기 위하여 유치물을 경매할 수 있다.
> ② 정당한 이유 있는 때에는 유치권자는 감정인의 평가에 의하여 유치물로 직접 변제에 충당할 것을 법원에 청구할 수 있다. 이 경우에는 유치권자는 미리 채무자에게 통지하여야 한다.
> **56 57** 제323조(과실수취권) ① 유치권자는 유치물의 과실을 수취하여 다른 채권보다 먼저 그 채권의 변제에 충당할 수 있다. 그러나 과실이 금전이 아닌 때에는 경매하여야 한다.
> ② 과실은 먼저 채권의 이자에 충당하고 그 잉여가 있으면 원본에 충당한다.

59

유치물의 처분에 관하여 이해관계를 달리하는 다수의 권리자가 존재하거나 유치물의 공정한 가격을 쉽게 알 수 없는 등의 경우에는 민법 제322조 제2항에 의하여 유치권자에게 유치물의 간이변제충당을 허가할 정당한 이유가 있다고 할 수 없다. O | X

> **해설** 대결 2000.10.30. 2000마4002

60

유치권을 행사하여 물건을 점유하는 과정에 그 유치물에 지출하였던 유익비에 대한 상환청구권에 관하여는 유치권이 성립하지 않는다. O | X

> **해설** 유치권자의 점유하에 있는 유치물의 소유자가 변동하더라도 유치권자의 점유는 유치물에 대한 보존행위로서 하는 것이므로 적법하고 그 소유자변동후 유치권자가 유치물에 관하여 새로이 유익비를 지급하여 그 가격의 증가가 현존하는 경우에는 이 유익비에 대하여도 유치권을 행사할 수 있다(대판 1972.1.31. 71다2414).

61

유치권자가 유치물에 관하여 유익비를 지출한 때에는 그 가액의 증가가 현존한 경우에 한하여 소유자의 선택에 좇아 그 지출한 금액이나 증가액의 상환을 청구할 수 있다. O | X

> **해설** 제325조(유치권자의 상환청구권) ① 유치권자가 유치물에 관하여 필요비를 지출한 때에는 소유자에게 그 상환을 청구할 수 있다.
> ② 유치권자가 유치물에 관하여 유익비를 지출한 때에는 그 가액의 증가가 현존한 경우에 한하여 소유자의 선택에 좇아 그 지출한 금액이나 증가액의 상환을 청구할 수 있다. 그러나 법원은 소유자의 청구에 의하여 상당한 상환기간을 허여할 수 있다.

62

유치권의 발생 후 유치물의 소유자가 변동하면 유치권은 소멸한다. O | X

> **해설** 유치물의 소유자 변동은 유치권 소멸사유에 해당하지 않는다.

정답 | **55** × **56** ○ **57** ○ **58** × **59** ○ **60** × **61** ○ **62** ×

63

유치물의 가격이 채권액에 비하여 과다한 경우에는 채권액 상당의 가치가 있는 담보를 제공하면 족하다 할 것이고, 당해 유치물에 관하여 이해관계를 가지고 있는 자인 채무자나 유치물의 소유자는 상당한 담보가 제공되어 있는 이상 유치권 소멸 청구의 의사표시를 할 수 있다. O | X

> **해설** 민법 제327조에 의하여 제공하는 담보가 상당한가의 여부는 그 담보의 가치가 채권의 담보로서 상당한가, 태양에 있어 유치물에 의하였던 담보력을 저하시키지는 아니한가 하는 점을 종합하여 판단하여야 할 것인바, 유치물의 가격이 채권액에 비하여 과다한 경우에는 채권액 상당의 가치가 있는 담보를 제공하면 족하다고 할 것이고, 한편 당해 유치물에 관하여 이해관계를 가지고 있는 자인 채무자나 유치물의 소유자는 상당한 담보가 제공되어 있는 이상 유치권 소멸 청구의 의사표시를 할 수 있다(대판 2001.12.11. 2001다59866).

64

유치권자로부터 목적물의 점유를 승계한 승계인은 전점유자를 대위하여 유치권을 주장할 수 없다. O | X

> **해설** 비록 건물에 대한 점유를 승계한 사실이 있다 하더라도 전점유자를 대위하여 유치권을 주장할 수는 없는 것이다(대판 1972.5.30. 72다548).

65

근저당권자에게 담보목적물에 관하여 각 유치권의 부존재 확인을 구할 법률상 이익이 있다고 보는 것은 경매절차에서 유치권이 주장됨으로써 낮은 가격에 입찰이 이루어져 근저당권자의 배당액이 줄어들 위험이 있다는 데에 근거가 있고, 이는 소유자가 그 소유의 부동산에 관한 경매절차에서 유치권의 부존재 확인을 구하는 경우에도 마찬가지이다. 위와 같이 경매절차에서 유치권이 주장되었으나 소유부동산 또는 담보목적물이 매각되어 그 소유권이 이전되어 소유권을 상실하거나 근저당권이 소멸하였다면, 소유자와 근저당권자는 유치권의 부존재 확인을 구할 법률상 이익이 없다. O | X

> **해설** 대판 2020.1.16. 2019다247385 참조

채무자가 채무초과의 상태에 이미 빠졌거나 그러한 상태가 임박함으로써 채권자가 원래라면 자기 채권의 충분한 만족을 얻을 가능성이 현저히 낮아진 상태에서 이미 채무자 소유의 목적물에 저당권 기타 담보물권이 설정되어 있어서 유치권의 성립에 의하여 저당권자 등이 그 채권 만족상의 불이익을 입을 것을 잘 알면서 자기 채권의 우선적 만족을 위하여 위와 같이 취약한 재정적 지위에 있는 채무자와의 사이에 의도적으로 유치권의 성립요건을 충족하는 내용의 거래를 일으키고 그에 기하여 목적물을 점유하게 됨으로써 유치권이 성립하였다고 하더라도, 유치권자가 그 유치권을 저당권자 등에 대하여 주장하는 것이 신의칙에 반하는 권리행사 또는 권리남용이 되는 것은 아니다. ○ | ×

해설 채무자가 채무초과의 상태에 이미 빠졌거나 그러한 상태가 임박함으로써 채권자가 원래라면 자기 채권의 충분한 만족을 얻을 가능성이 현저히 낮아진 상태에서 이미 채무자 소유의 목적물에 저당권 기타 담보물권이 설정되어 있어서 유치권의 성립에 의하여 저당권자 등이 그 채권 만족상의 불이익을 입을 것을 잘 알면서 자기 채권의 우선적 만족을 위하여 위와 같이 취약한 재정적 지위에 있는 채무자와의 사이에 의도적으로 유치권의 성립요건을 충족하는 내용의 거래를 일으키고 그에 기하여 목적물을 점유하게 됨으로써 유치권이 성립하였다면, 유치권자가 그 유치권을 저당권자 등에 대하여 주장하는 것은 다른 특별한 사정이 없는 한 신의칙에 반하는 권리행사 또는 권리남용으로서 허용되지 아니한다. 그리고 저당권자 등은 경매절차 기타 채권실행절차에서 위와 같은 유치권을 배제하기 위하여 그 부존재의 확인 등을 소로써 청구할 수 있다고 할 것이다(대판 2011.12.22. 2011다84298).

01

12/18법원행시, 17법무사

甲에 대한 乙의 금전채무를 담보하기 위하여 丙이 자신의 부동산에 저당권을 설정해 주었는데, 이 때 乙의 부탁으로 물상보증인이 된 丙은 乙에 대하여 사전구상권을 행사할 수 있다. ○│X

> **해설** 물상보증인이 사전구상권을 행사할 수 있는지 여부(원칙적 소극)
> 민법 제370조에 의하여 민법 제341조가 저당권에 준용되는데, ⅰ) 민법 제341조는 타인의 채무를 담보하기 위한 저당권 설정자가 그 채무를 변제하거나 저당권의 실행으로 인하여 저당물의 소유권을 잃은 때에 채무자에 대하여 구상권을 취득한다고 규정하여 물상보증인의 구상권 발생 요건을 보증인의 경우와 달리 규정하고 있는 점, ⅱ) 물상보증은 채무자 아닌 사람이 채무자를 위하여 담보물권을 설정하는 행위이고 채무자를 대신해서 채무를 이행하는 사무의 처리를 위탁받는 것이 아니므로 물상보증인은 담보물로서 물적 유한책임만을 부담할 뿐 채권자에 대하여 채무를 부담하는 것이 아닌 점, ⅲ) 물상보증인이 채무자에게 구상할 구상권의 범위는 특별한 사정이 없는 한 채무를 변제하거나 담보권의 실행으로 담보물의 소유권을 상실하게 된 시점에 확정된다는 점 등을 종합하면, **원칙적으로 수탁보증인의 사전구상권에 관한 민법 제442조는 물상보증인에게 적용되지 아니하고 물상보증인은 사전구상권을 행사할 수 없다**(대판 2009.7.23. 2009다19802).

02

20법무사

물상보증인이 담보권의 실행으로 타인의 채무를 담보하기 위하여 제공한 부동산의 소유권을 잃은 경우 물상보증인이 채무자에게 구상할 수 있는 범위는 특별한 사정이 없는 한 담보권의 실행으로 부동산의 소유권을 잃게 된 때, 즉 매수인이 매각대금을 다 낸 때의 부동산 시가를 기준으로 하여야 하고, 매각대금을 기준으로 할 것이 아니다. ○│X

> **해설** 물상보증인이 담보권의 실행으로 타인의 채무를 담보하기 위하여 제공한 부동산의 소유권을 잃은 경우, 물상보증인이 채무자에게 구상할 수 있는 범위는 담보권의 실행으로 부동산의 소유권을 잃게 된 때의 부동산 시가를 기준으로 하여야 하는지 여부(원칙적 적극)
> 물상보증은 채무자 아닌 사람이 채무자를 위하여 담보물권을 설정하는 행위이고 물상보증인은 담보물로 물적 유한책임만을 부담할 뿐 채권자에 대하여 채무를 부담하지 않는다. 보증인은 '변제 기타의 출재(出財)로 주채무를 소멸하게 한 때' 주채무자에 대한 구상권이 있는 반면(민법 제441조 제1항, 제444조 제1항, 제2항), 물상보증인은 '그 채무를 변제'한 경우 외에 '담보권의 실행으로 인하여 담보물의 소유권을 잃은 때'에도 채무자에 대한 구상권이 있다(민법 제341조). **물상보증인이 담보권의 실행으로 타인의 채무를 담보하기 위하여 제공한 부동산의 소유권을 잃은 경우 물상보증인이 채무자에게 구상할 수 있는 범위는 특별한 사정이 없는 한 담보권의 실행으로 부동산의 소유권을 잃게 된 때, 즉 매수인이 매각대금을 다 낸 때의 부동산 시가를 기준으로 하여야 하고, 매각대금을 기준으로 할 것이 아니다.** 경매절차에서 유찰 등의 사유로 소유권 상실 당시의 시가에 비하여 낮은 가격으로 매각되는 경우가 있는데, 이 경우 소유권 상실로 인한 부동산 시가와 매각대금의 차액에 해당하는 손해는 채무자가 채무를 변제하지 못한 데 따른 담보권의 실행으로 물상보증인에게 발생한 손해이므로, 이를 채무자에게 구상할 수 있어야 하기 때문이다(대판 2018.4.10. 2017다283028).

책임전질에 있어서 원질권자는 전질을 하지 않았더라면 생기지 않았을 불가항력에 의한 손해도 배상할 책임이 있다. ○ | ✕

> 해설 **제336조(전질권)** 질권자는 그 권리의 범위내에서 자기의 책임으로 질물을 전질할 수 있다. 이 경우에는 전질을 하지 아니하였으면 면할 수 있는 불가항력으로 인한 손해에 대하여도 책임을 부담한다.
>
> 쟁점정리 **책임전질과 승낙전질의 비교**
>
> | 구분 | 책임전질 | 승낙전질 |
> |---|---|---|
> | 의의 | 질권자가 질권설정자의 승낙없이 오직 자기의 책임으로 하는 전질(제336조) | 질권자가 질물소유자의 승낙을 얻어 그 질물 위에 다시 질권을 설정하는 것(제343조, 제324조 2항) |
> | 법적성질 | 채권·질권공동입질설(다수설) | 질물재입질설(통설) |
> | 요건 | 공통적인 요건 : 질권설정의 물권적 합의 + 질물의 인도 | |
> | 요건 | 질권자의 권리의 범위 내에서 전질을 할 것, 권리질권 설정의 요건을 갖출 것(= 전질의 대항요건, 제337조) | 질물소유자의 승낙이 있을 것(제343조, 제324조 3항), 승낙전질은 원질권과 무관하므로 원질권의 범위에 의해 제한을 받지 않는다(초과전질도 유효) 책임전질과 같은 통지(제337조 1항) 불요 |
> | 효과 | ① 원질권자의 책임 가중(제336조 후문), ② 원질권자의 권리처분행위의 제한(= 원질권에 대한 구속, 제352조 참조), ③ 전질이 제337조의 대항요건을 갖춘 경우 채무자의 변제의 제한(제337조 2항), ④ 전질권의 부종성 | 책임전질에 인정되는 ①②③④의 효과가 없다. 원질권자가 질권을 소멸시키는 처분행위를 하더라도 전질권은 독립적으로 존속 |

동산질권자는 선량한 관리자의 주의로 동산을 점유하여야 한다. ○ | ✕

> 해설 **제343조(준용규정)** 제249조 내지 제251조, 제321조 내지 제325조의 규정은 동산질권에 준용한다.
>
> **제324조(유치권자의 선관의무)** ① 유치권자는 선량한 관리자의 주의로 유치물을 점유하여야 한다.

저당권에 의하여 담보되는 채권 위에 권리질권을 설정하고 저당권등기에 질권설정의 부기등기를 하지 않은 경우 질권의 효력은 저당권에 미치지 않는다. ○ | ✕

> 해설 **제348조(저당채권에 대한 질권과 부기등기)** 저당권으로 담보한 채권을 질권의 목적으로 한 때에는 그 저당권등기에 질권의 부기등기를 하여야 그 효력이 저당권에 미친다.

06

담보가 없는 채권에 질권을 설정한 다음 그 채권을 담보하기 위해 저당권이 설정된 경우에 저당권설정등 기에 질권의 부기등기를 하지 않더라도 질권의 효력이 저당권에 미친다. ○│X

07

"저당권으로 담보한 채권을 질권의 목적으로 한 때에는 그 저당권설정등기에 질권의 부기등기를 하여야 그 효력이 저당권에 미친다."는 제348조 규정과 달리 담보가 없는 채권에 질권을 설정한 다음 그 채권을 담보하기 위해 저당권이 설정된 경우에는 저당권설정등기에 질권의 부기등기를 하지 않더라도 질권의 효 력이 저당권에 미친다. ○│X

> 해설 **06 07** 민법 제348조는 저당권으로 담보한 채권을 질권의 목적으로 한 때에는 그 저당권설정등기에 질권의 부기등 기를 하여야 그 효력이 저당권에 미친다고 정한다. 저당권에 의하여 담보된 채권에 질권을 설정하였을 때 저당권의 부종성 으로 인하여 등기 없이 성립하는 권리질권이 당연히 저당권에도 효력이 미친다고 한다면, 공시의 원칙에 어긋나고 그 저당 권에 의하여 담보된 채권을 양수하거나 압류한 사람, 저당부동산을 취득한 제3자 등에게 예측할 수 없는 질권의 부담을 줄 수 있어 거래의 안전을 해할 수 있다. 이에 따라 민법 제348조는 저당권설정등기에 질권의 부기등기를 한 때에만 질권 의 효력이 저당권에 미치도록 한 것이다. 이는 민법 제186조에서 정하는 물권변동에 해당한다. 이러한 **민법 제348조의 입법 취지에 비추어 보면, '담보가 없는 채권에 질권을 설정한 다음 그 채권을 담보하기 위해서 저당권을 설정한 경우'에도 '저당권으로 담보한 채권에 질권을 설정한 경우'와 달리 볼 이유가 없다.** 또한 담보가 없는 채권에 질권을 설정한 다음 그 채권을 담보하기 위해 저당권을 설정한 경우에, 당사자 간 약정 등 특별한 사정이 있는 때에는 저당권이 질권의 목적이 되지 않을 수 있으므로, 질권의 효력이 저당권에 미치기 위해서는 질권의 부기등기를 하도록 함으로써 이를 공시할 필요가 있다. 따라서 **담보가 없는 채권에 질권을 설정한 다음 그 채권을 담보하기 위해 저당권이 설정되었더라도, 민법 제348조가 유추적용되어 저당권설정등기에 질권의 부기등기를 하지 않으면 질권의 효력이 저당권에 미친다고 볼 수 없다**(대판 2020.4.29. 2016다235411).

08

민법 제361조는 "저당권은 그 담보한 채권과 분리하여 타인에게 양도하거나 다른 채권의 담보로 하지 못한다."라고 정하고 있을 뿐 피담보채권을 저당권과 분리해서 양도하거나 다른 채권의 담보로 하지 못한 다고 정하고 있지 않다. 채권담보라고 하는 저당권 제도의 목적에 비추어 특별한 사정이 없는 한 피담보 채권의 처분에는 저당권의 처분도 당연히 포함된다고 볼 것이지만, 피담보채권의 처분이 있으면 언제나 저당권도 함께 처분된다고는 할 수 없다. ○│X

09

저당권으로 담보된 채권에 질권을 설정한 경우 질권자와 질권설정자가 피담보채권만을 질권의 목적으로 하고 저당권은 질권의 목적으로 하지 않는 것도 가능하고 이는 저당권의 부종성에 반하지 않는다. ○│X

10

"저당권은 그 담보한 채권과 분리하여 다른 채권의 담보로 하지 못한다."는 제361조 규정에 따라 저당권으로 담보된 채권에 질권을 설정한 경우, 질권자와 질권설정자가 피담보채권만을 질권의 목적으로 하고 저당권은 질권의 목적으로 하지 않는 것은 현행법상 허용되지 않는다.　　O | X

> **해설** **08** 민법 제361조는 "저당권은 그 담보한 채권과 분리하여 타인에게 양도하거나 다른 채권의 담보로 하지 못한다."라고 정하고 있을 뿐 피담보채권을 저당권과 분리해서 양도하거나 다른 채권의 담보로 하지 못한다고 정하고 있지 않다. 채권담보라고 하는 저당권 제도의 목적에 비추어 특별한 사정이 없는 한 피담보채권의 처분에는 저당권의 처분도 당연히 포함된다고 볼 것이지만, 피담보채권의 처분이 있으면 언제나 저당권도 함께 처분된다고는 할 수 없다. **09 10** 따라서 저당권으로 담보된 채권에 질권을 설정한 경우 원칙적으로는 저당권이 피담보채권과 함께 질권의 목적이 된다고 보는 것이 합리적이지만, 질권자와 질권설정자가 피담보채권만을 질권의 목적으로 하고 저당권은 질권의 목적으로 하지 않는 것도 가능하고 이는 저당권의 부종성에 반하지 않는다. 이는 저당권과 분리해서 피담보채권만을 양도한 경우 양도인이 채권을 상실하여 양도인 앞으로 된 저당권이 소멸하게 되는 것과 구별된다(대판 2020.4.29. 2016다235411).

11

부동산의 사용, 수익을 목적으로 하는 권리도 양도성이 있는 경우에는 질권의 목적으로 할 수 있다.　　O | X

> **해설** **제331조(질의 목적물)** 질권은 양도할 수 없는 물건을 목적으로 하지 못한다.
> **제345조(권리질권의 목적)** 질권은 재산권을 그 목적으로 할 수 있다. 그러나 **부동산의 사용, 수익을 목적으로 하는 권리는 그러하지 아니**하다.

12

채권을 질권의 목적으로 하는 경우에 채권증서가 있는 때에는 질권의 설정은 그 증서를 질권자에게 교부함으로써 그 효력이 생긴다.　　O | X

> **해설** **제347조(설정계약의 요물성)** 채권을 질권의 목적으로 하는 경우에 채권증서가 있는 때에는 질권의 설정은 그 증서를 질권자에게 교부함으로써 그 효력이 생긴다.

13

임대차계약서 등 계약 당사자 쌍방의 권리의무관계 내용을 정한 서면은 민법 제347조에서 채권질권의 설정을 위하여 교부하도록 정한 '채권증서'에 해당하지 않는다.　　O | X

14

14주사보

지명채권을 목적으로 한 질권의 설정은 설정자가 제3채무자에게 질권설정의 사실을 통지하거나 제3채무자가 이를 승낙함이 아니면 이로써 제3채무자 기타 제3자에게 대항하지 못한다.　　　　　　　○ | ✕

15

출제예상

지명채권에 대한 질권설정에 있어서 채무자가 이의를 보류하지 않은 승낙을 한 경우 채무자는 질권설정자에게 대항할 수 있는 사유로써 질권자에게 대항할 수 없다.　　　　　　　　　　　　　○ | ✕

16

12서기보, 13법원행시

채무자가 채권에 관한 질권의 설정에 대하여 이의를 보류하지 아니하고 승낙한 이상 질권자가 악의 또는 중과실의 경우에 해당한다 하더라도 채무자의 승낙 당시까지 질권설정자에 대하여 생긴 사유로써 질권자에게 대항할 수 없다.　　　　　　　　　　　　　　　　　　　　　　　　○ | ✕

17

18법원행시

채권에 대한 질권설정에 있어서 채무자가 이의를 보류하지 않은 승낙을 한 경우, 채무자는 질권설정자에게 대항할 수 있는 사유로써 질권자에게 대항할 수 없고, 이 경우 대항할 수 없는 사유는 협의의 항변권에 한하지 않고, 넓게 채권의 성립, 존속, 행사를 저지하거나 배척하는 사유를 포함한다. 다만, 채권에 대한 질권의 설정에 대하여 이의를 보류하지 않고 승낙을 하였더라도 질권자가 알았거나 알 수 있었던 사유에 해당하는 한 채무자의 승낙 당시까지 질권설정자에 대하여 생긴 사유로써도 질권자에게 대항할 수 있다.　　　　　　　　　　　　　　　　　　　　　　　　　　　　　　　　○ | ✕

해설 **15** 채권양도나 채권에 대한 질권설정에 있어서 채무자가 이의를 보류하지 않은 승낙을 한 경우, 양수인 또는 질권자에게 대항할 수 없는 항변사유의 범위

민법 제349조 제1항은 지명채권을 목적으로 한 질권의 설정은 설정자가 제450조의 규정(지명채권양도의 대항요건)에 의하여 제3채무자에게 질권설정의 사실을 통지하거나 제3채무자가 이를 승낙함이 아니면 이로써 제3채무자 기타 제3자에게 대항하지 못한다고 하고, 제2항은 제451조의 규정은 전항에 준용한다고 하고 있으며, 제451조 제1항은 채무자가 이의를 보류하지 아니하고 승낙을 한 때에는 양도인에게 대항할 수 있는 사유로서 양수인에게 대항하지 못한다고 하고 있으므로, **채권양도나 채권에 대한 질권설정에 있어서 채무자가 이의를 보류하지 않은 승낙을 한 경우, 채무자는 질권설정자에게 대항할 수 있는 사유로서 질권자에게 대항할 수 없고, 이 경우 대항할 수 없는 사유는 협의의 항변권에 한하지 아니하고, 넓게 채권의 성립, 존속, 행사를 저지하거나 배척하는 사유를 포함**한다(대판 2002.3.29. 2000다13887).

16 17 채권의 양도에 이의를 보류하지 않은 승낙에 대하여 항변사유를 제한하고 있는 민법 제451조 제1항의 규정 취지 및 채권의 양도나 질권의 설정에 대하여 이의를 보류하지 않고 승낙하였더라도 양수인 또는 질권자가 악의 또는 중과실인 경우 양수인 또는 질권자에게 대항할 수 있는지 여부(적극)

민법 제451조 제1항이 이의를 보류하지 않은 승낙에 대하여 항변사유를 제한한 취지는 이의를 보류하지 않은 승낙이 이루어진 경우 양수인은 양수한 채권에 아무런 항변권도 부착되지 아니한 것으로 신뢰하는 것이 보통이므로 채무자의 '승낙'이라는 사실에 공신력을 주어 양수인의 신뢰를 보호하고 채권양도나 질권설정과 같은 거래의 안전을 꾀하기 위한 규정이라 할 것이므로, **채권의 양도나 질권의 설정에 대하여 이의를 보류하지 아니하고 승낙을 하였더라도 양수인 또는 질권자가 악의 또는 중과실의 경우에 해당하는 한 채무자의 승낙 당시까지 양도인 또는 질권설정자에 대하여 생긴 사유로써도 양수인 또는 질권자에게 대항할 수 있다**(대판 2002.3.29. 2000다13887).

18

18법무사, 20법원행시, 21사무관

제3채무자가 질권설정 사실을 승낙한 후 질권설정계약이 합의해지된 경우 질권설정자가 해지를 이유로 제3채무자에게 원래의 채권으로 대항하려면 질권자가 제3채무자에게 해지 사실을 통지하여야 하고, 만일 질권자가 제3채무자에게 질권설정계약의 해지 사실을 통지하였다면, 설사 아직 해지가 되지 아니하였다고 하더라도 선의인 제3채무자는 질권설정자에게 대항할 수 있는 사유로 질권자에게 대항할 수 있다.　　O | X

해설 질권자가 제3채무자에게 질권설정계약의 해지 사실을 통지하였으나 아직 해지되지 않은 경우, 선의인 제3채무자가 질권설정자에게 대항할 수 있는 사유로 질권자에게 대항할 수 있는지 여부(적극) 및 해지 통지를 믿은 제3채무자의 선의가 추정되는지 여부(적극)와 그 통지의 효력발생시기(= 제3채무자에게 도달한 때)

제3채무자가 질권설정 사실을 승낙한 후 질권설정계약이 합의해지된 경우 질권설정자가 해지를 이유로 제3채무자에게 원래의 채권으로 대항하려면 질권자가 제3채무자에게 해지 사실을 통지하여야 하고, 만일 질권자가 제3채무자에게 질권설정계약의 해지 사실을 통지하였다면, 설사 아직 해지가 되지 아니하였다고 하더라도 선의인 제3채무자는 질권설정자에게 대항할 수 있는 사유로 질권자에게 대항할 수 있다고 봄이 타당하다. 그리고 위와 같은 해지 통지가 있었다면 해지 사실은 추정되고, 그렇다면 해지 통지를 믿은 제3채무자의 선의 또한 추정된다고 볼 것이어서 제3채무자가 악의라는 점은 선의를 다투는 질권자가 증명할 책임이 있다. 그리고 위와 같은 해지 사실의 통지는 질권자가 질권설정계약이 해제되었다는 사실을 제3채무자에게 알리는 이른바 관념의 통지로서, 통지는 제3채무자에게 도달됨으로써 효력이 발생하고, 통지에 특별한 방식이 필요하지는 않다(대판 2014.4.10. 2013다76192 – 제349조의 2항에 의하여 지명채권을 목적으로 한 질권설정의 경우에도 제451조가 준용된 사안).

쟁점정리 判例는 지명채권의 양도통지를 한 후 양도계약이 '해제'된 경우, 채권양도인이 해제를 이유로 다시 원래의 채무자에 대하여 양도채권으로 대항하려면, ⅰ) 채권양도인이 채권양수인의 동의를 받아 양도통지를 철회하거나(제452조 2항 참조 : 대판 1978.6.13. 78다468) ⅱ) 채권양수인이 채무자에게 위와 같은 해제 사실을 통지하여야 한다고 한다(대판 1993.8.27. 93다17379).

정답 | **14** ○ **15** ○ **16** × **17** ○ **18** ○

19

질권설정자는 질권자의 동의 없이 질권의 목적된 권리를 소멸하게 하거나 질권자의 이익을 해하는 변경을 할 수 없다. ○ | X

> **해설** **제352조(질권설정자의 권리처분제한)** 질권설정자는 질권자의 동의 없이 질권의 목적된 권리를 소멸하게 하거나 질권자의 이익을 해하는 변경을 할 수 없다.

20

질권의 목적인 채권의 양도행위는 민법 제352조 소정의 질권자의 이익을 해하는 변경에 해당하므로 질권자의 동의를 요한다. ○ | X

> **해설** 질권의 목적인 채권의 양도행위는 질권의 효력이 미치기 때문에(담보물권의 추급력) 제352조의 질권자를 해하는 변경이 아니다. 따라서 질권자의 동의 없이 할 수 있다(대판 2005.12.22. 2003다55059).

21

민법 제352조는 질권설정자는 질권자의 동의 없이 질권의 목적된 권리를 소멸하게 하거나 질권자의 이익을 해하는 변경을 할 수 없다고 규정하고 있다. 질권설정자와 제3채무자가 질권의 목적된 권리를 소멸하게 하는 행위를 한 경우 질권자뿐 아니라 제3자도 그 무효를 주장할 수 있다. ○ | X

> **해설** **제352조(질권설정자의 권리처분제한)** 질권설정자는 질권자의 동의없이 질권의 목적된 권리를 소멸하게 하거나 질권자의 이익을 해하는 변경을 할 수 없다.
> 민법 제352조가 질권설정자는 질권자의 동의 없이 질권의 목적된 권리를 소멸하게 하거나 질권자의 이익을 해하는 변경을 할 수 없다고 규정한 것은 질권자가 질권의 목적인 채권의 교환가치에 대하여 가지는 배타적 지배권능을 보호하기 위한 것이므로, **질권설정자와 제3채무자가 질권의 목적된 권리를 소멸하게 하는 행위를 하였다고 하더라도 이는 질권자에 대한 관계에 있어 무효일 뿐이어서 특별한 사정이 없는 한 질권자 아닌 제3자가 그 무효의 주장을 할 수는 없다**(대판 1997.11.11. 97다35375).

22

주택임대차보호법상 대항력을 갖춘 임차인이 임대차보증금반환채권에 질권을 설정하고 임대인이 그 질권설정을 승낙한 후 임대주택이 양도된 경우에는 임대인은 임대차관계에서 탈퇴하고 임차인에 대한 임대차보증금반환채무를 면하게 된다. 이 경우 양수인의 법률상 당연승계 규정을 기초로 하여 질권의 제3채무자 지위도 양수인이 승계한다. ○ | X

해설 구 주택임대차보호법(2013.8.13. 법률 제12043호로 개정되기 전의 것, 이하 '구 주택임대차법'이라고 한다) 제3조 제3항은 같은 조 제1항이 정한 대항요건을 갖춘 임대차의 목적이 된 임대주택의 양수인은 임대인의 지위를 승계한 것으로 본다고 규정하고 있다. 이는 법률상의 당연승계 규정으로 보아야 하므로, **임대주택이 양도된 경우에 양수인은 주택의 소유권과 결합하여 임대인의 임대차계약상 권리·의무 일체를 그대로 승계한다. 그 결과 양수인이 임대차보증금반환채무를 면책적으로 인수하고**, 양도인은 임대차관계에서 탈퇴하여 임차인에 대한 임대차보증금반환채무를 면하게 된다. 이는 임차인이 임대차보증금반환채권에 질권을 설정하고 임대인이 그 질권 설정을 승낙한 후에 임대주택이 양도된 경우에도 마찬가지라고 보아야 한다. 따라서 이 경우에도 임대인은 구 주택임대차법 제3조 제3항에 의해 임대차관계에서 탈퇴하고 임차인에 대한 임대차보증금반환채무를 면하게 된다"(대판 2018.6.19. 2018다201610).

23
21법무사

제3채무자가 질권자의 동의 없이 질권설정자와 상계합의를 함으로써 질권의 목적인 채무를 소멸하게 한 경우에는 질권자에게 대항할 수 없고, 질권자는 여전히 제3채무자에 대하여 직접 채무의 변제를 청구할 수 있다고 보아야 한다. ○│X

24
출제예상

타인에 대한 채무의 담보로 제3채무자에 대한 채권에 대하여 권리질권을 설정한 경우, 질권설정자가 제3채무자에게 질권설정의 사실을 통지하거나 제3채무자가 이를 승낙한 때에는 제3채무자가 질권자의 동의 없이 질권의 목적인 채무를 변제하더라도 이로써 질권자에게 대항할 수 없다. ○│X

25
출제예상

대항력을 갖춘 임차인이 임대인으로부터 임차목적물을 매수하면서 그와 동시에 임대차계약을 해지하고 매매대금채권과 보증금반환채권을 상계하기로 합의한 경우에는 임대차보증금반환채권의 질권자는 임대인을 상대로 임차보증금의 반환을 청구할 수 없다. ○│X

해설 **23 24 25** ⅰ) 구 주택임대차보호법(2013.8.13. 법률 제12043호로 개정되기 전의 것, 이하 같다) 제3조 제1항에 따라 대항력을 갖춘 임차인이 있는 경우 같은 조 제3항에 따라 임차주택의 양수인은 임대인의 지위를 승계한 것으로 본다. 그 결과 임차주택의 양수인은 임대차보증금반환채무를 면책적으로 인수하고, 양도인은 임대차관계에서 탈퇴하여 임차인에 대한 임대차보증금반환채무를 면하게 된다. 그러나 **임차주택의 양수인에게 대항할 수 있는 임차권자라도 스스로 임대차관계의 승계를 원하지 아니할 때에는 승계되는 임대차관계의 구속을 면할 수 있다고 보아야 하므로, 임대차기간의 만료 전에 임대인과 합의에 의하여 임대차계약을 해지하고 임대인으로부터 임대차보증금을 반환받을 수 있으며, 이러한 경우 임차주택의 양수인은 임대인의 지위를 승계하지 아니한다.**

ⅱ) 타인에 대한 채무의 담보로 제3채무자에 대한 채권에 대하여 권리질권을 설정한 경우 질권설정자는 질권자의 동의 없이 질권의 목적된 권리를 소멸하게 하거나 질권자의 이익을 해하는 변경을 할 수 없다(민법 제352조). 이는 질권자가 질권의 목적인 채권의 교환가치에 대하여 가지는 배타적 지배권능을 보호하기 위한 것이다. 따라서 질권설정자가 제3채무자에게 질권설정의 사실을 통지하거나 제3채무자가 이를 승낙한 때에는 제3채무자가 질권자의 동의 없이 질권의 목적인 채무를 변제하더라도 이로써 질권자에게 대항할 수 없고, 질권자는 민법 제353조 제2항에 따라 여전히 제3채무자에 대하여 직접 채무의 변제를 청구할 수 있다. **제3채무자가 질권자의 동의 없이 질권설정자와 상계합의를 함으로써 질권의 목적인 채무를 소멸하게 한 경우에도 마찬가지로 질권자에게 대항할 수 없고, 질권자는 여전히 제3채무자에 대하여 직접 채무의 변제를 청구할 수 있다**(대판 2018.12.27. 2016다265689).

> **쟁점정리** 임차물의 양도와 임차보증금반환채권에 설정된 질권의 관계
> ① 2018다201610 판결과 ② 2016다265689 판결은 모두 주택임대차보호법상 대항력을 갖춘 임차인이 임차보증금반환채권에 질권을 설정한 후 임대인이 임차목적물을 양도한 경우이다. 그러나 ① 2018다201610 판결은 양수인에게 임대인의 지위가 인정되므로 질권자가 양수인을 상대로 임차보증금의 반환을 청구할 수 있다는 취지이고, ② 2016다265689 판결은 대항력을 갖춘 임차인이 임대인으로부터 임차목적물을 매수하면서 그와 동시에 임대차계약을 해지하고 매매대금채권과 보증금반환채권을 상계하기로 합의하였으므로 임차인이 임대인의 지위를 승계하는 것이 아니며, 이때 매매대금과 임차보증금을 상계하기로 한 임차인과 임대인의 합의는 제352조에 반하므로 임대차보증금반환채권의 질권자는 여전히 임대인을 상대로 임차보증금의 반환을 청구할 수 있다는 취지다.

26
14주사보

질권자는 질권의 목적이 된 채권을 직접 청구할 수 있다. ○ | ✕

> **해설** 제353조(질권의 목적이 된 채권의 실행방법) ① 질권자는 질권의 목적이 된 채권을 직접 청구할 수 있다.

27
18법무사

채권질권의 효력이 질권의 목적이 된 채권의 지연손해금 등과 같은 부대채권에까지 미치는 것은 아니다. ○ | ✕

28
11법원행시, 15서기보

채권질권자는 질권의 목적이 된 채권과 그에 대한 지연손해금채권을 피담보채권의 범위에 속하는 자기채권액에 대한 부분에 한하여 직접 추심하여 자기채권의 변제에 충당할 수 있다. ○ | ✕

> **해설** **27 28** 질권의 목적이 된 채권이 금전채권인 때에는 질권자는 자기채권의 한도에서 질권의 목적이 된 채권을 직접 청구할 수 있고, **채권질권의 효력은 질권의 목적이 된 채권의 지연손해금 등과 같은 부대채권에도 미치므로** 채권질권자는 질권의 목적이 된 채권과 그에 대한 지연손해금채권을 피담보채권의 범위에 속하는 자기채권액에 대한 부분에 한하여 직접 추심하여 자기채권의 변제에 충당할 수 있다(대판 2005.2.25. 2003다40668).
>
> 제353조(질권의 목적이 된 채권의 실행방법) ① 질권자는 질권의 목적이 된 채권을 직접 청구할 수 있다.
> ② 채권의 목적물이 금전인 때에는 질권자는 자기채권의 한도에서 직접 청구할 수 있다.

질권자가 피담보채권을 초과하여 질권의 목적이 된 금전채권을 추심하였다면 그 중 피담보채권을 초과하는 부분은 특별한 사정이 없는 한 법률상 원인이 없는 것으로서 질권설정자에 대한 관계에서 부당이득이 된다. ○ | X

> **해설** 권리질권자 또는 담보 목적으로 채권을 양도받은 채권양수인이 피담보채권을 초과하여 질권 또는 담보의 목적인 금전채권을 추심한 경우, 그 초과 부분은 질권설정자 또는 채권양도인에 대한 관계에서 부당이득이 되는지 여부(적극)
>
> 질권자가 피담보채권을 초과하여 질권의 목적이 된 금전채권을 추심하였다면 그 중 피담보채권을 초과하는 부분은 특별한 사정이 없는 한 법률상 원인이 없는 것으로서 질권설정자에 대한 관계에서 부당이득이 되고, 이러한 법리는 채무담보 목적으로 채권이 양도된 경우에서도 마찬가지이다(대판 2011.4.14. 2010다5694).

30

甲은 자기 소유 기계류와 공장에 대하여 乙과 화재보험계약을 체결하였는데, 가격이 부풀려진 허위의 손해사정자료를 제출할 경우 甲의 보험금청구권은 상실되는 것으로 규정되었다. 한편 甲은 위 보험금청구권에 대하여 대출금채권자인 丙 은행에 최고액 15억원의 질권을 설정하여 주고 乙의 승낙을 받았다. 이후 甲의 공장에 화재가 발생하여 乙은 질권자 丙에게 보험금 15억원을 지급하였는데, 丙은 위 돈 중 11억원은 자신의 채권에 충당하고 나머지 4억 원을 그대로 보유하고 있다. 만약 甲의 허위자료 제출로 보험금청구권이 상실되었다면 乙은 丙은행을 상대로 4억원에 대하여 부당이득반환을 청구할 수 있다. ○ | X

31

만약 丙이 나머지 4억원을 甲에게 돌려주었더라도 乙에 대하여 여전히 부당이득반환의무를 부담한다. ○ | X

32

질권자가 피담보채권을 초과하여 질권의 목적이 된 금전채권을 추심하였다고 하더라도 그 중 피담보채권을 초과하는 부분이 법률상 원인이 없는 것으로서 질권설정자에 대한 관계에서 부당이득이 된다고 할 수 없다. ○ | X

정답 | 26 ○ 27 × 28 ○ 29 ○ 30 ○ 31 × 32 ×

33

금전채권의 질권자가 민법 제353조 제1항, 제2항에 의하여 자기채권의 범위 내에서 직접청구권을 행사하는 경우 질권자는 질권설정자의 대리인과 같은 지위에서 입질채권을 추심하여 자기채권의 변제에 충당하고 그 한도에서 질권설정자에 의한 변제가 있었던 것으로 보므로, 위 범위 내에서는 제3채무자의 질권자에 대한 금전지급으로써 제3채무자의 질권설정자에 대한 급부가 이루어질 뿐만 아니라 질권설정자의 질권자에 대한 급부도 이루어진다고 보아야 한다.　　　　　　　　　　　　　　　　　　　　ᄋ | X

34

금전채권의 질권자가 자기채권의 범위 내에서 직접청구권을 행사하는 경우, 위 범위 내에서 제3채무자의 질권자에 대한 금전지급으로써 제3채무자의 질권설정자에 대한 급부뿐만 아니라 질권설정자의 질권자에 대한 급부도 이루어지는바, 이때 입질채권의 발생원인인 계약관계에 무효 등의 흠이 있어 입질채권이 부존재하는 경우, 제3채무자는 질권자를 상대로 직접 부당이득반환을 구할 수 있다. 또한 금전채권의 질권자가 제3채무자로부터 자기채권을 초과하여 금전을 지급받은 경우, 제3채무자는 질권자를 상대로 초과 지급 부분에 관하여 부당이득반환을 구할 수 있는바, 질권자가 초과 지급 부분을 질권설정자에게 그대로 반환한 경우에도 마찬가지이다.　　　　　　　　　　　　　　　　　　ᄋ | X

해설 **30 31 32 33 34** 채권질권에 있어 제3채무자의 급부의 효력

① **입질채권의 발생원인인 계약관계에 무효 등의 흠이 있어 입질채권이 부존재하는 경우**

금전채권의 질권자가 민법 제353조 제1항, 제2항에 의하여 자기채권의 범위 내에서 직접청구권을 행사하는 경우 질권자는 질권설정자의 대리인과 같은 지위에서 입질채권을 추심하여 자기채권의 변제에 충당하고 그 한도에서 질권자는 질권설정자의 대리인과 같은 지위에서 입질채권을 추심하여 자기채권의 변제에 충당하고 그 한도에서 질권설정자에 의한 변제가 있었던 것으로 보므로, 위 범위 내에서는 **제3채무자의 질권자에 대한 금전지급으로써 제3채무자의 질권설정자에 대한 급부가 이루어질 뿐만 아니라 질권설정자의 질권자에 대한 급부도 이루어진다.** 이러한 경우 입질채권의 발생원인인 계약관계에 무효 등의 흠이 있어 입질채권이 부존재한다고 하더라도 제3채무자는 특별한 사정이 없는 한 상대방 계약당사자인 질권설정자에 대하여 부당이득반환을 구할 수 있을 뿐이고 질권자를 상대로 직접 부당이득반환을 구할 수 없다. 이와 달리 제3채무자가 질권자를 상대로 직접 부당이득반환청구를 할 수 있다고 보면 자기 책임하에 체결된 계약에 따른 위험을 제3인인 질권자에게 전가하는 것이 되어 계약법의 원리에 반하는 결과를 초래할 뿐만 아니라 질권자가 질권설정자에 대하여 가지는 항변권 등을 침해하게 되어 부당하기 때문이다(대판 2015.5.29. 2012다92258).

② **금전채권의 질권자가 제3채무자로부터 자기채권을 초과하여 금전을 지급받은 경우**

질권자가 제3채무자로부터 자기채권을 초과하여 금전을 지급받은 경우 초과 지급 부분에 관하여는 제3채무자의 질권설정자에 대한 급부와 질권설정자의 질권자에 대한 급부가 있다고 볼 수 없으므로, **제3채무자는 특별한 사정이 없는 한 질권자를 상대로 초과 지급 부분에 관하여 부당이득반환을 구할 수 있지만**, 부당이득반환청구의 상대방이 되는 수익자는 실질적으로 그 이익이 귀속된 주체이어야 하는데, **질권자가 초과 지급 부분을 질권설정자에게 그대로 반환한 경우에는 초과 지급 부분에 관하여 질권설정자가 실질적 이익을 받은 것이지 질권자로서는 실질적 이익이 없다고 할 것이므로, 제3채무자는 질권자를 상대로 초과 지급 부분에 관하여 부당이득반환을 구할 수 없다**(대판 2015.5.29. 2012다92258).

35

질권자는 질물에 의하여 변제를 받지 못한 부분의 채권에 한하여 채무자의 다른 재산으로부터 변제를 받을 수 있는데, 이는 질물보다 먼저 다른 재산에 관한 배당을 실시하는 경우에는 적용하지 않는다. 그러나 후자의 경우 다른 채권자는 질권자에게 그 배당금액의 공탁을 청구할 수 있다.　○│X

> **해설**　제340조(질물 이외의 재산으로부터의 변제) ① 질권자는 질물에 의하여 변제를 받지 못한 부분의 채권에 한하여 채무자의 다른 재산으로부터 변제를 받을 수 있다.
> ② 전항의 규정은 질물보다 먼저 다른 재산에 관한 배당을 실시하는 경우에는 적용하지 아니한다. 그러나 다른 채권자는 질권자에게 그 배당금액의 공탁을 청구할 수 있다.

36

근질권이 설정된 금전채권에 대하여 제3자의 압류로 강제집행절차가 개시된 경우 근질권의 피담보채권은 근질권자가 위와 같은 강제집행이 개시된 사실을 알게 된 때에 확정된다고 봄이 타당하다.　○│X

37

근질권이 설정된 금전채권에 대하여 제3자의 압류로 강제집행절차가 개시된 경우 근질권의 피담보채권은 경락인이 경락대금을 완납한 때 확정된다.　○│X

> **해설**　(금전채권에 대하여 설정된) 근질권의 피담보채권의 확정시기
> **36 37** 금전채권에 대하여 설정된 근질권은 근저당권처럼 등기에 의하여 공시되는 것이 아니기 때문에, 통상 그러한 채권을 압류한 제3자는 그 압류 당시 존재하는 근질권의 피담보채권으로 인하여 예측하지 못한 손해를 입을 수밖에 없고, 나아가 근질권자가 제3자의 압류사실을 알지 못한 채 채무자와 거래를 계속하여 채권을 추가로 발생시키더라도 근질권자의 선의를 보호하기 위하여 그러한 채권도 근질권의 피담보채권에 포함시킬 필요가 있으므로, 이러한 여러 사정을 적정·공평이란 관점에 비추어보면, **근질권이 설정된 금전채권에 대하여 제3자의 압류로 강제집행절차가 개시된 경우 근질권의 피담보채권은 근질권자가 강제집행이 개시된 사실을 알게 된 때에 확정된다고 봄이 타당하다**(대판 2009.10.15. 2009다43621).
>
> **비교판례**　제3자의 경매신청시 '근저당권'의 피담보채권의 확정시기
> 담보권 실행을 위한 경매절차가 개시되었음을 선순위 근저당권자가 안 때 이후의 어떤 시점에 선순위 근저당권의 피담보채무액이 증가하더라도 그와 같이 증가한 피담보채무액이 선순위 근저당권의 채권최고액 한도 안에 있다면 경매를 신청한 후순위 근저당권자가 예측하지 못한 손해를 입게 된다고 볼 수 없는 반면, 선순위 근저당권자는 자신이 경매신청을 하지 아니하였으면서도 경락으로 인하여 근저당권을 상실하게 되는 처지에 있으므로 거래의 안전을 해치지 아니하는 한도 안에서 선순위 근저당권자가 파악한 담보가치를 최대한 활용할 수 있도록 함이 타당하다는 관점에서 보면, **후순위 근저당권자가 경매를 신청한 경우 선순위 근저당권의 피담보채권은 그 근저당권이 소멸하는 시기, 즉 경락인이 경락대금을 완납한 때에 확정된다고 보아야 한다**(대판 1999.9.21, 99다26085).

정답 | **33** ○ **34** × **35** ○ **36** ○ **37** ×

01
16서기보

저당권은 당사자 사이의 약정과 법률의 규정에 의하여 성립할 수 있다. ○ | X

> 해설 저당권은 저당권자(채권자)와 저당권설정자(채무자 또는 물상보증인) 사이의 저당권설정계약에 의하여 설정되는 것
> 이 원칙이지만, 예외적으로 토지임차인의 법정저당권처럼 '법률의 규정'에 의해 저당권이 성립하는 경우도 있고(제649조),
> 또 부동산 공사수급인의 저당권설정청구권처럼 당사자 일방에게 인정되는 것도 있다(제666조).

02
15서기보

채권자가 채무자와 사이에 근저당권설정계약을 체결하였으나 그 계약에 기한 근저당권설정등기가 채권자가 아닌 제3자의 명의로 경료되고 그 후 다시 채권자가 위 근저당권설정등기에 대한 부기등기의 방법으로 위 근저당권을 이전받았다면 특별한 사정이 없는 한 그 때부터 위 근저당권설정등기는 실체관계에 부합하는 유효한 등기로 볼 수 있다. ○ | X

03
출제예상

채권자 甲이 2009. 6. 11. 채무자 乙과 乙 소유의 부동산에 관하여 근저당권설정계약을 체결하였으나 그 계약에 기한 근저당권설정등기는 그 피담보채권과 무관한 친구 丙을 근저당권자로 하여 경료되었고, 그 후 위 부동산에 관하여 2010. 5. 27. 丁 명의의 소유권이전등기청구권 가등기가 경료되었다. 甲은 乙, 丙과 합의하여 2010. 9. 23. 丙의 근저당권설정등기에 대한 부기등기의 방법으로 위 근저당권을 이전받았다. 그렇다면 위 근저당권설정등기는 위 부기등기가 경료된 때부터 실체관계에 부합하는 유효한 등기로 볼 수 있다. ○ | X

04
18법원행시

채권자 아닌 제3자 명의의 근저당권설정등기가 경료된 부동산에 소유권이전청구권 가등기가 경료되고 그 후 다시 채권자 명의의 위 근저당권이전의 부기등기가 경료되었다면 그때부터 위 근저당권설정등기는 실체관계에 부합하는 유효한 등기로 볼 수 있다. ○ | X

05
15/19/20법무사, 19주사보

채권자 아닌 제3자 명의로 저당권등기를 하는데 대하여 채권자, 채무자 및 제3자 사이에 합의가 있고, 그 채권이 제3자에게 실질적으로 귀속되었다고 볼 특별한 사정이 있으면 제3자 명의의 근저당권설정등기도 유효하다. ○ | X

근저당권은 채권담보를 위한 것이므로 원칙적으로 채권자와 근저당권자는 동일인이 되어야 하고, 다만 제3자를 근저당권 명의인으로 하는 근저당권을 설정하는 경우 그 점에 관하여 채권자와 채무자 및 제3자 사이에 합의가 있고, 채권양도, 제3자를 위한 계약, 불가분적 채권관계의 형성 등 방법으로 채권이 그 제3자에게 실질적으로 귀속되었다고 볼 수 있는 특별한 사정이 있다 하더라도 제3자 명의의 근저당권설정등기는 무효이다. ○ | X

> **해설** **05 06** 근저당권은 채권담보를 위한 것이므로 원칙적으로 채권자와 근저당권자는 동일인이 되어야 하고, 다만 제3자를 근저당권 명의인으로 하는 근저당권을 설정하는 경우 그 점에 관하여 채권자와 채무자 및 제3자 사이에 합의가 있고, 채권양도, 제3자를 위한 계약, 불가분적 채권관계의 형성 등 방법으로 채권이 그 제3자에게 실질적으로 귀속되었다고 볼 수 있는 특별한 사정이 있는 경우에 한하여 제3자 명의의 근저당권설정등기도 유효하다(대판 2007.1.11. 2006다50055).
>
> **02** 등기가 실체적 권리관계에 부합한다고 하는 것은 그 등기절차에 어떤 하자가 있더라도 진실한 권리관계와 합치되는 것을 의미하는바, 채권자가 채무자와 사이에 근저당권설정계약을 체결하였으나 그 계약에 기한 근저당권설정등기가 **채권자가 아닌 제3자의 명의로 경료되고 그 후 다시 채권자가 위 근저당권설정등기에 대한 부기등기의 방법으로 위 근저당권을 이전받았다면** 특별한 사정이 없는 한 그 때부터 위 근저당권설정등기는 **실체관계에 부합하는 유효한 등기**로 볼 수 있다(대판 2007.1.11. 2006다50055).
>
> **03 04** 채권자 아닌 **제3자 명의의 근저당권설정등기가 경료된 부동산에 소유권이전청구권 가등기가 경료되고 그 후 다시 채권자 명의의 위 근저당권이전의 부기등기가 경료된 사안**에서, 채권자는 위 부기등기가 경료된 시점에 비로소 근저당권을 취득하는데, 부기등기의 순위가 주등기의 순위에 의하도록 되어 있는 부동산등기법 제6조 제1항에 따라 등기부상으로는 채권자가 위 제3자 명의의 근저당권설정등기가 경료된 시점에 근저당권을 취득한 것이 되어 **위 가등기보다 그 순위가 앞서게 되므로, 결국 위 근저당권설정등기는 실체관계에 부합하는 유효한 등기라고 볼 수 없다**고 한 사례(대판 2007.1.11. 2006다50055).

채권자 아닌 제3자를 근저당권 명의로 하여 근저당권을 설정하는 것은 설령 그 점에 관하여 채권자와 채무자 및 제3자 사이에 합의가 있고, 채권이 제3자에게 이전 또는 실질적으로 귀속되었다고 볼 수 있는 특별한 사정이 있더라도 부동산 물권에 관하여 명의신탁을 금지하는 '부동산 실권리자 명의 등기에 관한 법률'에 비추어 유효로 볼 수 없다. ○ | X

근저당권은 채권담보를 위한 것이므로 원칙적으로 채권자와 근저당권자는 동일인이 되어야 하지만, 제3자를 근저당권 명의인으로 하는 근저당권을 설정하는 경우 그 점에 대하여 채권자와 채무자 및 제3자 사이에 합의가 있고, 채권양도, 제3자를 위한 계약, 불가분적 채권관계의 형성 등 방법으로 채권이 그 제3자에게 실질적으로 귀속되었다고 볼 수 있는 특별한 사정이 있는 경우에는 제3자 명의의 근저당권설정등기도 유효하다고 보아야 할 것이다. ○ | X

정답 | **01** ○ **02** ○ **03** × **04** × **05** ○ **06** × **07** × **08** ○

09

근저당권설정등기상 근저당권자가 다른 사람과 함께 채무자로부터 유효하게 채권을 변제받을 수 있고 채무자도 그들 중 누구에게든 채무를 유효하게 변제할 수 있는 관계, 가령 채권자와 제3자가 불가분적 채권자의 관계에 있다고 볼 수 있는 경우에는 그러한 근저당권설정등기도 유효하다. O | X

> **해설 09** 채권자와 근저당권자가 외견상 동일인이 아닌 경우라도 담보물권의 부수성에 반하지 않아 유효하다고 볼 수 있는 경우(= 불가분적 채권관계에 있는 경우)
>
> 근저당권설정등기상 근저당권자가 다른 사람과 함께 채무자로부터 유효하게 채권을 변제받을 수 있고 채무자도 그들 중 누구에게든 채무를 유효하게 변제할 수 있는 관계, 가령 채권자와 채무자가 불가분적 채권자의 관계에 있다고 볼 수 있는 경우에는 그러한 근저당권설정등기도 유효하다고 볼 것이다(대판 2001.3.15. 99다48948 전합 등 참조)(대판 2020.7.9. 2019다212594).
>
> **07 08** 제3자를 저당권자로 등기한 경우(성립상 부종성의 완화)
>
> 저당권의 성립에 있어서 부종성을 관철하면 원칙적으로 '등기부에 저당권자로 기재된 자'가 '등기부에 채무자로 기재된 자'에 대하여 채권을 가지고 있어야 할 것이다. 그러나 최근 判例는 이러한 의미의 부종성을 제한적으로 완화하고 있는바 "근저당권은 채권담보를 위한 것이므로 원칙적으로 채권자와 근저당권자는 동일인이 되어야 하지만, 제3자를 근저당권 명의인으로 하는 근저당권을 설정하는 경우 ⅰ) 그 점에 대하여 채권자와 채무자 및 제3자 사이에 합의가 있고, ⅱ) 채권양도, 제3자를 위한 계약, 불가분적 채권관계의 형성 등 방법으로 채권이 그 제3자에게 '실질적으로 귀속'되었다고 볼 수 있는 특별한 사정이 있는 경우에는 제3자 명의의 근저당권설정등기도 유효하다"고 판시하고 있다(대판 2001.3.15. 99다48948 전합).

10

부동산을 매수한 자가 소유권이전등기를 마치지 아니한 상태에서 매도인인 소유자의 승낙 아래 매수 부동산을 타에 담보로 제공하면서 당사자 사이의 합의로 편의상 매수인 대신 등기부상 소유자인 매도인을 채무자로 하여 마친 근저당권설정등기는 실제 채무자인 매수인의 근저당권자에 대한 채무를 담보하는 것으로서 유효하다. O | X

11

부동산을 매수한 甲이 소유권이전등기를 마치지 아니한 상태에서 매도인인 소유자 乙의 승낙 아래 매수 부동산을 丙에게 담보로 제공하면서 당사자 사이의 합의로 편의상 매수인 대신 등기부상 소유자인 乙을 채무자로 하여 마친 근저당권설정등기는 저당권의 부종성에 위반하여 무효인 등기이다. O | X

> **해설 10 11** 채무자 아닌 제3자가 근저당권 설정자가 된 경우
>
> 채무자 아닌 자를 등기부상 채무자로 등기한 근저당 등기는 '저당권의 부종성'에 비추어 원칙적으로 무효이다(대판 1981.9.8. 80다1468). 그러나 ⅰ) 명의신탁자의 채무를 담보하기 위하여 명의수탁 부동산에 관하여 저당권설정등기를 하면서 편의상 채무자를 명의수탁자로 기재한 경우(대판 1980.4.22. 79다1822), ⅱ) 미등기매수인의 채무를 담보하기 위하여 매도인 소유로 남아 있는 매매목적부동산에 관하여 저당권설정등기를 하면서 편의상 채무자를 매도인으로 기재한 경우에는, 이러한 저당권설정등기도 저당권자의 실제 채무자(명의신탁자, 미등기매수인)에 대한 채권을 담보하는 것으로서 유효하다(대판 1999.6.25. 98다47085)는 것이 判例이다.

12

장래에 발생할 특정 조건부 채권을 담보하기 위하여도 저당권을 설정할 수 있다. O | X

> 해설 **장래에 발생할 특정의 조건부 채권을 담보하기 위하여도 저당권을 설정할 수 있으므로** 그러한 채권도 근저당권의 피담보채권으로 확정될 수 있고, 그 조건이 성취될 가능성이 없게 되었다는 등의 특별한 사정이 없는 이상 확정 당시 조건이 성취되지 아니하였다는 사정만으로 근저당권이 소멸하는 것은 아니다(대판 2015.12.24. 2015다200531).

13

저당권자는 그 피담보채권의 변제기가 도래하기 전에는 저당권에 기한 경매신청을 할 수 없다. O | X

> 해설 **제363조(저당권자의 경매청구권, 경매인)** ① 저당권자는 그 채권의 변제를 받기 위하여 저당물의 경매를 청구할 수 있다.
> 저당권실행을 위해서는 피담보채권의 존재, 저당권의 존재, 채무자의 이행지체가 있어야 한다. 따라서 저당권자는 그 피담보채권의 변제기가 도래하기 전에는 저당권에 기한 경매신청을 할 수 없다.

14

건물에 대한 저당권의 효력은 그 건물의 소유를 목적으로 하는 지상권에는 미치지 아니한다. O | X

> 해설 判例는 제358조 본문의 규정은 저당부동산에 관한 '종된 권리'에도 유추적용되어 건물에 대한 저당권의 효력은 그 대지이용권인 (법정)지상권이나(대판 1996.4.26. 95다52864) 임차권(대판 1993.4.13. 92다24950)에도 미친다고 한다. 제358조 본문을 유추하여 보면 건물에 대한 저당권의 효력은 그 건물에 종된 권리인 건물의 소유를 목적으로 하는 지상권에도 미치게 되므로, 건물에 대한 저당권이 실행되어 경락인이 그 건물의 소유권을 취득하였다면 경락 후 건물을 철거한다는 등의 매각조건에서 경매되었다는 등 특별한 사정이 없는 한, 경락인은 건물 소유를 위한 지상권도 제187조의 규정에 따라 등기 없이 당연히 취득하게 되고, 한편 이 경우에 경락인이 건물을 제3자에게 양도한 때에는, 특별한 사정이 없는 한 제100조 제2항의 유추적용에 의하여 건물과 함께 종된 권리인 지상권도 양도하기로 한 것으로 봄이 상당하다(대판 1996.4.26. 95다52864).

15

기존건물에 대한 근저당권은 민법 제358조에 의하여 부합된 증축 부분에도 효력이 미치는 것이므로, 기존건물에 대한 경매절차에서 경매목적물로 평가되지 아니하였다고 할지라도 경락인은 부합된 증축 부분의 소유권을 취득한다. O | X

16

저당권의 효력은 저당부동산에 대한 압류가 있은 후에 저당권설정자가 그 부동산으로부터 수취한 과실 또는 수취할 수 있는 과실에 미친다. 그러나 저당권자가 그 부동산에 대한 소유권, 지상권 또는 전세권을 취득한 제3자에 대하여는 압류한 사실을 통지한 후가 아니면 이로써 대항하지 못한다.　　　　　O | X

17

저당부동산에 대한 압류가 있다고 하더라도, 압류 이후의 저당권설정자의 저당부동산에 관한 차임채권에는 저당권의 효력이 미치지 아니한다.　　　　　O | X

18

저당권의 효력이 미치는 민법 제359조의 '과실'에는 법정과실도 포함되므로, 저당부동산에 대한 압류가 있으면 압류 이후의 저당권설정자의 저당부동산에 관한 차임채권 등에도 저당권의 효력이 미친다.　　　　　O | X

19

특별한 사정이 없는 한 저당권의 효력은 저당부동산에 부합된 물건에 미치는데, 그 부합의 시기는 저당권설정의 전, 후를 불문한다.　　　　　O | X

20

저당권의 실행으로 부동산이 경매된 경우에 그 부동산에 부합된 물건은 그것이 부합될 당시에 제3자의 소유였던 때에는 경매절차의 매수인이 그 소유권을 취득하지 못한다. ○ | ×

> 해설 부동산에 부합된 물건이 사실상 분리복구가 불가능하여 거래상 독립한 권리의 객체성을 상실하고 그 부동산과 일체를 이루는 부동산의 구성부분이 된 경우에는 타인이 권원에 의하여 이를 부합시켰더라도 그 물건의 소유권은 부동산의 소유자에게 귀속된다(대판 2008.5.8. 2007다36933,36940).

21

저당권의 실행으로 개시된 경매절차에서 건물을 경락받은 자는 종물의 성격을 가지는 물건이 그 건물에 부속될 당시 소유자를 달리하여 종물의 요건을 갖추지 못하고 있는 경우에, 주물인 건물의 소유권을 취득하였다고 하여도 특별한 사정이 없는 한 위 물건의 소유권까지 취득할 수는 없지만, 낙찰자가 선의이고 과실이 없으면 위 물건이 경매의 목적이 되었는지와 관계없이 소유권을 취득할 수 있다. ○ | ×

> 해설 저당부동산의 상용에 공하여진 물건이 부동산의 소유자 아닌 자의 소유에 속하는 경우, 저당부동산의 낙찰자가 그 소유권을 취득하는지 여부(소극) 및 이때 낙찰자의 선의취득을 인정하기 위한 요건
> 저당권의 실행으로 부동산이 경매된 경우에 그 부동산에 부합된 물건은 그것이 부합될 당시에 누구의 소유이었는지를 가릴 것 없이 그 부동산을 낙찰받은 사람이 소유권을 취득하지만, 그 부동산의 상용에 공하여진 물건일지라도 그 물건이 부동산의 소유자가 아닌 다른 사람의 소유인 때에는 이를 종물이라고 할 수 없으므로 부동산에 대한 저당권의 효력에 미칠 수 없어 부동산의 낙찰자가 당연히 그 소유권을 취득하는 것은 아니며, **나아가 부동산의 낙찰자가 그 물건을 선의취득하였다고 할 수 있으려면 그 물건이 경매의 목적물로 되었고 낙찰자가 선의이며 과실 없이 그 물건을 점유하는 등으로 선의취득의 요건을 구비하여야** 한다(대판 2008.5.8. 2007다36933,36940).

22

건물의 증축 부분이 기존건물에 부합한 경우 기존건물에 대한 근저당권은 민법 제358조에 의하여 부합된 증축 부분에도 효력이 미치는 것이므로 기존건물에 대한 경매절차에서 경매목적물로 평가되지 아니하였다고 할지라도 경락인은 부합된 증축 부분의 소유권을 취득한다. ○ | ×

> 해설 대판 2002.10.25. 2000다63110

23

동일인의 소유에 속하는 전유부분과 대지지분 중 전유부분만에 관하여 설정된 저당권에 기한 경매절차에서 전유부분을 매수한 매수인은 대지지분에 대한 소유권을 함께 취득하고, 설령 대지사용권의 성립 이전에 대지에 관하여 설정된 저당권이라고 하더라도 대지지분의 범위에서는 매각으로 소멸한다. 그러나 전유부분에 관한 경매절차에서 대지지분에 대한 평가액이 반영되지 않았다거나 대지의 저당권자가 배당받지 못한 경우에는 달리 보아야 한다. ○ | X

> 해설 동일인의 소유에 속하는 전유부분과 토지공유지분(이하 '대지지분'이라고 한다) 중 전유부분만에 관하여 설정된 저당권의 효력은 규약이나 공정증서로써 달리 정하는 등의 특별한 사정이 없는 한 종물 내지 종된 권리인 대지지분에까지 미치므로, 전유부분에 관하여 설정된 저당권에 기한 경매절차에서 전유부분을 매수한 매수인은 대지지분에 대한 소유권을 함께 취득하고, 그 경매절차에서 대지에 관한 저당권을 존속시켜 매수인이 인수하게 한다는 특별매각조건이 정하여져 있지 않았던 이상 설사 대지사용권의 성립 이전에 대지에 관하여 설정된 저당권이라고 하더라도 대지지분의 범위에서는 민사집행법 제91조 제2항이 정한 '매각부동산 위의 저당권'에 해당하여 매각으로 소멸하는 것이며, **이러한 대지지분에 대한 소유권의 취득이나 대지에 설정된 저당권의 소멸은 전유부분에 관한 경매절차에서 대지지분에 대한 평가액이 반영되지 않았다거나 대지의 저당권자가 배당받지 못하였다고 하더라도 달리 볼 것은 아니다**(대판 2013.11.28. 2012다103325).

24

저당권은 원본, 이자, 위약금, 채무불이행으로 인한 손해배상 등을 담보하나, 저당권의 실행비용은 이들과 법적 성질을 달리하므로 담보하지 않는 것으로 해석된다. ○ | X

25

저당권은 원본, 이자, 위약금, 채무불이행으로 인한 손해배상 및 저당권의 실행비용을 담보한다. 그러나 지연배상에 대하여는 원본의 이행기일을 경과한 후의 1년분에 한하여 저당권을 행사할 수 있다. ○ | X

26

저당권은 원본, 이자, 위약금, 채무불이행으로 인한 손해배상 및 저당권의 실행비용을 담보하고, 특히 지연배상에 대하여는 원본의 이행기일을 경과한 기간에 상관없이 저당권을 행사할 수 있다. ○ | X

> 해설 24 25 26 **제360조(피담보채권의 범위)** 저당권은 원본, 이자, 위약금, 채무불이행으로 인한 손해배상 및 **저당권의 실행비용을 담보**한다. 그러나 **지연배상에 대하여는 원본의 이행기일을 경과한 후의 1년분에 한하여 저당권을 행사할 수 있다.**

저당권의 피담보채무의 범위에 관하여 민법 제360조가 지연배상에 대하여는 원본의 이행기일을 경과한 후의 1년분에 한하여 저당권을 행사할 수 있다고 규정한 것은 저당권자의 제3자에 대한 관계에서의 제한이고, 채무자나 저당권설정자가 저당권자에 대하여 대항할 수 있는 것이 아니다. ○ | ×

> **해설** 저당권의 피담보채무의 범위에 관하여 민법 제360조가 지연배상에 대하여는 원본의 이행기일을 경과한 후의 1년분에 한하여 저당권을 행사할 수 있다고 규정하고 있는 것은 **저당권자의 제3자에 대한 관계에서의 제한이며 채무자나 저당권설정자가 저당권자에 대하여 대항할 수 있는 것이 아니고**, 민법 제360조가 양도담보의 경우에 준용된다고 하여도 마찬가지로 해석하여야 할 것인 만큼, 양도담보의 채무자가 양도담보권자에 대하여 민법 제360조에 따른 피담보채권의 제한을 주장할 수는 없는 것이다(대판 1992.5.12. 90다8855).

28

甲 소유의 X부동산에 관하여 乙이 서류를 위조하여 원인무효인 乙 명의의 근저당권설정등기를 마친 후 임의경매를 신청, 이 경매절차에서 이러한 사실을 모르는 丙이 X부동산을 매수하고 대금을 완납한 경우 X부동산의 소유자는 丙이다. ○ | ×

> **해설** 부동산등기에는 공신력이 인정되지 아니하므로, 부동산의 소유권이전등기가 불실등기인 경우 그 불실등기를 믿고 부동산을 매수하여 소유권이전등기를 경료하였다 하더라도 그 소유권을 취득한 것으로 될 수 없고, **부동산에 관한 소유권이전등기가 무효라면 이에 터잡아 이루어진 근저당권설정등기는 특별한 사정이 없는 한 무효이며, 무효인 근저당권에 기하여 진행된 임의경매절차에서 부동산을 경락받았다 하더라도 그 소유권을 취득할 수 없다**(대판 2009.2.26. 2006다72802).

29

공용토지의 취득 및 손실보상에 관한 특례법에 따라 저당권이 설정된 토지의 취득에 관하여 토지소유자와 사업시행자 사이에 협의가 성립된 경우에 동 토지의 저당권자는 토지소유자가 수령할 보상금에 대하여 민법 제370조, 제342조에 의한 물상대위를 할 수 있다. ○ | ×

30

물상대위는 담보물의 공용징수로 인한 보상금청구권, 담보물의 매도로 인한 매매대금청구권에 대하여도 인정된다. ○ | ×

정답 | 23 × 24 × 25 ○ 26 × 27 ○ 28 × 29 × 30 ×

물상대위가 인정되는 권리 또는 물건

제342조(물상대위) 질권은 질물의 멸실, 훼손 또는 공용징수로 인하여 질권설정자가 받을 금전 기타 물건에 대하여도 이를 행사할 수 있다. 이 경우에는 그 지급 또는 인도전에 압류하여야 한다. **제370조(준용규정)** 제342조의 규정은 저당권에 준용한다.

'매각이나 임대'의 경우처럼 목적물이 현존하는 때에는 저당권이 그대로 존속하므로 그 **매각대금**이나 **차임에 대해서는 물상대위가 인정되지 않는다.** 이와 반대로 담보물에 추급할 수 없는 때에는 반드시 물리적인 멸실·훼손이 아닌 경우에도, 예컨대 담보물이 부합·혼화·가공으로 (법률상 멸실하여) 보상금청구권으로 변한 경우(제261조)에도 물상대위가 인정된다. **공용징수의 경우에 물상대위가 인정**되는 것도 담보물에 추급할 수 없기 때문이다. 그러나 사법상의 매매에 따른 매매대금으로 볼 수 있는 것, **29** 즉 '(구)공공용지의 취득 및 손실보상에 관한 특례법'에 의한 협의매수에 따른 보상금에 대해서는 물상대위권을 행사할 수 없다(대판 1981.5.26. 80다2109).

➡ **30** 결국 당해 지문과 관련하여 공용징수로 인한 보상금청구권에 대해서는 물상대위가 인정되지만, 담보물의 매도로 인한 매매대금청구권에 대해서는 물상대위를 할 수 없다.

31

저당목적물의 소실로 저당권설정자가 취득하게 된 화재보험계약상의 보험금청구권에 대하여 저당권자가 물상대위권을 행사할 수 있다. ○ | X

'보험금청구권'에도 물상대위가 인정되는지와 관련하여 보험금청구권은 보험계약을 체결한 것을 전제로 당해 계약의 효과로 발생하는 것이므로 목적물의 멸실, 훼손은 보험계약에서 정한 보험사고의 발생을 의미하는 것에 불과해 물상대위를 부정하여야 한다고 볼 여지도 있지만, 보험금청구권 역시 실질적으로 목적물의 가치대표물이라고 할 수 있는바, 통설 및 判例(대판 2004.12.24. 2004다52798)와 같이 긍정하는 것이 타당하다. 거래의 실제에서도 건물저당권의 경우 보험에 의하여 멸실에 대비한다.

32

저당목적물의 변형물인 금전 등에 대하여 이미 제3자가 압류하여 그 금전 등이 특정되었다면 저당권자는 스스로 압류하지 않고서도 물상대위권을 행사할 수 있다. ○ | X

저당권자가 물상대위권을 행사하기 위해서는, 대위물의 지급 또는 인도 전에 이를 '압류'하여야 한다(제370조, 제342조 단서). 다만 '누가' 압류를 하여야 하는지와 관련하여 '압류'의 취지가 문제되는바, 判例에 따르면 위 '압류'의 취지에 대해 "물상대위의 목적인 채권의 특정성을 유지하여 그 효력을 보전하고, 평등배당을 기대한 다른 일반채권자의 신뢰를 보호하는 등 제3자에게 불측의 손해를 입히지 않으려는 데 있는 것"이라고 하면서, **위 압류는 담보권자가 아닌 제3자에 의해 이루어진 때에도 위 요건은 충족**된다고 한다(대판 2002.10.11. 2002다33137).

33

21법무사

근저당권자는 근저당권의 목적이 된 토지의 공용징수 등으로 토지의 소유자가 받을 금전이나 그 밖의 물건에 대하여 물상대위권을 행사할 수 있으나, 다만 그 지급이나 인도 전에 압류하여야 하고(민법 제370조, 제342조), 근저당권자가 금전이나 물건의 인도청구권을 압류하기 전에 토지의 소유자가 인도청구권에 기하여 금전 등을 수령한 경우 근저당권자는 더 이상 물상대위권을 행사할 수 없다.　　　　○|×

34

19법무사

저당권자는 저당권의 목적이 된 물건의 멸실, 훼손 또는 공용징수로 인하여 저당목적물의 소유자가 받을 저당목적물에 갈음하는 금전 기타 물건에 대하여 물상대위권을 행사할 수 있으나, 다만 그 지급 또는 인도 전에 이를 압류하여야 하고, 만일 저당권자가 위 금전 또는 물건의 인도청구권을 압류하기 전에 저당물의 소유자가 그 인도청구권에 기하여 금전 등을 수령한 경우에는 저당목적물이 종국적으로 소멸하게 되므로, 저당권자는 저당목적물 소유자를 상대로 물상대위권은 물론 부당이득반환청구권도 행사할 수 없게 된다.　　　　○|×

35

11법원행시, 15법무사

저당권자가 물상대위권의 행사로 저당목적물에 갈음하는 금전 또는 물건의 인도청구권을 압류하기 전에 저당목적물 소유자가 그 인도청구권에 기하여 금전 등을 수령한 경우, 저당목적물 소유자가 저당권자에게 이를 부당이득으로 반환할 의무는 없다.　　　　○|×

> 해설 압류 또는 배당요구가 있기 전에 저당물의 소유자가 물상대위물(금전 또는 물건)을 수령한 경우
> **33** 저당권자는 저당권의 목적이 된 물건의 멸실, 훼손 또는 공용징수로 인하여 저당목적물의 소유자가 받을 저당목적물에 갈음하는 금전 기타 물건에 대하여 물상대위권을 행사할 수 있으나, 다만 그 지급 또는 인도 전에 이를 압류하여야 하며, 저당권자가 위 금전 또는 물건의 인도청구권을 압류하기 전에 저당물의 소유자가 그 인도청구권에 기하여 금전 등을 수령한 경우 저당권자는 더 이상 물상대위권을 행사할 수 없게 된다.
> **34 35** 이 경우 저당권자는 저당권의 채권최고액 범위 내에서 저당목적물의 교환가치를 지배하고 있다가 저당권을 상실하는 손해를 입게 되는 반면에, 저당목적물의 소유자는 저당권의 채권최고액 범위 내에서 저당권자에게 저당목적물의 교환가치를 양보하여야 할 지위에 있다가 마치 그러한 저당권의 부담이 없었던 것과 같은 상태에서의 대가를 취득하게 되는 것이므로, 그 수령한 금액 가운데 저당권의 채권최고액을 한도로 하는 피담보채권액의 범위 내에서는 이득을 얻게 된다. 저당목적물 소유자가 얻은 위와 같은 이익은 저당권자의 손실로 인한 것으로서 인과관계가 있을 뿐 아니라, 공평의 관념에 위배되는 재산적 가치의 이동이 있는 경우 수익자로부터 그 이득을 되돌려받아 손실자와 재산상태의 조정을 꾀하는 부당이득제도의 목적에 비추어 보면 위와 같은 이익을 소유권자에게 종국적으로 귀속시키는 것은 저당권자에 대한 관계에서 공평의 관념에 위배되어 법률상 원인이 없다고 봄이 상당하므로, 저당목적물 소유자는 저당권자에게 이를 부당이득으로 반환할 의무가 있다(대판 2009.5.14. 2008다17656).

36

저당목적물의 변형물인 금전 기타 물건에 대하여 이미 제3자가 압류하였다면, 저당권자가 물상대위권의 행사에 나아가지 않아도, '다른 일반 채권자'가 그 금전 기타 물건으로부터 얻은 이득에 대하여 부당이득 반환청구를 할 수 있다. ○|X

37

저당목적물인 토지가 수용되어 이에 관한 보상금이 변제공탁되었는데, 저당권자가 물상대위권을 행사하지 아니하여 우선변제권을 상실한 이상 다른 채권자가 그 보상금 또는 이에 관한 변제공탁금으로부터 이득을 얻었다고 하더라도 저당권자는 이를 부당이득으로 반환청구를 할 수 없다. ○|X

> 해설 **36 37** 저당권자가 물상대위권을 행사하여 우선변제를 받기 위한 권리실행방법 및 저당권자가 물상대위권을 행사하지 아니한 경우 이득을 얻은 다른 채권자에 대하여 부당이득 반환을 청구할 수 있는지 여부(소극)
> 민법 제370조, 제342조 단서가 저당권자는 물상대위권을 행사하기 위하여 저당권설정자가 받을 금전 기타 물건의 지급 또는 인도 전에 압류하여야 한다고 규정한 것은 물상대위의 목적인 채권의 특정성을 유지하여 그 효력을 보전함과 동시에 제3자에게 불측의 손해를 입히지 않으려는 데 있는 것이므로, 저당목적물의 변형물인 금전 기타 물건에 대하여 이미 제3자가 압류하여 그 금전 또는 물건이 특정된 이상 저당권자가 스스로 이를 압류하지 않고서도 물상대위권을 행사하여 일반 채권자보다 우선변제를 받을 수 있으나, 그 행사방법으로는 i) 민사집행법 제273조에 의하여 담보권의 존재를 증명하는 서류를 집행법원에 제출하여 채권압류 및 전부명령을 신청하는 것이거나 ii) 민사집행법 제247조 제1항에 의하여 배당요구를 하는 것이므로, 이러한 물상대위권의 행사에 나아가지 아니한 채 단지 수용대상토지에 대하여 담보물권의 등기가 된 것만으로는 그 보상금으로부터 우선변제를 받을 수 없고, 저당권자가 물상대위권의 행사에 나아가지 아니하여 우선변제권을 상실한 이상 다른 채권자가 그 보상금 또는 이에 관한 변제공탁금으로부터 이득을 얻었다고 하더라도 저당권자는 이를 부당이득으로서 반환청구할 수 없다(대판 2002.10.11. 2002다33137).

38

물상대위권자의 압류 전에 채권양도 또는 압류 및 전부명령 등에 의하여 보상금채권이 타인에게 이전된 경우라면, 보상금이 직접 지급되거나 보상금지급청구권에 관한 강제집행절차에서 배당요구의 종기에 이르기 전에도 그 청구권에 대한 추급은 불가능하다. ○|X

> 해설 압류 또는 배당요구가 있기 전에 물상대위의 목적이 되는 청구권이 양도·전부된 경우
> 물상대위권은 본래의 저당권의 객체의 변형에 불과하여 저당권과 동일성을 가지며, 저당권의 공시는 대위물에 대한 공시로서 작용하므로, 물상대위권 역시 추급력을 가지고, 대위물청구권이 특정성을 보유하는 한 가치대표물의 소재에 추급하여 권리를 실행할 수 있다. 따라서 **채권양도나 전부명령 등에 의하여 물상대위권의 행사가 방해받는 것은 아니다**(대판 1998.9.22. 98다12812 - 즉, 목적채권이 양도되어 그 대항요건을 갖추거나 압류 및 전부되었다고 하더라도 이는 '지급 또는 인도'에 해당하지 않는다).
> 예를 들어 "물상대위권자의 압류 전에 채권양도 또는 압류 및 전부명령 등에 의하여 보상금채권이 타인에게 이전된 경우라도, **보상금이 직접 지급되거나 보상금지급청구권에 관한 강제집행절차에서 배당요구의 종기에 이르기 전에는** 여전히 그 청구권에 대한 추급이 가능하다."(대판 2000.6.23. 98다31899, 물상대위권자 우선설)라고 한다.

배당요구의 종기가 지난 후에 물상대위에 기한 채권압류 및 전부명령이 제3채무자에게 송달되었을 경우에는, 물상대위권자는 배당절차에서 우선변제를 받을 수 없다. O | X

> **해설** 배당요구의 종기가 지난 후 물상대위에 기한 채권압류 및 전부명령이 제3채무자에게 송달된 경우 물상대위권자가 배당절차에서 우선변제를 받을 수 있는지 여부(소극)
>
> 저당권자의 물상대위권 행사로서의 압류 및 전부는 그 명령이 제3채무자에게 송달됨으로써 효력이 생기며, 물상대위권의 행사를 제한하는 취지인 '특정성의 유지'나 '제3자의 보호'는 물상대위권자의 압류 및 전부명령이 효력을 발생함으로써 비로소 달성될 수 있는 것이므로, 배당요구의 종기가 지난 후에 물상대위에 기한 채권압류 및 전부명령이 제3채무자에게 송달되었을 경우에는, 물상대위권자는 배당절차에서 우선변제를 받을 수 없다(대판 2003.3.28. 2002다13539).

실질적 물상보증인인 채무자와 실질적 채무자인 물상보증인 소유의 각 부동산에 공동저당이 설정되고, 이어 실질적 채무자인 물상보증인 소유의 부동산에 후순위저당권이 설정된 후 실질적 채무자인 물상보증인 소유의 부동산이 먼저 경매되어 공동저당권자가 변제를 받은 경우, 위 후순위저당권자가 실질적 물상보증인인 채무자 소유의 부동산에 대하여 선순위공동저당권자의 저당권에 대하여 물상대위를 할 수 있다. O | X

> **해설** 물상보증인이 채무를 변제하거나 저당권의 실행으로 인하여 저당물의 소유권을 잃었더라도 다른 사정에 의하여 채무자에 대하여 구상권이 없는 경우에는 채권자를 대위하여 채권자의 채권 및 그 담보에 관한 권리를 행사할 수 없다(대판 2014.4.30. 2013다80429·80436). 따라서 실질적인 채무자와 실질적인 물상보증인이 공동으로 담보를 제공하여 대출을 받으면서 실질적인 물상보증인이 저당권설정등기에 자신을 채무자로 등기하도록 한 경우, 실질적 물상보증인인 채무자는 채권자에 대하여 채무자로서의 책임을 지는지와 관계없이 내부관계에서는 실질적 채무자인 물상보증인이 변제를 하였더라도 그에 대하여 구상의무가 없으므로, 실질적 채무자인 물상보증인이 채권자를 대위하여 실질적 물상보증인인 채무자에 대한 담보권을 취득한다고 할 수 없다. 그리고 이러한 법리는 실질적 물상보증인인 채무자와 실질적 채무자인 물상보증인 소유의 각 부동산에 공동저당이 설정된 후에 실질적 채무자인 물상보증인 소유의 부동산에 후순위저당권이 설정되었다고 하더라도 다르지 아니하다. 이와 같이 **물상보증인이 채무자에 대한 구상권이 없어 변제자대위에 의하여 채무자 소유의 부동산에 대한 선순위공동저당권자의 저당권을 대위취득할 수 없는 경우에는 물상보증인 소유의 부동산에 대한 후순위저당권자는 물상대위할 대상이 없으므로 채무자 소유의 부동산에 대한 선순위공동저당권자의 저당권에 대하여 물상대위를 할 수 없다**(대판 2015.11.27. 2013다41097,41103).

정답 | **36** × **37** ○ **38** × **39** ○ **40** ×

41

전세권을 목적으로 한 저당권자는 전세금반환채권에 대하여 압류 및 추심명령 또는 전부명령을 받거나 제3자가 전세금반환채권에 대하여 실시한 강제집행절차에서 배당요구를 하는 등의 방법으로 물상대위권을 행사하여 전세금의 지급을 구하여야 한다. ○ | X

> **해설** 전세권의 존속기간 만료 후 그 전세권에 설정되어 있던 저당권을 실행하는 방법 및 그 실행의 효과
> 전세권의 존속기간이 만료하면 전세권의 용익물권적 권능이 소멸하기 때문에 그 전세권에 대한 저당권자는 더 이상 전세권 자체에 대하여 저당권을 실행할 수 없게 되고, 이러한 경우에는 ⅰ) 민법 제370조, 제342조, 민사집행법 제273조에 의하여 저당권의 목적물인 전세권에 갈음하여 존속하는 것으로 볼 수 있는 전세금반환채권에 대하여 추심명령 또는 전부명령을 받거나, ⅱ) 제3자가 전세금반환채권에 대하여 실시한 강제집행절차에서 배당요구를 하는 등의 방법으로 자신의 권리를 행사할 수 있고, 민법 제370조, 제342조 단서가 저당권자는 물상대위권을 행사하기 위하여 저당권설정자가 받을 금전 기타 물건의 지급 또는 인도 전에 압류하여야 한다고 규정한 것은 물상대위의 목적인 채권의 특정성을 유지하여 그 효력을 보전함과 동시에 제3자에게 불측의 손해를 입히지 않으려는 데 그 목적이 있으므로, 적법한 기간 내에 적법한 방법으로 물상대위권을 행사한 저당권자는 전세권자에 대한 일반채권자보다 우선변제를 받을 수 있다(대판 2008.3.13. 2006다29372).

42

저당권이 설정된 전세권의 존속기간이 만료되어 전세권저당권자가 물상대위로 전세금반환채권에 대하여 압류 및 추심명령을 받은 경우에, 위 전세금반환채권이 압류된 때를 기준으로 하여 그 당시 이미 전세권설정자가 전세권자에 대하여 반대채권을 가지고 있고 반대채권과 전세금반환채권이 상계적상에 있다면 전세권설정자는 전세권저당권자에게 상계로써 얼마든지 대항할 수 있다. ○ | X

43

전세권을 목적으로 한 저당권이 설정된 경우, 저당권이 설정된 때에 이미 전세권설정자가 전세권자에 대하여 반대채권을 가지고 있고 반대채권의 변제기가 장래 발생할 전세금반환채권의 변제기와 동시에 또는 그보다 먼저 도래하는 경우라도 전세권설정자는 반대채권을 자동채권으로 하여 전세금반환채권과 상계함으로써 전세권저당권자에게 대항할 수 없다. ○ | X

> **해설 42** '압류된 때'가 아니라 '전세권에 저당권이 설정된 당시'이다
>
> **43** 예외적으로 상계로 대항할 수 있는 경우에 해당한다.
> 전세권을 목적으로 한 저당권이 설정된 경우, 전세권의 존속기간이 만료되면 전세권의 용익물권적 권능이 소멸하기 때문에 더 이상 전세권 자체에 대하여 저당권을 실행할 수 없게 되고, 저당권자는 저당권의 목적물인 전세권에 갈음하여 존속하는 것으로 볼 수 있는 전세금반환채권에 대하여 압류 및 추심명령 또는 전부명령을 받거나 제3자가 전세금반환채권에 대하여 실시한 강제집행절차에서 배당요구를 하는 등의 방법으로 물상대위권을 행사하여 전세금의 지급을 구하여야 한다. 전세권저당권자가 위와 같은 방법으로 전세금반환채권에 대하여 물상대위권을 행사한 경우, 종전 저당권의 효력은 물상대위의 목적이 된 전세금반환채권에 존속하여 저당권자가 전세금반환채권으로부터 다른 일반채권자보다 우선변제를 받을 권리가 있으므로, 설령 전세금반환채권이 압류된 때에 전세권설정자가 전세권자에 대하여 반대채권을 가지고 있고 반대채권과 전세금반환채권이 상계적상에 있다고 하더라도 그러한 사정만으로 전세권설정자가 전세권저당권자에게 상계로써 대

항할 수는 없다. 그러나 전세금반환채권은 전세권이 성립하였을 때부터 이미 발생이 예정되어 있다고 볼 수 있으므로, '전세권저당권이 설정된 때에' 이미 전세권설정자가 전세권자에 대하여 반대채권을 가지고 있고 반대채권의 변제기가 장래 발생할 전세금반환채권의 변제기와 동시에 또는 그보다 먼저 도래하는 경우와 같이 전세권설정자에게 합리적 기대 이익을 인정할 수 있는 경우에는 특별한 사정이 없는 한 전세권설정자는 반대채권을 자동채권으로 하여 전세금반환채권과 상계함으로써 전세권저당권자에게 대항할 수 있다(대판 2014.10.27. 2013다91672).

44

19주사보

전세권이 기간만료로 종료된 경우에도 전세권을 목적으로 한 저당권자는 전세권의 목적물인 부동산 소유자에게 저당권을 주장할 수 있다. O | X

45

14사무관, 20법무사

전세권저당권이 설정된 경우에 전세권이 기간만료로 소멸되면 저당권도 소멸하고 전세권설정자는 전세금반환채권에 대한 제3자의 압류 등이 없는 한 전세권자에 대하여만 전세금반환의무를 부담한다. O | X

해설 **44** 전세권에 대하여 저당권이 설정된 경우 그 저당권의 목적물은 물권인 전세권 자체이지 전세금반환채권은 그 목적물이 아니고, 전세권의 존속기간이 만료되면 전세권은 소멸하므로 더 이상 전세권 자체에 대하여 저당권을 실행할 수 없게 되고, ⅰ) 이러한 경우에는 민법 제370조, 제342조 및 민사소송법 제733조에 의하여 저당권의 목적물인 전세권에 갈음하여 존속하는 것으로 볼 수 있는 전세금반환채권에 대하여 압류 및 추심명령 또는 전부명령을 받거나 제3자가 전세금반환채권에 대하여 실시한 강제집행절차에서 배당요구를 하는 등의 방법으로 자신의 권리를 행사하여 비로소 전세권설정자에 대해 전세금의 지급을 구할 수 있게 된다는 점, ⅱ) 원래 동시이행항변은 공평의 관념과 신의칙에 입각하여 각 당사자가 부담하는 채무가 서로 대가적 의미를 가지고 관련되어 있을 때 그 이행에 있어서 견련관계를 인정하여 당사자 일방은 상대방이 채무를 이행하거나 이행의 제공을 하지 아니한 채 당사자 일방의 채무의 이행을 청구할 때에는 자기의 채무이행을 거절할 수 있도록 하는 제도인 점, ⅲ) 전세권을 목적물로 하는 저당권의 설정은 전세권의 목적물 소유자의 의사와는 상관없이 전세권자의 동의만 있으면 가능한 것이고, ⅳ) 원래 전세권에 있어 전세권설정자가 부담하는 전세금반환의무는 전세금반환채권에 대한 제3자의 압류 등이 없는 한 전세권자에 대해 전세금을 지급함으로써 그 의무이행을 다할 뿐이라는 점에 비추어 볼 때, **45** 전세권저당권이 설정된 경우에도 전세권이 기간만료로 소멸되면 전세권설정자는 전세금반환채권에 대한 제3자의 압류 등이 없는 한 전세권자에 대하여만 전세금반환의무를 부담한다고 보아야 한다(대판 1999.9.17. 98다31301).

46

저당권설정자가 목적물에 대해 정상적인 사용·수익을 하는 것은 저당권의 침해에 해당하지 않으나, 그 점유로 인하여 정상적인 점유가 있는 경우의 경락가격과 비교하여 그 가격이 하락하거나 경매절차가 진행되지 않는 등 저당권의 실현이 곤란하게 될 사정이 있는 경우에는 저당권의 침해가 인정될 수 있다.　　○│×

> **해설** 저당권 침해 여부가 문제되는 경우 - 저당목적물의 사용·수익
> 저당목적물은 설정자가 점유하여 사용·수익하는 것을 예정하고 있으므로, 설정자가 목적물에 대해 정상적인 사용·수익을 하는 것은 저당권의 침해에 해당하지 않는다(예컨대 저당부동산에 전세권이나 임차권을 설정하는 것). 다만 **저당부동산에 대한 점유가 저당부동산의 본래의 용법에 따른 사용·수익의 범위를 초과하여 그 교환가치를 감소시키거나, 점유자에게 저당권의 실현을 방해하기 위하여 점유를 개시하였다는 점이 인정**되는 등, 그 점유로 인하여 정상적인 점유가 있는 경우의 경락가격과 비교하여 그 가격이 하락하거나 경매절차가 진행되지 않는 등 저당권의 실현이 곤란하게 될 사정이 있는 경우에는 **저당권의 침해가 인정될 수 있다**(대판 2005.4.29, 2005다3243).

47

저당권이 실행에 이르렀거나 실행이 예상되는 상황인 경우인데도 저당목적 대지상에 건물신축공사가 진행되고 있다면, 저당권자가 지배하는 교환가치의 실현을 방해하거나 방해할 염려가 있는 사정에 해당한다.　　○│×

> **해설** 저당토지에 건물을 신축하는 경우
> 判例는 (당해 사안의 경우) "저당권이 실행에 이르렀거나 실행이 예상되는 상황인 경우인데도 저당목적 대지상에 건물신축공사가 진행되고 있다면, 이는 경매절차에서 매수희망자를 감소시키거나 매각가격을 저감시켜 결국 저당권자가 지배하는 교환가치의 실현을 방해하거나 방해할 염려가 있는 사정에 해당한다."(대판 2006.1.27. 2003다58454)라고 판시함으로써 **제한적으로 긍정**하는 입장이다.

48

저당권자는 저당권 설정 이후 환가에 이르기까지 저당물의 교환가치에 대한 지배권능을 보유하고 있으므로 저당목적물의 소유자 또는 제3자가 저당목적물을 물리적으로 멸실·훼손하는 경우는 물론 그 밖의 행위로 저당부동산의 교환가치가 하락할 우려가 있는 등 저당권자의 우선변제청구권의 행사가 방해되는 결과가 발생한다면 저당권자는 저당권에 기한 방해배제청구권을 행사하여 방해행위의 제거를 청구할 수 있다.　　○│×

> **해설** 대판 2006.1.27. 2003다58454 참조

저당권은 경매절차에 있어서 실현되는 저당부동산의 교환가치로부터 다른 채권자에 우선하여 피담보채권의 변제를 받는 것을 내용으로 하는 물권이지만, 저당권자의 우선변제청구권의 행사가 방해되는 결과가 발생한다면 저당권자는 저당권에 기한 방해배제청구권을 행사하여 방해행위의 제거를 청구할 수 있다.

O | X

> **해설** 저당권자가 저당권에 기한 방해배제청구권을 행사하여 방해행위의 제거를 청구할 수 있는 경우
> 저당권자는 저당권 설정 이후 환가에 이르기까지 저당물의 교환가치에 대한 지배권능을 보유하고 있으므로 ⅰ) 저당목적물의 소유자 또는 제3자가 저당목적물을 물리적으로 멸실·훼손하는 경우는 물론 ⅱ) 그 밖의 행위로 **저당부동산의 교환가치가 하락할 우려가 있는 등 저당권자의 우선변제청구권의 행사가 방해되는 결과가 발생한다면 저당권자는 저당권에 기한 방해배제청구권을 행사하여 방해행위의 제거를 청구할 수 있다**(대판 2006.1.27. 2003다58454).

저당권자는 경매가 개시되기 전이라도, 저당목적물의 소유자 또는 제3자가 저당목적물을 물리적으로 멸실·훼손하는 경우 저당권에 기한 방해배제청구권을 행사할 수 있다.

O | X

> **해설** 저당목적물의 소유자 또는 제3자가 저당목적물을 물리적으로 멸실·훼손하는 경우 저당권자는 저당권에 기해 방해의 배제 또는 예방을 청구할 수 있다(제370조, 제214조). 이러한 청구권을 행사하기 위해서는 ⅰ) 객관적으로 침해가 있으면 족하고 침해자의 고의·과실을 요하지 않으며, ⅱ) 저당권의 불가분성에 의하여 남은 목적물의 교환가치가 피담보채권을 만족시킬 수 있는 경우에도 인정되며, ⅲ) **저당권실행의 착수 여부를 묻지 않고 침해가 있으면 언제나 행사할 수 있다**(통설).

공장저당권의 목적동산이 저당권자의 동의를 얻지 아니하고 공장으로부터 반출된 경우 저당목적물이 제3자에게 선의취득되지 아니하는 한 원래의 설치장소에 '원상회복'할 것을 청구할 수 있다.

O | X

> **해설** 저당권 침해행위의 제거·예방의 청구
> 저당권에 기해 방해의 배제 또는 예방을 청구할 수 있다(제370조, 제214조). 그러나 저당권은 목적물을 점유하는 것을 내용으로 하지 않기 때문에 반환청구권은 인정되지 않는다(그러나 저당부동산 소유자의 소유권에 기한 반환청구권의 대위 행사는 가능하다).
> 벌채한 재목이나 분리한 종물을 완전히 반출해 버린 후에는 이제 그에 대하여 저당권의 효력이 미치지 않기 때문에 물권적 청구권을 행사할 수 없는 것이 원칙이다. 하지만 공장저당의 경우에는 저당권의 목적이 된 물건이 (저당권자의 동의 없이) 제3취득자에게 인도된 후일지라도 그 물건에 대하여 저당권을 행사할 수 있다는 특별규정(공장 및 광업재단 저당법 제7조)이 있으므로 달리 판단해야 한다. 判例도 **공장저당권의 목적동산이 저당권자의 동의를 얻지 아니하고 공장으로부터 반출된 사안**에서 "저당권자는 점유권이 없기 때문에 설정자로부터 일탈한 저당목적물을 저당권자 자신에게 반환할 것을 청구할 수는 없지만, **저당목적물이 제3자에게 선의취득되지 아니하는 한 원래의 설치장소에 '원상회복'할 것을 청구할 수 있다.**"(대판 1996.3.22. 95다55184)라고 한다.

52

저당권설정자에게 책임 없는 사유로 저당물의 가액이 현저히 감소된 경우에도 저당권자는 담보물의 보충을 요구할 수 있는 권리를 가진다.   ○ | X

> 해설 **제362조(저당물의 보충)** 저당권설정자의 책임있는 사유로 인하여 저당물의 가액이 현저히 감소된 때에는 저당권자는 저당권설정자에 대하여 그 원상회복 또는 상당한 담보제공을 청구할 수 있다.

53

甲은 乙, 丙으로부터 금원을 각 차용하고 甲 소유 부동산에 관하여 乙에게 1번 저당권을, 丙에게 2번 저당권을 각 설정하여 주었다. 乙의 저당권설정등기가 위조된 등기서류에 의하여 원인없이 말소된 경우에도 저당권은 소멸하지 않는다.   ○ | X

54

甲은 乙, 丙으로부터 금원을 각 차용하고 甲 소유 부동산에 관하여 乙에게 1번 저당권을, 丙에게 2번 저당권을 각 설정하여 주었다. 乙의 저당권설정등기가 원인없이 말소되었고 그 회복등기 전에 丙의 경매신청으로 丁에게 경락되어 대금이 완납된 경우, 乙은 회복등기를 위하여 丁을 상대로 승낙의 의사표시를 구할수 있다.   ○ | X

55

근저당권설정등기가 원인 없이 말소된 이후 근저당목적물인 부동산에 관하여 다른 근저당권자의 신청에 따라 경매절차가 진행되어 매각허가결정이 확정되고 매수인이 매각대금을 완납하였다면, 원인 없이 말소된 근저당권도 소멸한다.   ○ | X

> 해설 **53** 등기는 물권의 효력발생요건이고 존속요건은 아니어서 등기가 원인 없이 말소된 경우에는 그 물권의 효력에 아무런 영향이 없고, 그 회복등기가 마쳐지기 전이라도 말소된 등기의 등기명의인은 적법한 권리자로 추정되며, 그 회복등기 신청절차에 의하여 말소된 등기를 회복할 수 있다. 따라서 부동산에 관한 저당권설정등기가 위조된 등기서류에 의하여 아무런 원인 없이 말소되었다고 하더라도 **그 저당권은 여전히 유효하게 존속**하므로 저당권자는 회복등기 신청절차에 의하여 말소된 등기를 회복할 수 있고, 회복등기 전이라도 말소된 등기의 명의인은 적법한 저당권자로 추정된다(대판 1997.9.30. 95다39526).
> **54 55** 그러나 저당권이 설정된 목적물에 대한 경매가 진행되어 경락인(매수인)이 경락대금(매각대금)을 납부한 경우에는 **저당권은 소멸하고, 위법하게 말소된 저당권 역시 달리 볼 것은 아니므로**, 이 경우에는 이미 소멸한 저당권에 관한 말소등기의 회복등기를 위하여 현소유자(경락인)을 상대로 그 승낙의 의사표시를 구할 수는 없다(소제주의: 민사집행법 제91조 2항 참조, 부동산 등기법 제59조)(대판 1998.10.2. 98다27197).

> 참조조문 **부동산 등기법 제59조(말소등기의 회복)** 말소된 등기의 회복을 신청하는 경우에 등기상 이해관계 있는 제3자가 있을 때에는 그 제3자의 승낙이 있어야 한다.

56

甲은 乙, 丙으로부터 금원을 각 차용하고 甲 소유 부동산에 관하여 乙에게 1번 저당권을, 丙에게 2번 저당권을 각 설정하여 주었다. 乙의 저당권설정등기가 원인없이 말소되었고 그 회복등기 전에 丙의 경매신청으로 丁에게 경락되어 배당할 금액의 전부가 丙에게 배당된 경우, 乙은 丙에 대하여 부당이득반환을 청구할 수 있다. ○│×

해설 저당권설정등기가 위법하게 말소되어 아직 회복등기를 경료하지 못한 연유로 그 부동산에 대한 경매절차의 배당기일에서 피담보채권액에 해당하는 금액을 배당받지 못한 저당권자는 배당기일에 출석하여 이의를 하고 배당이의의 소를 제기하여 구제를 받을 수 있고(대판 2002.10.22. 2000다59678), 설령 배당기일에 출석하지 않음으로써 배당표가 확정되었다고 하더라도, 확정된 배당표에 의하여 배당을 실시하는 것은 실체법상의 권리를 확정하는 것이 아니기 때문에 위 경매절차에서 **실제로 배당받은 자에 대하여 부당이득반환 청구**로서 그 배당금의 한도 내에서 그 저당권설정등기가 말소되지 아니하였더라면 배당받았을 금액의 지급을 구할 수 있다(대판 1998.10.2. 98다27197).

57

타인 소유의 토지에 소유자의 승낙 없이 분묘를 설치한 경우에는 20년간 평온·공연하게 그 분묘의 기지를 점유하면 지상권 유사의 관습상의 물권인 분묘기지권을 시효로 취득한다. ○│×

해설 타인 소유의 토지에 소유자의 승낙 없이 분묘를 설치한 경우에는 20년간 평온·공연하게 그 분묘의 기지를 점유하면 지상권 유사의 관습상 물권인 분묘기지권을 시효로 취득하고, 분묘기지권은 분묘를 수호하고 봉제사하는 목적을 달성하는 데 필요한 범위 내에서 타인의 토지를 사용할 수 있는 권리를 의미하는 것으로서, 분묘기지권은 분묘의 기지 자체 뿐만 아니라 분묘의 설치목적인 분묘의 수호 및 제사에 필요한 범위 내에서 분묘 기지 주위의 공지를 포함한 지역에까지 미치는 것이다(대판 2011.11.10. 2011다63017).

58

근저당권 등 담보권 설정의 당사자들이 그 목적이 된 토지의 담보가치가 저감하는 것을 막는 것을 주요한 목적으로 하여 채권자 앞으로 지상권을 설정하였다면, 그 피담보채권이 변제 등으로 만족을 얻어 소멸하거나 시효소멸한 경우에 그 지상권은 피담보채권에 부종하여 소멸한다. ○│×

해설 근저당권 등 담보권 설정의 당사자들이 그 목적이 된 토지 위에 차후 용익권이 설정되거나 건물 또는 공작물이 축조·설치되는 등으로써 그 목적물의 담보가치가 저감하는 것을 막는 것을 주요한 목적으로 하여 채권자 앞으로 아울러 지상권을 설정하였다면, 그 피담보채권이 변제 등으로 만족을 얻어 소멸한 경우는 물론이고 시효소멸한 경우에도 그 지상권은 피담보채권에 부종하여 소멸한다(대판 2011.4.14. 2011다6342).

정답 | **52** × **53** ○ **54** × **55** ○ **56** ○ **57** ○ **58** ○

59

근저당권 등 담보권 설정의 당사자들이 그 목적이 된 토지 위에 차후 용익권이 설정되거나 건물 또는 공작물이 축조·설치되는 등으로써 그 목적물의 담보가치가 저감하는 것을 막는 것을 주요한 목적으로 하여 담보권과 아울러 지상권을 설정한 경우에 담보권이 소멸하면 등기된 지상권의 목적이나 존속기간과 관계없이 지상권도 그 목적을 잃어 함께 소멸한다. ○ | X

> 해설 담보지상권은 토지에 대한 근저당권이 소멸하면 등기된 담보지상권의 목적이나 존속기간과 관계없이 그 목적을 잃어 함께 소멸한다는 것이 判例의 입장이다(대판 2011.4.14. 2011다6342).

60

대지와 그 지상건물을 소유하고 있는 甲이 乙에게 그 대지에 관하여 근저당권을 설정하여 주면서 甲의 채무불이행으로 위 근저당권이 실행되어 건물과 대지의 소유자가 달라지더라도 甲은 법정지상권을 행사하지 않기로 약정하였고, 그 후 위 근저당권이 실행되어 丙이 대지를 매각받아 그 대금을 완납한 경우, 건물을 위한 법정지상권은 성립되지 않는다. ○ | X

> 해설 **저당목적물인 토지에 대하여 법정지상권을 배제하는 특약의 효력**
> 민법 제366조는 가치권과 이용권의 조절을 위한 공익상의 이유로 지상권의 설정을 강제하는 것이므로 저당권설정 당사자 간의 특약으로 저당목적물인 토지에 대하여 법정지상권을 배제하는 약정을 하더라도 그 특약은 효력이 없다(대판 1988.10.25. 87다카1564).

61

민법 제366조의 법정지상권은 저당권설정 당시부터 저당권의 목적되는 토지 위에 건물이 존재할 경우에 한하여 인정되며 건물 없는 토지에 대하여 저당권이 설정된 후 저당권설정자가 그 위에 건물을 건축하였다가 임의경매절차에서 경매로 인하여 대지와 그 지상건물이 소유자를 달리하였을 경우에는 위 법조 소정의 법정지상권이 인정되지 아니할 뿐만 아니라 관습상의 법정지상권도 인정되지 아니한다. ○ | X

> 해설 대판 1993.6.25. 92다20330 참조

62

근저당권 설정 당시 토지에 건물이 없었다고 하더라도 근저당권자가 건물의 건축에 동의하였다면 법정지상권이 성립한다. ○ | X

해설 법정지상권이 성립하기 위해서는 ⅰ) **저당권설정 당시부터 건물이 존재할 것**, ⅱ) 저당권이 설정될 당시 토지와 건물의 소유자가 동일할 것, ⅲ) 토지나 건물 중 적어도 어느 하나에 저당권이 설정될 것, ⅳ) 경매로 인해 건물과 토지에 대한 소유자가 분리될 것을 요한다(제366조).

지상건물이 없는 토지에 관하여 근저당권 설정 당시 근저당권자가 건물의 건축에 동의한 경우 민법 제366조의 법정지상권의 성립 여부(소극)
민법 제366조의 법정지상권은 저당권 설정 당시부터 저당권의 목적되는 토지 위에 건물이 존재할 경우에 한하여 인정되며, **토지에 관하여 저당권이 설정될 당시 그 지상에 토지소유자에 의한 건물의 건축이 개시되기 이전이었다면, 건물이 없는 토지에 관하여 저당권이 설정될 당시 근저당권자가 토지소유자에 의한 건물의 건축에 동의하였다고 하더라도 그러한 사정은 주관적 사항이고 공시할 수도 없는 것이어서 토지를 낙찰받는 제3자로서는 알 수 없는 것**이므로 그와 같은 사정을 들어 법정지상권의 성립을 인정한다면 토지 소유권을 취득하려는 제3자의 법적 안정성을 해하는 등 법률관계가 매우 불명확하게 되므로 **법정지상권이 성립되지 않는다**(대판 2003.9.5. 2003다26051).

63

14/19서기보, 17/20법원행시, 19주사보

토지에 관하여 저당권이 설정될 당시 토지 소유자에 의하여 그 지상에 건물을 건축 중이었던 경우 그것이 사회관념상 독립된 건물로 볼 수 있는 정도에 이르지 않았다 하더라도 건물의 규모, 종류가 외형상 예상할 수 있는 정도까지 건축이 진전되어 있었고, 그 후 경매절차에서 매수인이 매각대금을 다 낸 때까지 최소한의 기둥과 지붕 그리고 주벽이 이루어지는 등 독립된 부동산으로서 건물의 요건을 갖추면 법정지상권이 성립하며, 그 건물이 미등기라 하더라도 법정지상권의 성립에는 아무런 지장이 없다. O | X

해설 대판 1992.6.12. 92다7221 참조

64

20사무관, 20법무사

토지에 관하여 저당권이 설정될 당시 건물이 존재한 이상 그 이후 건물을 개축, 증축하는 경우는 물론이고 건물이 멸실되거나 철거된 후 재축, 신축하는 경우에도 법정지상권이 성립한다. 그리고 이 경우 법정지상권의 내용인 존속기간, 범위 등은 구 건물이 아니라 재축, 신축된 건물을 기준으로 하여 그 이용에 일반적으로 필요한 범위 내로 제한된다. O | X

해설 민법 제366조 소정의 법정지상권은 저당권 설정 당시의 건물과 재건축 또는 신축된 건물 사이에 동일성이 없어도 성립하는지 여부(적극) 및 그 내용인 존속기간·범위 등의 기준(구건물)
민법 제366조 소정의 법정지상권이 성립하려면 저당권 설정 당시 저당권의 목적이 되는 토지 위에 건물이 존재하여야 하는데, 저당권 설정 당시의 건물을 그 후 개축·증축한 경우는 물론이고 그 건물이 멸실되거나 철거된 후 재건축·신축한 경우에도 법정지상권이 성립하며, 이 경우 신건물과 구건물 사이에 동일성이 있거나 소유자가 동일할 것을 요하는 것은 아니라 할 것이지만, 그 법정지상권의 내용인 존속기간·범위 등은 구건물을 기준으로 하여야 할 것이다(대판 2001.3.13. 2000다48517).

정답 | 59 O 60 × 61 O 62 × 65 O 63 O 64 ×

65

토지에 저당권을 설정할 당시 토지의 지상에 건물이 존재하고 있었고 그 양자가 동일 소유자에게 속하였다가 그 후 저당권의 실행으로 토지가 낙찰되기 전에 건물이 제3자에게 양도된 경우 건물을 양수한 제3자는 법정지상권을 취득한다. ○ | ×

> **해설** 토지에 저당권을 설정할 당시 그 지상에 건물이 존재하였고 그 양자가 동일인의 소유였다가 그 후 저당권의 실행으로 토지가 낙찰되기 전에 건물이 제3자에게 양도된 경우, 건물을 양수한 제3자가 법정지상권을 취득하는지 여부(적극)
> 토지에 저당권을 설정할 당시 토지의 지상에 건물이 존재하고 있었고 그 양자가 동일 소유자에게 속하였다가 그 후 저당권의 실행으로 토지가 낙찰되기 전에 건물이 제3자에게 양도된 경우, ⅰ) 민법 제366조 소정의 법정지상권을 인정하는 법의 취지가 저당물의 경매로 인하여 토지와 그 지상 건물이 각 다른 사람의 소유에 속하게 된 경우에 건물이 철거되는 것과 같은 사회경제적 손실을 방지하려는 공익상 이유에 근거하는 점, ⅱ) 저당권자로서는 저당권설정 당시에 법정지상권의 부담을 예상하였을 것이고 또 저당권설정자는 저당권설정 당시의 담보가치가 저당권이 실행될 때에도 최소한 그대로 유지되어 있으면 될 것이므로 위와 같은 경우 법정지상권을 인정하더라도 저당권자 또는 저당권설정자에게는 불측의 손해가 생기지 않는 반면, ⅲ) **법정지상권을 인정하지 않는다면 건물을 양수한 제3자는 건물을 철거하여야 하는 손해를 입게 되는 점 등에 비추어 위와 같은 경우 건물을 양수한 제3자는 민법 제366조 소정의 법정지상권을 취득**한다(대판 1999.11.23. 99다52602).

66

대지와 그 지상의 미등기건물을 양도하여 대지에 관하여만 소유권이전등기를 경료하고 건물에 관하여는 소유권이전등기를 경료하지 못하고 있다가 양수인이 대지에 설정한 저당권의 실행에 의하여 대지의 소유자가 달라지게 된 경우, 그 저당권 설정 당시 양도인 및 양수인이 저당권자에게 그 지상건물을 철거하기로 하는 등의 특약을 한 바가 없다면 양도인이 그 지상건물을 위한 관습상의 법정지상권을 취득한다. ○ | ×

67

미등기건물을 그 대지와 함께 매수한 사람이 그 대지에 관하여만 소유권이전등기를 넘겨받고 건물에 대하여는 그 등기를 이전 받지 못하고 있다가, 대지에 대하여 저당권을 설정하고 그 저당권의 실행으로 대지가 경매되어 다른 사람의 소유로 된 경우에는, 그 저당권의 설정당시에 이미 대지와 건물이 각각 다른 사람의 소유에 속하고 있었으므로 법정지상권이 성립될 여지가 없다. ○ | ×

68

甲은 乙로부터 乙 소유의 대지와 乙이 신축한 후 등기를 경료하지 아니한 건물을 함께 매수한 다음 대지에 관하여서만 소유권이전등기를 마치고 건물에 관하여는 등기를 마치지 아니한 채 사실상 처분권한을 가지고 있었다. 그 후 위 대지에 관하여 강제경매절차가 진행되어 丙이 위 대지를 매각 받아 그 대금을 납부한 경우, 乙에게는 건물 소유를 위한 관습법상 법정지상권이 인정된다. ○ | ×

566 해커스공무원 학원·인강 gosi.Hackers.com

해설 **66 67 68** 미등기건물을 대지와 함께 매수하였으나 대지에 관하여만 소유권이전등기를 넘겨받고 대지에 대하여 저당권을 설정한 후 저당권이 실행된 경우, 민법 제366조 소정의 법정지상권이 성립하는지 여부(소극)

민법 제366조의 법정지상권은 저당권 설정 당시에 동일인의 소유에 속하는 토지와 건물이 저당권의 실행에 의한 경매로 인하여 각기 다른 사람의 소유에 속하게 된 경우에 건물의 소유를 위하여 인정되는 것이므로, 미등기건물을 그 대지와 함께 매수한 사람이 그 대지에 관하여만 소유권이전등기를 넘겨받고 건물에 대하여는 그 등기를 이전 받지 못하고 있다가, 대지에 대하여 저당권을 설정하고 그 저당권의 실행으로 대지가 경매되어 다른 사람의 소유로 된 경우에는, **그 저당권의 설정 당시에 이미 대지와 건물이 각각 다른 사람의 소유에 속하고 있었으므로 법정지상권이 성립될 여지가 없다**(대판 2002.6.20. 2002다9660 전합).

미등기건물을 대지와 함께 매도하였으나 대지에 관하여만 매수인 앞으로 소유권이전등기가 경료된 경우, 관습상의 법정지상권이 성립하는지 여부(소극)

관습상의 법정지상권은 동일인의 소유이던 토지와 그 지상건물이 매매 기타 원인으로 인하여 각각 소유자를 달리하게 되었으나 그 건물을 철거한다는 등의 특약이 없으면 건물 소유자로 하여금 토지를 계속 사용하게 하려는 것이 당사자의 의사라고 보아 인정되는 것이므로 토지의 점유·사용에 관하여 당사자 사이에 약정이 있는 것으로 볼 수 있거나 토지 소유자가 건물의 처분권까지 함께 취득한 경우에는 관습상의 법정지상권을 인정할 까닭이 없다 할 것이어서, **미등기건물을 그 대지와 함께 매도하였다면 비록 매수인에게 그 대지에 관하여만 소유권이전등기가 경료되고 건물에 관하여는 등기가 경료되지 아니하여 형식적으로 대지와 건물이 그 소유 명의자를 달리하게 되었다 하더라도 매도인에게 관습상의 법정지상권을 인정할 이유가 없다**(대판 2002.6.20. 2002다9660 전합).

69

甲이 토지와 그 지상 건물을 소유하다가 乙에게 유효하게 건물의 소유명의를 신탁한 후 丙에게 토지에 관하여 저당권을 설정하여 주었고, 그 후 丙의 저당권 실행으로 인한 경매절차에서 丁이 토지의 소유권을 취득한 경우, 법정지상권의 성립이 인정된다. ○ | X

해설 건물의 등기부상 소유명의를 타인에게 신탁한 경우에 신탁자는 제3자에게 그 건물이 자기의 소유임을 주장할 수 없고, 따라서 그 건물과 부지인 토지가 동일인의 소유임을 전제로 한 법정지상권을 취득할 수 없다(대판 2004.2.13. 2003다29043).

70

건물에 대한 저당권이 실행되어 매수인이 그 건물의 소유권을 취득하였다면, 매수 후 건물을 철거한다는 등의 매각조건에서 경매되었다는 등 특별한 사정이 없는 한, 매수인은 건물소유를 위한 지상권도 민법 제187조의 규정에 따라 등기 없이 당연히 취득하게 된다. ○ | X

정답 | **65** ○ **66** × **67** ○ **68** × **69** × **70** ○

71

건물 소유를 위하여 법정지상권을 취득한 자로부터 경매를 통해 건물의 소유권을 이전받았다면 경락 후 건물을 철거한다는 등의 매각조건하에서 경매되는 등 특별한 사정이 없는 한 매각대금을 완납하여 건물의 소유권을 취득할 때 지상권 이전등기 없이도 법정지상권을 취득한다.　　　　○ | X

72

법정지상권은 건물의 소유에 부속되는 종속적인 권리로서 건물의 소유권이전등기로 갈음하여 공시되는 것이므로, 법정지상권을 취득한 건물소유자가 법정지상권의 처분에 따른 이전등기 없이 건물의 소유권이전등기만을 건물매수인에게 이전한 경우에도 건물매수인은 법정지상권을 취득한다.　　　　○ | X

73

법정지상권을 취득한 건물소유자가 법정지상권의 설정등기를 경료함이 없이 건물을 양도하는 경우에는 특별한 사정이 없는 한 건물과 함께 지상권도 양도하기로 하는 채권적 계약이 있었다고 할 것이므로 법정지상권자는 지상권설정등기를 한 후에 건물양수인에게 이의 양도등기절차를 이행하여 줄 의무가 있는 것이고 따라서 건물양수인은 건물양도인을 순차대위하여 토지소유자에 대하여 건물소유자였던 최초의 법정지상권자에의 법정지상권설정등기절차 이행을 청구할 수 있다. 그리고 법정지상권을 가진 건물소유자로부터 건물을 양수하면서 지상권까지 양도받기로 한 사람에 대하여 대지소유자가 소유권에 기하여 건물철거 및 대지의 인도를 구하는 것은 지상권의 부담을 용인하고 그 설정등기절차를 이행할 의무있는 자가 그 권리자를 상대로 한 청구라 할 것이어서 신의성실의 원칙상 허용될 수 없다.　　　　○ | X

➡ 73 건물의 소유권이전등기뿐만 아니라 지상권에 관한 등기까지 건물매수인이 마쳐야 법정지상권이라는 '물권'을 취득할 수 있다.

74

법정지상권이 붙은 건물의 양수인은 법정지상권에 대한 등기를 하지 않았다 하더라도 토지소유자에 대한 관계에서 적법하게 토지를 점유사용하고 있는 자라 할 것이고, 따라서 건물을 양도한 자라고 하더라도 지상권갱신청구권이 있고 건물의 양수인은 법정지상권자인 양도인의 갱신청구권을 대위행사할 수 있다.

O | X

해설 관습상 법정지상권이 붙은 건물을 양수한 자가 건물의 전소유자를 대위하여 지상권갱신청구권을 행사할 수 있는지 여부

법정지상권자가 건물을 제3자에게 양도하는 경우에는 특별한 사정이 없는 한 건물과 함께 법정지상권도 양도하기로 하는 채권적 계약이 있었다고 할 것이며, 양수인은 양도인을 순차 대위하여 토지소유자 및 건물의 전소유자에 대하여 법정지상권의 설정등기 및 이전등기절차이행을 구할 수 있고, 토지소유자는 건물소유자에 대하여 법정지상권의 부담을 용인하고 그 설정등기절차를 이행할 의무가 있다 할 것이므로, **법정지상권이 붙은 건물의 양수인은 법정지상권에 대한 등기를 하지 않았다 하더라도 토지소유자에 대한 관계에서 적법하게 토지를 점유사용하고 있는 자라 할 것이고, 따라서 건물을 양도한 자라고 하더라도 지상권갱신청구권이 있고 건물의 양수인은 법정지상권자인 양도인의 갱신청구권을 대위행사할 수 있다고** 보아야 할 것이다(대판 1995.4.11. 94다39925).

75

공유대지 분할에 의하여도 관습법상의 법정지상권이 발생한다.

O | X

해설 건물이 서 있는 공용대지의 분할과 건물을 위한 관습상의 지상권

공유지상에 공유자의 1인 또는 수인 소유의 건물이 있을 경우 위 공유지의 분할로 그 대지와 지상건물이 소유자를 달리하게 될 때에는 다른 특별사정이 없는 한 건물소유자는 그 건물부지상에 그 건물을 위하여 관습상의 지상권을 취득한다(대판 1974.2.12. 73다353).

정답 | 71 ○ 72 × 73 ○ 74 ○ 75 ○

76

저당권설정 당시에 저당목적물인 토지상에 건물의 존재가 예측될 정도로 축조가 진행되어 있던 경우에도 저당권자는 이후 완공된 건물에 대해서 일괄경매청구권을 가진다. ○ | X

> **해설** 저당권설정 당시에 저당목적물인 토지상에 건물의 축조가 진행되어 있던 경우 민법 제365조의 적용가부
> 민법 제365조는 저당권설정자가 저당권을 설정한 후 저당목적물인 토지상에 건물을 축조함으로써 저당권의 실행이 곤란하여지거나 저당목적물의 담보가치의 하락을 방지하고자 함에 그 규정취지가 있다고 할 것이므로, 저당권설정 당시에 건물의 존재가 예측되고 또한 당시 사회경제적 관점에서 그 가치의 유지를 도모할 정도로 건물의 축조가 진행되어 있는 경우에는 위 규정은 적용되지 아니한다(대판 1987.4.28. 86다카2856).

77

민법 제365조에 의한 저당지상의 건물에 대한 일괄경매청구권은 저당권설정자가 건물을 축조한 경우에만 적용되므로 제3자가 저당토지에 건물을 축조한 경우에는 적용될 여지가 없다. ○ | X

78

토지를 목적으로 저당권을 설정한 후 그 설정자가 그 토지에 건물을 축조한 때에는 물론, 저당권설정자로부터 저당토지에 대한 용익권을 설정받은 자가 그 토지에 건물을 축조한 경우라도 그 후 저당권설정자가 그 건물 소유권을 취득한 경우에는 저당권자는 토지와 함께 그 건물에 대하여 경매를 청구할 수 있다. ○ | X

> **해설** **77 78** 일괄경매청구권이 인정되기 위해서는 ⅰ) 토지에 대하여 저당권설정 당시에 그 지상에 건물이 없을 것, ⅱ) 저당권설정 후에 설정자가 당해 토지에 건물을 건축하였을 것, ⅲ) 경매신청시에 토지와 지상건물의 소유자가 동일할 것이 필요하다(제365조).
> **判例는 저당권설정자로부터 저당토지의 용익권을 취득한 자가 건물을 신축하고 저당권설정자가 신축자로부터 그 건물의 소유권을 취득한 경우에 일괄경매청구권을 인정**하였다(대판 2003.4.11. 2003다3850).
>
> ➡ 이는 '저당권설정자가 건물을 신축하였을 것'이라는 요건을 완화한 것으로 저당권은 담보물의 교환가치의 취득을 목적으로 할 뿐 담보물의 이용을 제한하지 아니하여 저당권설정자로서는 저당권설정 후에도 그 지상에 건물을 신축할 수 있는데, 후에 그 저당권의 실행으로 토지가 제3자에게 경락될 경우에 건물을 철거하여야 한다면 사회경제적으로 현저한 불이익이 생기게 되어 이를 방지할 필요가 있으므로 이러한 이해관계를 조절하고, 저당권자에게도 저당토지상의 건물의 존재로 인하여 생기게 되는 경매의 어려움을 해소하여 저당권의 실행을 쉽게 할 수 있도록 한 제365조의 취지를 고려할 때 타당하다.

79

토지를 목적으로 저당권을 설정한 후 그 설정자가 그 토지에 건물을 축조한 때에는 저당권자는 토지와 함께 그 건물에 대해서도 경매를 청구할 수 있을 뿐만 아니라 그 건물의 경매대가에서 우선변제받을 권리가 있다. ○ | ×

> 해설 저당권자는 그 건물의 대가로부터는 우선변제를 받을 수 없다(제365조 단서). 이것은 부합물이나 종물의 경우와 다른 점이다. 따라서 토지와 건물을 일괄하여 매각하더라도 토지와 건물의 매각대금은 따로 결정할 필요가 있다. 이 경우 **토지에 안분할 매각대금은 법정지상권 등 이용제한이 없는 상태의 토지로 평가하여 산정하여야** 하고, 토지의 저당권자가 건물의 매각대금에서 배당을 받으려면 민사집행법 제268조, 제88조의 규정에 의한 적법한 배당요구를 하였거나 그 밖에 배당을 받을 수 있는 채권으로서 필요한 요건을 갖추고 있어야 한다(대판 2012.3.15. 2011다54587).

80

저당권자는 그 채권의 변제를 받기 위하여 저당물의 경매를 청구할 수 있고, 저당물의 소유권을 취득한 제3자도 경매인이 될 수 있다. ○ | ×

> 해설 **제363조(저당권자의 경매청구권, 경매인)** ① 저당권자는 그 채권의 변제를 받기 위하여 저당물의 경매를 청구할 수 있다.
> ② 저당물의 소유권을 취득한 제삼자도 경매인이 될 수 있다.」

근저당부동산에 대하여 후순위근저당권을 취득한 자도 민법 제364조에서 정한 권리를 행사할 수 있는 제3취득자에 해당한다고 보아야 한다. ○ | ×

후순위근저당권자가 선순위근저당권의 피담보채무가 확정된 이후에 그 확정된 피담보채무를 변제한 것은 이해관계 있는 제3자의 변제로서 유효하고, 후순위근저당권자는 그 변제를 민법 제364조의 규정에 따라 선순위근저당권의 소멸을 청구할 수 있는 사유로 삼을 수 있다. ○ | ×

정답 | **76** × **77** × **78** ○ **79** × **80** × **81** × **82** ×

83

근저당부동산에 대하여 후순위근저당권을 취득한 자는 선순위근저당권자의 채권최고액의 범위 내에서 확정된 피담보채무를 변제하고 민법 제364조의 규정에 따라 선순위근저당권의 소멸을 청구할 수 있다.

○ | X

> **해설 81 82 83 제364조(제3취득자의 변제)** 저당부동산에 대하여 소유권, 지상권 또는 전세권을 취득한 제3자는 저당권자에게 그 부동산으로 담보된 채권을 변제하고 저당권의 소멸을 청구할 수 있다.
> 근저당부동산에 대하여 후순위근저당권을 취득한 자는 민법 제364조에서 정한 권리를 행사할 수 있는 제3취득자에 해당하지 아니하므로, 이러한 후순위근저당권자가 선순위근저당권의 피담보채무가 확정된 이후에 그 확정된 피담보채무를 변제한 것은, 민법 제469조의 규정에 의한 이해관계 있는 제3자의 변제로서 유효한 것인지 따져 볼 수는 있을지언정, 민법 제364조의 규정에 따라 선순위근저당권의 소멸을 청구할 수 있는 사유로는 삼을 수 없다(대판 2006.1.26. 2005다17341).

84

저당물의 제3취득자가 그 부동산에 관한 필요비 또는 유익비를 지출한 때에는 저당물의 경매대가에서 우선상환을 받을 수 있다고 규정하고 있는 민법 제367조에서 저당물의 제3취득자는 저당물에 관한 지상권, 전세권을 취득한 자를 의미하고, 그 소유권을 취득한 자는 민법 제367조에서 규정하는 제3취득자에 해당하지 않는다.

○ | X

85

민법 제367조에 의하면 저당물의 제3취득자가 그 부동산의 보존, 개량을 위하여 필요비 또는 유익비를 지출한 때에는 저당물의 경매대가에서 우선상환을 받을 수 있다. 그리고 위 '제3취득자'에는 저당물에 관한 지상권, 전세권을 취득한 자만이 아니고 소유권을 취득한 자도 포함된다.

○ | X

> **해설 84 85 제364조(제3취득자의 변제)** 저당부동산에 대하여 소유권, 지상권 또는 전세권을 취득한 제3자는 저당권자에게 그 부동산으로 담보된 채권을 변제하고 저당권의 소멸을 청구할 수 있다.
> 민법 제367조의 규정 취지 및 저당물에 관한 소유권을 취득한 자도 위 규정의 제3취득자에 해당하는지 여부(적극)
> 민법 제367조가 저당물의 제3취득자가 그 부동산에 관한 필요비 또는 유익비를 지출한 때에는 저당물의 경매대가에서 우선상환을 받을 수 있다고 규정한 취지는 저당권설정자가 아닌 제3취득자가 저당물에 관한 필요비 또는 유익비를 지출하여 저당물의 가치가 유지·증가된 경우, 매각대금 중 그로 인한 부분은 일종의 공익비용과 같이 보아 제3취득자가 경매대가에서 우선상환을 받을 수 있도록 한 것이므로 **저당물에 관한 지상권, 전세권을 취득한 자만이 아니고 소유권을 취득한 자도 민법 제367조 소정의 제3취득자에 해당**한다(대판 2004.10.15. 2004다36604).

86

저당권은 그 담보한 채권과 분리하여 타인에게 양도하거나 다른 채권의 담보로 할 수 없다. O | X

> **해설** **제361조(저당권의 처분제한)** 저당권은 그 담보한 채권과 분리하여 타인에게 양도하거나 다른 채권의 담보로 하지 못한다.

87

저당권의 양도에 관한 물권적 합의는 저당권을 양도·양수받는 당사자 사이에 있으면 족하고 그 외에 그 채무자나 물상보증인 사이에까지 있어야 하는 것은 아니고, 단지 채무자에게 채권양도의 통지나 이에 대한 채무자의 승낙이 있으면 채권양도를 가지고 채무자에게 대항할 수 있게 된다. O | X

88

저당권은 피담보채권과 분리하여 양도하지 못하더라도 저당권 이전의 물권적 합의 자체는 저당권 양도, 양수받는 당사자 사이에 있으면 족하고 그 외에 채무자나 물상보증인 사이에까지 있어야 하는 것은 아니다. O | X

> **해설** **87 88** 저당권의 양도에 있어서 물권적 합의를 요하는 당사자의 범위
> 저당권은 피담보채권과 분리하여 양도하지 못하는 것이어서 저당권부 채권의 양도는 언제나 저당권의 양도와 채권양도가 결합되어 행해지므로 저당권부 채권의 양도는 민법 제186조의 부동산물권변동에 관한 규정과 민법 제449조 내지 제452조의 채권양도에 관한 규정에 의해 규율되므로 저당권의 양도에 있어서도 물권변동의 일반원칙에 따라 저당권을 이전할 것을 목적으로 하는 물권적 합의와 등기가 있어야 저당권이 이전된다고 할 것이나, 이때의 **물권적 합의는 저당권의 양도· 양수받는 당사자 사이에 있으면 족하고 그 외에 그 채무자나 물상보증인 사이에까지 있어야 하는 것은 아니라 할 것**이고, 단지 채무자에게 채권양도의 통지나 이에 대한 채무자의 승낙이 있으면 채권양도를 가지고 채무자에게 대항할 수 있게 되는 것이다(대판 2005.6.10. 2002다15412).

89

피담보채권을 저당권과 함께 양수한 자가 저당권이전의 부기등기를 마치고 저당권실행의 요건을 갖추었다면 채권양도의 대항요건을 갖추고 있지 아니하더라도 경매신청을 할 수 있고, 채무자는 그 경매절차에서 채권양도의 대항요건이 갖추어지지 않았다는 사유를 들어 이의할 수 없다. O | X

정답 | 83 × 84 ○ 85 ○ 86 ○ 87 ○ 88 ○ 89 ×

90

출제예상

선순위의 근저당권부 채권의 양수인이 근저당권 이전의 부기등기를 마쳤다면, 채권양도의 대항요건을 갖추지 아니하였더라도, 후순위 근저당권자에게 채권양도로 대항할 수 있다. ○│X

> **해설** **89** 채권양도의 대항요건을 갖추지 않았으나 저당권의 이전등기는 마친 양수인이 저당권에 기하여 임의경매를 신청할 수 있는지 나아가 배당을 받을 수 있는지 문제된다. 이와 관련하여 判例는 "피담보채권을 저당권과 함께 양수한 자는 저당권이전의 부기등기를 마치고 저당권실행의 요건을 갖추고 있는 한 **채권양도의 대항요건을 갖추고 있지 아니하더라도 경매신청을 할 수 있으며, 채무자는 경매절차의 이해관계인으로서 채권양도의 대항요건을 갖추지 못하였다는 사유를 들어 경매개시결정에 대한 이의나 즉시항고절차에서 다툴 수 있고,** 이 경우는 신청채권자가 대항요건을 갖추었다는 사실을 증명하여야 할 것이나, 이러한 절차를 통하여 채권 및 근저당권의 양수인의 신청에 의하여 개시된 경매절차가 실효되지 아니한 이상 그 경매절차는 적법한 것이고, 또한 그 경매신청인은 양수채권의 변제를 받을 수도 있다."라고 한다(대판 2005.6.23. 2004다29279).
>
> **90** 그러나 判例는 "채권양도의 대항요건의 흠결의 경우 채권을 주장할 수 없는 채무자 이외의 제3자는 양도된 채권 자체에 관하여 양수인의 지위와 양립할 수 없는 법률상 지위를 취득한 자에 한하므로, 선순위의 근저당권부채권을 양수한 채권자보다 후순위의 근저당권자는 채권양도의 대항요건을 갖추지 아니한 경우 대항할 수 없는 제3자에 포함되지 않는다"고 한다(대판 2005.6.23. 2004다29279).
>
> ➡ 채권양도에서 통지·승낙은 채권양도의 효력요건이 아니라 채무자(및 제3자)에 대한 대항요건에 지나지 않으므로 양도인과 양수인 사이에서는 채권양도의 효력이 발생하므로 이에 기하여 이루어진 저당권이전등기는 일단 유효하다.

91

13법원행시

근저당권부채권이 양도되었으나 근저당권의 이전등기가 경료되지 않은 상태에서 실시된 배당절차에서 근저당권의 명의인이 배당이의로 배당표의 경정을 구할 수 없다. ○│X

> **해설** 근저당권부 채권이 양도되었으나 근저당권의 이전등기가 경료되지 않은 상태에서 실시된 배당절차에서 근저당권의 명의인이 배당이의로 배당표의 경정을 구할 수 있는지 여부(소극)
>
> 피담보채권과 근저당권을 함께 양도하는 경우에 채권양도는 당사자 사이의 의사표시만으로 양도의 효력이 발생하지만 근저당권이전은 이전등기를 하여야 하므로 채권양도와 근저당권이전등기 사이에 어느 정도 시차가 불가피한 이상 피담보채권이 먼저 양도되어 일시적으로 피담보채권과 근저당권의 귀속이 달라진다고 하여 근저당권이 무효로 된다고 볼 수는 없으나, 위 근저당권은 그 피담보채권의 양수인에게 이전되어야 할 것에 불과하고, **근저당권의 명의인은 피담보채권을 양도하여 결국 피담보채권을 상실한 셈이므로 집행채무자로부터 변제를 받기 위하여 배당표에 자신에게 배당하는 것으로 배당표의 경정을 구할 수 있는 지위에 있다고 볼 수 없다**(대판 2003.10.10. 2001다77888).

92

13주사보, 13법무사, 20법원행시

저당권으로 담보한 채권이 시효의 완성 기타 사유로 인하여 소멸한 때에는 저당권도 소멸한다. ○│X

> **해설** **제369조(부종성)** 저당권으로 담보한 채권이 시효의 완성 기타 사유로 인하여 소멸한 때에는 저당권도 소멸한다.

경매대상 건물이 인접한 다른 건물과 합동됨으로써 건물로서 독립성을 상실하게 되었다면, 경매대상 건물만을 독립하여 양도하거나 경매의 대상으로 삼을 수는 없다. 이러한 경우 경매대상 건물에 설정되어 있던 저당권은 원칙적으로 소멸한다. ○ | X

> 해설 경매대상 건물이 인접한 다른 건물과 합동(合棟)됨으로 인하여 건물로서의 독립성을 상실하게 되었다면 경매대상 건물만을 독립하여 양도하거나 경매의 대상으로 삼을 수는 없고, 이러한 경우 **경매대상 건물에 대한 채권자의 저당권은 위 합동으로 인하여 생겨난 새로운 건물 중에서 위 경매대상 건물이 차지하는 비율에 상응하는 공유지분 위에 존속하게** 된다(대판 2010.1.14. 2009다66150).

저당권은 등기·등록 등의 공시방법을 갖출 수 있는 것만을 그 객체로 할 수 있는바, 민법상으로는 부동산 및 지상권·지역권·전세권이 저당권의 목적이 될 수 있다. ○ | X

> 해설 제371조(지상권, 전세권을 목적으로 하는 저당권) ① 본장의 규정은 **지상권 또는 전세권을 저당권의 목적으로 한 경우에** 준용한다.
> ② 지상권 또는 전세권을 목적으로 저당권을 설정한 자는 저당권자의 동의없이 지상권 또는 전세권을 소멸하게 하는 행위를 하지 못한다.
> ➡ 지역권은 저당권의 목적이 될 수 없다.

담보물권의 부종성에 의하여 피담보채권이 존재하지 않으면 근저당권도 소멸한다. ○ | X

> 해설 근저당권은 ① 장래 증감변동하는 **불특정의 채권을 담보**하며, ② **저당권의 성립과 소멸에 관한 부종성이 요구되지 않는다.** 따라서 피담보채권액이 일시 감소하거나 소멸하게 되더라도 저당권의 존속 자체에 아무런 영향이 없다(제357조 제1항 2문).

정답 | **90** ○ **91** ○ **92** ○ **93** × **94** × **95** ×

96

채권최고액은 반드시 등기되어야 하지만, 근저당권의 존속기간은 그에 대한 약정이 있더라도 등기하지 않아도 무방하다. ○ | X

> **해설** 근저당권 등기
> ① 등기원인으로 근저당권의 설정계약임을 기재하여야 한다(근저당권설정등기 신청에 기본계약서의 제출은 필요하지 않다). 또한 채권의 최고액은 반드시 등기하여야 한다(부동산 등기법 제140조 제2항). 채권의 이자는 최고액 중에 산입된 것으로 간주되므로(제357조 제2항), 이자의 등기를 별도로 할 수 없다.
> ② **근저당권의 존속기간**이나 기본거래관계의 결산기에 관한 **약정이 있는 경우에는 이를 등기할 수 있다.**
> ➡ 근저당권의 존속기간은 등기할 수 있는 것이지, 필요적 기재사항이 아니다.

97

근저당권에서는 보통의 저당권과 달리 피담보채권의 범위가 채권최고액에 의하여 한정된다. ○ | X

> **해설** 근저당권에서의 피담보채권의 범위
> 위약금, 손해배상은 채권최고액에 포함된다. 지연이자도 1년분에 한정되지 않고 채권최고액에 포함되는 이상 모두 담보된다.

98

물상보증인이 근저당권의 채무자의 계약상의 지위를 인수한 것이 아니라, 다만 그 채무만을 면책적으로 인수하고 이를 원인으로 하여 근저당권 변경의 부기등기가 경료된 경우, 특별한 사정이 없는 한 그 변경등기는 그 후 채무를 인수한 물상보증인이 다른 원인으로 근저당권자에 대하여 부담하게 된 새로운 채무까지 담보하는 것으로 볼 수 있다. ○ | X

99

근저당권에 관하여 채무인수를 원인으로 채무자를 교체하는 변경등기(부기등기)가 마쳐진 경우 특별한 사정이 없는 한 그 근저당권은 당초 구채무자가 부담하고 있다가 신채무자가 인수하게 된 채무와 함께 그 후 신채무자(채무인수인)가 다른 원인으로 부담하게 된 새로운 채무를 담보한다. ○ | X

> **해설** **98 99** 물상보증인이 근저당권의 채무자의 계약상의 지위를 인수한 것이 아니라 다만 그 채무만을 면책적으로 인수하고 이를 원인으로 하여 근저당권 변경의 부기등기가 경료된 경우, 특별한 사정이 없는 한 그 변경등기는 당초 채무자가 근저당권자에 대하여 부담하고 있던 것으로서 물상보증인이 인수한 채무만을 그 대상으로 하는 것이지, 그 후 채무를 인수한 물상보증인이 다른 원인으로 근저당권자에 대하여 부담하게 된 새로운 채무까지 담보하는 것으로 볼 수는 없다(대판 1999.9.3. 98다40657).

근저당권의 피담보채무는 근저당권설정계약에서 근저당권의 존속기간을 정하거나 근저당권으로 담보되는 기본적인 거래계약에서 결산기를 정한 경우에는 원칙적으로 존속기간이나 결산기가 도래한 때에 확정되지만, 이 경우에도 근저당권에 의하여 담보되는 채권이 전부 소멸하고 채무자가 채권자로부터 새로이 금원을 차용하는 등 거래를 계속할 의사가 없는 경우에는, 그 존속기간 또는 결산기가 경과하기 전이라 하더라도 근저당권설정자는 계약을 해제하고 근저당권설정등기의 말소를 구할 수 있다. 따라서 존속기간이나 결산기의 정함이 없는 때에는 근저당권설정자가 근저당권자를 상대로 언제든지 해지의 의사표시를 함으로써 피담보채무를 확정시킬 수 있으며, 이러한 계약의 해제 또는 해지에 관한 권한은 근저당부동산의 소유권을 취득한 제3자도 원용할 수 있다. ○ | X

해설 근저당권의 피담보채무의 확정시기 및 피담보채무의 확정에 관한 근저당권설정자의 권한을 근저당부동산의 제3취득자가 원용할 수 있는지 여부(적극)

근저당부동산에 대하여 민법 제364조의 규정에 의한 권리를 취득한 제3자는 피담보채무가 확정된 이후에 채권최고액의 범위 내에서 그 확정된 피담보채무를 변제하고 근저당권의 소멸을 청구할 수 있으므로, 타인의 불법행위로 인하여 부동산에 유효한 근저당권이 설정되는 경우 부동산 소유자가 입은 손해는 부동산 소유자가 근저당권자에 대하여 당해 근저당권의 소멸을 청구하는데 드는 비용이라고 할 것이고, 한편 ⅰ) 근저당권에 의하여 담보되는 피담보채무는 근저당권설정계약에서 근저당권의 존속기간을 정하거나 근저당권으로 담보되는 기본적인 거래계약에서 결산기를 정한 경우에는 원칙적으로 존속기간이나 결산기가 도래한 때에 확정되지만, ⅱ) 이 경우에도 근저당권에 의하여 담보되는 채권이 전부 소멸하고 채무자가 채권자로부터 새로이 금원을 차용하는 등 거래를 계속할 의사가 없는 경우에는, 그 존속기간 또는 결산기가 경과하기 전이라 하더라도 근저당권설정자는 계약을 해제하고 근저당권설정등기의 말소를 구할 수 있고, ⅲ) **존속기간이나 결산기의 정함이 없는 때에는 근저당권설정자가 근저당권자를 상대로 언제든지 해지의 의사표시를 함으로써 피담보채무를 확정시킬 수 있으며, 이러한 계약의 해제 또는 해지에 관한 권한은 근저당부동산의 소유권을 취득한 제3자도 원용할 수 있다**고 할 것이다(대판 2006.4.28. 2005다74108).

근저당권의 존속기간이나 기본적 거래계약에서 결산기의 정함이 없는 경우에는, 근저당권에 의하여 담보되는 채권이 전부 소멸하고 채무자가 채권자로부터 새로이 금원을 차용하는 등 거래를 계속할 의사가 없는 경우에 한하여 근저당권설정자는 계약을 해제하고 근저당권설정등기의 말소를 구할 수 있다.

○ | X

102

근저당권설정계약이나 기본계약에서 근저당권의 존속기간이나 결산기를 정하지 않은 때에는, 피담보채무의 확정방법에 관한 다른 약정이 있으면 그에 따르고, 이러한 약정이 없는 경우라면 근저당권설정자가 근저당권자를 상대로 언제든지 계약 해지의 의사표시를 함으로써 피담보채무를 확정시킬 수 있다.   O | X

> **해설** **101 102** 근저당권이라 함은 그 담보할 채권의 최고액만을 정하고 채무의 확정을 장래에 유보하여 설정하는 저당권을 말하고, 이 경우 그 피담보채무가 확정될 때까지의 채무의 소멸 또는 이전은 근저당권에 영향을 미치지 아니하므로, 근저당부동산에 대하여 소유권을 취득한 제3자는 피담보채무가 확정된 이후에 그 확정된 피담보채무를 채권최고액의 범위 내에서 변제하고 근저당권의 소멸을 청구할 수 있다고 할 것이며, ⅰ) 피담보채무는 근저당권설정계약에서 근저당권의 존속기간을 정하거나 근저당권으로 담보되는 기본적인 거래계약에서 결산기를 정한 경우에는 원칙적으로 존속기간이나 결산기가 도래한 때에 확정되지만, ⅱ) 이 경우에도 근저당권에 의하여 담보되는 채권이 전부 소멸하고 채무자가 채권자로부터 새로이 금원을 차용하는 등 거래를 계속할 의사가 없는 경우에는, 그 존속기간 또는 결산기가 경과하기 전이라 하더라도 근저당권설정자는 계약을 해지하고 근저당권설정등기의 말소를 구할 수 있고, ⅲ) 한편 존속기간이나 결산기의 정함이 없는 때에는 근저당권의 피담보채무의 확정방법에 관한 다른 약정이 있으면 그에 따르되 이러한 약정이 없는 경우라면 근저당권설정자가 근저당권자를 상대로 언제든지 해지의 의사표시를 함으로써 피담보채무를 확정시킬 수 있다(대판 2002.5.24. 2002다7176).

103

계속적 거래계약에 기한 채무를 담보하기 위하여 존속기간의 약정이 없는 근저당권을 설정한 경우에 그 거래관계가 종료됨으로써 피담보채무로 예정된 원본채무가 더 이상 발생할 가능성이 없게 된 때에는 그 때까지 잔존하는 채무가 근저당권에 의하여 담보되는 채무로 확정되며, 이 때 근저당권을 설정한 채무자나 물상보증인은 근저당권자에 대한 의사표시로써 피담보채무의 확정을 구할 수 있고 그 확정 당시에 피담보채무가 존재하지 아니하게 되었다면 근저당권의 말소를 구할 수 있다.   O | X

> **해설** 대판 1996.10.29. 95다2494 참조

104

경매신청 시에 근저당권의 피담보채권이 확정되므로 그 이후에 새로 발생한 채권은 당해 근저당권에 의하여 담보되지 않는다.   O | X

105

근저당권이 확정되면 그때부터는 그 피담보채무에 관한 지연손해금은 발생하지 않는다.

> 해설 **104 105** 근저당권자가 근저당목적물에 대하여 경매신청을 함으로써 거래를 종료시키려는 의사를 표시한 경우에는 '**경매신청시**'(경매개시결정시가 아님)에 피담보채권의 원본이 확정되고(대판 1988.10.11. 87다카545), **근저당권은 최고액의 범위 내에서 확정된 피담보채권 원본에 대한 '배당기일까지'의 지연손해금을 모두 담보**하게 된다(대판 2007.4.26. 2005다38300). 따라서 그 이후에 새로 발생한 채권은 당해 근저당권에 의하여 담보되지 않고 일반채권자의 지위에서 평등배당받을 수 있을 뿐이다.

106

근저당권자가 경매신청을 한 경우 경매신청 시에 근저당채무액이 확정되고, 경매개시 결정 후 경매신청이 취하되었다 하더라도 채무확정의 효과가 번복되는 것은 아니다. ○ | X

> 해설 근저당권자가 피담보채무의 불이행을 이유로 경매신청을 한 경우, 근저당권의 피담보채무액의 확정 시기(= 경매신청시) 및 경매개시결정이 있은 후 경매신청이 취하되면 채무확정의 효과가 번복되는지 여부(소극)
> 근저당권자가 피담보채무의 불이행을 이유로 경매신청을 한 경우에는 경매신청시에 근저당 채무액이 확정되고, 그 이후부터 근저당권은 부종성을 가지게 되어 보통의 저당권과 같은 취급을 받게 되는바, 위와 같이 **경매신청을 하여 경매개시결정이 있은 후에 경매신청이 취하되었다고 하더라도 채무확정의 효과가 번복되는 것은 아니다**(대판 2002.11.26. 2001다70322).

107

근저당권자가 그 피담보채무의 불이행을 이유로 경매신청을 한 때에는 근저당권의 피담보채권은 경매매수인이 매각대금을 완납한 때에 확정된다. ○ | X

> 해설 근저당권자가 근저당목적물에 대하여 경매신청을 함으로써 거래를 종료시키려는 의사를 표시한 경우에는 '**경매신청시**'(경매개시결정시가 아님)에 피담보채권의 원본이 확정된다(대판 1988.10.11. 87다카545).
> 비교판례 후순위 근저당권자가 경매를 신청한 경우 선순위 근저당권의 피담보채권은 그 근저당권이 소멸하는 시기, 즉 '**경락인이 경락대금을 완납한 때**'에 확정된다(대판 1999.9.21. 99다26085)

정답 | **102** ○ **103** ○ **104** ○ **105** × **106** ○ **107** ×

후순위 근저당권자가 경매를 신청한 경우, 선순위근저당권자의 피담보채권도 후순위근저당권자의 경매 신청시 함께 확정된다. O | X

> 해설 후순위 근저당권자가 경매를 신청한 경우, 선순위 근저당권자의 피담보채권액이 확정되는 시기(= 경락대금 완납시) 당해 근저당권자는 저당부동산에 대하여 경매신청을 하지 아니하였는데 다른 채권자가 저당부동산에 대하여 경매신청을 한 경우 민사소송법 제608조 제2항, 제728조의 규정에 따라 경매신청을 하지 아니한 근저당권자의 근저당권도 경락으로 인하여 소멸하므로, 다른 채권자가 경매를 신청하여 경매절차가 개시된 때로부터 경락으로 인하여 당해 근저당권이 소멸 하게 되기까지의 어느 시점에서인가는 당해 근저당권의 피담보채권도 확정된다고 하지 아니할 수 없는데, 그 중 어느 시기 에 당해 근저당권의 피담보채권이 확정되는가 하는 점에 관하여 우리 민법은 아무런 규정을 두고 있지 아니한바, 부동산 경매절차에서 경매신청기입등기 이전에 등기되어 있는 근저당권은 경락으로 인하여 소멸되는 대신에 그 근저당권자는 민 사소송법 제605조가 정하는 배당요구를 하지 아니하더라도 당연히 그 순위에 따라 배당을 받을 수 있고, 이러한 까닭으로 선순위 근저당권이 설정되어 있는 부동산에 대하여 근저당권을 취득하는 거래를 하려는 사람들은 선순위 근저당권의 채권 최고액 만큼의 담보가치는 이미 선순위 근저당권자에 의하여 파악되어 있는 것으로 인정하고 거래를 하는 것이 보통이므 로, 담보권 실행을 위한 경매절차가 개시되었음을 선순위 근저당권자가 안 때 이후의 어떤 시점에 선순위 근저당권의 피담 보채무액이 증가하더라도 그와 같이 증가한 피담보채무액이 선순위 근저당권의 채권최고액 한도 안에 있다면 경매를 신청 한 후순위 근저당권자가 예측하지 못한 손해를 입게 된다고 볼 수 없는 반면, 선순위 근저당권자는 자신이 경매신청을 하지 아니하였으면서도 경락으로 인하여 근저당권을 상실하게 되는 처지에 있으므로 거래의 안전을 해치지 아니하는 한도 안에서 선순위 근저당권자가 파악한 담보가치를 최대한 활용할 수 있도록 함이 타당하다는 관점에서 보면, **후순위 근저당 권자가 경매를 신청한 경우 선순위 근저당권의 피담보채권은 그 근저당권이 소멸하는 시기, 즉 경락인이 경락대금을 완납한 때에 확정된다고 보아**야 한다(대판 1999.9.21. 99다26085).

물상보증인이 설정한 근저당권의 채무자가 합병으로 소멸하고, 물상보증인 또는 그로부터 합병 전에 저 당목적물의 소유권을 취득한 제3자가 합병 후 존속회사 또는 신설회사를 위하여 근저당권설정계약을 존 속시키는데 동의하지 않은 경우, 합병 당시를 기준으로 근저당권의 피담보채권이 확정된다. O | X

> 해설 물상보증인이 설정한 근저당권의 채무자가 합병으로 소멸하는 경우 합병 후의 존속회사 또는 신설회사는 합병의 효 과로서 채무자의 기본계약상 지위를 승계하지만 물상보증인이 존속회사 또는 신설회사를 위하여 근저당권설정계약을 존속 시키는 데 **동의한 경우에 한하여** 합병 후에도 기본계약에 기한 근저당거래를 계속할 수 있고, **합병 후 상당한 기간이 지나도 록 그러한 동의가 없는 때에는 합병 당시를 기준으로 근저당권의 피담보채무가 확정**된다. 따라서 위와 같이 근저당권의 피담보채무가 확정되면, 근저당권은 그 확정된 피담보채무로서 존속회사 또는 신설회사에 승계된 채무만을 담보하게 되므 로, 합병 후 기본계약에 의하여 발생한 존속회사 또는 신설회사의 채무는 근저당권에 의하여 더 이상 담보되지 아니한다. 그리고 이러한 법리는 채무자의 합병 전에 물상보증인으로부터 저당목적물의 소유권을 취득한 제3자가 있는 경우에도 마 찬가지로 적용된다(대판 2010.1.28. 2008다12057).

110

근저당권의 경우, 피담보채무에 속하는 지연이자(지연배상)는 원본의 이행기일을 경과한 후의 1년분에 한하여 저당권을 행사할 수 있다. O | X

> **해설** ① 근저당권의 피담보채권이 확정되면 이제 근저당권은 부종성, 수반성을 취득하게 되어, 확정된 피담보채권이 전부 소멸하면 근저당권도 소멸하며, 확정된 피담보채권이 양도되면 근저당권도 이전된다. 이 점에서 근저당권은 보통의 저당권과 같은 취급을 받게 된다. ② 근저당권의 피담보채권이 확정되더라도 최고액을 한도로 담보한다는 근저당권의 본질은 변하지 않는다. 따라서 **제360조가 적용되지 않고, 근저당권은 최고액의 범위 내에서 확정된 피담보채권 원본에 대한 '배당기일까지'의 지연손해금을 모두 담보하게 된다**(대판 2007.4.26. 2005다38300). 이 점에 있어서 근저당권은 여전히 보통의 저당권과 다르다고 할 것이다.

111

근저당권자의 경매신청 등의 사유로 인하여 근저당권의 피담보채권이 확정되었을 경우, 확정 이후에 새로운 거래관계에서 발생한 원본채권은 그 근저당권에 의하여 담보되지 아니하지만, 확정 전에 발생한 원본채권에 관하여 확정 후에 발생하는 이자나 지연손해금 채권은 채권최고액의 범위 내에서 근저당권에 의하여 여전히 담보되는 것이다. O | X

> **해설** 대판 2007.4.26. 2005다38300 참조

112

근저당권의 물상보증인은 피담보채권의 최고액만을 변제하면 근저당권설정등기의 말소청구를 할 수 있고 채권최고액을 초과하는 부분의 채권액까지 변제할 의무가 있는 것이 아니다. O | X

> **해설** 대판 1974.12.10. 74다998 참조

113

甲이 乙 소유의 X부동산을 양수하여 소유권이전등기를 마쳤는데, 소유권이전 당시 X부동산에는 乙을 채무자로 하여 채권자 丙의 제1순위 근저당권과 채권자 丁의 제2순위 근저당권이 설정되어 있는 경우, 丙의 확정된 피담보채권액이 채권최고액을 초과하는 경우 甲은 丙의 채권최고액만을 변제하고 丙의 근저당권의 소멸을 청구할 수 있다. O | X

> **해설** **제364조(제삼취득자의 변제)** 저당부동산에 대하여 소유권, 지상권 또는 전세권을 취득한 제삼자는 저당권자에게 그 부동산으로 담보된 채권을 변제하고 저당권의 소멸을 청구할 수 있다.

114

근저당권은 채권최고액 범위 내에서 피담보채무를 담보하는 것이므로, 채무자의 채무액이 근저당권의 채권최고액을 초과하는 경우라도 채무자인 근저당권설정자는 채권최고액을 변제하면 그 근저당권의 말소를 청구할 수 있다. O | X

115

원래 저당권은 원본, 이자, 위약금, 채무불이행으로 인한 손해배상 및 저당권의 실행비용을 담보하는 것이고, 채권최고액의 정함이 있는 근저당권에 있어서 이러한 채권의 총액이 그 채권최고액을 초과하는 경우, 적어도 근저당권자와 채무자 겸 근저당권설정자와의 관계에 있어서는 위 채권 전액의 변제가 있을 때까지 근저당권의 효력은 채권최고액과는 관계 없이 잔존채무에 여전히 미친다. O | X

> **해설** **114 115** 원래 저당권은 원본, 이자, 위약금, 채무불이행으로 인한 손해배상 및 저당권의 실행비용을 담보하는 것이며, 이것이 근저당에 있어서의 **채권최고액을 초과하는 경우에 근저당권자로서는 그 채무자 겸 근저당권설정자와의 관계에 있어서는** 그 채무의 일부인 채권최고액과 지연손해금 및 집행비용만을 받고 근저당권을 말소시켜야 할 이유는 없을 뿐 아니라 채무금 전액에 미달하는 금액의 변제가 있는 경우에 이로써 우선 채권최고액 범위의 채권에 변제충당한 것으로 보아야 한다는 이유도 없으니 **채권 전액의 변제가 있을 때까지 근저당의 효력은 잔존채무에 여전히 미친다**고 할 것이고, 근저당에 의하여 담보되는 채권액의 범위는 차순위 담보권자, 담보물의 제 3 취득자 및 단순한 물상보증인으로서의 근저당권설정자에 대한 관계에서 거론될 수 있을 것이다(대판 1981.11.10. 80다2712).

116

근보증의 주채무와 근저당권의 피담보채무가 동일한 채무인 경우, 특별한 사정이 없는 한 근저당권의 실행으로 변제를 받은 금액은 근보증의 보증한도액에서 공제되어야 한다. O | X

해설 근보증의 주채무와 근저당권의 피담보채무가 동일한 채무인 경우, 근저당권의 실행으로 변제받은 금액을 근보증의 보증한도액에서 공제하여야 하는지 여부(적극)

계속적인 신용거래 관계로부터 장래 발생할 불특정 채무를 보증하기 위해 이른바 보증한도액을 정하여 근보증을 하고 아울러 그 불특정 채무를 담보하기 위하여 동일인이 근저당권설정등기를 하여 물상보증도 한 경우에, 근보증약정과 근저당권설정계약은 별개의 계약으로서 원칙적으로 그 성립과 소멸이 따로 다루어져야 할 것이나, **근보증의 주채무와 근저당권의 피담보채무가 동일한 채무인 이상 근보증과 근저당권은 특별한 사정이 없는 한 동일한 채무를 담보하기 위한 중첩적인 담보로서 근저당권의 실행으로 변제를 받은 금액은 근보증의 보증한도액에서 공제되어야** 한다(대판 2004.7.9. 2003다27160).

117

공동근저당권자가 스스로 근저당권을 실행하거나 타인에 의하여 개시된 경매 등의 환가절차를 통하여 공동담보의 목적 부동산 중 일부에 대한 환가대금 등으로부터 다른 권리자에 우선하여 피담보채권의 일부에 대하여 배당받은 경우에, 그와 같이 우선변제받은 금액에 관하여는 공동담보의 나머지 목적 부동산에 대한 경매 등의 환가절차에서 다시 공동근저당권자로서 우선변제권을 행사할 수 없다고 보아야 하며, 공동담보의 나머지 목적 부동산에 대하여 공동근저당권자로서 행사할 수 있는 우선변제권의 범위는 피담보채권의 확정 여부와 상관없이 최초의 채권최고액에서 위와 같이 우선변제받은 금액을 공제한 나머지 채권최고액으로 제한된다.   ○ | X

해설 공동근저당권자가 스스로 근저당권을 실행하거나 타인에 의하여 개시된 경매 등의 환가절차를 통하여 공동담보의 목적 부동산 중 일부에 대한 환가대금 등으로부터 다른 권리자에 우선하여 피담보채권의 일부에 대하여 배당받은 경우에, 그와 같이 우선변제받은 금액에 관하여는 공동담보의 나머지 목적 부동산에 대한 경매 등의 환가절차에서 다시 공동근저당권자로서 우선변제권을 행사할 수 없다고 보아야 하며, 공동담보의 나머지 목적 부동산에 대하여 공동근저당권자로서 행사할 수 있는 우선변제권의 범위는 피담보채권의 확정 여부와 상관없이 최초의 채권최고액에서 위와 같이 우선변제받은 금액을 공제한 나머지 채권최고액으로 제한된다고 해석함이 타당하다. 그리고 이러한 법리는 채권최고액을 넘는 피담보채권이 원금이 아니라 이자·지연손해금인 경우에도 마찬가지로 적용된다(대판 2017.12.21. 2013다16992 전합).

118

근저당권은 계속적인 거래관계로부터 발생·소멸하는 불특정다수의 채권 중 그 결산기에 잔존하는 채권을 일정한 한도액의 범위 내에서 담보하는 것으로서 그 거래가 종료하기까지 그 피담보채권은 계속적으로 증감·변동하는 것이므로, 근저당 거래관계가 계속되는 관계로 근저당권의 피담보채권이 확정되지 아니하는 동안에는 그 채권의 일부가 대위변제 되었다 하더라도 그 근저당권이 대위변제자에게 이전될 수 없다.   ○ | X

⊙ 근저당권은 계속적인 거래관계로부터 발생하고 소멸하는 불특정다수의 장래 채권을 결산기에 계산하여 잔존하는 채무를 일정한 한도액의 범위 내에서 담보하는 저당권이어서, **근저당 거래관계가 계속 중인 경우**, 즉 근저당권의 피담보채권이 확정되기 전에 그 채권의 일부를 양도하거나 대위변제한 경우 근저당권이 양수인이나 대위변제자에게 이전할 여지가 없다(대판 1996.6.14. 95다53812). ⓛ 그러나 근저당권에 의하여 담보되는 **피담보채권이 확정되게 되면**, 그 피담보채권액이 그 근저당권의 채권최고액을 초과하지 않는 한 그 근저당권 내지 그 실행으로 인한 경락대금에 대한 권리 중 그 피담보채권액을 담보하고 남는 부분은 저당권의 일부이전의 부기등기의 경료 여부와 관계없이 대위변제자에게 법률상 당연히 이전된다(대판 2002.7.26. 2001다53929).

119

근저당권이 설정되어 있는 부동산에 관하여 사해행위가 이루어진 후 근저당권이 말소되어 그 부동산의 가액에서 근저당권 피담보채무액을 공제한 나머지 금액의 한도에서 사해행위를 취소하고 가액의 배상을 명하는 경우, 그 가액의 산정은 사해행위 당시를 기준으로 하여야 한다.   O | X

해설 가액상환에서 가액은 '사해행위가 성립하는 범위 내'에서 **사실심변론종결시**(사해행위시가 아님)를 기준으로 하여 산정된다(대판 2001.12.27. 2001다33734). 가액배상은 ⊙ 채권자의 피보전채권액(사해행위 당시를 기준으로 하되 사실심변론종결시까지의 이자나 지연손해금은 포함)과 ⓛ 목적물의 공동담보가액(책임재산= 사해행위의 범위) 중 적은 금액을 한도로 이루어진다.

120

근저당권의 목적물이 제3자에게 양도된 후 피담보채무가 소멸한 경우 종전 소유자였던 근저당권설정자는 근저당권설정등기의 말소를 청구할 수 없다.   O | X

해설 계약상 권리에 기초한 저당권말소청구권
근저당권이 설정된 후에 그 부동산의 소유권이 제3자에게 이전된 경우에는 현재의 소유자가 자신의 소유권에 기하여(= 물권적 청구권을 행사하여) 피담보채무의 소멸을 원인으로 그 근저당권설정등기의 말소를 청구할 수 있음은 물론이지만, **근저당권설정자인 종전의 소유자도 근저당권설정계약의 당사자로서 근저당권소멸에 따른 원상회복으로 근저당권자에게 근저당권설정등기의 말소를 구할 수 있는 계약상 권리가 있으므로** 이러한 계약상 권리에 터잡아(= 채권적 청구권을 행사하여) 근저당권자에게 피담보채무의 소멸을 이유로 하여 그 근저당권설정등기의 말소를 청구할 수 있다(대판 1994.1.25. 93다16338 전합).

121

부동산에 대하여 가압류등기가 된 후 저당권이 설정되고 이후 강제경매 신청을 한 압류채권자가 있는 경우, 1차로 가압류채권자와 저당권자 및 압류채권자 사이에 채권액에 비례하여 평등배당을 한 후, 저당권자는 자신의 채권액을 전부 변제받을 수 있을 때까지 압류채권자가 받을 배당액으로부터 우선하여 배당받을 수 있다.   O | X

해설 부동산에 대하여 가압류등기가 먼저 되고 나서 근저당권설정등기가 마쳐진 경우에 그 근저당권등기는 가압류에 의한 처분금지의 효력 때문에 그 집행보전의 목적을 달성하는 데 필요한 범위 안에서 가압류채권자에 대한 관계에서만 상대적으로 무효이다. 이 경우 가압류채권자와 근저당권자 및 근저당권설정등기 후 강제경매신청을 한 압류채권자 사이의 배당관계에 있어서, **근저당권자는 선순위 가압류채권자에 대하여는 우선변제권을 주장할 수 없으므로 1차로 채권액에 따른 안분비례에 의하여 평등배당을 받은 다음, 후순위 경매신청압류채권자에 대하여는 우선변제권이 인정되므로** 경매신청압류채권자가 받을 배당액으로부터 자기의 채권액을 만족시킬 때까지 이를 흡수하여 배당받을 수 있다(대결 1994.11.29. 94마417).

122

출제예상

담보권 실행을 위한 부동산경매절차에서 근저당권자인 甲에 1순위로 채권액 전부가 배당되고 일반채권자인 丙과 乙에는 2순위로 채권액 일부만 배당되었다. 그런데 甲의 근저당권은 무효였다. 이에 배당기일에 출석한 乙이 甲에게 배당된 배당금에 관하여 이의하고 甲을 상대로 배당이의의 소를 제기하여 확정된 화해권고결정에 따라 甲에게 배당된 배당금 전액을 수령하였는데, 그 후 위 '배당기일에 출석하였으나 이의하지 않은' 丙이 乙을 상대로 乙이 수령한 배당금 중 丙의 채권액에 비례한 안분액에 대해서 부당이득반환을 구한 경우, 乙은 丙에게 乙이 수령한 배당금 중 丙의 채권액에 비례한 안분액을 부당이득으로 반환할 의무가 있다. O | X

해설 대법원은 **배당받을 권리 있는 채권자가 자신이 배당받을 몫을 받지 못하고 그로 인해 권리 없는 다른 채권자가 그 몫을 배당받은 경우에는 배당이의 여부 또는 배당표의 확정 여부와 관계없이 배당받을 수 있었던 채권자가 배당금을 수령한 다른 채권자를 상대로 부당이득반환 청구를 할 수 있다**는 입장을 취해 왔다. 이러한 법리의 주된 근거는 배당절차에 참가한 채권자가 배당이의 등을 하지 않아 배당절차가 종료되었더라도 그의 몫을 배당받은 다른 채권자에게 그 이득을 보유할 정당한 권원이 없는 이상 잘못된 배당의 결과를 바로잡을 수 있도록 하는 것이 실체법 질서에 부합한다는 데에 있다. 나아가 위와 같은 부당이득반환 청구를 허용해야 할 현실적 필요성, 현행 민사집행법에 따른 배당절차의 제도상 또는 실무상 한계로 인한 문제, 민사집행법 제155조의 내용과 취지, 입법 연혁 등에 비추어 보더라도, **종래 대법원 판례는 법리적으로나 실무적으로 타당하므로 유지되어야 한다**(대판 2019.7.18. 2014다206983 전합).

123

21사무관

근저당권설정자 또는 그로부터 소유권을 이전받은 제3취득자는 피담보채무가 소멸된 경우 또는 근저당권설정등기가 당초부터 원인무효인 경우 등에 근저당권의 현재의 명의인인 양수인을 상대로 주등기인 근저당권설정등기의 말소를 구할 수 있으나, 근저당권자로부터 양수인 앞으로의 근저당권 이전이 무효라는 사유를 내세워 양수인을 상대로 근저당권설정등기의 말소를 구할 수는 없다. O | X

124

근저당권 이전의 부기등기는 기존의 주등기인 근저당권설정등기에 종속되어 주등기와 일체를 이루는 것으로서 기존의 근저당권설정등기에 의한 권리의 승계를 등기부상 명시하는 것일 뿐 그 등기에 의하여 새로운 권리가 생기는 것이 아니다. ○ | X

> **해설 124** 근저당권 이전의 부기등기는 기존의 주등기인 근저당권설정등기에 종속되어 **주등기와 일체를 이루는 것으로서** 기존의 근저당권설정등기에 의한 권리의 승계를 등기부상 명시하는 것일 뿐 그 등기에 의하여 **새로운 권리가 생기는 것이 아니므로, 123** 근저당권설정자 또는 그로부터 소유권을 이전받은 제3취득자는 피담보채무가 소멸된 경우 또는 근저당권설정등기가 당초부터 원인무효인 경우 등에 **근저당권의 현재의 명의인인 '양수인'을 상대로 '주등기'인 근저당권설정등기의 말소를 구할 수 있으나,** 근저당권자로부터 양수인 앞으로의 근저당권 이전이 무효라는 사유를 내세워 양수인을 상대로 근저당권설정등기의 말소를 구할 수는 **없다**(대판 2003.4.11. 2003다5016).

125

근저당권설정등기가 불법하게 말소된 경우 근저당권자는 그 등기말소 당시의 소유자가 아니라 현재 등기명의자인 소유자를 상대로 근저당권설정등기의 회복등기청구를 하여야 한다. ○ | X

> **해설** 저당권등기가 불법말소된 경우 말소회복등기의 상대방(말소 당시의 소유자)
> 불법하게 말소된 것을 이유로 한 근저당권설정등기 회복등기청구는 그 등기말소 당시의 소유자를 상대로 하여야 한다(대판 1969.3.18. 68다1617).

126

공동저당이 설정되어 있는 수개의 부동산 중 일부는 채무자 소유이고 일부는 물상보증인 소유인 경우, 각 부동산의 경매대가를 동시에 배당하는 때에는 민법 제368조 제1항은 적용하지 아니하고, 채무자 소유 부동산의 경매대가에서 공동저당권자에게 우선적으로 배당을 하고, 부족분이 있는 경우에 한하여 물상보증인 소유 부동산의 경매대가에서 추가로 배당을 하여야 한다. 다만 물상보증인이 연대보증인의 지위를 겸하고 있다면 제368조 제1항이 적용된다고 보아야 한다. ○ | X

> **해설** 일괄경매(동시배당의 경우) - 제368조 제1항의 적용범위
> 공동저당권자의 자의를 허용하지 않고 각 부동산의 경매대가에 비례해서 피담보채권의 부담 부분을 안분하고(제368조 제1항), 그 비례안분액을 넘는 부분은 후순위저당권자의 변제에 충당한다.
> 判例는 "제368조 1항은 채무자 소유의 수 개의 부동산 또는 동일한 물상보증인 소유의 수 개의 부동산에 관하여 공동저당권이 설정된 경우에만 적용되고, 채무자 소유의 부동산과 물상보증인 소유의 부동산에 관하여 공동저당권이 설정된 경우에는 적용되지 않는다고 한다. 즉 이 경우에는 채무자 소유 부동산의 경매대가에서 공동저당권자에게 우선적으로 배당을 하고, 부족분이 있는 경우에 한하여 물상보증인 소유 부동산의 경매대가에서 추가로 배당을 하여야 한다."(대판 2010.4.15. 2008다41475)고 한다. **이는 물상보증인이 채무자를 위한 연대보증인의 지위를 겸하고 있는 경우에도 마찬가지**이다(대판 2016.3.10. 2014다231965).

동일한 채권의 담보로 수 개의 부동산에 저당권을 설정한 경우에 그 부동산 중 일부의 경매대가를 먼저 배당하는 경우에는 그 대가에서 그 채권전부의 변제를 받을 수 있다. 이 경우 차순위저당권자는 선순위저당권자가 다른 부동산의 경매대가에서 변제를 받을 수 있는 금액의 한도에서 선순위자를 대위하여 저당권을 행사할 수 있다.　　　　　　　　　　　　　　　　　　　　　　　　　　　O | X

> **해설** **제368조(공동저당과 대가의 배당, 차순위자의 대위)** ② 전항의 저당부동산중 일부의 경매대가를 먼저 배당하는 경우에는 그 대가에서 그 채권전부의 변제를 받을 수 있다. 이 경우에 그 경매한 부동산의 차순위저당권자는 선순위저당권자가 전항의 규정에 의하여 다른 부동산의 경매대가에서 변제를 받을 수 있는 금액의 한도에서 선순위자를 대위하여 저당권을 행사할 수 있다.

공동저당에 제공된 채무자 소유의 부동산과 물상보증인 소유의 부동산 가운데 물상보증인 소유의 부동산이 먼저 경매되어 매각대금에서 선순위공동저당권자가 변제를 받은 때에는 물상보증인은 채무자에 대하여 구상권을 취득함과 동시에 변제자대위에 의하여 채무자 소유의 부동산에 대한 선순위공동저당권을 대위취득한다. 물상보증인 소유의 부동산에 대한 후순위저당권자는 물상보증인이 대위취득한 채무자 소유의 부동산에 대한 선순위공동저당권에 대하여 물상대위를 할 수 있다. 따라서 물상보증인이 대위취득한 선순위저당권설정등기에 대하여는 말소등기가 경료될 것이 아니라 물상보증인 앞으로 대위에 의한 저당권이전의 부기등기가 경료되어야 한다.　　　　　　　　　　　　　　　　　　　　　　　　O | X

> **해설** 공동저당의 목적인 물상보증인 소유의 부동산에 후순위 저당권이 설정되어 있는 경우, 물상보증인 소유의 부동산에 대하여 먼저 경매가 이루어져 그 경매대금의 교부에 의하여 선순위 공동저당권자가 변제를 받은 때에는 물상보증인은 채무자에 대하여 구상권을 취득함과 동시에, 민법 제481조, 제482조의 규정에 의한 변제자대위에 의하여 채무자 소유의 부동산에 대한 선순위 저당권을 대위취득하고, 그 물상보증인 소유의 부동산의 후순위 저당권자는 위 선순위 저당권에 대하여 물상대위를 할 수 있다. 그러므로 **그 선순위 저당권설정등기는 말소등기가 경료될 것이 아니라 위 물상보증인 앞으로 대위에 의한 저당권이전의 부기등기가 경료되어야 할 성질의 것**이며, 따라서 아직 경매되지 아니한 공동저당물의 소유자로서는 위 선순위 저당권자에 대한 피담보채무가 소멸하였다는 사정만으로는 그 말소등기를 청구할 수 없다고 보아야 한다. 그리고 위 후순위 저당권자는 자신의 채권을 보전하기 위하여 물상보증인을 대위하여 선순위 저당권자에게 그 부기등기를 할 것을 청구할 수 있다(대결 2009.5.28. 2008마109).

물상보증인 甲소유의 X, Y부동산과 채무자 乙소유의 Z부동산 중 X, Z부동산에 대한 경매가 이루어져 공동근저당권자인 채권자 A가 채권액 중 상당액을 배당받고 4천여만 원이 남게 되었는데, 甲이 이를 (대위)변제하자 Y부동산에 대한 A명의의 근저당권설정등기를 말소해 주었다. 그런데 X부동산에 대해서는 후순위근저당권자 B가 있었고, 그 후 Y부동산은 丙 앞으로 소유권이전등기가 마쳐졌다면 B는 공동저당의 대위등기가 없더라도 제368조 2항에 의해 Y부동산에 대해 A를 대위할 수 있다. ○|X

해설 ⅰ) 후순위저당권자는 제368조 2항에 의해 선순위저당권자가 가지고 있던 다른 부동산에 대한 저당권을 대위하게 되는데, 그 저당권이 말소되지 않고 등기부에 존속하는 동안에는 공동저당의 대위등기를 하지 않더라도 제3취득자는 저당권이 있는 상태에서 취득한 것이므로, 이 경우에는 제3취득자를 보호할 필요성은 적고, 따라서 후순위저당권자는 대위할 수 있다. ⅱ) 그러나, 후순위저당권자가 대위할 저당권이 말소된 상태에서 그 부동산의 소유권 등 새로이 이해관계를 취득한 제3자에 대해서는, 제3취득자를 보호하여야 하고, 후순위저당권자는 제368조 2항에 의한 대위를 주장할 수 없다(대판 2015.3.20. 2012다99341).

쟁점정리 제368조 제2항에 의한 후순위저당권자의 대위가 제한되는 경우
후순위저당권자의 대위는 법률의 규정에 의한 저당권의 이전이므로 공동저당권자가 가지고 있던 저당권은 후순위저당권자에게 등기없이 당연히 이전된다(제187조). 다만 判例가 판시한 바와 같이 후순위저당권자가 대위할 저당권이 말소된 상태에서 그 부동산의 소유권 등 새로이 이해관계를 취득한 제3자에 대해서는, 후순위저당권자는 공동저당의 대위등기가 없는 한 제368조 제2항에 의한 대위를 주장할 수 없다(위 2013다99341, 개정 부동산등기법 제80조 신설 참조).

➡ 위 判例에 따르면 후순위 저당권자 B는 공동저당의 대위등기가 없었으므로 제368조 2항에 의해 Y부동산에 대해 A를 대위할 수 없다. 다만, 甲과 A가 권한 없이 Y부동산에 대한 A 명의의 근저당권등기를 말소함으로써 B가 대위하지 못하는 손해를 입게 한 것은 불법행위가 성립된다(同 判例). 후순위저당권자는 동시에 배당했더라면 공동저당권자가 다른 부동산에서 변제받을 수 있었던 금액의 한도 내에서 공동저당권자를 대위한다(제368조 제2항 2문).

물상보증인은 근저당권의 피담보채무를 변제할 정당한 이익이 있는 자로서 변제로 채권자를 대위할 법정대위권이 있고, 이러한 법정대위를 할 자가 있는 경우에 채권자는 민법 제485조(채권자의 담보상실, 감소행위와 법정대위자의 면책)에 따른 담보보존의무를 부담하므로 언제든지 자유롭게 일부 담보를 포기하고 나머지 담보로부터 채권 전부의 만족을 얻을 수 있는 것은 아니다. 따라서 채권자가 고의나 과실로 담보를 상실하게 하거나 감소하게 한 때에는 특별한 사정이 없는 한 물상보증인의 대위권을 침해하는 것이므로 물상보증인은 민법 제485조에 따라 상실 또는 감소로 인하여 상환을 받을 수 없는 한도에서 근저당권의 피담보채무가 소멸하였다는 면책 주장을 할 수 있다. ○|X

해설 대판 2017.10.31. 2015다65042
제485조(채권자의 담보상실, 감소행위와 법정대위자의 면책) 제481조의 규정에 의하여 대위할 자가 있는 경우에 채권자의 고의나 과실로 담보가 상실되거나 감소된 때에는 대위할 자는 그 상실 또는 감소로 인하여 상환을 받을 수 없는 한도에서 그 책임을 면한다.

➡ 채무자 소유 부동산과 물상보증인 소유 부동산에 관한 선순위 공동저당권자가 피담보채권을 변제받기 전에 공동저당 목적 부동산 중 '채무자' 소유 부동산에 관한 저당권을 포기한 경우, 이는 물상보증인의 변제자대위에 대한 정당한 기대를 위법하게 침해하는 것이 되어 물상보증인은 선순위 공동저당권자의 위 저당권 포기로 인해 상환을 받을 수 없는 한도에서 제485조에 의하여 그 책임을 면하게 된다. 여기서 **물상보증인이 면책 주장을 할 수 있다는 것은 채무자가 부담하는 근저당권의 피담보채무 자체가 소멸한다는 뜻은 아니고 피담보채무에 관한 물상보증인의 책임이 소멸한다는 의미**이다(대판 2017.10.31. 2015다65042).

주의 그러나 반대로 '물상보증인' 소유 부동산에 관한 저당권을 포기한 경우에는 이는 처음부터 채무자 소유 부동산의 후순위저당권자의 대위의 목적이 아니었으므로 대위권 침해의 문제는 발생하지 않는다.

131

14법원행시

선순위 공동저당권자가 피담보채권을 변제받기 전에 공동저당 목적 부동산 중 일부에 관한 저당권을 포기한 경우에는, 후순위저당권자가 있는 부동산에 관한 경매절차에서, 저당권을 포기하지 아니하였더라면 후순위저당권자가 대위할 수 있었던 한도에서는 후순위저당권자에 우선하여 배당을 받을 수 없다.

O I X

132

출제예상

甲과 乙이 공유하고 있던 X토지와 지상의 Y건물에 관하여 丙이 근저당권설정등기를 마친 후 丁이 위 X토지와 Y건물의 乙지분에 관하여 후순위 근저당권설정등기를 마쳤고, 이후 甲과 乙이 X토지와 Y건물을 戊에게 매도하였다. 그런데 나중에 X토지와 Y건물이 경매되었고 乙지분은 戊가 경매를 통하여 취득하였다. 丙이 경매 진행 중 甲지분에 관한 근저당권을 포기한 경우 배당절차에서 丙은 甲 지분에 관한 근저당권을 포기하지 않았더라면 丁이 대위할 수 있었던 한도에서 丁에 우선하여 배당받을 수 없다. O I X

해설 131 132 선순위 공동저당권자가 후순위저당권자의 대위에 관한 정당한 기대를 침해한 경우(저당권의 포기)
㉠ 判例는 "선순위 공동저당권자가 피담보채권을 변제받기 전에 공동저당 목적 부동산 중 일부에 관한 저당권을 포기한 경우에는, 후순위저당권자가 있는 부동산에 관한 경매절차에서, 저당권을 포기하지 아니하였더라면 후순위저당권자가 대위할 수 있었던 한도에서는 후순위저당권자에 우선하여 배당을 받을 수 없다고 보아야 한다."(대판 2009.12.10. 2009다41250)라고 한다. 즉, 당해 판결은 저당권의 포기로 인한 효력을 그대로 인정하되, 다만 그로 인하여 후순위저당권자가 입게 되는 불이익을 구제하기 위하여, 제485조를 유추하여 저당권포기로 인하여 후순위저당권자가 대위할 수 없게 된 부분에 한하여, 선순위공동저당권자의 우선변제권을 제한하는 입장이다.
㉡ 아울러 공동저당 부동산의 일부를 취득하는 제3자로서는 공동저당 부동산에 관하여 후순위저당권자 등 이해관계인들이 갖고 있는 기존의 지위를 전제로 하여 공동저당권의 부담을 인수한 것으로 보아야 하기 때문에 공동저당 부동산의 후순위저당권자의 대위에 관한 법적 지위 및 기대는 공동저당 부동산의 일부가 제3자에게 양도되었다는 사정에 의해 영향을 받지 않는다(대판 2011.10.13. 2010다99132).

➡ 만약 지문과 달리 丙이 공동저당의 전부를 포기하면 丁의 순위는 승진하고, 丁은 불리할 것이 없으므로 丁의 보호와 관련해서는 특별히 문제될 것이 없다. 그러나 후순위저당권자는 장래에 제368조 2항에 따라 선순위자를 대위할 수 있는 일종의 기대권을 가지고 있기 때문에 丙이 공동저당의 일부만 포기하는 경우에는 丁의 기대권을 침해하는 것이 된다.
甲의 지분을 취득한 戊는 丁의 후순위저당권이 성립한 이후에 부동산을 취득한 자에 해당한다. 따라서 丁은 제368조 2항의 대위권을 행사할 수 있으므로, 丁의 대위의 기대는 보호받아야 하고 丙은 甲의 지분에 대한 근저당권을 포기하지 않았더라면 丁이 대위할 수 있었던 한도에서 丁에 우선하여 배당받을 수 없다.

甲의 乙에 대한 3,000만 원의 채권의 담보로 X토지(시가 4,000만 원)와 Y건물(시가 2,000만 원) 위에 甲의 1번 저당권이 설정되어 있다. X토지에는 A가 2,000만 원의 채권에 관하여 2번 저당권을, Y건물에는 B가 1,000만 원의 채권에 관하여 2번 저당권을 가지고 있다. 이에 관한 설명으로 옳지 않은 것은? (비용 및 이자는 고려하지 않고, 다툼이 있는 경우 판례에 의함) ○ | X

① 甲이 乙소유의 X토지와 Y건물을 모두 경매하여 동시에 배당을 받는 경우, X토지로부터 2,000만 원, Y건물로부터 1,000만 원을 변제받게 된다.

② 甲이 乙소유의 X토지만을 경매하여 경매대가 4,000만 원으로부터 3,000만 원을 변제받은 때에는 A는 乙소유의 Y건물에 대해 1,000만 원의 한도에서 甲의 1번 저당권을 대위하게 된다.

③ X토지는 乙의 소유이고 Y건물은 물상보증인 丙의 소유인 경우, 甲이 X토지와 Y건물을 모두 경매하여 동시에 배당을 받는다면, 경매법원은 X토지의 경매대가에서 3,000만 원을 甲에게 우선적으로 배당하여야 한다.

④ X토지는 乙의 소유이고 Y건물은 물상보증인 丙의 소유인 경우, 甲이 X토지의 경매대가로부터 채무를 변제받았다면 A는 甲을 대위하여 Y건물에 대한 저당권을 행사할 수 있다.

해설 ① [○] **일괄경매(동시배당의 경우)**

　　ⓐ **각 부동산의 경매대가에 비례하여 채권 분담**

　　공동저당권자의 자의를 허용하지 않고 각 부동산의 경매대가에 비례해서 피담보채권의 부담 부분을 안분하고(제368조 제1항), 그 비례안분액을 넘는 부분은 후순위저당권자의 변제에 충당한다.

　　ⓑ **제368조 1항의 적용범위**

　　判例는 제368조 1항은 채무자 소유의 수 개의 부동산 또는 동일한 물상보증인 소유의 수 개의 부동산에 관하여 공동저당권이 설정된 경우에만 적용되고, 채무자 소유의 부동산과 물상보증인 소유의 부동산에 관하여 공동저당권이 설정된 경우에는 적용되지 않는다고 한다. 즉, 이 경우에는 채무자 소유 부동산의 경매대가에서 공동저당권자에게 우선적으로 배당을 하고, 부족분이 있는 경우에 한하여 물상보증인 소유 부동산의 경매대가에서 추가로 배당을 하여야 한다(대판 2010.4.15. 2008다41475)고 한다. 이는 물상보증인이 채무자를 위한 연대보증인의 지위를 겸하고 있는 경우에도 마찬가지이다(대판 2016.3.10. 2014다231965).

　　➡ 지문의 경우 채무자 소유의 수 개의 부동산이 경매되는 경우이므로 제368조 제1항이 적용된다. 따라서 甲은 X토지로부터 2,000만 원(3000×2/3)을, Y토지로부터 1,000만 원(3000×1/3)을 변제받게 된다.

② [○] **개별경매(이시배당의 경우)**

　　공동저당권자는 어느 일부 부동산만을 경매하여 먼저 배당받는 경우에는 그 경매대금에서 전부변제를 받을 수 있다(제368조 제2항 1문). 후순위저당권자는 동시에 배당했더라면 공동저당권자가 다른 부동산에서 변제받을 수 있었던 금액의 한도 내에서 공동저당권자를 대위한다(제368조 제2항 2문).

　　➡ 지문의 경우 채무자 소유의 수 개의 부동산이 경매되어 이시배당 하는 경우로서 차순위저당권자가 존재하므로 제368조 2항 2문이 적용된다. 따라서 X토지의 차순위저당권자 A는 선순위근저당권자인 甲이 동시배당의 경우 Y건물의 경매대가에서 변제를 받을 수 있는 금액의 한도에서 선순위저당권자인 甲을 대위할 수 있다. 이에 따르면 A는 甲이 Y건물의 동시배당의 경매대가에서 변제를 받을 수 있었던 1,000만 원의 한도에서 甲을 대위할 수 있다.

③ [○] 제368조 제1항의 적용범위

判例는 "제368조 제1항은 채무자 소유의 수 개의 부동산 또는 동일한 물상보증인 소유의 수 개의 부동산에 관하여 공동저당권이 설정된 경우에만 적용되고, **채무자 소유의 부동산과 물상보증인 소유의 부동산에 관하여 공동저당권이 설정된 경우에는 적용되지 않는다**고 한다. 즉, 이 경우에는 **채무자 소유 부동산의 경매대가에서 공동저당권자에게 우선적으로 배당**을 하고, 부족분이 있는 경우에 한하여 물상보증인 소유 부동산의 경매대가에서 추가로 배당을 하여야 한다."(대판 2010.4.15. 2008다41475)라고 한다.

④ [×] 채무자 소유 부동산의 후순위저당권자와 물상보증인의 관계

"공동저당의 목적인 채무자 소유의 부동산과 물상보증인 소유의 부동산 중 '**채무자 소유의 부동산에 대하여 먼저 경매**'가 이루어져 그 경매대금의 교부에 의하여 1번 공동저당권자가 변제를 받더라도, 채무자 소유의 부동산에 대한 후순위저당권자는 민법 제368조 제2항 후단에 의하여 1번 공동저당권자를 대위하여 물상보증인 소유의 부동산에 대하여 저당권을 행사할 수 없다."(대결 1995.6.13. 95마500)고 판시하여 **물상보증인을 우선**(변제자대위 우선설)시키고 있다.

134

근저당권설정자와 근저당권자 사이에서 동일한 기본계약에 기하여 발생한 채권을 중첩적으로 담보하기 위하여 수 개의 근저당권을 설정하기로 합의하고 이에 따라 수 개의 근저당권설정등기를 마친 때에는 부동산등기법에 따라 공동근저당관계의 등기를 마쳤는지 여부와 관계없이 그 수 개의 근저당권 사이에는 각 채권최고액이 동일한 범위 내에서 공동근저당관계가 성립한다. ○ | ×

> 해설 근저당권설정자와 근저당권자 사이에서 동일한 기본계약에 기하여 발생한 채권을 중첩적으로 담보하기 위하여 수 개의 근저당권을 설정하기로 합의하고 이에 따라 수 개의 근저당권설정등기를 마친 때에는 부동산등기법 제149조에 따라 공동근저당관계의 등기를 마쳤는지 여부와 관계없이 그 수 개의 근저당권 사이에는 각 채권최고액이 동일한 범위 내에서 공동근저당관계가 성립한다(대판 2010.12.23. 2008다57746).

135

공동근저당권자가 목적 부동산 중 일부 부동산에 대하여 제3자가 신청한 경매절차에 소극적으로 참가하여 우선배당을 받은 경우, 해당 부동산에 관한 근저당권의 피담보채권이 확정되는 시기는 매수인이 매각대금을 지급한 때이다. 이때 원칙적으로 같은 시기에 나머지 목적 부동산에 관한 근저당권의 피담보채권도 함께 확정된다. ○ | ×

정답 | 133 ○ 134 ○ 135 ×

공동근저당권자가 목적 부동산 중 일부 부동산에 대하여 제3자가 신청한 경매절차에 소극적으로 참가하여 우선배당을 받은 경우, 해당 부동산에 관한 근저당권의 피담보채권은 그 근저당권이 소멸하는 시기, 즉 매수인이 매각대금을 지급한 때에 확정되지만, 나머지 목적 부동산에 관한 근저당권의 피담보채권은 기본거래가 종료하거나 채무자나 물상보증인에 대하여 파산이 선고되는 등의 다른 확정사유가 발생하지 아니하는 한 확정되지 아니한다.

O | X

> **해설** **135 136** **공동근저당권의 피담보채권액 확정**
> ㉠ 공동근저당권자가 목적물 중 일부에 대하여 '**스스로 경매를 신청**'한 경우에는 목적물 전체에 관하여 공동근저당권이 확정된다(대판 1996.3.8. 95다36596). ㉡ 그러나 공동근저당권자가 목적 부동산 중 일부 부동산에 대하여 '**제3자가 신청한 경매절차에 소극적으로 참가하여 우선배당을 받은 경우**', 해당 부동산에 관한 근저당권의 피담보채권은 그 근저당권이 소멸하는 시기, 즉 매수인이 매각대금을 지급한 때에 확정되지만, '나머지 목적 부동산에 관한 근저당권의 피담보채권'은 기본거래가 종료하거나 채무자나 물상보증인에 대하여 파산이 선고되는 등의 다른 확정사유가 발생하지 아니하는 한 확정되지 아니한다(대판 2017.9.21. 2015다50637).
> 공동근저당권자가 제3자가 신청한 경매절차에 소극적으로 참가하여 우선배당을 받았다는 사정만으로는 당연히 채권자와 채무자 사이의 기본거래가 종료된다고 볼 수 없고, 기본거래가 계속되는 동안에는 공동근저당권자가 나머지 목적 부동산에 관한 근저당권의 담보가치를 최대한 활용할 수 있도록 피담보채권의 증감·교체를 허용할 필요가 있으며, 위와 같이 우선배당을 받은 금액은 나머지 목적 부동산에 대한 경매절차에서 다시 공동근저당권자로서 우선변제권을 행사할 수 없어 이후에 피담보채권액이 증가하더라도 나머지 목적 부동산에 관한 공동근저당권자의 우선변제권 범위는 우선배당액을 공제한 채권최고액으로 제한되므로 후순위 근저당권자나 기타 채권자들이 예측하지 못한 손해를 입게 된다고 볼 수 없기 때문이다(대판 2017.9.21. 2015다50637).

공동근저당의 목적 부동산 중 물상보증인 소유의 부동산이 먼저 경매되어 물상보증인이 채무자에 대하여 구상권을 취득함과 동시에 변제자대위에 의하여 채무자 소유의 부동산에 대한 선순위공동저당권을 대위취득하는 경우, 채무자는 물상보증인에 대한 반대채권이 있다면 특별한 사정이 없는 한 물상보증인의 구상금 채권과 상계함으로써 물상보증인 소유의 부동산에 대한 후순위저당권자에게 대항할 수 있다.

O | X

> **해설** 공동저당에 제공된 채무자 소유의 부동산과 물상보증인 소유의 부동산 가운데 물상보증인 소유의 부동산이 먼저 경매되어 매각대금에서 선순위공동저당권자가 변제를 받은 때에는 물상보증인은 채무자에 대하여 구상권을 취득함과 동시에 변제자대위에 의하여 채무자 소유의 부동산에 대한 선순위공동저당권을 대위취득한다. 물상보증인 소유의 부동산에 대한 후순위저당권자는 물상보증인이 대위취득한 채무자 소유의 부동산에 대한 선순위공동저당권에 대하여 물상대위를 할 수 있다. 이 경우에 채무자는 물상보증인에 대한 반대채권이 있더라도 특별한 사정이 없는 한 물상보증인의 구상금 채권과 상계함으로써 물상보증인 소유의 부동산에 대한 후순위저당권자에게 대항할 수 없다. 채무자는 선순위공동저당권자가 물상보증인 소유의 부동산에 대해 먼저 경매를 신청한 경우에 비로소 상계할 것을 기대할 수 있는데, 이처럼 우연한 사정에 의하여 좌우되는 상계에 대한 기대가 물상보증인 소유의 부동산에 대한 후순위저당권자가 가지는 법적 지위에 우선할 수 없다(대판 2017.4.26. 2014다221777,221784).

138

당사자 사이에 하나의 기본계약에서 발생하는 동일한 채권을 담보하기 위하여 여러 개의 부동산에 근저당권을 설정하면서 각각의 근저당권 채권최고액을 합한 금액을 우선변제받기 위하여 공동근저당권의 형식이 아닌 개별 근저당권의 형식을 취한 경우, 이러한 근저당권은 민법 제368조가 적용되는 공동근저당권이 아니라 피담보채권을 누적적으로 담보하는 근저당권에 해당한다. O | X

139

누적적 근저당권은 공동근저당권과 달리 담보의 범위가 중첩되지 않으므로, 누적적 근저당권을 설정받은 채권자는 여러 개의 근저당권을 동시에 실행할 수도 있고, 여러 개의 근저당권 중 어느 것이라도 먼저 실행하여 그 채권최고액의 범위에서 피담보채권의 전부나 일부를 우선변제받은 다음 피담보채권이 소멸할 때까지 나머지 근저당권을 실행하여 그 근저당권의 채권최고액 범위에서 반복하여 우선변제를 받을 수 있다. O | X

140

당사자 사이에 하나의 기본계약에서 발생하는 동일한 채권을 담보하기 위하여 여러 개의 부동산에 근저당권을 설정하면서 각각의 근저당권 채권최고액을 합한 금액을 우선변제받기 위하여 공동근저당권의 형식이 아닌 개별 근저당권의 형식을 취한 경우, 이러한 근저당권은 민법 제368조가 적용되는 공동근저당권이 아니라 피담보채권을 누적적으로 담보하는 근저당권에 해당한다. 이와 같은 누적적 근저당권은 공동근저당권과 달리 담보의 범위가 중첩되지 않으므로, 누적적 근저당권을 설정받은 채권자는 여러 개의 근저당권을 동시에 실행할 수도 있고, 여러 개의 근저당권 중 어느 것이라도 먼저 실행하여 그 채권최고액의 범위에서 피담보채권의 전부나 일부를 우선변제받은 다음 피담보채권이 소멸할 때까지 나머지 근저당권을 실행하여 그 근저당권의 채권최고액 범위에서 반복하여 우선변제를 받을 수 있다. O | X

> **해설** **138 139 140** 당사자 사이에 하나의 기본계약에서 발생하는 동일한 채권을 담보하기 위하여 여러 개의 부동산에 근저당권을 설정하면서 각각의 근저당권 채권최고액을 합한 금액을 우선변제받기 위하여 공동근저당권의 형식이 아닌 개별 근저당권의 형식을 취한 경우, 이러한 근저당권은 민법 제368조가 적용되는 공동근저당권이 아니라 피담보채권을 **누적적**(누적적)으로 담보하는 근저당권에 해당한다. 이와 같은 누적적 근저당권은 공동근저당권과 달리 담보의 범위가 중첩되지 않으므로, 누적적 근저당권을 설정받은 채권자는 여러 개의 근저당권을 동시에 실행할 수도 있고, 여러 개의 근저당권 중 어느 것이라도 먼저 실행하여 그 채권최고액의 범위에서 피담보채권의 전부나 일부를 우선변제받은 다음 피담보채권이 소멸할 때까지 나머지 근저당권을 실행하여 그 근저당권의 채권최고액 범위에서 반복하여 우선변제를 받을 수 있다(대판 2020.4.9. 2014다51756,51763).

01

21법무사

일단의 증감 변동하는 동산을 하나의 물건으로 보아 이를 채권담보의 목적으로 삼으려는 이른바 집합물에 대한 양도담보설정계약체결은 허용되지 않는다. O | X

해설 집합물에 대한 양도담보권설정계약이 이루어지면 그 집합물을 구성하는 개개의 물건이 변동되거나 변형되더라도 한 개의 물건으로서 동일성을 잃지 아니하므로, 양도담보권의 효력은 항상 현재의 집합물 위에 미치는 것이고, 따라서 양도담보권자가 담보권설정계약 당시 존재하는 집합물을 점유개정의 방법으로 그 점유를 취득하면 그 후 양도담보설정자가 그 집합물을 이루는 개개의 물건을 반입하였다 하더라도 그 때마다 별도의 양도담보권설정계약을 맺거나 점유개정의 표시를 하여야 하는 것은 아니다(대판 1990.12.26. 88다카20224).

02

12법원행시, 20사무관

동산에 관하여 양도담보계약이 이루어지고 원고가 점유개정의 방법으로 인도를 받았다면 그 청산절차를 마치기 전이라 하더라도 담보목적물에 대한 사용수익권은 없지만 제3자에 대한 관계에 있어서는 그 물건의 소유자임을 주장하고 그 권리를 행사할 수 있다 할 것이다. 따라서 이 사건 강제집행의 목적물에 관한 양도담보권자인 원고는 강제집행을 한 피고에 대하여 그 소유권을 주장하여 제3자이의의 소를 제기함으로써 그 강제집행의 배제를 구할 수 있다. O | X

해설 **동산양도담보권자의 제3자에 대한 지위**
ⅰ) 동산에 관하여 양도담보계약이 이루어지고 양도담보권자가 점유개정의 방법으로 인도를 받았다면 그 청산절차를 마치기 전이라 하더라도 담보목적물에 대한 사용수익권은 없지만 제3자에 대한 관계에 있어서는 그 물건의 소유자임을 주장하고 그 권리를 행사할 수 있다. ⅱ) 이 사건 동산에 관하여 양도담보계약이 이루어지고 원고가 점유개정의 방법으로 인도를 받았다면 그 청산절차를 마치기 전이라 하더라도 담보목적물에 대한 사용수익권은 없지만 제3자에 대한 관계에 있어서는 그 물건의 소유자임을 주장하고 그 권리를 행사할 수 있다 할 것이다. 따라서 이 사건 강제집행의 목적물에 관한 양도담보권자인 원고는 강제집행을 한 피고에 대하여 그 소유권을 주장하여 제3자이의의 소를 제기함으로써 그 강제집행의 배제를 구할 수 있다(대판 1994.8.26. 93다44739).

03

12주사보, 13법무사

동산소유자가 이중으로 매도하고 각 점유개정의 방법으로 매도인이 점유하는 경우 매수인들 간에서는 후에 현실의 인도를 받은 자만이 소유권을 취득한다. O | X

해설 **동산의 소유자가 이를 이중으로 양도하고 각 점유개정의 방법으로 양도인이 점유를 계속하는 경우 양수인들 사이에 있어서는 먼저 현실의 인도를 받아 점유를 해온 자가 소유권을 취득한다**고 볼 것이나, 양수인 중 한 사람이 처분금지가처분집행을 하고 그 동산의 인도를 명하는 판결을 받은 경우에는 다른 양수인이 위 가처분집행후에 양도인으로부터 그 동산을 현실로 인도받아 점유를 승계하였더라도 그 동산을 선의 취득한 것이 아니한 이와 같은 양수인은 가처분채권자가 본안소송에서의 승소판결에 따른 채무명의에 터잡아 강제집행을 하는 경우 이를 수인하여야 하는 지위에 있으므로 가처분채권자와의 사이에서는 그 동산의 소유권을 취득하였다고 주장할 수 없다(대판 1989.10.24. 88다카26802).

04

각 점유개정의 방법으로 동산에 대한 이중의 양도담보설정계약이 체결된 경우, 뒤에 설정계약을 체결한 채권자는 선의취득에 의하여 양도담보권을 취득할 수 있다. ○ | ×

> **해설** 점유개정의 방법으로 동산에 대한 이중의 양도담보 설정계약이 체결된 경우, 뒤에 설정계약을 체결한 후순위 채권자가 양도담보권을 취득할 수 있는지 여부(소극)
>
> 금전채무를 담보하기 위하여 채무자가 그 소유의 동산을 채권자에게 양도하되 점유개정에 의하여 채무자가 이를 계속 점유하기로 한 경우 특별한 사정이 없는 한 **동산의 소유권은 신탁적으로 이전됨에 불과하여 채권자와 채무자 사이의 대내적 관계에서 채무자는 의연히 소유권을 보유하나 대외적인 관계에 있어서 채무자는 동산의 소유권을 이미 채권자에게 양도한 무권리자가 되는 것**이어서 다시 다른 채권자와의 사이에 양도담보 설정계약을 체결하고 점유개정의 방법으로 인도를 하더라도 **선의취득이 인정되지 않는 한 나중에 설정계약을 체결한 채권자는 양도담보권을 취득할 수 없는데, 현실의 인도가 아닌 점유개정으로는 선의취득이 인정되지 아니하므로, 결국 뒤의 채권자는 양도담보권을 취득할 수 없**다(대판 2004.10. 28. 2003다30463).

05

집합물에 대하여 양도담보권설정계약이 이루어진 이상 그 집합물을 구성하는 개개의 물건이 변동되더라도 집합물은 한 개의 물건으로서의 동일성을 잃지 아니하여 양도담보권의 효력은 항상 현재의 집합물에 미친다. ○ | ×

06

양도담보권자가 담보권설정계약 당시 존재하는 집합물을 점유개정의 방법으로 그 점유를 취득하면 그 후 양도담보설정자가 그 집합물을 이루는 개개의 물건을 반입하였다 하더라도 별도의 양도담보권설정계약을 맺거나 점유개정의 표시를 할 필요가 없다. ○ | ×

> **해설** **05 06** 돈사에서 대량으로 사육되는 돼지를 집합물에 대한 양도담보의 목적물로 삼은 경우, 그 돼지는 번식, 사망, 판매, 구입 등의 요인에 의하여 증감 변동하기 마련이므로 양도담보권자가 그 때마다 별도의 양도담보권설정계약을 맺거나 점유개정의 표시를 하지 않더라도 하나의 집합물로서 동일성을 잃지 아니한 채 양도담보권의 효력은 항상 현재의 집합물 위에 미치게 되고, 양도담보설정자로부터 위 목적물을 양수한 자가 이를 선의취득하지 못하였다면 위 양도담보권의 부담을 그대로 인수하게 된다(대판 2004.11.12. 2004다22858).

07

가등기담보법의 적용을 받는 부동산 양도담보는 청산기간이 지난 후 청산금을 채무자 등에게 지급한 때에 담보목적 부동산의 소유권을 취득한다. O | X

> 해설 **가등기담보 등에 관한 법률 제4조(청산금의 지급과 소유권의 취득)** ② 채권자는 담보목적부동산에 관하여 이미 소유권이전등기를 마친 경우에는 **청산기간이 지난 후 청산금을 채무자등에게 지급한 때에 담보목적부동산의 소유권을 취득하며**, 담보가등기를 마친 경우에는 청산기간이 지나야 그 가등기에 따른 본등기(本登記)를 청구할 수 있다.

08

양도담보로 제공된 목적물이 멸실, 훼손됨에 따라 양도담보설정자와 제3자 사이에 교환가치에 대한 배상 또는 보상 등의 법률관계가 발생된다고 하여 양도담보설정자가 받을 금전 기타 물건에 대하여 양도담보의 담보적 효력이 미친다고 볼 수 없다. O | X

09

양도담보 목적물이 소실되어 양도담보설정자가 보험회사에 대하여 화재보험계약에 따른 보험금청구권을 취득한 경우, 양도담보권자는 위 화재보험금청구권에 대하여 양도담보권에 기한 물상대위권을 행사할 수 있다. O | X

10

동산 양도담보권자가 물상대위권을 행사하여 양도담보설정자의 화재보험금청구권에 대하여 압류 및 추심명령을 얻어 추심권을 행사하는 경우, 특별한 사정이 없는 한 제3채무자인 보험회사는 양도담보설정 후 취득한 양도담보설정자에 대한 별개의 채권을 가지고 상계로써 양도담보권자에게 대항할 수 없다. O | X

11

2009.9.30. 동산 양도담보가 설정되고, 2010.7.16. 설정자가 보험회사에 대해 가지는 보험금청구권을 양도담보권자가 물상대위권을 행사하여 압류 및 추심명령을 받았는데, 보험회사가 2010.4.13. 설정자에 대해 갖게 된 채권으로 위 보험금청구권과 상계를 할 수 없다. O | X

해설 **08 09 10 11** 동산 양도담보권자는 양도담보 목적물이 소실되어 양도담보설정자가 보험회사에 대하여 화재보험계약에 따른 보험금청구권을 취득한 경우 담보물 가치의 변형물인 화재보험금청구권에 대하여 양도담보권에 기한 물상대위권을 행사할 수 있는데, 동산 양도담보권자가 물상대위권 행사로 양도담보설정자의 화재보험금청구권에 대하여 압류 및 추심명령을 얻어 추심권을 행사하는 경우 특별한 사정이 없는 한 제3채무자인 보험회사는 **양도담보 설정 후 취득한 양도담보 설정자에 대한 별개의 채권을 가지고 상계로써 양도담보권자에게 대항할 수 없다.** 그리고 이는 보험금청구권과 본질이 동일한 공제금청구권에 대하여 물상대위권을 행사하는 경우에도 마찬가지이다(대판 2014.9.25. 2012다58609).

12

돼지를 양도담보의 목적물로 하여 소유권을 양도하되 점유개정의 방법으로 양도담보설정자가 계속하여 점유, 관리하면서 무상으로 사용, 수익하기로 약정한 경우, 양도담보 목적물로서 원물인 돼지가 산출한 새끼 돼지는 천연과실에 해당하고 그 천연과실의 수취권은 원물인 돼지의 소유권을 가지는 양도담보권자에게 귀속된다.

O | X

해설 돼지를 양도담보의 목적물로 하여 소유권을 양도하되 점유개정의 방법으로 양도담보설정자가 계속하여 점유·관리하면서 무상으로 사용·수익하기로 약정한 경우, 양도담보 목적물로서 원물인 돼지가 산출한 새끼 돼지는 천연과실에 해당하고 그 천연과실의 수취권은 원물인 돼지의 사용·수익권을 가지는 양도담보설정자에게 귀속되므로, **다른 특별한 약정이 없는 한 천연과실인 새끼 돼지에 대하여는 양도담보의 효력이 미치지 않는다**(대판 1996.9.10. 96다25463).

13

부동산을 채권담보의 목적으로 양도한 경우 양도담보설정자와 양도담보권자 사이에 양도담보권자가 목적물을 사용, 수익하기로 하는 약정이 없는 이상 목적부동산을 임대할 권한은 양도담보설정자에게 있다.

O | X

해설 대판 1992.12.8. 92다35066 참조

정답 | **07**○ **08** × **09**○ **10**○ **11**○ **12** × **13**○

14

일반적으로 부동산을 채권담보의 목적으로 양도한 경우 특별한 사정이 없는 한 목적부동산에 대한 사용
수익권은 채무자인 양도담보설정자에게 있으므로, 양도담보권자는 사용수익할 수 있는 정당한 권한이 있
는 채무자나 채무자로부터 그 사용수익할 수 있는 권한을 승계한 자에 대하여는 사용수익을 하지 못한
것을 이유로 임료 상당의 손해배상이나 부당이득반환청구를 할 수 없다. ○│X

> **해설** 부동산양도담보에 있어 목적부동산의 사용수익권자(= 양도담보설정자)
> 일반적으로 부동산을 채권담보의 목적으로 양도한 경우 특별한 사정이 없는 한 목적부동산에 대한 사용수익권은 채무자인
> 양도담보설정자에게 있으므로, 양도담보권자는 사용수익할 수 있는 정당한 권한이 있는 채무자나 채무자로부터 그 사용수
> 익할 수 있는 권한을 승계한 자에 대하여는 사용수익을 하지 못한 것을 이유로 임료 상당의 손해배상이나 부당이득반환청
> 구를 할 수 없다(대판 2008.2.28. 2007다37394,373400).

15

동산에 대하여 양도담보를 설정한 경우 채무자가 채무를 불이행하면 채권자는 담보목적물인 동산을 사적
으로 타에 처분하거나 스스로 취득한 후 정산하는 방법으로 이를 환가하여 우선변제받음으로써 위 양도
담보권을 실행할 수 있다. ○│X

> **해설** 대판 2009.11.26. 2006다37106 참조

16

'유동집합동산'에 대한 양도담보에서 양도담보권설정자가 양도담보권설정계약에서 정한 종류·수량에 포
함되는 물건을 계약에서 정한 장소에 반입하였다면 그 물건이 제3자의 소유라도 담보목적인 집합물의 구
성부분이 될 수 있고 따라서 그 물건에도 양도담보권의 효력이 미친다. ○│X

> **해설** 유동집합동산에 대한 양도담보
> 재고상품, 제품, 원자재 등과 같은 집합물을 하나의 물건으로 보아 일정 기간 계속하여 채권담보의 목적으로 삼으려는 이
> 른바 집합물에 대한 양도담보권설정계약에서는 담보목적인 집합물을 종류, 장소 또는 수량지정 등의 방법에 의하여 특정
> 할 수 있으면 집합물 전체를 하나의 재산권 객체로 하는 담보권의 설정이 가능하므로, 그에 대한 양도담보권설정계약이
> 이루어지면 집합물을 구성하는 개개의 물건이 변동되거나 변형되더라도 한 개의 물건으로서의 동일성을 잃지 아니한 채
> 양도담보권의 효력은 항상 현재의 집합물 위에 미치고, 따라서 그러한 경우에 양도담보권자가 점유개정의 방법으로 양도
> 담보권설정계약 당시 존재하는 집합물의 점유를 취득하면 그 후 양도담보권설정자가 집합물을 이루는 개개의 물건을 반입
> 하였더라도 별도의 양도담보권설정계약을 맺거나 점유개정의 표시를 하지 않더라도 양도담보권의 효력이 나중에 반입된
> 물건에도 미친다. 다만 **양도담보권설정자가 양도담보권설정계약에서 정한 종류·수량에 포함되는 물건을 계약에서 정한 장**
> **소에 반입하였더라도 그 물건이 제3자의 소유라면 담보목적인 집합물의 구성부분이 될 수 없고 따라서 그 물건에는 양도담**
> **보권의 효력이 미치지 않는다**(대판 2016.4.28. 2012다19659).

17

내용이 변동하는 집합동산 및 집합채권의 양도담보에 관하여 담보권자가 담보실행에 착수한 경우에는 그 시점에서 양도담보권설정자가 새로이 취득하는 재산에는 양도담보권의 효력은 미치지 않는다. ○ | X

> **해설** 장래 발생할 채권을 담보목적물로 하는 채권양도담보에 있어서 담보실행의 착수에 의해 담보목적물이 고정화되는지 여부(소극, 담보목적물 비고정)
> "장래의 집합채권을 담보목적으로 양도한 경우, 채권양수인이 담보목적물 중 일부인 그 당시 현존 채권에 대하여 담보권을 실행하여 채무자로부터 일부 금액을 직접 회수하였다 하더라도, 그가 **피담보채권 전액의 만족을 얻지 아니한 이상, 그 후 발생하는 채권에 대해서도 담보권을 실행할 수 있다**고 할 것이고, 채권양수인의 위와 같은 담보권 실행으로 인하여 그 후 발생하는 채권양도인의 채권에 대하여 담보권의 효력이 미치지 아니하게 되는 것은 아니다."(대판 2013.3.28. 2010다63836)라고 하여 **장래 발생할 채권을 담보목적물로 하는 채권양도담보에 있어서 담보권이 실행된다고 해서 담보채권이 고정되는 것은 아니라는 입장**을 취하고 있다.

18

동산양도담보에서 그 동산이 일정한 토지 위에 설치되어 있어 그 토지의 점유·사용이 문제된 경우에는 특별한 사정이 없는 한 동산의 대외적인 소유자인 양도담보권자가 그 토지를 점유·사용하고 있는 것으로 보아야 한다. ○ | X

> **해설** 양도담보설정자가 채권을 담보하기 위하여 그 소유의 동산을 채권자에게 양도한 경우 담보목적물을 누가 사용·수익할 수 있는지는 당사자의 합의로 정할 수 있지만 반대의 특약이 없는 한 양도담보설정자가 그 동산에 대한 사용·수익권을 가진다(대판 2009.11.26. 2006다37106 등 참조). 따라서 **그 동산이 일정한 토지 위에 설치되어 있어 그 토지의 점유·사용이 문제된 경우에는 특별한 사정이 없는 한 양도담보설정자가 그 토지를 점유·사용하고 있는 것으로 보아야** 한다(대판 2018.5.30. 2018다201429).

[19~22]

> 甲이 乙에 대한 금전채무를 담보하기 위하여 점유개정의 방법으로 자신의 소유인 공장기계를 乙에게 양도하고, 그 후 甲이 丙에 대한 금전채무를 담보하기 위하여 점유개정의 방법으로 다시 그 기계를 丙에게 양도하였다.

19

甲과 乙 사이의 대내적 관계에서 위 기계의 소유권은 乙에게 있다. ○ | X

20

甲이 위 기계에 대한 점유를 잃으면, 乙 역시 그에 대한 양도담보권을 상실한다. ○ | X

정답 | **14** ○ **15** ○ **16** × **17** × **18** × **19** × **20** ×

21

丙은 양도담보권을 선의취득한다.

O | X

22

丙이 乙에게 양도담보권이 있다는 사실을 알면서 甲으로부터 위 기계를 현실인도받아 제3자에게 처분함으로써 乙의 담보권실행을 방해하는 행위는 위법하여 손해배상청구의 대상이 된다.

O | X

해설 **19** 判例는 동산양도담보의 경우 가등기담보 등에 관한 법률의 시행 전후를 불문하고 신탁적 소유권이전설의 입장이다. 즉 "동산에 관하여 양도담보계약이 이루어지고 양도담보권자가 점유개정의 방법으로 인도를 받았다면 그 청산절차를 마치기 전이라 하더라도 담보목적물에 대한 사용수익권은 없지만 제3자에 대한 관계에 있어서는 그 물건의 소유자임을 주장하고 그 권리를 행사할 수 있다."(대판 1994.8.26. 93다44739)라고 판시하거나, "금전채무를 담보하기 위하여 채무자가 그 소유의 동산을 채권자에게 양도하되 점유개정에 의하여 채무자가 이를 계속 점유하기로 한 경우 **특별한 사정이 없는 한 동산의 소유권은 신탁적으로 이전됨에 불과하여 채권자와 채무자 사이의 대내적 관계에서 채무자는 의연히 소유권을 보유하나 대외적인 관계에 있어서 채무자는 동산의 소유권을 이미 채권자에게 양도한 무권리자가 된다.**"(대판 2004.10. 28. 2003다30463)라고 판시하고 있다.

➡ 따라서 甲과 乙 사이의 대내적 관계에서 위 기계의 소유권은 양도담보권설정자인 甲에게 있다.

20 양도담보가 설정되면 대외적인 관계에서 소유권이 양도담보권자에게 넘어간다. 가령 점유개정의 방법으로 양도담보를 설정한 후에 양도담보권자나 양도담보설정자가 그 동산에 대한 점유를 상실하더라도 그 양도담보의 효력에는 아무런 영향이 없다(대판 2000.6.23. 99다65066).

21 금전채무를 담보하기 위하여 채무자가 그 소유의 동산을 채권자에게 양도하되 점유개정에 의하여 채무자가 이를 계속 점유하기로 한 경우 특별한 사정이 없는 한 동산의 소유권은 신탁적으로 이전됨에 불과하여 채권자와 채무자 사이의 대내적 관계에서 채무자는 의연히 소유권을 보유하나 대외적인 관계에 있어서 채무자는 동산의 소유권을 이미 채권자에게 양도한 무권리자가 되는 것이어서 다시 다른 채권자와의 사이에 양도담보 설정계약을 체결하고 **점유개정의 방법으로 인도를 하더라도 선의취득이 인정되지 않는 한 나중에 설정계약을 체결한 채권자는 양도담보권을 취득할 수 없는데, 현실의 인도가 아닌 점유개정으로는 선의취득이 인정되지 아니하므로, 결국 뒤의 채권자는 양도담보권을 취득할 수 없다**(대판 2004.10. 28. 2003다30463). 그러나 점유개정에 의한 선의취득이 부정된다고 하여, 그것을 종국적인 것으로 볼 것은 아니다. 즉, 그 후에 다른 인도방법(현실인도 또는 반환청구권의 양도)을 갖추면, 선의취득을 부정할 것은 아니다. 다만 이러한 경우에 다른 인도방법을 갖출 때(점유개정시 아님) 특히 선의·무과실의 요건이 구비되어야 한다.

➡ 따라서 다른 특별한 사정이 없는 한 점유개정에 따라 점유하고 있는 丙은 양도담보권을 선의취득할 수 없다.

➡ 악의가 있어 공장기계에 대한 양도담보권을 취득하지 못한 제2양도담보권자 丙이 양도담보권을 실행하여 공장기계를 인도받은 후 제3자에게 처분한 경우에는 그 제3자가 공장기계를 선의취득할 수 있다. 이 경우에는 반사적으로 제1양도담보권자 乙의 적법, 유효한 양도담보권이 소멸하게 되므로, 제2양도담보권자 丙은 제1양도담보권자 乙에게 불법행위로 인한 손해배상책임을 진다.

22 동산에 대하여 점유개정의 방법으로 이중양도담보를 설정한 경우 원래의 양도담보권자는 뒤의 양도담보권자에 대하여 배타적으로 자기의 담보권을 주장할 수 있으므로, 뒤의 양도담보권자가 양도담보의 목적물을 처분함으로써 원래의 양도담보권자로 하여금 양도담보권을 실행할 수 없도록 하는 행위는, 이중양도담보 설정행위가 횡령죄나 배임죄를 구성하는지 여부나 뒤의 양도담보권자가 이중양도담보 설정행위에 적극적으로 가담하였는지 여부와 관계없이, 원래의 양도담보권자의 양도담보권을 침해하는 위법한 행위이다(대판 2000.6.23. 99다65066).

23

동산의 매매에서 그 대금을 모두 지급할 때까지는 목적물의 소유권을 매도인이 그대로 보유하기로 하면서 목적물을 미리 매수인에게 인도하는 이른바 소유권유보약정이 있는 경우 그 대금이 모두 지급되지 아니하고 있는 동안에는 매수인이 목적물을 인도받아도 목적물의 소유권은 위 약정대로 여전히 매도인이 이를 가지고, 대금이 모두 지급됨으로써 그 정지조건이 완성되어 별도의 의사표시 없이 바로 목적물의 소유권이 매수인에게 이전된다. 그리고 이는 매수인이 매매대금의 상당 부분을 지급하였다고 하여도 다를 바 없다. ○ | X

해설 동산의 매매에서 그 대금을 모두 지급할 때까지는 목적물의 소유권을 매도인이 그대로 보유하기로 하면서 목적물을 미리 매수인에게 인도하는 이른바 소유권유보약정이 있는 경우에, 다른 특별한 사정이 없는 한 매수인 앞으로의 소유권 이전에 관한 당사자 사이의 물권적 합의는 대금이 모두 지급되는 것을 정지조건으로 하여 행하여진다고 해석된다. 따라서 그 대금이 모두 지급되지 아니하고 있는 동안에는 비록 매수인이 목적물을 인도받아도 목적물의 소유권은 위 약정대로 여전히 매도인이 이를 가지고, 대금이 모두 지급됨으로써 그 정지조건이 완성되어 별도의 의사표시 없이 바로 목적물의 소유권이 매수인에게 이전된다. 그리고 이는 매수인이 매매대금의 상당 부분을 지급하였다고 하여도 다를 바 없다. 그러므로 대금이 모두 지급되지 아니한 상태에서 매수인이 목적물을 다른 사람에게 양도하더라도, 양수인이 선의취득의 요건을 갖추거나 소유자인 소유권유보매도인이 후에 처분을 추인하는 등의 특별한 사정이 없는 한 그 양도는 목적물의 소유자가 아닌 사람이 행한 것으로서 효력이 없어서, 그 양도로써 목적물의 소유권이 매수인에게 이전되지 아니한다(대판 2010.2.11. 2009다93671).

24

공사잔대금의 지급을 담보하기 위하여 체결한 양도담보계약에 기하여 소유권이전등기를 하는 경우 가등기담보 등에 관한 법률이 적용되지 아니한다. ○ | X

해설 가등기담보등에관한법률은 차용물의 반환에 관하여 차주가 차용물에 갈음하여 다른 재산권을 이전할 것을 예약한 경우에 적용되는 것이므로 공사대금채권을 담보할 목적으로 가등기가 경료된 경우에는 위 법률이 적용되지 아니한다(대판 1992.4.10. 91다45356).

25

채권이전의 예약 당시 재산에 대하여 선순위근저당권이 설정되어 있는 경우 가등기담보법이 적용되기 위해서는 선순위근저당권의 피담보채무액을 공제하지 않은 재산의 예약 당시의 가액이 차용액 및 이에 붙인 이자의 합산액을 초과하여야 한다.　　　　　　　　　　○ | ✕

> **해설** 가등기담보 등에 관한 법률은 재산권 이전의 예약에 의한 가등기담보에 있어서 재산의 예약 당시의 가액이 차용액 및 이에 붙인 이자의 합산액을 초과하는 경우에 적용되는바, 재산권 이전의 예약 당시 재산에 대하여 선순위 근저당권이 설정되어 있는 경우에는 **재산의 가액에서 피담보채무액을 공제한 나머지 가액이 차용액 및 이에 붙인 이자의 합산액을 초과하는 경우에만 적용**된다(대판 2006.8.24. 2005다61140).

26

가등기담보채권자가 가등기담보권을 실행하기 이전에 그의 계약상의 권리를 보전하기 위하여 가등기담보채무자의 제3자에 대한 선순위가등기담보채무를 대위변제하여 구상권이 발생하였다면 특별한 사정이 없는 한 이 구상권도 가등기담보계약에 의하여 담보된다.　　　　　　　　　○ | ✕

> **해설** 가등기담보 채권자가 가등기담보권을 실행하기 이전에 그의 계약상의 권리를 보전하기 위하여 가등기담보 채무자의 제3자에 대한 선순위 가등기담보채무를 대위변제하여 구상권이 발생하였다면 특별한 사정이 없는 한 이 구상권도 가등기담보계약에 의하여 담보된다고 보는 것이 상당하다(대판 2002.6.11. 99다41657).

27

가등기담보 등에 관한 법률 제16조 제2항에 해당하는 담보가등기권리자는 집행법원이 정한 기간 안에 채권신고를 하지 않으면 매각대금의 배당을 받을 권리를 상실한다.　　　　　　　　○ | ✕

> **해설** 대판 2008.9.11. 2007다25278 판결 참조

28

가등기담보권자의 담보권 실행통지에는 객관적으로 정당하게 평가된 청산금이 명시되어야 하고, 그렇지 않고 채권자가 주관적으로 평가하여 통지 당시의 목적 부동산의 가액과 피담보채권액을 명시하였다면 담보권 실행의 통지로서의 효력이 없고 청산기간도 진행하지 않는다.　　　　　　　○ | ✕

해설 채권자가 가등기담보 등에 관한 법률(이하 '가등기담보법'이라 한다)에 의한 가등기담보권을 실행하여 그 담보목적 부동산의 소유권을 취득하기 위하여 채무자 등에게 하는 담보권 실행의 통지에는 채권자가 주관적으로 평가한 통지 당시의 목적 부동산의 가액과 피담보채권액을 명시함으로써 청산금의 평가액을 채무자 등에게 통지하면 족하며, **채권자가 이와 같이 주관적으로 평가한 청산금의 액수가 정당하게 평가된 청산금의 액수에 미치지 못한다고 하더라도 담보권 실행의 통지로서의 효력이나 청산기간의 진행에는 아무런 영향이 없고 청산기간이 경과한 후에는 그 가등기에 기한 본등기를 청구할 수 있다.** 이 경우에, 채무자 등은 채권자가 통지한 청산금액을 다투고 정당하게 평가된 청산금을 지급받을 때까지 목적부동산의 소유권이전등기 및 인도채무의 이행을 거절하거나 피담보채무 전액을 채권자에게 지급하고 채권담보의 목적으로 마쳐진 가등기의 말소를 구할 수 있을 뿐 아니라, 채권자에게 정당하게 평가된 청산금을 청구할 수도 있다(대판 2008.4.11. 2005다36618).

29

15사무관

가등기담보권의 사적 실행에 있어서 채권자가 청산금의 지급 이전에 본등기와 담보목적물의 인도를 받을 수 있다거나 청산기간이나 동시이행관계를 인정하지 아니하는 '처분정산'형의 담보권실행은 가등기담보 등에 관한 법률상 허용되지 않는다. ○ | X

해설 가등기담보등에관한법률이 제3조와 제4조에서 가등기담보권의 사적 실행방법으로 귀속정산의 원칙을 규정함과 동시에 제12조와 제13조에서 그 공적 실행방법으로 경매의 청구 및 우선변제청구권 등 처분정산을 별도로 규정하고 있는 점, 위 제4조가 제1항 내지 제3항에서 채권자의 청산금 지급의무, 청산기간 경과와 본등기청구, 청산금의 지급의무와 부동산의 소유권이전등기 및 인도 채무의 동시이행관계 등을 순차로 규정한 다음, 제4항에서 제1항 내지 제3항에 반하는 특약으로서 채무자 등에게 불리한 것은 그 효력이 없다(다만, 청산기간 경과 후에 행하여진 특약으로서 제3자의 권리를 해하지 아니하는 경우는 제외된다)고 규정하고 있는 점, 나아가 제11조는 채무자 등이 청산금 채권을 변제받을 때까지 그 채무액을 채권자에게 지급하고 그 채권담보의 목적으로 경료된 소유권이전등기의 말소를 청구할 수 있다고 규정하고 있는 점 등을 종합하여 보면, **가등기담보권의 사적 실행에 있어서 채권자가 청산금의 지급 이전에 본등기와 담보목적물의 인도를 받을 수 있다거나 청산기간이나 동시이행관계를 인정하지 아니하는 '처분정산'형의 담보권실행은 가등기담보등에관한법률상 허용되지 아니**한다(대판 2002.12.10. 2002다42001).

30

15사무관

부동산 양도담보의 경우, 채무자 등은 청산금채권을 변제받을 때까지 그 채무액을 채권자에게 지급하고 그 채권담보의 목적으로 마친 소유권이전등기의 말소를 청구할 수 있으나, 그 채무의 변제기가 지난 때부터 10년이 지나거나 선의의 제3자가 소유권을 취득하는 경우에는 그러하지 아니하다. ○ | X

해설 **제11조(채무자등의 말소청구권)** 채무자등은 청산금채권을 변제받을 때까지 그 채무액(반환할 때까지의 이자와 손해금을 포함한다)을 채권자에게 지급하고 그 채권담보의 목적으로 마친 소유권이전등기의 말소를 청구할 수 있다. **다만, 그 채무의 변제기가 지난 때부터 10년이 지나거나 선의의 제삼자가 소유권을 취득한 경우에는 그러하지 아니하다.**

31

채권자가 가등기담보법에 정해진 청산절차를 밟지 아니한 채 그 담보목적부동산을 처분하여 선의의 제3자가 소유권을 취득하고 그에 따라 채무자가 더는 그 채권담보의 목적으로 마친 소유권이전등기의 말소를 청구할 수 없게 된 경우, 특별한 사정이 없는 한 채권자는 채무자에게 채무자가 더는 그 소유권이전등기의 말소를 청구할 수 없게 된 때의 담보목적부동산의 가액에서 그때까지의 채무액을 공제한 금액을 채무자가 입은 손해로서 배상하여야 한다. ○ㅣ×

> **해설** 대판 2010.8.26. 2010다27458 참조

32

가등기담보 등에 관한 법률 제16조 제2항에 해당하는 담보가등기권리자는 집행법원이 정한 기간 안에 채권신고를 하지 않으면 매각대금의 배당을 받을 권리를 상실한다. ○ㅣ×

> **해설** 대판 2008.9.11. 2007다25278 참조

33

가등기담보법이 시행되기 전에 채권자가 채권담보의 목적으로 부동산에 가등기를 경료하였다가 그 후 변제기까지 변제를 받지 못하게 되어 위 가등기에 기한 소유권이전의 본등기를 경료한 경우에는 당사자들 사이에 채무자가 변제기에 피담보채무를 변제하지 아니하면 채권채무관계는 소멸하고 부동산의 소유권이 확정적으로 채권자에게 귀속된다는 명시의 특약이 없는 한, 그 본등기도 채권담보의 목적으로 경료된 것으로서 정산절차를 예정하고 있는 이른바 '약한 의미의 양도담보'가 된 것으로 보아야 한다. ○ㅣ×

34

가등기담보 등에 관한 법률이 시행되기 전에 성립한 약한 의미의 양도담보에서는 채무의 변제기가 도과된 이후라 할지라도 채권자가 그 담보권을 실행하여 정산을 하기 전에는 채무자는 언제든지 채무를 변제하고 그 채무담보목적의 가등기 및 가등기에 기한 본등기의 말소를 구할 수 있다. ○ㅣ×

> **해설** **33** 가등기담보등에관한법률의 시행 전에 채권자가 채권담보의 목적으로 가등기를 경료하였다가 변제를 받지 못하여 가등기에 기한 본등기를 경료한 경우의 법률관계
> 가등기담보등에관한법률이 시행되기 전에 채권자가 채권담보의 목적으로 부동산에 가등기를 경료하였다가 그 후 변제기까지 변제를 받지 못하게 되어 위 가등기에 기한 소유권이전의 본등기를 경료한 경우에는 당사자들 사이에 채무자가 변제기에 피담보채무를 변제하지 아니하면 채권채무관계는 소멸하고 부동산의 소유권이 확정적으로 채권자에게 귀속된다는 명시의 특약이 없는 한, 그 본등기도 채권담보의 목적으로 경료된 것으로서 정산절차를 예정하고 있는 이른바 '약한 의미의 양도담보'가 된 것으로 보아야 한다(대판 2005.7.15. 2003다46963).

34 가등기담보등에관한법률의 시행 전에 성립한 약한 의미의 양도담보에서 채무자가 담보목적물에 대한 가등기 및 가등기에 기한 본등기의 말소를 구할 수 있는 시기

가등기담보등에관한법률이 시행되기 전에 성립한 약한 의미의 양도담보에서는 채무의 변제기가 도과된 이후라 할지라도 채권자가 그 담보권을 실행하여 정산을 하기 전에는 채무자는 언제든지 채무를 변제하고 그 채무담보목적의 가등기 및 가등기에 기한 본등기의 말소를 구할 수 있다(대판 2005.7.15. 2003다46963).

---

35 출제예상

「가등기담보 등에 관한 법률」은 매매대금채권을 담보하기 위하여 가등기를 한 경우에는 적용되지 않는다.
O | X

> 해설 **가등기담보 등에 관한 법률 제1조(목적)** 이 법은 차용물의 반환에 관하여 차주가 차용물을 갈음하여 다른 재산권을 이전할 것을 예약할 때 그 재산의 예약 당시 가액이 차용액과 이에 붙인 이자를 합산한 액수를 초과하는 경우에 이에 따른 담보계약과 그 담보의 목적으로 마친 가등기 또는 소유권이전등기의 효력을 정함을 목적으로 한다.
>
> ➡ 가등기담보법 제1조의 문언상 금전소비대차 또는 준소비대차로 인한 차용금채무를 담보하기 위하여 소유권이전등기 또는 가등기가 마쳐진 경우에만 적용되는 것으로 되어 있지만(대판 1997.3.11. 96다50797) 피담보채권이 매매대금채권, 공사대금채권 등인 경우 동법이 유추적용될 수 없는지 문제된다. 관련하여 判例는 "**가등기담보법 제1조를 근거로 피담보채무가 매매대금채권인 경우에는 가담법이 적용되지 않으며**, 주된 목적이 매매대금채권의 확보에 있고 대여금채권의 확보는 부수적 목적인 경우라도 가담법이 적용되지 않는다"고 한다(대판 2002.12.24. 2002다50484).

---

36 15법무사

금전소비대차에 기한 차용금반환채무와 대위변제로 인한 구상금채무를 동시에 담보할 목적으로 가등기가 경료된 경우에는, 그 후 후자의 채무가 변제로 소멸하고 금전소비대차에 기한 차용금반환채무의 전부 또는 일부만이 남게 된다고 하더라도 위 담보가등기에 대하여 가등기담보 등에 관한 법률이 적용되지 않는다. O | X

> 해설 가등기담보등에관한법률은 차용물의 반환에 관하여 다른 재산권을 이전할 것을 예약한 경우에 적용되므로 금전소비대차나 준소비대차에 기한 차용금반환채무 이외의 채무를 담보하기 위하여 경료된 가등기나 양도담보에는 위 법이 적용되지 아니하나, 금전소비대차나 준소비대차에 기한 차용금반환채무와 그 외의 원인으로 발생한 채무를 동시에 담보할 목적으로 경료된 가등기나 소유권이전등기라도 그 후 후자의 채무가 변제 기타의 사유로 소멸하고 금전소비대차나 준소비대차에 기한 차용금반환채무의 전부 또는 일부만이 남게 된 경우에는 그 가등기담보나 양도담보에 가등기담보등에관한법률이 적용된다(대판 2004.4.27. 2003다29968).

37

가등기담보권 설정 후에 후순위권리자나 제3취득자 등 이해관계 있는 제3자가 생긴 상태에서는 채권자와 채무자가 새로운 약정으로 기존 가등기담보권에 피담보채권을 추가하더라도 우선변제권 있는 피담보채권에 포함되지 않는다. ○ | X

> **해설** 이해관계 있는 제3자가 있는 경우 피담보채권의 추가
> 채권자와 채무자가 가등기담보권설정계약을 체결하면서 가등기 이후에 발생할 채권도 후순위권리자에 대하여 우선변제권을 가지는 가등기담보권의 피담보채권에 포함시키기로 약정할 수 있고, 가등기담보권을 설정한 후에 채권자와 채무자의 약정으로 새로 발생한 채권을 기존 가등기담보권의 피담보채권에 추가할 수도 있으나, **가등기담보권 설정 후에 후순위권리자나 제3취득자 등 이해관계 있는 제3자가 생긴 상태에서 새로운 약정으로 기존 가등기담보권에 피담보채권을 추가하거나 피담보채권의 내용을 변경, 확장하는 경우**에는 이해관계 있는 제3자의 이익을 침해하게 되므로, 이러한 경우에는 피담보채권으로 추가, 확장한 부분은 이해관계 있는 제3자에 대한 관계에서는 **우선변제권 있는 피담보채권에 포함되지 않는다**(대판 2011.7.14. 2011다28090).

38

채권자는 자신이 통지한 청산금의 금액에 대하여 다툴 수 있다. ○ | X

> **해설** 청산기간이 경과한 후, 채권자는 '통지 당시'를 기준으로 한 청산금의 '객관적 가액'을 채무자 등에게 지급하여야 한다(동법 제4조 제1항 1문). 다만 채권자는 그가 통지한 청산금의 '평가액'이 객관적인 가액보다 크다는 이유로 청산금의 수액을 다툴 수 없다(동법 제9조 참조).

39

가등기담보법에 따른 실행통지 당시 채무자에게 지급할 청산금이 없는 경우에도 채무자에게 실행통지를 하여야 하고 이후 2월의 청산기간이 경과하면 청산절차가 종료된다. 채권자가 담보권 설정 당시에 가등기가 아닌 소유권이전등기를 경료받은 경우에는 청산기간 경과 후에 청산금을 지급해야 채권자가 담보부동산의 소유권을 취득한다. ○ | X

> **해설** 담보부동산의 평가액이 피담보채권액에 미달하는 경우
> 채권의 담보 목적으로 양도된 재산에 관한 담보권의 실행은 다른 약정이 없는 한 처분정산이나 귀속정산 중 채권자가 선택하는 방법에 의할 수 있는바, 그 재산에 관한 담보권이 귀속정산의 방법으로 실행되어 채권자에게 확정적으로 이전되기 위해서는 채권자가 이를 적정한 가격으로 평가한 후 그 가액으로 피담보채권의 원리금에 충당하고 그 잔액을 반환하거나, 평가액이 피담보채권액에 미달하는 경우에는 채무자에게 그와 같은 내용의 통지를 하는 등 정산절차를 마쳐야 하며, 귀속정산의 통지방법에는 아무런 제한이 없어 구두로든 서면으로든 가능하고, **담보부동산의 평가액이 피담보채권액에 미달하는 경우에는 청산금이 있을 수 없으므로 귀속정산의 통지방법으로 부동산의 평가액 및 채권액을 구체적으로 언급할 필요 없이 그 미달을 이유로 채무자에 대하여 담보권의 실행으로 그 부동산을 확정적으로 채권자의 소유로 귀속시킨다는 뜻을 알리는 것으로 족하다**(대판 2001.8.24. 2000다15661).
> **가등기담보 등에 관한 법률 제4조(청산금의 지급과 소유권의 취득)** ② 채권자는 담보부동산에 관하여 이미 소유권이전등기가 경료된 경우에는 청산기간 경과 후 청산금을 채무자등에게 지급한 때에 목적부동산의 소유권을 취득하며, 담보가등기가 경료된 경우에는 청산기간이 경과하여야 그 가등기에 기한 본등기를 청구할 수 있다.

40

청산절차에 관한 가등기담보 등에 관한 법률 제3조, 제4조 각 규정을 위반하여 담보가등기에 기한 본등기가 이루어진 경우에는 그 본등기는 무효이나, 가등기권리자가 청산금의 평가액을 채무자 등에게 통지한 후 채무자에게 정당한 청산금을 지급하거나 지급할 청산금이 없는 경우에는 채무자가 그 통지를 받은 날로부터 2월의 청산기간이 경과하면 위 무효인 본등기는 실체적 법률관계에 부합하는 유효한 등기가 될 수 있다. ○ | ×

가등기담보권자와 채무자의 특약으로 청산절차 없이 본등기가 이루어졌다면, 그러한 본등기는 약한 의미의 양도담보로서의 효력도 없다. ○ | ×

> **해설** **41** 가등기담보등에관한법률 제3조, 제4조의 각 규정에 비추어 볼 때 그 각 규정을 위반하여 담보가등기에 기한 본등기가 이루어진 경우에는 그 **본등기는 무효**라고 할 것이고, 설령 그와 같은 본등기가 가등기권리자와 채무자 사이에 이루어진 특약에 의하여 이루어졌다고 할지라도 만일 그 특약이 채무자에게 불리한 것으로서 무효라고 한다면 그 본등기는 여전히 무효일 뿐, **이른바 약한 의미의 양도담보로서 담보의 목적 내에서는 유효하다고 할 것이 아니고,** **40** 다만 가등기권리자가 가등기담보등에관한법률 제3조, 제4조에 정한 절차에 따라 청산금의 평가액을 채무자 등에게 통지한 후 채무자에게 정당한 청산금을 지급하거나 지급할 청산금이 없는 경우에는 채무자가 그 통지를 받은 날로부터 2월의 청산기간이 경과하면 위 무효인 본등기는 실체적 법률관계에 부합하는 유효한 등기가 될 수 있다(대판 2002.12.10. 2002다42001).

담보가등기에 기하여 마쳐진 본등기가 무효인 경우, 담보목적 부동산에 대한 소유권은 담보가등기 설정자인 채무자 등에게 있고 소유권의 권능 중 하나인 사용수익권도 당연히 담보가등기 설정자가 보유하므로 채권자가 본등기를 마친 이후에 임차인들로부터 지급받은 차임은 그 명목과 상관없이 원칙적으로 피담보채무의 변제에 충당된다. ○ | ×

> **해설** 담보가등기에 기하여 마쳐진 본등기가 무효인 경우, 담보목적 부동산에 대한 소유권은 담보가등기 설정자인 채무자 등에게 있고 소유권의 권능 중 하나인 사용수익권도 당연히 담보가등기 설정자가 보유한다. 따라서 채무자가 자신이 소유하는 담보목적 부동산에 관하여 채권자와 임대차계약을 체결하고 채권자에게 차임을 지급하거나 채무자가 자신과 임대차계약을 체결하고 있는 임차인으로 하여금 채권자에게 차임을 지급하도록 하여 채권자가 차임을 수령하였다면, 채권자와 채무자 사이에 위 차임을 피담보채무의 변제와는 무관한 별개의 것으로 취급하기로 약정하였거나 달리 차임이 피담보채무의 변제에 충당되었다고 보기 어려운 특별한 사정이 없는 한 위 차임은 피담보채무의 변제에 충당된 것으로 보아야 한다(대판 2019.6.13. 2018다300661).

43

채권자와 채무자가 양도담보계약을 체결하였지만, 담보목적부동산에 관하여 가등기나 소유권이전등기를 마치지 아니한 경우에 채무자와 채권자가 채권자로 하여금 '귀속정산'절차에 의하지 않고 담보목적부동산을 타에 처분하여 채권을 회수할 수 있도록 약정하는 것은 원칙적으로 귀속정산 절차를 규정한 가등기담보법 제3조, 제4조를 위반한 것으로 무효이다. ○ | X

> **해설** 가등기담보나 소유권이전등기 마치지 않은 상태에서는 아직 가등기담보법 제3조 및 제4조가 적용될 수 없다. 가등기담보 등에 관한 법률(이하 '가등기담보법'이라 한다) 제3조, 제4조는 채권자가 가등기담보법 제2조 제1호 소정의 담보계약에 따른 '담보권'을 실행하는 방법으로서 귀속정산 절차를 규정한 것이므로, 가등기담보법 제3조, 제4조가 적용되기 위해서는 채권자가 담보목적부동산에 관하여 가등기나 소유권이전등기 등을 마침으로써 '담보권'을 취득하였음을 요한다. 이와 달리 채권자가 채무자와 담보계약을 체결하였지만, 담보목적부동산에 관하여 **가등기나 소유권이전등기를 마치지 아니한 경우에는 '담보권'을 취득하였다고 할 수 없으므로, 이러한 경우에는 가등기담보법 제3조, 제4조는 원칙적으로 적용될 수 없다**(대판 1999.2.9. 98다51220). 따라서 채권자와 채무자가 담보계약을 체결하였지만, 담보목적부동산에 관하여 가등기나 소유권이전등기를 마치지 아니한 상태에서 채권자로 하여금 귀속정산 절차에 의하지 않고 담보목적부동산을 타에 처분하여 채권을 회수할 수 있도록 약정하였다 하더라도, 그러한 약정이 가등기담보법의 규제를 잠탈하기 위한 **탈법행위에 해당한다는 등의 특별한 사정이 없는 한 가등기담보법을 위반한 것으로 보아 무효라고 할 수는 없다**(대판 2013. 9.27. 2011다106778).

44

甲은 2008.7.10. 乙에게 1억 5,000만 원을 대여하면서 그 채권을 담보하기 위해 이행기인 2009.7.10. 까지 채무를 이행하지 않으면 乙 소유의 시가 4억 원인 X 부동산을 甲에게 이전하기로 하는 내용의 계약을 체결하고 2008.7.15. 소유권이전등기청구권의 가등기를 마쳤다. 다음 설명 중 옳은 것은? ○ | X

① 乙로부터 변제를 받지 못한 甲은 X의 소유권을 취득하는 귀속청산에 의하거나 제3자에 대한 양도를 통한 처분청산에 의하여 가등기담보권을 실행할 수 있다.

② 담보권의 실행통지에 있어서 甲이 주관적으로 평가한 청산금 액수(X의 가액과 피담보채권액의 차액)를 명시하였으나 이것이 객관적인 청산금 액수에 미치지 못하는 때에는 통지로서의 효력이 없다.

③ 甲이 청산절차를 거치지 않고 행한 본등기는 무효이지만, 당사자의 특약에 의한 때에는 약한 의미의 양도담보로서 담보목적범위 내에서는 효력이 있다.

④ 만약 위 계약 당시 이미 X 위에 乙의 丁에 대한 3억 원의 채무를 담보하는 저당권이 설정되어 있었다면, 甲이 청산절차를 거치지 않았다는 이유만으로 가등기에 기한 본등기가 무효인 것은 아니다.

해설

① [×] 가등기담보등에 관한 법률은 채무불이행이 생긴 때에 이전하기로 한 부동산의 '예약당시의 가액'이 차용액과 그에 붙인 이자의 합산액을 넘는 경우에 관하여 당해 법을 적용하고 있다(동법 제1조). 따라서 담보목적물인 X부동산의 예약당시의 가액이 시가 4억 원으로 피담보채권인 1억 5,000만 원을 초과하므로 가담법의 적용 대상이다. 가등기담보권을 실행하는 방법으로는 '귀속청산'(채권자가 목적물의 가액에서 채권액을 공제한 나머지를 반환하고 그 목적물의 소유권을 취득하는 것)과 '처분청산'(채권자가 목적물을 제3자에게 처분하여 그 환가대금에서 자기채권의 만족을 취하는 것)이 있는데, **통설과 判例는 '가담법상의 처분청산'은 경매를 통한 공적실행을 의미하며 사적실행에 따른 처분청산은 인정되지 않는다**고 한다(대판 2002.12.10. 2002다42001).

② [×] 채권자가 나름대로 평가한 **청산금의 액수가 객관적인 청산금의 평가액에 미치지 못한다고 하더라도 담보권 실행의 통지로서의 효력이나 청산기간의 진행에는 아무런 영향이 없고**, 다만 채무자 등은 정당하게 평가된 청산금을 지급 받을 때까지 목적부동산의 소유권이전등기 및 인도 채무의 이행을 거절하면서 피담보채무 전액을 채권자에게 지급하고 채권담보의 목적으로 마쳐진 가등기의 말소를 구할 수 있을 뿐이다.(대판 1996.7.30. 96다6974,6981)

③ [×] **가등기담보등에관한법률 제3조, 제4조의 각 규정에 비추어 볼 때 그 각 규정을 위반하여 담보가등기에 기한 본등기가 이루어진 경우에는 그 본등기는 무효**라고 할 것이고, 설령 그와 같은 본등기가 가등기권리자와 채무자 사이에 이루어진 특약에 의하여 이루어졌다고 할지라도 만일 그 특약이 채무자에게 불리한 것으로서 무효라고 한다면 그 본등기는 여전히 무효일 뿐, 이른바 약한 의미의 양도담보로서 담보의 목적 내에서는 유효하다고 할 것이 아니고, 다만 가등기권리자가 가등기담보등에관한법률 제3조, 제4조에 정한 절차에 따라 청산금의 평가액을 채무자 등에게 통지한 후 채무자에게 정당한 청산금을 지급하거나 지급할 청산금이 없는 경우에는 채무자가 그 통지를 받은 날로부터 2월의 청산기간이 경과하면 위 무효인 본등기는 실체적 법률관계에 부합하는 유효한 등기가 될 수 있다(대판 2006.8.24. 2005다61140).

④ [○] 判例에 따르면 가담법 제1조의 '부동산의 예약 당시의 가액'을 정함에 있어 차주의 재산에 선순위 근저당권이 설정되어 있는 경우에는 위 피담보채무액을 공제한 가액을 위 법조 소정의 재산가액으로 보는 것이 타당하다고 한다(대판 2006.8.24. 2005다61140). 따라서 **담보목적물인 X부동산의 예약당시의 가액인 시가 4억 원에서 선순위 저당권자 丁의 피담보채권액 3억 원을 공제한 1억 원을 가담법 제1조의 '부동산의 예약 당시의 가액'으로 보아야** 한다. 그러므로 ① 지문에서 검토한 바와 같이 부동산의 예약 당시의 가액이 담보가등기의 피담보채권액 1억 5천만 원에 미치지 못하게 되어 가담법이 적용되지 않는다. 그렇다면 청산절차를 거치지 않더라도 가등기에 기한 본등기가 무효인 것은 아니다.

MEMO

MEMO

gosi.Hackers.com

2022 최신판

해커스법원직

민법의 맥

OX 문제집 | 1권

초판 1쇄 발행 2022년 3월 10일

지은이	윤동환, 공태용 공편저
펴낸곳	해커스패스
펴낸이	해커스공무원 출판팀

주소	서울특별시 강남구 강남대로 428 해커스공무원
고객센터	1588-4055
교재 관련 문의	gosi@hackerspass.com
	해커스공무원 사이트(gosi.Hackers.com) 교재 Q&A 게시판
	카카오톡 플러스 친구 [해커스공무원강남역], [해커스공무원노량진]
학원 강의 및 동영상강의	gosi.Hackers.com

ISBN	979-11-6880-089-2 (13360)
Serial Number	01-01-01

최단기 합격 공무원학원 1위,
해커스공무원 gosi.Hackers.com

해커스공무원

· 해커스공무원 스타강사의 **공무원 민법 무료 동영상강의**
· 해커스 스타강사의 **공무원 인강**(교재 내 할인쿠폰 수록)